【口絵２—１】 凌家灘 07M23 号墓の陪葬品（『考古』2008年第３期）

【口絵２—２】 凌家灘 07M23 号墓内第二層の陪葬品の分布情況（『考古』2008年第３期）

【口絵３―１】 山東省莒県陵陽河遺跡出土の陶文とその陶尊（中国国家博物館『文物中国史・史前時代』）

【口絵４―１】 河南省臨汝閻村遺跡出土の鸛魚石斧図の彩陶缸（『中原文物』1981年第１期）

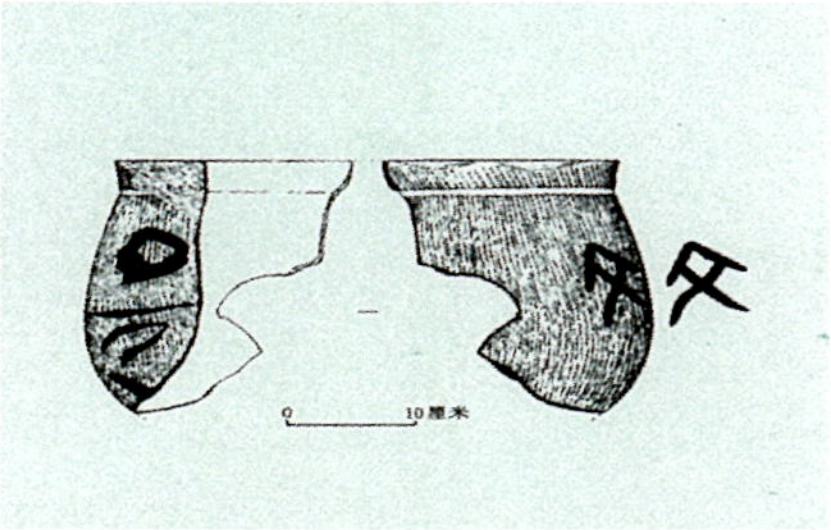

【口絵５—１】　陶寺遺跡出土の朱書文字（JSH3403：1）（中国社会科学院考古研究所『考古中華』）

【口絵５—２】　古城寨の北城墻断面図（『華夏考古』2002年第２期）

【口絵７—１】　二里頭遺跡出土の蛇形龍紋陶器（杜金鵬・許宏主編『偃師二里頭遺跡研究』）

【口絵７—２】　二里頭貴族墓（02VM3）出土の大型緑松石龍形器（『考古』2005年第７期）

中国古代国家の起源と王権の形成　目次

目　次

序文

李学勤

王震中博士は中国社会科学院歴史研究所の研究員で、長らく中国古代の歴史文化について専門的に研究をしてきた。彼はとくに文明の起源の問題について集中的に検討をくわえ、注目すべき研究成果を挙げてきた。そしてつとに一九九四年には『中国文明起源的比較研究』（以下、前書）を上梓している。このことはすでに学界では周知のことである。そのすぐれた見解によって、前書は少なからぬ反響をよんだ。『中国古代国家の起源と王権の形成』（以下、本書）は彼の次なる力作であり、国家社科基金の支援を受けており、中国社会科学院の重点項目でもある。それは、内容の質からいえば、前書の続編であり、それを発展させたものである。

本書は現代中国語で約六十万字の大著で、二〇一三年初頭にわたくしはその一部を読み、その論説が専門的で、かつ新見解に富むものであることをすでに深く感じていた。春節がおわると、王氏は全原稿を送ってくださり、かくて本書の全体的な構想を理解することができた。さらに、その観点の斬新でとくにすぐれたところについて、さらなる認識を得た。彼のご厚意で、わたくしは再三序文をもとめられた。ただし印刷が間近で、時間がおしせまっていたので、ここでは本書拝読後の感想を、思うがままに若干のべうるにすぎない。

はじめにのべておきたいのは、王氏が本書で論述した主題が中国国家の起源の問題であること、つまり中国文明の起源を探し求めるという重大な学術的課題の核心的部分であることであり、それがたいへん重要な意義を有することである。周知のごとく、中国には五千年余の文明史があるが、輝かしい中国文明がいつ、どこで、どのように形成されたのかという疑問に答えるには、国家を観察することが肝要である。国家があれば、そこではじめて文明時代に突入するのであり、この点は、およそエンゲルス『家族・私有財産・国家の起源』を読んだことのある者はみな覚えているることであろう。考古学者の夏鼐は『中国文明的起源』ですでにこうのべている。「文明」とは「すでに氏族制度の解体から国家組織を有する階級社会の段階に入っている、そういう社会をさす」、と。

学界における多くの先学は、かつて中国古代国家の起源の問題を検討したことがある。郭沫若は一九二九年に『中国古代社会研究』を著わし、一九三〇年に刊行された。その「自序」では、郭沫若が「(本書は)エンゲルス『家族・私有財産・国家の起源』の続編とよびうるものである。研究の方法としてはエンゲルスを導きとしながらも、エンゲルスの知っていたアメリカのインディアン、ヨーロッパの古代ギリシア・ローマ以外に、エンゲルスが言及していない中国古代の話題を提供した」と考えていたことがしめされている。郭沫若は歴史研究所の初代所長であり、彼の後を継いだ二代目所長は侯外廬《こうがいろ》である。侯外廬は一九四三年に『中国古典社会史論』(のち『中国古代社会史論』と改名)を出版し、中国国家の形成過程とその初期形態の変化について論じた。また長きにわたって歴史研究所の指導業務を担った尹達は、一九四三年に『中国原始社会』のなかで同じように、氏族社会の崩壊と国家の初期形態について論述した。一九八三年までのあいだに、尹達は『史前研究』の創刊号に「心からの願い(衷心的願望)」と題する代序をよせ、依然としてこの問題に言及しており、しかもこれが彼の最後の学術的文章となった。これらのことから、つぎの点をみいだすことはむずかしくない。すなわち、歴史研究所には古代文明と国家の起源の研究を重視する伝統があり、王震中博士はまさにこの伝統を継承し、みずからの独自の観点を打ち出したのである、と。

王震中博士は本書において、学際的研究手法を採用している。大量の考古学の発掘資料の整理分析にはじまり、伝世文献のさまざまな古史伝説に整合的解釈を加え、一連の新知見に富んだ理論的観点を提起し、ひとつのまったく新しい体系を構築した。周知のごとく、一九二五年に王国維が古史研究には文献史料と地下史料を互いに照らし合わせる「二重証拠法」が必要であると提唱して以来、多くの古代史研究者はみな歴史学と考古学の力をあわせ、相互に補塡しあうことに尽力し、古史伝説を一律に抹殺することはまったく信ずるに足りない考え方であって、不正確なものだとみなしている。尹達の『中国原始社会』はいみじくもこうのべている。「古代の伝説は、まったく史実に基づかぬでたらめでは決してない。荒唐無稽な神話では決してない。そのなかにはきっと少なからぬ事実が暗示されているであろう。きっと欠くべからざる史実があって素地をなしているであろう。これが、中国古代伝説にかんするひとまとまりの見通しである」と。王震中博士の本書にはこの点にかんする少なからぬ見解がふくまれており、いずれも大いに考えさせられるものである。

わたくしはまた本書の読者に、まずは本書の終章から読み始めたらどうか、と提案したい。王震中博士は終章冒頭でこういっている。「国家と文明の起源の研究は、考古学の実践の問題であるのみならず、理論的な問題でもある。そのうえ二者は、緊密にむすびついていなければならない」と。案ずるに、これは正しい。古代国家と文明の起源は、とどのつまり、ひとつの理論の問題である。このような重大な課題にかんする研究は、かりに理論のレベルを高めるものでないならば、まことの成果であるとはいえないのである。王震中博士の理論的イノヴェーションは本書終章においてさらに抽出・昇華されており、そこでは叙述と分析をまじえながら、中国古代国家の起源とその発展の歴史絵巻が展開されている。

王震中博士はわたくしに一通の手紙をしたため、彼が本書執筆時に「理論的刷新と実証研究を組み合わせる」ことを追求したとのべた。本書はそれをやり遂げたものであると考えられる。この力作は、彼が近年提起する、「文明と国家の起源の道のりにかんする聚落三形態進化」説、国家社会に入ったあとに経る「邦国—王国—帝国」説、そして「夏商周三代複合制国家構造」説という学術体系を系統的に明示し、さらに深化させ、整備したものである。本書のなかで彼はさらに、近年の学界で流行している首長制理論と社会分層理論などについて分析と批評をおこない、「聚落形態と社会形態を中心にして、首長制理論と社会分層理論を整合させ」ねばならないと提起している。王震中博士のこの理論的観点は、本書のなかで貫徹されている。読者におかれては、あらかじめ注意されたい。

二〇一三年二月二十八日

中国古代国家の起源と王権の形成

序論　国家形成にかんする理論的問題

第一節　国家の概念と定義

1　古代国家と現代国家

国家の起源にかんする研究は、考古学における実践の問題でもあり、理論の問題でもある。国家の起源を研究するには、まず明確な国家の概念と定義を必要とする。だが百余年間にわたり、学界には、国家の概念と定義にたいする権威的で統一的な見解はない。そこで本書では、まずいくつかの既存の主要な観点を整理・説明したのち、その基礎のうえにたって、筆者自身の古代国家にかんする概念と定義とを提起することにする。

国家という政治的実体は、かりに時代に即して区分したばあい、古代国家と現代国家に区別されるということが知られている。なかには古代国家を「伝統国家」とよび、現代国家を「国民国家」とよぶ論者もいる。(1)一般的な意味での国家の特徴として、欧米の学界ではかなり広くマックス・ウェーバーの定義が受け入れられている。ウェーバーは、国家とは一種の「ある特定の領域において、正当な物理的な暴力の行使を独占する」組織であるとしている。(2)

これについてイギリスの研究者アンソニー・ギデンズは、

ウェーバーが提示する「国家」の定義には、主要な要素が三つ含まれている。(ⅰ) 規律正しい行政職員が存在し、そうした行政職員が、(ii) 暴力手段の管理を正当に独占する権利を保有でき、(iii) 所与の領土地域内で暴力手段の独占権を是認されていること、である。ウェーバーの定義は、デュルケムが国家一般の特徴として確かに見落としたことがら（暴力と領土権）に光を当てている［とはいえ、私はウェーバーの定義に決して満足できない］(3)。

とのべている。ギデンズ自身は、

国家という用語は日常言語では二つの意味をもつが、こうした両義性は、社会理論をとりわけ悩ます類のものではない。「国家」は、統治なり権力の装置を意味する場合もあれば、そうした統治や権力に従属する包括性社会システムを意味する場合もある。この二つの語法はほとんどの脈絡で混同されることはないが、混同される場合には、両者の間に用語上の区別を設けておく必要がある。したがって、統治のための行政機関を意味する場合には「国家装置」という用語を、包括的社会システムを意味する場合には「社会」ないし「文化」という用語を私は使いたい。「社会」と「文化」という用語には、ともに特有な曖昧さがある(4)。

と指摘している。

上述のウェーバーとギデンズの国家概念にかんする論述は、西欧政治学における比較的一般的な定義とも一致するものである。たとえば最近刊行された『西方哲学英漢対照辞典』は、国家にかんしてこのようにのべている。

その公民もしくは臣民よりなる大量の人口を内包する領土をもち、その領土内で運用される一連の組織を有する機構とその制度。それはひとつの法律体系をもっており、それが社会の活動をコントロールし、そこに属する個人と集団とのあいだの矛盾する要求を調節する。この法律体系は、［国家より］独占的・合法的・強制的な支援をうけている。国家の消極的機能についていえば、それは、その領土を守りとおして外部からの侵犯を防ぎ、秩序とその公民の安全を維持するものである。国家は、他の国家のもつ平等な主権をみとめ、また国際法で定められた国同士の関係に入ることになる。(5)

としつつも、

ところが、沈長雲・張謂蓮は、『西方哲学英漢対照辞典』のこの国家概念にたいして、

（それは）国家として備えるべきいくつかの要素（比較的多くの人口・領土・主権・政治組織や、関連する法律制度）について論じている。

この概念にはひとつの根本的な欠陥がある。すなわち、他の多くの西欧の研究者による政治の解説と同じように、それは国家の階級の実質（国家の、社会における統治的地位の階級を占める弾圧の道具としての実質）に言及していない。(6)

とする。沈長雲・張謂蓮のこの指摘は正確なものである。もともと国家は、階級の成立とともにあらわれるもので、国家社会は階級社会ともよばれる。階級の存在は、国家の「社会システム」におけるひとつの重要な特徴であり、ゆえに国家にかんする概念のなかにはとうぜん階級の要素がふくまれねばならない。

また、国家の要素のなかでも「領土」概念にかんしては、現代国家のばあいには国境の区分をともなうものであるが、古代国家のばあいにはそうとはかぎらない。ギデンズはかつて正確にこう指摘したことがある。

伝統的国家の領土権と国民国家を識別するうえで、伝統的国家の「辺境」が、国民国家の領土権と国民国家の間に存在する「境界」と著しく異なることの理解は、必要不可欠である。政治地理学では、「辺境」という用語を二つの意味で使っている。辺境は、二つ以上の国家の間に存在する特定の種類の境界線か、あるいは個々の国家における定住者のいる地域と無人地域との境界線を意味している。……いずれの場合も「辺境」とは、その国家

中枢の政治的権威が分散していたり稀薄にしか浸透していない周辺的（必ずしも他の国家と隣接しない）地域の一区域を指している。他方「国境」とは、二つ以上の国家を分け隔て、かつ結びつける、既知の、また地理学的に設けられた境界線である。国境地帯では、そこに暮らす集団は「混成した」社会的、政治的特性を示す可能性があり、また多くの場合そうした特性を示しているとはいえ、これらの集団は、いずれかの国家の行政的支配に明確に従属している。私見では、国境は、国民国家の出現にともなって初めてその存在が認識されるようになった。(7)このほかに、国家の要素としての「政治組織と関連の法律制度」についても、古代国家と現代国家には相異するところがある。

このように、国家の概念にかんしては、古代国家と現代国家との区別に注意を払わねばならない。だが、これよりも重要なものがある。それは、国家と前国家社会との区別である。

2　国家と前国家社会との違い①——エンゲルスの国家論

国家と前国家社会との区別を研究することは、つまりは国家の起源を研究することである。この問題にかんして、はじめて全面的・系統的な論述を行なったのは、フリードリヒ・エンゲルスである。一八八四年にエンゲルスは、『家族・私有財産・国家の起源』を刊行した。その「未開時代と文明時代」の章のなかでエンゲルスは、国家の概念に数多く言及し、つぎのように書いている。

国家は、外部から社会に押し付けられた権力では決してない。同じくまた、国家は、ヘーゲルが主張するように、「人倫的理念の現実性」、「理性の似姿と現実性」でもない。国家はむしろ一定の発展段階で社会が生みだす産物である。それは、この社会が、解決不可能な自己矛盾におちいり、払いのける力が自分にはない、和解できない諸対立物に分裂したことの告白なのである。だがこれらの諸対立物、すなわち衝突する経済的利害をもつ諸階級が、むだな闘争のうちにわが身とこの社会とを消耗しつくすことがないようにするのには、外見上社会の上に立ってこの衝突を緩和し、それを「秩序」のわく内にとどめおくための一権力が必要となった。そして、社会から生まれでながら社会の上に立ち、社会にとってますます疎遠なものになっていくこの権力が、国家なのである。古い氏族組織にくらべて国家は、第一に、領域による国民の区分であることが特徴である。……第二に、自分自身を武装力として組織する住民とはもはや直接には一致しない、一個の公的権力の樹立である。……こういう公的権力は、どの国家にも存在する。それは、単に武装した人間からなりたっているばかりでなく、氏族社会が全然知らなかった物的な付属物、すなわち刑務所とあらゆる種類の強制施設とからもなりたっている。……国家は階級対立をおさえつける必要から生じたものであるから、だが同時にこれらの階級の衝突のまっただなかに生じたものであるから、国家は、通例、もっとも勢力のある、経済的に支配する階級の国家であって、この階級がこの国家を媒介として政治的にも支配する階級となり、こうして被抑圧階級を制圧し搾取するための新しい手段を手に入れるのである。(8)

上述のエンゲルスのいう先史社会と国家とのあいだの二つの相異点、すなわち「領域による国民の区分」と、全社会に君臨する「公的権力の樹立」こそが、彼の提起する国家形成の二つの指標である。これにたいして本書後段では、その得失をさらに分析するであろう。エンゲルスの論述する国家概念においては、とくにその階級性と、それ［国家］が階級社会に属するという特徴が強調され、その公的権力としての側面も強調されている。エンゲルスのこれらの論述は、のちに西欧の研究者によって「社会的紛争理論」としてまとめられている。

じっさいに階級と統治関係の生ずる過程についてエンゲルスは、『反デューリング論』のなかで、二本の道程を提示したことがある。一本目は、社会的公共事業の管理と社会における職務上の地位の世襲のなかから、統治階級と公的権力が生じるという道程である。エンゲルスはつぎのように描写している。

（すなわち原始社会後期において、公共の利益をまもるばあいや、公共事業を管理し社会的職務を担当するばあいには、）こうした職務は、言うまでもなく、或る種の全権を与えられており、国家権力のはじまりである。……社会的機能が社会にたいして果たすこの自立化が、どのようにして時とともに強まって社会を支配する力になることができたのか、はじめは召使いであった者がどのようにして——好都合な機会があるところでは——しだいに主人に転化していったのか……最後に、個々の支配者たちがどのように結合して一つの支配階級になったのか、という点には、ここで立ち入る必要はない。(9)

エンゲルスの上記の道程にかんする論述はあきらかに、のちの一部の西欧人研究者が主張する国家と階級の「内部管理論」（または融合論）［内部管理の必要性から政府が生じるとの理論。対外戦争をつうじて国家が生じるとする衝突論・戦争論とは対極的な理論］の思想的淵源である。

エンゲルスはまた、二本目の階級形成の過程も提示している。

（先史社会末期に）「経済的状態」がいま到達した段階では、捕虜は或る価値をもつようになった。そこで、これを生かしておいてその労働を利用するようになったわけである。こうして……奴隷制が発明されたのである。(10)

これは、奴隷と奴隷主という階級が形づくられる道程である。奴隷はおもに戦争捕虜を来源とし、これは奴隷制における奴隷の来源のおもな形式でなければならない。もっとも、中国西南少数民族史にかんする調査によれば、家庭内にひきとった「養子」を奴隷とする事実もあるが、ともかく相当数の奴隷がおれば、奴隷階級と奴隷主階級はもう自然に形成されるものなのである。

3　国家と前国家社会との違い②――フリードとフランネリーの国家論

要するに、国家起源の研究のなかで、エンゲルスの国家と階級にかんする一連の論述は、後世の欧米の学界に幅広い影響をおよぼしたのである。たとえば著名な社会分層理論《しゃかいぶんそう》〔分層は、stratify の訳語で、現代日本語では階層や成層と訳すのが一般的である。しかし本書著者は意図的に分層と訳しているので、本訳書でも以下分層と訳す〕を提起したモートン・フリードは、国家を定義するさいにこうのべている。すなわち、国家は社会の分層をまもるためにあらわれるものであり、「血縁関係上の社会的力量をこえて打ち立てられる複雑な機構である」(11)と。さらにフリードはこうのべている。国家とは、正式／非正式な専門の機構と部門よりなる集合体で、その目的は分層的秩序をまもることにある。ふつう国家のかなめとなる特徴には、以下の基本的な組織原則がある。それは、階等《ランク》〔rank。本訳書ではフリードの本用語を階等と訳す〕の制度をもつこと、基本的資源を占有するという不平等があること、官吏に服属すること、保有地域を守ることである。国家は、対内的にも対外的にも、みずからをまもる必要がある。国家は、物質的手段をもちい、イデオロギー的手段をもちい、軍隊の保持や他の類似部門をつうじてアイデンティティを確立し、それによってこの目標を実現する(12)。

フリードのいう「社会分層」は、エンゲルスのいう階級に似ており、それを現代中国語で「階層」と訳す研究者もいる(13)。「(国家の) 目的は分層の秩序をまもることにある」とする見方や、「(国家の) 基本的な組織原則」に「階等の制度をもつこと、基本的資源を占有するという不平等があること、官吏に服属すること、保有地域を守ること」などがあるという点は、いずれも前文でエンゲルスが、

だがこれらの諸対立物、すなわち衝突する経済的利害をもつ諸階級が、むだな闘争のうちにわが身とこの社会と

を消耗しつくすことがないようにするのには、外見上社会の上に立ってこの衝突を緩和し、それを「秩序」のわく内にとどめおくための一権力が必要となった。

とのべていることと一致するものである。また国家が「血縁関係をこえる基礎のうえになりたっている社会の政権である」とすることも、エンゲルスのいう「領域による国民の区分」と一致するものである。国家をさまざまな機構と部門よりなる「集合体」、すなわち「社会の政権」であるとし、「軍隊」などを擁するとする点も、エンゲルスが、

こういう公的権力は、どの国家にも存在する。それは、単に武装した人間からなりたっているばかりでなく、氏族社会が全然知らなかった物的な付属物、すなわち刑務所とあらゆる種類の強制施設とからもなりたっている。(14)

とのべていることと一致するものである。

システム論の動態的過程をもちいて社会構造の分化と集中のありようを分析したケント・フランネリーも、国家社会は「高度分層」的で、合法的武力と居住における非血縁性をもつと主張している。フランネリーは、国家と前国家社会を以下のように分類している。

国家は、とても強大で、ふつうは高度に中央集権化された政府の形態であり、職業化された支配階級をともない、おおむね、より単純な諸社会を特徴づける親族的紐帯を乗り越えたものである。それは高度に階層化され、極端に内部が多様化されており、しばしば血縁や姻戚関係よりも、むしろ職業的分業にもとづく居住様式をともなっている。国家は、力の独占を維持せんとし、正規の法律によって特徴づけられている。ほとんどすべての犯罪はすべて国家にたいする犯罪とみなされるであろう。そのばあい処罰は、法典化された処理に従って国家によって与えられるものであり、より単純な社会のように被害者の支持団体や彼の親属によってなされねばならないものではない。個々の民は暴力を慎まねばならぬ一方で、国家は戦争を行なうことができる。それはまた徴兵し、課

税し、貢納を強制できる。(15)

フランネリーの見方によると、国家の必要条件は三つある。①高度な社会分層（つまり階級分化）があること、②血縁関係が国家組織のうえで地縁関係に代替されていること、③合法的な武力（つまり公的権力）をもっていること。これらは、エンゲルスの見方と基本的に一致するものである。

4　国家と前国家社会との違い③——サーヴィスとそれ以後の国家論

「バンド［band。現代中国語では游団という］—部落［tribe。現代日本語では部族と訳されることが多いが、本書原文では現代中国語で「部族」と「部落」が使い分けられているので、著者の用語法に従う］—首長制［chiefdom。著者は以下の議論をふまえ、中国語では意図的に「酋邦《しゅうほう》」と訳すが、日本語では「首長制社会」と訳すのが一般的である。本訳書では著者と相談のうえ、「chiefdom」をすべて「首長制」と訳す］—国家（state）」という首長制理論を提起したエルマン・サーヴィスはこう考えている。すなわち、ひとつの真の国家と（その発展の度合いはともかく）、首長制社会や他のさらに低い段階の社会との区別は、一種の特殊な社会的統制方法のなかに突出してあらわれている。［国家のもとでは］武力が社会のある一部の人によって合法的に掌握されており、彼らはたえず武力を使用し、もしくは威嚇して武力を用いることを求め、それを社会秩序維持のための基本的手段としている。国家社会のなかでは、この一部の人は武力を壟断し、もしくは彼ら以外には、他の個人や団体（非政府的の個人や組織）が許可なく武力をもちいることを許さない。これが国家権力のもっともシンプルで、もっとも突出した指標である、と。(16)

ここでサーヴィスがのべている、国家社会におけるかような制度化の強制的制約力と、壟断された武力とは、まさにエンゲルスのいう「全社会に君臨する公的権力」にあたる。サーヴィスとフリードが異なるのは、フリードが「分層社会」を、もっとも複雑な階等社会［rank society］と、もっとも単純な国家社会とのあいだとをむすぶ、合理的モデルとみなしている点である。一方、サーヴィスによれば、分層社会は国家成立後にようやくあらわれる社会で、社会分層は国家形成の結果であり、国家形成の原因ではない。ゆえにサーヴィスは、国家と文明の起源を検討するさい、経済的意味での階級とその分化の問題を検討するとはのべていない。また彼は、国家成立後の社会に政治階級の分化がおこり、公民官僚（civic bureaucrats）・軍事的指導者・上級祭司（宗教指導者）などよりなる貴族階層が存在するようになることもけっして否定しない。これこそエンゲルスのいう、社会の公共事業を管理する「社会的役割」から「徐々に社会にたいする統治へのぼってゆく」ものである。サーヴィスがのべているのは「中央集権的指導体制の制度化過程内に政府の起源を位置づける」ことであり、こう説明している。

ここでの指導体制《リーダーシップ》は、社会維持のための行政的機能を展開するなかで、世襲的貴族制を生い茂らせた。初期官僚制の経済的・宗教的機能は、その有用性・自律性・範囲が拡大するにつれて発展した。よって、もっとも初期の政府は、社会におけるべつの階級や階層ではなく、政府そのものを守るために機能した。政府は、社会全体を維持する役目を担うことを以て、みずからを合法化したのである。(17)

欧米の研究者のアレン・ジョンソンとティモシー・アールは、サーヴィスの首長制理論を基礎とし、さらにすすんで「単純首長制」と「複雑首長制」とを弁別し、古代国家の定義やその基本的特徴をつぎのように描いている。国家と首長制社会の区別はおもに、前者の規模がより大きく、総人口もより多く、族群成分もより複雑で、社会的分層もより厳格であるという点にある。地方集団、階級集団、そして他の特殊な利益集団の増加にともない、規模と内部分化が整合性をもつことはさらにむずかしくなる。この層位上の整合性は、すでに世襲エリートの非公式的な統制方法にそぐうものではなくなっている。それは国家官僚制度・国家宗教・司法制度・警察暴力をも

とめるのである。(18)

ここで前国家の首長制と比較してみると、国家は、人口規模・族群の複雑さ・社会の等級階級《ランク》の分化などの点で首長制を凌駕するのみではない。ジョンソンとアールも強調する「国家官僚制度・国家宗教・司法制度・警察暴力」は、いずれも前国家社会には存在しないものである。

もっともはやく「初期国家（early state）」という概念を提起したオランダの研究者ヘンリ・クレーセンは、初期国家をこう定義している。(19)

初期国家は、三層（国家・地区・地方の層）の権力が集中する社会政治的組織である。その目的は、社会関係を制御することにある。かかる複雑な分層社会は、少なくとも二つの基本的階層よりなる。それは二つの新興の社会階級ともいわれる。すなわち、統治者と被統治者である。この二つの階層もしくは階級間の関係の特徴は、前者が政治的統制を行ない、後者が税金を納める点にある。初期国家の合法性は共通のイデオロギーにあり、これはまた互恵を基本原則とするものである。(20)

いわゆる初期国家についてクレーセンは、

非国家組織と成熟国家のあいだに介在する社会形式を初期国家とよぶ。(21)

とする。またカザノフは、

初期国家とは、もっと精確にいえば、もっとも初期の、真に素朴なタイプの国家で、非統一的な原始社会の直後につづくものである。初期国家は、人類の歴史的発展における新段階を特徴づけるもので、あちこちの地域における長短さまざまな国家の持続（statehood continuity）の最初の連鎖を構成した。(22)

とする。つまり初期国家は、古代国家の一類型に属し、古代国家の初期段階でもある。ゆえにクレーセンが上述の初期国家の定義のなかでのべる権力の集中・新興の社会階級（統治者と被統治者など）は、とうぜん古代国家のもっとも基本的な特徴となるものである。

古代国家の概念にかんして研究者たちがもっとも多くのべているのは、国家に「公的権力」（あるいは強制的権力・合法的壟断的武力（暴力）・国家機構・政権機能など）が備わっている点である。この点については、前掲のエンゲルス、ウェーバー、フリード、サーヴィス、フランネリー、ギデンズなど以外に、ウィリアム・サンダーズも、社会等級の分化と国家社会への発展過程は一種の強制的メカニズムの発展であるとしている。[23] このほかに「強制理論」を提起し、かつ戦争を国家起源の動因とみるアメリカの考古学者ロバート・カルネイロは、古代国家をこう定義している。

国家は独立した政治的単位で、多くのコミュニティを領内に包み込み、中央集権化された政府をもつのであり、当該政府は人びとを戦争や労働に駆り立て、税を徴収し、法律を頒布・執行する権力を有している。[24]

また『先史国家の進化（原題 *Evolution of the Prehistoric State*）』という著書のあるジョナサン・ハースは、まず当該書の「はじめに」で、

筆者は最大限にふつうの学術用語をもちいて国家をこう定義したい。中央集権的で専門化した政府を備えている社会である、と。[25]

とする。そののち当該書の第七章ではまた、

私は国家を一つの分層社会と定義している。そのなかで管理機構は、基本的生活資料の生産や、それを獲得しようとする方法を統制している。それゆえ［国家は］必然的に、その余剰の民に強権を行使する。[26]

とものべている。ハースの一番目の定義はあまりにも一般的で、たんに国家社会における「中央集権的で専門化した政府」を強調したにすぎない。ハースの二番目の定義は、フリードの社会分層理論の影響を受け、国家をひとつの分

層社会ともみなしているが、「管理機構」がその民に「強権」をふるう点も指摘している。カルネイロと比較すると、カルネイロが国家のもつ公的権力を「権力の集中した政府」と表現しているのにたいし、ハースはそれを「中央集権的で専門化した政府」や、民に強権をふるう「管理機構」と表現している。

以上、欧米の学界における国家概念〔ならびに前国家社会との相異〕にかんする諸学説を挙げた。諸説の差異からみると、異なる研究者のあいだには、たしかにさまざまな学説があるという状況である。これは、国家起源にたいする研究が長らくつづけられているにもかかわらず、古代国家の概念そのものがなおも不明確なことを物語る。とはいえ、上述の諸学説からは、議論の俎上にのることの多い、古代国家にかんする数点の特徴も帰納できる。なかでも第一の特徴は、国家が強制的な権力（公的権力、合法的壟断的武力、暴力、国家機構、政権機構などともよばれる）をもっている点である。これは諸説がいずれも論及しているもので、国家を前国家社会と区別する本質的特徴でもある。第二の特徴は、国家社会も階級社会であって、国家にすでに階級や階層分化（あるいは「社会分層」という）があるという点である。第三の特徴は、国家の民がすでに血縁関係を超越し、〔彼らの人間関係がおもに〕地縁関係にとってかわられている点である。

5　古代国家の特徴の再検討

ここで帰納した古代国家の三点の特徴にかんして、いったいどのように評価・取捨選択するべきであろうか。案ずるに、真理を検証する規準は理論と現実の関係いかんにある。中国の古代国家と文明は、世界でもっとも原生的な形態の国家と文明に属しており、(27)世界で唯一連綿といにしえよりつづく文明と国家でもある。中国古代の史実との関連度から、以上三点の特徴を評してみると、問題点のなかにはもっとほりさげて考えられる部分が出てくるであろう。

中国古代、たとえば殷代と周代には、いずれもつとに国家のある文明社会が樹立されている。殷周の国家社会においては、強制的な権力と王・封君に隷属するさまざまな官吏がおり、これは甲骨文・金文・歴史文献のしるすところである。殷周国家に明確な階級分化と社会不平等の現象があることも、争えない事実である。だが殷周の国家社会においては、地縁関係はまだ完全には血縁関係にとってかわられておらず、当時は地縁的要素もさかんであったとはいえ、社会の基層組織はおもに血縁を基礎としていた。そこでは、家族と宗族がなおまことの政治経済の実体であり、政治上大きな作用を発揮している。

もちろん殷周社会における血縁関係は、すでに変型をへた血縁関係である。殷代晩期の王都殷墟を例とすると、三六㎢の殷墟の範囲内には、宮殿区と王陵区以外に、四方八方に他族の集住する住居跡と手工業の工房跡が大量に散在している。だがこれらの族衆の住居跡と手工業の工房跡は「大雑居《だいざっきょ》・小族居《しょうぞくきょ》」の特徴をしめしている。

いわゆる「大雑居」とは、殷墟全体（つまり王都）においてまじりあって住んでいる多くの異姓の族人のことで、一種の雑居状態を呈している。いわゆる「小族居」は、ひとつひとつの族が比較的小さい範囲のなかで「家族」や「宗族」ごとに居住をし、埋葬されることである。「小族居」の族氏構造をさらに分析すると、王都内の王族と一部の強宗大族《きょうそうだいぞく》が宗族構造をなしていることがわかる。

一方、王都に住んでいる外来の朝廷官となっている他族の者は、はじめはつねに家族の形式であらわれるものである。たとえば王都出土の族氏銘文中の「丙」族・「息」族・「韋」族・「光」族・「長」族などの族氏は、甲骨文や、全国各地でみつかる関連の墓地と墓の資料と照らし合わせてみると、みな外来の族氏である。その本家はみな外地にあるが、いずれも家族単位で殷墟に居住し、埋葬される。こうした王権の作用のもと、家族ごとにあらわれる「大雑居小族居」は、王都内の親族組織の政治的性質が他の場所より発達していたことを反映する。(28)これはとうぜん王都内の地縁的要因のひろがりをうながす。

王都外にかんしては、『春秋左氏伝』定公四年が西周初期に諸侯を分封したときのことに言及しており、かつて魯《ろ》公伯禽《こうはくきん》に「殷民六族」を分与し、「其の宗氏を帥《ひき》い、其の分族を輯《あつ》め、其の醜類《しゅうるい》を将《ひき》いし（使帥其宗氏、輯其分族、将其醜類）」めたとしている。ここでの「宗氏」と「分族」は、宗族と家族という二つの族組織に属している。これは一般的には、殷人の族氏構造が若干の血縁家族よりなる宗族のごとき構造をしていたことを物語る。このほかに、殷代～西周前期の青銅器と少数の他の器物上に常見する「族徽《ぞくき》」とよばれる族氏銘文も、「血縁的族氏組織が当時たいへん普遍的なものである」(29)ことをはっきりとしめす。変型した血縁関係はさらに、西周における地域組織の「里《り》」と血縁組織の「族《ぞく》」が長期間並存していることをしめす。これはまさに趙世超《ちょうせいちょう》がこうのべるとおりである。

西周になると、国中にはすでに地域的組織の里が出現していたにもかかわらず、里と族は終始並存するものである。一つの里にはいくつかの族がふくまれ、族は里にふくまれることがある。一つの大家族はあつまって一つの里に住むこともでき、里と族が一つに重なりあうこともある。地域組織が家族に与える影響はまだ微弱であり、ゆえに家族はなお真の政治経済的な実体であった。(30)

じじつ、侯外廬《こうがいろ》が中国古代の国家と文明社会の形成をしめし、それが「氏族制度をとどめて維新をする道」を歩んだとしたのち、中国の学界では、多くつぎのように考えられている。すなわち、夏・殷・周の三代には、国家機構はすでに成立していたものの、社会の基層単位はなおも血縁的な家族や宗族で、国家はまだ血族組織と分離しきっておらず、家族―宗族組織と政治権利はおなじ層位にあり、おなじ構造をしている(31)、と。つまり、夏・殷・周の三代の国家社会の政治経済においては、「族氏血縁関係」がなおも重要な作用を発揮しており、家族と宗族はなお政治経済の実体であるのである。中国の学界では、これを中国初期国家形態の重要な特徴とする認識がすでに主流となっているの

である。(32)

地縁関係と血縁関係の問題については、中国古代では、国家社会の時期以後、相当長期間をへてもなお、国家は徹底的には血縁組織から分離しておらず、依然として「血縁関係の外殼」をとどめていた。そうである以上、このように地縁関係が血縁関係にとってかわることを規準として国家形成の是非をはかる方法は、中国には適さない。とはいえ、古代中国も世界の古代国家の分類における代表的な一種である。とするならば、古代国家の概念にかんして地縁的要素を強調する学説は、放棄されねばなるまい。この問題について張光直《ちょうこうちょく》は、首長制理論を中国の学界に紹介した時点で、すでに困惑をしめしており、しかもその問題を解決する方法を提起していた。張光直は、本書前引のケント・フランネリーの国家概念を紹介したのち、つづけてこう分析している。

> このような見方からすれば、国家の必要条件は二つあるのであって、それは、血縁関係が国家組織のなかでは地縁組織にとってかわられることと、合法的な武力の存在とである。この点から殷代文明をみてみると、前者の条件には適合しないが、後者にはあてはまっている。それなら、はなして殷代はすでに国家段階に達していたのであろうか。サンダーズは、中央アメリカ古代文明史における社会から首長制《チーフダム》国家への転化の問題を検討したさいには、……このようにみてくると殷代の社会は首長制社会であって、国家ではないのではなかろうか。しかし、そのほかの面（合法的な武力の存在や階層制による支配や階級の状況）からみれば、殷代社会は明らかに国家の定義に合致している。いいかえれば、殷代の社会形態は、さきにあげた社会進化論の分類のなかにおける首長制社会と国家との区分について、定義上の問題をひきおこすのである。この問題を解決するには、二つの方法が考えられる。一つは、殷代社会を通常の規律にあてはまらない変態のものであると考えることである。たとえばジョナサン・フリードマンは、国家のもとになっている政治権力を血縁関係者のあいだで分配する古代国家を特殊な一

類型として、これを「アジア型国家」とよんだ。もう一つの方法は、国家に定義をくだすときに、中国古代社会での事実を、分類基準をたてるさいの基礎の一部分として考慮するものであり、それは血縁や地縁の関係の相対的な重要性について、新しく見なおしを行なうことである。三代の考古学研究が一般理論に対してもつ重要性は、当然、それが実際の場に適用されてはじめて明らかにされるものなのである(33)。

張光直は、問題解決をはかるこの二つの方法を提起しており、自分なりの方向性をもっている。しかし、さらにすすんでそれを実践するにはいたらなかった。筆者も、はじめて文明と国家の起源を研究したさい、一般にいわれる国家の概念と指標にかんして、新たな検討をする必要をつよく感じ、それゆえ一九九〇年発表の論文「文明と国家」(34)でこうのべたことがある。

> エンゲルスの『家庭・私有財産・国家の起源』で提出されている国家形成のふたつの指標（地域ごとにその国民を分けることと、社会に君臨する公的権力を設立すること）は、古代ギリシア・ローマには適用されるものの、他のもっと古い多くの文明民族には限定的なものである。筆者は、国家形成の指標をつぎのように修正すべきと考える。第一に階級の存在、第二に社会に君臨する公的権力の設立である。階級の出現は国家が樹立するための社会的基礎である。［また］全社会に君臨する公的権力の設立は、国家の社会的役目であり、国家のメカニズムの本質的特徴である。農業民族と遊牧民族は、文明の起源における具体的な道程にかんしては多くの差異があるとはいえ、国家形成の指標を、階級の存在と全社会に君臨する公的権力の設立として規定することは、農業民族であれ遊牧民族であれ、東方であれ西方であれ、すべてに適用するものである。よって、これを人類文明社会の誕生と形成の共同の指標とすることもとうぜんなしうるものである。

現在からみても、筆者が二十余年前に行なったこの理論的思考は(35)、なお古びていない。ここでは、これを基礎とし、上記諸説の合理的成分を吸収して、古代国家をつぎのように定義することにする。

一定の領土的範囲と独立の主権をもち、階級・階層・等級のたぐいの社会分層があり、合法性をそなえ、壟断的特徴を帯び、全社会に君臨する強制的権力をもった政権組織と社会体系。

筆者の提案するこの定義のうち、いわゆる「一定の領土的範囲をもつ」とは、各国家がいずれもみずからの空間的範囲を有することの謂である。これは、当該国の統制可能な地域をさす。だがまことにアンソニー・ギデンズがいうとおり、古代国家の領土概念には往々にして「辺境」はあっても「国境」はない。国境はいわゆる「国民国家」の成立過程でようやくあらわれはじめるものである。古代において国と国とのあいだは、往々にしていくらかの無主地帯や緩衝地帯に属している。そのうえ国力の消長にともなって、国家の統制可能な地域や国家の辺境は、往々にして動態的に変化をするものである。したがって、領土すなわち国土は、拡張することもあれば収縮することもある。

また、ここでいう「独立の主権」とは、たんに現代国家にのみ適用されるものではなく、古代国家にも同様に適用されるものである。たとえば夏殷周三代では、そのときの王を「天下共主《てんかきょうしゅ》」とみなす「侯」・「伯」の国や、王朝体系内に収まる「庶邦《しょほう》」の国は、中央の王権の命令を聞くため、みずからは独立の主権をもたず（主権はととのっておらず）、「複合制国家構造」の構成要素をなす。[36]一方、それらの王朝と敵対する方国は、独立の主権をもつ国に属する。

上記の定義のうち、階級・階層・等級の存在を国家社会の基礎とするのは、国家社会がつまりは階級社会であり、階級・階層・等級といった区分が国家社会のなかでも普遍的に存在する現象であるからである。

強制的権力の合法性［＝合法性をそなえ、壟断的特徴を帯びた強制的権力］という概念は、ウェーバーによって国家の定義のなかに取り込まれたものである。ウェーバーは、合法性が人民の信念の基礎のうえにたつものであるとする。かりに一人の統治者の行為が人民の信念と符合するのであれば、彼は合法的なやり方で政治を行なうことになる。[37]じっさいにはこのほかに、初期国家における強制的権力メカニズムはまた、いくつかのきわめて社会的公共性の強い仕事の助けを借りて発展してくるものである。全社会の公共的な利益・仕事・工程や、たとえば『春秋左氏伝』成公十三年のいう「国の大事は、祀《まつり》と戎《いくさ》に在り（国之大事、在祀與戎）」などは、いずれも強力な社会的公共性を帯びており、国家の出現は「既成の階級秩序と構造にたいする保護」でも、「社会公衆の求めに応じて発展してくるもの」でもある。[38] こういった社会的公共性は、いわば合法性の体現である。

このほかに上記定義のなかで、「政権組織」と「社会体系」を並列させているのは、筆者がギデンズの説に賛成しているからである。それは、「国家」が二重の意味をふくみ、ときに政府機構や権力機関をさし、時にこうした政府や権力の支配する社会体系全体をもさすということである。

第二節　古代国家の形成の指標

1　古代国家の形成の指標にかんする私見の是非をめぐって

国家の概念と定義をこのように論述してから、古代国家の形成の指標を論述するほうが、理解をするのは容易であろう。前述したように、百余年前にエンゲルスは、『家族・私有財産・国家の起源』において、国家形成の二つの指標を提示したことがある。すなわち、地域ごとに国民を分けることと、社会に君臨する公的権力の設立である。地域ごとに国民を分けることは、原始社会の組織構造が血縁を特色としているのと区別するために概括された指標である。社会に君臨する公的権力の設立は、国家の出現とともに生じた強制的権力機構の謂である。エンゲルスの提出するこの二つの指標を、中国の学界では長らくこのような意味あいで使用してきた。だが［前節で論じたように］研究の深化にともない、地域ごとに国民をわけることは中国古代史の実情にそぐわないことがわかった。

そこで筆者は、「国家形成の標識はつぎのように修正すべきである。第一に階級の存在、第二に社会に君臨する公的権力の設立である。階級や階層の出現は国家という管理機構がなりたつ社会的基礎であり、全社会に君臨する公的権力の設立は国家の社会的役目であり、国家機構の本質的特徴である」[39]とのべたことがある。国家形成の道やメカニズムの解釈にかんしては、内部衝突論・外部衝突論・管理論・融合論・貿易論など、多くの異なる理論・観点があるとはいえ、国家形成の結果としては、みな階級や階層・等級のたぐいの社会分化の存在があり、いずれもなんらかの形式の強制的権力の設立があり、この点はまちがいのないものである。ゆえに、たとえ各文明国家において階層・階級・強制的権力の形成の道と存在形式にそれぞれ違いがありうるとしても、両者（つまり階級と強制的権力）の出現を国家社会へすすむときの指標とする点にかんしては影響がない[40]。

研究のやりやすさという点からいえば、太古の社会において等級・階級・階層のたぐいがすでに形成されていたか否かにかんしては、考古発掘で出土した墓資料と居住建築物の規格などの資料から考察をすすめることができる。ひとつの社会の墓地と墓の資料のなかでも、副葬品が十分豊富でとても美しいものは、当該社会の階層と等級のなかであきらかに上層にいるのであり、統治階級や富裕層の列に加えられる。だが副葬品が貧相で少なく、なにもないようなものは、社会の下層におり、一般民衆に属し、奴隷ということさえもある。それらの殉葬者《じゅんそうしゃ》や、白骨がゴミ穴にすてられている者にかんしては、その者が戦争捕虜から奴隷に転化したか、それとも他の原因によって奴隷身分におちたかはともかく、社会の最底辺に属する。このことはいずれもあきらかなことである。社会の下層としての民衆や、戦争捕虜から奴隷に転化した者は、全体としてはいずれも被統治階級に属する。居住の環境・条件・規格からみると、それらの宮殿にすむ者と、ふつうの地上建築物にすむ者と、地穴式《ちけつしき》・半地穴式の建築物にすむ者とでは、その身分地位と社会階層にちがいがあることも十分明白である。ゆえに、私たちが提出する国家形成の指標のひとつは、等級・階層・階級の存在となるのである。文明と国家の起源の研究において、それらの研究のしやすさとそれらがもつ物化形式は、一目瞭然である。

全社会に君臨する公的権力、すなわち強制的権力にかんしては、その物化形式や物化手段とよびうるものをさがしだし、考古発掘で出土した都邑・都城・宮殿の類の建築物をとおして考察しうる。巨大な城壁の造営には大量の労働力を大規模に組織・移動することが必要で、長時間労働をへてようやく完成させうることが知られるが、城壁内部の宮殿宗廟などの大型家屋建築の造営にも多くの人的資源・物的資源を動員する必要がある。これはみな、その事例の背後に整った社会的協調と支配機制があり、造営事業を保障・運営していることをはっきりとしめしている。

考古学的発見は、さらにつぎの点もしめしている。すなわち、都邑の城壁を建造したとはいえ、すべての族人がみな城内にすむわけではなく、城邑の周辺にもいくらかの村落（すなわち小さい聚落）があり、都邑から離れた一定範囲内にもその聚落群のいくつかの聚落がある。一方、城内の宮殿も、たんに統治階層と貴族の居住とされるだけである。つまり、中国上古時代の城址とその城内の大型建築は、けっして当該地域内の全聚落群の人口の居住用に建築されたのではなく、貴族のなかでも上層の人びとと、それに付属する人びとの居住用に、建築されたものなのである。にもかかわらず、統治階層は全聚落群の労働力を動員・支配する力をもっており、あきらかにこの種の支配力は一定程度強制的な色彩をおびていた。

もちろん、城を一目みて国家がすでに存在していたと即断するわけにはいかない。たとえば、西アジアのパレスチナのエリコは、一〇〇〇〇年～九〇〇〇年前にあり、なお前陶《ぜんとう》新石器時代のものであり、つまり軍事と他の特殊な原因（たとえば宗教上の聖地や聖物などを守る）によって城壁を築いていた。

だがその一方で、社会内にすでに階層と階級があるばあい、城邑の出現は国家構成のための十分条件とみなしうる。つまり、この種の強制力を帯びた権力と、当時の社会が階層や等級にわかれ相互に結びついて構成する社会形態は、先史時代の「分層社会」や「首長制社会」とよばれる社会形態とは異なるものなのである。

筆者がさきほど提出した国家形成の二つの指標にかんして易建平《えきけんぺい》は、階級の出現をたんなる「国家誕生の前提条件のひとつ」にすぎないとし、つぎのようにのべている。

> 前提条件のひとつを主題となるものそれ自体の指標とすることは、まったくもってよくない。いかなるひとつの前提条件も、主題と事物の出現よりもはるか以前に存在できるのであり、これはひとつの常識である。しかも当該前提条件があったとしても、それによって当該の主題の事物がきっとそれに伴って生じるということを断定するのはむずかしい。たとえば社会発展からみれば、階級がありながらも国家がいまだに誕生していないという状況はいくらでもある。典型的な例としては、多くの研究者がつねに言及している中国涼山の彝族がある。[41]

かかる議論は、あきらかに問題にふかく切り込んだものではあるものの、やはり弁別しないわけにはいかない。案ずるに、たんに階級分化のみがあって、国家の政権がないという社会的実体は存在しうる。だが、国家政権のみがあって階級のない社会は、存在しない。階級が生まれたあとになって国家があるのか、それとも国家が階級の誕生とともにあらわれるのかはともかく、階級は国家の社会的基礎であり、国家社会の重要な現象である。ゆえにこの現象は、いわゆる「前提条件のひとつ」でもありうるのであり、同時に「主体事物そのもの」の指標の一つでもありうるのである。しかも筆者は、けっして階級の誕生のみを国家形成の指標とするのではなく、それと、強制的で全社会に君臨する公的権力とをともに国家形成の指標とするのであり、この二つは一つとして欠くことはできない。加えて、階級の存在は国家形成の指標の一つとしては、国家権力の強制的側面を説明する一助ともなる。

ついでに指摘すべきは、かかる疑問を提起した易建平が論文で、マックス・ウェーバーの国家にかんする定義にかなり賛意をしめしている点である。もっとも、彼はこうも考えている。すなわち、ウェーバーの定義において国家が「壟断」している強制的権力は、近代にいたるまでずっと完全には実現していない。かりにウェーバーの定義を標準とすると、近代にいたるまでずっと、中国は国家社会の段階に入ってもいないことになるのではないか。「ウェーバーの「国家」の定義そのものに根本的な問題がある」以上、私たちはなぜ、なおもこの定義をもちいて国家形成の基準とする必要があるのであろうか、と。そして、ウェーバーのこの定義はいわゆる「初期国家段階」・「成熟国家段階」・「標準国家」のうちの「標準国家」にのみあてはまるとする。(42) だが、この易建平の見解にも自己矛盾がある。すなわち「易建平の説では標準国家のみが国家であることになるが」、まさか「初期国家」と「成熟国家」は国家ではないのであろうか。

2　聚落等級を国家形成の指標としうるか否か

なるほど、古代国家の形成の指標にかんする問題にはなおも定説があるとはいえない。この学問的課題はけっして完全には解決していない。それはずっと国家の起源にまつわる重要な理論的問題とされ、研究者たちの倦むことなき探索をうけてきた。一九七〇年代以来、一部の西欧の人類学者と考古学者は、いわゆる四級の聚落等級をつうじて首長制と国家とを区別する方法をとっており、これは非常に代表的なものである。

かかる方法は、一九五〇年代にアメリカの人類学者カレルヴォ・オーベルグが首長制概念を提起したことに起因する。また一九六〇年代に、エルマン・R・サーヴィスが「バンド（band）―部落（tribe）―首長制（chiefdom）―国家

(state)」という変化の図式をうちたてた。そののち、研究者たちはまた、首長制にいたるまでのあいだに、社会の複雑さの度合いの面で巨大な差異があると考えた。ティモシー・K・アールらは首長制を「単純首長制」と「複雑首長制」の二類型に分類し、ならびに複雑首長制社会だけが国家に変化しうるとする説を提出したが、この二類型を区別する考古学な根拠のひとつは、意思決定の等級の数である。これは系統論と情報論のなかから発展してきた一種の理論的概念であり、その理論のロジックにおいては、複雑社会の発展にさいしての根本的変化は、まず意思決定の等級数が増加することがあり、ついでメッセージの加工の専業化がおこることであると考えられる。

この理論は、ヘンリー・T・ライト、G・A・ジョンソン、ティモシー・K・アールらによって、文化の進化と国家の起源にかんする研究に応用され、首長制と国家とを区別するいわゆる「四級聚落等級の国家論」が提唱された。たとえばジョンソンは、部族と首長制が一～二の等級の行政管理機構をもち、国家は少なくとも三等級の意思決定機構をもつとする。[43] ライトやアールらは、このような意思決定等級（行政管理層）と聚落等級とを対応させ、さらにこう考えている。すなわち四級聚落等級は、村社よりも上位の三つの意思決定等級を代表しており、ゆえに国家をあらわしている。三級聚落等級は、村社より上位の二級の意思決定等級を代表しており、ゆえに複雑首長制をあらわしている。二級聚落等級は、村社より上位の一級の意思決定等級を代表しており、ゆえに単純首長制をあらわしている、と。[44] 聚落の等級を区分・測定する標準や方法として採用されたのは、「第二大聚落（すなわち二級）は最大中心聚落規模の二分の一、第三大聚落（すなわち三級）は最大中心聚落の規模の三分の一でなければならず、これによって類推する」というものであった。[45] このため、オーストラリアのラ・トローブ大学の劉莉《りゅうり》は、その著書『中国新石器時代――初期国家への軌道（原題 *The Chinese Neolithic: Trajectories to Early States*）』において、以上の諸説を一覧表にしている。[46]

表0―1　社会の複雑化の程度をはかる四変数間の大まかな対応関係

社会組織	聚落等級の層	管理等級の層	人口規模　※
単純首長制	2	1	数千人
複雑首長制	3	2	数万人
国家	4	3	一万人～十万人以上

（※単純首長制と複雑首長制の人口規模はアールに、国家の人口規模の推定はフェインマンによる）

　案ずるに、聚落の等級区分がかりに科学的かつ史実に即したものであるならば、それは一定程度、当時の政治における隷属と等級のメカニズムを反映しえよう。それは社会の複雑化の一面もしくは物化形式に属し、それゆえその理論における意義をもつ。だが「四級聚落等級の国家論」には限界がある。かかる限界は三つの面にあらわれている。すなわち第一に、先史時代の聚落等級を区分・測定する目安には研究者の主観的要素がふくまれるので、区分された等級は相対的なものにすぎず、絶対的なものとはみなせない。第二に、いわゆる国家の成立が四級聚落等級よりなり、またその上位に政策を決定する三つの等級があることによってあらわされるとの説は、ものごとを絶対化しすぎており、教義的にすぎるものであり、中国上古（つまり虞《ぐ》・夏・殷・商）の状況から検討すると、中国古代の実情にはあわないようである。第三に、首長制と国家をわける評価の目安として、問題の実質は、ある聚落群中の聚落等級が結局三級よりなるか四級よりなるかではなく、当該の政治的実体に比較的集中的な強制的権力構造があるか否か、社会に階層や階級の不平等があるか否かにある。

　まず聚落等級をわける具体的内容についていうと、劉莉『中国新石器時代――初期国家への軌道』所引の資料を例とすると、そのなかでは、中原・山東・陝西中部の各地域と各アジア地域の聚落群は大部分が三級にわけられ、二級と四級にわけられるものもある。だが地域と地域のあいだの目安は統一されていない。同様に、龍山時代の第一級聚落として、陶寺《とうじ》中期城址の規模が二八〇万㎡なのにたいして、伊洛地区王湾《おうわん》類型の一級聚落の規模は二〇万〜三〇万㎡、豫北地区後崗《こうこう》類型の一級聚落は三〇万〜五六万㎡、豫中地区の一級聚落は二〇万〜五〇万㎡、山東省臨沂地区の一級聚落は七五万㎡、山東省日照地区の一級聚落（両城鎮）は二四六・八万㎡、魯北地区の一級聚落の城子崖《じょうしがい》城址は二〇万㎡等々である。これより、以上の遺跡はいずれも第一級聚落とよばれてはいるものの、各地の懸隔《けんかく》は大きいものであったとわかる。考古学者が聚落の規模におうじて聚落の等級をわけてゆくさいに、各地には統一的な目安がなく、統一的な目安をつくりだす手立てもないのである。たとえおなじく第一級聚落であるとしても、晋南の二八〇万㎡の陶寺城址と、豫西・豫北・豫中の三〇〜四〇万㎡の第一等級聚落遺跡とは、ひとつの概念ではまったくない。前者の地が第一等級の聚落にわけられるのにたいして、後者の地にあるのは第二等級か第三等級の聚落にすぎないであろう。分類される各規模の等級は、本聚落群のなかでは相対的な意義をもつものの、各地のあいだでは比較不可能なのである。

　このほかに、城址面積と遺跡面積をわけて対応させることは、考古学的調査に従事する者はみな知っているものであるが、それは、ひとつの遺跡のなかで城壁にかこまれている城内の面積と遺跡全体の面積とがおなじものではないからである。城址面積はしばしば一般的意義における遺跡面積よりも小さい。このように、ある一聚落群にとっては、かりに二〇万㎡以上の遺跡を第一等級に分類するばあい、城址としてはいったいどれほどの規模のものがこれに相当するのか。一〇万㎡以上か、それとも一五万㎡以上か。その換算の根拠はなにか。要するに、聚落規模の等級区分は、たんに各地の聚落群内部における相対的なものであって、各地の聚落群のあいだに統一的な数量的目安を設ける手立てはないのである。それが研究者の主観的要素をふくむことは一目瞭然である。

つぎに、四級聚落等級があるだけで国家の成立がしめされるか否かも、説明しがたいものである。かりに既知の事柄から未知の事柄を推測してみることとし、殷周時代の都鄙《とひ》邑落《ゆうらく》の等級の状況をもちいてこの説を検証してみると、問題はかなり明瞭に看取される。すなわち、殷代を例とすると、殷の「内服《ないふく》」の地（つまり王邦《おうほう》の地。殷王の直轄地で、後世のいわゆる「王畿《おうき》」に相当する）の都鄙邑落の等級は三級にわけられる。すなわち、王都は第一級（最高級）、朝臣・貴族大臣の居邑や領地（周代の采邑や公邑に似る）は第二級、普通の村邑や辺鄙小邑は第三級をなす。殷の「外服《がいふく》」の地（四土で即位する侯伯《こうはく》などの附属国の地。つまり主権が完全には独立していない諸々の邦国の地）の都鄙邑落の等級も三級にわけられる。つまり、もっとも高い等級は、侯伯の君のすむ中心的都邑であり、たとえば甲骨文中の「侯唐」（つまり唐侯）の「唐邑」や、丙国の「丙邑」、「望乗」族の邦の「望乗邑」などである。第二級は、こうした邦内における他の貴族の邑や、族長のすむ宗邑である。第三級は、邦内における辺鄙な小邑や、侯伯貴族の領内にある貧しい家族のすむ普通の村邑であり、たとえば「沚《し》」伯の領地の「東鄙二邑」や、甲骨文中の「鄙二十邑」・「三十邑」などの、数字で計量される小邑などである。[47]

もとより殷代は「複合型国家構造」をしており、[48] 殷代の一部の侯伯は殷王に臣属するまえには独立の邦国で、殷王に臣服や従属をしたあとも、侯伯の地にたいする殷王の統治と支配は間接的なものである。ゆえに、殷代の聚落等級構造をわけるさいには、せいぜい内服としての王邦と外服としての侯伯とを各々区別しうるのみである。しかも、これらの聚落等級同士の上下関係も、ある種の隷属関係にすぎず、行政区画の分級管理関係ではない。ただ、聚落の等級分類についていえば、すでに邦国（つまり初期国家）から王国へ発展している殷王朝には、殷王直轄の王邦か、侯伯に支配される各族邦かはともかく、いわゆる四級の聚落等級構造はみられない。これは、四級聚落等級だけが国家をしめすとするライトやアールらの理論とまったく異なるものである。もちろん、殷代複合制国家構造の角度から論ずるばあい、殷の王都と、侯伯の領地である三級聚落等級とを重ね合わせれば、四級の聚落等級があることになるであろう。だがこれは、すでに国家の形態と構造に属しており、いずれもすでに大きく発展している状態であり、独立的・初期国家的・単一制的な邦国としての状態ではない。ゆえに、「四級聚落等級の国家論」とは同じものではない。

3　中国考古学よりみた聚落等級区分論とその限界

聚落等級の区分は、往々にして聚落考古調査を推進することと密切不可分である。このような調査にさいして比較的効果的な方法論は、考古学では「系統的地域調査（Regional Systematic Survey）」や「包括的調査（Full-Coverage Survey）」とよばれている[49]。一九九〇年代中期以降、山東大学東方考古研究センター・中国社会科学院考古研究所のいくつかの考古工作隊などの研究機構は、外国との共同調査をとおして、前後して山東省日照《にっしょう》[50]・安陽[51]・霊宝[52]・河南省洛陽[53]・河南省伊洛河地区[54]・河南省偃師《えんし》などで[55]、規模のさまざまな系統的地域調査を開始し、一連の成果を発表した。その特徴は、調査対象が数千年間にまたがるものであり、面積も一〇〇〇㎢を越えるものがあることである。これは、当該地域の聚落群の分布状況とその前後の変化を理解するうえでは大いに有益なもので、聚落考古研究における必要なものである。

むろん、もっとも理想的な状態は、ひとつの地域内における典型的遺跡の発掘と、系統的地域調査、そして調査における試掘の三者の結合である。典型的遺跡の大規模で全面的な発掘は、聚落内の社会組織の構造と関係を解明することを可能にする。典型的な遺跡の所在地にたいする系統的地域調査と、調査で必要となる試掘により、聚落と聚落の関係、つまり聚落群の内部と外部の関係が解明されうる。ゆえに聚落形態の研究を目的とする発掘・調査・試掘は三位一体的で、学術目標は明確であって、学術の問題も解決や推進にいたりやすい。ここでは紙幅が限られるので、人類学における聚落等級と意思決定等級のあいだの相関関係にかんする理論に系統的検討を加える準備はしていないものの、殷代の王都の所在地である洹《えんが》河流域の考古調査資料を利用し、いわゆる第一等級聚落（最高中心聚落）が若干の第二等級聚落（次級中心聚落）を統轄し、第二等級聚落が若干の第三等級聚落を統轄し、第三等級聚落が若干の第四等級聚落を統轄するという重層性をもった理論モデルには、個別に検討を加えることが可能である。

一九九七年～一九九八年に、中国とアメリカの洹河流域考古隊は、安陽殷墟の外周部分にある洹河流域にたいして、学際的な考古調査をおこなった。調査の範囲は殷墟を中心とし、東西に各々二〇km・南北に各々一〇kmにわたって展開され、総面積は八〇〇㎡近くである。この調査を主として、各回の調査結果を総合すると、仰韶文化後崗期の邑落遺跡は六ヶ所、仰韶文化大司空村《だいしくうそん》期の邑落遺跡は八ヶ所、龍山文化時期の邑落遺跡は三十ヶ所、下七垣《かしちえん》文化時期の邑落遺跡は八ヶ所、殷文化殷墟段階以前の邑落遺跡は十九ヶ所、殷墟時期の邑落遺跡は二五ヶ所、西周時期の邑落遺跡は二二ヶ所、東周時期の邑落遺跡は三六ヶ所あることがわかる。

そのうち、殷文化殷墟第一期晩期以前の段階、すなわち殷文化白家荘《はくかそう》期～洹北花園荘《かえんしょう》晩期（つまり殷墟第一期早段）の十九ヶ所の邑落は姫家屯・東麻水・大正集・柴庫・洹北花園荘・西官園・東官園・聶村・大市荘・大定龍・大八里荘・袁小屯・郭村西南台・晉小屯・韓河固・東崇固・開信・将台・伯台である。殷墟期の二五ヶ所の邑落遺跡は、北彰武・陽郡・北固現・姫家屯・蒋村・西麻水・大正集・安車・西梁村・柴庫・范家荘・秋口・後張村・小八里荘・大八里荘・晁家村・南楊店・郭村・晉小屯・大寒屯・韓河固・東崇固・将台・蒋台屯である。殷中期～殷晩期第一期早段の十九ヶ所の聚落は、洹北商城が王都として巨大であるほか、大多数が比較的小さい普通の村邑に属する。殷墟期の二五ヶ所の聚落のうち、調査者がいうには、その面積がもっとも大きいものは三五〇〇〇㎡である。それゆえ調査者の結論はつぎのとおりである。

殷墟以外に、洹河流域には他の大きめの中心聚落は存在しないようである。これはひょっとすると、当時王畿付近に分布していた聚落がいずれも殷王によって直接コントロールされているものであって、そのあいだには、殷王と族長のあいだに介在する中層組織や機構が設けられていなかったということかもしれない。(56)

安陽の殷都とその周辺八〇〇㎢の範囲内の聚落等級は二級だけで、しかもこの二級のあいだの隔たりはまた非常に大きい。だが、それによって殷王国の聚落等級構造（つまり都鄙邑落構造）が二級しかないということはできない。前述のごとく、殷王の直轄する王邦の地か、侯伯の支配する族邦の地かはともかく、その都鄙邑落構造（つまり聚落構造）はみな三級よりなる。(57) 洹河流域の安陽殷都とその周辺の聚落の考古調査は、最高聚落等級（つまり第一等級）の周辺をとりまく聚落も、最基層の聚落（第三級か第四級聚落、つまり最基層の村邑）でありうるのであり、必ずしもいわゆる次級の聚落中心（第二等級聚落）ではなく、王都とその周囲の統治されている最基層聚落のあいだには中間機構がなくともよかったということを物語りうる。

周代の状況もこのようであり、二級の聚落等級もあり、三級と四級の聚落等級もある。西周王邦の地（つまり後世のいわゆる「王畿」の地）では、公邑《こうゆう》・采邑制《さいゆうせい》・国野《こくや》制が実行されている。「国」と「野」よりみて、二つの聚落等級があり、貴族の有する采邑（封邑）と公邑を加えれば、三級の聚落等級を形づくることが可能である。西周の諸侯国はその後も采邑制を実行したが、分封された初期には、公室の子弟に采邑（封邑）を分割してやる必要はなく、ゆえに西周諸侯国はもともと采邑がないものである。西周諸侯国が分封された初期には、直轄地はけっして大きくなく、その都城と周辺地域でも国野制が実行されていたはずである。そして発展をへて、諸侯国のうち、あるものは一定領土範囲といくつかの城邑を擁する貴族国家となり、あるものは依然単一の城邑とその周囲の村邑よりなる貴族国家であった。

そのなかでも、いくつかの城邑（公邑と采邑）と一定の領土範囲をもつ諸侯国には、その国都の邦君と公邑のあいだに隷属関係があった。国都と貴族を分封する采邑とのあいだには、異なる等級の聚落階層があり、国都は一級で、采邑はせいぜいその次級にすぎない。しかしこの二つはけっして行政区画の分級管理関係ではない。

殷代の状況に似て、複合制国家構造の角度からみると、かりに周の王都と諸侯国内の三級聚落等級（つまり諸侯の国都と、諸侯国内の貴族宗邑、そして普通村邑）を重ねてみたばあい、自然に四級以上の聚落等級を構成しうる。だが、この区分法と「四級聚落等級の国家論」の区分法は、ひとつの概念ではまったくない。殷周時代には、たんに単一の城邑とその周囲の村邑をもつ貴族国家があり、春秋時期の一部の小諸侯国にやや似ている。たとえば『春秋左氏伝』昭公十八年の記載には、

六月、鄅人《う》、稲を藉《ふ》む。邾《ちゅ》人、鄅を襲《おそ》う。鄅人将に門を閉じんとす。邾人羊羅《ようら》、其の首を摂《せつ》し、遂に之に入り、尽く俘《とりこ》にして以て帰る。鄅子《うし》曰く「余《よ》帰するところ無し」と。帑に邾に従う。邾の荘公は鄅の夫人を反《かえ》して其の女《むすめ》を舎《お》く」と（六月、鄅人藉稲、邾人襲鄅。鄅人将閉門、邾人羊羅摂其首焉、遂入之、尽俘以帰。鄅子曰「余無帰矣」。従帑於邾、邾荘公反鄅夫人、而舎其女）。

とある。それによると、魯の昭公十八年六月に、鄅の国君が籍田《せきでん》を巡行しているさなか、邾国の軍隊が鄅国を急襲した。鄅国人が城門を閉めようとすると、邾国人の羊羅は城門を閉めようとする者の首を斬ってかかげ、そのまま鄅国に侵入し、民を全員捕虜として引き返した。鄅子は「私には帰れる場所がなくなった」といい、妻子とともに邾国にむかった。邾の荘公は彼の夫人を返還したものの、彼の娘はとどめたままとした。

本段より、鄅は国が小さく民は少なく、邾人は城を破ってその国を滅ぼし、その統治の範囲はわずかに都城周辺に

限られていたことがみてとれる。それはあきらかに都城を中心とする城邑国家に属しており、聚落形態上の三級や四級といった等級区分をなすことはむずかしい。

このように、案ずるに、いわゆる二級・三級・四級の聚落等級とその最高等級の聚落の規模が反映しているのは、社会の複雑化の程度と、この一政治的実体の統制する領土範囲のみである。しかも、筆者の聚落等級にたいする区分も、相対的なものにすぎない。そのうえ、たとえ聚落等級のあいだに隷属関係があったとしても、この種の隷属関係が行政区画の行政管理関係であるともいえない。つまり古代中国においても、夏殷周時代の上古社会における邦君と貴族の領地や、采邑同士の一定の隷属関係は、けっして秦漢時代以降の郡県制下の中央と地方のごとき行政等級を備えた行政管理関係と同じものではないのである。四級の聚落等級形態があるだけで国家がすでに形成されていたことをしめすとする上記理論には限界があるのであり、それはけっして国家が誕生したか否かという問題の本質を説明できず、したがってそれを、国家が形成したか否かを判断する指標ともすべきではないのである。

聚落考古学と社会形態学をむすびつけて古代の国家と文明の起源を研究するばあいには、もとより聚落の等級を分けることが必要であり、またこれによって社会の複雑化を説明することが必要であるが、これは問題の一面にすぎない。これと同時に、先史の社会組織・等級・階層・階級の形成・権力の性質の変化、ないしは宗教意識形態の領域の変化などにも、多面的な考察をすすめるべきである。それによってまさに、初期国家と文明社会がどう生まれるもので、その変化のメカニズムと運動の軌跡が何であり、初期国家の形態と特徴が何かを説明できる。

国家形成の指標について、［要するに］筆者は依然としてこう考えているのである。階級・階層の出現と、全社会に君臨する強制的公的権力の設立とがもっとも特徴的なものであり、そのうえ考古学においても、その根拠と物化形式をさがしだせるのであり、ゆえにそれは研究のしやすいものである、と。本書の関係する章節においても、これを根拠として国家の起源の考察をすすめることになるであろう。［そこでつぎに、階級の成立をいわゆる分業論の観点から検討しておく。］

第三節　「三次社会大分業論」と中国史の実態

　歴史上もっともはやい人類文明の誕生の過程と、その物質的な基礎、そして分業の角度からみた階級成立の道程については、エンゲルス『家族・私有財産・国家の起源』が提起した三次社会大分業論《さんじしゃかいだいぶんぎょうろん》は著名なもので、中国の学界でもかなり流行したことがある。三次社会大分業のなかの第一次分業とは、アジアの上古期においては牧畜業が農業に先行するとの謂である。エンゲルスは、

> 東では、未開の中段階は搾乳・肉食動物の飼い馴らしをもって始まった。ここでは、植物の栽培は、この時期のずっとおそくまでまだ知られていなかったらしい。(58)

としている。

　また、家畜の飼養によって、

> 遊牧部族が残りの未開人の集団から分離した。これが、最初の大きな社会的分業である。(59)

とものべている。

> 最初の大きな社会的分業から、二つの階級への社会の最初の大分裂が生じた。すなわち、主人と奴隷、搾取者と被搾取者への分裂が。(60)

ともいっている。

しかし一九五〇年代以後の西アジアと、中国における数十年来の考古学的成果によれば、この説はあきらかに修正を要するものである。考古学においてはすでに、西アジアか中国かを問わず、農業の起源が一万年前に溯りうるものであり、農業の起源が遊牧よりも早く、農業のなかに家畜の飼育もふくまれる一方で、遊牧経済を特徴とする遊牧民族はやや遅れてあらわれたことが証明されている。遊牧民族が農耕民族に変化するか否かは、それ自体と外部のさまざまな条件が変わることによるのであり、人類の文明の発生と発展による必然的な規律ではない。よって、農業の起源と農耕集落形態の出現は、世界の各文明の古い国が最初に文明社会へと歩むときの共通の基礎であり、共通の出発点であったにすぎない。[61] このため田昌五《でんしょうご》は、三次社会大分業理論における第一社会大分業論はせいぜい当時の科学的仮説とみなしうるだけで、十分な事実・証拠はないとする。[62]

「三次社会大分業論」のなかの「第一社会大分業」論が成立しえないとなると、一部の研究者がこれを階級発生理論の根拠とするのも、[63] とうぜん歴史の実情にそぐわないことになる。

三次社会大分業のうちの第二次分業とは、農業と工業のあいだにおける分業の謂である。第三次分業（エンゲルスはこれを最後の「決定的な意義を有する重要な分業」とよぶ）は、商業が上述の産業のなかから分離して商人階級を生みだす謂である。つづいてエンゲルスはこう概括している。

分業によって成立したさまざまな手工業者集団の利益や、農村とは違った都市の特殊な必要は、新しい初期艦を必要としていた。……氏族制度はその寿命をすぎていた。それは、分業とその結果である諸階級への社会の分裂とによって打ち砕かれていた。それは国家によってとってかわられた。[64]

第二次・第三次分業は、各民族が文明社会にすすむ過程において、異なる程度で存在した。ただ、エンゲルスはそれを氏族組織の崩壊および「個別家族」の出現とむすびつけ、論述を加えている。この状況は、古代のギリシア・ローマにもあてはまるものかもしれない。では、中国古代ははたして氏族制の瓦解と個別家族の出現のあとに国家と文明社会の段階へすすんだのか、それとも氏族的血縁的要素をのこす状態で文明時代にすすんだのか。これは学界で争点となっているものである。［しかし前節でふれたように、］中国の著名なマルクス主義歴史学者の故侯外盧《こうがいろ》は以前、中国古代の国家と文明社会の形成の歩んでいるのは「氏族制度をとどめている維新の道」であると提唱したことがある。裘錫圭も、一九八三年に発表した「商代の宗族組織、ならびに貴族・平民の二階級にかんする初歩的研究（原題：関于商代的宗族組織与貴族和平民両個階級的初歩研究）」という重要な論文のなかで、つぎのように強調している。すなわち、殷周時代の宗法制度は「実質的には家父長的大家族を基礎とする晩期の父系氏族制度が、古代社会の貴族統治階級内部で改造をへた形態にとどまっている」[65]と。中国の他の学者も、多くはこのように主張している。すなわち、中国古代国家の形成過程において、国家はけっして血縁組織とは分離しておらず、国家が形成されるあとになるまでの相当長期間、社会の基層組織は依然として血縁的な家族ないしは宗族であったのである、と[66]。

このほかに、こうした分業と交換が中国古代で結局個別の家庭のあいだで生じたか、氏族制部落のあいだで生じたかも、さらに研究を要するものである。童書業《どうしょぎょう》はかつて、上古時期の氏族分業がじつはのちの「工官《こうかん》」制の先駆だったとする問題提起を行なった。この基礎のうえにたって、二〇〇一年五月八日に、裘錫圭は歴史研究所において「我国上古時代社会分工和対異族的役使中族的組織的保持」と題する学術報告を行なった。そのさいに『逸周書』程典解の、「工、族居《ぞくきょ》せざれば、以て官に給するに足らず（工不族居、不足以給官）」や、「有虞氏、陶《とう》を尚《たっと》ぶ（有虞氏、尚陶）」などの伝説の史料を引用し、上古氏族の工業はみな世襲的であるとした。甲骨文にすでに「百工」の語があり、殷代青銅器銘文にも「木工」・「段金」のたぐいの族氏の名称があり、『左伝』定公四年には魯公に「殷民六族」を、康叔《こうしゅく》に「殷民七族」をわけあたえるなどとあり、これらはみな族を単位とする手工業の専業化した分業である。戦国時代にいたるまで、臨淄《りんし》で斉国の陶工の印章が数多くみつかっており、印章には陶工の居住地の名と彼の名がある。陶工らがこのように集中して一ヶ所に住んでいたことは、彼らが族居していたことを物語る。これらの族形態を残したままの「百工」・「工官」の来源と身分は、一部が本部族、一部が征服された異民族からやってきたもので、服属異民族からきたものもいる。また一部の「百工」の内部では奴隷を使用した形跡もある。社会的分業は族を単位とし、分業は商業交換とも関連しているものである。これより裘錫圭は、上古初期の交換は氏族の酋長に代表される本氏族によってすすめられるものであるとする。宗法制度の出現後は、貴族の宗子《そうし》所有制の形式をつうじて、歪曲したかたちで宗人の利益が表現された。夏代・殷代の商業と交易は、賞賜・貢納と密接不可分のものである。かかる賞賜（交易・交換）の権力は酋長・君主に壟断された。これはあきらかに、中国古代社会史でかなり独特の一面をなしている。

「つまり二次社会分業と階級とのあいだには相関性があるのである。」分業と階級の関係について、エンゲルスの三次社会大分業論での説明と、エンゲルスとマルクスがともに認識していた「階級の存在は分業を引き起こすものである」という観点は一致しているものなのである。(67)しかしじつのところ、これはたんに問題の一面にすぎない。案ずるに、階級の成立は経済分化の結果でもあり、権力と政治の発展の産物でもある。古代において、階級の地位はその身分地位によって体現されるものであり、階級発生の過程はまさに、社会内部が「平等」から、「身分」区別のある過程までのものである。だがこの過程における家父長権と父権家族の出現はその変化の契機であり、最初の奴隷も家族にふくまれている。(68)また、かりに上述の裘錫圭ののべる社会的分業・交換や、奴隷形式がみな族単位でおこなわれる状況をあわせ鑑みると、いわゆる等級・階層・階級・奴隷関係は、族内にあるのみならず、族と族のあいだにもあることになる。かかる族外・族同士の奴隷関係は、かつての歴史学界の一部では「種族奴隷制」とよばれ、一部では「宗族奴隷制」とよばれている。(69)

最後にいわねばならないのは、いわゆる分業からうまれた階級が、経済生産面の分業だけでなく、エンゲルスが『反デューリング論』でのべるものもふくむことである。すなわち、公的仕事の管理と社会的職務を担う目的で、「社会的公僕」は「社会的主人」となり、「統治人物」となる。「社会的役目」が「社会を統治する」ことになり、頭脳労働者（管理者・聖職者など）と肉体労働者（被統治民衆）とのあいだに社会的分業が生まれるのである。これより、階級発生の過程は複雑なもので、多くの形式があり、たんに古典的作者［エンゲルスなど］のなんらかの結論を踏襲するだけでは問題を解決しがたいとわかる。ただしそれには、中国史の具体的実情をむすびつけることが必須であり、これにたいしては専門に章節をならべて論述をするつもりである。

第四節　「軍事民主制」・「部族連合」の得失

［そこでつぎに、前国家社会から国家への過程を具体的に逐ってゆくにあたり、先行研究ですでに論じられている諸概念の妥当性を検証しておきたい。まず］モルガンの著書『古代社会』では、先史社会後期（モルガンのいう「野蛮時代」）に出現する「部族連合」と「軍事民主制」について描いている。エンゲルスは『家族・私有財産・国家の起源』でモルガンのこの説を継承し、第九章でさらにつぎのようにものべている。

どこでも親族的諸部族の連合体が必要になる。まもなくまた親族的諸部族の融合、それとともに別々の部族領域の、部族団［volk、市民団］全体の一領域への融合もすでに必要になる。部族団の軍隊指揮者――レクス、バシレウス、テューダンス――が不可欠の常設の公職者となる。民会がまだなかったところには、それが生まれる。軍隊指揮者、［首長］会議、民会が、軍事的民主制へと発展した氏族社会の諸機関を構成する。軍事的［民主制］

――なぜなら戦争と戦争をやるための組織とが、いまや部族団の生活の正規の機能となったからである。隣人の富は、富の獲得をすでに生活の第一目的の一つとみなしている諸部族団の貪欲をかきたてる。彼らは未開人である。つまり彼らには、略奪が稼ぐ労働よりも手軽なものに、また名誉あるものにさえも思われる。以前には侵害にたいする復讐のためか、ないしは不十分になった領域の拡大のためのみ行なわれた戦争は、いまや単なる略奪のために行なわれ、恒常的な生計稼ぎの部門となる。新たに築城工事を施した都市のまわりの威嚇的な囲壁は、いわれなく屹立しているわけではない。囲壁の壕には氏族制度の墓穴が口をあけ、囲壁のやぐらはすでに文明時代にはいってそのなかにそびえているのである。そして事態は内部でも同じである。略奪戦争は、軍隊の最高司令官の権力をも、下級指揮官の権力をも高める。後継者を慣習的に同一家族から選出するやり方は、とくに父権の採用以降、しだいに世襲制に移行する。――はじめは大目に見られ、次いで要求され、最後には簒奪される世襲制に。世襲王権と世襲貴族との基礎がきずかれる。こうして氏族制度全体がその反対物に反転する。すなわち、氏族制度全体は、自分自身の事項の自由な処理のための諸部族の組織から、隣人の劫略と抑圧のための組織となり、またそれに応じてその諸機関も、人民の意志の道具から、自己の人民にたいする支配と抑圧とのための自立的な機関となる。(70)

これらの論述にもとづき、国内外の研究者らはかなりの長期間にわたり、「軍事民主制」を、原始社会から国家へ変化する過渡期の政体と対応させてきた。モルガン説をもちいれば、

軍事的民主主義が氏族制度の下に自然に発生する。かくのごとき政治組織は氏族の自由な精神を排除することも、また民主主義の原則を弱むることもなく、それらと調和一致するのである。(71)

となる。ただ、研究者の多くが強調したのは、部落連盟に付随する軍事民主制であり、モルガンとエンゲルスが、か

かる軍事民主制は国家への転換過程で生じる「民族」と随伴関係にあるとものべている点には注目していない。これはおそらく、研究者たちが民族形成の時期にかんして異なる見方をしているからであり、しかもモルガン自身もやや矛盾する説明をしているからである。たとえばモルガンは、

民族は、氏族制度の下においては……発生しない。(72)

とし、あるいは

(部落連盟が)アメリカ原住民の……政治制度が達した頂点である。(73)

とのべている。つまり人びとは、長らくモルガンの提出した「軍事民主制」と「部落連盟」のセットのモデルを墨守し、それらを原始社会から国家へと変化する過渡的な政体と社会組織の形式であるとしてきたのである。この問題については、考古学者・人類学者が以上のようであるばかりでなく、古代史や伝説の研究者や、古代史や伝説の材料をもちいる者も同様である。たとえば、堯・舜・禹の時代と禅譲伝説はつねに軍事民主制下の部落連盟として描かれ、かつこれによって堯・舜・禹から夏王朝までの発展(先史社会の部落連盟の軍事民主制から国家社会までの進化)が説明される。

最近では、つぎのように正確に指摘する論者もいる。すなわち「(モルガン・エンゲルス・マルクスの著作においては)部落連盟はけっして原始社会の最高の組織形態ではない」、「国家成立前の原始社会における最高の組織形式は民族であり、部落連盟ではない(74)」、「部落連盟の時代範囲は野蛮時代の低中両段階と、民族形成前の高級段階をふくむ。軍事民主制時代の範囲は部落連盟より広くなければならず、それは野蛮時代の低中両段階をふくむのみならず、高級の段階をまるごとふくむ。ちょうど原始社会末期とそれよりはじまって国家へ変化するまでの過渡期の民族段階をもふくむのである(75)」と。

「部落連盟」と「軍事民主制」をおおう時期の問題のほかに、軍事民主制と部落連盟に関係するモルガンの論述自体

にも若干の問題がある。たとえばモルガンは、軍事民主制下の軍事首領の「職務上の地位」についてこうのべている。

> イロクォイ部族の偉大な戦士から始まり、アズテック部族のチュークトリ（Teuctli）を経、ギリシャ部族の軍師《バシレウス》（Basileus）およびローマ部族のレクス（Rex）にいたるこの公職の漸次的発展を跡づけてみたい。これらの部族の全ての間において、連続する三つの種族時代を通じ、この公職は同一であった。すなわちそれは軍事的民主主義における将軍の公職であったのである。[76]

ここでモルガンが、アズテック部族［いわゆるアステカ］を「野蛮時代中級段階」の「軍事民主制」とし、その社会組織の形式をも「部落連盟」としている点は誤りである。[77] 欧米・日本などの多くの研究者によれば、中米メキシコのアステカはすでに国家社会に属し、巨大な王国をたてており、すでに文明時代に入っている。[78] つぎに、部落連盟の軍事的攻防をなす便宜的組織形式は歴史と民族学的材料のなかにともにみられるもので、いくつかの地域では軍事などの面での求めにおうじて部落連盟が構成されえたけれども、なかには部落連盟を構成していない地域もあり、部落連盟はけっして社会発展にさいして必ず通る段階を体現してはいない。軍事民主制については、たんに戦争と民主の両面を強調するだけで、他の側面のいかなる問題もまったく説明できない。ゆえにモルガンのさらに大きな問題は、原始社会から国家への過渡期の社会構造にかんして、その類型の設計を欠いている点にある。

先史社会から国家への進化過程にかんしてモルガンが提示したのは、「二つの極端な社会組織構造（すなわち新石器時代の「平等主義」の部族社会と文明時代の国家）である」[79]。そのため筆者は、学界が長らくモルガンの「軍事民主制」と「部落連盟」という概念を墨守してきたことを批判したことがある。

人類社会がいったいどのように先史から文明へ向うのかについては、ずっと社会形態と構造的特徴の面での説明を欠いてきた。だが、人類学の研究であれ考古学の発見であれ、なんどもしめされているのは、先史社会が一定段階に発展するまでのあいだには、一種の初歩的不平等・一般的部族組織やふつうの農耕村落を上回る複雑さ・高度な組織化をふくみながらも、なお文明時代に入っておらず、国家の水準に達していない社会が、普遍的に存在していることである。このような社会について一九六〇年代以来、エルマン・R・サーヴィスらの人類学者らは首長制（chiefdom）の社会という構造類型を提出し、あわせて社会進化の観点に照らして民族学上の各種社会を分類し、その進化のプロセスをつぎのように構想している。すなわち、バンド（bands。地域的な狩猟採集集団）―部落（tribes。一般に農業経済と結合している）―首長制（chiefdoms。初歩的不平等をふくむ分層社会）―国家（states。階級社会）である。一九六〇年代末から一九七〇年代の初めに、ウィリアム・T・サンダース、バーバラ・J・プライス、コリン・レンフルーらの研究者も、首長制モデルを考古学の領域に導入し、これによって文明と国家の起源を検討した。(80)

首長制理論の貢献と限界の問題については次節で再論する。モルガンは、「軍事民主制」を原始社会から国家へとかわる過渡的政体とし、かつすべての氏族が一律に自由・平等・友愛さをもつことを強調し、その根源をもとめる。その理由は、まことにサーヴィスが指摘しているように、モルガンが先史社会ですでに不平等な氏族の存在したことをみいだせず、「イロクォイ族の氏族（clan）と初期のギリシャ・ローマの氏族（gens）を同一としている」からである。これは、モルガンの氏族制の学説における重大な欠陥である。(81)

もちろん、「軍事民主制」と「部落連盟」説もひとつの重要な現象をさししめしてはいる。すなわち原始社会晩期、あるいは原始社会から国家社会への変化期に、戦争と各種軍事首長が国家形成の過程で発揮する作用である。筆者は、国家が戦争に起源するというつもりはなく、国家の起源の「戦争論」を説くつもりもないが、戦争と祭祀の国家起源におけるメカニズムと促進作用は十分に肯定すべきものである。(82)

第五節　首長制理論の貢献と限界

1　サーヴィス以前

「部落連盟」や「軍事民主制」などの概念とくらべて、首長制概念の提出とその特徴をまとめることは、あきらかに人類学・民族学研究上の重要な成果である。それは、人類学上の具体的な民族学的実例をつうじて、階級社会以前の不平等社会の具体的状況をあらわし、部落から国家までのあいだの発展の連鎖をうちたてた。(83)

首長制理論は、サーヴィス『未開の社会組織』（一九六二年刊）の樹立した「バンド―部落―首長制―国家」という進化モデルをもっとも代表的なものとする。(84)しかし、サーヴィス以前にすでに首長制概念が提起されている。サーヴィス以降には、さらなる考察と研究がおこなわれており、首長制形態の多様性と複雑性が欧米人類学者たちの首長制の定義・特徴などを多様なものとしている。(85)これは一面では、首長制理論の前と後に発展と変化のあることを物語り、べつの面では、首長制理論に限界もあることを物語る。(86)よって首長制モデルは、先史社会～文明社会を説明するさいには理論的意義をもつものの、時代の流れに沿って分析を加えねばならず、首長制理論の援用時にだれの首長制の定義を採用したかも説明せねばならない。またこうした定義の首長制社会のおもな特徴がなにかも説明せねばならない。そうしてはじめて、理論が現実とかかわるさいに、理論・概念自体と、それがうちたてる条件に、はっきりした認識が得られる。かくて研究を進化させ、その研究対象の歴史的実態によりそえることになるのである。

易建平《えきけんぺい》『部落聯盟与酋邦』と陳淳《ちんじゅん》『文明与早期国家探源』がともに論じているように、首長制（chiefdom）概念のもっとも早いものは、アメリカ人の人類学者カレルヴォ・オーベルグ（Kalervo Oberg）が一九五五年の論文で最初に提出したものである。当該論文でオーベルグは、メキシコ南部低地におけるコロンブス以前のインディアン部族社会の構造的特徴にもとづき、六つの類型の社会形態をまとめている。

（一）同質的部落（Homogeneous。現代中国語で同族部落とも訳せる）。これは、同一血縁集団よりなる部落をさす。その住居や聚落の形態は、分散した家庭よりなるゆるやかな遊群・単一村落の部落・多村落の部落などをあらわす。同族部落の経済はおもに狩猟採集と補助的栽培農業で、多くの母方居住［結婚後、新婚夫婦が妻方の家族またはその付近で生活すること］の社会形態が存在する。

（二）分節化された部落（Segmented tribes）。これは、二つ以上の別々の名前をもつ直系血族集団よりなる部落（named unilinear kinship groups）で、つまりさまざまな世系の血縁集団よりなる。

（三）政治的に組織された首長制（Politically organized chiefdoms）。これはひとつの地域内の複数の村落よりなる部落単位で、一名の最高酋長によって統括されている。彼のコントロールのもとには、一級下の酋長のにぎる区域と村落がある。その政治構造の特徴は、酋長が法定権力によって争いを解決し、違反者を処罰することである。酋長は戦争のために民衆を動員し後方勤務につかせ、連盟をとおして団結を強化できる。政治的権威は部落の共通の淵源にたいする帰属意識にもとづく。首長制には常備軍もなく、恒久的な管理組織と課税もない。財産と奴隷は戦争によって獲得され、酋長の親族と戦士が社会の最高階層をなし、つねに貴族とよばれる。その下位の大多数の一般民衆と奴隷は最低の社会階層をなす。酋長の肩書は繁雑で、多くの妻妾をもち、家屋は大きく、出入りにさいしては輿をもちい、身には珍奇な装飾品をつけ、ふつうは中間の人をとおして民衆と話をする。コロンビア北部低地の多くの部落は、かかる首長制に属する。

（四）連邦型国家（Federal type states）。この種の社会構造にはひとりの強力な統治者がおり、一群の世襲貴族と一群の専門的な祭司がいる。分布する村落の地域には二種類の新しい建築的特徴が追加されている。宮殿と廟である。刀耕火種［焼畑農業］と播種による農業経済が当該社会を支えており、統治者は大量の人口を制御できさえすればよい。コロンビアのチブチャ（Chibcha）はすでにこの社会層に達していた。

（五）都市国家（City States。現代中国語で城市国家とも訳す）。その社会構造とその下位の経済形態は、いずれも大きい変化をへている。手工業の専門化があらわれ、それによって専門家集団の階層が形づくられている。さらに日用品の交換と貿易市場の出現がもたらされる。都市化は、農村の生活と城市社会の分化をつくりだす。たとえば、ペルー沿岸部のチャンチャン（Chan Chan）が都市国家の例である。

（六）神権帝国（The theocratic empire）。高地と沿海平原における複雑さの異なる社会集団をむすびつけ、かつ広大な地域の都市経済を組織化することをつうじて、帝国を形成する。農業の賦税によって統治者・軍隊・官吏・工匠がやしなわれ、労働力を徴収して廟・宮殿・道路その他の公共建築物を建てる。インカ帝国がこうした社会類型の代表である。

あきらかにオーベルグは首長制を、国家以前の異なる平等社会の一類型として確立させており、これはのちにサーヴィスが樹立する四段階社会進化モデルの基礎となった。[87]

首長制社会の特徴のもうひとつの発見者は、パウル・キルヒホフ（Paul Kirchhoff）である。一九五五年に彼は、それよりも二十年前の一九三五年に雑誌に投稿したことのある一本の論文を、当時自分が教鞭を執っていたワシントン大学の学生の刊行物『*Davidson Journal of Anthropology*』に発表した。本論文でキルヒホフは、二類型の氏族があるとした。ひとつは「単面外婚制氏族《たんめんがいこん》」、もうひとつは不平等な「円錐形《えんすいけい》氏族《しぞく》」（または「尖錐体形氏族」）である。かかる円錐形氏族の部落社会においては、ひとりひとりの成員の地位は、彼と直系の始祖とのあいだの血縁関係の濃淡によって決められ、高貴な血統の人は、氏族—部落の祖先との関係がもっとも近い(88)。ここでは、社会的地位の大部分はその出身によって決められる。いわゆる直系の始祖とのあいだの血縁関係のもっとも近い者が、現実の最高酋長との関係のもっとも近い者でもある。つまり、直系の家系でもっとも酋長と近い者は、特別に高い地位を得られる。これは、ひとりの始祖より全員が生じたと、社会全体がつねに信じているからである。ゆえに首長制社会では、ひとりひとりがみな、彼と酋長との関係の遠近によって等級を決められ、円錐形状の等級を分けた社会システムを形成する(89)。キルヒホフは「円錐形氏族」社会の等級の特徴を発見したが、彼は、このような等級制の氏族と平等な外婚制氏族を、社会の進化過程における同一の発展段階としており、このことが理論のロジック上の欠点となっている。のちのフリードとサーヴィスは、この欠点を克服し、理論的にも一歩前進をすることになる。

2　サーヴィスの首長制論

サーヴィスは、ちょうど上述したオーベルグとキルヒホフの研究成果と人類学の他の発展にもとづき、みずからの首長制理論モデルを提唱した。その方法は、世界に現存するもの、すなわち共時的に横向きに存在する各種原始社会組織を論理的に配列し、通時的な縦並びの進化関係にするものである。その進化の序列は、「バンド」（地域的な狩猟採集集団）から「部落」（一般に農業経済と結びついている）へ、さらには「首長制」（初歩的な不平等のある社会）へと発展し、最終的に「国家」へむかうというものである。首長制以前のバンドと部落は、平等な原始社会に属し、首長制は、国家出現前の不平等な過渡的段階である。サーヴィスの理論のもっとも特徴的なところは、ひとつは首長制にたいする概括と、首長制社会をふくむ四種類の社会類型の進化の枠組をうちたてたことである。もうひとつは首長制社会の再分配メカニズムをモデル化したことである。

サーヴィスの首長制概念においては、首長制の特徴は三点に概括できる。第一に、その広く存在する不平等、そしてその等級制。このような不平等は、上文でパウル・キルヒホフがのべたこと、すなわち、ひとりひとりの人間がみな酋長との関係の遠近によって階層を決められ、円錐形（ピラミッド型ともいう）の階層的社会システムを形づくることをしめす。これは、同一祖先から派生したすべての同時的な子孫のあいだにおける一種の不平等な身分関係である。第二に、首長制は固定的（常設ともいう）リーダーを擁する。第三に、サーヴィスによれば、首長制は再分配メカニズムを有する。このため、サーヴィスは首長制を「一種の永久的な調整メカニズムをもった再分配社会」とも定義している。再分配メカニズムは、サーヴィスの首長制理論のなかで、十分に重要な地位を占めている。サーヴィスのみるところ、首長制は、特殊な自然的生態環境のなかで勃興し、資源上の差異によって、地域的な分業と交換を生む。こうした特殊な場所において、生産上の分業と商品の再分配をすすめる需要は大きい。これによって、容易にコントロールの中心があらわれ、酋長が再分配者となる。つまり、生産地域の分業と、これによって導かれる再分配の活動、そしてリーダーシップの発生と強化は、大きく関係しているのである。よって、サーヴィスは、

> （首長制社会における不平等は）調整センターが発達した結果なのであって、その原因ではないことは、くりかえし強調しておかねばならない。首長制社会をつくりだすのは、首長制という公職の存在なのだ[90]。

とする。

3　サーヴィス首長制論以降

サーヴィス以後、首長制理論にも発展するところがある。まずは首長制と再分配メカニズムの関係の問題について。

ピーブルズ（C.S. Peebles）らは、ハワイの首長制の特徴にもとづき、首長制の再分配メカニズムにかんして異なる見解をしめしている。彼らは、ハワイの社会組織や聚落の分布が多様性ゆたかで、資源の種類が平均的な環境下にあったこと、それゆえにそれぞれの社会集団と部落の基本的資源がみな自給自足でき、基本的な生産生活資料の互恵的交換が重要でないこと、最高酋長の支配する基本的資源の再分配ネットワークの存在をしめす証拠もないことを発見した。ピーブルズらは、ハワイの酋長が各地で戦争・農業・宗教の神を祭る廟を建築・視察し、それによって貢納品を獲得し、支配を行なう存在であるということを発見した。(91)

アメリカの考古学者アールも、サーヴィスの首長制における再分配メカニズムに疑義を呈する。彼も、ハワイの首長制を例として、四つの理由を提起している。

（一）それぞれの社会集団の地域区分と内部の人口構造は、自給自足経済を維持できる。

（二）異なる地域のあいだに存在する環境と資源の差異は、異なる生存方法をとることによって解決され、互恵的交換によっては解決されない。

（三）異なる地域のあいだにおけるいくらかの特殊な生産物の交換は、一般に、社会組織内の親族間における義務関係や、地域間の物々交換の形式をとる。再分配の等級ネットワークをつうじて流通する物品は一般に、貴族が直接とりおこなう活動にもちいられる。

（四）長期間の再分配による動員の周期性と不規則性は、現地で専門化した生存経済を組織するには十分でない。

このためアールは、再分配メカニズムを首長制の発展の動力とみるサーヴィスの仮説はハワイ首長制に適さないと考えている。(92)

つぎに、首長制社会の多様性の問題について。

アールは、首長制の多様性にかんしても議論をすすめた。彼は、首長制を類似の直線的進歩段階とはみなせないとし、その多様性におうじて異なる組織類型に分類しなければならないとする。このためアールは、「単純首長制」と「複雑首長制」の概念を提唱し、この二者のあいだの人口規模と政治等級をいずれも大きく異なりうるものとする。アールとアレン・ジョンソン（Allen W. Johnson）は「単純首長制」にかんしてトロブリアントの首長制を例として挙げ、「複雑首長制」にかんしてはハワイの首長制とイランのバサリ人（the Basseri）の二例を挙げて説明した。(93)

首長制の区分と認識が異なるために、アールの首長制にたいする定義も、サーヴィスとは異なる。アールは首長制社会を、一種の地域的に組織された社会と定義するのがもっともよいとし、社会構造はひとりの酋長が集中的に統制する等級制よりなり、そこには聚落社会集団の活動を調和させるための集中的な意思決定メカニズムがあるとする。意思決定と調和の機能のうえで、アールは、酋長が中心的な意思決定者で、意思決定権の集中が首長制のもっとも鮮明な特徴であるとする。聚落形態からみると、ひとつの地域内部では聚落の等級が形成され、そのなかの中心的聚落の規模は大きく、周辺の小さめの聚落がそれに臣従する。等級分層についてアールは、経済支配によって得られる各種の物品（たとえば墓の大小・副葬品の多寡、住居の規格・品質など）がいずれも経済的地位・富・社会的不平等を反映するとする。

首長制の政治と経済の集中の問題にかんしてアールは、酋長が余剰生産物の統制をつうじて権利と富を得る点を強調する。アールの考えでは、このような統制能力の発展のもっともよい例は、灌漑にたよる首長制である。たとえば、スペイン南部の乾燥した環境下では、銅器時代と青銅時代に発展してきた灌漑が、高地の灌漑農地を統制する社会階層の発展をうながした。資源をもつ権利にたいする経済統制も、たとえばオルメカの酋長の豊かな土地にたいする統制のように、灌漑にたよらない首長制の発展を解釈する一助となる。このほか、酋長はさらに、生産技術の統制（たとえば石器・陶器・金属工具の生産技術にたいする統制）をつうじて権力を行使できる。彼は、基本的な経済活動を営むほかに、富と権勢を象徴する物品を統制する。たとえば若干の専門的工匠が直接、酋長と貴族に従属し、奢侈品と珍奇な品の生産をする。あるいは、貿易と交換をつうじて、若干の権勢を体現する舶来品の保有を統制する。

加えて、首長制の発展における戦争の作用としては、戦争を指導することが酋長の一般的機能で、彼らは戦争をつうじて財産や捕虜を征服・獲得する。酋長の権力は、統制をすることによってもたらされるだけでなく、管理をすることによってももたらされる。アールによれば、管理によってもたらされる酋長の権力が強調するのは酋長のサービス機能であり、統制をすることによってもたらされる酋長の権力が強調するのは酋長の搾取の能力である。そしてこのふたつの機能を調整したあとに、首長制の生存は指導と管理のメカニズムの需要を強化できる。同時に、管理メカニズムの形成過程においても、統制の機会を生み出すことができる。酋長は、はじめは一種の調整と管理の機能を行使するかもしれない。しかし、社会の分層の発展にともない、酋長と貴族は政治と経済の関係をあやつって自己の利益を維持しようとし、搾取行為にたいする統制を形づくる。アールはまた、首長制にとってのイデオロギーの重要性を強調し、首長制の多くが神権的性質を備えていることを指摘する。要するにアールは、首長制社会がきわめて大きな多様性をもち、その具体的進化過程もたいへん複雑であるとしているのである。

このほかにアールは、人類学によって確定された首長制の類型が同時代の首長制社会にたいする観察にもとづくもので、首長制の進化過程を研究するのに限りがあることから、考古学的観点から首長制の発展を理解することがとても必要であるとする。(94)

クリスチャンセンも、首長制の多様性と複雑性について深く検討をしたことがあり、首長制概念には改良が必要であると感じている。クリスチャンセンは、人類の社会組織のもっとも基本的な区別は部落社会と国家社会にあり、首長制はたんに部落社会の一種の特異体にすぎないとし、あるいは首長制は社会組織の一種の部落形式であるとする。彼女は、首長制と、十分に発展している国家とのあいだに、フリードの分層社会を位置づけている。分層社会は、国家組織の原始的形式もしくは初期的形式（an archaic form of state organization）であり、原始国家とよびうるものであって、それは国家組織の基本的特徴（たとえばあきらかな社会分化と経済分化や、血縁関係より領土を強調する点）をそなえているけれども、発達した官僚制度を欠く。クリスチャンセンは、コリン・レンフルー、ティモシー・アール、テレンス・アルトロイらの方法をふまえ、首長制を集団的性質のもの（collective）と個人主義的性質のもの（individualizing）とに分類している。前者は、首長制社会の生計を維持する主要生産物財政《しゅようせいさんぶつざいせい》（staple finance）とそれにたいする統制にもとづく。一方、後者は、首長制社会による対貴重品統制下の奢侈品財政《しゃしひんざいせい》や貴重品財政《きちょうひんざいせい》（wealth finance）にもとづく。この二種類の制度は、たがいに排斥しあうことなく、さまざまな形式の社会組織のなかでむすびつくばあいもみられる。ただ、前国家社会においては、主要生産物財政制度の大部分は、集合的・領土的・「農業的」社会と相互にむすびついており、威信財《いしんざい》経済はおもに個人主義的・分散的・「遊牧的」な社会と相互にむすびついている。

この基礎のうえにたって、クリスチャンセンは二本の進化の道程をしめした。すなわち、生計維持のための主要生産物財政や、日常的生産を支配する首長制社会は、権力集中型の原始国家に発展し、最後には帝国に発展する。一方、奢侈品財政にもとづく首長制社会は、権力分散型の原始国家に発展し、最後には都市国家になりうる、と。前者は、領土的部落から安定的財政と集団的性質を備える首長制社会へ発展し、さらに権力集中型の神権政治の原始国家（管理を集中する分層社会）に発展し、そののち官僚制国家へ進化する道程である。後者は、分散的部落から財産財政や奢侈品財政を基礎とする首長制社会へ発展し、のちに権力分散型の世俗政治の原始国家へ進化し、さらに封建体制の国家へ発展する道程である。[95]

首長制社会の多様性と複雑性および、研究者たちのそれらにたいする認識の相異によって、人類学者たちの首長制にたいする定義も相異することになる。たとえば、前述のアールらの首長制にかんする定義以外に、オーベルグは首長制を、ひとりの最高酋長による管轄のもと、次級の酋長によって統制され、政治的等級の従属関係よりなる多聚落の部落社会であると定義している。オーベルグによる示唆をうけ、スチュワードは首長制を、多くの小型聚落の集合よりなる大きめの政治単位であるとし、さらに首長制を軍事型と神権型のふたつに分類している。フランネリーは、首長制が社会における不平等な世襲のはじまりで、これより社会のさまざまな血統に等級が生じ、血統と地位も財産の保有と関係するようになり、個人の能力いかんにかかわらず、その地位の高低は生れつきのものとされるようになったとする。ゆえにフランネリーによれば、首長制を考古学的に識別する秘訣は、高い身分の幼児や赤ん坊のいる墓を識別することによって、権力と地位の世襲を説明しうることである。ピーブルスは、サーヴィスのいう首長制の生む再分配メカニズムについて議論し、再分配の概念を、首長制を定義づける基本的特徴とみなすことに賛成しない。ピーブルスは、首長制が不平等な社会体制で、貴族と酋長が統制権力をそなえ、かかる権力が社会を管理・統制するために大なり小なり神権に依拠して合法的地位を得ている点に同意する。カルネイロは、首長制を超聚落的《ちょうしゅうらくてき》政治構造とし、それを最高酋長の永久的統制下にある多聚落や多社会集団よりなる自治的政治単位と定義する。

つまりオーベルグの首長制概念の提唱以降、学界では、いわゆる首長制は差異のたいへん大きな社会類型をさしうるのであり、その構造と複雑さの程度によって細分化しうると考えられているのである。それは、たとえば神権型と軍事型と熱帯雨林型の首長制や、集団型と個別型の首長制社会、分層型（階級型）と等級型の首長制、超級型と等級型と無級型の首長制、単純首長制と複雑首長制等々のごとくである。それらは、原始部落から脱したばかりの比較的平等な状態から、国家に非常に近い複雑社会まで、各種の異なる類型の社会形態を覆っているのである。[96]

4　首長制社会論の総括と再検討

これまでの議論によれば、首長制理論にかんしてはつぎのようにまとめられる。

第一に、首長制の概念と定義はきわめて不統一である。首長制の類型の多様性は、原始社会後期や、先史時代から国家への転換期における、不平等の現象と形式そのものが多様であったことによる。つまり、社会の複雑性と不平等の多様性こそが、研究者たちの首長制社会の定義と特徴に多くの差異をもたらしたのである。かりにそれらの各類型の社会形態（原始部族より脱したばかりの比較的平等な状態から、非常に国家に接近する複雑社会まで）全部に「首長制」の名をどうしても冠するというのであれば、［その概念としての］豊かさや具体性を犠牲にして抽象性を高めるしかなく、首長制社会のおもな特徴はつぎのように概括されよう。

すなわちそれは、原始社会において血縁身分と政治的等級区分がむすびついた不平等な社会類型である、と。[97] また「単純首長制」と「複雑首長制」を併用して、首長制社会における不平等の発展度と、首長制の進化過程の前後二段階をあらわす。そして首長制の発達形態や、いわゆる「複雑首長制」の組織構造は、最高酋長の住む中心的聚落と多くの（半）従属的地位の中小聚落の集合よりなる大きめの政治単位でなければならない。かかる複雑首長制社会内の不平等は、血縁による身分と職務によってもたらされる不平等のみならず、そのあとに発展してくる経済的意義をもつ社会的分層もふくまねばならない。

第二に、首長制理論のおもな貢献は、「人類学上の具体的な民族の実例をつうじて、階級社会以前の分層社会の具体的情景をしめし、部落社会から国家までの発展の連関をうちたてた」こと、そしてそれが「部落から国家までのあいだにも相対的に独立した発展段階があり、相応の社会構造と体制の特徴がなければならず、この発展段階は文明と国家の起源の研究上の鍵であるということをしめす」[98]ことである。これは筆者が一九九四年にしるしたことである。しかし、さまざまな先史社会の不平等現象（先史の各種類型の不平等社会）と、異なる研究者による、首長制にたいする異なる定義を照らし合わせてみても、かかる表現は現在もなお意義をもっている。このことは注意に値する。

第三に、首長制理論の成立は、おもに人類学の具体的な民族の実例にもとづくものではあるが、仮説的な部分もある。たとえばサーヴィスが、生産の地域ごとの分業と再分配のメカニズムとを首長制社会の興るモデルとみなしている点は、仮説に属する。このモデルによれば、首長制がある特殊な地理環境のなかから興るや、すぐに環境資源の相異により、異なる村落のあいだで生産の地域的分業と交換の需要が生まれる。それによって、相互に関連する調整活動と再分配メカニズムが生まれる。かりに首長制がこうした特殊な地理的環境下でのみ生まれるとすれば、大部分が自給自足的な聚落群やコミュニティに属するばあい、それらが部落から首長制社会へ発展する方途はないことになるのではなかろうか。また首長制は、普遍的意義をもたないことになるのではなかろうか。これより、サーヴィスのこの「再分配メカニズム」仮説は、首長制の興る原因にたいするひとつの検討にすぎないとみられる。サーヴィスのこの説に不賛成の研究者はみな、首長制がいかに生まれるかという課題や、首長制の進化過程をすすめる動力などの課題に直面したときに、自己の新説をしめしてきた。たとえば、人口増加の圧力によるとする説、戦争によるとする説、集団化した生産活動を管理し、貴重品を統制するためとする説などである。これらの新説も、仮説的要素をふくみ、仮説の範疇に属するといわねばならない。理論は実態に即していなければならず、これらの仮説が成立するか否かの鍵は、それが歴史的事実と符合するか否かにある。これは、理論的刷新の魅力のありかであるのみならず、ひきつづき深く研究が進められねばならないところでもある。

第四に、サーヴィスの首長制概念において、首長制社会の不平等はたんに血縁身分によってつくられるもので、社会的なものである。「酋長という職務上の地位の出現が首長制を生んだ」のであり、首長制の社会的地位と経済的利益はけっして必然的関係にはなく、フリードのいう経済的意義をもつ社会分層は首長制社会に属さない。もしこのような指標によって、なんらかの不平等な先史社会の類型を評価すれば、きっと大きく矛盾して処理しがたいものとなってしまうであろう。たとえばフィリピン諸島のカリンガ（the Kalinga）についてサーヴィスは、それを原始国家に数えたことがあり、またそれを首長制に数えたことがあり、最終的にはまたカリンガのこの人類学的事例を完全に削除したことがある。サーヴィスによれば、カリンガ社会の人びとを四等級に分類すると、筆頭の等級のパンガット（tha Pangats）は「最大の権力者であり、人数は少ないが、彼らは社会分層の頂点にいる。彼らのもとにいるのはカダンヤン（the Kadangyan）、すなわち親属集団の裕福な貴族のリーダーである。中等もしくは一般的な集団はバクナン（the Baknang）とよばれ、貧乏な人はカプス（the Kapus）とよばれる」という。上下の等級間の貧富の格差は大きく、多くのカプスはまったく財産がなく、佃農になりはて、作物の収穫は主人と折半している。[99] サーヴィスは一九五八年出版の『原始文化概説（原題 *A Profile of Primitive Culture*）』で、カリンガを「原始国家」の列に加えている。だが彼が一九六二年に出版した『未開の社会組織（原題 *Primitive Social Organization*）』のなかでは、サーヴィスはカリンガを「首長制」の列に加えている。『原始文化概説』（一九七八年版）ではサーヴィスは、完全にカリンガの例をとりさり、かわりにルワラ・ベドウィン人（Rwala Bedouin）を加えている。これは、カリンガをうまく類別できないことによるといわれる。カリンガは国家としての若干の特徴を有しており、そのためサーヴィスは当初、それを原始国家の列に加えたが、それと同列に並べられるマヤやインカにくらべ、カリンガは国家構造を十分に備えてもいない。カリンガには法律の概念があり、政治等級制度があり、これはいずれもマヤやアステカと似ている。しかし、官僚構造・軍事組織・親族構造のうえでは、マヤやアステカとも大きく異なっている。ゆえにヤンゴヤン（Aram A. Yangoyan）は、

カリンガは部落・首長制・原始国家の三類型のうちのいずれにもあてはまらないとする。(100)

だが推測するに、サーヴィスがかつてカリンガを、彼の列挙する首長制社会の四つの事例のひとつとし、のちにまたそれを取り除いたのには、彼が正確な見通しをもたない点以外に、おそらくもうひとつ原因がある。それは、カリンガ社会にすでに経済的意義を有する社会的分層が存在した点である。サーヴィスの首長制概念では、当該社会内に社会経済的階級はないが、カリンガにはこうした社会的分層があり、サーヴィスはとうぜんカリンガを首長制の列から取り除かなければならなかった。だが、カリンガを首長制社会の列から取り除いたとしても、それを原始国家の列に加えることもできない。これは、たんにサーヴィスの首長制の概念と定義に問題があることを物語るのみである。先史社会においては、まず血縁的身分による等級分けがあり、のちに経済的社会的分層がある。軍事的・宗教的な社会的役目や職務のなかから貴族・生産統治者が生まれるということは、つまり分層の起源が政治面での道程や方法をもつということである。ただしこれは、原始社会末期に経済的意義上の社会的分層がなかったということと同義ではないのである。

この点で、同じように首長制理論を主張する側にいるアールとヨハンセンは、サーヴィスとまったく異なる。アールとヨハンセンは、首長制とそれ以前の単純社会とのもっとも重要な区別が分層の有無にあり、生産資料を掌握する権力を社会成員がどれくらいもっているのかにあるとする。これはもちろん重要な経済資源を占有する権力の不平等な制度である。つまり、アールとヨハンセンのみるところでは、経済的意義をもつ社会分層は、けっして首長制社会以後にではなく、首長制社会のなかではじまったのである。このため、いわゆる経済的意義をもつ社会分層がたんに首長制以後の国家社会でのみ出現したとするサーヴィスの視点は、彼の首長制理論のなかの限界のひとつであると考えられる。

第五に、一度ならず指摘してきたように、サーヴィスの首長制理論における「バンド―部落―首長制―国家」モデルは、

社会進化の視点に照らして民族学的に観察可能な各種類型の社会を分類配列してできたもので、ゆえにその論理的色彩は強い。先史社会にかんする研究は、かりに論理と歴史の統一にいたろうとすれば、人類学と民族学以外に、さらに考古学の助けも借りねばならない。なぜなら、考古学は、遺跡の地層の累重関係にもとづいてその時代の早晩と前後関係を確定でき、それによって社会の発展と変化を観察できるからである。(101)

つまり、サーヴィスの首長制理論モデルが人類学的に、現存する共時的な各種原始社会組織を論理的に配列して通時的な縦方向の進化関係とするさい、すでに消滅している太古の社会がほんとうにそのようであったかは、なお証明を要するのである。易建平の紹介によれば、この点はのちにサーヴィス自身がすでに意識していたという。研究によれば、一九五八年～一九七八年の二十年間に、サーヴィスはあらためてみずからの進化類型にかんする若干の問題をくわしく見直している。たとえば、まずサーヴィスがバンドと混合していると感じた類型は排除しなければならない。その部分的原因は、案ずるに、バンドがけっして原始的形態ではなく、おそらくヨーロッパ文化の侵入に対処するためにうまれた適応形態である点にある。フリードらの影響を受けたことで、サーヴィスは『文化発展論　実践中の理論（原題 *Cultural Evolutionism*）』（一九七一年）で、「バンド―部落―首長制社会―原始国家」の四段階区分法は「事物の原生状態」に合致せず、

それらは現代の民族誌の分類にはもちいられるかもしれないが、現存する諸段階からすでに消失した時代を推論するのにはもちいがたい。

とまで公言している。これは事実上、彼のもともとの四段階発展理論を放棄したのにひとしい。これにとってかわっ

たのが、サーヴィスによれば、三段階のみによって区分するのが比較的適合的かもしれないというものである。

（一）平等社会

（二）等級制社会（平等社会のなかから成長してくる。このうち「帝国―国家」がとってかわる例はわずかである。）

（三）初期文明や古典帝国[102]

サーヴィスの当該三段階発展論は一般化されすぎており、人びとの重視を喚起しないとする者もいるかもしれない。だがそれは、サーヴィス本人がみずからの首長制理論の限界に直面してしめしたもので、「先史平等社会―先史等級制社会―初期文明や原始国家」の進歩枠組は先史社会から国家への進歩過程における三発展段階の本質的特徴を反映しており、より普遍性も有しているといわねばならない。

第六に、首長制理論における「首長制」（chiefdom）の翻訳の問題。張光直は首長制理論を中国本土に紹介するさいに、「chiefdom」を「酋邦」と訳し、これより以降、中国の研究者はみな「酋邦」の語を用いている。じっさいには、まさに後文で論じねばならないことであるが、「邦」字には国家の意味がふくまれ、「酋」には「酋長」の意味がある。ゆえに「酋」と「邦」を一語とする「酋邦」は、つまりは「酋長国」で、ある学者が使用したことのある「部落王国」や「部落国家」のニュアンスに少し近くなってしまい、どっちつかずの概念である。もちろん、「部落王国」概念をもちいる研究者は、それを「国家」の範疇に入れてもちいるが、「酋邦理論」の「酋邦」は前国家、つまり原始社会の社会類型である。ちょうど「酋邦」のなかで「邦」字を使用しているため、一部の学者は中国古代の「族邦」を「酋邦」とする。[103]知られるように、日本では、「chiefdom」を「首長制社会」と訳す。これは比較的原義に即したものである。これを手本として、かりに「chiefdom」の訳語を「酋長制族落」や「酋長制社会」とすれば、さらに原義に近づくものとも考えられる。ただもとより「酋邦」の訳し方はとても練られたもので、しかも習わしとしてしだいに定着して一般化した感もあるようなので、本書でも依然として「酋邦」の訳語をもちいる［ただし本訳書では、著者と相談のうえ、以下、「首長制」・「首長制社会」の訳語を用いる］。［ともあれ以上、首長制理論には検討の余地がある。そこでつぎに、首長制理論以外に国家の成立過程にふれた理論として社会分層理論にも注目しておこう。］

第六節　社会分層理論の貢献と不足

1　社会分層理論の諸学説

社会分層理論《しゃかいぶんそう》といえば、フリードの理論をモデルとするのがもっとも古典的である。フリードは、社会等級の差異の基準にもとづいて、原始社会の政治的発展を四つの漸進的な社会類型にわけている。すなわち、平等社会（egalitarian society）—階等社会（rank society。中国語で「等級社会」とも訳す）—分層社会（stratified society。中国語で「階層社会」とも訳す）—国家社会（state society）である。これは、サーヴィスの首長制理論と関係も区別もある理論的業績である。

まことに易建平の指摘するごとく、フリードのこの四つの進歩段階は、サーヴィスの「バンド—部落—首長制—国家」の四段階と逐一対応していると誤解されやすい。じっさいにサーヴィスは、フリードの階等社会をみずからの首長制に相当すると考えている。「分層社会」にかんしてフリードはみずからそれを、階等《かいとう》社会、つまりサーヴィスの首長制と国家とのあいだに介在する社会で、国家に先んじてあらわれるとし、あるいは国家とほぼ同時にあらわれるとする。階等社会は、分層現象とまったく無関係としてよい。またサーヴィスは、分層社会を国家成立後にようやくあらわれる社会とする。もちろん研究者のなかには、フリード・サーヴィスいずれとも異なる意見もある。たとえばヨハンセンとアールは、分層現象は首長制もしくは等級社会の段階であらわれうるとする。[104] かりにサーヴィスとフリード両名の意見を対比してみると、表にしてしめすことができる。

表0—2　サーヴィス・フリードの定義

サーヴィス	バンド	部落	首長制	国家
フリード	平等社会	階等社会	分層社会	国家

平等社会において、区分の異なる成員の基準は年齢と性別に基づいており、年齢・性別以外の等級制度はなおうちたてられていない。フリードが平等社会に下した定義は、「大部分の人はみな多くの地位の重要な職務を担うことができる」ことである。つまり、各人が高めの地位を得る機会は均等なものである。

階等社会はフリード理論の特徴のひとつである。ここでの「rank」の語は一般に「等級」と訳されるが、中世ヨーロッパなどの社会における「等級」が経済的地位と関係し、フリードのいう「rank」自体が経済的地位と必然的関係にないことを鑑み、易建平は両者の違いをしめすべく現代中国語で「階等」と訳すことを提起している。これは階等社会の特徴を理解するうえで意味のあるものである。フリードの階等社会にたいする定義は、「けっして能力を有する人間全員が少数の高めの身分と地位を獲得できるわけではない」というものである。階等社会内の階等と、「首長制」概念において血縁的身分と政治的分級がむすびついて構成する等級制的親族制とは一致するものであり、つまりキルヒホフの円錐型《えんすいがた》氏族《しぞく》構造と一致するものである。すなわち、階等社会の個々人はみな最高酋長との血縁関係の遠近におうじて階等が決められ、円錐型階等の社会システムを形成する。これも、人類学者が「階等社会」と「首長制」を対応させるゆえんである。

階等社会で階等をわける原則は、その血統と出身にある。これは、筆者が中国上古社会の等級と階級の起源にかんする研究をしたときに提出したことのある以下の考え方と一致する。

階級の発生は経済的分化の結果でもあり、権力と政治の発展の産物でもある。古代においては、階級的地位はその身分地位によって体現されるものである。ゆえに階級の発生過程は、「平等」から「身分」へと至る過程である。その過程においては、父権もしくは家父長権および父権家族の出現がその転換の契機である。[105]

この偶然一致する理論的思考がしめすのは、経済的地位とかかわる等級・階級（すなわち経済的地位とかかわる社会分層）が、それ以前の、いまだ経済的地位の違いを生まず、たんに血縁的出自によって階等をわける発展段階に淵源することである。これはあきらかに、関連する文明と国家の起源を今後研究するにさいし、理論的にさらに多く深く研究するのに有意義な腕の振るいどころとなる。

分層社会は、フリードの理論モデルのなかでは階等社会につづく社会類型である。フリードの分層社会にたいする定義は、「同じ年齢と性別の構成員が、基本的な生存資料を獲得する権利のうえで、差異をもつ［ことがある］」というものである。ここでの生存資料とは、おもに生活を維持するための基本的資源をさしており、日用消費物質をさすのではない。ゆえにこの時期の社会分層は経済的意義を有するもので、それがさらにすすんだのが「経済階級」の形成である。とうぜん、社会分化として出現する階級と階層は、経済的であるのみならず、政治的でもあると考えられる。

分層社会は、人類学者にひろく受け入れられているフリードの概念で、それがおもにどのような社会体制と関連しているのかや、どのような社会政治組織の類型と関連しているのかは、まださらなる検討と研究を要する。フリードは分層社会を、もっとも複雑な階等社会と、もっとも単純な国家社会とをむすびつける、理にかなったモデルであるとしている。だがサーヴィスは、分層社会を国家成立以後にようやくあらわれる社会とする。クリスチャンセンは、首長制のあと、官僚体制的国家や封建体制的国家のまえに、「原始国家」を位置づけ、分層社会を原始国家の組織とよび、首長制を部落形式の社会組織とよぶ。アールとヨハンセンは、首長制とそれ以前の単純社会とのもっとも重要な区別が分層の有無にあるとし、社会の成員が生産資料を掌握する権力の相異の点にあるとし、それはとうぜん重要な経済資源を占有する権力の不平等な制度であるとする。つまりアールとヨハンセンのみるところ、経済的意義をもつ社会分層は、首長制社会以後においてでなく、首長制社会のなかではじまる。つまりフリードは、自身の用語である「階等社会（サーヴィスの首長制社会に対応）」の「階等」を経済的地位とは無関係であるとしているのであるが、アールとヨハンセンによれば、それはせいぜい「単純首長制」内に位置づけられるにすぎない。アールは表をつくり、彼自身および、彼とヨハンセンのモデルを、比較的有名な他のいくつかの社会進歩モデルと逐一対応させている。(106)

表0—3　アールらの社会進化モデル

チャイルド（一九三六）	サーヴィス（一九六二） ヨハンセン・アール（一九八七）	サーリンズ（一九六三） アール（一九七八）	フリード（一九六七）
狩猟者—採集者	バンド（家族レベル）	頭人社会	平等社会
農民	部落（地方的団体）		
		大人社会	階等社会
文明	首長制	単純首長制	
		複雑首長制	分層社会
	国家	国家	国家

アールのこの表から、フリードの分層社会が、アールの複雑首長制とサーヴィスの首長制後期にあたることがみてとれる。フリードの階等社会は、アールの単純首長制と「大人《たいじん》社会」（萌芽的首長制）の段階にあたり、サーヴィスの部落段階後期と首長制前期にもあたる。アールの以上の見解は、サーヴィス・フリード本人と多くの他の人類学者の見解とはいずれも異なるところがある。これは、社会の分類がたしかにとても複雑な仕事であることをも物語る。かくしてフリード・サーヴィス・ヨハンセン・アール・クリスチャンセンらの分層社会と原始国家ないし、分層社会と首長制の区別にかかわる問題は、人類学者らの一貫した討論を惹起し、おおいに論争となったのであるが、現在までなんらの統一的意見もない[107]。

一九八〇年代以来、中国古代史の学界でも「社会分層」のような術語を使用してきたが[108]、けっしてフリードのようにそれを「階等社会」につづく社会の発展段階とするのではなく、「階等社会」と「分層社会」を合併したあとの、等級・階層・階級のたぐいをさす概念のようである。これは一面では、考古発掘で出土する遺跡や遺物からはどれが経済的地位と無関係の「階等」現象か看取しがたく、みいだされるのはみな経済的地位と関連する社会が等級・階層・階級に分けられる現象だからであり、べつの面では、張光直の影響を受けたためである。

張光直の影響についていうと、張光直「夏商周三代の考古学から三代間の関係と中国古代国家の形成とを論ず」の一論文が挙げられる。そのなかで張光直はサーヴィスの首長制理論を紹介するさい、こうのべている。

酋邦《中国語ママ》（chiefdom）。酋邦という段階についての、われわれの［主たる探究の］対象は、すでに［これまでの段階とは変化して］、フリードがいうところの「分層的社会《中国語ママ》」（ranked society）なのである。地方的な群集団は、一つの円錐形をなす階層社会構造に組織化され、そのなかにあっては、階層（rank）的な差異（およびそれに随伴する特権と責任）が、社会をむすびつけるおもな方途となっていた。この階層的な構造は、一つの地位的な位置、す

> なわち酋長をその中心に置くものであった。なぜなら、その一つの社会全体が、多くの場合、ひとりの始祖から伝えられてきたものであると信じられており、しかも酋長という位置を占めている者は、こうした仮定の祖先から伝えられてきた基礎にもとづいて選ばれた人間であって、したがって、この社会組織のなかにいる全ての人間が、自身と酋長との関係の遠近によって、その属する階層がきめられたのである。まったくフリードが言っているように、「地位的な位置は、それにみあう人より数が少なく」、そのために位置をうめなければならないときには、一つの選択の順序がなければならず、それはふつうには、長子、もしくは末子相続を行なうのである。……[109]

本段落で張光直は、サーヴィスのいう首長制理論の特徴を紹介するさいに、フリードのいう「階等社会（rank society）」の語を「分層社会（ranked society）」とも訳しており、あるいはフリードのさす「階等社会」の「階等」を「階層」と訳している。これは、のちの中国人研究者のあいだで「rank society」を「階等社会」（もしくは「等級社会」）と訳し、「stratified society」を「分層社会」（あるいは「階層社会」）と訳すのとは異なる。これ以外に、易建平がいうように、

> マルクス主義理論と照らし合わせてみると、フリードの分層社会は、階級社会と若干似ているとわかる。人が人を搾取するのも、フリードの分層社会の一つの基本的現象である。[110]

よって、首長制について論ずるさいに［張光直は］、「階等社会」と「分層社会」を区別しないのである。サーヴィスの「首長制」と、一般的な意味での等級・階層・階級などの「社会分層」概念は、一九八〇年代～一九九〇年代の中国の学界の研究状況を反映しているのみならず、西洋人類学のこれらの問題にかんする見解と関係してもいないのである。

等級・階層・階級の概念については、それらは関連もあれば区別もある。一般的な意味では、階級とは一定の生産

関係のなかで、同等の地位にいる人びとよりなるものである。レーニンは、

諸階級の差異の基本標識となるのは、社会的生産における彼らの地位、したがってまた生産手段にたいする彼らの関係である。(111)

といっている。階級の概念は政治上の考慮をもふくむものの、より多くのものは経済的地位を基礎とする社会集団の区分である。たとえば、普通にいわれるところの「地主階級」・「農民階級」・「工人階級」などである。階層は、階級範疇の基礎のうえにある、さらなる社会分層であり、社会分層の細分化と具体化であり、そのなかには「貴族階層」・「平民階層」・「祭司階層」・「管理階層」等々のように、経済的考慮も政治的考慮もある。よって階層は、人びとの社会の経済関係によるだけでなく、社会的地位の高低や、政治権力や、他の要素によって区分されるものもある。いわゆる等級は、社会の成員の政治的身分や経済的地位などによる区分である。等級には経済権益上の区分がふくまれるので、レーニンは、

身分は、階級差別の一形態であるので、社会の階級への区分を前提している。(112)

としている。

フリードのしめす「平等社会—階等社会—分層社会—国家社会」理論モデルの貢献は、おもにつぎの点にある。第一にそれは、血縁的な身分地位のうえでの不平等（社会的階等）と、経済的意義をふくむ不平等（社会的分層）との論理的序列をしめし、また物質的要素の変化によって政治的発展の特殊方式がどう進行するのかを説明する。そしてそれは、唯物主義的な因果原則の基礎のうえに、みずからの理論をうちたてるものである。第二に、社会分層の概念は、経済の権利・地位と関連するため、階級概念と近接する。しかし階級概念は、社会が階層にわけられるという意味でもちいられ、階層の意味もあるので、人によっては階級概念を直接「階層」と訳す者もいる。ゆえに階級は、階級と

階層とをむすぶ曖昧な概念である。この曖昧さは、階級の語に広い活用性をもたせるのによい。第三に、フリードのこの理論モデルは、国家が社会的不平等の深まり・社会分層・搾取の出現にともなって生ずるものであることをしめし、これは国家の誕生が富の蓄積と集中という物質的基礎をもっていることも物語る。

2　フリードの社会分層理論を越えて

フリードの社会分層理論には功績があるが、不足もある。

第一の不足は、それが「階等社会」から「分層社会」へという論理的序列を樹立したとはいえ、親族間の血縁身分上の「階等」がどのように経済的権利の相異する「分層」へ発展し、その進化のメカニズムがなにかという問題をまったく解決していない点である。これは理論上の難問だが、問題の鍵でもある。

分層社会の生じた原因について、フリードは以下の数点を提起する。すなわち、人口増加の圧力と結婚後の居住スタイルの変化、基本的資源の縮減もしくは急激な自然環境の変化、技術的変化や市場制度の衝撃が引き起こす生計経済モデルの変化、そして社会と儀礼制度の成熟の証としての管理機能の発展である。フリードは、とくに戦争を分層社会の生じる直接的原因とすることに反対する。(113) だが、フリードのいう上記数点は、けっして問題の本質ではなく、「階等」から「分層」への進化メカニズムに属さないと考えられる。案ずるに、社会分層の問題は、じっさいには階級と階層の起源の問題でもあり、中国古代史の実態とむすびつけるならば、父権家族（つまり家父長権）の出現が階級と階層の生まれる契機であったと考えられる。これも、親族ネットワークの血縁的な身分地位の性質の「階等」から、経済的権利の性質をもつ社会分層へと変わるさいの鍵のありかである。

前述したように、エンゲルスは『反デューリング論』で、階級の生ずる二つの道程をしめしたことがある。ひとつは、社会の公的仕事の管理と、社会における職務上の地位の世襲のなかから、統治階級が生ずるという道である。[114] もう一つは、戦争捕虜を奴隷とすることをつうじて奴隷階級が生まれるという道である。エンゲルス『家族・私有財産・国家の起源』が「第三次社会大分業」を説明するときにはさらに、

最初の大きな社会的分業から、二つの階級への社会の最初の大分裂が生じた。すなわち、主人と奴隷、搾取者と被搾取者への分裂が。[115]

とのべている。『家族・私有財産・国家の起源』のいう「二つの階級。主人と奴隷・搾取するものとされるもの」は、『反デューリング論』のいう戦争捕虜から奴隷へ転化する道のことで、『家族・私有財産・国家の起源』は分業の観点からこの問題を論じているにすぎない。分業の発生によって階級が生まれると提唱し、あるいは、

階級の存在は分業からくる……。[116]

とするのは、マルクスとエンゲルスの一貫した考えである。

だがじつのところ、これは問題の一面にすぎない。階級の発生は、経済的分化の結果でもあり、権力と政治の発展の産物でもあると考えられる。エンゲルスが『反デューリング論』で提唱する階級成立の第一の道程は、階級の起源と、権力や政治の発展との関係の問題である。これら二本の道以外に、筆者の考えでは、父権家族（すなわち家父長権）をつうじて親族間の血縁的身分上の「階等」が、経済的権力の異なる「分層」に変わることがあり、これを第三の道とみなすことができる。つまり、社会的な役目と職務上の地位より生まれる統治者が一本目の道程である。戦争捕虜を奴隷とするのが二本目の道である。家父長権をつうじて、社会内部（家族・宗族といった親族内部と親族間をふくむ）に政治経済上の分化と不平等を生じさせるのが、三本目の道である。

国家の起源の過程がへる「平等社会―階等社会―分層社会」の諸段階においては、階等社会の等差は身分地位上の

不平等であり、経済的意味での区分をふくまない。かかる不平等がさらに発展したあとになって、ようやく経済的な意味をもつ社会的分層があらわれ、階級・階層・等級の起源の問題が生じるようになる。ここで、階級と階層の成立が二つの過程をへることがみいだされる。すなわち、「平等」から「身分」への過程と、「身分」内に経済的分化をふくまない状態から経済的分化を生じる状態への過程である。これより、「身分」の出現とそのさらなる発展は、問題の焦点のありかであり、しかもそれは中国古代社会で階級地位がその身分的地位によって体現されることとも合致するとみられる。ゆえに、階級・階層・等級の発生過程は、「平等」から「身分」へ、また血縁的「身分」から政治経済的意義をもつ「身分」への過程であるといえるのである。

また、中国上古時代の家族と宗族組織の十分な発展によって、上古中国における父権や父権家族の出現は、この二つの異なる性質の「身分」の変化の契機と社会的基礎となる。それは、単純首長制（たとえばノートカ人 the Nootka）にかんしてある研究者が「もし階級があれば、一人一人がみずから一つの階級をなす」[117]と指摘するような状況をかえた。よって、父権もしくは父権家族の出現は、社会内部における階級の起源の契機である。最初期の奴隷も父権家族にふくまれる。彼らは、父権家族内で身分がもっとも低い者である。古代中国にかんしては、商周時代の家族—宗族体制下の階級関係から溯って推測しようとも、先史時代の社会組織と人びとの社会的地位の変化から考察しようとも、奴役制をふくむ父権大家族の出現が、氏族部落内の血縁的平等的構造が階級関係へ変わる鍵であるといえる。

フリードの社会分層理論の第二の不足はつぎのとおりである。結局いかに分層的非国家形態の社会と分層的国家社会との境界を確定すべきか。フリードはこの点に回答を出していない。たしかにジョナサン・ハースの指摘するように、分層社会の根本的特徴は、若干の社会成員が基本的生活物資の獲得権について制約を受けていることである。分層のこうした基礎と、それ以前の「階等社会」の経済組織とは、構造上の相似性をまったく有していない。それゆえフリード理論では、分層の誕生は、進化過程における質的変化である。分層制度と国家とをくらべると、フリード理論はあきらかに、分層社会から国家の誕生までの過程がまったく質的に変化していないことをしめしている。フリードのモデルでは、分層社会と国家という二種類の政治組織形式の組織的基礎は同じものであり、それらはみな社会的成員の基本的生活物資にたいする異なる権力とそれによって出現した経済上の分化に基づいている。フリードの考えでは、この二種類の形式同士の根本的な相違は、分層的非国家形態の社会が「管理機構」を欠くのにたいし、国家が強制的な管理機構をもつ点にある。だが、社会成員のなかに、必要な基本資源を再生産する権利を制約される者がいるかぎり、強制的な管理機構は存在していることになる。(118) これはあきらかに矛盾することである。この矛盾を解決するには、国家と分層社会の出現が歩を同じくして発展してきたと考えるか、分層を「複雑首長制社会」のなかに置くか、複雑首長制にすでに分層化の萌芽や雛型があるとするかである。もっともそうすると、フリードのいう「分層社会」の発展段階としての独立性には疑義が差しはさまれることになるであろう。

フリードの社会分層理論の第三の不足はつぎのとおりである。彼は、氏族社会における組織原則としての血縁関係の解体を、国家の成立過程の重要な要素とみなす。フリードは、

国家がなく社会分層が出現済の社会モデルは、かなり血縁関係モデルと一致しうるが、血縁関係モデルがそれ以前のモデルをふくむ可能性は少ない。(119)

とも、

以前の血縁関係を利用して形成される権力（国家のなかに存在する武力）はありうるものではあるが、かかる状況が長らく存在することはありえない。(120)

とものべている。彼の国家の定義では、国家とは社会的分層を維持するためにあらわれるものであり、「血縁関係上

の社会的力量をこえてうちたてられる複雑な機構」(121)である。もちろん、血縁関係が解体するか否かによって国家と前国家の社会を区分するやり方は、フリードひとりのものではなく、他の若干の学者もこのようにしているのである。前述したように、彼らは、このように国家を定義し、なお血縁関係をとどめる国家社会を国家の列から排除している。これと中国、中央アメリカのアステカなどの古代国家の実情は、符合するものではない。

要するに、欧米の学界がひろく利用している首長制理論・社会分層理論・社会複雑化理論などの人類学の理論・概念は、国家と文明の起源の研究に貢献するところがあり、功績があるけれども、欠点と限界もあるのである。その限界を指摘することは、「それにたいして理解がないということではない。そうではなく」これらの理論的概念をたんに簡単には踏襲したくないということである。これらの古くからある理論の限界をみいだすことの目的は、もちろんこうした限界を克服して研究をおしすすめ、さらに理論的刷新を達成せんがためである。では、いったいどのようにその限界を克服すべきなのか。案ずるに、第一に、理論を現実と連携させ、それが中国古代の史実に符合するか否かを考察せねばならない。第二に、理論的に整合的な研究を行ない、人類学理論・考古学・歴史学をむすびつけ、整合させねばならない。学科横断的な理論と方法の整合が、今後の研究の趨勢と発展を方向づけるであろう。かかる整合は、人類学にかんしてであれ、考古学・歴史学にかんしてであれ、みな相補的・相互利益的である。そのさいにとくに重要なのは、理論と実態の結合をつうじた整合である。それによって理論は、ほんらい有するなんらかの限界に束縛されないだけでなく、理論的刷新さえも実現できるであろう。

第七節　文明と国家の起源の道程としての「聚落三形態進化」説

1 「邦国—王国—帝国」説の提唱

文明と国家の起源の研究にかんしてもっとも魅力的なのは、起源の過程・道筋・メカニズムについての研究である。百余年来、国内外の学界では、当該領域で生じたひとつひとつの理論モデルと学術の観点にかんして、いつも「後続理論が前出理論に勝る」姿を課題の解決とみなし、たゆまぬ努力をつづけてきた。ここ数十年来、文明の起源のいわゆる「三要素」や「四要素」の文明史観と、「首長制」などの人類学理論は、モルガンの「部落連盟《ぶらくれんめい》」説と「軍事民主制」説にとってかわり、たいへん活発になっているようである。前述したように、それらには理論と学術の面での功績があるが、そこには限界と不足もある。では、諸理論モデル内の合理的要素をいかに整合・吸収し、その不足を克服した基礎のうえに、どのように実態に即した理論的イノベーションをつくりだし、それによってどうやってそれは文明と国家の起源の研究を推進する鍵のありかとなるのか。ここ二十年来、筆者は、聚落考古学と社会形態学を相互にむすぶ方法をとり、文明と国家の起源の道にかんする「聚落三形態進化」説を提起し、のちに国家形態の進化にかんする「邦国—王国—帝国」説をも提起した。これらはいずれも当該研究領域ですすめられた試行と努力であるとみなすことができる。

文明と国家の起源の道程としての「聚落三形態進化」説は、文明の起源であるいわゆる「三要素」や「四要素」の形式をうまく決めるさいに、いわゆる「三要素」や「四要素」を文明社会が到来する若干の現象と物的形式であるとみなし、それによって、文明の起源の過程を論述するなかで、これらの文明現象に対処するものである。そして「聚落三形態進化」説における首長制理論などの揚棄は、おもに考古学のみいだした「中心聚落形態」によって、先史から初期国家への過渡的段階の社会的不平等・階級・階層の起源の道程と、社会組織構造と権力の特徴などの問題を解決する。このようである理由は、先史社会の研究について、かりに論理と歴史の統一に至ろうとするならば、人類学や民族学以外に考古学の助けも借りねばならないからである。考古学は遺跡の地層の重層関係に基づいてその時代の早晩と前後関係を確定でき、それによって社会の発展と変化を観察できる。ゆえにもし首長制・社会分層などを範とする理論モデルに基づき、考古学を素材・骨子として、先史から文明までの社会構造の特徴を反映しうる進化モデルをうちたてれば、歴史と論理の統一がなしとげられる。(122)

かりに考古学の角度からみると、さまざまな考古遺跡のなかで、聚落遺跡の提供可能な社会形態にかんする情報量は、もっとも大きく、もっとも複雑である。とくに保存状態が良好で、内容がゆたかで、発掘が科学的で、比較的整った聚落遺跡にかんしては、聚落の立地・聚落内外の動植物の遺存などから、人と自然との関係をみいだしうるだけでなく、聚落内の布置・構造・家屋・貯蔵施設の構成・生産品・生活用品などから、聚落の社会組織の構造・生産・分配・消費・対外交流・権力関係などの状況をもみいだしうる。さらに聚落の分布・聚落群中の聚落同士の関係からは、もっと広い範囲の社会組織構造もみいだせる。考古学的な発見は、異なる時期の聚落に異なる形態的特徴があり、かかる聚落形態の進化が社会生産・社会構造・社会形態の推移と発展を直接体現したことをしめしている。ゆえに、それは、聚落考古学と社会形態学をむすびつけ、聚落形態の進化段階の区分をつうじて、社会形態の進化モデルや発展段階をうちたてることができる。(123)

上述の考えにもとづき、筆者は、聚落形態の進化をつうじて、古代文明と国家の起源の過程を三段階にわけた。すなわち、大体平等な農耕聚落形態から、初歩的な不平等さと分化をふくむ中心的聚落形態へ発展し、さらに都邑国家形態へ発展する、と。(124)これについては「中国文明の起源がへる聚落の「三形態進化」説」とよぶ研究者もいる。(125)

2　第一段階

第一段階――それはほぼ平等な農耕聚落期で、農業の起源と農業出現後の農耕聚落の発展期をふくむ。まさにさきほどエンゲルスの「三次社会大分業」論を議論したさいにのべたごとく、遊牧は農業に先んじていたのではなく、農業は遊牧よりもはやく、もっともはやい家畜の飼養は農業にふくまれるものである。農業の起源および、農耕と家畜飼養を基礎とする定住聚落の出現は、まったく新しい歴史段階のはじまりをあらわしている。これは一面では、農耕聚落の定住的生活が人口増加を促したことをしめしている。また一面では、土地の集団的所有制（すなわち聚落所有制）が発展し、それによって聚落を単位とする経済・軍事・宗教儀礼・対外関係などの一連の活動が形成されはじめたことをしめす。社会はそれ以前の分散状態から一転して、地域と集中化の方向にそって前進する。ゆえに、農業の起源は人類史上の巨大な進歩であり、農耕牧畜を基礎とする定住聚落の出現は、人類が文明社会へとむかう共通の起点であるといえる。これによって、村落から都邑へ、部落から国家へと、人類は一歩ずつ先史時代から文明へすすむのである。

農業の発明から農耕聚落までのあいだには初歩的な発展があり、人類はたいへん長い時間をすごした。そのため農業は、発明されてすぐに当時の経済の主要部門になったわけではない。旧石器時代晩期に人びとは、高度な狩猟採集経済を営んでおり、みずからの動植物の生長パターンにたいする認識をたよりに、穀物の栽培と家畜の飼育を試みるようになった。こうした植物の採集から植物の栽培への移行こそが、いわゆる農業の起源である。これによって、太古の社会も、旧石器時代から新石器時代へと変化する。栽培の農作物の食物全体に占める割合が増加するにつれ、古代の人びとはそれ以前のたんに自然界より直接食物を獲得するだけの略奪経済から、生産経済へと発展した。しかし、栽培作物が人びとの食べ物に占める割合の増大は、ゆっくりとした発展過程であり、それゆえ狩猟・採集・漁撈などの経済生活は、当初以来依然として重要なものである。

農業の起源にともなって、一二〇〇〇年前~九〇〇〇年前に、中国の南方と北方では、ともに新石器時代初期の遺跡があらわれる。たとえば南方の湖南省道県の玉蟾岩《ぎょくせんがん》遺跡、江西省万年県の仙人洞《せんにんどう》遺跡、北方の河北省徐水県の南《なん》荘頭《そうとう》遺跡、北京門頭溝区の東胡林《とうこりん》遺跡などである。これらの遺跡のある聚落では、いずれも陶器や穀物加工用工具が出土し、定住生活を送っている。南方ではすでに水稲栽培がおこなわれ、北方では粟類の作物が栽培されていた。すでにブタなどの家畜が飼育されており、狩猟・採集・漁撈なども伴っていた。この時代の聚落の規模は比較的小さく、人口は多くなく、物質もなお豊富ではなく、単純で平等な聚落生活を営んでいた。

九〇〇〇年前~七〇〇〇年前は、中国の新石器時代中期である。これは農業誕生後の最初の発展時期で、農耕聚落が拡大発展する第一段階でもある。たとえば南方の湖南省澧県彭頭山《ほうとうざん》遺跡・河南省舞陽県賈湖《かこ》遺跡・浙江省蕭山県跨湖橋《ここきょう》遺跡・浙江省余姚県河姆渡《かぼと》遺跡・北方の河北省武安県磁山《じざん》遺跡・河南省新鄭県裴李崗《はいりこう》遺跡・陝西省宝鶏県北首嶺《ほくしゅりょう》下層の遺存・臨潼県白家村《はくかそん》遺跡・山東省滕県北辛《ほくしん》遺跡や、内モンゴル自治区東部敖漢旗興隆窪《こうりゅうわ》遺跡などである。それらの農業生産はいずれも、それ以前の新石器時代以前の遺跡とくらべると、あきらかに発展している。聚落には相当量の穀物が貯蔵され、聚落の人口は百余人のものもあれば、三百人以上のものもある。墓と家屋の出土物と聚落間の関係からみると、このとき聚落内では、家族と核心家庭《かくしんかてい》［一般に「核家族」と訳すべきだが、本書では「家庭」と「家族」の語を使い分けているので、そのままとしておく］などを区別することはできるものの、聚落の内も外も平等状態にあり、平等な農耕聚落の社会類型に属している。

七〇〇〇年前~六〇〇〇年前は、新石器時代の中晩期もしくは晩期前段で、考古学的文化のなかの仰韶文化初期もしくは仰韶文化半坡期である。この時期には、農業と家畜業が大きく発展しただけでなく、聚落もたいへん計画的で、そのなかの陝西省臨潼県姜寨《きょうさい》遺跡・西安県半坡《はんば》遺跡・宝鶏県北首嶺遺跡・甘粛省秦安県大地湾《だいちわん》一期遺存の聚落はもっとも典型的である。塹壕で囲繞された村落には数十~百の家屋があり、いくつかのグループに分けられ、それぞれのグループの家屋の門はみな中央広場に向いており、ひとつの円形をなし、同心円に向いている。それによって聚落内部に高度な団結力と凝集力がもたらされている。聚落の公共墓地では、それぞれの墓の副葬品は多くはなく、違いも大きくはない。これは、当時の社会がまだ貧富の分化を生んでいないことを物語る。聚落の各方面の状況を総合すると、この時期の一聚落は一氏族のようで、聚落内（つまり氏族内）はまた大家族と核心家庭［核家族］とにわけられる。すべての聚落の人びとは強い団結力をもち、凝集力をもつ。彼らは農業にも従事し、狩猟・採集・陶器制作にも従事する。聚落は、経済上は自給自足で、内部の大小の血縁集団間や個人間の関係は平等でむつまじい。ゆえにこの段階はなおもほぼ平等な農耕聚落社会に属している。

一二〇〇〇年前~六〇〇〇年前は、中国の農業発生後の平等な農耕集落形態の時期である。その社会類型は、だいたいサーヴィスの首長制モデルの平等な「部落」社会に相当し、フリードの社会分層理論の「平等社会」にも相当する。ここでは、けっしてたんに「部落」や「平等」といった概念にとどまるだけではなく、具体的な村落遺跡という材料をつうじて、当時の生産力のレベル・人と自然との関係・人びとの生産関係・社会内部の組織構造などについて考察し、さらに通時的な考察を進める。ゆえに、ここでしめされる先史平等社会の歴史絵巻は、ゆたかで具体的なものであり、その社会形態が先へと推移する軌跡は明白で信じられるものである。

3　第二段階

第二段階――それは、初歩的な不平等をふくむ中心聚落形態の段階で、六〇〇〇年前~五〇〇〇年前の仰韶中期と後期・紅山《こうざん》後期・大汶口《だいぶんこう》中期と後期・屈家嶺《くつかれい》文化前期・崧沢《すうたく》文化と良渚《りょうしょ》文化初期などであり、中国の新石器時代晩期に属する。これは先史社会から国家へ変化する過渡期で、首長制モデルの「単純首長制」と「複雑首長制」の両時期にあたり、フリードの社会分層理論の「階等社会」と「分層社会」の両時期にもあたる。中心聚落形態の不平等は二つの面をあらわしており、ひとつは聚落内部で貧富の分化と貴族階層があらわれることであり、もうひとつは聚落間で中心聚落と普通集落の連繋構造があらわれることである。いわゆる中心聚落は、しばしば規模が大きく、あるものはとても高い特殊な建築物があり、そこには高級手工業生産や貴族階層が集中し、周囲の他の普通聚落とのあいだに、聚落間の初歩的な不平等関係を構成する。ゆえに不平等な中心聚落形態は、先史平等氏族部落社会と文明時代の階級社会とのあいだの過渡期であり、中国古代国家の起源の過程におけるひとつの重要な環節である。

首長制や社会分層の理論と比較すると、中心聚落形態の聚落群構造は、「中心聚落―普通聚落」が結合する形態もしくは「中心聚落―次級中心聚落―普通聚落」が結合する形態であり、最初に首長制概念を提起したオーベルグや、のちのステュワードやカーネルらの首長制の定義と一致するものである。オーベルグのいうように、政治上組織される首長制社会は、一つの地域のなかで多くの村落よりなる部落単位で、一人の最高酋長によって統轄され、彼の統制の下には次級酋長の掌る地域と村落がある。ステュワードは首長制を、多くの小型聚落の集合よりなるひとつの大規模な政治単位であると定義している。カルネイロは、首長制の政治的構造はひとりの最高酋長による永久的な統制下において、多くの聚落もしくは多くの社会集団よりなる自治的な政治単位であるとする。

　また社会の不平等について論じてみると、中心聚落形態が初期段階から発達段階にすすむにつれ、その不平等はしだいに深まってゆく。たとえば河南省霊宝市の西坡村《せいはそん》遺跡は、中心聚落形態の初期段階に属する。この遺跡の十一号墓の被葬者である四歳児の副葬品には、子供の墓にもかかわらず十二個の器物があり、玉鉞《ぎょくえつ》三点・象牙の腕輪一点・骨匕《こつひ》〔骨製のさじ〕四点・骨錐《こつすい》〔骨製の穴を開ける道具〕一点、陶碗《とうわん》一点、陶鉢《とうはつ》二点がふくまれる。当該墓の規模は比較的大きい。この墓主の年齢は子供であるとはいえ、墓の規模と副葬品の質量はともに当該墓地の成人墓のうちでも比較的大きめのものと同等で、副葬品が皆無であまり大きくない墓の形成と対比的である。ゆえに十一号墓の墓主のもつ「階等」は生来のもので、その血縁身分によって規定されたものである。霊宝西坡村の中心聚落のなかの不平等は、キルヒホフによれば、各個人がみな彼と酋長との関係の遠近によってその階等を決められ、円錐形あるいはピラミッド型の階級をもつ社会システムを形成することによるはずである。これは、同一の始祖より伝承されるあらゆる同時代の末裔の不平等な身分関係である。これは、血縁身分と政治的階級分化のむすびついた初歩的な不平等であり、アールの首長制分類上の単純首長制に属するべきである。さらにたとえば、安徽省含山県凌家灘《りょうかたん》遺跡の墓資料と大汶口遺跡大汶口文化中晩期の墓資料がしめす社会的不平等は、霊宝西坡村遺跡に比して突出して多く、その大墓と小墓とのあいだの明瞭な貧富の格差は、貴族と平民のあいだの不平等をあらわしている。江蘇省新沂花廳《かちょう》北区墓地では六二基の大汶口文化晩期の墓が発掘され、そのなかの十基の大型墓のうち、八基に殉死の現象がある。この時期に家族・宗族組織・家父長権があらわれているので、かかる不平等は政治経済権力の不平等である。これは、発達した中心聚落形態段階の特徴で、アールの首長制分類上の複雑首長制にあたり、フリードのいう先史時代分層社会もこの段階にあたるべきである。かかる分層は、元来の血縁身分による等級分けの基礎のうえにあり、経済的権力の異なる分層をもふくむはずである。

中心聚落形態期の権力の特徴は、民事と聖職のむすびついた神権主導の権力システムである。神権を例にとると、西遼河流域と内モンゴル自治区東部の紅山文化がもっとも典型的である。紅山文化のうち、遼寧省喀左県東山嘴《とうざんし》祭祀遺跡には大型の祭祀用の石社の方壇と祭天の円形祭壇がある。遼寧省西部の凌源県・建平県の境界にある牛河梁《ぎゅうがりょう》遺跡には女神廟と積石塚《つみいしづか》がある。女神廟と積石塚はたがいに連携している。女神廟に祭られているのは太古の祖先で、積石塚に埋葬されているのは部落内で死んだばかりの酋長である。時間の推移とともに、これらの死んだ著名な酋長らも、徐々に崇拝される祖先の列に入れられるであろう。紅山文化は、その女神廟・積石塚・大型の祭壇・精巧な玉器によって、学界から文明のあけぼのであるとの誉《ほま》れをうけている。紅山文化の古代民たちは、村落から遠く離れたところに、専門的に独立的な廟と祭壇を造営し、大規模な祭祀センターを形づくる。これはけっして一個の氏族部落の保有しうるものではなく、一個の部落群もしくは部族が崇拝する共通の祖先を祭る聖地である。これらの大型原始宗教の祭祀活動は当時の全社会の公共的利益を代表しており、全国人民的な社会機能を備えている。そのため、原始社会末期では、各地の酋長はまさに祖先にたいする崇拝と天地社稷に対する祭祀の主催をつうじて、はじめて自己の掌握済の権力をさらに上昇・拡大させ、その等級的地位をさらに強固にし、発展させ、そうした権力自体を神聖なものへと変質させ、それによって一種の神聖性による合法的な外套をまとうことができるのである。

このように筆者は、中心聚落形態の理論的骨子をとおして、首長制内の単純首長制・複雑首長制と、社会分層理論における「階等」と「分層」などの理論的概念を整合させ、考古学的発見を根拠とし、先史から国家へと変化する過渡的形態を研究してきた。これは方法論的にも意義があり、学術体系の創造的探求でもある。

4　第三段階

第三段階――それは、都邑邦国の段階で、おもに考古学における龍山時代初期の国家形成段階をさす。この時期における考古学上重要な現象は、大量の城邑がみつかることであり、あきらかに国家の都城に属するものもある。もちろん筆者は、城邑をみてすぐに「すでに国家［の段階］に入っている」と断定せよと主張しているわけではない。中国における先史時代の城邑の出現は早い。南方ではつとに六〇〇〇年前の大渓《だいけい》文化の湖南省澧県城頭山《じょうとうざん》遺跡が城邑を築いている。北方では河南省鄭州市西山《せいざん》遺跡においても五〇〇〇余年前の仰韶文化晩期の城址がみつかっている。だがこれらの城邑はみな文明時代の国家都城には属さない。国家の都城には、城内に宮殿・宗廟などの高度な等級・規格の建築物があるはずで、また階級・階層の分化と、手工業の専業的分業化などが伴っていなければならない。ところがこれは六〇〇〇年前～五〇〇〇年前の城邑にはいずれもみられないものである。ただ五〇〇〇年前～四〇〇〇年前の龍山時代（とくに龍山時代後期、四五〇〇年前～四〇〇〇年前）になると、多くの城邑がようやく階級・階層の分化を背景としてあらわれる。ゆえに城邑とは、その成立から国家の都城へと発展するまでのあいだに変化発展の過程があるのであり、その性質が結局中心聚落形態段階の中心聚落なのか初期国家時期の都城なのかを判断するには、いくらか他の条件を付加して分析を進めることが必要である。たんに城壁を築いたか否か、城が出現したか否かを根拠とすることはできない。ここでいう付加条件とは、案ずるに、第一は当時の階級発生と社会分層の状態である。第二は城邑の規模・城内の建築物の構造と性質（たとえば宮殿や宗廟などの特殊な制度の出現）である。これは、たんに階層・階級の発生とむすびつく城邑以外は、階級社会の城邑に属さないからである。階級社会に入り、等級区分が明瞭で、支配・被支配の関係が基本的に確立している状況下で、城邑の規模と城内の宮殿宗廟をはじめとする編制がある以外には、その権力システムが強制的性質をもつものであることは明示できない。全社会に君臨する強制的権力と社会の階級分化は、私たちが設定する国家形成の二つの重要な指標である。

先秦文献によれば、中国古代には国があれば城があり、城をつくることは国をつくる指標であることがみてとれる。龍山時代にいりみだれて崛起する城邑の現象とむすびつけると、中国上古時期における国家のもっとも単純な形態なるものは、しばしば都城を中心として四域の大小さまざまな各種邑落がたがいに結合するというもので、そのうえ都城の存在を指標とするものであると考えられる。このため筆者は、かかる類型の国家を都邑邦国とよび、この時代の文明を邦国文明《ほうこくぶんめい》とよぶ。そのなかで都城の規模がどれだけ大きく、四域の各種の邑落によって構成される領土の範囲がどれだけ大きく、そして都城のそとに第二級、第三級の聚落の中心が存在するか否かは、邦国の実力とその発展の程度によって大きな懸隔があるようであるが、一定の範囲の領土をもつ城があったことは確かである。

考古学的発見よりみると、中国文明の起源の研究において初期国家の代表的都邑遺跡としては、山西省襄汾県に位置する陶寺がとても典型的なものである。陶寺遺跡は一九七八年にはじめて発掘されて以来、すでに三十数年の考古発掘を経ており、一連の重要な考古発見が得られている(126)。たとえば規模の巨大な、二八〇万㎡の陶寺中期城址と五六万㎡の初期城址がみつかっている。城内には、面積が約六・七万㎡の宮殿区がみつかり、内部には宮殿としての大型版築建築物がある。宮殿区西辺は面積が約一・六万㎡の大貴族居住区と下層貴族居住区で、すでに多くの大面積の版築建築物が探しだされている。城内にはさらに観象授時《かんしょうじゅじ》［天文を観察し季節の運行を定める方法］のための天文建築ⅡFJT1がみつかり、おそらく同時に祭祀の機能をも兼ねていた。このほかにまた一三〇〇余基の等級のはっきりしている墓がみつかり、ピラミッド式の等級機構と階級関係をしめしている。陶寺遺跡で出土する器物のなかには、墓から出土する龍盆や陶簋《とうき》などの各種の精美な彩陶と、玉琮《ぎょくそう》・玉璧《ぎょくへき》・玉鉞《ぎょくえつ》・玉戚［玉鉞に似た礼器］・玉獣面器《ぎょくじゅうめんき》などの各種玉器、そして鼉鼓《だこ》〔揚子江ワニの皮を張った太鼓〕・特磬《とくけい》〔打楽器の一種〕・石製の璇璣《せんき》〔天文観測機の一種〕以外に、紅銅鈴《こうどうれい》一点・銅歯輪形器一点、そして玉瑗《ぎょくえん》が整然と一緒にはりつき、銅玉が一体化した手燭もみつかっている。彩陶上にはさらに二文字の朱書《しゅしょ》がみいだされ、そのうちのひとつは「文」と釈され、もうひとつは「易」と釈する者もおれば、「堯」と釈する者もおり、あるいは「唐」・「邑」・「命」などと釈されている。[127] 陶寺で発見されたこの二文字の字形と構成は、大汶口文化の図像文字よりもさらに進んでおり、中国最古の文字のひとつにちがいない。

陶寺城邑の周辺は、規模のさまざまな遺跡によって陶寺聚落群を構成した。中国社会科学院考古研究所山西工作隊と山西省考古研究所などの機関による最新の合同調査によると、陶寺都邑を中心として南北七〇km、東西二五km、面積約一七五〇㎢の範囲内で陶寺文化遺跡五四基がみつかり、四、五の聚落等級に分けられる。[128]

陶寺遺跡の各種の考古発見を総合すると、つぎのような歴史発展のビジョンがみられる。陶寺城邑は都邑（都城）で、陶寺都邑とその周囲の村落、そしてより広範囲にわたる聚落群の分布構成は、すでに初期邦国の骨格をそなえており、つまりすでに邦君の都城・貴族の宗邑・一般村邑のような組合構造が出現している。墓の等級制は社会に階級と階層の分化が存在していたことをはっきりとしめしている。陶寺の経済生産は、発達した農業と牧畜業があるのみならず、陶器製作・玉加工・冶金などの手工業もすでに農業のなかから分離してきている。生産の専門化は、生産物をこれまでになく豊富にしたが、不断に増加する社会の富はかえってますます少数の人にあつまる。陶寺でみつかった二つの朱書の陶文は、すでに都邑内で文字が出現し、使用されていたことを物語る。彩陶礼器の龍盆・陶簋などや、玉琮・玉璧・玉鉞・玉戚・玉獣面器などの玉製の礼器、文字の使用、そして観象授時の天文を観察する聖職者の存在からは、陶寺都邑内の頭脳労働と肉体労働という性質の社会的職業分業が顕著なものであることがわかる。前者（頭脳労働者）は知識人・聖者、すなわち陶寺都邑内で邦君をトップとする管理と統治を担う統治者で、後者は一般の族衆である。陶寺城址の規模は大きく、城内で発掘される産物はとても豊富で、陶寺文明は当時の多くの邦国文明のなかでも、きわめてすぐれたものである。

考古発掘から社会にたいする説明へとのぼってゆくこと、それは、考古学と歴史学がもっとも基本的なところで整合するということでなければならない。このほかに陶寺遺跡はとりわけ環境にめぐまれており、それはやはり現時点で古史伝説と関係する遺跡のひとつとしての資質をそなえている。陶寺遺跡は初期・中期・晩期の三期にわけられ、都邑としての初期と中期の遺跡は、放射性炭素年代測定法では四三〇〇年前から四〇〇〇年前のものとされ、夏代以前の堯舜時代に属する。地理的環境の点では、陶寺文化と陶寺遺跡は「堯は平陽に都《みやこ》す（堯都平陽）」の古史伝説と一致する。よって筆者をふくむ少数の研究者は、陶寺都邑こそが帝堯陶唐氏の都城であると主張している。(129) 条件が備わったところでは、考古学文化と古史伝説中の族団にたいして注意深く系統的な整理と整合がおこなわれており、それは研究の深化が求められるところである。

陶寺遺跡の位置する堯舜時代のもう一つの重要な現象は、邦国連盟《ほうこくれんめい》である。それは史書のいう「万邦《ばんぽう》」時代でもある。ここでの「万邦」の「万」字は、たんにその数がとくに多いことをいうだけで、必ずしも実数をさしているわけではない。「万邦」という政治的実体のなかには、炎帝や黄帝の時代以来、依然として原始社会の発展水準にある、諸氏族・部族や首長制がふくまれるのみならず、政治的実体がすでに初期国家の邦国へと進化しているものもある。このことは否定しえない。かつてはこの時期の連盟を「部落連盟《ぶらくれんめい》」とよんでいた。けれども、事物の性質がすべからくその主要な矛盾の主要な面に規定されることを鑑みれば、堯舜禹時代にすでに一群の初期国家に属する邦国が出現していた以上、堯舜禹時代の諸部族間の関係は「部落連盟」とよぶよりも、むしろ「邦国連盟」や「族邦連盟」とよぶほうがよい。唐堯・虞舜・夏禹のあいだの関係はまことに邦国同士の関係で、たんに当時の勢力のたがいの消長におうじて唐堯・虞舜・夏禹が各々あいついで「族邦連盟」の盟主を担ったことがあるにすぎない。このため筆者はつぎの説に賛成である。すなわち、堯舜禹の身分はかつては二重で、つまりまずは本国の邦君で、そのつぎに族邦連盟の盟主や覇者であり、かかる盟主の地位は夏商周三代のときの「天下共主《てんかきょうしゅ》」の前身である。(130)「邦国連盟」は国際関係であって国家形態ではなく、そのときの国家形態は邦国である。夏商周三代が「天下を家《いえ》とす（家天下）」る「天下」は、つまりそのときの王者（夏王・商王・周王）を「天下共主」とする複合制国家に属する。

第八節　「邦国—王国—帝国」説

1　国家の発展段階諸説

以上、聚落形態進化の三段階をもちいて中国古代国家の起源の過程と道程を概括した。またそれと首長制理論と社会分層理論とを対比し、三者を整合させた。では、国家社会にすすんだのち、最初の国家は、人びとに言いならわされているように、王権をそなえた王国であるのか否か。中国古代国家の形態と構造は、初期発展段階においてどのような変化をへたのか。これについて筆者はかつて「邦国—王国—帝国」説を提起し、つぎのように考えたことがある。すなわち、夏以前の龍山時代の国家は単一制的邦国であり、初期国家に属し、「初始国家」や「原始国家」ともよびうる。夏商周三代は多元一体的で、王国を「国上之国」とする「複合制国家」システムに属しており、発展した国家である。秦漢以後の国家は、さらに発展をくわえた成熟国家であり、郡県制下の中央集権的な構造をもった安定的な国家形態をしており、帝国システムである、と。(131)

一方、中国古代国家形態の変遷にかんして、一九五〇年代以来の日本の中国古代史学界では、しばしば「都市国家—領土国家—帝国」[132]というモデルによって、先秦から秦漢までの国家形態の進化が論述されてきた。他方、中国の学界でおもに議論されてきたのは、どのように奴隷制国家から封建制国家へ変化したのかという問題であるけれども、一九九〇年代以降にはもはや「五種類の生産様式」モデル［いわゆるスターリンのモデル］を採用することをせず、べつの枠組みをもちいて中国古代国家形態の進化を説明しようと提案する研究者もいる。

たとえば田昌五《でんしょうご》は、「洪荒《こうこう》時代」・「族邦《ぞくほう》時代」・「封建帝制時代や帝国時代」の語によって古代中国をおおまかに三段階にわける。「洪荒時代」はおもに人類起源の歴史をさし、先史社会に属し、「族邦時代」はおもに中国文明の起源と宗族城邦と相応の宗族社会構造の変遷の歴史をさし、「封建帝制時代や帝国時代」はおもに二千余年にわたる中国社会の循環往復の変遷の歴史をさす。[133]また蘇秉琦《そへいき》は「古国—方国—帝国」式の進化枠組を提起している。[134]さらに論者のなかには「早期国家」と「成熟的国家」の語をもちいて夏商周時代の国家と秦漢以後の国家を区別するものもいる。[135]上述の中国古代国家形態進化のさまざまな枠組は、各研究者が異なる側面から中国古代国家の発展過程のなんらかの特徴をのべたものではある。けれどもそれらには問題がないわけではない。

「都市国家」と中国古代国家の初期形態及びその変化について論ずる以上、侯外廬について言及せねばならない。中国において「城市国家［現代日本語では都市国家とも訳される］」という概念をはじめて提出し、これを基本的な手がかりとして中国古代社会の問題を考察したのは、じつは侯外廬が一九四三年に出版した『中国古典社会史論』を嚆矢《こうし》とする。[136]今日からみても、侯外廬が当該書籍で中国古代文明と国家の出現時期を殷末周初とする点は修正を要するけれども、侯外廬が「城市国家」を古代文明と国家の起源を研究する道のりとしたことと、中国古代国家形成の独特な道のりを検討しようとした科学的精神は、現在にいたるまでその啓発的意義をもちつづけている。侯外廬以降、日本でも宮崎市定と貝塚茂樹を代表として、一九五〇年代のはじめに「都市国家」という概念をもちいて商周から春秋初期にいたる国家構造を理解することがはじめられた。(137) 宮崎市定はまた、世界の古代史の発展経路を「氏族制度―都市国家―領土国家―大帝国」といういくつかの形態・段階として概括している。もちろんこれよりもまえの一九二〇年代に、日本の中江《なかえ》丑吉《うしきち》はすでに「邑土国家」という概念を提出し、「当時の国家」は「同一祖先より出でし団体が、各ゝ邑土を根処として社会生活をなせる」(138)ものであると論じている。宮崎市定ののちに、「邑制国家」という概念を提出し、これによって「都市国家」に代わる考え方を出している日本の研究者もいる。(139)

「都市国家から領土国家へ」という考え方によって「殷周時代から春秋戦国時代への変化」をあらわすことについて、日本の伊藤道治は疑義を提出したことがある。伊藤道治はこう指摘する。すなわち、はじめて「都市国家から領土国家へ」という考え方がもちいられたのは中国史ではなく西アジア、オリエント、中東の文明史の研究においてのことであり、中原《なかはら》与《よ》茂《も》九郎《くろう》が一九一四年に執筆した『西南亜細亜之文化』（『岩波講座東洋思潮』第五巻）でかかる表現をもちいている。しかし、中原与茂九郎のいう都市国家は農村地域をふくむ、と。伊藤道治の考えでは、いわゆる「都市国家」とはいっても、中国は古代ギリシアとは異なるのであり、ギリシアのように単一の都市を自己完結的生活体とせず、西アジアのティグリス・ユーフラティス流域のそれにすこし似ている。そこでは、都市は多くが農耕地や牧場を有する村落と結びつき、そうしてようやくひとつの生活体を構成する。殷周時代の国は、中心に都市があり、たとえば安陽や鄭州商城がそれであり、小規模なものとして盤龍城《ばんりゅうじょう》がある。都市周辺は鄙《ひ》とよばれ、郊外を意味し、おおむね東西南北の四方にわかれている。鄙にはまたいくつかの邑がある。当時の「邑」の語は、都市と郷村との両方に共通してもちいられ、居住区域をさす。したがって鄙のなかの邑は村落かもしれない。それは、居住区域の周囲に耕地を展開する形式である。大国には、中央の都市以外に、地方的中心にも大邑があり、大邑を中心としてまた鄙があり、いくつもの層をなしている。よって、ここでいう都市国家は、すでにある程度ひろい範囲の領域を支配下に置いており、「都市国家」と「領土国家」との区別は、領域の有無にではなく、領域内の農民をどう支配統治するのか、つまり国家が農民を支配するやり方と、国家と農民の関係の問題にかかっているということがわかる。[140]「邑制国家」の状況もこのようである。ひとまず「邑制」の「邑」が、王都をさすのにも、王都のもとの地方の中心聚落をさすのにも、あるいは一般の村落をさすのにも、方国・諸侯の都邑をさすのにももちいられることはおくとしよう。要するに、商周時代（とくに商代）に、「邑」はひとつのあいまいな用語であったのである。そしてさらに重要なのは、「邑制国家」と「領土国家」や「地域国家」との区別もまた、領域の有無によるわけではなく、それゆえ「邑制国家から領土国家や地域国家へ」というモデルを採用することは、なおも問題を説明しきれていないのである。

先秦「族邦」から秦漢「帝国」へという田昌五の発展モデルは、その「族邦」という概念が先秦国家の宗族の特徴を反映している点ですぐれたところがあるが、商周時代の国家構造はけっしてすべてが族邦や邦国の層に位置するわけではない。邦国が存在しているのと同時に、中央王国と地方邦国・諸侯の関係の問題も存在しているのである。ゆえに族邦から帝国へという骨組もなお検討の余地がある。

蘇秉琦の「古国《ここく》—方国《ほうこく》—帝国」モデルの枠組は、先秦国家形態の変化の段階的性質をうつしだしている点で合理的ではあるものの、「古国」・「方国」の語そのものは規範的なものではなく、主観的で恣意的なものである。蘇秉琦の「古国」・「方国」の定義はこうである。すなわち、「古国は部落以上に高いもので、安定的なもので、独立している政治的実体」であり、「つまり初期城邦式の原始国家」であり、

紅山文化は五〇〇〇年以上前に最初に古国段階に入った。……古国時代以後は方国時代で、古代中国が方国段階へと発展したのは、おおよそ四〇〇〇年前である。古国が原始国家であるのとくらべ、方国はすでに成熟し、発

展し、高級な国家であり、夏商周はいずれも方国の君である。……ゆえに方国時代は大国を生む時代である。また統一大帝国の出現を準備する時代でもある。しかし、方国がもっとも早く出現したのは夏以前である。江南地区の良渚文化と北方の夏家店下層文化はもっとも典型的な実例である。(141)

と。蘇秉琦の「古国」・「方国」概念は、人びとがふつうにもちいる「古国」・「方国」の語の意味とは異なるところがあるようである。習わしとしていうと一般的には、「古国」は夏王朝以前の古い邦国をさしうるだけでなく、夏商以来の古い国家をもさしうる。ゆえに、「古国」の語自体はとくに最初期の原始国家のみをさししめすことはできない。「方国」の語は甲骨文中の「方」に由来し、一九〇四年に孫詒譲が『契文挙例』で「方国」を提示して以来、甲骨学界では一般に、商代において中央王国と対比的に言及される各地方国家をさすのにもちいられ、周代文献における「族邦」とおなじ意味である。甲骨文中の「多方」は「多邦」の意である。甲骨文で「方」とよばれる国（方国）は、絶対的多数が商王と叛服常なき関係にあり、「方」とよばれない国（広義の方国）は商に終始臣服している国が絶対的多数を占める。(142)商がまだ夏にとってかわるまえには、商は夏王朝にとっては方国であるが、夏を滅ぼしたあとには、商はふたたび方国を称することはできず、すでに正統な地位を得た中央王朝や中央王国ということになる。周も同様であり、商を滅ぼすまえの周は商王朝の方国で、「周方国」と称しうる。だが商を滅ぼしたあとは、商の正統な地位にとってかわり、王朝国家（大国家構造）のなかの中央王国となる。ゆえに蘇秉琦の「方国」概念は、商周史の研究者たちのもちいる「方国」とは異なるものであり、もちろん夏商周時代のじっさいの状況とも符合しない。蘇秉琦の「古国」・「方国」の語は、彼の説明のもとで使用しなければ理解しがたいものであり、一般的な意味での「古国」・「方国」の概念と混淆されやすい。このほかに蘇秉琦の説には自己矛盾もある。たとえば蘇秉琦は、「方国はすでに成熟し、発展し、高級な国家であり、夏商周はいずれも方国の君である」といい、「方国」は大国であるとする一方で、

「方国がもっとも早く出現したのは夏以前である。江南地区の良渚文化と北方の夏家店下層文化はもっとも典型的な実例である」とものべている。つまり時間のうえで、いわゆる「方国」段階は夏商以来の文明の成熟した段階をさしているようであるが、それはまたこの段階には限られていないのであり、ゆえにそれが「もっとも早く出現したのは夏以前」となる。等級のうえでは、それは夏商周王国に代表されるようであるが、またそれに限られるわけでもない。なぜなら、江南地区の良渚文化や北方の夏家店下層文化も、「もっとも典型的な実例」であるからである。このように、「成熟」・「発達」・「高級」の指標がなにかがわからないのである。これはあきらかに矛盾するものであり、概念上の曖昧さと主観性・随意性も多少ふくまれている。

2　「邦国―王国―帝国」説の再検討

筆者は、上述の諸説のなかで、価値のない部分を除き、そのなかの合理的な部分を吸収した。そして、中国古代が文明と国家社会の段階にすすんで以降の政治的実体の変化を、標準的にこう表現すべきであると考えている。すなわち、邦国―王国―帝国の三段階と三種の形態にかんして、中国古代でもっとも早い国家は小国寡民式の単一制的邦国で、族共同体のうえにあって「部族国家」ともよばれうる。邦国のさらに発展したものは、王国を「天下共主」とする複合制国家構造の王朝国家で、複合制王朝国家の族共同体は民族である。つまり、夏代から形成されはじめる華夏《かか》民族のことである。もちろん、華夏民族は、もともとその内部に諸部族をふくんでいたのであり、一定の発展をへたのち、ようやく徐々にその内部の部族間の境界は融和・氷解することになる。夏商周三代の複合制王朝国家以後は、専制主義的中央集権をへて、最終的に郡県制を統治構造とする帝国に向かっていったのである、と。

上述のより規範的な説明からはつぎのことがみてとれる。すなわち「邦国―王国―帝国」説の学術体系と、日本の学界が提起している「都市国家―領土国家―帝国」説、中国の研究者が提起している「族邦時代―封建帝制時代」説、「古国―方国―帝国」説、そして「初期国家―成熟的国家」説などの理論モデルとの違いは、たんに名称概念の違いにとどまらず、国家形態の問題に及んでいる。「王国」の問題を例にとると、「邦国―王国―帝国」説では、それは夏商周三代の複合制国家の構造と形態の問題をふくんでおり、夏商周三代の王朝国家のなかの王国（王邦）と邦国（属邦）の関係の問題をふくみ、さらに部族国家から民族の国家［national state］へ、そして夏民族形成過程において「自在民族」が「自覚民族」へと発展するなどの問題をふくむ。それゆえこれは、一つの内容が比較的豊富で複雑な、すみずみまで系統づけられた学術体系なのである。

「邦国―王国―帝国」説のうち、さきにのべたように、筆者は邦国を「都邑邦国」ともよぶ。そのなかの「都邑」についていうと、「都邑」という語をもちいる理由は、中国古代では国があれば城があり、城を建てることが建国の目安であり、かつ「都鄙」構造が形成されるからである。「都」は国都・都城をさし、「鄙」は鄙邑で、都城の周囲の村邑に属するものもあれば、辺境地域の村邑に属するものもある。大きめの邦国では、都城の外部にさらに第二、第三級の城邑や宗邑があり、二、三級の邑落の中心を構成し、第二、第三級の城邑や宗邑の周辺にも鄙邑の存在がある。ゆえに、都邑邦国は、城もあり、領土もあるものであって、それは日本の研究者の「都市国家―領土国家」の都市概念とは異なる。「邦国」の語にかんして、それを用いる理由は、先秦文献に「邦」・「国」・「邦国」・「庶邦」・「邦君」などの語があり、かつ「王国」と区別されるためである。(143)「邦国」がおもに反映しているのは、単純な初期国家の概念であり、夏以前には相互に独立した邦国もあり、夏商周三代に王国と並存する邦国もある。夏商周三代の邦国については あとでさらに説明する。しかしここでの「都邑邦国」や「都邑国家」の概念は、古代ギリシアの「ポリス」とは異なる。伊藤道治がいうように、古代ギリシアのポリスはひとつの城がひとつの自己完結的生活体をなしている。

そのうえ、その政体は奴隷制社会の民主政制に属しており、ゆえに現代中国語で「民主城邦《ポリス》」とよばれる。古代ギリシアのポリスは、中国龍山時代の城邑邦国および夏商周三代の王国とはいずれも異なっている。

邦国と先史「中心聚落形態」（「首長制」ともいわれ、単純首長制と複雑首長制をふくみ、「先史分層社会」ともいわれる）とのもっとも顕著なちがいは、全社会に君臨する強制的権力システムの出現である。邦国を王国とくらべると、一般的にいって、邦国には王権はなくてもよく、もしくはわずかに萌芽状態の王権があるだけでもよいのであるが、商周時代の周辺のいくつかの小国もまれに王を称しているので、邦国と王国の区別は王を称することや王権の有無にのみあるのではない。むしろもっと重要なことは、かかる王権が王邦（後世のいわゆる「王畿」。王が直接支配する区域）を支配するのみならず、王邦に附属もしくは従属する属邦をも支配しているか否かである。これが、『詩』や『左伝』のいう「溥天《ふてん》の下、王土に非ざるは莫《な》く、率土《そつど》の濱《ひん》、王臣に非ざるは莫し（溥天之下、莫非王土、率土之濱、莫非王臣）」（『左伝』昭公七年、『詩』小雅北山）である。他の族邦を支配できるような王権の存在があらわれたことによって、他の族邦の主権は不完全なものとなり、独立的主権はなくなる。それによって、王国期の統一的な国家構造や国家形態は「複合制国家構造」となるのである。かかる構造のなかには、「天下共主」の「国上之国」の王邦もあれば、属邦《ぞくほう》としての「国中之国」もある。たとえば商代の「内服」・「外服」構造と、周代分封《ぶんぽう》制の構造は、いずれも複合制国家構造に属している。そのなかで、商代の外服としての「侯《こう》・甸《でん》・男《だん》・衛《えい》・邦伯《ほうはく》」と、周代に分封された諸侯の国は、いずれも王国に臣従するもので、主権の不完全な（つまり独立的主権のない）邦国、すなわち「国中之国」である。

王邦（つまり王国）のみならず、諸侯国（当時の王に臣服する邦国）をもふくむ「複合制国家構造」は、王国（つまり王邦）の意味と区別するため、王朝国家とよびうる。もちろん、夏商周三代の王朝と秦漢以後の王朝とは異なるものである。前者は複合制国家構造のなかの王朝に属し、後者は高度な中央集権的郡県制国家構造の王朝に属する。このほかに夏商周三代には、さらに王国と敵対しているいくつかの邦国がある。たとえば、商代の土方・人方などの方国である。これらの敵対的な邦国の主権は独立しているもので、「複合制国家構造」のなかには組み込めない。叛服常なき方国（邦国）については、その「反乱」時に、あるいはそれがまだ王国に臣服するまえは、王と王邦が指図することはできず、もちろん「複合制国家構造」のなかの「国中之国」にも属さず、独立的な方国（邦国）である。

王国内の王権は、本質上、邦国のなかで全社会に君臨する強制的権力の発展過程をへたのち、さらに集中的にあらわれる。しかし、あらゆる邦国が王国に発展するわけではなく、ただ「天下共主」の地位を得た邦国のみがはじめてほんとうの意味での王国になる。これが夏商周三代の夏邦・殷邦・周邦である。このような王権にして、はじめて「天下」の諸邦のあいだの権力システムをほんとうにピラミッド式に組み立てることができる。王国と複合制国家構造の王朝のなかで、君王は権力の頂点にある。王と臣下、王邦と属邦とのちがいは構造的性質と制度化の度合いである。夏・商・周の諸王朝の状況からみれば、かかる王権は家族や宗族の範囲内で世襲されるものでもあるが、王権はすべての「天下」を支配できるものでもあり、それによって「天下共主」の伝統的理念を形づくる。王権の世襲性と、構造的性質・制度化によって、はじめて王朝や王権の「正統」意識と「正統」観が形成された。かなり長い時間のなかで、こうした正統観はまた中原地区の独特な地理的環境とまざりあうものである。

王国のあとは帝制帝国で、中国古代の帝国段階は戦国時代のあとの秦王朝にはじまる。帝国時代の政体が実行するのは専制主義的中央集権である。かかる専制主義的中央集権が形成される要因はそれぞれの方面から検討されうるものである。筆者は、少なくとも戦国時期に郡県制が推進されたことと、授田制を特徴とする土地国有制が実行されたこと、そして先秦時代の「溥天の下、王土に非ざるは莫く、率土の濱、王臣に非ざるは莫し（溥天之下、莫非王土、率土之濱、莫非王臣）」〔『詩』小雅北山〕という政治理念が機能することが、いずれも秦漢時代の専制主義的な中央集権国家の形成されうる基礎と条件であると考える。

帝制国家の構造のなかで実行される郡県制は、先秦時代の采邑と分封制度とはまったく異なるものである。采邑と分封はいずれも世襲のものであるが、郡県制下の各級の官吏はいずれも皇帝と中央が直接任免するものである。王国と封国においては、王国内には王と貴族の封地と采邑があり、諸侯国内には邦君と貴族の封地と采邑があり、彼らのあいだには、上下の隷属関係はあるとはいえ、行政的管理関係にはない。したがって、封国・封地か采邑かを問わず、地方行政機構には属さず、これによって地方行政管理のランクをわけることもできない。これが、複合制王朝と郡県制中央集権的帝国王朝との、国家構造と統治方法のうえでのちがいである。

第九節　余　　論

以上の論述は、国家の起源にかんする諸々の理論・概念にたいする分析と再検討であるとみなせる一方で、それはまた、筆者の当該研究領域における学術的視点と理論的方法をくわしくのべたものでもある。ここまで書いてきたことを基礎として、以下、本書の構想と考えの道筋を整理したいとおもう。

案ずるに、国家の起源とその初期の発展を研究するさいのもっとも主要な着眼点は、社会形態の進化である。そして中国上古の社会形態の推移と発展を探求しようとするならば、まだ文字史料のない時代にかんしては、とうぜんのことながら、おもに考古学にたよることになる。したがって、聚落考古学と社会形態学をむすびつけて国家と文明社会の起源を研究することは、論題の大筋をとらえたものといわねばならない。このように、国家と文明の起源の道程としての「聚落三形態進化」説と「邦国―王国―帝国」説が生まれた。

国家の起源の過程において、階級と、全社会に君臨する強制的権力はまた、問題の鍵のありかである。これは、筆者が提出する国家形成にかんする不可欠の二指標でもある。階級の発生にはさまざまな道のり（たとえば戦争捕虜から奴隷になる道程、原始社会の公職から転化して社会を統治することになる道程、そして経済的意義をもたない社会の「階等」から転化して経済的権力をそなえた社会の「分層」になる過程等々）があるけれども、父権家族や家父長制は、社会内部の階級形成の普遍的な社会的基盤であり、それはまた問題の症状のありかでもある。このため本書では、「聚落三形態進化説」をもちいて、社会の推移と発展を論述する。すなわち、国家の起源を論ずるさいには、別途専門の章をもうけて、父系家族を契機とし、階級・階層・等級などの社会分層の起源の問題を説明する。

国家権力の起源と発展の問題にかんして、筆者は「権力の空間性と宗教の社会性」というひとつの命題を提出し、国家起源の過程において各段階各類型の権力がどのようにその空間的制限を突破するのかを研究する。これはひとつのアポリアであり、きわめて挑戦的なものであるが、つとめて解決すべき課題でもある。よって本書では、「先史時代の権力システムの進化」という章をもうけて、関連する問題について詳論する。

筆者は、かつての著作において、「祭祀・戦争・国家」と題し、宗教祭祀と戦争の、国家の起源におけるメカニズムと「王権の三つの源泉と構成[144]」について論述したことがある。本書ではこの基礎のうえにたって、さらなる検討をおこなう。宗教祭祀の面では、先秦時代以来の「国の大事は、祀《まつり》と戎《いくさ》に在り（国之大事、在祀与戎）」という伝統的観念や、商代の神権政治の状況のみならず、河南省臨汝閻村出土の鶴魚石斧図《かくぎょせきふ》、濮陽西水坡《せいすいは》の龍・虎・人の組み合わさった図、紅山分化の大規模な宗教祭祀遺跡、陶寺遺跡出土の龍盆《りゅうぼん》など、良渚文化の玉器上の神人神獣および祭祀遺跡なども、宗教的祭祀の上古社会の生活において占める地位、権力の集中と神聖化にたいする機能、社会分層（宗祝卜史などの巫覡祭司階層、つまり管理階層）の形成の機能を物語りうる。

戦争と国家について、筆者は、国家の起源を戦争とする論者には属さないけれども、戦争は、邦国内の邦国の権力形成についてであれ、王国内の王権形成についてであれ、それらの形成を促進するものではある。まず戦争は、征服者と被征服者のあいだに貢納服属関係を築かせ、それによって原始社会における部落同士の本来の平等的関係を打破した。つぎに戦争は、戦勝者内部に軍事貴族階層を生みだす。同時にこれは奴隷の供給源のひとつでもある。とくに「是を以て人は其の宗廟を夷《ほろ》ぼし、火は其の彝器を焚《や》き、子孫は隷《れい》と為《な》（是以人夷其宗廟、而火焚其彝器、子孫為隷）[145]」るという戦争が戦争捕虜と奴隷をもたらすことは一目瞭然である。したがって戦争は、もともとある部族間の秩序を改変するだけでなく、戦勝者内部の階級構造をも改変する。またそのつぎに、戦争は邦国から王国への変化のなかで王権の形成をも促す。かつて戦争は国家誕生の「産婆」であるとイメージ的にいわれてきたけれども、これは行き過ぎたものではない。このため、戦争と軍事がどのように権力を強化・発展させ、宗教祭祀権がどのように権力を壟断し、それをつうじて国家権力が昇華されるかについては、これも本書が注目せねばならないひとつの焦点である。

　筆者の学術体系によると、夏商周三代はみな王国を「天下共主」とする複合型国家構造に属している。だがそれらもみな邦国から王国までの発展過程をへた。このため本書では、夏・商王国について論ずるさいにも、各自の邦国ないしは中心的聚落形態から説き起こす。まずそれらの邦国がいかに誕生したのかを論じ、つづいて各自がいかに邦国から王国に発展したのかを論ずる。王国の形態のなかでも王権を論じ、とくに複合制国家構造における王権の機能・特徴・統治方法などを重点的に論ずる。

　このほかに本書では、邦国がいかに変遷して複合制王朝国家となるかを研究するさいに、あわせて華夏民族の起源の問題をも研究し、あらたな構想と視角を提唱する。すなわち、民族を「古代民族」と「近代民族」とに分類し、それらの概念と属性をそれぞれ画定する。古代の範疇のうち、部落よりも高い階層でありながら、血統や血縁的特徴ももつ族共同体にかんしては、これを「部族」とよぶ。そののち、古代国家の形態と構造の「単一制的邦国」から「複合制的多元一体的王朝」への発展過程にたいする考察をつうじて、部族から民族への過程と初期華夏民族の形成時期の上限についてくわしくのべる。それによって得られる結論はつぎのとおりである。すなわち、華夏民族は、夏代と周代においては「自在民族《じざいみんぞく》」であり、両周時代へと発展すると、すでに「自覚民族《じかくみんぞく》」に変化している。私たちはただ、それが「自覚民族」となる事実を認められず、それが「自在民族」の段階をへていることをみることもできないだけなのである。

要するに、本書では、史料を完備することをめざし、中国考古学の新発見を反映させようとする。理論上はイノヴェーションもあれば、進展したところもあり、理論的な考え方を具体的な実証や堅実な推論と有機的に結合させ、それによって中国古代国家の起源と王権の形成について、新しく深い系統的な研究をおこなう。さらに本書は、筆者が一九九〇年代初頭に出版した『中国文明起源的比較研究』の姉妹編でもある。両書はいずれも筆者の中国文明と国家の起源および、その初期の発展にかんする学術体系を構築した。もちろん、その研究が結局いかなるものであるかについては、大方の叱正を請う次第である。

注

（1）アンソニー・ギデンズ（松尾精文・小幡正敏訳）『国民国家と暴力』（而立書房、一九九九年、二八頁）。
（2）マックス・ウェーバー（中山元訳）『職業としての政治』（日経BP社、二〇〇九年、一〇～一一頁）。
（3）ギデンズ注（1）前掲書、二八頁。
（4）ギデンズ注（1）前掲書、二六～二七頁。

（5）余紀元編『西方哲学英漢対照辞典』（人民出版社、二〇〇一年版、九五二頁）。

（6）沈長雲・張渭蓮『中国古代国家起源与形成研究』（人民出版社、二〇〇九年版、四六～四七頁）。

（7）ギデンズ注（1）前掲書、六四～六五頁。

（8）エンゲルス（土屋保男訳）『家族・私有財産・国家の起源』（新日本出版社、一九九九年、二二八～二三一頁）。

（9）エンゲルス（秋間実訳）『反デューリング論』（新日本出版社、二〇〇一年、二五一～二五二頁）。

（10）エンゲルス注（9）前掲書、二五三頁。

（11）Morton H. Fried. 1967. *The Evolution of Political Society An Essay in Political Anthropology*. New York Random House. p.229.

（12）フリード注（11）前掲書、二三五頁。

（13）陳淳『文明与早期国家探索——中外理論・方法与研究之比較』（上海世紀出版集団、二〇〇七年版、八五頁）。

（14）エンゲルス注（8）前掲書、二二八～二三一頁。

（15）Kent V. Flannery. 1972. The Cultural Evolution of Civilizations. *Annual Review of Ecology and Systematics*. vol.3. pp. 403-404.

（16）サーヴィス（松園万亀雄訳）『未開の社会組織　進化論的考察』（弘文堂、一九七九年）。

（17）Elman R. Service. 1975. *Origins of the State and Civilization: The Process of Cultural Evolution*. New York: W. W. Norton & Company. p.8.

（18）Allen W. Johnson & Timothy K. Earle. 2000. *The Evolution of Human Societies From Foraging Group to Agrarian State*. Stanford: Standford University Press. pp.318-319.

（19）中国語では Claessen（克頼森）は「克列遜」とも訳す。『古代世界城邦問題訳文集』（時事出版社、一九八五年）。

（20）克頼森（Henri J. M. Claessen）（胡磊訳）「関于早期国家的早期研究」（『中国社会科学院古代文明研究中心通訊』第十二期、二〇〇六年）。

（21）クレーセン注（20）前掲論文。
（22）Anatolii M. Khazanov. 1978. Some Theoretical Problems of the Study of the Early State. Henri J. Claessen, Peter Skalnik. eds. The Early State. The Hague: Mouton Publishers. pp.77.
（23）陳淳注（13）前掲書、一八一頁。
（24）易建平『部落聯盟与酋邦』（社会科学文献出版社、二〇〇四年版、二四二頁）［王氏原著では易建平著書から孫引をしている。精確には本文は、Robert L.Carneiro 1981. The Chiefdom: Precursor of the State. in Grant D. Jones and Robert R. Kautz. eds.. *The Transition to Statehood in the New World*. p.69.よりの引用であり、このカルネイロの定義は、Robert L. Carneiro. 1970. A Theory of the Origin of the State. Science. no.169. pp.733 -738での議論に基づく］。
（25）Jonathan Haas. 1982. Evolution of the Prehistoric State. Columbia: Columbia University Press.
（26）ハース注（25）前掲書。
（27）王震中『中国文明起源的比較研究』（陝西人民出版社、一九九四年、八~九頁、一三~一四頁、三七八~四四二頁）。
（28）王震中「商代都鄙邑落結構与商王的統治方式」（『中国社会科学』二〇〇七年第四期）。王震中『商代都邑』（中国社会科学出版社、二〇一〇年、三一八~三五九頁）。
（29）李学勤『東周与秦代文明』（文物出版社、一九八四年版、三七六頁）。
（30）趙世超「西周為早期国家説」（『陝西師范大学学報』一九九二年第四期）。
（31）王震中注（27）前掲書、四三五~四三六頁。
（32）李学勤『東周与秦代文明』（三七六頁）。張光直『考古学専題六講』（文物出版社、一九八六年、一二頁）。田昌五『古代社会断代新論』（人民出版社、一九八二年、八八~一〇二頁）。田昌五・臧知非『周秦社会結構研究』（西北大学出版社、一九九六年、一七~三八頁）。趙伯雄『周代国家形態研究』（湖南教育出版社、一九九〇年、三二三頁）。朱鳳瀚『商周家族形態研究』（天津古籍出版社、一九九〇年、二頁）。趙世超『西周為早期国家説』（『陝西師范大学学報』一九九二年第四期）。王震中注（27）前掲書、三四七~三五〇頁、四三四~四三六頁。沈長雲・張渭蓮『中国古代国家起源与形成研究』（人民出版社、二〇

○九年、六一頁、一一六～一二一頁）。

（33）張光直（小南一郎・間瀬収芳訳）『中国青銅時代』（平凡社、一九八九年。［ただし本訳書では、文脈に沿ってやや訳語を修正した］）。

（34）王震中「文明与国家」（『中国史研究』一九九〇年第三期）。

（35）王震中注（27）前掲書、三四五頁。

（36）王震中「夏代〝複合型〟国家形態簡論」（『文史哲』二〇一〇年第一期）。王震中注（28）前掲書、四五九頁、四六五～四六六頁、四八五～四八六頁。

（37）クレーセン注（20）前掲論文。

（38）王震中注（27）前掲書、三四九・三七四頁。

（39）王震中注（34）前掲論文、王震中注（27）前掲書、三四五頁。

（40）王震中注（27）前掲書、三頁、三四六～三五〇頁。

（41）易建平「文明与国家起源新解」（『中国社会科学報』二〇一一年八月十一日第五版）。

（42）易建平注（41）前掲論文。

（43）Gregory. A. Johnson. 1973. Local Exchange and Early State Development in Southwestern Iran. *Anthropological Papers, Museum of Anthropology.* Ann Arbor: University of Michigan. no. 51. pp.4-12.

（44）Henry T. Wright. 1977. Recent Research on the Origin of the State. Annual Revieww of Anthropology. no.6. pp.379～397; Timothy K. Earle. 1991. The evolution of chiefdom. In Timothy K. Earle ed. *Chiefdoms Power, Economy, and Ideology.* Cambridge: Cambridge University Press. p.3.

（45）Liu, Li. 2004. The Chinese Neolithic: Trajectories to Early States. Cambridge: Cambridge University Press. 中国語版第一四六頁。

（46）劉莉注（45）前掲書、一四六頁。

(47) 王震中注（28）前掲書、王震中注（28）前掲書、四八六～五〇〇頁。
(48) 王震中「商代的王畿与四土」（『殷都学刊』二〇〇七年第四期）。王震中注（28）前掲書、四五九、四六五～四六六、四八五～四八六頁。
(49) 方輝主編『聚落与環境考古学理論与実践』（済南山東大学出版社、二〇〇七年）。
(50) 中美両城地区聯合考古隊「山東日照市両城地区的考古調査」（『考古』一九九七年第四期）。
(51) 中美洹河流域考古隊「洹河流域考古研究初歩報告」（『考古』一九九八年十期）。
(52) 中国社科院考古所河南一隊等「河南霊宝市北陽平遺址地調査」（『考古』一九九九年第十二期）。
(53) 中国社科院考古所二里頭工作隊「河南洛陽盆地二〇〇一～二〇〇三年考古調査簡報」（『考古』二〇〇五年第五期）。
(54) 陳星燦・劉莉・李潤権・華翰維・艾琳「中国文明腹地的社会複雑化進程――伊洛河地区的聚落形態研究」（『考古学報』二〇〇三年第二期）。
(55) 許宏等「二里頭遺址聚落形態的初歩考察」（『考古』二〇〇四年第十一期）。
(56) 中美洹河流域考古隊「洹河流域区域考古研究初歩報告」（『考古』一九九八年第十期）。
(57) 王震中注（28）前掲論文、王震中注（28）前掲書、四八六～五〇〇頁。
(58) エンゲルス（大内兵衛・細川嘉六監訳）『マルクス・エンゲルス全集』二一巻（大月書店、一九七一年、三二頁）。
(59) エンゲルス注（58）前掲書、一五九頁。
(60) エンゲルス注（58）前掲書、一六一頁。
(61) 王震中注（27）前掲書、一三～一四頁、五三頁。
(62) 田昌五『古代社会断代新論』（人民出版社、一九八二年版、七～一一頁）。
(63) 沈長雲・張渭蓮注（6）前掲書、四九～五〇頁。
(64) エンゲルス注（58）前掲書、一六七～一六八頁。
(65) 裘錫圭「関于商代的宗族組織与貴族和平民両個階級的初歩研究」（『文史』第十七輯、一九八三年）。

(66) 李学勤『東周与秦代文明』(文物出版社一九八四年版、三七六頁。張光直注(32)前掲書、一二頁。田昌五『古代社会断代新論』(人民出版社一九八二年版、八八～一〇二頁。田昌五・臧知非『周秦社会結構研究』(西北大学出版社一九九六年版、一七～三八頁。趙伯雄『周代国家形態研究』(湖南教育出版社一九九〇年版、三二三頁)。朱鳳瀚『商周家族形態研究』(天津古籍出版社一九九〇年版第二頁。趙世超『西周為早期国家説』(『陝西師范大学学報』(一九九二年第四期)。王震中注(27)前掲書、三四七～二五〇頁、四三四～四三六頁。沈長雲・張謂蓮『中国古代国家起源与形成研究』(人民出版社二〇〇九年版、六一頁、一一六～一二一頁)。

(67) エンゲルス「共産主義の原理」(大内兵衛・細川嘉六監訳)『マルクス＝エンゲルス全集』第四巻、大月書店、一九六〇年、三九二頁)。

(68) 王震中注(27)前掲書、二二七～二四六頁。

(69) 田昌五『古代社会形態研究』(天津人民出版社一九八〇年版、二〇〇～二六〇頁)。田昌五『古代社会断代新論』(人民出版社一九八二年版、第八九～一三二頁)。

(70) エンゲルス注(8)前掲書、二二〇～二二一頁。

(71) モルガン(青山道夫訳)『古代社会』(上巻、岩波書店、一九五八年、二九二～二九三頁)。

(72) モルガン注(71)前掲書、一四八頁。

(73) モルガン注(71)前掲書、一〇一頁。

(74) 易建平注(24)前掲書、三五頁。

(75) 易建平注(24)前掲書、六二頁。

(76) モルガン注(71)前掲書、二〇〇頁)。

(77) モルガン注(71)前掲書、二六一～二九七頁。

(78) 狩野千秋『マヤとアステカ』(近藤出版社、一九八三年)。

(79) 王震中注(27)前掲書、五頁。

(80) 王震中注（27）前掲書、五～六頁。
(81) 易建平注（24）前掲書、一三九頁、一五二頁。
(82) 王震中注（27）前掲書、三四五～三七七頁。
(83) 王震中注（27）前掲書、六頁。
(84) サーヴィス注（16）前掲書。
(85) 易建平注（24）前掲書、陳淳注（13）前掲書。
(86) 王震中注（27）前掲書、六～七、一六七～一七三頁。
(87) 陳淳注（13）前掲書、七八～八〇頁
(88) 易建平注（24）前掲書、一四五～一四六頁。
(89) 王震中注（27）前掲書、一六八頁。
(90) サーヴィス注（16）前掲書、一三〇頁。
(91) 陳淳注（13）前掲書、一四三頁。
(92) 陳淳注（13）前掲書、一四六頁。
(93) 易建平注（24）前掲書、二八一～二九三頁
(94) 陳淳注（13）前掲書、一四六～一五〇頁。
(95) 易建平注（24）前掲書、二九五～三〇七頁。
(96) 陳淳注（13）前掲書、一四一～一四四頁。
(97) 張光直『古代世界的商文明』（『中原文物』一九九四年第四期）は「酋邦のおもな特徴はその政治分級と親属制度が結びついていることである」とする。筆者の酋邦にたいするおもな特徴の概括と張光直のこの概括は一致するものである。
(98) 王震中注（27）前掲書、六頁。
(99) 易建平注（24）前掲書、一二二頁。

(100) 易建平注(24)前掲書、一二五頁。
(101) 王震中注(27)前掲書、七頁。
(102) 易建平注(24)前掲書、一五六〜一五七頁。
(103) 沈長雲・張謂蓮『中国古代国家起源与形成研究』、九二、九八頁。
(104) 易建平注(24)前掲書、二一〇、二二六、二六四頁。
(105) 王震中注(27)前掲書、二二七頁。
(106) 易建平注(24)前掲書、二六三頁。
(107) 易建平注(24)前掲書、二七一頁。
(108) 王震中注(27)前掲書、九頁、一六九頁。
(109) 張光直注(33)前掲書。
(110) 易建平注(24)前掲書、二二八頁。
(111) レーニン「社会革命党によって復活される俗流社会主義とナロードニキ主義」(『レーニン全集』第六巻、大月書店、一九五四年、二六五頁)。
(112) レーニン「ナロードニキの空想計画の珠玉」(『レーニン全集』第二巻、大月書店、一九五四年、四六〇頁)。
(113) 易建平注(24)前掲書、二二九頁。
(114) エンゲルス注(9)前掲書、二五三頁。
(115) 大内兵衛・細川嘉六監訳『マルクス・エンゲルス全集』二一巻(大月書店、一九七一年、一六一頁)。
(116) エンゲルス注(67)前掲論文。
(117) サーヴィス注(16)前掲書。
(118) ハース注(25)前掲書。
(119) フリード注(11)前掲書、二二四頁。

(120) フリード注（11）前掲書、二三六頁。

(121) フリード注（11）前掲書、二三九頁。

(122) 王震中注（27）前掲書、七頁。

(123) 王震中注（27）前掲書、七〜八頁。

(124) 王震中注（27）前掲書、八頁。

(125) 楊升南・馬季凡「一九九七年的先秦史研究」（『中国史研究動態』一九九八年第五期）。

(126) 中国社会科学院考古研究所山西隊等「山西襄汾陶寺城址二〇〇二年発掘報告」（『考古学報』二〇〇五年第五期）、中国社会科学院考古研究所山西第二工作隊等「二〇〇二年山西襄汾陶寺城址発掘」（『中国社会科学院古代文明研究中心通訊』二〇〇三年第五期）、中国社科院考古所山西工作隊等「山西襄汾県陶寺城址発見陶寺分化大型建築基址」（『考古』二〇〇四年第二期）、中国社科院考古所山西工作隊等「山西襄汾県陶寺城址祭祀区大型建築基址二〇〇三年発掘簡報」（『考古』二〇〇四年第七期）、中国社科院考古所山西工作隊等「山西襄汾県陶寺中期城址大型建築ⅡFJT一基址二〇〇四〜二〇〇五年発掘簡報」（『考古』二〇〇七年第四期）、中国社科院考古所山西工作隊等「山西襄汾県陶寺城址発見陶寺文化中期大型砕土建築基址」（『考古』二〇〇八年第三期）、中国社会科学院考古研究所山西工作隊「山西襄汾県陶寺遺址発掘簡報」（『考古』一九八〇年第一期）、中国社科院考古所山西工作隊等「一九七八―一九八〇年山西襄汾陶寺墓地発掘簡報」（『考古』一九八三年第一期）、中国社科院考古所山西工作隊等「陶寺遺址一九八三―一九八四年Ⅲ区居住址発掘的主要収穫」（『考古』一九八六年第九期）、中国社科院考古所山西工作隊等「山西襄汾県陶寺遺址Ⅱ区居住址一九九九―二〇〇〇年発掘簡報」（『考古』二〇〇三年第三期）、中国社科院考古所山西工作隊等「陶寺遺址発見陶寺分化中期墓葬」（『考古』二〇〇三年第九期）。

(127) 羅琨「陶寺陶文考釈」（『中国社会科学院古代文明研究中心通訊』第二期、二〇〇一年七月）、何駑「陶寺遺址扁壺朱書〝文字〟新探」（『中国文物報』二〇〇三年十一月二十八日）。馮時「文字起源与夷夏東西」（『中国社会科学院古代文明研究中心通訊』第三期、二〇〇二年一月）。以上の三論文はみな解希恭主編『襄汾陶寺遺跡研究』（科学出版社、二〇〇七年）に収録されている。

(128) 何駑「二〇一〇年陶寺遺址群聚落形態考古実践与理論収穫」(『中国社会科学院古代文明研究中心通訊』第二一期、二〇一一年)。

(129) 陶寺を帝堯陶唐氏の遺址と主張するのは以下の通り。王文清「陶寺文化可能是陶唐氏文化遺存」(田昌五主編『華夏文明』第一集、北京大学出版社、一九八七年)、王震中「略論〝中原龍山文化〟的統一性与多様性」(田昌五・石興邦主編『中国原始文化論集』文物出版社、一九八九年。王震中『中国古代文明的探索』雲南人民出版社、二〇〇五年所収)。兪偉超「陶寺遺存的族属」(兪偉超『古史的考古学探索』文物出版社、二〇〇二年)、解希恭・陶富海「堯文化五題」(『臨汾日報』二〇〇四年十二月九日)、衛斯「関于〝堯都平陽〟歴史地望的再探討」(『中国歴史地理論叢』二〇〇五年第一期)。衛斯「〝陶寺遺址〟与〝堯都平陽〟的考古学観察——関于中国古代文明起源問題的探討」(解希恭主編『襄汾陶寺遺址研究』科学出版社、二〇〇七年)。

(130) 王樹民「禅譲説評議和古代歴史的真相」(『曙庵文史続録』中華書局、二〇〇五年版、六八～六九頁)。

(131) 王震中「邦国・王国与帝国」(『河南大学学報』二〇〇三年第四期)、王震中「夏代〝複合型〟国家形態簡論」(『文史哲』二〇一〇年第一期)、王震中注(28)前掲書、四八五～四八六頁。

(132) 宮崎市定「中国上代は封建制か都市国家か」(『史林』三三巻二号、一九五〇年)。

(133) 田昌五『中国歴史体系新論』(山東大学出版社、一九九五年)、田昌五『中国歴史体系新論続編』(山東大学出版社、二〇〇二年)。

(134) 蘇秉琦『中国文明起源新探』(生活・読書・新知三聯書店、一九九九年)。

(135) 謝維揚『中国早期国家』(浙江人民出版社、一九九五年、四五九頁)。

(136) 一九四三年に侯外廬は重慶で『中国古典社会史論』を出版し、それは一九四八年に『中国古代社会史』へと改題し、生活・読書・新知三聯書店から修訂本が出版された。一九五五年にはさらに『中国古代社会史論』へと改題し、人民出版社から出版された。

(137) 宮崎市定注(132)前掲論文。貝塚茂樹『孔子』(岩波書店、一九五一年、二三～三一頁)。貝塚茂樹『中国の古代国家』(弘文堂、一九五二年、三八～五三頁)。

(138) 中江丑吉『中国古代政治思想』(岩波書店、一九五〇年、七一～七三頁)。

(139) 宇都宮清吉『漢代社会経済史研究』(弘文堂、一九五五年、一七頁)。増淵龍夫『中国古代の社会と国家』(弘文堂、一九六〇年)。西嶋定生『中国古代帝国の形成と構造』(東京大学出版会、一九六一年、三六～三七頁)。木村正雄『中国古代帝国の形成』(不昧堂書店、一九六五年、六〇～八〇頁)。松丸道雄「殷周国家の構造」(『岩波講座世界歴史4』岩波書店、一九七〇年)。

(140) 伊藤道治『中国社会の成立』(講談社、一九七七年、七～一二頁)。

(141) 蘇秉琦『中国文明起源新探』第七章(一三一～一四五頁)。

(142) 孫亜冰・林歓『商代地理与方国』(中国社会科学出版社、二〇一〇年版、二五四頁)。

(143) 王震中「先秦文献中的「邦」「国」「邦国」及「王国」——兼論最初的国家為「都邑」国家」(陳祖武主編『从考古到史学研究」之路——尹達先生百年誕辰紀念文集』雲南人民出版社、二〇〇七年)。

(144) 王震中「祭祀・戦争与国家」(『中国文明起源的比較研究』陝西人民出版社、一九九四年版)。

(145) 『国語』周語下。

第一章　平等な農耕聚落社会

一九五〇年代以来、西アジア・中央アメリカ・中国などでは、一連の考古学上の大発見があった。これによって、農業の起源が人類にとり、文明と国家社会へとむかう起点と基礎で、新石器時代の文化のはじまりでもあることが、深く認識されるに至った。農業の起源は、人類の文化と社会制度を変えた。中国古代国家の起源にたいする検討もまた、とうぜん農業の起源と農耕聚落の出現からはじめられねばならない。

第一節　新石器時代初期——農業の起源と農耕聚落の出現

1　中国農業の多元的発展

農業と牧畜の起源は、旧石器時代末期の高度な狩猟採集経済より変化してきたものであることが知られている。[1] 最新の考古的発見は、中国新石器時代初期の年代がおおよそ一二〇〇〇年前～九〇〇〇年前であることをしめす。考古発掘をへた当時の遺跡としては、南方に一万年以上前の湖南省道県寿雁鎮白石寨村の玉蟾岩《ぎょくせんがん》遺跡[2]や、江西省万年県の仙人洞《せんにんどう》遺跡と吊桶環《ちょうとうかん》遺跡、[3] そして一万年前～八五〇〇年前の浙江省浦江県黄宅鎮の上山《じょうざん》遺跡などがある。[4] 北方には一一〇〇〇年前～九〇〇〇年前の河北省徐水県の南荘頭《なんそうとう》遺跡[5]・河北省陽原県の于家溝《うかこう》遺跡[6]・北京市門頭溝区の東胡《とうこ》

林《りん》遺跡(7)・北京市懐柔県の転年《てんねん》遺跡などがある。(8)

南方にあるこれら一万年前の新石器時代初期遺跡では、いずれもイネの遺存体と陶器がみつかっている。北方の徐水の南荘頭・陽原の于家溝・北京の東胡林・転年遺跡では、現在のところ農作物はみつかっていないが、いずれにおいても穀物加工具と陶器はみつかっており、定住生活のあきらかな証拠もある。たとえば、南荘頭遺跡では打製石器・穀物加工具・初期陶器が、于家溝遺跡・転年遺跡では打製石器・細石器・穀物加工具・初期陶器が、東胡林遺跡では打製石器・細石器・磨製石器・穀物加工具・初期陶器、そして火塘《かとう》［一種の炉。以下、炉］・墓などがみつかっている。南方と北方のこれら新石器時代初期の遺跡はいずれも時期的にはとても早く、農業の起源した時期のものであり、地点としてはまったく異なる地域に分布している。よって、時間的にも空間的にも、中国の農業の起源は南北の二系統にわかれていることになり、南方の稲作農業であれ、北方の粟《あわ》・黍《きび》の旱地《かんち》農業であれ、多元分散型の起源であって、ある一つの中心地を起点としてのちに外側に拡散・伝播したものではないことを物語る。(9)中国南北の多元分散型の農業の起源とかかわって、中国新石器時代文化の起源には中国本土のものもあれば、ほかに淵源のあるものもある。

一般的には、農業の起源と農耕聚落の出現は新石器文化の勃興と同義であり、一つの問題の二つの側面であろう。農耕牧畜を基礎とする定住聚落の出現は、まったく新しい歴史の段階がはじまる指標である。ただし歴史の発展は一足飛びでなしとげられるものではなく、ゆるやかな発展の過程があり、また不均衡や多様性を呈するものである。現在までの考古学的発見によると、おおよそ一二〇〇〇～九〇〇〇年前、すなわち中国新石器時代初期には、中国の南と北に五種類の遺跡がある。第一に洞穴遺跡、第二に貝塚遺跡、第三に盆地内の平坦で開けたところにある聚落遺跡、第四に丘陵地帯や山間地帯の河谷《かこく》台地上の聚落遺跡、第五に平原上の聚落遺跡である。この五種類の遺跡はまた大きく三つに分類できる。すなわち洞穴類の遺跡、貝塚類の遺跡、そして盆地や傾斜地や平原の聚落遺跡である。

2　洞穴・貝塚聚落遺跡

洞穴遺跡のうち、比較的重要なものとして、江西省万年県の仙人洞遺跡・湖南省道県の玉蟾岩遺跡（図1―1）・広西チワン族自治区柳州市の白蓮洞《びゃくれんどう》遺跡・桂林市の甑皮岩《しょうひがん》遺跡などがある。洞穴遺跡は、その居住形態についていうと、旧石器文化を受けつぐもので、やや原始的であるようにみえる。ただ、一万年以上前の新石器時代初期のこうした洞穴遺跡は、洞口手前の地勢が平坦で広く開けており、洞口に立つと平原を望見でき、植物は生い茂り、資源は豊富である。一万年前の原始人についていうと、沃野で食べものを採集することはもちろん、より重要なのは、この時期に彼らがイネなどの可食性植物を意図的に栽培したことで、ゆえにこの種の洞穴内での経済生活が旧石器時代の北京原人や山頂洞人の洞穴での生活と異なることである。つまり、玉蟾岩や吊桶環などの遺跡から発見された稲作の遺存の存在は、新石器時代初期の江南経済類型の発展方向をあらかじめしめしているのである。もちろん農業が起源した当初においては、栽培作物は食物のおもな来源でなく、それが食物に占める割合は比較的小さいものである。玉蟾岩遺跡を例にとると、[10] 当時すでに野生稲《やせいとう》・籼稲《せんとう》［インディカ］・粳稲［ジャポニカ］の総合的な特徴を兼ね備えた栽培稲《さいばいとう》を育てており（図1―2）、陶器も発明されていたが（図1―3）、出土した生産道具と大量の動植物の化石からみると、当時の経済類型はまだおもに幅広く食物を摂取する経済であった。つまり、一万余年前のこれらの洞穴の居住民は、採集・漁撈・狩猟・イネ栽培というさまざまな経済の共通の作用のもと、定住生活を営んでいたのである。

貝塚遺跡は、広東・広西・江西などの沿海や、河流の曲がりくねったところや、大河と小河の合流地点に、広く分布している。これらの居住民は、貝類の採集をおもな食物の来源とし、また狩猟と漁撈を営んでいる。これらの貝塚遺跡は、文化堆積は厚いものの、占地面積は狭く、わずか数百㎡のものもあれば、最大約一～二万㎡のものもあり、

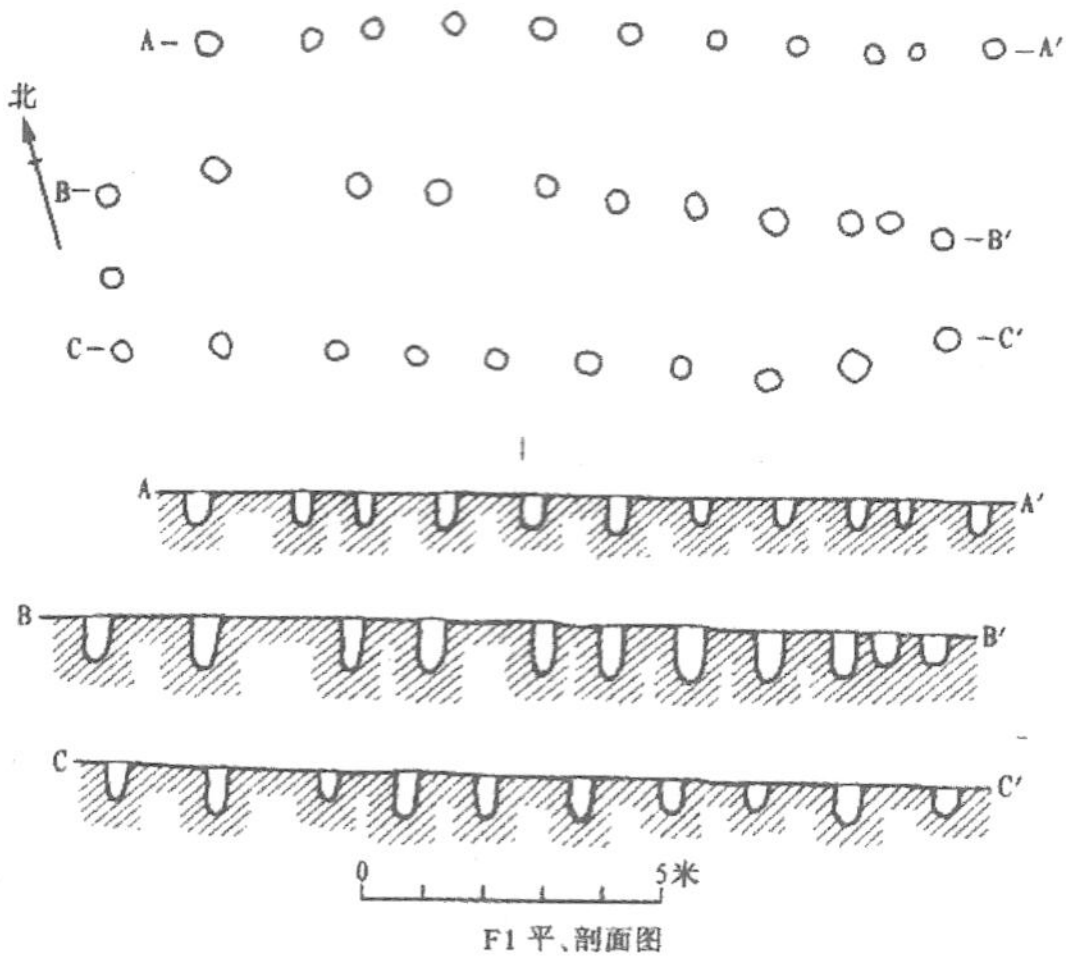

【図１―１】　上山遺跡 F1 家屋跡の平面図と断面図（『考古』2007年第９期より）

【図１―３】　玉蟾岩遺跡出土の陶器（国家博物館『文物中国史・史前時代』）

【図１―２】　玉蟾岩遺跡出土の水稲（考古雑誌社『二十世紀中国百項考古大発見』）

さまざまである。貝塚遺跡のある場所の地理的環境は、定住生活が営まれたこともあるものであるが、その経済的類型によって、これらの遺跡の人口規模は洞穴遺跡の人口規模と同じであると決定づけられ、ともに比較的小さく、社会組織も比較的単純である。

洞穴・貝塚遺跡の居住民は、最初の発展を経たあとも洞穴をでず、もしくはその経済類型をさらに改変したようである。とすると、同時代かそれよりやや遅い山際の低丘や河岸台地上の稲作農耕遺跡とくらべると、これらの洞穴・貝塚遺跡の発展はかなり緩慢なものである。文明社会へと通じる道の上で、洞穴・貝塚のたぐいの聚落形態はしだいに時代の落伍者となり、時代を代表する発展の潮流とはならなかったろう。このことはまた、中国各地の自然の生態環境が複雑で変化が多く、また文化の発展が多種多様で、きわめて不均衡であったことを反映していた。

3　河谷・盆地・丘陵・平原の農耕聚落遺跡

新石器時代初期における、盆地内の河谷地帯のやや広く開けた平地にある農耕聚落遺跡としては、近年発見の浙江省浦江県の上山遺跡が有名である。(11) また北京市の東胡林遺跡は、丘陵や山間地帯の河谷台地にある初期聚落遺跡である。平原上の聚落遺跡は、時期が比較的早いものとして、一万年前の河北省徐水県の南荘頭遺跡がある。時期がやや遅いものとしては、八〇〇〇余年前の新石器時代初期～中期の湖南省澧県彭頭山《ほうとうざん》遺跡がある。

浙江省浦江県黄宅鎮に位置する上山遺跡は、浦陽江上流の河谷盆地にある。遺跡周辺の地勢は比較的平坦で、海抜は約五〇ｍであり、断続的に広くならされ耕地化された小さい丘の上に分布している。上山遺跡の野原のような環境条件は、同時代の華南の洞穴遺跡とはあきらかに異なる。

上山遺跡の面積は約二万㎡以上あり、出土した遺跡に「灰坑《かいこう》」と家屋跡がある。いわゆる灰坑は、その形状と包含

【図1―4】　浙江省浦江県上山遺跡 F1（『考古』2007年第9期）

物からみると、おそらく祭祀などの原始宗教行為や墓と関係するものもあれば、貯蔵坑に属するものもある。家屋跡は、その構造と建築の配置からみると、干欄《かんらん》式建築［中国南方特有の住宅建築形式の一種。日本の高床式建築に似る］である（図1―4、図1―1）。出土遺物には石器（図1―5、図1―6）と陶器（図1―7、図1―8）がある。また石製の磨盤《まばん》や磨棒《まぼう》といった脱穀加工具も出土している。上山遺跡の炭の混じった陶片からは、意図的に混ぜ合わされた稲の籾殻や葉などが幅広くみつかっている。当該遺跡出土の石磨盤や石磨棒といった穀物加工具と関連づけると、それによって加工・脱穀されたのはイネにちがいない。陶片に混入している稲の籾殻の形態と、小さな穂軸の特徴の観察鑑定、そして陶片にたいするケイ酸体分析をつうじて、研究者はこう考えている。すなわち、上山遺跡出土の古いイネはおそらく馴化の初級段階にある原始栽培稲《げんしさいばいとう》である。また当時の上山遺跡周辺の池・窪地・河流沿岸には、おそらく野生稲が群生しており、居住民たちは野生稲を採集して食物の来源の一部としている。そして人びとの食物の需要量が増加して、イネの食性・貯蔵・加工など

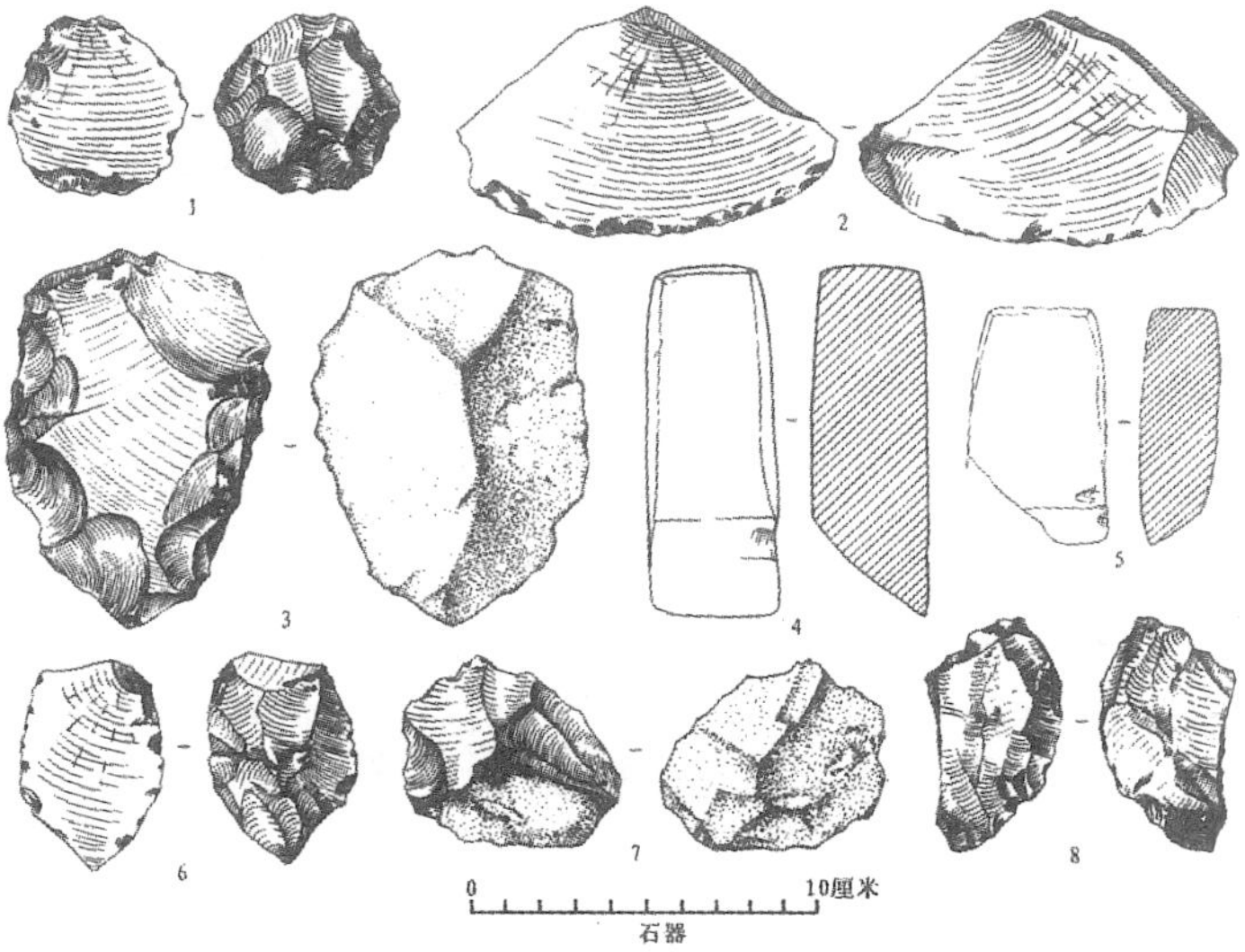

【図１―５】　上山遺跡出土の石器（１）（『考古』2007年第９期）

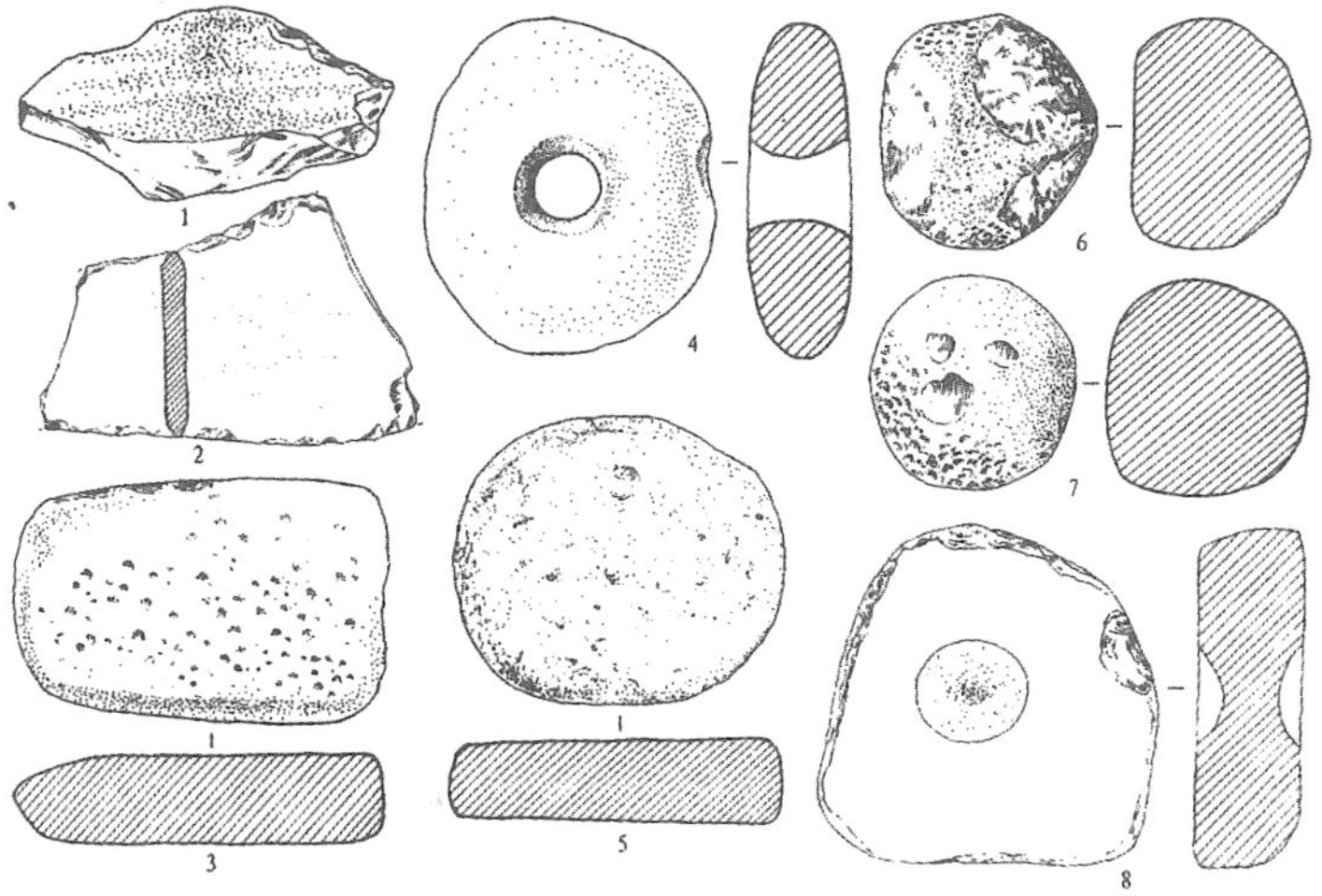

【図１―６】　上山遺跡出土の石器（２）（『考古』2007年第９期）

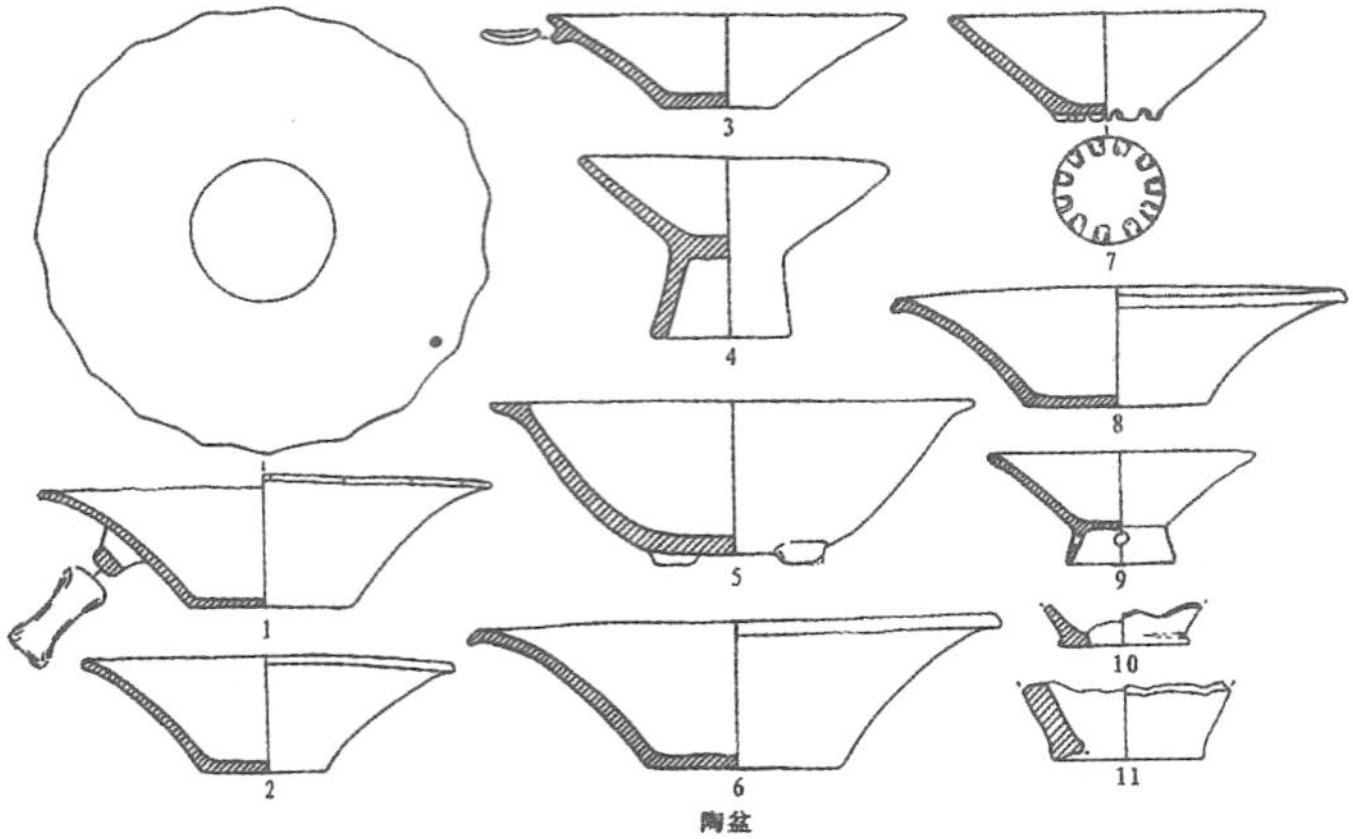

【図１—７】　上山遺跡出土の陶器（１）（『考古』2007年第９期）

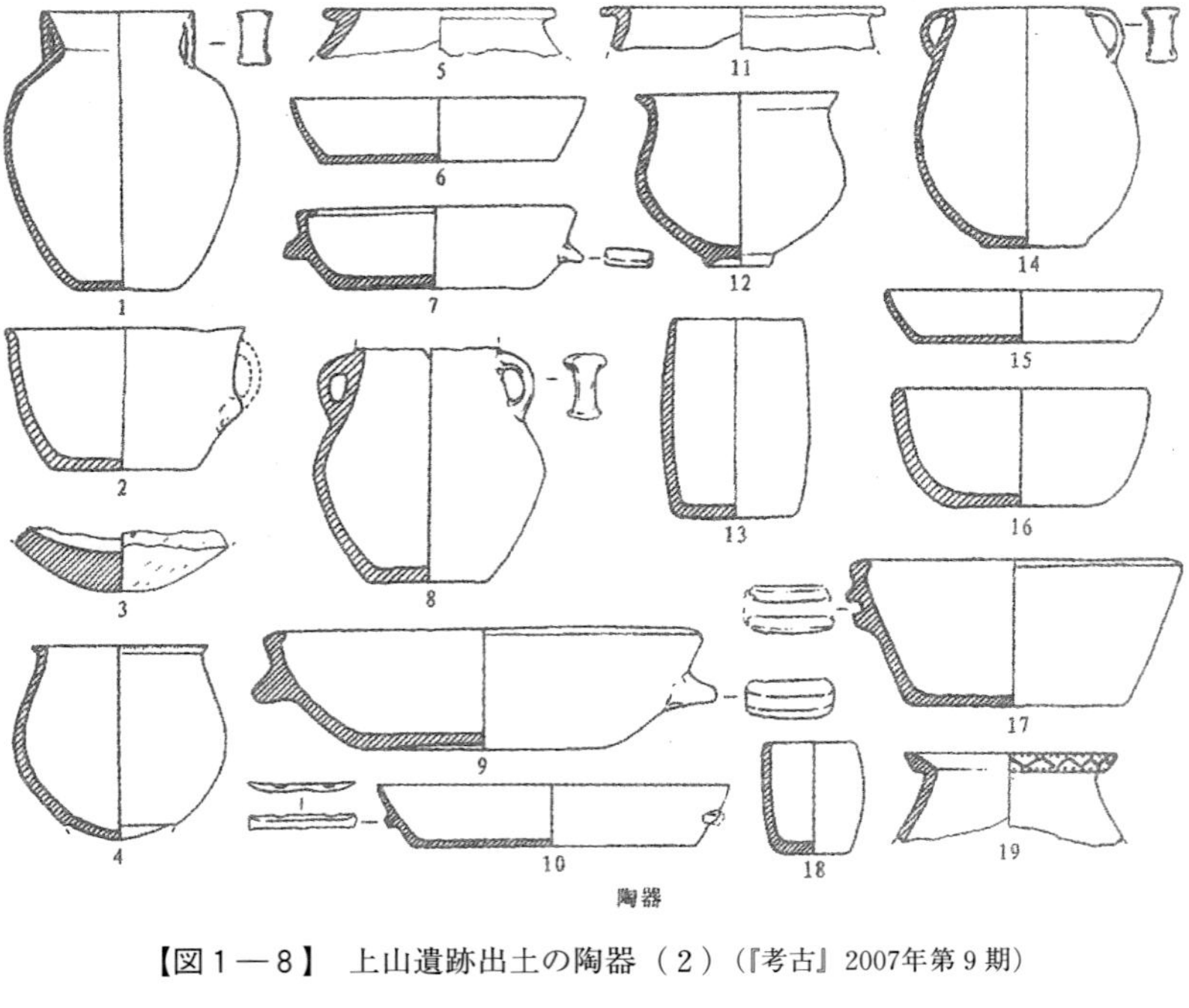

【図１—８】　上山遺跡出土の陶器（２）（『考古』2007年第９期）

にたいする認識が深まるにつれ、上山遺跡の居住民たちは人工的栽培を試みはじめたのである、と。[12]

六つの標本の測定にもとづく上山遺跡の年代は、一一四〇〇年前～八六〇〇年前で、そのうちもっとも早く、かつデータ群から大きく乖離する測定年代の標本を除くと、上山遺跡の下層年代は一〇〇〇〇年前～八五〇〇年前と確定される。つまり上山遺跡は、約九〇〇〇年前前後の新石器時代初期の聚落遺跡で、浙西南山区～浙東平原地区の盆地内の広く平坦な河谷地帯の聚落形態を代表していた。

東胡林遺跡は、北京市門頭溝区東胡林村西の清水河《せいすいが》北岸の三段台地上に位置し、北京城区から約七八km離れている。遺跡区の海抜は三九〇m～四〇〇mで、現在の河床より二五m以上高い。遺跡は、黄土高原と河北平原の過渡的地帯にある。

東胡林遺跡からはあいついで三基の墓、十数基の炉と家屋跡、灰坑などの遺跡が発掘され、出土遺物には打製石器・細石器・小型の磨製石器・陶器・骨器・蚌《ほう》器〔蚌はドブガイ、ハマグリ、カラスガイなどの貝類〕・赤鉄鉱《せきてっこう》の顔料と石製の研磨器、そして数多くの鹿・豚などの動物の骨（焼けた骨を含む）と、大型の蚌の殻などがある。打製石器には、チョッパー・スクレイパー・尖頭器《せんとうき》などがふくまれる。細石器には、石核《せっかく》・石片《せきへん》・石葉《せきよう》〔狭く長い石片〕などがある。磨製石器には、小型の斧・手斧、そして十余点の研磨された石製の磨盤と磨棒（図1―9）などがある。また骨製の柄《え》のついた石刃刀《せきじんとう》（図1―10）も出土している。墓はみな土坑竪穴墓《どこうたてあなぼ》で、埋葬方法は仰身直肢《ぎょうしんちょくし》と仰身屈肢《ぎょうしんくっし》にわけられる（図1―11）[13]。

炭素十四年代測定法で測定された東胡林遺跡の年代は、年輪年代法《ねんりんねんだいほう》による年代校正をへると、一一〇〇〇年前～九〇〇〇年前となり、これは新石器時代初期に属する。この時代には、氷河期の気候がおわり、地球全体の気候が顕著に温暖化に変じている。環境の変化により、人類の経済の営み方は完全に、採集・狩猟を主とするものから、農業経営

【図１—９】　北京東胡林遺跡出土の石磨盤と磨棒（『考古』2006年第７期）

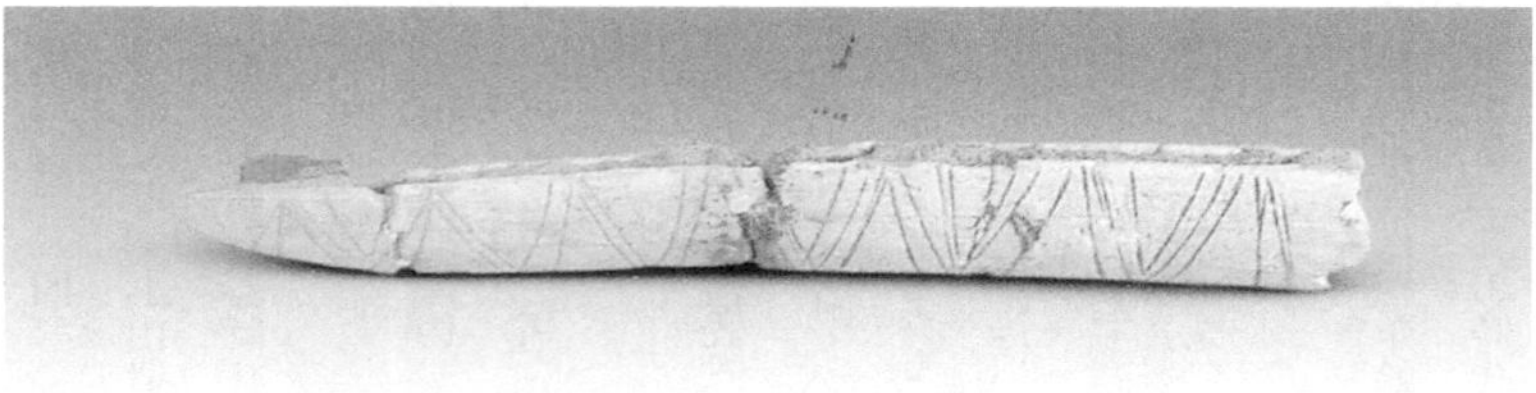

【図１—10】　北京東胡林遺跡出土の骨柄石刃刀（『考古』2006年第７期）

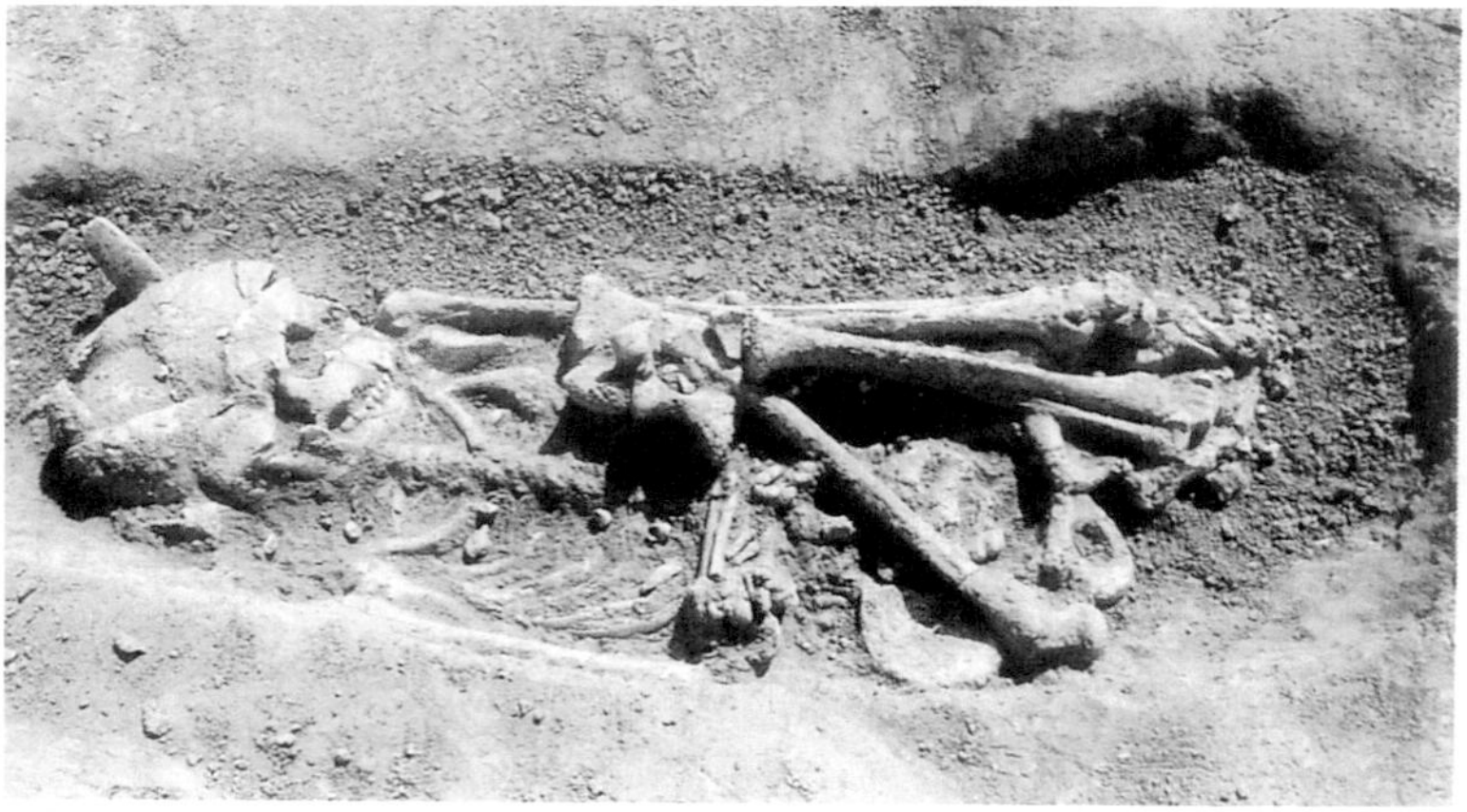

【図１—11】　北京東胡林遺跡の屈肢葬（『考古』2006年第７期）

と家畜飼養の開始に転じた。筆者はまさにこの意味において、中国の農耕は多元分散型の起源をもつものであると主張している。東胡林遺跡では、栽培穀物はなお発見されておらず、発掘され出土した「猪骨」［中国語原文ママ］も、ブタかイノシシかは不明である。しかし、東胡林遺跡の出土物には穀物脱穀用の石製の磨盤と磨棒があり、また穀物収穫用の骨柄石刃刀のような収穫道具も出土している。また陶器・墓・炉などもみつかり、定住生活が営まれている。よって、以下のように推測できる。すなわち、東胡林遺跡の居住民は、当時穀物を収穫・加工していた。それは、野生種である可能性もあれば、少量の人工栽培による穀物もあらわれていたろう。東胡林人の狩猟経済は、依然として重要な地位を占めてはいたが、ブタの馴化がすすんでいる可能性もあり、家畜飼養経済がすでに萌芽していた可能性もある。

南荘頭遺跡は、河北省徐水県高林郷南荘頭村の東北二kmに位置する。その地は大行山脈東麓の最前線で、華北の沖積大平原の西部辺縁であり、萍河《びょうが》と鶏爪河《けいそうが》のあいだにあり、海抜は二一・四mである。一九八六年と一九八七年の二度の試掘をへて、少量の陶片・石器・骨角器《こっかくき》と、大量の獣骨・禽骨・畜骨などの動物の骨、そして螺《ら》［サザエ、タニシ、カタツムリなどのらせんを描く貝の類］や蚌［ドブガイ、ハマグリ、カラスガイなどの貝類］の殻が出土し、また大量の植物の胞子の標本が得られた。鑑定によると、動物の骨はニワトリ・ツル・オオカミ・イヌ・ブタ・ジャコウジカ・馬鹿《ばか》・シフゾウ・アクシスジカ・ノロジカ・スッポンなど十数種あり、イヌとブタが家畜である可能性があるほかは、みな野生動物で、多くはシカ科の動物である。

南荘頭遺跡の炭素十四測定年代は一〇五一〇年前～九七〇〇年前で、ゆえに本遺跡は一万年程前の新石器時代初期の平原聚落遺跡である。南荘頭遺跡から出土した陶片は、やや原始的な陶器である。南荘頭遺跡では目下、馴化された穀物がみつかっているとの鑑定報告はない。だが南荘頭遺跡にはやはり、いくらかの農業があらわれていることをしめすきざしがある。たとえば胞子分析によると、禾本科《かほんか》の花粉が比較的多く、遺跡からは穀物の脱穀・加工道具の石磨盤・石磨棒が出土している。

南荘頭遺跡の年代は東胡林遺跡の年代と近く、またいずれも北方に位置し、気候条件も同じである。南荘頭遺跡の胞子分析によると、旧石器時代末期とくらべ、当時の気候はすでにしだいに好転しており、とくに第五～第六の文化堆積層（つまり南荘頭遺跡中期）では針葉樹と広葉樹の喬木《きょうぼく》の花粉が小さなピークを形成しており、気候環境はさらによい。耐旱性の強い半低木《はんていぼく》の麻黄《まおう》・菊科《きくか》・ヨモギ属・禾本科の花粉が同時に多くあらわれていることからみて、一万年程前の南荘頭一帯の気候は全体的にやや涼しく、乾燥していたとわかる。かかる環境の変化は、原始人にとって、薄暗く寒くジメジメした洞穴に依存せず、そこからでて平原に定住し、家屋を作り、穀物・家畜を育て、陶器を焼成し紡績を行ない、純粋な獲得経済から一定程度生産に従事する生産経済へと転向しはじめ、初期新石器文化の生活をはじめるうえで、利点となる。

上述の一二〇〇〇年前～九〇〇〇年前における中国新石器時代初期聚落遺跡のうち、大多数の規模は比較的小さい。洞穴と貝塚遺跡の規模が小さいことはいうまでもない。山岳間の河谷地帯にある東胡林遺跡の現存面積は、三〇〇〇㎡にすぎない。上山遺跡の面積は二万余㎡である。遺跡面積が小さいことは、人口が少ないことを物語る。全体的趨勢としては、時間の推移にともない、聚落の規模と人口はみなゆるやかに増え、とくに平原地帯の聚落ではその傾向が強い。もちろん、考古学界の中国新石器時代初期遺跡にたいする発掘と報道の資料はみな限定的なので、目下、こうした聚落の人口規模・内部構造や、他の聚落との関係・相互作用などに必要な分析・判断を加えるのは、まだ不可能である。おおまかにいえば、当該時期の聚落では、採集・漁撈・狩猟・穀物栽培という幅広い生計経済のなかで、農作物の比例はしだいに増し、農業技術も徐々に発展している。とはいえ、生産力の水準はたいへん低く、人口も多くなく、物質も豊富でなく、人びとは平等だが貧しい聚落生活をすごしている。よってこれは、原始的でたいへん単純な平等社会の類型である。しかし文明社会への歩みは、ここから大きくふみだされるのである。

農業が発明され、定住農耕聚落段階に入ると、そうした社会のもたらす進歩は、しだいに顕現化してゆく。たとえば、これによって社会の人口は、徐々にあきらかに増加してゆき、比較的大きな地域集団も形成されはじめる。農業は、安定的な食物備蓄を提供でき、それによって一部の社会の成員は食物生産から離脱し、他の業種に転じる見込みが生ずる。社会の生産には専業化と分業化が生じ、社会の経済・政治・芸術文化も、これにともなって発展する。安定的な農業経済は、富の蓄積の促進・所有制意識の萌芽・貿易と交換の発展の一助ともなる。農業民族にとって、農業の発生と発展は、社会的・政治的組織をますます複雑にするものである。農耕儀礼・宗教祭祀などの観念形態も、たいへん発展する。社会の不平等・階層と階級分化の経済的基礎は、さらに強固となる。とうぜん、これらいっさいの発展は、みな漸次的に展開・実現された。要するに農業の起源は、人類史上の巨大な進歩であり、農耕牧畜にもとづく定住聚落の出現は、人類が文明社会へと向かう共通の起点なのである。中華文明をふくむ、いくつかの世界最古の人類文明が、いずれももっとも早く農業経済の生まれた場所であることは、この点を説明するに足るものである。

第二節　新石器時代中期の平等な農耕聚落社会

中国農業の起源と農耕聚落の出現後、九〇〇〇年前〜七〇〇〇年前の中国新石器時代中期になると、農業ははじめての発展期を迎えた。この時代は農耕聚落が拡大した最初の段階でもある。この時代に属する考古学的文化の代表的遺跡として、南方には澧県の彭頭山《ほうとうざん》遺跡・浙江省蕭山区の跨湖橋《こきょう》遺跡・浙江省余姚市の河姆渡《かぼと》遺跡などがあり、また南北の境界域には河南省舞陽県の賈湖《かこ》遺跡がある。北方には河北省武安市の磁山《じざん》遺跡・河南省新鄭市の裴李崗《はいりこう》遺跡・

陝西省宝鶏市の北首嶺《ほくしゅれい》下層遺跡・陝西省臨潼区の白家村《はくかそん》遺跡・山東省滕県の北辛《ほくしん》遺跡・内モンゴル自治区東部敖漢旗《ごうかんき》の興隆《こうりゅう》窪《わ》遺跡などがある。

1　新石器時代中期の聚落の環境・生産・精神文化生活

聚落の自然環境上、当時の黄河と長江流域の人びとの大多数は、山や川に沿い、周囲に広大な平地の広がる地理的環境下で生活・活動している。聚落は人と自然のつながる焦点であることが知られる。聚落のある地形・地貌と、聚落周辺の一定範囲内の居住民が農耕・狩猟採集・漁撈等の生産活動に従事する場所は、聚落によってむすばれて発展する生存空間であり、聚落居住民に各種の必須となる物質生活資料を提供する来源地である。よって聚落の場所の選択（すなわち居住地の選択）は、自然資源の利用の度合と段階を物語りうるものである。八〇〇〇年以上前のこれらの農耕聚落が山や川に沿い、周囲に広大な平地の広がる環境を選択している点は、まさにそれらが農耕の起源段階で求められる環境条件でなく、農業生産技術の水準が一定程度発展済であることを背景とするもので、かつ当該時代の人口の発展に適応していることもしめす。陝西省臨潼区白家村・河南省漯河市翟荘・舞陽市賈湖村などの聚落遺跡は、みな周囲に広大で平坦な沃野のある聚落で、占地面積も大きく、人口も多い。

賈湖《かこ》遺跡を例にとると、[14] この遺跡は河南省の中部よりやや南に位置し（図1―12）、黄淮海大平原西南部辺縁にあり、現代の自然区画では北亜熱帯～北温暖帯の過渡的地帯にあたる。気候の面では、賈湖の古代民が生きていた時代はまさに完新世の大温暖期前半で、温暖湿潤であり、雨量は十分足りていた。地貌の面では、賈湖の所在地は河間の氾濫原で、東側は広大なあぜ地、北・西・南側はみな一見際限なくつづく平原であり、わずかに小丘がバラバラと隆起するのみである。遺跡とその周辺では河流が縦横に交わり、交通に便利である（図1―13）。

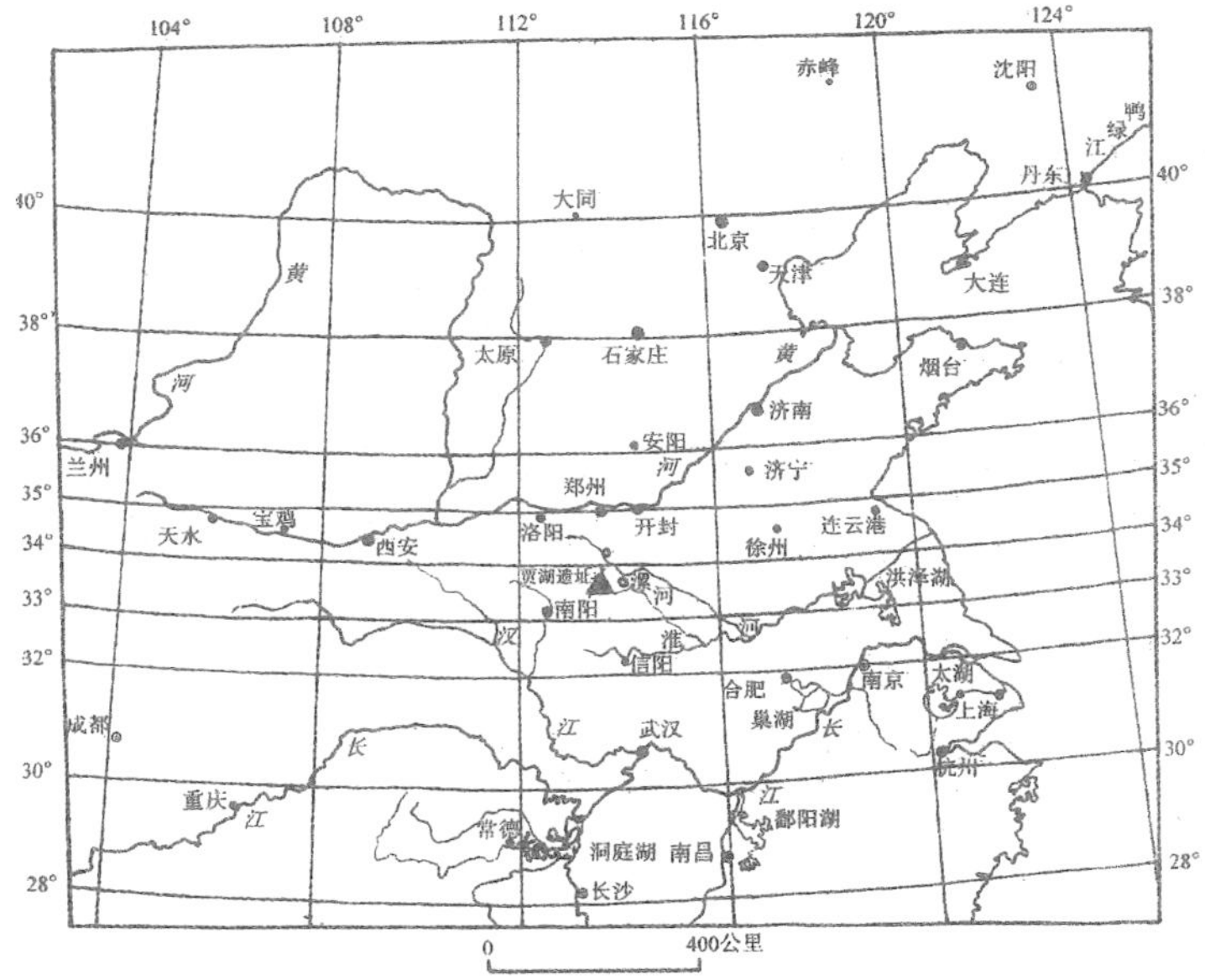

【図１—12】　賈湖遺跡の地理的位置

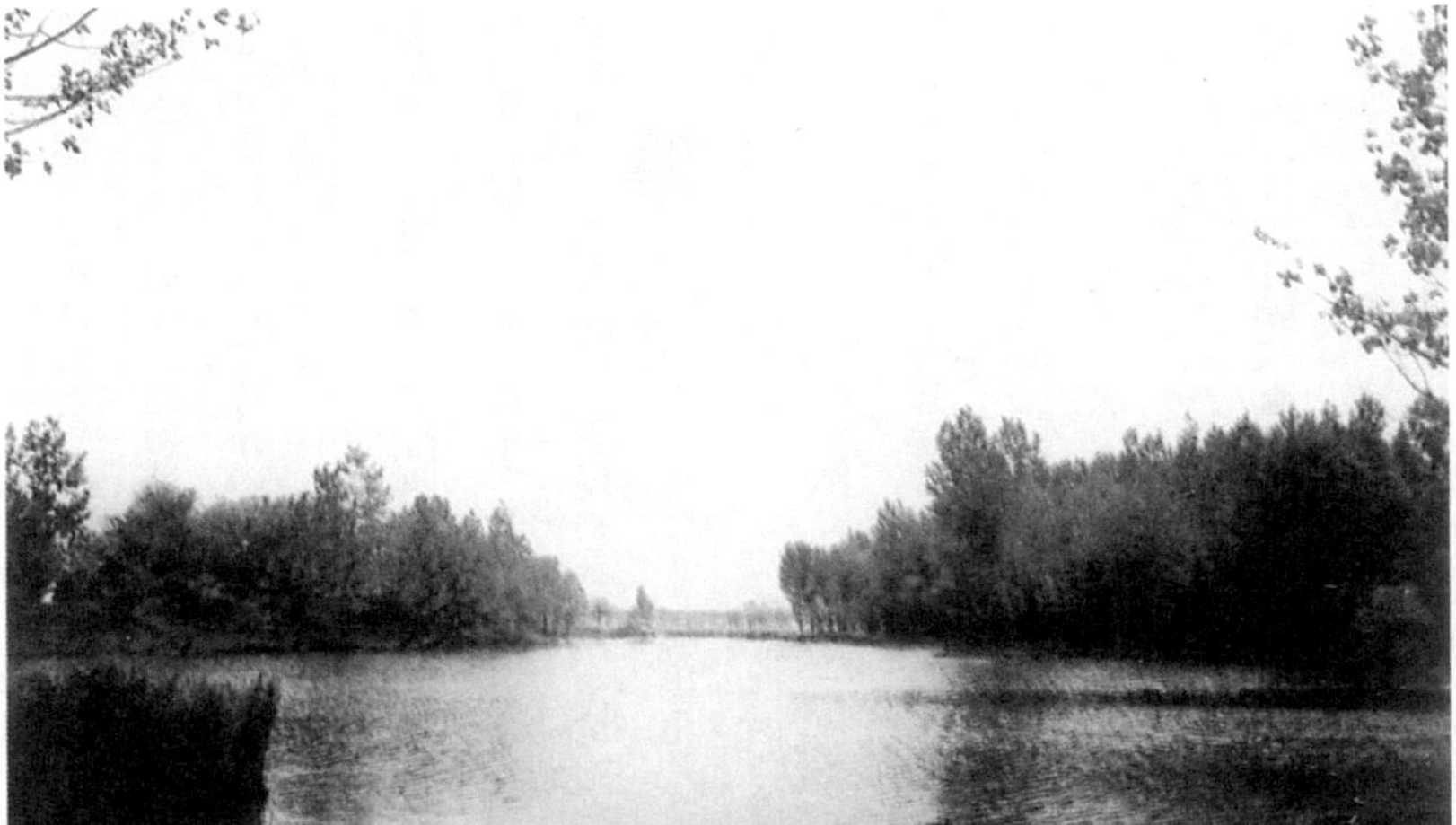

【図１—13】　美しい舞陽賈湖（河南省文物考古研究所『舞陽賈湖』）

賈湖遺跡は三期にわけられる。賈湖第一期の樹輪校正《じゅりんこうせい》後の年代は九〇〇〇年前～八〇〇〇年前で、そのうち木炭三点の標本の測定年代はみな九〇〇〇年前である。賈湖第二期の樹輪校正後の年代は八六〇〇年前～六二〇〇年前である。賈湖第三期の樹輪校正後の年代は八二〇〇年前～七八〇〇年前である。このように賈湖遺跡第一期の年代は新石器時代の初期～中期で、彭頭山文化初期（すなわち彭頭山遺跡第一期）の年代に近い。賈湖の第二期と第三期は、中国新石器時代中期に属する。

賈湖遺跡の面積は約五五〇〇〇余㎡で、それぞれ初期・中期・晩期の三時期に属し、計四五基の家屋、三七〇基の窯穴や灰坑《かいこう》、九基の陶器のかまど、三四九基の墓、そして大量の陶器・石器・骨器・亀甲・骨笛《ほねぶえ》が出土している。このほかに賈湖遺跡ではさらに大量の水稲《すいとう》遺跡がみつかっている。これらの水稲遺跡は、家屋の基礎や窯坑内から出土した焼土《しょうど》片中の稲穀の痕跡のほか、さらに灰坑と窯穴の埋め土から水洗法《すいせんほう》ですくい出された多くの炭化したイネがある。鑑定によれば、賈湖の古代民の栽培した稲種は、籼稲と粳稲の分化過程にあたるもので、粳稲型の特徴を主とする栽培稲である。

賈湖遺跡からは、大量のシカ科動物の骨と、狩猟と関係する矢じりなどの道具も出土している。遺跡周辺の低く緩やかな丘地は樹木のまばらな広大な草原で、人びとが狩猟・牧畜を営む場所にちがいない。このほか、遺跡内では随所に大量の魚の骨・蚌類・亀やスッポン・揚子江鰐《ようすこうわに》・丹頂鶴《たんちょうづる》と、ヒシの実・水蕨《みずわらび》・蓮《はす》などの水生・沼生の動植物の群生がみられ、それよりみると、遺跡周辺の海抜六五m以下の場所にある約一〇〇㎢の大きなくぼ地は、人びとが漁撈活動に従事する広大な空間でなければならない。また遺跡の東約一㎞の範囲内は、地勢が比較的平坦で、傾斜は小さく、落差は約〇．五m～一mで、賈湖の古代民のおもな農耕区であるべきである。よって江淮地域の自然環境・水生物資源・出土した稲穀遺存と各種生産道具などより判断するに、当時の賈湖聚落の生業類型は農耕・漁撈・狩猟を主とし、採集を副とする広域的生業モデルである。賈湖聚落の自然環境と経済は、豊富な精神生活と物産豊富な地域としての様相をしめしている。

賈湖遺跡でみつかった四五基の家屋は多くが単室《たんしつ》で、双室《そうしつ》のものもある。家屋跡の平面の形状はおもに楕円形で、二六基あり、円形・方形・不規則な形のものもある。構造は半地穴式《はんちけつしき》を主とし、三六基ある。また干欄《かんらん》式や平地に建てられているものもある。面積が最大のものはＦ１で、約四〇㎡であり、最小のＦ７は約二㎡で、一〇余㎡のものが一般的である。たとえばＦ５（図1―14）は双室で楕円形をしており、半地穴式の建築物である。家屋の周囲には家屋を支える柱の柱洞《ちゅうどう》が残り、二室のあいだには隔梁《かくりょう》があり、門は東を向いている。この家屋でもちいられたことのある居住面は二層あり、各堆積層からは大量の陶片・獣骨・石塊などが出土した。これらの陶片から復元や弁別をしうる陶器には角把罐《かくはかん》・双耳罐《そうじかん》・罐形壺《かんけいこ》・方口盆《ほうこうぼん》・深腹盆《しんふくぼん》・釜《かま》・鉢《はち》・支脚《しきゃく》などがある。ほかに出土物として、骨製の鏃・針・錐・管などや、砥石《といし》・石杵《いしぎね》・石錘《せきすい》などがあり、動物の骨としてはタヌキ・ベンガルヤマネコなどがある。聚落全体の家屋の配置は明瞭でないので、単室もしくは双室であるということからだけでは当時の家庭の構造的特殊性を説明しきれないものの、それはのちの南陽の下王崗《かおうがん》仰韶文化にあらわれる長屋建ての伝統を前もってしめすものである。

賈湖の古代民の精神文化生活のなかでとくに注目を引くのが、二五点の骨笛と、占卜に用いる多くの亀甲である。賈湖遺跡出土の二五点の骨笛は三期にわけられる。第一期（すなわち賈湖初期）は九〇〇〇年前～八六〇〇年前で、当時の骨笛には五、六孔があいており、四音階と完全な五音階を吹ける。第二期（すなわち賈湖中期）は八六〇〇年前～八二〇〇年前で、骨笛には七孔が開けられ、六音と七音の音階を吹ける。第三期（すなわち賈湖晩期）は八二〇〇年前～七八〇〇年前で、骨笛は完全な七音音階と七音音階以外のいくつかの変化音を吹ける。賈湖の骨笛は九〇〇〇年前にはすでに生産され、一〇〇〇余年にわたって存在しつづけた。これらの骨笛はみな丹頂鶴の大腿骨《だいたいこつ》で製作されてい

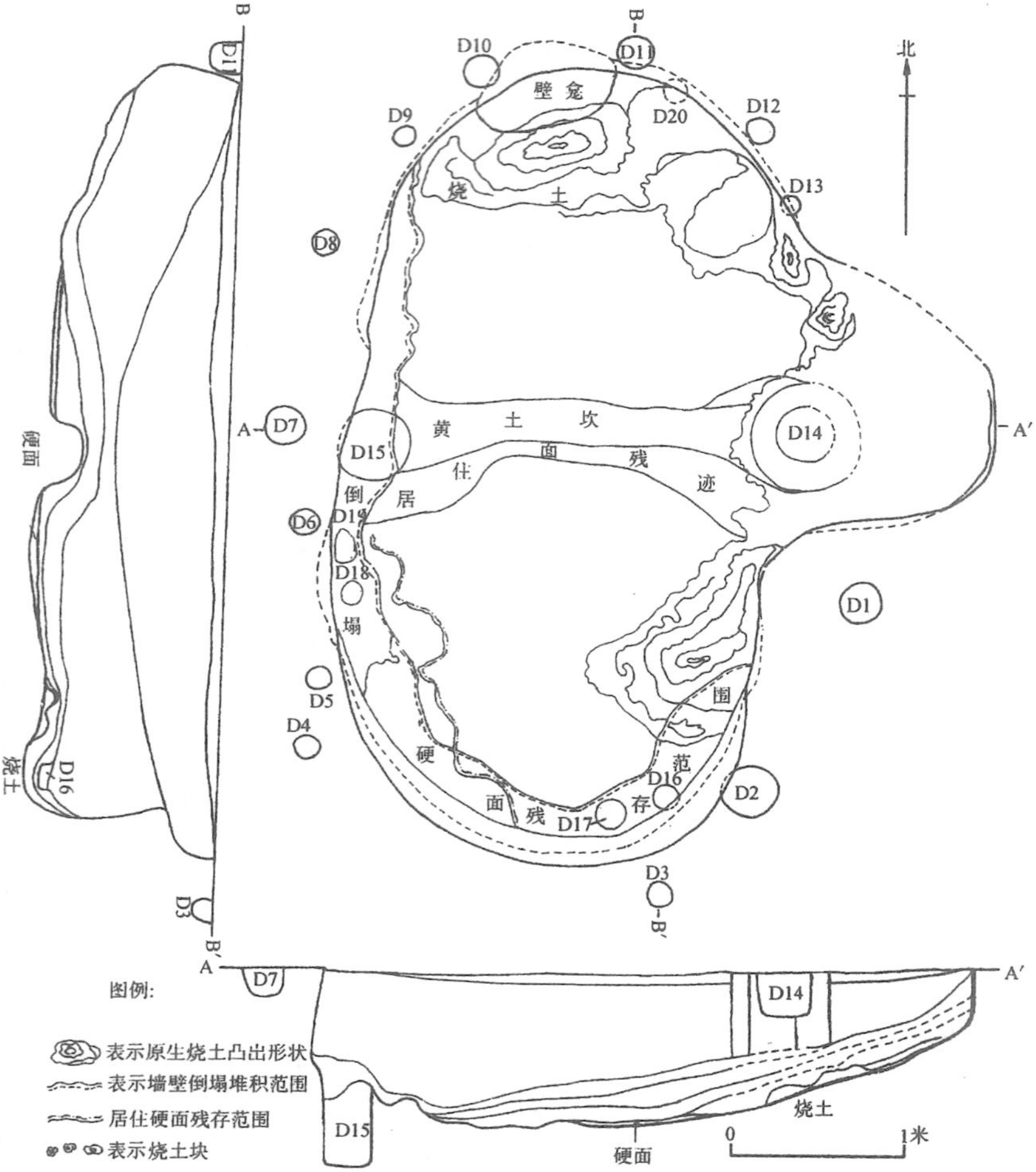

【図 1 —14】　賈湖遺跡家屋跡 F5 の平面図と断面図（河南省文物考古研究所『舞陽賈湖』）

る。骨笛の製作後、かりにある一つの孔の音が高すぎるか低すぎるかし、音列が成立せねば、その不正確な音孔の近くに小孔を開けて音を調整せねばならない。出土状況からみると、骨笛は賈湖人の心中では並外れた地位を占め、骨笛の破損を防ぐため、つねに二つの音孔間になんらかのものを巻いて補強している。またいったん骨笛が断裂すると、壊して孔をつなぐやり方で残片を綴合し、またなんらかのものを笛身に巻きつけて補強し、ひきつづき使用する。これより、賈湖人にとって骨笛を製作するのは容易でなく、とうぜん全員が骨笛を吹く腕前を有したわけでもないとわかる。だが骨笛の音階にはすでに四音・五音・六音・七音のようにさまざまな類型があり、骨笛をもつ者は骨笛によって完全な五音・六音・七音の音階を演奏でき、その正確さは感服に値する。これらの貴重な骨笛は、現在世界で発見されている最古のもので、出土数はもっとも多く、保存ももっとも完全で、そのうえ現在もなお演奏できる楽器でもある。これは、中国の音楽史・楽器史上、いずれも非凡な発明で、二十世紀における音楽史上最大の考古発見の一つである（図1―15）。

舞陽賈湖で発掘されている三四九基の墓のうち、二三基に亀甲が副葬され、大多数の亀甲は小石（図1―16）をともなう。研究によると、これらの亀の背甲―腹甲間の小石はともに占卜に用いられたもので、八〇〇〇余年前の舞陽賈湖の古代民の原始宗教の意識形態を反映している。これについてある人はこう考えている。すなわち、賈湖の墓から出土する「亀腹石子《きふくせきし》」［亀の甲羅とそのなかの石］は、一種の数字占卜、つまり亀の腹甲内に小石を入れ、その数の組み合わせがどのように変化するかという確率によって吉兆を予測する、一種の象数《しょうすう》体系である。亀の腹甲内の小石は灰色と白色の二種にわかれ、賈湖の人びとはすでにある程度の数字にかんする考えをもっており、すでに奇数と偶数とを理解しており、かつこれを占卜に応用している、と(15)。賈湖人の占卜法は、若干の小石を亀甲のなかに入れ、手で亀甲をにぎってくりかえし揺らし、震動によっていくつかの小石を振り出し、振り出された小石（あるいは亀甲

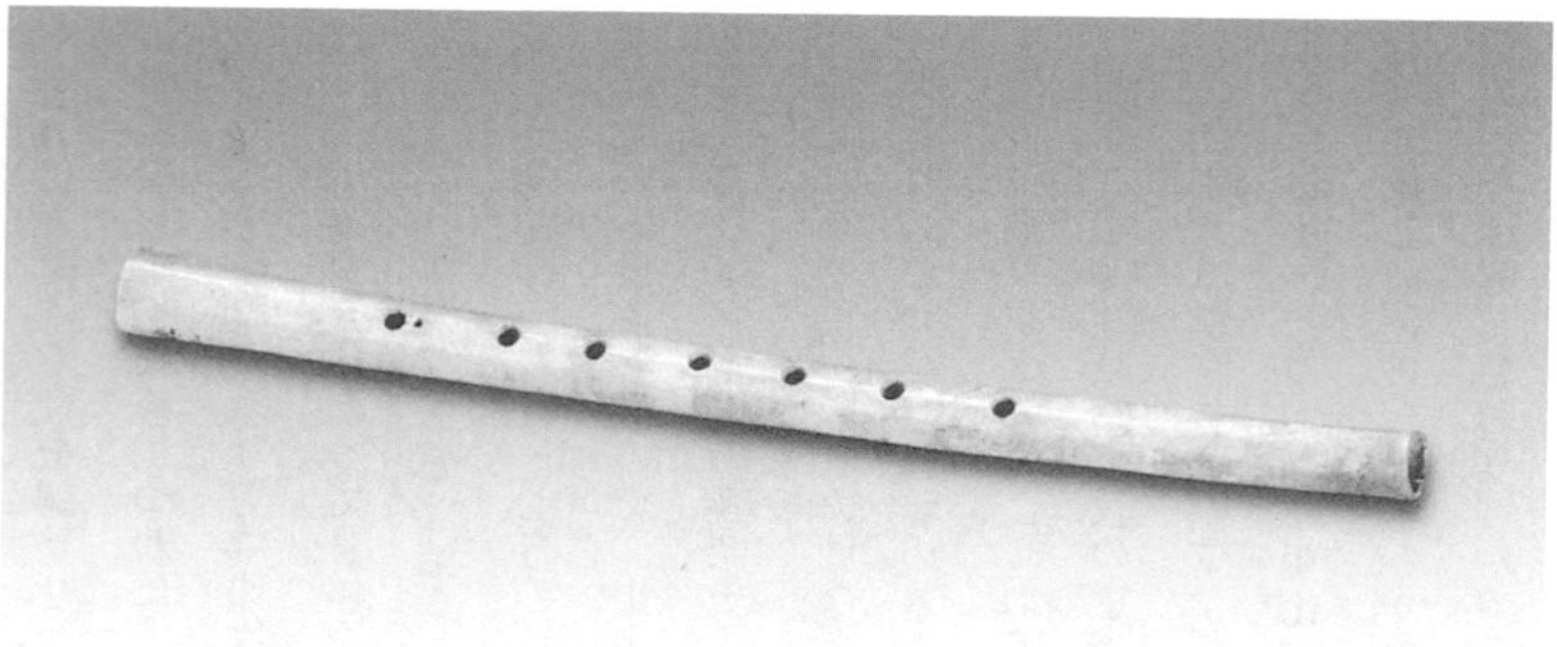

【図１―15】 河南省舞陽賈湖遺跡出土の骨笛（河南省文物考古研究所『舞陽賈湖』）

【図１―16】 舞陽賈湖327号墓出土の亀甲と石（河南省文物考古研究所『舞陽賈湖』）

内に残った石）の数を調べ、その奇数・偶数にもとづいて吉凶を判断するものかもしれない。民族学的資料のなかでは、台湾で流行する一種の「文王亀卜法《ぶんおうきぼくほう》」は銅銭三枚を亀甲内に放り、これを揺らしてのちに振り出し、振り出された順に下から上に卓上に並べ、銅銭の正面が表であれば陽、背面が表であれば陰とする。六回並べると六爻《ろくこう》の卦が得られ、こうして吉凶を判断する。(16) 賈湖の「亀腹石子」の数字占卜のこのような伝統は、のちに江蘇省邳県の劉林《りゅうりん》・大墩子《だいとんし》や、山東省鄒県の野店《やてん》、大汶口《だいぶんこう》墓地などの大汶口文化遺跡の人びとに継承され、これらの遺跡からはみな「亀腹石子」がみつかっている。ほかに山東省兗州区の西呉寺《せいごじ》龍山文化遺跡では、腹甲内に小石の入った亀甲が出土し、安徽省含山県の凌家灘《りょうかたん》遺跡出土の玉製の亀腹内には方位の刻まれた玉版が入っていた。舞陽賈湖～大汶口文化などの遺跡の「亀腹石子」の占卜原理は代々伝承され、これは殷周甲骨金文の数字卦《か》と易卦筮法《えきかぜいほう》の起源の一つでもある。

賈湖遺跡から出土した十六例の刻画符号は、それぞれ亀甲・骨器・石器・陶器などの異なる器物に刻まれている。亀甲上の刻符は九例あり、このうち一例は甲骨文中の「目」字（図1―17）に似ている。他の刻画には「｜」・「‖」・「八」・「川」・「／」・「㐅」・「日」などがある。骨器の刻符は「／」・「｜」のような直線が多く、おもに骨笛に刻まれ、笛製造時に孔の位置を設計するために用いられる。また牛の肋骨上に刻まれた一例は記事の機能をそなえ、べつの牛の肋骨上に「⺌」と刻まれているものもその意味をもつにちがいない。陶器の刻符には、罐上腹部に光芒が四方へ照射した太陽紋の「☼」が刻まれたものや（図1―18）、陶墜《とうつい》のうえに「十」形の紋様が刻まれているものなどがある。

賈湖遺跡から出土した骨笛・亀甲の石子占卜と、亀甲・陶器・骨器・石器上の刻画符号は、以下の風景をしめすものである。すなわち、舞陽賈湖人の農耕聚落生活において、人びとは稲穀栽培・狩猟・漁撈・畜産などの経済活動以外に、心をこめて製作した骨笛ですばらしい音楽を演奏し、その抑揚のきれいな笛の音がイネの香りを伝える。当時すでに「亀腹石子」を用いて占卜をしていることと、亀甲上に刻画符号があることは、複雑な精神生活と巫術の能力

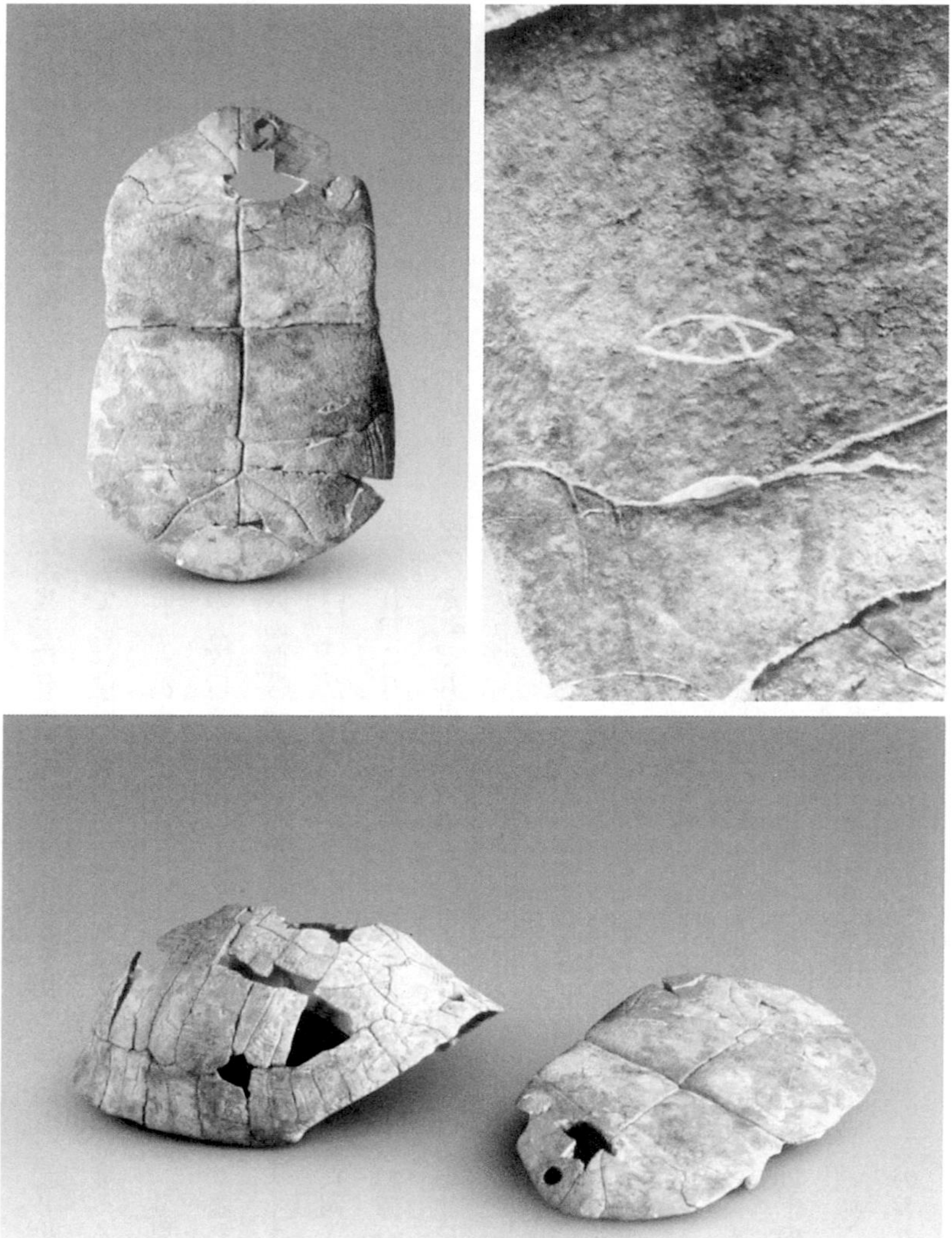

【図１—17】　舞陽賈湖 M344 出土の亀甲と刻符（河南省文物考古研究所『舞陽賈湖』）

をしめす。八〇〇〇余年前の舞陽賈湖の古代民の精神生活が多方面で発展できた理由は、みな安定的な聚落生活・農業生産力の向上、そして糧食などが基本的に保障されていたことによる。

賈湖遺跡をふくむ七、八〇〇〇年前の農耕聚落では、すぐれた地理的環境を選び、多方面の食物資源と豊富な精神文化生活を有するだけではなく、その農業生産技術の水準もすでに新段階（いわゆる「鋤耕」や「初級耜耕」農業の段階）へ入った。当時の黄河流域全体とその東北地域では、すでに土を掘り返す道具をふくむ農具一式があらわれている。林木を伐採し、木器を加工するために用いる石斧《せきふ》、土を掘り起こしたり鋤き返すための石鏟《せきさん》［石製シャベル］、収穫に用いる石鎌・石刀から、加工用の石磨盤・石磨棒にいたるまで（図1―19）、ひととおりすべてそなわり、かつその製作は精巧である。南方地域では、上述の石器のほか、稲作を主とする水田農業を営み、排水・灌漑の水路の開削と田土を耕し地面をならすことがおもな農業活動であるため、たとえば河姆渡遺跡のように骨耜《こつし》［獣骨製の鋤先］・木鏟《もくさん》［木製シャベル］が発達した（図1―20）。これらの遺跡における石斧の出土数の多さは、野外の開墾が以前より拡大したことを反映する。石鏟・骨耜の出土は、当時の人びとが農業においてすでに鋤き返しを学び、普遍的にそれを実施していたこと、つまり当時の農業がすでに初歩的な耜耕段階に入っていたことを物語る。

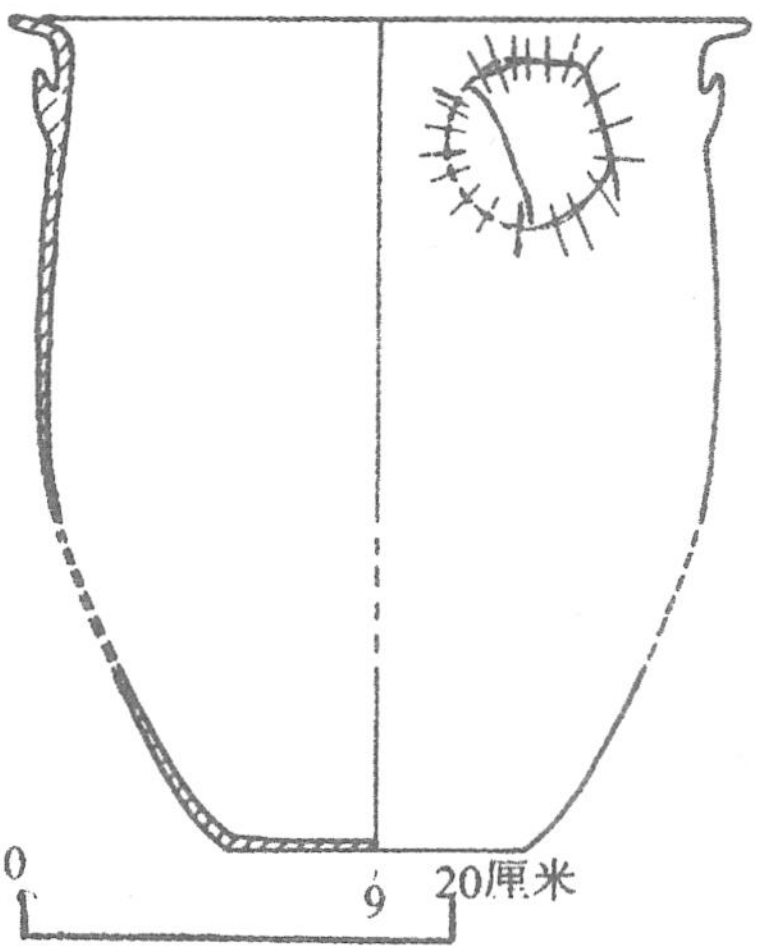

【図1―18】　賈湖遺跡陶罐上の刻画符号（河南省文物考古研究所『舞陽賈湖』）

初歩的な耜耕農業段階（六、七〇〇〇年前）にある中国長江流域の平原地域における水稲農業の農耕発展の顕著な現

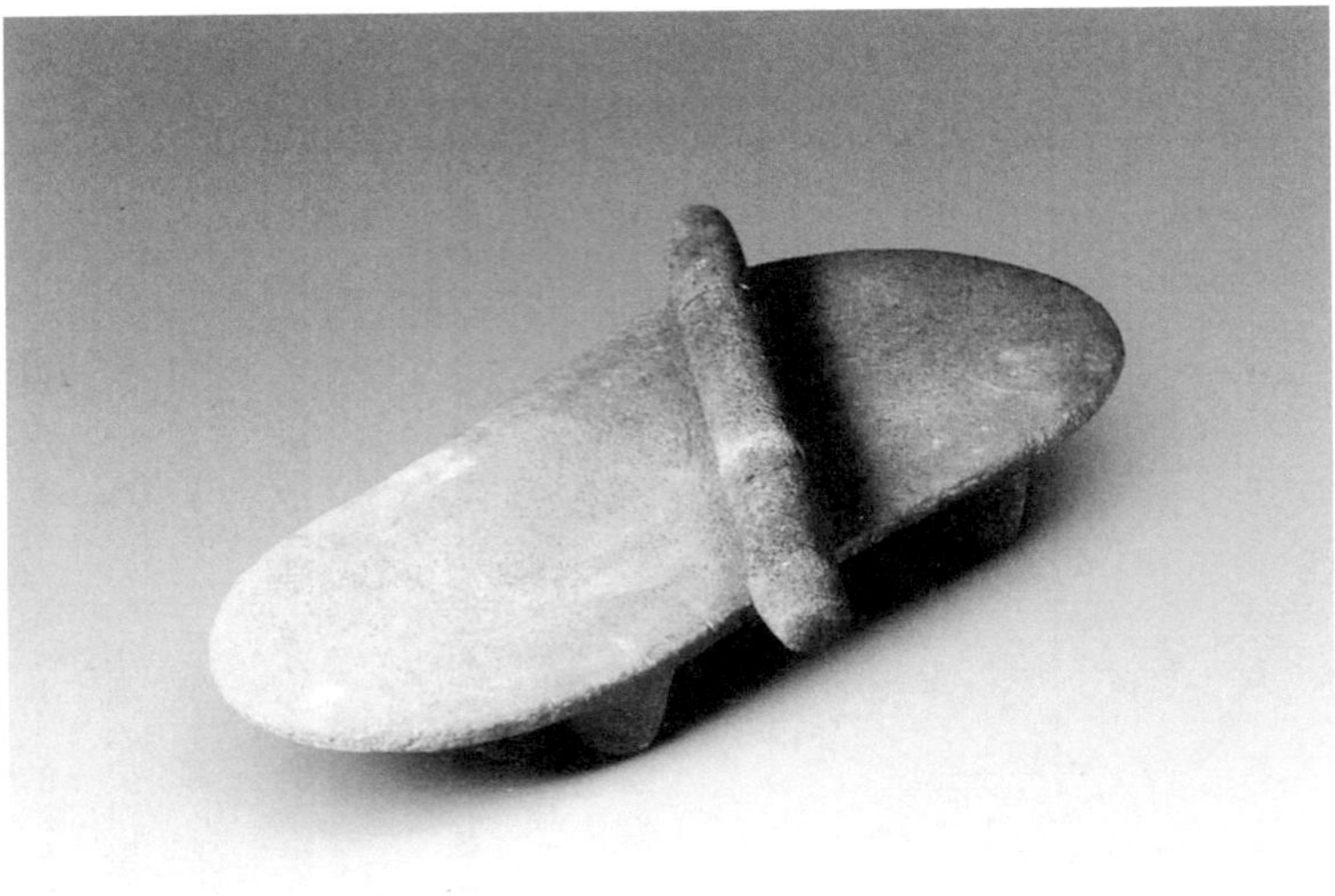

【図１—19】　河南省新鄭裴李崗遺跡出土の石磨盤・石磨棒（中国国家博物館『文物中国史・史前時代』）

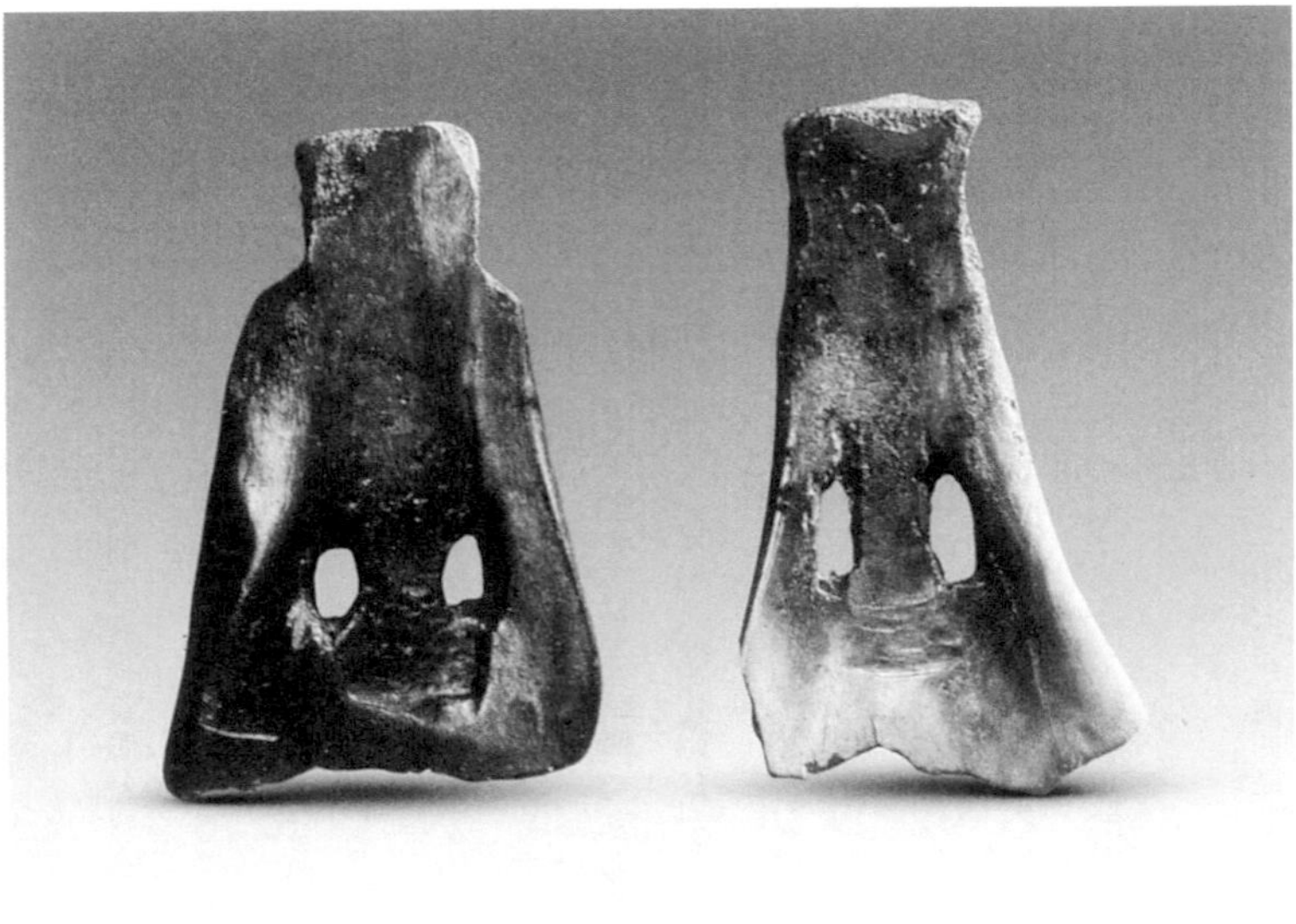

【図１—20】　浙江省余姚河姆渡遺跡出土の骨耜（中国国家博物館『文物中国史・史前時代』）

象は、湖南省澧県の城頭山遺跡でみつかった稲田と原始的灌漑システムの遺跡である。一九九七年～一九九八年に、澧県城頭山で稲田・あぜ道と、水稲田に付設された原始的灌漑システム（灌漑に用いられる溜池と排水溝の高度は稲田よりも高い）が発掘され、また稲田の土サンプルから稲茎・稲根、そして炭化した稲穀・竹の葉・タニシなどの動植物標本が選り抜かれた。(17) 稲田とそこに付設された原始灌漑システムの発見は、原始的稲作農業がまた大きな発展を遂げたことをしめしている。

初歩的な耜耕農業においては、農業の起源段階にくらべ、農業生産力と穀物生産量が大きく向上している。考古作業員は、河北省武安県の磁山《じざん》聚落遺跡で穀物貯蔵に用いられた八八個の窯穴をみつけた。そのなかの穀物遺跡の堆積物の計算によれば、穀物の貯蔵量は六・五t余に達する。(18) また江南の肥沃地たる浙江省余姚河姆渡聚落に貯蔵されていた稲穀も一〇〇t以上ある。(19) このような多額の穀物貯蔵に加え、家畜の飼育・狩猟・漁撈・採集などで補充される食物の来源は、三〇〇余人の人口を擁する聚落の年間の需要を保証するに足るものである。

2　新石器時代中期の聚落の社会組織構造

聚落内部の構造と社会組織の関係は、聚落形態研究で終始研究の核となる問題である。遺憾なことに、この時代の聚落遺跡の発掘は少なくないものの、あるものは遺跡の保存状態が悪く、あるものは発掘の面積に限りがあるため、多くの遺跡の全体的構成は判然としない。ゆえにここでは、内モンゴル自治区東部敖漢旗の興隆窪遺跡を代表とし、(20) 当該時代の聚落内の組織構造を説明する。

興隆窪遺跡は、環濠に囲まれたほぼ楕円形を呈する聚落で、東北～西南の長さは一八三一m、東南～西北の幅は一六六mである。遺跡内の家屋は半地穴式《はんちけつしき》で、だいたい東南～西北方向に配列され、合計十一、二列あり、各列十家屋前後である。これらの家屋は整然と並び、また順序にしたがっている。これはあきらかに周到に企画され、入念に設計され、統一的に造営された聚落である。これらの家屋はいくつかが三〇～四〇㎡で、多くは五〇～八〇㎡であり、比較的面積が大きい。家屋の大きさはそれぞれ異なるが、その構造と室内の配置にはいずれも差はなく、一般的には中間に円坑形の炉がひとつあり、周囲には石鋤・石鏟・骨錐・骨製の魚をとるための鏢《ひょう》［投擲道具の一種］などの生産道具や、陶鉢・陶罐などの生活道具が放置されている。いくつかの獣骨もあり、食用肉の遺存であろう。これらの家屋内には生活道具もあれば生産道具もあり、すべてに炉もある。これは、当該家屋が一つの家庭で、聚落内の基本的生活と消費単位を構成し、同時に生産労働に従事していたこともしめす。これは相対的に安定した家庭構造で、その人数は家屋の大小の違いによっておそらく三～五人と差があり、家屋の並び方も家族組織と関係がある。聚落中心部には一〇〇余㎡の大家屋二軒があり、まことに発掘者がいうとおり、当時の集会・議事やなんらかの儀式をする公共の場としての特殊な機能を有していたにちがいない。二つの大家屋は、当時聚落が二つの大共同体よりなっていることをはっきりとしめすようである。聚落全体はおそらく二つの氏族集団で、その総人数は三〇〇人以上であろう。

このように興隆窪聚落がしめす社会構造は以下のようになる。すなわち、いくつかの核心家庭［一般には核家族と訳されるが、本書では「家庭」と「家族」を専門用語として使い分けているので、そのままとする］が一つの家族（すなわち一列の家屋）をなし、またいくつかの家族（数列の家屋）が一つの氏族をなし、最後に二つの氏族が聚落共同体を構成する。このような構造は、この時代の比較的普遍的な社会構造であるにちがいない。

聚落の区画と機能の面では、多くの遺跡では当時すでに氏族の公共墓地が形成されており、人びとは生前に一族で集住し、死後も集団で葬られる状況がみられる。聚落内の家族のわけ方と家族内小家庭の存在は、家族と家庭の長い歴史を伝えるだけでなく、聚落組織内部の多層性をも物語り、それによってのちの発展の多様性をも準備した。北方の磁山遺跡においても南方の河姆渡遺跡においても、貯蔵施設は相対的に独立し、区域や群をなし、単独の住宅には帰属しないことをしめす。これは、消費の領域では平均的で共産的な原則が行なわれていることをしめす。かかる原則についてはおもに各家族内部でも聚落全体でも体現されているが、各遺跡の発掘範囲に限りがあるため、現在知悉することはできない。興隆窪遺跡でみつかっている環濠聚落の塹壕は、当時一種の防備用の措置でもあれば、聚落共同体の外在的表現形式の一つでもある。この聚落共同体内に、聚落の中心たる大型家屋のような公共建築物が建設されたことは、当該時期の聚落にすでに聚落の構成員に認められ、一定の権威意義を備えた文化的中心があったことをしめす。それは、聚落内の婚姻・生産活動・農耕巫術儀礼など、大小の事務の管理と協議の中心であり、聚落内の個々の核心家庭［いわゆる核家族］などや個々人の行為が集約する目印となる建築物である。要するに中国の七、八〇〇〇年前の聚落は、農耕の確立後、すでにある程度発展済の内外みな平等な聚落形態を経ていたのである。それはもともと若干原始的であったが、種々の施設・区画・機能をそなえ、すでにのちの仰韶期聚落形態への端緒を切り拓いていたのである。(21)

第三節　新石器時代中晩期農耕聚落の平等性と凝聚力

中国考古学の時代区分では、七〇〇〇年前〜六〇〇〇年前は新石器時代晩期前段に属する。ここでは新石器時代中晩期とよぶ。当該時代の聚落遺跡はほぼ全国に遍在し、そのうち黄河流域のものは、おもに仰韶文化半坡期と大汶口文化初期（すなわち王因《おういん》期）に属する。長江流域のものはおもに大渓文化前期・馬家浜《ばかほう》文化に、遼河流域のものはおもに紅山文化前期に属する。この時代の中国の考古発見と研究で得られた成果は多方面にわたる。そのうち、仰韶文化半坡類型の一連の完全かつ典型的な聚落形態が判明したことは、社会形態進化史の研究上、重要な学術的価値をもつ。その分析をつうじて、かなり典型的な意味で、明確な社会発展の横断面が得られるであろう。

1　聚落内の社会構造：家庭―家族―氏族

七〇〇〇年前～六〇〇〇年前における聚落の発展は、聚落数が大幅に増加する点に体現されているのみならず、聚落の配置・規格と聚落内の社会組織の発展にも体現されている。たとえば仰韶文化半波期の聚落では、建築時に居住区・手工業生産区・墓区を密接にくっつけているだけでなく、範囲は明確にわけられている。たとえば陝西省西安市半坡《はんぱ》遺跡・臨潼区姜寨《きょうさい》遺跡・甘粛省秦安県大地湾《だいちわん》遺跡などの聚落は、みな居住区を中央に配し、かつ環濠で囲まれている。半坡遺跡の環濠外部北側は墓区で、東北は陶窯生産区である。姜寨遺跡の環濠外部の東と南は墓地で、西南は陶器を焼成する窯場である。

姜寨遺跡・北首嶺《ほくしゅれい》遺跡・大地湾遺跡などの聚落の環濠内では、家屋は円形で中心に向かう配置であることが多く、それはこの時代の一つの顕著な特色である。たとえば陝西省臨潼区姜寨第一期遺存では、同時期に存在した約一〇〇基前後の家屋が五つの大群落にわかれ、この五群落の家屋に囲まれた約一四〇〇余㎡の広場は共同活動の神聖な空間をなし、家屋の門はみな中央広場に向き、典型的な円形の求心的配置をなしている（図1―21）[22]。

甘粛省秦安県大地湾遺跡と陝西省宝鶏市北首嶺遺跡の状況も同様である。大地湾仰韶文化遺跡は四期にわけられ、大地湾第二期遺存は仰韶文化初期に属し、半坡類型（半坡期）と同時期にあたる。大地湾第二期にかんしては、環濠で囲まれた楕円形の聚落内から一五六基の家屋と十五基の成人墓、六基の子供の甕棺葬、十四基の陶器焼成用の陶窯、七二の灰坑・窖穴がみつかっている。大地湾第二期はさらに三期にわけられ、そのⅠ期の家屋は求心的な配置をして

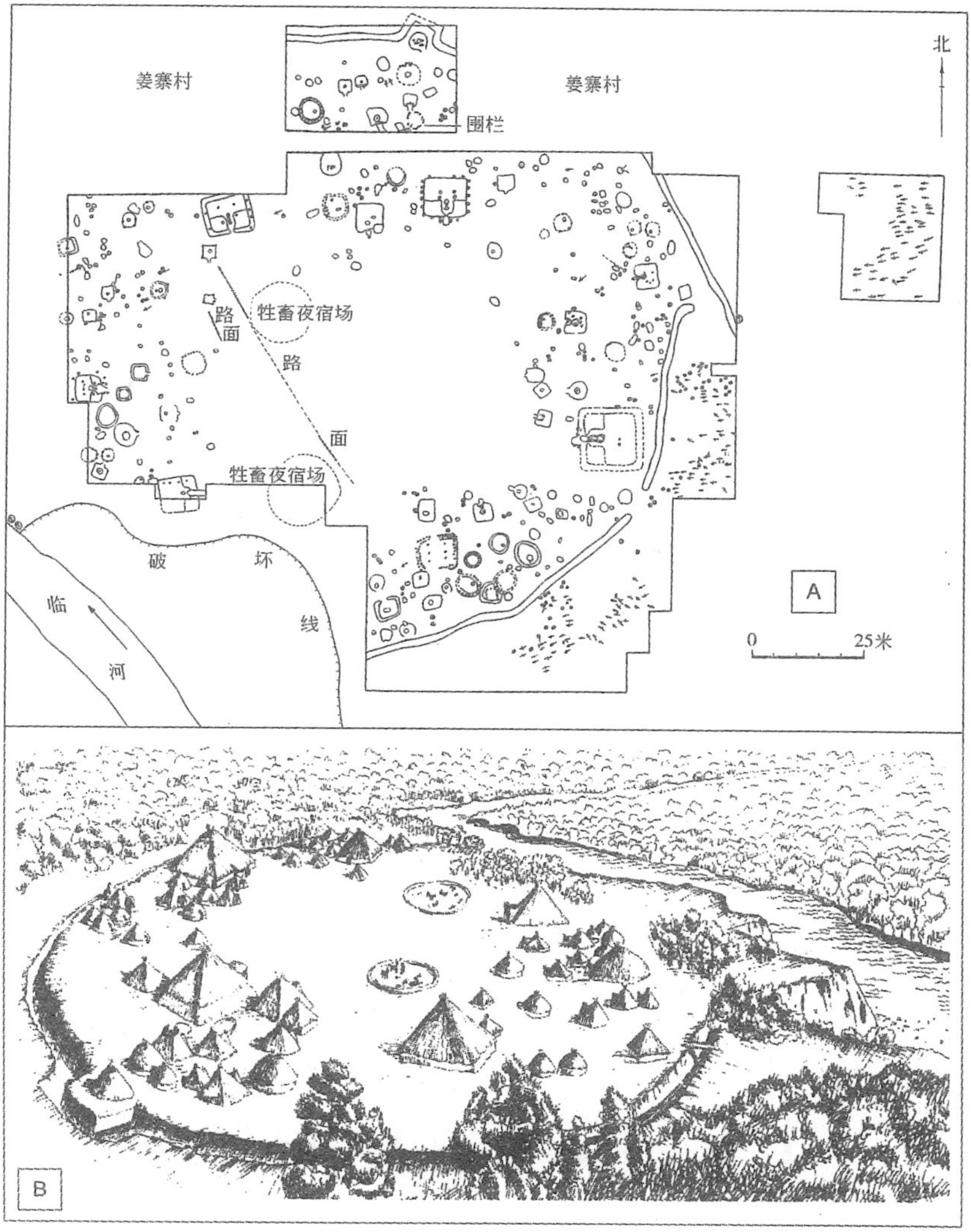

【図１—21】　姜寨聚落の平面図（A）と復元図（B）（半坡博物館等『姜寨』）

いる傾向がもっとも強い。一〇〇余基の家屋はみな環濠に背を向け、中心に向いて広場を囲んでおり、その配置は姜寨遺跡の配置とたいへん近い（図1―22）。Ⅱ・Ⅲ期には聚落の規模がしだいに拡大し、ゆえに聚落内の中心も一つから複数へと変わっている。

北首嶺の聚落は、東は金陵河《きんりょうが》に臨み、東辺の金陵河を一方とし、北辺・西辺・南辺の家屋群を各々の一方となす。三組の家屋群が囲む中間部分は、南北長さ一〇〇m、東西幅六〇m前後の公共広場をなす。広場北辺の家屋群の門は、大部分は南向きで、広場東部の家屋群の門は西向きであり、広場東南の家屋群の門はみな北と西北を向いており、求心的な楕円形の配置をなしている。

聚落内の居住地・墓・生産用地の区分が映すプランの観念は、あきらかに聚落形態の発展が成熟して完成段階に至っていることの産物である。窯場を環濠外に設けていることは、おそらく防火面の考慮もあろう。また墓区と居住区は環濠で隔てられているものの、その距離は遠くもない。それは生と死、現実の世界と魂の世界とに区別も関係もあることを物語る。鬼魂の観念がさらに発展すると、祖先崇拝の観念があらわれる。当該時代の墓地の配置から考えると、中国人の祖先崇拝と鬼魂崇拝の観念が古くから長くつづいていることの一斑は、ここにうかがえる。

聚落内の配置においては、家屋を主体とする居住区が聚落のもっとも中核をなす部分である。この時代には、普遍的に家屋外に塹壕が掘られ、村全体を囲んでいる。これは防衛上の需要によるものでもあれば、聚落全体を一つの総体となし、聚落共同体を形成するものでもある。塹壕内の家屋の配列が多く広場中心の円形の求心的分布をしているのは、当該時代の聚落の本質的な構造と機能をよりはっきりとしめしている。それは、聚落内の団結と凝縮力がたいへん強いことのしるしである。

聚落のプラン、各種家屋の分布・配列・組み合わせは、上述の要素によると考えられるほかに、しばしば人間同士

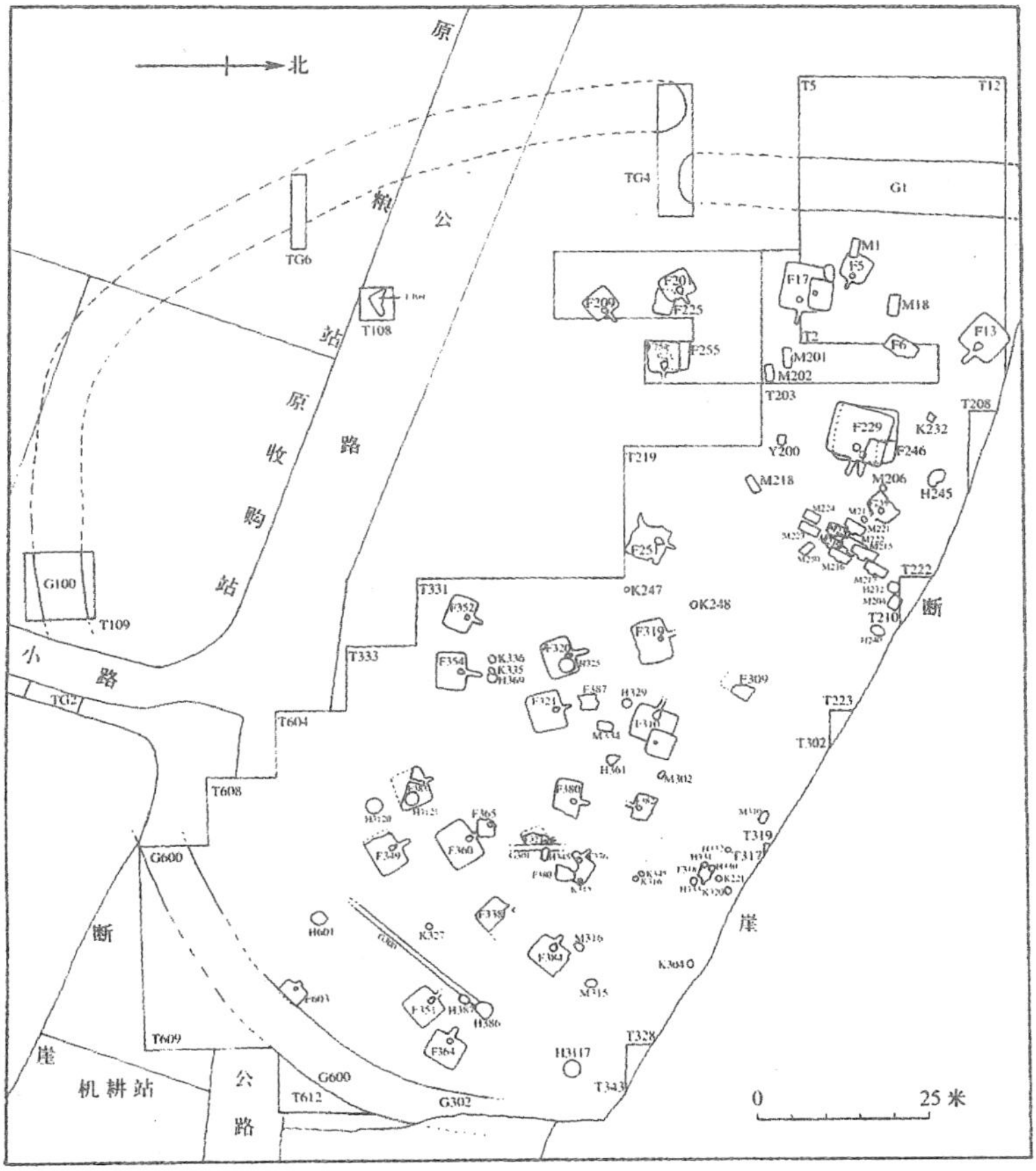

【図１―22】　甘粛省秦安大地湾遺跡第二期Ｉ段の聚落遺跡分布図（甘粛省文物考古研究所『秦安大地湾』）

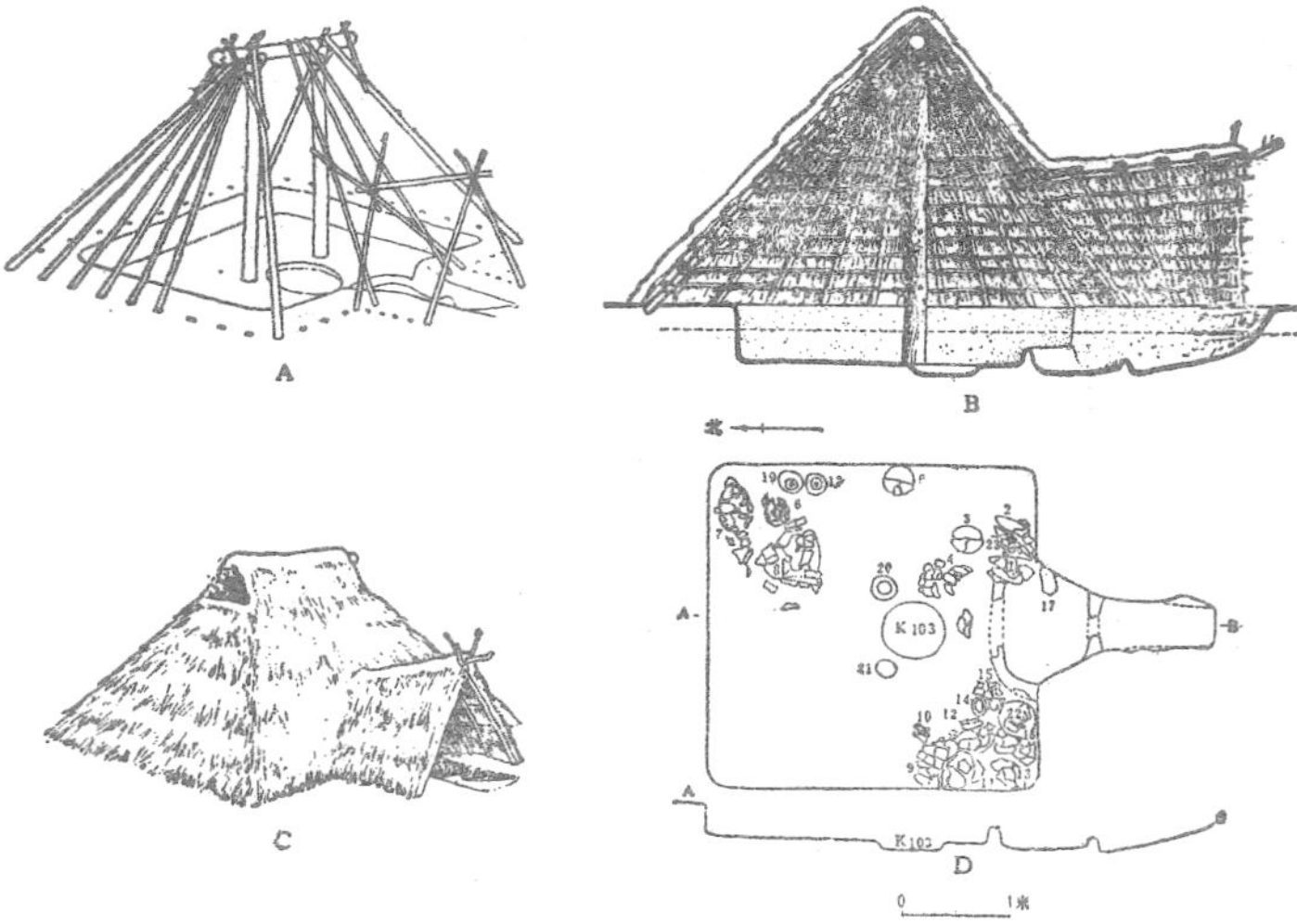

【図1―23】　姜寨遺跡の小型家屋 F46 の平面図と断面図（半坡博物館等『姜寨』）

の社会関係や聚落内の社会構造をも体現した。ゆえに聚落内の家屋の組み合わせと構造も、先史時代の社会組織関係を研究するうえで重要な手がかりとなった。

姜寨遺跡を例にとると、聚落内の五組の家屋は、じっさいには五つの大家族である。各組の家屋にはみな面積が一〇〇㎡前後の大型家屋一基と、三〇㎡以上の中型家屋一基があり、他は一五㎡前後の小型家屋である。そのうち小型家屋（図1―23）は三、四人の家が宿泊・生活するのに供しうる。比較的保存状況のよい家屋の物品よりみると、小型家屋にはかまどの坑が設けられ、陶罐に少量の穀物が備蓄され、生活用品がすべてそろっていることから、かかる三、四人の家はじっさいの基本的消費単位であったとみられる。また屋内に放置された一揃いの農業生産用具（樹木を伐採する石斧や、土を掘り返す石鏟《せきさん》［石製シャベル］、そして穀物を加工する石磨棒などにいたるまで）と、狩猟・漁撈の道具よりみるに、屋内にすむ男女はみな生産に従事するものである。したがって、かかる三、四人の小家庭は一つの生活単位でもあれば、一つの生産単位でもありうる。では、かかる生活と生産は、完全に独立して行なわれたものであったのか否か。この点は、単独の小型家屋の材料ではなお説明不足で、他の状況と関連づける必要があるので、これをさらに大きなシステムのなかに置いて解釈したい。

姜寨の中型家屋（図1―24）も同様に、かまどの坑があり、屋内には多くの器物が置かれ、生活道具だけでなく、生産道具もある。よってこれらもまた、宿泊も炊事もする生活用の住居である。中型家屋と小型家屋のおもな区別は、前者の面積がやや大きい点にあり、おそらく家内人口の比較的多い生活に適応するために建てられたのであろう。かりに姜寨聚落の小型家屋が三、四人の小家庭の使用に供される家屋だとすれば、中型家屋は家族長とその家庭のある住宅のようである。ただし、各家屋群のなかで同一時期の中型家屋は一基のみであるため、このような姜寨聚落の各家屋群の各一組も、せいぜい一つの大家族でしかない。

大型家屋（図1―25、図1―26）の性質と用途については、一般には氏族が集会・議事などの集団活動を行なうための公舎、もしくは氏族の酋長の住宅を兼ねるものであったとされている。だが筆者は、姜寨聚落内の各大家族の公舎であると考えている。そのおもな理由は以下のとおり。姜寨聚落の五組の家屋群のうち、組ごとに同時に並存したのは大型家屋一基・中型家屋一基・若干の小型家屋のみである。中型家屋は家族長とその家庭の住宅である。いくつかの小型家屋は、中型家屋とむすびついて一大家族をなしうる。ただし一家族がそのまま一氏族をなしうるとは考えられない。とすると、「氏族」とはつまり家族群である。それゆえ同一時期の大家屋五基は、五大家族それぞれの公舎であるということになるのである。

姜寨の大型家屋内には、生産道具も生活道具もない。このことは、大型家屋が家族長とその家庭の生活・消費の単位でないことを物語る。大型家屋内には大型のひとつながりのかまどがあり、集団活動時に共同で食事も行なわれたことを物語る。これはおそらく一定程度の集団経済の構成部分をなす。だが小型家屋と中型家屋がすでに基本的消費

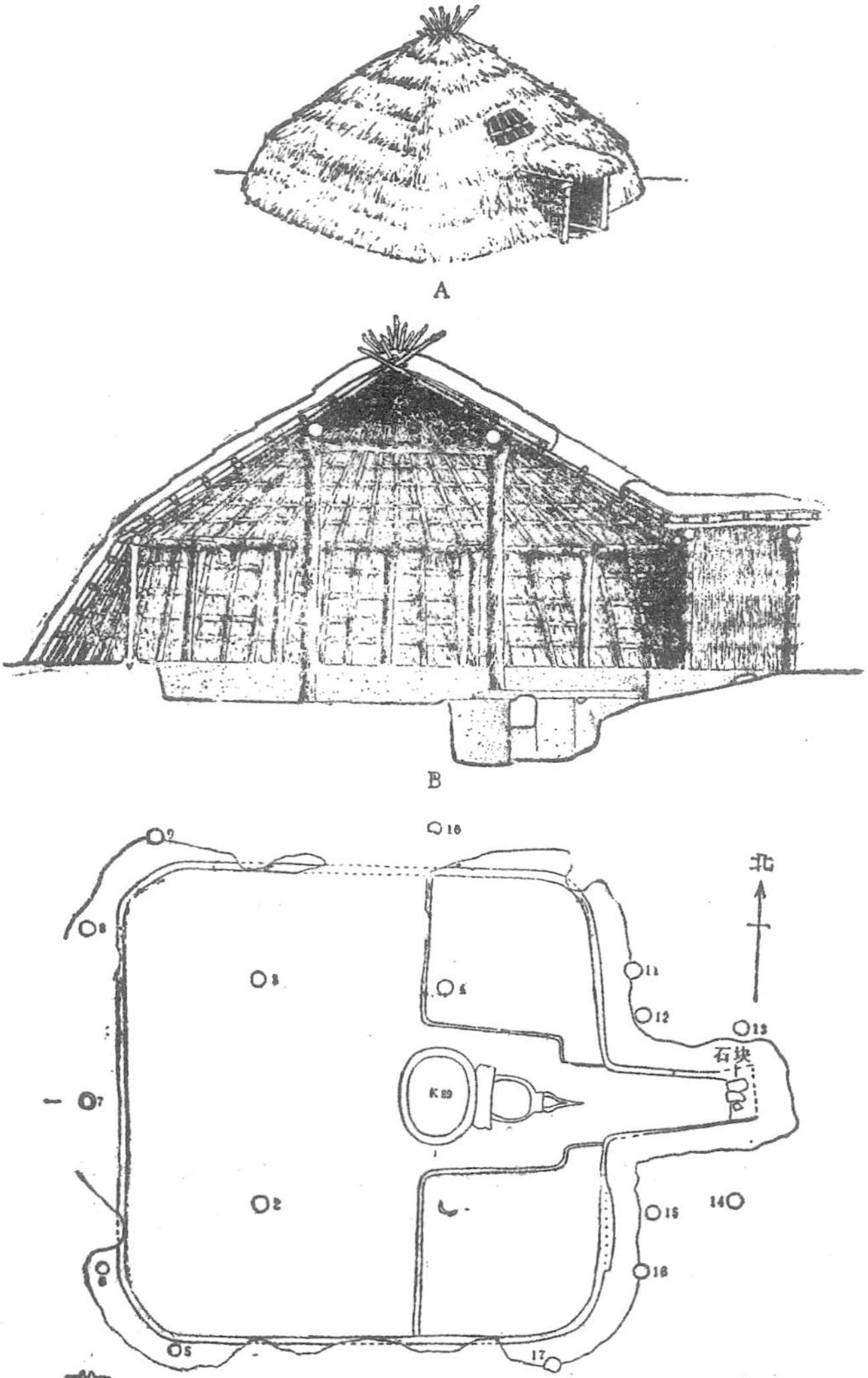

【図１―24】　姜寨遺跡の中型家屋 F36 の平面図と断面図（半坡博物館等『姜寨』）

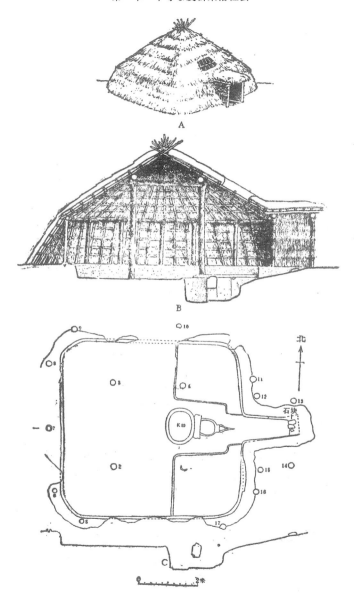

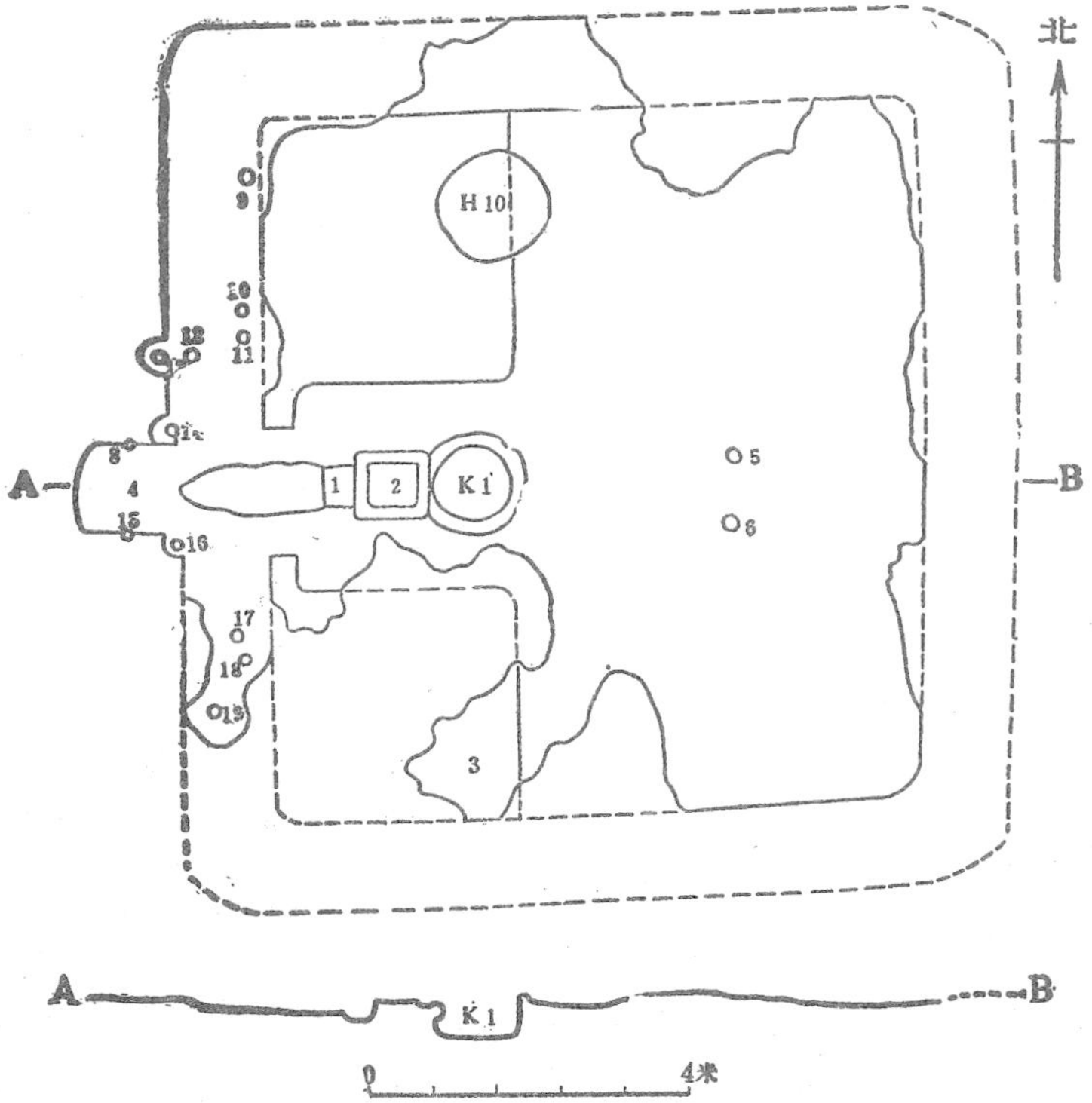

【図 1 —25】　姜寨遺跡の大型家屋 F1 の平面図と断面図（半坡博物館等『姜寨』）

【図 1 —26】　半坡遺跡の大型家屋 F1 の復元図（中国社会科学院考古研究所等『西安半坡』）

単位であることからみれば、このように共同で食事をとることは臨時的なものであろう。ひとつながりのかまどの大きさは、共同で食事をとる者の数がとても多いことを物語る。このタイプのかまどは、家族長の家庭で使用するにはあきらかに向いていない。大型家屋内には、門内のかまどの坑の両側に、低く平らで対称的な一〇～一八㎡の一様でない土床がある。これはおそらく未婚の青年男女に供された、愛を語らい宿泊する所定の場所であろう。中国リス族の多くの家族はかつて家族の公舎を有していた。習慣上の規定では、子女は満十歳になると、父母と宿をともにすることはできず、青年男女の宿泊に供された公舎に行って住む。[23] よって姜寨の大型家屋は、大家族の集団活動や、大家族内の未婚の青年男女が宿泊するために供された家族の公舎であると解せよう。公共建築物では、定期的（記念日や祭日など）もしくは不定期に集団で食事がなされ、これは大家族内の集団活動の内容の一つであり、大家族経済を形づくる一要素でもある。

〔要するに、〕姜寨聚落の大型家屋は大家族内で集会や議事などの活動を行なうための家族用の公舎であり、中型家屋は、家族長の使用に供され、小型家屋は、家族内の三、四人の小家庭の用に供されうるのである。このように姜寨聚落の社会組織構造は、いくつかの小家庭が一つの大家族を構成し、五つの大家族が一つの氏族を構成するものなのである。姜寨聚落は一つの氏族の原始的共同体で、その人口は約三〇〇人～五〇〇人である。

姜寨のほか、西安の半坡・宝鶏の北首嶺・秦安の大地湾などの遺跡においても、家屋は大中小にわけられうるとはいえ、いくつかの小型家屋が中型家屋一基を囲むような組み合わせの状況はみあたらない。とくに大地湾遺跡では、中型家屋にわけられるＦ251・Ｆ310・Ｆ319・Ｆ321・Ｆ360・Ｆ383などの家屋は寄り添いあっている。そのうえ大地湾の大型家屋の面積は五、六〇㎡しかなく、発見された二基の大型家屋（Ｆ229とＦ246）は同じ位置に相互に積み重なっている。その家屋内からは生活道具も生産道具も出土している。これらはみな、これらの聚落で小型―中型―大型の家

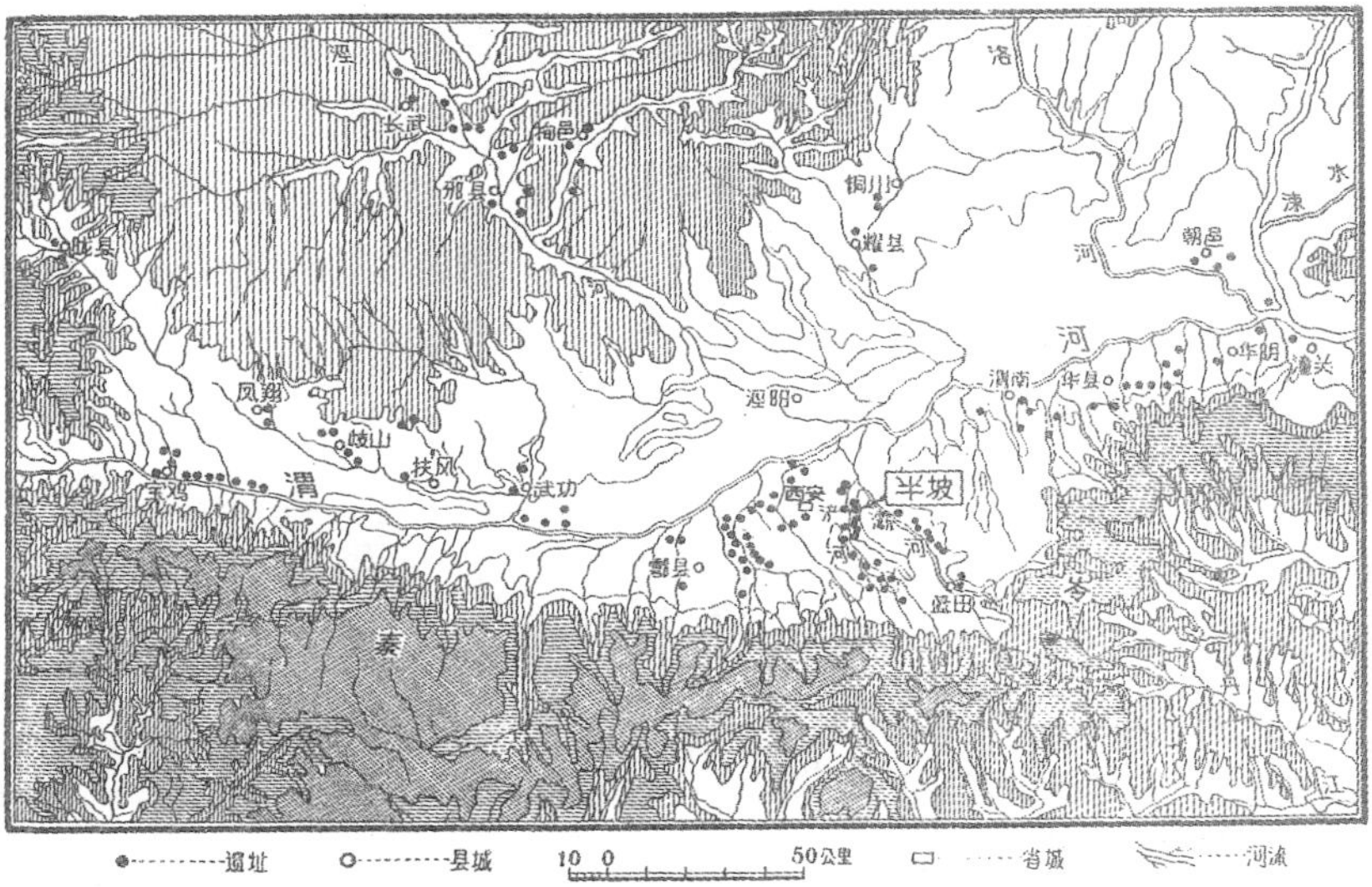

【図１—27】　関中地区仰韶文化遺跡分布図（中国社会科学院考古研究所等『西安半坡』）

屋の三級構造の組み合わせがけっして明確でないことを物語る。すなわち、これらの聚落内で対照をなすのは、大型家屋と中小型家屋との対比なのである。ここでのいわゆる大型・中型・小型は、面積の大小のみによっており、機能上の明確な区分はない。換言すれば、家屋の大小はおもに家庭内人口の多寡に対応しており、小家庭人口の自然的状況を体現しており、それは社会組織の構成とは関係がないのである。姜寨聚落と同様、これらの聚落内の、大型家屋に率いられる各家屋群は、それぞれ大家族の族居する家屋群で、これらの大家族は一つの氏族—聚落共同体をなす。

姜寨・半坡・北首嶺・大地湾の諸聚落遺跡は、いずれもいくつかの大家族よりなる氏族の居住地である。調査によると、仰韶時期に河川両岸に分布している遺跡は、しばしば対称的である（図１—27）(24)。それはけっして同一氏族の人びとが刀耕火種し地力を尽くそうとして岸から岸へと移動したためではない。なぜなら、三〇〇人～五〇〇人の村落にとっては、周囲二、三〇㎢に山林のない土地は輪作しえないものであり、岸から岸へ移動しても、輪作に必要な土地は手に入らないからである。よって、河川両岸にしばしば対称的に聚落遺跡が分布しているのは、同一部落内の異なる二氏族が婚姻によって隣り合って住んだためで、当時おこなわれていたのは氏族外婚制であったと解せる。かかる氏族外婚制は、先秦時代の同姓不婚の文化的伝統と関係するものである。

2　聚落内の生産・分配・消費の関係

六、七〇〇〇年前の中国の聚落社会構造は、一般には家庭—家族—氏族である。では、聚落内の当該三級の組織間においてはどのように生産・分配・消費が行なわれていたのか。これはあきらかに政治経済学における生産資料の所有制の問題と、労働者と生産手段の結合形式の問題にかかわる。以下、これについて簡単な考察を行なう(25)。

当該時代の各聚落のおもな生産活動には、農業・牧畜業（家畜の飼育）・漁猟・採集・手工業がふくまれる。そのなかの農業・牧畜業・手工業はとくにもっとも主要なものである。ここでいう生産はまた、二つの側面にわけられる。ひとつは生産の技術水準、もうひとつは生産の管理組織形式である。

まず当時の生産の技術水準について論じると、農業の面では、出土した生産道具は数が多いのみならず、種類もそろっており、斧・鏟《さん》［シャベル・スコップの類］・鋤・手斧《ちょうな》・石刀・陶刀・磨盤・磨棒などがある。これらによって、耕地を開拓してから、土壌を掘り返して播種・収穫・加工をするにいたるまで、ひとそろいの生産手順が形成済であるとわかる。各地で出土する農作物の標本によると、当時北方で栽培されたのはおもに粟と黍で、南方では稲である。農業は当時の経済のなかでもっとも主要な産業で、一方、牧畜業（すなわち飼育）は農業の副業でしかない。

姜寨聚落居住区の大型家屋（F47）付近からは家畜飼育用の二つのオリがみつかり、大型家屋（F74、F53）の門のまえからは家畜の夜の宿場二ヶ所がみつかっている。半坡でも、家畜のオリが二ヶ所みつかっている。姜寨における家畜用の夜の宿場の面積よりみると、それはいちどに数百頭の家畜をあつめられるところで、その放牧の規模は相当なものである。動物の骨の鑑定状況よりみて、姜寨ではブタの骨とシカの骨が大きな比重を占め、イヌ・ヒツジも一定の数がある。半坡・宝鶏北首嶺や、大汶口文化・馬家浜《ばかほう》文化・大渓文化・屈家嶺《くつかれい》文化などの遺跡でも、いずれもブタの骨が主である。よって家畜飼育上、ブタを主とすることは、当時の南北の各聚落に共通する特徴である。半坡・姜寨などの遺跡では、ともに相当数の漁と狩猟の道具が出土し、採集された野生の果実もみつかり、獣骨のなかで比較的多いのはシカの骨である。これらはいずれも、当時漁撈と狩猟も重要な産業で、採集が経済生活を補うものであったことを物語る。

当時の手工業は、陶器制作・紡績・皮革制作・石器制作などにわけられる。そのうち紡績・皮革制作のたぐいは家庭手工業に属するはずで、陶器製作などは集団手工業に属する。仰韶時代に、中国の南北では原始的陶器製作業が成熟し、焼成技術が大きく進歩するのみならず、その経済面での重要性も日ましに強くなっている。陶器の装飾は多種多様で、また上絵があらわれる。仰韶文化の彩陶上の図案は、人面魚紋と動物（魚・カエルやスッポン・シカなど）、植物の花弁のイメージが多く、各種の幾何学的な図案もあり、計三十余種になる（図1―28）。その構図はいきいきとし、色彩は鮮やかで美しい。また図案と人頭の彫刻・塑像が結合した状態のものもある（図1―29）。

大汶口文化の陶器には、それ自体に上絵のスタイルをそなえた彩陶がある。それのみならず、先史時代の海岱地域の人びとは、陶器を造形することをつうじて、みずからの美的趣向と崇拝の習俗を表現するのを楽しんでいたようである。そのため、そこの陶器は型や様式の数がたいへん多く独創的で、のちにさらにイヌの鬹《き》［三足土器の一種］（図1―30）・ブタの鬹（図1―31）・亀の鬹など、獣を象った陶器もあらわれた。要するに陶器の発達は、陶器製作業の成

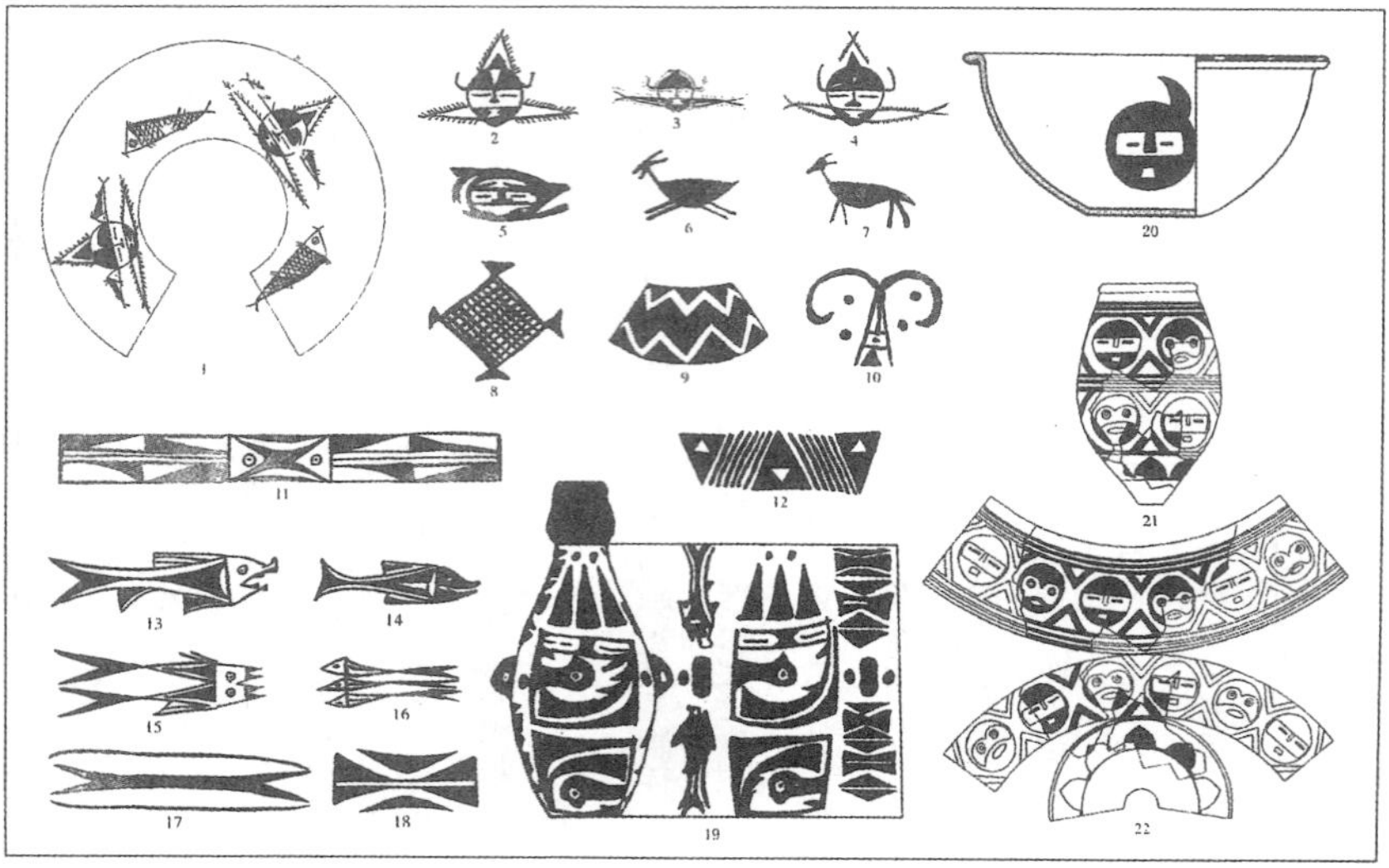

【図１―28】　仰韶文化半坡類型の彩陶紋様（中国社会科学院考古研究所『考古中華』）

熟と発展の目安であるのみならず、定住農耕生活が陶器製作業の発展を大きく推し進めたことをも反映していたのである。

生産の組織と管理については、政治経済の角度からみると、生産が分配・消費・流通の鍵を握っている。しかし、先史考古学が提供しうるものの大半は、貯蔵施設と他の経済的施設の帰属、そしてそれをとりまく状況である。そうである以上、先史考古学の証拠から溯って、生産と分配・消費・流通との論理的関係を類推するしかない。すなわち生産品の貯蔵施設の性質は、分配制度によって決まり、分配制度は生産関係における労働の形式と性質によってはじめて決まるのである。

半坡類型期における各聚落内の貯蔵施設としての窖穴は、第一に、群をなして家屋と家屋のあいだに穿たれており、個々の住宅と一つ一つ対応してはいない。第二に、多くの窖穴は単独で各々の家屋付近に分布している。この現象は半坡聚落内のものであるが、姜寨聚落遺跡の大規模発掘をつうじ、さらにはっきりと認識されるようになった。群れ

【図１—30】 大汶口遺跡出土のイヌの陶製鬹（山東省文物管理処等『大汶口』）

【図１—29】 甘粛省秦安大地湾第二期遺跡出土の人面彩陶瓶（甘粛省文物考古研究所『秦安大地湾』）

【図１—31】 大汶口文化山東胶県三里河遺跡出土のブタ型の陶製鬹（国家博物館『文物中国史・史前時代』）

をなす窯穴はあきらかに各家屋群の特定の一住宅には属しておらず、各大家族の集団的所有に属するにちがいない。大家族が集団で所有するもう一つのものは、大型家屋の前後左右に分布する多くの窯穴である。ほかに注目すべきは、大家族の所有以外に、家庭ごとの所有もあり、また二種類にわけられることである。一つは、家族長のいる大家庭の所有で、たとえば姜寨聚落内の北グループの家屋群の中型家屋（F86）や東グループの中型家屋（F17）の門のまえにはいずれも三、四基の窯穴がある。もう一つは、一般の小家庭の所有で、一、二基のかたちで各小型家屋付近に分布し、そのうえこの現象は普遍的なものである。

考古発掘はつぎの点をはっきりとしめしている。これら窯穴は、最初はおもに穀物と他の食物の貯蔵に用いられ、形状と構造も比較的整っている。だがのちに窯穴の口と壁が崩れたため、ごみ捨て場として用いられることになる。これらの穀物貯蔵用の窯穴が二つのレベルの所有〔大家庭と小家庭の所有〕に分属している以上、それは当時の農業の生産・分配・消費がみな二つのレベルに分かれてすすめられていたことを物語る。おそらく土地の開墾・春耕・鋤き起こしといった生産のプロセスは大家族の集団のかたちで行なわれ、播種・田間管理・収穫はおもに家庭単位で行なわれるものであろう。農産物の分配・貯蔵にかんしては、一部は家族の公的所有として集中的に貯蔵され、一部は分散され各小家庭にわたり、各家庭がみずから貯蔵と分配をする。このように消費面では、おもに各小家庭単位で行なわれるが、集団消費もあり、たとえば大型家屋内で一緒に食事をとるかたちで行なわれる祝祭日の宴会や他の集団的支出がある。同時に集団貯蔵の穀物は、それによって食糧不足の家庭に必要な補充と援助を提供しうるものである。

家畜飼育の面では、半坡聚落では家畜飼育のオリが二ヶ所みつかっており、それぞれ二つの大家族の家屋群に属する。これは、家畜の飼育・管理・分配が各大家族全体に属するもので、また各家庭に分散していないことを物語る。姜寨聚落では、家畜のオリ二ヶ所と家畜の夜の宿場二ヶ所があり、これらもそれぞれ各組の大型家屋の付近に配置されている。これより、姜寨聚落での家畜の飼育も、各家族の集団的事業であり、小家庭の所有には帰さず、全聚落の人びとが共有するものでもないと推測される。

陶器を焼成する手工業の面では、半坡聚落の陶窯は居住区東北に集中的に分布し、そのあいだは環濠で隔てられている。これについては二つの解釈が可能である。一つは、防火を考慮し、各大家族の陶窯が環濠外の東北部に集中的に配されたというものである。もう一つは、これらの陶窯が聚落全体の所有に帰し、陶器の焼成が氏族全体の公共事業であったというものである。姜寨聚落と北首嶺聚落の状況を関連させると、前者の解釈がやや実状に則するようである。姜寨聚落の陶窯は比較的分散し、二基は居住区内にあり、そのうちの一基（Y２）は東グループの家屋群の東北角に、もう一基（Y３）は西グループの家屋の北辺にある。いくつかの陶窯は防火の必要性が考慮されたのであり、居住区外に設けられ、そのうちの一基（Y１）は東北寨門外の遠くない場所にあり、べつの数基は村落の西端の川岸にある。北首嶺聚落では陶窯が計四基みつかり、そのうち一基（Y１）は前仰韶文化時代に属し、のこりは西グループの家屋に一基、南グループの家屋に一基、墓区に一基がある。姜寨と北首嶺の陶窯はともに比較的分散し、そのなかのあるものは大家族の家屋群に、あるものは村外に設置されている。これより、陶器は家族ごとにわかれて焼成されているとわかる。

上述したことから、この時代の生産の組織・管理・分配の関係には、少なくとも二つの層（すなわち大家族単位の生産・分配と、家庭単位の生産・分配）があるとみられる。前者は農業・家畜飼育業・製陶手工業の各方面で体現され、後者はおもに農業生産の部分的プロセスと農産物の分配・消費をさす。農業は当時の経済の基礎なので、まず農業の分野において生産・分配・貯蔵の面で、家族と家庭が並存する構造があらわれ、それが社会全体を氏族の束縛と制限から離脱させ、家庭—家族の経済と家庭—家族—宗族の経済構造へと向かわせたのであろう。

家畜飼育業も当時疑いなく重要なもので、人びとに動物性タンパク質と必須栄養素のアミノ酸を提供する有効な源である。だがそれは、農業が定住生活にもっとも基本的な保証をもたらすことにくらべると、従属的地位にあることはたしかで、農業の副業である。同時に、飼育の空間と他の条件の制限により、それは依然、大家族による飼育と家族全体の平均的分配という伝統をも保持している。かりに当時飼育されていたブタやヒツジなどの家畜を動産とみなすならば、これらの財産は当時なお家族によって共有される発展段階であり、仰韶時代後期の大汶口文化などで普遍的にみられる、ブタの下顎骨のたぐいを随葬する私有現象とは、鮮明な対比をなしていた。

当時の紡績・石器・陶器などの多くの手工業生産活動のうち、ただ陶器のみが家族ごとにわかれて焼成され、需要に応じて分配された痕跡がある。また当時の紡績業は、家庭単位で生産・使用された可能性が高い。

この時代の消費は、あきらかに小家族単位で行なわれている。個々の小型家屋には炉もあれば、生活道具・生産道具もあり、さらに少量の穀物が陶罐に貯蔵されている。このことはたいへんいきいきとした鮮明な描写である。ただしかかる消費はまた、さらに大きな組織（大家族）とむすびついて行なわれるものである。つまり、かかる個々の小家族をふくむ大家族内部では、平均分配原則が実施されているのである。

上述の仰韶文化初期の聚落には、小家庭―大家族―氏族のたぐいの社会組織が存在し、聚落周辺の土地などの資源は、聚落（氏族）が所有し、家族がそれを私的に使用するといった特徴を呈している。当時の陶器焼成業と家畜飼育業も、あきらかに家族集団の公共事業であったことをしめしており、その生産品も家族内で均分されている。一方、穀物にかんしては、大家族の集団的貯蔵と家庭内貯蔵がむすびついているかたちを採っており、消費にかんしても、大家族の集団的支出と日常生活における小家族単位の消費が並存するかたちを採っている。小型家屋には炉・炊器・飲器・食器などの生活用具もあれば、農業生産道具も一通り揃っており、このことは、家庭が整っていたことを物語っている。時間の推移と生産力の向上にともない、かかる小家庭はおそらく小さな畑の経営からはじまって、しだいに一部の土地を経営するようになり、かくてみずから経営する土地を有しもすれば、家族の親族集団全員で耕作する土地ももつようになる。このような二重の局面が形成される。

家庭と家族は仰韶初期社会のもっとも基本的な単位である。家族内における一緒に所有し一緒に耕す関係と、平均分配制度とは、家族共産制を保証するものであり、当時の個々の墓同士に貧富差が顕著にはみいだせない原因のありかでもある。

仰韶時代初期の各聚落には、いずれも氏族の公共墓地がある。墓地内の各墓の副葬品は多くなく、差も大きくない。そのなかでは男女の副葬品の優劣の問題がないばかりか、各家庭や各家族間の顕著な貧富の問題もみいだせない。このことは、当時の社会ではなお貧富の分化が生まれておらず、男女間も基本的に平等で、社会にはまだ等級や階層の分化のような社会的分化が生じていないことを物語る。仰韶初期の各聚落の各方面の状況を総合してみると、当該時代の氏族原始共同体の人びとはよく団結し、大きな凝縮力をもつ。彼らは農業に従事もすれば、狩猟・採集・陶器製作を営んでもいる。聚落全体は経済的に自給自足で、その内部の大小血縁集団間と個々人間は、平等で友好的な関係にある。

この時代の氏族が結局母系か父系かという問題は、現在までの考古発見と研究からは明言できないものである。このためつぎのように考えることはできまいか。すなわち、それが父系であるとの材料がない状況下で、古史になお「只だ其の母を知るも、其の父を知らず（只知其母、不知其父）」との伝説があり、仰韶文化初期（半坡時期）が聚落の内外でほぼ平等である状況下にある点を鑑みれば、当該社会は母系氏族社会に属する可能性があるはずである、と。だが当時の氏族内にすでに大家族が誕生していることは、これ以後の社会変革が家族の変化と父権家族の出現・展開とをともなって展開されるということを先んじてしめしている。

注

（1）王震中『中国文明起源的比較研究』（陝西人民出版社、一九九四年版、一三～三〇頁、四三～四六頁）。
（2）袁家栄「玉蟾岩遺跡」（『中華人民共和国重大考古発現』文物出版社、一九九九年）、袁家栄「湖南道県玉蟾岩一万年以前的稲谷和陶器」（『稲作・陶器和都市的起源』文物出版社、二〇〇〇年）、張文緒・袁家栄「湖南道県玉蟾岩古栽培稲的初歩研究」（『作物学報』第二四巻第四期、一九九八年七月）。
（3）江西省文管会等「江西万年大源仙人洞洞穴遺址試掘」（『考古学報』一九六三年第一期）、江西省博物館「江西万年大源仙人洞洞穴遺址第二次発掘報告」（『文物』一九七六年第十二期）、厳文明等「仙人洞与吊桶環——華南史前考古的重大突破」（『中国文物報』二〇〇〇年七月五日）、張池・劉詩中「江西万年仙人洞与吊桶環遺址」（『歴史学刊（台北）』一九九六年六月）、張池「江西万年早期陶器和稲属植硅石遺存」（『稲作・陶器和都市的起源』文物出版社、二〇〇〇年）。
（4）浙江省文物考古研究所等「浙江省浦江県上山遺址発掘簡報」（『考古』二〇〇七年第九期）。鄭雲飛・蔣楽平「上山遺址出土的古稲遺存及其意義」（『考古』二〇〇七年第九期）。
（5）保定地区文管所等「河北徐水県南荘頭遺址試掘簡報」（『考古』一九九二年第十一期）。
（6）泥河湾聯合考古隊「泥河湾盆地考古発掘獲重大成果」（『中国文物報』一九九八年十一月十五日）。
（7）北京大学考古文博学院等「北京市門頭溝区東胡林史前遺址」（『考古』二〇〇六年第七期）。
（8）郁金城等「北京転年新石器時代早期遺址的発現」（『北京文博』一九九八年第三期）。
（9）王震中注（1）前掲書、三〇～四五頁。
（10）袁家栄注（2）前掲論文、張文緒・袁家栄注（2）前掲論文。
（11）浙江省文物考古研究所等注（4）前掲論文。
（12）浙江省文物考古研究所等注（4）前掲論文。

(13) 北京大学考古文博学院等注(7)前掲論文。
(14) 河南省文物考古研究所編著『舞陽賈湖』(科学出版社、一九九九年)。
(15) 河南省文物考古研究所編著注(14)前掲書、九六六頁、九八三頁。
(16) 凌純声「中国与海洋洲的亀祭文化」(『中央研究院民族学研究所専刊之二十(台湾南港)』一九七二年)。
(17) 湖南省文物考古研究所「澧県城頭山城址一九九七・一九九八年度発掘簡報」(『文物』一九九九年第六期)。
(18) 佟偉華「磁山遺址的原始農業遺存及其相関問題」(『農業考古』一九八四年第一期)。
(19) 厳文明「中国稲作農業的起源」(『農業考古』一九八二年第一期)。
(20) 中国社会科学院考古研究所内蒙古工作隊「内蒙古敖漢旗興隆窪遺址発掘簡報」(『考古』一九八五年第十期)、中国社会科学院考古研究所内蒙古工作隊「内蒙古敖漢旗興隆窪遺址一九九二年発掘簡報」(『考古』一九九七年第一期)。
(21) 王震中注(1)前掲書、七一頁。
(22) 厳文明は一九八〇年代に発表した論文で、姜寨をふくむ仰韶文化半坡類型集落の求心的配置について生き生きと論じている(厳文明『仰韶文化研究』文物出版社、一九八九年版参照)。のちに厳文明は論文で、姜寨集落の中心には墓葬があり、五組の家屋が向かい合っているのは広場でなく墳墓のようだとしたが、厳文明の学生趙春青らはさらに考察し、中心広場に埋葬された墓の年代が集落内の家屋五組よりやや遅く、同一時代に属するものでない点を発見した。かくて五組の家屋の向く中心はなお広場のままである。けれども、中心広場とそれを囲む家屋が結局どれほどの期間用いられたかはまださらなる研究が俟たれる。
(23) 雲南省編輯委員会編『傈僳族社会歴史調査』(雲南人民出版社、一九八一年、二〇・五三・五四頁)。
(24) 中国科学院考古研究所・陝西省西安半坡博物館『西安半坡』(文物出版社、一九六三年、四頁)。
(25) 王震中注(1)前掲書、九二~九九頁。

第二章　不平等な中心聚落・原始宗邑・首長制社会

人類の社会が平等から不平等へむかう複雑な過程とは、つまり国家の起源の過程である。おおよそ六〇〇〇年前〜五〇〇〇年前（一部の地方では四五〇〇年前前後）に、中国の先史聚落は不平等をふくむ社会の発展段階に入った。このような社会を中心聚落形態とよぶ。いわゆる中心聚落とは、血縁関係のある聚落群内で、権力の相対的集中が出現し、他の聚落を統括する力をもち、高級手工業生産と貴族階級を集中させた聚落である。かかる聚落は、往々にして規模が大きく、立派で特別な建築物をもつものもあり、周囲の他の普通聚落とともに、中心聚落と普通聚落がむすびついた構造を形づくる。(1) そのため、この時代の不平等は二つの面であらわされる。一つは、聚落内に貧富の分化と貴族の階層が出現することである。もう一つは、聚落間に初歩的な不平等関係が出現することである。中心聚落時期の考古学的遺跡をさらに分類すると、中心聚落全体は二つの段階に分けられそうであるとわかる。すなわち、初級段階（あるいは雛形段階）の中心聚落と典型的中心聚落である。前者は六〇〇〇年前〜五五〇〇年前、後者はだいたい五五〇〇年前〜五〇〇〇年前か四五〇〇年前である。かりに聚落形態理論・首長制理論・社会分層理論を比較すると、中国先史社会の中心聚落形態は人類学の首長制に相当し、単純首長制と複雑首長制の二段階をふくむと考えられる。またこれは、フリードの社会分層理論における階等《かいとう》社会と分層《ぶんそう》社会の二段階に相当する。さらに、かりに周代における宗廟の所在地として「宗邑」という概念をもちいるばあい、典型的中心聚落形態あるいは複雑首長制は原始宗邑に相当することになる。

第一節　雛型段階の中心聚落と社会における初歩的な不平等

1　仰韶文化廟底溝期における雛型段階の中心聚落

最近発掘された河南省霊宝市西坡村の仰韶文化廟底溝《びょうていこう》期遺跡と江蘇省張家港市金港鎮東山村の崧沢《すうたく》文化遺跡は、紀元前四〇〇〇年～前三五〇〇年の、中心聚落形態の初級段階における遺跡である。大汶口文化劉林《りゅうりん》期の遺跡も、初級段階の中心聚落に属する。

西坡《せいは》遺跡は、河南省霊宝市陽平鎮西坡村の西北に位置し、遺跡の現存面積は約四〇万㎡である。二〇〇〇年～二〇〇六年におこなわれた六回の発掘によって、仰韶文化中期（すなわち廟底溝期）の特大型の家屋跡と、大・中・小型の墓・灰坑《かいこう》・窯跡などの重要な遺跡や遺物が発掘された[2]。西坡遺跡の特大型家屋は二つあり、一つはＦ105、もう一つはＦ106である。Ｆ105（図2―1）は、半地穴式《はんちけつしき》の主室《しゅしつ》を中心に、周囲に回廊が設けられ、東側にスロープ式の門道がある。室内の面積は約二〇四㎡である。主室の地面はたいへん凝っており、全五層からなっている。最下層の第五層は草拌泥層《そうはんでいそう》［草混じりの泥の層］で、そのうえの第四・第三・第二の層は料礓層《りょうきょうそう》［石材として使われる鉱石の層］、最上層の第一層は灰白色の細泥層《さいでいそう》である。各層はたいへん硬く密で、第二層以外の各層の表面には泥漿《でいしょう》［粘土と水を混合状態にしたもの］が塗られ、また辰砂《しんしゃ》［水銀の硫化鉱物］で朱色に塗られており、特別な意味があるようである。主室の周囲にめぐらされた回廊には、柱洞《ちゅうどう》［元々柱の建っていた坑］と柱礎《ちゅうそ》の坑が残っており、柱礎坑の底からは辰砂がみつかっている。Ｆ106（図2―2）も半地穴式で、室内の居住面積は約二四〇㎡である。精巧に加工された居住面は七

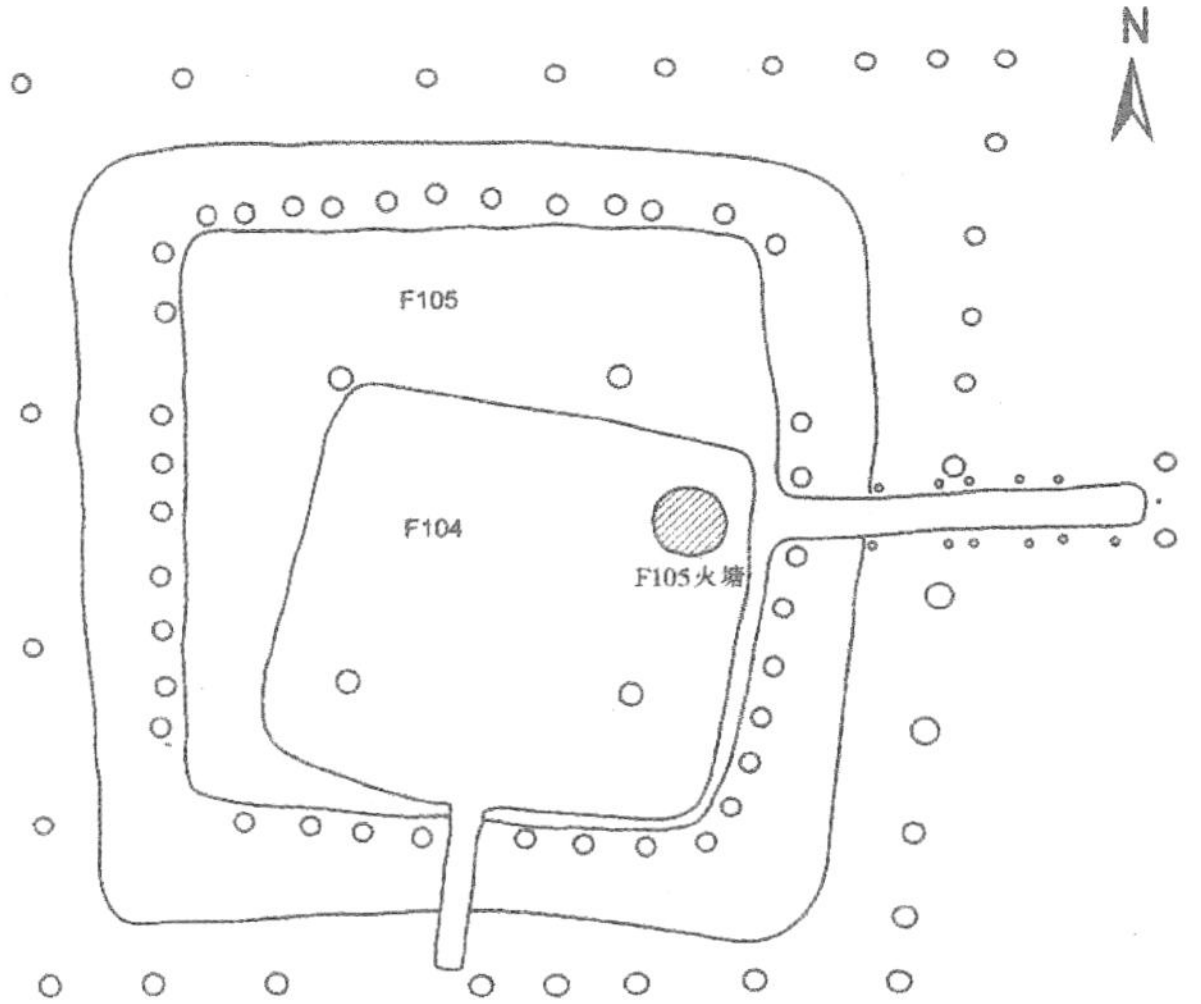

【図２—１】　霊宝西坡遺跡 F105 平面図（『文物』2003年第８期）

【図２—２】　霊宝西坡 F106 の平面図（『考古』2005年第３期）

層からなり、最上層は大量の料礓《りょうきょう》をふくむ堅固な地面であり、表面には朱が塗られている。F105とF106の室内からは、生活や生産に用いる道具のたぐいは一つも発見されていない。これは、これらの家屋が家庭や家族の通常の生活に用いられたものではなく、集団の議事に用いられた公共建築物である可能性をしめしている。

考古学者たちは、西坡聚落遺跡の二基の特大型家屋（F105とF106）について、仰韶文化中期（すなわち廟底溝期）の社会構造が複雑化しはじめたことの重要な証拠の一つと考えている。しかし案ずるに、それが反映している社会の複雑化はたいへん限定的である。この二基の特大型家屋はともに遺跡中心部に位置し、両者のあいだは約五〇mで、向かい合っており、当該聚落に公共行事用の建築物が二つあったこと、聚落構造が二大ユニットよりなることを明示している。聚落の墓資料はまたこのころ聚落内に初歩的な等級分化が出現していたことを物語っている。

六度におよぶ西坡遺跡の発掘では、廟底溝期の墓が三四基発掘されている。発掘済のこれら三四基の墓地は、遺跡の南側塹壕よりも南側約一三〇～一五〇mに位置する。発掘者は、墓穴の大小などの要因にもとづき、これらの墓を大型・中型・小型の三種にわけている。大型墓は長さ三・〇五m～五m、幅二・二五m～三・六m、中型墓は長さ二・五m～二・九m、幅一・四m～二・三m、小型墓は長さ一・八m～二・五m、幅〇・六m～一・二mである。一般的にいって大墓にはみな副葬品があり、大型でない墓には副葬品のないものもある。比較的大型の墓のうち、M8（図2―3）は、墓口の長さ三・九五m、幅三・〇九m、深さ二・三五m、方向は二九五度である。墓主は三十～三十五歳の男性で、単人仰身直肢《たんじんぎょうしんちょくし》形で葬られ、頭はやや北寄りの西に向いている。副葬品は計十点（組）あり、玉鉞《ぎょくえつ》一点・骨製の髪留《かみどめ》一点、そして陶製の瓶《へい》一点・鉢《はつ》二点・釜とかまど一組・簋形器《きけいき》二点・大口缸《だいこうこう》二点がふくまれる。M11は、墓口の長さ二・一m、幅一・八七m、深さ〇・六九m、方向は二八〇度である。墓主は性別不明で年齢はおよそ四歳であり、単人仰身直肢形で葬られている。副葬品は計十二点で、玉鉞三点・象牙製の鐲《しょく》［脚や腕に付

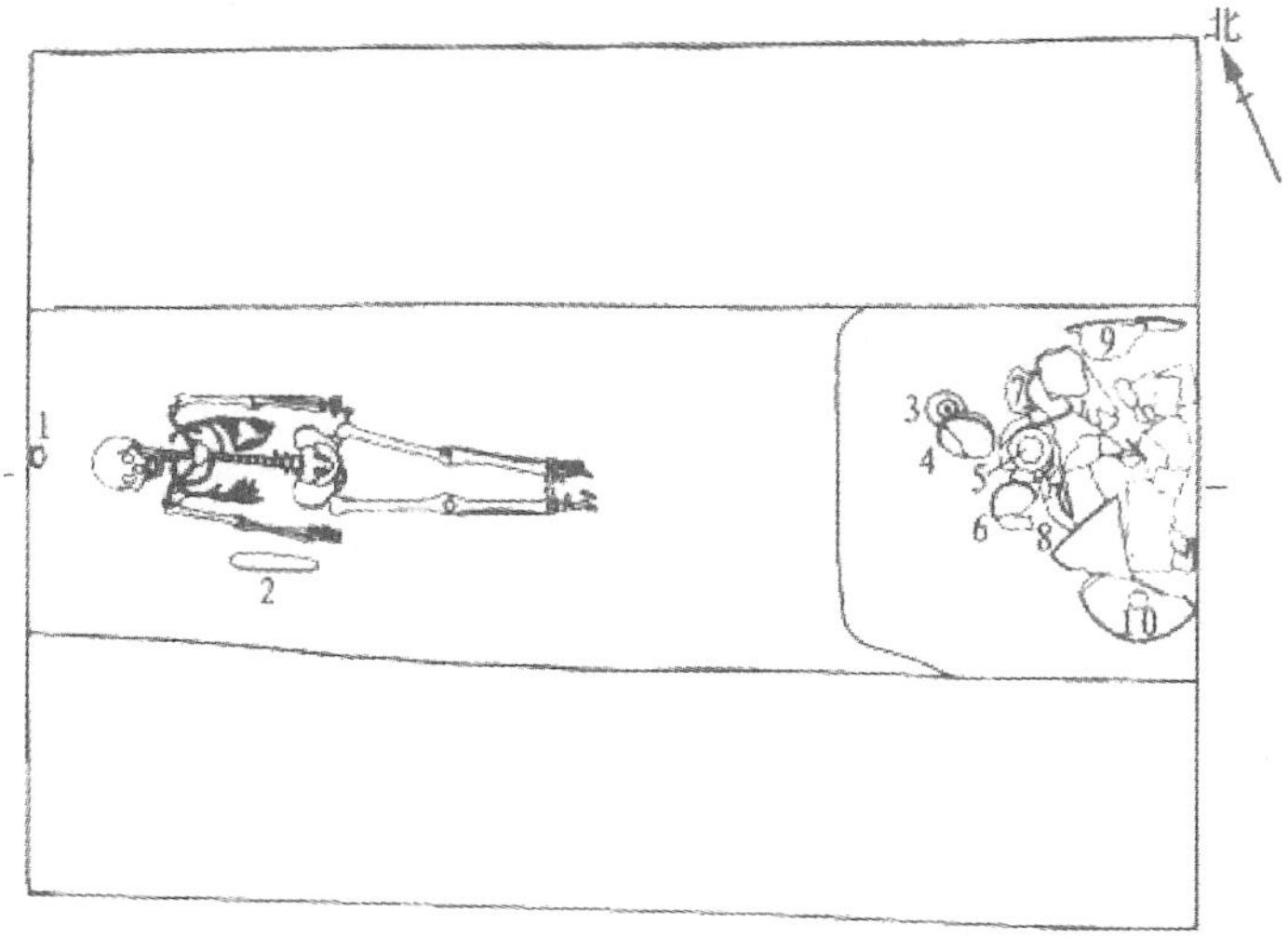

【図2―3】 霊宝西坡遺跡8号墓

ける輪」一点・骨匕《こつひ》［骨製のさじ］四点・骨錐《こつすい》一点・陶碗《とうわん》一点・陶鉢《とうはつ》二点がふくまれる。M27（図2―4）は、墓口の長さ約五m、幅約三・四m、方向二九六度である。墓壙《ぼこう》は草拌泥《そうはんでい》で封填され、墓室と脚坑《きゃくこう》は木板で覆われ、墓室部分の木蓋《もくがい》上からは覆いのような麻布と草編物のたぐいの痕跡が発見されている。墓主は成年男性で、単人仰身直肢形に葬られ、足下の坑内には大口缸一対・釜とかまど一式と、壺・鉢・杯各一点をふくむ、九点の陶器が置かれている。二点の大口缸の腹部にはいずれも上絵があり、赤色の帯上に黒点が巡らされている。そのなかの一点の口唇部には朱砂の痕跡があり、缸内の填土には、朱塗りの細麻布片がふくまれ、それゆえ缸口はもともと朱塗りの麻布で覆われていたと推測される。中型のM14は、墓口の長さ二・八八m、幅二m、方向二七〇度である。墓主は三十～三十五歳の女性で、単人仰身直肢形で葬られ、頭は西を向いている。副葬品は九点（組）あり、骨簪《こつさん》一点、骨錐一点、石塊一点、陶製の小口瓶《しょうこうへい》一点、陶製の釜と炉一式、陶帯蓋《とうたいがい》の簋形器《きけいき》二セット、陶鉢一点、陶碗一点がふくまれる。小型の一号

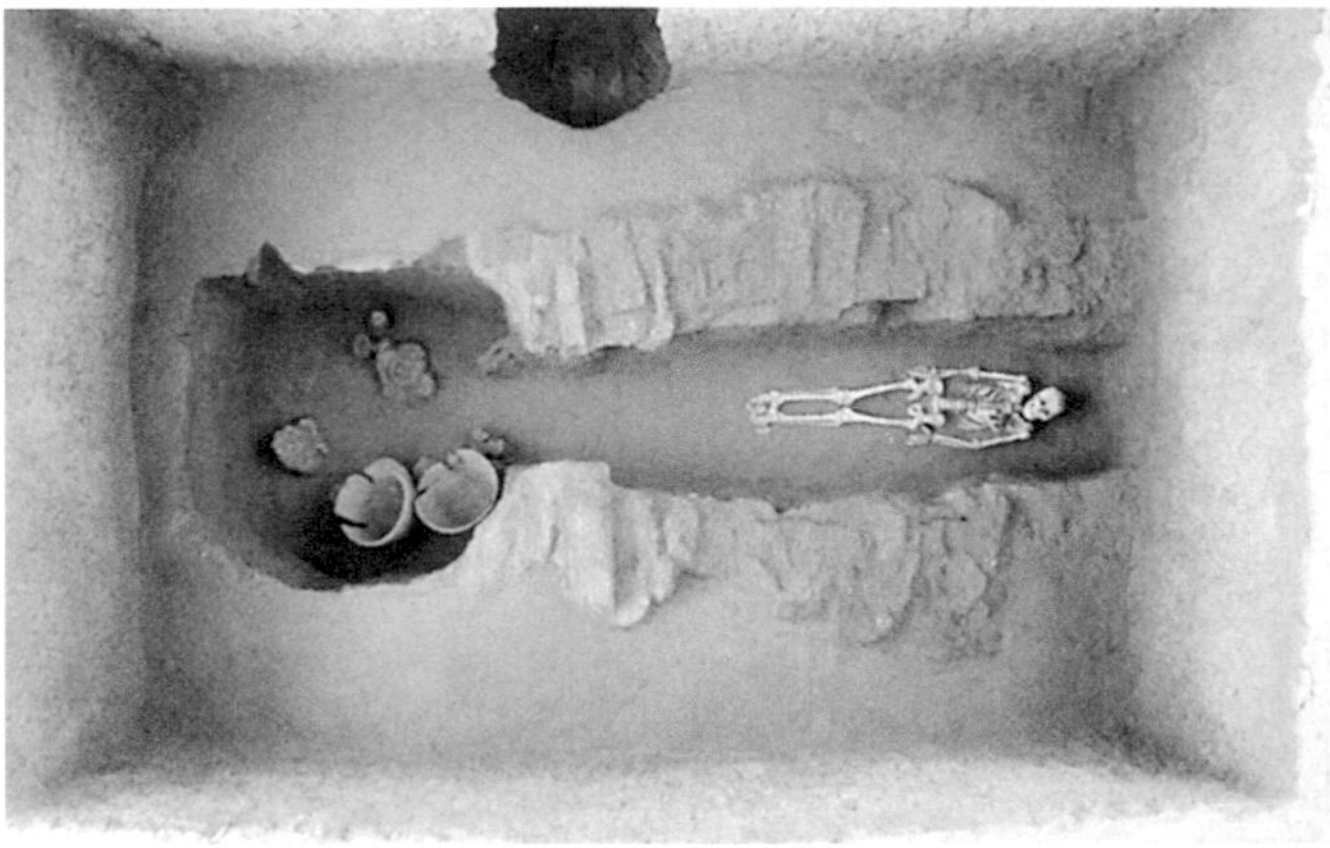

【図２―４】　霊宝西坡遺跡27号墓（『考古』2007年第２期）

墓は、墓口の長さ二・〇五m、幅〇・九五m、方向二七五度である。墓主は四十～四十五歳の男性で、単人仰身直肢形で葬られ、頭は西を向き、墓内に副葬品はない。

現在、西坡遺跡にたいする全面的発掘はまだ行なわれておらず、この聚落の全貌とその構造・配置は明確でない。けれども、これまでの発見から以下の点が看取できる。聚落の中心に位置し、公共活動と議事の場として向かい合っている二基の特大家屋は、一方では、当該聚落が二大単位からなることをはっきりとしめしているようである。この二単位が結局氏族共同体か、それとも家族や宗族共同体かは、現在の資料からはまだ分析と認定をしようがない。もう一方では、この二基の特大型家屋は大規模で、工事は緻密で、聚落の現存面積は四〇万㎡に達する。このことは、当該聚落が周辺の多くの遺跡の政治と文化の中心で、当時の聚落群内で特別な地位にあったことをはっきりとしめすようである。たしかなのは、西坡聚落内のF105とF106という大家屋の機能を、半坡期の半坡や姜寨のたぐいの大家屋の発展形と解しておくことが、実情に合う点である。西坡遺跡で発掘された三四基の墓資料は、発掘者によって大型墓・中型墓・小型墓の三種に分けられているが、ここの大型墓と中型墓の副葬品数と墓の裕福度はまだ、大汶口文化中晩期の同類の墓とも、後述する崧沢文化の江蘇省張家港市金港鎮東山村遺跡の墓資料が反映する社会の複雑化の程度とも比較にならず、それは結局、聚落内に初歩的な不平等と差異が出現していたことをしめすにすぎないというべきである。そのなかで、副葬品が比較的豊富な墓主のうち、M11の墓主は、わずか四歳の子供で、玉鉞三点と象牙の腕輪一点をふくむ十二点の器物が副葬されていた。玉鉞が武器と斧類のどちらを象徴するかはともかく、四歳の子供がじっさいに従事できる仕事ではない。これはつぎの点を物語るようである。この四歳の子供はもともと巫師として育てられていたが、不幸にも夭折してしまった。そのため、死後の副葬品数は大型墓とされる墓のなかでもとびぬけて多く、それだけでなく種類の点でも玉鉞三点が納められている。よって、かりに西坡遺跡におけるそれぞれの墓坑の大小と副葬品数がいわゆる社会的地位・等級・初歩的不平等を反映しているとすれば、かかる等級と不平等はけっして個人の生前の能力などによって決められたのではなく、血縁「身分」のたぐいの要素によって決められ、とうぜん世襲的でもあるであろう。ゆえに四歳の子供であっても、大型墓と同じく、三点の玉鉞をふくむ多くの副葬品を副葬しうるのである。この状況は、首長制モデルの「円錐形氏族」において、人びとが首長との血縁関係の距離におうじてその身分地位を決めているという原則や、人類学者モートン・フリードのいう「階等《ランク》社会」の「階等《ランク》」の誕生と、似ているところがある。このように、仰韶文化中期（つまり廟底溝期）の西坡遺跡は、当時の聚落群内における初級段階の中心聚落形態にちがいない。西坡遺跡をふくむさまざまな兆候は、内外平等な聚落形態から中心聚落形態への過渡期、つまり聚落形態の最初の変化が当時生じたことをはっきりとあらわしている。この時代にはまた、中国の北方と南方の多くの考古学的文化において、多くの新たな景色があらわれている。

上述の分析によると、初級段階の中心聚落である河南省霊宝市西坡遺跡は、首長制の単純首長制に相当する。このころの社会の不平等はおもに、人びとと聚落内の首長との血縁関係の距離から生じるもので、経済的意味は有さず、経済的等差はまだ未形成で、経済的権力の問題には属さない。これはまさにフリードの社会分層理論における「階等社会」の特徴である。

2　崧沢《すうたく》文化東山村《とうざんそん》遺跡における社会の複雑化と中心聚落形態

東山村遺跡は、江蘇省張家港市金港鎮東山村に位置する。二〇〇八年・二〇〇九年に南京博物院が張家港市博物館などと連合し、この遺跡に二度の緊急発掘をおこなった。その結果おもに判明したのは、家屋跡・墓地をふくむ崧沢文化期の聚落である。このほかに馬家浜《ばかほう》文化期の墓十基も整理された[3]。

東山村聚落遺跡の現存面積は約二・五万㎡で、二度の発掘による総面積は二〇〇〇余㎡である。聚落中心部にあるのは家屋で、すでに五基の家屋の基礎跡がみつかっている。遺跡内の崧沢文化墓は東西二区にわかれ、家屋の東側と西側に分布する。東区に埋葬されている二七基の墓はみな小型墓で、それぞれ初期・中期・晩期の三期のものである。墓坑の長さは約二・二m、幅は約〇・八m、墓内の副葬品は一般に十点前後で、多いものは二六点に達し、少ないものは二〜三点である。西区で発見された十基のうち、八基は大型墓で、初期のものもあれば、中期のものもある。大型墓の墓坑は一般に長さ約三m、幅約一・六m前後で、副葬品の多いものは三十点以上であり、そのうち玉器は十余点である。たとえば初期に属するM90（図2—5）は、墓坑の長さ三・〇五m、幅一・七m〜一・八mで、副葬品は五六点あり、そのなかには大型の石鉞五点、大型の石製の手斧二点、玉器十九点、陶器二六点がふくまれる。初期に属するM92は、墓坑の長さ三・三m、幅一・二六mで、副葬品は四四点あり、そのうち副葬されている玉璜は、崧沢文化のなかでもっとも長い玉璜である。最大の直径は一六・七cm、周囲の弧度の長さは二一・五cmに達し、五つの孔が空けられている。また、たとえば中期に属するM91は、墓坑の長さ三・一五m、幅一・七六mで、副葬品は三八点

【図２―５】　江蘇張家港東山村遺跡90号墓（周潤墾『江蘇張家港市東山村新石器時代遺跡』）

であり、そのうち石鉞などの石器が二点、玉鉞などの玉器が十三点、陶器が二三点ある。中期に属するM93は、副葬品のうち、玉器が十五点にも達する。これらの墓はみな単身一次葬である。初期のM95でみつかっている棺の痕よりみると、ある墓ではまず木棺が置かれ、棺の外側に器物が置かれたのち、墓坑が細黄土《さいこうど》で埋められ、最後に黄褐土がかぶせられており、下葬と埋葬は工夫が凝らされたものである。

東山村遺跡発掘の収穫は、江南地域の崧沢文化初期（すなわち五八〇〇～五七〇〇年前）にすでに明確な社会的分化があらわれており、中心聚落形態段階にすすんでいたことを物語る。これは、仰韶文化中期（すなわち仰韶文化廟底溝期）の河南省霊宝市西坡遺跡とくらべると、年代上はおおよそ近接するが、社会の貧富の分化と社会の複雑化レベルは、東山村遺跡のほうがあきらかに西坡遺跡よりも大きい。ここでは、東区墓地は貧者の墓に、西区墓地は富者の墓（発掘者は高等級顕《こうとうきゅうけん》貴《き》墓群《ぼぐん》とよぶ）に属する。かかる平民墓地と貴族墓地が分離している状況は、のちの良渚文化においてより具体的にあらわれている。これらの富者墓にはみな一定数の玉器が副葬され、なかには玉鉞があるものもあり、多くの石鉞が副葬されているものもある。知られるように、鉞は軍事的権力の象徴で、後世における王権の来源である。(4)このほかにM90では大型石鉞五点と玉器十九点が出土したのみならず、大型石製手斧二点・石錐（鉄を多くふくむ鉱石を素材とする）一点・砥石一点・石英《せきえい》の砂山などが出土した。発掘者はこれを一式の製玉道具であろうとし、墓主が生前玉器生産の大権を握っていたことをあらわすとしている。このことは、M90墓主の高貴な地位が二方面より決定づけられた可能性をしめす。すなわち、ある程度の軍権を握りもすれば、玉器の生産権を握りもすることは、彼が戦いの英雄でもあり、玉器という特殊な領域の手工業生産にも従事していたことの具体的なあらわれである。このほか、東山村聚落では、東区の小型墓墓地であれ西区の大型墓墓地であれ、同時期の墓は三〜四基が緊密に接し、組をなして分布しており、三〜四基ごとに一小家族を構成できるようである。このことは、ここで富者と平民とが分けられて異なる墓地に埋葬されているものの、両者がいずれもその家族の組織を有していることを物語る。東山村遺跡における崧沢文化初期・中期の貴人墓群の発見および、小型墓区域との厳格な分離は、崧沢文化（とくに崧沢文化初期）の社会文明過程にかんする学界の従来認識を強力に変えた。東山村遺跡は、この時代の環太湖《かんたいこ》流域における中心聚落であろう。

北方の仰韶文化中期（廟底溝期）の河南省霊宝市西坡遺跡と江南崧沢文化初中期の江蘇省張家港市東山村遺跡で出土した玉器のなかにはみな玉鉞がある。これは、中心聚落の初級段階から、南方と北方とを問わず、戦争と軍事が社会の複雑化の過程において明確な作用を発揮していたことを物語る。この状況は、ずっと仰韶文化晩期・大汶口文化中晩期・龍山時代ないし、そののちの夏商時代にまでつづいてゆく。ただし、仰韶文化中期や崧沢文化初中期よりもはるかに時代の下る良渚文化では、その貴族墓には玉鉞以外にさらに大量の玉琮と玉璧が副葬されている。とくに玉琮にはしばしば繊細な、もしくは簡略化された人面獣面紋（神人獣面紋ともよばれる）が刻まれ、独特の良渚文化玉器の風格と流行を形成している。これは、宗教・玉礼器・礼制が煩瑣ゆえに生じた文明化過程上の特化現象である。こ

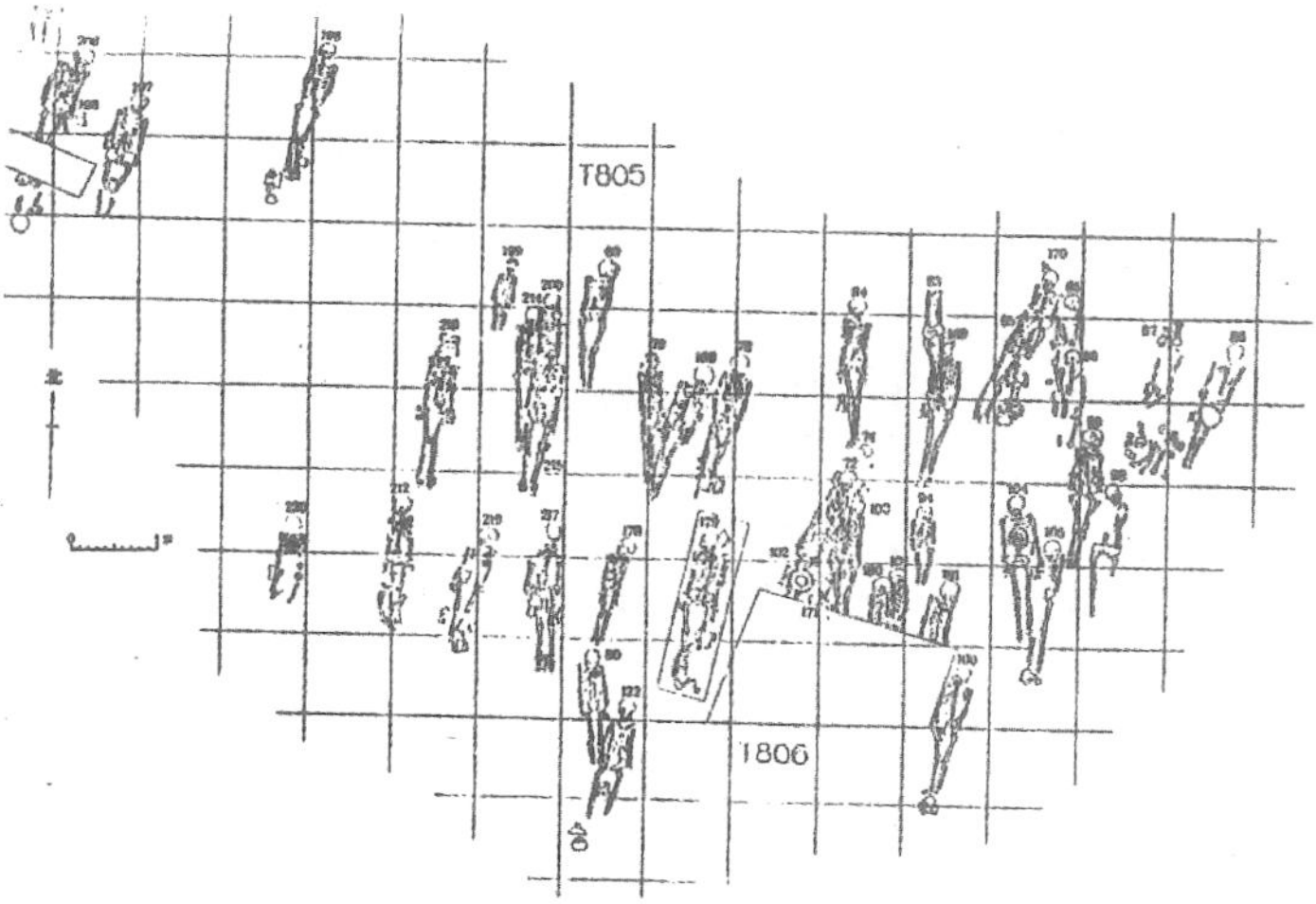

【図2—6】　劉林墓地第五群早期墓分布図

れについては、龍山時代にかんする章節でさらに議論をするであろう。じっさいに中心聚落形態では、社会の複雑化を促すという点で、戦争と軍事の要素以外に、原始宗教と祭祀の相対的な集中と上昇が巨大な作用を発揮している。この点については、のちに論述する北方紅山《こうざん》文化と南方凌《りょう》家《か》灘《たん》文化でさらに整った説明をするであろう。

3　劉林墓地の家族—宗族組織の構造

中心聚落形態の初級段階における社会組織については、大汶口文化劉林類型の墓資料をつうじて、当時の父系家族—宗族構造が看取できる。

江蘇省邳県劉林遺跡では、前後二回の発掘の結果、一六七基の大汶口文化劉林期（劉林類型ともよばれる）の墓が得られている。墓の分布の密度と墓地間の隙間にもとづくと、発掘範囲内はおおよそ五墓群にわけられる。各墓群内の墓はだいたい横列ごとにわけられ、かなり整っているものもあり、あきらかに当時の人びとが意識的に配置したためである（図2—6）。発掘者は、かかる群ごとの埋葬と行ごとの配列が、当時の社会組織の形式と死者のあいだの血縁親族関係をある程度反映していたとする。分析の結果、各墓群中の各列や各組は一家族を代表し、三、四のこうした近親家族よりなる一墓群は、一近親家族の連合体を代表しているようにみうけられる。人類学では、かかる近親家族の連合体は宗族組織で、劉林の墓地全体は若干のこうした墓群（つまり若干の宗族墓地）よりなるのであろう。このように、劉林聚落内の社会組織の形式は、若干の小家族が一家族をなし、いくつかの近親家族が一宗族をなし、そしていくつかの宗族が一聚落共同体をなすもののはずである。[5]

第二節　中心聚落形態時期の諸々の社会現象

かりに六〇〇〇年前～五五〇〇年前の河南省霊宝市西坡・江蘇省張家港市東山・邳県劉林などの遺跡がまだいずれも中心聚落形態初級段階の遺跡にすぎないとすれば、五五〇〇年前～五〇〇〇年前に聚落形態がさらに発展するなかで、黄河流域・長江流域・遼河流域などの地ではみな典型的で発達した中心聚落形態が出現したろう。考古学の時代区分では、五五〇〇年前～五〇〇〇年前は銅石併用時代《どうせきへいようじだい》ともよばれるが、それはこの時代にすでに銅器の冶錬と製造が知られはじめているからである。[6]

中国の銅石併用時代（つまり前三五〇〇年～前三〇〇〇年）では、聚落形態が変化して新たな発展段階に入り、各地であきらかに典型的な中心的聚落と、神殿建築文化の特徴があらわれた。この時期の考古学文化に属するものとして、中原と関中地域の仰韶文化後期以外に、甘粛省・青海省では馬家窯《ばかよう》文化、内モンゴル自治区東部と遼寧省西部では紅山文化後期、山東省と江蘇省北部では大汶口文化後期、長江中流域では大渓文化後期と屈家嶺文化、長江下流域では薛家崗《せっかこう》文化・崧沢文化・良渚文化初期などがある。

典型的な中心聚落形態の顕著な特徴は、つぎの点にあらわれている。第一に、聚落の規模が顕著に拡大している。第二に、聚落内外の不平等が顕著である。第三に、神権が発達し、また祭祀儀礼の中心もしくは原始宗教の聖地と、原始宗邑が出現している。

中心聚落形態は、聚落内に貧富の分化の問題があり、また社会の等級・階層が分かれる状況がみられる。そのうえ聚落内部の配置にも若干の改変があり、父系家族の相対的独立性は高まった。聚落外部（すなわち聚落と聚落とのあいだ）には、聚落の大小や機能の面でいちじるしい変化があり、中心聚落と半従属的聚落のごとき異なる等級を構成する。中心聚落は、親族関係をふくむ聚落群のなかでも、政治・軍事・文化・宗教などの中心的地位・機能を備え、同時に貴族の集まる地でもある。半従属聚落は、多くが一般の居住地であり、聚落群のなかでも経済活動に特化している地域もある。(7)

この時代の聚落文化は、西アジアの神殿建築文化［紀元前四九〇〇年～前三六〇〇年のティグリス・ユーフラテス河流域にみられる神殿建築文化］やメソアメリカの形成期の文化に類似し、人類学における「複雑首長制」段階と並行する。これは、原始社会から文明社会への重要な転換期である。

中国の当該時代の比較的有名な大型聚落としては、甘粛省秦安県大地湾《だいちわん》第四期遺跡(8)・河南省鄭州市大河村《たいがそん》(9)・山東省泰安市大汶口《だいびんこう》(10)・莒県陵陽河《りょうようが》・大朱村《だいしゅそん》、江蘇省新沂市花廳《かちょう》(11)・湖北省京山県屈家嶺《くっかれい》(12)・安徽省含山県凌家灘《りょうかたん》などがある。(13)これらのうち、大地湾第四期聚落の主要部分の面積は五〇万㎡に達し、大河村は四〇余万㎡、花廳は五〇万㎡、屈家嶺は五〇余万㎡、大汶口は八〇万余㎡、凌家灘は一六〇余万㎡である。これにたいして同時期の一般的な遺跡は通常数万㎡しかない。聚落面積の反映する人口集結規模に限っていえば、中心聚落と普通聚落の差はたいへん顕著である。

これら大型の聚落遺跡は、発掘で得られる内容にそれぞれ特徴がある。以下、各聚落の考古学的発見を総合することで、この時代の中心聚落形態の各側面を描き出せよう。たとえば、聚落内の不平等と貧富の顕著な分化、家庭組織構造の変化、権力の中心としての殿堂式建築物の出現と、それよって形成される原始宗邑の性格をもつ中心聚落、そして聚落群内の聖地と大型宗教建築の出現などである。

1　凌家灘聚落内の不平等と宗教神権現象

典型的な中心聚落遺跡のうち、聚落内の不平等と貧富の分化としては、安徽省含山県凌家灘遺跡と山東省泰安市大汶口遺跡の墓資料がきわだったものである。それらからは、聚落内の貴族と一般の族衆とのあいだの明確な身分地位の不平等と富の顕著な差異がみられる。また、原始宗教の神権と軍事が富の集中をまねいたことや、聚落内の家族・宗族の構造と、それらが原始宗邑内で発揮する役割もみてとることができる。

凌家灘遺跡は、安徽省の長江北岸の、巣湖《そうこ》の東二〇㎞に位置し、遺跡の面積は約一六〇万㎡に達する。一九八七年～二〇〇七年の五回の発掘で、凌家灘文化の墓・祭壇・祭祀坑・石積みの囲い・家屋跡などの重要な遺跡が発見された。これらのうち、墓内に副葬された大量の精美な玉器、とくに占卜に関係する玉亀《ぎょくき》・玉版《ぎょくばん》と、石器・陶器などの器物が、学界における幅広い関心を引き起こしている。(14)

凌家灘聚落の墓地（図2—7）では、身分地位のたいへん高い貴人の墓と、身分地位の高くない平民や貧民の墓とが明確に分けられている。かりに副葬品が八十点以上のものを最高級の貴人の墓とし、五十～八十点のものをそれに次ぐ貴人の墓とすると、墓地南部中央に位置する一九八七年発掘の 87M4・87M15 と二〇〇七年発掘の 07M23、墓地西南部に位置する一九九八年発掘の 98M29、西部に位置する一九八七年発掘の 87M9 と一九九八年発掘の 98M20 は、最高級の貴人墓に属する。また副葬品が七十点ある 87M6、六四点の 87M8、五六点の 87M17、五三点の 87M14、

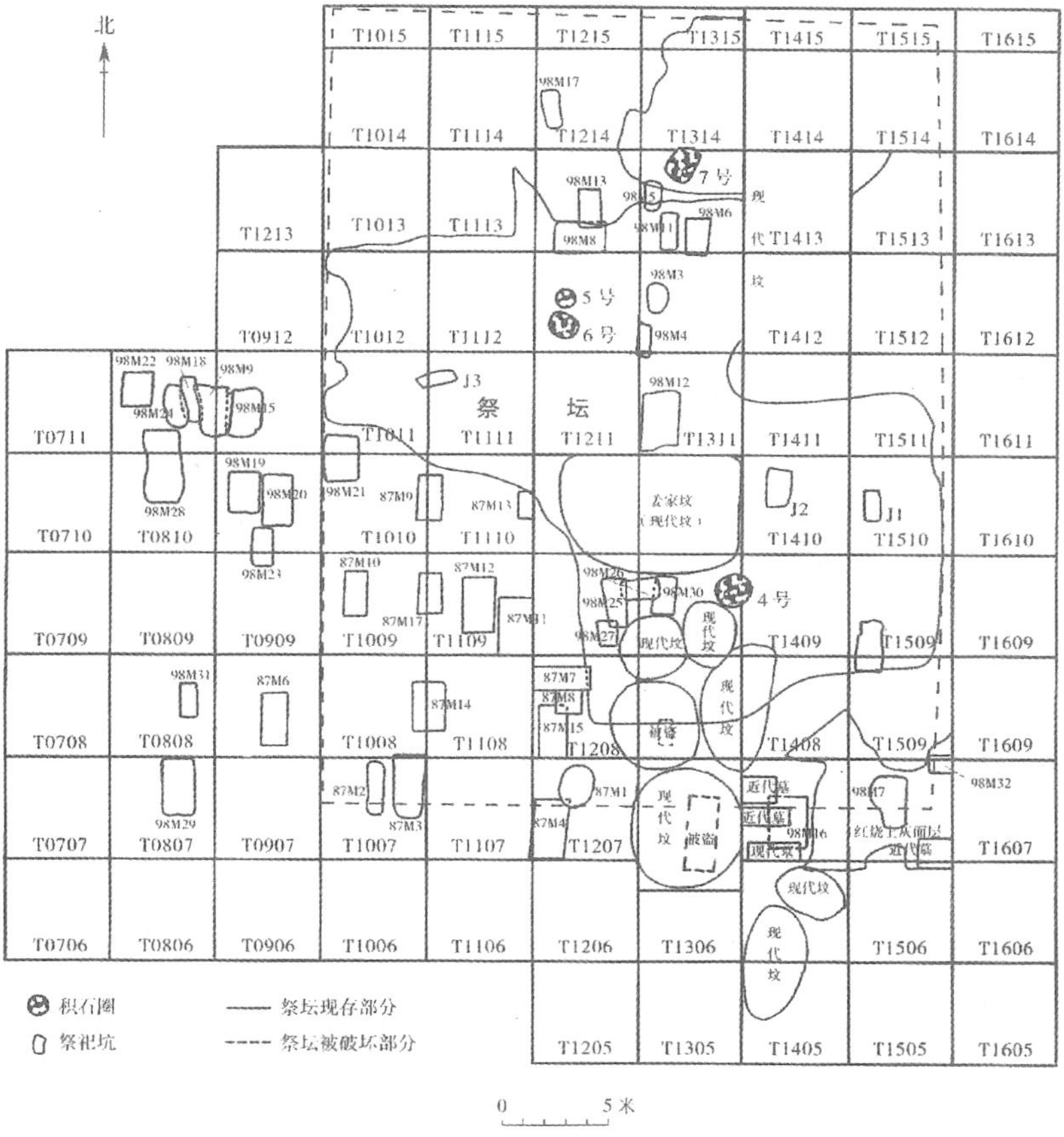

【図２—７】　凌家灘聚落墓地（安徽省文物考古研究所『凌家灘』）

五一点の87M12などはそれに次ぐ貴人墓に属する。一方、副葬品が一～三点しかない07M12・98M26・98M3・98M4・98M6・87M3は、身分のきわめて低い貧民の墓である。副葬品が数点～十数点で、しかも特殊な物品のない墓は、貧民より一段上位の平民墓に属する。

貴人墓と貧民墓とのあいだに形成される鮮明な対比・差異は一目瞭然である。これらのもっとも裕福な墓は、副葬品がもっとも豊富であるのみならず、副葬される玉器もたいへん多い。たとえば一九八七年発掘の87M4からは、玉器一〇三点・石器三十点・陶器十二点の計一四五点が出土した。そのうちもっとも注目されるのは、玉亀（図2―8）と、玉亀の背甲と腹甲に挟まれている玉版（図2―9）である。玉版には「天円地方《てんえんちほう》」・「四極八方《しきょくはっぽう》」の宇宙観などの観念的図案が刻まれている。研究者の多くは、87M4から出土した玉亀と玉版を、八卦占いに用いられる法器としている[15]。

二〇〇七年の発掘で出土した07M23は、凌家灘墓地における連年の発掘のなかで、もっとも副葬品が多く、もっとも精美な大墓である（図2―10・図2―11・口絵2―1・口絵2―2）。墓から出土した器物は計三三〇点で、玉器二〇〇点・石器九七点・陶器三一点をふくみ、また砕かれた骨と緑松石が各々一点ある。玉器のうち、玉亀一点・玉亀状《ぎょくきじょう》扁円形器《へんえんけいき》二点（図2―12）と、そのなかに入れられた玉籤《ぎょくせん》（図2―13）は、みな一揃いの占い道具として使用されるものである。それは87M4に副葬された玉亀と同じ機能をもつ。07M23から出土した玉鉞《ぎょくえつ》（図2―14）もきわめて精美である。

このほかに、一九八七年の発掘で出土した87M15には、玉器九四点・石器十七点・陶器十七点の計一二八点が副葬されている。一九九八年の発掘で出土した98M29には、玉器五二点・石器十八点・陶器十六点の計八六点が副葬されている。そのうち、玉人《ぎょくじん》三点（図2―15）と玉鷹《ぎょくおう》一点（図2―16）も注目される。

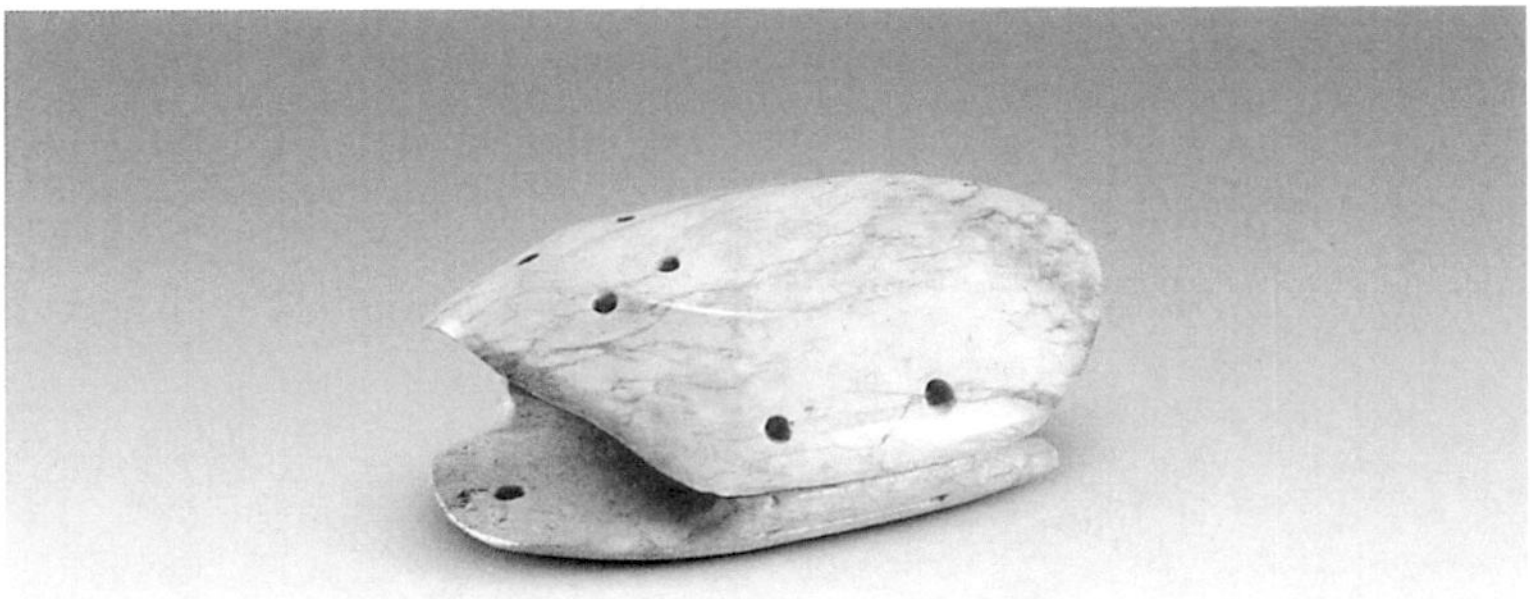

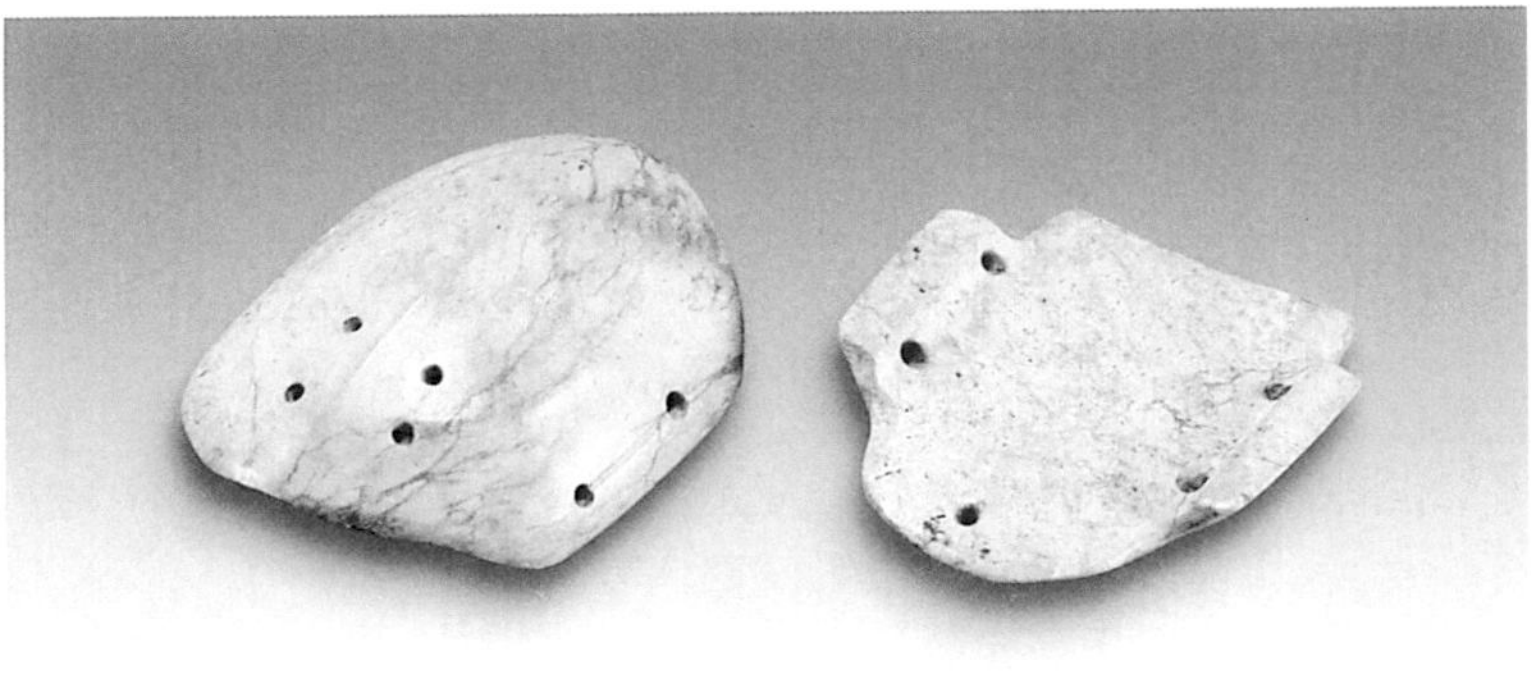

【図２―８】　凌家灘 87M４号墓出土の玉亀（安徽省文物考古研究所『凌家灘』）

【図２―９】　凌家灘 87M４号墓出土の玉版（安徽省文物考古研究所『凌家灘』）

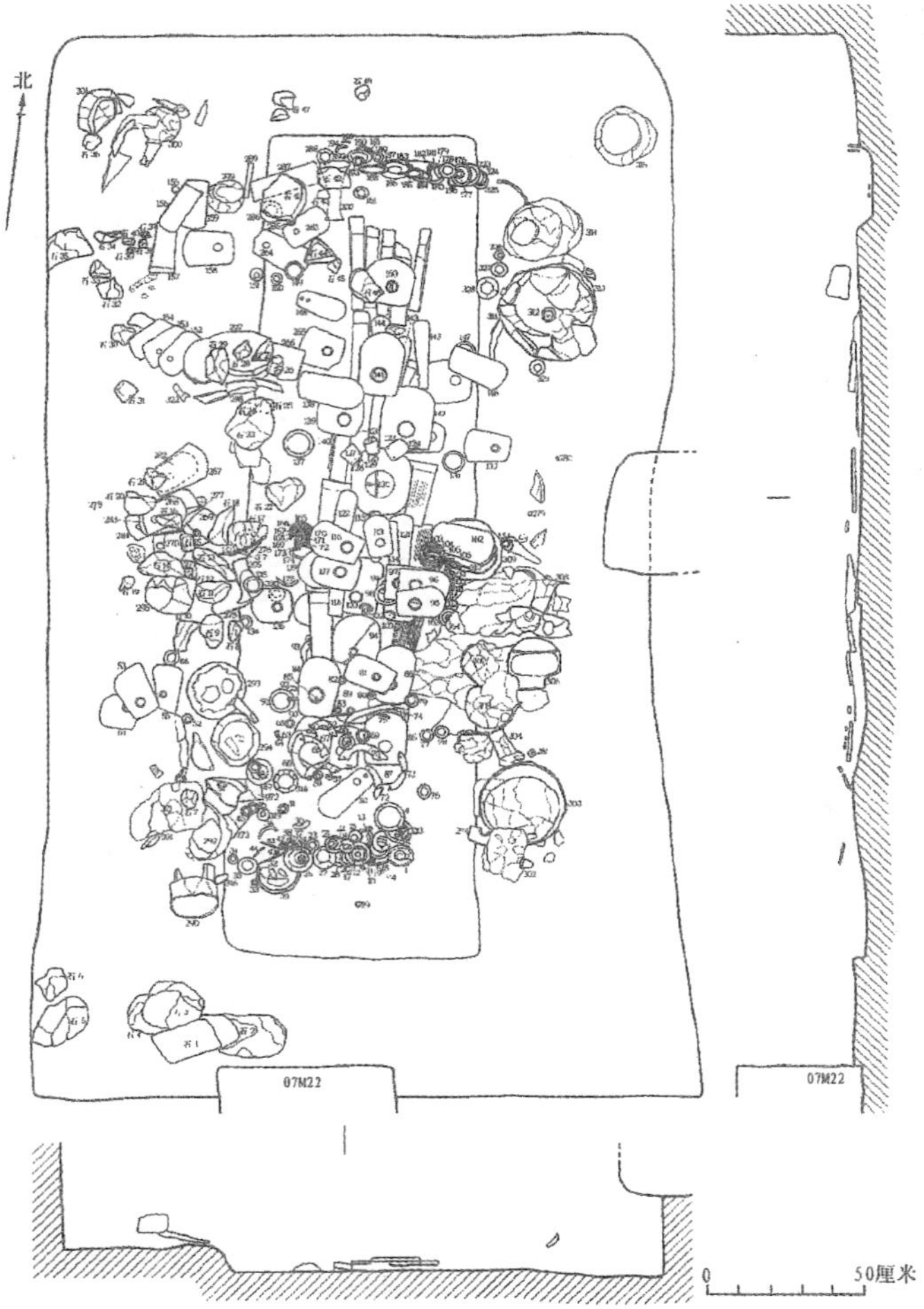

【図２―10】　凌家灘 07M23 随葬品第一層（『考古』2008年第３期）

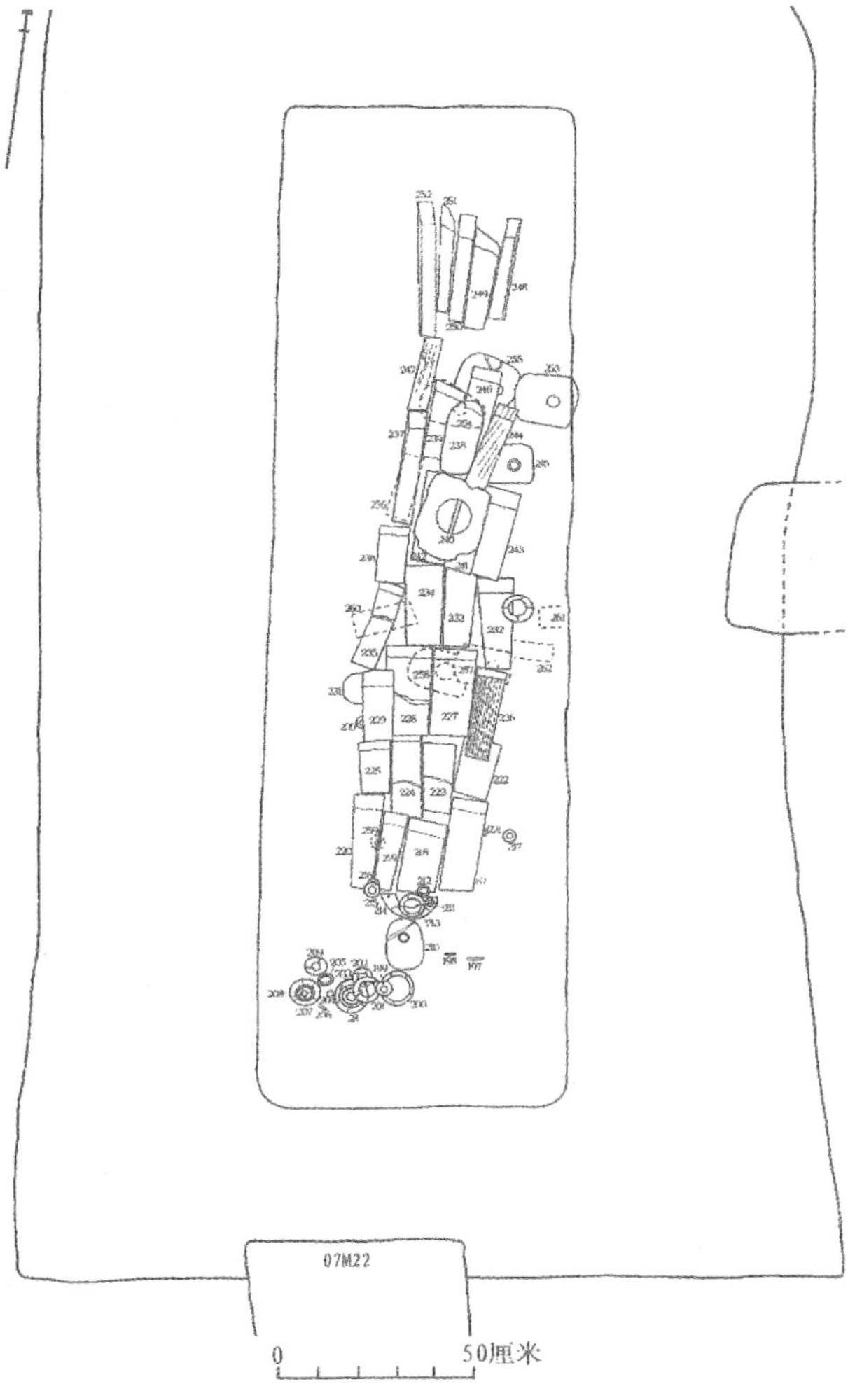

【図２—11】　凌家灘 07M23 随葬品第二層（『考古』2008年第３期）

【図２―12】　凌家灘 07M23 号墓内に陪葬されている玉亀状扁円形器（『考古』2008年第３期）

【図２―14】　凌家灘 07M23 号墓出土の玉鉞（『考古』2008年第３期）

【図２―13】　凌家灘 07M23 号墓で出土した玉亀内の占卜用玉簽（『考古』2008年第３期）

【図２―15】　凌家灘 98M29 出土の玉人（安徽省文物考古研究所『凌家灘』）

【図２―16】　凌家灘 98M29 出土の玉鷹（安徽省文物考古研究所『凌家灘』）

凌家灘墓地の各墓主の身分地位については、貧富貴賤が分析できるほか、副葬品の種類、とくに特殊な物品を根拠として、具体的な職業身分を判断しうる。たとえば87M4に副葬された玉亀と、「天円地方」・「四維八方」をしめす玉版よりみると、この墓主は占い・祭祀を掌る重要人物の一人である。墓から出土したいわゆる「玉簪」は、07M23から出土した玉亀もしくは玉亀状扁円形器内の玉籤と造りが一致するものである。よって、それも玉亀とセットで占いに用いられるものである。墓に玉製の斧鉞《ふえつ》八点・石鉞《せきえつ》十八点を副葬しているのは、彼が軍事面の仕事も掌っていたことを物語る。墓からさらにたいへん精巧な石製手斧《ちょうな》六点と精巧な石鑿《いしのみ》五点が出土していることは、墓主が手工業を重視し、かつ一定の生産労働から完全には脱却していなかったことを象徴しているようである。墓中の玉璜《ぎょくこう》が十九点に及ぶこと、また玉鐲《ぎょくしょく》［腕や脚に付ける輪］四点・玉璧《ぎょくへき》三点・玉勺《ぎょくしゃく》一点・人頭冠形飾一点・三角形飾一点が副葬されていることは、墓主の社会的地位がきわめて高いことを物語る。よって、副葬品が一四五点に達する87M4の墓主の裕福さは、彼がおもに宗教的な占い・祭祀を掌ることを主とし、軍事権も兼有し、さらに手工業生産をかなり重視する人物であることによるのである。

二〇〇七年発掘の07M23には、[16]三三〇点の器物が副葬されている。そのうち、玉亀一点と玉亀状扁円形器二点および、そのなかに入れられている玉簽は、みな占いの道具に属し、彼が87M4の墓主同様、宗教的指導者のごとき人物であることを物語る。墓から出土した玉鉞二点と石鉞五三点はまた、彼が軍事権をも握っていることを物語る。墓にはさらに玉製手斧一点・玉斧十点・石製手斧三十点・石鑿九点などの道具が副葬され、彼が生産を重視していたことをはっきりとしめしている。副葬された玉環《ぎょくかん》八四点のうち、墓主の頭部には玉環二十余点が密集して置かれ、そのうえ大きな環が小さな環とセットをなし、これはおそらく墓主が佩びる首飾りであろう。墓から出土した玉玦《ぎょくけつ》は三四点である。墓からは計三八点の玉鐲が出土し、そのうち墓主の両腕の位置には、左右各々十点一セットの玉鐲が対称的に置かれており、腕輪のセットをなし、その状況は98M29出土の玉人三点に刻まれた腕輪と同様のものである（図2—15）。このことは、彼の宗教的指導者としてのイメージをはっきりとしめしている。

87M4と07M23との距離はたいへん近く、同一家族の人のようである。ただ、07M23で発掘されている資料には限りがあるため、この二基の墓の層位と、出土した陶器の造りや様式上の関係は明らかでなく、二基の墓の墓主が生前、同時期に存在していたのか、それとも前後しているのかは判断しようがない。要するに、07M23と87M4の墓

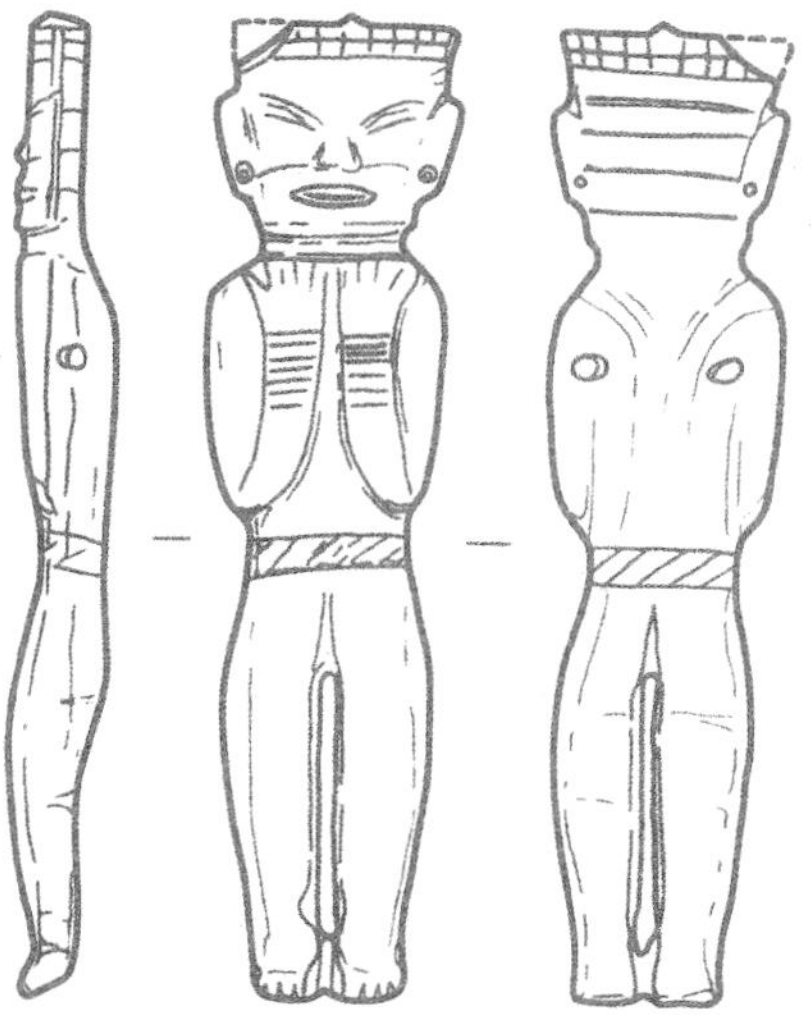

【図2―17】　凌家灘 87M1 出土の玉人

主の副葬品より、当時の社会的身分地位がもっとも高い人物は、占いと祭祀の最高の権限を握るばかりでなく、軍事的指揮権と生産管理権をも握っていたはずであるとわかる。これは、当時の宗教祭祀・軍事戦争・生産管理が三位一体的であることを物語る。

98M29も比較的大きな墓で、計八六点の器物が出土している。なかには五二点の玉器があり、うち三点は玉人《ぎょくじん》である。87M1の副葬品は計十五点で、そのなかの十一点の玉器のうち、三点が玉人である（図2―17）。87M1出土の玉人三点と、98M29出土の玉人三点は、体つきの特徴が基本的に同じで、前者が直立しているのにたいし、後者が膝立ちしている点のみ異なる。このほかに、98M29からはさらに玉鷹一点・玉璜五点・玉玦四点・玉鐲六点・玉璧四点と、精巧な石鉞十二点・石戈二点なども出土した。98M29と87M1出土の玉人などの特殊な器物は、この二基の墓の墓主がおそらくいずれも専門的巫師であることをあらわしている。ただし、98M29の墓主は、87M1の墓主よりあきらかにたいへん裕福である。98M29からは精美な石鉞十二点と精緻な石戈二点も出土していることからみて、98M29の墓主の裕福さは、彼が軍事をも掌っていたことと関係があるはずである。

副葬された一定数の玉芯《ぎょくしん》・玉料《ぎょくりょう》や、相当数の石製手斧から、いくつかの墓の墓主は玉匠、石匠、あるいは木匠であると推定される。[17] たとえば98M30からは玉器五点と石器四一点が出土し、そのうち石製手斧が三九点ある。この墓主は石匠か木匠の可能性がある。87M6から出土した器物は石器がもっとも突出して多く、石製手斧二二点・石鉞三二点があり、ほかに玉器十一点・陶器五点の計七十点がある。石製手斧のうち、いくつかはたいへん大きく、最大のものは長さ四二・六cm、幅一〇・八cmに達し、目下発見されている新石器時代最大の石製手斧である。この墓主は、プロの石匠と考えられている。98M20には、玉器十二点・石器四五点・陶器四点が副葬されている。その玉器のうち、玉鉞は六点、玉璜は四点、玉鐲は一点、玉料は一点である。石器のうち、手斧は二四点・石鉞は十六点ある。ほかに玉芯一一点と磨刀石四点もある。この墓主は、たいへん裕福なプロの玉匠と考えられている。さらに三基の墓（98M18・98M9・98M15）も、玉芯と玉料が出土したため、その墓主は玉匠と推断される。たとえば98M18から二一点の器物が出土し、そのうち玉器は十二点、石器は二点、陶器は七点ある。十二点の玉器のうち、玉璧一点と牙形飾一点以外に、玉芯九点と、砕かれた玉料一点がある。98M9と98M15からは玉器と石鉞のほか、さらに若干の玉芯・玉料がある。98M23からは石製のドリルと石芯が出土している。このため、これらの墓主はみな玉匠か玉石匠であると考えられている。また98M9・98M15・98M18・98M20・98M23の墓は、墓地の一区域に集中し、またべつの数基の墓（98M19・98M21・98M22・98M24・98M28）と一緒に連なっている。よって厳文明は、「この区域の死者は、生前は、玉石製作をおもな職業とする家族であったに違いない」とする。[18]

一九八七年〜一九九八年の三回におよぶ凌家灘遺跡の発掘で得られた四四基の墓の副葬品の種類と数の統計をとる

と、凌家灘墓地でもっとも流行したもの、つまりもっとも時代に則した副葬品は、鉞・璜・手斧であるとわかる。たとえば四四基の墓のうち、玉璜が副葬された墓は二七基あり、総墓数の六一％を占める。玉鉞が副葬された墓は十一基あり、総墓数の二五％を占める。石鉞が副葬された墓は三十基あり、総墓数の六八％を占める。玉鉞と石鉞を合計すると、総墓数の九三％を占める。石製手斧が副葬された墓は二一基あり、総墓数の四七％を占める。玉璜が副葬された二七基の墓からは、計一一五点の玉璜が出土している。玉鉞が副葬された十一基の墓からは、計二六点の玉鉞が出土し、石鉞が副葬された三十基の墓からは、計一八六点の石鉞が出土している。玉鉞と石鉞を合わせると、玉鉞と石鉞が副葬された四十基の墓からは、玉鉞・石鉞が計二一二点出土している。石製手斧が副葬された二一基の墓からは、計一五三点の石製手斧が出土している。鉞（玉鉞と石鉞をふくむ）が大量に副葬されていることは、武を尚ぶ気風をしめす。プロの石匠のものと考えられている87M6には、二二点の石製手斧とともに、石鉞三二点も副葬されている。またプロの玉匠のものと考えられている98M20には、石製手斧二四点・玉芯一一一点・磨刀石四点とともに、玉鉞六点・石鉞十六点も副葬されている。かりに副葬されている多くの石製手斧・玉芯・石芯がその玉匠・石匠の身分をしめし、多くの玉璜を副葬していることが彼の身分地位を含意するとすれば、大量の石鉞・玉鉞の副葬は、身分地位があきらかに軍事・軍功とかかわることをしめそう。既述のとおり、玉亀と玉版が出土した87M4にも玉鉞五点と石鉞十八点が副葬されている。玉亀と玉亀状扁円形器が出土した07M23には、玉鉞二点と石鉞四四点が副葬されている。これは、この二基の墓主が宗教的にも軍事的にも指導者の地位にいたこと、すなわち宗教的権力と軍事的権力を一身に有していたことを反映している。これはまた、いにしえの人びとのいう「国の大事は、祀と戎に在り（国之大事、在祀与戎）」［『左伝』成公十三年］の一種の初歩的表現でもある。

凌家灘遺跡の墓資料のもう一つの重要な収穫は、そこに原始宗教・占い・当時の宇宙観のいくらかの状況が映し出されていることである。占いと関連するのは、87M4出土の一揃いの玉亀・玉版・玉簽と、07M23出土の玉亀一点・玉亀状扁円形器二点、そしてそのなかに入れられた玉簽である。87M4から出土したこの玉亀の玉材は透閃石で、灰白色であり（図2―8：1）、背甲（図2―8：2左）と腹甲（図2―8：2右）よりなる。背甲は長さ九・四cm、高さ四・六cm、幅七・五cm、厚さ〇・六～〇・七cm、腹甲は長さ七・九cm・幅七・六cm、厚さ〇・五～〇・六cmである。背甲と腹甲の両面には、二つの相対する円孔《えんこう》が空けられ、背甲の尾部分には四つの円孔が空けられ、腹甲の尾部分には円孔一つが空けられている。これらの上下に対応する円孔は、いずれも縄で背甲と腹甲を結びつけて固定するためのものである。背甲の両面の二つの円孔のあいだには凹形のくぼみが彫られ、これも縄で括るときに用いられるものである。玉亀のそばから出土した玉簽一点は(19)、玉亀とセットで用いられるものである。07M23出土の玉亀一点の玉材はくすんだ緑色の陽起石［Tremolitum］で、玉亀のなかは空洞であり、上腹甲は半円弧形を、下腹甲の彫刻は亀甲状を呈する（図2―18）。

上腹甲の長さは六・五cm、下腹甲の長さは四・八cm、幅六cm、高さは四・二cmである。上腹甲の尾部分の両面にはそれぞれ円孔が空けられ、下腹甲の尾部分の真中には円孔一つが空けられている。腹腔内には玉簽二枚が入れられている（図2―13）。07M23からはまた、玉亀状扁円形器二点が出土している（図2―19）。これらはともに緑灰色の陽起石で（図2―12）、腔内は空洞でもある。一点の腹腔内には玉簽一枚が入れられ、もう一点の腹腔内には玉簽二枚が入れられている。これらの玉亀・玉亀状扁円形器とそのなかに入れられた玉簽は、みな卜いに用いられるものである。九〇〇〇年前～八〇〇〇年前の河南省舞陽県賈湖遺跡、五〇〇〇余年前の江蘇省邳県劉林・大墩子、山東省鄒県野店、泰安市大汶口墓地などの大汶口文化遺跡、そして四〇〇〇余年前の山東省兗州西呉寺龍山文化遺跡から、亀甲とそのなかの石を用いて占いをする現象がみられることと比較すると、五六〇〇年前～五三〇〇年前の凌家灘聚落遺跡の古

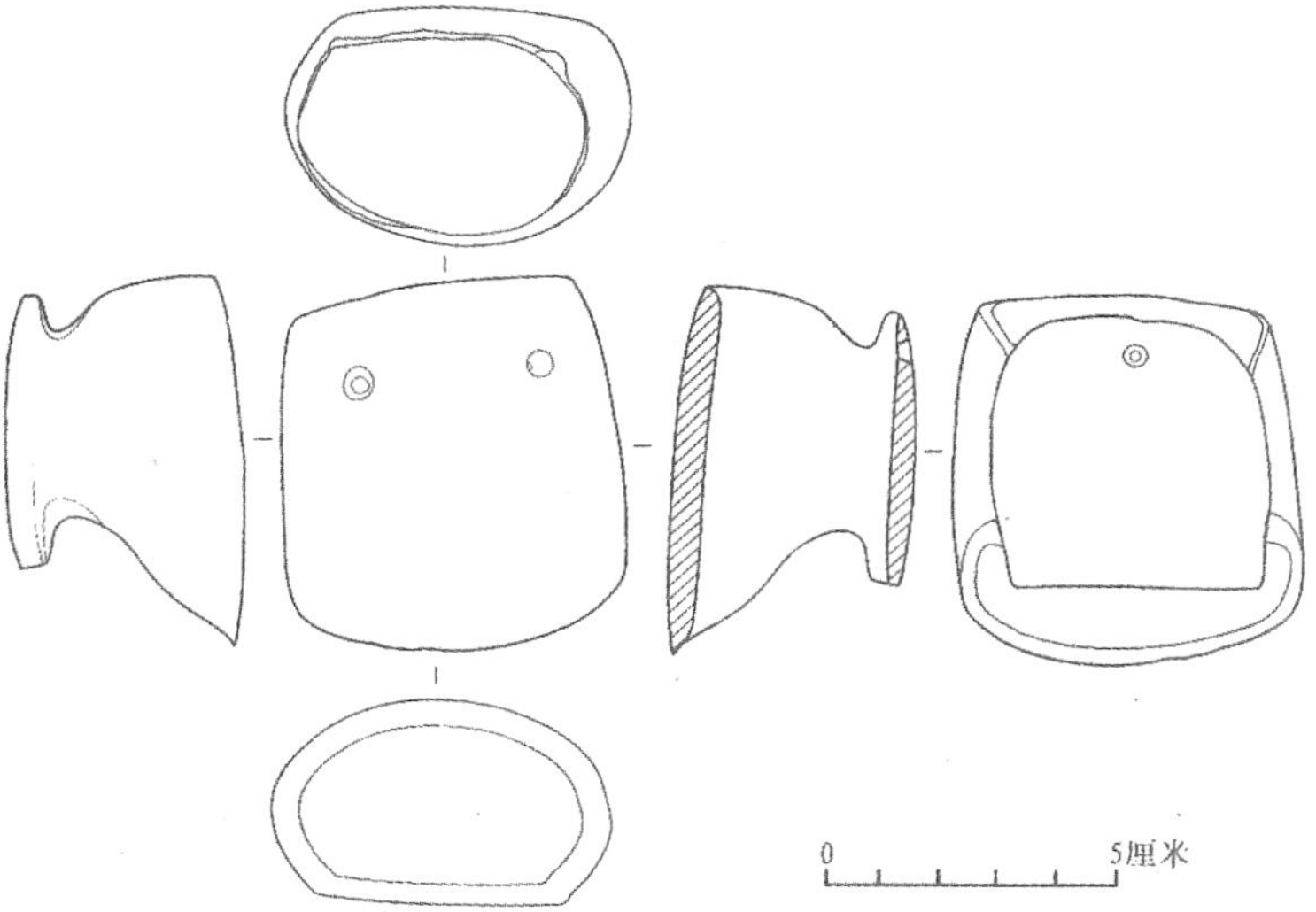

【図２—18】　凌家灘 07M23 出土の玉亀

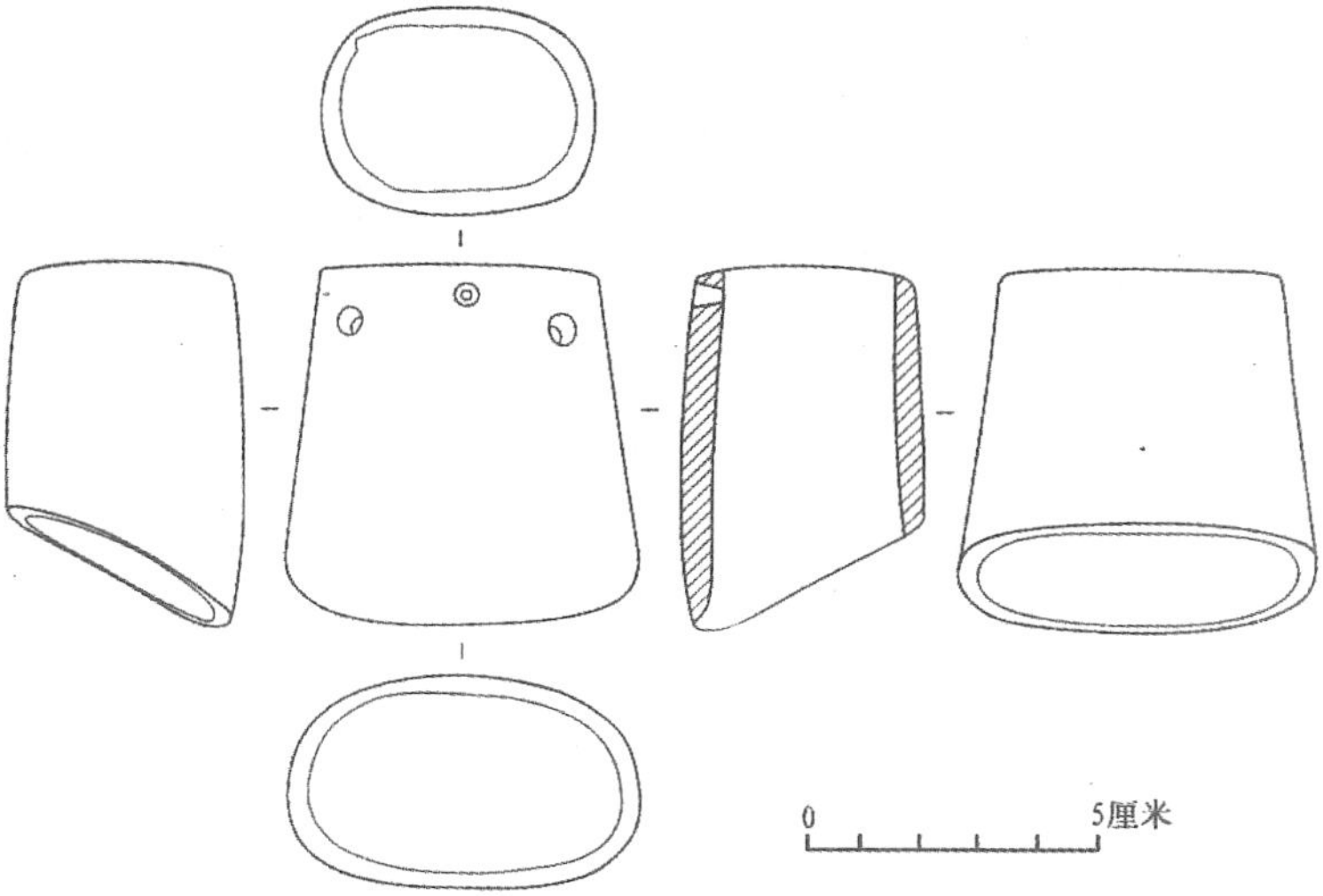

【図２—19】　凌家灘 07M23 出土の玉亀状扁円形器

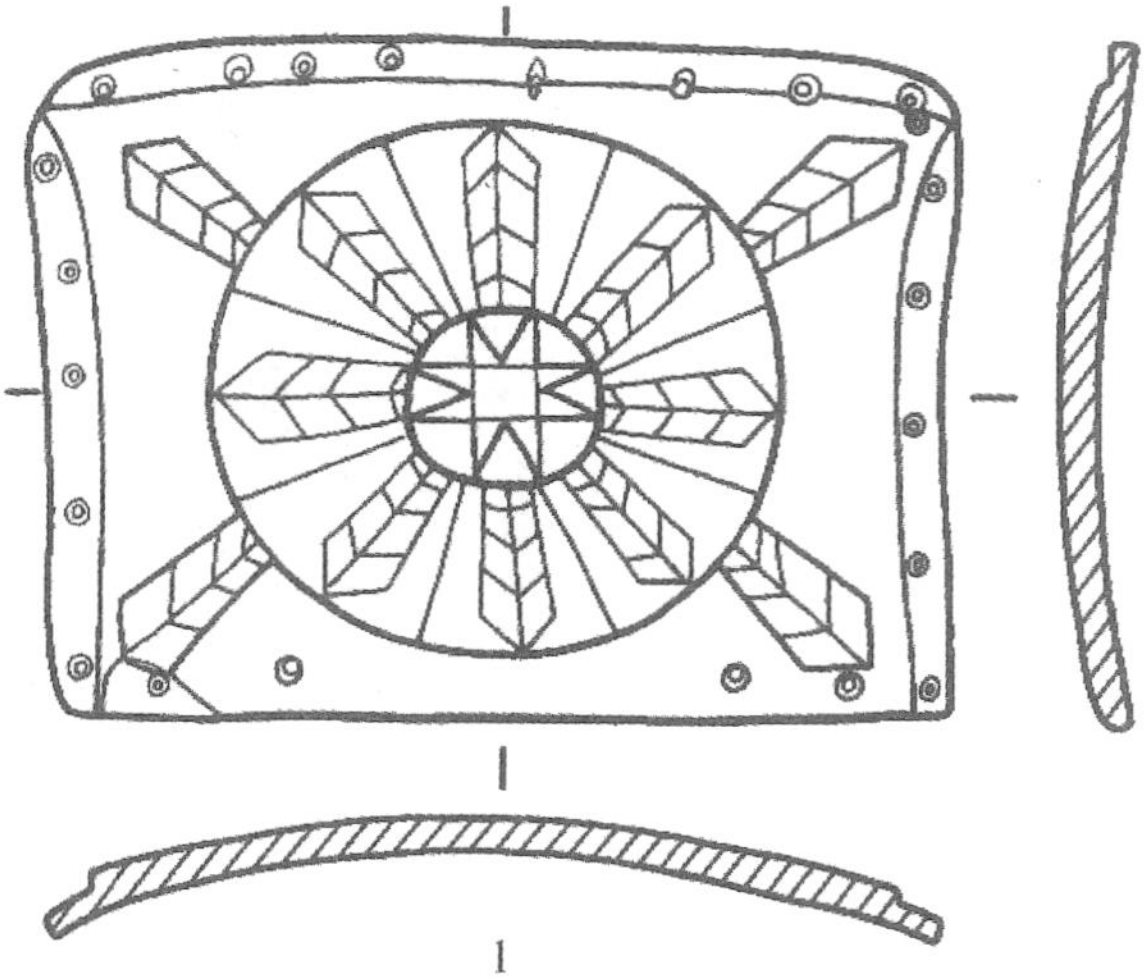

【図２—20】　凌家灘87M4出土の玉版

代人の玉亀占卜は、原始宗教の占卜と玉礼文化が結合し、おのずから独特な文化的特色を構成するもののようである。

宗教的神権と天地の宇宙観についていうと、とくに注目されるのは、87M4の玉亀の背甲と腹甲に一枚の玉版が挟まれており、その玉材が透閃石で牙黄色をし（図２—９）、長さ一一㎝、幅八・二㎝、厚さ〇・二㎝～〇・四一㎝である点である。玉版中央の小さい円には八角形の星紋が刻まれ、小円外側の大きな円は八つの枠に分けられ、各枠内には圭形紋が刻まれて八方に向いている。大円外側には四つの圭形紋が刻まれて玉版の四角に向いている（図２—20）。このように、玉版全体の内円外方はまさに「天円地方」を象徴しうる。大円内外の圭形紋がしめす四隅と八方は、四維八方や四極八方を体現しうる。[20] しかも玉版はまた、玉亀の背甲と腹甲のあいだに挟まれており、ゆえに占卜と不可分の関係にあるばかりでなく、「天円地方」的宇宙観などの観念をもしめす。

このほかに、玉版の四辺上に九つの円孔が、下に四つの円孔が、左右に五つずつの円孔がある現象について、ある

【図２―21】　星宿星象図と玉版九孔図の比較

研究者はこう考えている。すなわち、玉版の四辺の「上に九、下に四、左右に各五［個の円孔があること」は、それが九・四・五という数字をたいへん重視していることを物語る」のであり、そのうち「九は成数の極数、四は生数の極数である。五と五は相対し、つまり「天数五、地数五」であることをあらわす」と。(21) またある研究者は、玉版のまわりの「四・五・九・五の数字」がしめすのは「太一下行八卦之宮(22)」か「太一下行九宮之数(23)」であるとする。さらにある研究者は、玉版上の四・五・九の円孔の数とその配列順序は「つまり房・心（鈎衿二星をふくむ）・尾の星の数と天象の配列順序である」とする。なかでも玉版上辺の九つの円孔は、大辰か大火の尾宿と関係する。『史記』天官書には「尾は九子為り（尾為九子）」とあり、つまり尾宿は九つの星よりなる。配列上、九星のなかの第一・第二の星の距離は第二・第三・第四の星のあいだの距離よりも大きい。第五星はもっとも明るく、九星のなかでとくにきわだっている。第八・第九の星は肩を並べるように存在し、距離はたいへん近い（図２―21：１）。

玉版上辺の九つの円孔の位置は、ちょうど第一孔《こう》・第二孔（孔の数は左から右に数える）のあいだの距離でもあり、あきらかに第二孔・第三孔と第三孔・第四孔の距離よりも離れている。第五孔は真ん中にあり、たいへん小さく、きわだっている。最後の二孔、すなわち第八孔と第九孔の距離はたいへん近く、ほとんど重なり合っているようである（図２―21：２）。玉版中の二つの円が八等分されているのによれば、当時の古代人はだいたい平均的に諸物の間隔を配分でき、ゆえに玉版上辺の九孔の間隔は、けっして技術上の問題でなく、べつの含意がある。それは、それらがだいたい尾宿の各星のあいだの距離・特徴と呼応するということである。とくに第八孔・第九孔の距離がきわめて近いことは、けっして誤って空けられているということではなく、じつは尾宿の尾を象徴している。これらが一列に配されているのは、孔のある辺が狭く長く、場所的にそうならざるをえないためである。玉版下辺の四つの円孔は、大辰もしくは大火のべつの構成部分（房宿）である。古代の天文典籍では、房宿の星の数は四で、四星のあいだには三つの道があり、太陽・月・五星が中道を運行してようやく天下太平のかたちになる。玉版がしめす房星の四孔はまさにこの中道観念を具体的にあらわしていた。これは、中を基準とし、左右の二孔が各々両辺へとうつり、ちょうど中間のときにあたる広い地帯を構成する。これは原始の「日行中道」の宗教観念を図示したものであろう。玉版両辺の五孔があらわしているのは、心宿三星と鈎衿二星であろう。古文献の記載には、心宿は三星しかないが、それらと房宿のあいだにはさらに二星がある。たとえば『史記』天官書には、

房は府為り、天駟と曰う。其の陰左は驂なり、旁らに両星有り、衿と曰う（房為府、曰天駟、其陰左驂、旁有両星曰衿。［大略は以下の通り。蒼龍の形をした東方の星座には房星と心星が所属しており、房星は天馬を掌る天府であり、天駟ともいう。その北側の左右にあるのはそえうまを意味する驂星で、かたわらにあるのを衿星という］）。

とある。玉版両辺に五つずつ孔が刻まれ、それによって玉版の構図は均整がとれている。[24] 上述の諸説については、王育成《おういくせい》の提起する最後の説がより説得的である。それは、玉版各辺の九・四・五の円孔がいにしえの星宿をあらわす可能性を解読したのみならず、これらの円孔の分布・間隔・距離の意味をも解釈したのである。

　含山凌家灘墓出土の玉亀・玉版・玉簽・玉亀状扁円形器や、玉人などの原始宗教の占い・祭祀の器具は、中心聚落社会の複雑化過程において、社会の不平等と原始宗教の発展が同じように進行することを明示している。また玉亀・玉版の出土したもっとも裕福な大墓二基には、いずれも多数の石鉞・玉鉞、そして石製手斧数点も副葬されている。

これは、当時の宗教祭祀・軍事戦争・生産管理が三位一体的で、当時の聚落統帥者の世俗における権限と神権とが密接不可分であることを物語る。

上述の分析をつうじて、以下の点がみいだされうる。凌家灘の貧富の格差が顕著な墓のうち、一部の墓主が裕福なのは、彼が軍事と戦争で重要な機能を発揮するからであり、または彼が玉石匠や、玉・石などの手工業生産者であるためである。もっとも裕福な者は、原始宗教的権力と軍事的権力とを兼ね備えている。これはつまり、社会的仕事と職業的分業が貧富の分化を生む重要な原因であるということである。このほかに次章でのべるように、凌家灘遺跡のかかる貧富の分化は、家族のなかに体現されもすれば、各家族のあいだでも体現されるものでもあり、家族内の貧富の分化（すなわち家父長権の出現）と不可分である。

二〇〇六年出版の『凌家灘――田野考古発掘報告之一』[25]が提供するのは、おもに墓などの資料で、聚落のほかの状況には言及していない。ただし現地の考古作業員は二〇〇八年より、すでに計画的に凌家灘の聚落にたいする考古作業を展開しており、ボーリング調査と試掘をへて、凌家灘が一つの環濠聚落であり、周辺にもいくつかの同時期の小聚落があり、一聚落群を構成していたことを発見している。これは、聚落の分布から、凌家灘の中心聚落としての地位とそれが起こす作用を力強く物語る。[26]もちろんさらなる分析にはこの点の資料の蓄積と正式発表が俟たれる。

2　大汶口文化の聚落における不平等と家族――宗族構造

富の占有は、人びとの聚落内における政治的経済的地位をあらわしている。大汶口文化中晩期遺跡の墓資料にあらわれている貧富の分化は、たいへん顕著なものである。山東省泰安市大汶口遺跡の墓地で一九五九年に発掘された一三三基の墓は、[27]全体的に大汶口文化中晩期に属し、それはまた早段・中段・晩段に分けられる。発掘者は、これを

【図２—22】　大汶口M13平面図と器物の組み合わせ（山東省文物管理所等『大汶口——新石器時代墓葬発掘報告』）

「早中晩三期」とよんでいる。発掘者は、墓の大小と副葬品の多寡などの状況にもとづき、これらを大・中・小の三類型に分けている。三類型の墓はほぼ、大汶口聚落内の貴族と平民のあいだの貧富の格差と、社会的地位を反映していた。いくつかの裕福な大墓は、墓穴の規模がたいへん大きく、木槨の葬具を使用しており、大量の精美な陶器・石骨器があり、多いものは一〇〇余点に達し、そのうえ精美な玉器と象牙器などもある。ここでは、数基の裕福な大墓の基本的状況を列挙する。

　大汶口遺跡の十三号墓（図2—22）は、この墓地における初期の大型墓で、一組の成年男女の合葬墓である。墓坑は長さ三・四m、幅一・九m、深さ一・四七mである。大型の葬具があり、四壁は横にした原木の積み重ねよりなる。副葬品は四十点余りあり、鼎・豆・壺・罐・尊・盉・鬶・匜形器などの陶製の生活器物や、石鏟・骨鏢・骨鏃・牙鎌、そして象牙製の琮や骨彫、ブタの頭骨などがふくまれる。これらの器物は、おもに葬具内外の頭部の位置におかれ、また匜形器一点とブタの頭骨十四点は東から西にかけて葬具外の北壁にある。十三号墓は、ブタ頭骨の副葬がもっとも多い墓である。

大汶口遺跡のM26（図2―24）も、当該墓地の初期の大型墓である。副葬品は六十点余りで、精緻な象牙製のクシ（図2―23）や、多くの石・骨・牙製の道具があり、さらに豆・罐・盉・壺・尊・杯などの陶器や、ブタの頭骨・象牙の琮、骨彫筒と装飾品などがある。腰の位置には一組の亀甲が置かれ、両手にはキバノロの牙を握っている。二六号墓出土の象牙のクシは、大汶口文化ないし先史文化全体でいずれもたいへんに著名なもので、墓中から出土した彩陶盉・彩陶壺なども精美である。

【図2―23】　大汶口26号墓出土の象牙梳（『中国考古学・新石器時代巻』）

大汶口遺跡の九号墓（図2―25）は、当該墓地の中期の大型墓である。墓主は成年男性で、両手にキバノロの牙を握り、七十点余りの器物が副葬されている。組をなす鼎・罐、紅陶獣形器一点（図1―31）、そして尊・壺・盉・豆・杯などの陶器がある。また石鉞・石製手斧・石刀・砥石・骨錐・骨鑿・骨匕や、山積みの牙刀・骨・牙の材料

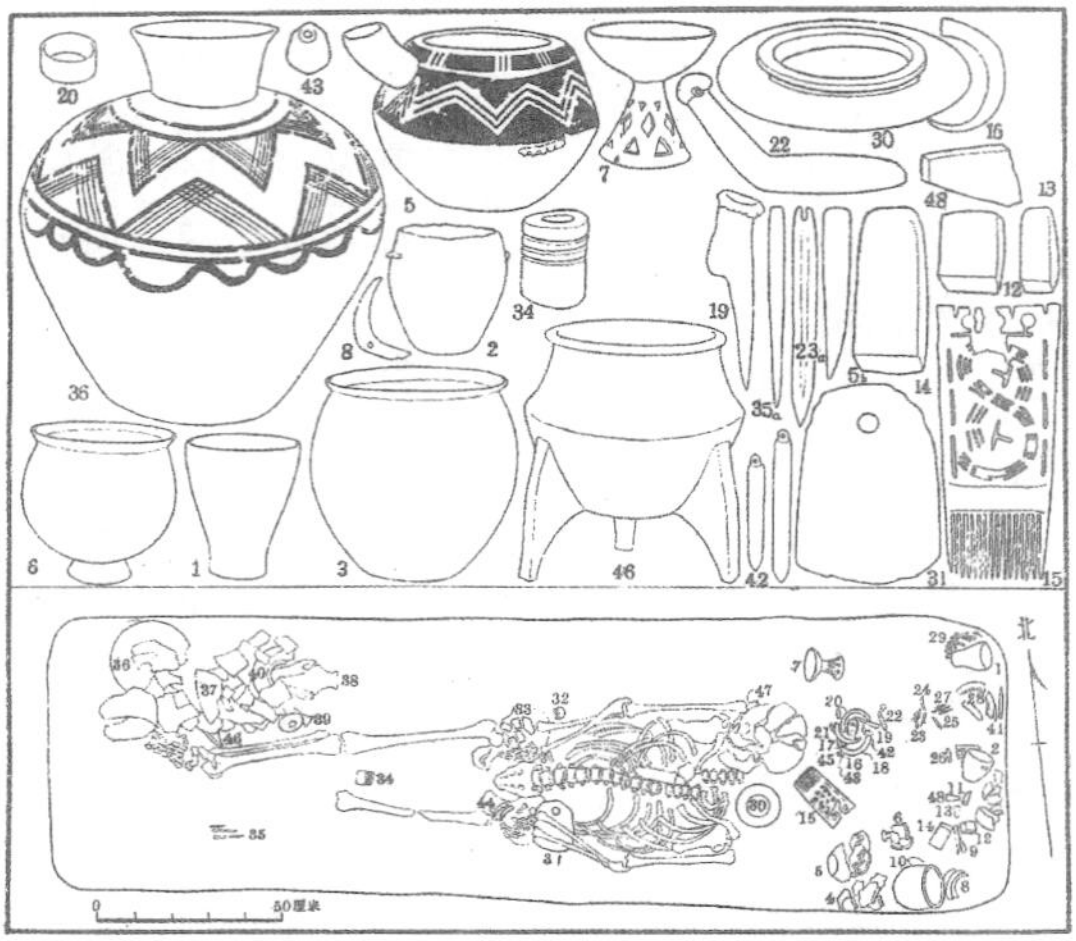

【図 2 —24】　大汶口 M26 平面図と出土器物（山東省文物管理所等『大汶口——新石器時代墓葬発掘報告』）

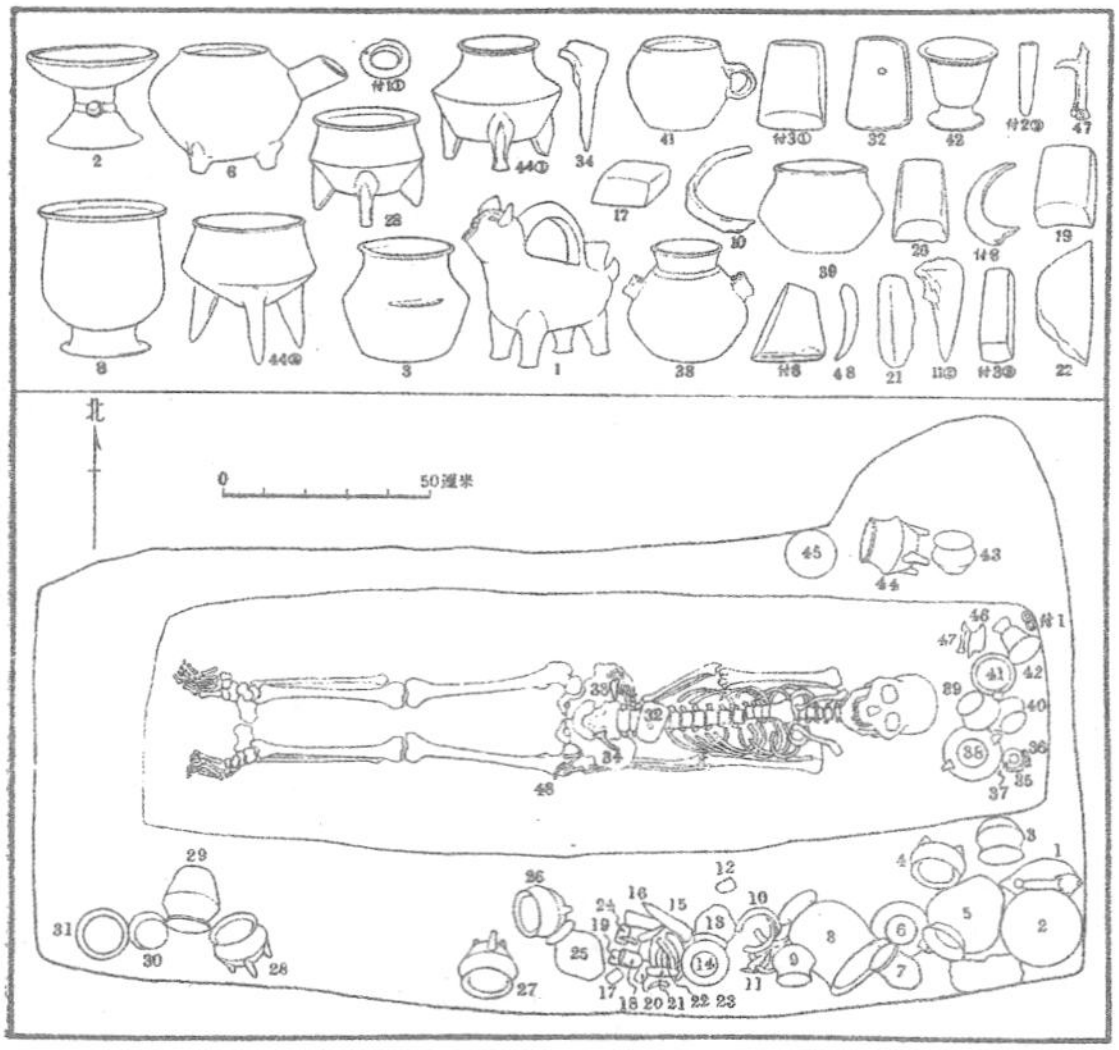

【図 2 —25】　大汶口 M9 平面図と出土器物（山東省文物管理所等『大汶口——新石器時代墓葬発掘報告』）

などがある。

大汶口の二五号墓（図2―27）は、当該墓地の晩期の大型墓である。墓坑は長さ三・四四m、幅二・一二m、深さ〇・七mで、二層の台がある。葬具（図2―28）があり、四つ枠はくっきりとしており、天井部分には木の灰がいたるところにあり、またこまごました器物が置かれている。副葬品は七五点に達し、薄く光沢のある黒陶《こくとう》の高柄杯《こうへいはい》・単《たん》把杯《ばはい》、白陶《はくとう》の高柄杯、鬹・鼎・豆・背壺、玉笄一点・骨彫筒五点・石鉞六点、骨匕・指環・骨鏃・砥石、そしてブタの頭骨・下顎骨などがふくまれる。

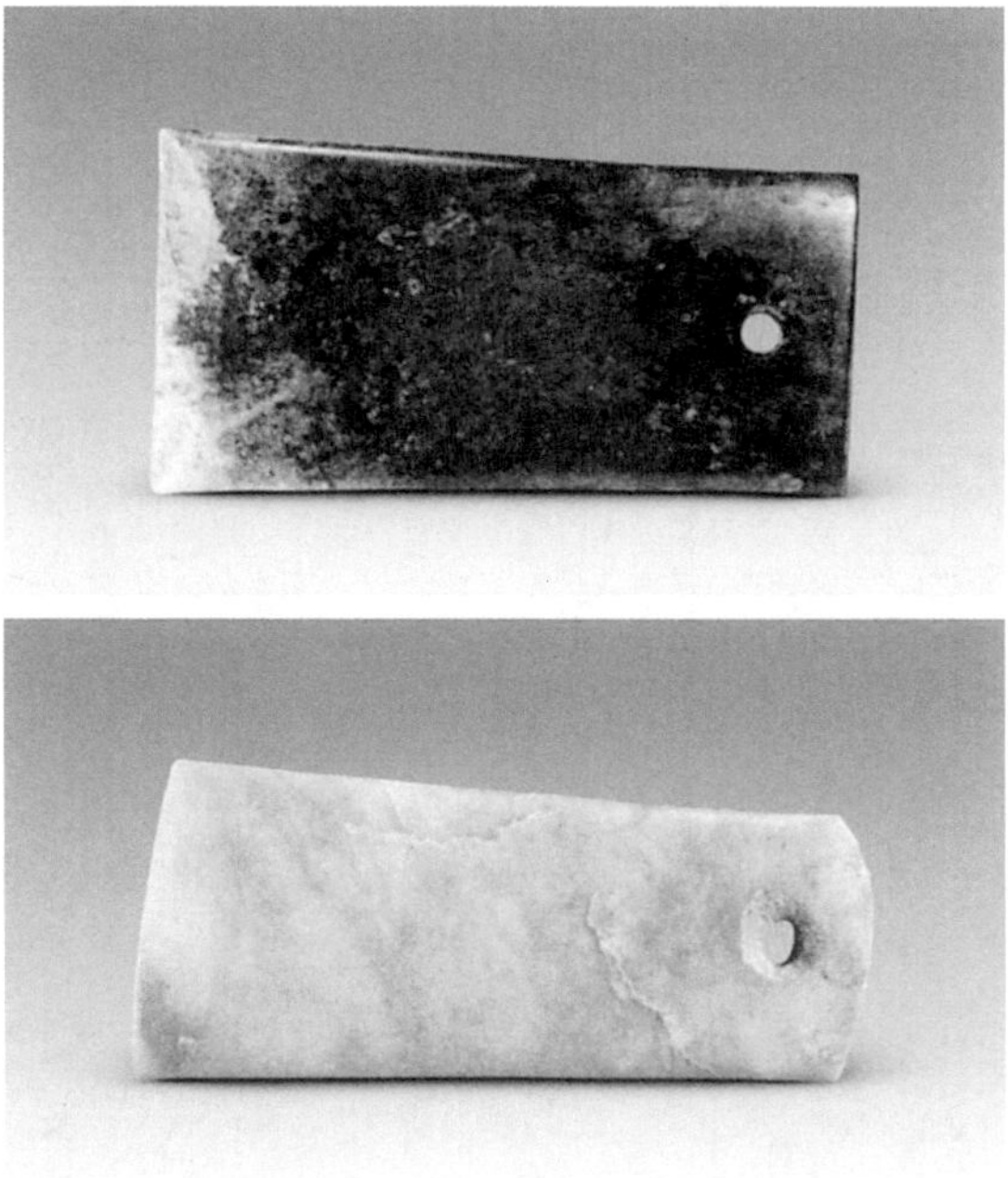

【図2―26】　大汶口出土の玉鉞（山東省文物管理処等『大汶口』）

大汶口遺跡の十号墓（図2―29、図2―30）は、当該墓地の晩期の大墓である。墓坑は長さ四・二m、幅三・二m、深さ〇・三六mで、木槨の葬具がある。死者は五十歳～五十五歳の高齢の女性で、両手にキバノロの牙を握り、頭のうえには精美な象牙のクシが置かれ、頭部には七七個ひとつながりの石製装飾品三点をつけ、首には管状の石珠をつけ、腰部には精美な玉鉞がある（図2―26上）[28]。全身は厚さ約二cmの黒灰で覆われ、着衣ではないか。副葬品は一〇五点で（ほかに未算入の鰐鱗版八四点と十五点のブタ

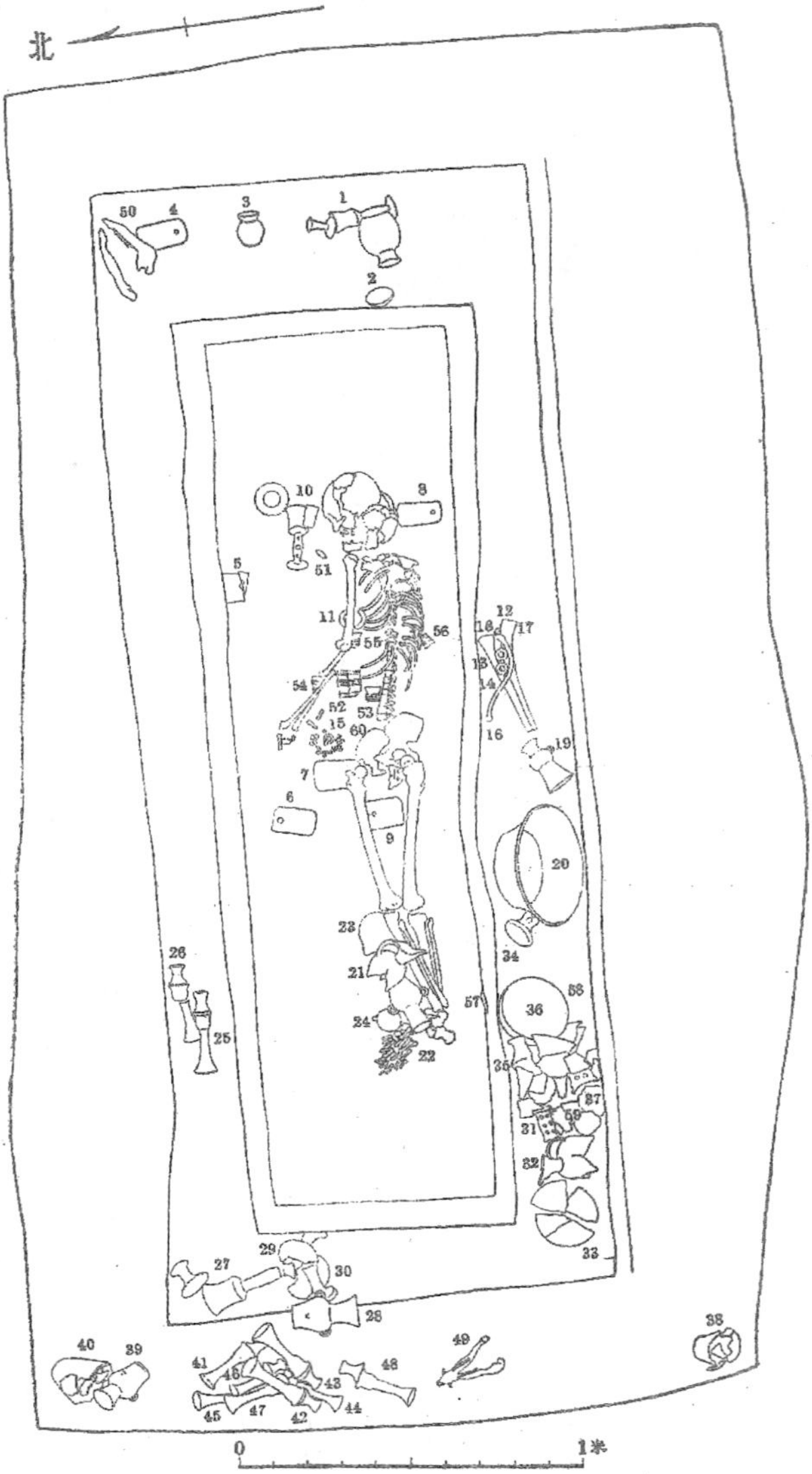

【図２―27】　大汶口 M25 平面図と出土器物（山東省文物管理所等『大汶口――新石器時代墓葬発掘報告』）

【図２—28】　大汶口 M25 の出土状況（山東省文物管理所等『大汶口——新石器時代墓葬発掘報告』）

骨がある）、大型の象牙雕刻筒・精美な象牙のクシ・玉鉞・緑松石の串飾・管状石珠の串飾のほか、陶器が八三点ある。そのうち貴重な白陶が二四点あり、また多くの黒々と輝く黒陶と精美な彩陶もある。さらにブタの頭骨二点、鰐鱗版などが副葬されている。

中型墓については、ここでは当該墓地晩期の四号墓を例とする（図２—31）。当該墓の墓坑は長さ二・七六m、幅〇・六七m、深さ〇・四八mである。副葬品は五十点余り、そのうち陶器は鼎・豆・壺・尊・杯などがあり、石器は手斧・鑿・刀・砥石、骨角器《こっかくき》は錐・鑿・鏃・鈎形器・彫筒・牙刀・牙料などがある。四号墓から出土したこの骨彫筒には、緑松石が嵌めこまれ、たいへん精美である（図２—32）。これらのほかに、亀甲二点が副葬されており、両手にはキバノロの牙が握られていた。

大汶口墓地内の三類目の墓はたいへん粗末

【図２—29】　大汶口M10平面図（山東省文物管理所等『大汶口——新石器時代墓葬発掘報告』）

【図２—30】　大汶口M10の出土器物（山東省文物管理所等『大汶口——新石器時代墓葬発掘報告』）

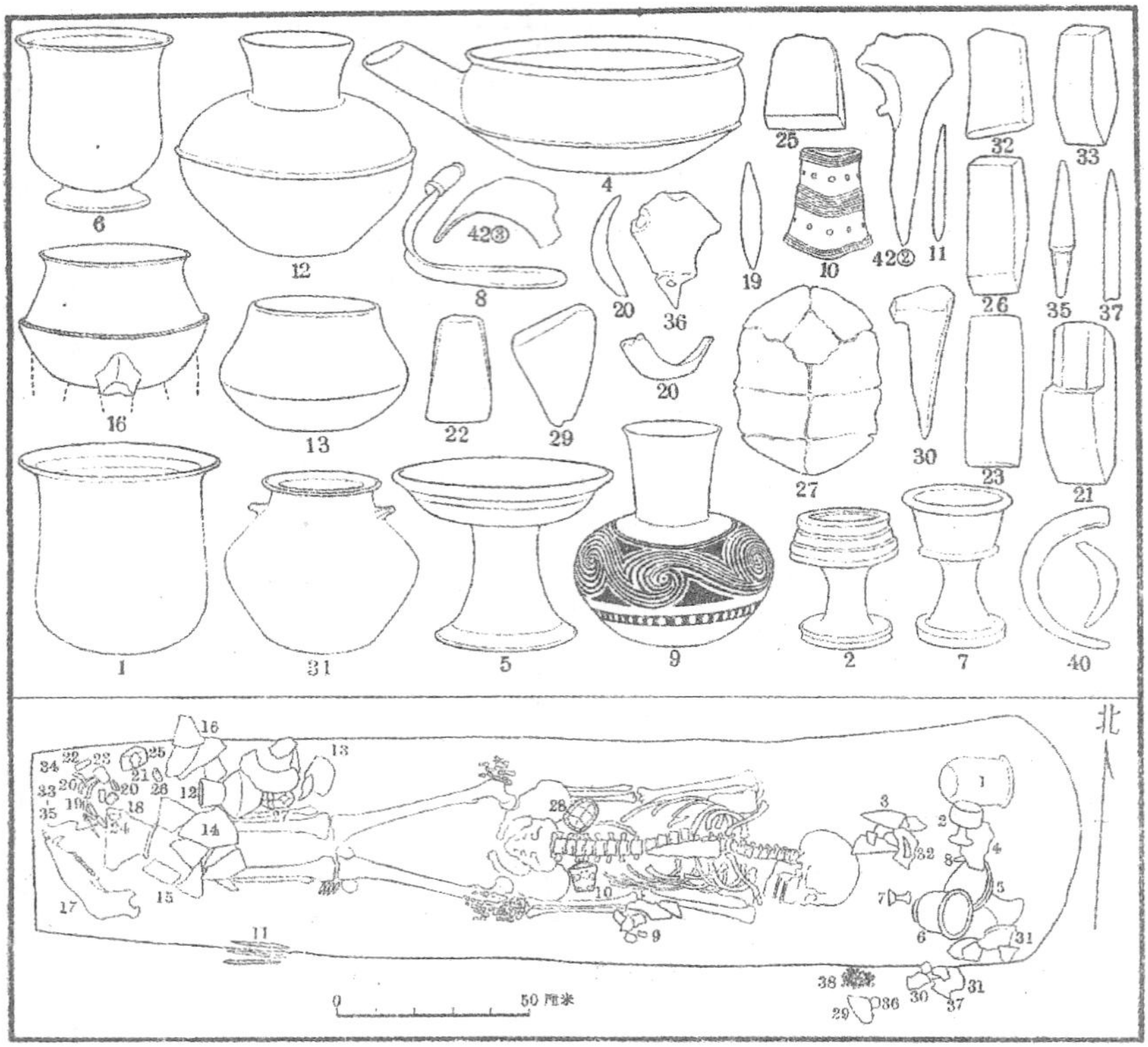

【図2―31】　大汶口 M4 平面図と器物の組み合わせ（山東省文物管理所等『大汶口――新石器時代墓葬発掘報告』）

な小型墓で、墓穴はわずかに一体分の遺骨が入る広さしかなく、副葬品も豆・罐のたぐいの陶器が一、二点あるのみで、一点も副葬されないものもある。たとえば、六二号墓はキバノロの牙一点のみ、七十号墓は石鏃一点のみ、六一号墓は鼎と砥石が各一点、七一号墓は匜とキバノロの牙が各一点、八五号墓は紡輪と蚌《ほう》製の鎌が各一点、一一四号墓には鼎と壺が各一点ある。

上述の大汶口墓地にあらわれている明確な貧富の格差は、富の観念と私有観念の反映であるべきである。たとえば十号墓には陶器が八三点あり、そのなかで白陶は二四点ある。また一一七号墓には白陶が三三点ある。これらはみな、氏族の一構成員の生活上の基本的需要を超えるもので、余剰物の蓄積である。また白陶をつくる原料はけっしてどこにでもあるものではなく、精美な白陶は当時貴重な陶器である。玉器と象牙器も材料を得難く、製作は簡単でなく、貴重で豪華な奢侈品でもある。よって、大汶口墓地内の裕福な大墓の墓主は、原始社会末期に生まれた貴族階層であろう。

大汶口墓地のもう一つの重要な現象は、それがしめしている家族—宗族の構造である。一九五九年に五四〇〇㎡にわたって発掘された大汶口文化晩期の一三三基の墓は、既述のごとく、「初段」・「中段」・「晩段」に分けられるため、同時に存在する墓の数はけっして多くない。そのうち、「初段」に属する墓がもっとも多く、七四基ある。この七四基の同時期の墓は、南から北にかけて四つの墓群に分けられ、そのもっとも南の一群墓が多く、およそ三十基ある。最北の一群はもっとも少なく、八基である。四墓群の区分と各群内の人口規模および、この四墓群がたがいに隣接・集中する状況によれば、この四墓群は四つの近親家族のはずで、彼らは連合して一つの宗族共同体を形成していると考えられる。(29)八十

【図２—32】　大汶口４号墓出土の骨雕筒（『中国考古学・新石器時代巻』）

余万㎡の大汶口聚落には他の宗族もいたかもしれないが、一九五九年発掘の一三三基の墓が構成する宗族は、七基の大型墓・十五基の中型墓があることから、あきらかに強宗大族《きょうそうたいぞく》［いわゆる豪族や大族］である。このような強宗大族のいる中心聚落は、じっさいには原始宗邑に属する。

大汶口遺跡のほかに、山東省莒県陵陽河・大朱村・臨沂市大范荘・茌平尚荘、鄒県野店、江蘇省新沂市花廳などの遺跡における大汶口文化中晩期墓にはいずれも、大墓と小墓とで、墓穴の大小・棺槨葬具の有無・副葬品の数・種類・質などの点で、異なる程度の懸隔や格差のあることがみてとれる。

莒県陵陽河遺跡では、大汶口文化中晩期の墓が計四五基みつかっている。これらの墓は、当該墓地内で計四組に分けられ、四埋葬区ともよばれている。各区の墓はまた「早段」・「中段」・「晩段」に分けられうる。注目すべきは、富人の墓と貧者の墓で埋葬区を異にする現象があらわれていることで、大型・中型の墓はおもに河畔の第一墓区に集中し、小墓は一律にその他の三つの墓区に埋葬されている。このことは、宗族内の家族同士の貧富の分化がすでに相当深刻であったことをはっきりとあらわしている(30)。

陵陽河遺跡の裕福な大墓には、大量の副葬品があるだけでなく、木槨もある。たとえば一九七九年発掘の第十七号大型墓（79M17。図2—33）は、墓室が巨大で、墓坑は長さ四・六m、幅三・二三mであり、「井」字形の木槨があり、二次遷葬墓［埋葬した屍体を後日別の墓に移し替えることがある。その二度目の埋葬先の墓をさす。墓穴内の人骨配置が人為的ゆえに判断がつく］である。性別の鑑定はなされておらず、一九二点の副葬品が出土している。そのうち、ブタの下顎骨が三三点、陶器が一五七点あり、そのなかの一点は陶文の刻まれた大口尊である。石器は二点ある。ブタの下顎骨は一律に北の槨壁の外側に置かれ、そのほかの器物はみな槨室内に置かれている。一九七九年発掘の第六号大型墓（79M6）は、墓主が成人男性で、「井」字形の木槨があり、墓室は長さ四・五五m、幅三・八mである。副葬品は一

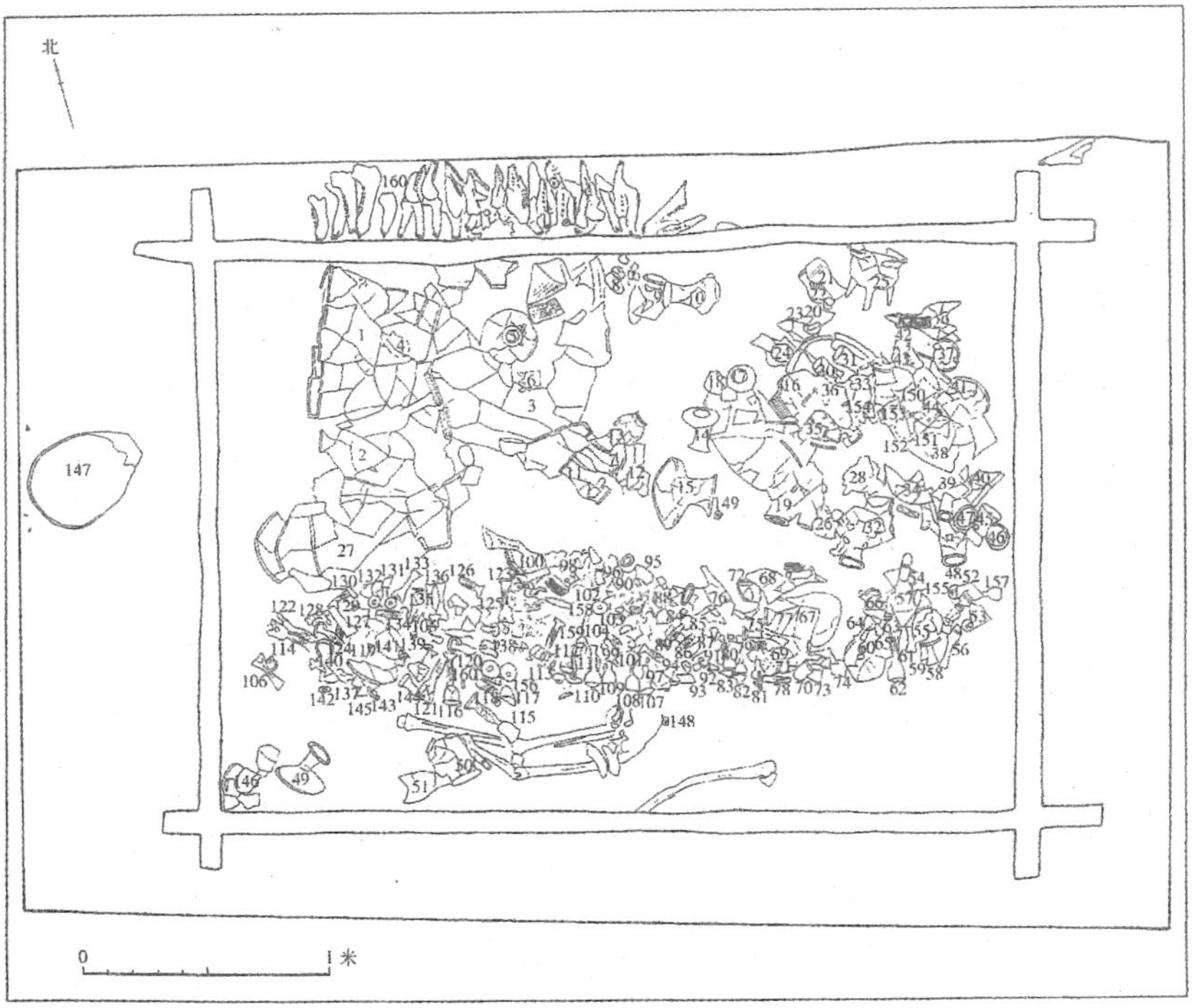

【図２—33】　陵陽河遺跡 79M17（『史前研究』1987年第３期）

八〇点余りで、そのなかにブタの下顎骨二一点、陶器一六〇点、骨彫筒一点がある。陵陽河の中型墓は、墓室が大型墓よりもやや小さく、副葬品は数十点とさまざまである。たとえば一九七九年発掘のM25（79M25）は、墓室が長さ三・四m、幅一・四五mで、木槨がある。副葬品は八四点で、ブタの下顎骨が七点、陶器が七三点、石器が四点である。そのうち大口尊一点には図像文字が刻まれている。これら大型・中型の墓と鮮やかな対比をなすのは小型墓で、一般に数点の器物が副葬されているのみである。たとえば63M6は、上述の79M17・79M6と同一時期の小型墓で、槨はなく、墓坑は長さ二m、幅〇・五mであり、陶器五点と管状の石製装飾品一点が副葬されている。

　陵陽河のこれら大型墓のうち、79M17

と79M6からは酒を醸造する器物一式が出土し、酒を濾過する甕・瓮・尊・盆よりなる。同時に出土したものに、さらに大量の高柄杯・鱓形壺などの酒器がある。陵陽河墓地の大墓の酒器は、副葬品の総数の三〇％以上を占める。それは一面では、中国の穀物による酒の醸造技術が五〇〇〇年前に早くも開始していることを反映する。それはべつの面では、大量の飲酒が当時の中心聚落内における貴族の生活の一大特徴であることを物語る。

大汶口文化中晩期のこれらの材料は、その聚落内の居住民にすでに十分顕著な富と地位の分化が出現していることを明示している。中心聚落として、同時期の周囲の普通聚落に比べ、大汶口・陵陽河・大朱家村・花廳などの中心聚落の居住民は、富の点でも社会的地位の点でも普通聚落より高い。このような中心聚落はまた、当時すでに出現している家族―宗族構造とつながっている。既述のとおり、泰安市大汶口遺跡で一九五九年に発掘された一三三基の墓地は、南から北にかけて、四近親家族の墓地よりなる宗族墓地である。莒県陵陽河遺跡で発掘された四五基の墓地は、四家族の墓地よりなる宗族墓地である。江蘇省邳県劉林遺跡で発掘された一六七基の墓地も、五墓群、つまり五家族よりなる宗族墓地である。

かりに聚落内の社会組織構造が「家族―宗族」であるとすれば、このような聚落群内の中心聚落は原始宗邑に属するであろう。これについては後節でさらに論ずる。宗廟は宗邑の特徴の一つなので、原始宗邑としての中心聚落には宗教祭祀の中心や廟堂のたぐいの建築物があるはずである。もっとも、考古学的発掘には限界があるため、大汶口文化ではまだ、大きい宗教祭祀遺跡や、甘粛省秦安県大地湾のＦ901のごとき殿堂のたぐいの建築物は発見されていない。とはいえ、大汶口遺跡の中心区域では多くの大きい柱洞がみつかっており、大型建築物の存在もあり、それは中心聚落内の祭政一致の場としての機能を担っていたはずである。

3　陵陽河・大朱家村遺跡の「〓」・「〓」などの図像文字

陵陽河・大朱家村・諸城前寨など、山東地区の大汶口文化遺跡の一つの重要な現象は、一群の図像文字が出土していることである。刻まれているのは十七例・九種、描かれているのは一例・一種で、計十八例・十種である（図2―34、図2―35）。そのうち陵陽河遺跡では、「〓」（炅）・「〓」（⿳日火山）・「戉」（鉞）・「斤」など、八種・十四例が出土している。これら図像文字符号の一部は採集されたもので、べつの一部はおもにいくつかの高級大型墓・中型墓にみられ、当該聚落内の貴族とつながるものである。

ここでは、まずこれらの図像文字の意味について検討・闡明し、そのあとでそれらが現地社会の複雑化過程において有する意義を論述する。これらの図像文字のうち、もっとも注目を引くのは「〓」と「〓」である。これらは多くの地域でみつかっている。「〓」と「〓」について于省吾は、「〓」を「旦」字に釈し、日のかたち・雲気、五峰の山のかたちという「三つの偏旁よりなる会意文字」であるとする。[31]唐蘭は、「〓」を「⿳日火山」、「〓」を「炅」に釈し、後者は前者の簡体であるとする。また「⿳日火山」字の音は熱で、「灼熱の太陽が山から下りてきて火をおこす状況を反映している」と提起している。[32]李学勤・李孝定は、基本的には唐蘭の釈読を肯定し、またそれらを「⿳日火山」・「炅」と隷定し、両者が簡体・繁体の関係にあるとする説に賛同している。[33]ただし李孝定は、「⿳日火山」字を「日」と読むか否かは「検討の余地がある」とする。また田昌五・饒宗頤はあいついで「〓」を「日月山」と釈し、太昊族もしくは太皞・少皞族の族徽であるとする。[34]また王樹明は、「⿳日火山」が表現するのは「日」・「火」・陵陽河遺跡東側の寺堌《じこ》山の五山よりなる「山頂を目安として暦をしるす絵文字」であるとし、「炟」と釈し、二月・八月をしめすとする。また「炅」の解釈については、太陽が山から離れたこととし、灼熱の季節や夏をさすとする。[35]

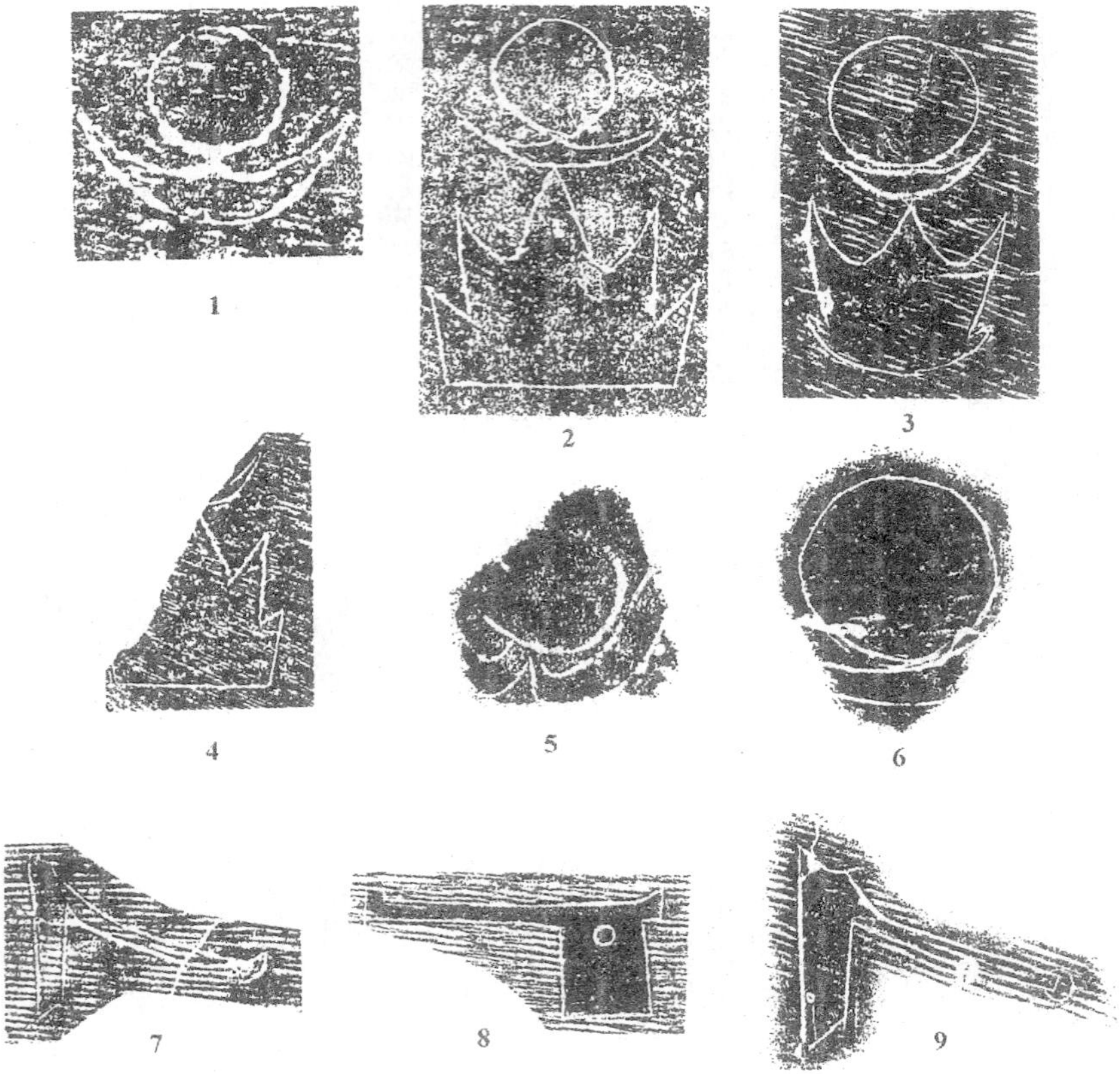

【図２—34】　大汶口文化の陶器図像文字（１）

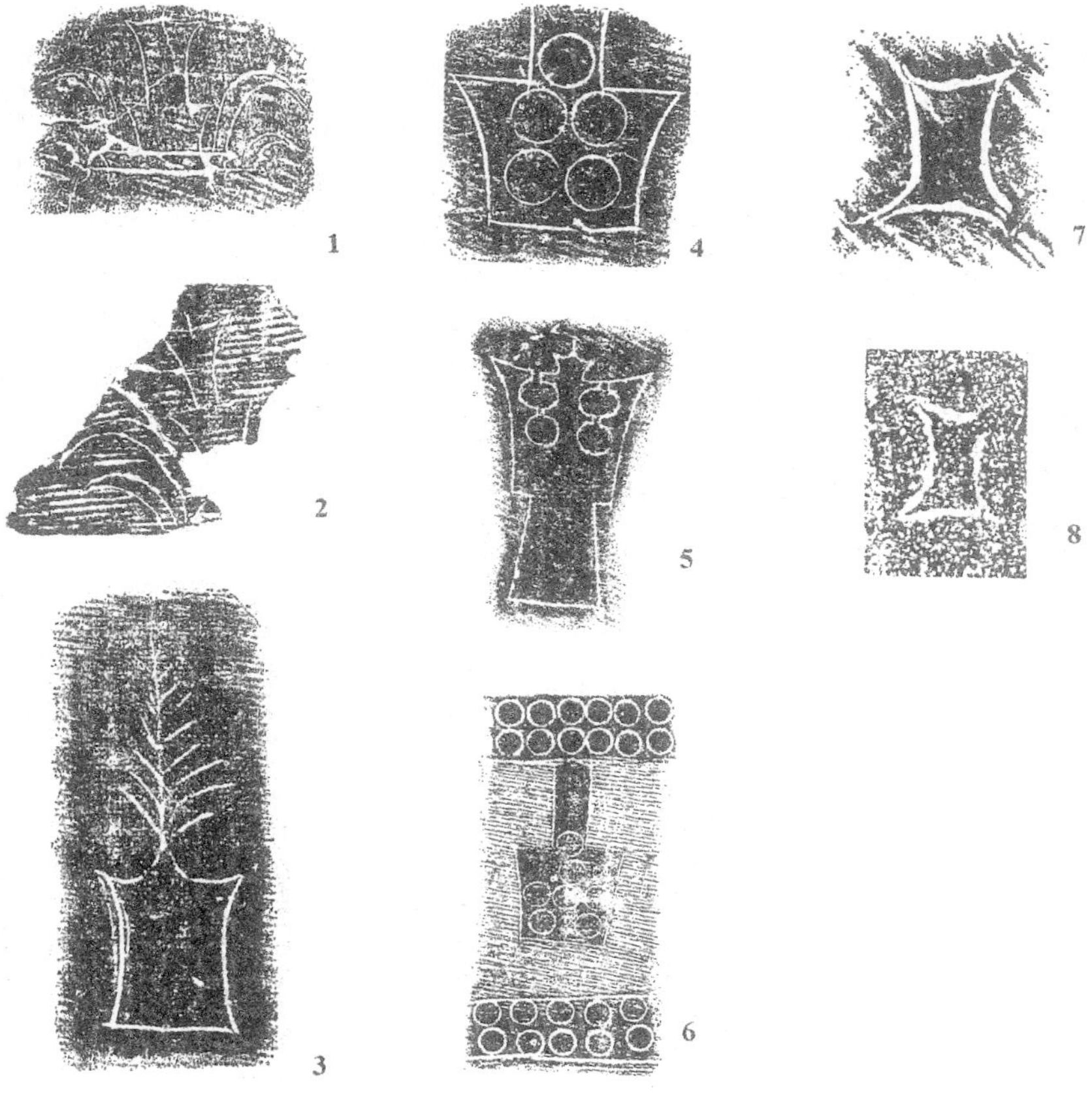

【図２―35】　大汶口文化の陶器図像文字（２）

上述の諸説のうち、「〓」を「旦」とする説は、「日」と「山」の中間の、火形に象る部分を雲気とみなしている。しかし当該部分は、甲骨文の「火」字の「火」の偏旁とたいへん近く、旦とするのは妥当でない。太昊・少昊族の族徽とする説は、「日」と「山」の中間部分を「月」形とみなすが、甲骨文の「月」や「夕」字の中間はけっして凸形にもりあがってはおらず、ゆえに月形ではないようである。「炟」・「炅」とする説については、かりにこれをたんに莒県陵陽河人が真東の五華里寺堌山方面に太陽の昇るのを観察することから創作した、「山頂を目安として暦をしるす図画文字」とするばあい、それが莒県陵陽河以外の多くの場所で一度ならず出現すること、とりわけはるか安徽省蒙城尉遅寺遺跡でも出現することはありえない。このほかに、夏の太陽であっても、冬・秋・春の太陽であっても、みな東の山頂から昇って天空を照らすものなので、「炅」が夏季をあらわすとの考えも成立しがたいとおもわれる。唐蘭は、「〓」と「〓」を「〓」と「炅」に隷定し、あわせて両者が繁体と簡体の関係にあるとするが、図形を直観的にみると、それは合理的なものだが、その意味を「灼熱の太陽が山を下りてきて火をおこす状況」であると解することにはなお検討の余地がある。

筆者は、図形の「〓」と「〓」が繁体と簡体の関係にあるとの見解に賛同する。この繁体と簡体の関係では、「山」は省かれうるのであり、「〇」と「火」こそが問題の鍵であるとわかる。また「〇」と「火」の構図のなかにはさらに手掛かりがある。すなわち、当時の人びとはこの概念をあらわすときに、「〇」を「火」の下に隠し、「〇」が落ちて「火」が昇る図形を構成していることをあらわしている。たとえば、良渚文化の上海青浦福泉山遺跡出土の陶壺上の刻符（図2—36：1）は、[36]「火」が上、「〇」が下にあり、そのうえ「〇」はうっすら刻まれ、突出しているのは「火」である。さらに「火」形のみを刻んで強調しただけのものもあり、たとえば上海博物館蔵の玉琮にこのような刻符がある（図2—36：3）[37]。良渚文化の玉琮上のこの「火」形の刻符は、大汶口文化の莒県陵陽河遺跡で採集された

「炅」字（図2―36：5）に釈されているものの火符と同じで、「炅」符のさらなる省略体とみなせる。これら良渚文化の陶器と玉器上の刻符は、「〓」・「〓」といった図形を解読するための重要な手がかりを提供したと考えられる。つまり、これらの図形のうち、「火」こそがそのあらわすべきコアの概念なのである。では、時に独立し、時に「〇」と関連し、また時に「〇」が落ち「火」が昇るものとして表現される「火」は、結局どのような火なのか。

案ずるに、それは天象における大火星の火であり、山上や地上で燃える火ではない。この考えによれば、図形内の「〇」には二つの解釈が可能である。一つ目は、図形の直観的イメージにもとづいてそれを「日」（つまり太陽）とするもので、図形全体にかんしては、唐蘭が「〓」・「炅」と隷定するのに依拠できる。ここでは、「日」は天象を、「火」は天象と関わる火、つまり大火星（心宿二、西洋では蠍座α星）をあらわす。二つ目は、図形内の「〇」を星々の星とするもので、(38) 図形全体が大火星をあらわす。このように図形全体は星宿の大火と関連づけて解釈できる。すなわち、

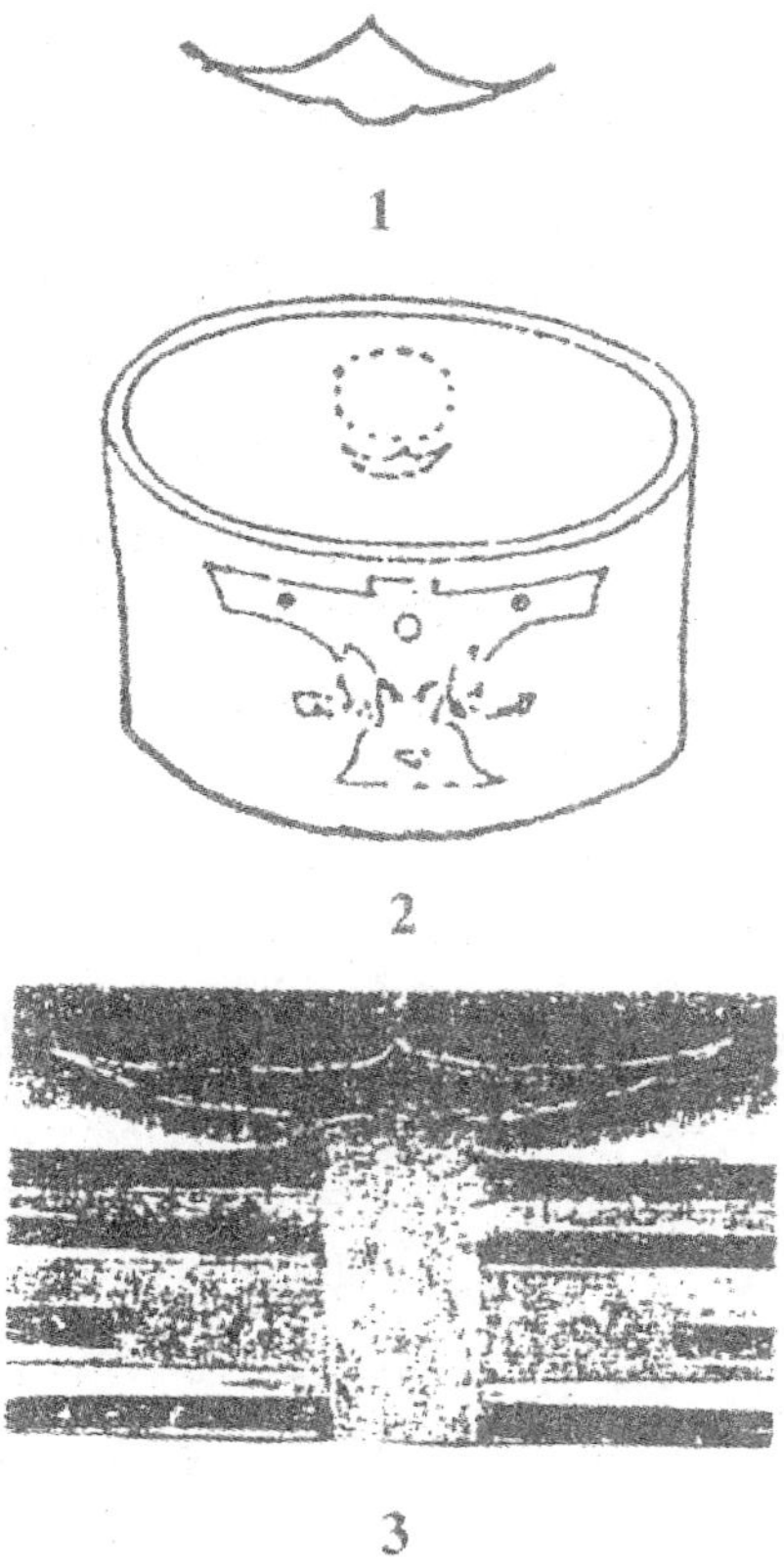

【図２―36】　良渚文化の火形符号

【図2―37】　仰韶文化陝県廟底溝遺跡出土の火形紋様彩陶

図形全体は当時の「火正」が大火星を観察・祭祀し、観象授時を行なっていたことをしめす。おそらく当時は、すでに大火の昏升（日没直後に大火星が東方の地平線上に出現すること）・昏中（日没時に大火星が南天の中央にあること）などの現象によって、農事と人びとの生活を指導することがはじまっており、大火星は当時の観象授時のおもな対象であった。これは、当該図形が山東・安徽・湖北・浙江などで広範に出現するゆえんでもある。この考えに従えば、仰韶文化廟底溝類型の火形紋様の彩陶（図2―37）は、「火正」・「火師」のたぐいの大火星にたいする観察・祭祀と、観象授時の表現でもある。(39)たんに時期・地域・文化系統が異なるため、その表現形式も大汶口文化の陶符とは異なるにすぎない。

いにしえの人びとが天や天象を観察・祭祀することは、彼らの生産や生活と密接不可分なものである。世界の多くの古代文明の民族は、そのむかし、はじめはみな後世に通行するような精確かつ複雑な暦法をもたず、しばしば日月星辰の出没を直接観察することをつうじて、農事の活動手順を確定していた。中国では、上古のかなりの長期間、大火（心宿二）が観象授時のおもな対象であった。これについて国内外の一部の研究者は、中国古代で冬至の建子や雨水の建寅などを歳首とする暦法よりもまえに、なお大火昏見のときを歳首とする大雑把な暦法があったとし、これを「火暦」(40)や「大火暦」(41)とよぶ。

前掲「㫘」・「炅」以外の図形文字についても、研究者は解読を行なっている。唐蘭は、図2―34の7（9をふくむ）と8を各々「斤」・「戉」（鉞）と解し、すでに多くの賛同を得ている。また李学勤は、図2―35の1から8についてこう解する。7と8は人名か族名で、3は「封」字である。1は羽毛で飾られた冠を象り、原初の「皇」字かもしれない。4・5・6は1と同種の符号の変異体で、羽飾りのない冠である、と。(42) 王樹明は、図2—35の4・5・6を「享」とし、酒神のイメージとする。また1を「酒を濾過する図像」とする。(43) 筆者は、図2—35の5を「豊」(礼)とし、4と6を「享」とする。(44) 案ずるに、陶文の5のかたちは圏足の杯・尊・豆のたぐいの器皿のなかに串玉二点が挂けられているようにみなされ、玉を盛って神祇を奉るさまを象ったもの、つまりもっとも古い「礼」字である。甲骨文の「豊」(礼)字は、高圏足の器皿に串玉二点を盛っており、玨に従い、U内にあり、豆に従う。『説文』〔豊部〕には

　豊は、行礼の器なり。豆に从い、象形(豊、行礼之器也。从豆、象形)。

とある。豆に従うのは、字形が定まったあとの造形で、もともとは杯や尊に従う字とは大差なかったろう。「玉」が串刺しの玉で表現される点は、『説文』〔玉部〕に、

　三玉の連ぬるに象り、丨は其の貫なり(象三玉之連、丨其貫也)。

とある。甲骨文では、玉は「丰」としるし、まさに丨で貫き連ねた玉を象ったかたちで、たとえば卜辞に、

　其貞用三丰(玉)犬羊……(『佚』783)。

とある。初期の「豊」(礼)はもともと玉を盛って神に奉る祭礼と行礼の器を意味し、のちに引伸して、神祇に奉る酒醴の醴を意味するようになる。甲骨文の「豊」は酒醴の意で用いられる。陶文の4と6は甲骨文の「亯」(享)と近く、享と釈せる。ある研究者は、甲骨文の「享」と建築物の「享堂」をむすびつけている。甲骨文の「亯」字には二つの用例があり、一つは祭享の意、もう一つは地名である。『説文』〔亯部〕には、

　亯は、献なり。高の省に从い、曰は熟物を進む形に象る。『孝経』曰く、「祭るときは則ち鬼之を亯く」と(亯、献也。从高省、曰象進熟物形。『孝経』曰、「祭則鬼亯之」)。

とある。陶文の4と6の構成には五つか七つの小円があり、ちょうど祭祀時に献上される「熟物」とみることはでき

ないか。陶文の4と6はおそらく、『易』・『書』・『左伝』などの古典において、祭享の享とされている最古の図像文字であろう。とうぜん前掲の諸解釈はたんなる試釈にすぎず、さらなる議論が俟たれる。

莒県陵陽河遺跡の陶器上のこれらの図像文字のうち、図2―34の1・5・6、すなわち陶文の「」は、二例が採集されており、一例は七号墓から出土したものである。図2―34の2、すなわち「」は、採集されたものである。図2―34の9、すなわち陶文の「斤」と、図2―34の8、すなわち「戉」（鉞）字は、ともに採集されたものである。図2―35の6は十九号墓より出土し、図2―37の3は二五号墓より出土している。図2―35の4も採集されたもので、図2―35の1は十七号墓より出土している。

発掘簡報によると、七号墓は一九六三年発掘の墓である。しかし、簡報では具体的な紹介がなされておらず、発掘者がこれを大型墓・中型墓・小型墓の三類の墓のどれに分類したのか、副葬品の数はいかほどか、そしてどのような器物が副葬されたのかは不明であり、墓主の身分地位については判断を下しようがない。

十七号墓は、既述のごとく、墓室が巨大な大型墓で、副葬品は一九二点に達し、そのなかにはブタの下顎骨三三点と、各種の精美な陶器一五七点がある。この墓の大口尊上には図2―35の1が刻まれている。王樹明はこの陶文を「酒を濾過する図像」と解する。この墓からは、酒を濾過する甕・瓮・尊・盆よりなる造酒用器物セットが出土しており、同時に大量の高柄杯・鱓形壺などの酒具も出土している。このことを鑑みると、陶文の1を「酒を濾過する図像」とする解釈は合理的である。そうすると、十七号墓の貴族は生前、当該聚落の造酒儀礼と礼神（つまり祭神）の祭祀活動を司っており、それによってその死後に副葬された大口尊には、酒神を祭祀するいわゆる「酒を濾過する図像」の文字が刻まれたと判断できる。

二五号墓は中型墓で、墓主は男性であり、木槨の葬具がある。副葬品は八四点で、ブタの下顎骨七点がある。副葬された大口尊には「封」（豊）のような図像文字が刻まれている（図2―35：3）。この陶文は、封土が積まれ、そのうえに木を植えた形に象る。それは社稷の神にたいする祭礼を意味するのかもしれない。あるいは、『周礼』地官封人「封人《ほうじん》は王の社壝《しゃい》［社の祭壇と周囲の土手］を設くることを掌り、畿封《きほう》［境界に土を盛って作った堤］を為《つく》りて之に樹す（封人掌設王之社壝、為畿封而樹之）」のごとく、古代において盛土上に植林して境界とすることをいうのかもしれない。案ずるに、大汶口文化中晩期には、たとえ陵陽河のこうした中心聚落であっても、おそらく境域を分ける状況はみいだせず、ゆえに「封」と釈される当該陶文は「豊」と釈すべきである。甲骨文・金文には二五号墓の大口尊の陶文とほぼ完全に一致する書き方のものがあり、[45] 一部の研究者はこれを「豊」と釈する。よって筆者は、この陶文がさすのは社稷神か豊作にたいする祭礼のはずであると主張する。

人名か族名の陶文（図2―35：7）の出土した十九号墓は中型墓である。副葬された器物は七五点あり、四点のブタの下顎骨、六六点の陶器、五点の骨彫筒などがある。

報道済のこれらの材料よりみると、図像文字の出土した十七号墓・十九号墓・二五号墓はいずれも大型・中型の墓で、副葬品はみな七十点以上なので、図像文字の刻まれた大口尊はおもに大型・中型の墓に副葬されるものであるといえそうである。ただし、小型墓にも図像文字の刻まれた大口尊が副葬される可能性も排除されない。というのも、簡報では七号墓を紹介しておらず、それが小墓の可能性もあるためである。ましてや多くの図像文字は、採集されたものである。十七号墓は、陵陽河墓地のなかで規模がもっとも大きく、副葬品数がもっとも多い墓である。おりしも当該墓からは「酒を濾す図像」文字や、羽毛をあしらった冠によってしめされる「皇」字が出土した。この現象は、陵陽河聚落においてこれら図像文字の意味する祭祀儀礼がおもに聚落内の貴人に取り仕切られ、コントロールされていたことを物語る。これより、当該中心聚落では、一部の家族が裕福であること・社会内に不平等があること・社会が複雑化していることが、一部の社会的職務を担うこうした社会的分業と、密接に関係していたことがわかる。

第三節　中心聚落時期の殿堂と家族単位の家屋

1　大地湾遺跡の殿堂式建築（F901）

中心聚落形態においては、聚落の規模が比較的大きいだけでなく、しばしば権力の中心として殿堂式建築が出現しており、それによってこのような中心聚落は原始宗邑としての機能を発揮している。

大地湾第四期の聚落を例にとると、ある中心聚落の建築物の規格と特徴には、原始宗邑の特色があるようにみられる。大地湾第四期聚落の中心部は、山を背にし河に面した斜面にあり、両側はそれぞれ閻家溝・馮家溝を天然の障壁とし、聚落全体は地形の変化に従っていくつかの小区に分けられる。小区一つ一つには、みな面積がたいへん大きく、建築技術が非常に高い大型家屋があるようで、それによって一区を一単位とする構造が構成されている。特大型家屋（F901・F405）は、山を南北に貫く軸上に位置し、とくに特大家屋（F901）はその規模と特殊な構造によって、聚落全体のなかで中核的な地位にある。

F901の特大型家屋（図2―38、図2―39）は多くの部屋をもち、前方には輝かしい殿堂（主室）が、後方には居住の部屋（後室）が、左右には各々廂房（東・西側の部屋）がある。家屋のまえにはさらに広場があり、広場の前堂から四m前後のところに二列の柱が立ち、柱の前には一列の青石板が並んでいる。F901の敷地面積は四二〇㎡、殿堂としての主室の面積は一三一㎡で、さらに一〇〇〇㎡近い範囲の広大な広場も加わる。これは目下、当該時代の建築物のう

【図２—38】　甘粛省秦安大地湾第四期遺跡901号殿堂（甘粛省文物考古研究所『秦安大地湾』）

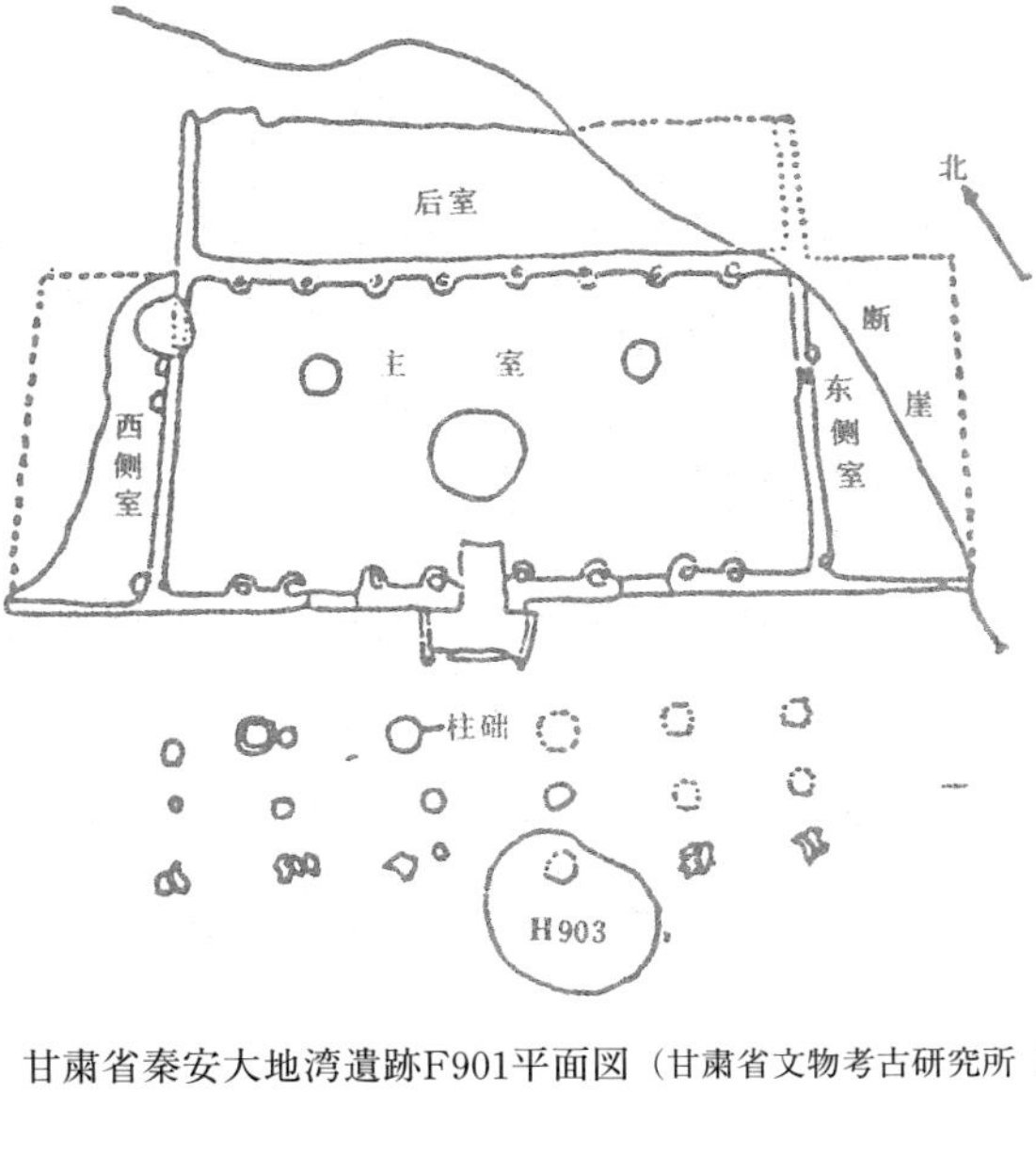

【図２—39】　甘粛省秦安大地湾遺跡F901平面図（甘粛省文物考古研究所『秦安大地湾』）

ち、規模がたいへん大きく、規格が最高で、構成がもっとも複雑な建築である。

王国維は以前、中国における宮室建築の構造の発展のおおまかな趨勢についてつぎのように推測したことがある。すなわち、単純な部屋から外へと拡張して堂をなし、そうして前後の区分ができる。その脇を広げて部屋をつくり、あるいは堂の左右を拡げて廂とし、こうして左右の別があるようになる、と。(46) 構造よりみると、特大型家屋（F901）は、前に殿堂、後に居室、左右に廂房があり、あきらかに後世の「前堂後室」・「前朝後寝」・「左右有房」のたぐいの廟堂宮室建築の濫觴である。またその規模・尊卑等級・宗教的色彩からみて、それは後世の国家祭祀・議政・冊命・対策検討をする場、すなわち祭政一致の「大室」・「明堂」・「宗廟」の機能と同じである。戴震の『明堂考』には

王者は、而後に明堂有り、其の制は蓋し遠古より起こる。夏には世室と曰い、殷には重屋と曰い、周には明堂と曰う。三代相い因りて、名を異にするも実を同じうす（王者而後有明堂、其制蓋起于遠古。夏曰世室、殷曰重屋、周曰明堂。三代相因、異名同実）。

とある。いわゆる「世室」（つまり大室）は、たとえば『穀梁伝』文公十三年に、

大室は猶お世室のごときなり（大室猶世室也）。

とある。明堂の政治的・宗教的な機能については、『孟子』梁恵王章句下に、

夫れ明堂なる者は、王者の堂なり。王、王政を行なわんと欲せば、則ち之を毀つこと勿かれ（夫明堂者、王者之堂也。王欲行王政則勿毀之矣）。

とあり、『礼記』明堂位に、

昔者《むかし》、周公、諸侯を明堂の位に朝《ちょう》せしめ……（［昔者周公］朝諸侯于明堂［之位］）。

とあり、『淮南子』本経訓に、

堂の大きさは以て理文《りぶん》を周旋《しゅうせん》［政事や文書を取り扱う意］するに足り、静潔《せいけつ》にして以て上帝を享《きょう》し、鬼神を礼するに足り……（堂大足以周旋理文、静潔足以享上帝、礼鬼神……）。

とあり、高誘注に、

明堂は、王者の政を布く宮なり（明堂、王者布政之宮）。

とある。

大地湾の特大家屋（F901）の中央に位置する前堂（主室）は一三一㎡におよぶ。その面積からいうと、あきらかにそれは「大室」であるといえる。その後方には居室があって、南から北へと向いており、三つの正門がある。これより、それはまた「明堂」であるといえる。その地面には幾層もの特殊な処理が施され、硬く輝いていて凝っており、自然と「静潔にして以て上帝を享し、鬼神を礼するに足り（静潔足以享上帝、礼鬼神）」［『淮南子』本経訓］るという特殊な要求にかなっている。よって、行政の角度からいえば、それは当時の酋長・首領たちが会議を開き、政治を執る宮殿である。宗教祭祀の角度からいえば、それはまた、人びとが宗教祭祀の活動をする中心の廟堂である。家屋前の二列の柱は、各氏族の部落のトーテム柱をあらわす可能性があり、各宗族の旗を掲げる柱の可能性もある。そして二列の柱のまえに並べられている青石は、犠牲を捧げる祭台かもしれない。廟堂の大室（F901）を中心として形成される広場は、とうぜん重大な集団活動を挙行するさいに使用される神聖な空間でもある[47]。

大地湾の大型家屋（F901）は「明堂」の濫觴である可能性があると同時に、経済活動の中心でもある可能性がある。家屋（F901）のなかからは長方形の盒《ごう》一点、大小の抄《しょう》各一点、四耳罐《しじかん》一点・漏斗《ろうと》形器の蓋一点（図2―40）がみつかっている。盒・抄・鼎の形状・大小・容積にたいする研究分析は、それらがおそらく一セットの量器であることをはっきりとしめしている。後室では大陶瓮三点がみつかり、穀物を貯蔵するのに用いられたのであろう[48]。

【図２—40】　大地湾遺跡F901出土の陶器（劉莉『中国新石器時代』）

考古発掘の報告によると、大地湾第四期の聚落はいくつかの小区に分けられ、なかには面積がたいへん大きく、建築技術がたいへん高い大型家屋がみつかった小区もある。たとえば、第Ⅴ発掘区西部に位置する特大家屋（F405）は、室外に廂《ひさし》のある廊下がめぐらされ、敷地面積は約二三〇㎡、室内面積は約一五〇㎡である。私たちの分析によれば、こうした大家屋は七〇〇〇年前～六〇〇〇年前の姜寨では大家族の公舎で、いくつかの聚落では全聚落（つまり全氏族）が共有する公舎であった可能性がある。仰韶文化の中期・後期になると、家族—宗族構造の出現によって、かかる大家屋は宗族の公舎（つまり後世の宗族の祀堂）の濫觴となるようである。大地湾聚落がこのようないくつかの小区よりなる以上、それはいくつかの宗族よりなるということでもある。つまり大地湾全体は、ある強大な宗族を中心とした多くの同姓と同盟宗族の集まる宗邑の所在地である可能性があるのである。このように、中心区にある廟堂式の大家屋（F901）は、まず強大な宗族の中心で、同時に親族関係をもつ者がともに住む宗族同盟の中心でもあり、最後に、これらの宗族同盟をはじめとする部落や部落群（つまり首長制の中心）の中心でもある。というのも、先史時代から文明への転換期には、個々人のあいだの尊卑等級が出現するのみならず、親族関係をもつ氏族部落内で後世の大宗小宗に似た区別も萌芽し、はじめの強宗（すなわち宗族構造の主支）はその強大な軍事と経済の力量を後盾とし、部落神の直系の後裔であることを根拠として、部落全体の軍事指揮権・宗教祭祀権・「族権」を掌握するからである。それによってその所在地は、部落の政治・軍事・経済・宗教・文化の中心となるのである。かかる政治・経済の中心と宗廟の所在地は、周代の文献では「宗邑」とよばれる。以上の分析にもとづき、先史時代の「家族―宗族」の構造のうち、たとえば秦安大地湾の特大家屋（Ｆ901）を中核とする中心聚落と大汶口文化中晩期の中心聚落などは、いずれも「原始宗邑」とみなしうるのであり、それらは各聚落群（つまりいわゆる首長制）のなかで、祭祀の中心・管理の中心・軍事の指揮と防衛の中心などの、中心聚落（つまり原始宗邑）特有の機能を担っていたのである。

2　大河村・黄棟樹等遺跡の家庭と家族の建築物の組み合わせと構造

中心聚落形態期に各地では、中心聚落も普通聚落も、その聚落内の家屋の組合と構造がすでに以前と大きく異なっている。中心聚落（つまり原始宗邑）が出現したことによって、普通聚落（つまり一般の村落）が個々別々に有する環濠内の求心的な家屋配置は変更され、各聚落内の中心的広場の機能・役割は、中心聚落内の大廟堂とその広場に代替された。つまりかつては、ほぼ平等な農耕聚落形態段階において、聚落群内の個々の求心的環濠聚落同士には連合関係もあれば、平等で相互独立的な関係もあった。けれども、管理・宗教祭祀・文化の中心などとして独自に形成された中心的広場の機能は、いまや中心的聚落に「集中」する状況となったのである[49]。それによって中心聚落形態段階の聚落群内には、中心的聚落と付属聚落の連携関係が形づくられた。かかる改変過程で、中心聚落形態段階では、中心的聚落でも普通聚落でも、内部の家屋の組合と構造が一新された。つまり、相対的に独立した家庭と、拡大型の家庭・家族のむすびついた家屋の編成と構造が出現した。もちろんこうした構造はまた、各地の各文化類型がおかれた地形の相異と文化的伝統・生活習慣の相異によって多様な姿をしめす。

（一）大河村遺跡の家屋の組み合わせと構造

河南省鄭州大河村遺跡の第三期と第四期は、遺跡と遺物がもっとも豊富で、文化層の堆積がもっとも厚く、遺跡の面積は四〇余万㎡に達する。(50) ゆえに以前は一般に、中心聚落に列せられていた。(51) しかし馬新・斉濤はこう指摘する。いわゆる中心的聚落は、聚落の機能と地位にたいして認定されるのだが、それは単純に規模によって認定されるのではない。なぜなら、いくつかの中心的聚落は必ずしもその所在の聚落群内での規模が最大の聚落ではないからである。たとえば鄭州西山の仰韶文化晩期の古城聚落遺跡は一〇万㎡余りで、鄭洛地区の同時期の聚落のなかではせいぜい中程度の規模でしかなく、おそらくこれと同時期の鄭州大河村聚落遺跡は三〇万㎡近くに達する。ただし西山遺跡はおそらく中心的聚落で、大河村聚落遺跡はおそらく普通聚落であろう。前時代の聚落と比べ、この時代における聚落の発展の最大の特徴は、聚落の機能が改めて整合・集中することである。以前はほとんどすべての聚落がみな備えていた祭祀・管理・軍事防御の機能などは、現在ではしだいに多くの聚落から剝離し、中心的聚落特有の機能となってゆく……。上述の現象にもとづくと、目下発見されている同時期の大部分の聚落遺跡のうち、大型家屋・中心広場・祭壇を欠くものはみな普通聚落とみなしうると考えられる。つまり、たとえば三〇万㎡に達する大河村遺跡は、現在なお類似の遺跡が発見されていないことを鑑みても、せいぜい普通聚落と認定しうるにすぎない。(52)

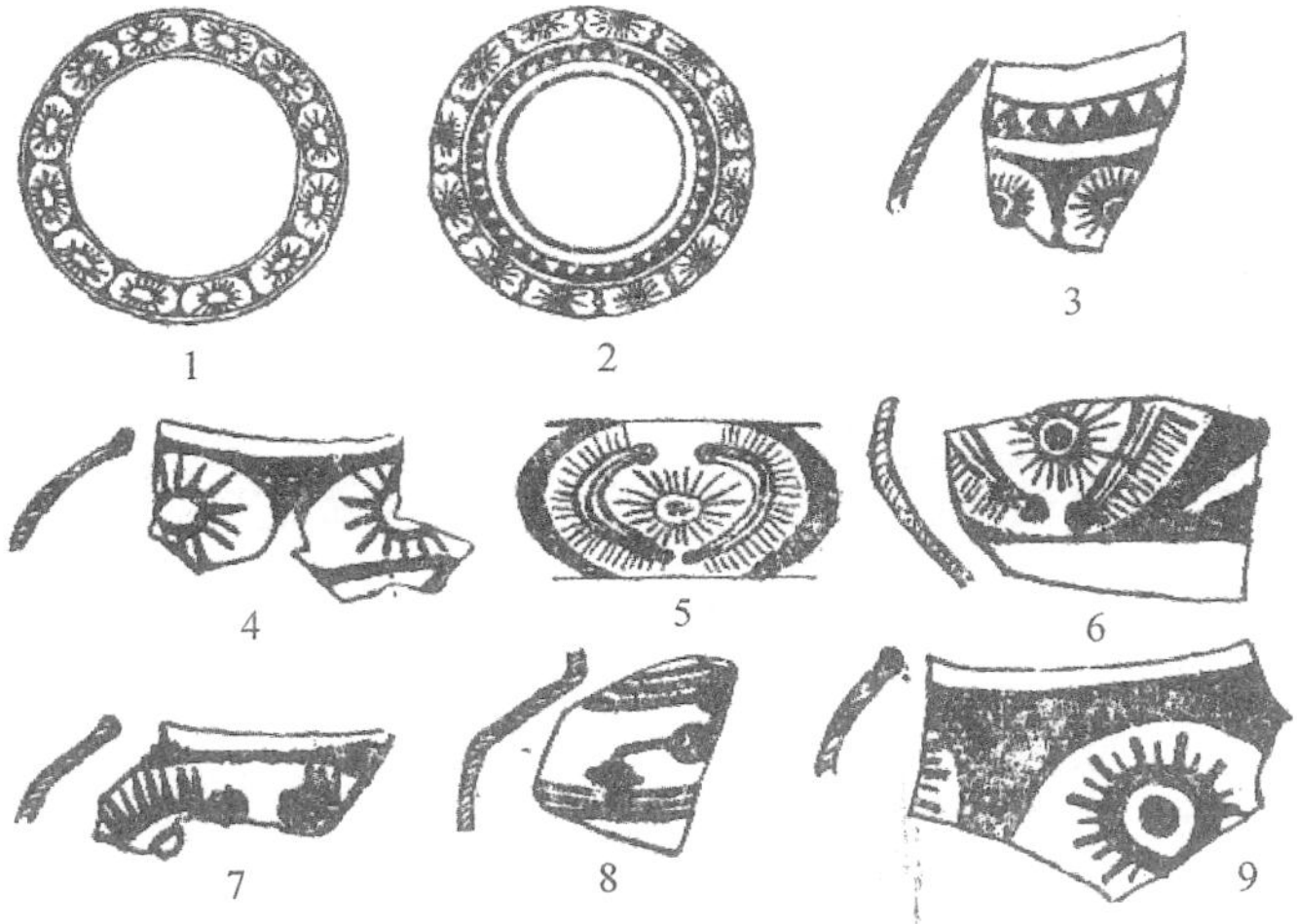

【図２―41】　大河村遺跡第三期出土の天文関連の彩陶図案（図１、２、５は許順湛『中原遠古文化』、図３、４、６～９は鄭州市文物考古研究所『鄭州大河村』）

中心聚落の特徴と機能について、馬新《ばしん》・斉濤《せいとう》の位置づけは、筆者のかつての位置づけと一致するものである。一九九〇年代のはじめに筆者はこう指摘したことがある。

聚落形態の発展は、社会形態の進化を具体的にあらわしていた。前時代における内外平等で、自主的で、求心的な聚落形態に比して、この時期の聚落にはすでにあきらかに分化があらわれている。かかる分化は、聚落のあいだでは、聚落の大小と機能上の顕著な変化としてあらわれ、中心聚落と半従属聚落のような異なる等級が出現した。中心聚落は、親族関係をふくむ聚落群のなかで政治・軍事・文化・宗教などの中心的な地位と機能を備え、同時に、貴族の集まる地でもある。半従属聚落の多くは一般の居住地で、いくつかは聚落群中の経済に専従する地域でもある。分化のもう一つの表現は、聚落内部の配置の変化と父系家族の相対的独立性の増大である(53)。

大河村遺跡の面積が四〇余万㎡におよぶことと、いくつかの天文天象と関係する彩陶図案が出土していることとを

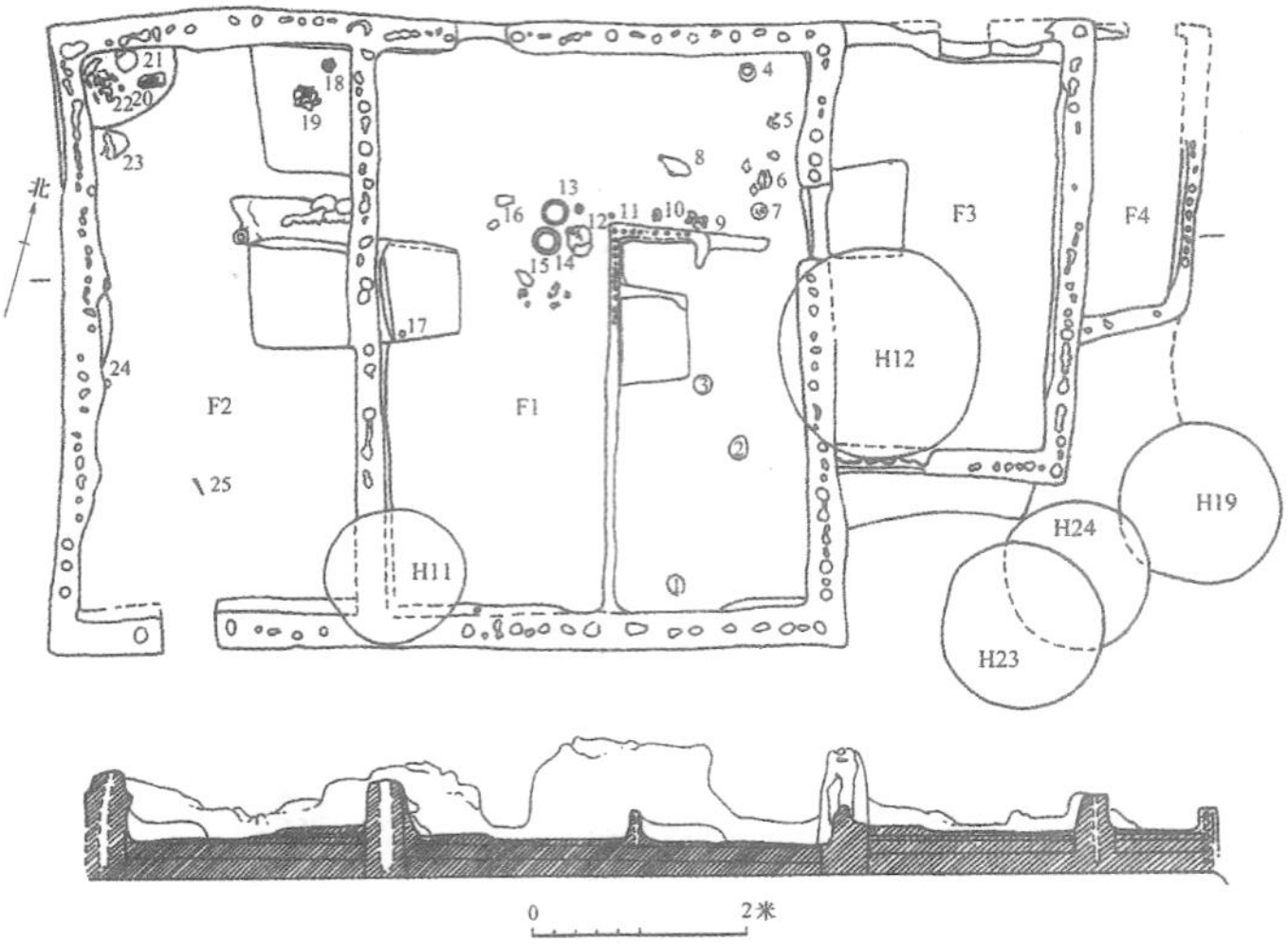

【図２—42】　大河村第三期 F1-F4（鄭州市文物考古研究所『鄭州大河村』）

照らし合わせてみると（図2—41）、この遺跡を説明するのはけっして容易でない。知られるように、天文暦法の掌握は普通聚落のなしうることではない。だがこの遺跡からは、貴族のたぐいの墓はみつからず、政治と宗教祭祀の中心であることを明示する遺跡現象も欠けている。よって馬新・斉濤が大河村遺跡を中心聚落遺跡とみなさないのも、ゆえなきことではないのである。大河村聚落の機能と地位の確定については、今後さらにこの学術的課題をたずさえつつ、補足的な発掘を進めることによって、解決してゆく必要がある。

　現在発見されている大河村聚落の家屋の構成と構造は、当時の聚落内の家庭の拡大と父系家族の相対的独立性が増す状況を反映していた。

　大河村遺跡では、二組二間の連なる家屋・一組四間の連なる部屋がみつかっているばかりでなく、単独の独立した住居もある。[54] 大河村第三期のＦ１～Ｆ４の家屋跡（図2—42）は、四間の連なる組合の家屋である。その構造と建築過程を分析すると、当時の家庭が拡大するさまをうまく説明できる。この四間が連なり東西に並列する家屋は、三回に分けて築かれている。最初に一号家屋（F１）と二号家屋（F２）を同時に建てた。あわせて一号家屋では一つの部屋を分け、一号家屋と二号家屋は一枚の隔壁を共用し、一号家屋は北と東に各々門があり、二号家屋は南に門がある。のちに一号家屋のそばに三号家屋（F３）を建てた。一号家屋の東壁は三号家屋との共用でもあり、同時に一号家屋の本来開いていた東門を閉じた。また三号家屋のそばに四号家屋（F４）を建てており、四号家屋は附属建築である。家屋内の遺跡・遺物の分布状況は以下のようである。すなわち、一号家屋・二号家屋・三号家屋と一号家屋内の部屋からはいずれも炉がみつかっている。ただし三号家屋と一号家屋の部屋では飲食を煮炊きするなどの生活の用具はみられず、煮炊用と飲食用の器物は、一号家屋の外側と二号家屋内に集中している。一号家屋外側から出土する鼎・壺・鉢・瓮・罐・豆・瓶などの陶器は、二十余点に達する。二号家屋からは四、五点が出土し、二号家屋の東北角の炉付近には罐があり、なかには炭化した穀物もある。

この四部屋が連なった家屋に対応する家庭構造の解釈については二説がある。第一。一組の父系家族の家屋であるとの説[55]。この父系の大家庭は、はじめは二部屋を建てたにすぎず、同時にそこの炉では別々に炊事をして食事もとっている。そのうち、一号家屋の面積は二号家屋より大きく（一号家屋は二〇．八㎡、二号家屋は一四．二㎡）、一号家屋の炊事道具も二号家屋よりはるかに多く、一号家屋には部屋もある。よって一号家屋とその小部屋は家長とその未婚の子女のすみかであり、二号家屋は既婚子女の住居・炊事場・食堂である。時がたつにつれ、子女は成人に成長し、妻をめとったり、婿をとったりし、そこでべつに三号家屋を建ててその住居とした。ひょっとすると父母の偏愛や、あるいは独立して生活する能力に限りがあるために、三号家屋の年若い夫婦は、兄夫婦とは異なり、経済的になお一つの単位を形成せず、彼らは収穫物を父母（つまり家長）の炉で煮炊きし、父母と一緒に食事していたのかもしれない。四号家屋は貯蔵室で、その門は四号家屋とぴたりと隣接する三号家屋・一号家屋同様、みな北壁にあり、三つの家屋の門が一列に並ぶ配置をなしており、二号家屋の門が南壁にあるのと顕著な対照をなしている。よって、この貯蔵室は一号家屋と三号家屋に属するものと考えられる。(56)

第二。大河村遺跡の家屋跡（Ｆ１～Ｆ４）のうち、Ｆ１とＦ２の門は逆向きである。これは、両者が相対的に独立した家庭単位で、兄弟関係にあり、兄と弟の独立した住居であることを物語る。のちにＦ１の家庭が発展するなか、子女が成人となるにつれ、またみずから室内の小部屋とＦ３を建てた。Ｆ１とＦ３は新しい一つの父系の大家庭、Ｆ２は独立した小家庭で、もちろんＦ１・Ｆ３とともに新しい家族関係をも形成した。(57)Ｆ１とＦ２の門が逆向きであることから、Ｆ１とＦ２が相対的に独立した兄弟関係にあるという可能性もある。

上述の二つの説は、Ｆ１とＦ３が父子関係にある、父系の大家庭であるとの共通認識をもつ。Ｆ１とＦ２が父子関係をもつのか、それとも兄弟関係をもつのかはともかく、Ｆ１・Ｆ２・Ｆ３が一つの家族に属する点はまちがいない。この家族は、相対的に独立しているだけでなく、連なって一体化してもいる、小家庭よりなる。

大河村遺跡のうち、Ｆ19とＦ20（図２―43）は、同時に建てられた東西に並列する二部屋一組の家屋でもある。Ｆ19の面積はやや小さく、七・五九㎡で、門は東向きであり、炉は家屋西北のすみにある。家屋のなかからは陶器・紡輪など、二二点の生活用品が出土している。Ｆ20の面積はＦ19の倍で、一五・二八㎡あり、門は南向きである。炉は家屋の中央よりやや東北のすみにある。家屋のかからは陶器が三十余点出土している。これは、二つの並列する家庭よりなる一家族であるともみられる。

大河村遺跡第三期には、Ｆ16・Ｆ46・Ｆ33のごとく、個々の家庭が独立して住んでいる家屋もいくつかみつかっている。Ｆ17とＦ18は二つの小部屋がセットになったものであるが、Ｆ17にはただ西向きの門のみがあり、Ｆ18と通じており、外に開かれた独自の門はない。よってＦ17とＦ18はじっさいには一つの家庭である（図２―44）。Ｆ17の面積

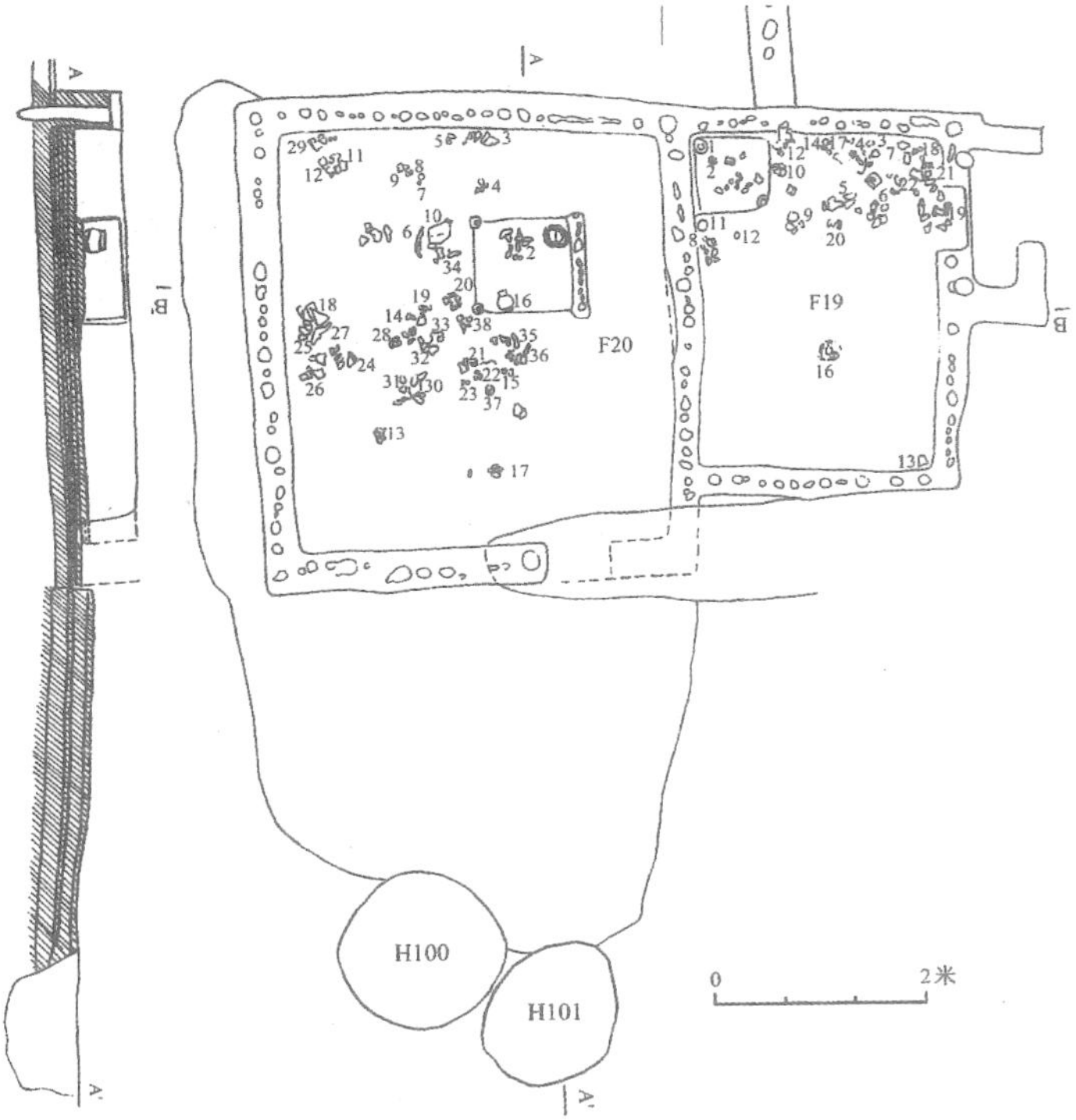

【図２―43】　大河村第三期 F19-F20 の平面図と断面図（鄭州市文物考古研究所『鄭州大河村』）

はたった五・五一㎡しかなく、炉もない。F18の面積は一七・五㎡で、屋内には炉があるはずであると考えられる。ただしF19は漢墓によって破壊されており、整理された範囲内から炉はみつかっていない。門の向きも不明で、南向きか西向きのはずであると推測される。

大河村聚落内のこれらの異なる類型の家屋の組合と構造は、つぎのように解釈しうる。すなわち、当時聚落内の社会組織の構造には、相対的に独立した家庭があり、それらの家庭が拡大した家族や、いくつかの家庭よりなる家族もある。考古学的発掘で出土したのは、残存したごく一部の家屋の建築状況だけであるが、それも当時の小家庭・大家庭・家族

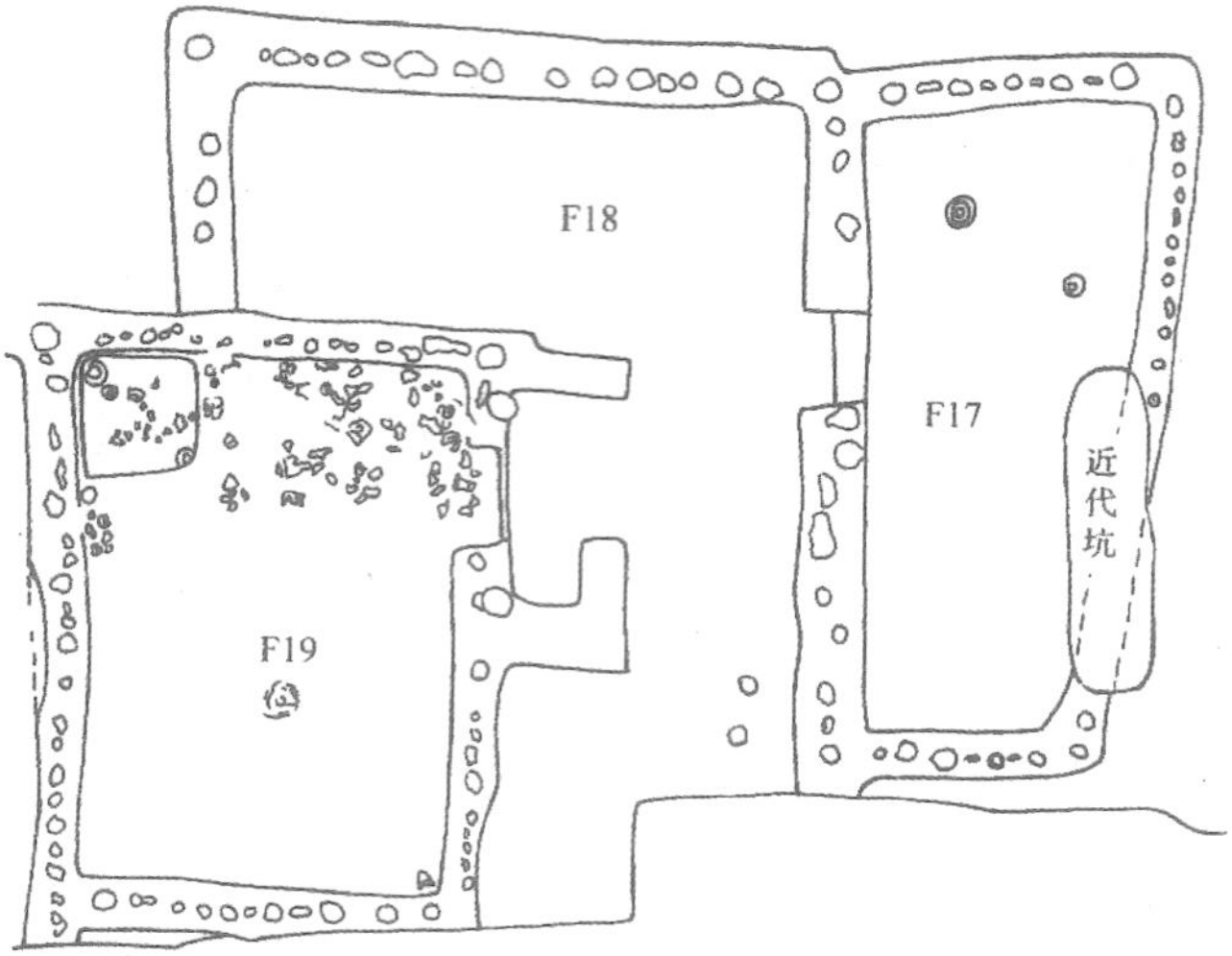

【図２―44】　大河村第三期F17-F18の平面図（鄭州市文物考古研究所『鄭州大河村』）

の生活状況と、聚落全体で父系家族の相対的独立性が増したことをしめしている。

（二）黄楝樹遺跡の宗族の院落式家屋

河南省淅川黄楝樹遺跡では、九〇〇㎡の範囲から、残存する家屋二五基よりなる庭院（図２―45）がみつかっている。黄楝樹聚落でみつかったこの庭院は、その西と西南の部分がすでに雨水によって壊されているため、家屋の総数を知ることはできない。院北側の列の東側家屋跡五基と並家《ならびや》［中国語で排房という。家屋がずらっと並ぶ形式］の家屋跡十七基はみな、比較的整った状態で保存されている。院の東北の角と東南の角の家屋跡も明瞭である。これによって、院落［塀で囲まれた住宅］全体のおおよその輪郭をうかがうことができる。二五基の家屋のうち、Ｆ28は院のなかに独立して建てられ、Ｆ10とＦ31は庭院の東北と東南の角を形づくっている。その残りの家屋二二基はそれぞれ庭院の北と東の並家をなす。これらの家屋は、単室と双室の二種類に分けられる。単室の面積は多くが一二・三～一三・五㎡

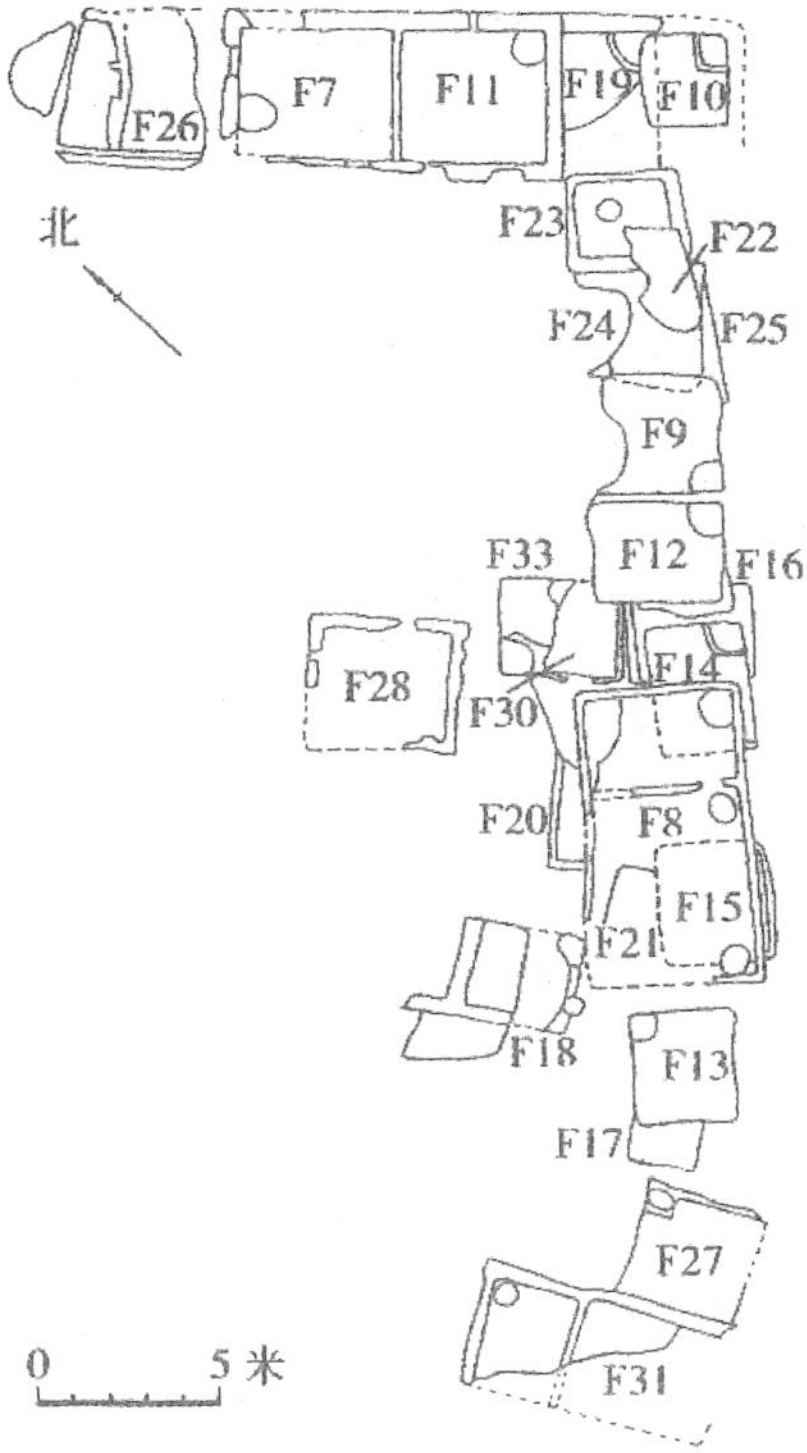

【図２―45】　黄棟樹遺跡の並家式住宅平面図
（『華夏考古』1990年第３期）

で、まれに小さいものはわずか六・三六㎡、大きいものは一六・八㎡である。双室家屋の面積は十数㎡～数十㎡とさまざまである。各室はみな壁のすみや壁近くに炉が設けられ、まれに三炉をもつものもある。(58)

黄棟樹遺跡のこの住宅には、家屋が二五基現存している。かりに庭院の三辺か四辺にみな並家が建てられておれば、もともとの家屋の総数は三十～四十基となり、その人口は一〇〇人以上となろう。よってこれは一つの宗族であろう。中心聚落段階では、中心聚落でも普通聚落でも、聚落内の家族の相対的独立性が増すものである。だが黄棟樹聚落では、各家族が並家《ならびや》形式で一住宅内に緊密に住んでいることが明示されている。並家は南方地域の一つの特徴と文化的伝統である。たとえば屈家嶺文化の湖北省応城門板湾遺跡には並家建築がある。(59) 安徽省蒙城尉遅寺聚落も並家を組み合わせた各家族よりなる。(60) 淅川下王崗の仰韶文化第三期には、単室と双室よりなる三二室におよぶ長屋《ながや》の並家があり、(61) 黄棟樹遺跡住宅内の並家が当地の文化的伝統と住宅習慣に淵源することがさらに明示されている。

第四節　蒙城尉遅寺の環濠聚落の社会形態

1　尉遅寺遺跡の並家と墓年代の関係

安徽省蒙城尉遅寺の環濠聚落遺跡は、近年来の中国考古発見上の重要な成果で、学界に注目されている。尉遅寺環濠聚落からは、大汶口文化晩期の十四列・十八組・七三室の同時期の家屋と、(62) 二八九基の大汶口文化晩期墓、「」二例と「」八例、他の形状の図像文字、さらに祭祀広場・祭祀坑・大量の灰坑などの遺跡がみつかっている。(63)『蒙城尉遅寺』の発掘報告によると、この家屋七三、墓二八九と、「」・「」などの図像文字は、同一時期のものではない。「住人の墓区の問題」について、『蒙城尉遅寺』（第二部）発掘報告には、

建築物と同時期の地層では、まだ建築物と共存する他の遺跡、たとえば生活作業場・陶器焼成遺跡・墓などはみつかっていない。つまり、環濠内のこれらの住人が、室内で正常な日常生活をする以外に、それと関連するその他の活動（たとえば石器・骨器・蚌器の製作や、陶器の焼成など）をする場所はまだみつかっていない。とくに居住者の墓地についてはまったくわからない。発見された墓はみな建築遺存より遅く、たとえもっとも古い墓であっても、紅焼土《こうしょうど》［焼けて赤みがかった土。人工的な土なので遺跡特定の手掛かりとなる］の堆積層と打破関係［先行する遺跡が後世の遺跡によって破壊されているばあい、その両者の関係を中国考古学の専門用語で打破関係とよぶ］にある。この人びとは死後どこに埋められたのか。私たちは、発掘とともに、環濠外部にも詳細なボーリング調査を行ない、相当な範囲にみな文化層の存在があることをみつけた。その厚さは場所によって二〇～三〇㎝であったり、

五〇㎝以上であったりし、家屋の住人の活動区域が環濠外の相当広大な範囲におよぶことがわかる。これより、家屋と同時期の墓はおそらく環濠の外に分布していると判断される。(64)

とある。「墓主の住居の問題」については、『蒙城尉遅寺』（第二部）の発掘報告に、

環濠と墓とが同時期である地層からは結局、建築物に関わる遺跡はみつかっておらず、それは当該時期の単純な墓区にちがいない。では、これらの墓の墓主が生前どこに住んでいるのかというと、目下未解決の謎である。上層の龍山文化の建築の痕跡よりみると、やはり大汶口時期の住居の風格に沿ったものである。すると、龍山文化期よりも早く、または下層の紅焼製の並家よりも遅い人びとが住んでいるのも、紅焼土の建築物のはずである。この謎もせいぜい環濠の外側に行って解決できるにすぎない。(65)

とある。

遺跡内の各単位の地層の打破関係から、相互のあいだの年代関係を確定することは、考古学のもっとも基本的な方法手段である。尉遅寺の環濠聚落のうち、一部の墓が家屋建築より少し遅く、また一部の墓が家屋の建築年代よりかなり遅いことは、いずれも事実である。だが家屋の建築年代より下葬年代の遅いこれらの墓主が、当該聚落に住んだことのある人びとと仲間でないとは限らない。尉遅寺遺跡の第一部の発掘報告『蒙城尉遅寺――皖北新石器時代聚落遺存的発掘与研究』によると、四十余基の墓は並家と同時期である。たとえば発掘報告には、

地層関係を主として、各層の遺跡の関係とおもな器物の組合・特徴・変化を帰納すると、尉遅寺大汶口文化晩期の遺存は三つの連続する発展段階に分けられる。第一段。おもに並家建築土台の下の堆積であり……地層と対応する遺跡にF2とF6がある。灰坑にはH15・H16……計九基がふくまれる。墓にはM47・M51……計六基がふくまれる。……第二段。Ⅰ区とⅡ区の第七層・第八層と、Ⅲ区とⅣ区の第六層・第七層、そしてこれらの地層の

下に開けられた灰坑墓と、第Ⅰ区第一層の下と、Ⅲ区・Ⅳ区第六層の下に開けられた並家の建築土台がふくまれる。これらの灰坑は、H03・H04……計十三基ある。墓には、M1～M7・M13……など三八基がふくまれる。第二段から明るみに出ている遺跡のイメージは豊かで、そのなかには灰坑三三基と墓四十基がふくまれ、もっともおもな遺跡のイメージは、さらけ出されている大面積の並家の建築土台である。……上述の四十基の墓のうち、竪穴土坑墓は計十六基あり、M5・M6・M138以外に、そのほかの十三基にはひとしく副葬品があり、もっとも多いのは十余点に達し、もっとも少ないものは一点である。残りはみな瓮棺葬で、副葬品の数には多寡があるが、差は大きくない。副葬品の数はなお墓主の社会的地位の格差を反映してはいない。かかる特徴は、並家の建築物より出土した器物の特徴ときわめて似ているところがある。(66)

とある。

第一部の発掘報告によると、第二段には墓四十基と灰坑十三基があり、並家と同時期のものである。このほか、第三段に区分される墓は、家屋の建築年代よりやや遅いとはいえ、そのなかの一部の墓主は並家を建てた者であってもよい。つまり、まず家屋が建てられ、家屋を建てた者がそのなかで数年生活したのちに死去し、そののちに環濠聚落内の家屋外の空地に埋葬される。このように、これらの墓は聚落内の文化層と打破関係にあるとはいえ、当該墓の墓主と家屋を建てた者が仲間である可能性は排除できない。また第三段の墓主がはじめに家屋を建てた者の子孫である可能性もある。

加えて、もう一つの重要な現象も考慮せずにはおれない。それは、十四列・十八組・七三室の同時期の家屋が、一度に整然とした規格のもとで建てられていることである。環濠聚落内に埋葬された墓二八九基は、総数は多くないとはいえないが、十基が家屋と打破関係を生ずるのみである。またそれらはおもに塹壕付近の東端と西端に位置する。たとえば七号土台にはF33、十号土台上にはF42、十一号土台上にはF44・F46・F47がある。そのうちF44内のM215は、「」を刻む大口尊を葬具とする瓮棺葬で、家屋内に意識的に埋葬されたものであろう。F44付近のF46内のM217も、家屋とは打破関係にない。かりに第三段の墓が、当該聚落廃棄後に聚落外の人びとが自身の墓地として用いたものであるとすれば、当該墓がこれらの並家と幅広い打破関係にあるか否かといった問題を考える必要は皆無であり、もちろんそれが十四列・十八組・七三室の家屋と二八九基の墓とのあいだに出現することもないであろう。ただまばらにいくつかの打破関係があるのみで、全体的には並家と周辺の墓の分布にはむしろ整然とした秩序があったことになる。

最後につぎの点を提起しておきたい。すなわち尉遅寺環濠遺跡には、家屋・灰坑・祭祀坑・墓のあらゆる大汶口文化遺存がふくまれ、みな大汶口文化晩期に属する。それはまた第一段～第三段に分けられるけれども、当該三段同士の陶器の形状変化は小さい。かくも小さい相異ゆえに、それらの墓地は、家屋が廃棄され環濠内の並家居住者の逃亡後に、環濠外からべつの人びとが到来して作ったものであるとはいいがたい。

以上の分析にかりにいくらかの妥当性があるとすると、尉遅寺聚落内の並家と墓の関係にはべつの可能性もあることになる。すなわち、当該聚落内には少なくとも並家とほぼ同時期の墓四十基がある。またこれらとはべつに、多くの墓は並家の建築年代よりやや遅いとはいえ、墓主もかつて並家に住んでいた人とその子孫であるはずである。これらの子孫と並家を建てた者は祖先―子孫の関係にあり、同一氏族の人である。

以上の認識にもとづくと、尉遅寺聚落遺跡内の家屋・墓・灰坑・祭祀坑などの資料は、一つの大きな時間的枠組内に置かれ、総合的に利用され、統一的に捉えられると考えられる。このほかに、たとえ上述の推論に誤りがあり、尉遅寺聚落内の家屋と墓がもともと異なる二つの時代に属するとしても、発掘報告によると、並家と墓が反映する社会の不平等、すなわち社会の複雑化の程度は一致するものである。よって、尉遅寺聚落の社会類型を論ずるさいには、家屋と墓の二方面の材料を統一的に使用することも可能であろう。

2　尉遅寺聚落の組織構造と社会類型

尉遅寺遺跡は、現在のところ、発見・発掘によって得られた大汶口文化聚落のなかでも、配置がもっとも明確で、もっとも完全な状態で発掘された貴重な資料である。図2―46のしめすごとく、当該遺跡の環濠内には十四列・十八組・七三室の同一時期の家屋が分布している。そのうち十二列・十三組、計五二室は西北―東南向きになっており、二列・五組、計八室は西南―東北向きになっている。並家のなかでも、もっとも多いものは、十三室もの部屋が連続しており（五号土台のF37―F63）、ほかに二、三、四、五、六連続のものなどがある。

この十四列・十八組の並家の組合をさらに区分すると、またいくつかの異なる層の単位に分けられる。そのなかでもっとも基本的なのは、並家のなかで、カマドのある単室家屋によってしめされる核心家庭である〔日本語では一般に「核家族」と訳される。しかし本書では「家庭」と「家族」の語を厳密に使い分けているため、「核心家庭〔核家族〕」とする〕。

尉遅寺聚落のなかの家屋は、面積の大小とカマドの有無によって二種類に分けられる。カマドのある家屋の使用面積は一般に一〇㎡以上で、全聚落内に約五八室ある。(67) かかる家屋は部屋ごとに単独の門があり、家屋内から出土した器物は一般に二十点～三十点で、もっとも多いものは八十余点に達し（たとえばF33）、少ないものも十余点ある（たとえばF10）。家屋内の日用陶器には炊煮器・飲食器・容器がふくまれ、種類はそろっており、家屋ごとにほとんどみな生産道具があるといえる。かかる家屋の面積には若干違いがあるけれども、その構造・設備・出土器物より推すに、こうした家屋に居住した可能性がもっとも高いのは、生産・消費の相対的に独立した核心家庭〔核家族〕で、その核心家庭〔核家族〕の人口は三～四人である。(68)

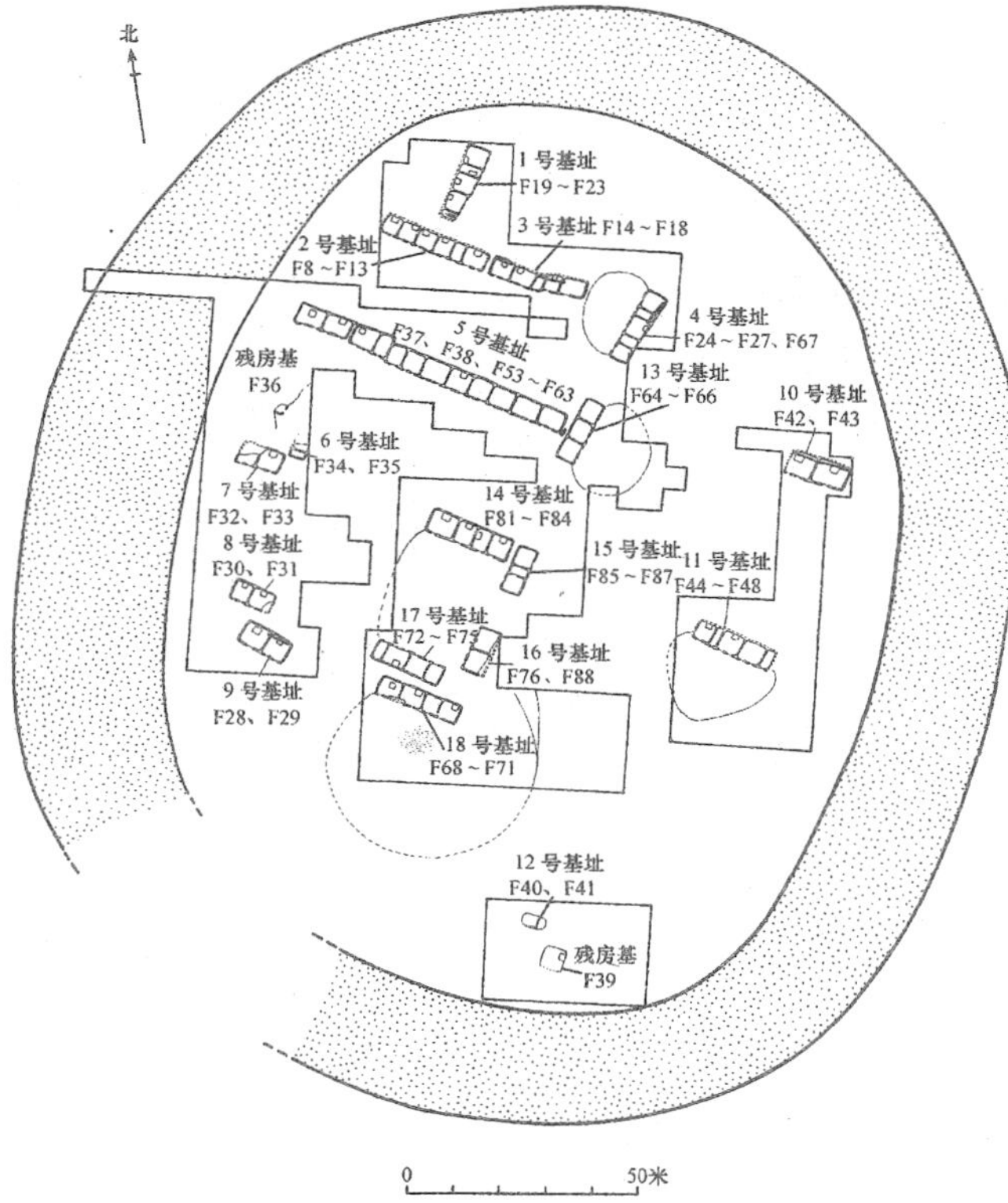

【図２—46】 尉遅寺環濠聚落の平面図（『蒙城尉遅寺』第二部）

尉遅寺聚落のなかで、カマドのない家屋は、面積が一般に四～五㎡しかない小部屋である。かかる小部屋には独立した門があるけれども、室内にカマドはなく、地面の加工もやや粗く、家屋内の遺物は相対的に少なく、日用の陶器は少なく、生産道具も少ないか、みあたらない。小部屋のなかには（たとえば一号土台のF19とF22。図2—46）、居住面に長方形の浅い窯がみつかっているものもある。発掘者は、このカマドのない小部屋は貯蔵室として使用されたものであると考えており、あわせて「いくつかの家屋跡よりなる土台の列ごとに、ほとんどみな貯蔵に用いられる性質の小部屋跡がある。

そのなかで出土した器物はきわめて少なく、穀物と関係する遺存もまだみつかっておらず、当該並家土台の公的な貯蔵部屋かもしれない」と指摘している。(69) 案ずるに、この見解は理にかなうものである。

上述した核心家庭［核家族］よりうえの、家屋の組合の単位もいくつかの層に区分できる。その一つ目は、二つの並列する家屋、つまり二つの並列する家庭よりなる「兄弟家庭」である。たとえばF28とF29（図2―47）、F30とF31、F32とF33、F42とF43、F85とF87、F76とF88などである。

二つ目は、列内の三室以上の家屋が一組をなし、一つの大家庭（あるいは小家族とよばれる）をなしうるものである。たとえば一号建築の土台のF19～F23（図2―48、図2―49）、二号土台のF8～F13、三号土台のF14～F18、四号土台のF24～F27・F67、五号土台のF37・F38・F53・F54・F55、五号土台のF56～F63、十一号土台のF44～F48、十三号土台のF64～F66、十四号土台のF81～F84、十七号土台のF72～F75、十八号土台のF68～F71などである。このほかに、それら「兄弟家庭」のうち、比較的近い二組の「兄弟家庭」によっても、一つの大家庭（小家族）を構成しうる。たとえば九号土台のF28・F29と九号土台のF30・F31の四家庭は、一つの大家庭（小家族）である可能性があり、七号土台のF32・F33と六号土台のF34・F35・F36も、一つの大家庭（小家族）である可能性がある。

三つ目は、いくつかの大家庭（小家族）よりなる大家族である。たとえば二号土台F8～F13の、一つの大家庭（小家族）は、同列の三号土台F14～F18の大家族（小家族）とともに、一つの大家族をなしうる。五号土台F37～F55の大家庭（小家族）は、同列のF53～F63の大家庭（小家族）とともに、べつの一つの大家族（図2―50）をもなしうる。

四つ目は、いくつかの大家庭と大家族よりなる宗族の単位である。たとえば図2―46のなかで、聚落の最北部に位置する一号・二号・三号・四号・五号と十三号の建築土台は、相対的に独立した宗族単位を構成しうるのであり、筆者はこれを北側宗族とよぶ。また六号・七号・八号・九号・十四号・十五号・十六号・十七号・十八号の建築土台は、

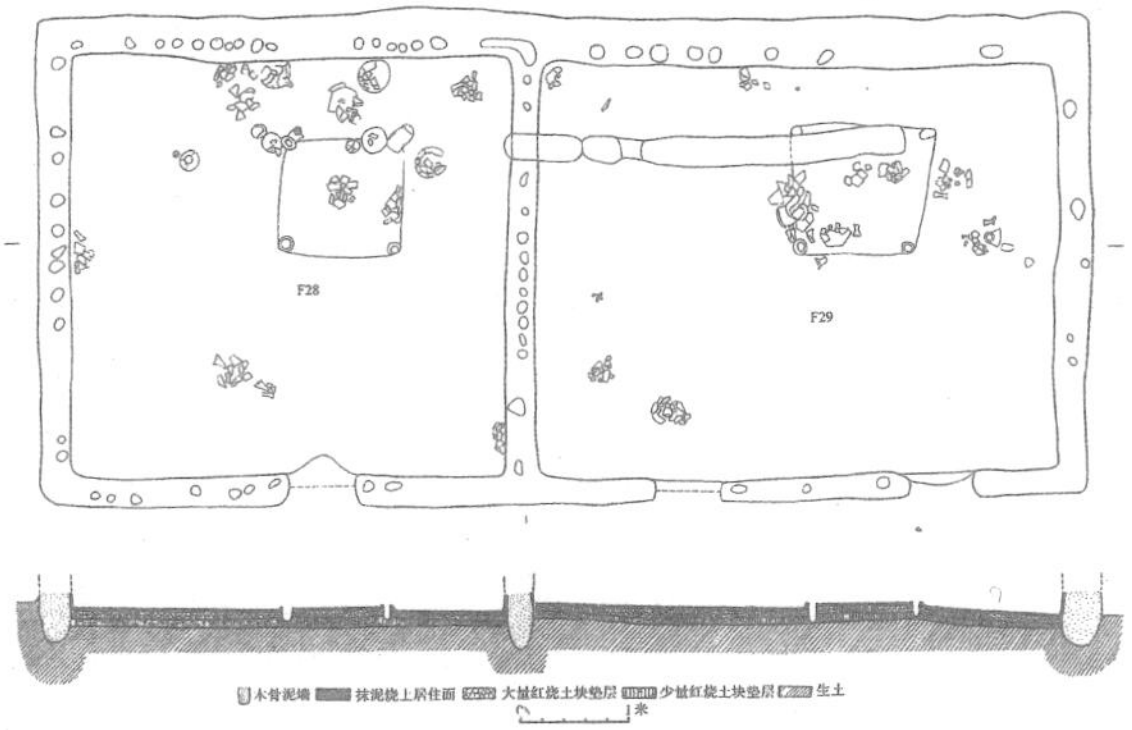

【図２―47】　尉遅寺 F28-F29 家屋基礎跡の平面図・断面図（『蒙城尉遅寺』）

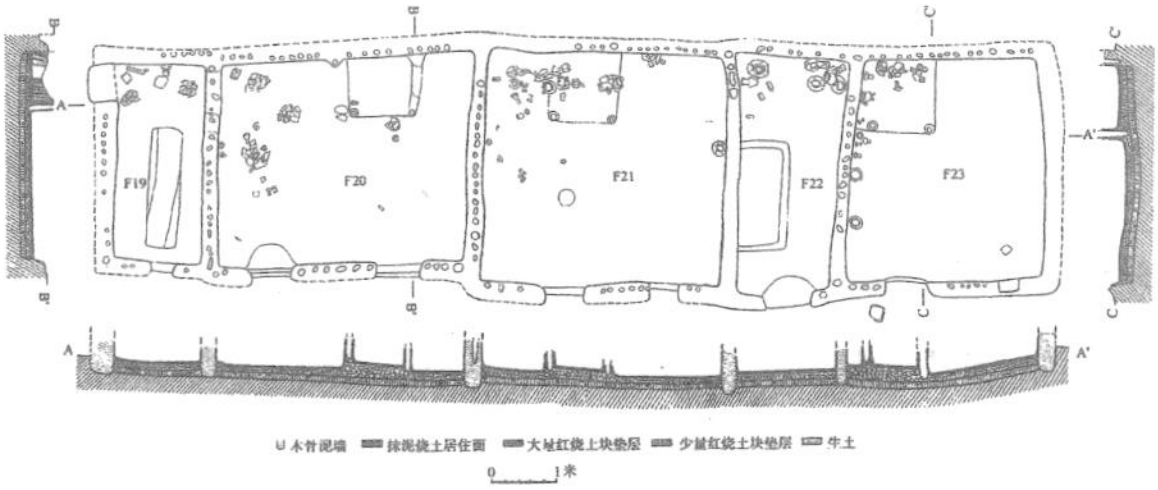

【図２―48】　尉遅寺 F19-F23 家屋基礎跡の平面図・断面図（『蒙城尉遅寺』）

【図２―49】　尉遅寺 F19-F23 家屋基礎跡の復元図（『蒙城尉遅寺』）

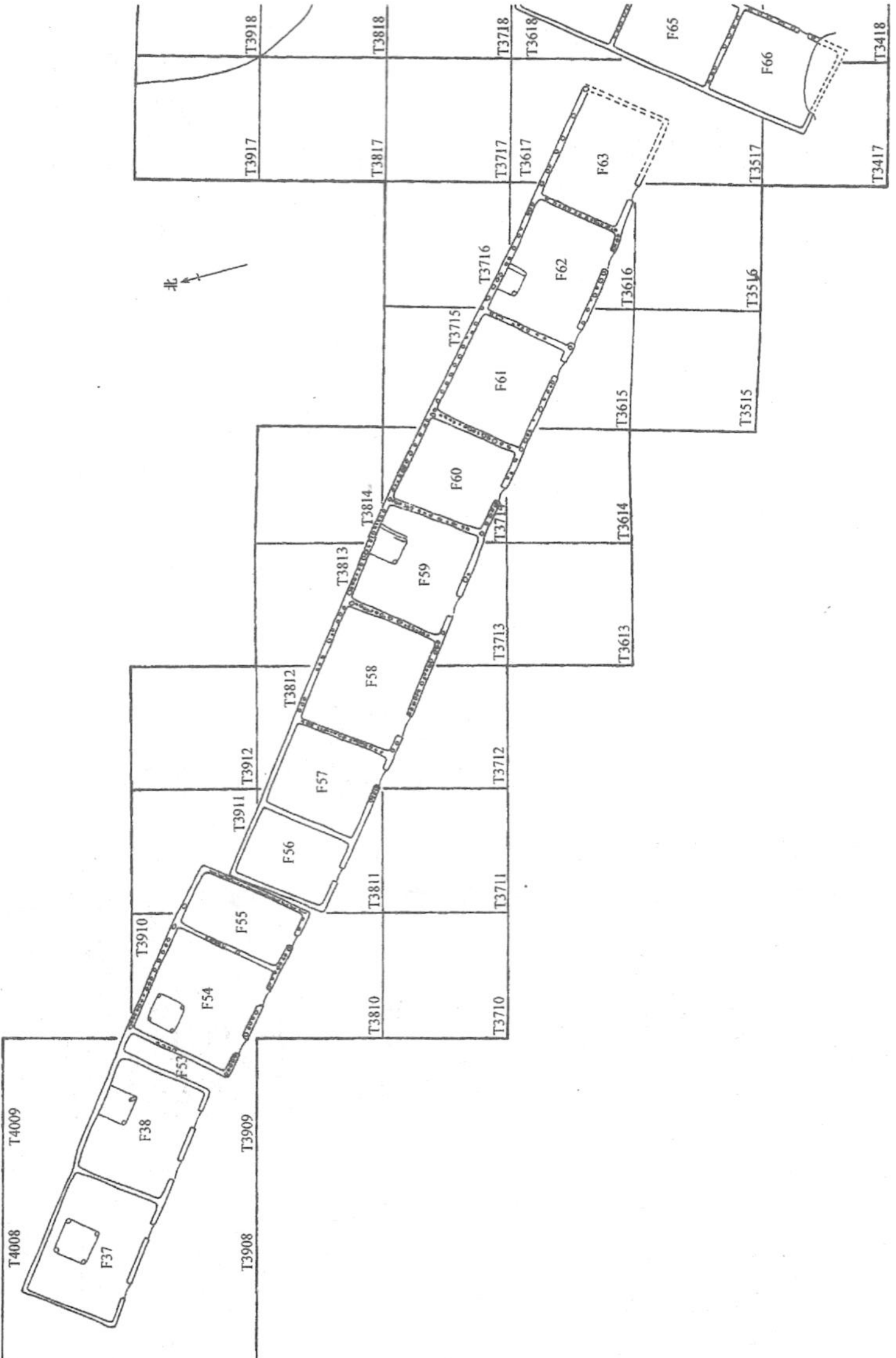

【図２―50】　５号建築基礎跡内の13の部屋よりなる大家族並家（『蒙城尉遅寺』）

べつの相対的に独立した宗族の単位を構成しうるのであり、筆者はこれを南側宗族とよぶ。聚落全体はおそらくこの南北二つの宗族よりなる。この二つの宗族単位のほかに、東部に位置する十号土台（F42～F43）・十一号土台（F44～F48）と、最南部に位置する十二号土台（F39～F41）は、その家屋の部屋数が少なすぎるため、それらをも相対的に独立した宗族単位とはみなしがたい。それらは親族関係上おそらくそれぞれ南北二つの宗族に隷属し、ただなんらかの原因によって本宗族と分かれて住んでいるにすぎない。

以上の分析により、尉遅寺聚落内の家庭と社会組織の構造については、つぎのように描写しうる。もっとも基層となるのは核心家庭［核家族］である。核心家庭［核家族］以外には、二つの部屋よりなる兄弟の家庭があるが、それはなお一つの社会組織をなしてはいない。核心家庭［核家族］よりもうえは大家庭（小家族）と大家族である。家族よりもうえは若干の近親家族の連合による宗族で、尉遅寺聚落全体には少なくとも二つの宗族がある。

尉遅寺聚落の社会組織構造ははっきりとしているものである。では、その社会の複雑化の発展の度合はまたどのようなものなのか。これついては、家屋建築の大小・規格と、屋内の物品状況と墓の副葬品などの状況から考察をすすめることができる。

まず尉遅寺聚落の人口について。尉遅寺聚落内に同時に存在する家屋は七三ある。先述したように、そのなかに炉もなければ空間も小さく、たんに貯蔵室として使用される小部屋のみがあるものを除くと、一〇㎡以上のもので、核心家庭［核家族］が使用する家屋としては、約五八室がある。発掘者の研究によると、一〇㎡の家屋には、家屋ごとに人口が三～四人おり、五八室で計一七四人～二三二人となる。いくつかの大きい家屋に住む人口が四人以上であろうこと、いくつかの一〇㎡以下の小部屋にも人が住んでいる可能性があること、いくつかの家屋がすでに破壊され、全聚落の同一時期の本来の家屋総数が七三室以上であろうことを考慮すると、尉遅寺聚落のじっさいの人口は三〇〇余人

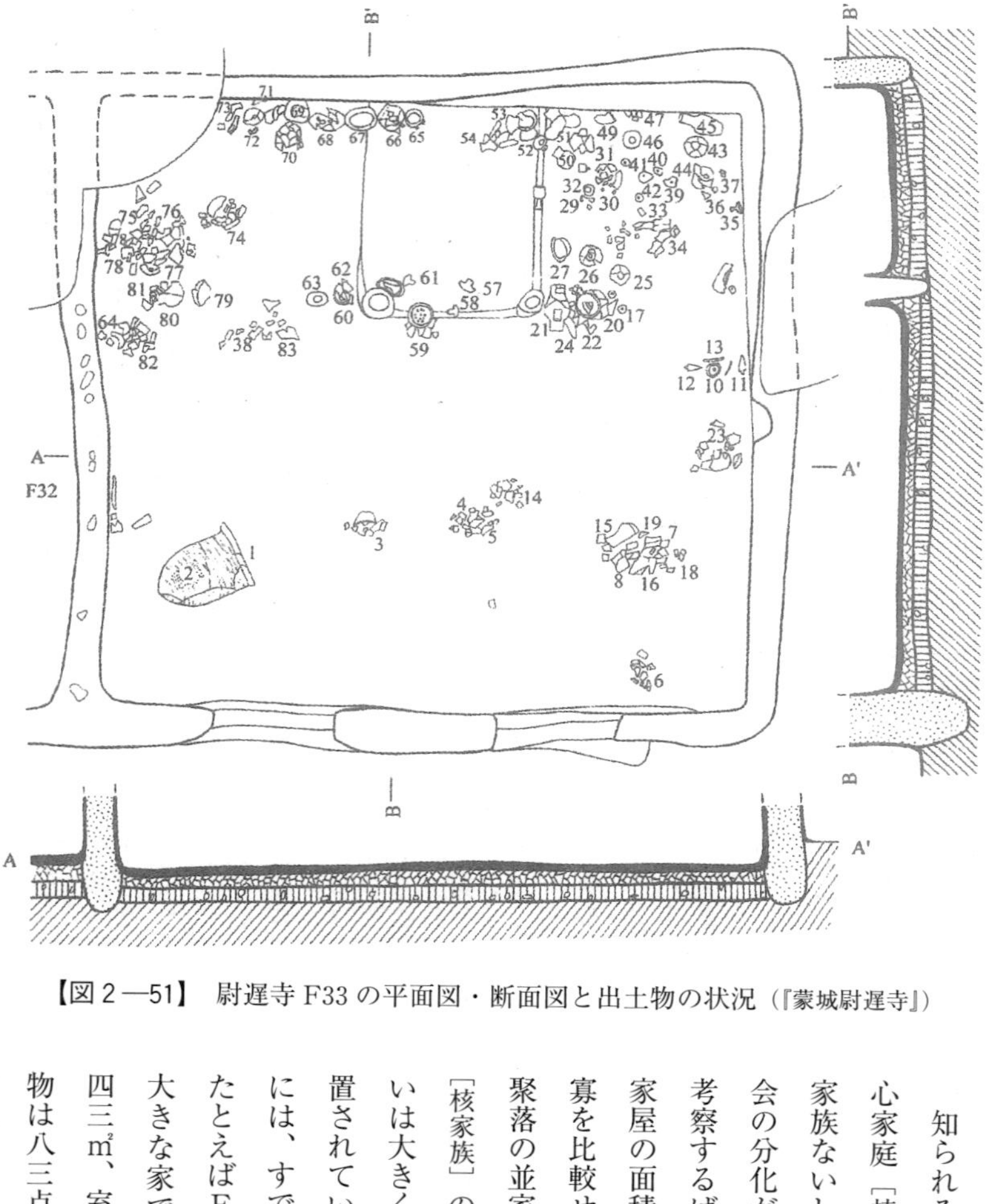

【図2―51】　尉遅寺F33の平面図・断面図と出土物の状況（『蒙城尉遅寺』）

に達するであろう。[70]

知られるように、聚落内の各核心家庭［核家族］のあいだと、各家族ないし二宗族のあいだに、社会の分化が出現しているか否かを考察するばあいには、それぞれの家屋の面積の大小と出土器物の多寡を比較せねばならない。尉遅寺聚落の並家内における各核心家庭［核家族］の住居の規格と面積の違いは大きくないものの、室内に安置されている陶器などの生活用品には、すでに多寡の違いがある。たとえばF33（図2―51）は比較的大きな家で、家屋の面積は一七・四三㎡、室内に安置されている器物は八三点に達し（図2―52）、鼎十八点・罐十点・陶杯十四点・鬹

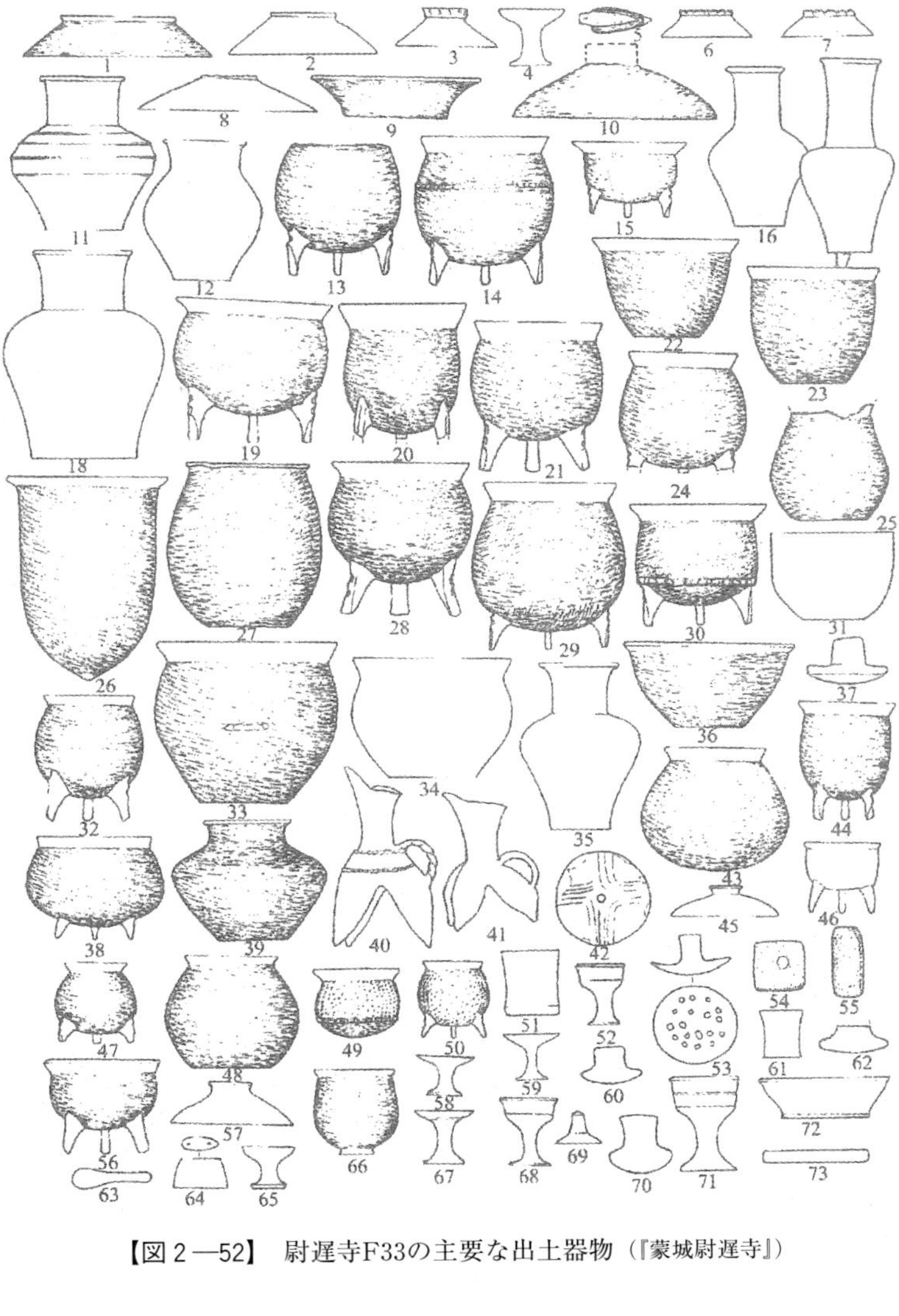

【図２―52】　尉遅寺F33の主要な出土器物（『蒙城尉遅寺』）

二点・大口尊一点・陶紡輪五点・陶拍四点・石鉞一点・石製手斧一点をふくむ。これは、聚落内の核心家庭［核家族］のなかでも、出土器物がもっとも多い家屋である。F37も比較的大きな家屋で、面積は十七・七一㎡であり、居住面には遺物六七点があり、鼎五点・罐八点・陶杯二一点・大口尊一点・陶拍二点・陶紡輪五点・石鉞一点・石斧一点・石製手斧五点をふくむ。F31の面積は十四・七八㎡で、出土器物は四三点であり、鼎九点・罐七点・杯八点をふくむ。ただし数点の器物しか出土していない家屋もいくつもある。たとえばF10の面積は十二・七四㎡、屋内の出土器物は十点で、おもにカマドの台上に集中し、鼎三点・罐一点・壺一点・盆一点・鉢一点・石製手斧二点がある。F11（図2―53）の面積は十一・〇二㎡で、屋内の出土器物は八点あり、おもにカマドの台付近に集中し、鼎一点・壺一点・瓶一点・器蓋二点・陶紡輪一点・骨簪一点・蚌製の刀一点がある。屋内の居住面に分布する器物の少ないF11と、比較的多いF33・F37・F31を比較すると、両者の差は一目瞭然である。

尉遅寺遺跡における各家屋の陶器数の分布について、発掘者は地理情報システムを運用して統計と分析を行なった。図2―54がしめすように、〇点～十一点、十二点～三三点、三四点～七九点の三等級の分け方によれば、並家ごとの各家屋同士の差異を看取でき、また宗族ごとの器物の差異も看取できる。さらに南北二つの異なる宗族同士のわずかな差異さえも看取できる。たとえば三四点～七九点の器物が出土した家屋は、南側宗族には三室、北側宗族には一室ある。また〇点～十一点の器物しか出土していない家屋は、貯蔵室以外に、南側宗族では六室、北側宗族では十五室ある。では、聚落の各家屋内に安置された器物のこのような差異を結局どうみるのか。差異の背後には結局どのような観念と現実が反映されていたのか。ここでは試みにこの点を分析する。

家屋内になぜかくも多くの器物が残されうるのかは、家屋がいかなる状況下で廃棄されたかと関わるものである。尉遅寺の第一部発掘報告書は、尉遅寺家屋跡の陶器・骨器・蚌器の多くには焼かれた痕跡があり、家屋の廃棄の直接

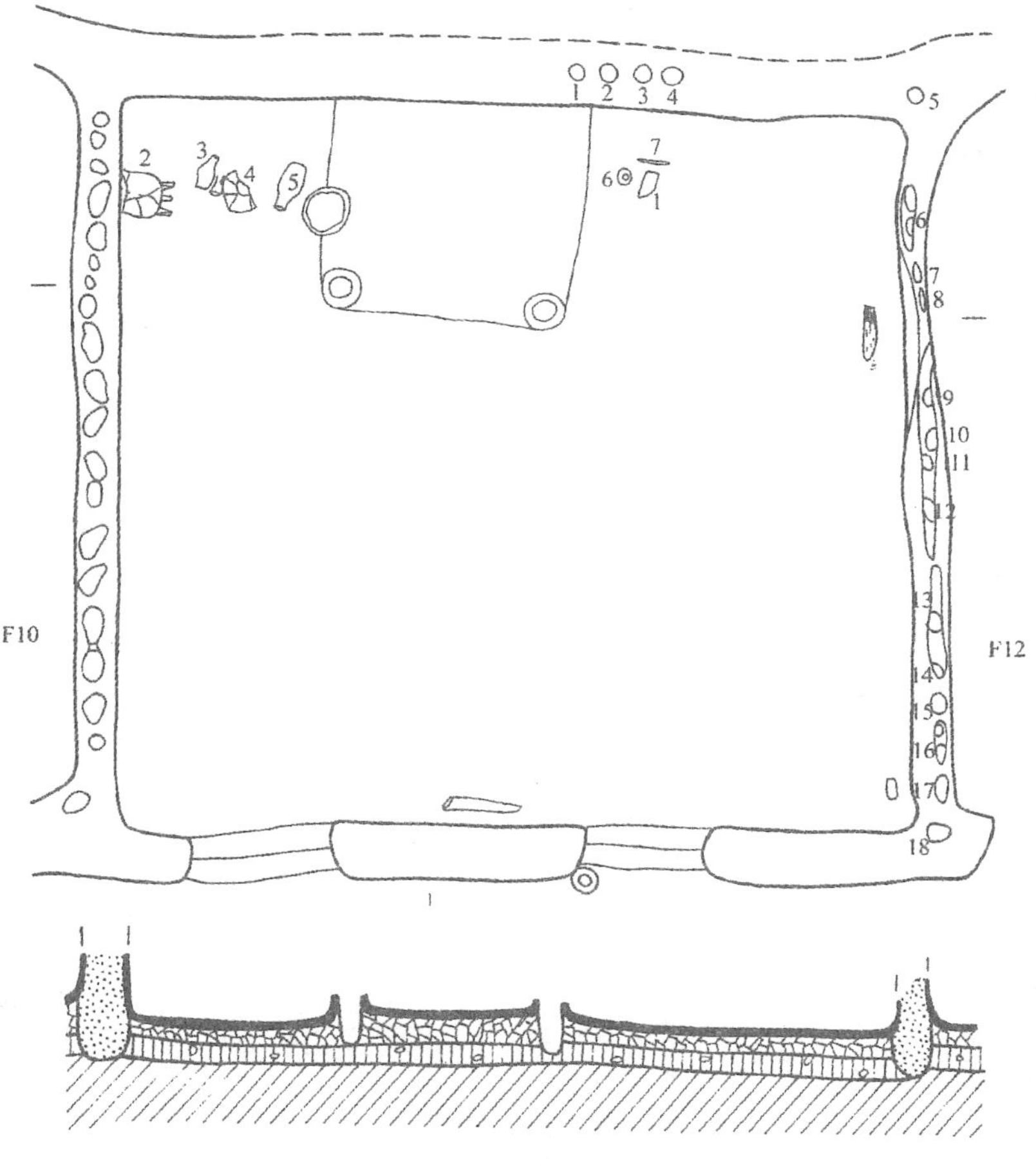

【図2―53】　尉遅寺F11の平面図・断面図と出土物の状況（『蒙城尉遅寺』）

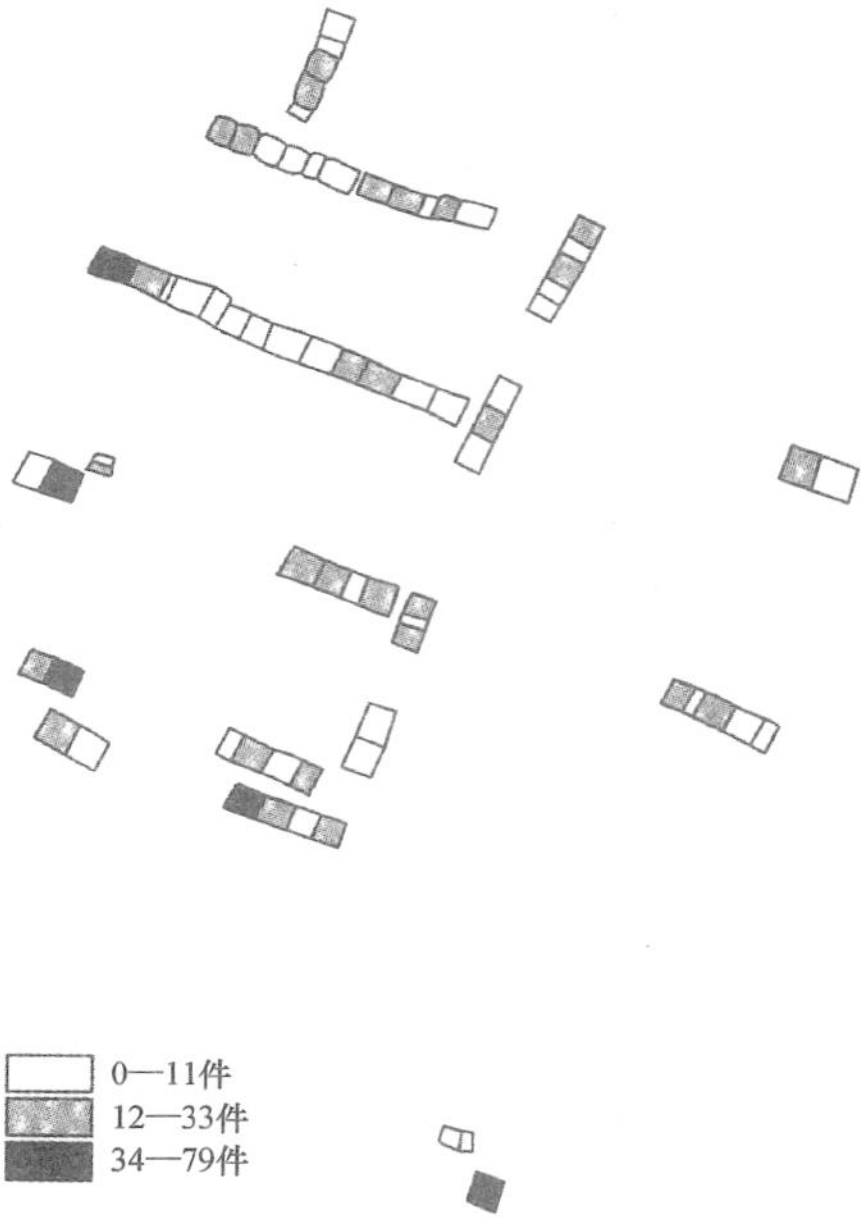

【図２—54】　尉遅寺遺跡家屋出土陶器の分布図
（『蒙城尉遅寺』第二部）

的原因はおそらく火災によるものであると提起したことがある。(71) 尉遅寺の第二部発掘報告で提起される最新の観点はつぎのとおり。

尉遅寺の家屋は人の手で壊されている。なぜなら「各列（組）の家屋の倒壊後における紅焼土堆積は、みなたいへん整っており、しかもこうした現象は、それぞれの並家の基礎が整理されるよりも前に、みな同様に整地されているものである。つまり家屋は、破壊される過程で、ただ意図的に埋められることになったにすぎず、そうして整地と規則的堆積があらわれたのである。かりに自然な過程で倒壊したならば、その堆積の表面は高低差のある平らでない現象があらわれるはずで、倒壊の範囲もかくも整ってはいないであろう」。……かりにまことに火災が発生したならば、住民には器物を運び出す時間もあるはずで、かくも大量の遺物を残しはしないであろう。よって、かりに家屋の廃棄時にたしかに火災が発生したとすると、それは意図的な放火による燃焼の可能性が大きい。燃焼は廃棄の儀式の一部である……。尉遅寺遺跡の家屋跡（F33とF37）の遺物はたいへん豊富である。F33は面積が一七・四三㎡で、居住面には遺物が八三点あり、鼎十八点と杯十四点をふくむ。F37は面積が一七・七一㎡で、居住面には遺物が六七点あり、杯二一点をふくむ。二基の家屋はいずれもカマドを備える住居で、貯蔵庫ではないはずである。ただし、そのなかの遺物の数は、いずれもあきらかに屋内の居住人口の日常的需要を超えている。これらの物品はあきらかに廃棄時に、ある種の原因によって屋内に放置されたものである。(72)

発掘者の上述の分析と結論に、筆者は同意するものである。F33などの家屋はほぼ器物で満たされ、すでに人が眠るためのわずかな余剰の空間もないため、それは核心家庭［核家族］のほんとうの生活状態ではないのである。

意図的な放火をして家屋を焼いたとしても、廃棄時に家屋内に意図的に器物を安置したとしても、たとえその背後にどんな意図があろうとも、安置される器物の数のうえで、各家屋のあいだには差異がある。かかる差異は、家屋の主人の聚落内における地位やその経済状況と、相応の関係があるはずである。かりに各家屋の居住面上の陶器の総数が九四八点で、五八室のカマドのある部屋で割れたとすると、家屋ごとの陶器の平均は約十六点となる。(73)すると、F33（八三点）・F37（六七点）・F31（四三点）・F68（三九点）・F39（三八点）の室内の器物数は、十六点という平均数をはるかに超える。これは、当時の人びとが聚落と聚落内の家屋を廃棄するさいに、廃棄の儀式として使用済の器物を家屋内に安置せねばならないこと、各家屋内に残る器物数には多いものも少ないものもあり、各家庭が本来有する社会的・経済的地位に多少区別があったことを、はっきりと表現している。かかる表現をつうじて、つぎの点が看取できる。すなわち、それぞれの核心家庭［核家族］は、所有する器物の数の多寡をつうじて、社会的地位や経済的地位の点でたがいにすでに若干の差異があるが、宗族内の各家族同士の貧富差は大きくなく、南北二つの宗族同士の貧富差も大きくない。このように、家屋内の器物数のこうした区別をつうじて、尉遅寺聚落内にはすでに初歩的な社会分化と社会の複雑化が出現していると判断できる。しかしその分化と複雑化の度合は、大汶口・陵陽河・大朱家村・花廳などの遺跡と比べ、かなり低いであろう。

尉遅寺聚落の社会の複雑化の度合が高くないことのもう一つの理由は、尉遅寺聚落内では、並家のどの家屋が家族長の住居か区別しえず、それのみならず、殿堂のたぐいの建築物や聚落全体の使用に供される公舎もないためである。それは、このころの聚落の公舎が強大な宗族の族長に握られているものだからである。そして各家庭のあいだの経済力のわずかな違いは、またその裕福ぶりに差があることを物語る。これは一種の初歩的不平等であるとみなせる。社会の分化（社会組織の変化と貧富の分化をふくむ）と不平等は、先史社会の複雑化の重要な指標であり、尉遅寺聚落の並家がしめす、社会のあまり複雑化していない状況は、当該遺跡の墓が反映する当該社会の複雑化の度合と完全に一致するものである。

尉遅寺の環濠聚落内からは、計二八九基の大汶口晩期の墓が発掘され、そのうち一七〇基は、児童と嬰児を埋葬する瓮棺葬である。瓮棺葬には副葬品の多寡がみいだせず、ここでは省略して論じない。一一九基の土坑墓には、副葬品の多寡の違いがある。第一段階の発掘では、成人墓のうち、副葬品のある墓は三八基で、成人土坑墓の五八％を占める。副葬品のない墓は二八基で、成人土坑墓の総数の四二％を占める。副葬品の多いものは十余点～二十余点である。たとえばM136（図2―55）の副葬品は二七点で、陶器十八点・玉器一点・キバノロの牙五点・ブタの下顎骨一点などが含まれる（図2―56）。M141には陶器十四点・キバノロの牙・ブタの下顎骨・紡輪・獣骨各一点が副葬されている。七、八点、四、五点、一、二点を副葬するものもあるが、副葬品のないものも二八基ある。第二段階の発掘における二一基の成人墓のうち、M317には精美な陶器二五点が副葬され、M218には陶器五点、M262には石鉞一点が副葬されている。またM219・M263・M246・M296・M312・M239・M278・M275・M274・M273・M242・M218など、十余基の墓には、みな副葬品がない。

尉遅寺遺跡の二段階で発掘された墓には、副葬品のあるものとないものの区別があるが、副葬品のある墓のなかにも多寡の別があり、これらはみな墓主のあいだの社会的地位と貧富に差異があることを物語る。しかし、たとえ副葬

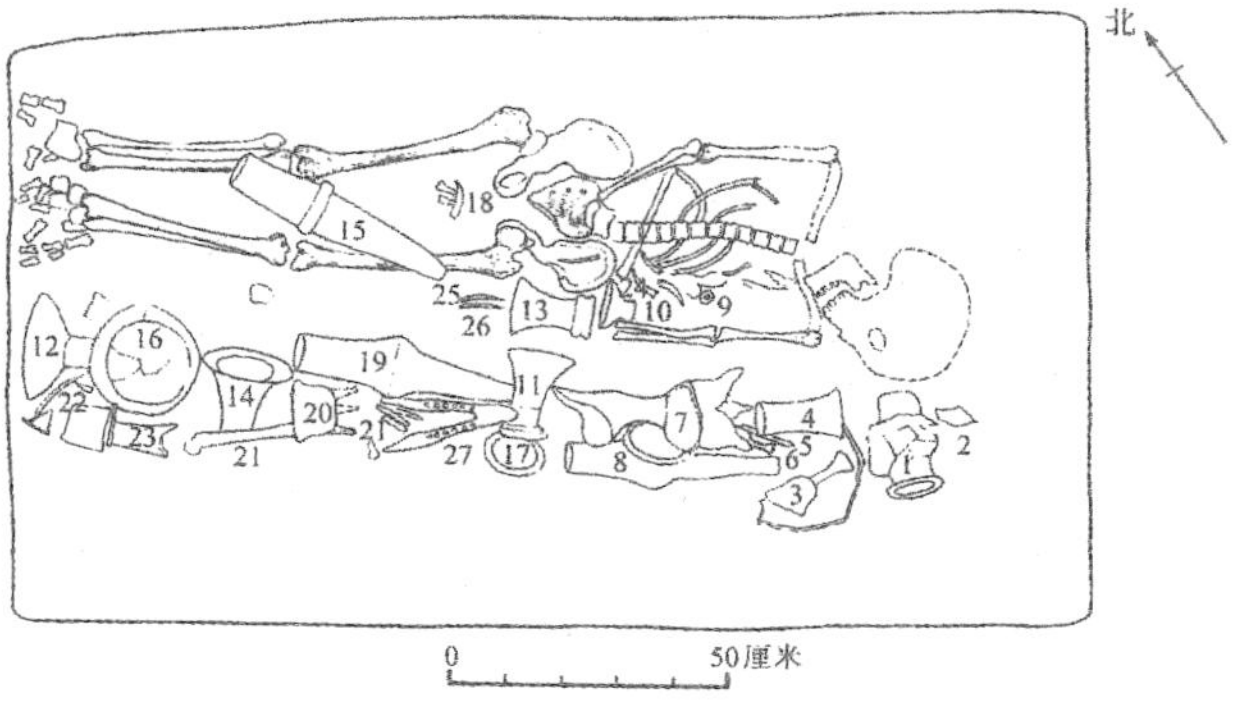

【図２―55】　尉遅寺 M136 の平面図（『蒙城尉遅寺』）

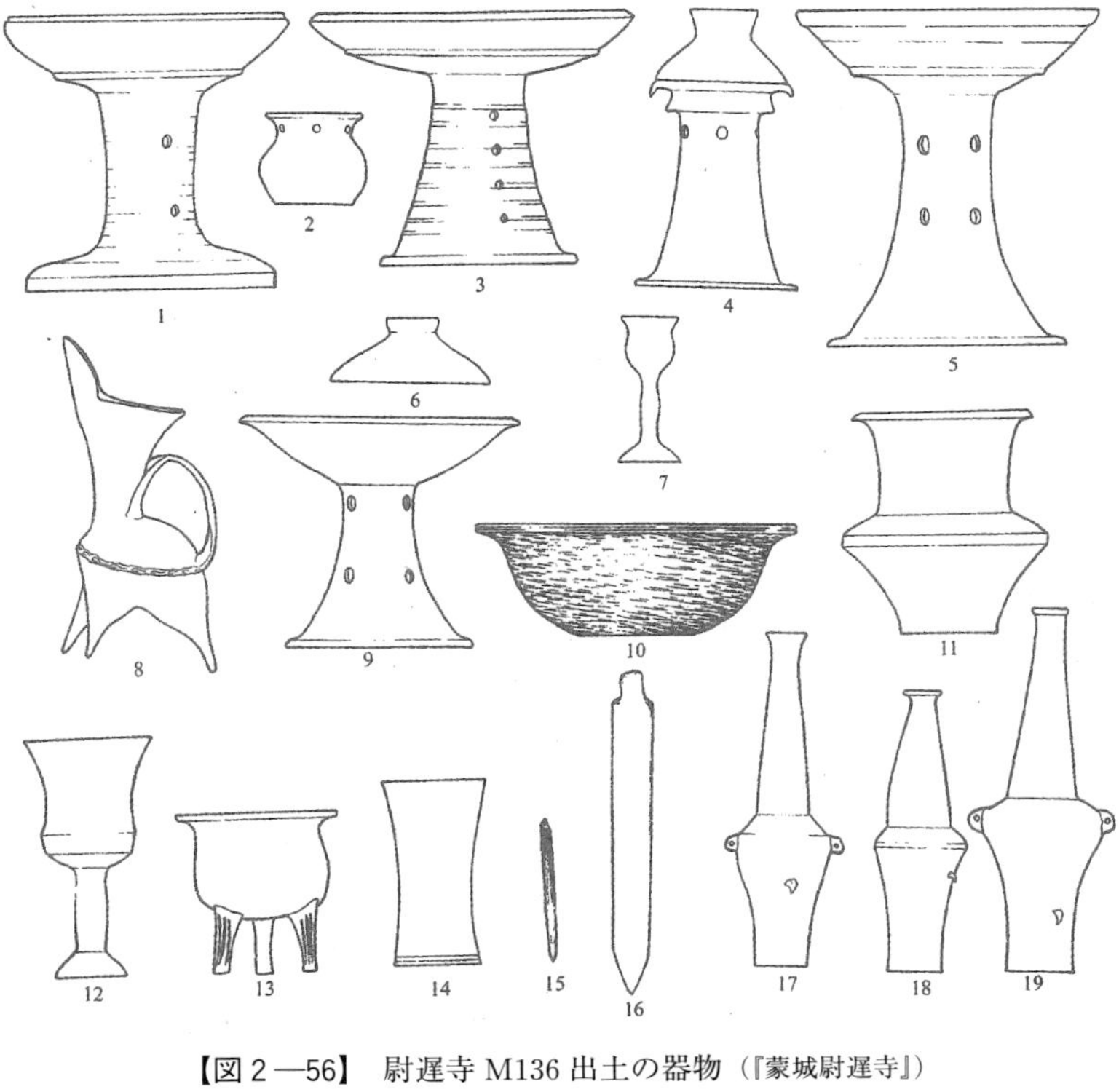

【図２―56】　尉遅寺 M136 出土の器物（『蒙城尉遅寺』）

品がもっとも多いものであっても、たった二〇余点があるにすぎず、このような墓は、山東省莒県の陵陽河遺跡の大汶口文化の墓と比べると、みな小型墓である。墓の規模と副葬品の数からみると、尉遅寺聚落ではまだ貴族は生まれておらず、その社会はすでに分化してはいるが、社会の複雑化の度合は、大汶口・陵陽河・大朱家村などの大汶口文化晩期の中心聚落と比べると、かなり低いであろう。

尉遅寺聚落内には、異なる単位の活動広場がある。これらの活動広場は、人工的に紅焼土の粒を敷きつめてできており、表面は滑らかで硬く、平坦で、厚さは一般に〇・一mである。空間分布より分類すると、これらの活動広場には三種類がある。

一種類目は、ある並家の前の活動広場である。たとえば十三号土台のF64―F66前方には二〇〇㎡の活動広場が、四号土台のF24―F27前方には一五〇㎡の活動広場が、十一号土台のF44―F48前方には三二〇㎡の活動広場が残っている。これらの活動広場は各並家前に位置することから、それは各家族の家屋前の活動広場である可能性がある。

二種類目は、宗族単位内の活動広場で、たとえば十四・十五・十六・十七号土台に囲まれているところは、発掘報告では「二号紅焼土広場」（図2―57）とよばれており、面積は五〇〇余㎡である。前述したように、この広場を囲む家屋は、筆者が「南側宗族」とよぶ単位を構成している。よってこの活動広場は南側宗族のものである。

三種類目は、全聚落の共同の活動広場で、発掘者はこれを「一号紅焼土広場」とよぶ（図2―58）。それは聚落の中心から南よりのところに位置し、おもに十八号土台（F68―F71）の以南と以東に分布し、面積は一三〇〇㎡である。この広場も人工的に紅焼土の粒を敷きつめてできており、表面は滑らかで硬く、平坦で、厚さは〇・一mである。ここで強調すべきは、この最大の広場の中央には円形の焼けた痕跡があり、直径四mで、境界はきわめてはっきりしており、燃焼したことで紅焼土の表面が灰黒色に変わっている点である。発掘者は、これは当時広場の中央でつねに火

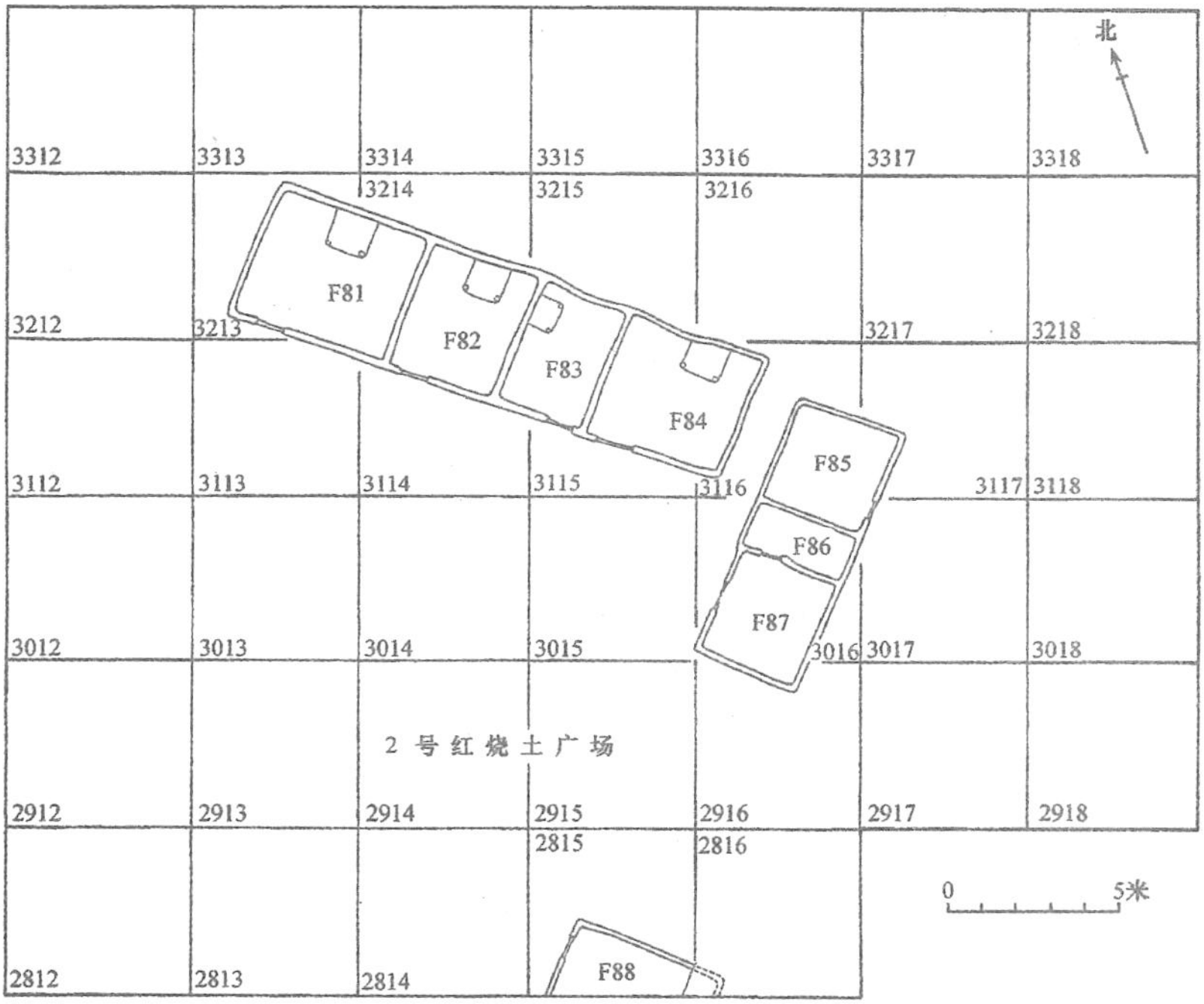

【図2—57】　尉遅寺聚落内の二号紅焼土広場（『蒙城尉遅寺』第二部）

が焚かれ、そうして残された痕跡であり、ここでは氏族成員が集会し、篝火を焚いて夜の会合を行ない、あるいはつねに祭祀活動をする場所であり、当時の公共活動の場所でもあったと判断している(74)。

尉遅寺遺跡のT2318からは、一点の「鳥形「神器」」とよばれる陶器（図2—59）が出土した。その地点はちょうど「一号紅焼土広場」の東の範囲内に位置する。一号紅焼土広場は、全聚落最大の活動広場で、鳥形「神器」はこの広場と密接に関係するはずである。鳥形「神器」は鳥にたいする強い崇拝を表現しており、これは当該広場で行われる各種活動のなかで、鳥崇拝と関わる若干の宗教祭祀活動があることを物語る。知られるように、安徽省蒙城尉遅寺大汶口文化は山東省大汶口文化からうつってきたもので、筆者の研究によると、山東大汶口

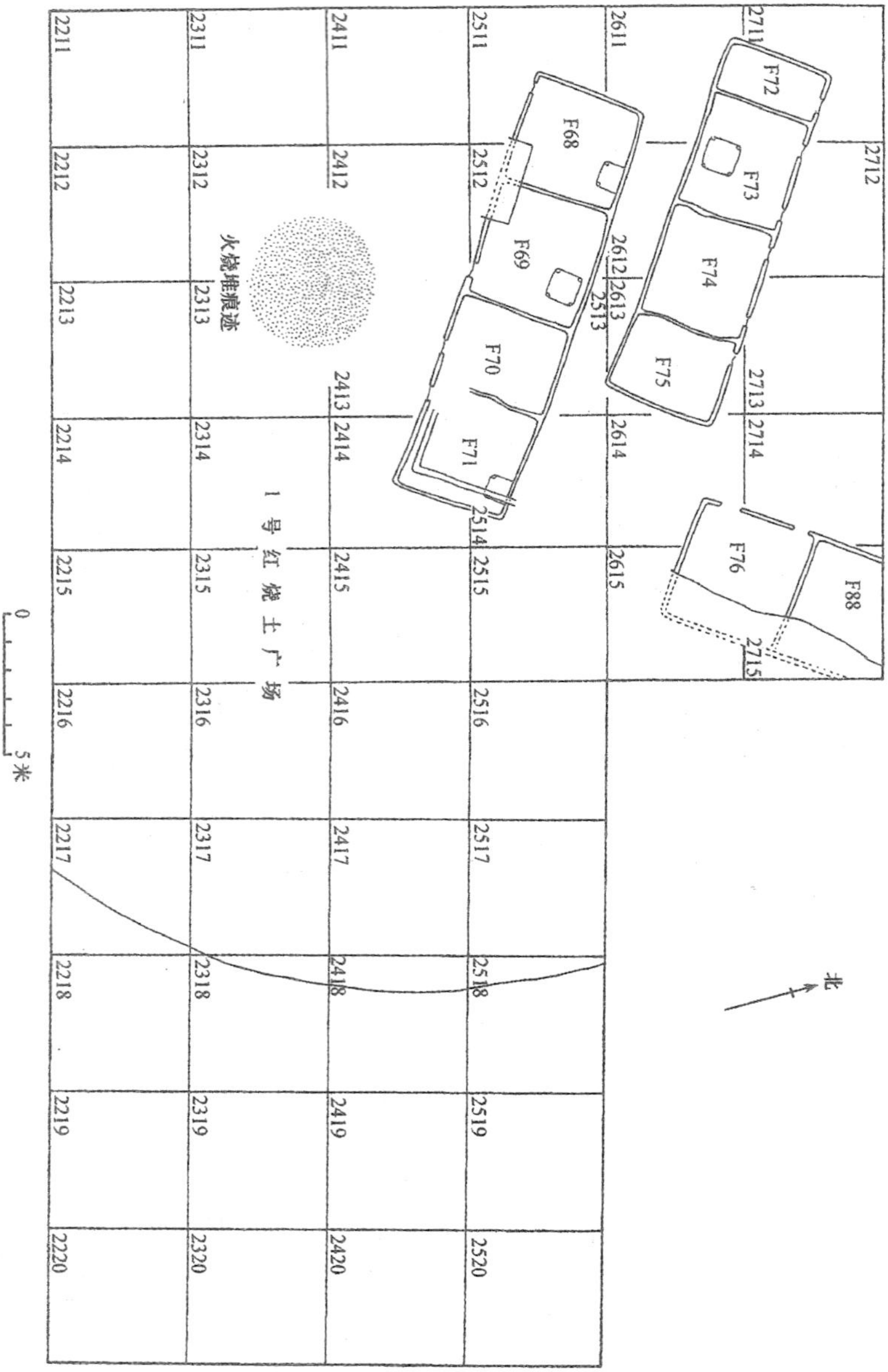

【図2—58】 尉遅寺聚落の活動広場と燃焼跡（『蒙城尉遅寺』第二部）

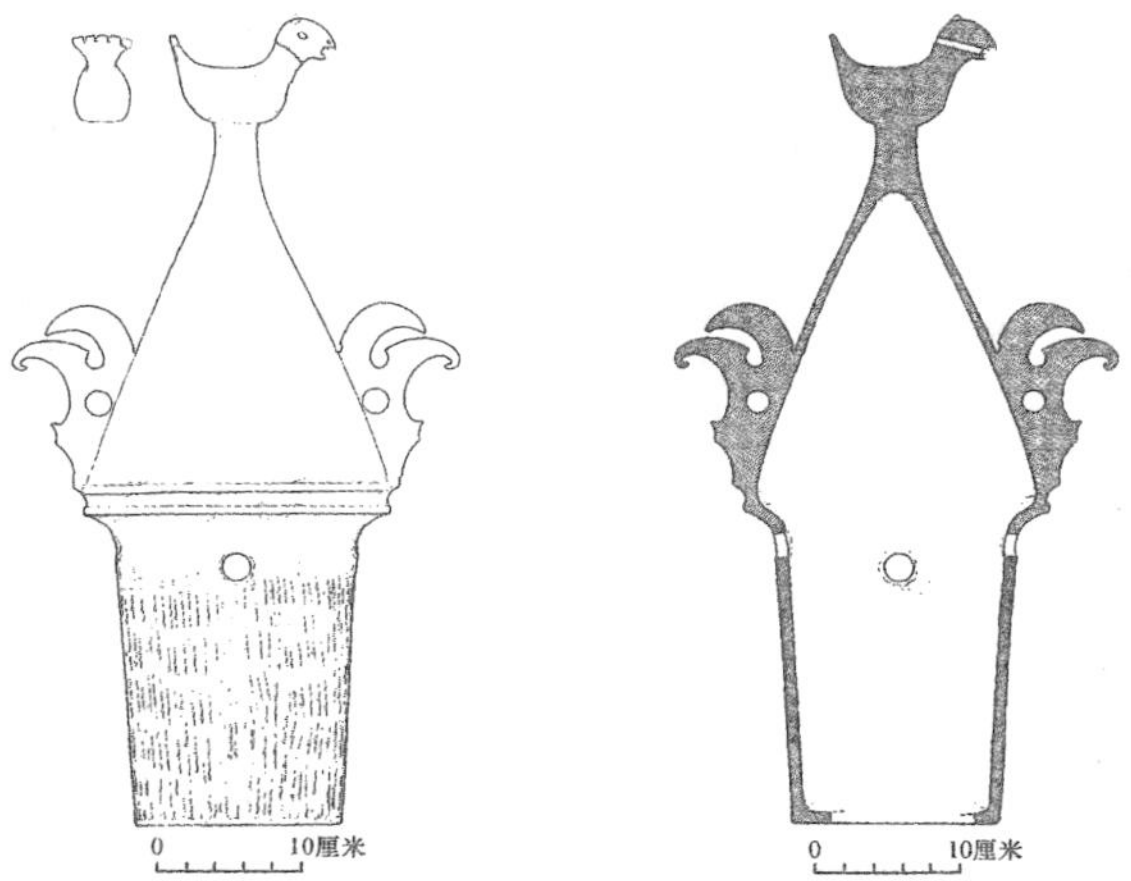

【図２―59】　鳥形「神器」の平面図と断面図（『蒙城尉遅寺』第二部）

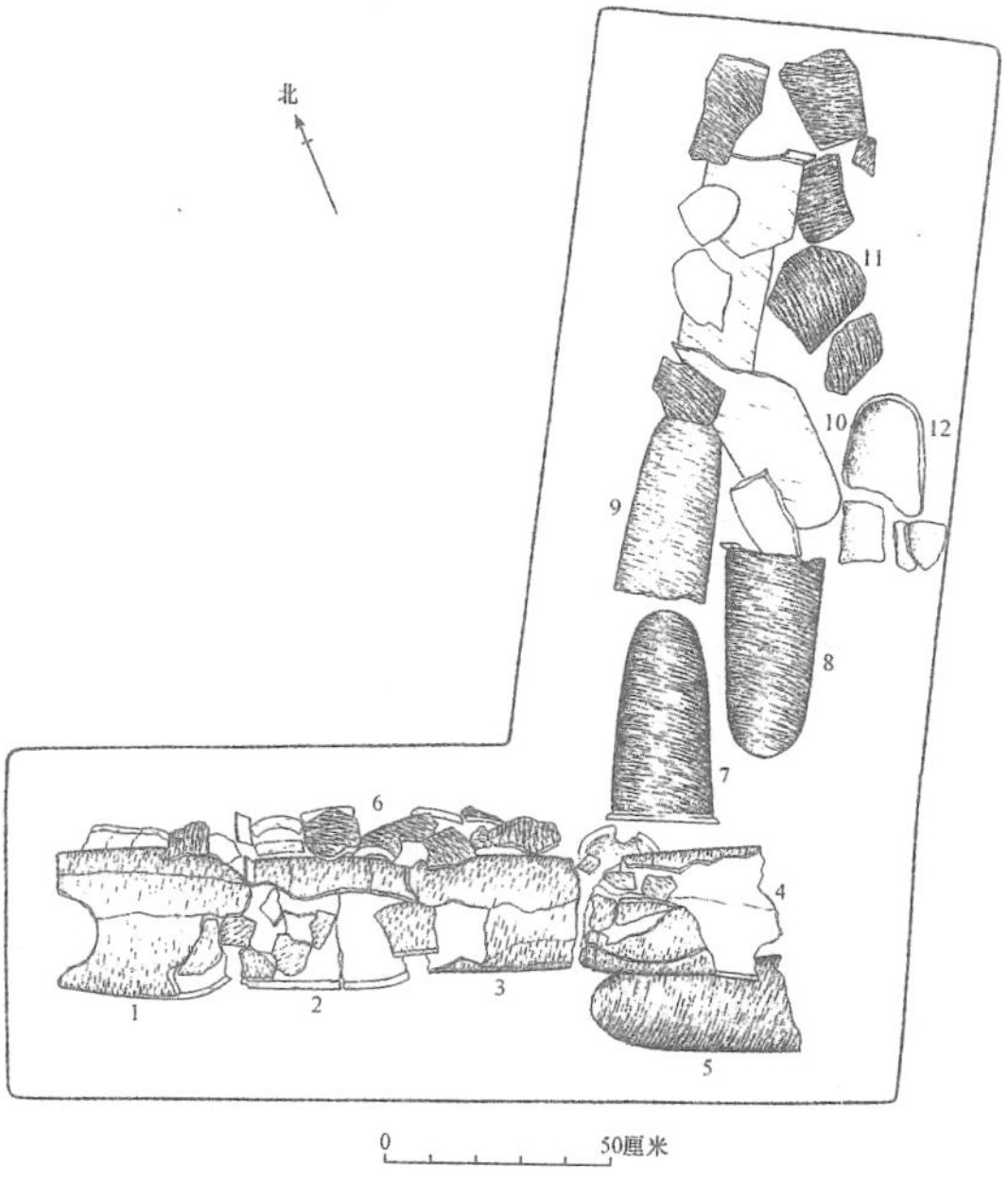

【図２―60】　尉遅寺 JS10 祭祀坑の平面図（『蒙城尉遅寺』第二部）

文化と山東龍山文化の鳥崇拝はおもに先史時代の東夷族のなかの少皞氏集団と関係がある。(75) よって、尉遅寺にやってきた東夷人は、おそらく少皞氏の一支であろう。

尉遅寺遺跡の前後二段階の発掘では、計十個の祭祀坑がみつかっている（編号はJS1～JS10）。それらのなかのある祭祀坑は墓と関係し、たとえばJS8祭祀坑はM218・M219・M220・M233・M248などの墓群付近に位置し、JS9祭祀坑のあるT3715は、べつのさらに密集する墓群のなかに位置している。(76) また活動広場と関係する祭祀坑もある。たとえばJS10祭祀坑（図2―54）は「二号紅焼土広場」の東端のT2916に位置する（図2―54）。JS10祭祀坑からは十二点の大口尊が出土し、そのなかの一点には「」と刻まれ（図2―61：5）、もう一点には「」と刻まれている（図2―61：8）。当該祭祀坑の祭祀活動は、辰星大火の祭祀と関係があるべきで、この祭祀活動は、南側宗族によって執り行なわれたと推測される。

以上を総合すると、尉遅寺聚落の社会組織の等級は、核心家庭［核家族］・大家庭（小家族）・大家族・宗族に分けられる。尉遅寺聚落の宗族はいくつかの近親家族の連合よりなり、各宗族は、家屋の分布の点で、四方が囲繞された単位を構成している。尉遅寺聚落全体には概して二つの宗族がいる。家族には家族の活動広場があり、宗族には宗族の活動広場があり、聚落には全体としても聚落の公共活動広場が一つある。尉遅寺遺跡の発掘者は、この遺跡を発掘・研究する過程で、尉遅寺遺跡周辺の同時期の遺跡をも調査しており、「尉遅寺遺跡周辺には、尉遅寺遺跡より規模の小さい二級聚落と三級聚落も分布し、（ピラミッド式）の等級構成をしていることを発見した」(77)。したがって、聚落中心部のやや南に位置する、篝火遺跡の残る最大の活動広場は、聚落全体の活動と祭祀の中心でもあれば、尉遅寺の中心聚落を中核とする聚落群（つまりいわゆる首長制）の政治と宗教祭祀の中心でもあるはずである。その宗教祭祀活動のなかには、当該聚落群の本族のトーテムと保護神である鳥にたいする祭祀と崇拝もある。

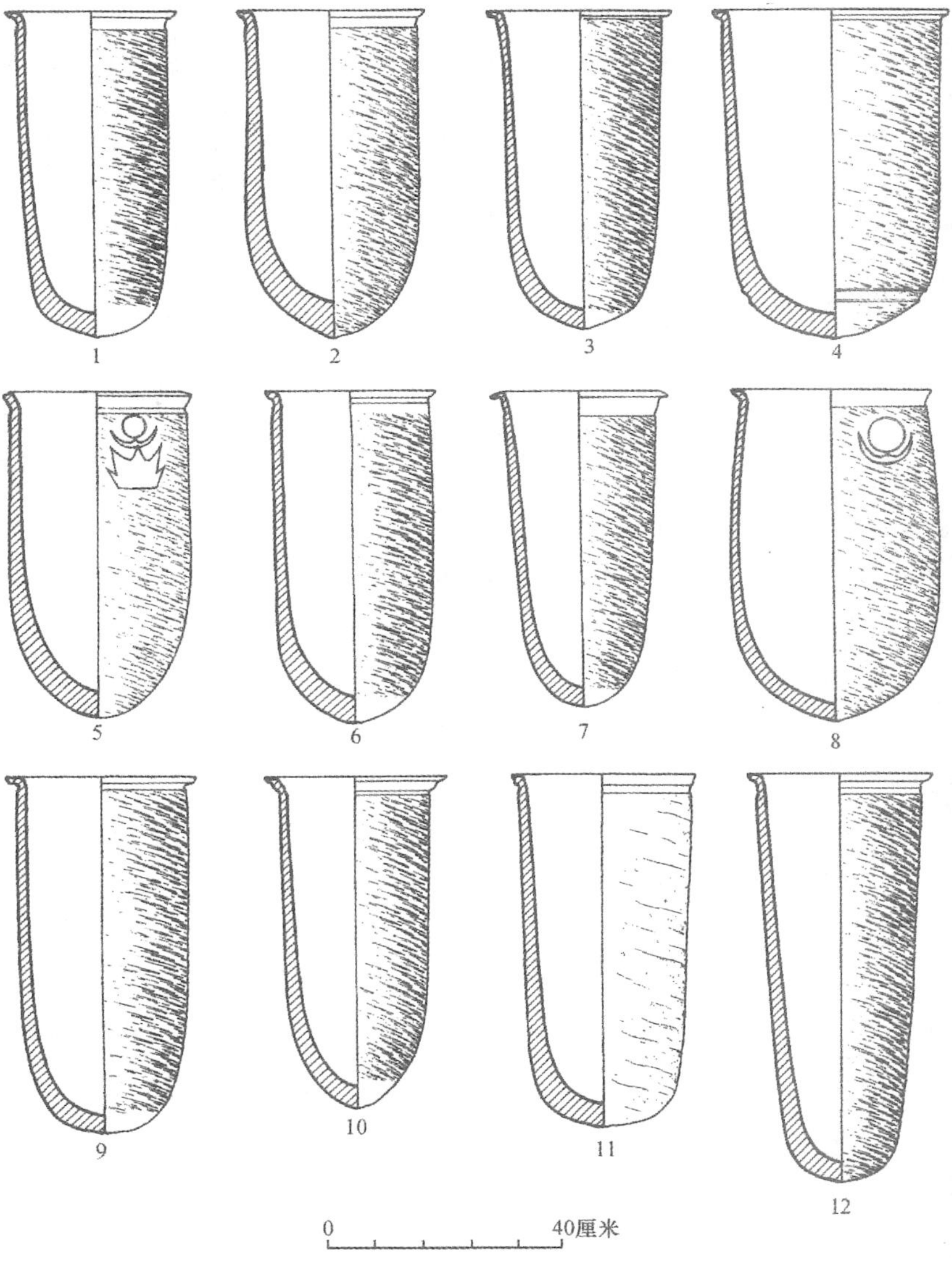

【図２―61】 JS10祭祀坑出土の大口尊とそこに刻まれた「」・「」の符号（『蒙城尉遅寺』第二部）

尉遅寺聚落の社会類型とその発展段階にかんしては、同じく大汶口文化晩期に属する山東省莒県陵陽河・泰安の大汶口などの聚落と比べ、尉遅寺聚落内の社会の不平等・貧富の分化・富の集中の度合はかなり低いであろう。尉遅寺にはまだ明瞭な貴族はみられず、その社会の複雑化はきわめて初歩的なものである。よって尉遅寺は、同じく中心聚落形態に属するものの、中心聚落初級段階に属し、「単純首長制」と類似し、一方で、莒県陵陽河・泰安大汶口は中心聚落の上級段階に属し、「複雑首長制」と類似する。

3　尉遅寺の嬰児の甕棺に刻まれる「〓」・「〓」の図像文字の社会メカニズム

尉遅寺聚落では、八例の「〓」と二例の「〓」の図像文字が出土しており（図2—62：1—9）、他の図像もしくは図像文字も出土している（図2—62：10—12）、ただ数は少なく、各々一例があるのみである。「〓」と「〓」は山東省大汶口文化のうち、莒県陵陽河・大朱家村・諸城前寨などの遺跡のものと基本的に一致し、ゆえにとくに注目を集めている。

陵陽河・大朱家村遺跡から出土した「〓」・「〓」などの図像文字の解読と、それらが反映している社会の職務上の分業と社会の複雑化の状況については、前章ですでに論じているので贅言しない。山東省大汶口文化では、「〓」・「〓」などの図像文字の出現は、その社会の不平等・貧富の顕著な分化・社会の複雑化の度合が高いこととつながっている。しかし尉遅寺遺跡の状況は同じではない。

第一に、尉遅寺では、それは成人墓のなかに出現するのではなく、おもに嬰児や児童の甕棺葬で出土するもので、甕棺の葬具に刻まれている。たとえばM96・M177・M215・M289・M321では、甕棺をなす大口尊にみな「〓」や「〓」が刻まれている（図2—62：3・4・6・7・8）。また三例は祭祀坑から出土している（JS4の一例、図2—62：9、JS10

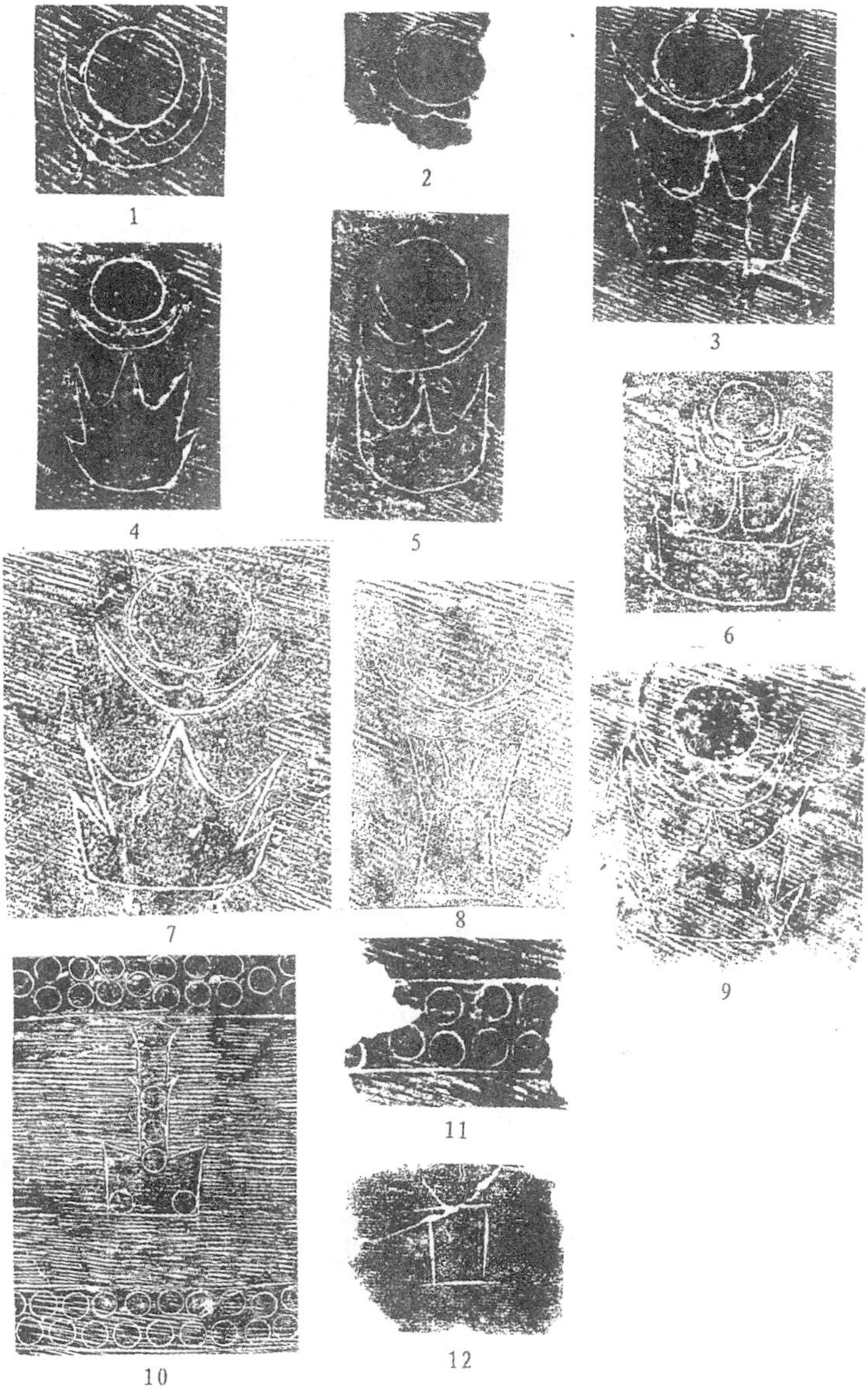

【図２—62】　尉遲寺遺跡出土の図像文字符号（『蒙城尉遲寺』）

の二例、図2—62：1)。さらに数例は地層から出土している(図2—62：2・5・10・11)。

第二に、尉遅寺聚落の貧富の分化は、住居からみようとも墓からみようとも、山東省莒県の陵陽河・大朱家村の明瞭さには遠く及ばない。これは、尉遅寺聚落における「〓」・「〓」などの図像文字の出現が陵陽河・大朱家村のごとき明確な社会の複雑化の発展を背景とするものでないことを物語る。

尉遅寺聚落においては、社会の複雑化を歩み始めたばかりの状況下で、すでに「〓」・「〓」などの図像文字が出現している。しかも、「〓」・「〓」の図像文字の背後には、大火星の観察・祭祀を専門的に掌る「火正」のたぐいの神職者が存在している。[78] そうである以上、「火正」・巫祝といった宗教上の神職者と、それと関連する「〓」・「〓」の図像文字が結局いかなるメカニズムで生じたかは、新たな解釈を要する。じつは答えは、尉遅寺の瓮棺葬にある。

瓮棺葬は嬰児や児童の埋葬に用いられるものである。尉遅寺の「〓」・「〓」の図像文字が刻まれた大口尊はおもに瓮棺葬(図2—63)と祭祀坑にみられるが、成人墓からはまったく出ていない。これは、大火星を観察・祭祀するいわゆる「火正」の職務が先天的なもので、特殊な家族や宗族内で伝承・世襲されるものであることを物語る。このほかに「〓」・「〓」の図像文字が刻まれた三点の大口尊が二つの祭祀坑に安置されており、これも「〓」・「〓」のような図像文字の神聖性を証明する一助となる。つまり、瓮棺葬のM96・M177・M215・M289・M321の死者五名は、もともとその成長の過程において、当該家族と宗族の年長者による伝授をつうじて、大火星の観察と観象授時の本領を掌握するようになり、のちに「火正」の職を継承した。しかし彼らは成人に成長するまえに不幸にして夭折した。聚落の人びと(多くは彼の家族)は彼を紀念するため、その瓮棺の葬具上に「〓」・「〓」のような図像文字を刻んだのである。

フリードの社会分層理論では、出身と血縁のみでその身分地位を決定する社会は、「分層社会」のまえの「階等社会」に属する。それはアールのいう「単純首長制」に相当し、その社会の複雑化の度合は低い。尉遅寺聚落はこのよ

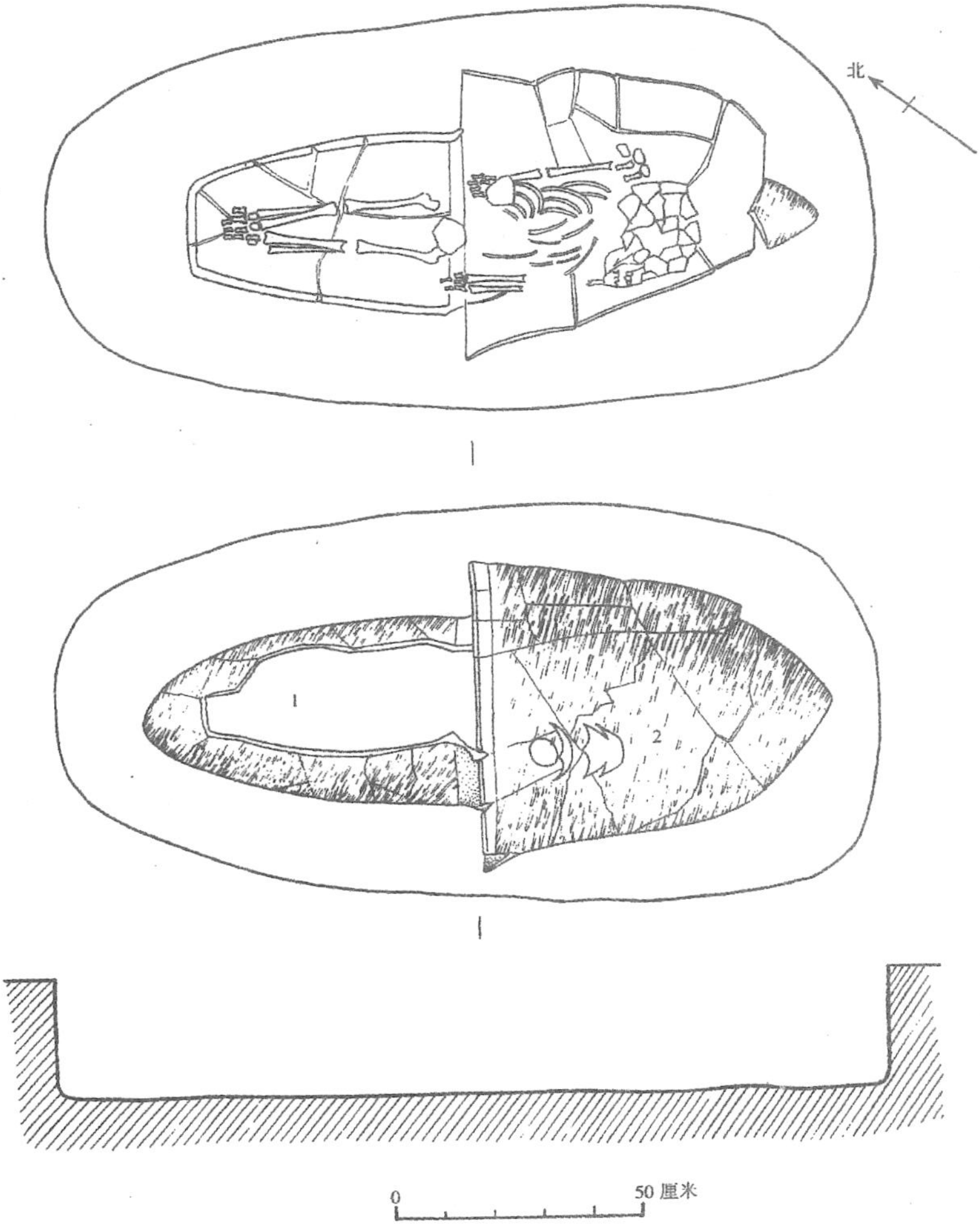

【図 2 —63】 尉遅寺遺跡内の「」図像文字を刻んだ甕棺葬の平面図と断面図（『蒙城尉遅寺』）

うな社会類型に属している。尉遅寺聚落の事例では、農業生産と生活の需要により、一種の社会的分業として、大火星の観察・祭祀、つまり観象授時を専門的に担う「火正」の職が生まれた。「」・「」のような図像文字はその指標である。このような社会的分業は、当該聚落と聚落群が社会の複雑化に沿って発展することを促しうる。しかしそれはけっして、社会の明確な不平等を前提とするものではない。つまり、けっしてまず明確な社会の不平等があって、のちに「火正」のたぐいの社会的分業があるのではなく、社会的職務の分業は社会の不平等の成立よりも早い。よって、さらにつぎのように推測できよう。すなわち尉遅寺聚落の人びとは、階等社会段階、すなわち社会の複雑化の度合が低い段階で、山東省大汶口文化地区を離れて安徽省蒙城尉遅寺にやってきたのであり、しかも尉遅寺に到着したのち、その社会の不平等の発展はやや緩慢でもあり、彼らの故郷の山東地区の迅速さには遠く及ばない。ゆえに年代と考古学文化の点で同じく大汶口文化晩期に属するとはいえ、山東省泰安大汶口・莒県の陵陽河・大朱家村などの遺跡と比べ、尉遅寺聚落の社会の複雑化の度合はかなり低いのである。

第五節　中心聚落時期の城邑——澧県城頭山と鄭州西山

1　大渓文化と屈家嶺文化期の城頭山城邑

筆者は以前の研究でつぎのような観点を提起したことがある。新石器時代末期、城邑の普遍的な出現は、聚落形態の容貌を一変させた。ただし筆者は、城邑や城壁を一見しただけで国家がすでにあると断定せよと主張しているのではない。むしろ階層と階級の成立とむすびつく城邑があって、はじめて権力システムの強制的性質は明示されうる。(79)

そして強制的公的権力は、国家の重要な特徴であり、国家形成の二つの大きな指標の一つである。[80] 湖南省澧県城頭山の大渓文化と屈家嶺文化期の城邑遺跡は、国家が形成されるよりもまえの中心聚落時期の城址である。

城頭山遺跡は、澧水の二段の河岸段丘の低い丘に位置し、南側のすぐ近くは澹水の故道である。当該遺跡は大渓文化よりもまえの湯家崗文化のものであり、聚落形態は環濠聚落である。いわゆる環濠聚落は、仰韶文化の西安半坡・臨潼姜寨と同じように、聚落が周囲を環濠によって囲繞されている（図2—64）[81]。湯家崗文化の年代の上限については、前四八〇〇年より早くないとする論者もおり、[82] 前五〇〇〇年とする論者もいる。[83] その下限は、前四三〇〇年である。[84] ただ、湯家崗文化期の城頭山環濠聚落の社会類型は、仰韶文化半坡期に相当し、ほぼ平等な農耕聚落社会に属する。その聚落内の家屋の配置が求心的なものか否かは確言困難である。

大渓文化（前四三〇〇年～前三五〇〇年）と屈家嶺文化（前三五〇〇年～前二五〇〇年）の時期になると、[85] 城頭山は環濠聚落から、城壁をもつ聚落へと変わる。城頭山聚落で城壁が築かれはじめたのは大渓文化期である。これは、湯家崗期の塹壕外側七～八mに新たな塹壕を掘削し、あわせて塹壕掘削による土を利用して塹壕内側に土壁を築いたものである。築かれた土壁については現在一般に「城墻」とよばれており、「土囲墻」とよぶ研究者もいる。城頭山遺跡大渓文化期の城壁は二期に分けられる。現存するⅠ期城壁の頂部は幅五・二m、底部は幅八m、高さは一・六mである。Ⅰ期城壁外側にはⅠ期塹壕があり、発掘者はこれを護城河《ごじょうが》とよぶ。発掘によると、南部塹壕口の幅は九・七m、底の幅は六・一五m、深さは〇・七mで、塹壕内側には側壁を固める木柱の残留物がある。築城過程で定礎式が行なわれ、たとえばⅠ期城壁の第Ⅰ層で発見されたM706には成年男子一名が埋められ、副葬品はない。よって人柱の犠牲者である。Ⅰ期の城の塹濠は、東西三一一m、南北二一一m、周囲約八一九・五四m、面積約六五〇〇〇㎡である。発掘報告は、「Ⅰ期城壁の建築年代は六〇〇〇年を超え」、つまり六〇〇〇年前と指摘している。Ⅱ期城壁はⅠ期塹壕の

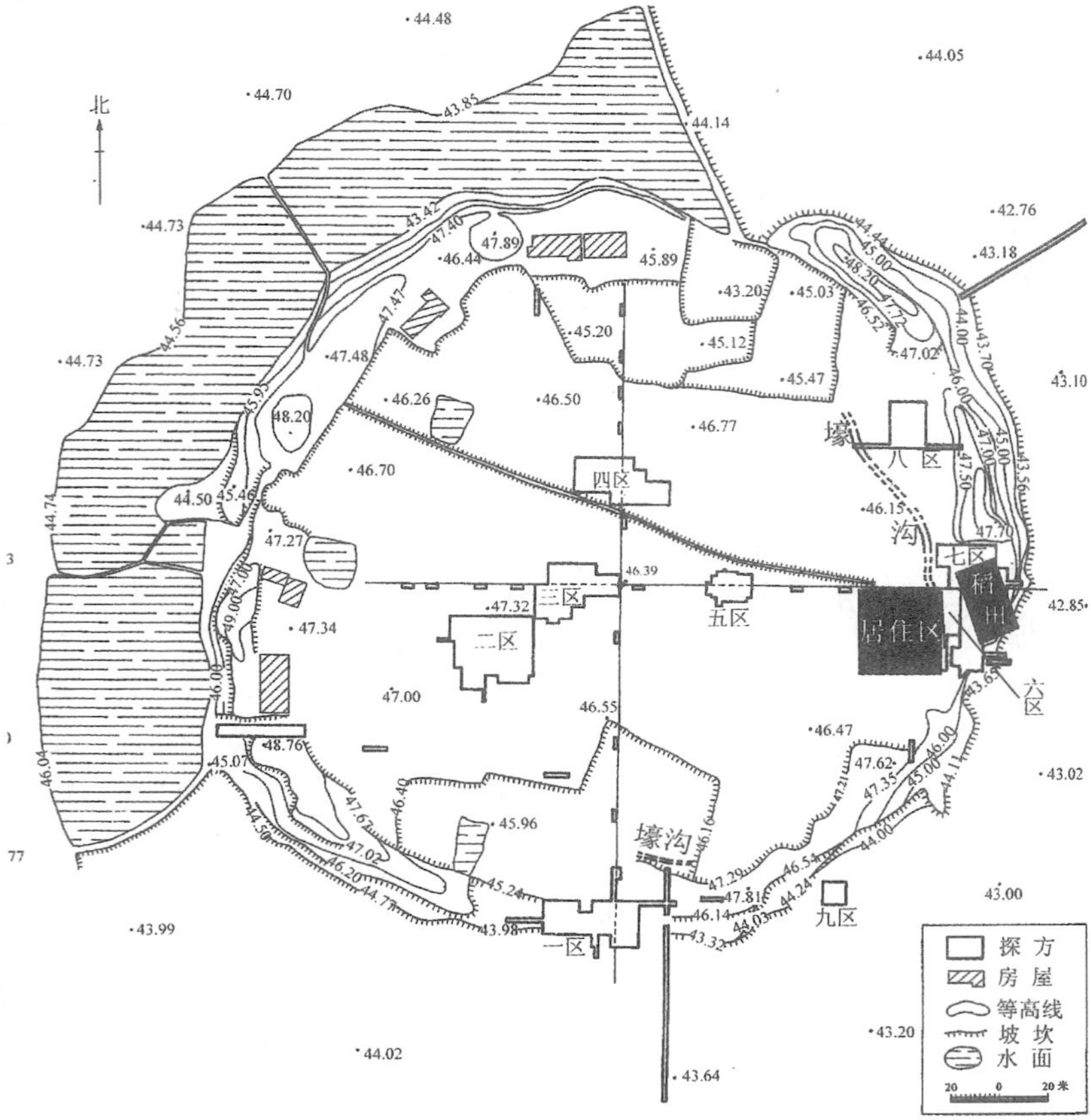

【図２―64】　城頭山遺跡湯家崗文化時期の環濠集落（郭偉民『新石器時代澧陽平原与漢東地区的文化和社会』）

外側斜面に隣り合って建てられ、現存の頂部の幅は五m、底の幅は八・九m、高さは一・六五mで、黄色の粘土を積みあげて築かれている。Ⅱ期城壁外側斜面の外はⅡ期塹壕、つまりⅡ期護城河で、Ⅰ期護城河に比べ、外側に三m進んでいる。Ⅱ期城壁の建築年代は「大渓文化中晩期で、五六〇〇年前～五三〇〇年前である」[86]。屈家嶺文化時代に、城頭山ではさらに二回、城壁と護城河を修築している。発掘者はこれらをⅢ・Ⅳ期の城壁と護城河とよぶ[87]。当該城壁全体の幅は二〇m以上で、高さは二～四mに達し、内側斜面は石家河文化の地層に圧迫され、外側斜面の下は幅四〇m近い護城河である[88]。城頭山聚落の屈家嶺文化期の城の範囲は、外側へ拡大するだけでなく、城壁の幅（厚さ）と高さも大きく増加した（図2―65）。

城頭山では大渓文化期に城壁を修築しはじめ、屈家嶺文化期になるとまた城壁が外へ拡張されている。城壁とともに護城河を添えているのはもちろんその防御機能ゆえである。ただし、ここでの築城は土を盛る方法で、北方のごとく版築の城壁ではなく、この点も考えておかねばならない。かかる盛土による城壁は基部の幅が厚く、洪水を防ぐのに便利である。これもおそらく新石器時代の南方での築城時に、この方法が普遍的に用いられる理由である。よって、長江中流域の城邑は、外敵を防ぐのに用いられもすれば、水災を防ぐのに用いられもするのである。

城内の配置の点では、大渓文化一期（つまりⅠ期城壁の使用時期）に、Ⅰ期城壁の修築過程と同時期か、それよりやや遅い祭壇がある。祭壇の南には一群の祭祀坑があり、大多数の祭祀坑内には器物が放置されている。ある祭祀坑には数層の陶器が放置され、ある祭祀坑には少なからぬ獣骨があり、イネの米と葉の入れられた陶器もある。これらはみな当時に行なわれた祭祀活動の遺留物である（図2―66）。祭壇西側は墓地で、A・B・Cの三墓区に分けられる（図2―67）。墓地西南は生活居住区である。ここでは細長い並家（F77）が発掘され、発掘済の部分は少なくとも四部屋に分けられる（図2―68）[89]。

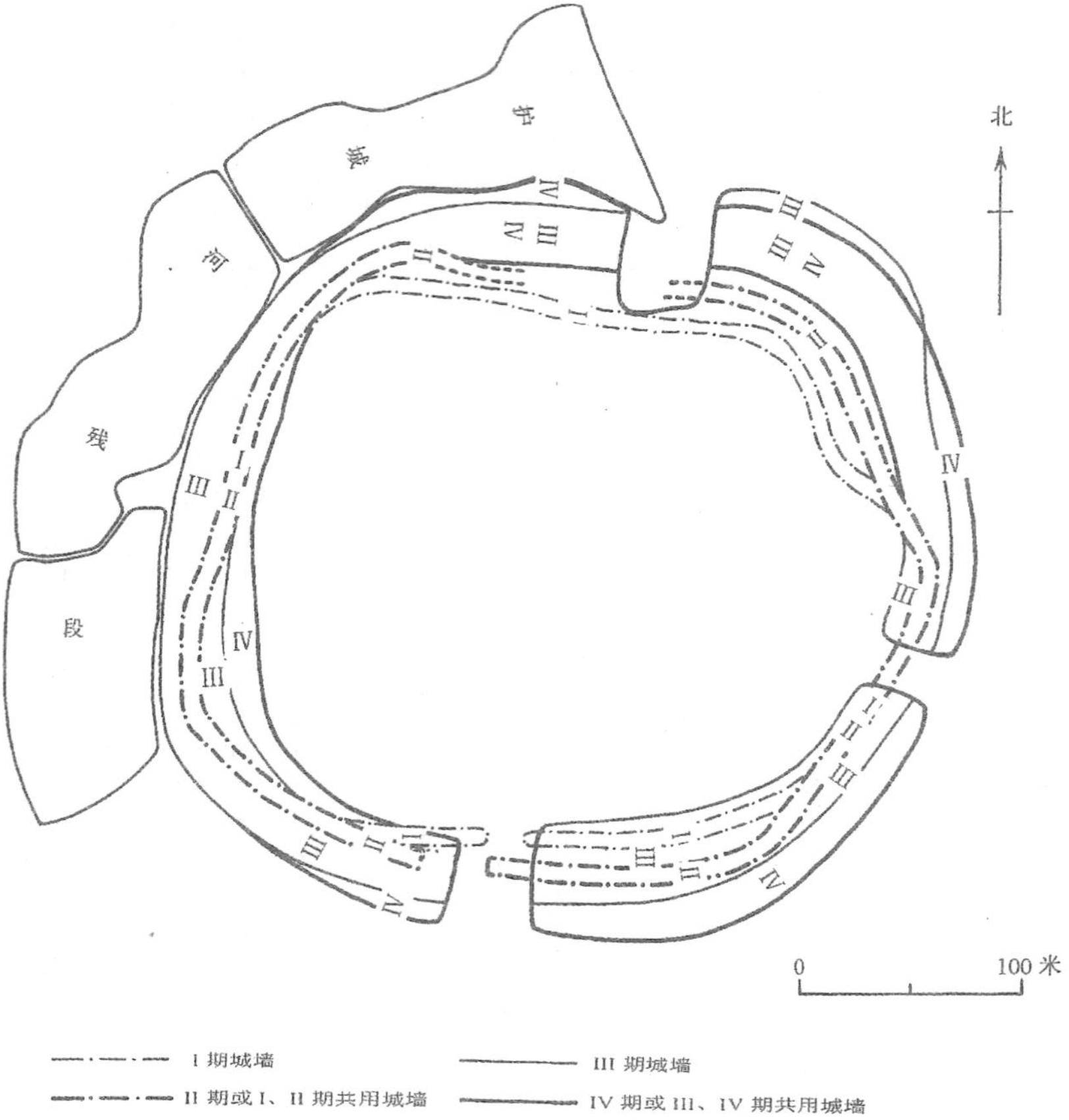

【図２―65】　城頭山遺跡の各時期の城壁の平面分布図（湖南省文物考古研究所『澧県城頭山』）

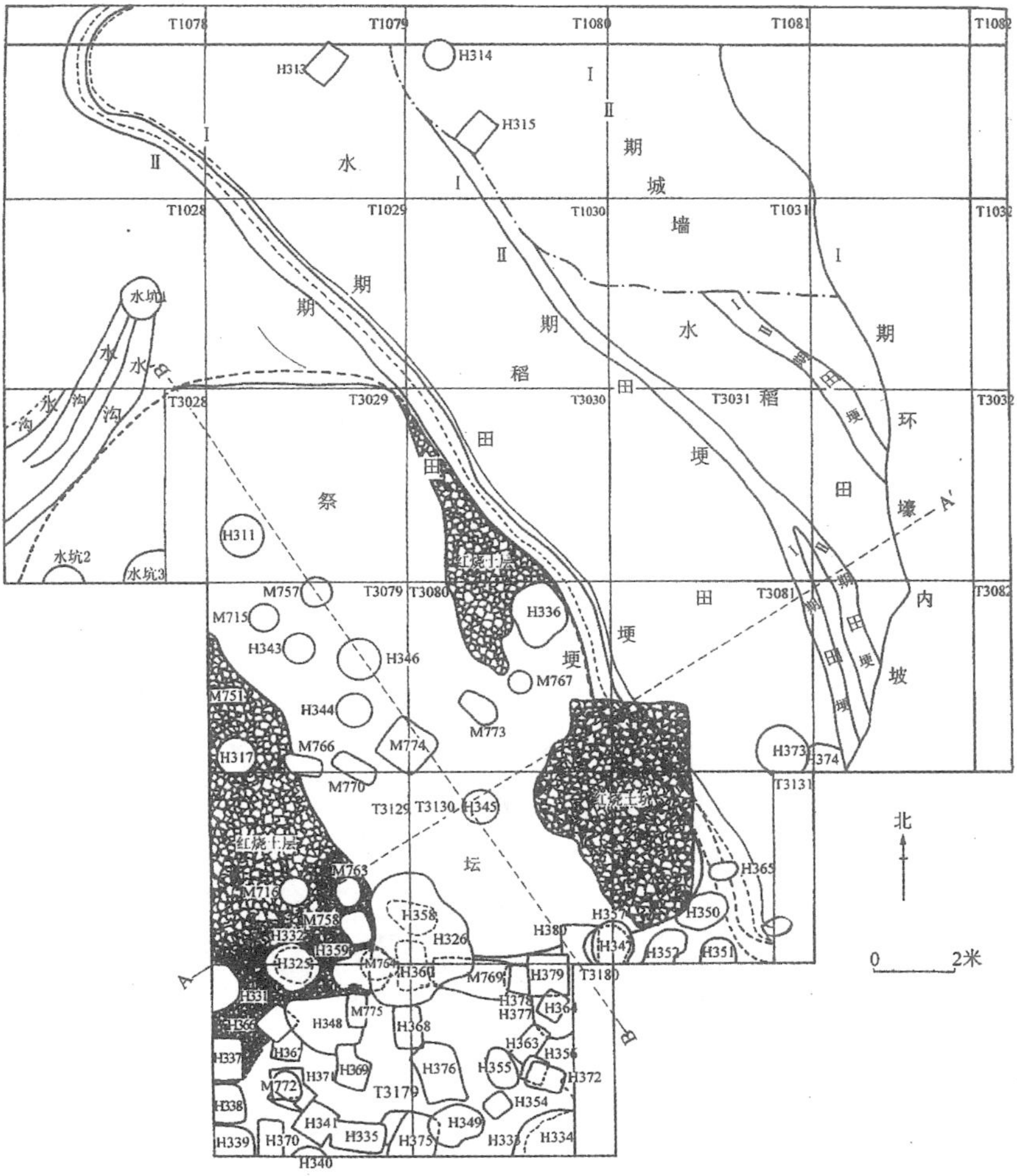

【図２—66】　城頭山遺跡大渓文化第一期祭壇・祭祀坑平面図（湖南省文物考古研究所『澧県城頭山』）

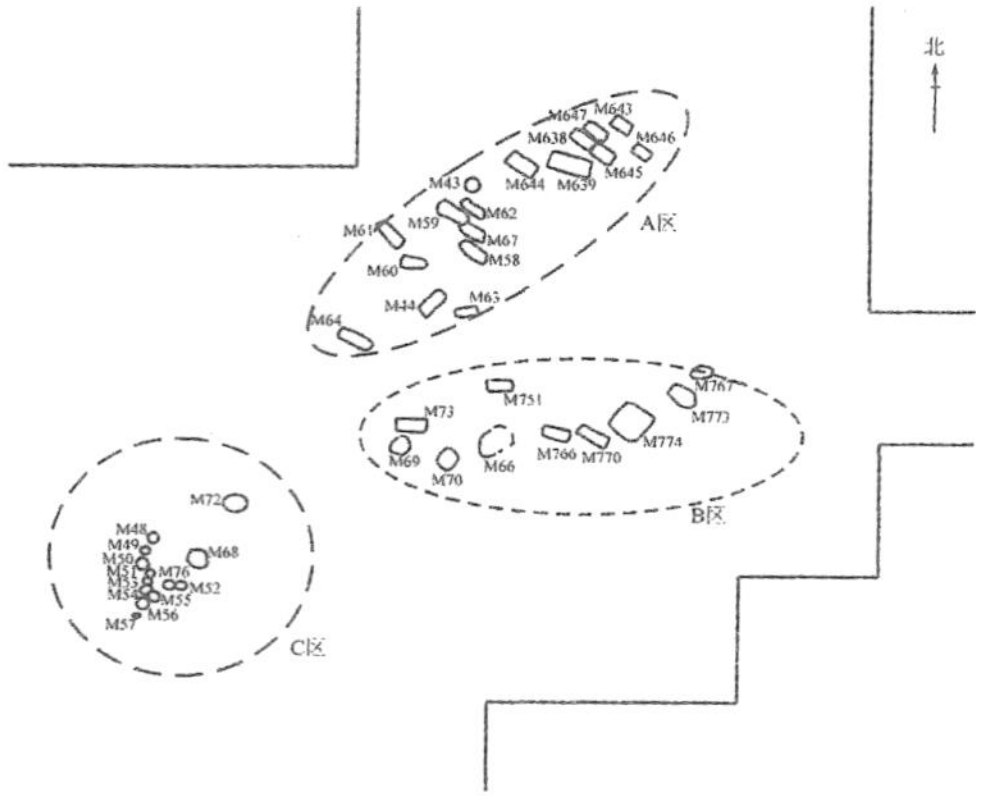

【図２―67】　城頭山遺跡大渓文化第一期墓地の空間配置（郭偉民『新石器時代澧陽平原与漢東地区的文化和社会』）

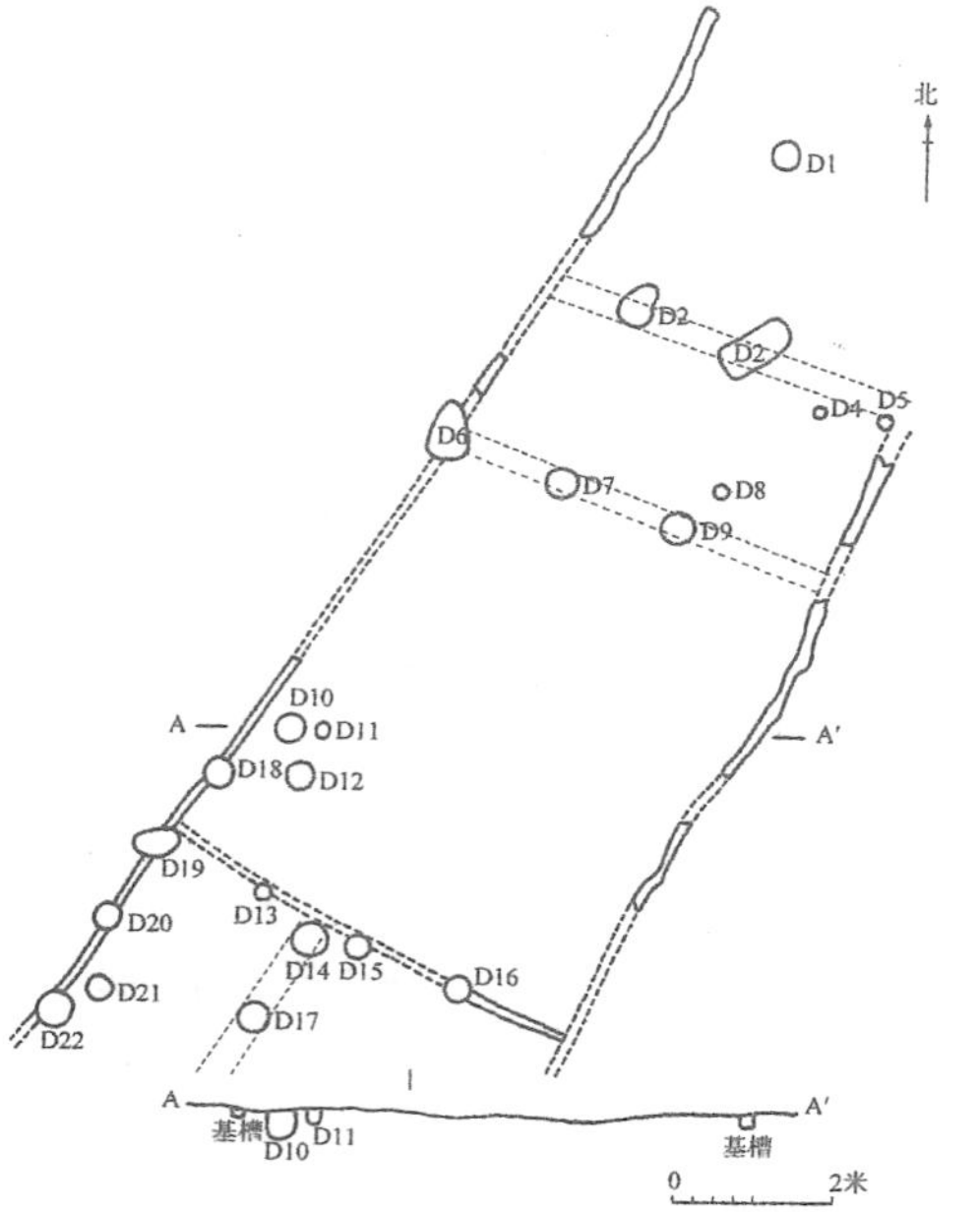

【図２―68】　城頭山遺跡大渓文化第一期家屋跡 F77 の平面図と断面図（湖南省文物考古研究所『澧県城頭山』）

大渓文化二期（つまりⅡ期城墻の使用時期）に、城頭山城址内の空間配置には改変があり、もともと祭祀区・墓地・生活区よりなる機能別の区分は墓地と窯場に代替されている（図2―69）。墓地は窯場の南に位置し、三つの墓区に分けられる。C墓区では円形の祭壇がみつかっている。大渓文化三期もⅡ期城壁の使用期間で、この段階の居住区はおそらく城内の東北方向に移り、墓は西南の第二発掘区に移っている。これは、城頭山聚落の配置が大渓文化第三期にまた改変されたことを物語る。

城頭山聚落の配置には、屈家嶺文化期にまた重大な変化がある（図2―70）。大渓文化期に、城頭山聚落の中心は東部に集中している。そして屈家嶺文化期になると、聚落の重心は中西部に移ることになる。このとき墓地は中部のやや北に位置し、居住区は西部に位置している。屈家嶺文化期の配置上のこのような変化は、当時拡張されたⅢ・Ⅳ期の城壁・護城河などの現象とも関係があり、郭偉民は「（これは）大渓文化期とまったく異なる社会集団の存在をはっきりしめした」とする。(90)これらの考えは理に適っている。

屈家嶺文化期に、居住区では多くの家屋建築がみつかっている。そのうち、F88は同一時期の三組の建築で、五つの家屋よりなり（図2―71）、一種の家族の組合の建築構造を反映していたのかもしれない。

屈家嶺文化一期の家屋跡（F87）はやや特殊な家屋で（図2―72）、平面は方形を呈し、室内面積は六三㎡である。これは土台上に建てられている特別な家屋で、土台の高さは五〇cmである。屋外のまわりには廂《ひさし》が設けられている。室内面積の約三分の一前後を占める後部には、幅二・六mの紅焼土で築かれた土台がある。後部の土台の両端は南向きに曲がっており、東壁・西壁に沿って幅一mと幅一・五mの紅焼土の土台があり、高さはともに〇・八mである。東西の南壁内側にもそれぞれ紅焼土の土台があり、幅〇・七m～〇・九m、高さ〇・八mである。室内の残りの部分は一級低い平地である。後部の土台のうえには九つの柱洞があり、そのうちD1とD3の直径は四〇cm～四五cmに達

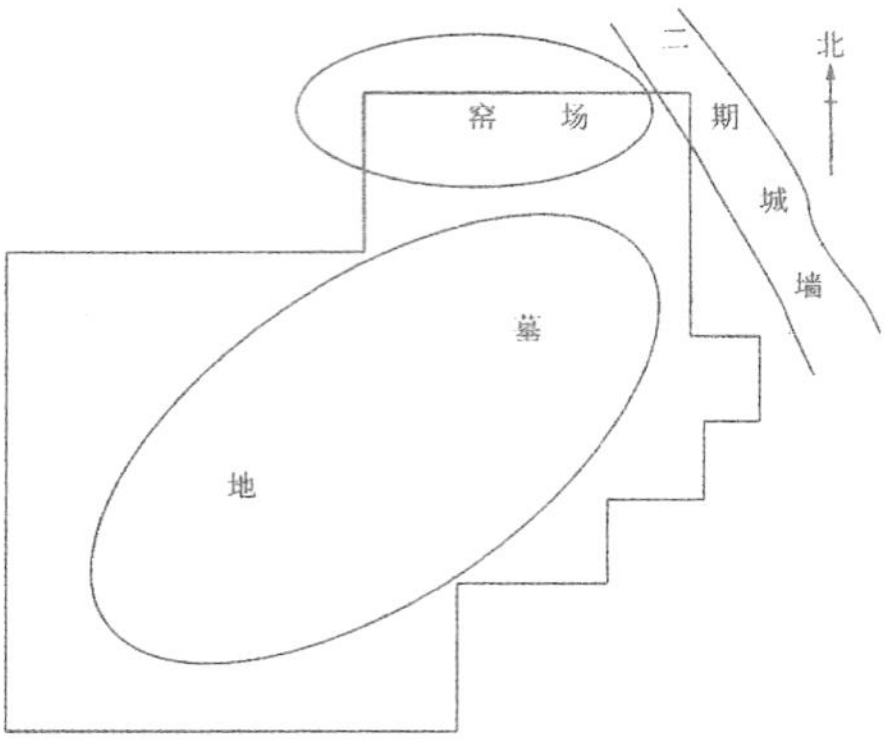

【図２—69】　城頭山遺跡大渓文化第二期の聚落全体の配置（郭偉民『新石器時代澧陽平原与漢東地区的文化和社会』）

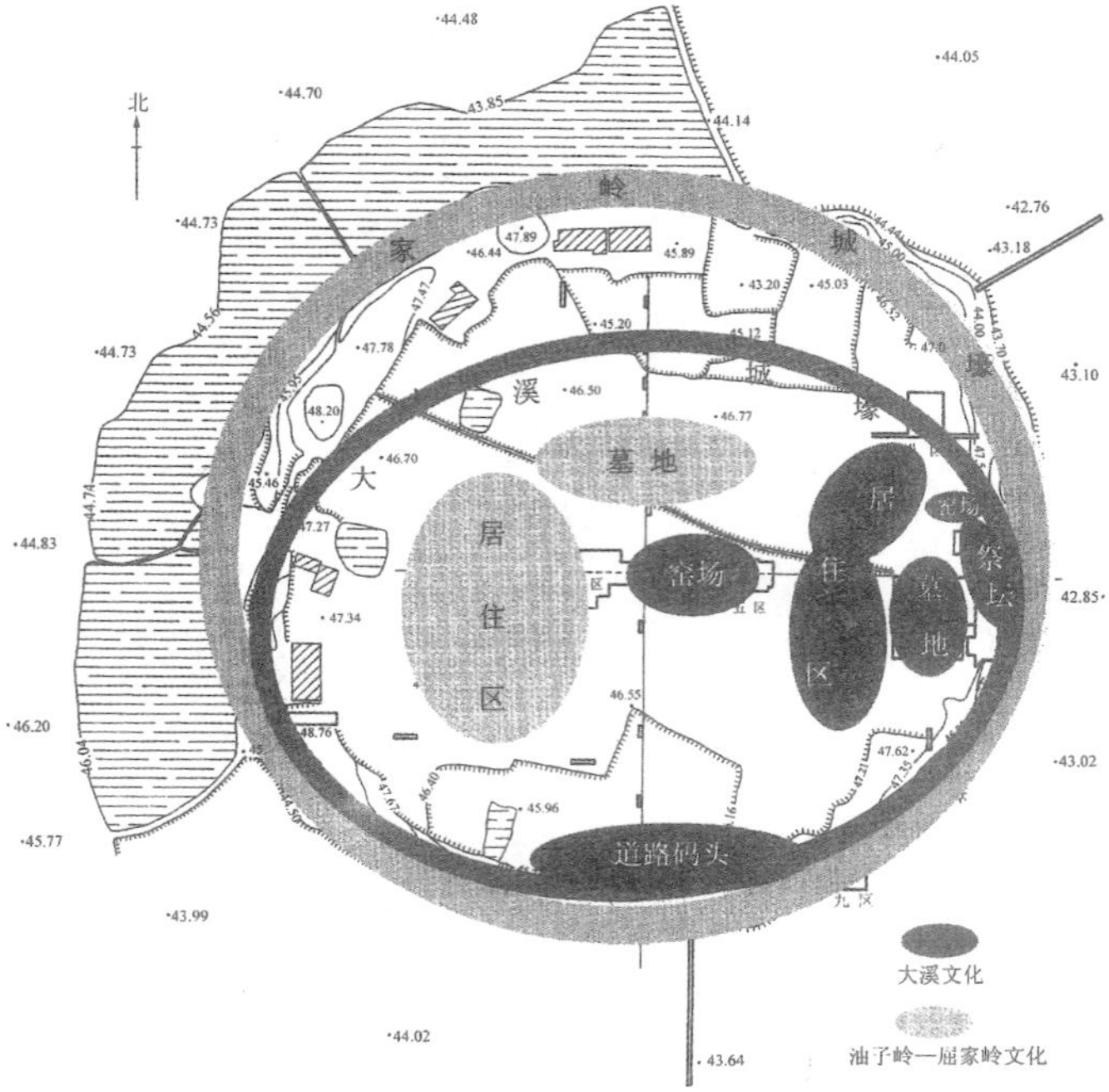

【図２—70】　城頭山遺跡大渓—屈家嶺文化時期の聚落配置の空間的変化（郭偉民『新石器時代澧陽平原与漢東地区的文化和社会』）

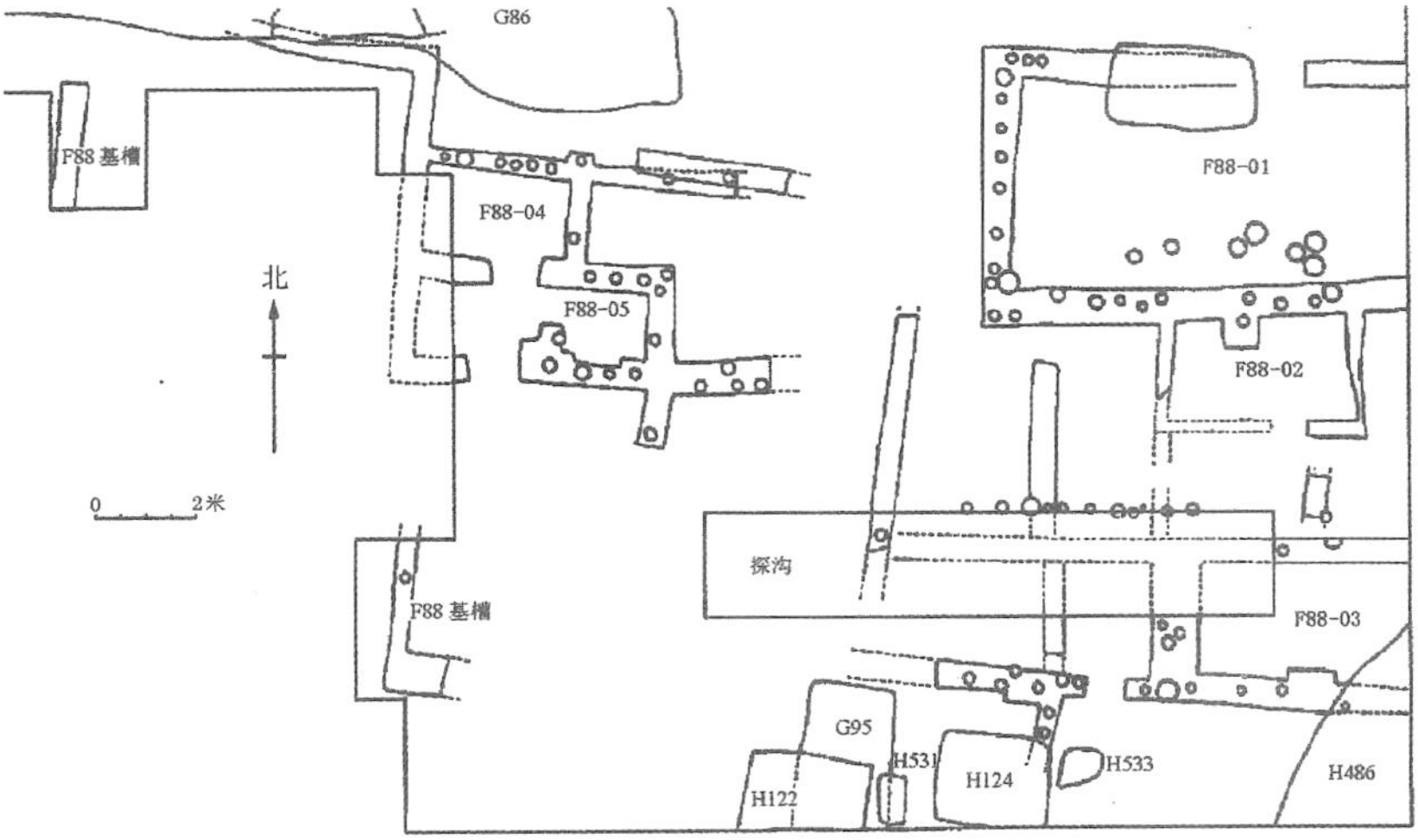

【図２―71】　城頭山遺跡屈家嶺文化時期の F88 の平面図（湖南省文物考古研究所『澧県城頭山』）

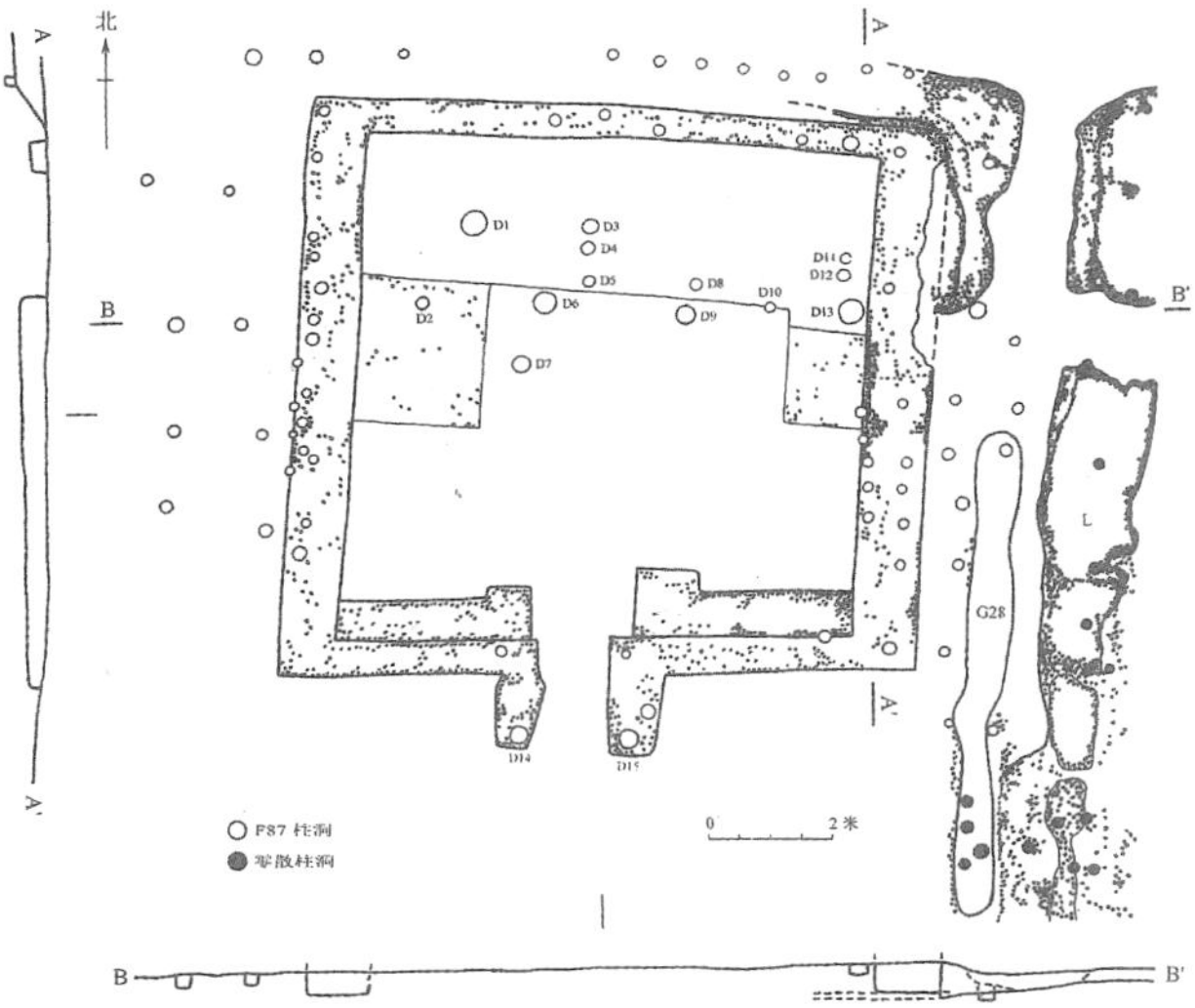

【図２―72】　城頭山遺跡屈家嶺文化Ⅰ期の F87 の平面図と断面図（湖南省文物考古研究所『澧県城頭山』）

し、ほかの柱洞の直径は二〇㎝前後である。西側土台のうえには柱洞が一つあり、一級低い空間の後部には三つの柱洞がある。このように室内には計十三の柱洞がある。

Ｆ87家屋内には炉とカマドがなく、室内の紅焼土の土台のつくりは緊密で、発掘者は、ここはおそらく特殊な意味の物品を置くところであると推測している。その南の凸字形の空間は、面積が約三五㎡である。Ｆ87の広大な城壁や、単独で閉じた建築の風格、外側に廂のある特殊な設置、東西の高さの対称性、そして隔壁のない大面積の室内といった、一連の特徴を総合したうえで、発掘者は、それが「儀礼」的性質の建築物にちがいないと推断している。(91) 筆者は、ここはひょっとすると一種の原始的宗廟で、宗族の宗廟の濫觴かもしれないと考えている。室内の大小異なる十三の柱にも、そのうえにもともと宗族の祖先や氏族のトーテムの木製彫像のたぐいがかけられていたのかもしれない。

城頭山城邑は大渓文化期以来中心聚落で、屈家嶺文化期もそうである。ただ屈家嶺文化期の城頭山でのみ、社会がめざましく複雑化している。大渓文化期の城邑内の祭壇は、宗教祭祀が重視されていたことを明示している。墓地の区域と墓群を分けた埋葬方法は、聚落が家族単位で組織されていたことを物語る。また大渓文化Ｆ77の細長い並家と屈家嶺文化Ｆ88の五部屋よりなる三組の建築物は、大家族内部に大家庭や小家族があったであろうことを物語る。だが城頭山城邑内には、統治者専用の住居と目される建築物（たとえば宮殿）はみあたらない。

副葬品の多寡をとおして、社会の不平等ないし階級・階層の形成を考察することは、聚落考古学の構成要素の一つである。城頭山聚落大渓文化期の土坑墓二一五基のうち、一六八基に副葬品があり、四七基には副葬品はない。副葬品のある墓のうち、その副葬品の多寡にも懸隔があり、多いものは三十余点に達し、少ないものは一、二点にすぎない。たとえばＭ678（図2―73）の墓坑は長さ二・五ｍ、幅一・一〇ｍある。墓坑の底には細かな朱砂が分布し、墓主は一名の成人男性である。副葬品は計二七点あり、そのなかには陶豆七点、圏足盤四点、器蓋十点、鼎一点、釜一

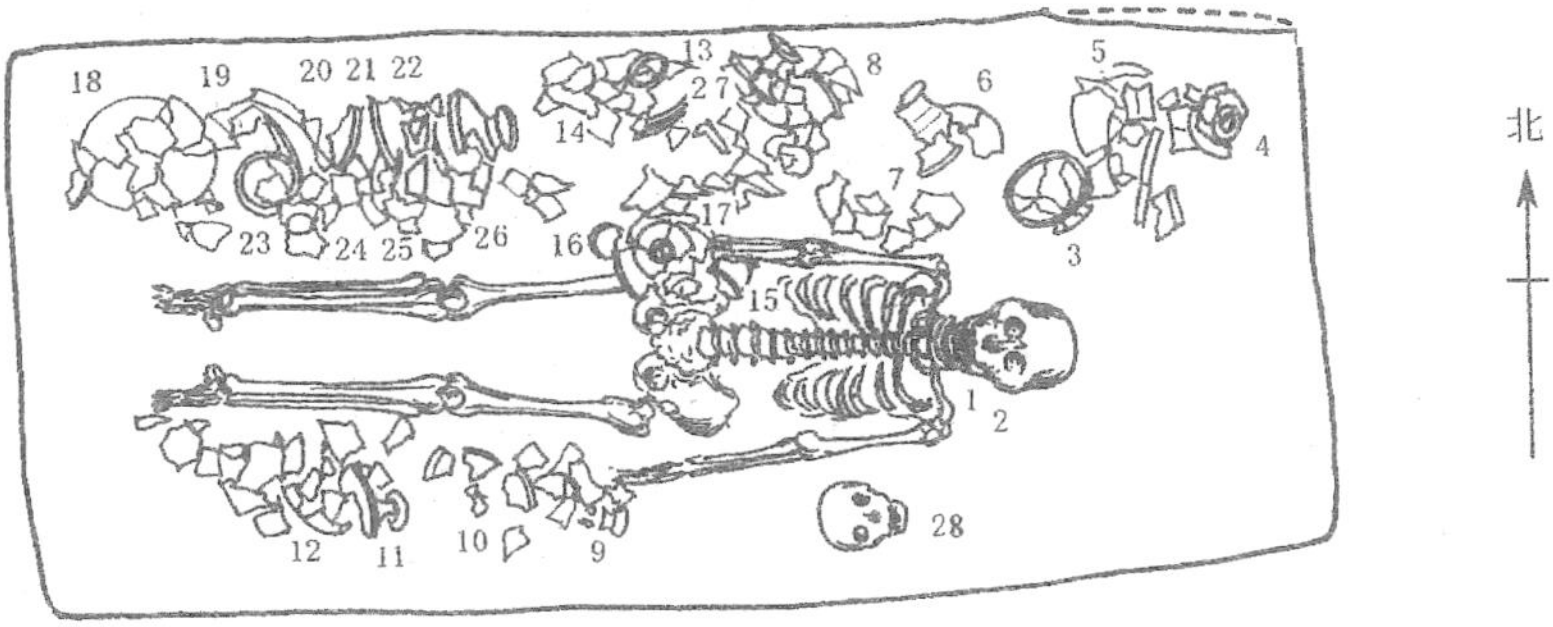

【図2—73】　城頭山遺跡大渓文化二期のM678平面図（湖南省文物考古研究所『澧県城頭山』）

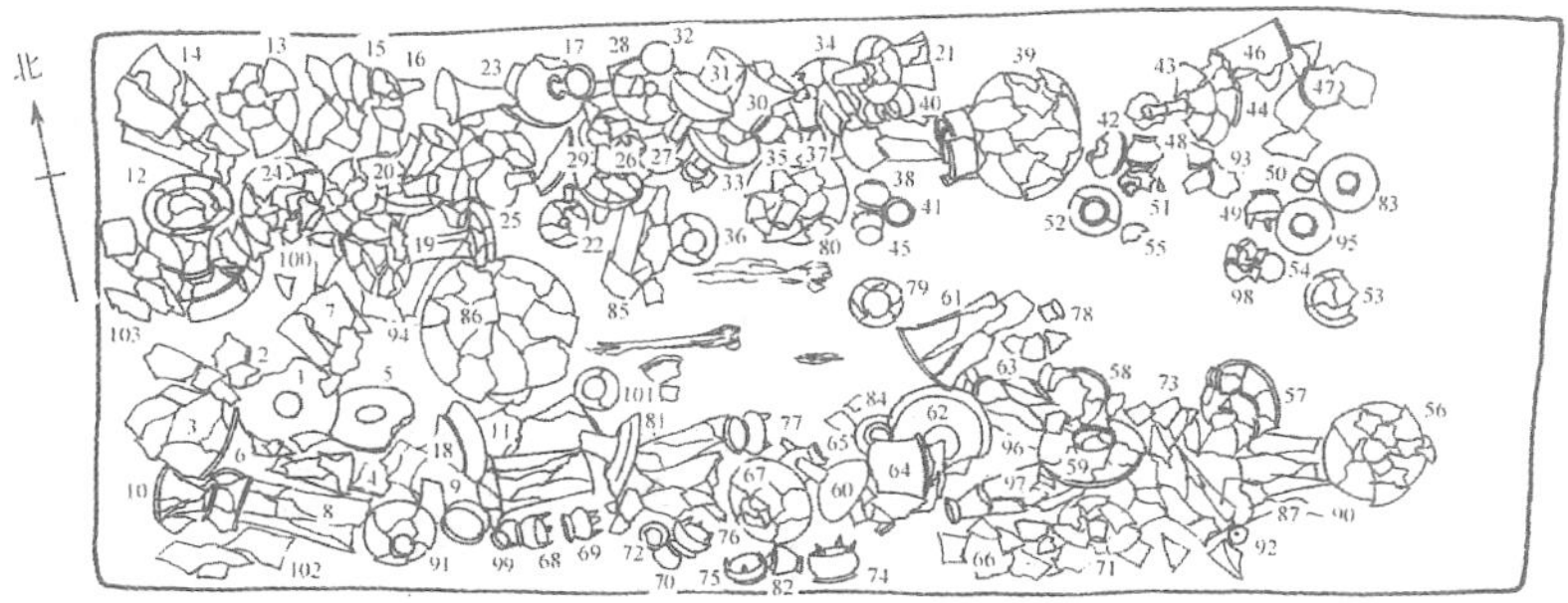

【図2—74】　城頭山遺跡屈家嶺文化三期のM425の平面図（湖南省文物考古研究所『澧県城頭山』）

点、碗二点、玉璜二点がある。このほか、墓主の骨の左側には子供の頭骨がある。だがM671には陶釜一点しか副葬されておらず、M73は陶釜・碗・器蓋が各一点副葬されるのみで、さらに四十余基の墓にはなにも副葬されていない。これより、副葬品の有無・多寡は、城頭山聚落の大渓文化の墓では顕著なものであるとわかる。屈家嶺文化になると、このような差異はさらに拡大する。たとえばM425の副葬品は一〇三点に達し、墓坑全体を満たした（図2—74）。ただしなんら副葬品のない墓も多くある。統計によると、一八三基の墓のうち、副葬品が十点以下のものは一四六基、十～二十点のものは十八基、二十～三十点のものは十六基、三十点以上のものは三基ある。(92) 墓資料をつうじて、屈家嶺文化期に城頭山中心聚落の社会分化と社会の複雑化がみなさらに発展したことが看取できる。それは文明社会の前夜、もしくは邦国文明（初期国家）の門前に位置する社会類型である。

2　大渓—屈家嶺文化期の澧陽平原の中心聚落と聚落分布

城頭山城邑は中心聚落として、周囲の普通聚落と密接にむすびついている。郭偉民の統計によると、大渓文化期澧陽平原の聚落遺跡数は五十にのぼり、およそ二つの「聚落帯」に分布している（図2—75）(93)。いわゆる聚落帯とは、聚落が河川両岸に沿って帯状に分布しているもので、澧陽平原の聚落帯は澹水と涔水の両岸に集中している。澹水上流域の藍田寺～城頭山には、平原西部の山の裾野沿いに二十余ヶ所の聚落が帯状分布し、隣接する聚落のあいだは二〇〇〇m未満で、各聚落が占拠する空間は一〇〇〇m未満である。これは、聚落分布がここでかなり密集し、城頭山が当該聚落帯の中心であることを物語る。涔水流域の当該聚落帯上には二つの聚落中心があるようで、一つは涔水下流域・涔水南岸にある丁家崗遺跡である。当該遺跡では大渓文化期墓二七基と大型建築遺跡がみつかっており、大型の基槽《きそう》と柱礎《ちゅうそ》をふくむ。もう一ヶ所は涔水北岸の三元宮遺跡で、丁家崗遺跡から七〇〇〇m離れた環濠聚落で、環濠内の直径は約二八四m、面積は六・三万㎡である。この三つの中心聚落のうち、城頭山は城壁と護城河をもつ聚落で、その聚落等級は他の二つより上である。ゆえに大渓文化期城頭山は、澹水上流域の聚落帯の中心聚落であるのみならず、澹水と涔水という二聚落帯の中心聚落でもあるのである。

屈家嶺文化期になると、澧陽平原の聚落遺跡は約六三ヶ所ある（図2—76）。この時期の聚落の景観と大渓文化期を比べると、受け継がれたところもあれば、変化したところもある。受け継がれたのは、これらの聚落がやはり澹水と

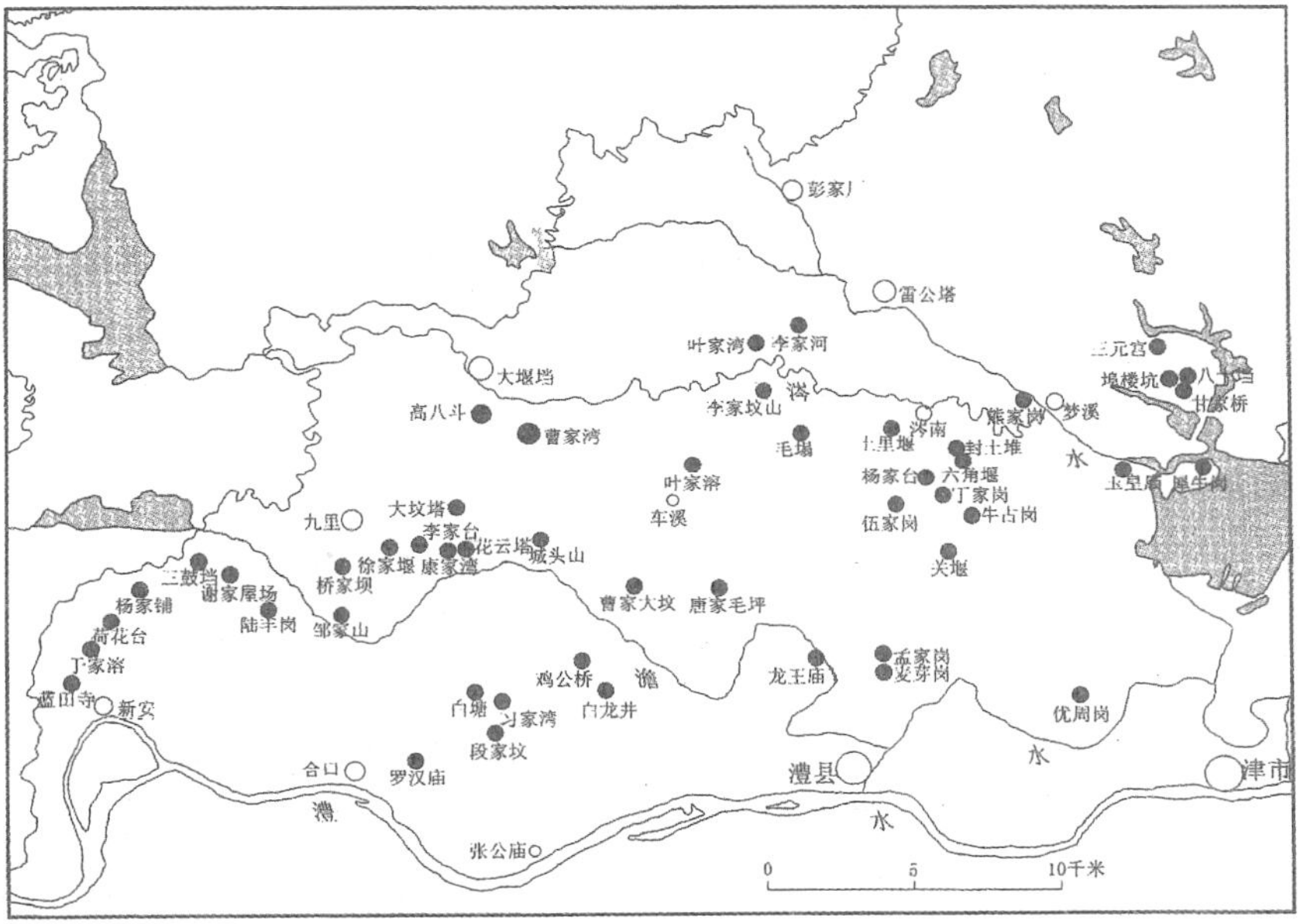

【図2—75】　澧陽平原大渓文化遺跡分布図（郭偉民『新石器時代澧陽平原与漢東地区的文化和社会』）

涔水の両岸に沿って平原の丘陵上に分布しているという点である。変化したところは、西では城頭山、東では鶏叫城の周辺で聚落群が分布しはじめた点である。たとえば城頭山遺跡北部の護城河外側は塹壕遺跡で、南に南岳遺跡、西に窯場・花雲塔・王家湾・譚家墳山・李家台などの遺跡がある。鶏叫城聚落は、屈家嶺文化期に建てられはじめた大規模城壁と護城河の中心聚落である。図2—76より、鶏叫城の周囲にも多くの聚落が集まり、一つの聚落群を形成していたことがわかる。大量の聚落が城池周辺に密集していることは、屈家嶺文化期の澧陽平原上の顕著な人文学的景観である。(94) このように、屈家嶺文化期の澧陽平原には二つの一級中心聚落（城頭山と鶏叫城）があり、そのもとにはさらに二級中心聚落と普通聚落があったといえる。かかる最高等級の中心聚落によって統治されている聚落群の構成は、アメリカの人類学者オーベ

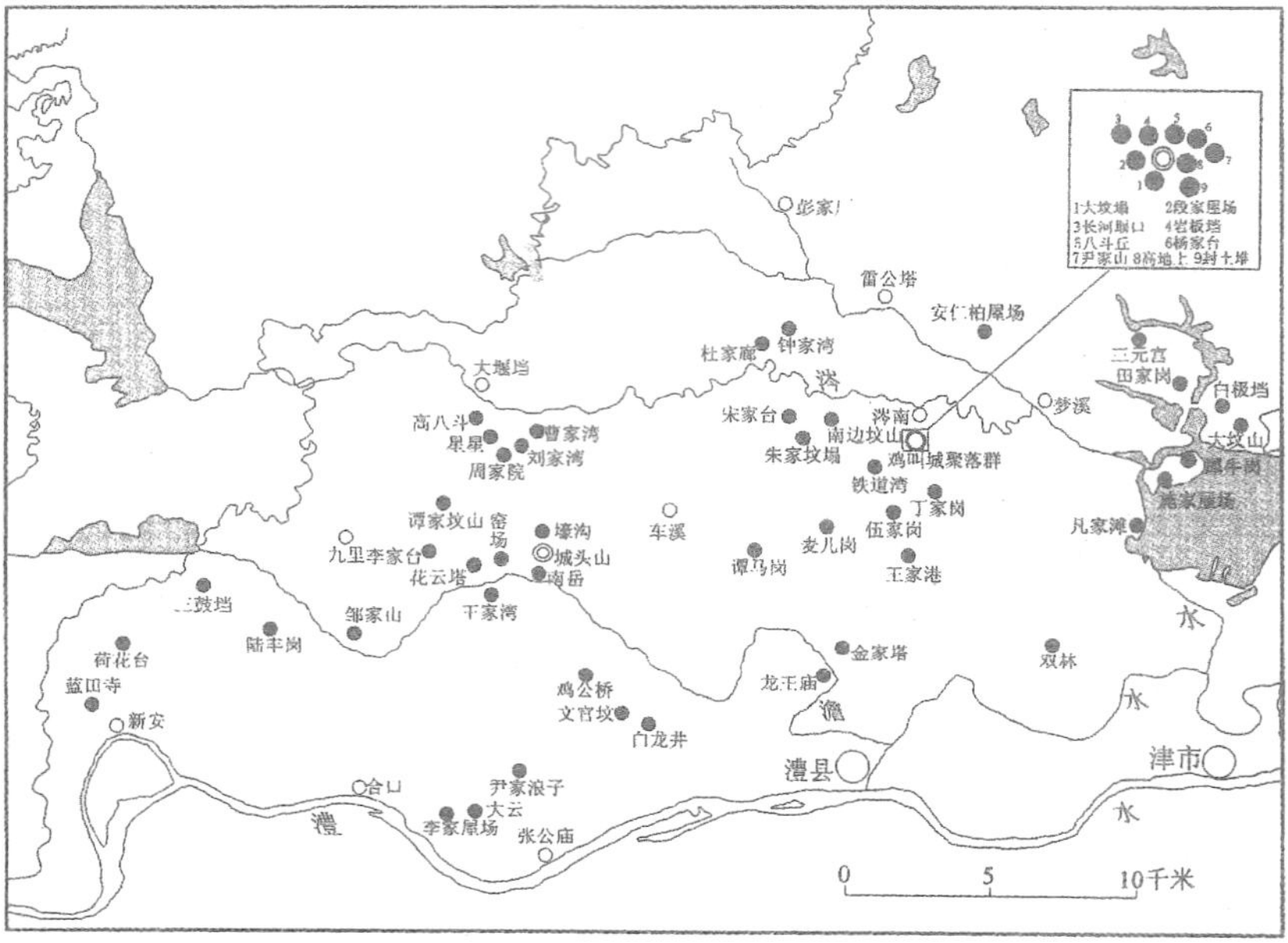

【図２—76】　澧陽平原屈家嶺文化遺跡分布図（郭偉民『新石器時代澧陽平原与漢東地区的文化和社会』）

ルグの首長制の描写と定義に相当する。オーベルグは首長制をこう定義する。一地域内において多くの村落よりなる部落単位で、一人の最高酋長によって統括され、彼の統制下には次級酋長の掌る区域と村落がある、と。澧陽平原のばあい、大渓文化期聚落群は分散・居住し、帯状や線状の分布を特徴とし、それは澧水・涔水流域における自然資源の均衡性と一致する。ただし普通聚落と中心聚落（とくに最高等級の中心聚落）のあいだの関係は比較的ゆるく、屈家嶺文化期の最高等級中心聚落とそのまわりの他の聚落とのあいだのごとき緊密な関係に、遠くおよばない。かかるつながりは、同じように中心聚落ではあっても、後者の聚落群内の凝集力は前者よりははるかに強い。それは、聚落と聚落とのあいだの社会関係を反映し、社会の複雑化の重要な指標・特徴でもあることを物語る。

3　仰韶文化晩期の鄭州西山城邑及びその聚落群

西山遺跡は、鄭州市北郊二〇kmの西山村の西南約三〇〇mに位置し、邙山の支脈・枯河北岸の二級の河岸段丘のほとりにある。北は黄河から四km、西には綿々と続く黄土丘陵があり、東は平坦で広大な黄淮平原をみわたせる。城址は川床から約一五m高く、山と河川に近く、土地は肥沃である。遺跡の面積は二〇万㎡で、一九八四年の調査でみつかり[95]、一九九三年～一九九六年にいくどかの発掘が行なわれた[96]。

西山遺跡では城址がみつかり、城址の平面は円形に近い（図2―77）。南半部は洪水で壊され、西城壁で現存するのは七〇m、北城壁で現存するのは一八〇mで、この城址の面積は約三万㎡と推算される。城壁の現存状況が最良の場所は高さ約三mで、この平面上の城壁は幅五m～六m、西北の城壁の曲がり角の広さは七m～八mで、その城壁の基底は幅約一一mである。城外には塹壕があり、幅五m～七．五m、深さ四mである。城壁には、土を突き固める版築法が採用されており、その建築方法は、まず城壁建築予定地に逆さまの台形の溝を掘り、溝内側を区分けして一層ごと、区画ごとに土を突き固め、城壁を築いてゆくというものである。また溝の外側は塹壕となっており、城壁とともに一つの防御体系を構成している（図2―78）。

城壁の修築の点で、西山城址は先進的な版築法が採用されている。それは、柱を立てて挟板《きょうばん》［複数の板を挟むように建て、そのあいだに土を入れて突き固める。そのための板の意］を固定し、四枚の板で同時に土を挟み込んで突き固めてゆき、そののち順を追って列ごとに築いてゆくというものである（図2―79）。現存する城壁の平面には一般に、三枚の板が並べられ、城の西北角では幅を拡げるために横に五枚を並べる必要がある（図2―80）。城壁の版築層の厚さは一般に四㎝～五㎝で、八㎝～一〇㎝のものもある。版築のくぼみ［棒で土を突き固めるときに生じるくぼみ］は円形で、

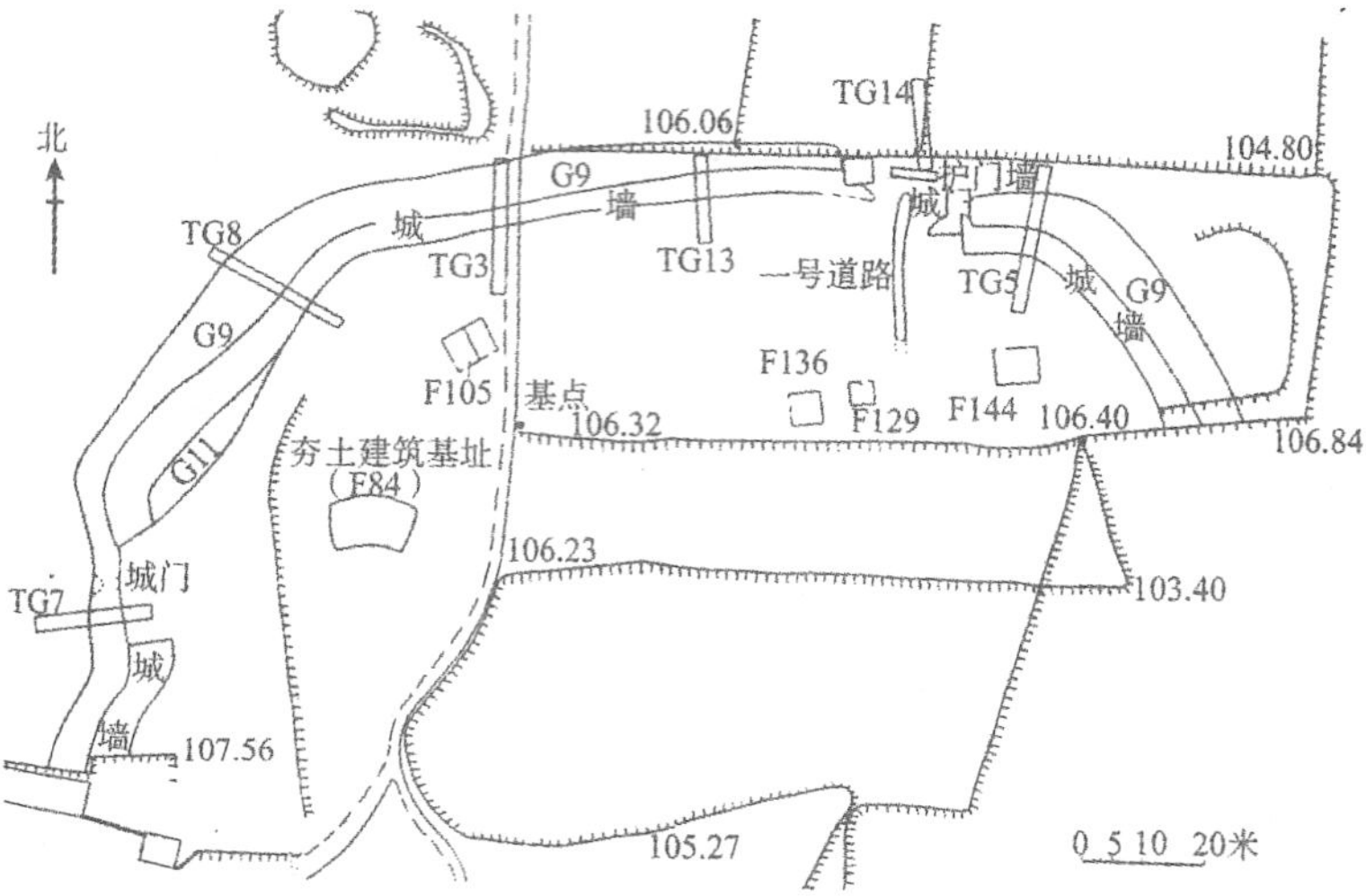

【図２―77】　西山城址平面図（『文物』1999年第７期）

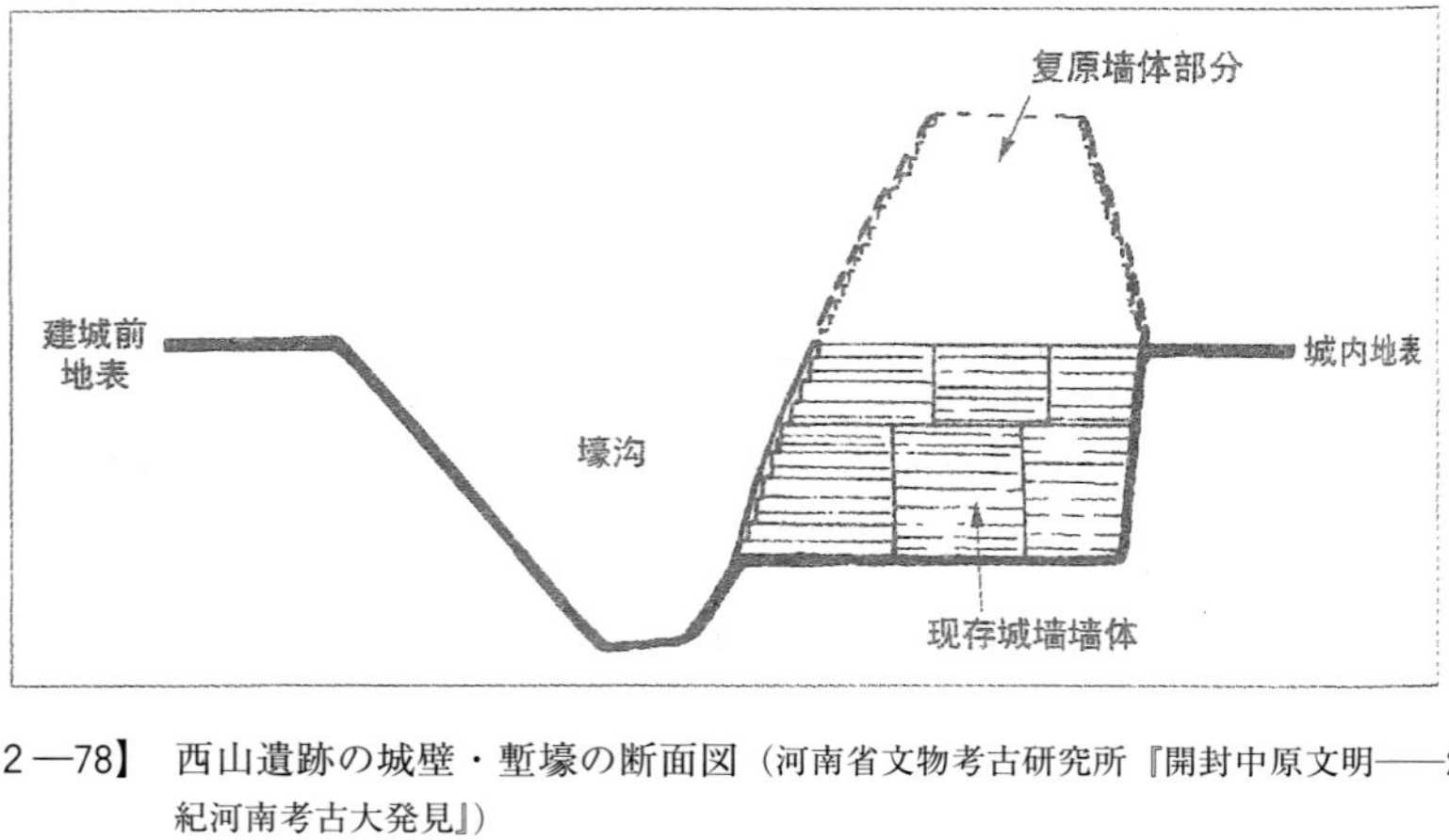

【図２―78】　西山遺跡の城壁・塹壕の断面図（河南省文物考古研究所『開封中原文明――20世紀河南考古大発見』）

【図２―79】　鄭州西山城址の版築夯土城墻（河南省文物考古研究所『啓封中原文明――20世紀河南考古大発見』）

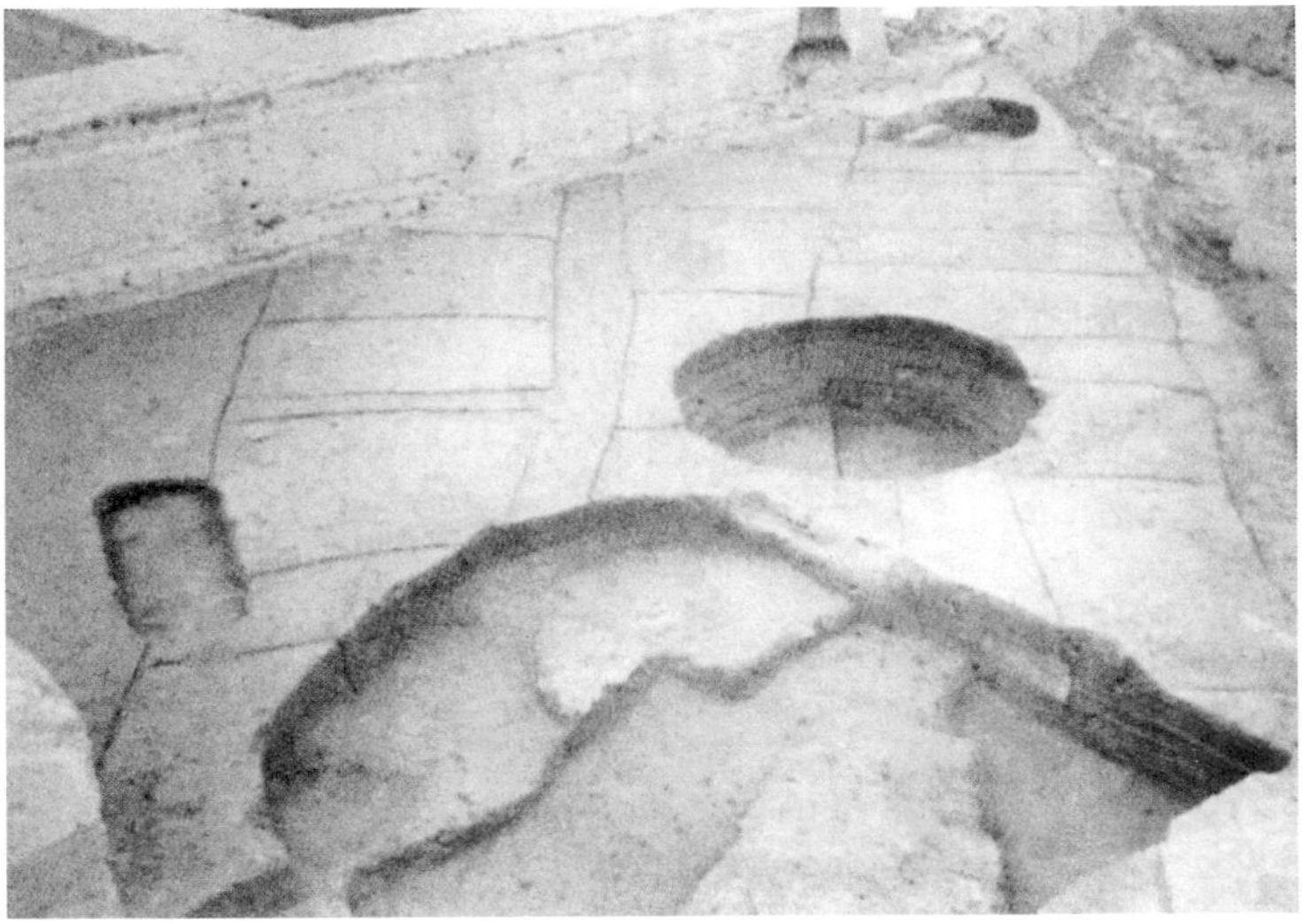

【図２―80】　西山城址西墻の局部板块排列情況（河南省文物考古研究所『啓封中原文明――20世紀河南考古大発見』）

くぼみの直径は約三㎝である。くぼみが「品」形に分布しているところからみると、突き固めの道具は三本一組の束ねられた棒である。このように棒を束にするやり方と、区画ごとに版築を作ってゆく技術は、中国建築史上の一大イノヴェーションであり、現在もなお、一部の立ち遅れた農村地域では、版築法による壁・家屋の建築がみられる。

西山城址の残存する城壁には二つの城門がある。北門と西門である。西門は幅一七・五m、門のうえには望楼のたぐいの建築物がある。北門は城址の東北の角に設けられ、幅は約一〇mで、平面は「八」字形を呈し、門道の東西両側には城台がある。北門外側の中央には門を護る壁が築かれ、城門の防御力が増強された。門を護る壁より南二mの、北門と正対する位置には、南北に向かう道路（L1）があり、城址の東北部を縦に貫いている。

城内では二〇〇余基の家屋基礎が発掘されている。いくつかは道路（L1）の東西両側に位置し、門はみな北城門を向いている。べつのいくつかの門は城内の中心方向を向いている。西門内の東側には大型の版築建築の基礎があり、東西の長さは約一四m、南北の幅は約八mで、周囲にはさらに数基の家屋基礎があって、それを囲んでいる。この建築物の北側は、数百㎡に達する広場である。二〇〇〇基近くの坑と灰坑が発見され、そのうち、物を保存するたぐいの大きな穴は、数多くが城内西北の高い区域に分布している。城内の西北部では墓地がみつかっており、城外の西部にも城址の使用年代と同時期の墓地がある。二つの墓地の墓は合計二〇〇余基である。この二ヶ所の成人墓地はみな東西向きで、頭がやや南寄りの西を向いているものが大多数である。墓壙はみな長方形の竪穴土坑墓で、大多数は単身仰身直肢であり、副葬品はほとんどみあたらない。城内西北部の墓地には少数の男女一次合葬があり、一次葬と二次葬の合葬などの現象がみられる。二ヶ所の墓地ではともに頭骨・後頭骨の人工的変形と、人工的抜歯の習俗がみられる。これは中原地域ではまだあまりみられないものであるが、東部の大汶口文化の先史東夷民族とやや似ており、おそらくはその影響を受けたものか、あるいは大汶口文化の人びとがここにやってきたのであろう。このほかに家屋の基礎と城壁の基礎のなかからは、定礎や祭祀の遺跡が発見され（図2―81）、嬰児を殺す祭祀の跡さえもある。

西山城址は、仰韶文化中期晩段に建てられはじめ、仰韶文化晩期まで使用されつづけ、城内からは多くの仰韶文化大河村類型の彩陶が出土している（図2―82）。炭素十四年代測定による城邑の使用年代は、五三〇〇年前～四八〇〇年前である。仰韶文化中・晩期の西山城邑の社会類型は中心聚落形態に属する。この中心聚落の城邑においては、組織的に版築の城壁を築くさいに、実地調査・計画・設計を必要とするのみならず、相当量の人的物的資源を動員せねばならなかった。西城門内には大型の版築建築物と広場があり、中心聚落が政治・軍事・宗教の諸機能を集中するのに必要なもののはずである。しかし貴族や貴人の墓が発見されていないことや、墓内に一般に副葬品を置かない葬俗があることから、ここでの社会の分化と不平等は突出しておらず、強制的権力の存在もみられない。よって、西山城邑の社会の複雑化の度合はまだ初期国家の水準に達してはいない。

中心聚落は、その周囲の普通聚落とむすびついて存在するものである。西山城邑のある索河・須水河・枯河流域には多くの仰韶文化遺跡が分布しており、目下、西山聚落のみが築城している。統計によると、西山遺跡の周囲二〇㎞の範囲内には二十ヶ所の同時期の遺跡が分布している（図2―83、表2―1）[97]。そのうち、西山遺跡の面積は二〇万㎡、西山遺跡中の城邑の面積は三万余㎡である。大河村遺跡の面積は四〇万㎡である。陳荘遺跡の面積は一〇万㎡である。そのほかはみな一〇万㎡以下で、二ヶ所は八万㎡、三ヶ所は六万㎡、他の多くは一万㎡～二万㎡か、三万㎡～四万㎡である。面積四〇万㎡の大河村遺跡は、この聚落群の東の端に位置し、他の聚落や西山聚落と遠く離れている。ゆえに筆者は、大河村聚落を相対的に独立したものとする高江濤の見解に賛成する[98]。このように西山は、鄭州市郊外西部と滎陽市とのあいだに分布する聚落群の中心聚落で、大河村は鄭州市郊外東部の聚落群に属する可能性がある。

西山とその周囲の二十近い聚落群は、かりに現在の国内考古学界で通行する方法により、聚落面積の大小によって

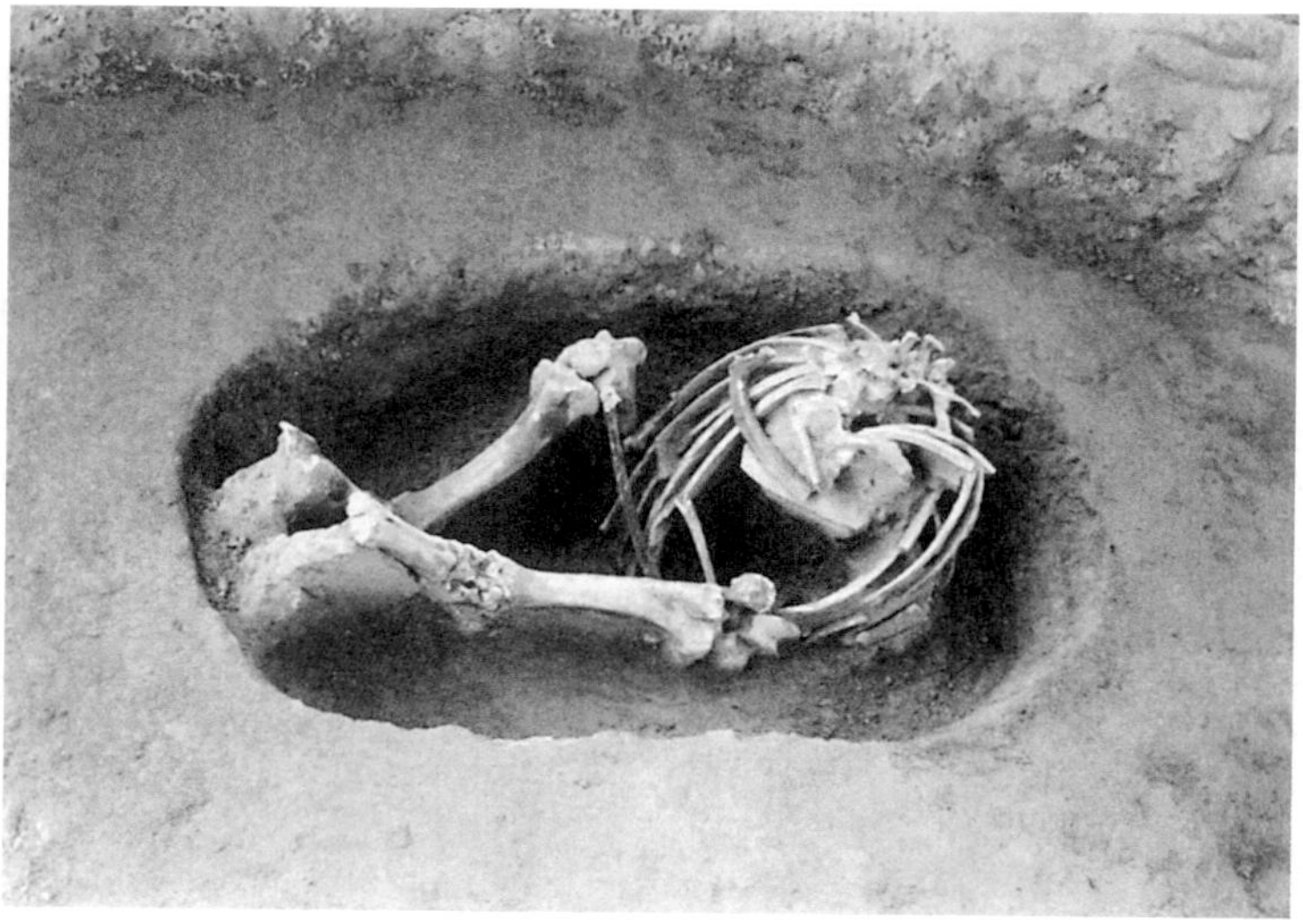

【図２―81】　西山城邑内の祭祀獣坑（河南省文物考古研究所『啓封中原文明――20世紀河南考古大発見』）

【図２―82】　西山城址出土の彩陶罐（河南省文物考古研究所『啓封中原文明――20世紀河南考古大発見』）

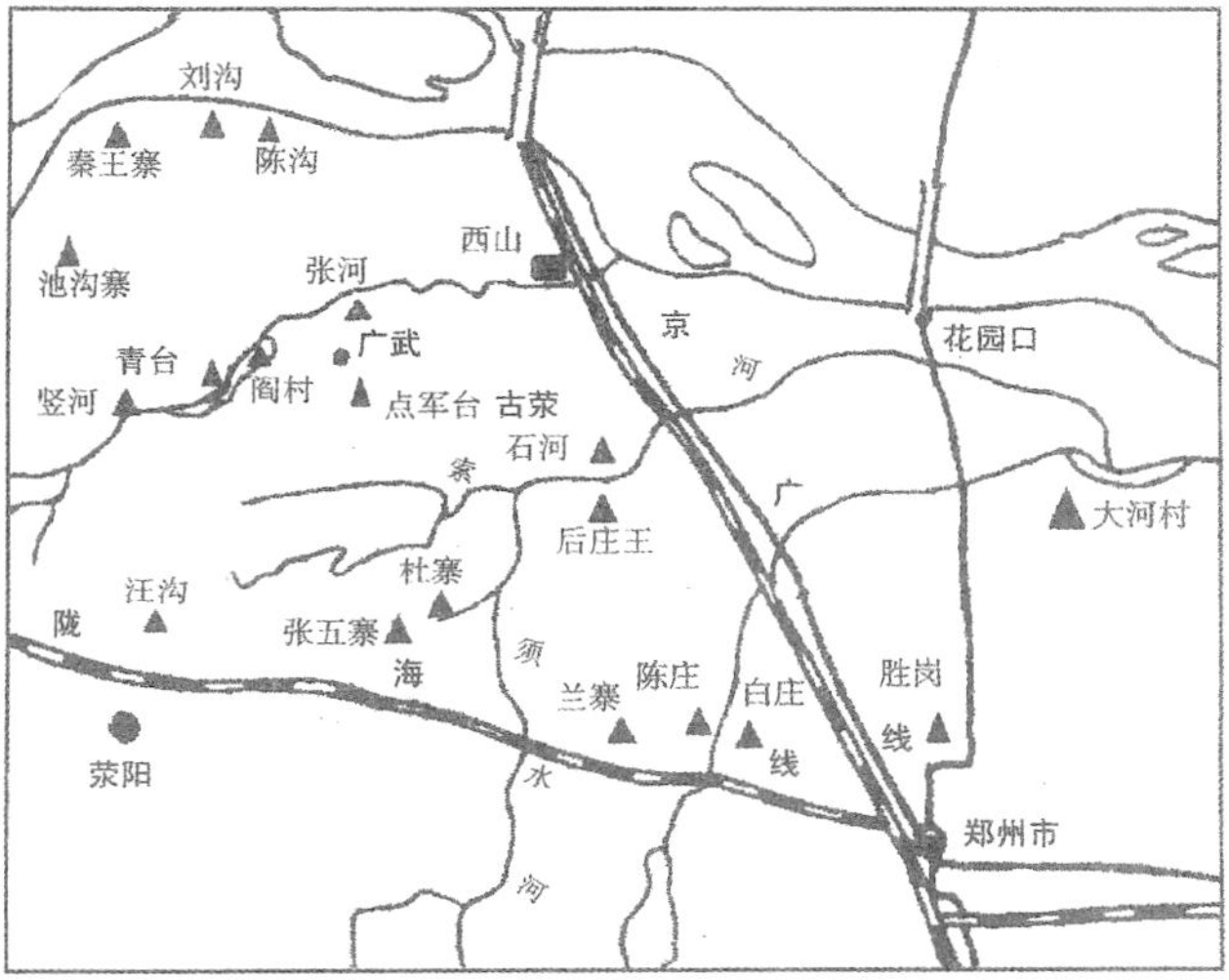

【図２―83】　仰韶文化時期西山遺跡周辺の聚落遺跡分布図（高江濤『中原地区文化進程的考古学研究』）

聚落の等級を分けるとすると、二〇万㎡以上の遺跡は一級（西山）、一九万㎡～一〇万㎡の遺跡は二級（陳荘）、九万㎡～五万㎡の遺跡は三級、五万㎡以下の遺跡は四級というように、四つの聚落の等級に分けられるかもしれない。あるいは、城邑を築く西山は一級、一〇万㎡の陳荘は二級、一〇万㎡以下はみな三級というように、三つの聚落の等級に分けられるかもしれない。このように、たんに聚落の規模によって聚落の等級を分けることには多くの問題があり、そのうえ各種等級の面積の指標の設定について、研究者の「地に因りて宜しきを制す」という主観的人為的要素がたいへんに濃厚であることも一目瞭然である。ゆえにこのように区分してできる聚落等級が史実と合致するか否かは確言困難である。[99] よって、ある一地区の中心聚落と普通聚落の区別を確定するときと、ある一聚落群中の聚落等級を画定するときには、聚落の面積はせいぜい重要な要素の一つでしかない。より重要なのは、聚落の規格と機能はさらに重要な要素である。仰韶文化期西山聚落群の聚落等級が二級であろうと三級

【表２―１】　仰韶文化時期の西山聚落群の諸遺跡の統計表

番号	遺跡名称	位　置	面積	文化層	時代	出　典
1	西　山	鄭州市古滎鎮・孫荘村西	20	3	仰韶	中原文物1986年４期、中国文物地図集河南分冊、文物1999年７期
2	大河村	鄭州市柳林陳大河村西南	40	7-12.5	仰韶	鄭州大河村
3	陳　荘	鄭州市石佛郷陳荘村	10	2	仰韶	中原文物1986年２期、中国文物地図集河南分冊
4	后荘王	鄭州市溝趙郷、后荘王村東北	5.6	3	仰韶	華夏考古1988年１期、中国文物地図集河南分冊
5	点軍台	滎陽市広武郷城南村南	6	4-6	仰韶	中原文物1982年４期、中国文物地図集河南分冊
6	青　台	滎陽市広武郷広武村東	8	3-5	仰韶	中原文物1987年１期、中国文物地図集河南分冊
7	秦王寨	滎陽市北邙郷秦王寨村	3	3-4	仰韶	中原文物1981年３期、中国文物地図集河南分冊
8	劉　溝	滎陽市北邙郷劉溝村西北	1	2	仰韶	中国文物地図集河南分冊
9	陳　溝	滎陽市広武郷陳溝村東北	4	1-2	仰韶	中国文物地図集河南分冊
10	池溝寨	滎陽市高山郷池溝寨村西	3	2-3	仰韶	中国文物地図集河南分冊
11	張　河	滎陽市広武郷張河村南	2	1-2	仰韶	中国文物地図集河南分冊
12	閻　村	滎陽市広武郷閻村西	6	2	仰韶	中国文物地図集河南分冊
13	豎　河	滎陽市高村郷池溝寨村南	4	2	仰韶	中国文物地図集河南分冊、考古学集刊10
14	白　荘	鄭州市須水陳白荘村東南	3	1	仰韶	中国文物地図集河南分冊
15	汪　溝	滎陽市城関郷汪溝村南	3	1-3	仰韶	中国文物地図集河南分冊
16	蘭　寨	鄭州市石佛郷蘭寨村東	6	1	仰韶	中国文物地図集河南分冊、中原文物1986年４期
17	張五寨	鄭州市溝趙郷張五寨村西	0.2	不明	仰韶	中国文物地図集河南分冊
18	杜　寨	鄭州市溝照郷杜寨村南	0.3	1	仰韶	中国文物地図集河南分冊
19	勝　崗	鄭州市区勝崗村	5	1.5	仰韶	中国文物地図集河南分冊
20	石　河	鄭州市古滎郷石河村南	8	1	仰韶	中国文物地図集河南分冊

※面積：万㎡単位、文化層：m単位。

であろうと、あるいはさらに多くの級数があろうとも、西山城邑が、その版築土の城壁がもつ防御機能と、そこに反映されている社会の動員と組織の力によって、またその城内の大型建築基礎跡に代表される建築物の規格と、数百㎡の広場のもつ宗教的政治的文化的機能によって、聚落群内最高の中心聚落であることは明らかである。それは、当該聚落群内の社会集団の政治的組織の中心であり、支配の中心なのである。

第六節　中心聚落時期の原始宗教の聖地——神廟と大型祭壇

一般的には、一つの聚落群内の中心聚落は、権力と経済の中心でもあれば、宗教祭祀の中心でもある。しかし中国遼西と内モンゴル東部地域の紅山文化後期で発見された神廟・積石塚《つみいしづか》・原始の天壇・社壇などの遺跡は、べつのタイプの宗教的中心のあることをしめしている。

1　紅山文化の女神廟と積石塚

紅山文化の原始宗教の聖地のなかで、まず紹介すべきは遼寧省凌源市牛河梁遺跡群の女神廟である。牛河梁は、遼西と内モンゴル東部の努魯児虎《ヌールーアルフー》山脈の丘陵地帯に位置し、約五〇㎢の範囲内に四十余ヶ所の遺跡が分布している。配置的に女神廟を中心とし、女神廟北部には石積みによる壁に囲まれた巨大な台があり、女神廟西南の関山には大型の祭壇があり、女神廟の両側付近には多くの積石塚が分布している。このように、女神廟を中心として方円五〇㎢の宗教の聖地が形成されていた[100]。

いわゆる女神廟は、多室構造の半地穴式建築で、長さ一八・四m、幅二・五mであり、中間には左右に向けてそれ

【図2―84】遼寧省建平牛河梁遺跡出土の紅山文化の泥塑女神頭像（中国社会科学院考古研究所『中国考古学・新石器時代巻』）

ぞれ側室が出ている。廟内の壁には、黄底紅色の幾何学模様の壁画がある。廟内からは、多くの泥製塑像の破片がみつかり、人物の頭・肩・臂・手・乳房などの部分をふくみ、すでに発見されているのは五、六体分である。大きいものはじっさいの人間以上、小さいものはじっさいの人間の大きさに近い（図2―84）。それらのかたちは各々異なるが、そのなかのあるものは乳房が出ており、肌は滑らかでうるおいがあり、女性であろう。一号と編号されている女神頭像は、人体の原寸に相当し、主室のやや西側に置かれている。主室の中心部分では、じっさいの人間の器官の三倍に相当する、大きな鼻と耳が出土した。これより、これは主神と衆神を囲んで並列する、多室的構造の神廟であるとわかる。人物像とともに出土したものには、さらに動物の像があり、一つは龍、一つは猛禽類で、後者はまた本物には程遠い。廟の北側一八mのところには、人工的に修築された二〇〇m×二〇〇mの巨大な台もあり、台周囲には石積みの壁があり、中間には神廟への通路がある。この台上の遺跡はすでに破壊され、地表には多くの陶片や紅焼土が散見し、あきらかに神廟と周囲の積石塚を組み合わせた大型の宗教活動の場所である。

牛河梁の積石塚の規模はたいへん大きく、一般に方形をしており、各辺の長さは約一八mで、加工した石を積みあげている（図2―85）。中間には大きな石槨があり、墓主は玉器を副葬することを主とし、玉龍・玉箍《ぎょくこ》・玉環・玉璧・方形玉飾・玉棒・鈎形玉飾などがある。槨外にはつねに一列か一周の、専門に祭祀に用いる彩陶の筒形器がある。大

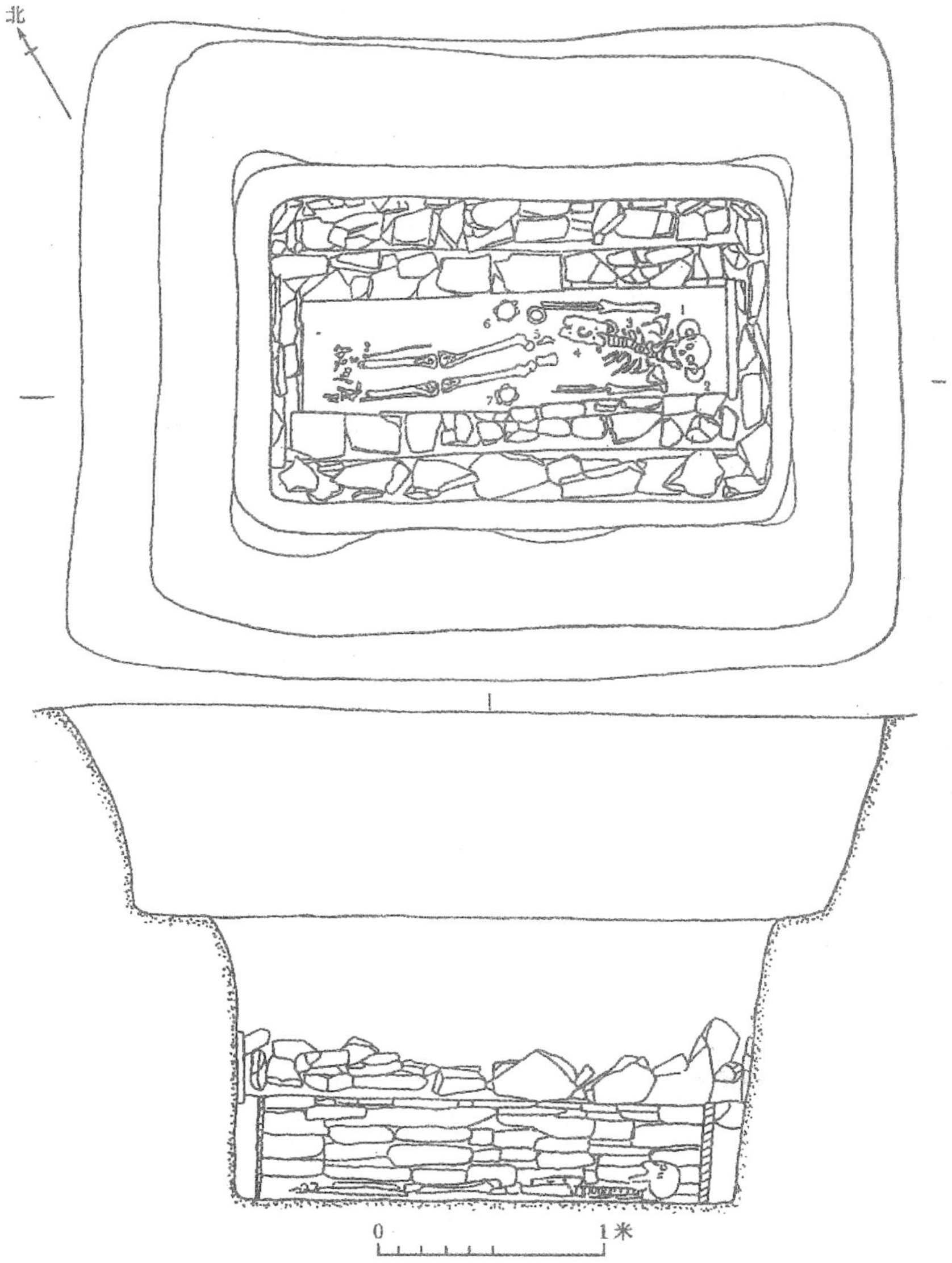

【図２—85】　牛河梁紅山文化の積石塚（第五地点Ｍ１）（『文物』1997年第８期）

型の積石塚の外側には、つねに多くの小型の石槨墓があり、少量の玉器のあるものもある。これらの小型の石槨墓は、中間大石槨墓の陪葬墓で、中間大石槨墓の墓主とは明確な等級差があり、両者は同一の家族や宗族に属するべきであるが、尊卑や主従の関係もあり、巨大な積石塚群を構成している。

牛河梁女神廟と積石塚の発掘者は、神廟内の女神とそれと一緒に出土した塑像をおそらく祖先崇拝と関わる偶像であるとする。居住地より離れてもっぱら造営される独立した廟と祭壇は、広大な祭祀センターを形成し、これはけっして一氏族、ひいては一部落がもちうるものではなく、より大きな文化共同体が共同の祖先を崇拝する聖地である。案ずるに、五〇〇〇余年前の紅山文化は、すでにトーテム崇拝段階より祖先崇拝段階に入っている。牛河梁の女神廟と積石塚はたがいに関連するものである。祖先崇拝は、死者にたいする鬼魂崇拝によるもので、それが英雄崇拝とむすびつくことによって発展してきた。女神廟内で祭るのは遠い祖先であり、大きな積石塚で盛大に埋葬されるのは部落内の亡くなったばかりの酋長である。時の経過とともに、これらの亡くなった著名な酋長も、しだいに崇拝される祖先の列に入るのである。

2　紅山文化の社壇と天壇

紅山文化において、女神廟と積石塚以外に、もう一つの重要な宗教活動の場は、牛河梁から東南五〇余㎞の遼寧省喀左県東山嘴祭祀遺跡である（図2―86）[101]。東山嘴遺跡の北には、巨石を積み上げた長方形の枠があり、簡報はこれを「大型方形基址」とよぶ。方形土台は東西の長さ一一・八m、南北の幅九・五mで、中間には棒状の石の大きな塊が立っている。棒状の石は高さ〇・八五m前後で、多くは頂部がとがっており、底部は円錐状に加工されている（図2―87）。この方形台の外にはまた、東西約二四mのさらに大きい石の四角い枠があり、それほど高くない石垣を形成し

【図２—86】　遼寧省喀左県東山嘴祭壇遺跡（『文物』1984年第11期）

【図２—87】　東山嘴方形祭壇の細長い立石群（『文物』1984年第11期）

ている。

遺跡の南には、いくらかの石積みの円形台があり、石円圏《せきえんけん》ともよばれている（図２—88）。考古学上の相互の打破関係より判断すると、これらの円形台はけっして同時に多く併存したのではなく、まず一つあり、のちに壊れると、さらに石積みされた。最後に用いられた円形台は、比較的整った状態をとどめており、直径は二・五ｍである。それは諸々の円形台北側に位置し、北側の方形台南壁から約一五ｍ離れている。南端の円形台から北端の方形台までは空地である。北の方形台にも南の円形台の周囲にも柱礎・柱洞の痕跡はみえないので、それは部屋のある建築物でなく、方形と円形の祭壇で、山嘴全体が一つの公共の宗教的場であると考えられる。

東山嘴の原始祭壇の性格については、方形台と円形台の形、方形台上の加工された細長い石、当該宗教活動場所で発見された腹の大きい裸婦像数点などに依拠し、中国古代文献のいくつかの記載とつなげると、方形台は祭社遺跡(102)、円形台は祭天遺跡と考えられる(103)。

「社」は先秦時期にたいへん広く内容豊かな崇拝の実体をふくむもので、動態的発展の点で、原生形態や次生形態などに分けられる。そして、そのもっとも原始的で基本的な内包は、土地崇拝と生殖崇拝の結合よりなる。『説文』

【図２―88】　遼寧省喀左東山嘴遺跡の円形祭壇（『文物中国史・史前時代』）

〔示部〕には、

社は、地の主なり。示・土に从う（社、地主也。从示・土）。

とあり、許慎『五経異義』〔段玉裁『説文解字注』引の許慎『五経異義』〕に、

社は土地の主、土地広博《こうはく》にして、偏《あまね》く敬すべからず、故に五土を封じて以て社と為す（社者、土地之主、土地広博不可偏敬、封五土以為社）。

とあり、『白虎通』巻三社稷に、

故に土を封じて社を立つ（故封土立社）。

とある。ゆえに社祀は、社主を代表とする広大な土地で、社主は一般に、「土を封じて社と為」したものである。だが、中国古代では地域や民族の相異ゆえ、社主には異なるかたちがあり、「土社」・「樹社」・「石社」の違いがある。土社は、『管子』軽重戊に、

有虞氏の王たるや……土を封じて社と為し……（有虞氏之王……封土為社……）。

とある。樹社は、『論語』八佾《はちいつ》に、

哀公、社を宰我《さいが》に問い、宰我、対《こた》えて曰く、夏后氏は松を以てし、殷人は柏を以てし、周人は栗を以てす、と（哀公問社於宰我、宰我対曰、夏后氏以松、殷人以柏、周人以栗）。

とある。石社は、『淮南子』斉俗訓に、

有虞氏の礼、其の社は土を用い……夏后氏の礼、其の社は松を用い……殷人の礼、其の社は石を用い……（有虞氏之礼、其社用土……夏后氏之礼、其社用松……殷人之礼、其社用石……）。

とある。社主が石を用いるのは、『周礼』などの文献典籍にもみえる。『周礼』春官小宗伯と注疏・『呂氏春秋』貴直篇・『漢書』郊祀志などではみな、漢代の山陽（現在の山東省曹県〜鄒県・兗州の一帯）・春秋時期の衛曹の地・臨朐・臨淄などの地でいずれも石を社とする習俗があったとする。東山嘴遺跡でかように方形祭壇内に置かれ、人びとに崇められ、お辞儀をされた細長い石は、石を社主とする「石社」である。東山嘴遺跡の方形祭壇は、石積みの低い壁があるだけで、屋根付きの建築物ではなく、文献の記載とも一致する。たとえば『礼記』郊特牲には、

社は土を祭りて陰気を主《しゅ》とするなり。君、北墉《ほくよう》の下《もと》に南郷《なんきょう》するは、陰《いん》に答《むか》うの気なり。日に甲を用うるは、日の始めを用うるなり。天子の大社は、必ず霜露風雨《そうろふうう》を受く、以て天地の気を達するなり（社祭土而主陰気也。君南郷於北墉下、答陰之気也。日用甲、用日之始也。天子大社、必受霜露風雨、以達天地之気也）。

とあり、鄭玄注に、

北墉は、社内の北墻なり（北墉、社内北墻）。

大社は、王、群姓の為に立つ所なり（大社、王為群姓所立）。

とある。これより、「受霜露風雨」の社は、垣はあるが屋根はなく、家屋付きの建築物ではないとわかる。『後漢書』祭祀志社稷条には、

> 建武二年に社稷を雒陽に立て、宗廟の右に在り、方壇にして屋無く、墻門有るのみ（建武二年立社稷于雒陽、在宗廟之右、方壇無屋、有墻門而已）。

とある。『五経通義』〔王謨輯本『漢魏遺書鈔』所引〕にも、

> 天子の太社王社、諸侯の国社侯社、制度は奈何。曰く社は皆な垣有りて屋無し（天子太社王社、諸侯国社侯社、制度奈何。曰社皆有垣無屋）。

とある。これらの記載より、先秦～漢代には社壇建築の伝統が遵守され、大きな変化はなく、概して中間の社に方壇があり、社主が立てられ、まわりには高くない石壁が積まれ、屋根は設けられず、「必ず霜露風雨を受く、以て天地の気を達するなり（受霜露風雨、以達天地之気）」であったとわかる。この建築のかたちは、ある古代の建築遺跡が社壇か否かを判断する重要な根拠である。これはちょうど、山嘴祭壇中心の建築の構成と一致する。東山嘴北部の巨石を積み上げてできた方形台とそのなかに立つ平底錐状の細長い石は、文献でいう方形社壇とその社主であるとみなしうる。方形台外側を囲む低い垣は、社壇の垣とみなせる。

「社祭土」はじっさいには土地の生殖機能を祭るもので、『礼記』郊特牲には「社祭土」・「社所以神地之道」のときにさらに、

> 地は万物を載せ、天は象《しょう》を垂《た》る、財を地に取り、法を天に取る、是を以て天を尊びて地に親しむなり。故に民に報《ほう》を美《び》するを教う（地載万物、天垂象、取財於地、取法於天、是以尊天而親地也。故教民美報焉）。

とする。このように、社祀は土地崇拝と生殖崇拝が結合したもので、ちょうど東山嘴祭壇内で発見された数多くの腹のでた裸婦像の意義と一致する。このため東山嘴の方形祭壇とそこに立つ細長い石は、原始的な社壇と石製の社主で、いわゆる「大型方形基址」は石を社主とする社壇遺跡であると考えられる。

東山嘴において方形祭壇と対になっているのは円形祭壇で、諸々の円形祭壇は相互に打破関係にある。まず一つあり、のちに壊されると、べつの一つが積み上げられる。ゆえに、同一期間内に使用されるのは一つだけである。天円地方観念にもとづくと、北側の方形社壇が祭祀するのを土地とすると、南側の円形祭壇が祭祀するのは天であろう。また山嘴全体は公共の宗教場所としてべつの意義をもつ。

東山嘴の方形祭壇と円形祭壇を原始社会末期の祭社と祭天の祭壇とみなし、牛河梁女神廟を祖先崇拝の産物と確定することは、ともに意義のあるものである。知られるように、中国古代では「国の大事は、祀と戎に在り（国之大事、在祀与戎）」『左伝』成公十三年」である。そしてここでの祀とは、一つには宗廟の祀を、もう一つは天地社稷の祀をさす。宗廟祭祀は祖先崇拝を体現し、同時に社会にすでに血縁・世系面の親疎関係もあることを明示している。これは、家族と家族組織内の尊卑関係の基礎である。社稷祭祀はさらに社会性を備え、人びとの地域関係と社会関係を反映する。この点をしっかり利用すれば、神聖な宗教の名のもとで、血縁関係と非血縁関係の人びとをまとめあげることができる。よって原始社会末期が文明化する過程で、各部落群・地方酋長・宗族長らは、祖先崇拝と天地社稷祭祀の主催をつうじ、徐々に既得権力を上昇・拡大させ、その等級地位をさらに強固にして発展させる。それだけでなく、かかる権力自体を神聖化し、それによって一種の神聖的合法的な上着をまとわせた。これはみな、大型の宗教祭祀活動が、当時の全社会の公的利益を体現し、全人民的社会的機能を有することによる。また遼西女神廟・原始社壇・原始天壇・積石塚の発見は、中国古代宗廟社稷型国家形態と先史社会との関連を窺わせるだけでなく、後者から前者への一つの変換過程をもしめしている。

第七節　中心聚落・原始宗邑・首長制社会の一般的特徴

以上の諸節では、中心聚落形態の典型的な遺跡の分析をつうじて、当該社会発展段階における多くの側面と、各地におけるその表象・個性を具体的にしめした。また行論の過程では、社会分層理論と首長制社会のいくつかの特徴をむすびつけて論述をし、一部では「原始宗邑」などの語彙概念を用いた。そこで本節では、中心聚落・原始宗邑・首長制との関係を説明し、また、中心聚落・原始宗邑・首長制社会のもっとも一般的な特徴を概括する。それをつうじて、本章の総括とする。もちろんこれは、聚落考古学と社会形態学の中心聚落形態理論・人類学の首長制理論・社会分層理論・社会複雑化理論にたいする一種の整合化作業でもある。

1　「宗邑」・「原始宗邑」および、それらと中心聚落・首長制との関係

「中心聚落」・「首長制」・「原始宗邑」は、中国上古時代の原始社会から国家社会への過渡的段階を描くのに筆者が用いている三つの概念である。この三概念の長所と短所、とくに首長制理論の貢献と不足については、本書序論ですでに分析をしている。筆者は、首長制理論の概念の不足を指摘したさい、人類学の首長制理論・社会分層理論・社会複雑化理論・聚落考古学・社会形態学・中国古代史の諸概念を整合させねばならないこと、それによって「互補互益」(104)の効果を得られることを提起した。じっさいに中心聚落形態・首長制、原始宗邑の三概念は、それぞれ特徴もあれば共通点もある。共通点とは、それらがいずれも先史社会の不平等な社会類型（つまり原始社会から国家社会への過渡的段階）をしめす点である。

本章冒頭でのべたごとく、いわゆる中心聚落は、親縁関係をもつ聚落群のうち、権力の相対的集中がおこり、他聚落を統轄する力をもち、貴族階層や高級手工業生産の集中した聚落である。ここでいう中心聚落は、聚落考古学と人類学の視点から提起される一般的概念である。世界の各民族の歴史は総じて具体的で、またしばしばみずからの個性・特徴をしめすものであるため、筆者はかつて中国商周時代の歴史的特徴を関連づけ、中国先史社会の中心聚落を「原始宗邑」とよんだことがある。(105) つまり「原始宗邑」とは、筆者が周代の「宗邑」概念を先史社会に派生させて提起した新概念であり、中心聚落形態の中国先史社会における具体的表現形式でもある。

周代の宗邑とは宗廟のある邑である。『左伝』哀公十四年に、

魋《たい》［宋景公の寵臣桓魋《かんたい》。景公弑虐を謀る］、先ず公［宋の景公］を謀らんとし、鞌《あん》を以て薄《はく》に易《か》えんと請う、公曰く、「不可なり。薄は宗邑なり」と（（桓）魋先謀公、請以鞌易薄、公曰「不可。薄、宗邑也」）。

とあり、杜預注に、

宗廟の在る所なり（宗廟所在）。

とある。これによると、宋国の桓魋はまず宋公を謀ろうとし、鞌邑を薄邑と交換しようともちかけた。宋公は断固拒否し、「できない。薄は宋国の宗邑である」とのべた。杜預の注ではそれは「宗廟所在」地であるという。これより、宗邑の指標の一つは、宗廟所在地であるとわかる。春秋時代に、先君の宗廟のある邑については「都」ともよばれている。たとえば『左伝』荘公二十八年は、卿大夫の一般的な邑と都との区別をのべるさいに、明確にこうのべている。

凡そ邑は、宗廟・先君の主《しゅ》有るを都と曰い、無きを邑と曰う。邑に築《きず》くと曰い、都に城《きず》くと曰う（凡邑有宗廟先君之主曰都、無曰邑。邑曰築、都曰城）。

周代の宗邑のもう一つの特徴は、それが宗族の宗主権力の政治的経済的基礎で、宗族統治の拠点である点にある。

『左伝』襄公二十七年に

　崔は宗邑なり、必ず宗族に在らん（崔、宗邑也、必在宗族）。

とある。これによると、崔地は斉国の崔杼一族の宗邑で、ゆえに必ずや宗主に掌握されているという。これは宗邑のもう一つの特徴である。つまり宗邑は、宗族及びその宗主とつながっているのである。『左伝』荘公二十八年には、驪姫が人を派遣して晋の献公にこういわせたとある。

　曲沃《きょくよく》は、君の宗《そう》なり。蒲《ほ》と二屈《にくつ》とは、君の疆《さかい》なり。以て主無かる可からず。宗邑、主無くんば、則ち民威《おそ》れず。疆場《きょうえき》、主無くんば、則ち戎心《じゅうしん》を啓《ひら》く（曲沃、君之宗也。蒲与二屈、君之疆也。不可以無主。宗邑無主、則民不威。疆場無主、則啓戎心）。

この記載は『国語』晋語一にもみえる。曲沃は晋の桓叔の封地で、桓叔は晋の献公の始祖であり、その封地曲沃は晋の宗廟所在地である。ゆえに宗邑とされる。宗邑には必ず宗主がいる。採集・出土した文物のなかに、戦国秦の「宗邑瓦書」があり、陶製で、その刻銘に「子子孫孫以て宗邑と為す（子子孫孫以為宗邑）」とある。宗主にとっては、もし宗邑を代々保持できれば、それによってみずからの後裔はずっと本族の社稷宗廟の代理人を自認できるだけでなく、宗邑の大量の収入も獲得でき、宗族統治のための世襲的安定的基礎をもたらしえた。

　周文化の伝統上の宗邑は、けっして周代よりはじまるのではない。『詩』大雅公劉には、周人の祖先の公劉が族人を率いて邰から豳地へ遷徙したのち、宴を開いたときのことを、つぎのように描いている。

　之に食わしめ之に飲ましめ、之を君とし之を宗とす（食之飲之、君之宗之）。

ここでの「之を君とし之を宗とす（君之宗之）」について、毛伝には、

　之を君と為し、之を大宗と為すなり（為之君、為之大宗也）。

とあり、朱熹『詩集伝』は、

宗は、尊なり。主なり。嫡子孫は祭祀を主り、而して族人は之を尊びて以て主と為すなり……飲食を以て其の群臣を労い、而して又た之を君と為し之を宗と為すなり（宗、尊也。主也。嫡子孫主祭祀而族人尊之以為主也……以飲食労其群臣而又為之君為之宗焉）。

と解釈している。よって「君之宗之」とは君統と宗統との統一の謂で、つまり公劉時代に周人には最高酋長と大宗宗主の合体した組織構造が出現していたのである。「宗之」は、宗法と族長の角度から、宗族と宗主の旗のもとに統一することである。「君之」は、部族と聚落群の社会的権力の角度から、最高酋長とその中心聚落の周囲を統一することである。これは、当時の宗族組織とその権力関係の反映である。興味深いことに、『詩』大雅公劉の第四節に描かれている盛大で秩序ある宴会の場面は、人類学の著作でいつも言及されている、首長制の酋長たちが挙行する盛大な宴会と完全に似ており、それが富の相対的集中を体現し、酋長とその家族による社会的地位の誇示でもあり、当時の社会分層と権力の相対的集中の景色を再現することである。(106) 周人の宗族組織と、宗権・君権の一体化が、周族の先史社会の中心聚落形態や首長制段階にまで溯りうるとすると、それでは周代宗邑の原始形態は、先史社会の中心聚落や人類学上の首長制ではないのであろうか。むろんそのようなことはない。だからこそ、宗邑から拡張される原始宗邑概念にはとうぜん文献と論理的根拠がある。そして原始宗邑が中国先史社会の中心聚落形態の具体的表現形式であるとの命題は、あきらかに論理と歴史の統一である。

2　中心聚落・原始宗邑・首長制社会の一般的特徴

かりに中心聚落・首長制・原始宗邑を比較してみると、多くの共通点がみいだせる。

第一に、これら三者は、外在的特徴と内在的機能が一致するものである。たとえば、もっとも早く首長制概念を提起したアメリカの人類学者カルレヴォ・オーベルグは、首長制をこう定義している。一地域内において多くの村落よりなる部落単位で、一人の最高酋長によって統轄され、彼の管轄下には次級酋長の掌握する区域と村落がある、と。首長制理論を発展させ、また「単純首長制」と「複雑首長制」の概念を提起したアメリカ人考古学者アールも、首長制のもっともよい定義についてこう考えている。すなわち、区域ごとに組織される社会で、酋長が集中的に統制する等級制よりなる社会構造をしており、聚落社群の活動を調整するための集中的な意思決定機構を有する、と。(107) 知られるように、先史社会の中心聚落の外在的特徴は、聚落（群）において統率者的地位にある大型聚落であることで、それゆえ一般に中心聚落の規模や面積は他の普通聚落よりはるかに大きい。またその内在的特徴は、それが聚落群内で有する政治・軍事・文化・宗教などの点での中心的な地位と作用であり、聚落群の等級の頂点を占めていることである。

聚落規模についていえば、既述のとおり、中心聚落としては、甘粛省秦安大地湾遺跡第四期聚落のおもな部分は五〇万㎡に達し、河南省霊宝西坡村遺跡の現存面積は約四〇万㎡、江蘇省新沂花廰遺跡は五〇万㎡、湖北省京山屈家嶺遺跡は五〇万余㎡、山東省泰安大汶口遺跡は八〇余万㎡、安徽省含山凌山灘は一六〇万㎡である。聚落規模は大きく、従属状態（もしくは半従属状態）の他の周辺普通聚落を統率しており、聚落等級の点では高い地位にある。これらはみな周代宗邑の基本的属性で、とうぜん原始宗邑が備えるべきものでもある。

中心聚落の内在的特徴は、いくつかの聚落機能がそこに集中している点（つまり宗教祭祀機能・管理調整機能・軍事調整機能を一身に担っている点。換言すれば、いわゆる政治・軍事・文化・宗教などの面で、中心的な地位と機能を備えている点）にあらわれている。既述のごとく、甘粛省秦安大地湾九〇一号殿堂と広場や、湖南省澧県城頭山・河南省鄭州西山等の中心聚落期の城邑は、管理の調整・軍事的な防御や指揮・宗教祭祀などの点で、中心的地位機能を強烈に表現している。紅山文化牛河梁の女神廟・積石塚・祭壇と、東山嘴の祭地（社神）祭壇と祭天祭壇遺跡は、こうした宗教祭祀センターとしての機能を極限まで発揮している（宗教祭祀文化の聖地）。安徽省含山凌家灘墓地・山東省大汶口文化中晩期墓や、当該時期の他の遺跡墓地といった、たいへん裕福な貴族の大墓があらわしている特質（軍事と宗教を一身に集める特質）は、同時に、中心聚落のもつ、政治・軍事・祭祀などにおよぶ機能的集中とその中心的地位のありようをも、強力に物語っている。また前述したように、宗邑は宗廟所在地（つまり宗教祭祀の中心）でもあれば、宗主権力の基礎でもあり、宗族政治と宗教祭祀の中心でもある。よって、外在的特徴も内在的機能も、中心聚落・首長制・原始宗邑はみな高度に一致しているものなのである。

第二に、中心聚落・首長制・原始宗邑内で共通する権力の特徴は、おもに神権政治である点で、なかには神権と軍権をともに重視しているものもあり、古代中国の「国の大事は、祀と戎に在り（国之大事、在祀与戎）」〔『左伝』成公十三年〕の前身や雛形とみられる。

既述のとおり、中心聚落に集中される諸機能のうち、もっとも顕著なのは宗教祭祀センターとしての機能である。甘粛省秦安大地湾第四期聚落内の九〇一号家屋（多くの部屋よりなる大型家屋）は、手前にきらめく殿堂（主室）が、後方に居室（後室）が、左右に各々廂房（東・西側室）があり、家屋前にはさらに広場がある。広場には、前堂から四m前後のところに二列の柱が立ち、柱のまえには一列の青石板がある。その殿堂は、行政の角度からいえば、当時の酋長首領が会議を開き、政治を行なう宮殿である。宗教祭祀の角度からいえば、それは人びとが宗教祭祀活動をする中心的廟堂でもある。家屋前の二列の柱は、各氏族部落を代表するトーテム柱の可能性があり、各宗系の旗を掲げる柱の可能性もある。二列の柱の手前の青石は、犠牲を捧げる祭台であろう。九〇一号廟堂大室を中心として形成される広場は、とうぜん重大な集団活動をするときに用いる神聖な空間でもある。ここで「殿堂—族氏の旗の立柱（あるいはトーテム柱）—広場」という組合の施設がくっきりと浮かび上がらせているのが、一種の神権政治である。社会の複雑化度が高くない安徽省蒙城尉遅寺聚落遺跡内の、聚落中心やや南の十八号建築土台（F68—F71）の南と東にも、一三〇〇㎡に達する広場がある。広場中央にはつねに祭祀活動やかがり火の夜会で残された円形の燃焼跡があり、広場のふちではさらに発掘者が鳥形「神器」とよぶ特殊な器物が出土している。これも、宗教祭祀が当該聚落で突出した政治生活だったことを明示している。

神権政治のうち、もっとも突出しているのは、紅山文化における宗教聖地の出現である。紅山文化には二ヶ所の大型祭祀センターがあり、一ヶ所目は遼寧省凌源市牛河梁遺跡群にある。約五〇㎢の範囲内には、四十余点の遺跡が分布している。配置上、女神廟を中心とし、女神廟北部には石積みの壁で囲繞された巨大な平台があり、女神廟西南の関山に大型祭壇があり、女神廟両側付近には多くの積石塚が分布している。このように女神廟を中心として、方円状の五〇㎢の宗教的聖地が形成された。もう一ヶ所は遼寧省喀左県東山嘴の祭祀遺跡である。

既述のごとく、紅山文化の女神廟と積石塚はたがいに関連し、女神廟に祭られているのは、悠久の祖先である。積石塚に埋葬されるのは、部落で亡くなったばかりの酋長である。時間の推移とともに、これらの亡くなった著名な酋長も、徐々に崇拝される祖先の列に加えられたであろう。ゆえに紅山文化における女神廟と積石塚は、盛大な祖先崇拝を表現している。一方、喀左県東山嘴祭祀遺跡があらわしているのは自然崇拝で、そのうち当該遺跡北部の「大型方形基址」は、石を社主とする社壇遺跡で、当該遺跡南部の石積みの円形台は祭天祭壇である。

紅山文化の民は、村落を遠く離れたところに専門的に独立した廟と祭壇を造営し、大規模な祭祀中心となる場を形成しているが、これはけっして一氏族部落のなしうるものではない。当該宗教祭祀の規模と文化の到達度について蘇秉琦は、それによって体現される政治実体を「古国」、つまり「初期城邦式の原始国家」であると主張している。[108]案ずるに、紅山文化があらわす宗教祭祀の規模と社会の複雑化の度合は、ちょうど中心聚落形態や首長制社会の神権の特徴である。それゆえ、凌源〜喀左におよぶ数十㎢の神廟・祭壇・積石塚などの遺跡は、一つの部族や部落群が共通の祖先を崇拝し天地を祭るための聖地である。これら大型原始宗教祭祀活動は、当時の全社会の公的利益を代表し、民全員を代表する社会的機能を有しているので、原始社会末期に各地方の酋長はまさに祖先崇拝と天地社稷にたいする祭祀の主催をつうじて、はじめて自分で掌握済の権力をさらに上昇・拡大させることができる。そしてその等級地位をより強固にし発展させることができるのである。

中心聚落で神権・軍権双方が重視されていたことにかんしては、安徽省含山凌家灘墓を例としよう。凌家灘墓地では、87M4と07M23が規模のもっとも大きく、副葬品のもっとも多い貴族の大墓である。87M4は器物一四五点を副葬し、そのなかには玉器一〇三点がある。07M23には器物三三〇点が副葬され、そのなかには玉器二〇〇点がある。大墓二基の墓主の富裕さは墓地全体で屈指である。指摘すべきは、この大墓二基にはいずれも占卜用の玉亀が副葬され、いずれも大量の玉鉞と石鉞をも副葬していることである。そのうち、87M4は玉亀を副葬しているだけでなく（図2—8）、玉亀の背甲—腹甲間に挟まれた、「天円地方」・「四極八方」などの宇宙観をしめす玉版もある（図2—9）。07M23は玉亀一点と玉亀状扁円形器二点を副葬している（図2—12）。石鉞・玉鉞にかんしては、87M4は玉鉞八点・石鉞十八点を、07M2は玉鉞三二点・石鉞四四点を副葬している。この大墓二基はいくらかの生産工具をも副葬しており、その生産領域を重視していることをあらわしている。しかしこの大墓二基の墓主の富裕さはおもに、彼ら二名がいずれも宗教占卜祭祀を掌ることを主とし、軍事権をもあわせもつ酋長のたぐいでもあることにある。最高酋長が宗教と軍事を一身に担うこうした状態は、「国の大事は、祀と戎に在り（国之大事、在祀与戎）」〔『左伝』成公十三年〕の政治の性格と権力の特徴を具体的にあらわしている。

凌家灘聚落の原始宗教にたいする重視は、けっして87M4と07M23の大墓にのみ体現されているのではない。たとえば98M29には玉人三点が、87M1にも玉人三点が副葬されている。これら玉人は、ある研究者によれば、原始宗教の法器で、当該墓主は専門的巫師である。案ずるに、これら玉人が表現しているのは祖先崇拝の可能性がある。図2―15と図2―17より、各玉人の腕にはみな七、八本の腕輪紋様が刻まれていることが看取しうる。07M23墓主の両腕の位置には、左右各々一組十点の玉輪が対称的に放置され、腕輪である。その状態は、98M29や87M1で出土した玉人三点の腕に刻まれた腕輪と同じである。これについて筆者はこう推測する。07M23墓主は亡くなったばかりの業績ある酋長で、祖先に列せられうる重要人物である。また玉人は「高祖」や「遠祖」といった祖先のイメージである。そうであるからこそ、07M23墓主は両腕に各々一組十点の玉の腕輪があり、玉人の両腕にある七、八本の腕輪紋様とぴたりと一致しうるのである。両腕上には多くの腕輪がセットで付いており、これはおそらく宗教的領袖の装飾か、手もとに携帯する法具の一部分であろう。かりに玉人が祖先崇拝の反映であるとすれば、凌家灘98M29出土の玉鷹は動物崇拝に属する。また、87M4より出土して「天円地方」・「四維八方」の宇宙観をあらわす玉版と、87M4と07M23の大墓がともに占卜用の玉亀と玉亀状扁円形器等の特殊な器物を副葬している点からみて、凌家灘中心聚落の原始宗教と祭祀はたいへん発達したもので、その神権政治も際立ったものである。

凌家灘聚落墓地には、きわめて明瞭に尚武の気風が表現されている。既述のごとく、一九八七年～一九九八年に三回の発掘で獲得された墓四四基のうち、玉鉞を副葬する墓は十一基で、墓総数の二五%を占める。石鉞を副葬する墓は三十基で、墓総数の六八%を占める。玉鉞と石鉞が一緒になっているのは、墓総数の九三%を占める。玉鉞を副葬する十一基からは玉鉞が計二六点出土し、石鉞を副葬する三十基からは石鉞が計一八六点出土している。玉鉞と石鉞を足すと、玉鉞・石鉞を副葬する墓四十基では、玉鉞・石鉞が計二一二点出土している。大量に玉鉞と石鉞を副葬するのは尚武の表現である。かかる気風のもと、87M6墓主はもともと専門的石匠で、石製手斧二二点を副葬するとともに、石鉞三二点も副葬している。98M20墓主は専門的玉匠と考えられ、石製手斧二四点・玉芯一一点・磨刀石四点を副葬するとともに、玉鉞六点・石鉞十六点も副葬している。よって当時の貴族連中のうち、若干の貴族は軍功貴族のはずである。大量の石鉞・玉鉞の副葬にあらわされる身分地位は、あきらかに軍事や軍功と関係している。

人類学の実例のなかで、モルガンはかつてイロクォイ人の「大戦士」が軍事酋長に属すると指摘したことがある。(109)エンゲルスはこの時期を「英雄時代」とよんでいる。

部族団の軍隊指揮者——レクス・バシレウス・テューダンス——が不可欠の常設の公職者となる。民会がまだなかったころには、それが生まれる。軍隊指揮者、〔首長〕会議、民会が、軍事的民主制へと発展した氏族社会の諸機関を構成する。軍事的〔民主制〕——なぜなら戦争と戦争をやめるための組織とが、いまや部族団の生活の正規の機能となったからである。隣人の富は、富の獲得をすでに生活の第一目的の一つとみなしている諸部族団の貪欲をかきたてる。彼らは未開人である。つまり彼らには、略奪が稼ぐ労働よりも手軽なものに、また名誉あるものにさえも思われる。以前には侵略にたいする復讐のためか、ないしは不十分になった領域の拡大のためのみ行われた戦争は、いまや単なる略奪のために行なわれ、恒常的な生計稼ぎの部門となる。新たに築城工事を施した都市のまわりの威嚇的な囲壁は、いわれなく屹立しているわけではない。囲壁の壕には氏族制度の墓穴が口をあけ、囲壁のやぐらはすでに文明時代にはいってそのなかにそびえているのである。そして事態は内部でも同じである。略奪戦争は、軍隊の最高司令官の権力をも、下級指揮者の権力をも高める。後継者を慣習的に同一家族から選出するやり方は、とくに父権の採用以降、しだいに世襲制に移行する。——はじめは大目に見られ、次

いで要求され、最後には簒奪される世襲制に。世襲王権と世襲貴族との基礎がきずかれる。(109)

このほか、ロバート・L・カルネイロが挙例するコロンビアのカウカ谷（the Cauca Valley）の首長制社会では、貴族に三種類があり、すなわち血縁貴族（nobleza de sangre）・軍事貴族（nobleza de cargo。戦争の首領のようなもの）・富にもとづく貴族（nobleza de riqueza）である。もとよりこれら貴族のあいだには、截然とした違いはなく、貴族身分は原則的に継承で得られるが、じっさいには、より多くは戦功によって得られる。(111) これら軍事貴族は、もちろんエンゲルスのいう「最高軍事首長」と「下級軍事首長」をふくむ。当時ちょうど原始社会から国家社会への転換過程にあり、部族と部族や、部落と部落のあいだの衝突と戦争は、世界各地の多くの地域に普遍的に存在した。そのため、当時の神権政治権力システムには必然的に軍事首領権力がふくまれ、かつそれは当該時代の社会的特徴をなした。

軍事と戦争の要因以外に、中心聚落形態段階（つまり首長制段階）の権力的要素の血縁的でも宗教的でもあるという特徴は、人類学者らがつねに強調しているものである。たとえばカレルヴォ・オーベルグは、首長制概念を提起したさい、こう考えた。首長制の政治的権威は、部落の共通の淵源にアイデンティティを感じることによる、と。これは、祖先崇拝と血縁関係の一体化を認知することである。パウル・キルヒホフは、首長制の「円錐形氏族」の特徴を描写するさい、当該社会の成員個々人の地位が氏族―部落の祖先との血縁的距離関係で決まる点をも強調している。いわゆる氏族部落の祖先は、すでに神化した範疇で、祖先崇拝・宗教祭祀とつながっている。ゆえにイギリス人考古学者コリン・レンフルー（Colin Renfrew）はこう提起している。マルタ諸島の神廟と巨石墓文化や、イースター島の「アフ」祭壇とモアイ像・タヒチ島のピラミッド式高壇などは、みな首長制社会内の祖先崇拝の表現形式で、多くは酋長の死を紀念して建造されるものである。これらの祭壇・レリーフ・彫像は、酋長支配下の神像を彫る神官・工匠のごとき専門的職人の出現を物語るのみならず、酋長自身が祭司を兼ね、一定の神聖性と権威性を有したことをも物語る。(112)

第三に、中心聚落・首長制・原始宗邑のもう一つの共通点は、氏族部落社会内の不平等である。社会内部の不平等といっても、土着の民族や集団ごとにそれぞれ違いがある。パウル・キルヒホフのいう「円錐形氏族」(または「尖錐体形氏族」)を表現するものもある。かかる円錐形氏族―部落社会内では、社会全体は通常一人の始祖から伝わってきたと信じられており、成員個々人の地位はその者と直系始祖とのあいだの血縁的距離関係で決まり、高貴な血統者の氏族―部落祖先との関係がもっとも近い。ここでは、社会地位の大部分は出身で定められ、いわゆる直系始祖との血縁関係がもっとも近い者(つまり現実の最高酋長との関係がもっとも近い者、すなわち直系世系上、酋長ともっとも近い者)は特別に相当高い地位を得られ、それによって階等を分ける円錐形社会システムを形成する。もしかかる不平等(つまり階等)が出生で定められるだけで、経済的意義をもたないとすれば、かような首長制は社会発展序列上は「単純首長制」(つまりフリードのいう階等社会)に位置づけられると考えられる。考古学的に、河南省霊宝市西坡村仰韶文化廟底溝期墓にはこうした現象がある。当該墓地で大型墓とされるもののうち、玉鉞三点を副葬する十一号墓の墓主はわずか四歳である。玉鉞が武器であろうと、斧類の工具の象徴であろうと、それは四歳児がまことに従事可能な仕事ではない。これは、当該四歳児がほんらい巫師になるべき者だったのに、不幸にも夭折し、ゆえに死後副葬された器物は数量的に、大型墓とされるものに勝るとも劣らず、それのみならず、品質的にも玉鉞等の玉器があることを物語るようである。これより、当該墓地の不平等はけっして完全には個人の生前の能力のたぐいで決まるものではなく、血縁「身分」のような要素で決まるもので、もちろん世襲的なものでもあるということがわかる。この状況と、首長制モデル内で円錐形氏族が酋長との血縁的距離関係におうじて個々人の身分地位を決めている原則と、人類学者のフリードがいう階等社会の階等の成立は、似ているところがある。このような中心聚落を筆者は、中心聚落形態の雛形段階に入れている。

首長制社会の不平等は、フリードの「分層社会」として表現されるばあいもある。この社会的分層は、経済的意味をもつ。フリードがのべているのは、「同じ年齢と性別の成員に、基本的生存資料を獲得する権利のうえで差異があること」である。先史の社会分層について欧米人類学者同士にはなお分岐がある。フリードが、先史にすでに社会分層が生じていたと提起する以外に、サーヴィスは、社会分層が首長制段階に属するとは考えていない。一方、アールらは、分層は首長制に存在するとする。先史社会（つまり国家成立以前）に社会分層があるとすることは、人類学的にも考古学的にも資料的裏づけがある。たとえば安徽省含山凌家灘遺跡・山東省泰安大汶口遺跡・莒県陵陽河遺跡・大朱家村遺跡・江蘇省新沂花廳・紅山文化の裕福な積石塚墓が表現しているいちじるしい貧富差は、経済的意義をもつ社会分層に属する。よって、かりに社会分層なき首長制と、社会分層のある首長制とを比較すると、前者は「単純首長制」に、後者は「複雑首長制」に分類しうると考えられる。もし中心聚落形態をもこれと対応させるばあい、前者は中心聚落初級段階に、後者は中心聚落発達段階となる。前者の社会複雑化の度合は、後者より低くなければならない。換言すれば、中心聚落初級段階は単純首長制（つまり階等社会）に、中心聚落発達段階は複雑首長制（分層社会）にあたる。

中国先史社会で中心聚落と普通聚落が結合する社会形態は、原始宗邑と普通村落が結合するものだけである。そのなかの「家族―宗族」構造はたいへん重要で、ゆえに当該段階の社会的不平等はこう分けられる。すなわち、不平等は、聚落の内部にも、聚落と聚落のあいだにもある。聚落内部のそれはまた、家族同士の不平等と、家族内部の父権家族長と他の家族成員とのあいだの不平等に分けられる。たとえば幾度も指摘している山東省泰安大汶口・莒県陵陽河・大朱家村・臨沂大范荘・茌平尚荘・鄒県野店・江蘇省新沂花廳などの遺跡の大汶口文化中晩期墓と、安徽省含山凌家灘墓には、いずれも墓穴の大小・棺槨葬具の有無・副葬品の数・種類・質などの点で、大なり小なり懸隔と区別があることがみてとれる。家族墓群と家族組織内の視角からみれば、とうぜん父権家族長と他の家族成員との不平等を看取できる。宗族墓地内の諸家族墓地の区分からみれば、富裕な大墓が比較的多い家族もおれば、少ない家族もおり、それは宗族内部の家族同士の不平等に属する。とくに莒県陵陽河では、大型墓と中型墓はおもに河畔の第一墓区に集中し、小墓は一律に他の三墓区にあって、宗族内の家族同士の貧富差はすでに相当深刻である。宗族同士は、ある意味では、聚落同士のことであるともいえる。中心聚落（つまり原始宗邑）と周辺普通聚落を比べると、大汶口・陵陽河・大朱家村・花廳・凌家灘などの中心聚落の住民は、富も社会地位も普通聚落より高く、普通聚落が中心聚落に従属（半従属）し、普通聚落が中心聚落に支配される状況をあらわしている。これはもちろん、聚落同士の不平等（つまり原始宗邑とそれに従属する普通村邑とのあいだの不平等）である。

第四に、首長制の血縁上の問題において、中国先史社会の中心聚落段階が表現しているのは「家族―宗族」組織の構成である。まさに本書序論でのべたごとく、首長制は、原始社会のなかで、血縁身分と政治的分級が結合した不平等の社会類型で、張光直の言によれば、「首長制のおもな特徴は、その政治的分級が親属制度とむすびついている」[113]ことである。もちろん、首長制であれ、中心聚落形態や原始宗邑形態であれ、その血縁的構成形式は種々様々というべきもので、パウル・キルヒホフのいう「円錐形氏族」（または「尖錐体形氏族」）の形態をあらわしうるだけでなく、中国上古社会がしめす「家族―宗族」形態もありうる。筆者の研究によれば、中国先史社会の中心聚落形態の不平等は「家族―宗族」組織構成とむすびついているもので、これはまさに、原始宗邑社会の族共同体の組織構成と政治的基礎でもある。

まさに周人の宗族組織が先周時期に出現しているのと同様に、先史社会の原始宗邑（つまり中心聚落）は、家族と宗族組織構成を基礎とするものでもある。本章では前後して大汶口文化劉林墓地・大汶口墓地・陵陽河墓地の「家族―

宗族」墓地が映し出す社会組織構成を列挙した。大河村・黄楝樹・尉遅寺などの遺跡内部の、家屋建築が映し出す「核心家庭〔核家族〕―大家庭―父系家族―宗族」の社会組織構成についても論述した。かかる家族と宗族を社会組織構成とし、また最高級に位置する中心聚落を、筆者は原始宗邑とよぶ。これは、中国先史社会の中心聚落の特徴をはっきりしめしたものというべきである。

宗族のこのような社会組織の構成については、先史社会後期～西周春秋時代に族組織の構成は、家族から宗族へと繁殖し、分離集合をする発展モデルを絶えず繰り返していたと考えられる。周代宗法には大宗・小宗の別があり、これは宗族組織の長期発展の結果である。先史社会には、周代のような宗法はないかもしれないが、先史社会後期の宗族組織内には強大な宗族（強宗）と小さな宗族（弱宗）の分化があり、それによって必然的に「主支」と「分支」の出現が導かれる。ほぼ平等な氏族部落の構成と比べると、先史社会後期の父権家族と宗族の形態は、宗氏の系譜をはっきりとして連続するものへと変化させうる。ここでは、各宗族の祖宗は明確で実在したことのあるもので、各家族と、個人と祖宗の関係および、宗族の系譜上の位置は、みな確定され秩序のあるものである。このように、各家族とその成員の宗族における地位も決まった。同姓の宗族と宗族とのあいだで、人口が増え、経済が繁栄し、軍事力が豊かな強大宗族は、伝説上の氏族部落の始祖や部落神と直系の血縁的つながりをもつ者（つまりその直系の後裔）であるとみなされやすい。それによって「主支（つまりのちの大宗）」の、部落ないし部族におけるリーダーとしての地位を確立し、宗族長は最高部落の酋長や部族酋長となる。中国史上、顓頊・帝嚳・唐・虞・夏・商・周・秦の国族の系譜は、各部族の始祖や部族神と直接つながっている。このように宗族内部では、宗族の祖宗との血縁的親疎関係によって各家族と成員の社会政治的・宗教祭祀的等級を確立する。宗族同士では、現任の部族酋長（つまり統帥の地位にいる強宗の族長）との親疎関係によっても主支―分支間の等級が形づくられる。これによって必然的に、聚落同士には中心聚落と半従属的聚落（つまり原始宗邑と村邑）の組み合わせ関係が出現する。とくに当時の戦争を伴う状況下において、中心聚落と普通聚落との主従・不平等関係はますます強化・発展されるであろう。残酷な戦争によって、父権家族と宗族のもつ独立性は制約され、人びとは統帥の地位にいる強宗大族の周囲に団結し、本部族の多くの宗族の力をあわせ、ともに敵に当たらざるをえない。このように、せいぜい強宗（つまり現任の部落や部族の酋長がいる宗族）の地位を不断に強固にするしかなく、その所在の聚落も膨張・発展しうることになる。強宗はいったん部落ないし部族の始祖や部族神の直系の後裔とみなされると、本部落や部族の最高祭祀権を握り、その所在地に太廟を建立し、祭祀大典を主催するが、それはとうぜんのことなのである。このようにして時間の推移とともに、部落や部族の最高祭祀権と軍事指揮権を握る主支の宗族は、行政上の命令を下すうえで神聖な衣をまとい、その族譜の正統性も、その所在地の宗邑としての性質も、不動のものとなる。要するに、中心聚落と（半）従属聚落がむすびついた形態（つまり原始宗邑とそれに従属する普通村邑がむすびついた形態）は、先史における出現時に、聚落内外にみな不平等を発生させた結果であるだけでなく、中国における父権家族―宗族形態の産物でもあり、それは中国の先史社会から文明社会への重要な道程なのである。

要するに、中国先史社会の中心聚落（つまり原始宗邑）形態における貧富差・不平等・社会の権力関係・祖先崇拝の意識形態は、いずれも「家族―宗族」組織構成とつながっているのである。家族と宗族はみな血縁組織に属するので、このような不平等はもちろん、一種の血縁的身分と政治的等級がむすびついて生ずる不平等でもある。中国上古時代においては、かかる身分的特徴を帯びた不平等は、単純首長制のとき初めて出現し、複雑首長制内のときにもつづき、滞留していた。それは、単純首長制期（つまり中心聚落形態初級段階）にはまだフリードのいう社会分層の意義を有さなかったにすぎない。一方、複雑首長制段階（つまり典型的な発達した中心聚落段階）になると、その社会的不平等はさらに深まり、すでに経済的権力の不平等に属する階級と階層が萌芽し、すでにフリードの社会分層に入っている。つまり上古中国において、典型的で発達した中心聚落形態があらわす社会不平等と社会複雑化の進化と、聚落群や部族内の中心聚落がもつ政治・経済・軍事・宗教・文化の中心的地位・作用、そして原始宗邑の個性的特徴と神権政治などの面は、みなたいへん突出していたのであり、これら社会現象は原始社会から国家社会へと転換する時代の特徴を、共通に構成していたのである。

注

（1）厳文明「中国新石器時代聚落形態的考察」（『慶祝蘇秉琦考古五十五年論文集』文物出版社、一九八九年）。
（2）中国社会科学院考古研究所河南一隊等「河南霊宝市西坡遺址試掘簡報」（『考古』二〇〇一年第十一期）。「河南霊宝市西坡遺址二〇〇一年春発掘簡報」（『華夏考古』二〇〇二年第二期）。「河南霊宝西坡遺址一〇五号仰韶文化房址」（『文物』二〇〇三年第八期）。「河南霊宝市西坡遺址発現一座仰韶文化中期特大房址」（『考古』二〇〇五年第三期）。「河南霊宝市西坡遺址二〇〇六年発現的仰韶文化中期大型墓葬」（『考古』二〇〇七年第二期）。「河南霊宝市西坡遺址墓地二〇〇五年発掘簡報」（『考古』二〇〇八年第一期）。中国社会科学院考古研究所・河南省文物考古研究所『霊宝西坡墓地』（文物出版社、二〇一〇年）。
（3）周潤墾「張家港市東山村遺址搶救性考古発掘取得重大収獲」（『中国文物報』二〇一〇年一月二十九日）、周潤墾「江蘇張家港市東山村新石器時代遺址」（「中国社会科学院考古学論壇——二〇〇九年中国考古新発現」報告、二〇一〇年一月十三日）。
（4）本書第四章「先史時代の権力システムの進歩」参照。
（5）王震中『中国文明起源的比較研究』（陝西人民出版社、一九九四年、一三〇～一四〇頁）。
（6）厳文明「論中国的銅石幷用時代」（『史前研究』一九八四年第一期）、厳文明注（1）前掲論文。この時期に甘粛省東郷林の馬家窯類型の地層から単范で鋳造された青銅刀と他の銅器片がみつかっている。また山西省楡次源渦鎮の仰韶文化晩期の陶片には銅くずが附着しており、河北省武安市趙窯の仰韶文化からは将軍のかぶとの残片と銅の精錬くずが発見されている。

山東省泰安市の大汶口文化晩期一号墓に副葬された小骨鑿には銅緑が附着しており、銅の含有率は九・九％であった。これらも銅器加工の遺跡である。

(7) 厳文明注（1）前掲論文。

(8) 甘粛省博物館文物工作隊「秦安大地湾四〇五号新石器時代房屋遺跡」（『文物』一九八三年第十一期）、甘粛省文物工作隊「甘粛大地湾九〇一号房址発掘簡報」（『文物』一九八六年第二期）、郎樹徳「甘粛秦安大地湾遺址聚落形態及其演変」（『考古』二〇〇三年第六期）、甘粛省文物考古研究所『秦安大地湾――新石器時代遺址発掘報告』（文物出版社、二〇〇六年）。

(9) 鄭州市博物館「鄭州大河村遺址発掘報告」（『考古学報』一九七九年第三期）、鄭州市文物考古研究所『鄭州大河村』（上）（科学出版社、二〇〇一年）。

(10) 山東省文物管理処・済南市博物館『大汶口――新石器時代墓葬発掘報告』（文物出版社、一九七四年）。

(11) 南京博物院『花廳――新石器時代墓地発掘報告』（文物出版社、二〇〇三年）。

(12) 中国社会科学院考古研究所『京山屈家嶺』（文物出版社、一九六五年）。

(13) 安徽省文物考古研究所『凌家灘――田野考古発掘報告之一』（文物出版社、二〇〇六年）。

(14) 安徽省文物考古研究所注（13）前掲書。安徽省文物考古研究所「安徽含山県凌家灘遺跡第五次発掘的新発現」（『考古』二〇〇八年第三期）。張敬国主編『凌家灘文化研究』（文物出版社、二〇〇六年）。

(15) たとえば張敬国主編注（14）前掲書所収の兪偉超・饒宗頤・李学勤・張忠培・張敬国・銭伯泉・王育成らの論文などがある。

(16) 07M23はのちに発掘されたため、図2―11では図示されていない。この墓は、T1308とT1307の間に位置し、墓坑の大部分はT1308内の西南部に位置し、その西側は87M15・87M1である。

(17) 厳文明「序」（安徽省文物考古研究所注（13）前掲書）。

(18) 厳文明注（17）前掲論文。

(19) 安徽省文物考古研究所注（13）前掲書、第五八頁、図三四：三では「玉簪」と呼ばれている。これは、第五次発掘で出土し、玉亀と玉亀状の扁円形器内に置かれた玉簽と造りが同じであることから、87M4の「玉簪」も「玉簽」と命名すべきであろう。

(20) 陳久金・張敬国「凌家灘出土玉版図形試考」(『文物』一九八九年第四期)、兪偉超「含山凌家灘玉器反映的信仰状況」『文物研究』第五輯（黄山書社、一九八九年）、饒宗頤「未有文字以前表示「方位」与「数理関系」的玉版――含山出土玉版小論」(『文物研究』第六輯、黄山書社、一九九〇年)、李学勤「論含山凌家灘玉亀・玉版」(『中国文化』一九九二年第六期)。

(21) 饒宗頤注(20)前掲論文。

(22) 陳久金・張敬国注(20)前掲論文。

(23) 馮時『中国古代的天文与人文』(中国社会科学出版、二〇〇六年版、四七・五八頁)。

(24) 王育成「含山玉亀玉片補考」(『文物研究』第八輯、一九九三年)。

(25) 安徽省文物考古研究所注(13)前掲書。

(26) 呉衛紅「凌家灘遺址二〇一二年的鉆探与発掘」(「二〇一二年度中国聚落考古新進展――中国社会科学院考古研究所聚落考古中心専家座談会」の講演、二〇一三年一月二十八日)。

(27) 山東省文物管理処・済南市博物館注(10)前掲書。

(28) 山東省文物管理処・済南市博物館注(10)前掲書では玉鏟とよばれる。

(29) 王震中注(5)前掲書、一五一頁。

(30) 山東省考古所・山東省博物館・莒県文管所「山東莒県陵陽河大汶口文化墓葬発掘簡報」(『史前研究』一九八七年第三期)。

(31) 于省吾「関于古文字研究的若干問題」(『文物』一九七三年第二期)。

(32) 唐蘭「関于江西呉城文化遺跡与文字的初歩探索」(『文物』一九七五年第七期)、唐蘭「中国有六千多年的文明史――論大汶口文化是少昊文化」(『大公報在港復刊卅周季紀念文集』大公報出版、一九七八年版)。唐蘭「从大汶口文化的陶器文字看我国最早文化的年代」(『光明日報』一九七七年七月十四日)。

(33) 李孝定「再論史前陶文和漢字起源問題」(『中央研究院歴史語言研究所集刊』第五十本、一九七九年)、李学勤「論新出土大汶口文化陶器符号」（『文物』一九八七年第十二期）。

(34) 田昌五『古代社会形態研究』（天津人民出版社、一九八〇年版、一六二頁）、饒宗頤「中国古代東方鳥俗的伝説——兼論太皞少皞」（『中国神話与伝説学術研究会論文集』上冊、台北漢学研究中心、一九九六年）。

(35) 王樹明「談陵陽河与大朱村出土的陶尊「文字」」（『山東史前文化論文集』斉魯書社、一九八六年版）。

(36) 張明華・王恵菊「太湖地区新石器時代的陶文」（『考古』一九九〇年第十期）。

(37) 林巳奈夫「良渚文化和大汶口文化中的図像記号」（『東南文化』一九九一年第三・四期）。

(38) 王育成「曾侯乙漆箱図案与史前宗教文化研究」（『中国歴史博物館館印』一九九四年第一期）。

(39) 王震中「炎帝族対于「大火暦」的貢献」（『炎黄文化研究』第五輯、大象出版社、二〇〇七年）。

(40) 龐樸「「火暦」初探」（『社会科学戦線』一九七八年第四期）。

(41) 成家徹郎「大火暦——从新石器時代晩期到西周時代使用的暦法」（国際学会「中国南方青銅器暨殷商文明国際研討会」、於中国南昌、一九九三年）。

(42) 李学勤注（33）前掲論文。

(43) 王樹明注（35）前掲論文。

(44) 王震中「从符号到文字——関于文字起源的探討」（『考古文物研究』三秦出版社、一九九六年）。

(45) 『甲骨文合集』の32287・20576、『小屯南地甲骨』の2964、『殷墟花園荘東地甲骨』の071、商代銅器「丁豊卣」参照。

(46) 王国維「明堂廟寝通考」（『観堂集林』巻三）。

(47) 王震中注（5）前掲書、一四四頁。

(48) 趙建龍「从高寺頭大房基看大地湾大型房基的含義」（『西北史地』一九九〇年第三期）、Liu, Li. 2004. *The Chinese Neolithic: Trajectories to Early States.* Cambridge: Cambridge University Press. 中国語版七九～八〇頁。

(49) 馬新・斉濤『中国遠古社会史論』（科学出版社、二〇〇三年、一三四頁）。

(50) 鄭州市文物考古研究所注（9）前掲書、一二五頁。

(51) 厳文明注（1）前掲論文。
(52) 馬新・斉濤『中国遠古社会史論』（科学出版社、二〇〇三年、二三四〜二四〇頁）。
(53) 王震中注（5）前掲書、一四一頁。
(54) 鄭州市文物考古研究所注（9）前掲書、一六二〜一七九頁。
(55) 王震中注（5）前掲書、一四六〜一四八頁。
(56) 鄭州市文物考古研究所注（9）前掲書、一七〇頁は、四号房内には遺物がなく、墻壁上に二ヶ所の煙の痕跡と大量の灰が発見されたのみであることから、「これより、この家屋の土台は火種を保存するために用いられたと推測される」とする。筆者は、四号房内の壁の煙の痕跡と大量の灰は、この家屋が火災によって壊れたためであり、大量の灰は貯蔵されていた穀物の類が焼けたものと考える。五〇〇〇年前の民はすでに人工的に火を取る技術を掌握しており、専門的に小屋を造って火種を保存する必要はなかった。四号房が建てられる以前、一号・二号・三号房には炉があり、この家族はどうやって火を起こすかという問題をすでに解決していたのである。
(57) 馬新・斉濤注（49）前掲書、二五九頁。
(58) 長江流域規劃辦公室考古隊河南分隊「河南淅川黄棟樹遺址発掘報告」（『華夏考古』一九九〇年第三期）。
(59) 湖北省文物考古研究所「湖北応城門板湾新石器時代遺址」（『一九九九年中国重要考古発現』文物出版社、二〇〇一年）、王紅星「从門板湾城壕聚落看長江中游地区城壕聚落的起源与功用」（『考古』二〇〇三年第九期）、李桃元「応城門板湾遺址大型房屋建築」（『江漢考古』二〇〇〇年第一期）。
(60) 中国社会科学院考古研究所『蒙城尉遅寺――皖北新石器時代聚落遺存的発掘与研究』（科学出版社、二〇〇一年）。中国社会科学院考古研究所・安徽省蒙城県文化局『蒙城尉遅寺』第二部（科学出版社、二〇〇七年）。
(61) 『淅川下王崗』（文物出版社、一九八九年）。
(62) この他、七三の家屋の年代よりも早い時代の地層から、二座の家屋（Ｆ２とＦ６）・九座の灰坑・六座の墓葬が発見されている。中国社会科学院考古研究所注（60）前掲書、二七八頁。

(63) 中国社会科学院考古研究所注(60)前掲書。中国社会科学院考古研究所・安徽省蒙城県文化局注(60)前掲書。
(64) 中国社会科学院考古研究所・安徽省蒙城県文化局注(60)前掲書、二九三～二九四頁。
(65) 中国社会科学院考古研究所・安徽省蒙城県文化局注(60)前掲書、二九四頁。
(66) 中国社会科学院考古研究所注(60)前掲書、二七八～二七九頁。
(67) 中国社会科学院考古研究所・安徽省蒙城県文化局注(60)前掲書、四〇八頁。
(68) 中国社会科学院考古研究所注(60)前掲書、三二六頁は「家屋跡の使用面積は一般的には一〇㎡以上あり、家屋内の設備及び器物が占める空間を除くと(四㎡前後で計算)、家屋内の実際に使用された面積は一般的に五㎡～六㎡前後となり、最多で計四人が居住したと考えられる」と指摘している。
(69) 中国社会科学院考古研究所注(60)前掲書、三二六頁。
(70) 中国社会科学院考古研究所・安徽省蒙城県文化局注(60)前掲書、四一〇頁。
(71) 中国社会科学院考古研究所注(60)前掲書、九五～九八頁。
(72) 中国社会科学院考古研究所・安徽省蒙城県文化局注(60)前掲書、四〇七～四〇八頁。
(73) 中国社会科学院考古研究所・安徽省蒙城県文化局注(60)前掲書、四〇八頁。
(74) 中国社会科学院考古研究所・安徽省蒙城県文化局注(60)前掲書、九〇～九一頁。
(75) 王震中「東夷的史前史及其燦爛的文化」(『中国史研究』一九八八年第一期)。
(76) 中国社会科学院考古研究所・安徽省蒙城県文化局注(60)前掲書、一七一頁、図一一九。
(77) 中国社会科学院考古研究所注(60)前掲書、三二八頁。
(78) これについての論証は、本章「陵陽河・大朱家村遺跡中の「」・「」などの図像文字」の一節を参照。また王震中「試論陶文「」・「」与大火星及火正」(『考古与文物』一九九七年第六期)参照。
(79) 李学勤主編『中国古代文明与国家形成研究』(雲南人民出版社、一九九七年、五九頁)。
(80) 王震中注(5)前掲書、三四五頁。

(81)　湖南省文物考古研究所『澧県城頭山——新石器時代遺址発掘報告』(上)(文物出版社、二〇〇七年、一六二頁)。郭偉民『新石器時代澧陽平原与漢東地区的文化和社会』(文物出版社、二〇一〇年、一四二頁)。
(82)　何介鈞『長江中游新石器時代文化』(湖北教育出版社、二〇〇四年、一〇九頁)。
(83)　郭偉民注(81)前掲書、三六頁。
(84)　郭偉民注(81)前掲書、三六頁。
(85)　郭偉民注(81)前掲書、三六頁。
(86)　湖南省文物考古研究所注(81)前掲書、八七頁。
(87)　近年、郭偉民注(81)前掲書、一六七頁は大渓文化~屈家嶺文化間を新たに「油子嶺文化」と命名し、城頭上第Ⅲ期の城墻と護城河を含む文化遺跡を油子嶺文化に分類することを提起している。本書では、発掘報告中の、城頭山Ⅲ・Ⅳ期の城墻と護城河を含むこの時代の文化遺跡を屈家嶺文化と呼ぶ従来の言い方を採る。
(88)　郭偉民注(81)前掲書、一四九・一六七頁。
(89)　郭偉民注(81)前掲書、一五二~一五四頁。
(90)　郭偉民注(81)前掲書、一七二頁。
(91)　湖南省文物考古研究所注(81)前掲書、一九六~一九八頁。
(92)　郭偉民注(81)前掲書、一八四頁。
(93)　郭偉民注(81)前掲書、一六二頁。
(94)　郭偉民注(81)前掲書、一八〇~一八一頁。
(95)　劉東亜「鄭州市西山村新石器時代遺址調査報告」(『中原文物』一九八六年第二期)。
(96)　国家文物局考古領隊培訓班「鄭州西山仰韶時代城址的発掘」(『文物』一九九九年第七期)。
(97)　高江濤『中原地区文化進程的考古学研究』(社会科学文献出版社、二〇〇九年、一六二~一六四頁)。本書表2—1は高江濤前掲書の表3—8による。

(98) 高江濤注（97）前掲書、一六五頁。
(99) これについては本書序論第二節「古代国家の形成の指標」で論じている。
(100) 遼寧省文物考古研究所「遼寧牛河梁紅山文化〝女神廟〟与積石塚発掘簡報」（『文物』一九八六年第八期）、遼寧省文物考古研究所「遼寧牛河梁第五地点一号塚中心大墓（M1）発掘簡報」（『文物』一九九七年第八期）、遼寧省文物考古研究所「遼寧牛河梁第二地点四号塚筒形器墓的発掘」（『文物』一九九七年第八期）、遼寧省文物考古研究所「遼寧凌源市牛河梁第五地点一九九八～一九九九年度的発掘」（『考古』二〇〇一年第八期）。
(101) 郭大順・張克挙「遼寧省喀左県東山嘴紅山文化建築群址発掘簡報」（『文物』一九八四年第十一期）。
(102) 王震中「東山嘴原始祭壇与中国古代的社崇拝」（『世界宗教研究』一九八八年第四期）。
(103) 魏建震『先秦社祀研究』（人民出版社、二〇〇八年、七七頁）。
(104) 王震中注（5）前掲書、七頁、一六九～一七〇頁。
(105) 王震中注（5）前掲書、一二五頁、一三三～一三七頁、一四〇～一五四頁。
(106) 王震中「西周城邑国家文明的起源」（『中国古代文明的探索』雲南人民出版社、二〇〇五年、二五四～二六四頁。『西周史論文集』（上）陝西人民教育出版社、一九九四年に原載）。
(107) 本書序論第五節「首長制理論の貢献と限界」参照。
(108) 蘇秉琦『中国文明起源新探』（生活・読書・新知三聯書店、一九九九年、一三〇～一三八頁）。
(109) モルガン（青山道夫訳）『古代社会』（上巻、岩波書店、一九五八年、八〇～三七三頁）。
(110) エンゲルス（土屋保男訳）『家族・私有財産・国家の起源』（新日本出版社、一九九九年、二二一頁）。
(111) Robert L. Carneiro. 1991. The Nature of the Chiefdom as Revealed by Evidence from the Cauca Valley of Colombia. In A. Terry Rambo and Kathleen Gillogly. eds. *Profiles in Cultural Evolution: Papers from a Conference in Honor of Elman R. Service*. Ann Arbor: University of Michigan. pp. 175-177、易建平『部落聯盟与酋邦』（社会科学文献出版社、二〇〇四年、二四六頁）。

(112) Colin, Renfrew. 1973. *Before Civilization: Radiocarbon Revolution and Prehistoric Europe.* London: Jonathan Cape 1973、王震中注（5）前掲書、一六二〜一六七頁。

(113) 張光直「古代世界的商文明」（『中原文物』一九九四年第四期）。

第三章　階級成立の三つの道

社会の複雑化の過程において、階級・階層・等級の成立は、ひとつの重要な現象である。フリードは、とりもなおさず「分層社会」を、先史「階等社会」より国家社会へと変化する過渡期としている。国家段階に入ったあとの社会もやはり階級社会であるため、国家の起源を探求するさいには、階級の起源についてくわしく検討せざるをえない。階級の起源についてエンゲルスは、『反デューリング論』において、以前、階級とは「二本の道をへて成立するものである」とした。そのうちの第一の道とは、統治階級が成立する道のことであり、社会の公務管理と社会における職務地位の世襲のなかから、統治階級と公共的権力が成立する道である。第二の道とは、奴隷階級が成立する道のことであり、戦争捕虜から奴隷へと変化する道である。(1) ある研究者は、エンゲルスのいうこの二本の階級成立の道にもとづき、中国古代国家の成立が第一の道に、古代ギリシア・ローマ国家の成立が第二の道によるとしている。(2)

だがじっさいには、そうではなく、この階級成立の二本の異なる道はひとつの社会に並存しうるものである。しかも、階級成立の道と国家成立の道には、関係もあれば区別もある。このため、古代の中国とギリシア・ローマの国家形成の異なる道すじにかんしては、さらにそれら以外の道を探し求めねばならない。(3) こうした国家起源の道すじにかんしては、本章ではとりあえず議論しない。だが階級が成立する道のりにかんしては、筆者の研究によれば、エンゲルスのいう二本の道以外に、さらに第三の道があり、それは父権家族をつうじて階級を生む道である。これは、階級成立の広範な基礎であり、主要な道でもある。上古社会における階級成立のこの三本の道程は、じっさいには同一の国家や同一の社会に並存しうるものであり、中国古代国家形成史はまさにそのようである。ここでは論述の便宜上、三つの面をわけてべつべつに詳述をし、そののちにそれらを再度統合することにする。

第一節　階級成立の広範な基礎と主要な道のり——父権家族

1　父権の出現

前章で論じたように、中心聚落形態は、その出現当初は社会的不平等と関連しているものである。かかる不平等は、はじめは身分地位上の等級差（つまり、フリード社会分層理論における rank と rank society）をあらわしており、経済上の区分をふくまない。ゆえに易建平は、rank や rank society を「等級」や「等級社会」と訳すべきでないとし、「階等」や「階等社会」と訳すことを主張している。(4) この身分地位の違いと等差は、しばしば血統世系と関連している。それが発展して等級をもった親族制度となる。これによって社会の一人一人の成員と祖先との距離関係は、階等の重要な評価要素となる。現実には、酋長が特殊な身分地位をもっているのは、それと祖先（つまり神霊）とのあいだに、ある種の特殊な関係があるためでもある。酋長はしばしば神霊（とくに祖先神）と当該社会内の他の成員との仲介役をなす。そして始祖の直系子孫たる酋長は、その祖先が崇高な地位にあるがために、往々にして特殊な待遇をうける。彼は、みずからを神聖な存在とみなし、死後にその魂は神になるとみなす。

階等社会がさらに発展すると、フリードのいう分層社会（stratified society）に入る。それは、性別・年齢を同じくする社会の成員が、生活維持のための基本的資源を占有・使用するうえで、不平等であることをさす。つまり、これらの不平等は、すでに経済的意味での区分になっており、古典的著者のいう階級や階級社会といった概念とつうじるところがある。では、原始社会末期には、どのように階等社会から分層社会へと転換したのか。その変化のメカニズムはいかなるもので、つまり階級と階層はどのように生じるものなのか。この点についてフリードは解決していない(5)。しかしこれは、社会の複雑化のプロセスを研究する鍵のありかである。

前述したように、文明起源の過程における「平等社会―階等社会―分層社会」という諸段階のうち、階等社会の等差は身分地位上の不平等に属し、経済的意味の区分をふくまない。かかる不平等がさらに発展したのち、ようやく経済的意義をふくむ社会分層があらわれる。それが階層とよばれうる。ここではまもなく、階級と階層の成立が二つの過程（すなわち「平等」から「身分」への過程と、経済的分化をふくまない「身分」から経済的分化が生まれる過程）を経たことが看取できよう。これより、「身分」の出現は問題の焦点のありかであり、これと中国古代社会で階級地位が身分地位でしめされる点とは一致するものであるとわかる。このため、階級のうまれる過程は「平等」から「身分」への過程であるといわれるのである。

また中国上古時期の家族と宗族組織の十分な発展によって、父権や父権家族の出現は、階級起源の契機とされることになる。最初の奴隷も、家族のなかにふくまれる。彼らは、家族内での身分がもっとも低い者である。古代中国にかんしては、殷周時期の家族―宗族体制下の階級関係からさかのぼって推測するとしても、先史社会の組織と人びとの社会地位の変化から考察するとしても、つぎのように指摘できる。すなわち、奴隷制をふくむ父権大家族の出現は、氏族部落内において血縁平等構造が階級関係へと変化する鍵であり(6)、「階等」から「分層」への変化のメカニズムである、と。

本書では、中心聚落初級階段の社会組織を論述したさいにすでに、いくつかの地区で父系の家族―宗族の構造が形成された情況を指摘しておいた。中心聚落の発達段階にいたると、かかる家族―宗族組織の構造は、典型的な発達した中心聚落形態の墓資料に多く反映されるようになる。

2　大汶口の聚落墓地

大汶口聚落墓地を例にとると（図3―1）、一九五九年には五四〇〇㎡にわたり、大汶口文化晩期の墓一三三座が発掘され、[7] 初中晩三段に分けられる。そのなかで早段に属するものは七四座あり、これらは同時期の墓であって、南から北にかけて四つの墓群に分けられる。その最南の一群の墓数は多く、だいたい三十座あり、最北の一群の墓数はもっとも少なく、八基である。四墓群の区分と各墓群内の人口規模および、この四墓群がたがいに密集し集合するさまをみると、この四墓群は四近親家族のもののはずで、たがいに連合して一宗族共同体をなしていたと考えられる。大汶口聚落墓地に本来こうした宗族がいくつあったかは知る由もないが、この一聚落遺跡が八〇余万㎡を占めていることからみると、かかる宗族共同体は二つや三つのはずがない。第二章で論ずる大汶口墓地の裕福な大墓と貧しい小墓との格差は、各家族内にあるもので、つまり家族内にはすでに大きな貧富の格差が生じていた。大型墓

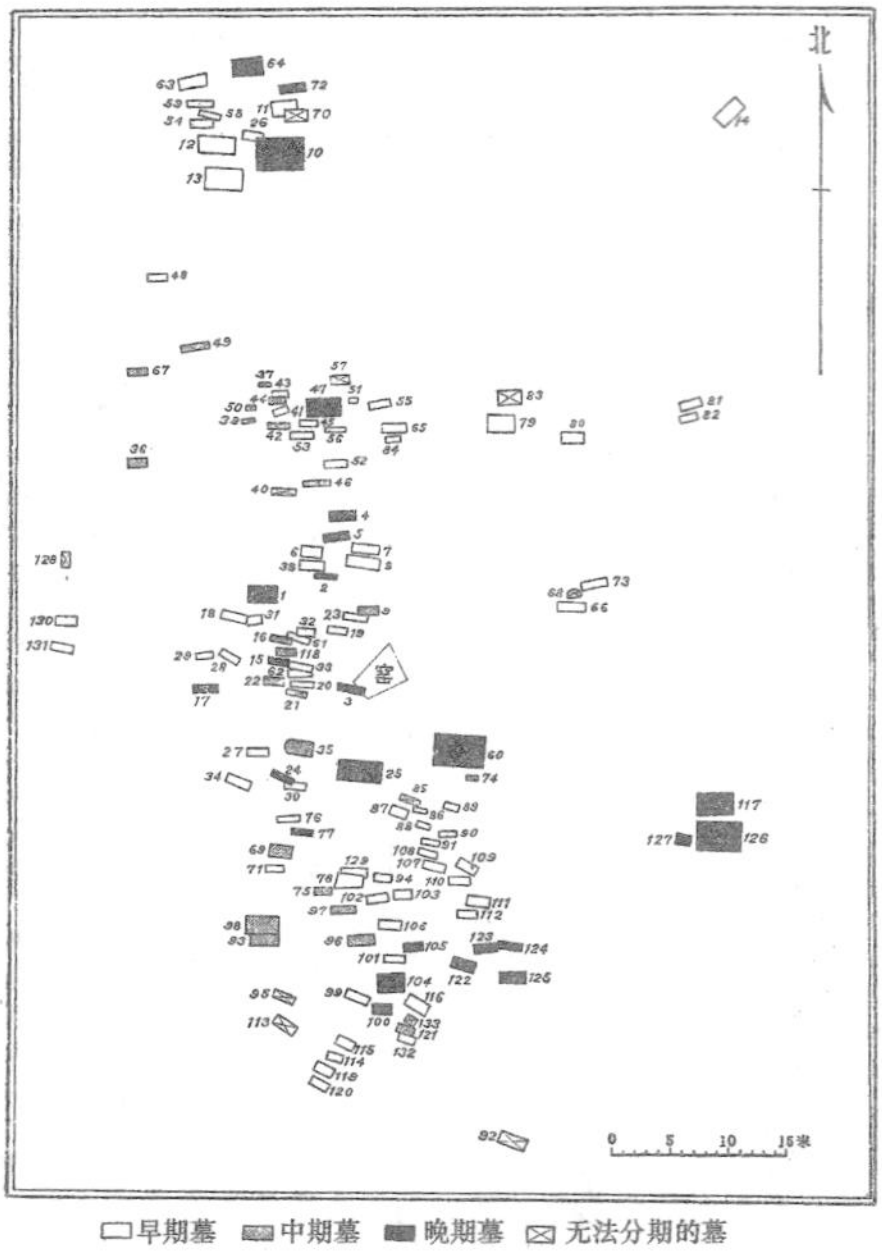

【図3―1】　大汶口墓地分布図（山東省文官処等『大汶口』）

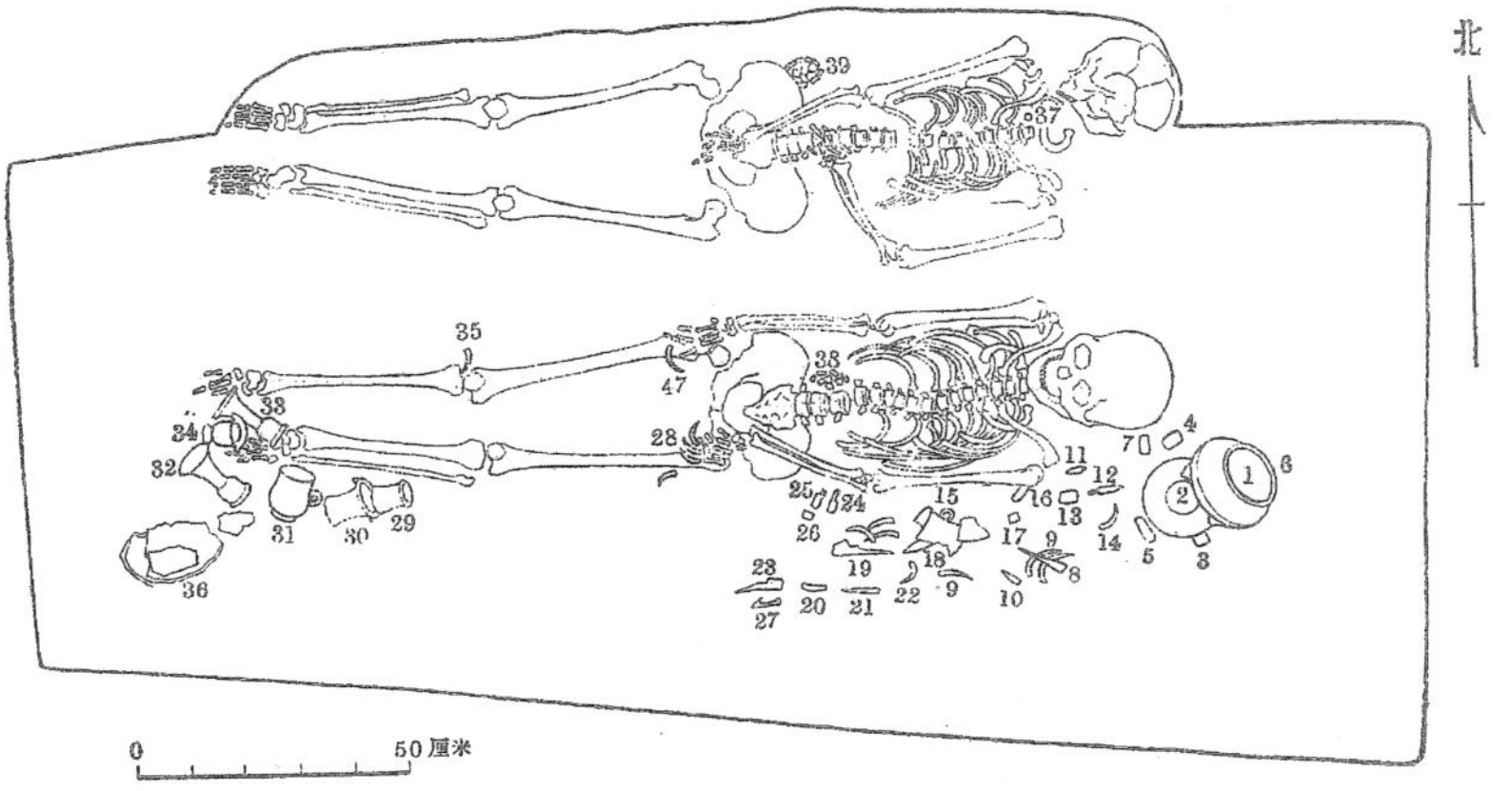

【図３―２】　大汶口１号墓の男女合葬平面図（山東省文官処等『大汶口』）

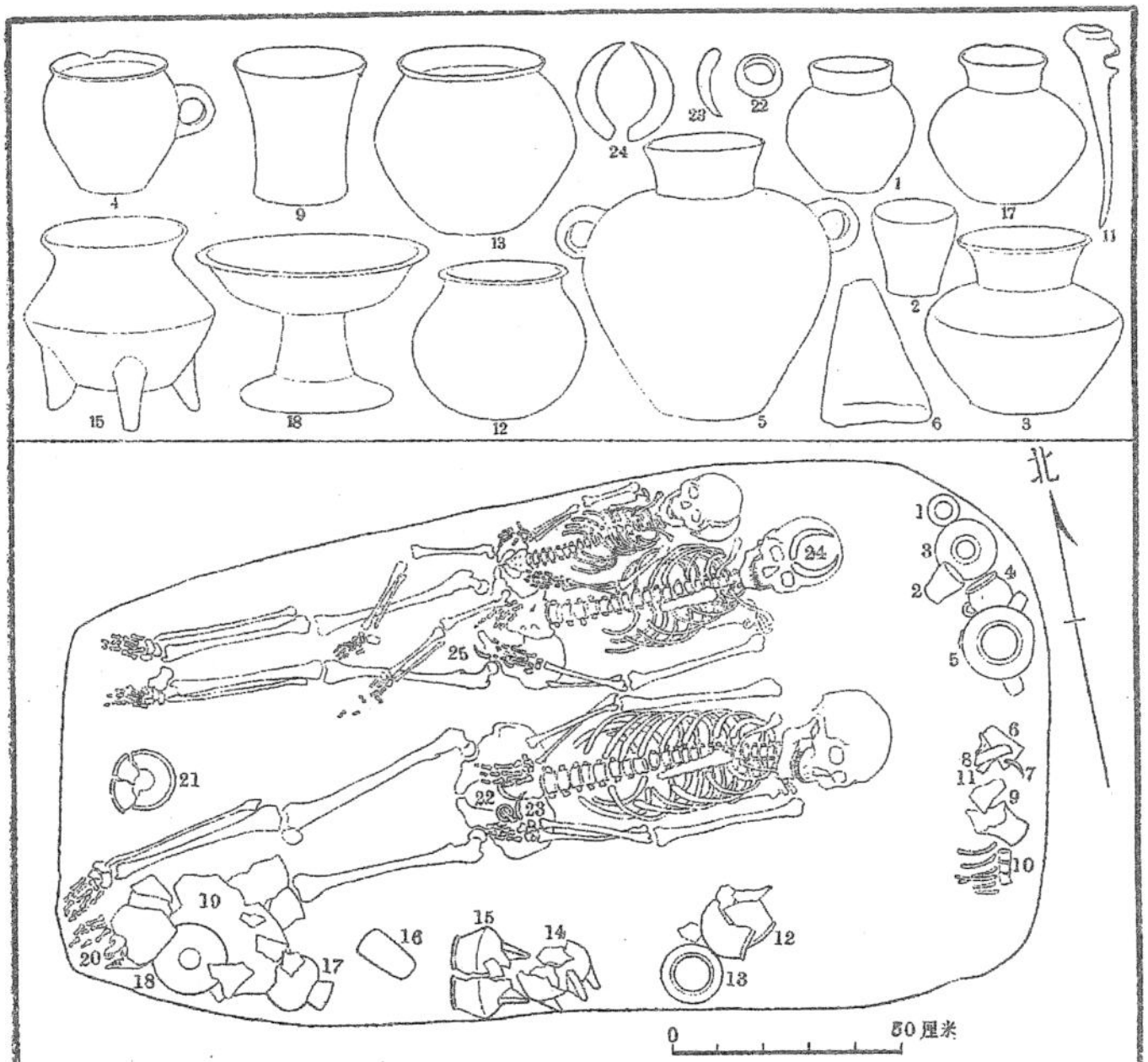

【図３―３】　大汶口35号合葬墓と出土器物（山東省文官処等『大汶口』）

の死者は、生前はあきらかに家長である。中型墓は、家長に次ぐ地位の家族成員のものである。小型墓は、家族内での身分地位がもっとも低い家族成員のものである。

大汶口墓地には六基の合葬墓があり、四基は男女合葬墓と鑑定され、二基には性別鑑定がない。そのうちM1男女合葬墓（図3―2）では、男性は墓坑中央に、女性は墓坑北壁の外へと広がる小坑内におり、副葬器物五七点はほぼ男性側に置かれている。M35合葬墓（図3―3）には二組の成人の骨、一組の子供の骨がある。成人は一男一女で、男は左、女は右にいる。子供は女性で、ぴたりと成年女性の右側によりそい、下肢はななめに成年女性の股のうえにかぶさっている。二六点の副葬器物の大多数はみな男性側に置かれている。この男女合葬墓二基は、当時の大汶口居住民のうち、一部の家族内の女性がすでに従属的地位にいたことを物語る。父権は夫権を基礎とする。女性が家庭内で従属的地位にいることは、父権の確立を説明する一助となる。このほかに大汶口の各家族の大墓のうち、M10以外で性別鑑定済の者はみな男性である。これらの現象を総合的に考慮すると、つぎの結論がえられる。すなわち、大汶口中心聚落の各家長は男性でなければならず、一種の父権家族である、と。

3　安徽省含山凌家灘遺跡

大汶口文化のほかに、安徽省含山凌家灘遺跡の墓材料も問題をよく説明できるものである。本書第二章ですでに、凌家灘墓地の墓同士の大きな貧富差については論じた。じっさいに、かような貧富の格差は、家族内にあらわれているだけでなく、家族と家族のあいだにもあらわれている。これについて厳文明はかつて、凌家灘墓地の一九八七年～一九九八年の三回の調査で得られた墓四四基の分布情況にもとづき、墓地の家族の分類をすすめ、各家族の貧富状況にも分析を加えた。(8)これに二〇〇七年の第五次発掘で得られた墓四基をくわえると、(9)厳文明の区別と分析は史実と符合するものであろう。

各墓の分布情況よりみると（図2―7）、南区中央の家族はもっとも裕福である。07M23・87M4・87M15の最高級大墓はみな墓地南区中央に集中し、それらと隣接する87M8・87M7・87M1も比較的裕福な墓や特殊墓に属する。たとえば87M8は、破壊にあってはいるものの、なお器物六四点が出土し、なかには玉器四三点、石器十八点、陶器三点がある。87M7では玉器二八点、石器十一点、陶器五点が出土している。87M1の出土物は多くなく、十五点あるけれども、それは特殊である。主要なのは、形状がほぼ同じ玉人三体である（図2―17）。玉人は「介」形の帽をかぶっており、両耳に玉玦をつけているようである。両臂はまがり、ぴたりと胸部にはりつき、それぞれ五個～六個の玉鐲［玉製の腕輪］を身につけている。腰にはゆるいベルトをつけており、両足はくっつき、はだしで立っている。身体のかたちはひらべったく、背中には一対の隧孔があり、ヒモをとおしてつなぎあわすのに役立つ。玉人はシャーマンの法具にちがいなく、墓主は専門のシャーマンではないか。ほかにさらに07M23・87M4の出土物には、玉亀（図2―8、図2―18）、玉版（図2―9、図2―20）、玉亀状扁円形器（図2―12、図2―19）、玉簽（図2―13）などの占卜器具や、数多くの石鉞・玉鉞などがあり、南区中央に埋葬された当該家族は全墓地中もっとも裕福で、全聚落の宗教権・軍事権を握っていたとみられる。

南区北側には墓四基があり（98M25・98M26・98M27・98M30）、厳文明はそれらを中区に分類している。じっさいにこの四基は、その南の87M7・87M8・87M15・07M23・87M1・87M4と近いので（図2―7）、二者が結局一区に分けられるべきか、それとも二区に分けられるべきかは、なお検討の余地がある。ここではとりあえず二者を一区としておく。

当該区北側の墓四基のうち、98M26と98M27の墓主はみな貧乏である。前者は陶鉢一点を出土するのみで、後者も小さな玉環四点と陶豆二点のみである。98M30 は出土器物が四六点で、そのうち玉器は五点、石器は四一点であり、中等墓である。また石器のうち、三九点が石製手斧ゆえ、本書第二章でのべたように、墓主は石匠か木匠ではないか。98M25 は、出土器物が二四点で、玉璜・玉鉞・玉璧・玉鐲・玉環・石鉞・陶鬶などがあり、富も中の下である。かりにこれらの墓（98M25・98M26・98M27・98M30）とその南側の六基（87M1・87M4・87M7・87M8・87M15・07M23）を一区とし、一家族の話だとすると、そのなかには全聚落の宗教権・軍事権を掌る者もおれば（たとえば 07M23・87M4）、彼らより低級の専業的シャーマン（たとえば 87M1）や石木匠（たとえば98M30）もおり、さらに低級で財産もない家族成員もいることになる（たとえば 98M26・98M27）。

南区・中区の北側は北区とよばれ、八基の墓がある。98M3・98M4・98M5・98M6・98M8・98M11・98M13・98M17 である。これらの墓のうち、98M3・98M4・98M6 には二、三点の器物が副葬されているのみである。98M5 の副葬物は、石製手斧三点、石鑿一点、陶器残片二点である。98M13 の副葬物は石製手斧一点と陶器数点である。98M17 には玉璜一点、石鉞二点、陶器二点が副葬されている。98M8 と 98M11 の副葬器物はやや多く、98M11 には陶豆六点、陶罐一点、石鉞二点、石製手斧一点がある。98M8 には玉鐲三点、石器五点、陶器六点がある。これらの情況からみると、まさに厳文明がいうごとく、「北区は貧乏な墓区である」。北区と中区のあいだには 98M12 があり、厳文明は、どの区分に入るか不明とする。98M12からは玉環一点、石鉞一点、陶器十七点、計十九点が出土している。かりに当該墓を北区に分類しても、北区に中等より小さめの墓一基が加わるのみである。かりに北区の墓八基に 98M12 を加えた九基が一家族に属するとすれば、98M12 の墓主は家族の長ということになるであろう。

西南区の墓は二組に分けられる。一組は 98M29・98M31・87M6、もう一組は 87M2・87M3・87M14 である。前者の 98M29 は器物八六点を副葬し、また玉人三点があり、かなり大きい墓である。87M6 は器物七十点を副葬し、そのなかには石鉞三二点、石製手斧二二点があり、やはり一基の相当な大墓である。98M31は器物九点を副葬するだけのかなり小さな墓である。後者の87M14は器物五三点を副葬し、中級墓でやや上位に属する。87M2は器物二四点を副葬し、中等墓のやや下位に属する。87M3は貧者墓で、器物三点を副葬するのみである。西南区のこの二組の墓は、一家族か二家族かはともかく、貧乏なものも裕福なものもあり、原始宗教従事者も石匠もいる。ただ、当該家族内の最富裕者の富と社会的身分は、やはり墓地南区中央に位置する07M23・87M4に及ばない。

墓地西区に位置する墓は三組に分けられる。(10) 一組は98M9・98M15・98M18・98M22・98M24・98M28、一組は98M19・98M20・98M21・98M23、もう一組は87M9・87M10・87M11・87M12・87M13・87M17である。なかでも前二者のうち、98M9・98M15・98M18・98M20・98M23はみな副葬物に玉芯・玉料や石料などがあり、とくに98M20には意外にも玉芯一一一点が副葬されている。このため厳文明は、前二組の墓主を、おもに玉石製作に従事する家族であったとする。二組目の87M9の副葬器物は八二点、87M12の副葬器物は五一点、87M17の副葬器物は五六点で、かなり裕福な墓に属する。87M10の副葬器物は二九点、87M11の副葬器物は三十点で、中等よりやや下位に属する。87M13の副葬器物は八点で、貧者墓に属する。西区の墓には貧乏なものも裕福なものもあり、全体的にはやはり比較的裕福であるが、西南区同様、副葬品が最多のものも、やはり南区の07M23と87M4には及ばない。

墓地西北区では、二〇〇七年に墓三基が発掘された。07M12・07M19・07M20である。みな東西向きで、一九八七年発掘の87M7の方向と一致する。07M12は陶碗一点のみを副葬し、貧者の小墓に属する。07M19と07M20の副葬器物は玉器を主とし、そのつぎは石器で、さらに少量の陶器もある。そのうち玉鉞と石鉞のかたちは大きく、発掘者の仔細な観察によっても、刃口に使用痕がみいだせない。このことは、それらが儀礼的物品に属し、けっして実用的生産工具ではなかったことを物語る。この墓二基のもっとも顕著な特徴は、副葬品に多くの小さな玉飾り（たとえば環・玦）・大量の細かく砕けた玉料と鋭く加工された玉料があることである。尖った玉料はさまざまなかたちをしており、玉料の各面に異なるタイプの切断痕があり、線切割《せんせっかつ》〔濡れた砂を玉に付け、その上を麻縄や革紐で擦って削る技法〕、砣切割《たせっかつ》〔回転させた玉に刃を当てて削る技法〕、片切割《へんせっかつ》〔濡れた砂を玉に付け、その上を竹片や木片で擦って削る技法〕などをふくむ。これは、07M19と07M20の墓主も玉匠であったことを物語る。これより、墓地西北部の07M12・07M19・07M20などの家族も玉製品加工業に従事していたはずで、そのなかには少なくとも二人の玉匠がいたものとも判断できる。このように、墓地西区には、玉石製作をおもな仕事とする家族がいただけでなく、墓地西北区にもこのような家族がいたとみられる。

墓地東区で目下発掘されているのは墓四基だけで、98M7・98M14・98M16・98M32である。そのうち、98M16と98M7は中規模クラスの墓である。98M16の副葬器物は四二点あり、そのなかの玉器には、とぐろを巻いて円形をなしている玉龍があり、玉墜・玉管・玉玦などもある。石鉞一点があり、また鼎・壺・盆・鉢・杯・豆など、二二点の陶器がある。98M7の副葬器物は四九点で、玉器二一点・石器六点（石鉞三点をふくむ）・陶器二二点がある。副葬陶器に限っていえば、98M7と98M16は全墓地中最多の墓ということになる。他の二基の副葬品は少なめである。98M14の副葬器物は二四点で、玉器十一点・陶器十三点である。98M32の副葬器物は九点だけで、みな陶器である。ゆえに、かりに当該四基をも一家族とみなすと、その貧富差は西区や西南区より小さく、北区よりやや大きいようである。

以上の凌家灘墓地の諸墓にかんする分析は初歩的なものである。というのも、現在発掘済か報道済の当該四八基は、凌家灘聚落遺跡の墓全部のはずがなく、これによって得られる諸家族の墓域区分の精度がどの程度かはまだ確言しがたいからである。今後の発掘工作のさらなる進展にともない、諸家族墓群の区分にもまだいくらかの調整が生ずるかもしれない。上述の家族墓域の区分と副葬品の状況の分析にもとづくと、一面では家族内にすでに貧富差が生じていたこと、もう一面では各家族間の貧富と社会的地位も相異していたことがみてとれる。各家族内にはみな相対的に富者と貧者がいるとはいえ、南区中央に位置する家族は全聚落中もっとも裕福で、社会的地位と身分も最高である。南区中央をふくむ諸家族墓地は、埋葬時期の点でみな先後関係があり、相互の時間関係よりみると、諸家族の力関係の一端を知ることができる。そのうち、南区中央の最高級大墓数基のうち、87M15は第四層におおわれ、87M8によって壊されており、本区最古の墓である。87M4は第三層におおわれ、第四層を壊しており、年代上はやや87M15より遅い。第五次発掘報告に07M23・87M4・87M15の層位関係の報告がないので、目下当該三者の時間関係は判断しようがない。ただ87M15と87M4についていえば、墓地南部中央に位置する、このもっとも裕福で社会的地位の高い家族は、全墓地のなかで中心的地位にあり、前後して連続し、大きな変化がなく、これは当該家族長の聚落における身分地位が世襲的なものであることを反映しているようである。

大汶口・凌家灘などの墓地の墓材料はつぎのことを物語る。当時、社会経済と政治の不平等、身分地位の格差、そして社会分層の出現は、みな父権家族や家父長権（patria podesta）の出現と関係していた。それは、社会が分化し階級が生まれるなかで不可欠のプロセスであり、階級・私有制・国家の起源である。龍山文化期になると、黄河流域と長江流域では、父権家族構造にもとづく階級の分化・対立の現象がようやく少し普遍的なものとなるのである。

4　襄汾陶寺遺跡

龍山文化時期において社会分層現象がやや突出している例としては、山西省臨汾盆地の襄汾陶寺遺跡が挙げられる。陶寺遺跡文化は、初中晩の三期に分けられる。その炭素十四測定の年代は、早い部分と遅い部分のデータを除くと、ほぼ紀元前二四〇〇年～前二二〇〇年で、中期は前二二〇〇年～前二一〇〇年、晩期は前二一〇〇年～前二〇〇〇年

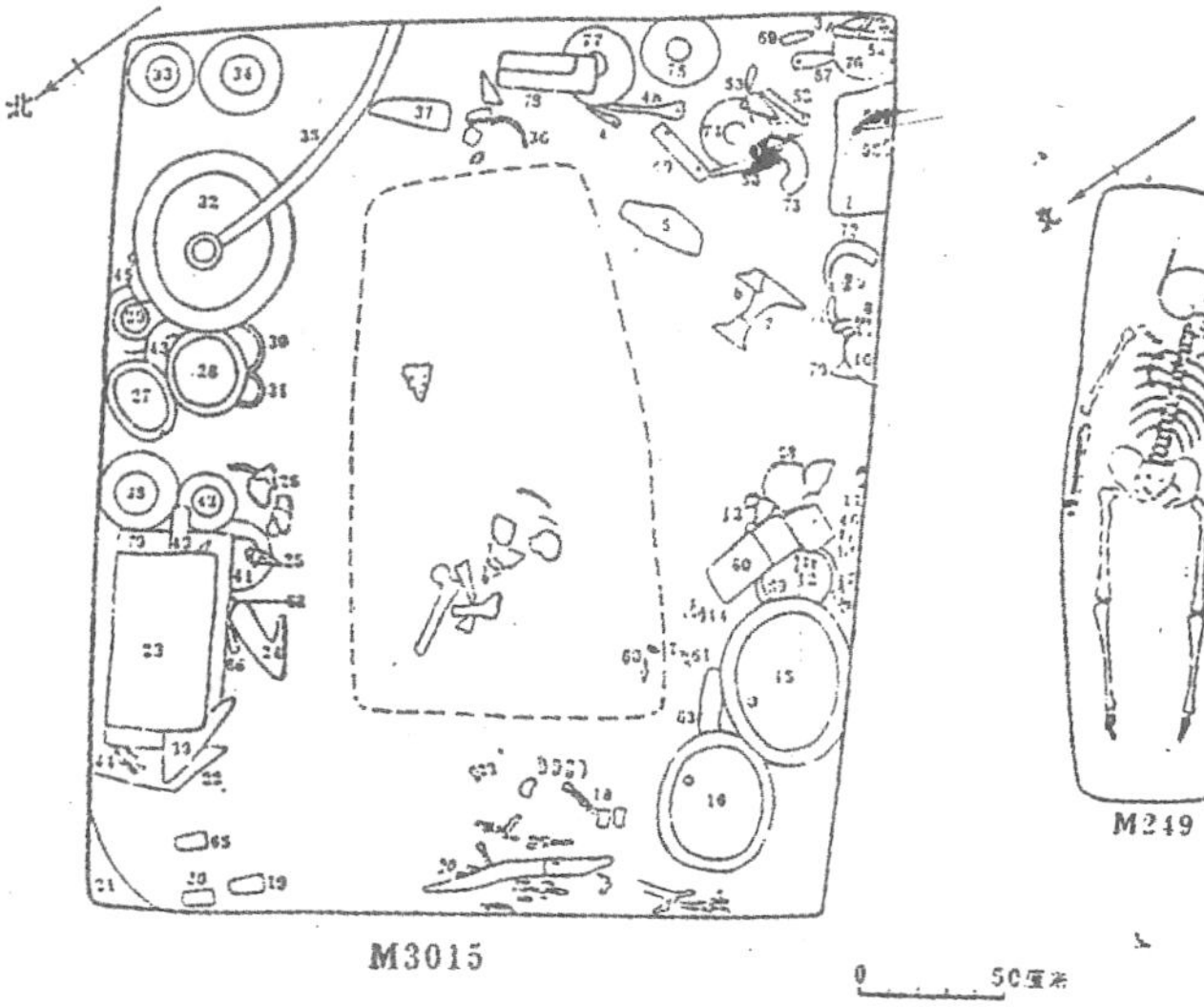

【図3―4】　陶寺の大墓と小墓の対比図

である[11]。陶寺遺跡では、多くの陶寺文化墓と墓地がみつかっている。一九七八年～一九八五年に陶寺遺跡東南の陶寺小城（すなわち陶寺初期の城址）外側で面積四万㎡以上の陶寺文化墓地がみつかり、五〇〇〇㎡近い範囲から墓一三〇九基が発掘され[12]、大多数は陶寺文化初期に属する。二〇〇二年には陶寺中期の小城西北部にトレンチを入れ、墓地の一部がさぐりあてられた。その面積は約一万㎡で、発掘面積のわずか六七㎡の範囲内から陶寺文化中晩期墓二二基が整理された[13]。陶寺遺跡発掘者は、陶寺墓類型を大型墓（甲・乙両種をふくむ）、中型墓（甲・乙・丙三種もしくは四種をふくむ）、小型墓の三大類型と、七、八等級とに分類した。つまり陶寺文化初期は前二四〇〇年よりはじまり、すでにピラミッド型の等級構造と階級関係を形成していたのである[14]。ピラミッドの頂点に位置するのは、甲種大墓の墓主である。かかる大型墓は木棺を使用し、棺内には朱砂がばらまかれている。副葬品は数が多く精美で、一、二百点に達しうる。

たとえばM3015（図3―4）の墓坑は長方形の竪穴で、

墓底には板の灰がのこり、葬具の跡であろう。死者の骨は整っておらず、葬式は仰身直肢にちがいない。副葬品はたいへん豊富で、陶器十四点、木器二三点、玉器・石器一三〇点（そのうち石鏃は一一一点）、骨器十一点をふくみ、別途三十点の副葬品が灰坑中に集められており、副葬品の総数は二〇〇点以上に達する。いくつかの甲級大型墓には、龍盤・鼉鼓・特磬・土鼓・玉鉞などの、特権を象徴する一群の重要な礼器が副葬されている。これは、そうした大墓主が当時もっとも重要な社会的役割である祭祀と征伐を司っていたことを物語る。発掘者の研究によれば、陶寺初期大墓のうち、セットで礼器を用いるのは、個別の現象ではなく、すでに一定の規制（すなわち礼制）を形成していた。[15]とくにいくつかの初期甲種大墓より出土した龍盤には特別な意味があり、最高級の礼器で、族権と神権の象徴であろう。[16]また鼉鼓・特磬は、安陽殷墟一二一七号王陵の副葬品の鼉鼓・磬のセットとたいへんよくにている。鼉鼓・特磬が殷王室や諸侯専用の重器で、統治者の権威の象徴である以上、陶寺初期甲種大墓のそれらも、墓主が当時最高の統治者（邦君）の身分だったことを証するとみられる。大量の精美な彩絵木器・彩絵陶器・玉器・石器・装飾品は、彼らが権勢をたよりに社会の富を攫い、己がものとした結果である。大墓両側には、彩絵木棺と華麗な装飾品をもちいた女性中型墓が変わったかたちで並んでおり、また彼らが二人以上の妻妾を有していたことをしめす。

中型墓墓主は生前、大墓墓主とは異なる権力と富を有していた。甲種中型墓墓主の地位は大墓墓主より低い。ただし、そこに二、三十点の器物（上絵つきの案・俎・セットの陶器・大型の石鉞・他のいくつかの礼器）が副葬されていることと、多くが大型墓付近に分布している等の現象よりみると、彼らは大墓墓主との関係のたいへん近い貴族であろう。乙種と丙種の中型墓の地位は甲種中型墓より低く、順ぐりに低くなる。しかし甲・乙・丙三種の中型墓にいずれも玉鉞、石鉞や、他のいくつかの礼器が副葬されていることからみると、彼らは大なり小なり領兵権を有しており、勇敢に善戦したことによって一般平民よりも高い地位を獲得した者もいたようである。

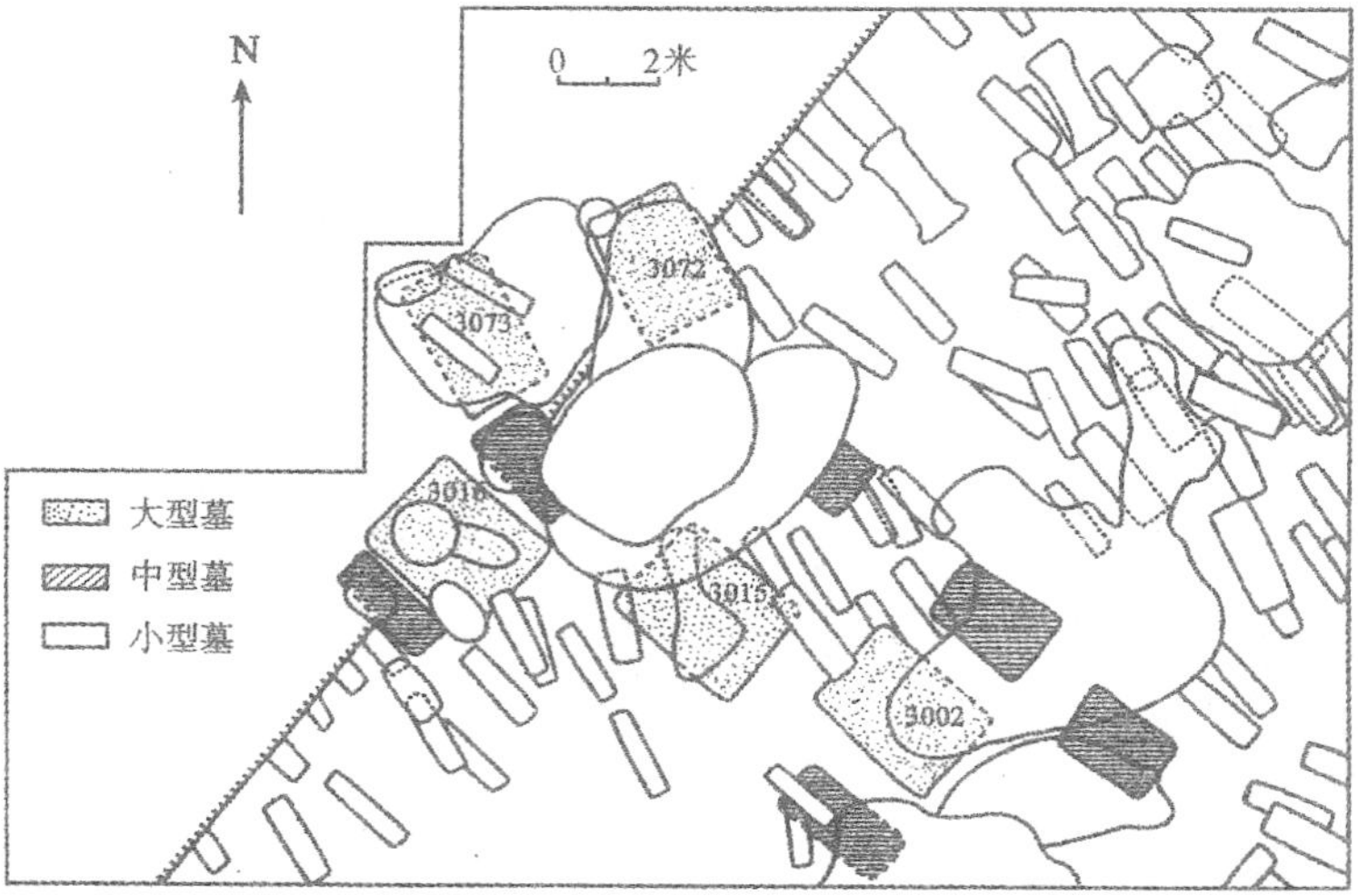

【図３—５】　陶寺墓地第Ⅲ発掘区の部分的平面図（高江濤『中原地区文明化進程的考古学研究』）

小型墓は、数がもっとも多く、総墓数の八〇％以上を占める。なかには骨簪類の小さい副葬品一～三点があるだけのものもあり、もっと多いのは、なにも副葬されていないものである。小墓のそれぞれの骨は手足を欠き、あるいは頭蓋骨が壊されている。その原因を求めると、かりに戦争によって怪我を負ったのでなければ、刑罰を受けたことによるものである。

陶寺墓地の反映するピラミッド型の等級構造・階級・階層分化は、一目瞭然のものである。しかしながら、かかる等級と階級はまた、家族―宗族構造内に入るものでもある。そのためそれはまた、家父長権の存在を基礎とするものでもある。現在、陶寺初期城邑外で発見されている墓一三〇九基の置かれた当該初期墓地は、二つの大区に分けられている。すなわち北部墓区と中部墓区である。北部墓区は墓地北部に位置し、もとの第Ⅰ発掘区北部に代表される。中部墓区は墓地中部に位置し、もとの第Ⅱ・Ⅲ発掘区中部に代表される。各墓区は、墓の分布と配列の状況によれば、さらにいくつかの小区にわけられ、墓群ともよびうるのであり、墓群ごとにまた多くの墓が並んで組をなしている。[17]墓地・墓区・墓群・墓列は三、四級の社会組織と対応しうるかもしれない。人骨材料を基礎とする人種学・遺伝学などの関連研究をまだ進めていないので、各層の単位間の具体的血縁関係はまだよくわかっていないものの、そのなかには宗族墓地と家族墓地の区分をふくむはずである。第Ⅲ区中部のM3015、M3016・M3002・M3072・M3073（龍盤・鼉鼓・特磬を副葬する甲種大墓）は一部の小区に集中しており（図3―5）、前後の距離は各一m前後で、墓地の配置と排列からみて、宗族か同一家族の墓域と考えられる。発掘者は、副葬品の微細な変化によってしめされる埋葬時期の違いにもとづき、これらの墓は「部落で大権を握る」「同一家族内の数名の人物」で、[18]「したがって当時部落の首領がすでに世襲制を行なっていたと証される」[19]とする。陶寺社会類型を部落とみる点は不十分だが、社会内で「大権を握る」ことが「同一家族内の数名の人物」に世襲されるとの見解は、たいへん的確と考えられる。

第二節　戦争捕虜から転化してくる奴隷階級

先史社会末期において、階級の生まれるもう一つの道は、戦争捕虜から転化してくる奴隷である。これについてエンゲルスは『反デューリング論』でこうのべている。

農耕家族の内部での自然生的分業のおかげで、生活が或る程度豊かになると、一人またはそれ以上の他人の労働力を取り入れることができるようになった。古くからの土地の共同所有がすでに解体していたか、あるいは、そこまでいってはいなくても、少なくとも、古くからの共同耕作がそれぞれの家族による割り当て地の個別的耕作に席をゆずるかしていた、そういう国ぐにでは、とくにそうであった。生産はかなり発展していて、いまでは人間の労働力が、自分の生命をただ維持するだけのために必要であるよりも多く生産できるようになっていた。労働力をもっと多く養う手段が存在していたし、こうした労働力を働かせるための手段も同様に存在していた。労働力は或る価値を得たのである。しかし、自分の共同体とこの共同体が属している連合体とは、自由に使える余った労働力を供給はしてくれなかった。これにたいして、戦争がこれを供給した。そして、戦争は、いくつもの共同体群が同時に並んで存在するようになったそのときから、いつでもあった。それまでは、戦争の捕虜をどうしたらよいかわからなかった。だから、あっさり打ち殺していた。もっと以前には、食べてしまっていたのである。しかし、「経済的状況」がいま到達した段階では、捕虜は或る価値をもつようになった。そこで、これを生かしておいてその労働を利用するようになったわけである。こうして強力は、経済的状況を支配するどころか、逆に、経済的状況に強制的に奉仕させられることになった。奴隷制が発明されたのである。(20)

奴隷はおもに戦争捕虜に淵源し、これは奴隷の来源のおもな形式であろう。では、いかに考古学的発見のなかから、このような奴隷の存在を実証するのか。これについては、考古発掘で出土した殉葬者《じゅんそう》・殺人祭祀・人柱などの現象の分析をとおして説明できると考えられる。

江蘇省新沂花廳遺跡で大汶口文化晩期墓八七基がみつかり、(21)そのうち北区の大墓十基の大部分には百点にのぼる副葬品があり、なかには副葬の玉器が二、三十点もある墓もある。これら大墓十基のうち、墓主の人骨がないものと、人骨が鑑定しえないものを除くと、五基の墓主は男性、一基は女性である。北区墓地の大型墓十基のうち、八基に殉葬現象がある。そのうちM20・M34・M50はいずれも墓主の脚部後方横に一名の少年（あるいは幼児）が置かれている。たとえばM20（図3―6）は、墓坑が長さ四・九八m、幅二・九八mで、陶器・玉器など、器物六六点を副葬している大墓である。墓主は成年男性で、副葬品は周囲に置かれている。墓主の脚部下には、横向きに少年二人分の人骨が埋葬され、墓主の殉葬者であろう。M35は墓主の脚部後方横に一人の幼児を置く。さらに三基の大墓（M16・M60・M61）に殉葬状況がある。上述のものと異なる点があり、それらは一定の方向と埋葬方式がなく、大人と子供も混在しており、殉葬者数は二人～五人とさまざまで、ブタ・イヌといっしょに埋葬されているものもある。たとえばM60（図3—7・図3—8）の墓坑は長さ四・三五m、幅三mで、墓主は三十歳前後の男子であり、副葬物には陶器・玉器など、器物一四九点がある。当該墓には五人が殉葬されている。副葬品左外側に中年男女が各々ひとつずつ副葬され、女の身体には十歳～十二歳の子供の骨がよりそい、彼らの頭部上方には六歳～七歳の幼児の骨一組もある。墓南側にも少児の骨があり、骨はおしつぶされ扁薄状になっており、ぴたりと坑壁にくっついている。墓主の脚部の後側にはブタとイヌの骨が殉葬されている。

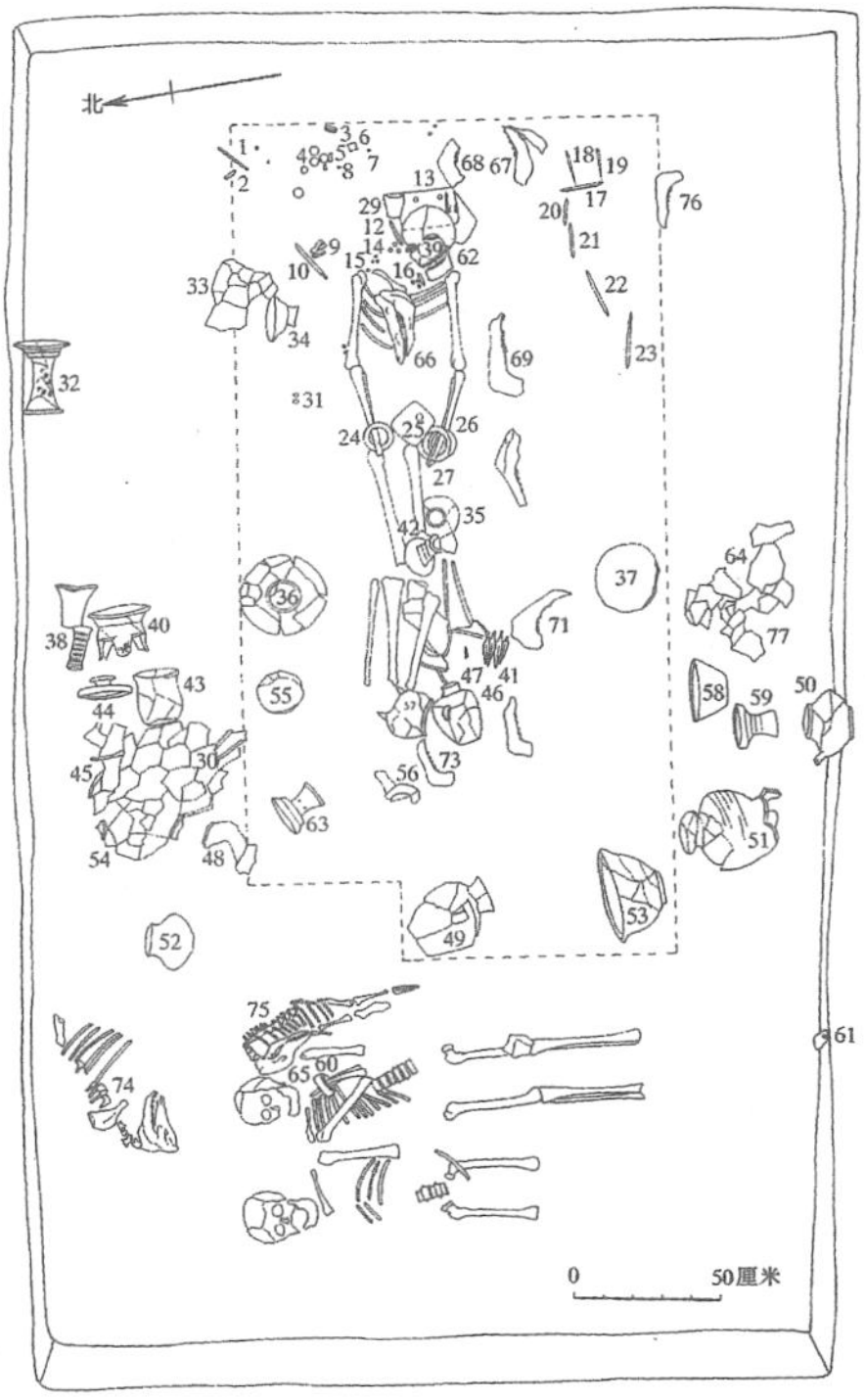

【図3—6】　新沂花廳遺跡M20の人身供犠現象（南京博物院『花廳——新石器時代墓地発掘報告』）

M16（図3—9）の墓主の骨は残っておらず、左側下方には十七歳以下の少年が陪葬されている。墓主の脚部後方横にはうつぶせの少女一人・イヌ一匹・ブタ頭骨一つが置かれている。M16の墓坑外部東側（墓主の頭は上方）には横一列に児童墓三基（M14など）があり、M16の坑外南側（左辺）にも子供の墓一基がある（M11）。発

【図３―７】　新沂花廳遺跡M60の殉葬墓平面図（南京博物院『花廳――新石器時代墓地発掘報告』）

掘者は、M11とM14などを、M16の「人身御供」や「殉葬者を祭る墓」であろうとする。(22)

　このほかに、さらに合葬墓がある。たとえばM18（図３―10）の墓主は青年~壮年の男性（A）で、その右側には陪葬された側身形の成年女性の骨（B）があり、右胸には赤子一人の骨（C）があり、脚部後方にも赤子一人の骨（D）がある。この墓の特徴は、墓主が大量の副葬品をもつほか、墓主右側の成年女子の頭部上方と脚部後方にも多くの精美な玉器と陶器が副葬され、手に玉鐲をもち、あきらかに一般身分でない点である。墓主の脚部後方にいる赤子のかたわらにも、精美な陶器六、七点が置かれている。これらの情況により、花廳墓地の発掘者は、M18がけっして一般的意味での殉葬者墓でなく、「男女合葬」・「妻妾従葬」のたぐいの墓である可能性があるとする。(23) M18の当該四組の人骨が同時に墓坑に埋められていることから、家庭や家族の成員四人がなんらかの原因で同時に死亡し、それによって四人が同時にひとつの墓坑に埋葬されたのではないか。このように、M18は殉葬者墓とはいえず、家族合葬墓と称すべきもので、そのうち男性の右側にいるのは彼の妻妾で、右胸部上の赤子と足もとの赤子はその子供た

【図３—８】　新沂花廳M60殉葬墓（南京博物院『花廳』）

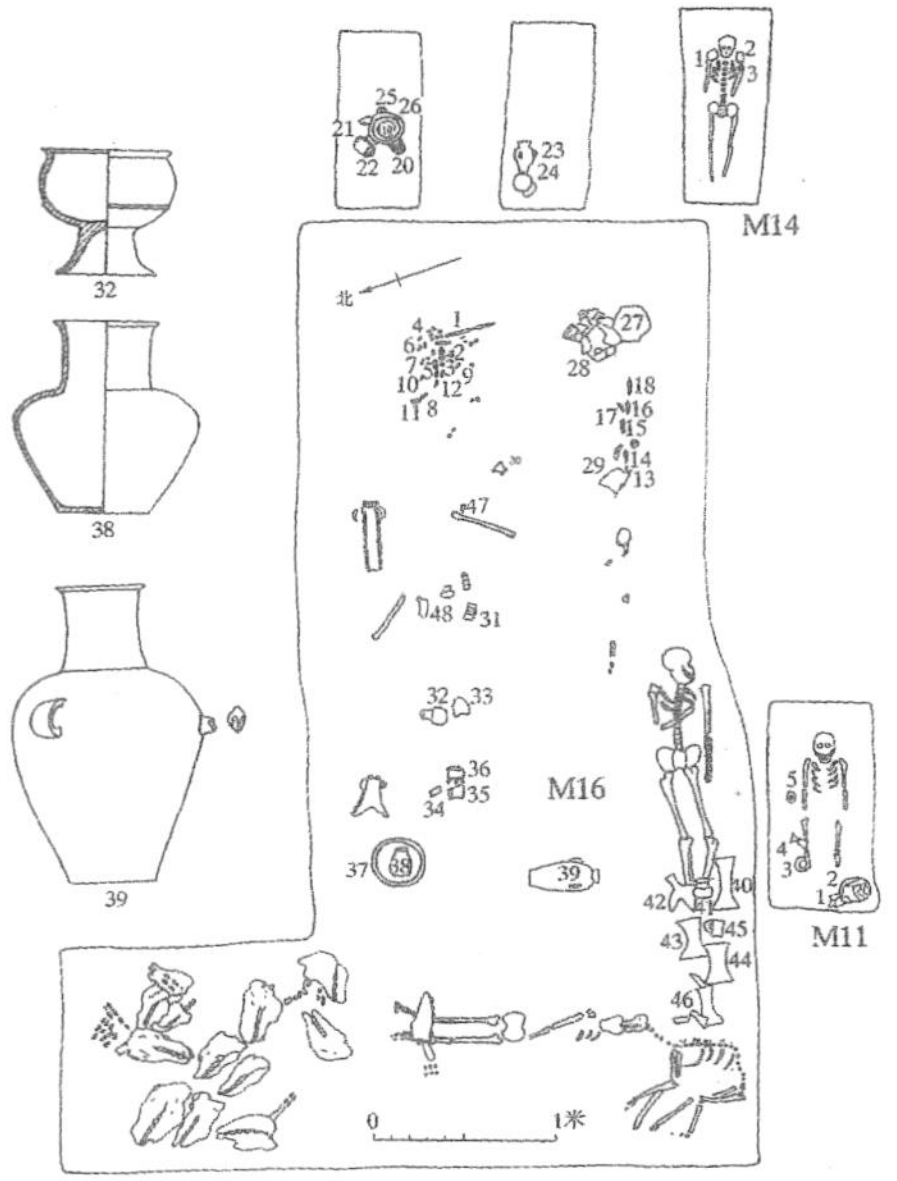

【図３―９】　新沂花廳遺跡M16の殉葬墓（南京博物院『花廳――新石器時代墓地発掘報告』）

ちであろう。もうひとつの可能性は、男性墓主を埋葬するさい、みずから殉葬されるのを願いでた妻妾が成年女性で、ふたりの赤子も殉葬者であることである。

新沂花廳北区墓地のこれら殉葬者は、まさに異族の戦争捕虜の出である。だが花廳聚落の某貴族が死亡したさいに臨時に急遽捕獲してくるのは不可能なので、彼らはそれよりもまえの戦争で掠奪してきた者である。彼（彼女）たちは殉死させられるまえに、奴隷として待遇される者であるべきである。新沂花廳北区墓地でも、区分けして埋葬する特徴がみいだされ、それぞれのあいだにはある程度の空白地帯がのこされている。これについては、家族単位で埋葬されるものとも解釈できる。墓地のうち、一つの家族に属する墓はたがいに緊密によりそっており、そのうち大型墓十基は比較的まとまって北区北寄りの墓群内に分布する。これは、貧富差が家族と家族のあいだにもあらわれ、北側墓群の家族が全体的に高身分の家族に属することを物語る。むろんそのなかにはいくつかの小墓もあり、高身分の家族のなかにも貧者と低身分者がいることを物語る。これらの大墓の殉葬者にかんしては、戦争によって捕虜となりやってきた、貴族の家内奴隷とその子供である。

殉葬者のたぐいの遺跡は、新沂花廳のほか、良渚文化の崑山趙陵山・呉県張陵山・上海福泉山等墓地でもみつかっ

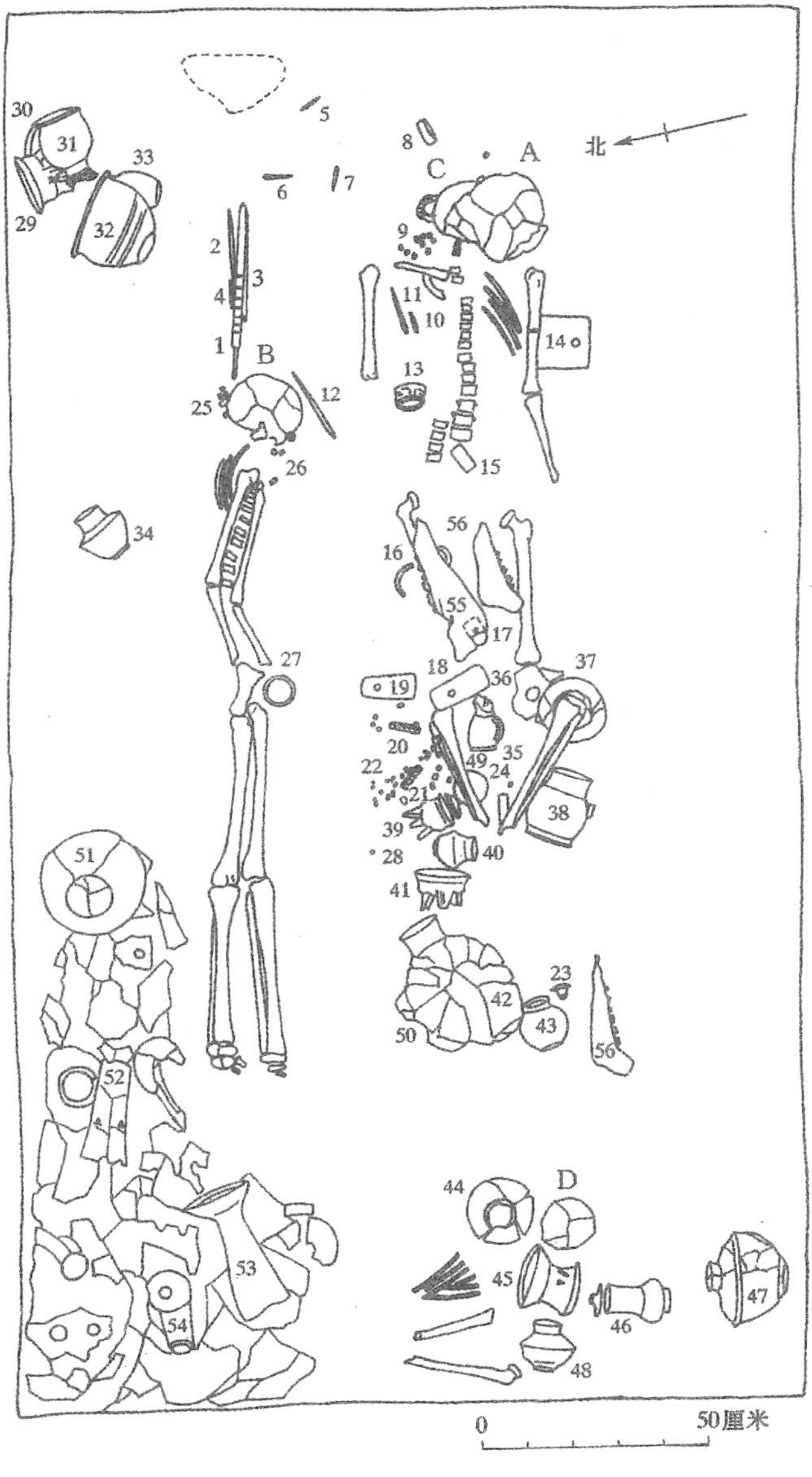

【図３—10】　新沂花廳遺跡M18合葬墓（南京博物院『花廳——新石器時代墓地発掘報告』）

ている。そのなかには、墓主の葬具外側にぽつんと置かれた一少年の頭蓋骨や、うずくまった状態の人骨もあれば、墓坑口部盛土に埋められた一組の人骨もあり、墓坑外部下端に別途掘られた一㎡未満の小坑に、二人が埋め込まれたものもある。(24)これより、こうした捕獲されてきた異族の人が家内奴隷となることは、中国東部地区の大汶口文化と良渚文化でも、一定程度普遍的であるとわかる。

新石器時代晩期の城壁と家屋建築には、多くの基礎とされた人身御供の遺存がみてとれ、これらの人も異族からさらわれてきた奴隷であろう。たとえば寿光辺線王城壁の基盤たる版築層では、整った人骨とブタ・イヌの骨を埋めて基礎としている。安陽後岡・湯陰白営・永城王油坊・茌平教場舗・泗水尹家城・臨潼康家などの一般的家屋跡では人身御供を基礎とすることがわかっており、大多数は五歳以下の子供で、家屋ごとに一～四人が埋められている。埋葬の具体的位置はおもに家屋敷地内の居住区域下の盛土した場所や、室外の犬走《いぬばしり》［垣と溝の間や土手の斜面に設けられた細長い通路や平地部分］・壁や塀の土台・土壁内・柱洞などの場所をふくみ、人身御供の骨はしばしば押圧されて変形し、もしくは粉砕されている。たとえば後岡の家屋三九基のうち、十五基には児童が計二六人埋められている。登封王城崗ではもっぱら人を埋めるための版築坑十三基がみつかっており、おそらくほんらい版築建築の基礎固め用の、人柱用の埋葬坑遺跡であったのではないか。成人男女と子供もおり、埋葬人数のもっとも多い人柱用の坑は全部で七人分ある。鄒平丁公城址内の大型建築基礎跡も子供と成人の基礎を用いている。

永城王油坊家屋内の人柱被葬者には、頭蓋骨が切り取られているという特殊な現象もみつかっている。(25)家屋（F20）の壁の角の外側には子供一人が埋められ、また居住面下の盛土には成年男性三人分の屍体が埋められ、成人の頭骨の額より上がみな取り去られている。これは、まず意図的にべつの用途に資するべく頭蓋骨を切り取り、のちに身体全体を家屋の敷地に埋め込んで人柱としたものであろう。邯鄲澗溝の半地穴式小屋二基からは計四人分の頭蓋骨がみつかり、成年の男女で、みな切り取られたあとが残され、ある頭蓋骨上には頭皮を剝ぐのに残された刀痕もある。邯鄲澗溝の加工された頭蓋骨標本は一種の飲器の頭蓋杯に属する。(26) 王油坊・澗溝という龍山遺存の年代はいずれも前二四〇〇年~前二三〇〇年である。当時の社会組織内外では激烈な戦いがあり、頭骨をきりとられるか、頭皮を剝がれた者は、戦争捕虜の可能性が高い。頭蓋杯をもつ者のなかには、これによって勝利と勇武を誇示する者もいたろう。あるいは頭蓋骨を飲器とすることは、敵対する首領の神通力を吸収し、己がものとしうるとも考えられていたためであろう。中原地区でほぼ龍山時代中期からはじまった頭蓋杯の風俗は、商周時期にはなお実物があり、記載がみられる。

戦争捕虜より転化して奴隷となる第三の証拠は、考古学のいう「乱葬坑」現象である。龍山時代の各種聚落の居住区では、一般的に「乱葬坑」・「灰坑葬」とよばれる遺存がみつかっている。たとえば汝州煤山・洛陽の王湾と矬李・孟津小番溝・禹県瓦店・鄭州大河村・淮陽平糧台・淅川下王崗・邯鄲澗溝・西安客省荘・襄汾陶寺などの遺跡では、みな「乱葬坑」がみつかっている。坑内の人骨は少なければ一人分、多ければ十人分で、葬式は乱雑で、たがいにひしめきあっている。踠いた様子を呈するもの、肢体不全もしくは身体と首とが場所を異にするもの、副葬器物のないものもあり、いくつかはまたブタやイヌといった獣骨と一緒になっている。これら乱葬坑内の人骨は、凶死などの原因で埋められた者もあれば、多く殺人祭祀用の遺跡に属するものもあった。人類学の材料によれば、祭祀としての人身御供はみな異族出身で、あるいは戦争の捕虜か、一種の被拉致者である。捕獲された異族の人については、ただちに人身御供として祭祀に供することもでき、しばらく奴隷としてとどめ、祭祀で必要なときに殺戮することもできる。よって、「乱葬坑」に埋められた人びとのうち、一部がしばらくのあいだ奴隷となることは正常なことだというべきである。とくに陶寺ⅠのT5026のごみの灰溝（HG8）では、人の頭蓋骨六層が出土し、四十人~五十人の骨をふくむ。(27) これらの、かくも多くの頭蓋骨を集中的に埋める現象は、社会階層の分化と階級矛盾の尖鋭さを十分に反映している。

第三節　社会の職務よりうまれる統治階級

社会の職務により転化して統治階級となることは、エンゲルスが『反デューリング論』で提起した、もう一つの階級の生まれる道である。エンゲルスはこうのべている。

（開化の遅い民族の原始的な農業共同体のなかでは）はじめから或る種の共同の利益が存在していて、これの保全は、たとえ全員の監督のもとでにせよ、個々人に委託されないわけにはいかない。それは、争訟の判決、個々人の越権行為の抑止、用水の監視——とくに暑い国ぐにおいて——、最後に、太古の原始状態にあっては、宗教上の機能、以上である。……こうした職務は、言うまでもなく、或る種の全権を与えられており、国家権力のはじまりである。しだいに生産力が増大していく。人口が密になっていくにつれて、個々の共同体のあいだに、共同の利益がつくりだされたり相反する利害がつくりだされたりする。こうした共同体が合流して一つのグループとなってもっと大きい全体をつくるようになると、またしても一つの新しい分業が生まれて、共同の利益を保全し相反する利害を撃退するための機関がつくりだされることになる。こうした機関——もうグループ全体の共同の利益の代表者だということから、それぞれの共同体にたいして或る特殊な・場合によっては対立的でさえある地位を占めるようになる——は、まもなく、一部は職務の世襲化——これは、万事が自然生的に起こる世界では、ほとんど自明の成り行きである——のせいで、一部は他のグループとの衝突がふえるにつれてますますなくてはならないものになっていくせいで、さらにいっそう自立したものになっていく。社会的機能が社会にたいして果たすこの自立化が、どのようにして時とともに強まって社会を支配する力になることができたのか、はじめは召使いであった者がどのようにして――好都合な機会があるところでは――しだいに主人に転化していったのか、この主人がどのようにして、その時々の事情に応じて、オリエントの専制君主またはサトラップ〔古代ペルシアの地方総督〕として、〔古代〕ギリシアの部族首長として、ケルト人などの族長などなどとして、登場したのか、この転化にさいしてこの主人は結局のところどこまで強力をも用いたのか、最後に、個々の支配者たちがどのように結合して一つの支配階級になったのか、という点には、ここで立ち入る必要はない(28)。

エンゲルスの描いているのは、社会の公的仕事の管理と社会における職務地位の世襲のなかから、統治階級と公的権力が生じる道である。原始社会後期に「社会的役割」の担当者は、公的利益を守ることから出発し、公的仕事の管理をつうじて徐々に地位を向上させ、社会を統治するようになる。まずは社会の「公僕」として、のちには徐々に社会の「主人」へと変化し、最後には彼ら統治人物がむすびついて一つの統治階級となるのである。エンゲルスのこの思想は、のちの欧米の研究者に深い影響を与えた。たとえば一九六〇年代にサーヴィスも、階級を社会分化と官僚分化の産物としたさいに、社会維持のために管理の役目が発展し、それによって一種の世襲貴族政治が成長すると強調した。そして「貴族」国家で彼らは民政官僚・軍事的領袖・上層祭司となり、他の人は「労働者」になるとする(29)。

中心聚落形態段階では、祭司や、半ば専業化した祭祀者は、一種の社会的職務である。この点で、陶尊（大口甕）上に刻された先史陶文の「」と「」は、当時すでに辰星《すいせい》・大火《アンタレス》の観測と祭祀を担う「火正」職が出現していたことを物語りうる。

「」と「」は、一九六〇年代に山東省大汶口文化諸遺跡で発見されて以来、現在までに二八例以上あり、山東省（口絵3―1）・安徽省（図3―11）・湖北省・浙江省・上海市など、黄河下流域と長江中下流域の大汶口文化や良渚文化などに分布し、なんらかの普遍的固定的意味をもつはずである。「」と「」の意味については、本書第二章

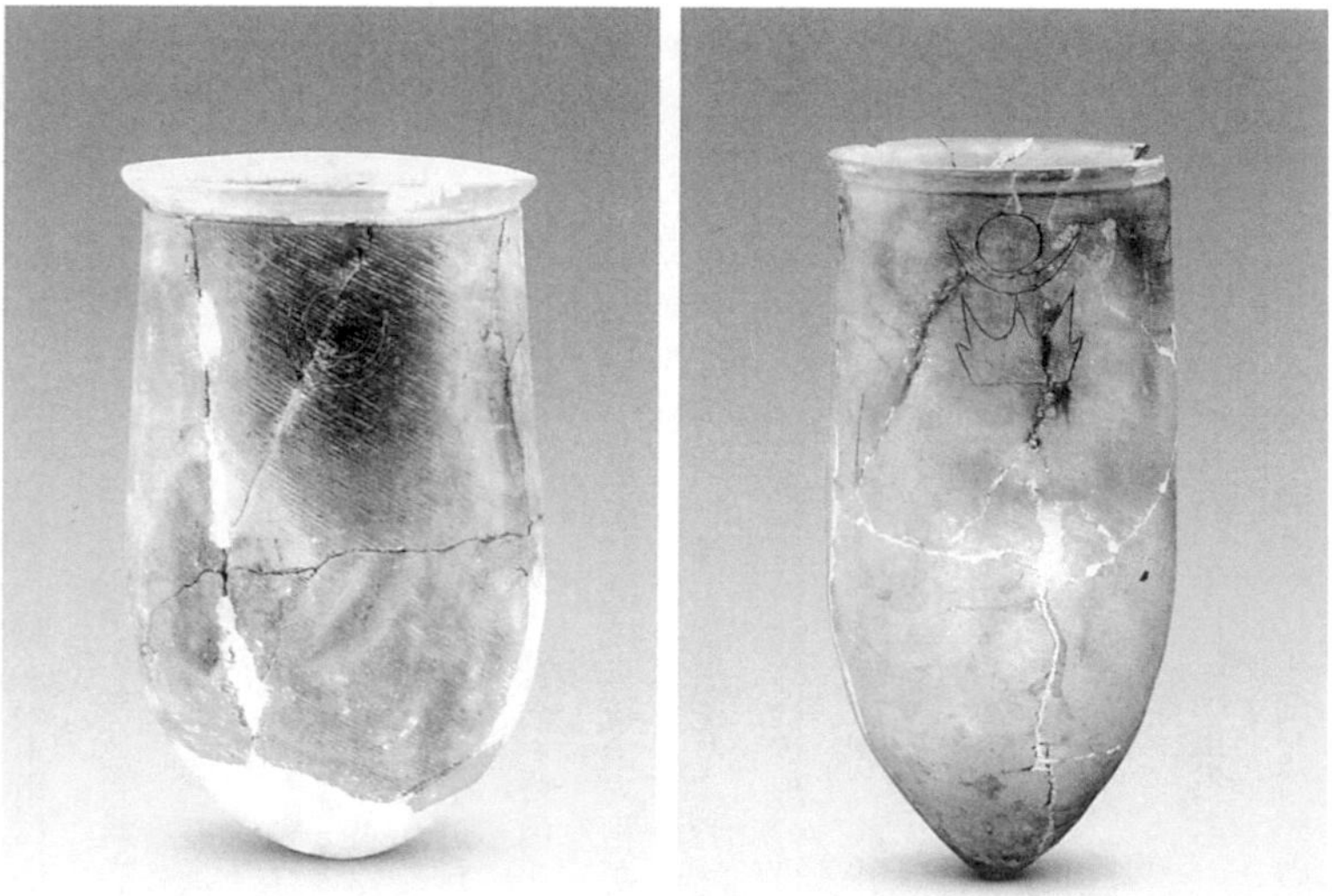

【図３―11】　安徽省蒙城尉遅寺遺跡出土の陶文とその陶尊（中国社会科学院考古研究所『蒙城尉遅寺』）

で山東省莒県陵陽河遺跡・大朱家村遺跡などの同類の図像文字について論じたさいに、すでにこう指摘しておいた。すなわち当該図形文字は、当時聚落（群）の天象と暦法を司る専門家（もしくは半専門家）が大火星を観察・祭祀し、観象授時を行なっていたことを伝える、と。

上古時代に、大火の観察と祭祀を司り、またそれによって季節を定めるのが、いわゆる「火正」である。古史伝説によると、かかる火正の設立は、虞舜以前の顓頊・高辛・唐堯期に溯りうる。たとえば『春秋左氏伝』襄公九年には、

古の火正は、或いは心に食し、或いは咮《ちゅ》に食し、以て火を出内す。是の故に咮を鶉火と為し、心を大火と為す。陶唐氏の火正閼伯、商丘に居り、大火を祀りて火もて時を紀《しる》せり。相土之に因る。故に商は大火を主とす（古之火正、或食於心、或食於咮、以出内火。是故咮為鶉火、心為大火。陶唐氏之火正閼伯居商丘、祀大火、而火紀時焉。相土因

之、故商主大火）。

とある。ここでの「心に食し（食於心）」・「大火を祀り（祀大火）」とは、もちろん、大火の観察・祭祀をみずからの仕事とすることである。そのうち「火を出内す（出内火）」の「出火」は、春耕時の「火始昏見」（大火星が昏見にはじまる意）である。「内火」は深秋時の火伏（太陽と同じく没すること）で、つまりは『左伝』哀公十二年のいう「火、伏して後に蟄《ちゅう》は畢《お》わる（火伏而後蟄者畢）」である。上古には、春の「出火」にも深秋の「内火」にも、火正が責任をもって一定の儀式を行なわねばならない。襄公九年の故事はさらにこう指摘する。時日の推移にともない、歳差作用によって大火星がのぼる時間はどんどん遅くなり、そうして播種の季節を定められなくなると、このときあらためて鶉火（つまり咮＝宿）を観察する、と。

閼伯が商丘におり、大火を祭祀したとの伝説についても、『左伝』昭公元年にみえ、

昔、高辛氏に二子有り。伯を閼伯と曰い、季を実沈と曰う。曠林に居り、相能からず。日に干戈を尋《もち》いて、以て相征討す。后帝《こうてい》臧《よみ》せず、閼伯を商丘に遷し、辰を主らしむ。商人是《これ》に因る。故に辰を商星と為す。実沈を大夏に遷し、参を主らしむ。唐人是に因りて、以て夏商に服事す……成王の唐を滅ぼすに及びて、大叔を封ず。故に参を晉星と為す（昔高辛氏有二子、伯曰閼伯、季曰実沈、居於曠林、不相能也。日尋干戈、以相征討。后帝不臧、遷閼伯于商丘、主辰、商人是因。［故辰為商星。］遷実沈于大夏、主参。唐人是因、以服事夏商……及成王滅唐而封大叔焉、故参為晉星）。

とある。ここでの「辰を主らしむ（主辰）」・「参を主らしむ（主参）」とは、大火星と参宿の祭祀を司ることである。だいたい高辛氏期の山西一帯では、春分前後に日没後まもなく、参宿がちょうど西方の地平線上にあらわれる。ゆえにここの人びとは、参宿を観測して春耕生産の時刻到来の目印とすることを選んだ。一方、商丘一帯の人びとは、(30)春分前後に、日没後まもなく東方地平線上で大火（辰星）が輝くのを観察し、またこれによって播種の季節を決める。

これが当時の「主辰」・「主参」の実際の意味である。(31) ただ、これらの伝説のうち、『左伝』昭公元年では鄭国の子産が閼伯を高辛氏の子としており、『左伝』襄公九年では晉国の士弱が閼伯を陶唐氏の火正としており、二つの伝説はすこし異なっている。『世本』〔秦嘉謨輯補『世本』巻一帝繫篇〕には、

黄帝は玄囂を生み、玄囂は僑極を生み、僑極は高辛を生み、是れ帝嚳と為る。帝嚳は堯を生む（黄帝生玄囂、玄囂生僑極、僑極生高辛、是為帝嚳。帝嚳生堯）。

とある。『史記』五帝本紀も、帝嚳高辛氏と帝堯陶唐氏を父子関係としている。かかる血統上の父子関係については、こんにち研究者の多くはすでに信じていないけれども、これについて新しい解釈を出さないわけにもいかない。かりに顓頊高陽氏・帝嚳高辛氏・帝堯陶唐氏のたぐいをみな神格化された方国や部落の領袖とみなすならば、五帝の系譜における五帝間のつながりは、じつは方国間の盟主権や覇権の変遷であることになり、そのなかにはとうぜん文化的な影響と踏襲もあることになる。よって、帝嚳高辛氏の子たる閼伯は、おそらく唐堯期になってもなお、大火星を司る祭祀によって名を博していたのである。

閼伯と高辛氏のほかに、火正としてさらに名高いのが祝融である。たとえば『左伝』昭公二十九年に、

火正を祝融と曰う（火正曰祝融）。

とあり、『国語』鄭語には、

黎は高辛氏の火正と為りて、天明地徳《てんめいちとく》を淳燿敦大《とんようとんだい》にして、四海を光照するを以て、故に之を命《な》づけて祝融と曰う（黎為高辛氏火正、以淳耀敦大、天明地徳、光照四海、故命之曰祝融）。

とあり、ここでの黎は、『国語』楚語の顓頊の配下の黎である。『国語』楚語下には、

顓頊、之〔少皞の世が衰え、九黎が徳を乱す状況〕を受け、乃ち南正重に命じ、天を司りて以て民を属《あつ》めしめ、火正

黎に命じ、地を司りて以て民を属めしめ……是を地天の通ずるを絶つと謂う（顓頊受之、乃命南正重、司天以属神、命火正黎司地以属民……是謂絶地天通）。

とあり、南正と火正をトップとする上層の専門的巫覡の出現がのべられている。初期暦法はしばしば恒星の出没の観察をつうじて四季の観象授時を確定するもので、大火も当時の観象授時のおもな対象であるため、『史記』天官書は天文暦法のはじまりに言及したさいにこう明言している。

昔の天数［天文暦数の意］を伝うる者は、高辛の前に重・黎あり。唐・虞に於いては羲・和あり（昔之伝天数者、高辛之前重・黎。於唐・虞、羲・和）。

『国語』楚語下にも、

重・黎氏は世々天地を叙《つい》でて、其の分主《ぶんしゅ》を別《わか》つ者［代々天地を秩序立てて、各々の職分を分けた意］なり（重・黎氏世叙天地、而別分主者也）。

とある。

要するに、「〓」と「〓」を、火正による、大火星にたいする観察・祭祀と、観象授時に関わる象形文字兼会意文字と解することは、たいへん意味があるのである。「〓」と「〓」は、山東省でみつかるだけでなく、安徽省・湖北省・浙江省などでもみつかり、すでに慣習として一般に認められていたようである。五千余年前に、辰星・大火の出没の観察をつうじて農時を定める暦法は、山東省・安徽省・湖北省・浙江省などの広大な地域ですでに普遍的に採用されていたのである。またこれらは、帝顓頊のときに、著名な重・黎の「地天の通ずるを絶つ（絶地天通）[32]」の宗教変革が起こったことと相互に関連している。当時これらの聖職者を設置したことは、全社会の生産・管理と密接不可分で、祭司兼管理者層の形成をも意味する。これはまた、一種の社会的分業、すなわち頭脳労動と肉体労動の分業である。つまり、祭祀と管理はたがいに関連しているのである。貴族層誕生の来源と道程は多面的で、聖職者の設立は重要な道程の一本のはずである。たとえば「火正」という上層の巫覡・祭司の形成は、まさにエンゲルスのいう「社会的役目の社会にたいするこうした独立化はどのように徐々に社会的統治へと上昇するか」の具体的実例である。

もちろん、安徽省蒙城尉遅寺遺跡・山東省莒県陵陽河・大朱家村などの遺跡とくらべると、いずれからも「」・「」という図像文字をもつ大口尊は出土しているとはいえ、尉遅寺聚落内の貧富差と社会複雑化の度合は、陵陽河・大朱家村よりはるかに低い。そのうえ、尉遅寺聚落における、「」・「」の図像文字をもつ大口尊は、祭祀坑と地層内でみつかった数例をのぞけば、おもに赤子と子供の甕棺葬の葬具をなしている。尉遅寺の状況はつぎの点を物語る。第一に、大火星の進行の観察・祭祀を司るいわゆる「火正」職は、当該聚落では先天的なもので、特殊な家族内部で伝承・世襲されるものである。第二に、聚落社会内ではまずあきらかな社会的不平等があって、そののちに「火正」のたぐいの社会的分業があるのではなく、社会的職務の分業が社会的不平等の誕生に先行する。これは、エンゲルスが、社会的公共事業の管理と社会的地位の世襲のなかから統治階級と公共権力が生まれるとすることと一致する。

専業聖職者にかんしては、上述の陵陽河・大朱家村・尉遅寺などの遺跡の状況や、顓頊が重と黎に「地天の通ずるを絶（絶地天通）」たせたとの文献がある。そのほかに、安徽省含山凌家灘遺跡で玉人三点を出土した98M29と87M1の墓主も聖職者に属する。もちろん、98M29と87M1はともに玉人三点を副葬しているとはいえ（図3—12、図3—13）、二者の墓主の地位と富には相異もある。98M29は比較的大きい墓で、あわせて器物八六点が出土し、そのうち五二点は玉器である。玉人三点以外に、玉鷹一点（図3—14）・玉璜五点・玉玦四点・玉鐲六点・玉璧四点・精美な石鉞十二点・石戈二点なども出土している。87M1の副葬品は計十五点で、玉器十一点がふくまれ、そのうち三点は玉人で、体つきは98M29のそれと基本的に同じで、ただ98M29の玉人は立ち座り、87M1の玉人は起立しているもの

【図 3―13】 凌家灘遺跡 87M1 に陪葬された玉人（安徽省文物考古研究所『凌家灘』）

【図 3―12】 凌家灘遺跡 98M29 に陪葬された玉人（安徽省文物考古研究所『凌家灘』）

【図 3―14】 凌家灘遺跡 98M29 に陪葬された玉鷹（安徽省文物考古研究所『凌家灘』）

である。98M29と87M1は玉人などの特殊な器物を副葬していることから、墓主はいずれも専門的巫師に相違ないが、98M29はあきらかに87M1より裕福のようである。また98M29で精美な石鉞十二点・精緻な石戈二点が出土したことからみると、98M29墓主の裕福さは、彼が軍事をも管掌したことと関係があろう。

先史社会の中心聚落期と、中心聚落形態から都邑邦国形態への過渡期においては、かように社会の公的仕事の管理と社会的地位の世襲から統治階級・世襲貴族・公的権力が生まれる現象は、他にもいくつかの例が挙げられる。たとえば、凌家灘遺跡の一九八七年発掘の87M4と、二〇〇七年発掘の07M23という大墓墓主は、神権・軍権・生産管理・財富を一身に担っていた。87M4の副葬品は一四五点で、そのうち一〇三点は玉器、07M23の副葬品は三三〇点で、そのうち二〇〇点は玉器であり、両者は巨大な富を体現している。87M4は、占卜用の玉亀一点を副葬し、かつ玉亀の背甲と腹甲のあいだには玉版一枚が挟まれている。そこには刻文があり、「天円地方」や「四極八方」などの宇宙観の図案がしめされている。07M23にも玉亀一点と玉亀状扁円形器二点が副葬され、玉亀内と玉亀状扁円形器内にはいずれも占卜用の玉籤が置かれている。これらはみな原始宗教の法器に属する。それらを副葬することは、当該墓主が最高の祭祀権・占卜権を握っていたことを物語る。87M4にはまた、玉製斧鉞八点と石鉞十八点が副葬され、墓主が軍事業務をも司っていたことを物語る。墓からはとても精緻な石製手斧六点と石鑿五点も出土し、墓主が手工業を重視していたことを象徴するごとくである。これはいわゆる生産管理とみなせる。07M23には玉鉞二点と石鉞四四点も副葬され、墓主が軍事権をも司っていたことを物語る。二人の墓主は最高の占卜祭祀権だけでなく、軍事指揮権と生産管理権をも握り、宗教祭祀・軍事戦争・生産管理を一身に担い、当該聚落（群）内部の社会身分が最高だったことがわかる。このような人物は当時部族の最高酋長であろう。87M4・07M23は近くに寄り添ってもおり、一家族に属する。もし二墓の埋葬年代に差があるとすれば、ここでの公的仕事を管理する社会的地位と、それによって生じる貴族が世襲的であったことを物語りうることになる。

中心聚落形態段階の最高酋長は、都邑邦国（龍山時代の陶寺・良渚のたぐい）のばあい、邦国の邦君であり、最高統治階層はここから生じる。たとえば陶寺都邑の甲種大墓五基は一区域に集中し、時期順に西北から東南へならぶ。また M3015・M3016・M3002 の大墓両側には、陪葬墓に似た中小型墓が出現している。(33) 大墓両側の中型墓はかつて、大墓墓主の妻妾のものと推測されたことがある。(34) 大墓の大量の副葬品には神権・族権を象徴する彩絵蟠龍紋陶盤・鼉鼓・特磬や、軍権を象徴する玉・石鉞があり、墓主は族権・神権・軍権を一身に担う者である。強調すべきは、ここでの族権とは君権でもあり、都邑邦国の邦君権でもあることである。この大墓五基の時期は少し差があり、規格の整った大墓墓主はみな男性で、発掘者は彼らを一家族の数世代にわたる人びととする。これは、邦君位と最高統治階層がすでに世襲的であった可能性を明示している。

本章でのべたことを総括すると、階級・統治・圧迫・社会的不平等の成立にかんしては、エンゲルスのしめす二本の道程の基礎上に、家父長権・父権家族というメカニズムをも加えた。まさしく本章冒頭でのべたように、階級成立のこの三本の道程は、上古中国において同一社会内に並存するものなのである。たとえば陶寺の都邑では、公共墓地にあらわれる家族・宗族などの区分にもとづく状況と、家族・宗族内の貧富差と等級階層の存在は、いずれも家父長・父権家族と密接不可分で、それは階級成立の広範な基礎と主要な道程を構成した。陶寺遺跡でみつかった多くの乱葬墓の死者は、灰坑に捨てられたり、人身御供とされたり、城壁に突き固められたりしている。とくにゴミ灰溝（HG8）出土の四十人分～五十人分の頭骨の形状は、いずれも戦争捕虜から転化してくる奴隷の受ける待遇と不幸を映し出している。ゆえに奴隷階級成立の道はここにも存在するのである。陶寺都邑の国君（邦君）、頭脳労働者、そして巫祝などの聖職者よりなる統治階層については、とうぜん中心聚落段階社会の公的仕事の管理者と社会的地位の世襲から変化してくるもので、統治階級成立の当該道程は陶寺でも同じである。階級成立のこの三本の道について筆者がとくに強調するのは、父権家族と公的仕事の管理という二つのメカニズムである。というのも、この二本の道のうち、一本は広範な階級の基礎をなし、一本は統治階層を生むからである。奴隷については、陶寺の状況からみると、一三〇九基の正常な墓とくらべ、上記乱葬墓の占める比率はきわめて低く、ほぼ一%にも満たない。たとえいくつかの家族内に家内奴隷もいたことを勘案したとしても、全社会内の奴隷数はそれほど多くない。よって、中国上古の初期国家のかような階級社会内では、多種類の所有制が並存していたであろう。そこには奴隷がおり、奴隷制のメカニズムもあるとはいえ、奴隷と奴隷制は主要なものではなく、奴隷主階級と奴隷階級は社会の主要な矛盾を形成してはいない。奴隷主であろうと、奴隷であろうと、社会の主要な矛盾の主要な方面を形成することはできず、当時の社会は奴隷社会には属していないのである。

考古学的発見には大きな偶然性と限局性があるものの、現存資料はつぎの点をはっきりとしめしている。すなわち、前三〇〇〇年~前二〇〇〇年に黄河流域と長江流域では、多様であった貧富の分化と財産の不均等が、階級の分化と対立へとむかった。階級階層が生まれる道と富の累積・集中の方法の点では、大汶口・凌家灘の墓地材料も、龍山時代の山東省泗水尹家城・諸城呈子や山西省襄汾陶寺の墓材料も、全聚落や全社会の貧富の格差は父権家族内の富の占有格差としてあらわれた。階級の発生は、外来の奴隷と世襲的職務の要素以外に、社会内部のもっとも基礎的なものの一部として、父権の組織構造および父権の上昇と、密接不可分の関係にある。当時まだ個人や家庭の土地所有制はなく、それは宗族と家族の所有であり、それゆえ社会の富はせいぜい家族をとおしてのみ累積でき、家族は父権家長によってコントロール・掌握されるものであった。父権が上昇するのにともない、家族内の等級地位と富の占有の不均等現象の発生と発展も必然的に勢いづく。古典の作家［マルクス、エンゲルスら］の研究と民族学資料によれば、かかる父権家族はなお自由人をふくまない。[35] しかし前述したように、かかる非自由人の家族と宗族内の人数はけっして多くない。当時の家族構成のなかには、家族の経済を支配する家長をふくむ以外に、自由だけれども権利のない、ほかの家族成員と、家族内の少しの奴隷もふくまれる。考古学的にみつかった殉葬・殺人祭祀・人身御供の対象者は、殺戮される前は、家族のなかに組み込まれ、家内奴隷に属している。中国上古社会には奴隷の強制収容所は存在しない。当時の社会のなかで、こうした自由民と少数の非自由民は、土地を耕作・播種すること、家畜の面倒をみること、そして手工業に従事することを目的とし、父権のもとで家族をなしたのである。

イギリスの学者ヘンリー・サムナー・メイン（Henry Sumner Maine）は、名著『古代法』でこう指摘している。「家族」は、まず血縁によってそれに属する人びと、つぎに縁組によってそれに接木された人びとよりなるが、第三の類の人もおり、彼らはたんにまとまって族長に従属することによって「家族」に参加している者である。これらの人びとが「奴隷」である。「「奴隷」はもともと「家族」に含まれる。……自己の安逸や快楽を供する手段として他人間の力を用いんとする単純な意志こそが、間違いなく「奴隷制」の基礎である……」と。[36] ゆえにかかる父権家族構造は、一種の新しい社会的メカニズムの不平等と奴隷と表象しているのであり、また最初の階級構造と等級の出現をしめしているのである。

注

（1）エンゲルス（秋間実訳）『反デューリング論』（新日本出版社、二〇〇一年、二五三～二五四頁）。

（2）沈長雲・張渭蓮『中国古代国家起源与形成研究』（人民出版社、二〇〇九年、五頁、六六～六九頁、七一～七三頁、一〇七頁）。

（3）筆者が提起する中国文明と国家起源の「聚落三形態進化」説と「邦国―王国―帝国」説と王国時期の「夏商周三代複合制国家構造」説は、中国史の発展の道すじの特徴にたいする探求である。

（4）易建平「酋邦与専制政治」（『歴史研究』二〇〇一年第五期）、易建平「約翰遜和阨爾的人類社会演進学説」（『世界歴史』二〇〇三年第二期）。日本語ではかつてこれを「地位社会」と訳し、その特徴が概括されたことがある。増田義郎「政治社会の諸形態――特に首長制社会・地位社会の概念について」（『思想』第五三五号、一九六九年一月号）参照。

（5）本書序章参照。

（6）王震中『中国文明起源的比較研究』（陝西人民出版社、一九九四年版、二一七頁）。

（7）山東省文物管理処・済南市博物館『大汶口――新石器時代墓葬発掘報告』（文物出版社、一九七四年）。

（8）厳文明「序」（安徽省文物考古研究所『凌家灘――田野考古発掘報告之一』文物出版社、二〇〇六年）。

（9）安徽省文物考古研究所「安徽含山県凌家灘遺址第五次発掘的新発現」（『考古』二〇〇八年第三期）。

（10）厳文明注（8）前掲論文は当該区を西北区とよぶ。二〇〇七年発掘の07M4・07M19・07M20などの墓がT0618～T0620の範囲内にあり、一帯が全墓葬西方にあることから、筆者はそこを西北区とよび、厳文明注（8）前掲論文のいわゆる西北区を西区と改称する。

（11）中国社会科学院考古研究所『中国考古学中碳十四年代数据集（一九六五～一九九一）』（文物出版社、一九九一年、三三～三八頁）。

（12）高煒・高天麟・張岱海「関于陶寺墓地的幾個問題」（『考古』一九八三年第六期）、高煒「中原龍山文化葬制研究」（『中国考古学論叢』科学出版社、一九九三年、九〇～一〇五頁）。

（13）中国社会科学院考古研究所山西工作隊等「陶寺城址発現陶寺文化中期墓葬」（『考古』二〇〇三年第九期）、中国社会科学院考古研究所山西第二工作隊等「二〇〇二年山西襄汾陶寺城址発掘」（『中国社会科学院古代文明研究中心通訊』二〇〇三年第五期）。

（14）高煒・高天麟・張岱海注（12）前掲論文。

(15) 高煒「龍山時代的礼制」(『慶祝蘇秉琦考古五十五年論文集』文物出版社、一九九八年)。
(16) 陶寺遺址の族属問題(とくに陶寺彩絵蟠龍紋陶盤の族属問題)にかんしては、王文清「陶寺遺存可能是陶唐氏文化遺存」(『華夏文明』第一集、北京大学出版社、一九八七年)がよく研究しており、筆者はたいへん賛同する。これについて本書第五章中では詳細な論述をした。
(17) 高煒・高天麟・張岱海注(12)前掲論文。
(18) 高煒・高天麟・張岱海注(12)前掲論文。
(19) 高煒「陶寺考古発現対探討中国古代文明起源的意義」(田昌五・石興邦主編『中国原始文化論集』文物出版社、一九八九年)。
(20) エンゲルス注(1)前掲書、二五三頁。
(21) 南京博物院『花廳――新石器時代墓地発掘報告』(文物出版社、二〇〇三年)。
(22) 南京博物院注(21)前掲書、四五、五四頁。
(23) 南京博物院注(21)前掲書、四五頁。
(24) 任式楠「中国新石器文化総体考察和文明探討」(『任式楠文集』上海辞書出版社、二〇〇五年、一三〇頁)。
(25) 中国社会科学院考古研究所河南二隊・河南商丘地区文管会「河南永城王油坊遺址発掘報告」(『考古学集刊』第五集、一九八七年)。
(26) 厳文明「澗溝的頭蓋杯和剥頭皮風俗」(『考古与文物』一九八二年第二期)。
(27) 何駑「陶寺城址南墻夯土層中人骨説明的問題」(『中国文物報』二〇〇二年三月八日第七版)、何駑等「襄汾陶寺城址発掘顕現暴力色彩」(『中国文物報』二〇〇三年一月三十一日第一、二版)。
(28) エンゲルス注(1)前掲書、二五一～二五二頁。
(29) 易建平『部落聯盟与酋邦』(社会科学文献出版社、二〇〇四年、一九二頁)。
(30) 「商丘」の場所にはおもに二説ある。第一は現在の河南商丘にあるとする。第二は商丘を帝丘とし、現在の河南濮陽にあるとする。王震中『商族起源与先商社会変遷』(中国社会科学出版社、二〇一〇年)参照。

(31) 鄭文光『中国天文学源流』(科学出版社、一九七九年、二九～三一頁)。
(32)『書』呂刑、『国語』楚語下。
(33) 高煒「晉西南与中国古代文明的形成」(『汾河湾——丁村文化与晉文化考古学術研討会文集』山西高校連合出版社、一九九六年、一一一～一一八頁)。
(34) 高煒・高天麟・張岱海注(12)前掲論文。
(35) エンゲルス(土屋保男訳)「家族　対偶婚家族」(『家族・私有財産・国家の起源』新日本出版社、一九九九年、六五～八五頁)。マルクス(布村一夫訳)「対偶家族と家父長的家族」(『マルクス　古代社会ノート』未来社、一九七六年、三六～四二頁)。
(36) ヘンリー・サムナー・メイン(安西文夫訳)『古代法』(信山社出版、一九九〇年、一二四～一二五頁。[メインの原著や王震中氏所引の沈景一訳『古代法』商務印書館、一九八四年、九三～九四頁と照合して一部改訳])。

第四章　先史時代における権力システムの進化

第一節　権力の空間性と宗教の社会性

初期国家権力はどのように生まれたのか。これは国家起源の研究のなかで、必ず向き合わねばならない課題である。そのなかで、もっとも鍵となる問題は、村落の首領の権威から国家の君主の権力へと上昇する過程において、権力がどのようにその空間的制約を突破するのか、というものである。いわゆる権力の空間性とは、さまざまな権力にはいずれも各自の行使される範囲があり、その範囲は空間であって、権力には空間的制約があるとの謂《いい》である。たとえば家族と家族長の権力、宗族と宗族長の権力、聚落と聚落首領の権力、そうした権力の特徴は、それが行使される空間的な範囲とつながっているものである。ある意味で、権力の発展とは、空間的範囲を突破することである。先史の平等な聚落社会において、各聚落同士はたがいに独立しているものであり、甲の聚落首領が授かる権力は、もともと甲の聚落範囲内に限られ、彼は乙の聚落内部の仕事に干渉する権限をもたない。しかし考古学的発見により、一部の宗教的行為と宗教活動は、聚落の境界の制限を受けないでいられたことが判明している。これは、本節で提起する「権力の空間性と宗教的社会性」という命題が解決すべき第一の問題である。

また、先史社会が平等な農耕聚落から不平等な中心聚落形態へ発展するとき、各等級の中心聚落の、それに（半）従属している他の普通聚落にたいする、支配の問題がある。このとき最高酋長の権力はあきらかに本聚落の空間的範囲を突破しているが、かかる突破はどのように実現し、それと宗教的社会性にはどのような関連があるか。これが、「権力の空間性と宗教の社会性」という命題が解決すべきもうひとつの課題である。中心聚落形態から都邑邦国形態へ進歩するにともない、邦君の権力は邦国の領地をおおい、その権力の空間は根本的な突破をはたすが、その突破の契機はなにか。これらはいずれも真剣な思索を要するものである。

1　仰韶初期の権力の特徴

仰韶文化半坡期の聚落の顕著な特徴は、聚落内の全家屋の門がみな中央広場を向いていることである。聚落は塹壕に囲まれており、それは安全上の考慮でもあれば、聚落のアイデンティティ・団結感のあらわれでもある。環濠聚落のなかでは、各家屋の門がみな中央広場を向いており、一面では、聚落の団結と求心力を物語る。もう一面では、中央広場が当該聚落の権力の中心であることをも物語る。かかる権力の中心は、おもに宗教儀礼の中心であり、生産管理の中心でもある。ここでいう生産管理とは、聚落の土地などの自然資源を統一して計画的に差配し管理することと、生産の季節を合理的にわりふることである。中国雲南省のジーヌオ族の状況によれば、この種の宗教儀礼のおもな内容は、一年間にわたる農業生産の全過程をつらぬく農耕儀礼で、それは組織における各々重要な生産段階の機能を有しており、したがって聚落の宗教儀礼と生産の管理・協調は二者一体のものである。

仰韶文化半坡期に、河南省濮陽西水坡《せいすいは》遺跡でみつかった、三組の蚌《ほう》「ドブガイ、ハマグリ、カラスガイなど」の貝殻をならべてできた人・龍・虎の図像や、河南省臨汝閻村《りんじょえん》出土の彩陶缸《さいとうこう》の鶴魚石斧図《かくぎょせきふず》は、聚落首領の宗教巫術的権力と軍事的権力をあらわしている。かかる権力は、祭祀の独占と軍権の集中化への起点である。

濮陽西水坡の三組の「蚌図」のある文化は、仰韶文化後崗《こうこう》類型で、約六〇〇〇余年前であり、半坡《はんぱ》類型とは同一時期の、異なる地方類型の文化である。三組の「蚌図」の第一組は、四五号墓（M45）ともよばれ、人と、蚌製の龍・虎がたがいに組み合わさった図である（図4―1）。墓主の骨はそのなかにあり、一人の高齢の男性で、五十六歳以上であり、身長は一・七八mである。仰向けにまっすぐに横たわっており、頭は南よりやや西を向いている。墓主の人骨の右側と左側は、蚌をならべてできた一匹の龍と一匹の虎にはさまれており、龍・虎の頭は、北よりやや東に向いている。四五号の墓主と龍・虎の両側、そして墓主の骨の脚部の方向には、それぞれ一人が埋葬され、墓室の東・西・北三面の小さな龕《がん》に埋められている。この三人の年齢は若く、鑑定できた西の龕内の人骨は十歳前後の子供である。第二組の蚌図はM45の南側二〇mのところにあり、人骨はなく、龍・虎の結合体のうえにまた一匹の小動物がある。シカと主張する者もおれば、ウサギとする者もおり、クマとする者もいる（図4―2）。第三組の蚌図は第二組の南側二五mのところにあり、蚌製の、一人の人物が龍の背に跨がった図像であるといわれている（図4―3）。三組の蚌図の周囲には、同時期の灰坑がわずかにあるのみである。第一組の北には墓一基がある。要するに、三組の蚌図の周囲は比較的広々としているのである(1)。

濮陽西水坡四五号墓の、墓主の左に龍、右に虎がある現象は、中国最古の「左に青龍・右に白虎」という観念の展開である可能性があり、蚌図での左の龍、右の虎は同時に、東側が龍、西側が虎であるということでもある。湖北省随県曾侯乙墓《そうこういつぼ》の漆箱《うるしばこ》に描かれている東の蒼龍《そうりゅう》、西の白虎《びゃっこ》や、周囲に二十八宿《にじゅうはっしゅく》の図形があることとむすびつけると、かような左の龍・右の虎は、東に青龍、西に白虎をならべることであり、けっして勝手にならべたものではなく、当時の天象観念と関係し(2)、巫術儀礼の一種の求めに応じたものでもある。したがって四五号墓の墓主は、少なくとも巫師を兼ねる聚落首領のたぐいの人物である。四五号墓内の東・西、北の龕に埋められている三人の若者は、おそらく殉葬者《じゅんそうしゃ》であろう。ただ、このときの殉葬は、社会的不平等と階級のせいではなく、巫術儀礼の求めに応じたもので、もちろん殉葬者も捕獲されてやってきた他部落の人であろう。

農耕聚落についていうと、社会のなかの公的権力は、宗教祭祀をつうじて発展しうるのみならず、戦争をつうじても発展しうる。それによって軍事権力の形式は集中へと向かう。河南省臨汝閻村出土の一点の彩陶缸は、[3]仰韶文化前期にすでに固定的な軍事酋長がいたことをはっきりあらわしているようである。

臨汝閻村出土の彩陶缸には、一羽の白鶴が描かれ、一匹の魚をくわえ、かたわらには斧が立てられている。この絵画は「鸛魚石斧図」（口絵4―1）と命名されている。これについて厳文明《げんぶんめい》は、いきいきとした論述をしている。

嵩山《すうざん》を囲んで分布する仰韶文化の伊洛《いらく》―鄭州《ていしゅう》類型が、かりに一つの決まった人類共同体を代表しているとすると、その規模は少なくとも部落連盟に足るほどはある。ならば、閻村《えんそん》遺跡はちょうどその区域にあり、この連盟

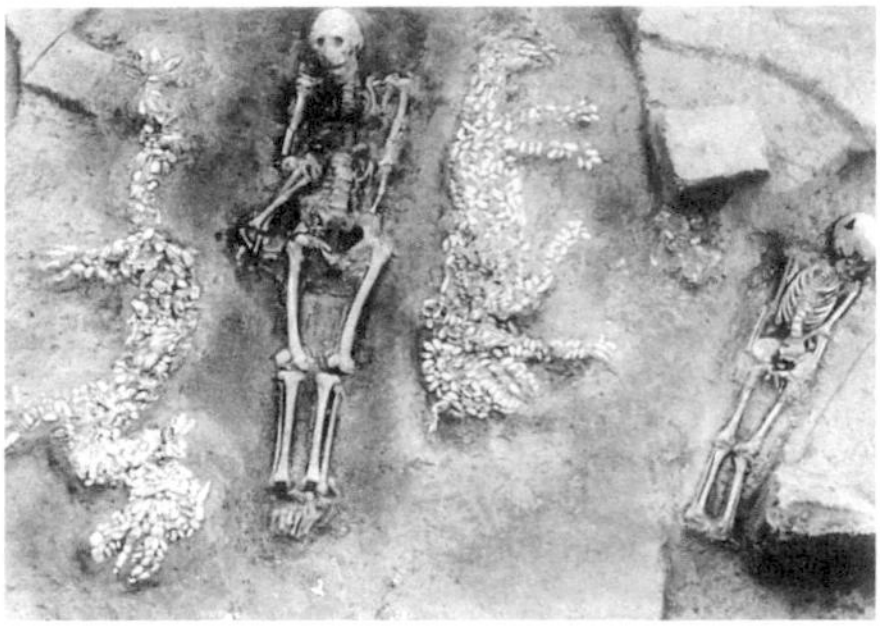

【図4―1】　河南省濮陽西水坡45号墓の蚌砌龍虎遺跡（第一組）（河南省文物考古研究所等『濮陽西水坡』）

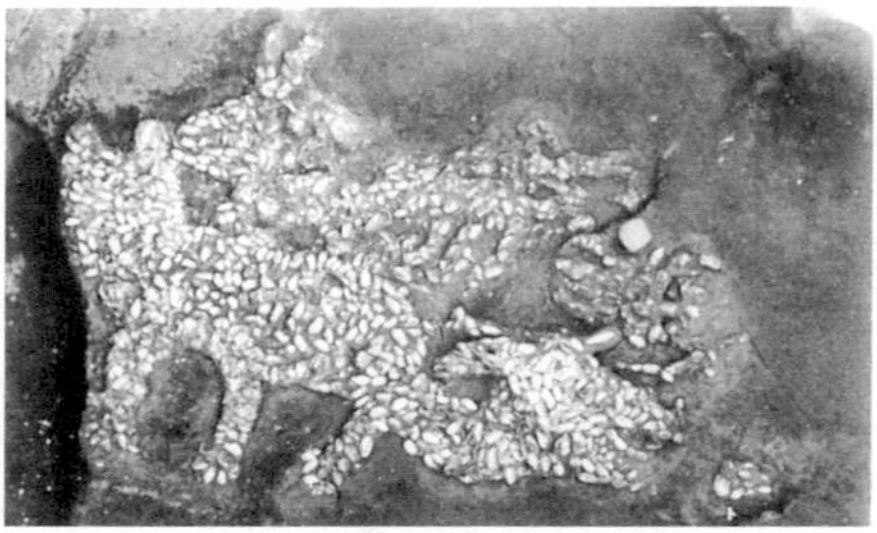

【図4―2】　濮陽西水坡のカラスガイ製の図案（第二組）

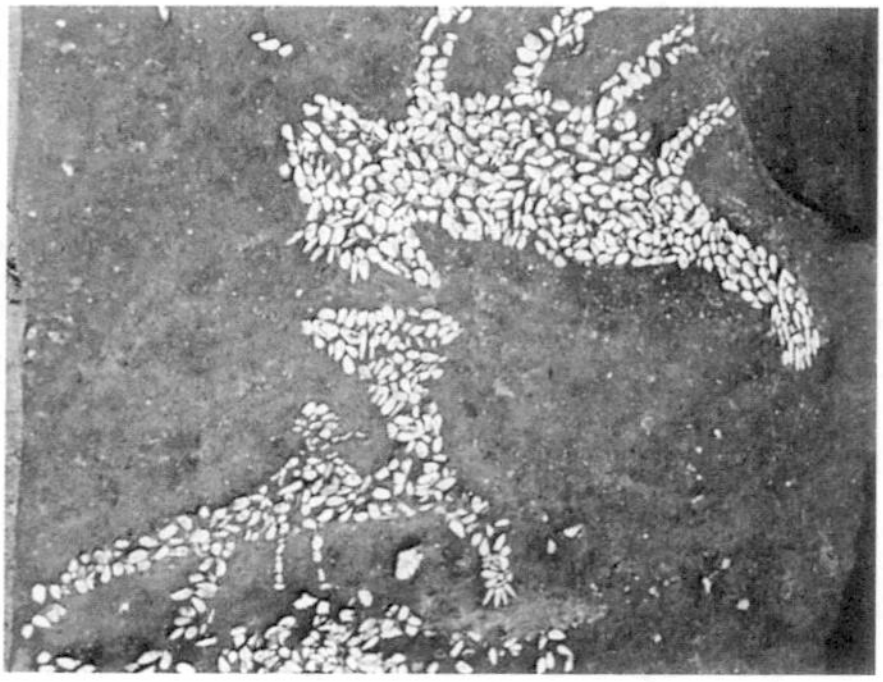

【図4―3】　濮陽西水坡のカラスガイ製の図案（第三組）

の中心部落の居住跡なのであろう。「鶴魚石斧図」の陶缸《とうこう》はその部落の酋長（おそらく連盟を作るのに功績のあった、最初の酋長）の葬具でなければならない。酋長の葬具には、白鶴一羽が魚をくわえた絵が描かれているが、それはけっして審美のためだけではなく、酋長に天国で楽しんでもらうためでもない。みたところ、この二種類の動物はいずれも氏族トーテムで、白鶴は死者本人が属する氏族のトーテムであり、所属する部落連盟にも多くの同じ名号の兄弟氏族トーテムがあり、鰱魚《れんぎょ》は敵対連盟内の支配氏族のトーテムであるはずである。この酋長は、生前はまちがいなく、勇ましく善戦した者で、かつて権利のしるしとしての大斧を高く掲げ、白鶴氏族と本連盟の民を率い、鰱魚氏族とともに命を賭した戦いを行ない、決定的な勝利を得た。彼が亡くなったのち、彼の功績を紀念するため、専門に彼のために一つのもっとも大きくもっともよい陶缸を焼成し、そのうえ葬具に絵を描かないという慣例を打破して、筆で彼の業績を表面に記録した。当時の画師のあらんかぎりの技で、画を極力大きくデザインし、もっともコントラストの強い色を選んだ。絵師は、鰱魚が死にそうなさまを描き、鶴が頭を下げてそれをくわえ、相手の惨敗の様相を比喩的に形容している。この戦争の組織者と統率者の作用を強調するため、彼はとくに気をつけて、もっともよくその身分と権威を代表しうる大きな石斧を描き、それによってこのような歴史的意味をもつ図画を私たちに残してくれたのである。(4)

知られるように、斧は鉞《まさかり》の前身である。鉞は、中国古代では軍権や王権の象徴で、王権には軍事酋長の統帥権に由来する面もある。(5)ゆえに「鶴魚石斧図」の大斧は、農耕聚落における軍事酋長の権力のしるしである。図中の鶴と魚は、二つの異なる部族内のおもな氏族や聚落のトーテムかもしれず、二つの聚落それぞれの保護神かもしれない。人類学の研究が明らかにするところでは、原始民族の脳裏では、部落と部落の戦争はじっさいには、部落神と部落神の戦いである。古代エジプトの戦争パレット［いわゆるナルメルのパレットなど］の絵もこの点を証明している。甲骨文も同様である。まことに伊藤道治がのべるごとく、「各族はそれぞれの族神をもち、族間の戦いは、その神の戦いでもあった」(6)のである。よって「鶴魚石斧図」で、軍事的権力のしるし（大斧）のかたわらに描かれている、雄壮で力のある白鶴が息も絶え絶えな鰱魚を口にくわえているさまは、あきらかに白鶴の聚落や部族の、鰱魚の聚落や部族にたいする戦争と勝利を象徴している。「鶴魚石斧図」の描かれた大缸は、一種の成年者向けの葬具であり、とうぜん鰱魚の聚落や部落との戦争で勝ったときに勇敢に善戦し、大功をたてた軍事酋長を埋葬するのに用いられた、特別製の瓮棺《おうかん》である。そのなかの大斧は、仰韶時代後期と龍山時代に黄河・長江流域双方であらわれた石鉞・玉鉞や銅器時代の青銅鉞と継承関係にあり、連続し順番をなすものである。かかる軍事統帥権のしるしが仰韶時代前期に出現したことは、当時すでに固定的な軍事酋長の職位があったことを物語る。この職務に備わる軍事権と、前述の濮陽西水坡四五号墓がしめす聚落酋長兼巫師の有する宗教上の祭祀権は、いずれも仰韶前期における、ほぼ平等な社会で生じた権力の萌芽であり、これらはみな下記の聚落形態（中心聚落形態）のもとでさらに発展するであろう。

2　仰韶初期のトーテム崇拝の聚落空間にたいする突破

上述した濮陽西水坡四五号墓の、蚌を積み上げた龍・虎の遺跡と、臨汝閻村の彩陶缸の鶴魚石斧図がしめす巫師兼酋長と軍事首領兼酋長の権力範囲は、結局のところ、本聚落のみに限定されるのか。それとも、とうに拡張して部落や部落連盟や部族に至っていたのか。これについて試みに考察をしよう。

既述のとおり、厳文明はこう考えている。すなわち、嵩山を囲むように分布する仰韶文化の伊洛—鄭州類型に代表される族共同体は、一つの部落連盟とみなせる。閻村遺跡はちょうどその中心区域にあり、この連盟の中心部落の所在地であろう。ゆえに「鶴魚石斧図」の描かれた陶缸は、当該部落の酋長（おそらく連盟設立時に功績第一で任ぜられた酋長）の葬具にちがいない、と。厳文明のこの推論は理にかなったものである。ここでは試みに、初期仰韶文化の原始宗教が聚落空間を突破した点から、さらにこの問題を論証してみよう。

　仰韶文化初期（つまり半坡類型期）における一つの顕著な特徴は、彩陶上に魚の紋様の豊かな表現があることである。大量の写実的な魚紋があり（図4―4）、大量の幾何学的で抽象的な魚紋もあり（図4―5）、さらには著名な「人面魚紋」もある。分布面の広さからいえば、おおよそ半坡類型で彩陶のある遺跡のほとんどには、みな写実的魚紋や幾何学的魚紋があり、とくに渭河流域を中心として、西は甘粛省秦安大地湾《しんあんだいちわん》遺跡まで（図4―6）、陝西省宝鶏北首嶺《ほくしゅれい》・臨潼姜寨《きょうさい》・西安半坡《はんぱ》をへて、東は豫西《よせい》の遺跡まで、いずれもたいへん豊富に写実的魚紋と幾何学的魚紋が出土している。そのうち、西安半坡（図4―7）・臨潼姜寨（図4―8、図4―9）・宝鶏北首嶺では、さらにいきいきとした「人面魚紋」も出土した。

　分布がかくのごとく広範囲にわたるなか、魚紋と人面魚紋は結局このように一致し、同じような変化の過程を経てもいる（図4―10）。では、仰韶文化半坡類型の魚紋と人面魚紋は、原始宗教崇拝の意味をもつのか否か、それが有する広範な社会性は原始的崇拝に備わるものなのか否か、かかる社会性が各聚落間の限界を突破することや、原始的神権の拡張のもつ意味はいずれもどのようなものなのか。

　仰韶文化半坡類型における魚紋の意味について、それは彩陶なので、とうぜん審美的・装飾的な作用がある。この点は贅言を要しない。しかし案ずるに、それはたんに審美的・装飾的なニーズから出現したものではなく、当時の仰韶人のなんらかの崇拝理念をも反映している。とくに「人面魚紋」がしめす宗教性と神秘性には、注意が必要である。

　学界ではつとに、仰韶文化における魚紋を一種のトーテム標識とする説が提起されている。[7] いわゆるトーテムについては、「(トーテム崇拝は) 自然崇拝と祖先崇拝がむすびついて一緒になった原始宗教である」[8]とする説がある。トー

【図４―４】 西安半坡出土の魚紋彩陶盆（中国科学院考古研究所等『西安半坡』）

【図４―５】 臨潼姜寨出土の幾何学的形状の魚紋彩陶盆（半坡博物館等『姜寨』）

【図４―６】　甘粛省秦安大地湾出土の幾何学形の魚紋彩陶盆（甘粛省文物考古研究所『秦安大地湾』）

【図４―７】　西安半坡出土の「人面魚紋」彩陶盆（中国科学院考古研究所等『西安半坡』）

【図４—８】　臨潼姜寨出土の「人面魚紋」彩陶盆（半坡博物館等『姜寨』）

【図４—９】　姜寨出土の「人面魚紋」彩陶盆（半坡博物館等『姜寨』）

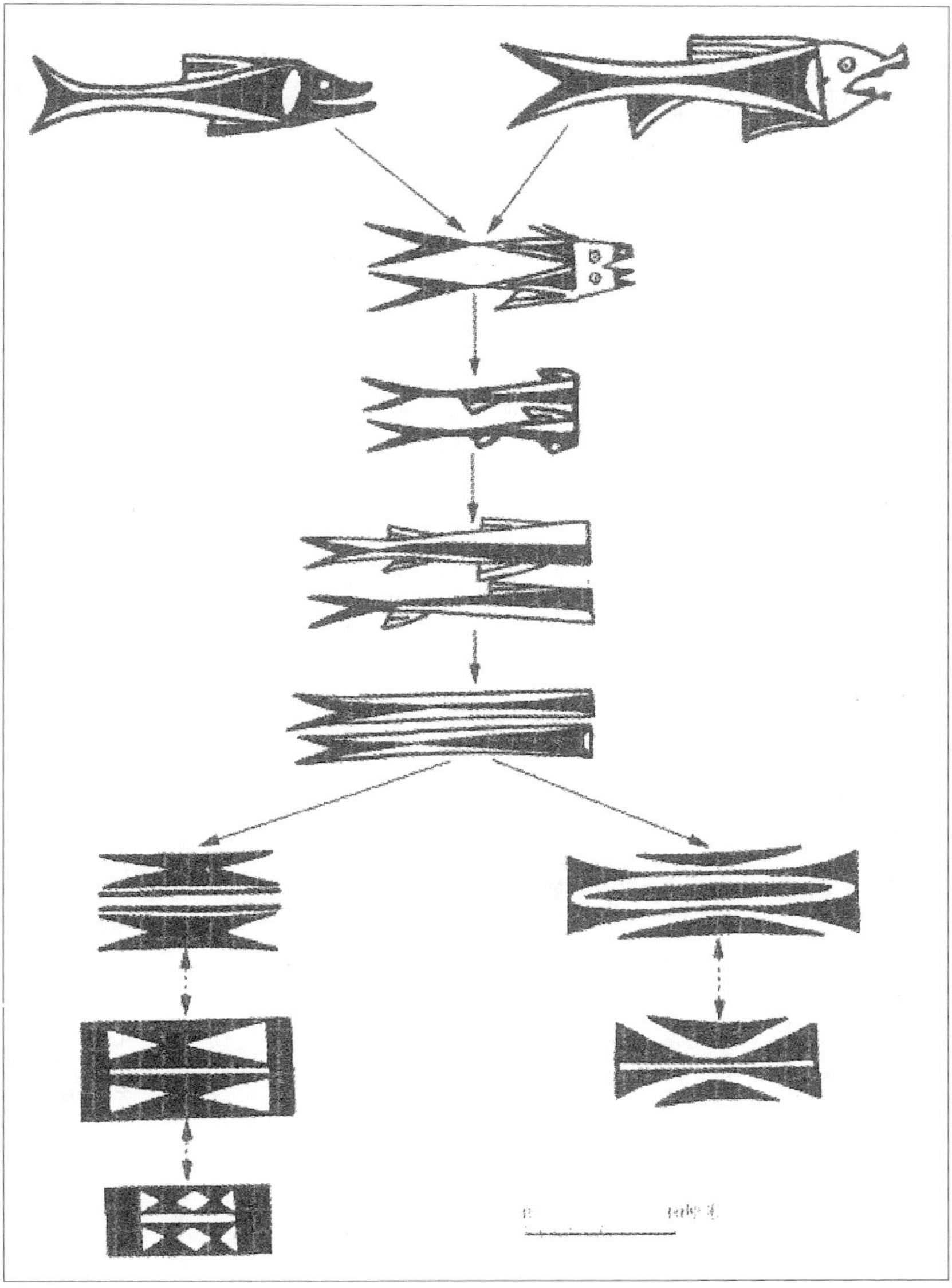

【図4―10】　仰韶文化魚紋の変遷図（中国科学院考古研究所等『西安半坡』）

テムは原始人がその族団を分類・区分するために生みだしたものであるとの説もある。なかには、経済的角度からトーテム崇拝の発生と発展を解釈しようとし、トーテム団体はある種の動物や植物をとる生産団体であるとする論者もいる。[9] トーテムの起源にかんしては、各人によって見方が異なるといえよう。筆者は、「トーテムは、原始社会の女性の妊娠出産現象にたいする解釈に由来する」[10] と考えている。この観点は、トーテム崇拝の核心の内包より得られるものである。

「トーテム（Totem）」の語は、北米のオジブワ族（Ojibways）に由来し、「わが血縁親族」の意である。トーテムの語が、すでにトーテム崇拝の核の内包をあらわしている。それは、自然界のなかの動物・植物や、他の自然現象を引っぱってきて、みずからの血縁上の「親族」とし、その崇拝対象（本族の成員の出産と生命の根源の所在、あるいは本族の祖先、もしくは本族の祖先と血縁的交流を有したことのある者）を深く信ずることである。ゆえにこれは、そのなかにすでに当該族団の本族の来源にかんする解釈をふくんでおり、本族の現成員一人一人の生命の来源にかんする解釈をもふくんでいた。現実には、本族成員がみな本族の女性によって妊娠・出産されることは、だれも否定できない事実であるが、性交と出産、つまり男性の出産面での作用にかんしては、人類ははじめはよくわかっていないものである。要するに、動物から進化してきた人類は、はじめはたんに本能のうえで性交面の生理的欲求と感情的衝動にかられるだけで、けっして当該行為によって妊娠という結果がもたらされるということを知らなかった。旧石器時代に氏族制度がまだ萌芽段階にあるときさえも、人類はなおも性交と妊娠にかかわる面の知識をもっていなかった。この面では、男女の性交という受精行為と妊娠の徴候（最初の明白な胎動など）との距離はたいへん遠い。べつの面では、彼らの性交関係はとても気ままで、しかも性交によって必ずしもみなが子を生むとはかぎらない。そのため性交と妊娠出産を無関係と考えるのは自然なことである。とはいえ、人類の知的好奇心によって、人類はまた、妊娠出産現象にたいして、みずから理にかなっていると考える解釈を提出しようとする。当時、かかる「プロト・ロジック」的な「融即《ゆうそく》」メカニズム（すなわち、世界上にみられるものとみられないものがいずれも相互に関係し、相互に浸透し、相互に感応し、相互に転化すること）の作用のもと、[11]女性たちは自然に、母体の胎児の明らかな胎動と、当時の見えるもの、触れるもの、食べるものをむすびつけ、因果関係にたいする原始人的推理を行ない、妊娠と出産を動植物が母体に入った結果であると考える。たとえばオーストラリア中部に住むアランダ族（Aranda）はこう考える。妊娠と性交と父親の作用にはなんらの関係もなく、ただ「母の体内に或るトーテム祖先の霊が入るために起る」にすぎない。ゆえに「アランダ人は、彼が黒白の混血児を生んだ時でも驚きもしなければ意にも介せず、恐らくは単に彼女がヨーロッパ人から貰った白い粉を食ったせいにするに過ぎない」と。[12]中国の遠古社会を映し出すトーテム神話（たとえば夏族の鯀《こん》の妻修己《しゅうき》が「流星の昴を貫くを見、夢に接して意感じ、既而《すで》にして神珠を呑《の》む（見流星貫昴、夢接意感、既而呑神珠）」[13]して禹を生んだこと、商族の簡狄《かんてき》が玄鳥《げんちょう》の卵を呑んで契《けい》を生んだこと、[14]周族の姜原《きょうげん》が大人の跡《あと》をふんで棄《き》を生んだこと、[15]嬴秦《えいしん》の女脩《しゅう》が玄鳥の卵を呑んで大業《たいぎょう》を生んだことなど）[16]も、想像上の女性祖先達の妊娠出産現象にたいする解釈をつうじて、本族の由来を物語っている。ゆえにこういうべきである。すなわち、トーテム崇拝が原始社会の女性の妊娠出産現象にたいする解釈に由来することは、原始人が性交と妊娠との関係性を理解していない状況下における人類自身の由来にたいする解釈でもある。それは、原始的思惟において、人と自然、自然物と自然物がみな融即しうるという思惟的機制の影響を受けて、原始人が人口隆盛を祈求しつづけるなかで十分に発展し、独自に崇拝形式を形成する。[17]

トーテム崇拝の核心の内包は、動植物や他の自然物をみずからの親族や族団の祖先とみなして崇拝することであり、一部は神話をも形成した。それゆえトーテム物は、崇拝対象でもあれば、その族と個人の名称・徽号・標識をもなしうるのであり、同時に本族の保護神でもあるのである。人びとは村落のまえにトーテムの柱をたて、家屋・生活用具としてトーテムを描き、入れ墨をもしるしとし、それらはいずれもトーテムの神霊がつねに本族とともにあること、みなを保護していることをしめすためであり、またそれによってトーテムの芸術を発展させた。仰韶文化初期の諸遺跡の彩陶上に普遍的にみられる魚紋・「人面魚紋」・大鱉紋《だいべつ》（蛙紋ともよばれる）などの図形紋様も、世界の他の原始民族のトーテム芸術と同様、一種の芸術の表現でも崇拝の内包でもある。

「人面魚紋彩陶盆《じんめんぎょもんさいとうぼん》」には、「人面魚紋」もシンプルな魚紋もみられる。ゆえに「人面魚紋」と魚紋は密接不可分なものである。「人面魚紋」の核心は、人と魚との結合である。人面の口元の両側には二匹の魚紋があり、耳の両側には二匹の魚紋があり、人面の頭部のうえには魚尾状の三角形の冠がある。ある研究者は、仰韶文化の人面魚紋を、頭頂部に道具を戴いた巫人が二匹の魚をくわえたイメージであると解している。人面魚紋の「人面」は、口に二匹の魚をくわえた巫覡の人面か否かはともかく、人と魚の結合と考えられ、人を魚のなかに宿らせている意味がはっきりみえており、明らかに魚が人を生んでいるという寓意を有している。仰韶文化半坡類型の古代民は「人面魚紋」をとおして具体的に世間の人びとにこういっているのである。彼らは魚を出自とし、魚より生まれたものである、と。魚が人を生んだという観念は、はじめは一種のトーテム観念である。

「人面魚紋」が表現しているのが、人が魚に出自することであり、魚より生まれるというトーテム観念である以上、彩陶のなかに大量に存在する魚の紋様も、もちろんトーテム崇拝を基礎とするものである。聞一多《ぶんいった》の研究によれば、魚は中国古代の言語のなかで生殖と婚姻を象徴し(18)、中国古代ではさらに、魚を煮て食べること（子を生み育てることの隠語）があり、これも人が魚のなかに宿っていることを含意しているということをのべている。魚は本族のトーテムなので、それは本族の生殖と繁殖を直接象徴している。本族の人びとは旺盛であるため、一定の巫術儀礼を挙行したのち、トーテムとしての動植物を食らうことができる。オーストラリアのアランダ族の「インティチュマ」[intichiuma]。

豊穣儀礼の一種」はかくのごときものである。

仰韶文化半坡類型における魚紋と「人面魚紋」がトーテム崇拝の反映であると指摘することは、一般には人類学的な意味でのことである。ある研究者はさらに、「人面魚紋」が古史伝説における炎帝《えんてい》族のトーテムであると提起している。その論拠はつぎのとおり。すなわち、『山海経《せんがいきょう》』海内南経に、

　氐人《ていじん》国は建木《けんぼく》の西に在り。其の為人《ひととなり》は人面にして魚身、足無し（氐人国在建木西。其為人、人面而魚身、無足）。

とあり、『山海経』大荒西経に、

　互人《ごじん》の国有り。炎帝の孫なり、名づけて霊恝《れいけい》と曰う、霊恝は互人を生む、是れ能く天に上下す（有互人之国。炎帝之孫、名曰霊恝、霊恝生互人、是能上下于天）。

とあり、清代の王念孫《おうねんそん》・孫星衍《そんせいえん》の研究によれば、氐人国は互人国である。氐人は炎帝部落の後裔で、氐人は「人面にして魚身（人面而魚身）」である。かかる「人面にして魚身（人面而魚身）」は、半坡類型仰韶文化の「人面魚紋」図と本質的に似ているところがあり、根深い根源的関係がある。『山海経』の氐人の「人面魚身」図は、半坡類型仰韶文化の「人面魚紋」図を継承・発展したものであろう。これより、半坡類型仰韶文化の古代民は、古代の炎帝部落に属すると推測できる。[19] 案ずるに、炎帝族の「炎帝」の呼び名は民族が融合した結果であり、炎帝族のなかには北方の姜姓《きょうせい》の族団がおり、南方には連山《れんざん》氏（烈山《れつざん》氏・厲山《れいざん》氏ともいう）とよばれる族団もいた。[20] そのうち姜姓族団は、陝西省宝鶏の姜水《きょうすい》に発祥し、遷徙して渭水流域・豫西・晋南ないしは山東地区に分布し、また渭水・豫西・晋南をその主要部分とする。[21] これも、仰韶文化半坡類型と廟底溝《びょうていこう》類型が分布する核心区域である。この意味からいえば、仰韶文化における魚紋と人面魚紋が姜姓炎帝族のトーテムであることはありうべきものである。

魚紋のほかに仰韶文化のなかでもう一つ重要な紋様は、鱉紋や蛙紋とよばれるものである。それは、陝西省の仰韶

【図４―11】 臨潼姜寨出土の蛙紋（鼈紋）彩陶盆（半坡博物館等『姜寨』）

文化（図4―11）・河南省の仰韶文化（図4―12）、および甘粛省・青海省の馬家窯《ばかよう》文化（図4―13）でいずれも流行したことがある。よってそれも特別なもので、かつ一定の分布区域のある彩陶の紋様である。

鼈紋について、商代と周代の青銅器銘文では、しばしばこれを族氏徽号《ぞくしきごう》（つまり族徽《ぞくき》）とする紋様がみつかっている。郭沫若《かくまつじゃく》と鄒衡《すうこう》はともにこれを、『国語』周語下のいう「我が姫氏は天黿《てんげん》［天のスッポン］より出づ（我姫氏出自天黿）」の天黿（図4―14）と解し、また伝統的な「軒轅《けんえん》」・「軒轅黄帝氏」であるとのべている。[22] 青銅器銘文の「天黿」は単独で「天」とも「黿」とも書くことができ、いずれも族徽の作用をはたしている。さらに「天」の下部に獣形（たとえば熊・羆・虎のたぐい）を書くこともでき、「天獣」式の族徽を構成する（図4―15）。鄒衡は、これこそ『史記』五帝本紀と『大戴礼記《だたいらいき》』五帝徳において、黄帝と炎帝が阪泉《はんせん》の野《の》で戦ったときに、獣を名とする六つの異なるトーテム（熊・羆・貔《ひ》・貅《きゅう》・豹・虎など）の軍隊を用いたとしるされていることだとする。[23] こ

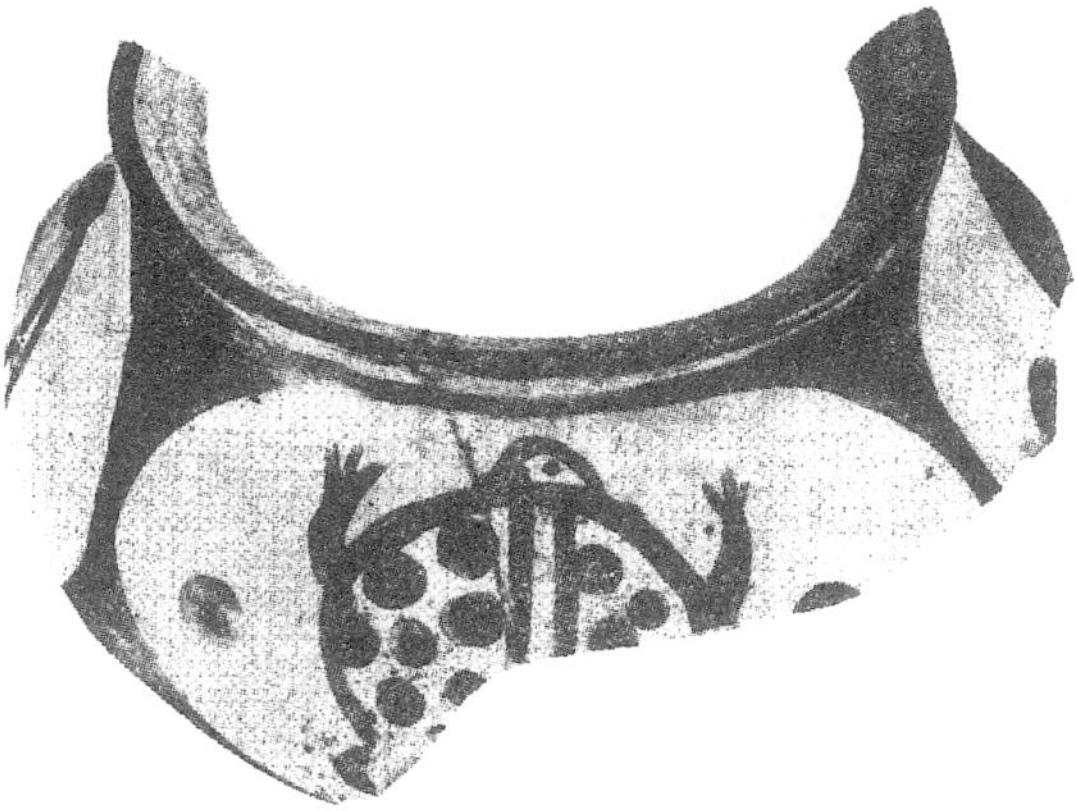

【図４—12】　仰韶文化河南省陝県廟底溝遺跡出土の蛙紋（鼈紋）の彩陶罐（中国科学院考古研究所『廟底溝与三里橋』）

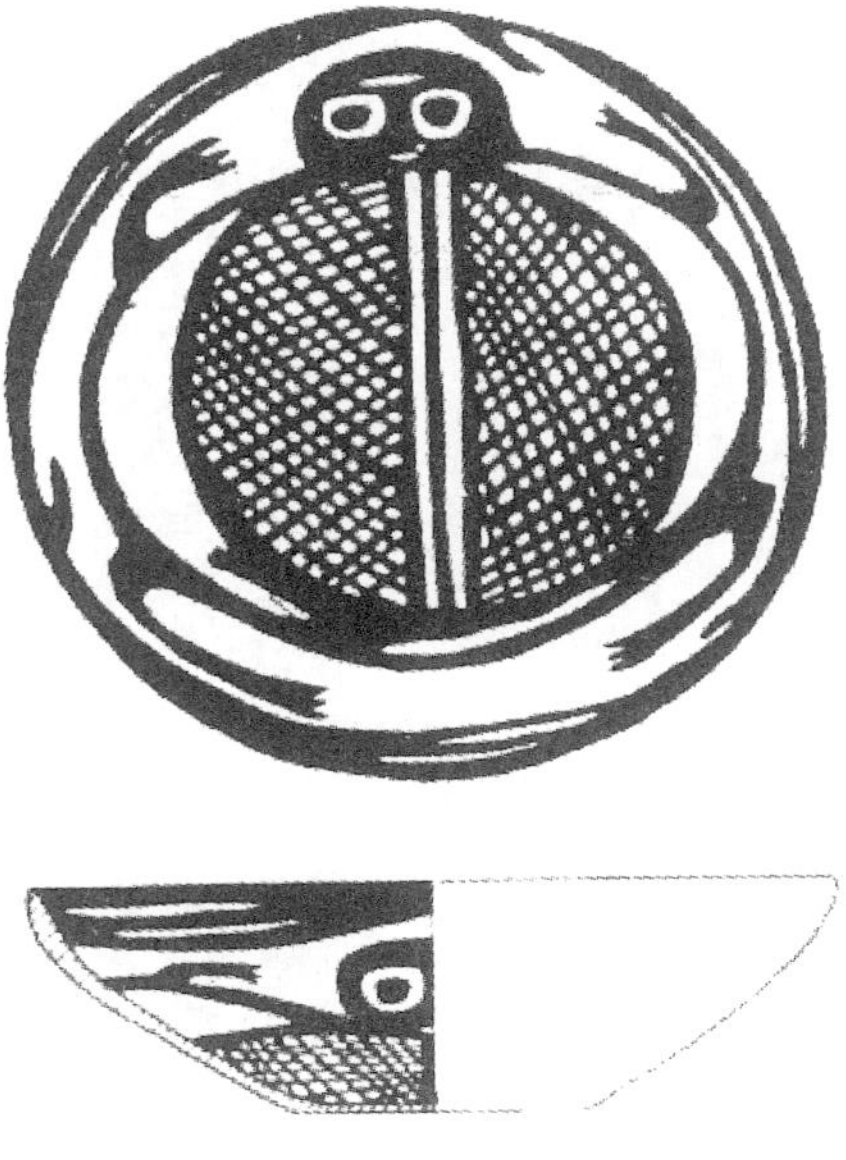

【図４—13】　馬家窯文化師趙村遺跡出土の彩陶鉢（中国社会科学院考古研究所『中国考古学・新石器時代巻』）

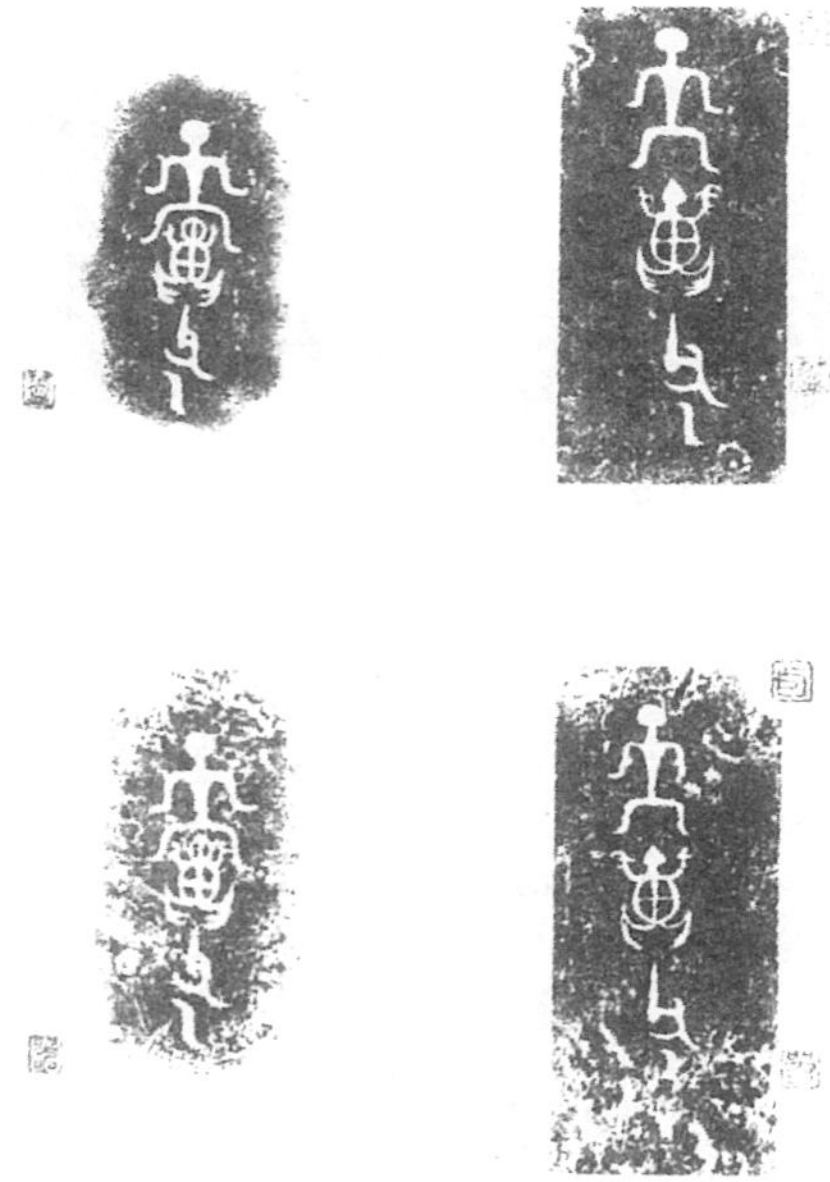

【図 4 —14】 天黿の族徽銘文（羅振玉『三代吉金文存』）

【図 4 —15】 「天黿」と「天獣」の族徽銘文（鄒衡『夏商周考古学論文集』）

れより、「天獣」の族徽は黄帝族のべつの一支（有熊氏《ゆうゆう》）の青銅器銘文における表現であるとわかる。このため筆者は、「天」のこうした族徽はおそらく尊称から発展してきた総称で、「黿」・熊・羆・虎のたぐいは黄帝族の重要な分支の徽号かもしれないと考えている。黄帝族の「黄帝」の名は、先秦文献中の皇天上帝《こうてんじょうてい》の「皇帝」と通仮《つうか》し、「黄帝」がその名を得たのは、いにしえの族徽「天」と、「天黿」・「天獣」族徽の「天」に由来する。『国語』晉語には、「黄帝之子二十五宗」・「十二姓」とあり、黄帝族は一つのたいへん大きな部族集団で、それは軒轅氏（天黿氏）・有熊氏（有熊氏を代表とする熊・羆・貔・貅・豹・虎などの「天獣族」）などによる部族融合の産物なのである。(24)

　青銅器銘文中の「天黿」族徽は、新石器時代の仰韶文化・馬家窯文化の大鼈の図像とすこぶるよく似ており、夏商周三代の姫姓天黿氏（つまり軒轅氏）は先史の大鼈部落群の後裔である可能性があるとしかいいようがない。ちょうど地理的には、姫姓の軒轅黄帝族か、それとも『国語』周語上のいう周人の祖先の姫姓天黿氏かはともかく、彼らの住む黄河上・中流域は、仰韶文化と馬家窯文化の分布する中心区である。これも、先史の大鼈の部落群が伝説上の軒轅（天黿）氏であることの証左である。

　上述の論証を基礎とし、仰韶文化と馬家窯文化で連続して使われている大鼈の図像を、歴史上の軒轅黄帝族の族氏徽号とむすびつけることは、中国新石器時代の彩陶図案がトーテム標識であることを説明する一助となるようである。このほか、考古学的にみつかった魚紋・人面魚紋・鼈紋を黄帝族・炎帝族とむすびつけてみると、私たちは、さらに仰韶文化（半坡類型と廟底溝類型をふくむ）が、炎帝族の人びとの遺存であるばかりでなく、黄帝族の人びとの遺存でもあるという結論を得ることができる。渭水流域・豫西・豫中・晉南といった地方では、炎帝族と黄帝族はたがいに通婚関係にあり、先周時期に姫姓周人が姜姓と相互に通婚していたのと同様であった可能性が高い。通婚し、また共同生活をするため、彼らの聚落では魚紋・人面魚紋・蛙紋（鼈紋）などの紋様が併存しているのである。

要するに、仰韶文化初期の魚紋・人面魚紋・鱉紋はみなトーテム崇拝の意味をもち、これらトーテム紋様の分布の幅広さは、仰韶文化初期（つまり六、七〇〇〇年前）のトーテム崇拝がすでに完全に聚落と聚落のあいだの制約を突破し、原始宗教崇拝の社会性がここにおいて充分展開しえていたことを物語っているのである。

この時期は、だいたい平等な農耕聚落段階に属する。当時の聚落の首領は、みずからの権力（精確にいえば権威）を他の聚落の範囲へ拡げたいと考えており、それはつぎの二つの状況にかぎられる。第一に、軍事的需要によって形成された部落連盟のなかに、最高軍事首領を設ける。第二に、宗教崇拝の拡大・昇華によって聚落の限界を突破する。部落連盟に最高軍事首領を設けることは、はじめは推挙によって生じるもので、たとえばアメリカインディアンのイロクォイ人の部落連盟では二名の常設の軍事酋帥が置かれ、また名号が与えられた。この二つの職位はいずれもセネカ部にゆだねられ、一つは狼氏族に、もう一つは亀氏族によって世襲された。

彼ら両者をセネカ部族に与えることにしたわりあての理由は、彼らの領域の西端において襲来の危険が多かったことである。彼らは世襲酋長と同様な方法で選挙され、総会議によって挙薦され、そして位階および権力は廟堂であった。(25)

かりに臨汝閻村の彩陶缸の鶴魚石斧図が反映しているのが部落連盟の軍事酋帥の戦功だとすると、それは上述の一つ目の状況のものである。鶴魚石斧図の彩陶缸の埋納された墓の主は、連盟内で軍事酋帥を、聚落内で聚落首領を担っていた可能性がある。

またここには、トーテムという原始宗教崇拝が権力の空間的制約を突破するさいに起こす作用の問題もある。というのも、これらの分析のなかで筆者は、「白鶴は死者本人が属する氏族のトーテムであるとともに、所属部落連盟内の多くの同じ名号をもつ兄弟氏族のトーテムでもあり、鰱魚は敵対連盟の支配氏族のトーテムである」ことを前提としているからである。加えて、筆者は濮陽西水坡四五号墓の、龍と虎の蚌製遺跡が巫師兼酋長をしめしていると考えているのであるが、そのさいに彼の宗教的権威が一聚落の枠組を突破している点は、原始宗教崇拝の有する社会性の空間的拡大ということでなければならない。かかる巫師兼酋長の宗教的権威が権力の空間的枠組を突破することは、先述したトーテム崇拝の社会性が聚落枠組を突破することと一致するものでもある。このほかに、「血族」とみなされるトーテム物が氏族の血縁的制約を突破できる理由は、さらにトーテム転形《てんけい》にある。

3　トーテム転形と神権の拡大

仰韶文化における魚紋・人面魚紋・鱉紋などの紋様は、いずれもトーテム崇拝の意味をもつとはいえ、指摘すべきは、それらがすでに起源段階のトーテム崇拝には属しておらず、転形したトーテム崇拝であることである。いわゆるトーテム転形とは、旧石器時代の氏族制以前に発生した元来のトーテム崇拝が、社会が氏族制に入ったあとに、社会制度の求めにおうじて行なった相応の転形変化である。

第一に、元来の個人トーテムの基礎上に出現した氏族集合体と、相互につながる氏族トーテムは、想像上、全氏族部落共通の女性祖先とトーテムによる交感《こうかん》・受胎神話として、すぐに転生する。第二に、氏族制度の発展にともない、某一動植物は、元来それをトーテムとする某一氏族団体にとって、なおトーテム祖先の意味をもちつづけており、依然として氏族徽号・標識・氏族団体と関係していた。けれども、その保護神としてのもう一つの重要な作用も、独自に発展した。それは、当該一氏族部落の本部族集団内における地位向上にともない、トーテム保護神から本部族集団の保護神に昇りうるというもので、他の氏族部落は自覚的にこれを崇拝物とするであろう。それによってそれはいわゆる「時代の流行」となる。ただし当該崇拝は、べつの氏族部落にとっては、「トーテム祖先」としてでなく、保護神としての意味をもつ。月日のたつうちに、かかる一崇拝物は本部族集団の団結をつなぎとめる機能をもつようになり、この部族集団を他の部族や部落集団と区別する標識となる。(26) 前述した仰韶文化における魚紋・人面魚紋・蛙紋（鱉紋）はみなこのような状況である。

これらの図案の分布のひろがりよりみて、蛙紋（鱉紋）は、軒轅氏にとっては、もともとトーテム標識の意義をもつ。一方、黄帝族内の他の氏族部落や部族にとっては、軒轅氏のもつ統帥の地位によって、そのトーテム物は全部族の保護神に昇ったにすぎない。魚紋・人面魚紋もこのようであり、『山海経』のいう「互人国（氐人国）」の炎帝族にとっては、魚紋と人面魚紋は依然としてトーテム標識としての意味をもち、炎帝族内の他の氏族部落ないし部族にとっては、魚氏族部落の地位の向上によって、そのトーテムは全部族の保護神に昇るのである。このようにして、上記の紋様の広大な地区での流行は決定づけられたのである。

上述の認識によれば、トーテム転形は二方面の問題を解釈できる。第一に、中国新石器時代の陶器上の絵画・雕刻・造型は、種類と数量のうえで結局限度がある。一方、文化人類学の材料はつぎの点を物語る。すなわち、現代の原始民族において、そのトーテム物はたいへん繁多で、たとえばオーストラリア中部のアランダなどの部落のトーテムは七四〇もあり、そのうち六四八は動物トーテムである。トーテム転形［の存在］をふまえるならば、中国新石器時代の多くないトーテムのイメージを、もっとも重要で代表的ないくつかのトーテム［に基づくもの］にすぎないと解釈しうる。第二に、中国新石器時代の陶器芸術の風格と内容の時代的変遷は、つまり流行の変化の問題であると解釈しうる。

具体的には、仰韶文化における魚紋の分布の広がりと変化の歩調の一致、そして仰韶文化と甘粛・青海・寧夏の馬家窯文化のどれにもある蛙紋は、トーテム転形の表現に属する。これは、重要で代表的なトーテム物を彩陶芸術のイメージの主題としている。このほかに仰韶文化では、時間の推移にともない、仰韶初期（半坡期。六九〇〇年前～五九

○○年前）から仰韶中期（廟底溝期。五九○○年前～五六○○年前(27)）に入ったのち、鳥紋が魚紋にとってかわり、また新しく火紋が出現し、新しい時代の流行を形づくったが、これもトーテム転形によるものである。かかる流行の変遷は、おもに当該族内部のいくつかの氏族の地位の変化によって、ある種のトーテム紋様の流行や衰落をひきおこした。そのなかの廟底溝期の鳥紋と火紋は、じっさいには、やはりみな炎帝族内のトーテムで、これは炎帝族内における魚トーテムの衰落と鳥トーテム・火トーテムの昇進の表現である。

仰韶文化中の鳥紋（図4―16、図4―17、図4―18）と炎帝族の関係については、神話伝説のなかの精衛《せいえい》という人物が若干の手がかりを提供してくれる。伝えられるところによれば、精衛は炎帝のむすめで、『山海経』北山経には、

又た北二百里を、発鳩《はっきゅう》の山と曰う。其の上に柘木《しゃぼく》多し。鳥有り、其の状《じょう》は鳥の如く、文首《ぶんしゅ》・白喙《はくかい》・赤足《せきそく》なり、名づけて精衛と曰う、其の鳴くや自ら栓《よ》ぶ。是れ炎帝の少女にして、名づけて女娃《じょわ》と曰う、女娃は東海に游び、溺れて返らず、故に精衛《せいえい》と為り、常に西山の木石《ぼくせき》を銜《ふく》み、以て東海を堙《うず》む（又北二百里、曰発鳩之山、其上多柘木。有鳥焉、其状如鳥、文首・白喙・赤足、名曰精衛、其鳴自栓。是炎帝之少女、名曰女娃、女娃游于東海、溺而不返、故為精衛、常銜西山之木石、以堙于東海）。

とある。精衛は炎帝のむすめで、そのイメージは鳥であり、炎帝族のなかにも鳥トーテムがあるとわかる。

炎帝と火の関係については、先秦文献に多く反映するところがある。『左伝』昭公十七年には、

炎帝氏は火を以て紀す、故に火師と為りて火もて名づく（炎帝氏以火紀、故為火師而火名）。

とある。『左伝』哀公九年にも、

炎帝は火師と為りて、姜姓は其の後なり（炎帝為火師、姜姓其後也）。

とある。ここでの「火紀」・「火師」・「火名」は、燃焼する自然の火とは理解できない。「火師」は火正で、「以火紀」

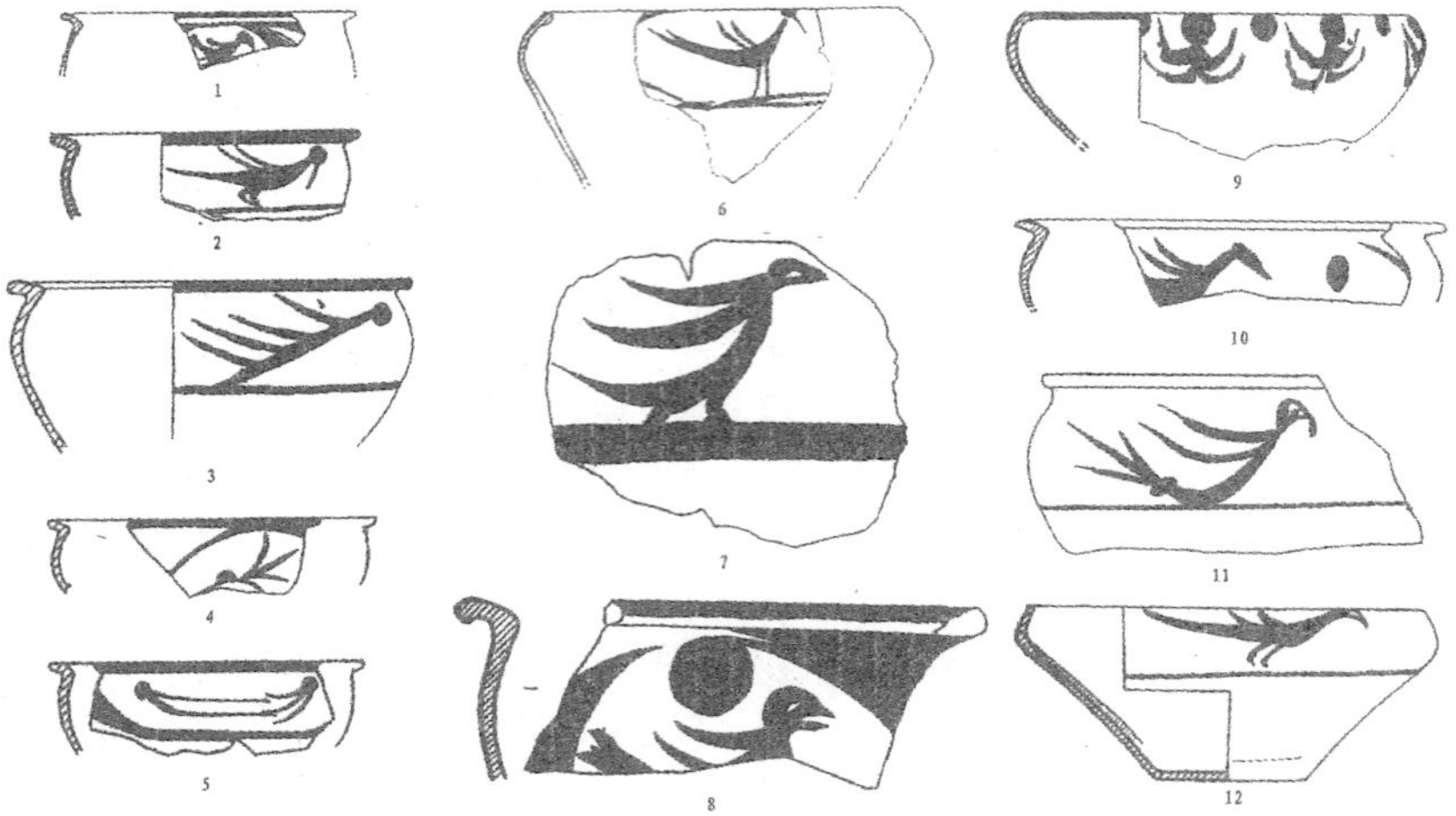

【図 4 —16】　華県泉護村遺跡の仰韶文化廟底溝類型の鳥紋図

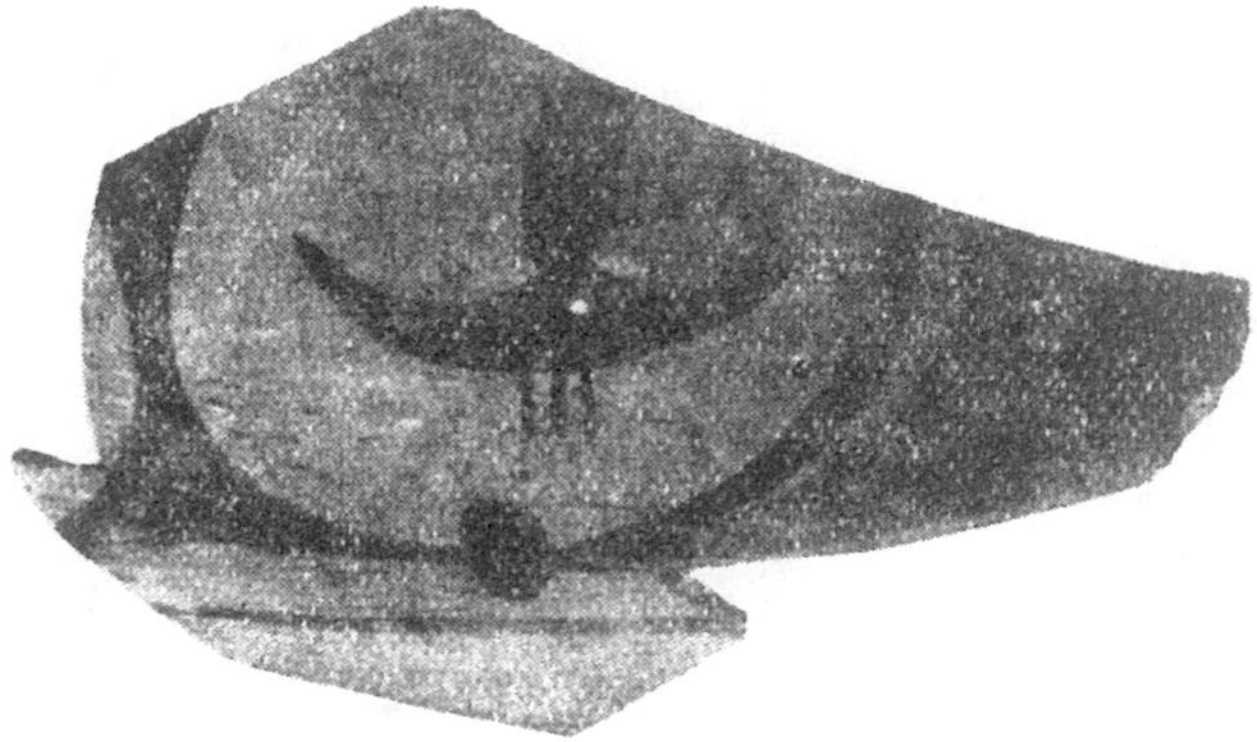

【図 4 —17】　仰韶文化廟底溝遺跡出土の鳥紋彩陶（中国科学院考古研究所『廟底溝与三里橋』）

は「火紀時焉」であり、つまり大火暦（大火星の出没の観察をつうじて農時を定めること）が実行されている。よって炎帝族は、心宿大火を祭祀し、かつこの観象授時によって名を得た部族であり、炎帝族の火トーテムもこうして生まれたのである。

仰韶文化中期（つまり廟底溝期）における、河南省陝県廟底溝遺跡出土の彩陶盆には火焔形が描かれており、火焔には一つの点がある（図4―19）[28]。こうした火焔と点よりなる図形について筆者はこう解釈している。すなわち、ここでの点がしめすのは星辰《せいしん》であり、星辰は火中に放置されている。これは大火星《アンタレス》をさす。ゆえに筆者はこれを「星火《せいか》」彩陶紋様とよぶ。廟底溝遺跡出土のこうした紋様図案は、大汶口文化などで出土する「炅」（）・旵（）の陶文と同工異曲の意味をもち、いずれも「心宿大火」と関係し、たんに所属する部族が異なるだけである[29]。廟底溝遺跡は河南省西部の陝県にあり、廟底溝類型の影響が大きく、その中心地区は豫陝《よせん》一帯にある。そして当該地区は、ちょうど炎帝族内の姜姓の一支が陝西省宝鶏より発祥してのち、東へと発展する途上にある[30]。姜姓の炎帝族は中原地区へ発展したのち、豫西～豫中をその活動の中心とし、仰韶文化廟底溝類型の中心区域もちょうど豫西～豫中の地区である。よって、廟底溝遺跡出土の火形紋様の彩陶盆が反映する辰星［恒星］の大火《アンタレス》と、炎帝族内の姜姓とを関連づけることには、根拠があるというべきである。もちろん、炎帝族と黄帝族には長期的な通婚関係と連盟の歴史があるので、豫西

【図4―18】　陝西省華県泉護村遺跡出土の仰韶文化陶鷹鼎（北京大学考古学系等『華県泉護村』）

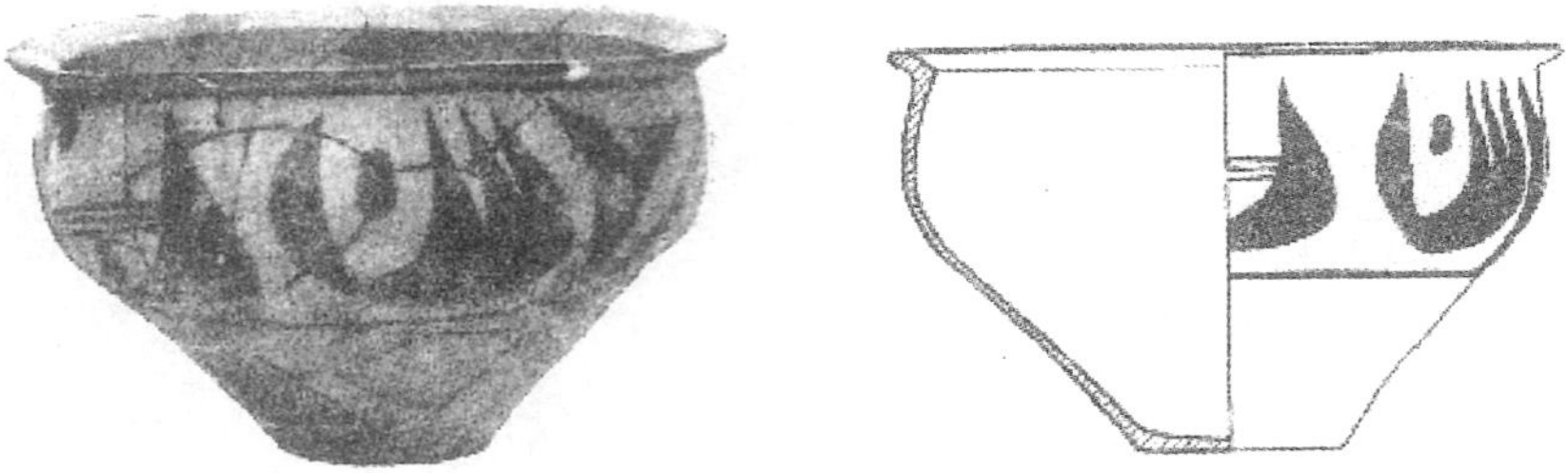

【図4—19】　廟底溝遺跡の火形紋様の彩陶盆（中国科学院考古研究所『廟底溝与三里橋』）

豫中地区はたんに炎帝族の居住であるのみならず、黄帝族の居住もあるはずである。たとえば、河南省霊宝にある荊山《けいざん》については、『史記』封禅書に、

黄帝は首山《しゅざん》の銅を采《と》り、鼎を荊山の下《もと》に鋳る（黄帝采首山銅、鋳鼎於荊山下）。

とあり、また河南省新鄭については、『帝王世紀』［徐宗元『帝王世紀輯存』巻一。出典は『通鑑外紀』巻一上注引皇甫謐云］に、

新鄭は、古に熊国《ゆうこく》有り、黄帝の都《みやこ》する所なり、国を有熊より受け、軒轅の邱《おか》に居り、故に因りて以て名と為し、又た以て号と為す（新鄭、古有熊国、黄帝之所都、受国於有熊、居軒轅之邱、故因以為名、又以為号）。

とあり、陝西省宝鶏については、『水経』［巻十七］渭水に、

（渭水の）東のかた陳倉県の西を過《す》ぐ（（渭水）東過陳倉県西）。

とあり、注に、

黄帝、陳に都すの言は、此に在り（黄帝都陳言在此）。

とある。『路史』［巻十四後紀五疏仡紀黄帝紀上注引姚睦云］にも黄帝が陳倉に都したとの説がある。つまり仰韶文化半坡期〜廟底溝期に、西は甘粛・隴西より、豫西・晋南をへて、東は豫中にいたる区域は、いずれも姜姓の炎帝族と黄帝族が共同で活動した歴史の舞台であったのである。

トーテム転形は黄河下流域の大汶口文化と龍山文化のなかにも表現がある。大汶口文化で出土した大量の鳥状の陶器上にも太陽紋飾と蛇形紋様がみつかっており、

そのなかには真に迫る蛇のレリーフもあれば、(31) デザイン画・幾何学化した蛇形紋様もある。(32) 大量の鳥状陶器（図4—20）は、先史の東夷人のなかに遍在する鳥トーテムと関連しうるようである。一方、蛇形の図案も、『左伝』昭公十七年所載の「大皞氏《だいこうし》は龍を以て紀す。故に龍師と為りて龍もて名づく（「大皞氏」以龍紀、故為龍師而龍名）(33)」の大皞氏と、蛇を徽号とする蚩尤部落と、一致しうるようである。(34) 大汶口文化より山東龍山文化へ発展したのち、時代の流行にはあきらかな変化がある。まず蛇トーテムの表象がみえなくなった。つぎに、「鷙鳥形足」(35) の鼎が流行し（図4—21）、新しい時代的風貌を形成している。

先史東夷族の、大汶口文化で表現されている鳥・蛇などの崇拝は、もともとこれをトーテム祖先とする氏族部落にとっては、とうぜんトーテム崇拝の意味をもっている。しかし、かかる崇拝物は、大汶口文化の分布にともなって、普遍的なものとなっている。その点をふまえると、それらは少なくとも、当時の多くの氏族部落内核心的部落の崇拝物をともなっていたことを物語る。部落群全体ないし東夷族全体の代表物となる以上、もちろん専門的なトーテム物のみとつながることはできず、その引伸義をみいださねばならない。大汶口～龍山に崇拝の流行は一変し、蛇トーテムの表象は消失し、鷙鳥を崇拝する現象が突出する。かかる時代の流行の相異は、ある意味では、各部落や部族勢力の消長の反映にちがいない。

先史における東夷族の発展史上、大汶口文化期に相当するのはだいたい大皞—蚩尤時代である。山東龍山文化期に相当するのは少皞—有虞舜時代である。前者は中国の西部と中原地区の「炎黄時代」と対応する。後者は中原の「顓頊—大禹時代」と一致する。(36) もちろん少皞は黄帝・顓頊の両時代に跨がるはずである。『逸周書』嘗麦解によれば、炎黄が連合して蚩尤をとらえて殺したのち、

乃ち少昊に命じて司馬鳥師《しばちょうし》を清《きよ》くせしめ、以て五帝の官を正し、故に名づけて質と曰う（乃命少昊清司馬鳥師、

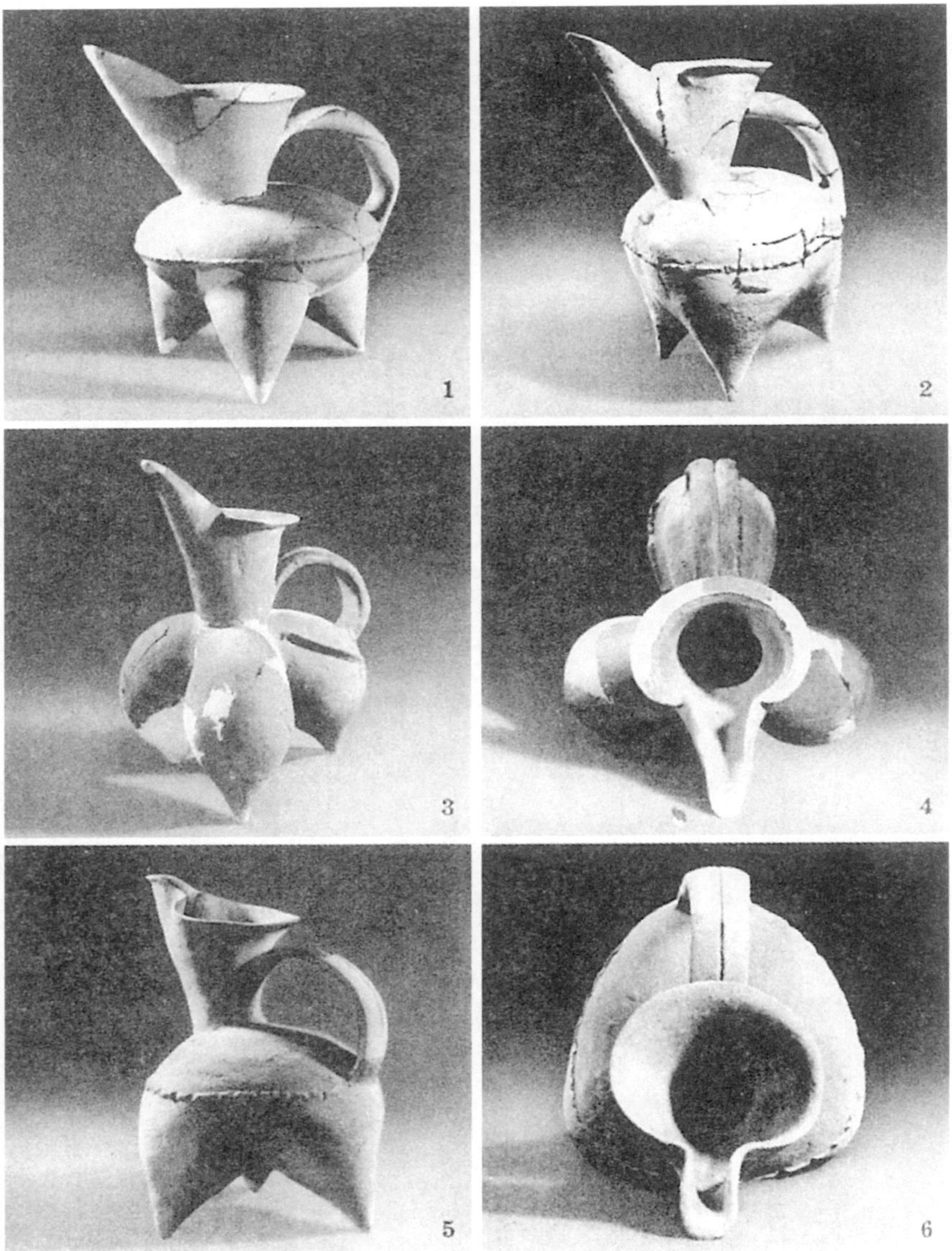

【図 4 —20】　大汶口遺跡出土の鳥状陶鬹（山東省文物管理処等『大汶口』）

【図４―21】　山東省茌平教場鋪遺跡出土の鳥形足をもつ陶鼎（中国社会科学院考古研究所『考古中華』）

以正五帝之官、故名曰質）。

とあり、こののち、

天は用て大いに成り、今に至るまで乱れず（天用大成、至於今不乱）。

とあり、東夷内部にはもはや統師を代わる者はいなかった。少昊質は、『左伝』昭公十七年では「少皡摯」に作り、摯は鷙と通ずる。その属性が「鳥に紀し、鳥師と為りて鳥もて名づく（紀於鳥、為鳥師而鳥名）」『左伝』昭公十七年」である以上、その本字は「鷙」に作るはずで、「摯」ではなく、ましてや「質」ではないはずである。質と摯はのちの同音仮借字である。

先史の東夷族が少皡鷙時代後期に入ると、少皡鷙とその部落は、東夷族全体のなかで統師の地位を占め、『左伝』昭公十七年のいわゆる少皡部落群の祖神（鷙鳥）は族全体の保護神に昇進し、べつの部落の崇拝を受けるようにもなったのであろう。これと同時に、東夷族共同体は社会の発展過程でさらなる発展をも得たであろう。東夷族の自我意識は徐々に強まり、ゆえにこの少皞部落に由来する鷙鳥祖神は、少皞鷙に代表される少皞部落群の地位が上昇するのにともない、東夷族全体の保護神となるだけでなく、本族を団結・維持するための象徴物ともなり、他の部落集団と区別される徽号となったのであろう。ゆえに、かかる非実用的な「鷙鳥形」の鼎足が龍山時代全体で一世を風靡し、時代的な特徴・流行がかくも顕著となった歴史的背景は、ここにあったのである。

トーテム転形によって、一種もしくはいくつかのトーテム崇拝物は、より多くの内包を与えられたのち、空間的範囲のうえで拡大することができた。かかる空間的範囲の拡大は、神権の拡大であり、それはすでに聚落の制約を受けておらず、部落集団もしくは部族内の精神文化を維持するための重要な方式となる。神権は先史権力システムの重要な構成要素で、原始宗教の社会性の影響を受ける。そして先史原始宗教の変化にともない、先史の神権の空間的範囲も不断に拡張する。これは、先史権力システムの進化の重要な側面である。

4　紅山文化の神権——聚落の範囲を超えて広がる神権

中国先史社会、とくに中心聚落形態段階において、原始宗教的神権が聚落空間範囲を突破したもっとも顕著な例は、紅山文化における宗教的聖地の建設である。

第二章でのべたように、紅山《こうざん》文化には二つの大きな祭祀センターがある。一つは遼寧省凌源市牛《ぎゅう》河《が》梁《りょう》遺跡群、もう一つは遼寧省喀左県東山嘴《とうざんし》祭祀遺跡である。遼寧省凌源市牛河梁遺跡群はもっとも著名で、遼西と内モンゴル東部の虎魯児虎《ヌールーアルフー》山丘陵地帯にあり、約五〇㎢の範囲内に四十余の遺跡が分布し、みな宗教と関係している。これら宗教祭祀と墓の遺跡は、配置上は女神廟（図4—22）を中心とし、女神廟北部には石積みの壁で囲まれた巨大な平台があり、女神廟西南の関山地方には大型祭壇があり、女神廟両側付近には多くの積石塚《つみいしづか》が分布している（図4—23）。このよう

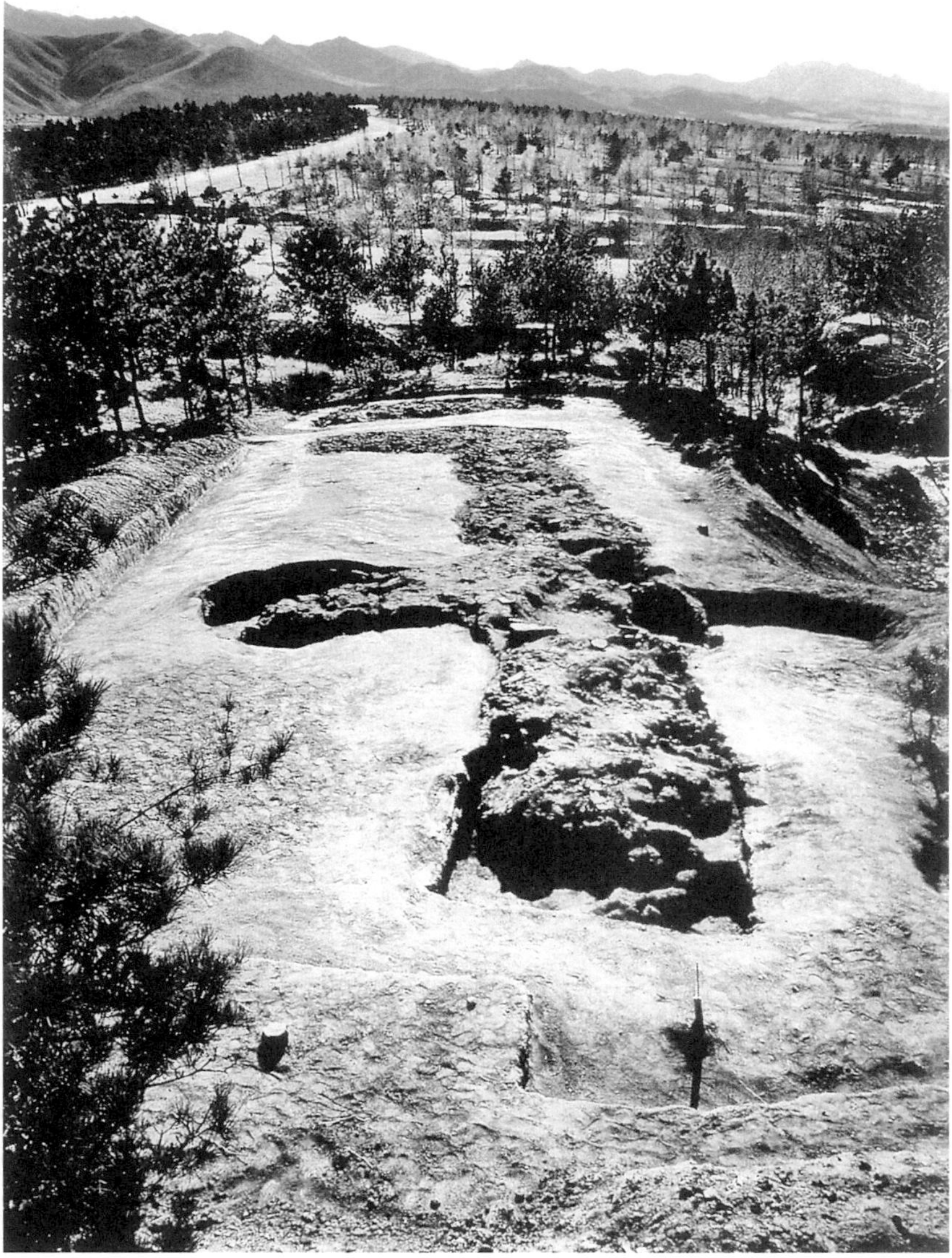

【図４―22】　牛河梁女神廟遺跡（中国国家博物館『文物中国史・史前時代』）

に、女神廟を中心に、周囲五〇㎢の宗教聖地が形成されているのである。紅山文化のもう一つの重要な宗教活動場所（遼寧省喀左県東山嘴祭祀遺跡）は、二つの部分に分けられる。当該遺跡北部では、中間に大きな細長い石を建てている石積みの「大型方形基址」があり、石を社主《しゃしゅ》とする社壇《しゃだん》遺跡である。当該遺跡南部には、石積みの円形の台があり、祭天《さいてん》の祭壇である。そして山麓の突端全体はべつの特色をもつ公共活動の宗教場所を構成している。

この二つの大きな祭祀センターの規模からみて、住居より遠く離れて専門的に造営された独立の廟と祭壇は、規模のかくも巨大な祭祀センターを形成しており、けっしてある一聚落や一氏族の造営しうるものではなく、一部落の範囲をも超えており、部族の宗教祭祀センターであるにちがいない。よって、かかる二大祭祀センターの規模と占有地面積は、ここでの原始宗教神権が聚落と氏族の空間的範囲の限界を大きく突破していたことを物語る。これはまた、紅山文化の原始宗教的神権が強大なもので、神権が強大で神が強力であるがゆえに、紅山文化で玉器が発達したのであるということをも物語っている。

二大祭祀センターが展開している宗教体系よりみて、紅山文化には発達した祖先崇拝があり、社神（土地の神）・天神や、龍蛇・熊獣・鳥禽などの動物神の崇拝もある。ここでの祖先崇拝は、女神廟と積石塚の二つの構成要素よりなるものである。女神廟内の泥塑の女神像は、ほんものの人間の二、三倍を越える塑像か、それとも本物の人間の大きさに近い塑像かはともかく、遠古の祖先のイメージに近いはずであり、遠祖とよびうる。一方、積石塚の墓主は、時を経ずに亡くなった酋長で、近祖とよびうる。遠祖は女性で、近祖はおもに男性である。

ちなみに、単純首長制社会（フリードのいう「階等社会」、つまりパウル・キルヒホフが「円錐形氏族」とよぶ氏族―部落社会）の成員一人一人の地位は、その者と直系始祖とのあいだの血縁関係の距離によって決まり、高貴な血統の者と氏族―部落祖先の関係はもっとも近い。このように分類されたいわゆる階等は、あきらかに祖先崇拝を前提とするもの

【図４―23】　遼寧建平牛河梁遺跡積石塚（中国国家博物館『文物中国史・史前時代』）

である。そののち、父権の強化と不平等の発展にともない、血縁的な身分地位のうえに、また経済的不平等が加わり、社会にほんとうの分層が出現した。そして社会の複雑化が深まり、社会も単純首長制から複雑首長制へ発展した。かかる発展過程のなかで、祖先崇拝も発展する。この段階の祖先崇拝は、二つの面で発展するはずである。第一に、遠祖と始祖にたいする祭祀がしだいに集中し、それによって最高級の中心聚落と最高酋長の宗教祭祀上の権威性、そしてその始祖と遠祖にたいする祭祀権の独占が形成される。第二に、祭祀の規模と場面が大きくなり、かつ若干の典礼と儀式を形成するであろう。

五五〇〇年前～五〇〇〇年前の紅山文化晩期の東山嘴・牛河梁遺跡群の社会の発展段階、つまり社会の複雑化の程度は、複雑首長制に相当し、全体部族の始祖と遠古祖先にたいする盛大な祭祀は、女神廟に集中しておこなわれる。各聚落よりみて、過去の各聚落の分散的な、始祖と遠祖にたいする祭祀は、ここではすでに相当程度集中している。最高酋長と彼のいる最高級の中心聚落よりみて、宗教的神権はすでに完全に聚落の空間的制約を突破しており、宗教の社会性と祭祀の集中性は、ここで高度な統一を達成している。かかる弁証法的統一は、事物の発展の弁証法を体現したものである。

東山嘴の社壇と天壇は自然崇拝のものである。社壇は石積みの大型方形建築基址で、方形基址の中間に大きな、頂きがとがり、底部が平らに加工された円錐状の細長い石が立てられ、これは石を社主とする石社である。方形基址の外にはまた、一つのさらに大きい石の四角い囲みが覆っており、あまり高くない石の垣根を形づくっており、屋根はない。この中間には細長く石を立てた方形の祭壇が社壇をなしており、これは第二章ですでに論述したとおりである。周代の二次形態の社崇拝とくらべ、東山嘴の社壇は原生形態に属し、このときの「社祭土」は土地の生殖能力を祭祀し、社神は土地と生殖の自然属性以外に、周代のようには農業生産と関係がなく、多くの社会的属性を有していない。

しかし宗教祭祀の社会的側面では、中心聚落形態段階の東山嘴の社壇と商周社会の社壇は、継承関係にあるものである。たとえば、周代には王社と侯社があり、王社は大社ともよばれ、鄭玄の説によれば「王、群姓の為に立つる所（王為群姓所立）」の社であり、これは王国内の国社である。侯社とは諸侯国内の国社である。かりに、祖先崇拝が反映しているものが血縁関係と異なるとすると、社崇拝が反映しているのは、人びとの地域関係と社会関係で、社神の宗教権威はさらに宗教の社会性を体現しうることになる。祭天の天壇もこのようであり、幅広い社会性をもつ。これより、遠くの居住地に専門に大型の社壇と天壇を造営することは、とうぜん全部族が良好な気候と五穀豊穰を祈願するためで、それは大きな社会的公衆性をそなえ、かような神権が聚落の空間的制約を突破するのもあたりまえであったと考えられる。紅山文化後期における神権の集中と聚落空間の突破は、その社会の複雑化や、発達した中心聚落形態（複雑首長制の社会形態に相当）と、一致していなければならず、しかもそれはかかる社会類型の権力の特徴でもあるのである。

第二節　先史時代の権力にたいする戦争の影響

戦争の国家形成過程における作用については、国内外の多くの研究者がみな論じたことのあるもので、筆者もいくらか研究をしたことがある。(37)筆者はけっしてロバート・カルネイロ［Robert L. Carneiro］、マルコム・ウェッブ［Malcolm Webb］、デヴィッド・ウェブスター［David Webster］らの主張する、国家が戦争という単一の要素に由来するとの説には賛成しないが、(38)先史時代における権力の生長過程において戦争が重要なメカニズムであって、強力な促進作用を発揮したことは確かである。ここではまず中国先史社会の戦争の証拠から説き起こそう。

1　先史時代における戦争の考古学的証拠

先史社会における戦争の証拠としては、考古学の材料もあれば、古史伝説の材料もある。考古学的に発見された先史時代の城址の、高く大きく広く分厚い城壁の造営は、軍事防御の目的より生まれたものである。そのうち、年代が比較的早めの古城は、南方では、六〇〇〇年前～五五〇〇年前に建てられはじめた大渓文化期の湖南省澧県城頭山城址である(39)。北方には、中原地区に五三〇〇年前に建てられはじめた仰韶文化中晩期の河南省鄭州西山城址がある(40)。山東省地区には大汶口文化晩期（すなわち五〇〇〇年前前後）に属する滕州西康留城址(41)・五蓮丹土城址がある(42)。ちかごろ安徽省固鎮県濠城鎮垓下遺跡でも大汶口文化晩期城址がみつかっている(43)。これらはみな中心聚落形態時期の城址に属する。そののち、五〇〇〇年前～四七〇〇年前の屈家嶺文化期になると、新しく建てられた古城があり、たとえば湖南省澧県鶏叫城城址(44)・湖北省江陵陰湘城(45)・石首走馬嶺城址(46)・荊門馬家垸（院）城址(47)・公安鶏鳴城址などである(48)。大渓文化期に建てられた古城の基礎上にも、いくどかの修築をへて継続的に使用されているものがあり、たとえば澧県城頭山城址は大渓文化期に造営されたのち、屈家嶺文化期に城壁が広く高くされ、塹壕も広く深くされ、継続的に使用された。五〇〇〇年前～四〇〇〇年前の広義の龍山時代（とくに四六〇〇年前～四〇〇〇年前の狭義の龍山時代(49)）になると、黄河中・下流域と長江中・下流域、そして内蒙古中南部河套地区ではいずれも普遍的に城邑が造営されている。まとめると、中国先史古城の総数は約七十余基で、そのうち南方石家河文化期の古城は、屈家嶺文化期に建てられた基礎のうえに、継続して拡張・造営されて使用されているものもあれば、かなり多く新しく建てられたものもある。狭義の龍山文化時代（前二六〇〇年～前二〇〇〇年）においては、山西省襄汾陶寺(50)・河南省登封市告成鎮王城崗(51)・新密市古城寨(52)・輝県孟荘(53)・淮陽大朱荘平糧台(54)・山東省章丘城子崖(55)・日照両城鎮(56)・湖北省天門石家河(57)・四川省新津宝墩(58)・浙江省杭州余杭莫角山などの古城が、(59)みな著名なものである。

城邑のほかに、考古学的な発見のなかには、戦争で死んだ人の骨もある。たとえば江蘇省邳県大墩子墓地では矢傷のある骨がみつかっており、矢じりが足の骨に埋め込まれている。山西省絳県遺跡でも矢じりのある人骨がみつかっている。陝西省宝鶏北首嶺・湖北省房県七里河・青海省民和県陽山・貴南県尕馬台などの遺跡ではみな頭蓋骨のない墓がある。宝鶏北首嶺は仰韶初期に属し、その墓の編号は77M17で、墓主は頭蓋骨を失っており、代わりに尖底陶罐が置かれている。(60)尕馬台は斉家文化の墓地で、墓地からは斬首され頭蓋骨のない墓六基がみつかっている。そのうち、成人男女合葬墓は二基、成人女性合葬墓は一基、成人女性単人葬は二基、成人女性と子供の合葬墓は一基である。各墓主は装飾品の骨珠・小石片などを身に帯びている。すべては墓地の東北のすみに埋葬されている。ある研究者はこう指摘している。これは敵対部落が戦争中にこの部落の成員の頭を切りとり、本村落の正常な死亡者と区別するため、それら被斬首者の身体を本族墓地の東北のすみに埋葬したのである、と。(61)このほかに、尹家城龍山文化第一期の一部の家屋からは、さまざまな数の人骨がみつかり、同時に比較的多くの陶器・石器などの遺物も存在している。異なる家屋内から出土した同類の器物の形態は完全に、もしくは基本に同じで、これら家屋がともに短時間内で破壊や遺棄されたことを物語る。九基の家屋のうち、四基から人骨がみつかり、計六人である。そのなかの五人を鑑定したところ、老人が一名、十三歳以下の児童が四名で、もっとも幼い者は五歳前後にすぎない。五組の人骨は身体と首が別々の場所にあり、たとえば二〇五号家屋内の高齢者の人骨は、頭が家屋中部に、身体が西壁南部の下にあり、下肢を欠いている。またたとえば二〇四号家屋の児童の骨は、頭が北側中部に、身体がその東北にあり、〇・六m離れている。発掘者は、これらの現象が起こる直接的原因は部落戦争のはずで、成年の者が外出しているすきに村落が襲撃された結果である可能性があると考えている。(62)

第三章ですでに指摘したように、考古発掘で出土した殉葬者・殺人祭祀対象者・人身御供対象者・乱葬坑内の人骨などはみな「戦争捕虜より転化してきたもの」である。とくに城壁や家屋を修築するときには人柱として人身御供が用いられ、ある者はさらに頭蓋骨を切り取られた。邯鄲澗溝の二基の半地穴式の掘っ立て小屋で発見された四組の人の頭蓋骨はみな、頭皮が剝ぎ取られていた。「乱葬坑」ではこうした捕虜の遺体はしばしば完全でなく、あるいは身体と頭が別々のところにあり、ブタやイヌのたぐいの獣骨と同伴しているものもある。これらはみな、戦争の残酷さと、戦争捕虜にたいする残忍さをはっきりとしめしている。

2　先史時代における戦争の文献的証拠

古史伝説よりみて、黄帝を端緒とする五帝の時期は、族群間の衝突と戦争に満ちている。『史記』五帝本紀には、軒轅の時、神農氏の世衰う。諸侯相い侵し伐ち、百姓を暴虐し、而して神農氏は征する能わず。是に於いて軒轅は乃ち干戈を用うることを習い、以て不享《ふきょう》を征し、諸侯咸《み》な来りて賓従《ひんじゅう》す。而して蚩尤最も暴を為すも、能く伐つもの莫し。炎帝は諸侯を侵陵《しんりょう》せんと欲し、諸侯は咸な軒轅に帰す。軒轅は乃ち徳を修め兵を振《ととの》え……熊・羆・貔《ひ》・貅《きゅう》・貙《ちゅ》・虎に教え、以て炎帝と阪泉《はんせん》の野に戦う。三たび戦いて、然る後に其の志を得。蚩尤乱を作し、帝の命を用いず。是に於いて黄帝乃ち師を諸侯に徴し、蚩尤と涿鹿の野に戦い、遂に蚩尤を擒殺《きんさつ》す。而して諸侯は咸な軒轅を尊びて天子と為す（軒轅之時、神農氏世衰。諸侯相侵伐、暴虐百姓、而神農氏弗能征。於是軒轅乃習用干戈、以征不享、諸侯咸来賓従。而蚩尤最為暴、莫能伐。炎帝欲侵陵諸侯、諸侯咸帰軒轅。軒轅乃修徳振兵……教熊・羆・貔・貅・貙・虎、以与炎帝戦於阪泉之野。三戦、然後得其志。蚩尤作乱、不用帝命。於是黄帝乃徴師諸侯、与蚩尤戦於涿鹿之野、遂擒殺蚩尤。而諸侯咸尊軒轅為天子）。

とある。

ここでは、炎帝と黄帝の阪泉の戦いが記載されているだけでなく、蚩尤と黄帝の涿鹿の戦いも記載されている。これは、伝説時期の広く伝わっている二つの戦争で、ゆえに他の文献の記載にもみえる。たとえば『国語』晋語四には、

昔少典氏は有蟜氏に娶りて、黄帝・炎帝を生む。黄帝は姫水を以て成り、炎帝は姜水を以て成る。成りて徳を異にし、故に黄帝は姫と為り、炎帝は姜と為る。二帝は師を用いて以て相い済《ほろ》ぼすは、徳を異にするが故なり（昔少典氏娶於有蟜氏、生黄帝・炎帝。黄帝以姫水成、炎帝以姜水成。成而異徳、故黄帝為姫、炎帝為姜。二帝用師以相済也、異徳之故也）。

とあり、韋昭注には、

済は当に擠に為るべし。擠は、滅なり。『伝』に曰く「黄帝は阪泉に戦う」と（済当為擠。擠、滅也。『伝』曰「黄帝戦於阪泉」）。

とあり、『左伝』僖公二十五年にも、

黄帝の阪泉に戦うの兆に遇う（遇黄帝戦于阪泉之兆）。

という説がある。黄帝と炎帝は阪泉で「三たび戦いて、然る後に其の志を得（三戦、然後得其志）」たとされ、これは黄帝が勝利を得るのが容易でなかったことを物語る。

涿鹿之戦は、『逸周書』嘗麦解の記載がよりはっきりとしている。

昔、天の初まるや、誕《う》みて二后を作《な》し、乃ち設《の》べて典を建てしめ、赤帝に命じて正《まつりごと》を二卿を分かたしめ、蚩尤に命じて于《ゆ》きて少昊を宇《たす》けしめ、以て四方に臨み、司□□上天未成之慶。蚩尤は乃ち帝を逐わんとし、涿鹿の河に争い、九隅に遺無し。赤帝大いに懾《おそ》れ、乃ち黄帝に説《のが》れ、蚩尤を執え、之を中冀に殺し、甲兵を以て怒を釈《と》く。

大正を用いて天に順い序を思い、大帝に紀す。用て之を名づけて絶轡の野と曰う。乃ち少昊に命じて司馬鳥師を清くせしめ、以て五帝の官を正し、故に名づけて質と曰う。天は用て大いに成り、今に至るまで乱れず（昔天之初、誕作二后、乃設建典、命赤帝分正二卿、命蚩尤于宇少昊、以臨四方、司□□上天未成之慶。蚩尤乃逐帝、争於涿鹿之河、九隅無遺。赤帝大懾、乃説於黄帝、執蚩尤、殺之于中冀。以甲兵釈怒。用大正順天思序、紀於大帝、用名之曰絶轡之野。乃命少昊清司馬鳥師、以正五帝之官、故名曰質。天用大成、至於今不乱）。

ここでの赤帝とは炎帝である。この記載よりつぎの点がみてとれる。すなわち涿鹿の戦いでは、蚩尤の最初の侵入によって、炎帝族の活動地区では炎帝族が「九隅に遺無し（九隅無遺）」という結果になり、黄帝に助けを求めざるをえなくなり、黄帝と蚩尤の大戦が引き起こされた。『山海経』大荒北経によれば、このときの戦争の持続時間は長く、しかも苦難に満ちたものであった。『山海経』大荒北経には、

人有り、青衣を衣《き》る、名づけて黄帝の女魃《じょばつ》と曰う。蚩尤、兵を作りて黄帝を伐《う》つ、黄帝乃ち応龍をしてこれを冀州の野に攻めしむ。応龍は水を畜《たくわ》え、蚩尤は風伯・雨師に請い、大風雨を縦《はな》つ。黄帝は乃ち天女の魃と曰うを下す、雨止み、遂に蚩尤を殺す。魃は復た上るを得ず、居る所雨ふらず（有人衣青衣、名曰黄帝女魃。蚩尤作兵伐黄帝、黄帝乃令応龍攻之冀州之野。応龍畜水、蚩尤請風伯雨師、縦大風雨。黄帝乃下天女曰魃、雨止、遂殺蚩尤。魃不得復上、所居不雨）。

とある。上古時期の人の考えでは、人と人との戦い・族と族との戦いは、神と神との戦いでもある。たとえば殷墟卜辞にはこのような占卜がある。

乙亥卜、㱿貞、雀有作禍。乙亥卜、㱿貞、雀亡作禍（『甲骨文合集』6577）。

恵乎令沚蚩（害）羌方。七月（『甲骨文合集』6623）。

卜辞中の「雀」と「沚」はみな商王朝の属国で、伝えられるところによれば、雀は河南省温県に、(63) 沚は商の西北の方角にある。一番目の卜辞では、雀に災いがあるか否かを卜問しているが、目的語を欠いており、誰に災いがあるかはわからない。二番目の卜辞は、沚に羌方を祟らせるか否かを卜問した記録である。これらの災いはもちろん各族の神によって起こされるもので、各族の神が敵に災いをなす。(64) よって『山海経』大荒北経では、応龍と女魃がいずれも天神で、黄帝はその者たちに命じて仕事をさせることができる。古代人の観念では、彼らの首領である黄帝は神と通じる威力があり、蚩尤も風伯・雨師に依頼をして大いに風雨を起こさせる能力をもつ。涿鹿の戦いの規模は大きく、時間も長い。おそらく戦争の最初は雨季で、黄帝はもとより「応龍は水を畜え（応龍畜水）」〔『山海経』大荒北経〕る法術によって蚩尤族を水没させようとしたのであるが、蚩尤族は恐れないばかりでなく、大規模な風雨のなかでよく戦った。のちに雨がやみ、乾期に入ると、黄帝は蚩尤に勝利したが、華北地区は長期にわたって日照りになり、古代人は、これは「魃は復た上るを得ず、居る所雨ふらず（魃不得複上、所居不雨）」〔『山海経』大荒北経〕のせいであると考えたのである。

阪泉・涿鹿での大戦後、炎帝族系統の共工氏と顓頊族には激烈な衝突が発生した。『淮南子』天文訓には、

昔者、共工は顓頊と帝為らんことを争い、怒りて不周《ふしゅう》の山に触《ふ》る、天柱《てんちゅう》折れ、地維《ちい》絶《た》う。天は西北に傾く。故に日月星辰《じつげつせいしん》移る。地は東南に満たず、故に水潦塵埃《すいりょうじんあい》帰《き》す（昔者共工与顓頊争為帝、怒而触不周之山、天柱折、地維絶。天傾西北、故日月星辰移焉。地不満東南、故水潦塵埃帰焉）。

とある。この神話式の思考においては、共工氏に助けを借りるという故事によって、天空日月星辰の移動と、中国の地勢が西北高・東南低であることによる水系の流れを解釈している。しかし故事の核心は、共工と顓頊が帝となろうと争って起こった戦争の衝突である。『淮南子』兵略訓にも、

顓頊は嘗て共工と争う……共工は水害を為す、故に顓頊は之を誅す（顓頊嘗与共工争矣……共工為水害、故顓頊誅之）。

とあり、『楚辞』天問には、

康回《こうかい》［共工氏］馮《さかん》に怒る、地何《ち》の故に東南を以て傾く（康回馮怒、墜（地）何故以東南傾）。

とあり、やはりこの故事を説明している。顓頊以外に、共工と帝嚳高辛氏、唐堯と禹にも衝突が発生したことがある。『史記』楚世家には、

共工氏、乱を作すや、帝嚳は重黎をして之を誅せしむるも尽《つく》さず（共工氏作乱、帝嚳使重黎誅之而不尽）。

とあり、『淮南子』原道訓にも

（共工は）高辛《こうしん》と帝と為らんことを争い、遂に淵に潜《しず》み、宗族は残滅《ざんめつ》し、継嗣《けいし》は祀を絶つ（（共工）与高辛争為帝、遂潜于淵、宗族残滅、継嗣絶祀）。

とあり、『逸周書』史記篇には、

久しく重位を空しうする者は危なり。昔、共工有りて自ら賢とし、自ら以て臣無しとし、久しく大官を空しうせば、下官は交々乱れ、民、附する所無く、唐氏之を伐ち、共工以て亡ぶ（久空重位者危。昔有共工自賢、自以無臣、久空大官、下官交乱、民無所附、唐氏伐之、共工以亡）。

とあり、『荀子』議兵篇には、

是を以て堯は驩兜を伐ち、舜は有苗を伐ち、禹は共工を伐ち、湯は有夏を伐ち、文王は崇を伐ち、武王は紂を伐つ。此の四帝・両王は、皆な仁義の兵を以て天下に行なう（是以堯伐驩兜、舜伐有苗、禹伐共工、湯伐有夏、文王伐崇、武王伐紂。此四帝両王、皆以仁義之兵行於天下也）。

とあり、『荀子』成相篇にも

禹……共工を逐《お》い……（禹……逐共工〔……〕）。

とある。

顓頊～尭舜禹期に、共工族は盟主の地位を争って、いつも他の比較的強い族邦と抗争している。じっさいに共工氏は当時一つの大族・強族でもあった。『国語』魯語上には、

共工氏の九有《きゅうゆう》に伯《は》たるや、其の子を后土《こうど》と曰い、能く九土を平《たいら》ぐ、故に祀《まつ》りて以て社と為す（共工氏伯九有也、其子曰后土、能平九土、故祀以為社）。

とあり、『山海経』大荒北経にも、

共工の臣は名づけて相繇《しょうよう》と曰う、九首《きゅうしゅ》、蛇身《だしん》、自ら環《めぐ》り、九土に食《くら》う（共工之臣名曰相繇、九首、蛇身、自環、食于九土。『山海経』海外北経にも同様の記載があり、「九土」を「九山」に作る）。

とある。これらの異なる来源の先秦時代の古籍は一斉に、共工氏は九有に伯（霸）をとなえ、九土を平らげ、九山の域で活動したとのべている。この九土・九山は、『礼記』祭法の作者は「九州」だとする。

共工氏の九有に霸たるや、其の子を后土と曰い、能く九土を平ぐ、故に祀りて以て社と為す（共工氏之霸九州也、其子曰后土、能平九州、故祀以為社）。

ただし、この「九州」は、戦国秦漢時代の大一統思想と大一統疆域の出現以後にしだいに形成された幅広く全中国をさす「九州」ではなく、春秋時期と春秋以前におけるたんなる特定の一区域にすぎない。その核心地区はだいたい、西は陝西の秦嶺から、北は晉南、東は河南中部の嵩山、南は豫西の南までである。(65) ともかく、共工氏はひとたび「九州」の霸主となったのであり、のちの「四岳国」とその分支である斉・呂・申・許の四つの姜姓国はその後裔なのである。(66)

尭の時期に、尭は共工と戦うだけでなく、驩兜・苗蛮・猰貐・鑿歯・九嬰・大風・封豨・修蛇などの部族とも戦争をしたことがある。『荀子』議兵篇・『戦国策』秦策にはみな、

尭は驩兜を伐つ（尭伐驩兜）。

とある。驩兜はまた「讙頭」・「驩朱」などとよばれ、多くの研究者は南方部落であると考えている。『山海経』海外南経にも、

讙頭国《かんとうこく》、其の南に在り、其の為人《ひととなり》は人面にして翼有り、鳥喙《ちょうかい》にして、方《まさ》に魚を捕う。一に曰く、畢方《ひっぽう》の東に在り。或いは驩朱国《かんしゅこく》と曰う、と（讙頭国在其南、其為人人面有翼、鳥喙、方捕魚。一曰在畢方東。或曰驩朱国）。

とあり、郭璞の注に、

讙兜は、尭臣、罪有りて、自ら南海に投じて死す。帝、之を憐れみ、其の子をして南海に居りて之を祠らしむ（讙兜、尭臣、有罪、自投南海而死。帝憐之、使其子居南海而祠之）。

とある。じっさいには歡兜族はもともと北方部族で、北方から南方へいったものである。たとえば『山海経』大荒北経には、

顓頊は讙頭を生み、讙頭は苗民を生み、苗民は釐《り》姓（顓頊生讙頭、讙頭生苗民、苗民釐姓）。

とある。つまり讙頭という部落は顓頊族より派生してくるものであり、讙頭部落は南方にいったのち、南方の苗民のなかに溶けこみ、それによって一部分の苗民がやはり讙頭の部落に出自するようになるのである。清の鄒漢勛《すうかんくん》以来、童書業《どうしょぎょう》らの研究者は、驩兜や讙頭こそが尭に誅殺された不肖の子の丹朱であるとしている。(67) 尭が丹朱を討伐することは、南蛮を討伐することとつながっているものである。『荘子』盗跖篇には、

尭は長子を殺す（尭殺長子）。

とあり、『韓非子』説疑には、

其れ記に在りて曰く、堯に丹朱有りて、舜に商均有り、啓に五観有り、商に太甲有り、武王に管蔡有り、と。五王の誅する所は、皆な父兄子弟の親なり（其在記曰、堯有丹朱、而舜有商均、啓有五観、商有太甲、武王有管蔡。五王之所誅者、皆父兄子弟之親也）。

とあり、『今本竹書紀年』〔巻上帝堯陶唐氏〕には、

五十八年、帝は后稷をして帝子の朱を丹水に放せしむ（〔五十八年、帝使后稷〕放帝子朱于丹水）。

とあり、『論衡』儒増篇には、

堯の丹水に伐ち、舜の有苗を征し〔……は刑兵設け用いたればなり〕（堯伐丹水、舜征有苗〔……刑兵設用〕）。

とあり、『論衡』恢国篇には、

黄帝に涿鹿の戦有り、堯に丹水の師《いくさ》有り、舜の時に有苗服せず、夏啓に有扈《ゆうこ》叛逆し……（黄帝有涿鹿之戦、堯有丹水之師、舜時有苗不服、夏啓有扈叛逆……）。

とあり、また『呂氏春秋』召類篇には、

堯は丹水の浦に戦いて、以て南蛮を服し……（堯戦於丹水之浦、以服南蛮……。『淮南子』兵略訓と同じ）。

とある。この丹水は、現在の丹江で、漢水の北の支流であり、南北交通をむすぶ重要な枢軸である。『呂氏春秋』召類篇と『淮南子』兵略訓の説明は信じうるもので、堯が丹朱を討伐するときは、苗蛮と一緒に征伐しているのである。

堯と鑿歯《さくし》らの戦争は『淮南子』本経訓にみえる。

堯の時に至るに逮《およ》びて、十日并《なら》び出でて、禾稼《かか》を焦《こ》がし、草木を殺《から》して、民、食する所無く。猰貐《あつゆ》・鑿歯・九嬰《きゅうえい》・大風・封豨《ほうき》・修蛇《しゅうじゃ》、皆な民の害を為す。堯は乃ち羿をして鑿歯を疇華《ちゅうか》の野に誅し、九嬰を凶水の上《ほとり》に殺し、大

風を青丘の沢《たく》に繳《しゃく》し、上は十日を射、下は猰貐を殺し、修蛇を洞庭に断《き》り、猰貐を桑林に禽《とりこ》にせしめ、万民皆な喜び、堯を置きて以て天子と為し、是に於いて天下の広狭険易遠近《こうきょうけんえきえんきん》、始めて道里有り（［逮至］堯之時、十日并出、焦禾稼、殺草木、而民無所食。猰貐・鑿歯・九嬰・大風・封豨・修蛇、皆為民害。堯乃使羿誅鑿歯於疇華之野、殺九嬰於凶水之上、繳大風於青丘之沢、上射十日而下殺猰貐、断修蛇於洞庭、禽猰貐於桑林、万民皆喜、置堯以為天子、於是天下広狭険易遠近、始有道里）。

ここでいう「十日并出」について、ある研究者は「十ばかりの部落の首領が同時に王を称することである」(68)とする。「鑿歯」は、『淮南子』墜形訓に「鑿歯《さくし》民」とあり、『山海経』大荒南経に、

人有りて鑿歯と曰う、羿、之を殺す（有人曰鑿歯、羿殺之）。

とある。ここでいっているのは、抜牙習俗が流行している民族である。大汶口文化ではこの風俗が流行し、湖北省の屈家嶺文化と石家河文化でも抜牙の風俗があり、広東省・福建省ないし台湾の遺跡でもみな抜牙された人骨サンプルがみつかっており、大きい族系から分けると、「大汶口文化の住民が代表している古夷人族系以外に、少なくともさらに三つの族系で抜歯の風俗が流行し、それこそ長江中流域の古荊蛮族系とその一部の後裔、東南地区の古越人族系とその一部の後裔、そして雲南辺境のおおよそ孟高棉《モンクメール》語族に属する濮人」である。堯が夷羿に誅殺させた鑿歯民は「古夷人族系」(69)に属する。このほかに、伝えられるところによれば、大風はおそらく風夷、修蛇は三苗で、封豨は有仍氏のはずで、あるいは封豕に作り、つまりイノシシで(70)、猰貐・九嬰も野獣をトーテムとする部落である(71)。

舜のときにかんしては、『孟子』万章章句上に、

舜は共工を幽州に流し、驩兜を崇山に放し、三苗を三危に殺し、鯀を羽山に殛す。四罪して天下は咸な服す。不仁を誅すればなり（舜流共工于幽州、放驩兜于崇山、殺三苗于三危、殛鯀于羽山、四罪而天下咸服、誅不仁也）。

とある。そのなかで、舜が三苗を討伐していることにかんしては、『戦国策』秦策(72)・『左伝』昭公元年(73)・『論衡』儒増篇などにもみえる。(74)『呂氏春秋』召類に、

舜は苗民を却《しりぞ》けて、更に其の俗を易え……（舜却苗民、更易其俗〔……〕）。

とある。これより、舜は三苗にたいする戦争をつうじて、三苗の風俗を変えようとさえしたとわかる。伝えられるところでは、舜は深く苗蛮の腹地に入ったために戦場で死し、異郷に葬られた。『淮南子』修務訓には、

舜は……南のかた三苗を征し、道に蒼梧に死す（舜……南征三苗道死蒼梧）。

とある。『国語』魯語上ではこれを「野死」とよび、『礼記』檀弓上と『山海経』大荒南経もみな、舜は「蒼梧之野」に葬られたという。『史記』秦始皇本紀は秦始皇三十七年に出游したとし、

行きて雲夢に至り、望みて虞舜を九疑山に祀る（行至雲夢、望祀虞舜於九疑山）。

とある。というのも、舜が南方蒼梧の野に葬られているからである。『山海経』海内経には、

南方有蒼梧の丘、蒼梧の淵、其の中に九嶷山有り、舜の葬られし所なり、長沙・零陵の界中に在り（南方有蒼梧之丘、蒼梧之淵、其中有九嶷山、舜之所葬、在長沙零陵界中）。

とある。『楚辞』離騒に、

沅湘《げんしょう》を済《わた》りて以て南に征《ゆ》き、重華に就《つい》て詞《ことば》を陳《の》べん（済沅湘以南征兮、就重華而陳詞）。

とある。重華は舜の名で、ここでいっているのも舜の南征のことである。舜が南征をしたとの故事が江南に広く流伝したことは、ここにその一斑がみられる。

禹のときになり、中原の華夏族の三苗にたいする戦争はさらに激烈になる。『墨子』兼愛下引「禹誓」に、

禹曰く、済済《せいせい》たる有衆《ゆうしゅう》、咸《み》な朕《わ》が言を聴け。惟れ小子《しょうし》敢えて行ないて乱を称《あ》ぐるに非ず、蠢《しゅん》たる茲《こ》の有苗、天

の罰を用う。若《ここ》に予《われ》既に爾《なんじ》群封《ぐんぽう》の諸君を率い、以て有苗を征す、と（禹曰、済済有衆、咸聴朕言、非惟小子、敢行称乱、蠢茲有苗、用天之罰、若予既率爾群封諸君、以征有苗）。

とあり、『墨子』非攻下に、

昔者、三苗大いに乱れ、天は命じて之を殛せしむ。日妖宵に出で、血を雨ふらすこと三朝、龍は廟に生じ、犬は市に哭し、夏氷《こお》り、地坼《さ》けて泉に及び、五穀変化し、民は乃ち大いに振《ふる》う。高陽は乃ち禹に玄宮に命ず。禹は親ら天の瑞令《ずいれい》を把《と》り、以て有苗を征す。雷電《らいでん》誖振《ぼっしん》し、神有り人面鳥身、珪を奉げて以て侍し、有苗の祥（将）を搤失せしむ。苗師大いに乱れ、後に乃ち遂に幾《き》す。禹は既已に有三苗に克ち、焉ち山川を歴為《れきい》し、上下を別物し、四極を郷制し、而して神民違わず、天下は乃ち静なり（昔者三苗大乱、天命殛之、日妖宵出、雨血三朝、龍生於廟、犬哭乎市、夏氷、地坼及泉、五穀変化、民乃大振（震）。高陽乃命（禹於）玄宮。禹親把天之瑞令、以征有苗。四（雷）電誖祇〔『墨子間詁』に従って「誖振」に読む〕。有神人面鳥身、若（奉）瑾（珪）以侍。搤失有苗之祥（将）、苗師大乱、後乃遂幾。禹既已克有三苗、焉磨（歴）為山川、別物上下、卿（郷）制大（四）極、而神民不違、天下乃静）。

とある。これも、異常気象・災害性気候発生時に発動した対三苗戦争である。戦いのまえには気勢雄大な必勝の誓いと動員をおこない、禹はみずから全軍の指揮をとり、あわせて玄宮で天の瑞令などを受ける宗教儀式を挙行した。当時はさらに鳥をトーテムとし、東方の神句芒を代表する「人面鳥身」者がおり、玉珪をささげ持って侍している。神の庇護のもと、戦争は大いに全勝を得ることになる。

炎黄両部族が歴史の舞台にのぼって以来、顓頊堯舜禹期までずっと、中国の文明形成史はほとんどひとつの戦争史であった。古史伝説の五帝時代の特徴は考古学的に証拠がえられる。先史の仰韶時代から邦国の林立する龍山時代までは、戦争が連綿とつづき、時にその規模はより大きい。中国の初期国家は、社会に階級分化が出現するさい、最高祭祀の独占・戦争の環境・公的管理事務などの社会的役割のさらなる強化といった要素の共通の作用のもと、諸々の中心聚落形態社会間や、首長制・部族のたぐいの族共同体間の衝突のなかで、生まれるものなのである。

3　戦争の対内的・対外的関係の変化——征服と奴隷

戦争の社会形態の進化と国家成立にたいする影響は、三つの面に分けることができる。外部では、戦争は地区と地区、部族と部族、聚落と聚落のあいだの不平等を激化させ、邦国部落のあいだに臣従貢納型の関係を出現させた。これはつまり、戦争より生じる征服と貢納の対外的関係である。内部では、戦争は戦勝者のなかの統治階層に新しい富と奴隷の来源を提供した。これはつまり、戦争が階級成立のために新しい道程を提供したということであり、それは内部関係のいくつかの側面に変化をもたらした。権力システムの面では、戦争は権力の集中を促進し、原始社会の酋長の権力より邦国の封君の権力へ、そして初期国家の封君の権力から王国の王権へとむかうさいに、戦争はいずれも重要な作用を発揮した。

先史では戦争の外部関係たいする変化は、戦争と征服の範疇に属する。中心聚落形態以来、とくに初期国家成立の前夜に、戦争はすでに以前のごとく血族報仇［親族の誰かが他親族に害されたとき、親族全体が害されたと解して報仇する習俗］にとどまらず、戦争をつうじて征服者と被征服者のあいだに一種の貢納臣従関係が樹立しはじめ、それによって原始社会における部落と部落のあいだや、部族と部族のあいだに元来存在する平等な関係を打破した。『左伝』哀公七年には、

禹、諸侯を塗山に合せしとき、玉帛を執る者万国（禹合諸侯於塗山、執玉帛者万国）。

とあり、ここでの「万国」は、あるものは邦国、あるものは部落・首長制で、それらは礼を守って大禹に朝見せねば

ならず、すでに不平等な地位におかれている。また『国語』魯語下には、

禹は群神を会稽の山に致し、防風氏後《おく》れて至り、禹殺して之を戮《りく》す（禹致群神於会稽之山、防風氏後至、禹殺而戮之）。

とあり、禹は、遅れてやってきた防風氏を殺し、生殺与奪の専断権をもちはじめ、禹と諸族のあいだの不平等は一目瞭然である。これによって『書』堯典の「蛮夷事服」についても理解するのは難しくなくなる。すなわち『史記』五帝本紀に、

軒轅は乃ち干戈を用うることを習い、以て不享を征し、諸侯咸な来りて賓従す。……而して諸侯は咸な軒轅を尊びて天子と為す（軒轅乃習用干戈、以征不享、諸侯咸来賓従……而諸侯咸尊軒轅為天子）。

とあり、ここで描かれているのも、征服戦争によって生じる不平等と貢納服従関係である。『韓非子』十過篇には、

昔者、黄帝は鬼神を泰山の上に合《あつ》む……蚩尤、前に居り、風伯進みて掃《はら》い、雨師は道に灑《そそ》ぎ……（昔者黄帝合鬼神於泰山之上……蚩尤居前、風伯進掃、雨師灑道……）。

とある。これについて徐旭生の解釈はこうである。蚩尤個人は殺されたけれども、蚩尤の族人はなお蚩尤とよばれうるのであり、黄帝が蚩尤に戦争で勝利したあとで東夷の境界内に進軍し、西の泰山のふもとに至り、各氏族の首長と会合したとき、蚩尤は戦いで敗れたため、黄帝は蚩尤の族人を「前に居（居前）」らさせることができ、蚩尤の部落連盟内における風伯・雨師を「進みて掃《はら》い（進掃）」・「道に灑《そそ》（洒道）」ぐようにし、戦勝者のために前後で活動させることもできたのである。(75) 戦いに敗れ、戦勝者に臣従する者は、当時の戦争がすでに単純な血族報仇としての性質のものでないことを物語る。軍事征服下の連合は、すでに不平等な連合であり、戦いに敗れた部落に貢納を迫ると同時に、族邦間に不平等な外部関係をも樹立させたのである。

先史における戦争にかんしては、対内関係のうえで、おもに戦争捕虜から転化してくる奴隷が、社会内部の階級構

造に変化を引き起こし、それによって社会内部の搾取と奴隷の発展を促した。本書第三章では、考古学的材料を活用し、聚落や都邑において奴隷が殉死させられ、人柱とされ、人身御供として殺害され、乱葬坑に埋葬されるなどの悲惨な遭遇について論述した。じっさいには、かかる状況は文献のなかにも記載があり、たとえば『国語』周語下には、

［亦た］黎・苗の王より、下は夏・商の季《すえ》に及ぶまで、上は天に象《かたど》らず、下は地に儀《なぞら》えず、中は民を和《やわら》げずして、方《ほう》は時に順《したが》わず、神祇《じんぎ》に共《きょう》せずして、五則《ごそく》を蔑棄《べつき》す、是を以て人は其の宗廟を夷《ほろ》ぼし、火は其の彝器を焚《や》き、子孫は隷と為りて、下は民に夷《ひと》しきに鑑みる無からんや（［無亦鑑於］黎・苗之王、下及夏・商之季、上不象天、而下不儀地、中不和民、而方不順時、不共神祇、而蔑棄五則、是以人夷其宗廟、而火焚其彝器、子孫為隷、下夷於民）。

とあり、韋昭注には、

黎は、九黎。苗は、三苗。少皞氏の衰うるや、九黎、徳を乱し、顓頊、之を滅ぼす。高辛氏の衰うるや、三苗又た乱し、堯、之を誅す。夏・商の季は、桀・紂ありて、湯・武之を滅すを謂うなり（黎、九黎。苗、三苗。少皞氏衰、九黎乱徳、顓頊滅之。高辛氏衰、三苗又乱、堯誅之。夏・商之季、謂桀・紂、湯・武滅之也）。

とあり、また韋昭注に、

蔑は、滅なり。則は、法なり。象天・儀地・和民・順時・共神を謂うなり。夷は、滅なり。彝は、尊彝、宗廟の器なり（蔑、滅也。則、法也。謂象天・儀地・和民・順時・共神［也］。夷、滅也。彝、尊彝、宗廟之器也）。

ともある。『国語』周語は唐虞期〜夏商期に、九黎・三苗・夏桀・商紂などが天の時・地の利・人の和を達成し、神祇を奉ることができなかったために、顓頊・堯舜・商湯・周の武王の征伐に遭い、結果として、かかる征伐された族邦では宗廟が破壊され、宗廟の彝器が焼かれ、子孫が奴隷とされたとのべている。つまり、先史社会後期の戦争は、戦争捕虜をもたらしうるのであり、よってそれは、本来の部族間の秩序を変えただけでなく、戦勝者内部の階級構造

をも変えたのであり、最初の奴隷階級はおもにこれによって生まれ、これには文献上の徴証も得られる。中国上古にはいわゆる奴隷収容所は存在しないので、これらの奴隷の大多数は戦勝側の部族の各家族や宗族のなかに組み込まれ、父権家族長・宗族長・貴族たちの財産となり、その身体の自由をふくむ全てが彼らの支配を受けるのである。

4　戦争と軍功貴族と軍事首領の誕生

先史の権力システムと戦争の関係上、先史社会に出現する軍功貴族と、聚落内の軍事酋長と、族群内部の最高軍事酋長は、みな上述の事柄と関係している。

前述のごとく、河南省臨汝閻村遺跡で出土した彩陶缸の鶴魚石斧図は、鶴トーテムをはじめとする部落連盟が魚トーテムをはじめとする部落との戦争に勝利したことを表現している。図中の大斧は発展して、のちに鉞となる。考古学的調査では、多くの新石器時代の石鉞と玉鉞がみつかっており、なかにはまだ柄を付けて使用する方式のものもみられる。たとえば良渚文化の余杭反山十二号墓（図4—25）と瑤山七号墓（図4—26）では、玉鉞が出土しただけでなく、鉞柄の冠飾と端飾などの部品も出土している。

これは、当時の玉鉞がたいへん凝ったものであることを物語る。湖北省荊州馬山陰湘城址では漆塗りの木質の鉞柄（図4—27）が出土している。かような鉞と、大汶口文化における「鉞」字の陶文はとても似ている（図4—25）。余杭反山（M12）出土の玉鉞には、人と獣のむすびついた神徽が刻まれており（図4—28、図4—29）、よりはっきりと玉鉞の儀礼性・神秘性・権威性をあらわしている。

中国上古文化の伝統では、鉞は征伐と軍事上の権力を象徴している。たとえば『書』牧誓は、周の武王が紂を伐つときに、つぎのように必勝の誓いをしたとある。

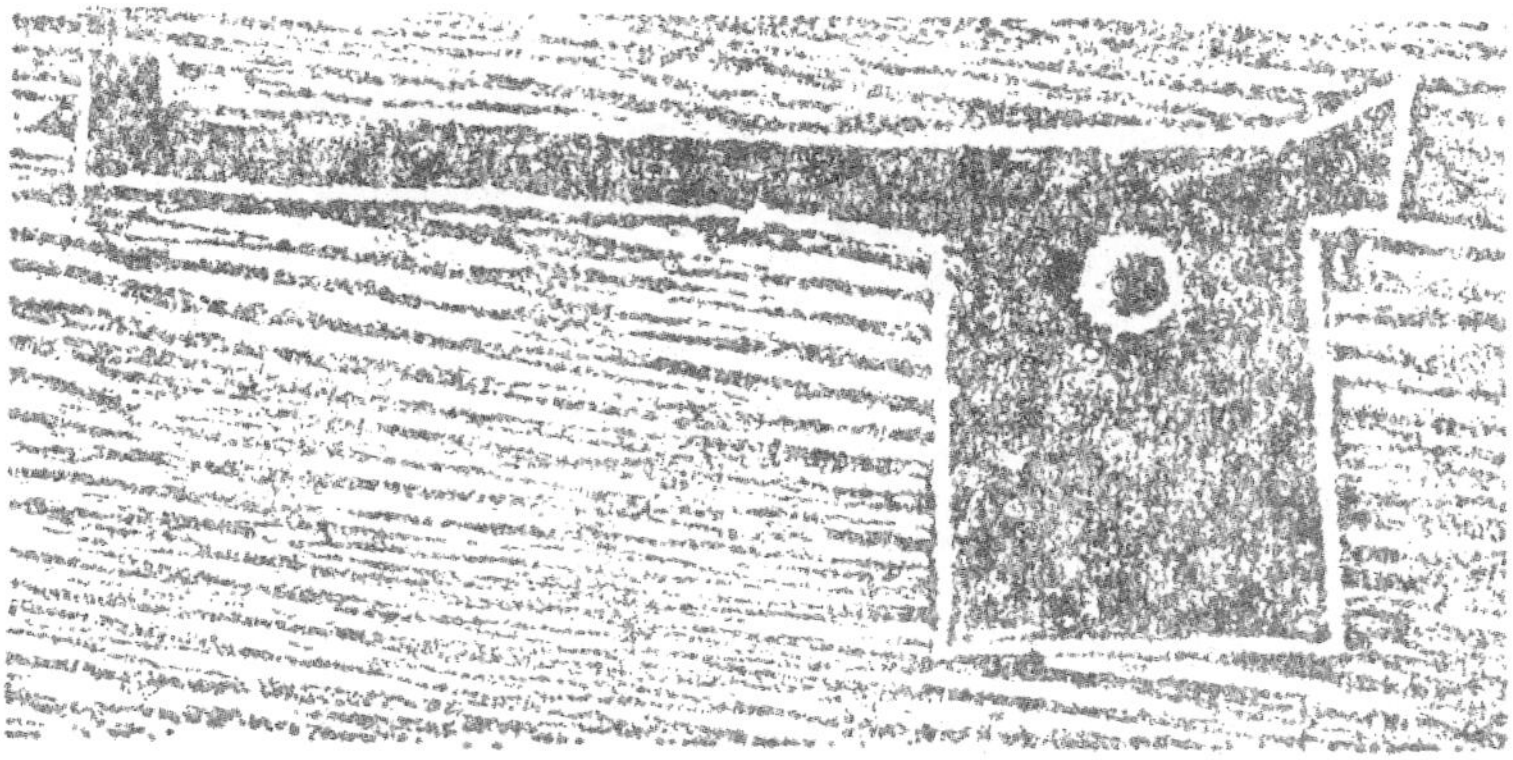

【図４―24】　莒県陵陽河遺跡出土の鉞字形の図像文字（山東省文物管理処等『大汶口』）

王、左に黄鉞《こうえつ》を杖《つえつ》き、右に白旄《はくぼう》を秉《と》りて以て麾《さしまね》きて曰く……（王左杖黄鉞、右秉白旄以麾［曰……］）。

出土青銅器銘文には、周代の冊命（つまり賜命礼）を記載したものが多くあり、これは王権の集中の体現である。冊命儀礼を挙行するさいに、周王は太室の階のうえ、戸牖のあいだ、斧扆のまえにおり、南を向いている。冊命を受ける者は中庭に立ち、北を向いている。儀式のなかでは、とくに王が大斧の描かれた屏風のまえにいることが強調され、それは特殊な意味のあるものである。たとえば『周礼』春官司几筵には、

凡そ国を封じ、諸侯に命ずるには、王位に黼依《ほい》を設く、依の前に南郷《なんきょう》し……（凡封国、命諸侯、王位設黼依、依前南郷……）。

とあり、鄭玄の注には、

斧《ふ》は之を黼《ふ》と謂う、其の繍は白黒の文、絳帛を以て質と為す。依は、其の制、屏風の如く然り（斧謂之黼、其繍白黒文、以絳帛為質。依、其制如屏風然）。

とある。これは、黼依の形制が屏風のごとくで、絳色（真紅）の帛でつくられ、上面の繍に黒と白二色の斧形の図案があることをのべている。『儀礼』覲礼には、

【図４—25】　余杭反山12号墓出土の柄冠飾と柄把飾をおびた玉鉞（科技部・国家文物局『早期中国』）

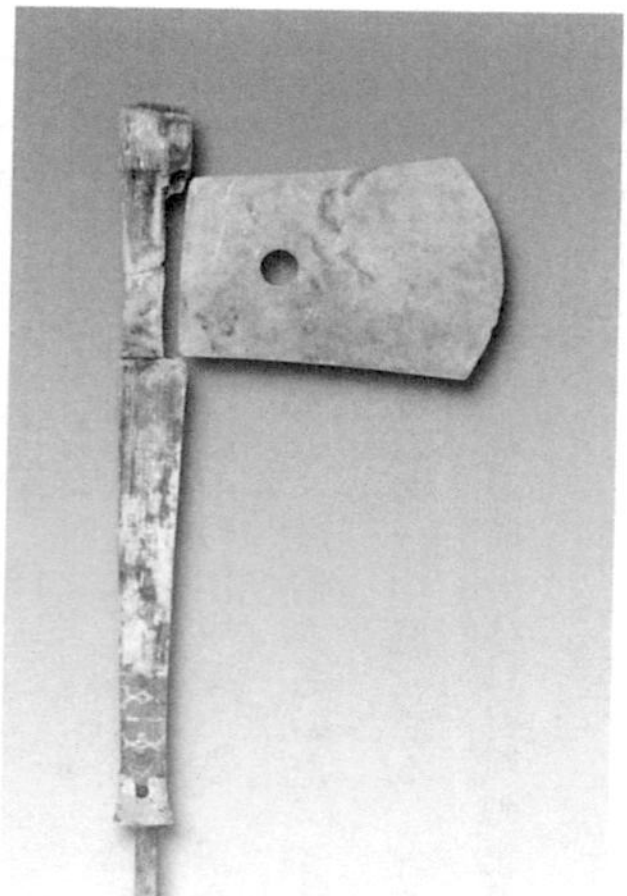

【図４—27】　湖北省荊州馬山陰湘城址出土の漆木柄石鉞（『早期中国』。柄は荊州馬山陰湘古城出土、鉞は湖北省松滋団山で収集され、荊州博物館に所蔵されている）

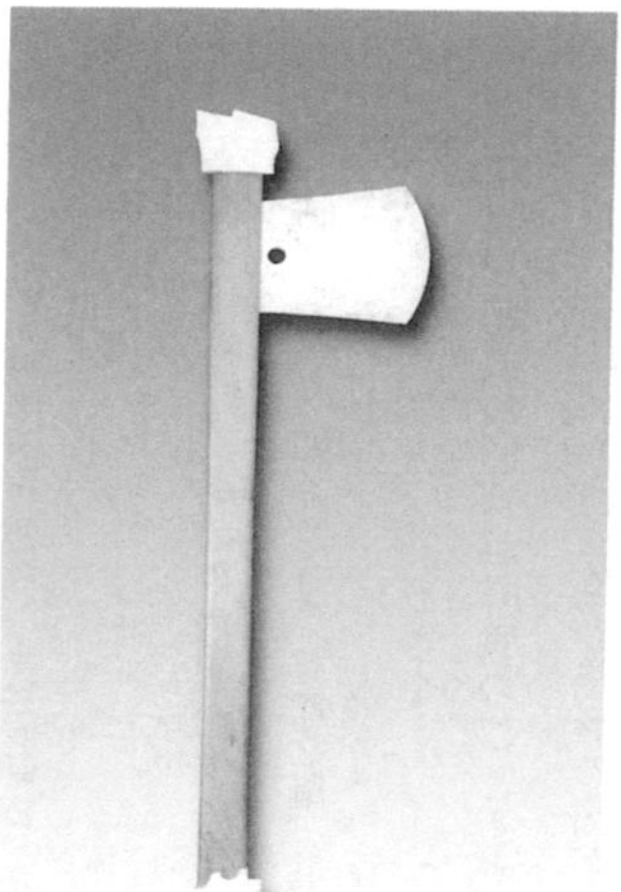

【図４—26】　余杭瑤山 M7 出土の玉鉞（中国国家博物館『文物中国史・史前時代』）

【図４—28】　余杭反山 M12 出土の神徽を刻んだ玉鉞（浙江省文物考古研究所『反山』）

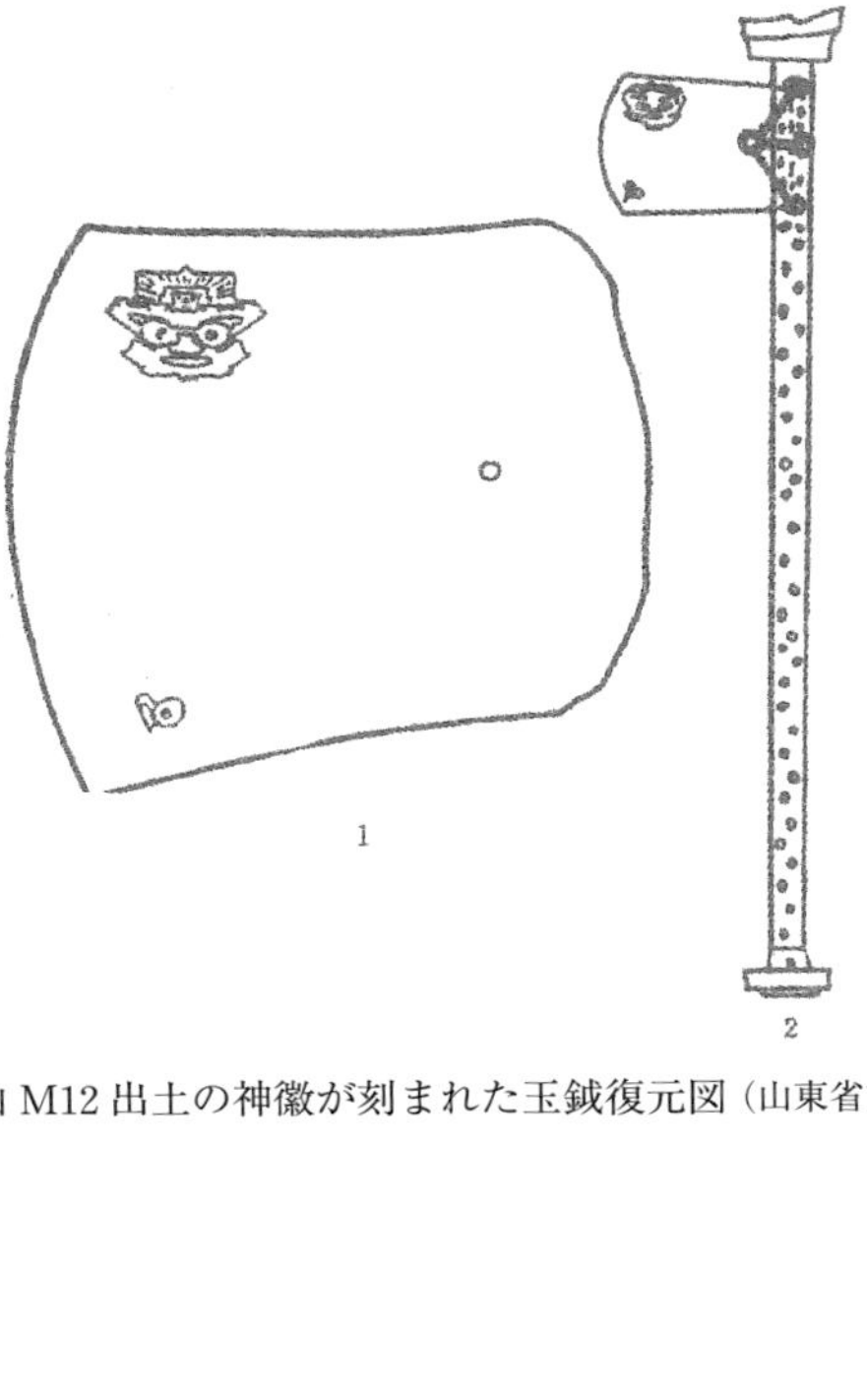

【図４—29】　余杭反山 M12 出土の神徽が刻まれた玉鉞復元図（山東省文物管理処等『大汶口』）

天子、斧扆《ふい》を戸牖《こよう》の間に設け、几《き》を左右にす、天子袞冕《こんべん》して、斧扆を負う（天子設斧扆於戸牖之間、左右几、天子袞冕、負斧扆）。

とあり、『逸周書』明堂解には、

天子の位は、斧扆を負い、南面して位す（天子之位、負斧扆、南面位）。

とあり、朱右曾の校釈［逸周書集訓校釈］には、

天子は、成王なり。負は、背なり。扆《い》は、太室《たいしつ》の戸外に在り、状は屛の如く、斧を画《えが》く（天子、成王也。負、背也。扆、在太室戸外、状如屛、画斧焉。［ただし王氏所引史料の「負〜焉」は朱右曾校釈原文にみえない］）。

とある。それによると、冊命儀式を挙行するさい、王は必ず大斧の描かれた屛風のまえで即位せねばならず、それは王権に征伐権がふくまれることを象徴的に意味した。よって、西周時代の虢季子白盤［集成10173］には、

用弓・彤矢・其（旗）央を賜い、用鉞を賜い、用て蛮方を征せしむ（賜用弓彤矢其央。賜用鉞、用征蛮方）。

とあり、『左伝』昭公十五年には、

……鏚鉞《せきえつ》・秬鬯《きょちょう》・彤弓《とうきゅう》・虎賁を、文公之を受《う》けて……東夏《とうか》を撫征《ぶせい》す（……鏚鉞・秬鬯・彤弓・虎賁、文公受之……撫征東夏）。

とあり、『史記』殷本紀には、

（周文王に）弓矢斧鉞を賜い、征伐するを得しめ、西伯と為す（賜弓矢斧鉞、使得征伐、為西伯）。

とある。ここでは、「弓矢は戦いに用い、斧鉞はおもに軍を治めるのに用いるものである。というのも、斧鉞は武器であるだけでなく、首を斬る刑具でもあるからである」(76)。「王」字の字形までもが斧鉞（戉）と関係し、青銅鉞の形状から「王」字の起源を窺うことができる（図4―30）。「王」字の起源にかんする諸説のうち、呉其昌はかつて「王字

【図4—30】　金文の「王」字と青銅鉞

の本義は斧である」とし、その字も斧の象形であると提起したことがある。(77) 林澐は論文「説王」のなかで、さらにこの説をくわしく説明し、斧鉞は古代にはもともと一種の武器で、おもに軍を訓練するさいの刑具にも用いられ、かつて長きにわたって軍事統帥権の象徴物とされ、王の前身は軍事首長であったと指摘している。(78) 羅琨は、カナダのロイヤル・オリエンタリオ博物館蔵甲骨拓片中の一つの「王」字が「⿰王厶」に作ることを挙げ、あわせてこの柄と石突きを備えた斧鉞の象形について「王」字が刀の部分を下向きに、柄と石突きを横に配置し、まさに切り倒そうとしている斧鉞の象形によってあらわされているとする。すなわち逆にいうと、鉞が切り倒す機能を実行してはじめて王をあらわすことができる。これはつまり『韓非子』〔五蠹篇〕のいわゆる「王とは、能く人を攻むる者なり（王者、能攻人者也）」である。(79) 筆者はかつて王権の三つの来源について論述したさいに、王権の来源の一つが軍事指揮権であるとも提起したことがある。(80)

以上より推測すると、夏商周三代において鉞には軍事統帥権を象徴する意味があり、新石器時代の墓に大量に副葬されている石鉞・玉鉞も、もちろんこれと関係しているはずである。新石器時代の墓に玉鉞と石鉞が副葬されているのは、具体的に四つの状況に分けられる。

第一類　大量の鉞のみならず、大量の他の玉礼器などの器物も副葬され、当該墓地内でもっとも裕福な大墓である。階級・階層の最高層におり、軍事・祭祀・行政などの大権を握っている者。

第二類　鉞の副葬を主とし、他の玉礼器は比較的少なく、墓の規模と規格は一番目の大墓に次ぐものでなければならない。これは単純な軍事首領か、軍功で昇進した貴族である。

第三類　副葬品も比較的多く、すなわち祭祀用の礼器を副葬し、玉鉞や石鉞も副葬している。これは一般的な貴族や上層の貴族で、軍事権をも有し、家族・宗族の「族兵」の族長をもつ。

第四類　副葬品が比較的少ないものの、副葬品内には鉞がある。これらの人はだいたい軍中の卒長のたぐいで、一部の勇敢に戦う者であり、石鉞の副葬は尚武の意味も兼ねている。

第一類の墓として、安徽省含山凌家灘墓地のなかの87M4・07M23、良渚文化福泉山のT22M5・T15M3、草鞋山M198・反山M12・M20、瑶山M7、そして陶寺墓地の甲種大墓などが挙げられる。凌家灘87M4で出土した一四五点の器物のうち、玉璜十九点・玉玦十四点・玉鐲《ぎょくしょく》［腕輪の類］四点・玉璧三点・玉勺一点と、人頭冠飾などの佩飾は身分の尊貴さをあらわしうる。墓に副葬された玉亀・玉簽と、玉亀に挟まれ、天円地方・四極八方の観念を刻み込んだ玉版は、当該墓の墓主が占卜・祭祀を掌る重要人物であることを物語る。墓に副葬されている玉鉞八点・石鉞十八点は、その人物が軍事面の仕事をも担っていたことを物語る。墓内にはさらにたいへん精緻な石製手斧六点・精緻な石鑿五点もあり、当該人物が手工業を重視していたことを象徴するようである。よってこれは、宗教占卜祭祀をおもに掌り、軍事権をも兼備し、あわせて手工業生産をも相当重視した人物で、氏族部落や部族内の最高酋長である。凌家灘07M23には器物三三〇点が副葬されている。そのうち玉亀一点・玉亀状扁円形器二点と、そのなかに置かれた玉簽は、みな占卜の工具で、彼が87M4の墓主と同様、ともに宗教領袖のたぐいの人物であることを物語る。墓から二点の玉鉞と四四点の石鉞が出土していることはまた、彼が軍事の大権をも掌ることを物語る。墓主の頭部には二十余点の玉環が密集し放置され、しかも大環が小環を覆っており、おそらく墓主の帯びる首飾であろう。墓主の両腕の位置に、左右対称に各々一組十点の玉鐲が放置されており、墓主の身分の高貴さを明示している。このほかにさらに玉製手斧一点、玉斧十点、石製手斧三十点、石鑿九点などが副葬され、生産の重視を明示している。87M4と07M23の距離は近く、同一家族の人であろう。このように、07M23と87M4の副葬器物より、当時の社会的身分地位が最高の人は、最高の占卜祭祀権だけでなく、軍事指揮権と生産管理権をも握っていたはずであるとわかる。これは、当時の宗教祭祀・軍事戦争・生産管理が三位一体的で、しかもかかる最高酋長職が同一家族内で世襲されるものである可能性が高いことを物語る。良渚文化のこうした大墓は、規模が大きく、副葬品が豊富であるほか、さらに大量に玉琮・玉璧・玉鉞などが副葬され、墓主が多種類の身分を一身に担っていたことをしめすのに用いられた。陶寺の甲種大墓は木棺をもちい、棺内には朱砂がばらまかれ、副葬品は多く精美で、一、二〇〇点に達しうる。そのうち龍盤・鼉鼓・特磬・「土鼓」・玉鉞などの特権を象徴する一組の重要な礼器は、かかる大墓の墓主が多くの身分を一身に集め、当時もっとも重要な社会的役割（祭祀と征伐）を掌っていたことを物語る。指摘すべきは、良渚と陶寺のかかる神権・軍権・族権・行政を一身に集める者が、凌家灘の三者を一身に集める者と、以下の点で異なることである。すなわち、前者の所属する社会はすでに初期国家に入っているので、都邑邦国の邦君（つまり国君）に属する。一方、後者は中心聚落形態階段にいるので、先史社会の最高酋長に属する。良渚・陶寺などの都邑遺跡がすでに初期国家（邦国）である点の論証は、第五章ですでに行なっている。

第二類の墓としては、福泉山（T27M2）を例としうる。当該墓の副葬品はたいへん豊かで、一七〇点に達する。そのなかには玉鉞四点と他の玉器が副葬されているが、琮と璧はみえない。大汶口墓地のうち、M25も副葬品の豊富な大墓で、八五点の副葬品のなかには黒陶高柄杯・白陶高柄杯・骨雕筒などの珍貴な器物があり、さらに玉鉞六点が副葬されている。これらの墓主は最高貴族階層に属してはいないものの、おそらく軍功によって昇進した貴族者もしくは単純な軍事首領に属する。

第三類の墓も貴族墓に属する。たとえば凌家灘（87M15）は、副葬品が一二八点に達する。そのなかには三十点の玉璜、一点の玉鉞、七点の石鉞、八点の石手斧、二点の礪石、十七点の陶器などがある。凌家灘98M29は副葬品が八六点である。そのなかには玉璜五点・玉鐲六点、玉環六点・玉人三点・玉鷹一点・石鉞十二点・石戈二点があり、さらに十六点の陶器が副葬されている。これらの貴族の墓主は少なくとも家族長で、軍事統帥権をも有する。

第四類の墓の副葬品は比較的少ないが、鉞を副葬している。かりにこのような墓の数が墓地のなかで比較的多いとすれば、それは尚武の表現に属するであろう。たとえば凌家灘には一九八七年～一九九八年の三回の発掘で得られた四四基の墓のうち、玉鉞を副葬している墓は十一基あり、全体の二五％を占めている。石鉞を副葬している墓は三十基あり、全体の六八％を占めている。玉鉞と石鉞の二者の合計は、墓の総数の九三％を占めている。専門の石匠と考えられている87M6の墓主の墓にさえ、石製手斧二二点が副葬されているのと同時に、石鉞三二点も副葬されている。専門の玉匠のものと考えられている98M20には、石製手斧二四点、玉芯一一一点、磨刀石四点が副葬されているのと同時に、玉鉞六点、石鉞十六点も副葬している。ふつう、鉞（玉鉞と石鉞をふくむ）を副葬しているのは、尚武の表現である。

上述の第二類・第三類・第四類の墓は、いずれも大小異なる軍功貴族のものである。けれども、良渚文化の貴族は国家社会に属し、一方、大汶口・凌家灘などの軍功貴族は中心聚落形態社会に属する。彼らが貴族になれた理由は、みな戦争・軍事と関係している。

第三節　権力の集中性と社会的役割

1　社会的役割と官職の起源

エンゲルスは的確にこうのべている。

ここではただ、政治的支配の基礎にはどこでも社会的な職務活動があったということを確認することだけが肝心なのである。そして、この政治的支配も、自分のこの社会的な職務活動を果たした場合にだけ長く続いた。(81)

こうした社会的役割は、先史社会ではおもに祭祀・管理・公的工程などの公的仕事のなかに体現されており、これによって上層巫師のたぐいの聖職者・軍事首領・各種酋長首領などが生まれた。よって、先史の権力進化の過程において、権力が体現する集中性と階層性は、それが執行する某種の社会的役割と密接不可分のものである。これはまさに、第三章ですでに論述したものでもある。階級成立の道程の一つは、「社会的役割」の担当者が公的事務を管理することによって、昇進して社会を統治するようになるという問題である。

上層巫師のたぐいの聖職者の成立は、しばしば祭祀の独占や神権の壟断と密接な関係がある。この点は、古史伝説において顓頊が進めたとされる「宗教変革」をつうじて説明を得られる。たとえば『国語』楚語下には

昭王、観射父に問いて曰く「『周書』に所謂《いわゆる》重・黎寔《まこと》に天地をして通ぜざらしむとは何ぞや。若《も》し然ること無く

んば、民は将に能く天に登らんとするか」と。対えて曰く「此の謂に非ざるなり。古は民神雑《まじ》らず。民の精爽にして攜《けい》弐《じ》せざる者にして、又た能く斉粛衷正《せいしゅくちゅうせい》にして、其の智は能く上下に比義《ひぎ》し、其の聖は能く光遠宣朗《こうえんせんろう》にして、其の明は能く之を光照《こうしょう》し、其の聡は能く之を聴徹《ちょうてつ》す。是の如《かく》くならば則ち明神《めいしん》之に降りて、男に在りては覡と曰い、女に在りては巫と曰う。是れ神の処位次主《しょいじしゅ》を制せしめて、之が牲器時服《せいきじふく》を為《つく》らしめ、而る後に先聖の後の光烈有りて、能く山川の号、高祖の主、宗廟の事、昭穆の世、斉敬《さいけい》の勤《つとめ》、礼節の宜、威儀の則《のり》、容貌の崇《かざり》、忠信の質《まこと》、禋絜《いんけつ》の服を知りて、明神《めいしん》を敬恭《けいきょう》する者をして、以て之が祝《しゅく》為らしむ。名姓の後の、能く四時の生、犠牲の物、玉帛の類、采服の儀、彝器の量、次主の度、屛摂《へいしょう》の位、壇場の所、上下の神、氏姓の出を知りて、心は旧典に率《したが》う者をして之が宗《そう》為らしむ。是に於いて、天地神民類物《てんちしんみんるいぶつ》の官有り、是を五官と謂いて、各々其の序を司りて、相乱れざるなり。民是を以て能く忠信有り、神是を以て能く明徳有り、民神業を異にし、敬して瀆《けが》れず、故に神之に嘉生を降して、民は物を以て享《きょう》して、禍災《かさい》至らず、求用匱《とぼ》しからず。少皞の衰うるに及びて、九黎徳を乱し、民神雑糅して、物を方《わか》つ可からず、夫れ人々享を作し、家々巫史を為して、要質《ようしつ》有る無く、民は祀に匱しくして、其の福を知らず、烝享度《じょうきょうど》無く、民神位を同じくして、民斉盟《せいめい》を瀆《けが》して、厳威有る無く、神は民則に狎《な》れて、其の為《しわざ》を蠲《いさぎよ》くせず、嘉生降らず、物の以て享する無く、禍災薦《しき》りに臻《いた》りて、其の気を尽くすもの莫し。顓頊之を受け、乃ち南正重《なんせいじゅう》に命じて天を司りて以て神を属《あつ》めしめ、火正黎に命じて地を司りて以て民を属めしめ、旧常に復《かえ》して、相侵瀆《しんとく》する無からしむ、是れを地天の通ずるを絶つと謂う。其の後、三苗は九黎の徳を復し、堯は復た育重・黎の後の、旧典を忘れざる者を育て、復た之を典らしめて、以て夏商に至る、故に重・黎氏は世々天地を叙《つい》でて、其の分主《ぶんしゅ》を別《わか》つ者なり」と（昭王問于観射父、曰『周書』所謂重・黎寔使天地不通者、何也。若無然、民将能登天乎」。対曰「非此之謂也。古者民神不雑。民之精爽不携《ママ》［攜］弐者、而又能斉粛衷正、其智能上下比

義、其聖能光遠宣朗、其明能光照之、其聡能聴徹之、如是則明神降之、在男曰覡、在女曰巫。是使制神之処位次主、而為之牲器時服、而後使先聖之後之有光烈、而能知山川之号・高祖之主・宗廟之事・昭穆之世・斉敬之勤・礼節之宜・威儀之則・容貌之崇・忠信之質・禋摂之服、而敬恭明神者、以為之祝。使名姓之後、能知四時之生・犠牲之物・玉帛之類・采服之儀・彝器之量・次主之度・屏摂之位・壇場之所・上下之神・氏姓之出、而心率旧典者為之宗。於是乎、有天地神明類物之官、是謂五官、各司其序、不相乱也。民是以能有忠信、神是以能有明徳、民神異業、敬而不瀆、故神降之嘉生、民以物享、禍災不至、求用不匱。及少皞之衰也、九黎乱徳、民神雑糅、不可方物。夫人作享、家為巫史、無有要質。民匱於祀、而不知其福。烝享無度、民神同位。民瀆斉盟、無有厳威、神狎民則、不蠲其為。嘉生不降、無物以享。禍災薦臻、莫尽其気。顓頊受之、乃命南正重司天以属神、命火正黎司地以属民、使服旧常、無相侵瀆、是謂絶地天通。其後、三苗復九黎之徳、堯復育重・黎之後、不忘旧典。以至於夏商、故重・黎氏世叙天地、而別其分主者也」）。

とある。本文所掲の「周書」がさすのは、『書』呂刑のいう「乃ち重・黎に命じて地天の通ずるを絶たしむ（乃命重・黎絶地天通）」である。顓頊が重と黎に命じて「地天の通ずるを絶（絶地天通）」たせることについて、徐旭生はこれを宗教改革とよぶ。すなわち、顓頊以前に「民神雑糅して、物を方《わか》つ可からず、夫れ人々享を作し、家々巫史を為（民神雑糅、不可方物。夫人作享、家為巫史）」すとは、人びとが神を祭り、家々に巫史がいるということである。帝顓頊のときに南正重に「天を司りて以て神を属《あつ》めしめ（司天以属神）」るとは、帝顓頊と南正重がいて、はじめて天のことを管理でき、群神の命令を収集・伝達できるということである。また「火正黎に命じて地を司りて以て民を属めしめ（火正黎司地以属民）」るとは、彼に地上の群巫を管理させ、宗教の事業を少人数限定の仕事に変えたことをいっており、これは一種の進歩的現象である。[82]

顓頊のこうしたいわゆる宗教改革は、宗教変革とよぶべきである。これはじっさいには、社会のなかで聖職者（たとえば「南正」・「火正」・巫覡のたぐい）が出現したということである。ここでの「南正」・「火正」の「正」は、韋昭注に「正は、長なり（正、長也）」とある。つまり各種の職官は、各種の仕事を掌る聖職者と管理者で、上古の宗祝巫史は、天文暦法をふくめ、みな聖職者の役割の範囲で、祭祀と管理はたがいに関連するので、民事のたぐいの職掌もしばしば聖職者によって統轄される。かかる専業的聖職者の出現は、祭祀兼管理階層の形成を意味している。これは、社会の複雑化の諸現象の一つである。

顓頊が「地天の通ずるを絶（絶地天通）」たせたことについて、張光直はかつて、これは巫師の仕事のうちの天地を貫くことであると強調した(83)。案ずるに、「火正」職の出現は研究に値するものである。「火正」の設立は当時、一定の普遍性を有していた。たとえば『左伝』襄公九年では「古之火正」に言及したさいに、

陶唐氏の火正閼伯、商丘に居り、大火を祀りて火もて時を紀《しる》せり（陶唐氏之火正閼伯居商丘、祀大火、而火紀時焉）(84)。

とのべている。これは、陶唐氏の火正によって辰星大火が祭祀され、ならびに大火星によって紀年が決められたことをいう（観象授時）。『左伝』昭公二十九年には、

火正を祝融と曰う（火正曰祝融）。

とあり、『国語』鄭語にはまた、

黎は高辛氏の火正と為りて、天明《てんめい》地徳《ちとく》を淳耀敦大《とんようとんだい》にして、四海を光照するを以て、故に之を命《な》づけて祝融と曰う（黎為高辛氏火正、以淳耀敦大、天明地徳、光照四海、故命之曰祝融）。

とある。かかる「火正」は「火師」ともよばれ、『左伝』昭公十七年には、

炎帝氏は火を以て紀す、故に火師と為りて火もて名づく（炎帝氏以火紀、故為火師而火名）。

とあり、『左伝』哀公九年にも、

炎帝は火師と為りて、姜姓は其の後なり（炎帝為火師、姜姓其後也）。

とある。火正は大火を祭り、また「火もて時を紀」すとは、つまり毎年大火星が出現したときに盛大な祭祀をおこない、かつ大火星の出現によって年を紀し、一年の農事の開始もこれによって決定することである、これは、後世の司徒（金文中の「司土」）が掌る事柄でもあり、ゆえに『国語』楚語には、

火正黎に命じ、地を司りて以て民を属めしめ……（［命］火正黎司地以属民［……］）。

とある。

第二章と第三章で論じているように、火正が大火を祭ることは、文献に記載されているだけでなく、新石器時代の陶文・陶器・玉器上の紋様にもみえる。「」や「」のような陶文が表現しているのは辰星大火である。そして、このような陶文は、山東省莒県陵陽河・大朱家村・諸城前寨・安徽蒙城尉遅寺などの大汶口文化遺跡の陶器上や、良渚文化の玉器上に、一度ならず出現しており、大火星にたいする祭祀・崇拝と、「火正」職の設立が、普遍的なものであったことを物語る。河南省陝県廟底溝遺跡出土の彩陶盆上には火焔と点よりなる図形があり、「」・「」とは異曲同工の作用があり、辰星大火にたいする一種の表現でもある。よって、文献と考古より、当時諸部族にはみな「火正」職が設けられていたことを証明できる。

火正は辰星大火にたいする観象授時を担った。これは、当時の暦法の制定や農業生産のやり方と、いずれも密接な関係がある。火正の職掌内容にかんする分析をつうじて、当時、これらの聖職者の設置が、全社会の生産・管理と密接不可分な関係にあったことがわかる。つまり祭祀と管理は相互に関連し、貴族階層の成立なるものの来源と道程は、多方面的でありうるのであり、聖職者の設立は重要な道程の一つであろう。べつの面では、政治的統治は、つねにこれらの役割を権力の集中と、最高神権の独占に向かわせる。たとえば「乃ち重・黎に命じて地天の通ずるを絶たしむ

（顓頊）乃命重・黎絶地天通、（讓南正重）司天以属神、（又讓）火正黎司地以属民）」〔『書』呂刑〕は、宗教祭祀を少人数の独占へと変更させる。そしてかかる祭祀の独占はしだいに神権の壟断へと向かわせるであろう。

祭祀の独占と神権の壟断は、最終的には上層巫師のたぐいの聖職者を統治階級内の上層人員とするであろう。しかし出土陶文の「」と「」の安徽省蒙城尉遅寺遺跡の状況よりみると、かかる生産と密接に関わる祭司と管理などの職務の設置は、はじめはまだ中心聚落形態の初級段階（社会分化と複雑化の程度の比較的低い中心聚落）にも出現しうる。

第二章で論ずるごとく、安徽省蒙城尉遅寺遺跡の年代は大汶口文化晩期で、文化的特徴も大汶口文化のものであるが、それは山東などの大汶口文化晩期の中心聚落遺跡とはまた異なるところがある。その最大の違いは、尉遅寺聚落の社会分化と不平等が初歩的なだけで、当該遺跡の墓からみても、長屋式建築などの情況からみても、聚落内に明らかな貴族が存在していないことである。尉遅寺中心聚落と山東省莒県陵陽河・大朱家村などの中心聚落のもう一つの違いは、尉遅寺では「」と「」の図像文字の刻まれた大口尊がおもに甕棺葬と祭祀坑内にみられ、成人墓からは一つも出土していない点である。このため筆者は、尉遅寺聚落において大火星の観察と祭祀を担ういわゆる「火正」職は生来的なもので、一つの特殊な家族や宗族のなかで伝承・世襲されるものであると考えている。[85] 尉遅寺から陵陽河・大朱家村までの、時間上の推移ではなく、社会類型上の違いは、「火正」という職掌の体現する社会的役割を最終的に社会的権力とむすびつけるであろう。

先史社会のなかで、社会の共通利益と公的事務のために設置されたいくつかの職務は、はじめはみな平等で民主的な条件下で出現するものである。しかしのちにこれらの職位によって社会階層がうまれ、社会的役割はしだいに上昇して社会を統治するものとなり、はじめ社会的公僕であった者は徐々に社会の主人になり、いずれも父権家族の出現・

階級の萌芽のつくりだす社会的不平等の深まりと密接な関係をもつであろう。つまり、先史権力システムの進化過程において、中心聚落形態に入るとともに、一定の発展を経過したあとになってはじめて、社会的役割は相応の権力をもち、相応の社会階層を形成するのである。まことの権力は階級的基礎があるもので、階層的なものなのである。

　先史社会においても、生産技術・技能などが分業をうむことによって、各種の工匠があらわれる。前述したように、安徽省含山凌家灘墓地のなかの98M9・98M15・98M18・98M20・98M23・07M19・07M20などの墓主は玉匠・石匠に属する。これらの墓にはみな玉芯・玉料・石料などが副葬されており、とくに98M20には玉一一一点が副葬され、07M19と07M20に副葬されている玉料には異なる形状のものがある。それぞれの玉料の表面には異なる切断痕が残されており、線切割・砣切割・片切割などをふくみ、これらはいずれも玉匠・石匠が玉器と石器を加工したさいの特有の遺留物である。これらの墓のなかには石鉞や玉鉞を副葬しているものもあり、たとえば98M20の墓主は、石製手斧二四点・玉芯一一一点・磨刀石四点を副葬しているとともに、玉鉞六点・石鉞十六点も副葬している。当時、鉞を尚ぶことは、尚武の一種の表現であり、全墓地の大多数の墓はみなこのような状況にある。これら玉・石匠の墓は、墓地全体のなかでは貧人墓に属していないが、特別に裕福な者の墓でもない。商周時代の官制には「百工」の職があるとはいえ、先史社会においては、かかる生産技能の分業から生じた各工匠はけっして全生産の管理業務に従事していたわけではなく、管理階層に属してもいなかった。したがって、それは、先史の権力システムの進化とはほとんど関係がない。

　先史の各種社会の役割のなかには、一度ならず言及してきた各級の軍事酋長もある。商周時代におけるその発展形が、甲骨文・金文・文献で「亜」[86]・「旅」・「師」・「師長」・「大師」・「師氏」などとよばれる各類の軍官・武官である。軍事の管理・指揮・軍務も上古社会の公的な仕事で、これがいわゆる「国の大事は、祀と戎に在り（国之大事、在祀与戎(87)」の「戎」である。戦争によって生じる軍功貴族と軍事首領については第三章と本章前節ですでに論じている。ここではただ、先史のかかる軍務と軍事権力が最終的に公的権力の重要な構成要素にもなり、邦国の邦君権（つまり国君の君権）と王国時代の王権の重要な来源と構成要素にもなるであろうということだけを指摘しておきたい。

2　族権の等級と集中

族権は古代社会において重要な権力である。先史社会後期以来、異なる層の族共同体（たとえば家族・宗族・氏族・胞族・部落・部族など）があるため、族権は等級的なものである。たとえば父権家族に入って以後、家族の範囲内では、家父長権はもっとも基本的な権利である。そしていくつかの近親家族が連合して一つの宗族をなし、宗族長はまた宗族にたいするさまざまな権力をもつ。

聚落の角度よりみると、ある聚落はそのまま一つの宗族をなし、またいくつかの宗族よりなる聚落もあり、いくつかの宗族によって聚落の首領が推挙される。かかるいくつかの宗族よりなる聚落の聚落首領は、それが一つの氏族に属するか否かはともかく、あるいは一つの胞族に属するか否かはともかく、聚落の生産管理・各種公的利益・公的仕事などを担っており、ゆえに聚落首領は本聚落内の各宗族長より大きい権力をもつ。一方、中心聚落形態の社会では、各聚落間には等級分化がおこっており、最高級の中心聚落があり、次級中心聚落もあり、普通聚落もある。人類学における首長制の実例によれば、最高酋長と次級酋長と最低級聚落の首領（村長ともよびうる）とのあいだのつながりとその権力の等級区分は、表面上は彼らと部族の始祖とのあいだの血縁関係の距離によって区分けされるものであるが、じっさいには現実における最高酋長との血縁の親疏関係によって決められるもので、これは各級の酋長・貴族の権力の基礎である。最高酋長・次級中心聚落酋長・普通聚落首領（村長）は、いずれもその役割に応じた権力範囲をもち、ゆえにこれらの権力も等級的なものである。かかる等級は、中心聚落形態や首長制社会内の聚落間不平等の重要な表現である。

権力には等級を分けるという面があり、権力の集中を求めるという面もある。中心聚落と首長制の特徴のひとつは、管理・宗教祭祀・軍事的指揮などの諸機能があつまっていることであり、ゆえに中心聚落形態（つまり首長制）以来、権力の等級分けと集中は、ひとつの統一体の内部にある。つまり族権は、等級分けをするものであり、社会に不平等が出現したあとに、そうした権力もしだいに上へと集まってゆくものなのである。かかる権力の等級と集中は、中心聚落形態階段の族権の特徴であるだけでなく、初期国家社会へと続いてゆくものでもあるのである。

族権のもう一つの特徴は、その総合性である。つまりその職掌は、ある一つの社会的役割ではなく、諸々の社会的役割の集合なのである。たとえば前述した安徽省含山凌家灘の87M4と07M23というもっとも裕福な大墓の墓主は、宗教祭祀・軍事戦争・生産管理の権力を一身にあつめ、族権のかかる特徴を体現している。またたとえば宗族を例にとると、新石器時代の父権社会における宗族であろうとも、商周社会における宗族であろうとも、その宗族権はみな諸々の役割の権力の集合であり、そのなかには経済権・宗族祖先祭祀権と、宗族の武装（族軍）を掌握することなどがふくまれる。

宗族の経済権は、宗族の富の累積・集中と密接不可分である。宗族制度が発生・発展するはじめの段階で、宗族は経済的にしばしば同宗共財である。土地の所有と使用を例にとると、宗族と村落などが同じであるばあい、もしくは聚落で最大の社会組織が宗族をなすばあいに、しばしば宗族的土地所有制が出現する。中華人民共和国成立以前の雲南省における独龍族の土地形態は「克恩（宗族）」所有である。「克恩」では、たとえ耕地の占有と使用がすでに家族と個人の作付けに変更していたとしても、その所有権はなお「克恩」所有に帰する。それぞれの「克恩」の公有地にはなお公的な狩猟場がある。怒族の「提康」にも公共の土地がある。基諾族の村寨の耕地は一般に宗姓の所有に帰し、宗姓は毎年一回、土地を分配しなおして各家各戸に耕作をおこなわせるが、ひとまとまりの公田はとどめておき、宗姓内の各家より人を出して集団で耕作をさせる。その収穫は宗姓の集団活動にもちいられ、同姓内の貧乏な戸の面倒をみるのにも用いられ、各宗姓の公有地の境界上には混乱を招かぬように石・木料で標記がつくられる。かかる様子は、『儀礼』喪服子夏伝のいう、

居《きょ》を異にして財を同じくす、余《あまり》有れば、則ち之を宗に帰《かえ》す。足らざれば、則ち之を宗に資《と》る（異居而同財、有余、則帰之宗。不足、則資之宗）。

とあきらかに同じものである。

宗族にはみなその祖先にたいする特定の祭祀があり、そうした祭祀は宗廟内でおこなわれ、その祭品と祭祀などの活動費用はもちろん宗族成員と宗族内の公有地収入より提供されねばならない。宗主は、宗族の祭祀の大権を握り、本族の宗廟社稷の代表たることを自任する以上、自然に宗邑と宗族公有地の多くの収入を直接獲得でき、よって経済的・政治的にいずれも支配的地位にいる。それゆえ宗族祭祀は宗主の宗族神権を体現しもすれば、富の累積・集中にたいする宗主の宗族経済権をも体現していた。

宗族の富は、生産をつうじて生みだしうるのみならず、戦争によって獲得することもできる。原始社会末期に、剰余労働の成立と奴隷の出現によって、新興の父権大家族と彼らのいる首長制や部族は、一種の政治的拡張性と経済的略奪性をもつことになり、人びとは戦争することを一種の栄誉とみなし、征服と略奪を一種の経済的需求とみなすようになる。よって当時の戦争は、富の集中のために、正常な道程ではないとはいえ、また一つの道程を提供した。戦争のなかで、かかる略奪された氏族部落や首長制はしばしば「人、其の宗廟を夷げ、火もて其の彝器を焚き、子孫は

隷と為る（人夷其宗廟、而火焚其彝器、子孫為隷[88]）」。

族権のなかの軍権といえば、だいたい中心聚落形態からはじまって両周時代まではずっと、常備軍のほかに、さらにいくらかの軍隊がおり、みな宗族よりなる族軍に担われている。たとえば周初の銅器銘文「明公殷」［集成4029］には、

唯れ王は明公に命じて三族を遣わし、東国を伐たしむ（唯王令（命）明公遣三族、伐東或（国））。

とあり、もう一つの銅器銘文「班殷」［集成4341］にも、

乃《なんじ》が族を以て父の征に従え（以乃族従父征[89]）。

とある。春秋時代の晋楚の戦いで、晋の知罃が捕虜になると、その父は「知荘子は其の族を以《ひき》いて之を反す（知荘子以其族反之[90]）」である。「其の族を以いて之を反す（以其族反之）」とは、その宗族の部隊を率いて戻ってきたことである。また晋国の「欒・範は其の族を以いて公を夾みて行（欒・範以其族夾公行[91]）」した。これらはいずれも宗族が武装していることの証明である。宗族よりなる族軍は宗主に掌握されるもので、その支配下の軍官はしばしば父権大家族の家長でもある。中心聚落時期に、聚落と部族内の宗族の軍も宗族長に率いられ、その部下の軍事頭目も各父権大家族の家長でなければならない。族軍内の軍権は掌握されており、戦争をつうじて略奪されてきた富・奴隷はとうぜん宗族長・家族長の所有に帰するべきなので、戦争は彼らのために富を獲得する新しい道程を提供したことになり、家族と宗族内部の貧富の分化と父権家長への富の集中は助長された。

族権の役割が総合性なものであることと、族権がしだいに上級へ集中してゆくことによって、先史の各聚落や各区域内で多くの聚落を束ねる最高酋長の権力は、必ずますます強化され、それは最終的に邦国国君の君権へと変化するであろう。初期国家（邦国）の最高統治集団も、先史の部族内の最高酋長と彼のいる氏族・宗族・家族が変化することによってあらわれるものである。最高酋長のいる中心聚落の祭司巫祝の専業的階層は、邦国国都邑内で宗族祭祀の

たぐいを職掌とする聖職者となり、統治階層の一構成要素となるであろう。このように、先史中心聚落形態・首長制・原始宗邑社会は、都邑を国家の政治・経済・軍事・文化のセンターとする文明社会へと変化するであろう。

3　「最高酋長—邦君—王権」のつながりと区別

権力の進化過程で、先史社会の最高酋長権力から、初期国家の邦国君権へ、そして夏商周三代の王朝国家内の王権といたるのは、三種の社会形態内の三種の最高権力である。権力の発展は、社会政治の発展を体現した。先史社会において、まだ酋長制のない状況から酋長制が出現することは、その社会政治の平等から不平等への重要な転換である。酋長制社会（つまり首長制）ではまた、しだいに発展して最高酋長と次級酋長、またはさらに次級の酋長とのあいだに等級差があらわれ、それによって首長制社会にも類型的差異が生じるようになる。国家社会に入ったのち、邦国の単純性（小国寡民、つまり領土は大きくなく、族群は比較的単一であること）や、職官の分類の不十分さなどは、邦君（つまり邦国の化身）のありようを決める。王権については一般に、国君が王、王権が国君の権で、ゆえに最初にあらわれる国家は王国であると解されている。このような認識にもとづき、考古学界では国家の起原をさぐるさいにどうしても、もっとも早い王墓を見つける努力をせねばならず、国家の誕生と王・王墓の存在を緊密に連携させている。しかし案ずるに、中国古代社会（たとえば夏商周三代）に並存する王国と邦国との相異は、上下の関係によるものであり、邦国は国家形態内の単純な原始的形態を代表した。当時の邦国は、王国内の植民や分封より生ずるものもあれば、前一王朝や前一時代の残余より生ずるものもあり、さらに本王朝内であらたに進歩発展し成立するものもある。邦国と王国の地位はたいへん不平等なもので、さらに主要なのは、三代の王朝は各自の王国を核として多元一体的王朝国家を形づくっており、王朝国家内の王国は「国上之国」であることである。よって、王国が邦国と異なるのと同様、王権は邦国君権と異なるものである。最初の国家の最高権力は、邦国君権と称すべきであって、王権ではないのである。

最高酋長・邦君・王権三者のつながりは、それらのあいだの漸進的関係以外に、さらに権力の構成のうえで共通点（つまり三者の権力はいずれも総合的で、みな族権・軍権・神権よりなること）を表現している。筆者が以前論述した「王権の三つの来源と組み合わせ(92)」は、先史の最高酋長と初期国家の邦君にかんして、いずれも適合するものである。

先史社会の最高酋長については、かつて凌家灘墓地の 87M4 と 07M23 を例として、つぎのようにのべたことがある。この二名の墓主は、宗教の点でも軍事・生産管理の点でも首領の地位にいる。つまり、宗教権力・軍事権力・族権を一身に集めている。当時、軍権をふくむ聚落の統帥の世俗的権力は、神権と密接不可分のものであったのである。だいたい平等な部落社会においても、河南省臨汝閻村出土の彩陶缸に描かれた鶴魚石斧図〔前述〕は、当該部落酋長の生前における勇敢な戦いぶりと、鰱魚部落にたいする軍事的勝利ゆえに、それが描かれたことを物語る。そして画中の大斧付近の雄壮で力強い白鶴が息も絶え絶えな鰱魚をくわえ、部落同士の戦いが部落神同士の戦いとして表現されていることが、軍事と宗教の密接不可分さをしめしている。先史の民の考えでは、神霊はどこにでもおり、たとえば『国語』楚語での観射父の言では、顓頊が重・黎に天地間の通行を断絶させる以前、人びとは神を祭り、家々には巫史がいたという。よって、もともと人の能力のなかには、酋長と一般人とを問わず、巫術と他の生産・生活技能は並存するものであったのである。ただ、社会の複雑化にともない、はじめて人びとの観念のなかで、酋長の管理能力と、神霊と同様の能力も、超常的なものとされた。同時に、若干の半専業的な巫覡も出現し、これは聖職者の萌芽であろう。しかし彼らの巫術の力はみな酋長の巫術の力より劣るべきもので、さもなくば、すぐに彼らのなかから新しい酋長が生まれるであろう。河南省濮陽西水坡遺跡でみつかった三組の人・龍・虎の蚌製図像、そして紅山文化の女神廟・積石塚・原始社壇・天壇などのしめす宗教祭祀センターの様子はみな、酋長が神権を有することがもっとも普遍的な現象で、先史社会の権力の特色でもあることをくりかえし物語っている。

酋長が宗教的巫術の能力と権力をもつことは、祖先崇拝と神霊観念の発展とも関わる。人類学の例では一般に、首長制社会全体の成員はみな一人の始祖より伝わってきたものと信じられ、最高酋長は神の直系の後裔といいならわされ、祖先神霊との関係がもっとも近い者と考えられている。社会の等級は、始祖との血縁関係（つまり現実における酋長との血縁関係）と関わる。それのみならず、より主要なことには、最高酋長とその家族・宗族は、必然的に、全社会の公的祭祀活動で儀式を掌り、群巫を率いる資格をもつ。

ある場所では、人びとは通常、最高酋長本人こそが神や神の象徴であると考えている。たとえばハワイ島の統治者は、神の直系の子孫であると考えられている。サモアの統治者もそのようであり、現在にいたるまでいくらかの酋長はなお偉大なナロア神の称号を有する。ニュージーランドのマオリ族では、家族内で長兄にあたる血統者は、家族の分支にとってはパパ（父親）で、しかも本家の長子は「アリキ」となる。アリキは全家族の主であり、彼または彼女の身体はすべての祖先の霊を体現しており、自由に祖先と話ができる。フトゥナ島では高位の酋長は「サウ」とよばれる。昔、神はサウとともに住んでおり、次に起こることを彼に啓示した。ポリネシア人は酋長を「ラニ」（＝天）とよび、またマラエという語で、神の社と酋長の墓とを同時に表わしている。フィジー北西部の酋長は「私は神である」とか「精霊である」と自称し、昔は酋長だけが神だと信じられていた。彼は人間神である。フィジー本島のある賢明な酋長は、自分が部落のすべての神々の名前をもっていると自称している。フィジー島の山地民の言い伝えでは、最初の先祖のカロウ・ヴ（Kalou-vu）は死後、神の領域に入って始祖神となり、同時に彼の霊魂は後継者の体内に入って、その身体を依代とした。[93]

筆者は以前こう指摘したことがある。最高酋長のもつ神性も一種の凝聚力で、その権威性にも疑いをさしはさむ余地はない。このように、各地区や各聚落群内で常時挙行される大型の宗教祭祀活動は、一般の成員にたいして神の庇護が得られていると感得させるだけでなく、最高酋長を中心とするアイデンティティを獲得・強化しうる。最高酋長にとっては、大型宗教祭祀活動をつうじて、その統轄する全社会を精神的に統合させうるだけでなく、世俗的要求を神聖な要求に変換し、服従を宗教上必要な事柄へと変換し、彼の世俗における強権を合法化させうる。当該時期に各地で出現する殿堂・神廟・大型祭壇のたぐいの建築物と、特殊な宗教法器・権杖などは、このような社会的需要に乗じて生まれるものである。(94)

最高酋長のもつ神性と神権は一種の凝聚力で、その権威性は社会に普遍的に認められている。最高酋長のもつ軍権は、部族のなかで各族共同体の首領の軍事指揮権が徐々に上層部に集中した結果であり、かかる集中性はさらに社会の外部環境の緊張や外部の衝突の増大によって強化されうるであろう。かかる二つの権力は、いずれも社会の需要に乗じて生まれ、いずれも部族が相対するべき大事である。ゆえに、『左伝』のいう「(古代国家における)国の大事は、祀と戎に在り(国之大事、在祀与戎)(95)」との事態は、先史中心聚落形態の社会(あるいは首長制社会)ではすでに出現しており、最高酋長権力はせいぜい族権・軍権・神権よりなるにすぎない。

初期国家の邦君(国君)が最高酋長より発展してくるものである以上、初期国家の君権も族権・軍権・神権よりなるという点は、完全に理にかなったものである。じっさいにまさにそうなのである。初期国家の君権のこの三つの来源と構成については、山西省襄汾陶寺都邑邦国における最高統治者の墓の副葬品の特色をとおして説明を得られる。陶寺墓地のなかで、陶寺文化初期の規格上最高の甲種大墓M3015・M3016・M3002・M3072・M3073と、陶寺文化中期の大墓(M22)は、いずれも国君級の大墓で、すでに多くの研究者の同意を得ている。(96)そのうち、前五基は一区に集中し、時代順に西北から東南に墓穴が配され、時間にはやや前後差がある。墓主はみな男性で、同一家族中の幾代かの人物と考えられており、当時すでにおそらく世襲制が実行されていたことを明示した。[97] かかる大墓のうち、上絵付きの柄のある玉鉞・多くの石鏃・骨鏃などの武器を副葬しているのは、墓主が軍事権を有することのあらわれである。副葬された上絵付き陶器・木器・鼉鼓・特磬・玉琮・玉璧・玉獣面といった器物には礼器も族徽もあり、たとえば上絵付きの龍盤のなかの蟠龍は、唐堯の族徽と関係する。[98] ある器物（たとえば上絵付き陶簋・鼉鼓・特磬・玉琮・玉璧・玉獣面など）はおもに宗教儀礼と祭祀で用いられる。これより、大墓の墓主は神権と軍権をもつだけでなく、最高の族権をもち、三者を一身に集めるものであるとわかる。

良渚文化もすでに邦国文明に入っており、[99] 良渚文明の最高統治階層のなかでも、「祭祀と征伐の権を一身に集める」[100] 者である。まさに本書第五章で論述したように、良渚文明の玉器の超常的発達と各類玉器上に、しばしば生き生きと、あるいは抽象的に、神のイメージ（神徽紋様ともよばれる）が刻まれ、それは、良渚都邑邦国の君権にふくまれる神権・軍権・族権のうち、神権がより突出した位置にあることを反映しているので、このことも良渚文明と良渚都邑邦国の特徴のありかである。

古史伝説において、顓頊・帝嚳・堯・舜・禹らの伝説上の人物はみな生き生きとし、神通力と神性に満ちている。これについて顧頡剛は壮年時に「民族が一つの源から生まれたとの観念を打破せよ。地域が一統に向かうとの観念を打破せよ。古史の人間化の観念を打破せよ。古代を黄金の世界とする観念を打破せよ」と提起したことがある。そのうち「古史の人間化の観念を打破せよ」とは、神話伝説上の「人物」がじっさいに純粋な「神」から人格化・歴史化して「人」となることをさす。現在からみれば、一面では、古史と神話伝説のなかにはたしかに、純粋な「神」から人格化・歴史化して「人」となること、すなわち「古史人化」の問題が存在する。だがもうべつの一面では、古の人の「原ロジック」的な思維と思想意識のなかで、かかる力強い部落酋長や邦国の邦君は、その存命時におそらく神通力や神性をもつものとみなされ、半人半神の者となり、その死後には部族や邦国の神に変わり、その神通性は不断に強化されるであろう。また部族と邦国のなかで幅広く流伝する。これはみな可能性のあるものである。このように、神話伝説の歴史化・文献化の過程で、一部分はみたところ半人半神のいわゆる「神」のようであり、もともとおそらく古代の部族の酋長・英雄・邦国の邦君で、彼らは以下の体験をした可能性がある。すなわち、古代には部落の酋長や邦君（人ではあるが、神通力・神性をもち、ないしは半人半神とみなされている者）は生きており、死後に部族や邦国の神となった。そして文字史料のある歴史に入ってのち、さらにその者は歴史化・人間化されて人間や、神通力をもつ人になった。ゆえに、いわゆる「古史人化」や「神通化」の問題はきわめて複雑なもので、神より人への現象はあるとはいえ、けっして神から人へだけでなく、人から神へのばあいもあるのである。このように、顓頊・帝嚳・堯・舜・禹などの伝説上の人物（邦君）の神通力・神性の問題を検討するばあい、もともと古代人の観念のなかでは邦君君権に神権がふくまれることが発見されよう。彼らが存命時に神通力と神性をもつとみられるとしても、死後に部族の宗神に昇るとしても、それらは君権に神権がふくまれることと不可分なのである。このほかに古史伝説では、顓頊・帝嚳・唐堯・大禹・共工の戦いであろうと、堯が驩兜を討伐し、舜が三苗を征伐し、禹が有苗を征伐することであろうと、こうした伝説的人物のなかの邦君はみずから軍隊を率いて戦いをしており、族邦連盟の軍を率いてさえもおり、君権に軍権がふくまれることは贅言するまでもない。当時の邦国はみな部族国家で、君権と族権は合して一体をなすものである。ゆえに古史伝説も神権・軍権・族権が邦国君権の三大支柱であることを反映していたのである。

王権は軍権・神権・族権の三面よりなり、これは一九九〇年代初頭に、筆者がすでに論証したことである[101]。そのうち、王権の神聖性と宗教性は、世界の古い文明と民族における通例である。ここでやや補っておくべきは、中国の夏商周の諸王のなかには、みな「王権神授」という光の輪があることである。たとえば『書』甘誓には、夏の啓が有扈氏を討伐したときに、「今予《よ》、惟れ天の罰を恭行《きょうこう》す（今予惟恭行天之罰）」の旗を掲げたとある。『書』湯誓には、成湯が夏を討伐したさいに行なった戦争動員令も、

有夏《ゆうか》多辠《たざい》にして、天命じて之を殛《きょく》せしむ……予、上帝を畏る、敢えて正《う》たずんばあらず（有夏多辠、天命殛之……予畏上帝、不敢不正）。

であるとある。『書』牧誓には周の武王が紂を討伐したことをしるし、商郊の牧野で師に誓いをたてているときに、商の紂王の数々の罪状を一々列挙したあとで、「今予発《よはつ》（＝武帝）は惟れ天の罰を恭行《きょうこう》す（今予發惟恭行天之罰）」とものべている。これらの見解はたがいに非常によくにており、ひょっとすると後人が『書』を整理したさいに少し文字のうえで修飾をしたかもしれないが、けっして偽作ではない。商と周にとっては、前王朝の王権はもともと神授されたものであるため、みずからが前の王朝を打倒したさいに、かりに上帝の命を奉じ、天にかわって道をおこなうという旗を掲げていなければ、その征伐は天の理のうえでは論拠を失う。彼らがこのようにする意味は、王権の獲得が天命であることを説明することにある。ゆえに三代の王は、王朝交替時に、みなこのようにする必要があるのである。これこそが、『書』の甘誓・湯誓・牧誓の誓詞の口吻がかくも一致する理由である。

王権が軍権をたよりとする点は、本書第四章で金文と甲骨文の「王」字の構造の意味をのべたさいに、すでに解説している。だがこれはたんなる外在的な説明にすぎない。じっさいには、王権が軍権との関係を断てば、王権は宗教的権力に変わるしかない。そして人びとの宗教観念の変化にともない、このような王権は、容易に夭折・消失する。このほかに、かりに王の軍事的実力が比較的弱く、あるいは弱くなったときには、王権も虚弱なものであり、容易に有名無実名になりさえする。ゆえに王権の強大さとその軍事的実力・軍事力の強大さと王邦の国力の強盛さは、切っても切れない関係にあるのである。中国春秋時代における周の天子の王権の衰落は、その明らかな証拠である。

王権のなかの族権と邦国邦君の族権とは、完全には同じものではない。最初の邦国はいずれも部族国家であり、邦内の大多数の国人と邦君はみな同一部族の人であり、ゆえに君権のなかの族権と民衆の部族の属性とは一致するものである。一方、王朝では、部族のうえにはさらに民族があり、たとえば夏商周三代の王朝国家と華夏民族とは同一性をもち（くわしくは第六章参照）、華夏民族はその形成の初期に、民族内部に諸部族をふくんでいる。そしてそれによって、王権のなかの族権はおもに、王朝のなかの王邦の部族と、王邦と同一姓族である部族とをさすことになり、他の部族とは関係がない。華夏民族がその発展の過程にあたって、その内部の部族と部族の境界線が完全に解け合い、消失し、そうしてはじめて当時の王権内の族権は民族全体と一致するものとなるのである。

最高酋長・邦君・王権の三者のつながりは、以上のように詳論できる。この三者の区別については、以下簡単に説明しておこう。まず最高酋長と邦君の権力の違いはおもに、酋長の権力が強制性を備えておらず、それが全社会に君臨する強制的権力でないのにたいして、邦国君主の権力が全社会に君臨する強制的権力である点にある。これは、邦国と首長制のおもな違いでもある。邦国君権と王権はいずれも強制的なもので、二者の違いはつぎの点にある。すなわち、邦君君権は本邦の範囲内にのみ行使され、それは本邦の民衆にたいする支配力である。一方、中国古代の王権は王朝国家の範囲内において行使され、それは本邦を支配するのみならず、他の属邦（王朝国家内において王に従属する他の邦国）をも支配する。ゆえに中国夏商周三代の王権は、夏商周三代の複合制的国家構造とつながっているものであり、このような王権は、王邦内の最高権力であるだけでなく、王朝全体の最高権力でもあるのである。

注

（1）河南省文物考古研究所等『濮陽西水坡』（中州古籍出版社、二〇一二年）、濮陽市文物管理委員会等「河南濮陽西水坡遺跡発掘簡報」(『文物』一九八八年第三期)。

(2) 馮実「河南濮陽西水坡四五号墓的天文学研究」(『文物』一九九〇年第三期)。

(3) 臨汝県文化館「臨汝閻村新石器時代遺跡調査」(『中原文物』一九八一年第一期)。

(4) 厳文明「鸛魚石斧図跋」(『文物』一九八一年第十二期)。

(5) 王震中「祭祀・戦争与国家」(『中国史研究』一九九三年第三期。『中国文明起源的比較研究』第六章、陝西人民出版社、一九九四年に再録)。

(6) 伊藤道治「宗教の政治的意義」(『中国古代王朝の形成』創文社、一九七五年、六四頁)。

(7) 陸思賢『神話考古』(文物出版社、一九九五年版、一一八頁)。曹定雲「炎帝部落早期図騰初探」(霍彦儒主編『炎帝・姜炎文化与和諧社会』三秦出版社、二〇〇七年版、二一~四頁)。

(8) 朱天順『原始宗教』上海人民出版社、一九七八年、五七頁)。

(9) 岑家梧『図騰芸術史』学林出版社、一九八六年版、三頁)。

(10) 王震中「図騰与龍」(趙光遠主編『民族与文化』広西人民出版社、一九九〇年。『中国古代文明的探索』雲南人民出版社、二〇〇五年に再録)。

(11) レヴィ・ブリュル(山田吉彦訳)『未開社会の思惟』(岩波書店、一九九一年)。

(12) マードック・J・P(土屋光司訳)『世界の原始民族』上巻(聖紀書房、一九四三年、三四頁)。

(13) 『竹書紀年』[王国維『今本竹書紀年疏証』巻上・帝禹夏后氏」。

(14) 『史記』殷本紀に「殷の契《せつ》は、母を簡狄《かんてき》と曰う、有娀《ゆうじゅう》氏《し》の女《じょ》にして、帝嚳の次妃《じひ》為り。三人行きて浴し、玄鳥の其の卵を墜《おと》すを見、簡狄取りて之を呑む、因りて孕《はら》みて契を生む(殷契、母曰簡狄、有娀氏之女、為帝嚳次妃。三人行浴、見玄鳥墜其卵、簡狄取吞之、因孕生契)」、『呂氏春秋』季夏紀音初に「有娀《ゆうじゅう》氏《し》に二佚女《にいつじょ》有り、之に九成の台を為《つく》り、飲食には必ず鼓を以てす。帝、燕《つばめ》をして往《ゆ》きて之を視《み》しむるや、鳴くこと謚隘《えきあい》の若《ごと》し、二女愛して争いて之を搏《とら》え、覆《おお》うに玉筐《ぎょくきょう》を以てす、少選《しょうせん》ありて、発《ひら》きて之を視る、燕、二卵を遺《のこ》して北に飛び、遂に反《かえ》らず(有娀氏有二佚女、為之九成之台、飲食必以鼓。帝令燕往視之、鳴若謚隘、二女愛而争搏之、覆以玉筐、少選、発而視之、燕遺二卵北飛、遂不反）」、『楚辞』天問にも「簡狄台に在り、嚳何ぞ宜《よし》とする。玄鳥貽《おくりもの》を致す、女何ぞ喜べる（簡狄在台、嚳何宜。玄鳥致貽、女何喜）」とある。

(15)『史記』周本紀に「姜原野に出で、巨人の迹を見る、心忻然《きんぜん》として説《よろこ》び、之を践《ふ》まんと欲す、之を践みて身動き、孕む者の如し（姜原出野、見巨人迹、心忻然説、欲践之、践之而身動如孕者）」とある。

(16)『史記』秦本紀に「秦の先、帝顓頊の苗裔なり、孫を女脩と曰う。女脩織るとき、玄鳥卵を隕《おと》す、女脩之を呑み、子大業を生む（秦之先、帝顓頊之苗裔、孫曰女脩。女脩織、玄鳥隕卵、女脩呑之、生子大業）」とある。

(17) 王震中『中国古代文明的探索』（雲南人民出版社、二〇〇五年版、三七一～三七三頁）。

(18) 聞一多「説魚」（『神話与詩』古籍出版社、一九五六年版）。

(19) 曹定雲「炎帝部落早期図騰初探」（霍彦儒主編『炎帝・姜炎文化与和諧社会』三秦出版社、二〇〇七年）。曹定雲「宝鶏北首嶺仰韶文化〝人面魚紋〟図騰与炎帝彤魚氏――兼論炎帝名号来由」（『炎黄文化研究』第十一輯、大象出版社、二〇一〇年）。

(20) 王震中「南北〝炎帝〟的由来与民族文化融合」（『炎黄文化研究』第十輯、大象出版社、二〇〇九年）。

(21) 徐旭生『中国古史的伝説時代』（科学出版社、一九六〇年、四〇～四八頁）。

(22) 郭沫若『殷周青銅銘文研究』巻一（人民出版社、一九五四年、七頁）、郭沫若『両周金文辞大系図录考釈』（下）（上海書店出版社、一九九九年版、三一頁）。鄒衡『夏商周考古学論文集（第二版）』（科学出版社、二〇〇一年版、三一〇～三一三頁）。

(23) 鄒衡『夏商周考古学論文集（第二版）』（科学出版社、二〇〇一年版、三一一～三一三頁）。

(24) 王震中「黄帝時代的部族融合与和諧文化――兼論〝黄帝〟的得名」（『炎黄文化研究』第七輯、大象出版社、二〇〇八年）。

(25) モルガン・L・H（青山道夫訳）『古代社会』（上巻、岩波書店、一九五八年、二〇一頁）。

(26) 王震中注（10）前掲論文。

(27) 中国社会科学院考古研究所『中国考古学・新石器時代巻』（中国社会科学出版社、二〇一〇年、二二六～二二七頁）。

(28) 中国科学院考古研究所『廟底溝与三里橋』（科学出版社、一九五九年、三四頁、図二一：五九：二九、図版弐肆：三）。

(29) 王震中「試論陶文〝〟〝〟与大火星及火正」（『考古与文物』一九九七年第六期）。

（30）『国語』晋語四に「昔、少典氏《しょうてんし》は有蟜氏《ゆうきょうし》に娶《めと》りて、黄帝・炎帝を生む。黄帝は姫水を以て成り、炎帝は姜水を以て成り。成りて徳を異《こと》にす、故に黄帝は姫と為り、炎帝は姜と為る（昔少典氏娶于有蟜氏、生黄帝・炎帝。黄帝以姫水成、炎帝以姜水成。成而異徳、故黄帝為姫、炎帝為姜）」とある。姜水がどこにあるかについて、徐旭生注（21）前掲書の考証によれば、宝鶏県城南門外の渭水の南十二里のところにあり、姜城堡とよばれる村があり、堡の西に小さな川があって、秦嶺より流れ出ており、清姜河とよばれ、堡の東約一里のところに大きな神農廟があり、これが姜城堡で、『宝鶏県志』はそれこそ『水経注』のいわゆる姜氏城であるという。このため姜姓の炎帝族の発祥地は、現在の渭水上流の宝鶏一帯であるといえる。姜姓の炎帝族は陝西省境内の渭水上流域に発祥したのち、すぐに渭河に沿って東下し、さらに黄河南岸に沿って東へと発展し、豫西に至ったときに、発展した勢力は大きく、そのもっとも代表的なものが共工氏である。たとえば『国語』魯語上に「共工氏の九有《きゅうゆう》に伯《は》たるや、其の子を后土《こうど》と曰い、能く九土を平ぐ、故に祀りて以て社と為す（共工氏之伯九有也、其子曰后土、能平九土、故祀以為社）」とあり、『山海経』大荒北経にも「共工の臣は名づけて相繇と曰う、九首、蛇身、自ら環り、九土に食らう（共工之臣名曰相繇、九首、蛇身、自環、食于九土）」とあり、『山海経』海外北経にも同様の記載があり、「九土」を「九山」に作る。『国語』魯語のいう共工氏「伯九有」は、『礼記』祭法では「霸九州」に作り、「平九土」は『礼記』祭法では「平九州」に作る。共工氏は九州之伯・九州的霸主であり、「九州」はとうぜんその活動の中心区域である。ただここでの「九州」・「九土」はけっして戦国秦漢大一統思想と大一統疆域の出現以後にしだいに形成されてくる広義の全中国の「九州」ではなく、それは春秋時期とそれ以前のたんなる特定の区域にすぎない。『左伝』には、春秋時代に晋の陰地、つまり現在の河南省嵩県の西・陝西省洛南の東で活躍した一支の戎人は「九州之戎」とよばれたとある（『左伝』昭公二十二年、『左伝』哀公四年）。『国語』鄭語には、幽王期に鄭桓公が史伯に「謝西《しゃせい》の九州は如何《いかん》（謝西之九州、如何）」と問うたとある。韋昭注には「謝は、宣王の舅申伯の国、今南陽に在り。謝西に九州有るとは、二千五百家を州と曰う（謝、宣王之舅申伯之国、今在南陽。謝西有九州、二千五百家曰州）」とある。顧頡剛は『詩』大雅崧高「亹亹《びび》たる申伯《しんぱく》、王之が事を纘《つ》がしむ、于《ここ》に謝《しゃ》に邑《ゆう》し、南国に是《こ》れ式《のり》たらしむ（亹亹申伯、王纘之事、于邑于謝、南国是式）」により、韋昭注を信ずるべきとする（顧頡剛「州与岳的演進」（『史学年報（燕京大学）』第一巻第五期、一九三三年）。『漢書』地理志南陽郡宛県条の班固自注に「故の申伯国、屈申城有り（故申伯国、有屈申城）」とある。宛とは現在の河南省南陽県で、そのいわゆる「謝西」は、現在の豫西南で、晋の陰地と連なっている。上述の「九州之戎」と「謝西之九州」はみな、春秋時代までずっと「九州」は一つの特定の区域であったことをはっきりとしめしている。「九州」の範囲に言及している最古の文献は、まず『左伝』が挙げられる。『左伝』昭公四年に司馬侯は「四岳・三塗・陽城・大室・荊山・中南は、九州の険なれども、是れ一姓ならず（四岳・三塗・陽城・大室・荊山・中南、九州之険也［、是不一姓］）」といった。上述の諸地は「九州之険」であるという以上、九州の域の核心地区はだいたい確定されている。三塗は、杜預注に「河南陸渾県南に在り（在河南陸渾県南）」とあり、陸渾とは現在の嵩県東北の陸渾鎮である。現在の河南嵩県西南十里の伊水北に三塗山があり、俗名は崖口である。陽城は現在の河南省登封県東南にあり、すでに近年の考古発掘によって実証されている（河南文物研究所登封工作站等「登封戦国陽城貯水輸水設施的発掘」『中原文物』一九八二年第二期）。大室とは嵩山である。中南とは現在の陝西省西安市南の終南山で、またの名を中南・南山・秦山・秦嶺という。上述の諸地について学界にはもとより大きな異論はない。ただ四岳と荊山の状況はやや複雑である。荊山には、現在の湖北省南漳県西の荊山に位置する南条荊山があり、『書』禹貢のいう「荊《けい》・岐《き》は既に旅《りょ》し……（荊岐既旅［……］）」と「岍《けん》及び岐《き》を導き、荊山に至り……（導岍及岐、至于荊山［……］）」の北条荊山もある。顧頡剛の考証によれば、この北条荊山は現在の河南省霊宝県閿郷鎮にある（顧頡剛「瓜州」『史林雑識』初編）。四岳については、傅斯年がかつてこう提起している。申甫一帯の山が四岳である。『国語』鄭語で史伯は「成周に当たる者は、南に荊蛮申呂……有り（当成周者、南有荊蛮申呂［……］）」とのべている。これより『漢書』地理志上南陽郡宛県条自注「故の申伯国（故申伯国）」や『水経注』［巻三一 淯水条］「梅渓は又た宛の西の呂城東を逕り、……呂尚の先祖は四岳と為り……封を呂に受く（［梅渓又逕］宛西呂城［東］、……［呂尚先祖為］四岳……受封于呂）」の諸説は間違いなく、四岳の地望も知りうるとわかる（傅斯年「姜原」『中央研究院歴史語言研究所集刊』第二本第一分冊、一九三〇年）。上述の九州地域は、共工氏が渭河上流域一帯から中原にやってきたあとの中心地区であり、その前後の活動範囲は、西は渭河上流域から、東は豫中嵩山の山麓、北は豫北輝県と山西省内に達し、南は熊耳山ないし南陽地区におよぶ（王震中「共工氏主要活動地区考辨」『人文雑志』一九八五年第二期。王震中『中国古代文明的探索』雲南人民出版社、二〇〇五年再録）。作為共工氏の後裔たる四岳とその斉・許・

申・呂の四伯は、豫西南～豫中一帯にも分布している。申は南陽県北二十里にある。呂は南陽県西三十里にある。許は河南省中部の許昌県にある。斉はのちに現在の山東省北部に建国され、それは西周初年のときのことで、最初は河南省西南地区にもあった。炎帝族内の他の支系は山東地区にも発展し、たとえば作為斉国の前に斉に住んでいた逢伯陵は姜姓で、『山海経』海内経はさらにそれが「炎帝之孫」であるといっている。山東に建国した紀国・向国・州国もみな姜姓国で、炎帝の後である。

(31) 山東省博物館等「山東茌平県尚荘遺跡第一次発掘簡報」(『文物』一九七八年第四期、図一：四)。

(32) 山東省文物管理処・済南市博物館編『大汶口——新石器時代墓葬発掘邦国』(文物出版社、一九七四年、図四二：四、図四二：一・三、図四五：三、図四六：一、図四七：二、図六二：二)。

(33)『左伝』昭公十七年。

(34)『周礼』春官肆師鄭玄注に蚩尤を「蚩蚘」に作る。「魚鼎匕銘」に「蚘」とあり、于省吾『双剣誃尚書新証』はそれが「蚩尤」であるとする。これより蚩尤二字はみな虫や蛇を徽号としているとわかる。

(35) 俗に「鳥頭形足」や「鬼臉形足」という。

(36) 王震中「東夷的先史史及其燦爛文化」(『中国史研究』一九八八年第一期)。

(37) 王震中注(5)前掲論文

(38) Jonathan, Haas. 1982. *Evolution of the Prehistoric State. Columbia*: Columbia University Press、中国語版一一七～一二三頁。

(39) 湖南省文物考古研究所「澧県城頭山古城址一九九七—一九九八年度発掘簡報」(『文物』一九九九年第六期)、湖南省文物考古研究所『澧県城頭山——新石器時代遺跡発掘報告(上・中・下)』(文物出版社、二〇〇七年)。

(40) 国家文物局考古領隊培訓班「鄭州西山仰韶時代城址的発掘」(『文物』一九九九年第七期)。楊肇清「試論鄭州西山仰韶文化晩期古城址的性質」(『華夏考古』一九九七年第一期)。

(41) 山東省文物考古所等「山東滕州市西康留遺跡調査発掘簡報」(『考古』一九九五年第三期)。

(42) 王学良「五蓮県先史考古獲重大発現」(『日照日報』一九九五年七月八日。『考古』一九九七年第四期、三頁再録)。
(43) 安徽省文物考古研究所「安徽固鎮県垓下発現大汶口文化晩期城址」(『中国文物報』二〇一〇年二月五日)。
(44) 湖南省文物考古研究所「澧県鶏叫城古城址試掘簡報」(『文物』二〇〇二年第五期)。
(45) 江陵県文物局「江陵陰湘城的調査与探索」(『江漢考古』一九八六年第一期)。荊州博物館等「湖北荊州市陰湘城遺跡東城墻発掘簡報」(『考古』一九九七年第五期)。荊州博物館「湖北荊州市陰湘城遺跡一九九五年発掘簡報」(『考古』一九九八年第一期)。
(46) 荊州博物館等「湖北石首市走馬嶺新石器時代遺跡発掘簡報」(『考古』一九九八年第四期)。
(47) 河北省荊門市博物館「荊門馬家院屈家嶺文化城址調査」(『文物』一九九七年第七期)。
(48) 賈漢卿「湖北公安鶏鳴城遺跡的調査」(『文物』一九九八年第六期)。
(49) 龍山文化時代(つまり龍山時代)の広義と狭義の区分にかんしては、本書第五章第一節の関連する論述と注釈が参考になりうる。広義の龍山文化は廟底溝二期文化をふくむもので、それは廟底溝二期文化を龍山文化初期とみなし、廟底溝二期文化の年代はだいたい前二九〇〇年~前二六〇〇年である。廟底溝二期文化の年代については、『中国考古学・新石器時代巻』(中国社会科学出版社、二〇一〇年、五一九頁)参照。
(50) 中国社会科学院考古研究所山西隊等「山西襄汾陶寺城址二〇〇二年発掘報告」(『考古学報』二〇〇五年第五期)。中国社会科学院考古研究所山西第二工作隊等「二〇〇二年山西襄汾陶寺城址発掘」(『中国社会科学院古代文明研究中心通訊』二〇〇三年第五期)。
(51) 河南省文物研究所・中国歴史博物館考古部「登封王城崗遺跡的発掘」(『文物』一九八三年第三期)。河南省文物研究所・中国歴史博物館考古部『登封王城崗与陽城』(文物出版社、一九九二年)。北京大学考古文博学院・河南省文物考古研究所『登封王城崗考古発現与研究』(上・下)(大象出版社、二〇〇七年)。
(52) 河南省文物考古研究所等「河南新密市古城寨龍山文化城址発掘簡報」(『華夏考古』二〇〇二年第二期)。
(53) 河南省文物考古研究所『輝県孟荘』(中州古籍出版社、二〇〇三年)。

(54) 河南省文物考古研究所等「河南淮陽平糧台龍山文化城址試掘簡報」(『文物』一九八三年第三期)。
(55) 李済等『城子崖——山東歴城県龍山鎮之黒陶文化遺跡』(国立中央研究院歴史語言研究所、一九三四年)、山東省文物考古研究所「城子崖遺跡又有重大発現、龍山岳石周代城址重見天日」(『中国文物報』一九九〇年七月二十六日)。
(56) 欒豊実「一九九八—二〇〇一年両城鎮遺跡考古発掘的主要収穫」(『東方考古学研究通訊』第五期、二〇〇五年)。
(57) 北京大学考古系等「石家河遺跡群調査報告」(『南方民族考古』第五輯、一九九二年)。
(58) 成都市文物考古隊「四川新津県宝墩遺跡調査与試掘」(『考古』一九九七年第一期)。
(59) 浙江省文物考古研究所「杭州市余杭区良渚古城遺跡二〇〇六—二〇〇七年的発掘」(『考古』二〇〇八年第七期)。
(60) 中国社会科学院考古研究所『宝鶏北首嶺』(文物出版社、一九八三年、八四〜八六頁)。
(61) 李仰松「試論中国古代的軍事民主制」(『考古』一九八四年第五期)。
(62) 山東大学歴史系考古教研室『泗水尹家城』(文物出版社、一九九〇年、三〇五〜三〇六頁)。
(63) 白川静「殷代雄族考・雀」(『甲骨金文学論叢』第六集、一九五七年)。
(64) このため伊藤道治「宗教の政治的意義」(『中国古代王朝の形成』創文社、一九七五年、六四頁) はかつて「当時にあっては、各族はそれぞれの族神をもち、族間の戦いは、その神の戦いでもあった。従って敗れた神は、神格の体系化に際して、やはり勝った神に従属する位置を与えられたのであり……」と提起したことがある。しかも殷王朝がしだいに多くの族や方国を自己の統治下に収めてゆくにつれて、殷はこれらの神を祭祀することもはじめ、そのうち、たとえば「河」・「岳」などは、さらに殷の先公のなかに再編された。これは殷が異族にたいする支配を維持する手段・紐帯である。
(65) 王震中注(30)前掲論文。
(66) 王震中注(65)前掲論文。
(67) 童書業「丹朱与驩兜」(『浙江図書館館刊』第四巻第五期)、楊寛「中国上古史導論」(『古史辨』第七冊(上)、三〇二〜三〇七頁)。
(68) 田昌五『古代社会形態研究』天津人民出版社、一九八〇年、一五二頁)。

(69) 厳文明「大汶口文化居民的抜牙風俗和族属問題」(『大汶口文化討論文集』斉魯書社、一九七九年、二六〇頁)。
(70) 田昌五注(68)前掲書、一五二頁。
(71) 厳文明注(69)前掲論文、二五四頁。
(72) 『戦国策』秦策に「舜伐有苗」とある。
(73) 『左伝』昭公元年に「虞有三苗」とある。
(74) 『論衡』儒増篇に「舜征有苗」とある。
(75) 徐旭生注(21)前掲書、九八頁。
(76) 林澐「説〝王〟」(『考古』一九六五年第六期)。
(77) 呉其昌「金文名家疏証(一)」(『武大文史哲季刊』第五巻第三期、一九三六年)。
(78) 林澐注(76)前掲論文。
(79) 李学勤主編『中国古代文明与国家形成研究』(雲南人民出版社、一九九七年、二四二頁)。
(80) 王震中注(5)前掲論文。
(81) エンゲルス(秋間実訳)『反デューリング論(上)』(新日本出版社、二〇〇一年、二五二頁)。
(82) 徐旭生注(21)前掲書、七六~八四頁。
(83) 張光直『中国青銅器時代(二集)』(生活・読書・新知三連出版社、一九九〇年)。
(84) 『左伝』昭公元年に「昔、高辛氏に二子有り、伯を閼伯《あつはく》と曰い、季を実沈《じつしん》と曰う、曠林《こうりん》に居り、相い能《よ》からざるなり、日に干戈を尋《もち》いて、以て相い征討《せいとう》す。后帝《こうてい》臧《よみ》せず、閼伯を商丘に遷し、辰を主《つかさど》らしむ、商人是《これ》に因《よ》る、故に辰を商星と為す。実沈を大夏に遷し、参を主らしむ、唐人是に因りて、以て夏商に服事《ふくじ》す。……成王の唐を滅ぼすに及びて大叔を封ず、故に参を晋星と為す(昔高辛氏有二子、伯曰閼伯、季曰実沈、居于曠林、不相能也、日尋干戈、以相征討。后帝不臧、遷閼伯于商丘、主辰、商人是因、故辰為商星。遷実沈于大夏、主参、唐人是因、以服事夏商。……及成王滅唐而封大叔焉、故参為晋星)」とある。

（85）本書第二章第四節参照。

（86）『書』酒誥では、商代の「内服」（つまり王邦の地）の官に論及したさいに、「百僚・庶尹・惟亜・惟服・宗工・百姓里居（君）」を挙げている。ここでの「亜」は亜旅の亜で、つまり内服の官のなかの武官である。青銅器銘文中にはよく「亜」と他の族徽銘文が合成した複合型の族徽銘文がみられ、たとえば近年発見された殷墟花園荘五四号墓出土の「亜長」族徽銘文は「亜」形の徽記と「長」形の徽記が組み合わさってできた複合型の族徽銘文である。ここでの「亜」は武官で、「長」は甲骨文中の「長」族の長である。『左伝』隠公八年で衆仲が「賜姓」・「命氏」に言及したさいに、「官、世功有れば、則ち官族有り、邑も亦た之の如し（官有世功、則有官族、邑亦如之。官職について代々立派な功績があるばあいには、その官名を族名とすることもあり、邑を治めて治績をあげたばあいも、邑名を族名とすることもありますの意）」といっている。「亜」と「長」が結合した、こうした「亜」の符号を帯びた族氏徽記は、「官有世功」によって官族を形成したのちにその族氏徽号を銅器上に鋳込み、それによってみずからの栄光を顕示した一つの例証である。「亜」はもともと武職の官名で、これは墓内に大量の青銅武器を副葬していることとも符合するものである。

（87）『左伝』成公十三年。

（88）『国語』周語下。

（89）郭沫若『両周金文辞大系』。

（90）『左伝』宣公十二年。

（91）『左伝』成公十六年。

（92）王震中『中国文明起源的比較研究』（陝西人民出版社、一九九四年、三六六～三七一頁）。

（93）ホカート・A・M（橋本和也訳）『王権』（岩波書店、二〇一二年、二八～二九頁）。

（94）王震中注（92）前掲書、三六〇頁。

（95）『左伝』成公十三年。

（96）王震中注（92）前掲書、二三九頁、李学勤主編『中国古代文明与国家形成研究』（雲南人民出版社、一九九七年、四九～五〇頁)、高煒「晉西南与中国古代文明的形成」(『汾河湾——丁村文化与晉文化考古学術研討会文集』山西高校連合出版社、一九九六年、一一一〜一一八頁)、厳文明「中国王墓的出現」(『考古与文物』一九九六年第一期)、楊錫章「殷商与龍山時代墓地制度的比較」(『中国商文化国際学術討論会論文集』中国大百科全書出版社、一九九八年)、羅琨「陶寺中期大墓M二二副葬公猪下頜意義浅析」(『中国文物報』二〇〇四年六月四日第七版)、呉耀利「中国王権的産生」(『先史研究(二〇〇二年)』三秦出版社、二〇〇四年、一七一〜一七七頁)。

(97) 高煒「陶寺考古発現対探討中国古代文明起源的意義」(田昌五・石興邦主編『中国原始文化論集——紀念尹達八十誕辰』文物出版社、一九八九年)。

(98) 本章第五小節「陶寺都邑与唐堯関係的研究」参照。

(99) 王震中「良渚文明研究」(『浙江学刊』二〇〇三年増刊、王震中『中国古代文明的探索』雲南人民出版社、二〇〇五年再録)。

(100) 王震中注(92)前掲書、二四三頁。

(101) 王震中注(5)前掲論文。

第五章　中国の初期国家──龍山時代の都邑邦国

第一節　龍山時代の都城と国家

中国古代国家の起源の過程は、社会の複雑化の発展過程でもある。それは、階級・階層・等級といった社会的分層の成立を伴うのみならず、それによって聚落社会形態は中心聚落《ちゅうしんしゅうらく》から都邑国家《とゆうこっか》へとむかう。いわゆる都邑国家について、筆者はこれを都邑邦国《とゆうほうこく》ともよんでいる。それは、都城の出現を特色とし、また「邦国─王国─帝国」という変化の過程における邦国形態段階にあたる。そこで本章では、龍山時代に大量に出現する城邑と、それがしめす社会形態に考察を加える。そしてそれによって、中国初期国家時期に邦国が林立した点について、その個性と共通性を分析する必要がある。

1　城邑の大量出現

（一）龍山時代以前の城邑

中国でもっとも早い城址の出現は、はるか龍山時代以前にある。第二章でのべたように、現在までに中国でみつかっているもっとも早い城址は、湖南省澧県城頭山《じょうとうざん》古城である。城壁の平面は円形を呈し、城内面積は約七・六万㎡である。城内の堆積は、大渓《だいけい》・屈家嶺《くっかれい》・石家河《せきかが》文化の遺存をふくみ、城壁は、およそ紀元前四三〇〇年の大渓文化初期から前二八〇〇年前後の屈家嶺文化中期にかけて、いくどかの修築を経ている。そのうち大渓文化期城址はだいたい前四三〇〇～前三五〇〇年のもので、これは現時点で知られる中国最古の先史城址である。(1)

長江中流域において大渓文化と近接しているのは、屈家嶺文化期の城址である。城頭山城址はちょうど大渓文化期に建てられ、のちに屈家嶺文化期に城壁が広く高くされ、塹壕も広く深くされ、使用されつづけた。また、たとえば澧県鶏叫城《けいきょうじょう》古城址は、(2)屈家嶺文化期につくられはじめ、城壁はほぼ角の丸まった方形を呈している。城址面積は約二〇万㎡で、だいたい前三〇〇〇～前二七〇〇年のものである。湖北省江陵陰湘城《いんしょうじょう》は、現存する南半部の面積は約一二万㎡で、屈家嶺文化期に建てられた。(3)湖北省石首走馬嶺《そうまれい》城址は、(4)不規則な楕円形をなし、約七・八万㎡で、その城壁の建築と使用は屈家嶺文化期に属する。湖北省荊門馬家垸（院）城は、(5)梯形を呈し、約二四万㎡で、城壁は屈家嶺文化晩期に建設されたものである。湖北省公安鶏鳴城《けいめいじょう》も屈家嶺文化期に建てられはじめた。(6)

黄河中流域で比較的早い城址は、河南省鄭州西山《せいざん》遺跡の仰韶文化晩期城址で、(7)城内面積は約三万㎡前後、年代はだいたい前三三〇〇～前二八〇〇年である。黄河下流域の山東省滕州西康留では、(8)大汶口文化晩期に属する前三〇〇〇年前後の城址がみつかり、角の丸まった方形を呈しており、約三．五万㎡である。山東省五蓮丹土《ごれんたんど》でも、大汶口文化晩期の城址がみつかり、(9)不規則な楕円形を呈し、約二五万㎡である。ちかごろでは、安徽省固鎮県濠城鎮垓下《がいか》遺跡で大汶口文化晩期城址がみつかり、(10)平面上はそれほど規則的でない角の丸まった長方形を呈しており、城内面積は約一五万㎡である。

(二) 龍山時代の城邑

前三〇〇〇年～前二〇〇〇年の広義の龍山時代、(11)とくにその中後期には、黄河中下流域と長江中下流域で幅広く城

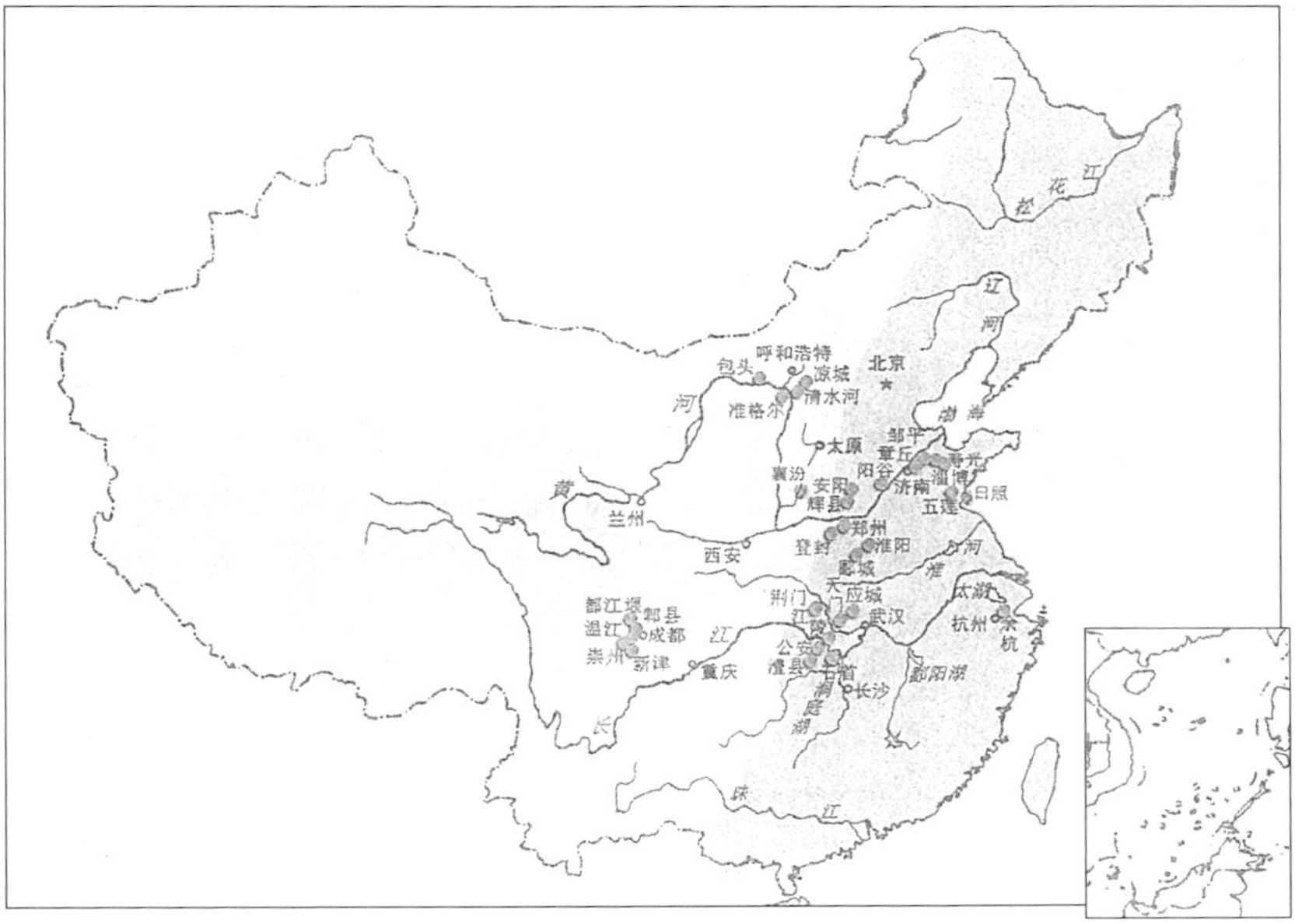

【図5―1】　先史時代の城邑分布図（科技部・国家文物局『早期中国』所載の図に書き加えた）

邑がつくられ、先史城址の総数は七十余基に増えた（図5―1）。

　そのうち中原龍山文化からは、(12)八、九ヶ所の城址がみつかっている。山西省襄汾陶寺に位置する龍山城址がもっとも大きく、初期と中期にわけられ、初期城址は約五六万㎡である。中期城址はだいたい二八〇万㎡である。(13)河南省登封市告成鎮王城崗《おうじょうこう》に位置する龍山城址では、一九七七年に東西に連なる小城二基がみつかった。西城は一万㎡近くである。東城の城壁は五渡河《ごとが》によってほぼ壊され、面積は不明である。二〇〇二年～二〇〇五年に発掘された河南省龍山文化の大型城址は大城《たいじょう》とよばれ、(14)小城をつつみこんでおり、城内面積はだいたい三四．八万㎡である。大城と小城の関係について楊肇清《ようちょうせい》は、大城の時代は王城崗龍山文化第二期～第三期で、大・小城の建築年代は同じで、小城は大城の一部分であるとする。(15)研究者のなかには、大城は小城より少し遅く、王城崗の大城と小城は継承関係にあり、関係はたいへん密切で、先につくられたのが王城崗小城の東城、続いてつくられたのが王城崗小城の西城、最後につくられたのが王城崗大城で、小城は王城崗龍山文化前期に、大城は王城崗龍山文化後期につくられたとする者もいる。(16) 河南省新密市東南三五㎞にある曲梁郷古城寨村《こじょうさいそん》龍山城址は一七・六五万㎡である。河南省輝県孟荘鎮《もうそうちん》の龍山城址は、城内面積が約一二・七万㎡である。河南省淮陽県大朱荘平糧台《へいりょうだい》の龍山城址の城内面積は三・四万㎡である。河南省漯河市郾城県石槽趙村郝家台《かくかだい》の龍山城址は三二八五六㎡である。河南省安陽後崗《こうこう》の龍山城址は、一九三一年〜一九三四年に発見された。当時は遺跡外部の西と南の両面に長さ約七〇余mの版築の城壁がみつかり、城址の面積は不明である。このほか河南省方城県平高台・平頂山蒲城店でも龍山文化期の城址が発見されている。(17)

山東省龍山文化では城址十四基がみつかっている。そのなかには、だいたい二〇万㎡の章丘城子崖《じょうしがい》城址、(18) 一六万㎡の鄒平丁公《ていこう》城址、(19) 一五万㎡の淄博田旺《でんおう》(桐林《とうりん》)城址、(20) 五・七万㎡の寿光辺線王《へんせんおう》城址、(21) 五万㎡の茌平教場舗《きょうばほ》城址がある。(22) またいくつかの城址の面積は、多くは地面調査で判明しており、たとえば陽谷県景陽岡《けいようこう》城址はおそらく三五万㎡、(23) 陽谷皇姑冢《こうこちょう》城址は六万㎡、陽谷王家荘《おうかしょう》城址は四万㎡、茌平尚荘・楽平舗・大尉・東阿県王の城址の合計面積は三〜三・八万㎡である。(24) このほか日照両城鎮《りょうじょうちん》・日照堯王城《ぎょうおうじょう》でも龍山文化の城壁遺跡がみつかっているが、まだ城址の範囲と面積を調査して確認してはいない。けれども両城鎮遺跡の総面積が二五六万㎡であることと、堯王城遺跡の面積が三〇〇万㎡を超えることからみると、(25) 両城鎮と堯王城の龍山城址は大規模にちがいない。

長江中流域の龍山時代の城址としては、湖北省天門石家河《せきかが》城とその遺跡群の規模がもっとも大きい。(26) 城壁はだいたい丸みを帯びた長方形をしており、約一二〇万㎡である。その城は屈家嶺文化中晩期に建てられはじめ、おもな使用時期と全盛期は石家河文化の初・中期である。このほか、前述した湖南省澧県の城頭山・鶏叫城や、湖北省江陵陰湘城・石首走馬嶺・荊門馬家垸雞・公安雞鳴城などの城址、そして湖北省応城門板湾《もんばんわん》城址でも、(27)みな屈家嶺文化期にすでに環壕をもつ土城が造営されており、石家河文化の初期・中期になってもみな用いられつづけている。このため、当該地区の「屈家嶺文化期と石家河文化初期・中期を同一の聚落安定期に分類」可能とする論者もいる。(28)

長江下流域の太湖《たいこ》地区では、これまで城壁をもつ先史城址はみつかっていない。だが当該地域における良渚文化の一部の中心聚落の文化的内容と、それが文明発祥地の核心地域の一つである点は、同時期の華北や長江中流域地区に匹敵し、各々模範とされてきた。(29)近年では、杭州市余杭区で良渚古城遺跡がみつかり、(30)この城址の範囲は南北長さ約一八〇〇m～一九〇〇m、東西広さ約一五〇〇m～一七〇〇m、総面積は約二九〇余万㎡である。これは、長江下流域で最初にみつかった良渚文化期城址であるだけでなく、中国で目下発見されている当該時代最大の城址でもある。野外考古調査の深化に伴い、今後、他の中心聚落区域でも、良渚文化城址が発見されるであろうと筆者は信じている。

長江上流域の四川成都平原では、一九九〇年代末にも新たに一群の先史城址がみつかり、(31)そのうち、新津宝墩《ほうとん》城は六〇余万㎡、温江魚梟《ぎょふ》城はだいたい三二万㎡、郫県梓路《しろ》古城は約一二万㎡、都江堰市芒城《ぼうじょう》は約一二万㎡、崇州双河《そうが》古城は約一五万㎡である。この城址五基はみな台地上にたてられ、城内の地面は全体的に城外より高い。城外にはまだ塹壕がみつかっていないが、多くの城址の方向は附近の多くの河川と平行している。城址五基の年代は、初歩的認識としては前二六〇〇年～前一七〇〇年の範囲内である。(32)

内蒙古中南部河套地区では別種の城址類型がみつかっており、それは石壁で囲まれた石城である。(33)石城はおもに三地区に分布している。第一に、包頭市東大青山西段南麓。東西三〇㎞近い範囲に、西から東へ、阿善《あぜん》(二基)(34)・西園《せいえん》・莎木佳《しゃぼくか》(二基)・黒麻板《こくまばん》・威俊《いしゅん》(三基)など、計五ヶ所の遺跡と石城九基がある。(35)第二に、涼城《りょうじょう》岱海《たいかい》湖西北岸地区。

蛮汗山《ばんかんさん》の東南斜面上で、西白玉《せいはくぎょく》・老虎山《ろうこざん》[36]・板城《ばんじょう》・大廟坡《だいびょうは》の石城がみつかっている。第三に、ジュンガル旗～清水河県間の黄河両岸。ジュンガル寨子《さいし》塔[37]・寨子上《じょう》（二基）・清水河県の馬路塔《ばろとう》・後城嘴《こうじょうし》など、計五基がある。

内蒙古中南部の上記石城聚落群は、包頭市と涼城県岱海湖両地の地理環境のもと、ともに山麓の日当たりのよい台地上にあり、ふもとの平地より数十m高く、山を背にし、河川に面している。遺跡の端には、尾根の天然の地形にそって石壁が築かれており、壁外はけわしい谷間である。それゆえ、石城の多くは、平面の形状が規則的でない。いくつかの遺跡は北側上方にあり、尾根の高さを利用しており、別途城壁を設けてはいない。老虎山・西白玉の石壁直上にある山頂は、ともにそこにある小方城と連なっている。ジュンガル～清水河間の地貌は、上述両地区とは異なっており、そこでは黄河両岸のきりたった高台に石城を築いている[38]。

最近、陝西省北部神木県の石峁《せきぼう》遺跡では、内城（面積約二三五万㎡）・外城（面積約四二五万㎡）という、石積の城壁をもつ城邑がみつかり、龍山晩期～夏代初期のものである。これは、目下知られている中国最大規模の新石器時代晩期の城址である[39]。

以上、先史城址七十余基の発見は、聚落形態の変化をしめしており、みな環壕聚落から環壕土城聚落への発展をへている。内モンゴル中南部と陝西省北部の石城にかんしては、多くは現地の特殊な地理環境を利用したものか、山の斜面台地のけわしい谷間のふちにあるか、もしくは黄河両岸辺のきりたった高台上にあり、石城を築いている。ゆえに、新石器時代晩期にいわゆる「城」が出現しはじめた原因は、南方と北方とを問わず、おもに聚落防衛上のニーズに対応するためであったのである。

2　国家形成の指標と都邑邦国の特徴

（一）都城と国家形成の指標

城邑の普遍的な出現は、聚落形態の様相を一変させる。しかし筆者は、城邑や城堡をみたらすぐに国家がすでに存在していると断定せよと主張しているわけではない。たとえば西アジアのパレスチナのエリコは、一〇〇〇〇年前～九〇〇〇年前になお前陶新石器時代《ぜんとうしんせっき》に属し、軍事その他の特殊な原因（たとえば宗教上の聖地聖物を守るため）で城壁を修築した。中国の城頭山《じょうとうざん》も、六三〇〇年前の大渓《だいけい》文化初期に、なお中心聚落形態発展段階に属し、環壕土城を修築している。五三〇〇年前の仰韶文化中晩期の鄭州西山《ていしゅうせいざん》城址と、五〇〇〇年前のいくつかの大汶口文化城址も、みなこのような状況である。ゆえに城邑には、その成立から国家都城へと発展するまでのあいだに、その変化発展の過程があることになるのである。その性質が結局中心聚落形態段階の中心聚落か、それとも初期国家時期の都城かを判断するには、いくつかの他の条件にも分析を加えねばならないのであり、たんに城壁を修築しているか否か、城が出現しているか否かのみを基準にすることはできないのである。

ここでいう附加条件は、第一に階級の成立と社会分層の状況、第二に城邑の規模・城内建築物の構造と性質（たとえば宮殿宗廟などの特殊建造物が出現していること）が考えられる。というのも、階層と階級が成立し、ともに結びついた城邑があってはじめて、それは階級社会内の城邑に属するからである。そして階級社会に入り、等級のわけ方が明白で、支配と被支配が基本的に確立した状況下で、城邑級の規模と宮殿宗廟中心のプランを有してはじめて、その権力システムは強制的性質をもつとみられる。権力の強制性こそが国家形成の重要な指標の一つなのである。

古代国家概念と国家形成の指標にかんしては、本書序章ですでに論述した。諸説の合理的要素を吸収した基礎のうえにたって、筆者は古代国家をつぎのように定義しうると考える。すなわちそれは、一定の領土範囲と独立の主権をそなえ、階級・階層・等級といった社会分層が存在し、合法性をもち、全社会に君臨する強制的権力を壟断する政権組織と社会体系を有するものである、と。つまり古代国家形成の指標について、筆者はつぎのように主張しているのである。第一に、階級と階層の存在。第二に、全社会に君臨する強制的公的権力の設立。いわゆる「全社会に君臨する公的権力」とは、もちろん国家の最高権力の集中と壟断をふくむが、それは基層にみずからの権力があること、ひいては暴力行為さえもあることを排除しない。いわゆる「強制的」とは、先史社会の中心聚落形態段階（首長制段階にあたる）の最高酋長のもつ「非強制的」、すなわち「非暴力的」権力に比べて、そういっているのである。

研究のしやすさの点からいえば、遠古社会の等級・階級・階層のたぐいがすでに形成されているか否かについては、考古学的発掘で出土した墓資料と居住建築物の規格などの資料をつうじて考察できる。社会の墓地と墓資料のうち、副葬品がたいへん豊富でとびぬけて精美なものは、社会の階層・等級のなかでもとうぜん上層におり、統治階層や富裕階層に列せられる。一方、副葬品がたいへん貧相で乏しく、まったくモノを所有さえしていない者は、社会の下層におり、普通の民衆に属し、奴役者であることもある。殉葬者・人柱とされた犠牲者・屍体がゴミ穴に捨てられている者は、戦争捕虜から転化して奴隷となった者か、他の原因で奴役された者かはともかく、まちがいなく社会の最底辺に属する。居住の環境・条件・規格からみて、これらの宮殿にすむ人と、普通の地上建築物や地穴式・半地穴式の建築物にすむ人とでは、その身分地位と社会階層が同じでないことも、十分明白である。ゆえに文明と国家の起源の研究では、墓などの材料を等級・階層・階級分化の物化形態とみなすのであり、その研究のしやすさは明白でみやすいものである。

階級階層が存在するか否かが明白な状況下にあってはじめて、公的権力の物化形式や物化の伝達手段たる城邑が結局強制的権力を体現しているか否かを判断しうる。周知のとおり、巨大な城壁は、大量の労働力を大規模に組織的にあつめ、彼らの長時間労働をへてはじめて造営しうるものである。大型家屋建築（城壁内部の宮殿宗廟のたぐい）も多くの人的・物的資源を要し、これはみなその背後に完全な社会的協調と支配メカニズムがあり、その保障と運営をしていることをはっきりとしめしている。これこそ、城壁と城内の宮殿・宗廟といった建築物をつうじてしめされる公的権力である。しかし考古学的発見はまた、つぎのこともしめす。すなわち、社会に分層があらわれたとき、都邑の城壁が建てられるとはいっても、族人全員がみな都城内に居住するとはかぎらない。城邑周辺には若干の村落（つまり小さな聚落）もあり、城内の宮殿も、統治階層と貴族の居住に供せられたにすぎない。つまり、中国上古時代の城址とその城内の大型建築は、みなけっして当該地域内の全聚落群の人口の居住用に建てられるのではなく、それは上層貴族とその附属人口の居住用に建てられるのである。しかし、統治階層は、全聚落群の労動力を動員・支配する権力をもっており、それはあきらかに一定程度の強制的色彩を帯びている。このため、社会にすでに階層と階級が存在するときにのみ、城邑と城内の宮殿の出現はようやく国家構成の十分条件とみなせると考えられる。つまり、このような強制的・壟断的特徴を帯びた権力と、当時の社会分層や等級が結合し構成する社会形態とは、先史時代の「中心聚落形態」とはまったく異なるのであり、とうぜんいわゆる「首長制」とも異なり、初期国家に属するのである。

（二）都邑国家の一般的特徴

中国初期国家たる都邑国家（すなわち都邑邦国）には、二つの大きな特徴がある。都城と邦国の林立である。初期国家の都城の普遍性については、つぎのように概括できる。すなわち、中国古代には国があれば城があり、築城は建国の指標である、と。先秦文献では、「国」字はひろく一般的な都城をさす。「国」の繁体字は「國」で、『説文』口部には、國は、邦なり。囗に从い或に从う（國、邦也、从囗从或）。

とあり、『説文』戈部には、

或は、邦なり。囗に从い戈に从う。以て一を守る。一は、地なり（或、邦也。从囗从戈、以守一。一、地也）。

とある。周初の何尊銘文の「國」字は「或」に作る。金文では「國」字はさらに原始的な字形として「戜」に作る。そのなかの戈は当該文字の声符で、戈をもって城を守るという意味もあわせもつ。囗は城邑をさし、まわりの筆画は国の境界をさす。つまり、中国上古時代における国家のもっとも単純な形態というのは、しばしば都城を中心とし、各地の族落村邑と結合して一緒になっているものであり、とうぜんそのなかの族落は、次級中心聚落に属する貴族の邑をふくむのである。だがそれらはみな、都城の存在を国家の指標とするものである。夏商周時代の王国や王朝国家と区別するため、王国よりも早いこうした初期国家を「邦国」とよぶこともできる。いわゆる「邦国」の「邦」は、先秦文献ではもともと「国」と同義で、ともにほんらい国都（すなわち都邑・大都邑のたぐい）をさし、そこから現在の国家の意味に発展する。(40) その理由を探すと、それは当時の国都が国家の核心で、国家がその国都によって代表される点にある。これはつまり『周礼』地官司徒第二のいう、

惟れ王、国を建て、方《ほう》［方向］を弁《べん》［弁別］じ位［宮室の場所］を正［制定］し、国を体《わ》かち野を経《はか》り……（惟王建国、弁方正位、体国経野……）。

である。これより、最初のもっとも原始的な国家は、みな小国寡民で、その核心区域はしばしば一つの都城と、その周辺の野外ならびに多数の村邑よりなるとわかる。かりに都城を指標とするならば、これを「都邑国家」や「城邑国家」とよぶことができよう。もちろん核心区域の外では、各邦国の政治・経済・軍事・文化の力が異なるので、その統治や支配の範囲も異なる。その統治範囲内には、若干の次級中心聚落とそれをかこむ普通聚落もあり、邦国都城内

にすむ邦君は、これらの次級中心聚落をとおして、やや遠方の普通聚落を間接支配するのである。

夏商周三代の歴史を溯ると、西周にいたるまでのあいだ、あたらしく分封された若干の諸侯国は、建国直後にはみなまず一城邑を有し、かつ周辺の若干の村や郊外を支配するのみであることがみいだされるであろう。たとえば、斉国がはじめて封建されたときには、営丘の地を有するのみで、のこりの晋・楚・燕・魯などの国のごときが成立したときにも、いずれも数個の点であって、のちにようやく兼併征伐と経済発展をへて、多くの城邑を有する国家となっている。新石器時代末期の龍山時代には、山西省襄汾陶寺・河南省登封王城崗・新密古城寨・山東省章丘城子崖・鄒平丁公・寿光辺線王・日照両城鎮・堯王城・湖北省天門石家河・浙江省余杭莫角山などの都邑遺跡の周辺において、密集程度の異なる聚落群が形成され、各地域の聚落群はみな相対的に二~四級の聚落等級にわけられるが、城邑はただ一つで、これが筆者のいう都邑遺跡である。それは当該地域の中心をなし、それによってこうした局面を形づくった。このような都邑一つ一つが周辺の聚落群と再度結合すれば、簡単な邦国や邦国核心区をなす。そのうち実力が大きめの邦国についていえば、核心区の外側にさらに若干の次級中心聚落を囲繞するように分布する聚落群がある。文献のいう「万邦林立」は、つまりこれら多くの城邑の出現を指標とするものである。

都邑邦国はその初期段階において、さらにべつの大きな特徴がある。それは、邦国文明の中心が複数あることと、万邦が林立していることである。上述の七十余基の先史城址のうち、一部はなおも中心聚落形態や首長制に属しているが、相当数の城邑は初期国家の邦国の都城に属しており、当時の黄河流域と長江流域は邦国の林立する局面にある。中国古代史において「万邦」の概念は、青銅器銘文や『書』・『詩』などの初期文献ではかなりよくみられるものである。たとえば「史牆盤」〔集成10175〕の銘文には、

曰く、古文王は……上下を匍有《ほゆう》し、迨《あ》わせて万邦を受く（曰古文王……匍有上下、迨受万邦）。

とあり、「𠛱」字について楊樹達は「撫」と読むべきとする。「迨」は「会」字で、「迨受万邦」は文王が万邦に奉戴される意である。『書』洛誥には

［周公旦は］曰く「其れ時の中より乂《おさ》むれば、万邦は咸な休《よろこ》び《み》、惟れ王［成王］、成績有らん」と（曰「其時中乂、万邦咸休、惟王有成績」）。

とあり、文中の「時」は「是」である。「乂」は「治」である。これは周公がのべた話で、大意は、かりに周王がこの天下の真ん中の洛邑で天下を治められれば「万邦咸休」となり、大事を成すであろうというものである。『詩』小雅六月には、

文武なる吉甫《きつほ》は、万邦憲《のり》と為さん（文武吉甫、万邦為憲）。

とある。これは西周末葉の詩で、尹吉甫が万邦の手本となることができたことをたたえている。これらの「万邦」は太古以来、周代になってもなお残存する万邦である。詳細に後述するごとく、夏商周時代は多元一体的複合制国家構造なので、「万邦」はもとのままとはいえ、当時の「万邦」の複合制国家構造内での地位と、夏代以前の主権が独立した邦国とは、まったく異なるものである。

夏商周三代だけでなく、「万邦」のような政治的実体は、夏代よりまえの顓頊堯舜禹期に溯りうる。たとえば『書』堯典には、

（帝堯は）万邦を協和《きょうわ》す（協和万邦）。

とある。『漢書』地理志は、堯舜が「万邦を協和（協和万国）」したとし、周初になってもまだ一八〇〇国あったとする。『左伝』哀公七年には、

禹、諸侯を塗山《とざん》に合《あわ》せしとき、玉帛を執る者万国（禹合諸侯於塗山、執玉帛者万国）。

とあり、『戦国策』斉策四には顔斶がこういったとある。

大禹の時、諸侯万国あり……湯の時に及んで、諸侯三千。今の世に当りては、南面して寡と称する者、乃ち二十四なり（大禹之時、諸侯万国……及湯之時、諸侯三千。当今之世、南面称寡者、乃二十四）。

『荀子』富国篇にも、

古は万国有りて、今は十数有り（古有万国、今有十数焉）。

とある。先秦文献の邦字・国字の意味にてらせば、「万邦」・「万国」がさすのはとうぜんみな国家である。たとえば、『書』の周人は商を「大邦殷（顧命）」・「殷邦（無逸）」とよび、周人はみずからを「周邦」・「小邦周」（大誥）とよぶ。金文における周人も、つねに「周邦」（大克鼎・逨盤）に言及している。文献ではまた魯国などを「魯邦」などとよぶ。これらの「邦」がさすのが国家なのは言をまたない。もちろん夏代よりまえのこれら「万邦」・「万国」においては、当時のあらゆる独立的な政治的実体をみな「邦」や「国」とよぶ。それらのなかには初期国家に属する政治的実体もあれば、たんなる氏族・部落・酋長制族落（すなわち現在一般にいわれるところの「首長制」、つまり筆者のいう「中心聚落形態」）にすぎない政治的実体もあるはずである。もちろん「万邦」の語の使用をもって、当時のあらゆる氏族部落がみな国家に転化していたとはいえないけれども、それはまた、当時出現した国家がけっして単体でなく群をなしていることを暗示している。ゆえに、以前のままこれを「邦国林立」と称してよい。かかる情勢は、甲骨文の「邑」のようなもので、それはある種の居住場所をあらわす。そのなかには「大邑商」・「商邑」のごとき王都の邑もあれば、唐国の都邑の「唐邑」や、丙国の都邑の「丙邑」のような侯伯の都城の「邑」もあり、「鄙二十邑」のごとき辺境の小邑もある。もちろん、「邑」のなかに村落に属する小邑があることを理由として、それが王や侯伯の都邑をもさすという事実を否定することはできない。顓頊堯舜禹期になると、結局どれが初期国家に属し、どれが氏族部落に属し、どれが部落から国家へとむかう酋長制族落に属するかは、具体的な聚落遺跡にたいする考古学的な考察・分析・論証を通さねばならず、そうしてはじめて判断・確認ができるのである。

文献上、帝堯に代表される陶唐氏、鯀禹に代表される夏后氏、帝舜に代表される有虞氏、そして太皞・少皞・苗の蛮族中のいくつかの族落は、すでに初期国家となっている邦国に属する。一方で、ほかになお一般的農耕聚落に属するものや、中心聚落に属するもの、または中心聚落形態から初始国家への途上のもの等々もある。

文献に記載されている夏王朝のまえは、すでに「邦国林立」の形成局面である。ちょうど、考古学上の龍山時代において城邑がつぎつぎ勃興し、各地に散在し、たがいに統属しないという局面と一致する。既述のとおり、かりに階級成立と同時に出現する城邑と、城内宮殿などの大型建築物とを、国家構成の十分条件とみなせるとすれば、河南省・山西省・陝北・山東省・湖北省・湖南省・四川省・浙江省などの龍山文化期の大規模な城邑は、中国の文明と国家の起源が本土的でもあれば、多中心的でもあることを物語りうることになる。当時出現しているのは相互に作用する一群の国家であって、一個の国家ではないのである。「邦国林立」は初期国家形態の一つの大きな特徴なのである。

第二節　陶寺の都邑と邦国——事例研究①

上述の指標にもとづいて中国の先史城址を考察すると、龍山時代の城邑のなかに、すでに初期都邑国家に属するものが若干あり、前国家に属する中心聚落も若干ある。ここでは、陶寺・古城寨・莫角山の三遺跡を、龍山時代の都邑と邦国の事例として選び、個別に論述をすすめる。一方、王城崗・城子崖・両城鎮・堯王城・石家河・宝墩・石峁などの城邑遺跡について筆者は、城邑の規模と、発掘・出土済の各種現象よりみて、龍山時代の都邑国家に属する都城であるとも主張する。ただ、資料が整っていないなどの理由により、ここではとりあえず専門的な論述はしない。

1　陶寺の城邑・宮殿とその諸々の文明現象

陶寺遺跡を代表とする陶寺文化も、以前は中原龍山文化陶寺類型とよばれ、中原龍山文化の範疇に属するとされてきた。(41)というのも、考古学文化の系譜上、蘇秉琦以来、晋南は中原にふくまれるからである。(42)現在研究者の多くはこれを直截に陶寺文化とよぶ。陶寺文化は初期・中期・晩期にわけられる。炭素十四測定によれば、やや初期と晩期に偏った部分のデータを除くと、陶寺初期の年代はだいたい前二四〇〇年~前二二〇〇年、中期の年代はだいたい前二二〇〇年~前二一〇〇年、晩期の年代はだいたい前二一〇〇年~前二〇〇〇年である。(43)

陶寺城址（図5―2）は龍山時代の典型的な都邑遺跡である。陶寺遺跡は山西省襄汾県汾河東岸の塔児山西麓に位置し、陶寺村・李荘・中梁村・東坡溝村という四つの自然村のあいだに位置する。陶寺城址は初期と中期にわけられる。初期の小城は南北長さ約一〇〇〇m、東西広さ約五六〇m、面積約五六万㎡である。中期の城址の総面積は二八〇万㎡である。初期城址のうち、南部には宮殿建築区が分布し、面積は約六．七万㎡で、大型版築建築がみつかっている。宮殿区西部には大貴族居住区と下層貴族居住区があり、あわせて高級居住区とよばれ、面積は約一．六万㎡で、調査済の大きい版築建築の多くは正方形か長方形である。小城外部の東南には、トレンチによって、集中した穴が若干みつかっており、面積は一〇〇〇㎡近くで、すでに六基が発掘されている。穴の形や構造、そして周囲に未熟土の分離帯が向かい合って閉鎖している状況よりみると、おそらくは倉庫区であろう。小城外部の東南六〇〇m近くの場所は陶寺文化初期の墓地で、一九七〇年代~一九八〇年代にだいたい五〇〇〇㎡の範囲において一三〇九基の墓が発掘されている。大多数は初期の墓で、等級分化はたいへん明瞭である。陶寺中期城址はまた中期大城と中期小城にわ

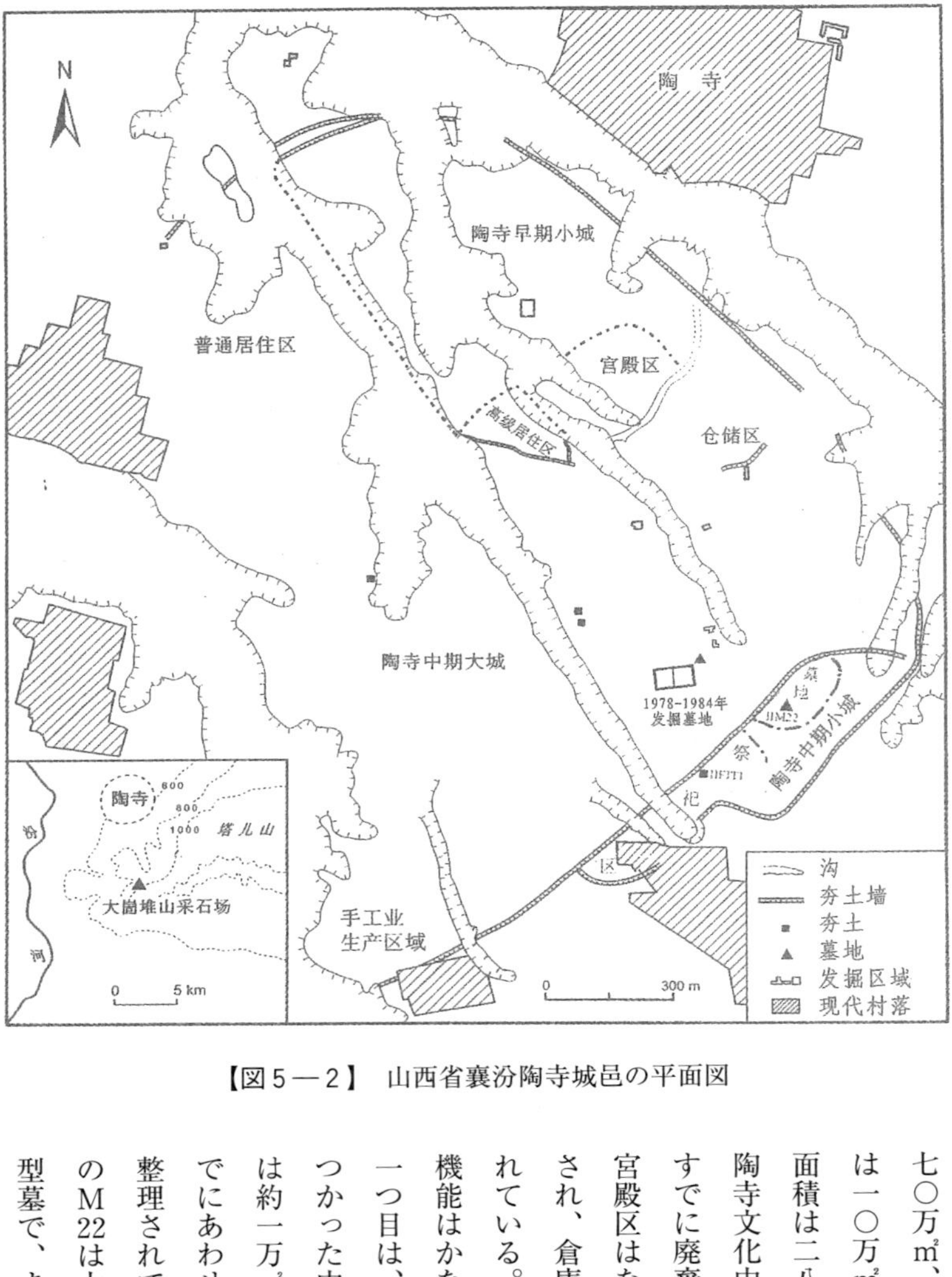

【図５―２】　山西省襄汾陶寺城邑の平面図

かれ、中期大城の面積は二七〇万㎡、中期小城の面積は一〇万㎡、中期城址の総面積は二八〇万㎡である。陶寺文化中期に初期小城はすでに廃棄されていたが、宮殿区はなお継続して使用され、倉庫区も継続使用されている。陶寺中期小城の機能はかなり特殊である。一つ目は、その西北角でみつかった中期墓地で、面積は約一万㎡であり、現在までにあわせて二二基の墓が整理されている。そのなかのM22は大型墓、M8は中型墓で、また若干の小型墓もあり、等級ははっきりしている。二つ目は中期小城のなかで観象授時の天文建築（ⅡFJT1）がみつかり、おそらく同時に祭祀の機能をも兼ねている。その状況などからみると、陶寺中期小城はおそらく陶寺中城邑内の観象授時と宗教祭祀区で、祭祀区と略称される。陶寺で発見済の数基の宮殿のうち、宮殿区内にある建築（ⅠFJT3）は陶寺中期の大型版築建築の基礎跡で、宮殿とよびうる。ⅠFJT3の基礎跡の底部には基坑［基柱を打ち込むための穴］があり、だいたい方形を呈し、一辺の長さは約一〇〇m、総面積は約一万余㎡で（図5―3）、方向は約二二五度である。基坑は版築の土よりなる。ⅠFJT3の基礎跡上の「主体殿堂」（主殿）には一本の柱洞が残され、殿堂中央にも二本の柱洞があり、これらの柱洞に囲繞される範囲は、東西長さ二三・五m、南北広さ一二・二m、面積二八六・七㎡である（図5―4）。柱洞の直径は一般に〇・五mで、大きい柱の残る柱洞である。ⅠFJT3の主殿の、柱が網のように分布した区域内の版築基礎からは、人柱としての人骨遺存が五組みつかり、いずれも版築板に突き固められてある。多くはみな身体が不完全で、あるいは散乱した人骨である（図5―5）。主殿の柱が網のよ

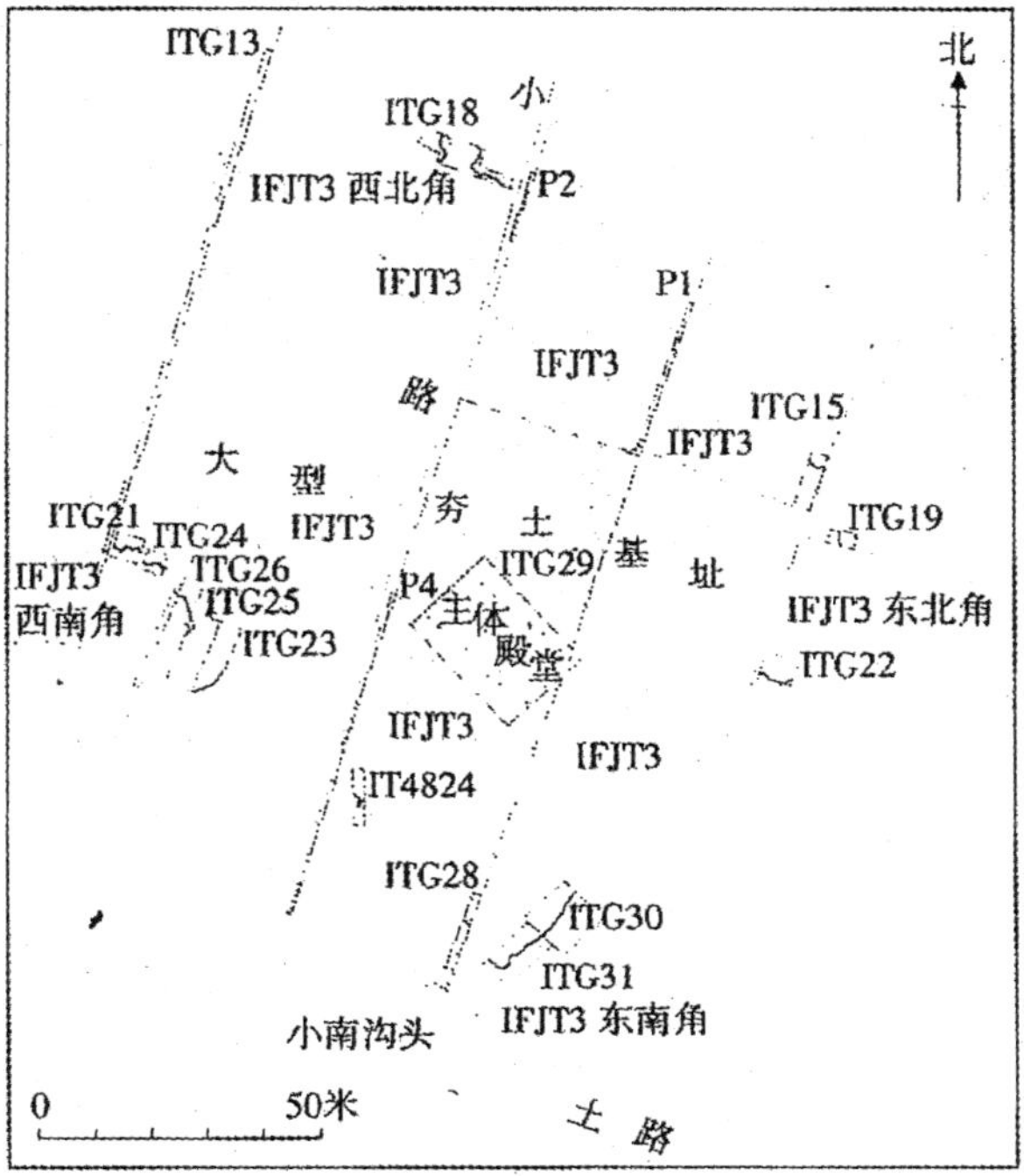

【図5―3】　陶寺遺跡の宮殿基礎跡ⅠFJT3の平面図（『考古』2008年第3期）

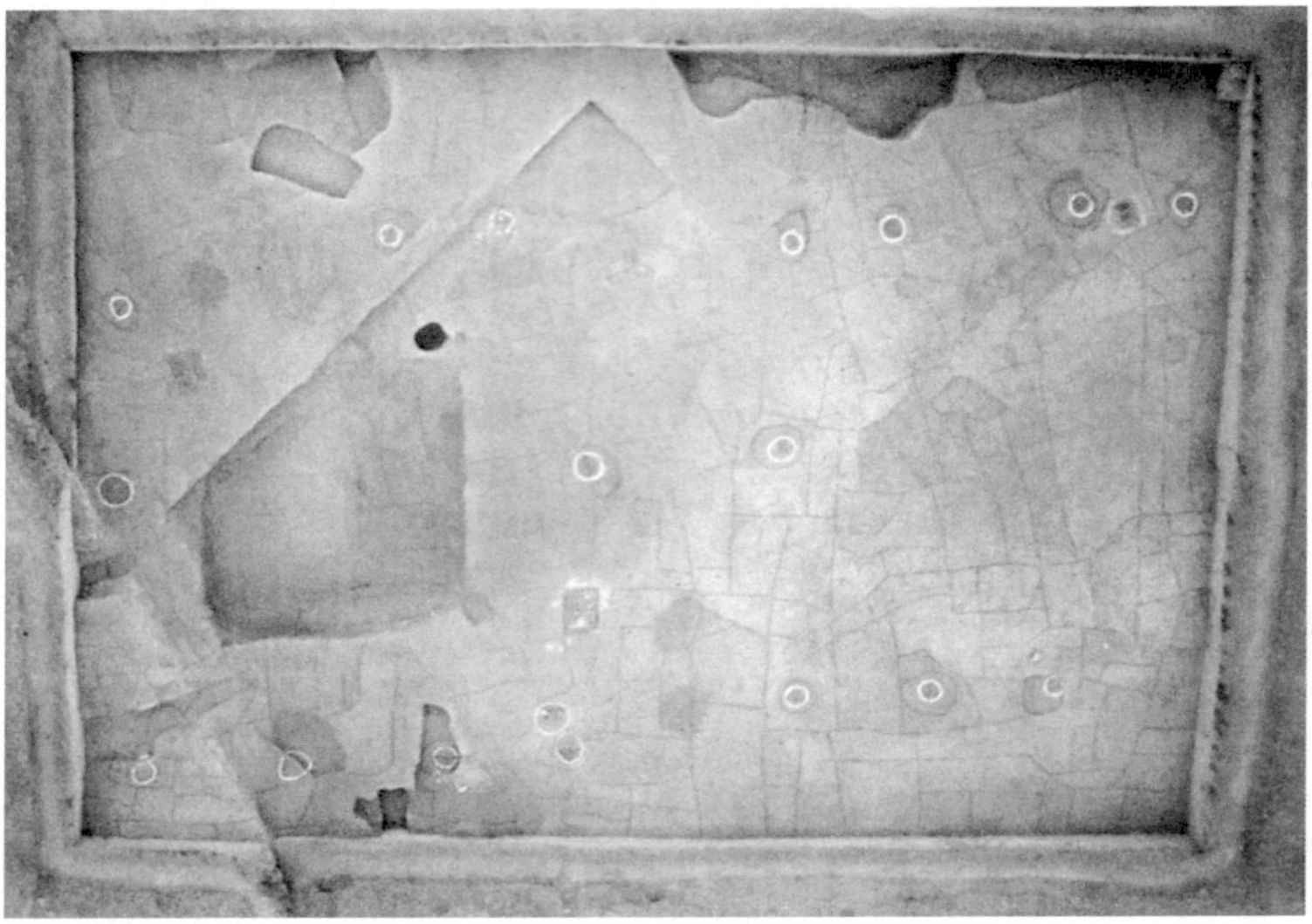

【図５—４】　陶寺遺跡宮殿基址ＩFJT3 主殿（『考古』2008年第３期）

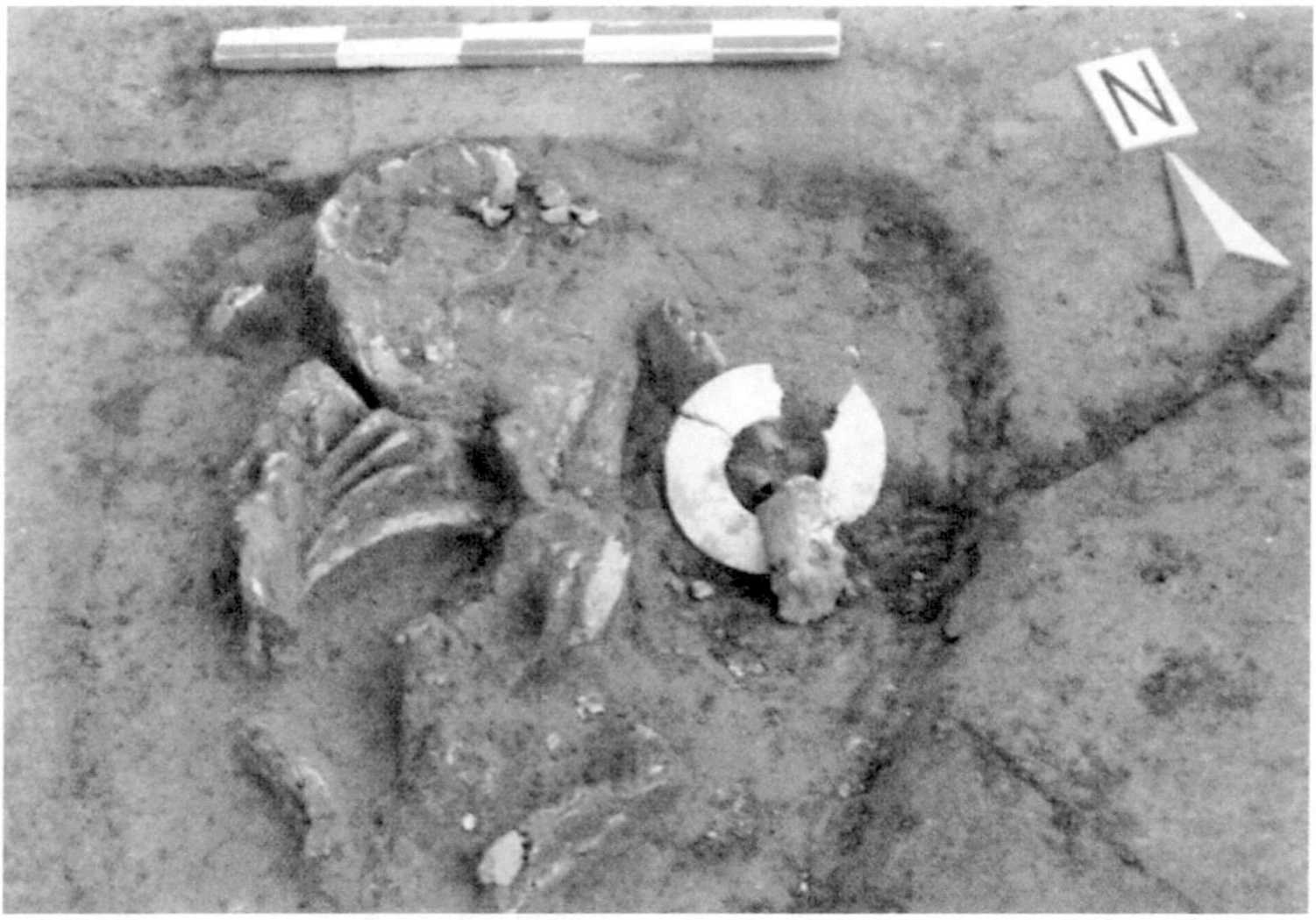

【図５—５】　陶寺宮殿基址ＩFJT3 主殿夯土基礎内の奠基坑ＩM14（『考古』2008年第３期）

うに分布するところの北側約一六ｍには、べつに二ヶ所の柱坑と柱礎石がみつかっている。それは、主殿の柱洞ではない。ⅠFJT3の主殿以外にもほかの建築物があって、組をなすべき建築物かもしれない。

ⅠFJT3の主殿の基礎からはいくつかの重要な遺物がみつかっている。たとえば、ヒ素銅器（盆）の口沿部残片（図5―6）・石包丁（図5―7）や、定礎坑（ⅠM14）の人骨左臂側の玉璧、黒皮陶塤朱砂円圏紋大盤圏足《こくひとうてんしゅさえんけんもんだいばんけんそく》［表面が黒い陶器製の大盤の圏足部分で、円圏紋が刻まれ、そこに朱砂がすり込まれているもの］、厚胎黒皮紅彩絵陶豆圏足底口《こうたいこくひこうさいかいとうとうけんそくていこう》［陶豆の圏足底部の残片で、陶片はぶ厚く、黒色の表面上に彩色上絵が描かれているもの］などである。また朱書のある陶製扁壺《へんこ》の残片（ⅠTG9H64：5）・梯形《ていけい》玉片や、壁の曲がり角に石灰のしっくいと厚さ二㎜の石灰の平地が残っているのもみつかっている。

発掘者がⅠFJT34の四方の境界線を探索中に、ⅠFJT3の主殿の東南側と西側からはさらにそれぞれ版築基礎跡がみつかり、面積は一〇〇〇㎡～二〇〇〇㎡で、陶寺文化中期に属する。ⅠFJT3の主殿西北部には陶寺文化晩期の版築基礎跡があり、面積は約二〇〇〇㎡である。これらはみな宮殿区内の版築建築に属する。

宮殿建築以外に、陶寺遺跡にはさらに多くの注目に値する文明社会現象がある。たとえば墓からは、彩色絵を施した龍盤（図5―8、図5―9）、彩色絵を施した陶簋（図5―10）などの、各種の精美な彩色絵を施した陶器と、玉琮・玉璧・玉鉞・玉戚・玉製獣面などの各種玉器（図5―11、図5―12）、そして鼉鼓《だこ》［鰐皮の太鼓］・特磬《とくけい》［一枚からなる打楽器の一種］・石製の璇璣《せんき》［天文観測器の一種］などが出土している。さらに紅銅《こうどう》製の鈴（図5―13）・歯輪形の銅器（図5―14）と、玉瑗が整然とくっついている「玉銅手鐲」（図5―15）がみつかっている。この銅器二点と前述のヒ素銅をふくむ器物（盆）の口沿部残片はみな陶寺都邑の銅器使用にかんする状況をいくらか物語る。このほかに、陶製の扁壺（JSH3403：1）には二字の朱書がみつかり（口絵5―1）、そのうちの一字は「文」と釈せる。もう一字は「昜」と

【図５―６】 陶寺宮殿区出土の銅容器口沿残片（『考古』2008年第３期）

【図５―７】 陶寺宮殿区出土の石厨刀（『考古』2008年第３期）

【図５—９】 陶寺 M3012 号墓出土の彩絵龍盤（中国社会科学院考古研究所『考古中華』）

【図５—８】 陶寺 M3072 号墓出土の彩絵龍盤（中国社会科学院考古研究所『中国考古学・新石器時代巻』）

【図５—10】 陶寺 M22 墓出土の彩絵陶簋（『考古』2003年第９期）

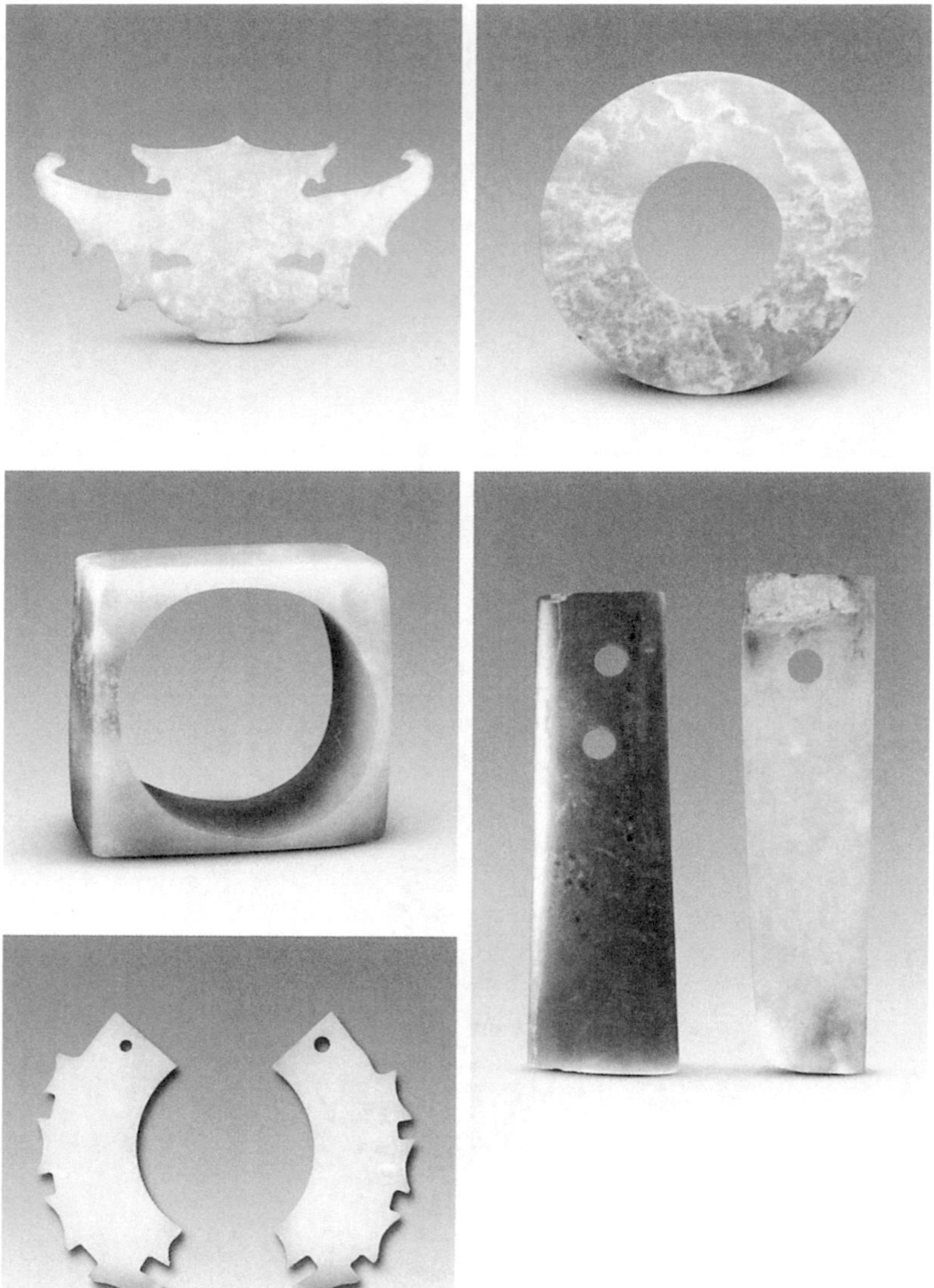

【図５—11】　陶寺 M22 出土の玉器（『考古』2003年第９期）

【図５―12】　陶寺 M22 出土の玉鉞・石鉞（『考古』2003年第９期）

【図５―13】　陶寺出土の紅銅鈴（M3296：1）（中国社会科学院考古研究所『中国考古学・新石器時代巻』）

【図５―14】 陶寺出土の歯輪形の銅器（M11）（中国社会科学院考古研究所『考古中華』）

【図５―15】 玉銅手鐲（M11）（中国社会科学院考古研究所『中国考古学・新石器時代巻』）

も「堯」とも、あるいは「唐」・「邑」・「命」などとも釈されている。[44] 陶寺でみつかった当該二字の字形と構成は、大汶口文化の図像文字と比べると、また一歩進歩しており、中国最古の文字の一つであろう。この二文字とべつの朱書をもつ扁壺の残片（ⅠTG9H64:5）もあり、陶寺遺跡における朱文字の使用が孤例でないことを物語りうる。

陶寺遺跡でみつかった初期と中期の城邑の規模はみな大きく、城内宮殿区・貴族居住区・普通居住区・倉庫区・手工業作坊区・天文建築・祭祀区などの異なる機能をもつ区域にわかれている。このことは、社会の複雑化レベルがすでに高かったことを反映する。大規模築城と大型宮殿の建築は、同時に厳重な社会的不平等を伴い、陶寺城邑内の社会的権力が公衆性のみならず、一定程度の集中性・強制性も備えていたことを物語る。陶寺城邑ではさらに陶器製造・玉器製造・銅器冶煉などの手工業技術と分業も展開し、文字の使用もみることができる。これらと、後述するピラミッド式の階級構造と観象授時の天文暦法の発展水準はみな、陶寺城邑が階級社会の都城だったことを強く物語る。それは中国の初期国家（都邑邦国）の文明発展水準を体現していた。

2　陶寺墓地のピラミッド式の等級構成と階級関係

第三章で階級がどう生じるかを論述したときに筆者は、父権家族のメカニズムが階級を成立せしめる点を指摘した。そしてその観点から、陶寺墓の材料がしめしている、階級・階層の分化の状況について論述し、あわせて陶寺遺跡の発掘者による概括にも賛意をしめした。すなわち、陶寺はすでにピラミッド式の等級構成と階級関係を形成している、と。[45] 陶寺の階級と階層の分化は顕著なもので、夏代の王都たる二里頭遺跡とくらべてもまったく遜色ない。[46] 陶寺墓地のかかるピラミッド式の等級構成と階級関係は、発掘者が発掘後まもなく行なった区分では、大・中・小の三形態と七種類にわけられる。[47] 陶寺の材料の整理と研究の深化にともない、一九九六年には高煒が、最新の統計と研究にもと

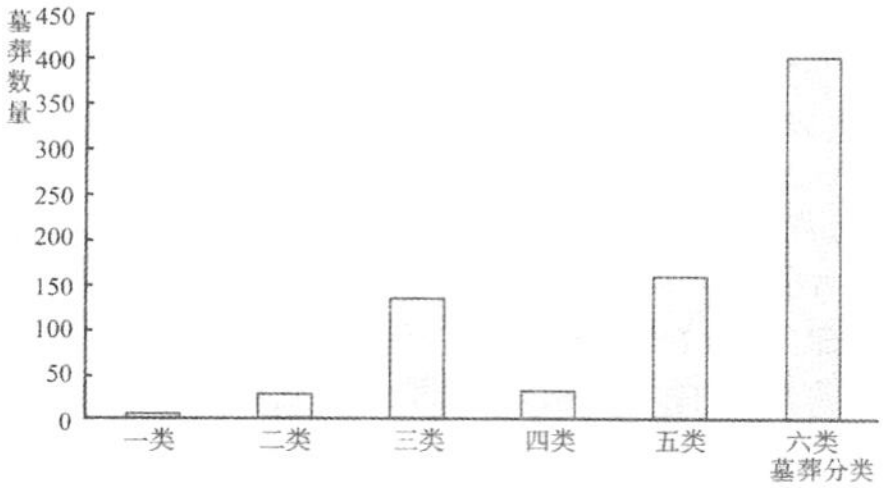

【図5―16】　陶寺の墓の分類と等級（高江濤『中原地区文明化進程的考古学研究』）

づき、一九七八年～一九八五年の陶寺初期小城外の東南墓地で発掘した一三〇九基を六つに分類し、そのなかで類型化可能な七五二基の墓を具体的に分析した(48)（図5―16、表5―1）。

図5―16と表5―1よりみられるのは、陶寺墓地においては墓の等級が高ければ高いほどその数が減少すること、等級が低いほどその墓の数が多くなるということである。これは、陶寺墓の映すピラミッド式等級構成をさらに裏づける。貧乏な民、つまり貧乏な族衆（民衆）は七三・六％で、かりにそこに四％の「平民の富裕な者」を加えれば、社会低層の一般民衆は七七・六％となる。邦国君主のたぐいに属する最高統治階層の墓は六基で、わずかに〇・八％である。大小貴族は二一・三九％である。これより、陶寺都邑は初期以来、社会には階級と階層の分化が出現しているのみならず、そうした分化はすでに相当複雑な水準にまで達していたとわかる(49)。

表5―1

墓類	数量	比率（%）	身分
一類	6	0.8	「王」者
二類	28	3.7	貴族
三類	133	17.69	
四類	31	4.1	裕福な平民
五類	156	20.7	平民
六類	398	52.9	

出典：高江濤『中原地区文明化進程的考古学研究』

陶寺の大墓については、第二章で陶寺初期墓（M3015）を挙げて説明をした。二〇〇二年発掘の中期大墓（M22）も最高統治階層の墓に属する（図5—17）。当該墓は竪穴土坑墓で、墓壙《ぼこう》［遺体を埋葬するために掘った穴］は角の丸い長方形であり、開口部は長さ五m、広さ三・六五m、深さ約七mである。墓壁は切り立っており、墓底は平坦で、墓室の周囲には計十一個の壁龕《へきがん》［くぼみ］がみつかっており、副葬品を置くのに用いられる。墓壙の盛土からは腰斬された青年男子の供犠の骨がみつかっている。墓内の棺は船形木棺《ふながたもっかん》で、一本の木を削ってできている。墓内の副葬品はたいへん豊富で、棺内の残留物は四六点であり、墓室の攪乱部分からは二十点が出土した。墓室の未攪乱部分からは七二点の文物が出土し、彩色絵を施した陶器八点・玉器十八組・骨製鏃《やじり》八点・漆塗り木器二五点・朱色の草で編まれた物二点・ブタ十頭・雄ブタの下顎一点をふくむ。玉器のうち、前項「陶寺の城邑・宮殿とその諸々の文明現象」で挙げた玉製獣面・玉琮・玉璧・璜形の玉佩・玉戚・玉鉞などの写真は、みなM22より出土したものの写真である。

【図5—17】　陶寺中期大墓 M22（『考古』2003年第9期）

副葬品の場所については、M22では棺の南側と南壁のあいだに青石製の大きな包丁四点、無地の木製のまな板七点がならんでいる。包丁のもとにはいずれもブタの骨・皮と、肉塊の朽ちて灰になったものがある。棺西側には仕切りのない木箱一点が置かれている。墓室西部には真っ二つにされたブタ肉が計二十点、ブタ十頭分が安置されている。墓室西北側にはさらに漆塗りの棚があり、彩色絵の施された陶盆一点も放置してある。墓室東北角の墓壁の底部には朱色の漆塗りの筒形器が一点安置されている。墓室東壁中央には整った雄ブタの下顎骨がある。東壁南北両側には各々朱色の漆塗りの柄の付いた玉製や石製の武器三点がさかさまに置かれ、そのなかに玉（石）鉞五点・玉鉞一点がある。南壁の東側には漆塗りのサオが一本あり、朱色の箙《えびら》にしまわれた骨製の鏃七組・木弓二張が安置されている。壁龕《へきがん》に放置された副葬品は多寡が一定でなく、そのなかの南壁の二番目・四番目のくぼみと、西壁の二番目のくぼみにはなにも入っておらず、内部に置かれた有機物はすでに分解してしまった可能性がある。西壁の一番目のくぼみにはブタ肉が置かれている。南壁の三番目のくぼみには骨製の鏃一点がある。北壁の四番目のくぼみには、朱色の草で編まれた物と漆器が各々一点残っている。北壁の三番目のくぼみには彩色絵を施した陶簋一点が放置されている。東壁の一番目のくぼみには、漆の豆《とう》二点と朱色の草で編まれた藍一点がある。南壁の一番目のくぼみには漆塗りの木箱が一点あり、そのなかには玉戚二点と玉琮一点がある。北壁の一番目のくぼみには、朱色の漆塗りの大きな箱一点が置かれ、そのなかには彩色絵を施した漆製の瓿《ふ》形器三点が置かれ、箱のうえには玉璜三組と玉製獣面一組が置かれている。北壁の二番目のくぼみには、おもに彩色絵を施した陶器が置かれ、大きな圏足《けんそく》［高台をもつ意］の盆一点・折肩《せつけん》［器物の肩部～腹部間が角張っていること］の罐一対・小口で円肩《えんけん》［器物の肩部～腹部間が丸みを帯びていること］の罐一対・双耳《そうじ》［耳部をもつこと］のある罐一点がある。(50)

大型墓（M3015・M22）の墓主の身分にかんして筆者は、階級社会における初期国家の統治者であると提起したことがある。(51)研究者のなかには、まず部落の首領のたぐいであるとし、(52)のちに「王」者の地位をもつ首領であるとした者もおり、(53)はじめての「国王」であるとする研究者もいる。(54)龍山時代の初期国家形態とむすびつけて筆者は、大型墓（M3015・M22）の墓主の身分は邦国の国君、つまり邦君であろうと考えている。というのも、龍山時代（とくに中期・晩期）にはすでに国家が形成されていたが、まだ夏商周三代の形成するような多元一体的「王朝国家」ではなく、出現しているのは王国でなく邦国であり、そうである以上、これを邦国の国君・邦国の君主・邦君のたぐいとよぶのがより精確であるようだからである。

M3015・M22のたぐいの大墓に、彩色上絵を施した玉鉞や、多くの石製・骨製の鏃などの武器が副葬されていることは、墓主が軍事権を有することのあらわれである。墓内には彩色上絵を施した陶器・木器・鼉鼓《だこ》・特磬《とくけい》・玉琮・玉璧・玉製獣面が副葬され、かかる器物には礼器もあれば族徽のあるものもあり、たとえば彩色上絵の龍が描かれた盤の蟠龍《ばんりゅう》は、唐堯の族徽と関係する。[55] 器物には、おもに宗教儀礼と祭祀に用いられるものもあり、たとえば彩色上絵を施した陶簋《とうき》・鼉鼓・特磬・玉琮・玉璧・玉製獣面などである。これより、墓主は神権のみならず最高の族権をも有しているとわかる。筆者は以前、王権の三つの来源と構成（軍権・神権・族権）について論じたことがあるが、[56] 現在なお指摘すべきは、これが邦国国君（邦君）の権力の三つの来源と構成でもあることである。邦君の権力と、王権のつながりと区別の問題については、のちにさらにのべるつもりである。

M22には宮殿生活を反映する副葬品もある。たとえば墓内には、青石製の大きな包丁四本、木製のまな板七つが並び、包丁のもとには肉・骨があり、墓室西部にはブタ十頭が安置され、壁龕にもブタ肉が放置されている。また宮殿区の焼土面からは石包丁が出土しており、それと大墓（M22）の包丁などの関連する副葬品から漏れ出ているメッセージは同一のものと考えられる。包丁・まな板・十余頭のブタの肉・朱漆の塗られた大きな箱などが副葬されている理由は、あきらかに、墓主に生前の宮殿生活を維持させつづける点にある。しかし、このような生活と、都邑における一般民衆の生活とは、天と地ほどの差があり、階級分化と社会不平等は一目瞭然である。

陶寺都邑の墓では、最高統治階層の占める割合は一％未満で、邦君以外の大小貴族は約一二％、一般民衆（族衆）は約七八％を占める。これらの正常に死亡した者以外に、灰坑や乱葬坑に投棄された者は、みな総人口の比率に算入されていない。彼らは人身御供とされるか、城壁に埋められて基礎とされるか、斬首されて首を合葬された。たとえばIT5026のゴミ灰坑（HG8）からは六層におよぶ人の頭骨が出土し、四十人～五十人の骨がふくまれる。第三章でのべたように、これらの灰坑と乱葬坑に投棄された者は、もともと戦争捕虜から奴隷に転じてきたもので、少人数であり、陶寺遺跡において現在までにみつかっている分からいうと一％未満にすぎない。陶寺都邑には、筆者のいう階級成立の三本の道が全部存在しており、そのうち階級成立のもっとも広い基礎とおもな道は父権家族である。陶寺都邑の最高統治階層も、社会の公的仕事を管理することと、社会の職務上の地位を世襲することから生じてくるものである。陶寺都邑には奴隷と奴隷階級がいたが、彼らと統治階層・貴族との矛盾は、社会の主要な矛盾を構成しておらず、矛盾の主要な面をなしてもいない。よって、所有制の面からみても、主要な矛盾と、矛盾の主要な面からみても、陶寺都邑社会は奴隷社会に属さないはずである。

3　陶寺の天文建築と龍山時代の暦法のレベル

陶寺遺跡でみつかった天文建築遺跡も、陶寺都邑邦国文明の現象のひとつに属する。ただ問題が重要であるのみならず、特別でもあるため、専門的な論述をすることにする。

陶寺遺跡で発掘された大型建築（ⅡFJT1）の基礎跡（図5—18）は、構造がとても特徴的で、おもにほぼ円形の三層の版築基壇や、基壇第三層上の半円形の版築列柱と柱縫《ほう》［柱と柱の隙間］、そして観測点としての版築土の基礎などよりなる。研究と実地模擬観測実験をへて、発掘者は、第三層基壇上の半円形の版築列柱は観察縫を築くのに用いられたもので、観測縫のおもな機能のひとつは太陽を観察して節気を定めることであるとする。(57) 基壇の芯のうえにたつ観測点の位置は、五月二十日に東十一号縫を、六月二十一日に東十二号縫を、七月二日に東十一号縫を経て、日出を迎えることができる。当該版築遺跡の東のはしにたてば、柱（D1）～柱（E2）のあいだの幅一・八ｍの隙間をとおして十二月二十二日（東至）～四月二十六日、八月十四日～十二月二十二日の日出をみることができる。(58)このように、冬至・春分・秋分から夏至まで［の日時］は、みな観察によって得られる（図5—19、図5—20）。よって、この基礎跡は天文観測機能と祭祀機能とを備えた特殊建築物とされ、発掘者に観象台とよばれている。

陶寺の墓（ⅡM22）の室内の東南角でみつかった「漆木圭尺「中」」は（図5—21）、現存する長さが一七一・八cmで、復元された長さは一八〇cmである。目盛があり、その全体は漆上絵で、緑色と黒色が交互になっている。一番目から十一番目までの目盛の総長は三九・九cm、つまり約四〇cmで、一・六尺である。発掘者は、この長さを、『周髀算経』所載「地中」における夏至の影の長さであるとする。圭尺「中」と、立てたサオ（表）は、組み合わせて使用され、正午のころに日影を測定し、それによって節令を判定し、暦法を制定する。(59)

【図5—18】　陶寺遺跡天文建築遺跡ⅡFJT1（『考古』2007年第4期）

陶寺遺跡の観象台と圭尺の発見は、都邑内で天文暦法がすでにかなり高い水準にあったことをはっきりとしめしている。当時の天文観察者はおそらく観象台の観測点上に立ち、観測縫の中線をつうじて、塔児山［山西襄汾県内の山］の尾根からの日出を観察して節令を判定し、太陽暦を制定したと推測される。そればかりか、圭

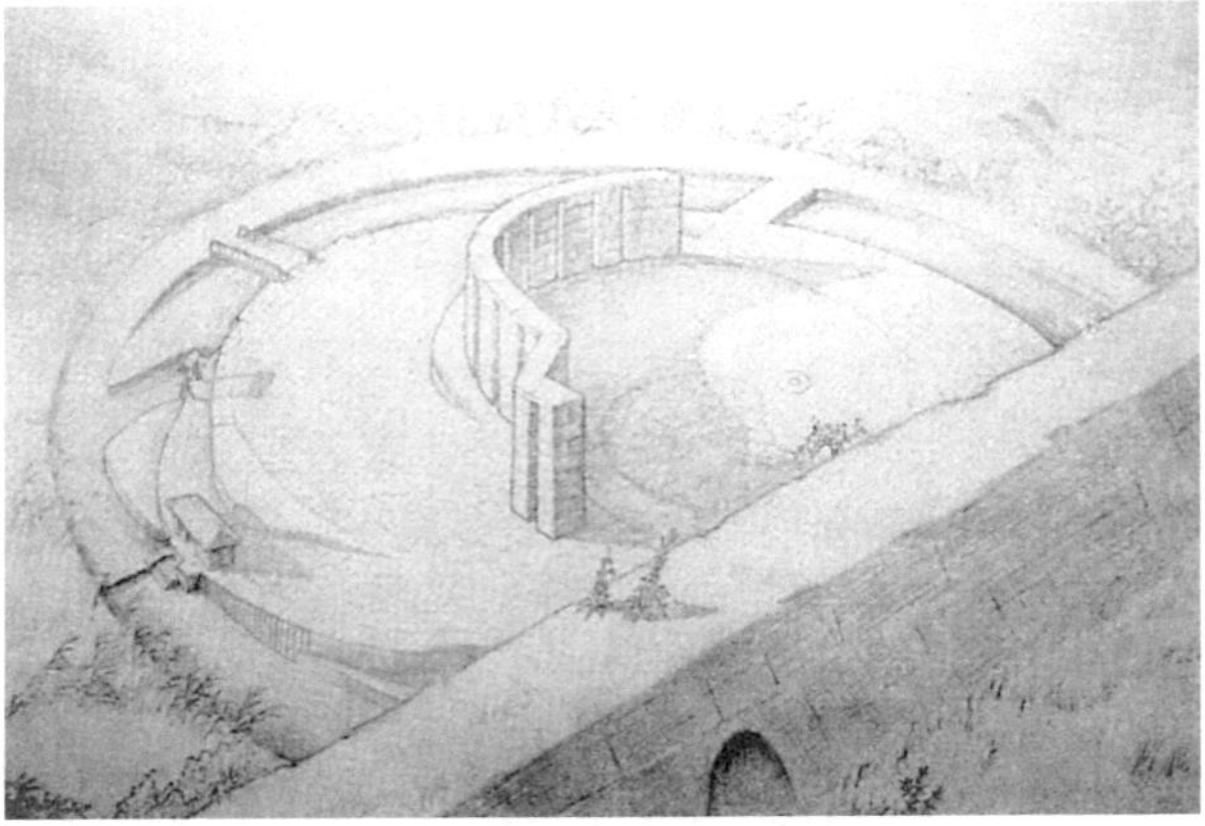

【図５—19】 陶寺遺跡観象台復元台（中国社会科学院考古研究所『考古中華』）

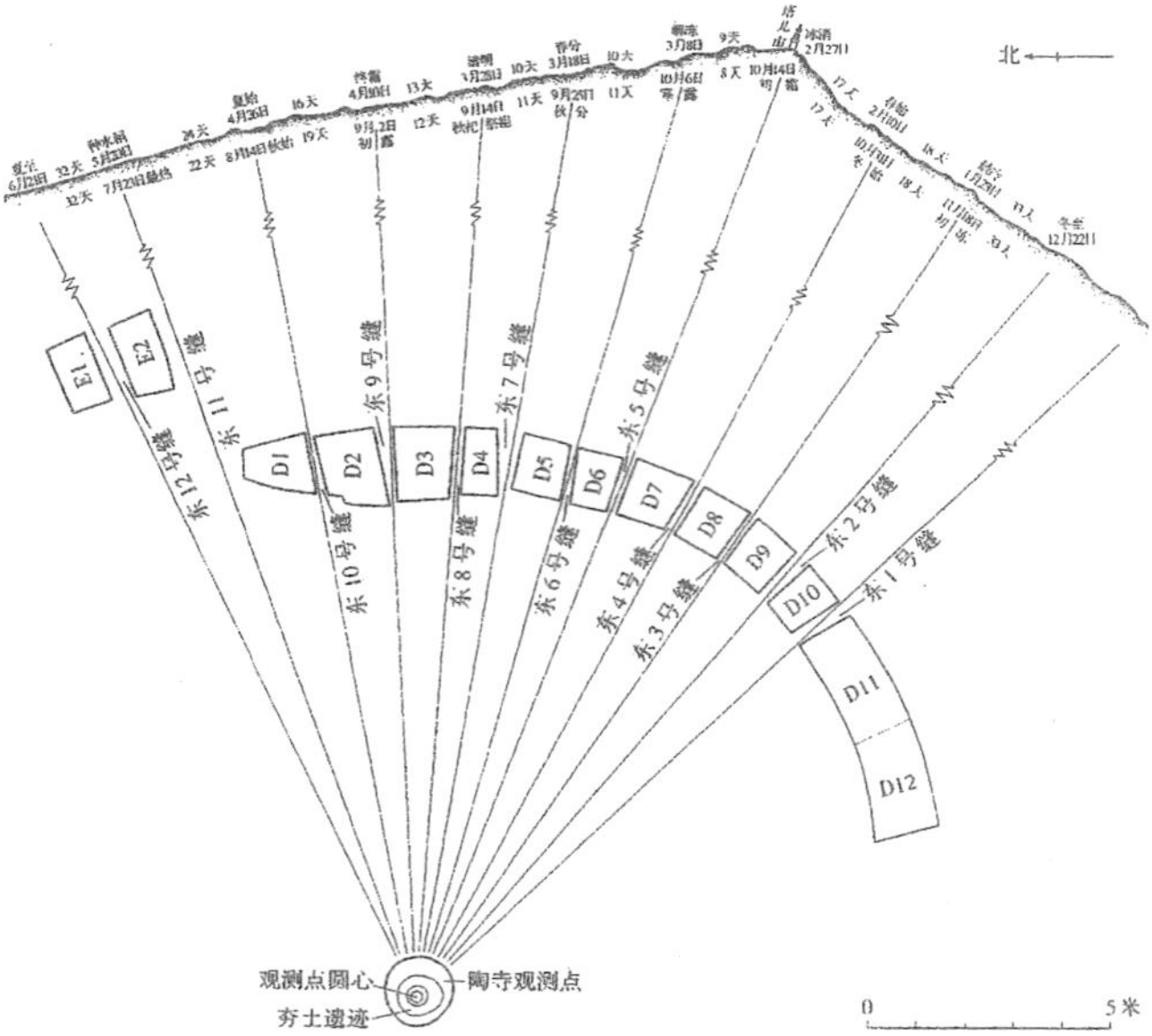

注：观测点至崇山距离为示意。E1、E2、D1～D11 为夯土柱基础。

【図５—20】 陶寺遺跡観象台の復元された観測システムの平面図（中国社会科学院考古研究所『考古中華』）

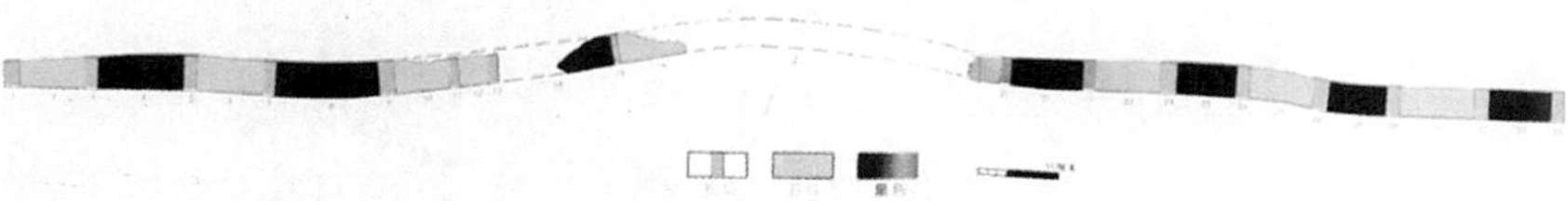

【図５―21】　陶寺圭尺彩色線図（中国社会科学院考古研究所『考古中華』）

表をとおして日影を測定し、それによって節令を判定し、あるいは二者を相互に検証し、組み合わせて用いたかもしれない。陶寺遺跡の都邑の年代はだいたい前二四〇〇年~前二一〇〇年もしくは前二三〇〇年~前二〇〇〇年で、[60]だいたい夏代よりまえの堯・舜・禹の時期にあたる。ゆえに陶寺都邑の観象台と圭尺の発見は、『尚書』堯典のいう「（堯時）暦象日月星辰、敬授人時」（訳は後出）が史実にもとづくことをしめす。一方、陶寺でみつかった「漆木圭尺」は二二号墓の副葬品で、二二号墓は陶寺中期の大型墓で、統治階級上層ないしは邦国君主の墓に属する。これは暦法の頒布（たとえば周代の「告朔」）が陶寺都邑では最高統治者の手中に握られ、また当時の邦国の君権の一部分であったであろうということを物語る。

龍山時代の「四季」にたいする測定と天文暦法の水準は、河南省杞県鹿台崗遺跡における観象授時の建築物の発見からも説明できる。杞県鹿台崗遺跡でみつかった当該建築遺跡について、発掘者はこれをI号建築遺跡とよんでいる（図５―22、図５―23）。そのかたちはたいへん特殊なので、研究者はその機能をあまり明らかにしていない。筆者はそれが専門に観象授時の使用に供せられた建築物であると考える。[61]この遺跡は当時の周囲の地面よりも一m近く高く、内壁は円形を、外壁は方形を呈し、外室が内室（円室）をつつむ特殊な建築である。円室内には東西―南北方向の十字形のいわゆる「通路」があり、広さ約〇・六mで、土質は堅固で

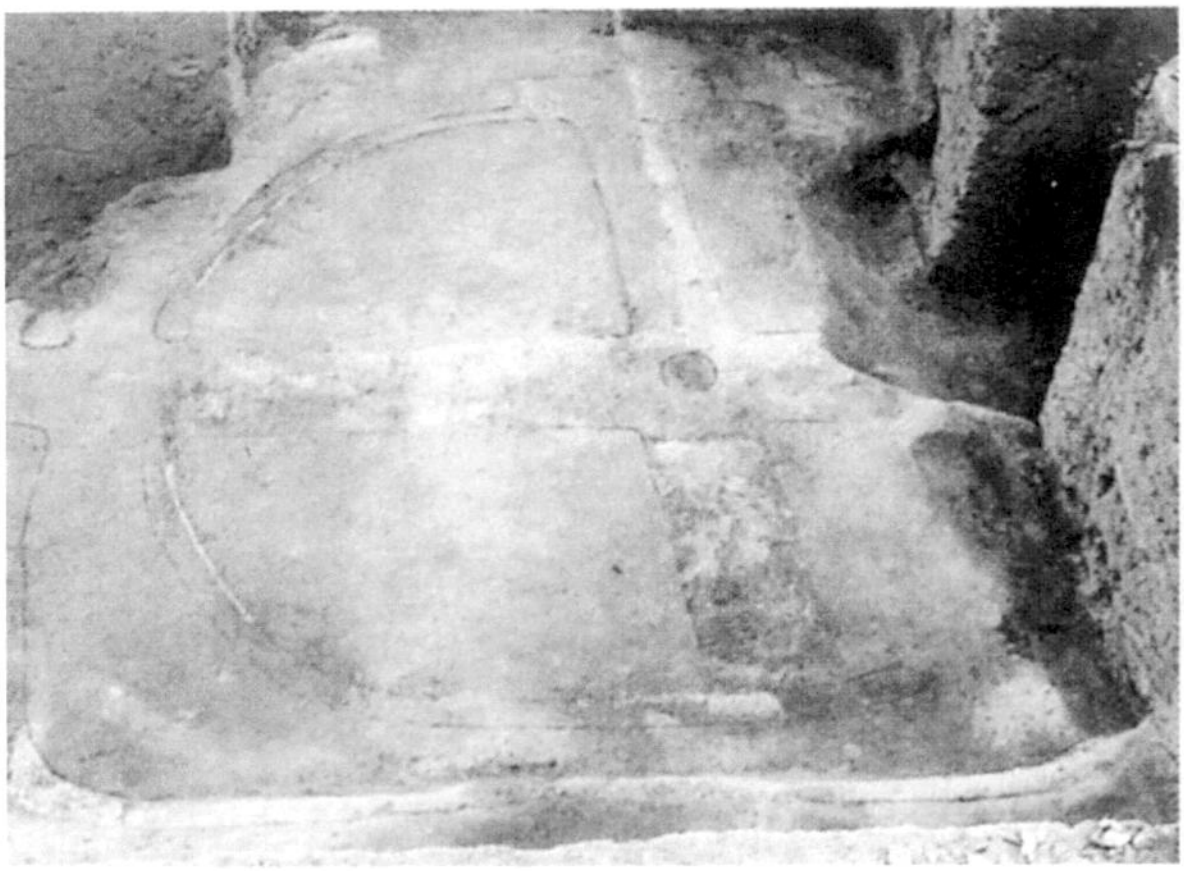

【図５―22】 杞県鹿台崗天文建築（１号遺跡）（『鄭州大学文博学院等『豫東杞県発掘報告』）

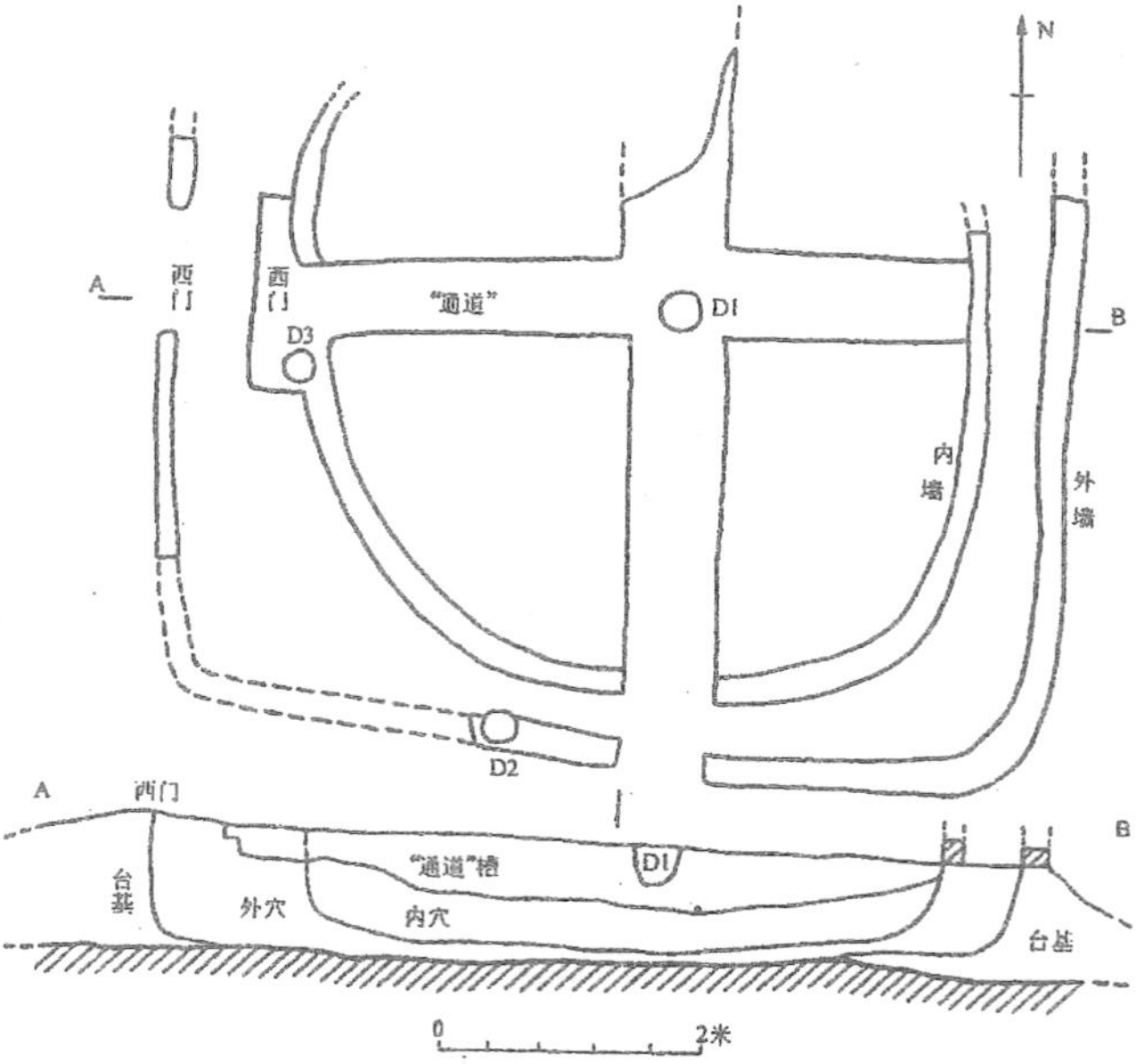

【図５―23】 杞県鹿台崗一号建築遺跡の平面図と断面図（鄭州大学文博学院等『豫東杞県発掘報告』）

あり、土は花黄色をしており、室内地面が灰褐色土なのとはまるで異なっている。この十字形の交叉点には柱洞もある。方形の外室と円形の内室の北側はすでに壊れ、外室西側の壁は入口がない。つまり、外室西門は、ちょうど内室西門・十字形「通路」西端と直線でつながっており、みな広さは同じである。同様に、外室南側の割れ目はまた、内室南門と十字形「通路」南端と同一線上にあり、みな広さも同じである。(62) 西壁と南壁はいわゆる「門」を通じ、十字形「通路」と直線につながっている。北面・東面には、十字形「通路」と同じ幅の「窓」や穴があり、十字形「通路」と直線につながっている。

鹿台崗遺跡の内円外方の十字形建築物は、『考工記』の記載している方位測定法とつながっている。『考工記』匠人〔『周礼』冬官考工記匠人〕には、

槷《げつ》を置くに県を以てし、膨《はか》るに景を以てす。規を為りて、日出の景と日入の景とを識《し》るす。昼は諸《これ》を日中の景に参し、夜は之を極星に考え、以て朝夕を正す（置槷以県、膨〔王氏は視に作る〕以景。為規、識日出之景与日入之景。昼参諸日中之景、夜考之極星、以正朝夕）。

とある。文中の「槷」について鄭玄は、

槷は古文の臬の仮借の字なり（槷古文臬仮借字）。

という。「為規」とは、垂直にした臬を円心として、円形を描くことである。「朝夕」も東西の方位の意である。ここの文の意味はつぎのとおりである。

日出と日入時の投影に基づいて東向きと西向きをきめ、かつ正午時の日影と夜間の北極星を参照し、それによって東西南北の方位をなおす。その測定時には、臬〔日時計用の棒〕を中心として一円を描き、円心を通って日出と日入をつなぐと、朝と晩の日影がつながることとなり、東西方向の横線をつくりあげる。横線両端はちょうど

東西をさしており、円心を通って東西の横線と垂直に交叉するべつの直線は、ちょうど南北をさしている。こうして測量された東西南北については、正午の日影と夜間の北極星によって確認・修正することができる。

類似の記載は『詩』にもみえ、『詩』墉風定之方中に、

定《てい》の方《まさ》に中《ちゅう》するとき、楚宮を作《つく》于る、之を揆《はか》るに日を以てし、楚室を作《つく》于る（定之方中、作于楚宮、揆之以日、作于楚室［ペガサスがまさに南中しようとするこの時節、楚丘の地に宮を作る。日出と日入で方角をはかり、楚丘の宮を作るの意］）。

とあり、朱熹『詩集伝』は「揆之以日」について、

八尺の臬を樹え、而して日の出入の景を度《はか》り、以て東西を定め、又た日中の景を参じ、以て南北を正すなり（樹八尺之臬、而度日出入之景、以定東西、又参日中之景、以正南北也）。

とする。朱熹は完全に前掲「考工記」を参照してこの注を作っている。鹿台崗I号の建築遺跡のなかの十字形の交叉点上の洞はもともと柱が立っていたところであり、それは「考工記」のいう「槷」、つまり臬の作用をなしうる。このI号建築物は、方形の外室であろうと、円形の内室の十字に交叉したかたちであろうと、ちょうど正南正北・正東正西の方位に位置している。内円外方の建築のかまえも天円地方を意味する。ゆえに鹿台崗龍山文化I号建築物のかたちは、上引『考工記』のいう方位を測定する原理と完全に符合する。すると、試みにこう考えることができよう。日出時に陽光が東から窓戸あるいは孔洞にさしこみ、十字形の交叉点の柱のうえを照らし、柱影が十字形の西端と西壁上の「門」とたがいに重なりあうであろう。日落時には陽光が西「門」からさしこみ、十字形の交叉点の柱のうえを照らし、柱影が十字形の東端と東壁上の「窓」あるいは孔洞と重なりあうであろう。これが、「日出の景と日入の景とを識《し》る（識日出之景与日入之景）」し、それによって東西の方位を正すということである。正午時には太陽が南牆

の「門」からさしこみ、十字形の柱を照らし、柱の影は十字形の北端直線とたがいに重なりあうであろう。夜間には北の「窓」や孔洞から夜空をみれば極星がみえ、これが「昼は諸《これ》を日中の景に参し、夜は之を極星に考え（昼参諸日中之景、夜考之極星）」るということであり、南北を定めることもできれば、「朝夕」の日影がしめす方位を検証することもできるということである。

鹿台崗遺跡の内円外方の十字形建築物は東西南北四方の方位を測定するのに用いられるだけでなく、観象授時の機能をも有している。ここで筆者は、『尚書』堯典の「四時」（つまり四季）の観測方法と、鹿台崗一号建築遺跡とをむすびつけられると考える。『尚書』堯典の原文には、

乃命羲和、欽若昊天、暦象日月星辰、敬授民時。分命羲仲、宅嵎夷曰暘谷、寅賓出日、平秩東作。日中、星鳥、以殷仲春。厥民析、鳥獣孳尾。申命羲叔、宅南交、平秩南為、敬致。日永、星火、以正仲夏。厥民因、鳥獣希革。分命和仲、宅西曰昧谷、寅餞納日、平秩西成。宵中、星虚、以殷仲秋。厥民夷、鳥獣毛毨。申命和叔、宅朔方曰幽都、平在朔易。日短、星昴、以正仲冬。厥民隩、鳥獣氄毛。帝曰「諮、汝羲曁和、期三百有六旬有六日、以閏月定四時成歳」。

とある。本文の内容はつぎのとおり。

帝堯は羲氏と和氏とに命じて、天上の星暦の現象に則って日月星辰［歩度］をはからせ、天象より得られる暦法の知識を人びとに伝授させ、農時を定めさせた。それぞれに命を下し、羲仲には東方の嵎夷とよばれる場所におらせ、毎日の日出の賓礼の祭を掌らせ、しかるのち、春の農作業を順序立てるよう促した。昼と夜の長さが同じとなるころ、夕方に南方の天空中央に鳥星（朱雀七宿の間の「星」宿）がみられたならば、それによって仲春（のち春分と称す）の季節を定めさせた。その東方の神の名は「析」で……また羲叔には南方の南交の地におらせ、

日にたいする敬致の礼を掌らせ、夏の農作業を順序立てるよう促した。昼の長さがもっとも長くなるころ、夕方に南方の天空中央に大火（青龍七宿中の心宿二）がみられたならば、それによって仲夏（のち夏至と称す）の季節を定めさせた。その南方の神の名は「因」で……。また別途和仲に命じ、西方の太陽が没する地で、昧谷とよばれる場所におらせ、落日の祭礼を掌らせ、しかるのち、秋の農作物の収穫活動を順序立てるよう促した。昼と夜の長さが同じとなるころ、夕方に南方の天空中央に虚星（玄武七宿中の間の虚宿）がみられたならば、それによって仲秋（のち秋分と称す）の季節を定めさせた。その西方の神の名は「夷」で……。また太陽が南から北へ運行する状況を観察させるため、和叔を北方の幽都とよばれる場所におらせた。昼がもっとも短くなるころ、夕方に南方の天空中央に昴星（白虎七宿中間の昴宿）がみられたならば、それによって仲冬（のち冬至と称す）の季節を定めさせた。その北方の神の名は「隩（宛）」で……。堯帝は、「汝ら羲氏と和氏に告ぐ。一年の時間は三六六日とし、一年の範囲を定めるために閏月を設定するやり方で四季をうまく調整するように」といった。(63)

堯典のこの説話の実質は、四方と、日出・日入と、鳥星・大火星・虚星・昴星の四中星にたいする観測をつうじ、春分・夏至・秋分・冬至の「四時」（四季）を確定することである。この説話には、史実の素地もあれば、神話的要素もあり、「実」も「虚」もあるといわねばならない。文中では、各々分立した地域社会がひとつの統一的な朝廷のなかに位置づけられているというべきである。もともとひとつの地で「日出」・「日落」・「四時」などにたいしておこなわれた観測・祭祀と、それによって暦法を制定する観象授時活動をわりふり、羲仲・羲叔・和仲・和叔をはるか遠方の、東方の日出の地である嵎夷、南方の交趾、西方の太陽が没する地である昧谷、そして北方の幽都に、それぞれ任命・配置し、観測・礼祭とそれによる暦法の制定を行なわせている。初期の観象授時の資料を、暦法進歩後の資料等と一緒くたにすることは、みな「虚」の部分に属する。しかし山西省襄汾陶寺遺跡における、天文観測用の大型版築建築物（観象台）の発見をつうじて、堯舜期の観象授時はかなり高水準であるとわかる。また河南省杞県鹿台崗遺跡一号建築遺跡の研究によれば、同一地点で四方向に「日出」・「日落」等がある点をふまえ、いわゆる「四時」（つまり四季）を測定しうるということを当時の人が発見した点は、みな「実」の部分に属する。

なぜ鹿台崗Ⅰ号建築遺跡によって、堯典の「実」の成分を証明できるのか。問題の鍵は以下の点にある。すなわち『書』堯典において羲仲・羲叔・和仲・和叔を別々に東西南北の遠方に配置するとある記事を、ひとつの建築物の四面の観測点上にあつめるものと解釈するならば、つまり東方の日の出の地にある暘谷、南方にある南交、西方日没の地にある昧谷、北方にある幽都を、同一建築物内の東西南北の窓の各観測孔に相応させるならば、鹿台崗Ⅰ号建築物の東西南北の十字形の「通路」がしめす観測点と観測孔は堯典の内容にあわせて合理的に解釈できる。また観測点の中心としての屋内の十字形の交叉点の柱は、目盛りをしるして圭表の作用をはたさせることが必要で、このようにして正午時に日影を分けて測ることで、季節を判定し、暦法を制定でき、それによって四方の観測を「四時」（つまり四季）にたいする測定に変えることが実現された。よって鹿台崗Ⅰ号建築の発見は、『書』堯典の関連記事を批判も証明もするものであり、高い学術的価値をもつものと考えられる。このようにみると、早くも新石器時代に、時空・四時・四方はほんらいつながりあうものである。鹿台崗龍山文化Ⅰ号建築は東西南北四方を測定できるだけでなく、四季も測定でき、それは天文暦法上の作用を有するのである。

かりに鹿台崗一号建築遺跡が龍山時代晩期（つまり古史伝説の顓頊・堯・舜・禹の時代）の天文観測の一般的な方法と水準を代表するとすれば、陶寺の観象台は当時の最先端の方法を代表し、当時の天文の法則を制定するうえでの最高水準であることになる。

4 陶寺の聚落群と都鄙聚落の構成

陶寺城址の都邑の性質はまた、その周辺の陶寺文化に属する遺跡等（つまり聚落群）の等級との関係とともに説明されうるものである。陶寺遺跡群の調査工作は一九七〇年代に第一次全面調査がなされ、調査範囲は晋南地区で、陶寺文化遺跡七十余ヶ所を発見した[64]。この調査にもとづき、また陶寺遺跡の発掘とむすびつけ、陶寺類型の聚落群を三等級にわける研究者もいる。すなわち、二八〇万㎡の陶寺城址は主要なセンター、二四万㎡～一二八万㎡の遺跡は第二級のセンター、二四万㎡以下の他の大量の村落遺跡は第三級である。また陶寺はおそらく面積がほぼ三三〇〇㎢の区域を統治し、次級の区域ごとにおそらくほぼ一六六〇㎢の区域をコントロールしていたと考えている、と[65]。またある研究者は、前掲調査資料により、陶寺遺跡付近二〇㎢の範囲内に分布する十四ヶ所の陶寺文化期遺跡を三つの等級にわけている。すなわち、四〇〇万㎡の陶寺遺跡（陶寺中期城址の面積は二八〇万㎡で、陶寺遺跡の面積は四〇〇万㎡である[66]）を第一級（特大型聚落）とし、面積が一〇万㎡の北高村遺跡を第二級とし、他はみな小型聚落とする[67]。またある研究者は、二一世紀に行なわれた新しい調査にもとづき、陶寺聚落群を五等級にわけている[68]。

二一世紀の陶寺聚落群にたいする新しい調査は、二〇〇九年十一月～二〇一〇年八月にすすめられたものである。中国社会科学院考古研究所山西工作隊は、山西省考古研究所・臨汾市文物局・襄汾県文物局と共同で、「陶寺遺址群宏観聚落形態区域調査連合工作隊」を組織し、塔児山［山西襄汾県内の山］の東西山麓の黄土原（北は臨汾市の山前から、南は澮河南岸まで、西は汾河から、東は塔児山東麓の滏河上流域まで、南北七〇㎞・東西二五㎞・面積約一七五〇㎢の範囲）にたいして「メッシュ式」の調査を行なった。当該調査では、仰韶文化～漢代の遺跡や遺存点が一二八ヶ所であることが判明・確定し、そのうち陶寺文化遺跡は五四ヶ所である（表5―2、図5―24）[69]。

表5―2　二〇〇九年～二〇一〇年の陶寺遺跡群の調査表

遺跡	面積（㎡）	時期	等級
夏梁	一六五一七	陶寺文化	小
張篡	三五四七七	陶寺文化中期	小

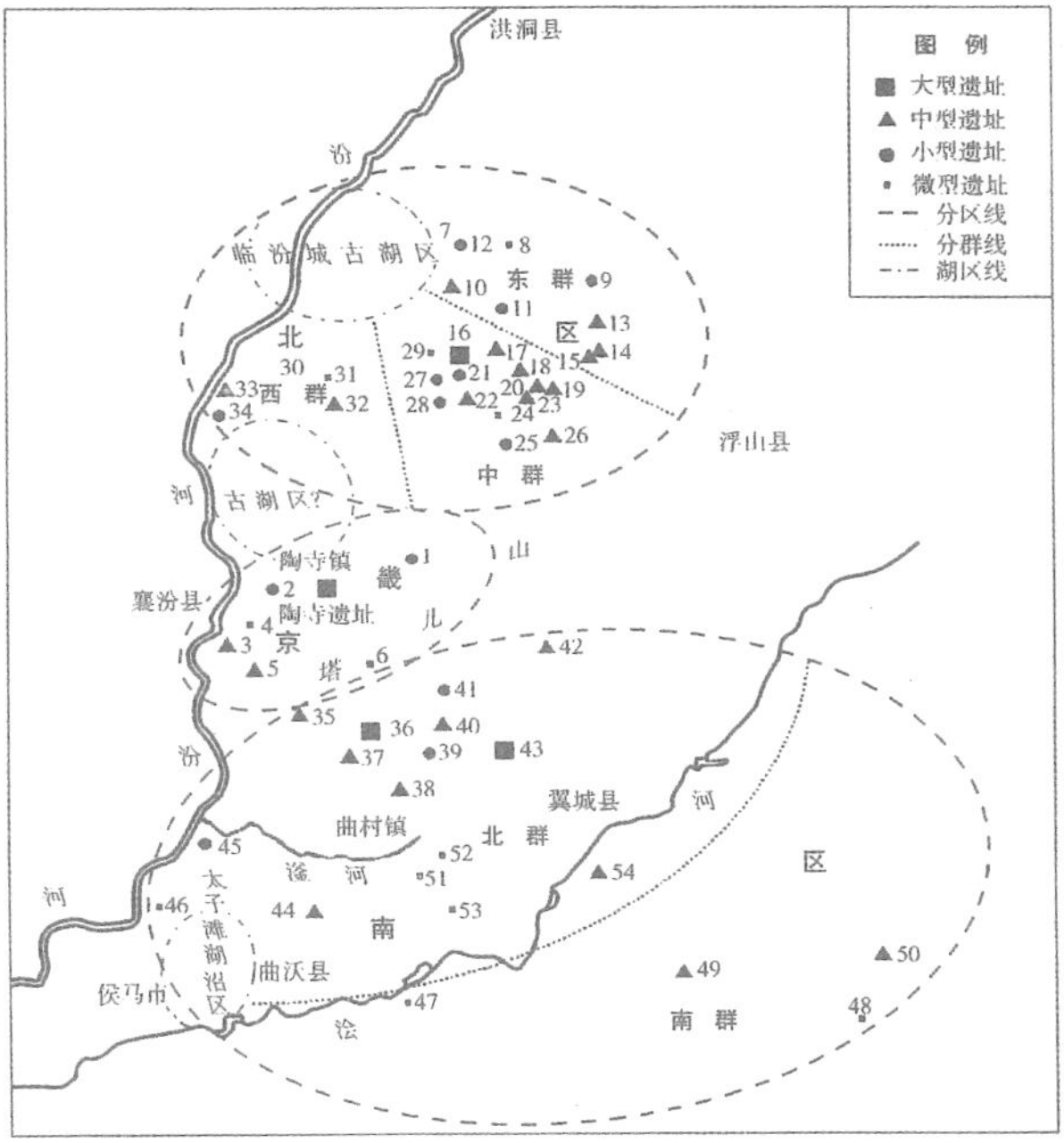

【図5―24】　陶寺遺跡群の分布図（2009年度―2010年度調査）
（何駑「二〇一〇年陶寺遺址群聚落形態考古実践与理論収穫」）

段村	二五二〇九	陶寺文化初期	小
温泉	九二三七六	西王村三期、陶寺文化	小
東鄧	四〇〇〇〇〇	陶寺文化、東周	中
寺頭	四〇〇〇〇〇	仰韶文化、西王村三期、陶寺文化、東周	中
令伯	四〇〇〇〇〇	陶寺文化晩期	中
新民	二七二七	陶寺文化初期	微
小王荘	一二三六四	陶寺文化	小
上荘	四七〇〇	陶寺文化	微
大崮堆山	五一三六	陶寺文化	微
丁村	二〇〇〇〇〇	陶寺文化	中
伯玉	一〇三五四〇	陶寺文化	小
孝養	三〇〇〇〇〇	陶寺中晩期	中
大陽	一四七四一	西王村三期、陶寺文化、二里頭文化、漢代文化	小
東段	一〇〇〇〇〇	陶寺文化中期	中
泉坡	二三七〇	陶寺文化中期	微
北高	九九一七六	北部陶寺文化。東北部は西王村三期。	小
北麻	四九一	陶寺文化中晩期	微
南合理荘	四四三八三	陶寺文化	小
高凹角	一〇〇〇〇〇	陶寺文化初期	中
王村	一〇〇〇〇〇	陶寺文化初期	中

蘇寨	二〇〇〇〇〇	西王村三期、陶寺文化	中
趙北河	二〇〇〇〇〇	陶寺文化	中
西李家荘	二〇〇〇〇〇	西王村三期、陶寺文化	中
黄寺頭	五〇〇〇〇〇	仰韶文化、陶寺文化、戦国	中
南喬	九〇〇〇〇〇	陶寺文化、戦国	中
県底	一一〇〇〇〇〇	陶寺文化、商周	大
北席	三六五七二	陶寺文化中晩期	小
大王	三〇〇〇〇〇	西王村三期、陶寺文化	中
西溝	三二六五六	西王村三期、陶寺文化	小
西下荘	八三〇四	陶寺文化	微
大韓	二一九六	陶寺文化	微
神劉	四〇〇〇〇〇	西王村三期、陶寺文化初期、戦国	微
西閻	〇	陶寺文化、商代文化、東周文化	微
営里	五〇〇〇〇〇	仰韶文化、陶寺文化初中期、二里頭文化、東周文化	中
義門	二〇〇〇〇〇	西王村三期、陶寺文化中期、漢代	中
北董	五五四九	仰韶文化、西王村三期、陶寺文化、漢代文化	微
駕村	五	陶寺文化、戦国、漢代	微
東吉必	一七四〇	陶寺文化初期	微
東許	二〇〇〇〇〇	陶寺文化中晩期	中
聴城	三〇〇〇〇〇	陶寺文化	中

周荘	一五九八	陶寺文化	微
東常	一七〇四	陶寺文化初期	微
高陽	五二三八	西王村三期、陶寺文化、漢代	微
高顕	一〇〇〇〇〇	仰韶文化、西王村三期、陶寺文化、東周文化	小
朝陽	八〇〇〇〇〇	仰韶文化、西王村三期、陶寺中期、二里頭文化、東周文化	中
北辛店	六〇〇〇〇〇	仰韶文化、陶寺文化中期、二里頭文化、東周文化	中
安泉	一三七三三	西王村三期、陶寺文化	小
南柴	一一〇〇〇〇	陶寺文化中期のやや早い時期	大
古暑	九〇〇〇〇〇	陶寺文化	中
方城	二〇〇〇〇〇〇	陶寺文化中晩期	大
白塚	五〇〇〇〇〇	陶寺文化中晩期	中
八頃	六九三七三	陶寺文化初期、二里頭文化、漢代	小

（何駑「二〇一〇年陶寺遺址群聚落形態考古実践与理論収穫」による）

図5―24よりみると、調査者は五四ヶ所の陶寺文化遺跡を三区域にわけている。陶寺周辺の六ヶ所の遺跡は中区で、「京畿」ともよばれる。「京畿区」以北は、県底遺跡をはじめ、中小の遺跡十一ヶ所をふくみ、北区とよばれる。「京畿区」以南は、南柴・方城をはじめとし、十八ヶ所の中小遺跡をふくみ、南区とよばれる。調査者は陶寺と当該五四ヶ所の陶寺文化遺跡を「五級の聚落・四層の等級に分かれた社会組織」に分類する。陶寺城址は都城で、二八〇万㎡あり、第一級である。都城は南北二区の中心（邑）を管轄している。県底と南柴（方城）の二ヶ所の大型遺跡である。

面積は一〇〇万㎡～二〇〇万㎡で、これが第二級である。区の中心邑は二～三区の中型聚落群（郷鎮）を管轄している。面積は一〇万㎡～九九万㎡で、これが第三級である。一部の中型聚落は一～三個の小型遺跡（村）を管轄している。面積は一万㎡～九万㎡で、これが第四級である。面積一万㎡以下は、「微型聚落」で、これが第五級である。これら微型聚落はおそらくいくつかの特殊な役目をもち、けっしてひとつの機能的に整った基層社会組織を構成しないであろう(70)。

上述の三つの方法による聚落等級のわけ方を比較すると、それらのあいだの差異を看取できる。これらの差異は、あるものは区分の範囲が同じでなく、かりに陶寺遺跡附近二〇㎞の範囲内に分布する十四ヶ所の陶寺文化期遺跡によって区分したばあい、せいぜい二級か三級に区別しうるのみである。陶寺城址の周囲二㎞内に陶寺文化聚落はなく、二㎞の外にも六、七ヶ所の小さめの聚落があるのみで、かかる状況は、安陽殷都の周囲の洹北商城期から武丁～帝乙帝辛の小屯宮殿区期までの状況と似ている(71)。洹北商城期には十九ヶ所の聚落があり、そのうち洹北商城が王都として大規模だったことを除けば、大多数は小規模の普通村邑に属する。殷墟期には二五ヶ所の聚落があり、調査者は、その面積の最大のものは三五〇〇〇㎡にすぎないとする。つまり、安陽殷墟とその周辺八〇〇㎢の範囲内の聚落等級には二級があるのみで、そのうえこの二つの等級のあいだの懸隔もまたたいへんに大きい。このため調査者の結論はこうである。

殷墟をのぞくと、洹河流域には他の大きい中心聚落はないようである。これはおそらく当時王畿付近に分布する聚落がみな商王に直接コントロールされるもので、そのあいだには商王と族長とのあいだの中間の組織や機構が介在しないことを物語る(72)。

陶寺の状況もこのようである。陶寺都邑付近の聚落は、陶寺の邦君が直接コントロールしているもので、まさに『周礼』地官のいう「惟れ王、国を建て、方《ほう》［方向］を弁《べん》［弁別］じ位［宮室の場所］を正［制定］し、国を体《わ》かち野を経《はか》る

（惟王建国、弁方正位、体国経野）」の「国野」関係にあたる。陶寺を中心とするさらに大きな範囲内の聚落群について、それらと陶寺都邑との関係は、広義の都市―農村や都―鄙の関係とみなせる。陶寺都邑を中心とする、一七五〇㎢の遺跡群は、結局三級・四級に分けられるべきか、五級に分けられるべきか、またそれらがそのなかの次級聚落中心と陶寺都邑がつながりを生むことをつうじてか、直接陶寺都城と隷属関係をもつかはともかく、広義の都市―農村関係（中国古代のいわゆる「都鄙」関係）を構成しうる。これも「国を体かち野を経る（体国経野）」国土のありようと政治組織の関係に属しており、たんにその統轄している範囲が大きいのみである。つまり陶寺の都邑邦国の支配範囲は、都城を核とする区域の外に及び、次級中心聚落と普通聚落もあるのであり、邦国都城内の邦君たる者はそれら次級中心をつうじて、やや遠方の普通聚落を間接支配していたのである。

陶寺とその周囲五十余ヶ所の遺跡のさまざまな状況を総合すると、つぎのような歴史の姿をみいだしうる。陶寺都邑とその周囲の村邑および、さらに広範囲の聚落群の分布は、すでに初期邦国の骨組をそなえている。つまりそこには、すでに邦君の都城・貴族の宗邑・普通の村邑のごとき組み合わせの構成があらわれている。陶寺の邦国は、陶寺の都邑を核とする一定の領土と地域の範囲をもつ。陶寺の墓の等級制は、社会に階級・階層の分化があることをはっきりとしめしている。陶寺の経済生産については、発達した農業と牧畜業だけでなく、陶器製作・玉器製作・冶金などの手工業もあり、すでに農業から分離している。生産の専門化によって、生産物はかつてないほど豊かになったが、不断に増加する社会の富は、かえってますます少数の人びとの手中に集まる。陶寺でみつかった二つの朱書の陶文は、すでに都邑において文字が出現し、使用されていることを物語る。陶寺文明は、当時の多くの邦国文明のすぐれたものなのである。

陶寺邦国の国土の構成からは、さらにつぎのような認識がえられる。陶寺を代表とする都邑邦国の「邦国」概念は、古代ギリシアの「城邦《ポリス》」と同じではない。それはまた一九五〇年代に日本の学界が提起した「氏族制度―都市国家―領土国家―大帝国」(73)モデルの関連概念とも同じでない。古代ギリシアの「城邦《ポリス》」は単一城市を自我の完全に備わった生活体とし、しかもその政体は奴隷制社会の民主政制に属し、ゆえに中国語で「民主城邦」とよばれる。古代ギリシアの「城邦」と、中国龍山時代の「都邑邦国」および、夏商周三代の「王国」はいずれも異なる。日本の学界の「都市国家―領土国家」という考え方における「都市国家」は夏商周三代をさし、「領土国家」はおもに戦国時代の国家をさす。筆者は、伊藤道治のかような見方に賛成する。すなわち、夏商周三代の国家と戦国時代の国家のおもな違いは、「領土」の有無にあるのではなく、領土内の民衆にたいする支配と統治の方式が異なっていることにある。(74)領土の問題のうえでは、夏商周三代の国家が一定規模の領土範囲をもつだけではない。三代よりまえの龍山時代の邦国、たとえば陶寺邦国でさえもが、陶寺都邑を中心とし、一七五〇㎢の範囲内に五四個の規模の異なる聚落遺跡をもっており、つまり陶寺邦国にもみずからの領土範囲がある。もちろん古代の領土概念は、現代のそれと同じではなく、古代国家にはつねに「辺境」はあれども「国境」はない。国と国のあいだは、しばしば若干の無主地帯や緩衝地帯に属する。しかも国力の消長に伴い、国家の統制可能な区域や国家の辺境はしばしば動態的に変化するのであり、それによって領土（国土）は拡張したり収縮する。いわゆる「都市国家」と「領土国家」がみな領土を有する点を鑑みると、領土をもつことを二種類の国家形態の違いとみなすことは、あきらかに問題の実質を摑んでいない。

「都邑邦国」という筆者の表現については、とくに「都邑」という言葉遣いが特徴的であるが、それは、中国古代では国があれば城があり、城をつくることが国をつくる指標であるからである。中国の上古時期において、国家のもっとも単純な形態なるものは、しばしば都城を中心とし、それは四方の大小さまざまな各種邑落とむすびつき、そのうえ都城の存在を指標とする。そのなかで、都城の規模がどれほど大きいか、四方の各種邑落よりなる領土範囲がどれほど大きいかは、邦国の実力とその発展度によって、比較的大きな懸隔があるであろう。しかし、城があり領土があることは間違いなかろう。

5　陶寺都邑と唐堯との関係にかんする研究

古史伝説と新石器時代考古をつなぐ問題について、筆者は一貫してつながるものであると主張してきた。すなわち、おもに古史伝説の各部族とその文化的特徴の時代性を考古学文化の時代性と対応させ、考古学文化類型をある部族活動の時空関係と対比させる研究をすることができる、と。しかし、ふつうは、ある遺跡をある具体的な伝説上の人物と直接的にむすびつけることはしない。目下、もっとも条件が備わっていて古史伝説中のこれらの族邦を考古学聚落の遺跡とむすびつけ、それを邦国（初期国家）の属性であると確定できるのは、帝堯陶唐氏と陶寺遺跡の関係である。このため筆者は、この面での探索と試みをすすめることが許されるものであり、有益なものでもあるはずだと考えている。

陶寺遺跡の一九七八年の発掘以来、学界では陶寺遺跡の族属問題にかんして多くの議論がなされ、「唐堯説[75]」・「堯舜説[76]」・「有虞氏説[77]」を主張する者も、「夏族説[78]」を主張する者もいる。研究の深化に伴い、とくに「夏商周断代工程」の夏代の年代枠組にたいする推定に伴い、陶寺遺跡を夏文化と主張する者のなかには、すでにこの見方を放棄し、「（陶寺文化初中期の）族属を陶唐氏と推断するのがより合理的である」とし、ただ「陶寺晩期の遺存の夏文化との関係のみは、なおさらに考える価値がある[79]」とする者がいる。陶寺遺跡にとっては、陶寺晩期の炭素十四年代測定は前二一〇〇年～前二〇〇〇年、もしくは前二〇〇〇年～前一九〇〇年で、すでに夏代初期の紀年範囲に入っている。このほかに陶寺晩期社会では明瞭な変異が生じており、その城壁は廃棄され、宮殿と観象授時の機能をもつ大型建築は壊され、陶寺中期の小城内部の貴族墓は陶寺晩期に全面的な破壊と墓曝きに遭っている。晩期の灰溝（IHG8）からは三十余人の頭骨が出土し、それは乱雑に分布し、上部には多く叩き切った痕跡があり、その暴力的な色彩はたいへん明瞭である。(80) 陶寺遺跡は初中晩三期にわけられ、前後四百年の長きにまたがる。陶寺遺跡は晩期になると、すでに都城から普通村邑に堕ちており、ゆえに都邑としての陶寺遺跡はおもにその初期と中期である。一方、陶寺初期と中期遺跡にかんして目下多く主張されているのは、それが唐堯あるいは堯舜の都であることである。

地理的に、陶寺文化は帝堯陶唐氏の地に分布している。『左伝』哀公六年引「夏書」には、

　惟れ彼《か》の陶唐、彼の天常《てんじょう》に帥《したが》い、此の冀方《きほう》を有《たも》つ（惟彼陶唐、帥彼天常、有此冀方。［かの堯帝は天の常道に従ってこの中国を保たれた］）。

とある。冀方は冀州で、杜預注には、

　唐虞及び夏は同《とも》に冀州を都とす（唐虞及夏同都冀州）。

とあり、『爾雅』釈地には、

　両河の間を冀州と曰う（両河間曰冀州）。

とある。郭璞の注には、

　河東より河西に至る（自河東至河西）。

とある。『史記』貨殖列伝には、

　昔、唐人は河東に都す（昔唐人都河東）。

とある。『漢書』地理志にも、

　河東は土地平易にして、塩鉄の饒有り。本と唐堯の居る所にして、詩風の唐・魏の国なり（河東土地平易、有塩鉄

之饒、本唐堯所居、詩風唐・魏之国）。

とある。上述のいわゆる「冀州」・「河東」の範囲はおもに現在の山西省内にある。他の文献によれば、唐堯のいた地はまた、具体的には冀州・河東の範囲内の汾河流域の「平陽」に達しうる。たとえば『荘子』逍遙遊には、

堯、天下の民を治め、海内の政を平《たいら》かにせんとす。往きて四子に藐姑射《はこや》の山に見ゆれば、汾水《ふんすい》の陽《きた》に、窅然《ようぜん》として其の天下を喪れたり（堯治天下之民、平海内之政。往見四子藐姑射之山、汾水之陽［、窅然喪其天下焉］。［堯は天下の民を治め、世界に平和をもたらしつつあった。ある日、藐姑射の山に出向いて四人（肩吾・連叔・接輿・神）の方々にお目にかかったところ、その感化を受けて、汾水（山西省の河）の北まで帰り着くと、ぼうっと天下の政治のことを忘れてしまったという］）。

とあり、『漢書』地理志［河東郡平陽条下引応昭曰］に、

堯都なり。平河の陽《きた》に在り（堯都也。在平河之陽）。

とある。汾河の東の平陽は、現在の山西省臨汾市の西南にあり、襄汾県と隣接し、陶寺遺跡はその範囲内にある。

陶唐氏の地は、周初に唐叔虞を分封した晋国の始封地で、方位上、夏墟や大夏とも通称されている。たとえば『左伝』定公四年で子魚は、

昔、武王、商に克《か》ち、成王之を定め、明徳を選び建てて、以て周に蕃屏《はんぺい》とす。……唐叔に分《わか》つに、大路《たいろ》・密須《みつしゅ》の鼓《こ》・闕鞏《けつきょう》・沽洗《こせん》・懐姓《かいせい》の九宗《きゅうそう》・職官の五正を以てし、命ずるに「唐誥《とうこう》」を以てし、夏の虚に封じ、啓《みちび》くに夏の政《まつりごと》を以てし、疆《さかい》するに戎《じゅう》の索《なわ》を以てせり（昔武王克商、成王定之、選建明徳、以蕃屏周。……分唐叔以大路・密須之鼓・闕鞏・沽洗・懐姓九宗、職官五正。命以唐誥而封於夏虚、啓以夏政、疆以戎索）。

という。ここには、唐地と晋の始封地の関係がふくまれ、その地は、周にとってみれば夏墟の範囲である。晋国の始封地たる唐地にかんして、『史記』晋世家は「河・汾之東」にあったとする。

叔虞を唐に封ず。唐は河・汾の東に在り、方百里、故に唐叔虞と曰う（封叔虞於唐。唐在河・汾之東、方百里、故曰唐叔虞）。

『正義』引『括地志』はさらに「平陽」にあったとし、

河・汾二水の東に封ぜらる。正に合して晉州平陽県に在り（封於河・汾二水之東、正合在晉州平陽県）。

とする。『史記』秦本紀の『正義』には、

唐は、今の晉州平陽にして、堯都なり（唐、今晉州平陽、堯都也）。

とある。平陽は現在の臨汾もしくはその一帯にある。「翼城」にあるとするものもあり、たとえば『史記』晉世家『正義』引『括地志』に、

故の唐城は絳州翼城県の西二十里に在り、即ち堯の裔子の封ずる所なり（故唐城在絳州翼城県西二十里、即堯裔子所封）。

とある。太原の「晉陽」にあるとするものもあり、たとえば『詩』国風唐譜の鄭玄注や、『漢書』地理志太原晉陽県条の班固自注などである。「鄂」とするものもあり、たとえば『史記』晉世家に「唐叔虞」とあり、『集解』引『世本』に「居鄂」とあり、『正義』引『括地志』に、

故の鄂城は慈州昌寧県の東二里に在り（故鄂城在慈州昌寧県東二里）。

とある。昌寧は現在の郷寧県西四十里にあり、汾河の西にある。「永安」とするものもあり、『漢書』地理志注引臣瓚曰に、

所謂唐は、今の河東永安県、是れなり（所謂唐、今河東永安県是也）。

とある。永安県は現在の霍県である。

上述の諸説は、たんに文献からだけでは選択することのむずかしいものである。研究をおしすすめるにあたっては、歴史文献と考古学をむすびつけることが、問題を解決するための有効な道である。このため一九五〇年代以来、中国考古学工作者は晉中太原市付近と晉南地区でたびたび考古学調査や発掘を行なっている。(81) なかでも一九八〇年代には、北京大学考古系が現在の山西省翼城・曲沃の境界上の天馬―曲村遺跡一帯で大規模な発掘を行ない、きわめて豊富な周初の遺存を発見し、鄒衡は「(この一帯が) 晉世家のいわゆる「方百里」の晉の始封地である可能性が高い」とする。(82) また一九九二年には、北京大学考古系と山西省考古研究所の連合隊が、曲沃県北趙村の晉侯墓地で、西周初期～両周交替期の晉侯とその夫人の墓九組十九基を発掘した。発掘者は、天馬―曲村遺跡と晉侯墓地の発見により、現在の曲沃～翼城の一帯がおそらく晉国の始封地であることが証されたとする。(83) このように晉国の始封地の問題には解決しうる見込みがあるといわねばならない。

ただし、ここで解決の見込みがあるといったのにはわけがある。すなわち、北趙村の晉侯墓地でみつかった九組十九基の大墓の墓主について、一部の研究者は、晉国第二代国君の晉侯燮父から十番目の国君晉文侯までの、晉侯達と夫人達であるとする。また一部の研究者は、三番目の国君晉武侯から晉文侯までの晉侯達と夫人達であるとする。つまり、これらの晉侯墓のなかには、少なくとも初代の国君唐叔虞の墓が欠け、あるいは二代目の国君晉侯燮父の墓も欠けている。よって、晉国の始封地の問題はまだ完全に解決したとはいえないのである。このほかに、二〇〇七年に「覨（覚）公簋」が公表され、銘文には、

覨公、妻姚の簋を作る。王、唐伯をして晉に侯たらしむるのときに遘《あ》う。唯れ王の廿又八祀なり（覨公作妻姚簋、遘於王命唐伯侯於晉、唯王廿又八祀）。

とある。ある研究者は、「王命唐伯侯於晉」は以下の二点を物語りうるとする。すなわち、①晉国がその名を得たの

は、けっして燮父が晉水によって名づけたためではなく、燮父が晉に遷るよりもまえにすでに晉地があった。②燮父のいた晉国都邑の「晉」は、唐叔が初めて封ぜられた「唐」地にあったのではなく、新しく遷った都である、と。(84)

上述したことを総合すると、つぎのように推測できる。唐叔虞の墓地と晉国の始封地は、曲沃・翼城一帯になかったとすれば、臨汾～翼城の範囲内にあるべきで、遠く太原にあるはずがない、と。陶寺のある襄汾は、臨汾・曲沃・翼城のあいだにあり、曲沃・翼城との距離は近い。要するに、晉国の始封地の問題には解決の見込みがあり、叔虞が唐を封建した場所（すなわち唐堯の都邑の所在地）を確定する一助となる。ゆえに堯都「平陽説」は、天馬―曲村遺跡の考古発掘をつうじて、部分的な支持を得られる。要するに、陶寺遺跡は場所的に堯都平陽とほぼ合致し、これは陶寺遺跡こそが陶唐氏の都邑であるとする証拠のひとつである。

年代上、陶寺遺跡は初・中・晩の三期にわけられ、都邑としての期間はその初期と中期であり、その炭素十四測定年代はほぼ前二四〇〇年～前二〇〇〇年もしくは前二四〇〇年～前二一〇〇年で、ほぼ堯舜の年代範囲と一致する。

また文化の特徴上、陶寺墓地内のいくつもの大型墓で、副葬品として、彩色上絵を施した蟠龍紋陶盤がみつかっている（図5―8、図5―9）。もっとも、中国古代の文献では、龍をトーテムとする部落や部族はいくつもおり、たとえば『左伝』昭公十七年には、

大皞氏は龍を以て紀す。故に龍師と為りて龍もて名づく（大皞氏以龍紀、故為龍師而龍名）。

とある。これは太皞氏が龍をトーテムとしているとする。『左伝』昭公二十九年には、

共工氏に子有り、句龍と曰う。后土と為る（共工氏有子、曰句龍。為后土）。

とあり、『山海経』大荒北経には、

共工の臣、名は相繇と曰い、九首・蛇身にして、自ら環［とぐろを巻く意］し、九土に食らう（共工之臣名曰相繇、

九首蛇身、自環、食于九土）。

とある。これは共工氏も龍をトーテムとしていることを物語る。禹と龍との関係の問題もある。とはいえ、初期の文献には、陶唐氏と龍の関係についてのべたものが数多い。『左伝』昭公二十九年には、春秋時代の晋国において、蔡墨がつぎのようにのべたとある。

有陶唐氏既に衰え、其の後に劉累というもの有り、龍を擾《なら》すことを豢龍氏に学びて、以て孔甲に事え、能く之に飲食せしむ。夏后之を嘉し、氏を賜いて御龍氏と曰う（有陶唐氏既衰、其後有劉累、学擾龍于豢龍氏、以事孔甲、能飲食之。夏后嘉之、賜氏曰御龍氏）。

『左伝』襄公二十四年と『国語』晋語八には、いずれも陶唐氏の末裔の范宣子がつぎのようにのべたとある。

昔、匄《かい》の祖、虞より以上を陶唐氏と為し、夏に在りては御龍氏と為す（昔匄之祖、自虞以上為陶唐氏、在夏為御龍氏）。

唐堯と龍のかような関係があるので、のちの文献のなかでも『今本竹書紀年』には、

帝堯陶唐氏、母は慶都と曰い、斗維の野に生まれ、常に黄雲有りて其の上を覆う。長ずるに及び、三河を観、常に龍有りて之に随う。一旦《いったん》［ある朝］、龍、図を負いて至る。其の文には要《す》べて曰く「亦（赤）は天祐を受けん」と。眉は八采、鬚髪は長さ七尺二寸、面は鋭上豊下にして、足は翼宿を履む。既《すで》にして陰風《きんぷう》四合し、赤龍は之に感じ、孕むこと十四月にして堯を丹陵に生み、其の状は図の如し。長ずるに及び、身長は十尺、聖徳有り、唐に封ぜらる（帝堯陶唐氏、母曰慶都、生於斗維之野、常有黄雲覆其上。及長、観於三河、常有龍随之。一旦龍負図而至。其文要曰「亦受天祐」。眉八采、鬚髪長七尺二寸、面鋭上豊下、足履翼宿。既而陰風四合、赤龍感之、孕十四月而生堯於丹陵、其状如図。及長、身長十尺、有聖徳、封於唐。［『宋書』符瑞志所引］）。

とある。『潜夫論』五徳志には、

慶都は、龍と合婚し、伊堯を生む。高辛氏に代わる。其の眉は八彩、世々唐と号す（慶都与龍合婚、生伊堯。代高辛氏、其眉八彩、世号唐）。

とあり、唐堯は龍より生まれ、龍を族徽とするのみならず、『帝王世紀』〔『路史』巻二十所引〕によれば、（堯は唐に在りしとき）夢に、龍を御して以て雲天に登る。而して天下を有つ（夢御龍以登雲天、而有天下）。

とある。つまり古人のみるところ、堯は天下を掌ることができ（すなわち邦国連盟の盟主を担い）、それはまた、彼が夢のなかで龍を御して天にのぼったという才能と関係する。文献上のこれらの説は、陶寺の彩色上絵を施した龍盤の表現する赤龍トーテム崇拝と一致するものである。(85)

陶寺遺跡の地理的環境・年代・文化遺物のあらわす龍トーテム崇拝などの面は、多くが帝堯陶唐氏の歴史的痕跡と合致する。そうである以上、陶寺遺跡を唐堯文化遺存だと推測することは、道理なしとはいえない。陶寺遺跡と虞舜の関係について筆者はこう考える。すなわち年代上、虞舜と唐堯は連続しており、ともに陶寺文化の初期と中期の年代範囲内である。しかし、虞舜は東夷（海岱地区）から中原にやってきたのち、(86)文献では、その都邑と活動中心は現在の晋西南の永済から平陸までの一帯とされる。そうすると、虞舜の都邑の空間的位置と陶寺遺跡の関係は大きくないことになる。よって筆者は、陶寺遺跡も虞舜の都邑遺跡でないと考える。陶寺と夏の問題も同様である。すなわち、陶寺文化晩期はすでに夏王朝初期に入るが、陶寺遺跡が都邑であったのは陶寺の初期と中期のみで、陶寺晩期はすでに都邑でなく一普通村落となっている。よって、陶寺晩期も、夏后氏（夏の王族）の居住地もしくは都邑ではないのである。

陶寺遺跡が帝堯陶唐氏の遺存と推定されうる以上、陶寺でみつかった二八〇万㎡に達する中期城邑と、五六万㎡の初期城邑は、陶唐氏の都城である。このように、陶寺遺跡の都邑の性質にたいする分析は、帝堯陶唐氏にも適用されるのであり、これは考古学的に堯・舜・禹の時代の社会発展段階をもよく説明するのである。

第三節　古城寨の都邑と邦国――事例研究②

古城寨遺跡の材料は、陶寺遺跡ほど豊富でないので、詳論を加えることはできない。にもかかわらず、ここでは古城寨遺跡を選んで具体的な事例研究をする。そのおもな理由は、古城寨で発掘された大型宮殿建築の基礎跡が問題を説明できるものだからであり、地上に残るその版築城壁も比類なきもので、その城址面積一七．六五万㎡が河南地区では大きいからである。そこでここでは、古城寨の城邑が反映する都邑邦国にたいして若干の必要な分析を加える。

1　版築城壁と大型宮殿建築およびその他の文明現象

河南省新密市古城寨城址も中原龍山文化に属する。城址の平面は長方形を呈し、方向は三四九度、つまり北東一一度で、面積は一七．六五万㎡である。城壁は版築土よりなる。南北両側の城壁中部には、相対する城門の割れ目がある。城壁外の南北東ではみな護城河（壕）がみつかっており、西は自然河たる溱水を利用して障壁としている。護城河は幅三四m―九〇mである。このように古城寨古城は、龍山時代の版築土を用い、城壕で囲まれ、たいへん整った城邑である（図5―25、図5―26）。

古城寨城址には目下なお南北東の城壁がのこり（図5―27）、西壁は溱水によって壊されている。三面の城壁の状況について、北壁の地下の基礎は、長さ五〇〇m、幅四二．六m～五三．四mである。地上の壁は、底の幅一二m～二二m、頂部の幅一m～五m、長さ四六〇m、高さ七m～一六．五mである。南壁の地下の基礎は、長さ五〇〇m、幅四二．六m～六二．六mである。地上の壁は、底の幅九．四m～四〇m、頂部の幅一m～七m、長さ四六〇m、高さ

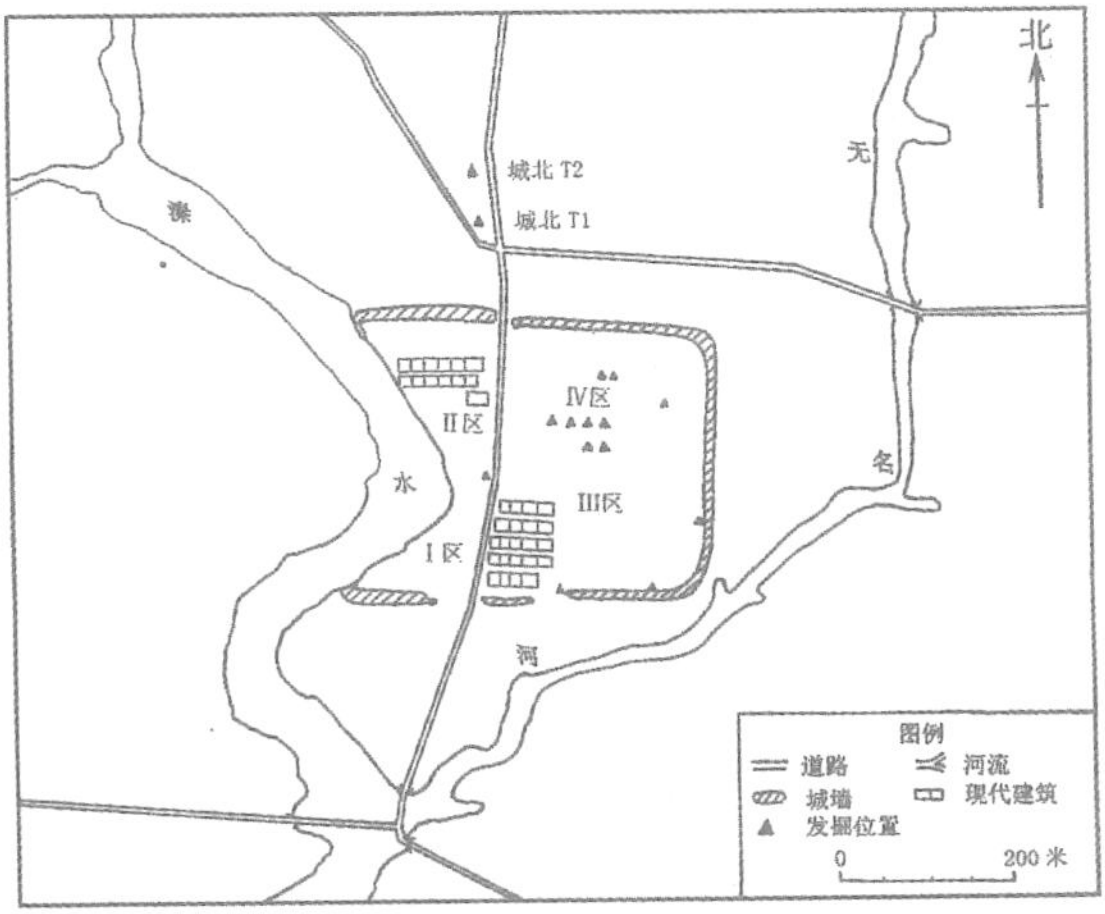

【図５—25】 河南省新密古城寨城址平面図（『華夏考古』2002年第２期）

【図５—26】 古城寨城址の全体図（『華夏考古』2002年第２期）

【図５―27】　古城寨の地上の東城墻（『華夏考古』2002年第２期）

五m～一五mである。東壁の地下の基礎は、長さ三五三m、幅八五・四m～一〇二mである。地上の壁は、底の幅三六m～四〇m、壁の長さ三四五m、高さ一三・八m～一五mである。西壁の復原された長さは三七〇mである。

古城寨一帯の地勢は西北高・東南低で、西から東にかけてスロープ状を呈しており、高低差は一〇m前後である。低いくぼみになっている東壁南段と、南壁東段の基礎は、版築によって埋め合わされており、その土台の基礎は深さ一〇mに達する。そして東壁の版築の基礎は、もっとも幅の広いところが一〇二mに達し、盛土の多さが看取できる。その作り方はつぎのとおり。まず少しの石材と鵞卵石を粘土とまぜあわせ、底部では〇・二五m～〇・四五mの第一基礎層を突き固める。のちに黒色の粘土を再度幾重にもかさねて突き固め、非常に堅固にし、それが厚さ約二mの第二基礎層である。当該二層よりも上部は、各種の混合土を幾重にも突き固め、地面よりも上部には版築を用いる（口絵５―２）。夯窩［突き固めた窪み」の痕跡よりみると、円形と不規則な形があり、使用した土突き具は、並べ束ねた木棍と石塊である。夯窩は密集し、丈夫で硬い（図5―28）。

版築城壁の土突き法は、基礎の窪みから開始し、まず薄く一層の土を突いて底部とし、のちに直接版築技術をもちいて施工する。現在、北壁の土台底部にはまだ並列に六本分の版築が保存されており、地上には三本半が残っている。各層の版築の壁は、高さ一m前後、幅一m～一・三m、長さ一・四m～二mと一様でない。土固めのときには、みな板を立てるまえに、まず板を挟む円形の小さい木製のくい（棍）を立て、多くは片側に二本で、土中に埋めこむ。『考工記』より推すに、両側の向かいあう柱の端を荒縄でしばり、そのうえで合わせ板に盛土を入れて突き固める。壁に沿った合わせ板には、みな木板が用いられており、そのとめ具には木板が用いられているだけで、竹と小さな木の棒で編んだものをひとつに縛って木板に代えている現象もみられる（図5―29）。合わせ板を引き抜くのに都合がよいように、壁をつきかためるときに壁をへだててつきかためはせず、べつの一枚を突き固めるというように、順を追ってくりかえし、さきにつくるべき一段を作り終えてから、残っている板壁の空間を幾重にも突き固める。その結果、さきに作った板壁の土がしっかりしたものとなり、あとから作った壁が脆弱になっている。こうした状況が、南北の城壁の発掘から検証される。

古城寨の城壁の土突き技術は、鄭州西山仰韶文化の城壁で採用されている版築法のそれと継承関係にあるが、新しい発展もあり、方法はより進歩し、技術はより成熟している。そこからは、古城寨の城壁を修築したときの工程量が巨大で、動員する人力・物力も大量であったことがみてとれる。

古城寨城内でもっとも重要な発見は、龍山時代の大型の版築による宮殿建築物（F1）と、それとセットをなす大型の廊廡《ろうぶ》［正面の堂の左右両側の部屋］の建築物（F4）を発掘したことである（図5―30）。宮殿建築物（F1）は城址中部

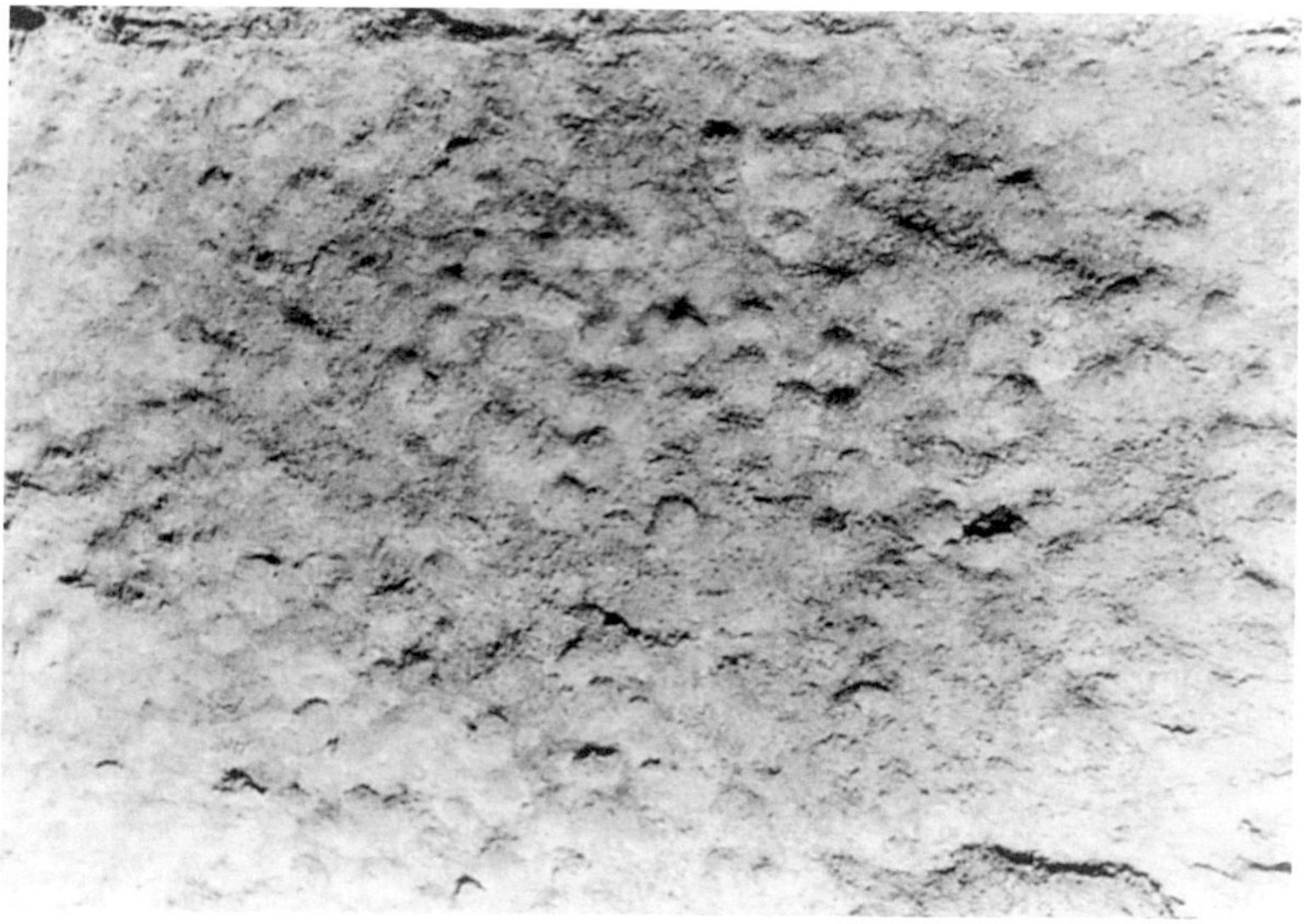

【図５—28】 古城寨の南城墻における版築のくぼみ（『華夏考古』2002年第２期）

【図５—29】 古城寨の竹を利用した版築の痕迹（『華夏考古』2002年第２期）

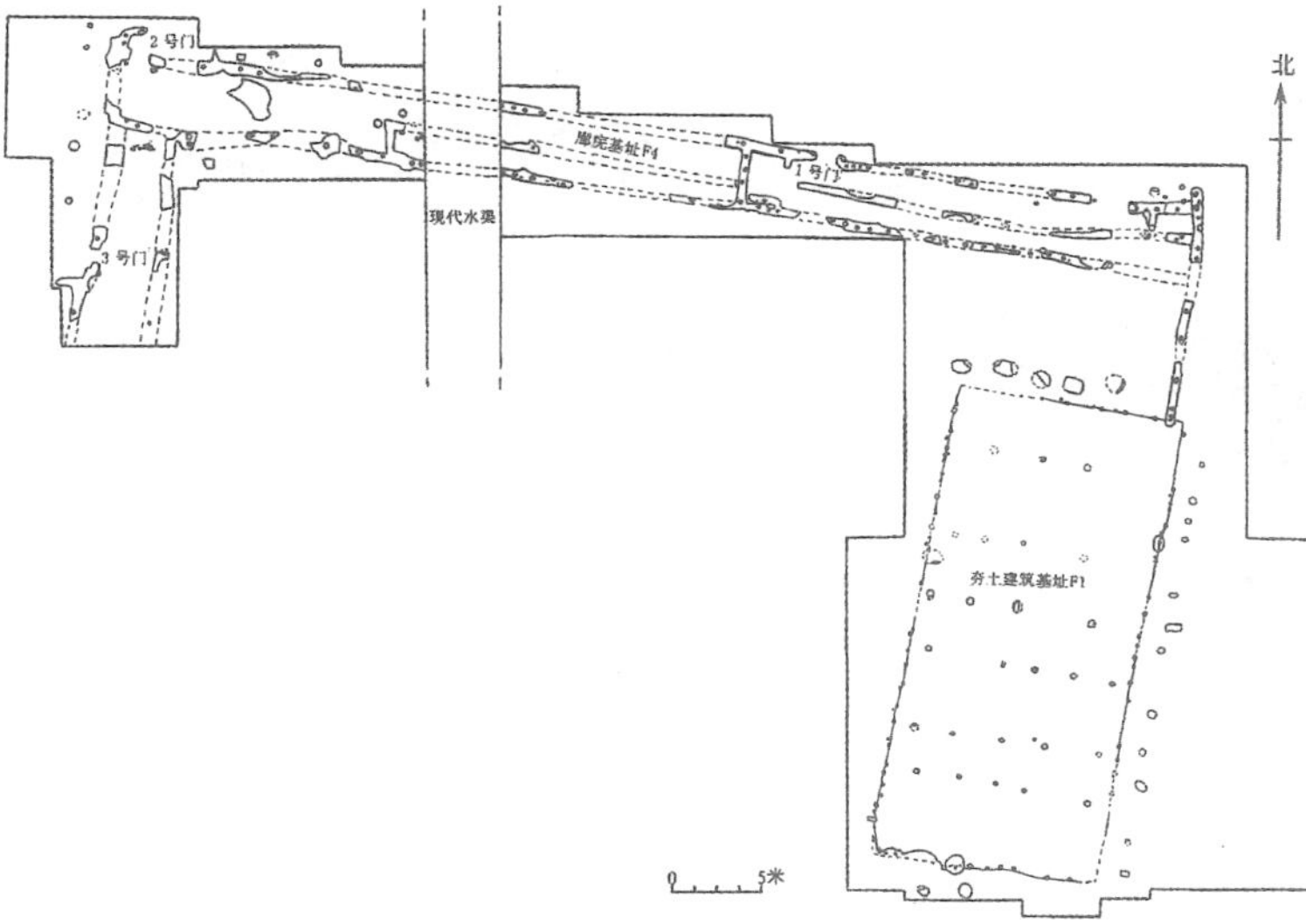

【図５―30】　古城寨の宮殿と廊廡建築の基礎跡（『華夏考古』2002年第２期）

の東北よりのところにあり、南北長方形の高台の建築物である。南向きで、三面に回廊《かいろう》があり、面の広さは七間である。南北の長さは二八・四ｍ、東西の幅は一三・五ｍ、面積は三八三・四㎡、方向は二八一度（つまり北東一一度）で、城の垣根の方向と一致する。

宮殿（F1）の広さは七間で、敷地内の六列の柱洞によって仕切られている（図５―31）。版築基壇の周囲にはまた四一個の小さな柱洞があり、ちょうど敷地内の塀の位置にあり、木組の土壁の柱洞にちがいない。敷地の南北東にはいずれも廊下の柱洞があり、南には二個、北には五個、東には十二個が残っている。東の廊下の柱は分布上、三個一組で、建築形式の芸術性を高めており、考古資料に多くみられないものである。

廊廡の建築物（F4）は、宮殿建築（F1）の北に位置し、宮殿建築物（F1）とつながって一つになっている。廊廡建築物（F4）は二、三本の土台の溝・門道・門衛の部屋と多くの柱洞よりなり（図５―32）、基礎跡は幅四ｍ、方向は二八一度（つまり北東一一度）である。北側廊廡の東

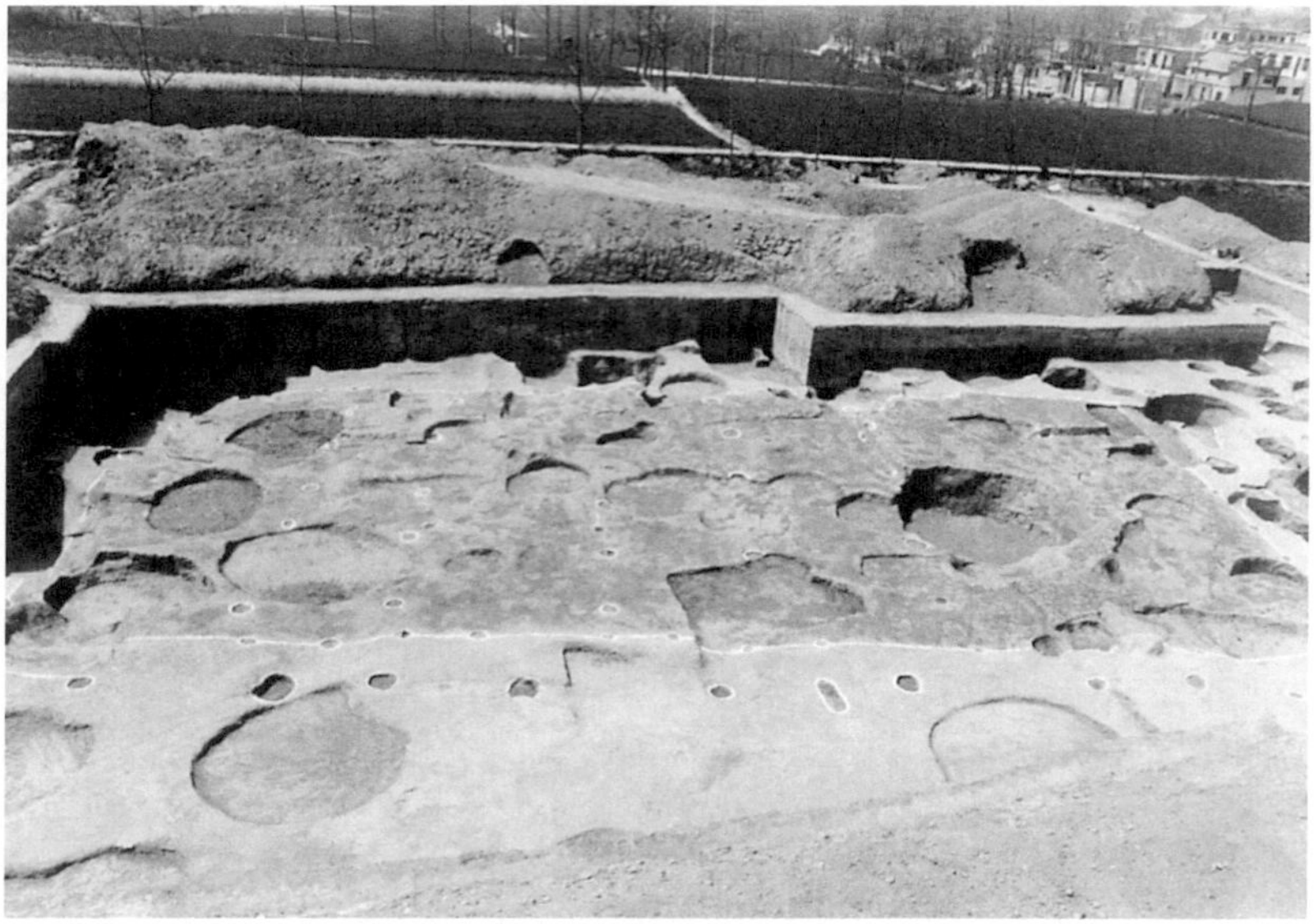

【図５—31】　古城寨 F1 宮殿建築基址（『華夏考古』2002年第２期）

半分には三本の土台のくぼみがあって南北に並列し、そのうち、中間の基礎工事で掘られた柱洞はやや大きく、柱洞間の距離はやや遠い。推測するに、それは屋根の棟の中心柱で、まわりに壁のない柱であろう。一方、南北両側の柱洞は木組の壁の柱のもので、壁に埋め込まれたものであろう。これより、廊廡中の南北両側の木組の壁によって、廊廡（F4）は閉鎖されていたとわかる。

　北側廊廡にはふたつの門道があり、ひとつは中部よりやや東に位置し、一号門である。ひとつは西北の曲がり角に位置し、二号門である。北側廊廡は二号門のところで南に曲がり、西側廊廡をなしている。西側廊廡の大部分は破壊され、残存部分はそれほど長くない。西側廊廡にも門道がみつかっており、三号門である。西側廊廡の外側と七号柱の土台のそばには基礎固めの坑がみつかっており、なかにイヌの骨一組がある（図5—33）[87]。北側と西側の廊廡が伸びていることから、廊廡建築物（F4）全体は宮殿（F1）を囲むように建てられ、宮殿を取り囲んで守る役割を担っているとみられる。目下、古城寨遺跡の発掘面積はたいへん限定的で、それが当該城邑にたいする認識を制約している。

目下の発見よりみると、城邑内からは一基の土坑竪穴墓が出土しており（IVM3）、墓坑は小さく、墓内に副葬品はなく、墓主は社会の下層階級に属する。南城壁の土台のもとには二基の甕罐葬が埋められ、基礎固めの墓のはずで、いかなる副葬品もない。これらの人と、宮殿内にすむ上層貴族とが異なる階層に属するのは、一目瞭然である。

【図５—32】　古城寨廊廡基址 F4 局部（『華夏考古』2002年第2期）

古城寨龍山文化遺存中の精美な陶器の焼製、釉陶の出現、石・玉・骨・蚌器の加工製作、熔炉跡の発見は、各種手工業に分業があったことを物語る。冶金業がすでに存在し、大量の陶斝・壺などの酒器や、ウシ・ブタ・ヒツジの骨が発見されている。このことは、農業がすでにかなり早く発展し、食糧にすでに余剰があり、家畜の飼養がかなり普遍的であったことを物語る。卜骨・玉環・定礎坑［建築時に人柱を入れる穴］などにみられ

【図5—33】　古城寨宮殿廊廡基址内の奠基坑（河南省文物考古研究所『啓封中原文明』）

る当時の祭祀と人柱などの宗教活動は、聖職者がすでに存在していたことをも物語る。これらと、高くて大きい城壁の修築、先進的な小型の版築方法、廊廡を備えた大型宮殿基礎跡などの現象はいずれも、当時の社会の生産状況と経済状況および、社会分層・上層建築・イデオロギー形態などの状況を簡明に描出している。(88) ゆえに、古城寨の龍山城邑は初期国家内の邦国の都城でもあり、陶寺都邑とくらべて、政治・経済・軍事実力はやや弱く、それが統制する域範囲もやや小さいはずである。

2　古城寨の聚落群と「国野」の構成

高江濤の統計によれば、古城寨周辺には龍山文化期の遺跡が十二ヶ所分布しており、古城寨聚落群をなしている（図5—34、表5—3）。(89) ただし、さらに分析をすると、そのうち新砦遺跡と洪山廟遺跡はすこしはなれたところにあり、新砦は古城寨聚落群の構成部分とせずともよく、新砦遺跡の龍山文化遺存（新砦一期）も古城寨遺跡よりやや遅いようで、必ずしも共時性をもたないことがみて

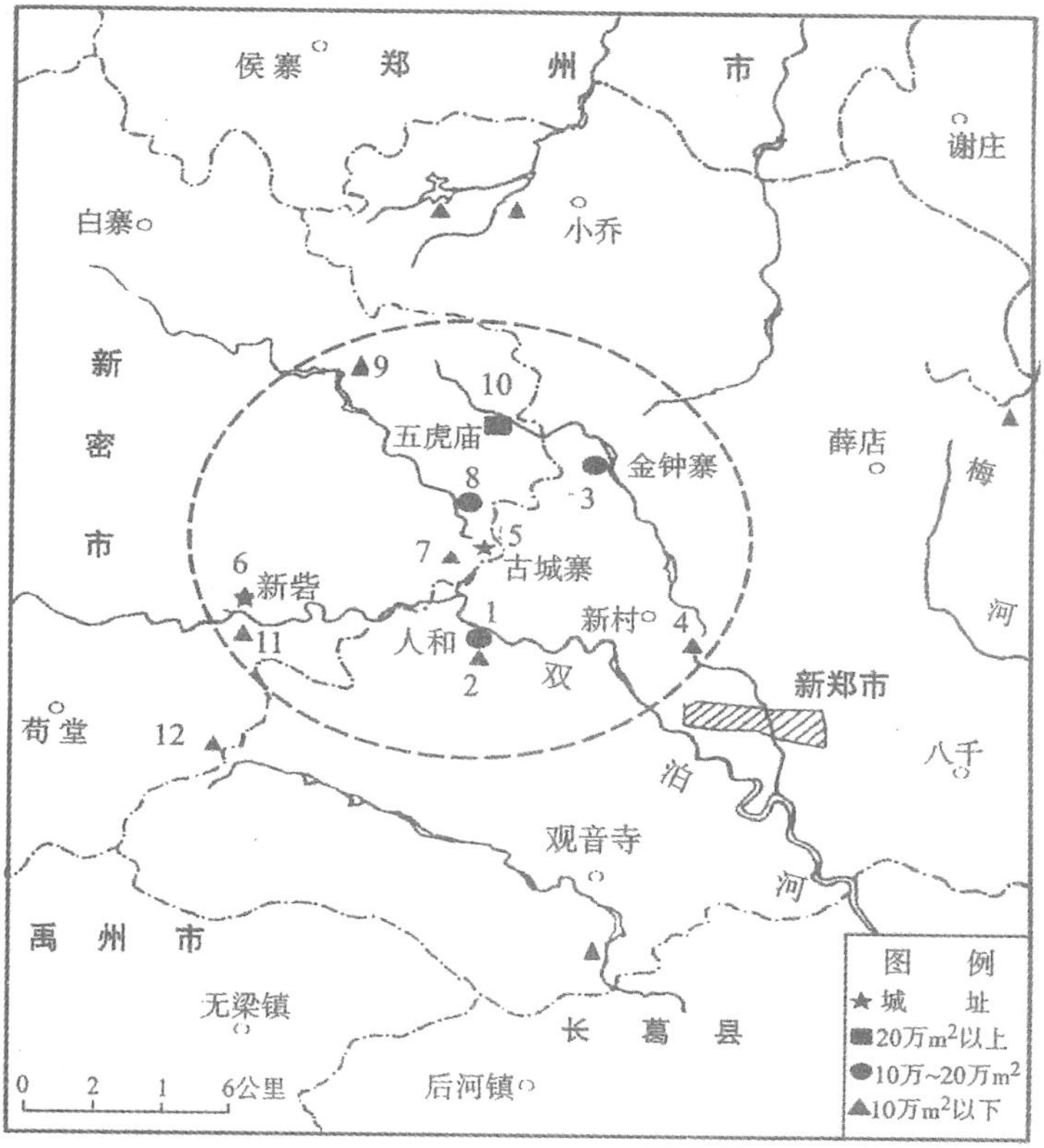

【図5―34】　古城寨聚落群分布図（高江濤『中原地区文明化進程的考古学研究』）

とれる。これらの原因を鑑み、筆者は、ここでいう古城寨聚落群に新砦と洪山廟の二遺跡をふくめない。

古城寨聚落群のうち、大型聚落は二ヶ所、つまり古城寨と五虎廟である。二者の面積はたがいに近似し、古城寨は二七・六万㎡、五虎廟は三〇万㎡である。だが古城寨には面積一七・六五万㎡の城邑があり、ゆえに聚落の機能・性質よりみて（たんに考古調査で得られた遺跡の面積を考慮するだけでなく）、それは最高等級の聚落で、五虎廟は次級中心聚落としうる。それより一級低いものは一〇万㎡～二〇万㎡の中型聚落三ヶ所で、新鄭市辛店鎮人和寨村は一一万㎡、新村郷金鐘寨村は一〇万㎡、曲梁郷楊荘村は一〇万㎡である。一〇万㎡以下は小型聚落で、新鄭辛店鎮人和寨村西南は一万㎡、新鄭新村郷高千荘は三万㎡、新密曲梁郷程荘は三・二万㎡、曲梁郷馬家村は七・五万㎡、大隗郷洪山廟村は六万㎡、荀堂郷関口村は〇・五万㎡である。

表5—3 龍山時期の古城寨聚落遺跡群の統計表（面積単位：万㎡。文化層の厚さ：m）

番号	遺跡名称	位置	面積	文化層	時代	出典
一	人和	新鄭市辛店郷人和寨村	一一	一五	龍山文化	文物地図集
二	人和西南場	新鄭市辛店郷人和寨村西南場	一	〇・七	龍山文化＊	文物地図集
三	金鐘寨	新鄭市新村郷金鐘寨村東	一〇	三	龍山文化	文物地図集
四	高千荘	新鄭市新村郷高千荘西	三	一	龍山文化	文物地図集
五	古城寨	新密市曲梁郷古城寨南	二七・六	三	龍山文化＊	華夏二〇〇二年二期
六	新砦	新密市劉寨郷新砦村	七〇	二～三	龍山文化＊	文物報二〇〇四年三月五日
七	程荘	新密市曲梁郷程荘村東南	三・二	一～二・五	龍山文化＊	文物地図集
八	楊荘	新密市曲梁郷楊荘村西	一〇	一・五	龍山文化＊	文物地図集
九	馬家村	新密市曲梁郷馬家村	七・五	一・九	龍山文化	河南文博通訊一九八〇年三期

一〇	五虎廟	新密市曲梁郷五虎廟村東	三〇	〇・五〜一・五	龍山文化	河南文博通訊一九八〇年三期
一一	洪山廟	新密市大槐郷洪山廟村北	六	二	龍山文化	河南文博通訊一九八〇年三期
一二	関口	新密市苟堂郷関口村南	〇・五	一〜一・五	龍山文化	河南文博通訊一九八〇年三期

注：華夏は『華夏考古』、文物報は『中国文物報』、河南文博通訊は『河南文博通訊』、文物地図集は『中国文物地図集・河南分冊』をさす。＊は、当該遺跡には龍山文化遺存以外にさらに他の文化遺存もあることをさす。龍山文化は比較的単純な龍山文化だけをさす（高江濤「中原地区文明化進程的考古学研究」所収）。

古城寨の聚落群は、聚落の機能と規模の点で都邑と次級中心聚落に分けられるが、次級中心聚落にはまだ城邑がなく、それが多くの城邑をもつ国家でないことをしめす。よって、古城寨都邑と都邑外の次級中心をふくむ中・小聚落は、広い意味では、『周礼』地官のいう「惟れ王、国を建て、方［方向］を弁［弁別］じ位［宮室の場所］を正［制定］し、国を体《わ》かち野を経《はか》り……（惟王建国、弁方正位、体国経野……）」の「国野」関係をなす。つまりその邦国の形態も、古城寨都邑を核とし、若干の中小聚落をふくみ、たんにその支配範囲が陶寺都邑ほど大きくないだけなのである。

第四節　余杭莫角山都邑邦国と良渚文明の特色——事例研究③

1　余杭莫角山都邑

七十余基の先史城址のうち、近頃みつかった浙江省杭州余杭良渚文化城址も代表的である。当該城址は余杭良渚遺

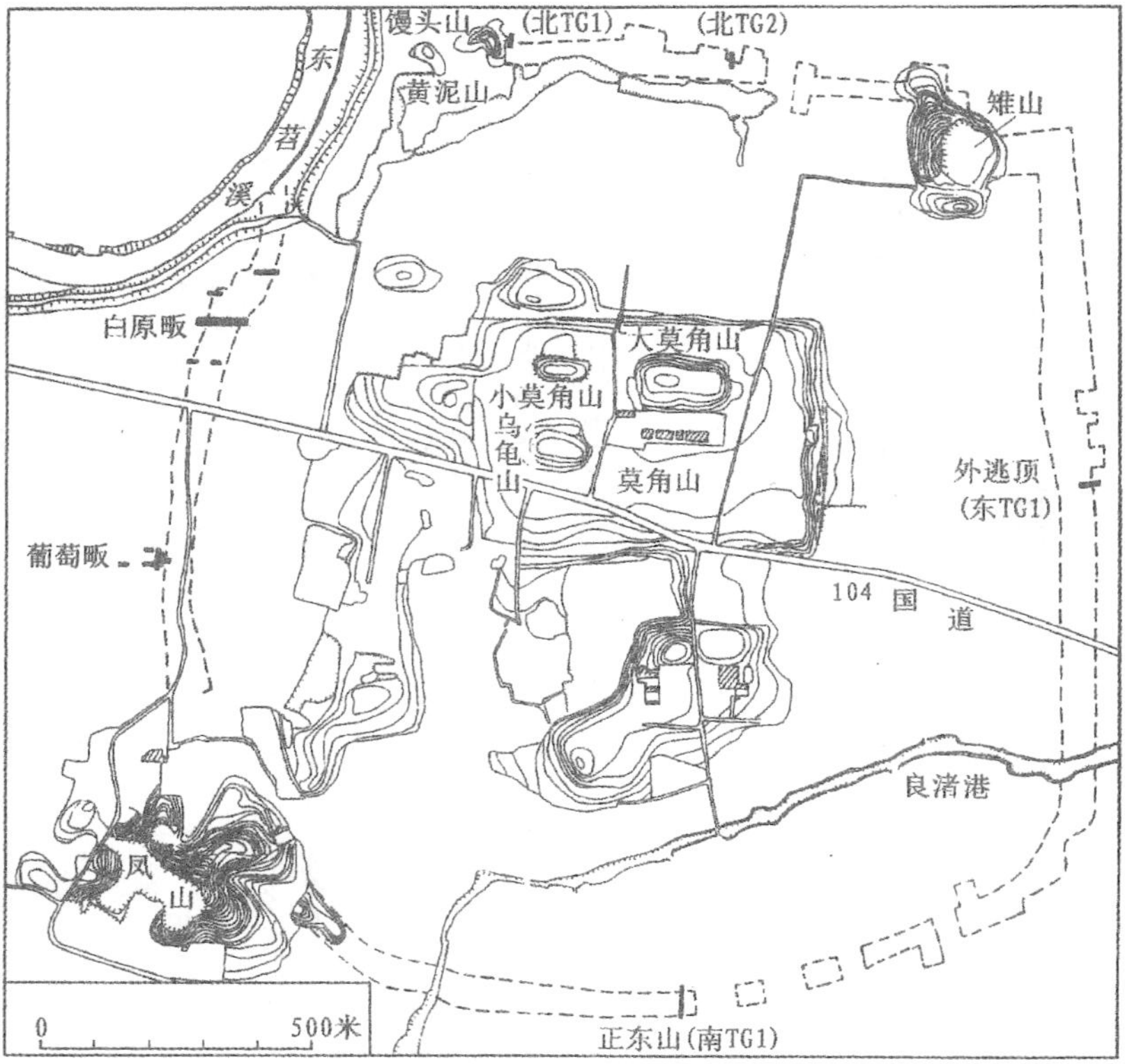

【図5―35】　杭州余杭莫角山良渚文化古城の平面図（『考古』2008年第7期）

跡群の莫角山遺跡を中心とし、城壁の南北の長さは約一八〇〇m〜一九〇〇m、東西の幅は約一五〇〇m〜一七〇〇m、総面積は約二九〇万㎡である。その配置はほぼまっすぐに南北方向を呈しており、保存の比較的よい東南角からみると、隅切り長方形となるはずである（図5―35）。城壁底部はあまねく石塊をしいて基礎としている（図5―36）。そのうえにはまじりけのない黄色の粘土が積まれ、底部の幅は多くが四〇m〜六〇mである。城壁の比較的よく現存する区域の高さは約四mである。(90)

余杭良渚城内の宮殿宗廟区は莫角山で（大観山果園ともいう）、約三〇余万㎡の高い土台であり、東

【図５―36】　余杭莫角山古城城墻の石敷きによる基礎部分（『考古』2008年第７期）

西の長さは六七〇ｍ、南北の幅は四五〇ｍ、高さは一〇余ｍである。だいたいは天然の高い丘陵を基礎としており、さらに人工的な堆築を加えて平らにととのえ、雄偉な大型高台の基礎跡をなしている。そこには、人工的な土盛りによる高さ四ｍ～五ｍの基壇三つが分布しており、鼎立状況をなしている。南は三〇〇㎡の烏亀山、東・北はそれぞれ大・小の莫角山で、各々一〇〇〇余㎡である。トレンチを入れたところ、莫角山にはいくつかの版築の基礎跡があり、合計面積は三万㎡以上である。たとえば大莫角山西南の一片の版築は、堆土・撒沙逐層密夯法により、突き固めた土層の厚さは計〇．五ｍ前後である。小莫角山南側の版築基礎跡では、列状の柱洞がみつかり、直径は一般に〇．五ｍ前後である。数ｍの大きな方木が出土しており、まさに大型建築の欂柱である（図５―36）。これらはみな、城内の莫角山一帯が宮殿区と貴族居住地に属し、社会の上層統治者と貴族集団が行政統治・宗教儀礼活動をするセンターであったことを強く物語る。

2 良渚文化における階級の分化

余杭良渚古城の内外には貴族墓地があり、統治階級の富の集積するさまを集中的に反映している。城邑内では、反山貴族墓地が著名である。(91) 反山墓地は莫角山と隣接し、もともとは約三〇〇〇㎡の人工的な土盛りによる土墩《どとん》［墓の一形式］で、貴族専用の墓地である。発見された十一基の良渚大墓では、前（南）に七基、後（北）に四基が配されている。土坑墓内には、朱塗りの棺木葬具があり、少数にはさらに木槨があり、大量の玉器と、少量の陶器・石器・象牙器・嵌玉漆器などが副葬されている。玉器には玉琮・玉璧・玉鉞・半円形の冠飾・三叉形の冠飾などがある。とくに十二号墓内では、これまでにわずかながら二点の、精密で整った「神徽」のイメージをもつ、「琮王」とよばれる玉器と（図5—37）、「鉞王」とよばれる玉器がみつかっている（図4—28）。

城外では、城邑の東北約三・五㎞にある天然の山上に瑤山祭壇と貴族墓地があり、(92) 西北約一・五㎞にある天然の山上に匯観山祭壇と貴族墓地がある。(93) 瑤山墓地の祭壇は、小さな山丘の頂上に建てられた三重の土色からなる四角形の祭壇で、端には石が崖のように積みあげられている。祭壇の南半分には十二基の墓があり、南北二列に分かれ、北の列には六基が、南の列にも六基が並ぶ（図5—38）。南の列の墓六基からはみな玉鉞一点とさまざまな数の石鉞が出土し、墓主は男性であろう。北の列の六基の副葬品の組み合わせには玉（石）鉞がふくまれず、玉器の組合でおもなものは璜と円牌で、紡輪をふくむ。ゆえに北の墓列の墓主は女性である。南と北の列の墓はいずれも貴族墓である。十二基の墓に副葬される玉器・陶器・石器などは計七五四組に達し、単品で数えれば二六六〇点となる。なかには玉器を主とするものもあり、計六七八組出土し、単品だと計二五八二点となる。玉器の種類には冠形器・帯蓋柱形器・三叉形器・成組錐形器・琮・小琮・璜・円牌・鐲形器・牌飾・帯鈎・紡輪などがふくまれるが、なお玉璧はみつかっていない。

匯観山祭壇は、平面はほぼ方形で、ちょうど南北に正対しており、東西の長さは約四五ｍ、南北の幅は約三三ｍで、中間より西寄りの位置に祭壇センターがあり、石灰でできた四角のわくがある。祭壇の西南には四基の墓が残存し、みな玉器を副葬する貴族墓である。そのなかの墓（M4）の坑は大きく、南北の長さは四・七五ｍ、東西の幅は二・六ｍで、棺槨は揃っており、琮・璧・鉞・三叉形冠飾などの玉器十七点が副葬され、石鉞は四八点で、陶器などもあ

【図５―37】　杭州余杭反山12号墓出土の玉琮と刻紋（浙江省文物考古研究所『反山』）

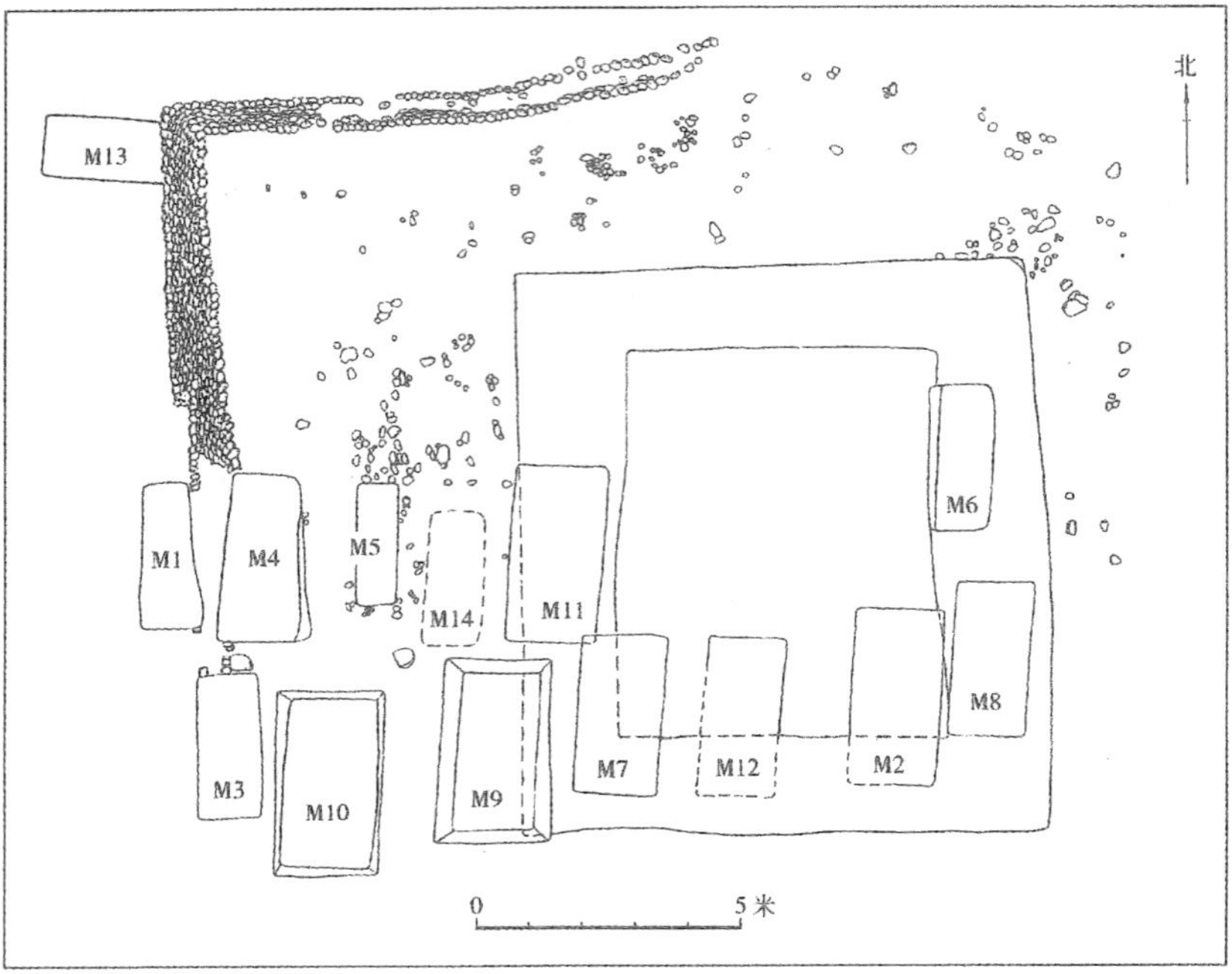

【図5—38】 瑤山の祭壇と墓地の平面図(浙江省文物考古研究所『瑤山』)

り、計七二点におよぶ。

以上に挙げたいくつかの貴族墓地は、良渚文化の多くの貴族墓地の一部にすぎないが、良渚社会で等級と社会的分層の現象がたいへん顕著なことを物語るに十分である。良渚文化には少なからぬ貴族墓があり、相当多くの平民墓もある。研究者は、墓の規模・葬具の有無・副葬品の多少・優劣によって、良渚の墓をさまざまに分類している。比較的多くみえるのは、大墓と小墓を区分して、対比的に論述をするものである。また大型墓・中型墓・小型墓の三つの大等級にわけ、大等級ごとに二つの小級の区別を設けている[94]。後者の区分けによれば、大型墓は規模が大きく、副葬品が精美かつ多数の墓をさす。それは一般に木棺付きのことが多く、木槨のあるものもあり、殉死者や被供犠者も出現している。その副葬品は百点以上ないし数百点の多きに達し、玉器中心で、同時にさらに少量の象牙器・漆器・嵌玉漆器、そして木器・陶器・石器などがある。大型墓で用いられる玉材のほぼすべては真玉で、数の多い琮・璧・鉞などの良渚玉器のなかでも、「礼器」に集中している。中型墓は墓が小さめで、副葬品はわずかに十点〜三十点で、三十点〜四十点の墓は少ない。中型墓の多くは丸木をくり抜いて作られた棺の底板で、副葬品は陶器と石器を主とし、少量の玉器・骨器や象牙製品・サメの歯などもある。しかし玉器の質は悪く量は少なく、琮・璧・鉞などの玉製礼器はほとんどなく、代わりに陶器と石器があきらかに増えている。小型墓は目下発見されているもののうちでもっとも多く、木製の葬具はみえない。副葬品の多くは十点未満で、しかも多くは陶器であり、一〜二点の石製や玉製の装飾品（墜、珠など）が少しある。小型墓のなかには、副葬品もなにもないものもある。このほかに良渚文化には「乱葬墓」とよばれる墓もある。それは墓坑がないものもあれば副葬品がないものもあり、葬式の点では頭の向きが同じでないものや、体と首が別々の場所にあるものもあり、縄で縛られた殉葬者や被人身御供者のものもある。

良渚文化は、異なる等級類型の墓にわけられるのであり、各種の資源と消費生活資料にたいする不平等な占有と分配の存在を反映している。良渚文化には玉を貴ぶ社会的気風があり、玉器は高級物品である。玉器は、社会的分配の点で明瞭な区別があり、当時社会分層があったことをしっかりと物語っている。アメリカの研究者ジョナサン・ハースの説によれば、このように資料を獲得・消費するさいに区別があることは、一つの様式のはずであって、たんなる孤例ではないはずである。(95) つまり、このような玉と玉器にたいする不平等な獲得は、他の類似の資料にたいする不平等な獲得とつながっているものである。かりに玉器にたいする不平等を、宗教崇拝における神権資源にたいする不平等な占有とみなすとすると、良渚文化の不平等な獲得は農業経済資源にたいする不平等な占有もふくむことになり、良渚文化の社会的分層はまさに経済と神権という二種類の資源の不平等な占有を基礎としているということになる。

良渚文化の墓材料が反映する不平等と社会分層は、かりに社会学の術語や社会組織構造によって描述すると、つぎのようになる。すなわち、良渚文化の大型墓は、じっさいには一種の貴族墓で、いろいろなところにみられる普遍的な存在であり、貴族階層の存在を物語る。中小型墓は平民墓に属し、そのなかの中型墓は平民のなかでも裕福な者、小型墓は平民のなかでも貧乏な者のものである。小型墓はもっとも多く、一般平民層が社会の主要人口であったことを物語る。良渚文化の「乱葬墓」、とくに体と首が別々のところにあるものや、縛られた殉死者・供犠対象者は、戦争で略奪されてやってきた奴隷か、貧困で没落して奴婢とされた者の可能性がある。このように良渚社会は三つの大きな社会階層（つまり貴族・平民・奴隷）にわけられる。

3　良渚聚落群と都鄙聚落の等級と形態

余杭良渚文化城址は超大型で、余杭良渚遺跡群も密集しているものである。最近の二十余年間の考古学的な調査と発掘によれば、良渚遺跡群では、四〇余km²の範囲内に一三〇余ヶ所の遺跡が分布しており、表にすると以下のようである(96)。

表5—4　良渚遺跡群表

編号	遺跡名称	時代	類型	面積（㎡）	場所	考古調査
〇〇一	羊尾巴山	中期	墓地	四〇〇〇	徳清県三合郷新星村	
〇〇二	宗家里			二〇〇〇	安渓鎮下渓湾村	
〇〇三	観音地			三〇〇〇	安渓鎮下渓湾村	
〇〇四	小竹山	中期	墓地	五〇〇〇	安渓鎮下渓湾村	
〇〇五	窯墩			八〇〇〇	安渓鎮下渓湾村	

〇〇六	瑤山	中期	祭壇、墓地	六〇〇〇	安渓鎮下渓湾村	一九八七年発掘、一九九六～一九九八年発掘完了
〇〇七	饅頭山			三〇〇〇	安渓鎮下渓湾村	一九九八年試掘
〇〇八	鳳凰山脚			一〇〇〇〇	安渓鎮下渓湾村	一九九八年試掘
〇〇九	墳山前			六〇〇〇	安渓鎮下渓湾村	
〇一〇	鉢衣山	中期	墓地、住居	一〇〇〇〇	安渓果園	一九八九年と二〇〇二年に二回発掘
〇一一	官荘		住居	四五〇〇〇	安渓鎮安渓村	二〇〇〇年試掘、二〇〇二年発掘
〇一二	梅園里	中晩期	住居、墓地	三五〇〇	安渓鎮下渓湾村	一九九二年～一九九三年に三回考古発掘
〇一三	舍前		住居	一〇〇〇〇	安渓鎮下渓湾村	
〇一四	百畝山			三〇〇〇	安渓鎮中渓村	
〇一五	葛家村	初期	住居、墓地	一〇〇〇〇	安渓鎮上渓村	一九九一年と一九九八年に部分的に発掘
〇一六	王家荘		住居、墓地	二〇〇〇	安渓鎮上渓村	一九九八年に試掘
〇一七	料勺柄		墓地	三〇〇〇	安渓鎮上渓村	
〇一八	姚家墩		大型住居	六〇〇〇〇	安渓鎮上渓村	一九九一年と一九九八年に試掘。二〇〇二年に発掘
〇一九	盧村	中期	祭壇、墓地	四〇〇〇〇	安渓鎮上渓村	一九八八年と一九九〇年に二回発掘
〇二〇	金村			四〇〇〇	安渓鎮上渓村	
〇二一	朱家			一二〇〇	安渓鎮上渓村	
〇二二	王家墩			一〇〇〇	安渓鎮石嶺村	
〇二三	東黄頭			一五〇〇〇	安渓鎮石嶺村	
〇二四	黄路頭		墓地	二〇〇〇〇	安渓鎮石嶺村	一九九八年試掘
〇二五	角竇湾			五〇〇〇	安渓鎮石嶺村	
〇二六	子母墩		祭壇？	六四〇〇	安渓鎮石嶺村	
〇二七	河中橋		住居	二〇〇〇〇	瓶窯鎮河中村	
〇二八	塘山	中晩期	土垣	一三〇〇〇〇	横跨毛園嶺、西中、河中、石嶺、上渓等六箇村	一九九六～二〇〇二年に二ヶ所で数回試掘

〇二九	前頭山			二〇〇〇	瓶窯鎮西中村	一九九一年と二〇〇〇年に二回発掘
〇三〇	呉家埠	初期	住居、墓地	二〇〇〇〇	瓶窯鎮外窯村	一九八一年発掘
〇三一	匯観山	中期	祭壇、墓地	六〇〇〇	瓶窯鎮外窯村	一九九一、二〇〇〇年発掘
〇三二	張家墩		住居	二〇〇〇〇	瓶窯鎮鳳山村	
〇三三	仲家山	中晩期	墓地	三〇〇	瓶窯鎮鳳山村	二〇〇一年発掘
〇三四	文家山	中晩期	墓地	八〇〇〇	瓶窯鎮鳳山村	二〇〇〇年発掘
〇三五	杜山	中晩期		六〇〇	瓶窯鎮鳳山村	二〇〇一年発掘
〇三六	鳳山脚		居住地、墓地	五〇〇〇	瓶窯鎮鳳山村	
〇三七	南墩			三〇〇〇	瓶窯鎮鳳山村	
〇三八	沈家山		住居	六〇〇〇〇	瓶窯鎮鳳山村	
〇三九	桑樹頭		墓地	一五〇〇〇	瓶窯鎮鳳山村	
〇四〇	洪家山			四五〇〇	瓶窯鎮鳳山村	
〇四一	張家山			一〇〇〇〇	瓶窯鎮鳳山村	
〇四二	矩形山			二〇〇〇	瓶窯鎮鳳山村	
〇四三	沈塘山			三五〇〇	瓶窯鎮鳳山村	
〇四四	黄墳山			四〇〇〇〇	大観山果園	
〇四五	花園里		住居	一〇〇〇〇	瓶窯鎮長命村	一九九二、一九九四年発掘
〇四六	野猫山			五〇〇〇	瓶窯鎮長命村	一九九九年試掘
〇四七	西頭山			三五〇〇	瓶窯鎮長命村	一九九九年試掘
〇四八	公家山		住居、墓地	一〇〇〇〇	瓶窯鎮長命村	
〇四九	卞家山	中晩期	住居、墓地	一〇〇〇〇	瓶窯鎮長命村	二〇〇三～二〇〇五年に幾度も発掘
〇五〇	馬山		墓地、祭壇	二〇〇〇〇	瓶窯鎮城隍山村	
〇五一	盛家村		墓地	四五〇〇	瓶窯鎮雉山村	
〇五二	黄泥口			一五〇〇〇	瓶窯鎮雉山村	
〇五三	金地	中晩期	住居	一五〇〇〇	瓶窯鎮雉山村	一九九九年試掘
〇五四	扁担山		住居、墓地	七〇〇〇	瓶窯鎮雉山村	一九九九年試掘

〇五五	阿太墳			五〇〇〇	瓶窯鎮雉山村	一九九九年試掘
〇五六	黄泥山			三〇〇〇	瓶窯鎮雉山村	
〇五七	饅頭山			五〇〇〇	瓶窯鎮雉山村	
〇五八	湖寺地		住居	一二〇〇〇	瓶窯鎮雉山村	
〇五九	西辺山			三〇〇〇	瓶窯鎮雉山村	
〇六〇	費家頭			一〇〇〇	瓶窯鎮雉山村	
〇六一	白元畈			二五〇〇	瓶窯鎮雉山村	
〇六二	大地			二五〇〇	瓶窯鎮雉山村	
〇六三	張墩山			七〇〇	瓶窯鎮雉山村	
〇六四	反山	中期	貴族墓地	一〇〇〇	瓶窯鎮雉山村	
〇六五	廟家山			四〇〇〇	瓶窯鎮雉山村	
〇六六	沈家頭		住居	二〇〇〇〇	瓶窯鎮雉山村	
〇六七	毛竹山			五〇〇〇	瓶窯鎮雉山村	
〇六八	莫角山	中期	城址	三〇〇〇〇〇	大観山果園	一九八七、一九九二～一九九三年発掘
〇六九	朱村墳		住居	四〇〇〇	瓶窯鎮雉山村	一九九八年試掘
〇七〇	高北山			五〇〇〇	瓶窯鎮雉山村	一九九八年試掘
〇七一	和尚地			七〇〇〇	瓶窯鎮雉山村	
〇七二	后頭山			四〇〇〇	瓶窯鎮雉山村	
〇七三	雉山壠			八〇〇〇	瓶窯鎮雉山村	
〇七四	周村		住居	二〇〇〇〇	瓶窯鎮雉山村	
〇七五	龍里		防壁?	二〇〇〇〇	瓶窯鎮雉山村	
〇七六	馬金口	中晩期	住居	一二〇〇〇	瓶窯鎮雉山村	
〇七七	小馬山			一二〇〇〇	瓶窯鎮雉山村	
〇七八	石安畈		防壁?	八〇〇〇	瓶窯鎮雉山村	
〇七九	鐘家村		住居墓地	四〇〇〇〇	瓶窯鎮長命村	一九八八年と一九九六年に試掘
〇八〇	金家弄			一四〇〇〇	瓶窯鎮長命村	

〇八一	美人地			一〇〇〇〇	瓶窯鎮雉山村	
〇八二	前山			二〇〇〇〇	安渓鎮前山村	
〇八三	里山			一〇〇〇〇	瓶窯鎮長命村	
〇八四	鄭村頭			七〇〇〇	瓶窯鎮長命村	
〇八五	師姑山			一五〇〇〇	瓶窯鎮長命村	
〇八六	蘇家村		住居	一五〇〇〇	安渓鎮前山村	一九六三年と一九九八年に二回発掘
〇八七	癩子墳			一〇〇〇	安渓鎮前山村	
〇八八	石前圩	晩期	住居、墓地	四〇〇〇〇	安渓鎮前山村	一九九八年と一九九九年に二回発掘
〇八九	荘地			三〇〇〇	安渓鎮上湖頭村	
〇九〇	山壠地			一〇〇〇〇	瓶窯鎮胡林村	
〇九一	張家地			八〇〇〇	瓶窯鎮長命村	
〇九二	長山			六〇〇〇	瓶窯鎮胡林村	
〇九三	胡林廟			二〇〇〇〇	瓶窯鎮胡林村	
〇九四	和尚		墓地	一〇〇〇〇	瓶窯鎮胡林村	
〇九五	後楊村		住居、墓地	三五〇〇〇	安渓鎮上湖頭村	
〇九六	弟地			二〇〇〇	安渓鎮上湖頭村	
〇九七	芸香后			一六〇〇	安渓鎮上湖頭村	
〇九八	沈家場			三〇〇〇	安渓鎮后河村	
〇九九	西山墳			一〇〇〇〇	安渓鎮后河村	
一〇〇	干家橋		住居	五〇〇〇	安渓鎮后河村	
一〇一	後河村		墓地	一〇〇〇〇	安渓鎮后河村	
一〇二	茅草地			六〇〇	安渓鎮后河村	
一〇三	観音塘			六〇〇	安渓鎮西良村	
一〇四	百獣墳			三〇〇〇	安渓鎮西良村	
一〇五	北山車		墓地、居住地	一八〇〇〇	安渓鎮西良村	
一〇六	念畝圩			一〇〇〇〇	安渓鎮塘東村	

一〇七	塘東村			二五〇〇	安渓鎮塘東村	
一〇八	厳家橋	晩期	住居	四〇〇〇	安渓鎮三合村	一九九六年と二〇〇〇年に発掘
一〇九	張娥地			四〇〇〇	安渓鎮三合村	
一一〇	姚墳			一〇〇〇〇	良渚鎮呉家塘村	一九九九年試掘
一一一	許家			七〇〇〇	良渚鎮呉家塘村	
一一二	巫山	中晩期		一二〇〇〇	良渚鎮荀山村	
一一三	猪槽地		住居	一二〇〇〇	良渚鎮荀山村	
一一四	金鶏山	中晩期		八〇〇〇	良渚鎮荀山村	一九九一年試掘
一一五	山大墳			一二〇〇〇	良渚鎮呉家塘村	
一一六	李家墳			一四〇〇〇	良渚鎮呉家塘村	
一一七	沈家墳			一二〇〇〇	良渚鎮呉家塘村	
一一八	小沈家墳			七〇〇	良渚鎮呉家塘村	
一一九	三倉頭			六〇〇	良渚鎮呉家塘村	
一二〇	烏亀墳			九〇〇	良渚鎮呉家塘村	
一二一	蘑菇墩			七五〇	良渚鎮呉家塘村	
一二二	警察墳			一〇〇〇	良渚鎮呉家塘村	
一二三	老鬼墳			一〇〇〇	良渚鎮呉家塘村	
一二四	長墳		住居	三〇〇〇	良渚鎮荀山村	一九五五年試掘
一二五	棋盤墳	中晩期	住居	二五〇〇	良渚鎮呉家塘村	一九九九年試掘
一二六	荀山西坡			二五〇〇	良渚鎮荀山村	
一二七	墳壠里			二〇〇〇	良渚鎮荀山村	
一二八	南辺墳			三〇〇〇	良渚鎮荀山村	一九九九年試掘
一二九	天打網	晩期	住居	四〇〇〇	良渚鎮荀山村	二〇〇一年発掘
一三〇	高墩頭			二五〇〇	良渚鎮呉家塘村	
一三一	荀山東坡	初期		三〇〇〇	良渚鎮呉家塘村	一九八五年試掘
一三二	金覇墳	初期	住居、墓地	五〇〇	良渚鎮呉家塘村	二〇〇〇年発掘

一三三	廟前	初中晩期	村落	六〇〇〇〇	良渚鎮呉家埠村	一九八八～二〇〇〇年に六回発掘
一三四	茅庵里	中晩期	住居	八〇〇〇	良渚鎮呉家塘村	一九九二年発掘

良渚遺跡群（図5—39）の諸遺跡の面積には相互に懸隔があり、小さいものは数百㎡、大きいものは数万㎡である。大半の遺跡は一万㎡以下で、一万㎡～三．五万㎡の遺跡は四五ヶ所、三．五万㎡～六万㎡の遺跡は十一ヶ所ある。それ以上の遺跡はわずか二ヶ所である。ひとつは塘山で、約一三万㎡である。もう一つは莫角山で、三〇万㎡に達する。これについて当地の考古学者は、

　厳密にいえば、遺跡群内で、私たちのいう遺跡は、けっしてほんとうの意味での遺跡ではない。それはたんにひとつの「点」の概念にすぎない。ほんとうの意味での遺跡はもっと少ないであろう。しかし分布地域が交錯・重複しているため、私たちは明らかにそれを剝離・識別しようがない。「遺跡」という称謂を借用するのは、これらの「点」自体が遺跡の一部分であるためである。……事実上、数千年の外的営力と人類の活動をへて、いくつかの遺跡はすでに失われ、いくつかの遺跡はすでに変形し、いくつかの遺跡はすでに分割されて多くのかたまりをなし、いくつかの遺跡はわずかに一部分を残して現在すでに田畑の下に隠れ、いくつかの遺跡はもともとくぼんだ地表面の下にある。——これらは、作業中に必ず配慮せねばならないけれども把握しがたいものである。この意味からいえば、遺跡群内の遺跡の画定はあいまいとして人為的なものである。いくらかの相対的に独立した遺跡は、良渚時期においてはおそらくたんに遺跡の一部分にすぎないであろう。現在みたところ、独立した若干の遺跡は、良渚時期にはおそらく同一の遺跡に属するであろう。[97]

と考えている。全体的にいえば、上述の一三〇余ヶ所の遺跡は大きく三群にわけられる。

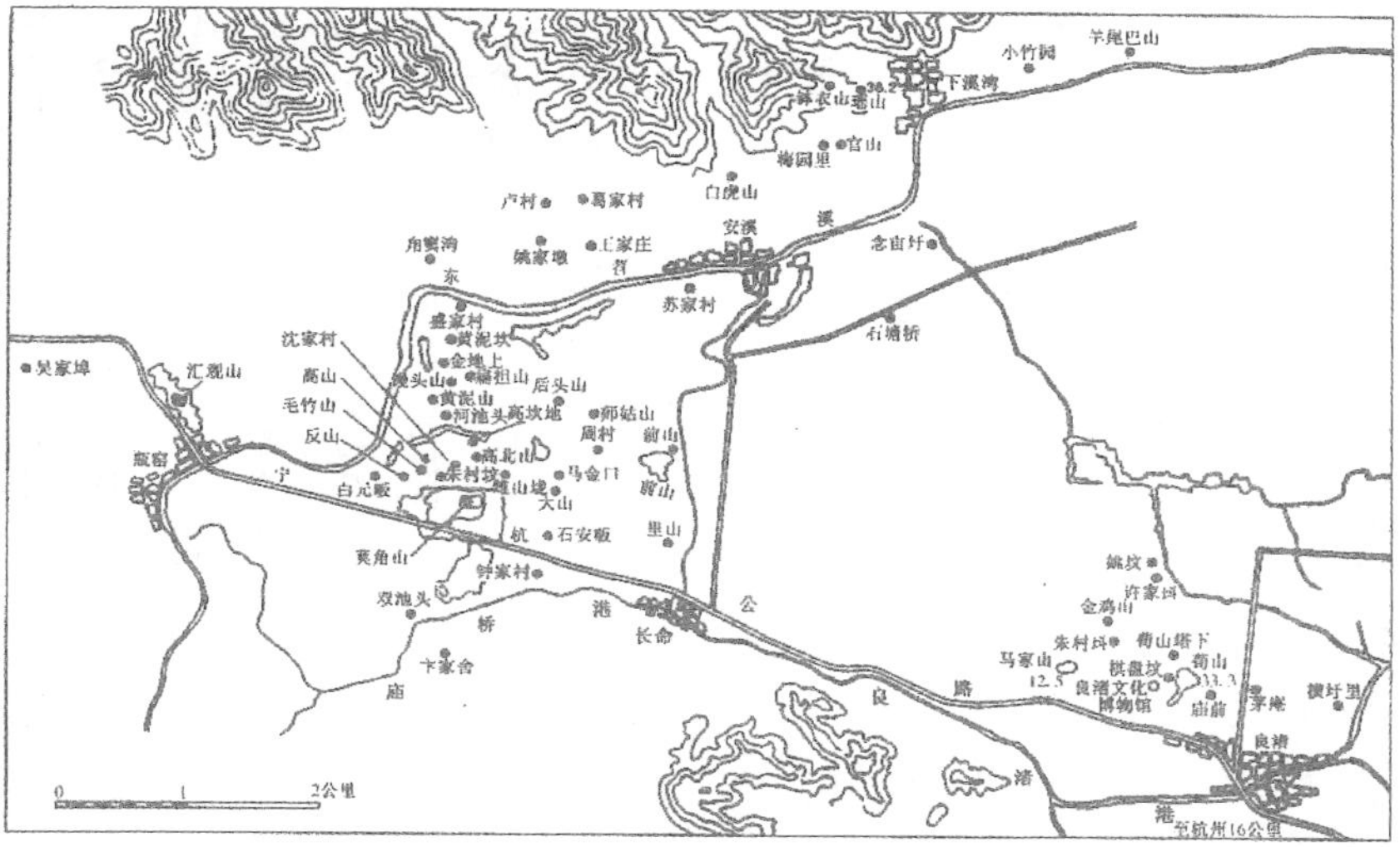

【図５―39】　余杭良渚遺跡群

第一に、「遺跡群の北部の遺跡は、大遮山の丘陵南麓のスロープ下側と山麓手前の地帯に分布し、平行する二本の帯状の分布をなし、計三十余ヶ所の遺跡がある」。第二に、「遺跡群の西南部は莫角山を中心として五十余ヶ所の遺跡が分布しており、遺跡は多く、密度は高く、類型ももっとも豊富であり、遺跡群の重心のありかであるといえる」。第三に、「遺跡群の東南部は良渚鎮荀山を中心とし、一km半径の範囲内に三十ヶ所近くの遺跡がみつかっており、分布は密集し、ほとんど連続してひとつのかたまりをなしており、相対的に集中している大型聚落である」[98]。調査者・発掘者はこれらの遺跡を三つの等級中心に分けている。一級中心遺跡は莫角山である。二級中心遺跡は姚家墩とその周囲の盧村・葛家村・金村・王家荘・料勺柄などの遺跡よりなる。三級中心遺跡は廟前である[99]。前述したように、三〇万㎡の莫角山は、じっさいには余杭良渚城内の宗廟宮殿区である。したがって最新の考古学的発見によれば、一級中心遺跡は莫角山を宮殿区とする城邑のはずである。このように良渚遺跡群は、四〇余k㎡の範囲内にあり、莫角山良渚城邑を中心とし、多くの中小型聚落をふくむ邦国をなしている。

　良渚文化の聚落形態には特殊な一面がある。聚落の場所と分布は、環境と気候の影響を受けねばならない。良渚文化初期には、気候は温暖で、水域の面積は広く、環境は崧沢文化晩期と同じである。ゆえに遺跡の分布も崧沢晩期の分布地域とほぼ一致し、多くは高形台地と山麓上に位置し、高い地形に属する遺跡が多い。のちに気候は乾燥寒冷化し、水域面積の縮小と水位の下降を引き起こし、遺跡の範囲は拡大した。人びとは初期遺跡で生活をつづけるほかに、さらにくぼ地へと発展し、低地型の遺跡をも生む。太湖・澱山湖・澄湖など多くの湖底遺跡の発見は、当時太湖地区の水位が下がり、水域面積が縮小し、陸地面積が広がったことを物語る。江蘇省呉県澄湖[100]・江陰璜塘与[101]・浙江省嘉善新港などの遺跡でみつかる大量の水井遺跡は[102]、水位が下がったせいで生活と生産の用水を付近から直接採取するのがすでに面倒となっていたため、井戸を穿って水をとらねばならなくなっていたことを物語る。良渚文化末期には、多くの良渚文化層上部でいずれも淤泥《ゆうでい》層［河川などの沖積土砂層］がみつかっている。たとえば、淤泥層の厚さは浙江省呉興銭三様遺跡では約〇・一m～〇・三m、杭州水田畈遺跡では約〇・一五m、江蘇省呉江梅堰遺跡では約〇・三m～〇・九m、上海青浦果園村遺跡では約〇・三mである。これは、良渚文化末期の太湖地区も、水域面積の急激な拡大と、洪水の氾濫期を経たことを物語る。[103]当該時期の洪水氾濫は、前二一三三年と前一九五三年に発生した、太陽系惑星が集合したことで引き起こされた自然災害の頻繁な発生とかかわるかもしれない。[104]

　良渚文化の大半の時期の気候は、涼しいけれども落ち着いている。したがって良渚文化も繁栄・発展し、良渚文化遺跡はあまねく太湖地区全域に布かれている。この時期には、好条件下の貴族が墓地を選ぶさいに台形と土墩形の地勢を占めたほか、居住遺跡なるものの大半は、地勢が低く平らで、水田耕作の環境に囲まれた場所でなければならない。[105]ゆえに、聚落—水田間の用水路を整理することや、水路が聚落同士を隔て、防御をなすこと、ないしは各中心聚落勢力範囲を区分するなどの役割をもつことが、特殊な意義をもつであろう。このため車広錦は、崑山趙陵山遺跡と武進寺墩遺跡を考察したのち、つぎのように提起している。すなわち、趙陵山遺跡の「土山」と、山のスロープ南側の学校と、学校南の村荘は、ひとつのかたまりである。それらの北・東・南にはみなつらなった河道があり、幅は二〇余ｍである。土山の西側にももともと河道があり、北・東・南の河道と一周をなしている。武進寺墩遺跡には一周の「内河」と一周の「外河」があり、外河の幅は二〇余ｍ、長さは約三五〇〇ｍである、南部には、四〇〇ｍの、まだ閉じられていないところがあり（あるいはすでに塞がれているかもしれないが）、「趙陵山・寺墩の河道にぐるりと囲まれるさまは、太湖地区の古城の形態の雛形をなしており、良渚文化の古代人にとって、このようなかたちは城である」[106]。では、研究者が指摘するように、寺墩遺跡は内外の城を囲繞する二本の河川をもつのか否か。遺跡内の祭壇・墓地・平民居住区の配置は、河道によって分割され、このように整っているのか。いずれもさらなる発掘をつうじて証明されねばならないが、車広錦の主張する、良渚文化が自然の河道（あるいは手直しと開鑿をへている）を利用して防禦設施としているとの点は、一定の根拠のあるものである[107]。つまり物産豊かな良渚文化にとって、聚落は、その生産・生活・配置・防御などの点で、北方の黄河流域と異なる特徴をもちうるのであり、それはその自然環境によってきまるのである。

ところが最近、莫角山で二九〇万㎡の城址が発見された。それはまた、良渚文化の邦国の都邑所在地が広く分厚い城壁を積み重ねて防禦設備としていたことをはっきりとしめしている。

莫角山城址の発見によって、良渚文化の聚落は三つか四つの等級にわけられる。最低の等級の聚落（第四級聚落。つまり社会の基層村落）は、四万㎡以下の普通村落である。前掲表5―4の一三五ヶ所の遺跡のうち、多くの小型聚落住居はみなそれに分類しうる。第三等級聚落は四万㎡～一〇万㎡の大型村落で、江蘇省呉江梅堰鎮龍南遺跡と余杭良渚鎮廟前遺跡を例として挙げうる。廟前遺跡は一九八八年～二〇〇〇年に浙江省文物考古研究所によって六回発掘され、良渚文化期の家屋跡・墓・水井・河道などの重要遺跡がみつかっており、遺跡の現存面積は六万㎡である。龍南遺跡の状況もこのようで、現存面積は四万㎡であり、家屋・墓・水井・灰坑などがみつかっており、古代の河道が村落のそばを流れている。家屋跡は西岸に散在し、河岸には石段と土手があり、河辺には木製の溝の埠頭（俗に河灘頭という）があり、家屋のそばには水井がある。家屋の内外ではさらに、秈稲［インディカ］・粳稲［ジャポニカ］・ハスの実・サネブトナツメ・カンラン・ファメイ［ウメの実を酢や塩に漬けた食品］・ゴマ・ヒョウタンの実と大量の魚骨などが出土し、江南の豊穣なる地としてのイメージをあらわしている。

第二等級聚落は、中小貴族のいる聚落で、現在までに浙江省余杭安渓姚家墩とその周囲の盧村・葛家村・金村・王家荘・料勺柄などの遺跡がみつかっており、一つの相対的に独立した聚落単位を構成している(108)。これは一組の、七つの台地よりなる遺跡である。その北には西山、南には東苕渓、東には「東笤港」、西には「西塘港」があり、東西・南北の距離は各々約七五〇ｍ、総面積は約五六万㎡で、なかには生活区・祭祀区・墓区・作坊区などがある。中心にある姚家墩遺跡は南北長方形を呈し、約六万㎡で、長期間用いられた居住区である。姚家墩東には、北から南へ葛家荘・王家荘・窯郎という台地がある。西側には、北から南へ盧村・金村・斜歩灘という台地がある。これらの距離は姚家墩とひとしく約一〇〇ｍである。それらの各自の面積は一万㎡～二万㎡で、相対高度は二ｍ～三ｍである。そのまわりと東西の外側にはまた各々一本の小川があり、北は山脈に、南は苕渓に接し、かくて上記の台地に相対的に独立した平地を形成した。七つの台地のうち、中心に位置する姚家墩では、飾り付けの凝った、地面が小石製の建築基礎跡と、地面が紅焼土製の家屋基礎跡がみつかっており、高級家屋の跡地と考えられている。盧村ではかつて良渚文化の玉琮などの玉礼器が出土し、良渚期二段階に築かれ使用された祭台遺跡もあり、良渚文化貴族墓もみつかっている。葛家村では一九九一年に良渚小墓六基と生活遺存が出土した。東部の王家荘・料勺柄には建築遺存と貴族墓がある。目下、姚家墩を中心とするこれらの遺跡の発掘についてはなお全体を論ずることはできず、現状にもとづいて若干の初歩的推断をなしうるにすぎない。すなわち、中心台地の姚家墩は聚落の高級生活区である。周囲の台地上には祭台と墓地が分布しており、北に天目山、南に苕渓、東西に小川があり、規格化された中級聚落である。その南の遠くないところに一級高い莫角山城址があり、東西の瑤山・匯観山と呼応している。これより、莫角山城邑遺跡を囲繞する姚家墩・瑤山・匯観山などの中級聚落はみな莫角山都邑に隷属する貴族の聚落であろうといえる。

もし浙江余杭莫角山城址・江蘇常州寺墩・上海青浦福泉山などを良渚文化のいくつかの異なる中心と政治的実体であるとみなせるとすれば、これらの異なる中心の区域内にはみな上述の三、四個の等級の聚落形態が存在しているはずである。そのうち、莫角山を中心とする良渚遺跡群は、聚落内の三、四個の等級のかような現象がもっとも突出したものである。莫角山遺跡を中心とする聚落群は良渚・安渓・瓶窯という三つの隣接する郷鎮地域内に分布しており、面積は四〇余㎢に達し、大小の遺跡や墓地はあわせると一三五ヶ所もの多くになり、遺跡は密集してつらなっており、等級には違いがある。この聚落群中で、莫角山遺跡（反山墓地をふくむ）は当該聚落群の政治・経済・軍事・宗教・文化の中心でもあれば、聚落等級のなかでの最高の頂点でもあり、邦君と貴族中で最上層者のあつまる地である。そして瑤山・匯観山・姚家墩・盧村といった遺跡は、この一中心地に隷属する次級の貴族聚落である。廟前のごとき遺跡は、さらにその下の等級に属する聚落であり、一般的な村落に近いとはいえ、村落の規模が大きいので、そのなかには裕福な家族や宗族も少なくない。最基層にいるのは規模のさらに小さい聚落である。もちろんこれらの第三級と第四級の聚落はあわせて一つの等級としうるかもしれず、いずれも貴族聚落に属さずに普通村落をなしており、ただそのなかのある村落は大きく、人口も多いだけである。このように少なくとも三つの鮮明な聚落等級が現在私たちの眼前にあらわれている。最高等級のものは邦君と上層貴族がいる地の莫角山都邑である。中間等級に位置づけられる聚落は中小貴族の宗邑である。基層にいるのはそれらの普通村邑である。

聚落の異なる等級は、権力構造内の異なる等級を具体的にあらわしていた。最高等級たる莫角山都邑があらわしている権力の集中は、他の貴族聚落が比肩できるものではまったくない。考察によれば、二九〇万㎡の城邑の城壁を修築するのには大量の人的・物的資源を要するだけでなく、城内の宮殿区（面積三〇万㎡、高さ五ｍ～八ｍに達する長方形の土台）も、人工の堆積か、もともとの丘や高地を利用して補充や手入れをし、ならして築かれたものであり、その工程量はかなり巨大なもので、大量の労動力を大規模に組織・動員せねばならず、長時間の労動をへてようやく造営されるものである。そして長方形の土台上のかようなセットをなす大型の家屋建築は、莫角山遺跡そのものの人的資源で建てられるものではなく、聚落群全体の人的・物的資源を動員せねばならないものである。莫角山宮殿区内の、これら規模の大きい公的建築物の造営は、明らかにその背後に整った社会的協調と支配メカニズムがあって保障・運営されるものであり、つまり莫角山城邑とその内部の宮殿建築物はけっして聚落群の全人口の居住のために築かれたものではない。それは、貴族の最上層とその附属人口の居住用に建てられたものではあるが、聚落群全体の労働力を動員・支配する権力によるのであり、かかる支配力は明らかに一定程度の強制的色彩を帯びている。こうした強制的権力をそなえ、社会が階層や階級に分かれ、それらがたがいに結びつき形づくる社会形態は、先史の「複雑社会」や「首長制」とよばれる社会形態とは異なるもので、都城をもつ邦国に属する。

前述した良渚城邑の規模、城内大型建築遺跡の反映する公的権力のメカニズム、良渚聚落群内の等級の状況と、後述するであろう良渚文化墓の材料にしめされる社会分層ときびしい不平等より、筆者は、良渚古城も初期国家文明の都邑であると結論づける。かりに良渚文明の特色をさらに考察し、陶寺とくらべてみると、城邑の規模や、城内の大型版築建築物の点、そして墓が反映する社会分層と厳重な不平等の点で、莫角山城邑を中心とする良渚聚落群と、陶寺城邑を中心とする陶寺聚落群は、相互に匹敵するものである。陶寺城内では、甲骨文以来の漢字系統と同様の陶文二個がみつかっている。莫角山城邑内ではいまだに陶文がみつかっていないけれども、良渚文化呉県澄湖遺跡の陶罐上には「巫鉞五俞」(109)の四字が、また現在アメリカのハーヴァード大学サックラー博物館蔵の黒陶貫耳壺には「多」字のある陶文などがみつかっている。これは、陶寺と良渚という二つの初期文明の地域でいずれもすでに文字を使用しはじめていたことを物語る。莫角山城邑と異なる点は、陶寺で銅鈴・歯輪型銅器がみつかっているのにたいし、良渚文化ではなお銅器の発見がなく、玉器にかんしては陶寺などの文化より多く出土しているということである。

4　良渚文明の特色

良渚文化において玉器の発達はその大きな特徴である。その数量についていえば、統計によれば、出土や伝世の玉琮・玉璧だけですでに千点にのぼる。良渚文化の各種玉器の総計は、一万点近くに達する(110)。そして良渚文化の大墓では、一基の墓から出土した玉器も百をもって数える。このため、良渚文化の大墓が大量の玉器を副葬する現象は「玉斂葬」だとする研究者もいる（図5―40(111)）。さらに良渚玉器の品種と分類についていうと、林華東の統計によれば、良渚文化の玉器の品種は少なくとも六一種の多きにおよび、その機能を勘案すると、礼器・装飾品・組装件・雑器の四類に大別できる(112)。良渚文化の玉器の精美さ、製作技芸の精湛さは、人を感嘆せしめずにはおかない。良渚文化の玉器上の雕刻の獣面紋と人獣がむすびついたいわゆる「神徽」などの紋様の、その統一的で強烈な宗教崇拝の意識形態を表現するさまは、人の心を震わせ、味わい深いものである。

良渚文化の貴族たちはなぜ「玉斂葬」をおこなう必要があったのか。「玉斂葬」現象、つまりは琮・璧・鉞のごと

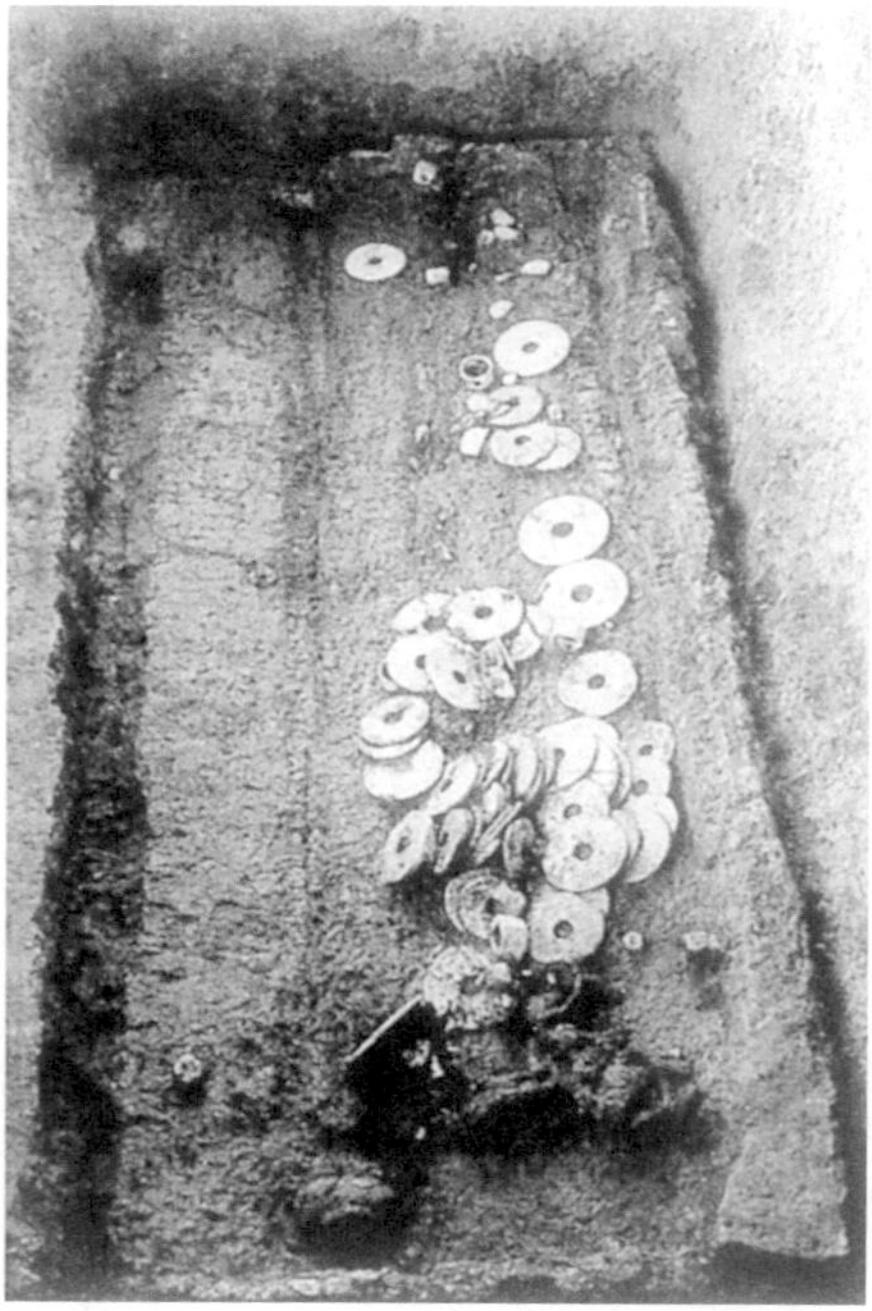

【図５―40】 反山遺跡23号墓葬（浙江省文物考古研究所『反山』）

き器物がややもすれば数十点~百点にのぼる副葬現象を解釈するには、まずはそれらの墓内の副葬状態を理解せねばならない。反山・瑤山の大墓の現場でなされた念入りな整理にもとづき、牟永抗《ぼうえいこう》はかつて主要な玉器の副葬の実態をこう描写したことがある。

死者の頭には三叉形の飾りを綴り合わせた冠冕を戴き、多くの錐形の飾りが冠上の羽毛と羽毛のあいだに立てて挿入されている。頭のてっぺんには四つの半円型の額飾のぬってある額帯を三枚むすんでおり、冠状の飾りを嵌込んだ「神像」が頭のそばに放置され、「神像」上にはさらに玉粒が嵌め込まれたものもあり、ならびに項錬状の串飾があるもの、もしくは玉璜を佩びたものがある。死者の首と胸の前には飾りがたくさん施されており、なかにはさらに円牌や璜を佩びているものもある。両腕には環や鐲以外に、さらに串珠よりなる腕飾もあり、左手にはよく柄に玉を嵌めこんだ鉞が握られており、鉞身はだいたい死者の肩部にあり、右手には他の形式の権杖や神物が握られている。琮はしばしば胸腹部に放置され、手にもつ捧の物と解せるようである。玉璧は、十二個のやや精緻で胸腹部に置かれたもの以外、多くは下肢付近に重ね置かれている。ほかに足先近くにはよく数珠つなぎになった玉がちらばっている。これはおそらく長襟の服のすそのように綴り合わせたものであろう。そのうちもっとも主要なのは三角形の牌飾である。(113) 上述の描写より、死者は頭から足まで、仰向けに寝ている身体の上から下にいたるまで、すべて玉器で覆われていたとみられる。

各種の玉器が死者に着せられ、とくにある一種や数種類の玉器は数十点の多きに達する。このばあいに副葬された玉器は、たんに「象徴物」であるばかりではない。かりにたんなる「象徴物」であったのならば、同類器物中の副葬の数点のすぐれたものだけをとればよく、なぜ副葬の各種玉器の種類ごとにしばしば数十点、ひいては百点をも副葬せねばならないのか。このため筆者は、良渚の古代人にとって、これら玉器は霊性を帯び、神力をふくむ神物で、死者を各類玉器で装飾することは、死者に各種の神性と神力を帯びさせ、あるいは増加させることであり、ゆえにたとえ同一種類の玉器であっても、一点増すごとに死者のために神力を増すことになり、これこそが「玉斂葬」の目的と機能であると考える。かかる状況は、良渚の古代人がたんに濃厚な祖先崇拝と英雄崇拝をもつのみならず、みずからその祖先と英雄の神性・神力が玉器をつうじて増強・増大されるものであると考えていたことを物語る。(114) これにもとづき、良渚文化墓の大量に副葬された玉琮・玉璧・玉鉞・玉璜・三叉形飾の冠冕などの玉器のみが、このように解釈されうる、というわけではない。墓に大量に副葬された石鉞（たとえば星橋鎮横山二号墓に副葬された石鉞は一三二点に達する）もこのように解しうる。つまり、大量に副葬された石鉞は、死者の軍事上の神通力を増すためのもので、軍事を宗教化する一種のやり方であり、その根源は、良渚人にとってみれば、族同士の戦闘がじつは族神同士の戦争であったことにある。伊藤道治の研究によれば、かかる人間同士の戦争を神同士の戦争とみなす観念は、殷商時期にはまだ存在するものである。(115) ゆえに良渚文化墓の大量に副葬された玉鉞と石鉞も軍事と関係し、それは軍事を宗教に転化させたにすぎないのである。

そのほかの遠古文化とくらべ、良渚文化中の「玉斂葬」と貴族の「高台墓地」は特殊な現象であるが、玉斂葬と高台墓地に反映されている不平等と社会分層はまた、文明の起源の過程における普遍的現象でもある。これより、良渚文化の墓材料は玉礼器の状況と同様で、文明の起源の研究においてはみな、特殊と一般という関係の問題が存在しており、文明起源の一般的メカニズムが特殊現象のなかに宿っているという関係の問題であるともいえる。

良渚文化における玉器の上記現象について多くの学者はみな、文明の起源の角度から、「玉礼器」と「礼制」にその社会的意義をみいだしている。たとえば蘇秉琦は「玉器はけっして青銅器の礼器よりも劣ってはいない」[116]とする。宋建は「良渚文化玉器のおもな機能は装飾でなく、青銅器と同様に、政権・等級・宗教観念の物化形式でもある」とし、ゆえに良渚文化の玉器も文明の要素のひとつであるとする。[117] 邵望平《しょうぼうへい》はさらにこう指摘する。良渚文化のあのきわめて細く複雑な規範をもつ神獣紋を刻む玉礼器は、けっして野蛮人の手になるものではない。それは、必ずや社会に君臨する者のもつ力の支配下にあり、プロの工匠によって、少数統治階級のために製作された文明器物である。同類の玉礼器が太湖の周囲、さらにはもっと広い地域にさえ分布していることから、当該地域には一つ、ひいてはいくつかの宗・盟・礼制・意識を同じくする多層的ピラミッド型の社会構成や邦国の集団があったとも考えられる。[118]良渚文化の玉器は、技巧に富み、非常に多い。玉器の製作は一般に、採鉱・設計・切割・打磨・鑽孔・雕刻と抛光などの多くの工程をへねばならず、ゆえにかくも多く巧みな玉器を製作することは、専門化された手工業生産なくしては不可能なものである。このように手工業の専門的生産の角度からみると、良渚文化の玉器には銅器とくらべて異曲同工の意義がある。

良渚文化において、礼器としての玉器は（図5―41）、一般的には琮・璧・鉞をさす。それらのいくらかの機能は、後世の礼書と文献に記載がある。礼書所載のかような具体的機能は必ずしも良渚文化期のかたちと符合するわけでは

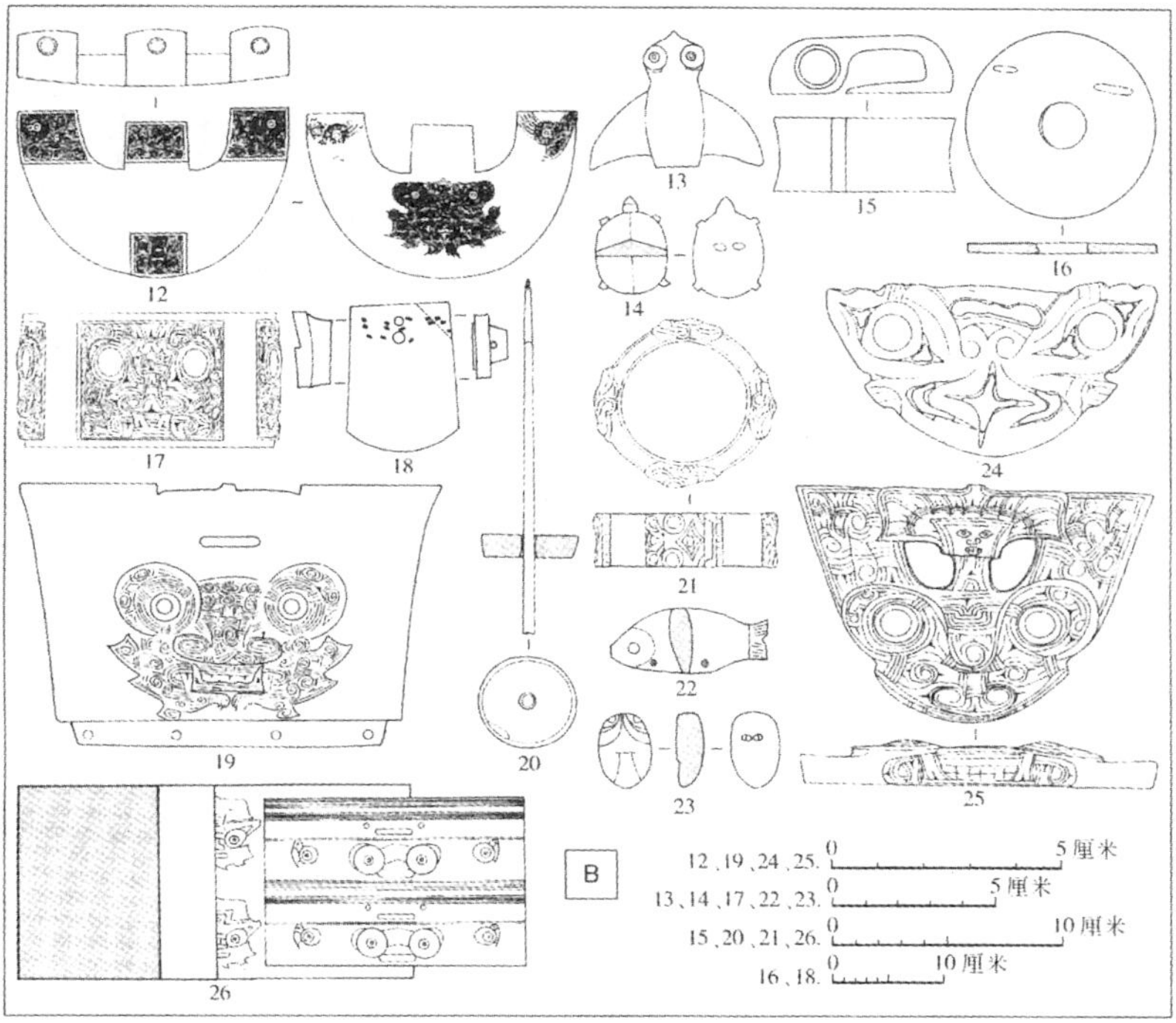

【図5―41】　良渚文化の玉器（中国社会科学院考古研究所『中国考古学・新石器時代巻』）

ないけれども、それらが礼器に属する点はまちがいない。琮・璧・鉞のほかに、良渚文化玉器中のいわゆる「冠形器」と「三叉形器」も、礼器に属するはずである。その理由は、これら冠形器の正面中部に、しばしば頭戴羽冠の神人図像、獣面形象、あるいは神人獣面複合図像の刻印があるからである。三叉形器の正面にもこのような紋様が雕刻され、これらの図像紋様と玉琮上の図像紋様は同じもので、ゆえにその用途も同じであり、みな礼器の作用を発揮している。ただ冠形器や三叉形器と称される玉器のかたちだけは後世に継承されず、ゆえに文献記載中に痕跡は残されていない。このほかに、いくつかの「半円形飾」と称されるものと玉璜の正面にも、獣面紋や神人獣面の複合図形を彫刻したものがある。半円形の飾りは牌飾ともよばれ、それが具体的にどう用いられていたのかはまだわかっていない。玉璜は、出土時に玉管の両端とつながって串飾をなしている状態のものもあるところからみると、ネックレスとして胸のまえにかけるものと判断できる。串飾をなす玉璜が胸もとにかけられているということは、もとより装飾の意味をもつが、そのうえに獣面紋があり、やはり神を奉り、崇め、敬う作用もある。じっさいに既述したように、良渚の玉礼器は神を奉り、崇め敬う作用があるだけでなく、その玉礼器そのものは霊性をおび、神力神性をそなえる神物であり、あるいは少なくとも神の伝達手段なのである。

中国は古来儀礼の国とよばれ、礼制の核心は貴族の等級名分制度である。礼制の物質的表現である礼器は、祭祀・朝聘・宴享などの政治的・宗教的な活動で用いるとき、器主の社会的地位と等級的特権の象徴となり、かつそれによって「貴賤を名づけ、等列を弁（名貴賤、弁等列。『左伝』隠公五年）」ずるのであり、貴族内部の等級をわける指標である。これはつまり、古人のいう「器は以て礼を蔵す（器以蔵礼。『左伝』成公二年）」である。良渚文化の玉礼器は青銅礼器の機能を発揮し、その使用がより多いのはおそらく宗教祭祀中のことである。しかしそれは同時に、当時社会で等級と分層がすでに出現していたことも物語る。良渚文化の墓のうち、およそ玉器・玉礼器を副葬するのが多い者はまぎれもなく一部の貴族大墓である。ゆえに、良渚文化の玉器の発達という現象から、その宗教的気分が濃厚であることと、礼制と貴族名分制度が形成されていることが看取される。良渚文化玉器の発達は、同一時期の他の文化をはるかに超越しており、各種玉器にはしばしば、生き生きとし、もしくは抽象化された神のイメージ（あるいは神徽と称される紋様）が刻印され、これは、宗教が発達し、宗教を尚ぶ価値観のたいへん強烈であることが良渚文明の顕著な特色であるということを物語るだけではない。それはさらに、良渚都邑邦国の君権にふくまれる族権・神権・軍権のうち、神権が突出した位置にあることをも物語る。良渚文明のなかで神権政治は強烈・強大すぎるもので、おそらくその文明の興起と発達の動因でもあれば、それが突発的な自然環境の変化に遭遇したさいに、(119)重圧に堪えられず崩壊した原因でもある。

要するに、中国の多くの輝かしい遠古文化のなかで、環太湖地区の良渚文化は一粒のまばゆい宝石である。そこには、発達した稲作農業・大量の精美な玉器・精製な陶器製作技術・句をなす陶器符号文字資料、そして墓・大規模な城壁・城内の大型建築工程の反映する不平等と社会分層などの現象がある。そしてそれゆえに、それはすでに文明社会に入っており、すでにひとつの文明古国たる邦国を形成しており、環太湖地区全体は族邦連盟（邦国連盟）や集団を形成していたと考えられるのである。

注

（1）湖南省文物考古研究所「澧県城頭山古城址一九九七―一九九八年発掘簡報」（『文物』一九九九年第六期）、湖南省文物考古研究所『澧県城頭山――新石器時代遺址発掘報告』（上、中、下）（文物出版社、二〇〇七年）。郭偉民『新石器時代澧陽平原与漢東地区的文化和社会』（文物出版社、二〇一〇年、三六頁）。

（2）湖南省文物考古研究所「澧県鶏叫城古城址試掘簡報」（『文物』二〇〇二年第五期）。

（3）江陵県文物局「江陵陰湘城的調査与探索」（『江漢考古』一九八六年第一期）、荊州博物館等「湖北荊州市陰湘城遺址東城牆発掘簡報」（『考古』一九九七年第五期）、荊州博物館「湖北荊州市陰湘城遺址一九九五年発掘簡報」（『考古』一九九八年第一期）。

（4）荊州博物館等「湖北石首市走馬嶺新石器時代遺址発掘簡報」（『考古』一九九八年第四期）。

（5）湖北省荊門市博物館「荊門馬家院屈家嶺文化城址調査」（『文物』一九九七年第七期）。

（6）賈漢卿「湖北公安鶏鳴城遺址的調査」（『文物』一九九八年第六期）。

（7）国家文物局考古領隊培訓班「鄭州西山仰韶時代城址的発掘」（『文物』一九九九年第七期）、楊肇清「試論鄭州西山仰韶文化晩期古城址的性質」（『華夏考古』一九九七年第一期）。
（8）山東省文物考古所等「山東滕州市西康留遺址調査発掘簡報」（『考古』一九九五年第三期）。
（9）王学良「五蓮県史前考古獲重大発現」（『日照日報』一九九五年七月八日。『考古』一九九七年第四期、第三頁より転載）。
（10）安徽省文物考古研究所「安徽固鎮県垓下発現大汶口文化晩期城址」（『中国文物報』二〇一〇年二月五日）。
（11）いわゆる「龍山時代」は広義の龍山時代と狭義の龍山時代の二概念にわけられると考えられる。広義の龍山時代は前三〇〇〇年～前二〇〇〇年をさす。中原地区では、それは廟底溝二期文化期をふくみ、廟底溝二期は龍山時代早期である。狭義の龍山時代は山東龍山文化（すなわちいわゆる「典型龍山文化」）の出現をはじまりとする時代で、前二六〇〇年～前二〇〇〇年をさす。本書のいう龍山時代は、広義の龍山時代の意に用いる。王震中『中国文明起源的比較研究』（陝西人民出版社、一九九四年版、第一七八頁、二〇九頁注釈1、李学勤主編、王宇信・王震中等著『中国古代文明与国家形成研究』（中国社会科学出版社、二〇〇七年版、三五頁注釈①）参照。
（12）王震中「略論〝中原龍山文化〞的統一性与多様性」（田昌五・石興邦主編『中国原始文化論集』文物出版社、一九八九年。王震中『中国古代文明的探索』雲南人民出版社、二〇〇五年所収）。
（13）中国社会科学院考古研究所山西隊等「山西襄汾陶寺城址二〇〇二年発掘報告」（『考古学報』二〇〇五年第五期）。中国社会科学院考古研究所山西第二工作隊等「二〇〇二年山西襄汾陶寺城址発掘」（『中国社会科学院古代文明研究中心通訊』二〇〇三年第五期）。
（14）北京大学考古文博学院・河南省文物考古研究所『登封王城崗考古発現与研究』（上）（下）（大象出版社、二〇〇七年）。
（15）楊肇清「略論登封王城崗遺址大城与小城的関係及其性質」（『中原文物』二〇〇五年第二期）。
（16）北京大学考古文博学院・河南省文物考古研究所注（14）前掲書、七八五～七八八頁、方燕明「登封王城崗城址的年代及其相関問題探討」（『考古』二〇〇六年第九期）。
（17）魏興濤等「河南平頂山蒲城店発現龍山文化与二里頭文化城址」（『中国文物報』二〇〇六年三月三日）、高江濤『中原地区文明化進程的考古学研究』（社会科学文献出版社、二〇〇九年、二〇八頁）。

(18) 李済等『城子崖——山東歴城県龍山鎮之黒陶文化遺址』（一九三四年）、山東省文物考古研究所「城子崖遺址又有重大発現・龍山岳石周代城址重見天日」（『中国文物報』一九九〇年七月二十六日）。

(19) 山東大学歴史系考古専業「山東鄒平丁公遺址第四・五次発掘簡報」（『考古』一九九三年第四期）。

(20) 魏成敏「臨淄区田旺龍山文化城址」（『中国考古学年鑑（一九九三年）』文物出版社、一九九五年）、張学海「試論山東地区的龍山文化城」（『文物』一九九六年第十二期）。

(21) 杜在忠「辺線王龍山文化城堡的発現及其意義」（『中国文物報』一九八八年七月十五日）、張学海「泰沂山北側的龍山文化城」（『中国文物報』一九九三年五月二十三日）。

(22) 中国社会科学院考古研究所山東隊等「山東茌平教場舗遺址龍山文化城牆的発現与発掘」（『考古』二〇〇五年第一期）。

(23) 山東省文物考古研究所等「魯西発現両組八座龍山文化城址」（『中国文物報』一九九五年一月二十二日）、山東省文物考古研究所等「山東陽谷県景陽崗龍山文化城址調査与試掘」（『考古』一九九七年第五期）。

(24) 山東省文物考古研究所等「魯西発現両組八座龍山文化城址」（『中国文物報』一九九五年一月二十二日）、張学海「魯西両組龍山文化城址的発現及対幾個古史問題的思考」（『華夏考古』一九九五年第四期）。

(25) 欒豊実「一九九八—二〇〇一年両城鎮遺址考古発掘的主要収穫」（『東方考古学研究通訊』第五期、二〇〇五年十二月）、方輝等「一九九五—二〇〇四年日照地区系統考古調査的新収穫」（『東方考古学研究通訊』第五期、二〇〇五年十二月）、方輝・文徳安等「魯東南沿海地区聚落形態変遷与社会複雑化進程研究」（『東方考古』第四集、科学出版社、二〇〇八年）。

(26) 北京大学考古系等「石家河遺址群調査報告」（『南方民族考古』第五輯、一九九二年）。

(27) 陳樹祥等「応城門板湾遺址発掘獲重要成果」（『中国文物報』一九九九年四月四日第一版）。

(28) 張弛『長江中下游地区史前聚落研究』（文物出版社、二〇〇三年、一四〇頁）。

(29) 王震中注（11）前掲書、二五六頁、任式楠「中国史前城址考察」（『考古』一九九八年第一期）。

(30) 浙江省文物考古研究所「杭州市余杭区良渚古城遺址二〇〇六—二〇〇七年的発掘」（『考古』二〇〇八年第七期）。

(31) 「成都平原発現一批史前城址」(『中国文物報』一九九六年八月十八日)、「成都史前城址発掘又獲重大成果」(『中国文物報』一九九七年一月十九日)、成都市文物考古隊等「四川新津県宝墩遺址調査与試掘」(『考古』一九九七年第一期)。
(32) 任式楠注(29)前掲論文。
(33) 田広金「内蒙古長城地帯石城聚落址及相関諸問題」(『紀念城子崖遺址発掘六〇周年国際学術討論会文集』斉魯書社、一九九三年)。
(34) 内蒙古社科院蒙古史研究所等「内蒙古包頭市阿善遺址発掘簡報」(『考古』一九八四年第二期)。
(35) 包頭市文管所「内蒙古大青山西段新石器時代遺址」(『考古』一九八六年第六期)。
(36) 田広金「涼城県老虎山遺址一九八二―一九八三年発掘簡報」(『内蒙古文物考古』一九八六年第四期)。
(37) 魏堅「凖格爾旗寨子塔二里半考古主要収穫」(『内蒙古中南部原始文化研究文集』海洋出版社、一九九一年)。
(38) 任式楠注(29)前掲論文。
(39) 李政「令人震撼的中国史前時期規模最大的城址――専家高度評価陝西神木石峁遺址」(『中国文物報』二〇一二年十月二十六日第七版)。
(40) 王震中「先秦文献中的〝邦〟〝国〟〝邦国〟及〝王国〟――兼論最初的国家為〝都邑〟国家」(『〝従考古到史学研究〟之路――尹達先生百年誕辰紀念文集』雲南人民出版社、二〇〇七年)。
(41) 王震中注(12)前掲論文。
(42) 蘇秉琦「関于考古学文化的区系類型問題」(『文物』一九八一年第五期)。
(43) 中国社会科学院考古研究所『中国考古学中碳十四年代数拠集(一九六五―一九九一)』(文物出版社、一九九一年、三三～三八頁)。このほかに何駑「陶寺文化譜系研究綜論」(『古代文明』第三巻、文物出版社、二〇〇四年)は廟底溝二期文化の分期と年代を考慮し、陶寺早期は前二三〇〇年～前二一〇〇年、中期は前二一〇〇年～前二〇〇〇年、晩期は前二〇〇〇年～前一九〇〇年であると提起する。まことに高江濤注(17)前掲書、六四頁が指摘するように、ここで整合する年代はけっして「陶寺遺跡本体の系列の地層と炭素十四年代データの系列のサンプルに基づいて樹立されたものではない」。この点を鑑みると、それには「依然として大きな疑問があり、まさに何駑がいうとおり、「仕方のない便宜的な方法」にすぎない」。このため本書ではやはり炭素十四測定のオリジナルデータを採用し、ただ一般の研究者がよくやるのと同じように、早すぎるものと晩すぎるもののデータを除外する。

(44) 羅琨「陶寺陶文考釈」(『中国社会科学院古代文明研究中心通訊』第二期、二〇〇一年七月)。何駑「陶寺遺址扁壺朱書〝文字〞新探」(『中国文物報』二〇〇三年十一月二十八日)。馮時「文字起源与夷夏東西」(『中国社会科学院古代文明研究中心通訊』第三期、二〇〇二年一月)。以上三論文はみな解希恭主編『襄汾陶寺遺址研究』(科学出版社、二〇〇七年)所収。

(45) 高煒・高天麟・張岱海「関於陶寺墓地的幾個問題」(『考古』一九八三年第六期)。

(46) 二里頭遺跡ではなお王墓と大貴族の墓がみつかっていないので、陶寺墓葬材料があらわすピラミッド式の階級構造と、それがしめす邦君と貧乏下層との違いは、二里頭遺跡ではそれほど明瞭でなかったかもしれない。

(47) 高煒・高天麟・張岱海「関於陶寺墓地的幾個問題」(『考古』一九八三年第六期)。

(48) 高煒「晉西南与中国古代文明的形成」(『汾河湾——丁村文化与晉文化考古学術研討会文集』山西高校聯合出版社、一九九六年、一一一～一一八頁)。

(49) 高江濤注(17)前掲書、三二〇頁。

(50) 中国社会科学院考古研究所山西隊等「陶寺城址発現陶寺文化中期墓葬」(『考古』二〇〇三年第九期)。

(51) 王震中注(11)前掲書、二三九頁。

(52) 高煒・高天麟・張岱海注(47)前掲論文。

(53) 高煒「中原龍山文化葬制研究」(『中国考古学論叢』科学出版社、一九九六年、九〇～一〇五頁)、高煒注(48)前掲論文、一一一～一一八頁。

(54) 厳文明「中国王墓的出現」(『考古与文物』一九九六年第一期)。羅明「陶寺中期大墓M22随葬公猪下頜骨意義浅析」(『中国文物報』二〇〇四年六月四日第七版)。

(55) 本章第五節参照。

(56) 王震中注（11）前掲書、三六六～三七二頁。
(57) 山西省考古研究所・臨汾市文物局「山西襄汾県陶寺城址祭祀区大型建築基址二〇〇三年発掘簡報」（『考古』二〇〇四年第七期）。
(58) 中国社会科学院考古研究所山西隊等「山西襄汾県陶寺中期城址大型建築ⅡFJT1基址二〇〇四―二〇〇五年発掘簡報」（『考古』二〇〇七年第四期）。
(59) 中国社会科学院考古研究所『考古中華』（科学出版社、二〇一〇年、九五～九六頁）。
(60) 陶寺の年代を前二三〇〇～前一九〇〇年とする論者もいることから、このように陶寺遺址の早期と中期は前二三〇〇～前二〇〇〇年となる。
(61) 王震中「早商王都研究」（『中国社会科学院歴史研究所学刊』第四集、商務印書館、二〇〇七年、四二～四三頁）。また王震中「古史伝説中的〝虚〟与〝実〟」（『趙光賢先生百年誕辰紀念文集』中国社会科学出版社、二〇一〇年）参照。
(62) 鄭州大学文博学院・開封市文物工作隊『豫東杞県発掘報告』（科学出版社、二〇〇〇年版、三七～三九頁、図二〇、彩版一：一、二）。
(63) 『書』堯典の本訳文は、顧頡剛・劉起釪『尚書校釈訳論』第一冊（中華書局、二〇〇五年版）の「今訳」を基礎とし、また当該書「校釈」の関連する甲骨文と『山海経』の四方神名・四方風名の注釈を参考にした。
(64) 中国社会科学院考古研究所山西工作隊「晋南考古調査報告」（『考古学集刊』第六集、中国社会科学出版社、一九八九年）。
(65) Liu, Li. 2004. *The Chinese Neolithic: Trajectories to Early States.* Cambridge: Cambridge University Press、中国語版一五八～一五九頁。
(66) 梁星彭・厳志斌「陶寺城址的発現及其対中国古代文明起源研究的学術意義」（『中国社会科学院古代文明研究中心通訊』二〇〇二年第三期）。
(67) 高江濤注（17）前掲書、二三二～二三三頁、図三～六一。
(68) 何駑「二〇一〇年陶寺遺址群聚落形態考古実践与理論収穫」（『中国社会科学院古代文明研究中心通訊』第二一期、二〇一一一年一月)。
(69) 何駑注(68)前掲論文。
(70) 何駑注(68)前掲論文。
(71) 中美洹河流域考古隊「洹河流域区域考古研究初歩報告」(『考古』一九九八年第十期)、中国社会科学院考古研究所安陽工作隊「河南安陽洹河流域的考古調査」(『考古学集刊』第三集、中国社会科学出版社、一九八三年版)。
(72) 中美洹河流域考古隊注(71)前掲論文。
(73) 宮崎市定「中国上代は封建制か都市国家か」(『史林』三三巻三号、一九五〇年)、貝塚茂樹『孔子』(岩波書店、一九五一年版、第二三〜三一頁)、貝塚茂樹『中国の古代国家』(弘文堂、一九五二年版、三八〜五三頁)。
(74) 伊藤道治『中国社会の成立』(講談社、一九七七年、七〜一二頁)。
(75) 王文清「陶寺文化可能是陶唐氏文化遺存」(田昌五主編『華夏文明』第一集、北京大学出版社、一九八七年)、王震中注(12)前掲論文、兪偉超「陶寺遺存的族属」(兪偉超『古史的考古学探索』文物出版社、二〇〇二年)、解希恭・陶富海「尭文化五題」(『臨汾日報』二〇〇四年十二月九日)、衛斯「関於〝尭都平陽〟歴史地望的再探討」(『中国歴史地理論叢』二〇〇五年第一期)、衛斯「〝陶寺遺址〟与〝尭都平陽〟的考古学観察——関於中国古代文明起源問題的探討」(解希恭主編『襄汾陶寺遺址研究』科学出版社、二〇〇七年)。
(76) 李民「尭舜時代与陶寺遺址」(『史前研究』一九八五年第四期)、王克林「陶寺文化与唐尭・虞舜——論華夏文明的起源」(『文物世界』二〇〇一年第一・二期)、張国碩・魏継印「試論陶寺文化的性質与族属」(〝中国古代文明与国家起源学術研討会〟論文、於河北保定清西陵行宮賓館、二〇〇九年四月)。
(77) 許宏・安也致「陶寺類型為有虞氏遺存論」(『考古与文物』一九九一年第六期)。
(78) 高煒・高天麟・張岱海「関於陶寺墓地的幾個問題」(『考古』一九八三年第六期)、黄石林「再論夏文化問題——関於陶寺龍山文化的探討」(『華夏文明』第一集、北京大学出版社、一九八七年)。
(79) 高煒「関於陶寺遺存族属的再思考——〈手鏟釈天書〉編者訪談録節録」(張立東・任飛編『手鏟釈天書——与夏文化探索者

的対話』大象出版社、二〇〇一年、第三三一～三三八頁。のち解希恭主編『襄汾陶寺遺址研究』科学出版社、二〇〇七年所収）。

(80) 中国社会科学院考古研究所山西隊等「山西襄汾陶寺城址二〇〇二年発掘報告」（『考古学報』二〇〇五年第三期）。

(81) 鄒衡「晉国始封地考略」（『尽心集――張政烺先生八十慶寿論文集』中国社会科学出版社、一九九六年）。

(82) 北京大学考古専業商周組等（本簡報は鄒衡執筆）「晉豫鄂三省考古調査報告」（『文物』一九八二年第七期）。

(83) 北京大学考古系等「一九九二年春天天馬―曲村遺址墓葬発掘報告」（『文物』一九九三年第三期）、「曲沃曲村発掘晉侯墓地」（『中国文物報』一九九三年一月十日第一版）、北京大学考古系等「天馬―曲村遺址北趙晉侯墓地第二次発掘」（『文物』一九九四年第一期）、鄒衡「論早期晉都」（『文物』一九九四年第一期）、「天馬―曲村遺址北趙晉侯墓地第五次発掘」（『文物』一九九五年第七期）、「天馬―曲村遺址北趙晉侯墓地第六次発掘」（『文物』二〇〇一年第八期）、李伯謙「天馬―曲村遺址発掘与晉国始封地的推定」（北京大学考古系編『〝迎接二十一世紀的中国考古学〟国際学術討論会論文集』科学出版社、一九九八年）、李伯謙「晉侯墓地発掘与研究」（『晉侯墓地出土青銅器国際学術研討会論文集』上海書画出版社、二〇〇二年）。

(84) 朱鳳瀚「覭公簋与唐伯侯於晉」（『考古』二〇〇七年第三期）。

(85) 王文清「陶寺文化可能是陶唐氏文化遺存」（田昌五主編『華夏文明』第一集、北京大学出版社、一九八七年）。

(86) 『孟子』離婁下に「舜は諸馮に生まれ、負夏に遷り、鳴条に卒す、東夷の人なり（舜生於諸馮、遷於負夏、卒於鳴条、東夷之人也）」とある。ゆえに虞舜は最初は東夷人である。のちに舜は東方より遷徙して晉の西南にやってきた。晉南全体は古には冀州に属しており、ゆえに『史記』五帝本紀にはまた「舜は、冀州の人なり（舜、冀州之人也）」とある。虞舜の遷徙経路については王震中「三皇五帝伝説与中国上古史研究」（『中国社会科学院歴史研究所学刊』第七集、商務印書館、二〇一一年）参照。

(87) 河南省文物考古研究所『啓封中原文明――二〇世紀河南考古大発現』（河南人民出版社、二〇〇二年、六六頁）。

(88) 河南省文物考古研究所等「河南新密市古城寨龍山文化城址発掘簡報」（『華夏考古』二〇〇二年第二期）。

(89) 高江濤注（17）前掲書、二二八～二三一頁。

(90) 浙江省文物考古研究所「杭州市余杭区良渚古城遺址二〇〇六—二〇〇七年的発掘」(『考古』二〇〇八年第七期)。
(91) 浙江省文物考古研究所反山考古工作隊「浙江余杭反山良渚墓地発掘簡報」(『文物』一九八八年第一期)。
(92) 浙江省文物考古研究所「余杭瑤山良渚文化祭壇遺址発掘簡報」(『文物』一九八八年第一期)、浙江省文物考古研究所『瑤山』(文物出版社、二〇〇三年)。
(93) 浙江省文物考古研究所等「浙江余杭匯觀山良渚文化祭壇与墓地発掘簡報」(『文物』一九九七年第七期)。
(94) 林華東『良渚文化研究』(第四四九~四六三頁)。
(95) Jonathan Haas. 1982. *Evolution of the Prehistoric State*. Columbia: Columbia University Press.
(96) 浙江省文物考古研究所『良渚遺址群』(文物出版社、二〇〇五年、八六~九二頁)。
(97) 浙江省文物考古研究所注(96)前掲書、四一頁。
(98) 浙江省文物考古研究所注(96)前掲書、四一頁。
(99) 浙江省文物考古研究所注(96)前掲書、三二〇~三二一頁。
(100) 南京博物院等「江蘇呉県澄県古井群的発掘」(『文物資料叢刊(九)』文物出版社、一九八五年)。
(101) 尤維組「江蘇江陰璜塘与発現四口良渚文化古井」(『文物資料叢刊(五)』文物出版社、一九八一年)。
(102) 陸躍華等「浙江嘉善新港発現良渚文化木構水井」(『文物』一九八四年第二期)。
(103) 陳傑・呉建民「太湖地区良渚文化期的古環境」(『東方文明之光——良渚文化発現六〇周年紀念文集』海南国際新聞出版中心、一九九六年)。
(104) 王青「距今四〇〇〇年前後的環境変遷与社会発展」(『東方文明之光——良渚文化発現六〇周年紀念文集』海南国際新聞出版中心、一九九六年)。
(105) 良渚文化には目下発見されているのはおもに墓地遺址ばかりで、整った居住遺址はたいへん乏しい。けれどもまことに劉斌「良渚文化聚落研究的線索与問題」(『良渚文化研究——紀念良渚文化発現六十周年国際学術討論会文集』科学出版社、一九九九年)が指摘するように、かかる情況はおもに「私たちの古環境にたいする認識の不足と工作指導思想上の偏差」と関係し、「良渚人の居址は墓地付近の低い窪地にあるはずである」。
(106) 車広錦「良渚文化古城古国研究」(『東南文化』一九九四年第五期)。
(107) 林華東『良渚文化研究』浙江教育出版社、一九九八年、四八〇頁)。
(108) 浙江省文物考古研究所注(96)前掲書、三二〇~三二一頁、劉斌「余杭盧村遺址的発掘及其聚落考察」(『浙江文物考古研究所学刊』長征出版社、一九九七年)。
(109) 李学勤「良渚文化的多字陶文」(『蘇州大学学報』呉学研究専輯一九九二年)。
(110) 殷志強「試論良渚文化玉器的歴史地位」(『東方文明之光——良渚文化発現六〇周年紀念文集』海南国際新聞出版中心、一九九六年)。
(111) 汪遵国「良渚文化〝玉斂葬〟述略」(『文物』一九八四年第二期)。
(112) 林華東注(107)前掲書、三〇二~三〇三頁。
(113) 牟永抗「良渚玉器上神崇拜的探索」(『慶祝蘇秉琦考古五十五年論文集』文物出版社、一九八九年)。
(114) 王震中「良渚文明研究」(『浙江学刊』二〇〇三年増刊、王震中『中国古代文明的探索』雲南人民出版社、二〇〇五年所収)。
(115) 伊藤道治「宗教の政治的意義」(『中国古代王朝の形成』創文社、一九七五年)。
(116) 蘇秉琦『華人・龍的伝人・中国人——考古尋根記』(遼寧大学出版社、一九九四年、一三二頁)。
(117) 宋建の発言「中国文明起源研討会紀要」(『考古』一九九二年第六期)。
(118) 邵望平の発言「中国文明起源研討会紀要」(『考古』一九九二年第六期)。
(119) 既述のとおり、良渚文化末期に、多くの遺址の良渚文化層上部にはみな一層の淤泥層のあることがみつかり、洪水氾濫によるものである。陳傑・呉建民「太湖地区良渚文化期的古環境」(『東方文明之光——良渚文化発現六〇周年紀念文集』海南国際新聞出版中心、一九九六年版)参照。この時期の洪水氾濫は紀元前二一三三年と紀元前一九五三年に起きた気象上の九星地心会聚によって自然災害が頻繁に惹起されたこと関わるかもしれないとする論者もいる。王青「距今四〇〇〇年前後的環境変遷与社会発展」(『東方文明之光——良渚文化発現六〇周年紀念文集』海南国際新聞出版中心、一九九六年版)参照。

最近の二〇一二年中華文明探源工程関連の課題組の良渚文化の自然環境と気候の研究報告によれば、良渚文化はかつて大きい環境変化に遭っていた。

第六章　部族国家から「民族の国家」と華夏民族の形成へ

国家の起源と発展過程のなかで、それに附随してくるのが古代民族の形成である。これについて百余年前のモルガンやエンゲルスら古典の作者にはすでに論及しているところがある。一九五〇年代中期以来、中国の学界では、スターリンの民族にかんする定義をめぐり、漢民族の形成についての検討を展開しており、あわせて華夏《かか》民族の形成にかんする研究を拡大している。

しかし、スターリンの民族の定義によってしめされているのは近代民族である。よって、民族のなかでもとくに古代民族を結局どう定義すべきか、古代民族と近代民族の区別をしうるのか否か、中国史の実態とかかわって古代民族の形成と古代国家の誕生がいかなる関係にあるのか、漢族の前身たる華夏民族の形成が中国古代のどのような国家の形態や構造と関係するのか、華夏民族の形成の時間的上限が結局何時代か等々の一連の学術的問題は、未解決のままである。明らかに、これらにはみな、理論概念の問題があるばかりでなく、中国史の実態とのむすびつきの問題もあり、中国史の実態とむすびつけて理論上の新機軸を打ち出さねばならない。

それゆえここでは、新しい考え方と視角を提起する。すなわち、民族を「古代民族」と「近代民族」という二つの類型にわける。それらの属性にたいしてそれぞれ概念規定をする。そして古代の範疇のうち、部落よりも一段高いけれども、血統や血縁の特徴ももつ族《ぞく》共同体を、「部族」とよぶ。そのうえで、古代国家の形態と構造が「単一制的邦国」から「複合制的多元一体的王朝」へと発展する過程を考察し、それをつうじて部族から民族への過程と、初期華夏民族の形成について、くわしく説明する。

以上の考察にもとづき、本章では民族・古代民族・部族などの概念や、部族と民族の区別について検討するだけでなく、初期民族のなかにふくまれる部族の問題や、華夏民族の濫觴《らんしょう》期たる「五帝時代」の部族国家形成の問題、ならびに部族国家から夏殷周三代の「民族の国家（national state）」への発展の問題について検討したい。

第一節　民族と部族の概念と華夏民族の自覚意識

1　民族と部族の概念・定義と両者の関係

スターリンは民族にたいして、かつてこのような定義を提起したことがある。

民族とは、言語・地域・経済生活、および文化の共通性のうちにあらわれる心理状態、の共通性を基礎として生じたところの、歴史的に構成された、人々の堅固な共同体である。(1)

スターリンのこの著名な論断がさすのは、近代民族のことである。たとえばスターリンは、上述の論断をするのと同時に、こうも指摘している。

民族はたんに歴史的範疇であるというだけでなく、一定の時代の、すなわち勃興しつつある資本主義の時代の歴史的範疇である。(2)

スターリンはまた、

資本主義以前の時代には民族はなかったし、また、ありえなかった。(3)

とのべている。スターリンのこれらの論述によれば、資本主義社会以前には民族なるものはない。しかしマルクス・エンゲルス・モルガンなどの他の古典的作者は、民族が古代前夜（野蛮的高級段階と国家社会初期段階）に出現したとする。なかには、氏族社会〜国家社会への過渡的段階からはじまり、国家社会の初期段階までのあいだをすべて民族形成期とする論者もいる。

たとえばエンゲルスは『ドイツ・イデオロギー』で、

都市と農村との間の対立は、未開から文明への、部族制から国家への、局地性から国民への移行とともに始まり［文明期の歴史全体を今日に至るまで（反穀物法同盟）貫通している］。(4)

とのべ、『家族・私有財産・国家の起源』のなかで、

人口の稠密化《ちゅうみつか》にともない、対内的にも対外的にも、ますます緊密な結束が必要になってくる。どこでも親族的諸部族の連合体が必要になる。まもなくまた親族的諸部族の融合、それとともに別々の部族領域の、部族団全体の一領域への融合もすでに必要になる。部族団の軍隊指揮者――レクス、バシレウス、テューダンス――が不可欠の常設の公職者となる。……略奪戦争は、軍隊の最高司令官の権力をも、下級指揮者の権力をも高める。……世襲王権と世襲貴族との基礎がきずかれる。こうして氏族制度の諸機関は、人民のなかに、氏族、胞族、部族のなかにおろしたその根からしだいにもぎはなされ、氏族制度全体がその反対物に反転する。すなわち、氏族制度全体は、自分自身の事項の自由な処理のための諸部族の組織から、隣人の劫略と抑圧とのための組織となり、またそれに応じてその諸機関も、人民の意志の道具から、自己の人民にたいする支配と抑圧とのための自立的な機関となる。(5)

とのべている。またエンゲルスは、

したがって、諸部族団に連合しているドイツ人部族［volk］には、だいたいにおいて英雄時代のギリシア人と、いわゆる王政時代のローマのもとに発展したのと同一の制度が行なわれている。すなわち、民会、氏族首長制会議、すでに真の王の権力を渇望している軍隊指揮者、これである。それは、およそ氏族秩序が発展させることのできたもっとも完成した制度であった。それは、未開時代の上段階の模範的制度であった。この制度が役立てられる限界を社会がふみこえれば、氏族秩序は終わりであった。それは粉砕され、国家がそれにとって代わった。(6)

とのべている。

エンゲルス以外に、マルクスとモルガンもみな似たような見解を有している。(7) 古典的作者が民族形成期についてこのように異なる認識をもっているため、中国の学界は、民族形成期の上限の問題にかんして、だいたい四つの異なる見解をもつにいたっている。

(一) 民族は資本主義の上昇期に形成され、これより以前に民族は存在しない。

(二) 民族は封建時代に形成され、つまり統一市場と統一国家の形成［の時期］と一致する。これはおもに中国では、秦漢時代以後にようやく漢民族が形成されたことをさす。

(三) 民族は国家社会において、あるいは国家の前夜において形成されたのであり、つまり民族は階級・国家と同時に生まれたものである。

(四) 民族は原始社会において形成され、それを原始民族とよびうる。(8)

私見では、民族が古代と近代において形成される歴史的条件は異なるため、その属性には共通性があるだけでなく、少しく相異もあるはずである。よって、民族を「古代民族」と「近代民族」という二つの範疇にわけることに賛成である。ここでいう「古代民族」は、伝統的な意味のうえでは自然的属性の民族である。一方、「近代民族」という概念は、近代以来形成された資本主義の民族市場・民族貿易と関連している。研究者のなかには、「近代民族」は現代の欧米の研究者がつねづね用いている「国民国家（nation-state）」［本書原著では「民族国家」と訳すが、本訳書では現代日本語として定着している「国民国家」の訳語を用い、同時に「民族の国家（national state）」と区別する］と関連するとし、それは一種の政治的属性をもつ民族であるとする者もいる。(9)

案ずるに、民族を「古代民族」と「近代民族」の二つにわけることは、スターリンの民族の出現時期にかんする限界を突破するということでもある。そのうえ中国古代民族の出現時期の上限について一部の研究者は、「地域によって分けられるものであること」(10)、あるいは「地域区分を基礎とする人びとの共同体である」(11)と強調し、そのうちの一部論者はさらに、夏・殷・西周時代、とくに夏・殷の人びとは血縁を紐帯とするので民族を形成できず、華夏民族もせいぜい春秋と戦国のあいだに形成されたにすぎないとする。(12)

ここで筆者は、二点を弁別して分析せねばならないと考える。第一に、民族には共通の地域があり、とくにそれが形成されたあと、相当に長い時間をかけて、民族ごとにみずからの共通の地域をもつようになるが、「共通の地域をもつこと」と「地域ごとに分かれること」は別々の概念である。ひとつの政治的実体（たとえば国家）が地域ごとにその住民や国民をわけるか否かと、それがみずからの「共通の地域」をもつか否かは、別々の事柄なのである。第二に、国家形成の指標についてエンゲルスは、『家族・私有財産・国家の起源』において、国家形成のふたつの指標（地域ごとにその国民を分けることと、社会に君臨する公的権力の設立）を提起したことがあるが、中国古代史の実態とむすびつけると、地域ごとにその国民を分けるのは、古代ギリシアやローマには適合するものであるけれども、中国などの他の古代文明には適合せず、中国古代史の実態にむすびつけるならば、国家形成の指標はつぎのように修正されるべきであると考えられる。一つ目は階級の存在。二つ目は社会に君臨する強制的公的権力の設立である。(13)

中国の夏殷周時代には、血縁的紐帯はなお、社会・政治・生活のなかで相当大きな力を発揮しているが、筆者が本書序論で指摘したように、殷周社会における血縁関係はすでに変型した血縁関係に属しているのであり、そのありようはつぎのとおりである。

第一に、氏族（clan）の血縁関係はすでに弱体化しており、家族と宗族の血縁関係がもっとも基本的で主要なものである。ゆえに殷周時代の青銅器上の族徽銘文はおもに宗族や家族の徽号《きごう》で、「族氏《ぞくし》」徽号とよばれ、「氏族」徽号とはよばれない。

第二に、殷代にはすでに「大雑居小族居《だいざっきょしょうぞくきょ》」の局面が生じている。いわゆる「大雑居」は殷墟（つまり王都）において多くの異姓の族人全員が雑居状態にあることをいう。いわゆる「小族居」は、ひとつひとつの族が小さな範囲内で「家族」や「宗族」単位で居住し、埋葬されることをいう。(14) 西周になっても、その地域組織の「里」と血縁組織の「族」は長らく並存している。(15) ゆえに、筆者が古代ギリシアやローマの国家の形成を規準としてそこに中国古代国家を当てはめなかったように、完全なる地縁化の是非を規準にして中国古代民族の形成を判断することもできないのである。いわんや地縁を規準とする研究者はみな、古典的作者［エンゲルスなど］の関連記述を理論的根拠とするものであり、古典作者は多くの箇所で、民族の最古の出現を先史社会の野蛮時代の高級段階にもとめている。

たとえばさきほど、エンゲルスが『家庭・私有制・国家の起源』の二つの段落でのべた民族（volk）は、野蛮時代の高級段階における「民族」をさすとのべた。もちろん研究者のなかには、エンゲルスの用いる「volk」の語が、民族をさしうるだけでなく、部落よりもさらに高く広範囲におよぶ、いかなる社会の人びとの共同体をもさしうるとし、それは「nation」ほど厳格ではないとする者もいるかもしれない。(16) しかしエンゲルス以外に、マルクスやモルガンも、野蛮時代の高級段階の民族に言及するさいに、「nation」の語を用いている。たとえばマルクスは『モルガン「古代

社会」摘要』で、

アテーナイやスパルタの諸部族のような諸部族が一民族に融合したとき、それは部族のもっと複雑な複製物にすぎなかった。このあたらしい組織〔すなわち民族〕のための、名称（社会的なそれ）がなかった〔そこでは、部族のなかで諸胞族が、胞族のなかで諸氏族がしめているのとおなじ地位を、諸部族が民族のなかでしめていた〕。……リュクルゴスやソローンの時代までは〔ギリシァ人のあいだでは〕、社会組織の四段階、すなわち氏族、胞族、部族、民族があった。こうしてギリシァの氏族的社会は、諸個人の集合体の一つの系列であり、統治は、氏族、胞族または部族にたいする彼らの人身関係をとおして、諸個人をとりあつかった。(17)

とのべている。モルガンもこのように、「nation」の語によって野蛮時代高級段階の民族をあらわしている。モルガン・マルクス・エンゲルスがどのように民族の形成時期を、野蛮時代高級段階や原始社会から国家社会までの過渡期に位置づけているかは、易建平が詳論しているので贅言しない。(18) 要するに、マルクス・エンゲルスの関連記述を引用して理論的根拠とするさいには、一面的であってはならず、機械的であってはならず、中国史の実態に符合することを原則とせねばならないのである。

中国古代民族の形成時期を検討したのにつづけて、古代民族の定義や基本的特徴を検討せねばならない。スターリンの民族にかんする定義は、それが近代民族をさすか否かはともかく、近代民族と古代民族の共通性にも言及している。これが、共通の言語・共通の地域・共通の経済生活・共通の文化である。これらの共通する属性は、じっさいには民族の自然的属性である。これにもとづいて筆者は、スターリンの言葉を踏襲するのにやぶさかでなく、［ただしそこに多少の変更を加えて］古代民族をこう定義する。すなわち、古代民族とは人びとが古代から形成しはじめる一つの、共通の言語・共通の地域、同じ経済生活・共通の文化をもち、安定的で、部落よりも高い、より広範囲の人びとの共同体である、と。

上述の「共通の言語・共通の地域、同じ経済生活・共通の文化」という四つの要素のうち、筆者がここで用いているのは「同じ経済生活」であり、スターリンの用語は「共通の経済生活」である。この「共通の経済生活」について、スターリンは資本主義時期の経済と関連づけている。たとえばスターリンは、

資本主義以前の時代には民族はなかったし、また、ありえなかった。というのは、まだ民族的市場もなく、民族的な経済的中心地も文化的中心地もなく、したがって、その人民の経済的細分状態をなくして、これまでばらばらであったこの人民の各部分を民族的な全一体に結合する諸要因がなかったからである(19)

とのべている。おもうに、近代民族にとっては、かかる共通の経済生活は「民族の市場」・「民族の経済センター」・「民族の貿易」などの民族の経済の関係をさしうる。一方、古代民族にとっては、社会はまだかかる水準の経済関係にまでは発展していない。このため筆者は、それを「同じ経済生活」と改める。このようにしてようやく、古代史の実態に則することになる。このほかに民族の「共通の地域」の問題について、筆者は、ある時代にひとつの民族共同体が形成されたあとに、その一部が遷徙・移民・植民をしたことにより、同一の言語・同じ文化をもつ人びとがはるか遠方の異なる地域に分散し、かくして同一の民族の人間がのちに異なる地域や国に住むことができたものと考えている。よって「共通の地域」などの民族の自然的属性についても、動態的・弁証法的な分析をせねばならない。

中国の学界では、古代における部落よりも高次の族共同体について、「民族」の語を用いるだけでなく、「部族」の語を用いる者もいる。なかには、すべての封建制と奴隷制の人びとの共同体を「部族」とよぶ論者もいる。「部族」の語をもちいて氏族と部落をさす者もいる。さらにはエンゲルスが民族をよぶのに用いている「「volk」こそが部族である」とする論者もいる。その論者はさらにこうのべている。

部族とは部落連盟の基礎のうえに生まれるものである。一面では、血縁関係を基礎とする氏族社会の特徴をもち、べつの一面では、地域ごとに統一されてくる最初の国家としての形式ももつ。部族の形成は、部落の方言が同じであること、地理的位置が隣り合っていること、部落文化が近いことと、部落間で生じる経済交流を前提とするものである。部族の形成はそれまでの部落と部落連盟との境界をつきやぶりはじめるが、氏族制度の影響を完全に消去することはない。このため、ほんとうの公共的な役割をもつ国家をつくることはまだできない。案ずるに、いかなる部族国家も安定的に統一されることは不可能なのであり、その基本的原因は、国家をつくる元来の部落連盟と部落内の上層集団の利益が、政治・経済・文化が分散状態にあるせいで、高度な凝集性を得られないからである。「部族」は、血縁関係による氏族社会から、地域ごとにつながっている階級社会への過渡的共同体として、奴隷社会と封建社会という二種類の社会形態内に存在しうる。(20)

上述の三つの見方について、筆者は、前二者がとるにたりないもので、三番目の見方が合理的で検討に値するものであると考えている。その合理性はつぎの点にある。それは、部族が部落よりも高次の、血統の特色をおびた共同体で、奴隷社会と封建社会という二つの社会形態内で存在しうるという点である。その検討に値するところは、部族国家がひとつの政治的公的機能をもつ国家でなく、安定的でなく、部族が氏族社会から階級社会への過渡的段階に存在するにすぎないとする点である。思うに、かりに国家が政治的公的機能をもたなければ、それは国家たりえない。もとより公的機能の強度は相対的なもので、初期の国家・単純な国家としてその官吏体系はあまり発達しておらずともよく、ひとつの官職者が複数の仕事を受けもってもよいが、全社会を凌駕する強制力をもつ公的権力なるものは公的機能を有するはずで、かかる強制的公的権力はじっさいに公的役割から発展してきたものであろう。部族国家は、のちの多元一体的統一国家と比べて、統一の国家とはよべないけれども、それが安定性を備えていないとはいえない。

部族は、ある国家形態のなかに存在してもよく、先史社会から国家社会への過渡的段階にも存在できるけれども、それは「血縁関係の氏族社会から、地域ごとにむすびついた階級社会への過渡的共同体」にすぎないとはいえないのである。

研究者たちが民族と対比して部族の語をもちいる理由は、あきらかに部族と民族が異なる層位や類型の共同体に属すると考えているからである。この二者の区別について、ある研究者はこれを「血縁民族《けつえんみんぞく》」と「文化民族《ぶんかみんぞく》」の違いとする。たとえば王和《おうわ》は、

周初の大きな変革ののち、「華夏」観念と「華夷之弁」思想はまさしく出現しはじめた。それは、部族意識を超越する「大文化観念」の成立をしめす。「文化民族」もこの基礎のうえにたって、「血縁民族」の垣根を抜け出て、現実のものとなっていった。(21)

とし、部族を血縁民族とよぶ。これは部族の血統的特徴を強調し、部族がけっして部落の範疇に属さないことをも意味しており、みな採るべき説である。中国の史書は、

部落は部《ぶ》を為《な》し、氏族は族《ぞく》を為す（部落為部、氏族為族）。(22)

とのべており、ゆえに呼称をつなげて「部族」という。これについては「部族」を氏族部落とする者もおり、部族を部落より高次の血統的特徴をもつ共同体とする者もいる。歴史上、夏殷周の各族はみな始祖誕生神話・族譜・姓族のかたちで自身の歴史的記憶を展開しており、ゆえに族共同体内の血縁的色彩はその特徴である。このようにかかる類型の族共同体は二つの呼び名をもつことになるであろう。一つ目は「部族」、二つ目は「血縁民族」や「小民族」とよばれる。この二種類の称謂にはそれぞれ正負の両面がある。

語法からいえば、血縁民族も民族で、ここでの「血縁」は「民族」の修飾語にすぎない。「血縁民族」とよぶ論者

の意図はおおよそつぎのようである。血統的要素をもつ民族は「血縁民族」や「部族」とよびうる。血統的要素を超越して文化を紐帯とする民族は、「文化民族」や一般的意味での民族とよびうる。「血縁民族」の利点は、中国古代史の多くの血統的特徴をもつ族共同体をみな「血縁民族」や「小民族」とよびうることである。それと一般的意味での古代民族概念とは、たんに類型と層の違いがあるのみなので、似通った少数民族にも受け入れられやすい。

不利な点は、民族を「血縁民族」や「文化民族」などと区分することが、容易に民族の概念と定義を混乱せしめることである。「血縁民族」と「文化民族」の区分は、「古代民族」と「近代民族」の区分とは異なるものである。「古代民族」と「近代民族」の区分は、歴史の発展に照らして区分されるもので、すでに定説ともなっている。「部族」の称謂を用いることは、部族と民族が族共同体の層位の区別であるだけでなく、性質上の区別でもあることを意味する。しかしそれはたんに類型の問題であるにとどまらない。これに鑑みて、筆者は「部族」概念を用いることに賛成で、部族をこう定義する。すなわち、部族は歴史上、部落よりも高い層のもので、部落の範囲よりも大きいものであり、共通の言語・共通の文化をもち、内部のそれぞれの地理的位置は連なっており（はじめは各部分の地理的位置は連なっており、のちにある部分がまた遷徙しうる）、血統的特徴（たとえば姓族や族の系譜）をもつ族共同体である、と。部族は原始社会後期にいるのみならず、古代国家社会の時期にもいる。原始社会後期の部族は、親戚関係にある各部落や首長制や部落集団よりなる。古代国家の時期の部族は部族国家とよびうる。「部族国家」もまた国家であり、それは私たちのいう「初期国家」も国家であるのと同じである。部族国家は部族により建てられた国家で、その国家の主体は某一部族である。だが一部族が一国家しか建設できないわけではない。いくつかの異なる初期国家が同じ一部族のものであるばあいもある。上述の概念・定義を整理すると、古代民族と部族のつながりと区別は、以下のように表現しうると思われる。すなわち、部族は部落よりも高位の族共同体、民族は部族よりも高位の族共同体で、民族と部族は族共同体の層と性質の両面で異なる。一つの「民族の国家（national state）」のなかには、[23] いくつかの異なる部族がふくまれうるのであり、かかる国家の構造はしばしば複合制国家構造をしており、そうした国家の初期に、その内部に諸部族がいることは明白である。部族には血統の要素があり、民族は血統を超えて「大文化観念」を紐帯とし、大文化は民族の血脈なのである。

2 「華夏」・「諸夏」——民族の称謂と民族の自覚

上述した理論の内容は、じっさいにはすでに中国古代の史実を考慮したものであった。具体的に華夏民族の形成を論述するさいに、ここでは「華夏」・「諸夏」などの民族の称謂の出現からも説き起こしてみよう。

華夏民族の自称でもあり他称でもある「華夏」・「諸夏」などの用語は、たしかに春秋戦国時代にもっとも流行した。たとえば『左伝』襄公十四年には、姜《きょう》戎《じゅう》子《し》駒《く》支《し》がつぎのようにのべたとある。

我《わ》が諸戎の飲食衣服は、華《か》と同じからず。贄幣《しへい》は通せず。言語は達せず（我諸戎飲食衣服不与華同、贄幣不通、言語不達）。

戎人駒支は中原の華夏民族を「華」と称し、みずからを「戎」と称する。これは、「華」・「華夏」などの呼称が華夏民族の自称であるだけでなく、他称でもあることを物語る。同様の理由で、「戎」・「諸戎」などの称謂は、戎人の自称であるのみならず、他称でもある。当時の人が華夏民族を呼称するときの用語には、「華」・「夏」・「華夏」・「諸夏」などがある。たとえば『左伝』襄公二十六年には、

楚、華夏を失いしは……（楚失華夏……）。

とあり、これは「楚」と「華夏」を対応させている。『左伝』閔公元年には、管仲が斉の桓公にこうのべたとある。

戎狄は豺狼《さいろう》なり、厭《あ》かしむ可からざるなり。諸夏は親暱《しんじつ》なり、棄《す》つ可からざるなり（戎狄豺狼、不可厭也。諸夏親暱、不可棄也）。

『春秋公羊伝』成公十五年には、

内は諸夏にして外は夷狄なり（内諸夏而外夷狄）。

とある。これはいずれも華夏民族を「諸夏」とよんでいる。『左伝』僖公二十一年には、

任《じん》・宿《しゅく》・須句《しゅこう》・顓臾《せんゆ》は、風姓なり。実《まこと》に太皥《たいこう》と有済《ゆうさい》との祀《し》を司《つかさど》りて、以て諸夏に服事《ふくじ》す。……蛮夷、夏を猾《みだ》るは、周の禍《わざわい》なり（任・宿・須句・顓臾・風姓也、実司太皥与有済之祀以服事諸夏。……蛮夷猾夏、周禍也）。

とあり、ここでは「諸夏」とよび、また「夏」とよんでいる。「諸華」とよぶものもあり、たとえば『左伝』襄公四年には魏絳が晉侯にたいしてこうのべている。

師を戎に労《ろう》して、楚、陳を伐たば、必ず救うこと能わざらん。是れ陳を弃《す》つるなり。諸華必ず叛かん。戎は禽獣《きんじゅう》なり。戎を獲《え》て華を失うは、乃ち不可なること無からんか（労師於戎、而楚伐陳、必弗能救。是弃陳也。諸華必叛。戎、禽獣也。獲戎失華、無乃不可乎）。

これは「諸華」や「華」とよんでいる。『左伝』定公十年には、孔子が

裔《えい》は夏を謀《はか》らず、夷は華を乱さず（裔不謀夏、夷不乱華）。

といったとあり、ここでの「華」はすなわち「夏」である。要するに華夏・諸夏・諸華・華・夏などは、みな一つの意味をもち、いずれも華夏民族の呼称なのである。

上述した華夏民族の呼称は春秋戦国時代に広く用いられており、それゆえ多くの研究者は、華夏民族がこのときに形づくられ、もしくは春秋戦国交替期に形成されたと主張している。[24] しかし筆者はこう考える。すなわち、春秋戦国

時代に人びとが「華夏」・「諸夏」・「夏」・「諸華」・「華」などの称謂によってとくに華夏民族と他族との区別、ならびに華夏族の一体性を強調したとき、華夏民族はすでに形成されていただけではなく、もっと主要なことに、それは当時の華夏民族の有する民族意識上の自覚を表現している。かかる鮮明な民族意識には、当時の華夏民族がすでにひとつの自覚民族に属していたこと、そして華夏民族間の強烈な文化的一体性をみいだしうる。たとえば前文では、管仲が斉の桓公に「諸夏は親暱《しんじつ》なり、棄《す》つ可からざるなり（諸夏親暱、不可棄也。『左伝』閔公元年）」とのべたことや、母成風《せいふう》が魯の僖公《きこう》に「蛮夷、夏を猾《みだ》るは、周の禍《わざわい》なり（蛮夷猾夏、周禍也。『左伝』僖公二十一年）」とのべたこと、魏絳が晋侯に陳を放棄するようすすめ、「諸華必ず叛かん（諸華必叛。『左伝』襄公四年）」や「戎を獲て華を失うは、乃ち不可なること無からんか（獲戎失華、無乃不可乎。『左伝』襄公四年）」とのべたことを挙げた。これらの言論は、当時の華夏諸国がみずからを華夏民族とする自覚意識をもち、それが他の民族や部族との交流のなかで、人びとが本民族の生存・発展・栄辱・安危等々の面で配慮と擁護をしていたことを強烈に表現している。もし民族の形成と発展の過程で「自在民族《じざいみんぞく》」と「自覚民族《じかくみんぞく》」という二つの段階をもちいて説明するとすれば、春秋戦国時代の華夏民族はすでに「自覚民族」に属しており、つまり強烈な民族の自覚意識をもつ民族であることになる。これによって華夏民族が最終的に春秋戦国時代や春秋—戦国間に形成されたとすることはできないものの、このときの華夏民族はすでにひとつの「自覚民族」であったというべきである。「自覚民族」の前にはさらに「自在民族」の段階があり、民族形成の起点は「自在民族」段階から数えなければならない。

　春秋時期の華夏民族がすでに「自覚民族」に属するとすることは、「夏」・「華」・「諸夏」・「諸華」の諸呼称の文化的寓意からも証しうる。「夏」にかんしては、『説文』〔夂部〕に、

　　夏は、中国の人なり（夏、中国之人也）。

とあり、『書』堯典に、

蛮夷は夏を猾《みだ》す（蛮夷猾夏）。

とあり、鄭玄注に、

夏を猾《みだ》すとは、侵《おか》して中国を乱《みだ》すなり（猾夏、侵乱中国也）。

とあり、『漢書』地理志の顔師古注に、

夏は中国なり（夏、中国）。

とある。これらはいずれも、「夏」は中国の意味であるといっている。「夏」は「大」の意味もある。たとえば『爾雅』釈詁に、

夏は大なり（夏者、大也）。

とあり、『方言』［巻一］に、

夏は……大なり。……関自《よ》り西、秦晉の間、凡《およ》そ物の壮大なる者にして愛《いつく》しみて之を偉《い》とするは、之を夏と謂う（夏……大也。……自関而西、秦晉之間、凡物之壮大者而愛偉之、謂之夏）。

とあり、『春秋繁露《しゅんじゅうはんろ》』楚荘・『白虎通《びゃっこつう》』号篇・『説苑《ぜいえん》』修文・『論衡《ろんこう》』正説などにみな、

夏は大なり（夏者大也）。

とある。『楚辞《そじ》』哀郢の「夏」は大殿、『楚辞』招魂の「夏」は大屋、『淮南子』本経訓の「夏屋」は大屋である。「夏台」は大台であり、それは一例だけではない。(25)「夏」には「雅」の意味もある。『詩』の大雅と小雅の「雅」とは「夏」、「雅言」とは「夏言」で、『墨子』天志下引『詩』大雅皇矣で「大雅」は「大夏」に作る。『荀子』儒効篇には、

楚に居《お》りて楚たり、越に居りて越たり、夏に居りて夏たり（居楚而楚、居越而越、居夏而夏）。

とあり、『荀子』栄辱篇には、

越人は越に安んじ、楚人は楚に安んじ、君子は雅に安んず（越人安越、楚人安楚、君子安雅）。

とあり、これらはいずれも戦国時代に「夏」・「雅」が通用したことを証する。「華」字については、古文献中ではおもに「采画」・「華美」の意味である。たとえば『書』武成には、

華夏蛮貊《ばんぱく》、率俾《そつひつ》して、天の成命を恭《きょう》せざる罔《な》し（華夏蛮貊、罔不率俾、恭天成命。［内の中国も外の異民族も、すべては従って、天の定められた命を奉じないものはありませんの意］）。

とあり、偽孔伝《ぎこうでん》［前漢・孔安国作といわれる『書』の注釈だが、じつは魏晋期の王粛派の人びとの作ともいわれる。一般に孔氏伝とよばれる。本来の『書』にない二五篇の経とセットをなすため、偽孔伝と蔑まれることもある］は、

冕服采章《べんぷくさいしょう》を華と曰い、大国を夏と曰う（冕服采章曰華、大国曰夏）。

と解しており、唐・孔穎達疏には、

冕服［礼装］・采章［文章］は被発左衽《ひはつさじん》［被髪左衽］と対《たい》し、則ち光華《こうか》有ら為《し》むるなり。釈詁《しゃっこ》に「夏は、大なり」と云う。故に大国を夏と曰う。華夏は、中国を謂うなり（冕服采章対被発左衽、則為有光華也。釈詁云「夏、大也」。故大国曰夏。華夏、謂中国也）。

とある。『文選《もんぜん》』東京賦《とうけいふ》「龍の頭を刻みつけた轅《ながえ》、彩色を施した轙《ぎ》（龍輈華轙《りょうちゅうかぎ》）」の注には、

華は、采画《さいが》なり（華、采画也）。

とあり、「華」のしめす「采章」・「采画」などの寓意と、「夏」のもつ「雅」意とは完全に同じもので、ともに「中原の衣冠服飾・儀礼制度・典章制度をさす[26]」。これはつまり、当時の華夏民族が「華」・「夏」・「華夏」・「諸夏」・「諸華」と称するゆえんは夏王朝の核心地たる中原地区（もっとも早い中国）と関係する以外に、彼らが誇る中原地域の文化と

文明の発展度とも大きく関係するということである。かかる思想的イデオロギー上の、みずからの民族文化の特徴にたいする矜持は、もちろん民族の成熟と民族の自覚のひとつの指標である。また、まさに「華夏」の語が文明の発達を体現していることで、華夏民族の国家は礼儀を重んずる国であることになる。かくて「華夏」が中国最古の主要民族の呼称となって以来、それは現在まで一貫して用いられている。

3　「華夏」という熟語の成立背景

古文献中の「華」・「夏」・「華夏」・「諸夏」・「諸華」は、一文字であることもあれば、二字熟語をなしているばあいもある。それらのあいだにどのような関係があり、「華夏」の二字熟語がいかに出現したものかは、いずれも華夏民族形成を研究するうえで考慮すべきものである。しかし研究者たちはこれにたいして異なる考えを抱いている。

章太炎《しょうたいえん》はかつてこう提起した。すなわち、「諸華の名は、その民族がはじめて到達した地の名に由来する」。「華はもともと国名であって、種族の名ではない」。その華地は現在の華山《かざん》で、のちにその民の東へ遷った者も華族を名のった。ゆえに「世間では山東人を侉子《こし》とよんでいるけれども、侉とは華の残された言い方である」。また「夏がその名を得たのは、じつは夏水《かすい》という河川名に基づいている」。その河水とは現在の漢水《かんすい》である。「そののち族名にもとづいてその地名としたのであり、関東《かんとう》も東夏《とうか》に由来する」と。(27) これは「華夏」を分けて二族とし、二族の故地がともに西部にあるとの説である。しかし章太炎説は完全に憶測で、そのうえ族名（民族の称呼）としての「華」・「夏」・「華夏」の出現時にさしていたのは一族であって二族でないという点を無視している。たとえば『左伝』定公十年のいう「裔《えい》は夏を謀《はか》らず、夷は華を乱さず（裔不謀夏、夷不乱華）」［『左伝』定公十年］は互文《ごぶん》で、裔と夷は同義、夏と華は同義であって、それがのべるのは夏が華の意味であるということである。

また、華夏の名を「華胥《かしょ》に由来する」とする者もおり、なかには「伝えられるところによれば、伏羲氏の母は華胥で……華夏の名はほかでもなく華胥に由来する」(28)とする研究者もいる。「華族がその名前を得たのは、おそらく華胥と関わるであろう。かりに伏羲が華族でもっとも早い神話中の祖先英雄であるならば、華胥はまさに華族の始祖の母である」とする研究者もいる。また華胥が「大迹」をふんだ雷沢《らいたく》とは現在の太湖《たいこ》で、華山は一般に称される西岳《せいがく》でなく、太湖のほとりの恵山《けいざん》であり、よって「中華民族のもっとも早い源は長江下流域の太湖流域にある」(29)ともいわれている。このように華夏民族が華胥氏に淵源するとする論者は、いくつかのもっとも基本的な問題について、はっきりとさせていない。

(一)民族とは、まぎれもなく連合、ないしは融合した無数の氏族の基礎のうえに形成されたもので、いったいどうやって一人の女性の始祖から増えていくなどということがありえようか。かかる見方は、人類が女媧《じょか》によって土で作られたとする古代人の神話的思考となにが異なるのか。しかもそれは、百年来の人類学・民族学・歴史学・考古学の発展の提供する知識と符合しない。

(二)古史伝説のなかで、華胥氏に代表される氏族は、はるか古代の多くの氏族内部に併存するものの一つで、『列子』をふくむ先秦文献からは、華胥氏が他の氏族部落(とくに華夏民族の主体となる部族)とどういう関係を生むかをみいだせない。かかる状況下で、「華族」が華胥氏と直接関連するとすることは、望文生義《ぼうぶんせいぎ》ではなかろうか。

(三)漢代の司馬遷が華夏民族の濫觴《らんしょう》段階の族属《ぞくぞく》系譜をつなげるときでさえ、黄帝から説き起こすしかなかった(30)。では、「華夏の名は華胥に由来する」という論点の根拠はなにか。ここ百年近くにわたる幾世代もの人による、古典文献の粗を去り精を取り、偽を去り真を存する整理と分析の成果は、なお尊重し継承すべきものがある。

一方、考古学者の蘇秉琦《そへいき》は、仰韶《ぎょうしょう》文化廟底溝《びょうていこう》類型の彩陶《さいとう》紋が草木《そうもく》である点にもとづき、廟底溝類型の分布の中

心を豫西陝東《よせいせんとう》一帯とし、華山《かざん》付近にあるとし、

廟底溝類型のおもな特徴のひとつである草花図案の彩陶は、おそらく華族の名の由来で、華山はおそらく華族がはじめて居を定めた地より命名したのであろう(31)。

と提起している。しかし蘇秉琦説にも検討の余地がある。蘇秉琦が当時この問題を提起したさい、その立論の基礎は、廟底溝類型と半坡類型が同時期に併存する地域関係にあるとの点にあった。けれども、のちになって、地層的証拠と炭素十四年代測定データの両者によって、二者が同時併存の地域関係になく、時間上前後連なっており、半坡類型が仰韶文化初期、廟底溝類型が仰韶文化中期であることが明示された。廟底溝類型の彩陶紋様のうち、草木紋様はもとより突出し、鳥紋様も突出しており、本書第四章では陝西省華県泉護村廟底溝類型の十二の鳥紋様を挙げている。廟底溝類型の紋様のうち、いわゆる「円点勾葉《えんてんこうよう》」［水玉と葉っぱの模様］がみな抽象化した草木か、鳥紋から変化してきたものもふくむかは、研究する価値のあるものである。

　このほか、第四章でのべるごとく、仰韶文化の半坡期にも廟底溝期にも、トーテム紋様とみられる多くの種類（たとえば半坡期には魚紋・人面魚紋・蛙紋（鼈紋）、廟底溝期には鳥紋・蛙紋（鼈紋）・火紋など）がある。これは、当時多くのトーテム族団がいたことを物語る一方、時間的推移の過程（たとえば半坡期から廟底溝期へ）で、族団間や、同一族団内部の分支間の地位の消長によって、崇拝対象と流行の変化が生みだされること、それゆえ草木紋様をふくむ各種彩陶紋様がしばしば某一時期に関係しあい、族属とつながるだけではありえないことを物語る。このほかに張富祥《ちょうふしょう》が指摘するとおり、「もっとも鍵となる問題は、古代にたしかに独立的な淵源をもち、かつ夏族と並存する「華族」がいたか否かである」(32)。

　しかし古文献には、「夏」と「華」という並存する二族はいない。『左伝』定公十年には、

裔は夏を謀らず、夷は華を乱さず（裔不謀夏、夷不乱華）。

とあり、華と夏は互文《ごぶん》で、華族が諸夏であることをも物語る。つまり民族実体について論ずるならば、春秋戦国時代の「夏」・「華」・「諸夏」・「諸華」・「華夏」がさしているのは、一民族なのである。このほかに「華」と「夏」の音・義が相互に通ずることからみても、さすのは一民族である。これについて劉起釪《りゅうきう》は重要な研究をしており、こう考証している。

今、字義訓詁と音読よりみれば、華・夏二字はまことに相通じうる。たとえば偽『尚書』武成篇に「冕服采章曰華」、『文選』東京賦に「龍舟華轙」、注に「華、采画也」とある。また「大将軍宴会詩」に「遺華反質」、注に「華謂采章」とある。『周礼』春官巾車に「孤乗夏篆、卿乗夏縵」、注に「篆、轂有約也」、「夏篆、五采画轂約也。夏縵、亦五采画、無篆爾」とある。これより、二字はみな采画と訓《よ》め、義と訓は同じとわかる。徐鍇《じょかい》『説文繫伝《せつもんけいでん》』に「郭璞又言江東呼華為荂、音敷」とある。徐灝《じょこう》『説文解字注箋』に「華、古音は敷。……今の浙江人の語は尚《な》お古音に近し」とある。王玉樹《おうぎょくじゅ》『説文拈字《せつもんねんじ》』に「華は、読みて敷の若し。漢の光武《こうぶ》の「仕宦《しかん》せば当《まさ》に執金吾《しっきんご》と作《な》るべく、妻を娶《めと》らば必ずや陰麗華《いんれいか》を得ん」も亦《ま》た当に読みて敷の若《ごと》かるべきなり。華は又た音は和、故に今人《きんじん》は華表を呼びて和表《わひょう》と為す」とある。案ずるに、『漢書』酷吏尹賞伝に「瘞寺門桓東」とあり、注に「如淳曰く「……名づけて桓表と曰う。……陳宋の俗言に、桓の声は和の如く、今、猶お之を和表と謂う」と。師古曰く「即ち華表なり」と」とある。また『史記』孝文紀二年『索隠』に「鄭玄、『礼』に注して云う「……即ち今の華表」と。崔浩《さいこう》……又た「和表」と云う」とある。「華」字の古音は敷、和と読む。『詩』小雅鹿鳴之什「皇皇者華」で「華」と「夫」は韻ゆえ、この音の由来は古いとわかる。「夏」について徐鉉《じょげん》は、音を胡雅の切《せつ》とする。段玉裁《だんぎょくさい》はこの切を古音第五部とする。林義光《りんぎこう》『文源』に「夏は模韻で、音は戸」とある。案ずるに、『詩』宛丘は夏・

鼓・下・羽を韻とし、夏と下は古は戸と読む。段玉裁『六書音韻表《りくしょおんいんひょう》』で華・夏の二音はみな古韻第五部にあり、江有誥《こうゆうこう》『廿一部諧声表《にじゅういちぶかいせいひょう》』ではみな古韻魚部にある。声紐について、華は和と読むことから、胡卧の切である。夏は戸と読み、侯古の切である。二字の古音はみな匣母に属する。およそ華・夏二字の古音の声紐・韻部はすべて同じで、じっさい同音に読む。西域の「大夏」にいくと、なお古音を存しており、ゆえに音訳時に『隋書』と『北史』はみな吐火羅《とから》と訳す（『北史』ではまた『魏書』を承けて吐呼羅・都薄羅とあり、おそらく一族が分化し、あるいは伝聞の異訳であろう）。『大唐西域記』は睹貨邏と訳す。「羅」は語尾で、「吐」と「睹」は「大」の対音である（大誥篇で「図」を大とするのは、これと同じ）。「火」・「貨」などの字は「夏」の対音で、ますます字書と小学家《しょうがく》のいう「華」・「夏」二字のいにしえの読み方の誤りなきことを証するに足る。華・夏二字がじつは古語のうちの一音の異写で、いずれも夏族をさすとわかる。のちに二字に書きわけるようになったとはいえ、原義は一つゆえ、二字は互用でき、また組になって熟語として用いられる。よって中国の民族を華族と称することも、夏族と称することも、華夏族と称することもできるのである(33)。

劉起釪の考証は詳細で深いものである。現在の陝北《せんほく》方言では「下」・「吓」などの字は「哈（h'a）」と読み、その声母と「華」字の声母とはまったく同じで、古音の匣紐に属する。このことも、「夏」・「華」二字の古音が同じであることの傍証となりうる。

「華夏」の熟語化の問題についてはさらにべつの見解がある。

「華夏」は必ずや「虞夏」の転写である。遺憾なのは、現存する古文献に二語を互換する例がみいだせないことである(34)。

先秦文献には、たしかに「虞夏」の二字をつづけて用いるばあいがある。しかしそれはいずれも、「虞・夏・商・周」

の四王朝として使用されたもので、すべて前後連続する二つの王朝をさすのであって、(35)一民族をさす例は皆無である。歴史上には、夏人・商人・周人・漢人・唐人や、夏族・商族・周族・漢族といった呼び方があり、また夏朝・商朝・周朝・漢朝・唐朝・宋朝などの王朝ごとの呼び名があるけれども、族称としては「夏商人」・「商周人」・「漢唐人」・「唐宋人」や、「夏商族」・「商周族」・「漢唐族」・「唐宋族」のごとき呼び方は皆無である。ゆえに民族称呼としての「華夏」というひとまとまりの呼称は、王朝名としてつづけて読むばあいの「虞夏」の転写ではないはずである。この点で、やはり劉起釪説はより合理的である。筆者が少し補足しておくと、一つの族称としては、最初はおそらくたんに「夏」・「諸夏」などと称するのみで、のちに「華」を用いて「夏」を形容するようになった。結果、形容詞の「華」も名詞として単独で用いられ、「夏」をさすようになった。このように夏と華は同義で、あわせて互文となることができ、相互に互換されるものとなり、このときの「華夏」という語も、たがいに形容しあう一名詞となったのである。ゆえに華・夏・華夏・諸華・諸夏という華夏民族の称呼のうち、夏・諸夏は、もっとも基本的で鍵となるものである。

4　夏王朝と華夏民族の形成

春秋戦国時代の華夏民族は、「自覚民族」に属する。では、「自覚民族」以前に、「自在民族」としての段階の華夏民族はいつ出現したのか。これは、華夏民族の形成の問題にかんする研究上の鍵のありかである。もちろん民族の形成と発展の過程をけっして「自在民族」・「自覚民族」のように区分しない研究者にとってみれば、この問題も存在しない。しかしこの区分を採用しないことは、華夏民族が結局いかに形成されたのかを闡明《せんめい》しないことである。

華・夏・華夏・諸華・諸夏の核心は「夏」である。春秋以前の西周期に、周人はすでにそれを用いて自己の民族的

帰属をしめしている。たとえば『書』君奭《くんせき》で周公は、

惟《こ》れ文王は尚お克《よ》く我が有夏《ゆうか》を修和《しゅうわ》す（惟文王尚克修和我有夏。［文王はそのうえによくわが夏土をととのえた］）。

とのべており、『書』立政で周公は、

帝、之を欽罰《きんばつ》し、乃ち我が有夏をして商受《しょうじゅ》の命を式ち、万姓を奄甸《えんでん》せしむ（帝欽罰之、乃伻我有夏、式商受命、奄甸万姓。［そこで上帝はこれをおおいに罰し、わが有夏（周）に商の紂に与えた命令を打ち切って、万族を治めさせた］）。

とのべている。この二史料では、周公がみずからの周族を「我有夏」とする。『書』康誥で成王は、

（周の文王は）用て肇《つと》めて我が区夏《くか》と我が一、二邦とを造り、以て我が西土を修めたり（［用］肇造我区夏［越我一二邦、以修我西土］。［それによって勉めてわが小さな本国とわが一、二の国とを作り、そうしてわが西方の地をよく治められたのである］）。

とのべている。文中の「区夏」は、「大夏」と解する者もおれば、地区と解する者もいる。本文の意味は「文王の徳業をもって、我が華夏地区をつくりはじめた[36]」である。

では、周人はなぜ周族を「我有夏」・「我区夏」といいなすのか。劉起釪は、

史実では、周族の族系の淵源はたしかに夏族に沿っており、そのうえさらに姫姓の黄帝族に溯りうる。[37]

と解する。これは、周と夏が族源のうえで関係をもつと主張している。これにたいして沈長雲《ちんちょううん》は

いくらかの人びとは、二つの「有夏」の名称が同じであることに惑い、もしくは周人が夏人の後裔に出自することは『書』の本意と符合しないとする。……周人が「夏」を自称することは……たんにみずからがこの「小邦周」であるとあらわすだけでなく、彼らが周邦をトップとする、商を滅ぼした部落連盟であることをあらわすものである。[38]

とする。私見では、『書』の君奭・立政・康誥で、周人が「我有夏」と自称しているのは事実である。問題の鍵は、ここでの「有夏」や「区夏」が、部族の夏でなく民族の夏である点にある。部族の夏は、夏王朝がなお成立する以前の鯀や禹の時期の夏族と、夏王朝成立後の王朝内部の夏后氏を主とする姒姓部族集団をさす。民族の夏は、夏王朝成立後の姒姓夏后氏の部族のみならず、子姓の商部族や姫姓の周部族など、王朝内の多くの民族共同体もふくみ、ゆえに民族の夏は華夏民族の意である。部族の夏には血縁・血統上の制約があるが、民族の夏はかかる制約をこえて、大文化を紐帯とする。かかる文化を血脈とする民族の夏は、夏商周三代の正統な始まりであり、みなもとである。商を滅ぼしたばかりの周にとってみれば、もちろんそれを高く掲げる必要があり、「文王は天の有する大命を受く（文王受天有大命）」とし、周人には「天、王権を授く（天授王権）」の合法性をしめすため、「我有夏」・「我区夏」の旗印を上げたのである。

「華」・「夏」・「諸夏」・「諸華」・「華夏」の系列の民族称呼は、華夏民族の形成が夏代にはじまることを浮き彫りにしている。換言すれば、華夏民族こそは夏民族であり、それと、考古学界のかつてのいわゆる「夏文化」の夏民族とは、同じものではない(39)。それは、夏王朝における、夏部族・商部族・周部族などの多くの部族をふくむ民族で、夏代の多元一体複合制王朝国家構造を基礎とする。ある時期には、国家は民族の外殻や聚合の形式とみなせるのであり、夏商周三代の複合制国家はまさに華夏民族の外殻である。複合制国家のメカニズムが、華夏文化を紐帯とし、血脈とする、華夏民族の形成を促したのである。

以上、華夏民族の称呼を溯ることをつうじ、華夏民族の形成が夏代にはじまるという結論をえられた。あるいは夏商時代になぜこういった称呼がみられないかを問う者もいるかもしれないが、私見ではこれは、「自在民族」と「自覚民族」の相異による。いわゆる「自在民族」は、民族意識がなお朦朧《もうろう》とした潜在的状態にある民族である。みずからが一民族としてすでに存在する一方、なおそのことを自覚せず、まだ完全には意識していない。夏商期の華夏民族はこのような状態にあった。西周時代になると、華夏民族の共同文化はさらなる拡充と発展をえて、民族文化のなかの儀礼制度・典章制度にもさらに改善がくわえられ、民族意識もはっきりとあらわれはじめる。これが、ようやく周人に「我有夏」と自称させ、夏を正統とさせるようになるのである。それから春秋戦国時代になると、周の天子を「天下共主」とする複合制国家構造が有名無実となり、儀礼と征伐は天子より出づるものではなくなり、天下は混乱状態におちいり、この民族が集まって住んでいる地にしょっちゅう異族の人びとが出現し、これがようやく「華夷之弁」の思想をうみ、それは華夏民族の一体性を強調した。かかる華夏民族の自覚意識は、強烈な「華夷之弁」の需要とともにはっきりとするようになったものであり、「華夷之弁」の「弁」ずるところは華夏文化と蛮夷戎狄のちがいである。それは、「華夏」という民族の称呼をつうじて、中原にルーツをもつ本民族の衣冠服飾・儀礼制度・典章制度が四夷と異なることを強調する。このような「文化民族」は、もちろんひとつの「自覚民族」である。

華夏民族の形成が夏王朝にはじまるもう一つの論拠は、字義訓詁で「夏」が「中国」もさすことである。『説文』「夊部」には、

夏は、中国の人なり（夏、中国之人也）。

とあり、『書』堯典には、

蛮夷は夏を猾《みだ》す（蛮夷猾夏）。

とあり、鄭玄の「夏」にたいする注も「中国」をさす。『左伝』襄公二十六年には、

楚、華夏を失いしは……（楚失華夏……）。

とあり、『左伝』定公十年に、

裔は夏を謀らず、夷は華を乱さず（裔不謀夏、夷不乱華）。

とあり、孔穎達の疏に、

中国には礼儀の大なる有り、故に夏と称す（中国有礼儀之大、故称夏）。

とあり、周初の青銅器の「何尊」銘文の「中国」は成周の洛邑（現在の河南洛陽にある）をさす。その銘文には、

唯《こ》れ武王は既に大邑商に克《か》ちて、則ち天に于《お》いて廷《うらないみ》て告げて曰く「余は其《そ》れ茲《ここ》中或に宅《すまい》して、之自《ここよ》り民を乂《おさ》むべし」と（唯武王既克大邑商、則廷告于天、曰「余其宅茲中或、自之乂民」）。

とある。文中の「或」は「国」字の初文で、「中或」は「中国」である。文意は、周の武王が商王朝を打倒したのち、天に告祭し、彼が「中国」にすみ、天下の民衆を統治すべきことをのべたものである。ここが天下のなかであるため、「国中」とも「土中」ともよばれ、つまり四土のなかである。『逸周書《いっしゅうじょ》』作雒解《さくらくかい》は、周の成王のときに新都の成周洛《せいしゅうらく》邑《ゆう》を造営したことを、

大邑成周を土中に作る（作大邑成周于土中）。

とのべている。西周金文中の東国・南国などと比べていえば、「中国」は変化して中央の地をさす地域となり、これが中原の地である。このような「天下之中」の成立は、夏王朝の都城が相当長期間ここに建っていたことによる。たとえば『古本竹書紀年』夏紀には、

太康は斟尋《しんじん》に居《お》り、羿《げい》も亦た之に居り、桀も又た之に居る（太康居斟尋、羿亦居之、桀又居之）。

とある。斟尋は現在の鞏義市《きょうぎし》西南～偃師《えんし》一帯にある。またたとえば『逸周書』度邑解には、

（武）王曰く「嗚呼《ああ》、旦《たん》［周公旦］よ、我茲《こ》の殷を夷《たいら》げんと図り、其れ惟《こ》れ天室《てんしつ》に依《よ》る。……雒の汭より伊の汭に延《およ》ぶまでは、居《お》ること易《やす》く固《かた》き無く、其れ有夏《ゆうか》の居《きょ》なり。我、南は三塗《さんと》を望過《みはるか》し、我、北は岳鄙《がくひ》を望過し、顧《かえりみ》

て河宛《かえん》を瞻過《みはるか》し、伊雒に瞻延《みおよ》べば、天室に遠きこと無し。其れ茲《ここ》に邑を度《はか》らん」と（王曰「嗚呼、旦、我図夷茲殷、其惟依天室。……自雒汭延于伊汭、居易無固、其有夏之居。我南望過于三塗、我北望過于岳鄙、顧瞻過于有河宛、瞻延于伊雒、無遠天室。其茲度邑」）。

とある。これは、周の武王が弟の周公旦に話したもので、『史記』周本紀に同様の記載がある。文中で武王は、殷を平定するため、天室《てんしつ》によらねばならず、憲命《けんめい》に従えば天意に背くことはなかろうとのべている。雒水から伊水までは地形が平坦で、以前には夏の都城があったこともある。ここの南には三塗《さんと》、北には岳鄙《がくひ》、東には河宛《かえん》があり、伊水・雒水・天室はみな遠くない。そこで命令を下し、当地での邑の造営を計画した。ゆえに、「何尊《かそん》」銘文のいう、成周洛邑に造営した新都とは、武王の計画による。要するに、「夏」字の意味は「中国」と釈され、じっさいには中原をさし、夏王朝の王都が中原にあることと直接的関係をもつ。これはもちろん、華夏民族の形成が夏王朝の出現から数えられはじめねばならないことの証左としうる。

華夏民族は夏王朝のときに形成されはじめた。新たな王朝国家は、華夏民族の外殻であり、華夏民族が、共通の言語・共通の地域・同じ経済生活・共通の文化をもちつづけることのできる、安定した共同体の基本的条件である。王朝国家の複合制構造は、異なる部族を内包しうる。だがまさにそのために、夏・商・西周期（とくに夏商時代）の民族内における諸部族の相対的独立性と相互の境界線は除去しがたいものとなり、長く存在するものとなる。これはいずれも、なお「自在民族」段階にある華夏民族の時代的特徴に属する。

中国古代でもっとも早い民族の形成が夏王朝にはじまる以上、夏代以前の五帝時代は部族時代である。華夏民族の起源と形成の過程において、この一時代はせいぜい華夏民族の濫觴の時期とみなされるにすぎない。部族の時代相と一致するのは初期国家としての邦国（部族国家）の誕生であり、このため、部族国家の形成とそれが最終的に民族の国家（national state）へとむかうことは、五帝時代後期の歴史的特徴となるのである。

第二節　五帝時代の部族国家と族邦連盟

1　五帝伝説の時代区分

歴史は時間と空間よりなるもので、史実を追求するにはまず、歴史上の事件と人物の、時空上における正確性と確実性を確定せねばならない。古史伝説を研究するばあいも例外ではないものの、またそれ自体の特殊な問題もある。古史伝説には虚もあり実もあり、そのなかの虚実をどう識別し、どう切り離すのかにかんしては、研究者の知識の構造や、研究の方法と手段、ならびに古代史にたいする見方などの点で相異があることもあり、異なる結果があらわれる。

筆者自身、三皇五帝伝説の虚と実について、かつて若干の初歩的研究をおこなったことがある。(40) その内容は、いくつかの層の問題点に分けることができる。たとえば、三皇伝説の歴史的な素地や背景は何であろうか（五帝伝説における五帝の組み合わせの虚実問題や、五帝の故事・事件・文化的達成などの具体的論点の虚実問題）。三皇（燧人氏・伏羲氏・神農氏）の伝説と虚実を鑑みるに、現在入手されている人類学・考古学の知見によると、その「実」はつぎのとおりである。すなわち、古人がそれよりも昔の社会について推測・描写するばあいには、燧人氏・伏羲氏・神農氏をとりあげて、遠古の某歴史段階の文化的特徴と時代的特徴を指摘することになる。しかし燧人氏・伏羲氏・神農氏は、じつは「時代の名称」や「文化符号」である。つまり彼らは実在の人物ではなく、むしろ中華の大地に徐々に出現してきた諸事象（人工的に火を取ること、漁撈・狩猟、八卦の形式であらわされる原始的で素朴なロジックと弁証法的思惟、そして農業の発明といった一連の偉大な歴史的進歩）を概括する名称である。この意味からみれば、三皇伝説は歴史の素地をふくむものである。一方、三皇伝説が「虚」であるとは、これらの歴史的進歩をある人物の発明物とはみなせないということでもある。五帝伝説における虚実問題はさらに複雑で、そのなかの具体的な歴史の内容にかんする虚実は、具体的な問題と分析を要する。(41) 五帝の組み合わせの虚実にかんして、五帝伝説の時代区分に言及することをつうじて、ここで簡略に概括する。

五帝伝説の組み合わせモデルは四種類もある。(42) かかる五帝伝説の存在は、「五帝」と遠古諸帝がつながりも区別もある概念であること、「五帝」が遠古諸帝の代表や概括とみなせること、したがって「五帝」研究は遠古諸帝全体の研究内に位置づけられねばならないことを物語る。

五帝のおおくの組み合わせモデルのなかで、そういった部族の領袖や部族の宗神を時間的経過にあわせて縦方向に配列するモデルを、五帝の縦向きモデルとよぶ。たとえば『易』・『国語』・『大戴礼記』五帝徳・『史記』五帝本紀の五帝である。一方、五方帝・五色帝・五行に照らして横向きに配列して組み合わせるモデルを、五帝の横向きモデルとよぶ。たとえば『呂氏春秋』十二紀・『礼記』月令・『淮南子』天文訓における四時五行に釣り合った五帝である。縦向きモデルと横向きモデルはいずれも意義のあるものである。縦向きモデルは、時代の進展のかたちを提供した。横向きモデルは、五帝を組み合わせた上古諸帝が本来一つの地域の族系に属していない可能性があり、とうぜん異なる地域族団より出自すべきであるということをあらわしている。

本書で再構築する上古史にとって、三皇五帝説の歴史的価値の一つは、それが「三皇―五帝―三王―五覇」（つまりいわゆる「三五之興」方式）によって歴史文化の進化の数段階をのべたことにある。なかでも、そうした部族領袖や部族宗神を縦方向に配列し組み合わせる五帝モデルが提供する、歴史的進化の時間座標は、歴史の進化という史学的要求と符合する。だからこそ五帝本紀は、司馬遷『史記』の劈頭に配されてもいるのである。五帝本紀の配列順序によれば、黄帝は五帝のはじめであり、ほかの四帝はみな黄帝の後裔である。顓頊は黄帝の子昌意の子で、つまり黄帝の孫である。帝嚳の父は蟜極、蟜極の父は玄囂といい、玄囂と顓頊の父昌意はみな黄帝の子である。ゆえに帝嚳は顓頊の甥で、黄帝の曾孫である。堯はまた帝嚳の子である。一方、舜は顓頊の六世の孫である。五帝本紀で五帝が歴史舞台上で旗頭となった前後の時代の順番は大過なかろう。けれども、黄帝と他の四帝（つまり五帝同士）に血統・血縁上いずれも継承関係があるとすることには問題がある。五帝があらわす時代の先後関係は、史実と符合する「実」とされ、代々受け継がれる血縁系譜は、史実と符合しない「虚」とよばれる。

知られるように、上古時期に中華の大地には新石器文化が多く分布しており、新石器文化遺跡の数は万単位で、これら新石器文化の氏族・部落・部族の林立をうみだしている。たとえ、のちにいくつかの大きな部族集団を編成するとしても、各大族団間もはじめは互いに統属関係になく、もともと万世一系ではありえない。ゆえに、本来異なる部族や族団に属する「黄帝・顓頊・帝嚳・堯・舜」などの族属を、一系として描写する司馬遷らのやり方は、是正する必要がある。『史記』五帝本紀を撰した司馬遷や、『大戴礼記』五帝徳の撰者、『書』の堯典・皐陶謨・禹貢の撰者たちは、もともと散らばっていた材料と、もともと異なる系統に属する部族の領袖や部族の宗神を、撰者による史料の取捨選択・加工・合併・改造などの努力をふまえ、どうにか一つの朝廷内に配置・構築するか、「黄帝―顓頊―帝嚳―堯―舜」などの万世一系の大一統の古史体系へと編成した。彼らがこのようにした理由は、それが当時すでに形成されていた華夏民族の自己の民族意識内で、民族の向心力・凝聚力と、民族の一体感を増強すべく採用された、一種の方式であったためであるとおもわれる。その方法は、つとに存在する各部族の歴史記憶内部の始祖誕生神話と族姓系譜を加工・整合し、それを華夏民族全体の血縁系譜とするものである。そのため現在、五帝本紀の「黄帝―顓頊―帝嚳―堯―舜」の系譜をみるさいには、必ずしも「五帝」と称される伝説人物や宗神が血縁的な祖先―子孫関係にあるか否かに拘泥する必要はない。むしろ「黄帝―顓頊―帝嚳―堯―舜」は、当時の部族集団間の覇権交代の順番をしめしていたとみなされる。

「黄帝―顓頊―帝嚳―堯―舜」の系譜のうち、伝説の人物たる堯・舜・禹と夏王朝の時代とは近く、「神話伝説」のしめす「時間の深さ」としては長くないはずである。たとえば黄帝のたぐいの神話伝説が反映する「時間の深さ」はたいへん長いものであるべきで、顓頊の情況は黄帝時代と堯舜禹時代のあいだにあり、二者の境界線をなしている。たとえば『左伝』昭公十七年は郯子の言をのせる。

昔者、黄帝氏は雲を以て紀《き》［万事を統べる意］す。故に雲師と為りて雲もて名づく。炎帝氏は火を以て紀す。故に火師を為りて火もて名づく。共工氏は水を以て紀す。故に水師と為りて水もて名づく。大皞氏は龍を以て紀す。故に龍師と為りて龍もて名づく。我が高祖少皞摯の立つや、鳳鳥適々《たまたま》至る。故に鳥に紀し、鳥師と為りて鳥もて名づく。……顓頊自り以来、遠きを紀する能わず。乃ち近に紀して、民の師と為りて命ずるに民事を以てするは、則ち能わざるが故なり（昔者黄帝氏以雲紀、故為雲師而雲名。炎帝氏以火紀、故為火師而火名。共工氏以水紀、故為水師而水名。大皞氏以龍紀、故為龍師而龍名。我高祖少皞摯之立也、鳳鳥適至、故紀於鳥、為鳥師而鳥名。……自顓頊以来、不能紀遠、乃紀於近、為民師而命以民事、則不能故也）。

郯子のいう「顓頊自り以来、遠きを紀する能わず。乃ち近に紀す」は、黄帝・炎帝・太皞・少皞などと関係する神話伝説のしめす「時間の深さ」が堯舜禹時代よりはるかに深く、顓頊が両者の分水嶺たりうることをすでにはっきりあらわしている。このほか、顓頊のまえの著名な氏族部落や部族が多くトーテムをしるしとしていることは、つぎの問題をも説明しうる。すなわち、前文所掲の「雲を以て紀《き》す」る黄帝氏は、いくつかの文献では「軒轅氏」・「有熊氏」とも号されている。本書第四章で論じたように、「軒轅氏」は「天黿氏」で、つまり青銅器族徽銘文中の「天黿」族徽である。「有熊氏」とは青銅器族徽銘文中の「天獣族」族徽銘文である。(43)「龍を以て紀す」る太皞氏と、「鳥に紀」する少皞氏などがいずれもトーテムをしるしとする点は、中国の学界ですでに一定程度定説化している。トーテムの起源が早いため、一般にトーテム制度は母系制と共存していたとされ、母系制が父系制に転化したために衰微・瓦解し、氏族名称も改変されたが、なおトーテムの痕跡をとどめていたとされる。(44)マルクスは、

おそらくは、出自が、父系にかわったときか、またはそれよりもずっと前に、氏族のための動物名はつかわれなくなり、人物名がそれにかわったらしい。この代替のあと、氏族に名前をあたえた祖先〔エポニム〕がかわりの人物となった。(45)

とする。マルクスは、動物の名を指標とする氏族か否かを、母系氏族社会と父系氏族社会とをわける境界線、すなわち時代の早晩を区分する方法とする。この点について、『左伝』昭公十七年の郯子の会話と対比してみよう。すなわち、顓頊の出現を境界線とし、それ以前を「鳥師と為りて鳥もて名づく（為鳥師而鳥名）」、それ以後を「民の師と為りて命ずるに民事を以てす（為民師而命以民事）」とする。これらはいずれも二つの観点を証する一助となる。第一に、顓頊以前の黄帝期は、顓頊以後の堯舜禹期よりはるかに古くなければならない。つまり、前述した黄帝・炎帝・太皞・少皞などにかかわる神話伝説のしめす「時間の深さ」は、顓頊以後の堯舜禹などの神話伝説がしめす「時間の深さ」よりはるかに大きくなければならない。第二に、顓頊以前の黄帝期の世系は、ひょっとすると女系で数えられ、あるいは女系で数える時期から男系で数える時期への過渡期にあったかもしれない。そして顓頊のころには、あらたに男系で世系を数えることは完全に確立していた。ゆえに『淮南子』斉俗訓には、

帝顓頊の法、婦人の男子を路に辟《さ》けざる者は、之を四達の衢に払《はら》う（帝顓頊之法、婦人不辟男子於路者、払（『太平御覧』に「祓《はら》［祓う意］」に作る。その通り）於四達之衢）。

とある。このため徐旭生《じょきょくせい》は、『中国古史的伝説時代』において、

およそ帝顓頊以前には、母系制度は徐々に父系制度に取って代られたけれども、男尊女卑の風俗はなお大成していなかったであろう。帝顓頊のときになってようやく宗教的勢力によって男が女より重要なことが明確に規定され、父系制度はようやく確実に樹立したのである。[46]

とのべている。

以上、おもに文献の角度から、『左伝』昭公十七年の記載を論拠として、五帝時代を二つの大きな段階にわけた。顓頊以前の「黄帝時代」と顓頊以後の「顓頊帝嚳堯舜禹時代」である。事実上このような区分は、二者の社会形態上の相異とも一致するものである。いいかえれば、顓頊～禹時代は邦国がうまれ、族邦が連盟した時代である。一方、黄帝時代は国家成立前の「英雄時代」、つまり筆者がいう中心聚落形態時代で、人類学上の首長制の時代にあたる。これは先史社会から国家社会への過渡的時代である。

顓頊の中国先史上の地位はたいへん重要である。顓頊の出現には時代を画する意義がある。第一に「顓頊自り以来、遠きを紀する能わず。乃ち近に紀す（自顓頊以来、不能紀遠、乃紀於近）」は、後世の天文暦法的な意味での年代的記憶があるということで、いいつたえによれば「顓頊暦」もとうぜんこれと関係するであろう。第二に、顓頊期に入ると、男尊女卑と父権がすでに「顓頊之法」になっていたとみられる。かかる制度の確立はもちろん父系に入ったばかりの社会的事情には属さず、父系制度が相当長時間をへて発展した結果である。それは、以前とまるで異なる時代的特徴を反映する。第三に、「顓頊は……乃ち南正重に命じ、天を司りて以て神を属《あつ》めしめ、火正黎に命じ、地を司りて以

て民を属めしめ、……是れを地天の通ずるを絶つと謂う（顓頊……乃命南正重司天以属神、命火正黎司地以属民、……是謂絶地天通(47)」のやり方は、当時すでに専門的神職者が出現していたことを物語る。これは、祭祀と管理を兼ねた階層の形成を意味する。宗教祭祀はすでに被統治階層に壟断されており、それによって社会はさらに複雑化されている。これは、文明化プロセス上の時代的現象の一つである。

既述のとおり、首長制（すなわち中心聚落形態）と国家との重要な区別は、後者には全社会に君臨する強制的公的権力が出現していることである。そしてかかる強制的公的権力の重要なあらわれは、刑罰が出現したことである。文献には、もっとも早い刑罰の出現は顓頊～禹の時代であるとある。たとえば『左伝』昭公十四年引「夏書」には、

「昏・墨・賊・殺」は、皐陶の刑なり（「昏・墨・賊・殺」、皐陶之刑也）。

とある。皐陶はもともと東夷部族に属し、のちに中原にやってきた。これは、先史東夷社会にすでに皐陶の刑が制定されていたことをのべている。『書』堯典には、

（皐陶は）士と作《な》りて、五刑に有服《ゆうふく》し、五服を三つに就《お》き、五流に有宅《ゆうたく》し、五宅三つに居《お》け。惟れ允《まこと》を明克《めいこく》せよ（作士、五刑有服、五服三就、五流有宅、五宅三居。惟明克允。［皐陶よ、汝は士となって、蛮夷の悪人を五刑に付し、五刑に付した者は三箇所におき、また蛮夷の悪人を五種の流刑に処し、その流刑に処した者は三箇所におけ。それにつけては、悪人の真情を明確にせよの意］）。

とあり、やはり帝舜が皐陶に刑獄の職官を担当させ、五刑を用いていたとする。『書』呂刑には、

苗民は霊を用いずして、制するに刑を以てし、惟れ五虐の刑を作りて法と曰い、無辜を殺戮して、爰《ここ》に始めて淫《おお》いに劓刵椓黥《ぎじたくげい》を為す。茲に越《およ》びて刑を麗《し》き、差罔《とがな》きと辞《つみ》有るとを幷せ制《つみ》す（苗民弗用霊、制以刑、惟作五虐之刑、曰法。殺戮無辜、爰始淫為劓刵椓黥。越茲麗刑幷制、罔差有辞）。

とある。これは、顓頊堯舜時代に南方苗蛮集団も刑法を制定済で、そのなかに劓（鼻を斬る）・刵（耳をそぐ。一説には刖、つまり足を斬る刑）・椓（宮刑）・黥（刺青刑。顔に文字を刻む）など、五種のきわめて残酷な刑法があったことをしめす。夏王朝以前の顓頊堯舜時代にすでに刑法が生まれていたことは、顓頊帝嚳堯舜禹時代が強制的公的権力のある初期国家の時期であったことを強く物語る。

顓頊帝嚳堯舜禹時代後段（すなわち堯舜禹期）にすでに初期国家が誕生していた点について、本書第五章の「陶寺都邑と邦国」で論じたさいには、陶寺都邑と唐堯の関係を論証するのみならず、陶寺都邑内の諸文明現象と、ピラミッド式等級構造と階級の関係、そして天文建築・龍山時代の暦法レベル・陶寺邦国の都鄙邑落構造などについても論証した。これより、陶寺の都邑邦国文明は、顓頊堯舜禹時代の社会形態が初期国家社会であることを十分に物語るものと考えられる。

黄帝時代の社会形態について『商君書』画策篇には、

黄帝の世には、麛《べい》不《な》く卵《らん》不《な》く［幼い鹿や鳥の卵を取らない意］、官に供備《きょうび》の民無し。死するも槨《とん》を用うるを得ず。事の同じからざるは、皆な王者、時に異なればなり。神農の世には、男は耕して食《く》らい、婦は織りて衣《き》、刑政用いずして治まり、甲兵《こうへい》起きずして王たり。神農既に没し、強を以て弱に勝ち、衆を以て寡を暴《あ》らす。故に黄帝は君臣上下の儀・父子兄弟の礼・夫婦妃匹の合を作為《さくい》す。内に刀鋸《とうきょ》を行《こう》し、外に甲兵を用い、故に時変ずるなり。此れ由り之を観るに、神農は、黄帝よりも高きに非ざるなり。然るに其の名の尊なるは、時に適するを以てなり（黄帝之世、不麛不卵、官無供備之民、死不得用槨。事不同、皆王者、時異也。神農之世、男耕而食、婦織而衣、刑政不用而治、甲兵不起而王。神農既没、以強勝弱、以衆暴寡、故黄帝作為君臣上下之義（儀）・父子兄弟之礼、夫婦妃匹之合。内行刀鋸、外用甲兵、故時変也。由此観之、神農非高於黄帝也、然其名尊者、以適於時也）。

とある。ここからは、神農の世が男耕女織で、刑政を用いず、戦争がなく、ほぼ平等の農耕聚落社会であることがみてとれる。また黄帝の世には、尊卑の礼儀秩序があること、弱肉強食であること、多数者が少数に粗暴であること、対外的に兵を用いること、戦争が突発することが生じはじめている。これは、不平等をうみ、社会が分化してはいるが、なおも国家を生んでいない、いわゆる「英雄時代」である。このような時代についてモルガンは「軍事民主制」時代とよび、エンゲルスも「軍事民主制」の語をもちい、同時に「英雄時代」の語ももちいている。これは野蛮時代の高級段階で、国家への転換段階でもある。

黄帝時代でもっとも突出した現象は、戦争である。『左伝』僖公二十五年には、

（晋文公）卜偃《ぼくえん》をして之を卜せしむるに、曰く、「吉。黄帝の阪泉《はんせん》に戦うの兆に遇《あ》う」と（使卜偃卜之、曰「吉。遇黄帝戦於阪泉之兆」）。

とある。いわゆる「黄帝戦於阪泉」は、炎帝との戦争である。『列子』［黄帝・第十八章］は、

黄帝の炎帝と阪泉の野に戦うや、熊・羆・狼・豹・貙・虎を帥《ひき》いて前駆《ぜんく》と為し、……（黄帝与炎帝戦於阪泉之野、帥熊・羆・狼・豹・貙・虎為前駆、……）。

とする。これは、黄帝が六つのトーテムを名号とする氏族部落を率い、炎帝と戦ったというものである。『史記』五帝本紀には

軒轅の時、神農氏の世衰う。諸侯は相《あ》い侵伐《しんばつ》し、百姓に暴虐し、而して神農氏は征する能わず。是に於いて軒轅乃ち干戈を用うるを習い、以て不享《ふきょう》を征《う》ち、諸侯は咸《み》な来りて賓従《ひんじゅう》す。而るに蚩尤《しゆう》最も暴を為し、伐《う》つ能わず。炎帝、諸侯を侵陵せんと欲し、諸侯は咸な軒轅に帰す。軒轅乃ち徳を修め兵を振《ふ》るい……熊・羆・貔・貅・貙・虎に教え、以て炎帝と阪泉の野に戦う。三たび戦い、然る後に其の志を得。蚩尤、乱を作し、帝の命を用いず。

> 是に於いて黄帝は乃ち師を諸侯より徴し、蚩尤と涿鹿《たくろく》の野に戦い、遂に蚩尤を禽殺《きんさつ》す。而して諸侯は咸な軒轅を尊びて天子と為す（軒轅之時、神農氏世衰。諸侯相侵伐、暴虐百姓、而神農氏弗能征。於是軒轅乃習用干戈、以征不享、諸侯咸来賓従。而蚩尤最為暴、莫能伐。炎帝欲侵陵諸侯、諸侯咸帰軒轅。軒轅乃修徳振兵……教熊・羆・貔・貅・貙・虎、以与炎帝戦於阪泉之野。三戦、然後得其志。蚩尤作乱、不用帝命。於是黄帝乃徴師諸侯、与蚩尤戦於涿鹿之野、遂禽殺蚩尤。而諸侯咸尊軒轅為天子）。

とある。ここでは、黄帝と炎帝の坂泉の戦いを記載するだけでなく、黄帝と蚩尤の涿鹿の戦いをも記載している。これは、幅広く流伝している伝説時代の二つの戦争で、それゆえ他の文献にも記載がみえる。たとえば『山海経』大荒北経・『戦国策』秦策・『荘子』盗跖・『尸子』などはみな言及している。戦争のせいで、築城手法が向上するようになり、これこそ、本書第二章でのべた仰韶文化中晩期の鄭州西山《せいざん》城邑や、大渓文化～屈家嶺文化期の湖南省澧県城《じょう》頭山《とうざん》などの城邑が、中心聚落形態期に出現した理由である。許順湛《きょじゅんしん》はかつて鄭州西山城邑を「黄帝時代の古城」とよんだことがあるが[48]、これは、考古学的文化年代の点からも社会形態の点からも、正確なものであろう。中心聚落形態期（つまり首長制段階）に出現した城邑について、エンゲルスは『家族・私有財産・国家の起源』において、かつて透徹した論述をしたことがあり、

> すべての文化民族がその英雄時代をたどる時期［に］……石づくりの家や煉瓦づくりの家を石壁とやぐらと凸凹型胸壁で囲んだ都市が、部族や部族連合体の中心地になった。こういう都市は、建築術の巨大な進歩をしめすものであったが、しかしまた危険と防衛の必要との増大のしるしでもあった[49]。

とし、

> 以前には、侵略にたいする復讐のためか、ないしは不十分になった領域の拡大のためのみ行なわれた戦争は、い

まや単なる略奪のために行なわれ、恒常的な生計稼ぎの部門となる。新たに築城工事を施した都市のまわりの威嚇的な囲壁は、いわれなく屹立しているわけではない。囲壁の壕には氏族制度の墓穴が口をあけ、囲壁のやぐらはすでに文明時代にはいってそのなかにそびえているのである。(50)

としている。

古史伝説のなかで、黄帝時代に関連する物質文化・精神文化上の発明や創造は多い。たとえば『世本』作篇には、黄帝時代に「伶倫《れいりん》〔音楽を掌る役人〕は律呂《りつりょ》を造る（伶倫造律呂）」、「沮誦倉頡《そようそうけつ》は書を作る（沮誦・倉頡作書）」等々とある。(51)しかしこれらの発明や創造は、みな当該時代の社会形態を決定するほどではない。先史陶器上の刻画《こくが》符号《ふごう》や図形文字についていえば、仰韶文化半坡時期の「（岳）」・「（阜）」・「×（五）」などの刻画符号はすでに文字の萌芽を有しており、大汶口文化中の「」・「（炅）」・「戉（鉞）」・「斤」などの図像文字は、のちの漢字と同一系統に属すると考えられる。符号から文字への過程については、当面は「蒼頡《そうけつ》は字を造《つく》る（蒼頡造字）」が半坡期の刻画符号と関わるか、大汶口期の図像文字と関わるかを確定するすべはない。もちろん、大汶口文化の図像文字に関わるとしても、それも中心聚落形態期に属する。また音楽と楽器を例にとると、『世本』〔『史記』暦書『索隠』所引『世本』作篇〕には黄帝のときに

伶倫〔音楽を掌る役人〕は律呂を造る（伶倫造律呂）。

とあり、『呂氏春秋』仲夏紀古楽には

昔、黄帝、伶倫をして律を作為《さくい》せしむ。伶倫、大夏の西より、乃ち阮隃《こんろん》の陰に之《きた》き、竹を嶰谿《かいけい》の谷に取り、生じて空竅《くうけつ》の厚さ鈞《ひと》しき者を以て、両節の間を断ち、其の長さ三寸九分にして之を吹き、以て黄鐘《こうしょう》の宮《きゅう》と為す。吹けば「舎少《しゃしょう》」と曰う。次に十二筒《じゅうにとう》を制し、以て阮隃《げんゆ》の下に之《ゆ》き、鳳皇《ほうおう》の鳴を聴き、以て十二律に別《わか》つ。其の雄

の鳴は六為《た》り、雌の鳴も亦た六。以て黄鐘の宮に比《ひ》して適合《てきごう》せしむ。黄鐘の宮、皆な以て之を生ず可し。故に曰く、黄鐘の宮は、律呂の本なり、と。黄帝又た伶倫に命じ、栄将《えいしょう》と与《とも》に十二鐘を鋳《い》、以て五音《ごおん》を和《わ》し、以て英韶《えいしょう》を施さしむ。仲春の月、乙卯の日、日の奎《けい》に在りしときを以て、始めて之を奏し、之を命づけて咸池《かんち》と曰う（昔黄帝令伶倫作為律。伶倫自大夏之西、乃之阮隃之陰、取竹於嶰谿之谷、以生空竅厚鈞者、断両節間、其長三寸九分而吹之、以為黄鐘之宮、吹曰「舎少」。次制十二筒、以之阮隃之下、聴鳳皇之鳴、以別十二律。其雄鳴為六、雌鳴亦六、以比黄鐘之宮。適合黄鐘之宮、皆可以生之、故曰黄鐘之宮、律呂之本。黄帝又命伶倫与栄将鋳十二鐘、以和五音、以施英韶、以仲春之月、乙卯之日、日在奎、始奏之、命之曰咸池）。

とある。九〇〇〇年前～七〇〇〇余年前の河南省舞陽賈湖《ぶようかこ》遺跡では、鶴の足の骨でできた笛二五個が出土し、骨笛には五孔・六孔・七孔と、異なる孔《あな》があいている。五孔・六孔のものは、四声音階と完璧な五声音階が吹ける。七孔のものは、六声と七声の音階を吹ける。中国新石器時代各時期の他の遺跡でもいくらかの楽器が出土している。これより、かりに「黄帝は伶倫に命（黄帝命伶倫）」じて音律と楽器の物質文化を発明させたとの史料に依拠するにしたとしても、黄帝の住む歴史時代と社会形態を精確に見定めることはできない。

以上、顓頊を境界線とし、五帝時代を二つの大きな段階にわけた。黄帝時代と顓頊帝嚳堯舜禹時代である。『商君書』の記述や、『列子』・『荘子』・『尸子』などの諸子、そして『山海経』・『戦国策』・『史記』五帝本紀などののべる黄帝時代の特徴と戦争の状況によれば、黄帝時代は、国家成立前の、社会にすでに不平等な中心聚落形態が出現していた段階、つまりいわゆる首長制段階であった。そして顓頊～禹時代は、初期国家の形成段階に属する。

2　顓頊堯舜禹期の族邦連盟と華夏民族への邁進

顓頊帝嚳堯舜禹期はほぼ考古学上の広義の龍山時代にあたる（前三〇〇〇年〜前二〇〇〇年）。そのうち顓頊帝嚳期は龍山時代前期で、およそ前三〇〇〇年〜前二五〇〇年である。堯舜禹期は龍山時代後期で、およそ前二五〇〇年〜前二〇〇〇年である。(52) 本書第五章でのべたように、考古学の発見上、当該時代後期（つまり前二五〇〇年〜前二〇〇〇年）には一連の初期国家の都邑遺跡がある。たとえば山西省襄汾陶寺《じょうふんとうじ》・河南省登封王城崗《とうほうおうじょうこう》・新密古城寨《こじょうさい》・山東省章丘城子崖《じょうしがい》・鄒平丁公《ていこう》・淄博田旺《でんおう》（桐林《とうりん》）・日照両城鎮《にっしょうりょうじょうちん》・堯王城《ぎょうおうじょう》・湖北省天門石家河《せきかが》・四川省新津宝墩《ほうとん》・陝西省神木石峁・浙江省余杭莫角山《ばっかくざん》などである。これは文献上、歴史的に万邦《ばんぽう》（万国《ばんこく》）とよばれる時代で、堯舜禹の族邦《ぞくほう》連盟《れんめい》がたてられた時代でもある。

顓頊堯舜禹期の中原地区は、二つの大きな政治的景観にわけられる。邦国林立《ほうこくりんりつ》と族邦政治連盟《ぞくほうせいじれんめい》である。堯舜禹の禅譲伝説は、族邦連盟の盟主の職務地位が連盟内で移動・交流する状態にあることをいきいきと描いている。『書』堯典などの記載によれば、堯は年をとったとき、邦国連盟内の「四岳《しがく》」に後継者を推挙させ、皆は一致して舜を推挙した。彼らは、父親が愚昧で頑固なこと、継母が凶暴で惨忍なこと、異母弟が傲慢で幅を利かせていることにたいして、禹が逆にみずから孝行を尽くし、一家を感動させ、和睦させたとのべた。そこで堯は、舜の「家を斉《ととの》え国を治《おさ》む（斉家治国）」能力を観察するため、二人の娘を舜に嫁がせた。堯はさらに舜につつしんで人倫《じんりん》の道・孝の道・礼教を推進させた。舜は父義《ふぎ》・母慈《ぼじ》・兄友《けいゆう》・弟恭《ていきょう》・子孝《しきょう》の五常《ごじょう》の教えをとてもよく推進した。堯はまた、舜に百官を統領させ、舜はよく百官の行いを整序し、各邦君・首領から敬い重んじられた。堯は、舜を天下を授けるに足る人物とし、舜に譲位することに決めた。舜は正式に位を継ぐまえに、権力を堯の子である丹朱《たんしゅ》にゆずり、南河の南に避けた。しかし天下の諸邦と民衆は丹朱を信任せずに舜を奉戴し、舜はようやく正式に位を継いだ。

『書』堯典にはまたこうある。すなわち、舜が邦国連盟を管掌したのち、禹を「司空《しくう》」に命じて洪水をおさめ、水土平定を掌らせた。棄《き》を「后稷《こうしょく》」に命じ、穀物の播種・生産を掌らせた。契《けい》を「司徒《しと》」に命じ、教化を掌らせた。皐陶《こうよう》を「士」とし、刑罰を掌らせた。禹は夏族の始祖、棄は周族の始祖、契は商族の始祖、皐陶は東夷の人である。当時邦国連盟はまだ王朝には発展しておらず、禹・棄・契・皐陶ら被任命者は「朝《ちょう》を同じうして官と為（同朝為人）」ってはいない。これら官職の任命は、必ずしも史実ではなく、舜と諸邦との広範な関係を映しだすもので、当時の邦国連盟の構成のありようをも反映していた。舜が老いたとき、権力と地位を禹に譲ることを決めたが、禹も正式に位を継ぐまえに謙譲し、権力と地位を舜の子商均《しょうきん》に譲ることをしめし、みずからは陽城《ようじょう》に避けたけれども、諸邦は依然として禹を奉戴し、禹はここでようやく正式に位を継いだ。

堯舜禹のあいだの権力と地位の変転にかんしては、さらにべつの伝説がある。『古本竹書紀年』［五帝紀］に、

舜は堯を平陽に囚《と》らえ、之より帝位を取る（舜囚堯于平陽、取之帝位）。

とあり、『韓非子』説疑に

舜は堯に偪《せま》り、禹は舜に偪り、湯は桀を放《お》い、武王は紂を伐つ、此の四人の者は、人臣の、其の君を弑《しい》せる者なり（舜偪堯、禹偪舜、湯放桀、武王伐紂、此四人者、人臣弑其君者也）。

とあり、『孟子』万章章句上にも

（舜は）堯の宮に居《お》り、堯の子に逼《せま》らば、是れ簒《うば》うなり、天の与うるに非ざるなり（居堯之宮、逼堯之子、是簒也、非天与也）。

とある。堯舜禹が互いに戦ったとの伝説は、一面では、中原地区の各邦国間の勢力の消長関係を反映していた。かか

る事情は、史書が「万邦」・「万国」とよぶ堯舜禹期の政治的実体とも一致するものである。

堯舜禹期の「万邦」のなかには、夏商周三代のような中央王国としての「国上之国」がまだ生まれておらず、ゆえに当時の邦国連盟内でのリーダーシップの発生は、多くは平和的な推挙の方法ですすめられた。これが、堯舜禹禅譲伝説の由来である。ときには盟主の誕生は政治的軍事的実力に依拠する必要があったかもしれない。これがいわゆる「舜は堯に逼り、禹は舜に逼り（舜逼堯、禹逼舜）」という事情を生んだのであろう。堯舜禹禅譲伝説が反映するいわゆる民主制は、邦国同士の平等関係がけっしてある一邦国内の関係でないこと、したがって堯舜禹禅譲伝説にもとづいて各邦国内の社会的性質をはかることはできないことを意味する。堯舜禹禅譲伝説にもとづいて各邦国内部の社会的性質を解釈した以前の学説は誤りのようである。同様に、『礼記』礼運のいう、天下を公とする大同《だいどう》世界は、当時の政治的実体の最高位が邦国と邦国の連盟であり、なお一元的政治的王朝体系が出現していなかったことにもとづく。『礼記』礼運は、小康《しょうこう》の「家天下」を夏王朝よりはじまるとするが、これは、王国を中核・頂点とする多元一体的王朝国家体系が夏王朝以来ようやく出現しはじめるためである。「国上之国」なき王国と、王の出現が、「家天下」という政治構造をもつはずがないであろう。「家天下」の「天下」とは、つまり王朝国家であり、中原の王国をふくむのみならず、王国の外の諸邦国もふくむ。その構造は、「共主」の存在を条件とする。

堯舜禹にかんする古史伝説を総合すると、堯・舜・禹は二重の身分をもち、彼らはまず本邦本国の邦君で、みな連盟の「盟主」（つまり覇主）を担ったことがあるとみられる。唐堯が虞舜に禅譲したのは、いいつたえによれば、連盟の盟主位であって、唐国君主の君位ではない。(53) 堯舜禹期の連盟について学界では一般に、これを「部落連盟」とよんできた。けれども、堯舜禹期の「万邦」の政治的実体のうち、若干の初期国家がすでに出現していたことは確実で、「族邦」や「邦国」とよばれている。そうである以上、事物の性質がすべからくその主要な矛盾の主要な面によって規定される点からみれば、堯舜禹期の諸部族同士の関係は、「部落連盟」というよりも、むしろ「邦国連盟」や「族邦連盟」とよぶほうがよい。唐堯・虞舜・夏禹のあいだの関係は、じっさいには邦国同士の関係であり、当時の勢力の消長に従い、唐堯・虞舜・夏禹はみな前後して「族邦連盟」の盟主を担ったことがあるにすぎない。かかる盟主の地位は、夏商周三代の「天下共主」の前身であり、つまり夏商周の君主がもつ「天下共主」の地位は、堯舜禹期の族邦連盟の「盟主」や「覇主」から転化してきたものなのである。

民族形成の視角からみて、顓頊・堯・舜・禹の時期の国家は、部族国家に属する。部族は歴史上、部落より高次のもので、範囲もより大きく、共通の言語をもち、共通の文化をもち、内部のそれぞれの地理的位置は関連しあい（はじめそれぞれの地理的位置はつらなっており、のちに一部はまた遷徙し出てゆける）、血統的特徴（たとえば姓族や族の系譜）を帯びた族共同体である。部族国家の特徴は、国家的民衆や主体的民衆が某一部族に属し、したがって国家の政治生活内で血縁関係がまだ大きな役割を発揮していた点である。国君の名と部族の名とは時に一致しうる。国家の最高保護神も部族祖先神（部族宗神）である。部族は時に国家と同等でありうる。しかし部族遷徙などの原因によって、同一部族に属する人びとがいくつかの小国家を樹立しうるばあいもある。部落から民族への発展過程で、部族と部族国家はその中間の重要な一環節である。すでに部族が形成された状況下では、各部族間の族邦連盟は、部族から民族へ、部族国家から「民族の国家（national state）」への重要な一環節である。中原地区の堯舜禹の族邦連盟はまさしくさまざまな部族よりなり、それはのちの華夏民族の形成を基礎づけたのである。

堯舜禹族邦連盟には、北部戎狄出身の祁姓陶唐氏、西部姜戎出身の姜姓四岳・共工氏、東夷出身の姚姓有虞氏・偃姓皐陶・嬴姓伯益などがいた。

帝堯陶唐氏は祁姓で、『世本』のみならず、『左伝』にも記載がある。『左伝』襄公二十一年は、欒恒子が范宣子の娘を娶って「祁栾」といったとあり、祁姓であることの明証である。また『史記』趙世家によれば、趙簡子は病気となり、五日間にわたって人事不省となり、「百神と鈞天に游び（与百神游於鈞天）」、帝は射当てた熊《くま》と羆《ひぐま》を晋国の范氏と中行氏の祖先としたという。范氏はまたかつてみずから陶唐の後裔だといっており、『左伝』襄公二十四年・『左伝』昭公二十九年・『国語』晋語などの先秦典籍にみえる。

陶唐氏は祁姓で、祁姓は黄帝族十二姓の一である。『山海経』大荒西経には、

　北狄の国有り。黄帝の孫を始均と曰い、始均は北狄を生む（有北狄之国。黄帝之孫曰始均、始均生北狄）。

とある。黄帝族は軒轅氏と有熊氏の二大支族・二十五宗・十二姓よりなり、部族融合の結果である[54]、有熊氏はおそらく「黄帝北狄」の一支に属する。このように、祁姓陶唐氏は黄帝部族集団の「北狄」の一分支に属するといえる。陶唐氏ははじめ現在の河北省唐県一帯で活動し、のちに徐々に南へ遷移し、最後には現在の晋南臨汾と翼城一帯にすみついた。『漢書』地理志中山国唐県条の班固自注には、

　堯山は南に在り（堯山在南）。

とあり、顔師古注には

　応劭曰く「故の堯国なり、唐水は西に在り」と（応劭曰「故堯国也。唐水在西」）。

とあり、『後漢書』郡国志二唐県条下注引『帝王世紀』にもこれと同じ説があり、『水経』滱水注・『読史方輿紀要』巻十二唐城条も同様である。これらはみな陶唐が現在の河北省唐県一帯にとどまっていた痕跡である。そののち陶唐氏は、晋中地区に遷徙した。『詩』国風唐風の「唐」は帝堯の旧都で、現在の太原晋陽である。堯は最初この地に住み、のちに河東平陽に遷った。『漢書』地理志太原郡晋陽条班固自注と『水経』晋水注はいずれもこの説に従っている。陶唐氏は、最後には現在の晋南臨汾と翼城一帯に定住しており、上引『詩』国風唐風と、『帝王世紀』〔『山西通志』

巻二一五所収」に、

　堯は平陽に都し、『詩』に唐国に為る（堯都平陽、於『詩』為唐国）。

とあり、いずれも臨汾を陶唐氏の都した場所としている。『左伝』昭公元年と『左伝』定公四年は、成王が弟唐叔虞を夏墟に封じたとし、つまり故の唐国である。『史記』晋世家はこのことを記載するさいに、

　叔虞を唐に封ず。唐は河・汾の東に在り、方百里。故に唐叔虞と曰う（封叔虞於唐。唐在河・汾之東、方百里、故曰唐叔虞）。

とし、『正義』引『括地志』には、

　故の唐城は絳州翼城県の西二十里に在り、即ち堯の裔子の封ずる所なり（故唐城在絳州翼城県西二十里、即堯裔子所封）。

とある。顧炎武『日知録』巻三一は、晋国都城が太原晋陽にあったとの説を反駁するにあたり、唐叔は始封時から侯緡の滅亡時まで、翼城にいたと主張する。顧炎武説は正しい。帝堯陶唐氏が最後に晋南臨汾・翼城一帯の唐地に定住し、襄汾陶寺遺跡がその都邑である点は、第五章「陶寺都邑と邦国」の関連箇所ですでに論述をしており、贅言はしない。

　虞舜有虞氏は東夷の族で、『孟子』離婁章句下には、

　舜は諸馮《しょひょう》に生まれ、負夏に遷り、鳴条に卒す。東夷の人なり（舜生於諸馮、遷於負夏、卒於鳴条、東夷之人也）。

とある。諸馮の場所にかんしては先行研究がない。じつは現在の山東省諸城市に諸馮の地名がある。清・乾隆年間の『諸城県志』に「（該）県の人物は舜を以て冠と為し、古跡は諸馮を以て首と為す（県人物以舜為冠、古跡以諸馮為首）」とあり、現在の山東諸城に、前漢時代に諸県があり、春秋時代に魯国の邑があった。『春秋』荘公二十九年に

十二月、諸と防とに城《きづ》くは、時を書するなり（［十二月］城諸及防［書時也］）。

とあり、『春秋』文公十二年［『春秋左氏伝』文公十二年所収の経文］に

季孫行父、師を帥《ひき》いて諸と防とに城く（季孫行父帥師城諸及防［防を鄆に作る本あり］）。

とあり、楊伯峻『春秋左伝注』に「諸・防は皆な魯邑なり（諸・防皆魯邑）」とあり、朱玲玲「舜為〝東夷人〟考」は「諸馮とは諸のはずである。言語の角度からいえば、諸馮の馮字は軽く読む接尾辞の音で、北京語の「儿」のごとくである。「諸」を付した文字は省略でき、省略せねば「諸馮」に作り、尾音《びいん》を省略すれば「諸」に作る」(55)とする。清初・張石民『放鶴村文集』諸馮辯も「諸城の名は、魯の季孫行の父が諸に築城したことによる。諸城の名は、諸馮に……もともと舜の祠があったことによる」とする。このため、諸馮が山東省諸城にある点は、孟子が舜は「東夷之人」だとする点とたいへん一致し、舜の出生地・虞舜族の発祥の地は、現在の諸城にあると考えられる。

虞舜族のべつの居住地は陳地で、つまり現在の河南省虞城である。『左伝』昭公八年に、

舜、之に重《かさ》ぬるに明徳を以てし、徳を遂《すい》に寘《お》く。遂、世々之を守り、胡公に及ぶまで淫せず。故に周、之に姓を賜い……（舜重之以明徳、寘徳於遂。遂世守之、及胡公不淫。故周賜之姓……）。

とあり、『史記』陳杞世家にも

陳胡公の満は、虞帝舜の後なり（陳胡公満者、虞帝舜之後也）。

とあり、『史記』周本紀に、

武王は先の聖王を追思し、乃ち……帝舜の後を陳に……襃封す（武王追思先聖王、乃褒封……帝舜之後於陳）。

とあり、『正義』引『括地志』に、

陳州宛丘県は陳城中に在り、即ち古の陳国なり。帝舜の後の遏父は周の武王の陶正為り、武王は其の器用に頼り、

其の子の嬀満を陳に封じ、宛丘の側に都す（陳州宛丘県在陳城中、即古陳国也。帝舜後遏父為周武王陶正、武王頼其器用、封其子嬀満於陳、都宛丘之側）。

とあり、すなわち現在の河南虞城である。この地は、虞舜が諸馮から西へ遷徙して発展した、最初の場所であるとみなせる。

そののち、虞舜族のなかには諸馮と陳地虞城のどちらかにとどまる者もいたはずであるが、虞舜とその族団はさらに中原へも遷徙・発展したのであり、そうして現在の山西省平陸にも虞城が出現した。『史記』秦本紀には昭襄王五十三年に秦が魏を討伐し、

呉城を取る（取呉城）。

とあり、『正義』引『括地志』に、

虞城故城は陝州河北県の東北五十里の虞山の上に在り、亦た呉山と名づく。周の武王は弟の虞仲を周の北の故夏墟の呉城に封ず。即ち此の城なり（虞城故城在陝州河北県東北五十里虞山之上、亦名呉山。周武王封弟虞仲於周之北故夏墟呉城。即此城也）。

とある。その地は現在の山西省平陸県にある。このように虞舜の活動地域は山東省からまずは河南省虞城にうつり、さらに転じて山西省平陸に至っている。これが、『管子』治国や『呂氏春秋』貴因などにいわれるところの、

舜は一たび徙りて邑を成し、再び徙りて都を成し、三たび徙りて国を成す（舜一徙成邑、再徙成都、三徙成国）。

である。虞舜が中原に達したあとの都邑は、皇甫謐『帝王世紀』［『山西通史』巻一七六所引］の説に従えば、

舜の都する所は、或いは蒲坂と言い、或いは平陽と言い、或いは潘と言う（舜所都、或言蒲坂、或言平陽、或言潘）。

である。また虞舜が東夷の地から中原にやってきて、また中原地区の族邦連盟に盟主となったため、『史記』五帝本

紀には

舜は、冀州の人なり（舜、冀州之人也）(56)。

とある。

四岳と共工氏も堯舜禹族邦連盟の重要な組成部分だが、彼らは姜戎に出自する。『国語』周語中に、

斉・許・申・呂は太姜に由り……（斉・許・申・呂由太姜……）。

とあり、『国語』周語下に、

昔、共工……百川を壅防《ようぼう》……せんと欲す。……其の後、伯禹は前の非度《ひど》を念《おも》い、……共の従孫四岳《しがく》之を佐《たす》く。……皇天《こうてん》之を嘉《よみ》し、……四岳に国を祚《さいわい》し……姓を賜いて姜と曰い、氏を有呂と曰う。……申・呂は衰えたりと雖も、斉・許猶お在り（昔共工……欲壅防百川、……其後伯禹念前之非度、……共之従孫四岳佐之。……皇天嘉之、……祚四岳国……賜姓曰姜、氏曰有呂。……申・呂雖衰、斉・許猶在）。

とある。これら二史料からは、斉・許・申・呂の四国がみな姜姓で、四岳の後裔であり、四岳が共工の従孫であることがわかる。しかしこの姜姓の四岳はまた「姜戎」ともよばれる。『左伝』襄公十四年には、

将に戎子駒支を執えんとす。范宣子親《みずか》ら諸《これ》を朝《ちょう》に数《せ》めて曰く「来たれ、姜戎氏。昔、秦人、乃《なんじ》の祖《そ》吾離《ごり》を瓜州《かしゅう》に迫逐《はくちく》せしとき、乃の祖吾離、苦蓋《せんがい》を被《こうむ》り、荊棘を蒙《おか》して、以て来りて我が先君に帰せり。……」と。対えて曰く、「……恵公は其の大徳を蠲《あきら》かにし、我が諸戎は是れ四岳の裔冑なりと謂い、曰く、是れを剪棄すること毋かれ、と。我に南鄙の田を賜う。……」（将執戎子駒支。范宣子親数諸朝曰「来、姜戎氏。昔、秦人迫逐乃祖吾離于瓜州、乃祖吾離被苦蓋、蒙荊棘、以来帰我先君。……」。対曰「……恵公蠲其大徳、謂我諸戎是四岳之裔冑也、曰、毋是剪棄。賜我南鄙之田。……」）。

とある。ここで戎人駒支は「我が諸戎は是れ四岳の裔冑なり（我諸戎是四岳之裔冑）」とのべており、四岳と諸戎はもともと同一の部族である。

上述の事情は、多様な部族の人びとが中原地区に到来したのち、各自の部族国家を建てると同時に、一つの族邦連盟も組成したことを物語る。このように個々の部族国家にとっては、その国人は同一部族の血縁の族衆でありうる。しかし連盟にとっては、それは部族血縁の障壁を越え、したがって徐々に部族意識を越えた、ある種の新しい文化要素を生む。かかる新しい文化要素は、各部族の人びとを民族へ成長させる動因であり、また人びとを血縁的部族から文化的民族へと向かわせた。しかし族邦連盟は結局のところ散漫なもの、不安定なものゆえ、盟主の交替にともない、連盟の中心もぐらつくものである。ゆえに民族の形成についていえば、ある種の新しい文化的要素だけではとても足りず、それはもっと広範囲に及ぶ邦国の枠を超えた、諸部族を受け入れて包み込むことのできる「大国家機制」を必要とする。そののち出現した夏王朝の史実からみると、かかる「大国家機制」は、まさに筆者のいう「複合制国家構造」である。複合制国家構造があってはじめて、多元一体的政治構造が出現し、一国家内に多くの部族を受容でき、したがって分散した部族国家を一定の形式をもつ統一的民族国家へ向かわせ、王朝体制下の大文化を血脈・紐帯とする華夏民族を出現させるのである。

ここでのいわゆる「一定の形式をもつ統一」とは、秦漢以後の統一的多民族国家とは異なることを意味する。秦漢以来の「統一的国家」、すなわち国家の統一とは、郡県制を行政機制とする中央と地方の層位的な隷属と管轄による、単一的な中央集権国家である。一方、夏商周三代は複合制王朝国家で、その複合制とは王朝内に王国とそれに従属する属国（属邦）という二部分がふくまれることをさす。夏代におけるそれは、夏后氏と他の従属する族邦よりなる。商代におけるそれは、「内服」地の王国と「外服」地の侯伯などの属邦よりなる。ともかくかかる複合制は、王を天下の「共主」とし、さまざまな部族の人びとを王朝体系内にふくむ。したがって私たちのいう四大要素あるいは四つの自然属性（共通の言語、共通の地域、共通の文化、そして同じ経済生活）は、夏王朝・殷王朝にすでに用意されていたのである。

共通の言語をもつことは、唐虞・夏商周の漢字体系から証明を得られる。文字が言語を基礎とすることは知られている。商代晩期と周代の青銅器銘文、商人殷墟甲骨文と周人周原甲骨文、および商代甲骨文と周代的金文が完全に一つの文字システム、つまり漢字体系であることは疑うべくもないものである。夏代にかんしてはまだ文字がみつかっていないけれども、夏代以前の山西省襄汾陶寺都邑遺跡では文字を使用していたことがわかっており、現在までに公開済の二つの文字は、具体的な字義の解釈はなお定論を得ないとはいえ、漢字体系に属することに疑問の余地はない。第五章ではすでに陶寺都邑が堯舜禹期の邦国の都城で、かつおそらく帝堯陶唐氏の都城であることを論証した。そうするとつぎの点が証明できる。すなわち、堯舜禹族邦連盟～夏商周三代王朝の使用言語は、同一の漢語体系で、そのなかに各部族同士に方言の違いはあれども、彼らが共通の言語に属することは疑問の余地のないものである。

共通の地域をもつとは、夏商周三代の王朝国家がもつ領土をさす。そのうち、夏商周三代の王都所在地、つまり中原地区は、共通する地域の核心区である。また、まさにそうであるからこそ、字議訓詁のうえで「華夏」の夏は「中国」と称される。華夏民族は夏王朝の開始以来、共通の中原の地を有しているのである。なかには国家を民族の外殻とよぶ者もおり、この点で複合制王朝国家は華夏民族の外在的枠組となるのである。

共通の文化をもつとは、夏王朝以来、中原を核とする華夏民族が衣冠服飾・礼儀制度・典章制度・宗教崇拝・祭祀・宇宙観などの面でもつ共通性をさす。この点で夏商周三王朝には変化はあれども、まさに孔子がいうとおり、殷は夏礼にもとづき、周は殷礼にもとづくのであり、それらのあいだには損益するところがあるだけである。

同じ経済生活をもつとは、王朝内において王室に従属する各族邦が王室に貢納をすることをさすのではなく、中原と各地の経済貿易の往来をさすのでもない。それは、複合制王朝国家の人びとが、同じような地理と生態環境のなかで暮らすために、経済類型が同じとなり、それによって同じ生産生活方式と生活習慣をもつことをさす。

要するに、堯舜禹期の族邦連盟から多元一体複合制の夏王朝への変化にともない、もともとの諸部族国家は民族の国家（national state）へ変化したのである。華夏民族の形成開始も、夏王朝をその時間的上限としなければならない。

注

（1）スターリン（スターリン全集刊行会訳）「マルクス主義と民族問題」（『スターリン全集』第二巻、大月書店、一九五四年、三二九頁）。
（2）スターリン注（1）前掲書、三三七頁。
（3）スターリン（スターリン全集刊行会訳）「民族問題とレーニン主義」（『スターリン全集』第十一巻、大月書店、一九五四年、三六九頁）。
（4）マルクス（廣松渉編訳）『ドイツイデオロギー』（岩波書店、二〇〇二年、一四〇～一四一頁）。
（5）エンゲルス（土屋保男訳）『家族・私有財産・国家の起源』新日本出版社、一九九九年、二三〇～二三一頁）。
（6）エンゲルス注（5）前掲書、一九七頁。
（7）易建平『部落聯盟与酋邦——民主・専制・国家：起源問題比較研究』（社会科学文献出版社、二〇〇四年、三五～五一頁）。
（8）奔驥「関于民族形成問題的討論近況」（『内蒙古社会科学』一九八三年第二期）。
（9）秦海波「従西班牙歴史看〝民族国家〟的形成与界定」（『世界歴史』二〇〇八年第三期）。
（10）王雷「民族定義与漢民族的形成」（『中国社会科学』一九八二年第五期）。
（11）沈長雲「華夏民族的起源与形成過程」（『中国社会科学』一九九三年第一期）。

(12) 沈長雲注（11）前掲論文。
(13) 王震中「文明与国家——東夷民族的文明起源」（『中国史研究』一九九〇年第三期）。王震中『中国文明起源的比較研究』（陝西人民出版社、一九九四年版、三四五頁）。
(14) 王震中『商代都邑』（中国社会科学出版社、二〇一〇年、三五三～三五九頁）。
(15) 趙世超「西周為早期国家説」（『陝西師範大学学報』一九九二年第四期）。
(16) 沈長雲注（11）前掲論文。
(17) マルクス（布村一夫訳）『マルクス　古代社会ノート』（未来社、一九七六年、一九九頁）。
(18) 易建平注（7）前掲書、二四～五一頁。
(19) スターリン注（3）前掲論文、三六九頁。
(20) 王雷注（10）前掲論文。
(21) 王和「再論歴史規律——兼談唯物史観的発展問題」（『清華大学学報（哲学社会科学版）』二〇〇八年第一期）。
(22) 『遼史』部族。
(23) 「民族的国家（national state）」と「民族国家（nation-state）」は同じでない。現在ヨーロッパの学界でつねに用いられる「民族国家（nation-state）」は近代民族・近代国家をさす。
(24) 沈長雲注（11）前掲論文。
(25) 顧頡剛・劉起釪『尚書校釈訳論』（中華書局、二〇〇五年、一二三三頁）。
(26) 張富祥「先秦華夏史観的変遷」（『文史哲』二〇一三年第一期）。
(27) 章太炎「中華民国解」（『民報』十五号、一九〇七年七月五日）。
(28) 李平心「伊尹遅任老彭新考」（『李平心史論集』人民出版社、一九八三年、二六頁）。
(29) 陳徳祺「民俗学在社会科学中的地位」（『民俗調査与研究』河北人民出版社、一九八八年、五七四頁）。
(30) 黄帝は部族融合の結果でもある。あとで詳論する。

(31) 蘇秉琦「仰韶文化的若干問題」(『考古学報』一九六五年第一期)。
(32) 張富祥注(26)前掲論文。
(33) 劉起釪「由夏族原始居地縦論夏文化始于晉南」(田昌五主編『華夏文明』第一集、北京大学出版社、一九八七年、三九〜四〇頁)。
(34) 張富祥注(26)前掲論文。
(35) たとえば『左伝』荘公三十二年に「故に神を得て以て興すること有り、亦た以て亡ぶこと有り、虞・夏・商・周は皆な之有り(故有得神以興、亦有以亡、虞・夏・商・周皆有之)」、『墨子』明鬼下に「昔、虞夏商周、三代の聖王、其れ始めて国を建てて都を営むや、必ず国の正壇を択び、置くに宗廟を以てす(昔者虞夏商周、三代之聖王、其始建国営都、必択国之正壇、置以宗廟)」などとある。
(36) 顧頡剛・劉起釪注(25)前掲書、一三〇六頁。
(37) 顧頡剛・劉起釪注(25)前掲書、一五七六頁。
(38) 沈長雲注(11)前掲論文。
(39) 本書本第七章・第八章で詳論する。
(40) 王震中「三皇五帝伝説与中国上古史研究」(『中国社会科学院歴史研究所学刊』第七集、商務印書館、二〇一一年)。王震中「古史伝説的〝虚〟与〝実〟」(『趙光賢先生百年誕辰紀念文集』中国社会科学出版社、二〇一〇年)。
(41) たとえば王震中注(40)前掲論文では、『尚書』堯典に堯が義仲・義叔・和仲・和叔等の天文官員に暦法を制定させたとある点を分析した。
(42) 王震中注(40)前掲論文。
(43) 鄒衡『夏商周考古学論文集』(科学出版社、二〇〇一年版、三一三頁)。
(44) 李衡眉「三皇五帝伝説及其在中国史前史中的定位」(『中国社会科学』一九九七年第二期)。
(45) マルクス(布村一夫訳)『マルクス　古代社会ノート』(未来社、一九七六年、二五五頁)。

(46) 徐旭生『中国古史的伝説時代』(科学出版社、一九六〇年、八五頁)。
(47) 『国語』楚語下。
(48) 許順湛「中原第一城——黄帝時代的鄭州西山古城」(『炎黄文化研究』第一輯、大象出版社、二〇〇四年、許順湛『史海蕩舟』中州古籍出版社、二〇〇八年所収)。
(49) エンゲルス(土屋保男訳)『家族・私有財産・国家の起源』(新日本出版社、一九九九年、二一九頁)。
(50) エンゲルス注(49)前掲書、二二一頁)。
(51) 他人や他時代の発明創造に属するものもあり、『世本』作篇も黄帝の名義に属させている。たとえば『世本』[『史記』暦書『索隠』引]には「黄帝は義和をして日を占せしめ、常儀をして月を占せしむ(黄帝使義和占日、常儀占月)」とあり、『書』堯典のこれらはみな堯のときのことに属する。
(52) 王震中注(40)前掲論文。
(53) 王樹民「五帝時代的歴史探秘」(『河北学刊』二〇〇三年第一期)。
(54) 王震中注(40)前掲論文。
(55) 朱玲玲「舜為〝東夷人〟考」(『超然台』二〇〇九年第三期)。
(56) 南方にも舜関連の伝説がある。たとえば言い伝えによれば、堯の娘で舜の妻は湘君である。『呂氏春秋』恃君覧召類に「舜は苗民を却けて、更に其の俗を易う(舜却苗民、更易其俗)」、『山海経』海内南経に「蒼梧の山。帝舜は陽に葬られ、帝丹朱は陰に葬らる(蒼梧之山。帝舜葬於陽、帝丹朱葬於陰)」、『山海経』海内経に「南方蒼梧の丘、蒼梧の淵。其の中に九嶷山有り、舜の葬る所にして、長沙零陵界中に在り(南方蒼梧之丘、蒼梧之淵。其中有九嶷山、舜之所葬、在長沙零陵界中)」とある。舜は姚姓で、『史記』五帝本紀『正義』引『会稽旧記』に「舜は上虞の人、虞を去ること三十里にして姚丘有り、即ち舜の生るる所なり(舜上虞人、去虞三十里有姚丘、即舜所生也)」とある。孟子のいう舜が「東夷之人也」である点を信じるならば、東夷ないし商代の「人方」は「夷方」の所在地となる。より多くの証拠は、それが現在の山東地区にあることをしめす(李学勤「重論夷方」『民大史学』(一)、中央民族大学出版社、一九九六年版、李学勤「論新出現的一片征人方卜辞」『殷都学刊』二〇〇五年第一期参照）。ゆえに舜と南方の関係についての説は、虞舜の活動範囲がつねに南方に至っている点、舜の勢力と文化の影響が南方に伝播している点、舜が南方で亡くなったともされる点による。

第七章　夏族の興起と夏文化の探索

第一節　夏族の興起

1　禹・鯀・崇の関係

『国語』魯語上は、魯の大夫である展禽《てんきん》の言を引いて、

夏后氏は黄帝を禘《てい》して顓頊を祖《そ》し、鯀を郊《こう》して禹を宗《そう》す（夏后氏禘黄帝而祖顓頊、郊鯀而宗禹）。

とのべている。禘・祖・郊・宗はみな「国の典祀（国之典祀）」である。春秋戦国時代の人のみるところでは、黄帝たちはすでに華夏民族の共通の祖先となっており、そのため前引の展禽の話にはまた、

有虞氏は黄帝を禘《てい》して顓頊を祖《そ》し、堯を郊《こう》して舜を宗《そう》す（有虞氏禘黄帝而祖顓頊、郊堯而宗舜）。

ともある。(1)夏后氏と有虞氏という異なる部族は、ともに「黄帝を禘して顓頊を祖し（禘黄帝而祖顓頊）」ており、それは民族融合の結果である。民族が融合する以前にかんしては、部族の角度からみて、夏族の興起を禹の父親の鯀にさかのぼらせて問題ない。

先秦文献では、鯀と禹はともに「崇伯」とよばれることがある。たとえば『国語』周語下には、

其の有虞に在りては、崇伯鯀有り（其在有虞、有崇伯鯀）。

とある。一方、『逸周書』世俘は禹を「崇禹」とよんでいる。これより崇の地は、夏族の先夏時期（つまり夏王朝成立

以前）における重要な根拠地であり、これが『国語』周語上に、

昔夏の興るや、融〔祝融〕、崇山《すうざん》に降り……（昔夏之興也、融降于崇山……）。

といわれていることの意であるとわかる。

崇の場所にかんしては少なくとも六説がある。第一に豊鎬説、第二に秦晉説、第三に嵩高説、第四に晉南襄汾説、第五に徐州説、第六に山東鄆城東南説である。

豊鎬説は、『詩』〔大雅文王之什〕文王有声に「既に崇を伐ち、邑を豊に作る（既伐于崇、作邑于豊）」とあるのによる。これにもとづいて、殷末周初の崇は現在の陝西省鄠県にあるとする者もいれば、渭南にあるとする者もいる。

秦晉説は、『左伝』宣公元年に「晉、成《たいらぎ》を秦に求めんと欲す。趙穿《ちょうせん》曰く「我、崇を侵さん、秦は崇を急とすれば、必ず之を救わん。吾以て成を求めん」と。冬、趙穿は崇を侵す、秦は与《とも》に成《たいら》がず（晉欲求成於秦。趙穿曰「我侵崇、秦急崇、必救之。吾以求成焉」。冬、趙穿侵崇、秦弗与成）」とあるのによる。これによれば、春秋時代にいたるまでのあいだ、晉と秦の境界には、崇とよばれる国があった。

嵩高説は、前引『国語』周語上〔昔夏之興也、融降於崇山〕の韋昭注に「崇は、崇高山なり。夏は陽城に居り、崇高の所は近し（崇、崇高山也。夏居陽城、崇高所近）」、『太平御覧』〔巻三九地部四嵩山引の『国語』〕韋昭注に「崇・嵩字は古は通ず。夏は陽城に都す。嵩山は焉に在り（崇・嵩字古通。夏都陽城、嵩山在焉）」とあるのによる。後人はこれによって多く、崇を漢の潁川郡の嵩高県とする。

晉南襄汾説は、顧祖禹『読史方輿紀要』〔巻四一山西三〕が「崇山は（襄汾）県の東南四十里に在り（崇山在（襄汾）県東南四十里）」と考訂しているもので、襄汾県内の塔児山がおそらくいにしえの崇山であるとのべている。

江蘇省徐州説は、わが師の楊向奎《ようこうけい》の提起しているものである。一九三〇年代に楊向奎は「夏民族起于東方考」など

の論文を発表し、(2)「夏民族が興起したのは、現在の山東省西南部と江蘇省・河南省の境界にあたる」地区であると主張している。そのうち崇の地にかんして楊向奎は、『史記』夏本紀に「行きて鯀の水を治むること無状《むじょう》なるを視《み》、乃ち鯀を羽山に殛《きょく》し、以て死せしむ（〔行視〕鯀之治水無状、乃殛鯀於羽山以死）」、『漢書』地理志上東海郡祝其県条の班固自注に「「禹貢」の羽山は南に在り、鯀の殛《ころ》さるる所なり（「禹貢」羽山在南、鯀所殛）」とあるのを挙げる。漢の祝其県は、現在の江蘇省贛楡県である。『孟子』公孫丑章句下に「崇《すう》に於いて、吾れ王に見ゆることを得（於崇、吾得見王）」たとあり、『路史』〔巻二九〕国名記六引『寰宇記』に「彭城の北三十里に泗水に臨む（彭城北三十里臨泗水）」、同『秦地志』に「垞城は、古の崇国。兗人は中を実たすの城を謂いて垞と曰う。城の西南に崇侯廟有り（垞城古崇国。兗人謂実中城曰垞。城西南有崇侯廟）」とある。楊向奎は、「この崇国と上述の徐州羽山の地は近い」とし、まさに禹の父である崇伯の国の所在地であるとする。

山東省鄄城東南説は、近年沈長雲が濮陽陽城説を提出したさいに、一緒に提出したものである。その論証のロジックはこうである。すなわち、司馬相如「大人賦」〔『史記』司馬相如列伝所引等〕に「唐堯に崇山に歴《よぎ》り、虞舜に九疑に過《よぎ》る（歴唐堯於崇山兮、過虞舜於九疑）」とあり、堯の埋葬地が崇山にあるとある。『墨子』節葬下には「昔者《むかし》、堯は北のかた八狄《はってき》を教え、道に死し、蛩山《きょうざん》の陰に葬らる（昔者、堯北教乎八狄、道死、葬蛩山之陰）」とあり、蛩・崇の音は通用し、この崇山は狄山ともいう。『山海経』海外南経に「狄山は帝堯を陽に葬り、帝嚳を陰に葬る（狄山帝堯葬于陽、帝嚳葬于陰）」とあり、『水経』瓠子河の酈道元注〔『水経注』巻二四瓠子河〕に「『山海経』に、堯は狄山の陽《きた》に葬られ、一に崇山と名づく、と（『山海経』堯葬狄山之陽、一名崇山）」とある。よって、いにしえの瓠子河が流れている漢の済陰郡成陽県の西北とは、現在の山東省鄄城県東南付近にあたり、つまりいにしえの崇山の地である、と。(3)

だが、『水経』瓠子河の酈道元注の原文はこのようである。

瓠河は故《も》と瀆《とく》なり。又た東のかた句陽県の小成陽の城北を逕《めぐ》る。城北の側らに瀆あり、『帝王世紀』曰く、「堯は済陰の成陽の西北四十里に葬らる、是れ穀林為り。『墨子』以為らく、堯の堂は高さ三尺、土階は三等、北は八狄に教え、道すがら死し、葬蛩山の陰に葬らる、と。『山海経』曰く、堯の葬らるる狄山の陽は、一に崇山と名づく、と。二説は各々殊なる。以為らく、成陽の近きは是れ堯冢なり」と（瓠河故瀆又東逕句陽県之小成陽城北。城北側瀆、『帝王世紀』曰「堯葬済陰成陽西北四十里、是為穀林。『墨子』以為堯堂高三尺、土階三等、北教八狄、道死、葬蛩山之陰。『山海経』曰堯葬狄山之陽、一名崇山。二説各殊、以為成陽近是堯冢也」）。

酈道元の伝える皇甫謐『帝王世紀』には「堯は済陰の成陽の西北四十里に葬られ（堯葬済陰成陽西北四十里）」たとある。皇甫謐は、『墨子』・『山海経』のいう堯が葬られた狄山（一名は崇山）を済陰成陽一帯にあるとする。もっとも、酈道元［『水経注』瓠子河］は済陰成陽一帯について「俗喭に以為らく、囚堯城、と。士安（＝皇甫謐）は蓋し是を以て堯の冢と為すなり（俗喭以為囚堯城、士安（皇甫謐）蓋以是為堯冢也）」と指摘する。これより、皇甫謐は「囚堯城」を「堯冢」としている。皇甫謐が「堯は済陰の成陽の西北四十里に葬らる（堯葬済陰成陽西北四十里）」としている点については、その論拠がどこにあるかは知り得ない。

韋昭は、崇山を嵩高山とし、崇山と陽城をむすびつけて考えており、互いに証明しあう役割をはたしている。しかし、王玉哲はこう指摘する。河南の嵩山は、「崇高山」という名で、漢の武帝が潁川郡の太室山に登って礼拝したことでそう名前を改めた。かくて河南にはじめて崇高山がうまれたのである、と。(4) それより以前、それは太室山や外方山とよばれていた。顧祖禹『読史方輿紀要』が山西省襄汾県の西南四十里の塔儿山をいにしえの崇山としていることについて、ある研究者は、この名称の出現が遅きにすぎ、信じがたいとする。

崇と山西の関係といえば、顧頡剛・王玉哲らは、かつて考証してこうのべたことがある。すなわち、『詩』大雅

〔蕩之什〕嵩高《すうこう》の「嵩高なる維《こ》れ岳《がく》（嵩高維岳）」の「岳」は、じつは『書』禹貢がいう冀州の「岳陽」・「太岳」の「岳」をさし、この「大岳」は山西省霍太山で、「四岳」ともよばれ、「四」は「大」の転訛である、と。

一方、傅斯年もこうのべている。『詩』嵩高には「嵩高なる維れ岳、駿《たか》きこと天に極《いた》る、維れ岳は神を降し、甫及び申を生む（嵩高維岳、駿極于天、維岳降神、生甫及申）、『国語』周語下には「共の従孫四岳、之を佐《たす》く……四岳に国を祚《さいわい》し、命じて侯伯と為し、姓を賜いて姜と曰い、氏を有呂と曰うは……。……申・呂は衰うると雖も、斉・許は猶お在り（共之従孫四岳佐之……祚四岳国、命為侯伯、賜姓曰姜、氏曰有呂……。……申呂雖衰、斉許猶在）」などとある。これより、四岳はじつは岳山山脈のなかの、四つの大きな山で、四岳の国たる斉・許・申・呂の領地はもともと豫西とその南一帯にあり、斉はのちに東方に遷徙したものである。また『左伝』昭公四年のいう「四岳・三塗・陽城・大室・荊山・中南は、九州の険なれども……（四岳・三塗・陽城・大室・荊山・中南、九州之険也……）」の陽城は、現在の登封県にある、と。[5]

たしかに、斉・許・申・呂という姜姓国は、「大岳」とつながっているものである。たとえば『左伝』隠公十一年には「夫れ許は、大岳の胤なり（夫許、大岳之胤也）」、『左伝』荘公二十二年には「姜は、大岳の後なり（姜、大岳之後也）」、『国語』周語中には「斉・許・申・呂は太姜に由り……（斉・許・申・呂由太姜……）」、『国語』周語下には「四岳に国を祚し、命じて侯伯と為し、姓を賜いて姜と曰い、氏を有呂と曰うは……。……申・呂は衰うると雖も、斉・許は猶お在り（祚四岳国、命為侯伯、賜姓曰姜、氏曰有呂……。……申・呂雖衰、斉・許猶在）」とある。

では、ここでの大岳・四岳は結局もともと豫西とその南にあったのか、それともまず晋南「河東」地区の霍太山にあり、のちに南の豫西とその南へ遷ったのか。この二つの観点には、それぞれがみずからの言い分がある。後者については、『山海経』大荒南経「帝堯・帝嚳・帝舜は岳山に葬る（帝堯・帝嚳・帝舜葬于岳山）」、王充『論衡』書虚「堯は冀州に葬られ、或いは言う、崇山に葬らる、と（堯葬於冀州、或言葬於崇山）」、『左伝』の晉南「夏墟」関連の伝説などとむすびつけると、崇山が山西省南部の霍太山であるとの主張もありうるものである。ただし、『国語』周語上には「昔夏の興るや、融、崇山に降り……（昔夏之興也、融降于崇山）」とあり、ここの「融」は一般に、「祝融」と注釈されている。『左伝』昭公十七年には「鄭は祝融の虚なり（鄭祝融之虚也）」とある。これは、祝融がもともと住んでいたのが現在の河南省新鄭県境内にあったことをいう。ゆえに、「融、崇山に降り（融降于崇山）」（『国語』周語上）の「融」が祝融をさすとすれば、祝融の河南省新鄭における居住地と、祝融八姓の分布よりみて、崇山が山西省にあるとの説は支持されず、かえって嵩高説が支持される。

以上の理由により、鯀・禹とつながる崇・崇山が結局どこにあるのかは、依然として共通認識が形成されがたく、現段階ではなお確定しえない。

2　禹の興起した場所

鯀と崇の問題のほかに、禹が興起した地と、その都邑の問題も、諸説紛々としている。中国西部説・東部説・南方説・晉南説・豫西説等々が主張されている。

2—1　西部説

中国西部説は、おもに『史記』六国年表に「禹は西羌に興る（禹興於西羌）」、『荀子』大略に「禹は西王国《せいおうこく》に学ぶ（禹学於西王国）」、楊倞注に「大禹は西羌に生まる。西王国は、西羌の賢人なり（大禹生于西羌。西王国、西羌之賢人也）」、『新語』述事に「大禹は西羌より出づ（大禹出于西羌）」とあるのによる。このため論者のなかには、「現在の陝西省の、南部は涇より鎬豊まで、西南は褒地一帯までは、そもそも夏の先世の故城である」(6)とする者や、上述文献を基礎として「禹は石紐に生まる（禹生於石紐）」〔『後漢書』逸民戴良列伝李賢注引『帝王紀』など〕の伝説をむすびつけ、禹は西方羌族に出自し、羌族の遷徙にともなって「夏禹伝説」も徐々に東漸したとする者もいる。後者によれば、禹の一支は、黄河流域より東に向かい、中国北部に散らばった。一支は岷江流域より南のかた長江にいたり、折れて東に向かい、長江流域より中国東南部に散らばったことになる。(7)

禹の石紐誕伝説については、『史記』夏本紀の『正義』引の楊雄『蜀王本紀』に「禹は本と汶山郡広柔県の人なり、石紐に生まる（禹本汶山郡広柔県人也、生於石紐）」、『括地志』に「茂州汶川県の石紐山は、県の西七十三里に在り（茂州汶川県石紐山、在県西七十三里）」、『呉越春秋』に「女嬉は岷山に于いて、薏苡を得て禹を生み、地は石紐と曰い、蜀西川に在るなり（女嬉于岷山、得薏苡而生禹、地曰石紐、在蜀西川也）」、『水経』沫水注に「広柔県に石紐郷有り、禹の生まるる所なり。今、夷人、共に之を営み、地方百里、敢えて居牧せず（(広柔)県有石紐郷、禹所生也。今夷人共営之、地方百里、不敢居牧）」、『華陽国志』蜀志に「石紐は、古の汶山郡なり。崇伯は有莘氏の女を得、治水して天下を行《めぐ》り、禹を石紐刳爾坪に生む（石紐、古汶山郡也。崇伯得有莘氏女、治水行天下、而生禹于石紐刳爾坪）」、『元和郡県図志』茂州汶川県下に「禹は本と汶川広柔の人、石紐邑有り、禹の生まるる処にして、今、其の地名は刳爾坪なり（禹本汶川広柔人、有石紐邑、禹所生処、今其地名刳爾坪）」とある。禹の石紐誕伝説にもとづき、章太炎『訄書』序種姓は「舜・禹はみな蜀漢で興起した」とし、のちにはじめて中原地区に入って夏王朝の政権をたてたとする。

2—2　東部説

夏族の中国東部発祥説をもっとも早くに主張したのは楊向奎である。(8)楊向奎の挙げる文献の論拠は、おもにつぎのとおりである。すなわち、『左伝』哀公七年に「禹は諸侯を塗山に合し、玉帛を執る者は万国（禹合諸侯于塗山、執帛者万国）」、『呂氏春秋』音初に「禹、功を行《めぐ》り、塗山《とざん》の女《むすめ》を見る。禹未だ之に遇せずして南土を巡省《じゅんせい》す。塗山氏の女は乃ち其の妾をして禹を塗山の陽《みなみ》に候《ま》たしむ（禹行功、見塗山之女、禹未之遇而巡省南土。塗山氏之女乃令其妾候禹于塗山之陽）」、『史記』夏本紀に「禹曰く「予《われ》は辛壬に塗山に娶《めと》り、癸甲に啓《けい》を生むも、予は子とせず。……」と（禹曰「予辛壬娶塗山、癸甲生啓、予不子……」）」、『索隠』に「杜預は「塗山は寿春の東北に在り」と云い、皇甫謐は「今、九江の当塗に禹廟有り」と云えば、則ち塗山は江南に在るなり（杜預云「塗山在寿春東北」、皇甫謐云「今九江当塗有禹廟」、則塗山在江南也）」とある。楊向奎は「じっさいは禹と関係する塗山は江南にも寿春にもなく、会稽にある」とする。この会稽とは、まさに現在の泰山付近にあり、楊向奎は、『管子』封禅に「禹は泰山に封じ、会稽に禅す（禹封泰山、禅会稽）」とあるのをその根拠としている。また『淮南子』氾論訓に「秦の時……適戍《たくじゅ》を発し……丁壮丈夫《ていそうじょうふ》は西のかた臨洮・狄道に至り、東のかた会稽・浮石に至り、……（秦之時……発適戍……丁壮丈夫西至臨洮狄道、東至会稽浮石、……）」、高誘注に「「会稽」は山名。「浮石」は、水に随いて高より下り、没せざるを言う、皆な遼の西界に在り。一説に、会稽山は太山の下に在り、「太山に封じ、会稽に禅す」とは是れなり（「会稽」、山名。「浮石」、随水高下、言不没、皆在遼西界。一説会稽山在太山下、「封于太山、禅于会稽」是也）」とあるのを引用している。楊向奎はそのうちの後説をとり、「泰山のふもとに会稽がある点は、こうして疑問がなくなる」とする。このほかに既述のとおり、楊向奎はさらに、禹の父親の鯀もこの地区で活動していたとする。

　夏が東方で興起したとの楊向奎説と一致するのが、考古学者である杜在忠の、大汶口文化・山東龍山文化・二里頭文化にたいする見解である。考古学者が二里頭文化を夏文化だと提起したさいに杜在忠は、二里頭文化とは山東省大汶口—龍山文化の某族が西に徙遷して河南省潁水流域一帯にゆき、当地の土着文化と融合して形成した文化遺存であり、「二里頭文化の時代は夏代中晩期にあり、あるいはさらに少し遅いかもしれない」とする。これより杜在忠は、夏王朝の中興以前の中心活動区域を山東の黄河下流域から海岱地方のあいだにあると推論している。[9]

また近年、沈長雲は、夏族の初期活動の中心がまさにいにしえの河水—済水間の、現在の河南省濮陽地区にあったと提起している。それはつぎの史料にもとづく。第一に、『戦国策』斉策四〔蘇子謂斉王曰〕に「夫れ宋を有《たも》たば則ち衛の陽城危うし（夫有宋則衛之陽城危）」とあり、沈長雲によれば衛の陽城は、文献のいう「禹は陽城に都す」〔『史記』封禅書注引『世本』〕で、濮陽にある。第二に、既述のとおり、沈長雲は、漢の済陰郡成陽県西北を、現在の山東省鄄城県東南付近、つまりいにしえの崇山の地であるとする。第三に、濮陽高城村でみつかった春秋戦国時期の衛国都城のもとには、おそらく龍山時代の城跡があり、これが禹の都の陽城かもしれない。[10]

2―3　南方説

夏民族の南方興起説については、つとに一九二〇年代に、顧頡剛が「禹は南方民族の神話のなかの人物である」[11]と仮定したことがある。一九九〇年代になると、陳勝勇は『中国第一王朝的崛起』という専門書を刊行し、やはり夏が中国の東南で興起し、夏初の王畿は東南地区にあったと主張した。[12]顧頡剛の理由はつぎのとおり。

①南方にあらわれた「『楚辞』天問の鯀禹にかんする豊富な神話」。
②南方の「越国は、禹の後裔であると自認しており、禹の祀を奉守している」。
③「伝説では、禹が諸侯と塗山で会合したとの故事がある。また、禹が塗山で妻を娶るとの故事がある。塗山は現在の安徽省懐遠県の東南八里にある」。
④「伝説では、禹が群神を会稽にあつめたとの故事がある。また、禹が道すがら亡くなって会稽で葬られたとの故

事がある。会稽山は現在の浙江紹興県の東南である。春秋時代には越の都であった」。

⑤「会稽山の西北には大禹陵があり……当該陵墓の場所は、たしかにそこが当時神話の中心点であることを証するに足る」。

⑥古代の中原地区の人びとは、「南方には蛇が多いとみており、ゆえに南方の民族を虫の一種としている」。「禹の名は虫に从う」ので、とうぜん南方人の祖先とすべきである。

⑦「楚―越間は土地の卑湿さゆえ、たまり水の氾濫があり、ゆえに地面にたまった水を排水する必要があった。草木がぞんぶんに生い茂っていたため、蛟龍が人を害することがあり、ゆえに山沢を燃やして蛟龍を追い払う必要があった。こうした必要があったため、禹・益の神話は彼らの価値をたいへん高め、彼らのことが広まってゆくようになった。禹が南方に出自するというのは、ひとつのとても重要な証拠である」。

陳勝勇は、顧頡剛が文献の角度からのべた上述の数点について論ずる以外に、夏鼎と三代青銅器上の「饕殄紋」が良渚文化玉器の「神徽」に淵源するとする。良渚文化の祭壇は「夏社」の原型である。これは、考古学的材料をむすびつけ、さらに夏の南方興起説をくわしくのべたものといえる。(13)

2―4　晉南説

夏族が晉南で興起したとの説も、一九二〇年代にすぐに討論されはじめ、持続して現在に至っている。その論拠はおもにつぎのとおり。

①『左伝』定公四年は、周初に唐叔虞を分封して晉国国君としたことに言及したさい、「命ずるに「唐誥《とうこう》」を以てし、夏の虚に封じ、啓《みちび》くに夏の政を以てし、疆《さかい》するに戎《じゅう》の索《なわ》を以て（命以「唐誥」而封於夏虚、啓以夏政、疆以戎索）」

したとのべており、この「夏虚（夏墟）」は晉南にある。

②『左伝』昭公元年に「子産曰く「……后帝《こうてい》（堯をさす）臧《よみ》せず……実沈《じっしん》を大夏に遷し、参を主らしむ、唐人是れに因りて、以て夏商に服事す……成王の唐を滅ぼすに及びて大叔を封ず。……」（子産曰「……后帝不臧……遷実沈于大夏、主参、唐人是因、以服事夏商……及成王滅唐而封大叔焉。……」）」とあり、ここでの「大夏」は『左伝』定公四年のいう「夏墟」である。服虔注に「大夏在汾・澮之間」とあるのによれば、現在の山西省翼城・曲沃一帯であろう。『史記』晉世家には「唐は河汾の東に在り、方百里（唐在河汾之東、方百里）」とある。

③『世本』〔『史記』封禅書『正義』所引『世本』〕には「夏の禹は陽城に都す。商均を避くなり。又た平陽に都す。或いは安邑に在り、或いは晉陽に在り（夏禹都陽城。避商均也。又都平陽、或在安邑、或在晉陽）」とある。平陽・安邑はいずれも晉南にある。晉陽について、杜預は太原にあるとする。顧炎武などは、晉南の翼城にあると考証している。『史記』夏本紀の『集解』引皇甫謐曰に「（禹は）平陽に都し、或いは安邑に在り、或いは晉陽に在る（禹都平陽、或在安邑、或在晉陽）」とあり、『水経』涑水の注に「安邑は、禹の都なり（安邑、禹都也）」とある。

これらの文献の記載と、晉南地区でみつかった陶寺文化や「東下馮類型」文化にもとづき、王玉哲[14]・劉起釪らの研究者は[15]、いずれも夏人が晉南で興起し、そののち山西から渡河をして豫に入ったと主張する。

2—5　豫西説

夏族の豫西興起説は、当面の学界における主流の見方である。かつて顧頡剛は、夏の禹が南方に起源したと主張した。また、晉が「夏墟」に封建された点と、晉が「夏正」を用いた点より、夏王国の政治中心が山西省南部にあったとものべた。しかし、のちに夏にかんする資料の一部を順に並べたうえで、「夏王国の政治中心は河南」[16]であるとも主張した。徐旭生は一九五〇年代に、彼が集めた夏にかんする約八十条の文献資料に分析をくわえ、「二つの区域があることにとくに注意を払わねばならない。第一は、河南省中部の洛陽平原とその付近、とくに潁水谷の上流の登封・禹県一帯。第二は、山西省南部汾水下流域（おおよそ霍山以南）一帯」としている。そのうち、夏族の豫西における活動の資料はもっとも豊富で、「特殊なものといえ、べつのものはどうやってもこれほどには多くない(17)」としている。一九八〇年代には、鄒衡の『夏商周考古学論文集』の専論「夏文化分布区域内有関夏人伝説的地望考」が大量の資料をあつめ、夏人の各地の活動区域について系統的に論述をしている。また、夏の政治的中心が豫西にあり、夏初の中心が豫西にあるとも主張している(18)。

夏の禹と、夏の初期と、豫西との関係にかんするおもな論拠はつぎのとおりである。

①禹は陽城に都した。『古本竹書紀年』に「禹は陽城に居る（禹居陽城）」、『世本』〔『史記』封禅書『正義』所引『世本』〕に「禹は陽城に都す（禹都陽城）」、『孟子』万章章句上に「禹、舜の子を陽城に避く（禹避舜〔之〕子於陽城）」、趙岐注に「陽城は、箕山の陰にあり、皆な嵩山の下（陽城、箕山之陰、皆嵩山下）」、『括地志』〔『史記』夏本紀『正義』所引『括地志』〕に「陽城県は箕山の北十三里に在り（陽城〔県〕在箕山北十三里）」、『史記』夏本紀に「禹は辞して舜の子の商均を陽城に辟く（禹〔辞〕辟舜之子商均於陽城）」、『集解』〔『史記』夏本紀『集解』所引劉熙曰〕に「（禹の居りし陽城は）今の潁川陽城是《こ》れなり（〔禹居陽城〕今潁川陽城是也）」、『水経』〔『水経注』巻二二潁水経文〕に「潁水は潁川陽城県の西北に出づ（潁水出潁川陽城県西北）」とある。漢代の潁川陽城は、現在の河南省登封市嵩山付近にある。禹のいた「陽城」を潁川陽城とする説は、伝統的に主流の見解で、清人の閻若璩『四書釈地』、顧祖禹『読史方輿紀要』や、最近では徐旭生などが、みなこの説を強く主張している。

〔禹のいた「陽城」が潁川陽城か否かに関連して〕一九七〇年代には、現在の登封告成鎮で戦国時期の城址がみつかった。城内から出土した印には、「陽城倉器」という字句の陶片があり、ここがたしかに春秋戦国時期の陽城遺跡であることを裏づける。このほかに、登封告成鎮西側の王城崗では、さらに龍山時代晩期城址がみつかった。一九七七年にみつかったのが二基の東西につらなる小城で、西城の面積は一万㎡近く、東城の城壁はほとんど五渡河の水によって壊され、面積は不明である。(19) 二〇〇二年～二〇〇五年には河南省龍山文化の大型城址が発掘され、大城とよばれている。大城は、一九七七年にみつかった小城をつつみこんでおり、大城の城内面積は約三四・八万㎡である。(20) 大城と小城の関係についてある研究者は、大城の存在した時代は王城崗龍山文化第二期～第三期で、大小城の建築年代は同時であり、小城は大城の一部分であるとする。なかには、大城が小城より少し遅れ、王城崗の大城と小城は続いているもので、関係はたいへん密接であるとし、まずはじめに造営されたのが王城崗小城の東城、それにつづいて造営されたのが王城崗小城の西城、最後に造営されたのが王城崗大城であり、小城は王城崗龍山文化前期に、大城は王城崗龍山文化後期に造営されたとする研究者もいる。炭素十四の年代測定データでは、王城崗大城の夯土〔版築で土を突き固める意。またその土をさす。以下、版築と訳す〕による城壁の年代の上限は紀元前二一〇〇年～前二〇五五年、もしくは前二一一〇年～前二〇四五年、下限は前二〇七〇年～前二〇三〇年、もしくは前二〇九〇年～前二〇二〇年で、(21) 大城が造営・使用された期間は短く、前後数十年にすぎないという。この年代範囲は、ちょうど「夏商周断代工程」が測定した夏代初期の年代にあたる。このため、王城崗城址の発掘者は、「王城崗龍山文化晩期の小城は「鯀、城を作る（鯀作城）」〔『水経注』巻二河水引『世本』〕の城かもしれず、一方、王城崗龍山文化晩期の大城は「禹は陽城に都す」〔『史記』封禅書『正義』所引『世本』〕かもしれない」(22) とする。これらの考古学的発見にもとづき、多くの研究者は、「禹は陽城に都す」の潁川陽城説を、考古学的発見の支持がえられたものとし、それゆえそれは学界の重視するところとなっている。(23)

潁川陽城説〔禹のいた「陽城」を潁川陽城とする説〕のほかに、さらに陳留浚儀（現在の河南省開封市の境）説[24]、「沢之陽城」（現在の山西省晉城県境）説[25]、唐城（現在の山西省翼城県の境）説[26]、そして現在の河南省濮陽説がある。[27]そのうち、前三説は論拠が薄弱で採用できない。最後は濮陽陽城説で、おもに『戦国策』斉策四〔前掲「蘇子謂斉王曰」条〕に「夫れ宋を有《たも》たば則ち衛の陽城危うし（夫有宋則衛之陽城危）」とあるのに基づいている。「衛の陽城（衛之陽城）」とは当時の衛都である。『戦国策』は戦国時期に成書され、史料の年代よりみて、濮陽の「衛の陽城（衛之陽城）」と、登封告成鎮の戦国城内出土の陶片がしるす「陽城倉器」とは、同等の価値をもつ。それゆえ、この新説は軽視できない。濮陽陽城説の論者はさらに、濮陽高城村の戦国城址の下に龍山時代の城跡があるかもしれないとし、またそれが「禹は陽城に都す」の陽城かもしれないともしている。

もっとも、現在の考古学的発掘の情況よりいえば、これはまだ実証されていないといわねばならない。たとえ今後、濮陽高城村で龍山時代の城址をみつけられたとしても、それが結局顓頊期の城邑か、禹の時期の城邑かを、さらに弁別・分析・確認する必要がある。というのも、顓頊と禹がいたのはいずれも龍山時代で、前者は広義の龍山時代中期（前二六〇〇年～前二三〇〇年）、後者は龍山時代末期（ほぼ前二〇〇〇年前後）にすぎないからである。かりに濮陽で前二〇〇〇年前後や前二一〇〇年～前二〇〇〇年の城邑がみつかれば、濮陽陽城説は学界で重視されるようになるであろう。

②**禹は陽翟にいた。**『漢書』地理志上潁川郡陽翟県条の班固自注に「夏禹の国。周の末、韓の景侯は新鄭より此に徙る（夏禹国。周末韓景侯自新鄭徙此）」、『帝王世紀』に「禹、封を受けて夏伯と為り、「禹貢」の豫州外方南、角亢氏の分、寿星の次に在り、秦・漢に于いては潁川に属し、本と韓地にして、今、河南陽翟県、是れなり（禹受封為夏伯、在「禹貢」豫州外方南、角亢氏之分、寿星之次、于秦・漢属潁川、本韓地、今河南陽翟県是也）」、『水経』〔巻第

二二〕 潁水に「又た東南のかた陽翟県の北を過ぐ（又東南過陽翟県北）」、酈道元注に「『春秋左伝』曰く、夏啓に均台の饗有りとは、是なり。杜預曰く「河南陽翟県の南に均台有り」と。……潁水は堨自り東のかた陽翟県故城の北を逕り、夏禹は始めて此に封ぜられ、夏国を為す……徐広曰く「河南の陽城・陽翟は、則ち夏地なり」と（『春秋左伝』曰夏啓有鈞台之饗、是也。杜預曰「河南陽翟県南有均台」。……潁水自堨東逕陽翟県故城北、夏禹始封于此、為夏国……徐広曰「河南陽城・陽翟、則夏地也」）」、楊守敬の疏に「『集解』に徐広曰く「夏は河南に居り、初め陽城に在り、後に陽翟に居る」と（『集解』徐広曰「夏居河南、初在陽城、後居陽翟」）」、『元和郡県図志』巻五に「陽翟県は本と夏の禹の都する所にして、春秋の時に鄭の櫟邑なり、韓は宜陽自り都を此に移す（陽翟県本夏禹所都、春秋時鄭之櫟邑、韓自宜陽移都于此）」とある。漢代の陽翟は現在の河南省禹県境にある。

③夏啓の均台なるものがある。『左伝』昭公四年に「夏啓《かけい》に鈞台《きんだい》の享《きょう》有り（夏啓有鈞台之享）」、杜預注に「河南陽翟県の南に均台陂有り、蓋し啓は諸侯を此に享す（河南陽翟県南有均台陂、蓋啓享諸侯于此）」、『今本竹書紀年』に「帝啓元年癸亥、帝、夏邑に即位し、大いに諸侯を均台に饗す（帝啓元年癸亥、帝即位于夏邑、大饗諸侯于均台）」、『水経』潁水に「又た東南のかた陽翟県の北を過ぐ（又東南過陽翟県北）」、酈道元注に「東のかた三封山の東を逕り、東南のかた大陵の西を歴《ふ》。『帰蔵易』に曰く「啓は筮して神を大陵の上に享す」と。即ち均台なり……其の水は又た東南して流れ、水は積みて陂を為す。陂は方十里、俗に之を均台陂と謂う（東逕三封山東、東南歴大陵西。『帰蔵易』曰「啓筮享神于大陵之上」。即均台也……其水又東南流、水積為陂。陂方十里、俗謂之均台陂）」とある。均台はまた夏台ともよばれる。『史記』夏本紀に「（桀は）廼《すなわ》ち湯を召して之を夏台に囚《とら》う（廼召湯而囚之夏台）」、『索隠』に「夏に均台と曰う。皇甫謐の「地は陽翟に在り」と云うは、是なり（夏曰均台。皇甫謐云「地在陽翟」。是也）」、『史記』夏本紀にはまた「桀、人に謂いて曰く「吾れ遂に湯を夏台に殺さずして、此に至らしむるを悔ゆ」と

（桀謂人曰「吾悔不遂殺湯於夏台、使至此」）」とある。均台とは夏台で、現在の河南省禹州境にある。

④太康は斟尋にいた。『古本竹書紀年』に「太康は斟尋に居り、羿も亦た之に居り、桀も又た之に居る（太康居斟尋、羿亦居之、桀又居之）」とあり、斟尋の地理的環境にかんしては、おもに山東説と河南説がある。一般には、山東省の斟尋は、河南省より遷ってきたものとされている。河南省の斟尋について酈衡は、『左伝』昭公二十三年のいう「鄩」で、現在の河南省鞏県内にあるとする。[28]

2―6　夏族の都邑所在地と淵源の地

以上、本書では、夏族の興起した場所にかんするさまざまな説と、その依拠する資料にかんして、必要な整理と概括をした。そのなかには、鯀と禹の活動が及んだだけの場所もみられ、それらは彼らの都邑所在地とはかぎらない。たとえば塗山氏の地はそのたぐいに入る。いくつかは、先夏時期の夏族の都邑所在地で、たとえば徐旭生の強調する豫西と晉南の地区である。いくつかは、おそらく夏族の淵源とかかわるところで、たとえば司馬遷などのいう「禹は西羌より興る（禹興於西羌〔『史記』六国年表〕）」等々である。

晉南地区については、『左伝』定公四年のいう「夏墟」と、『左伝』昭公元年のいう「大夏」が注目に値する。晉南が「夏墟」や「大夏」の地である理由は、おそらく『世本』〔『史記』封禅書『正義』所引『世本』〕に

禹は陽城に都す。……又た平陽に都す。或いは安邑に在り……（禹都陽城。……又都平陽。或在安邑……）。

とあり、そのなかの「平陽」や「安邑」と関係する。安邑は現在の山西省夏県にある。考古学者はこの一帯にたいする考古調査で、[29]「禹王城、つまりいにしえの安邑、すなわち春秋戦国の魏国の都城」から出土したものに、漢の「安亭」の陶文があり、当該城が晉以前の安邑であると証明されうるとする。[30]いわゆる「禹、平陽に都す」にかんしては、

唐と同一地区とおぼしいが、襄汾陶寺遺跡ではない。第五章でのべたように、陶寺遺跡晩期の年代（前二一〇〇年～前二〇〇〇年、もしくは前二〇〇〇年～前一九〇〇年）は、禹や夏の初期と接近するが、このとき当該遺跡は大きな異変と人為的破壊に遭っており、すでに都邑ではなく、普通聚落遺跡となっていた。そのため、陶寺遺跡の情況からみて、いわゆる禹が「又た平陽を都（又都平陽）」としたかどうかはまったく確かなものではない。陶寺は平陽の範囲に属するが、それは帝堯陶唐氏の都邑であったにすぎない。一方、「禹、平陽に都す」がもし確実であれば、陶寺以外の、平陽のほかの場所にあるはずである。禹が「或いは晉陽に都（或都晉陽）」したとされる晉陽にかんして、杜預は太原にあるとし、顧炎武・徐旭生・劉起釪らは晉南翼城一帯にあると考証している。筆者は杜預説が誤りで、のちの学者の研究を適切と考える。要するに、大禹はかつて晉南の夏県・翼城・臨汾一帯で活動しており、かつ、場所によっては都邑を建設していたのであり、そのためにわずかに晉南地区が「夏墟」と「大夏」の名をとどめているのである。

豫西地区といえば、ひとつは登封の陽城、ひとつは禹州の陽翟と均台である。禹の都の陽城について、『孟子』万章章句上・『世本』・『史記』夏本紀はみな「舜の子の商均を避くる（避舜子商均）」ためであるといっている。すると禹は、晉南安邑（現在の夏県）などの都邑から豫へやってきたのかもしれない。「禹居陽城」の陽城が結局潁川陽城か濮陽陽城かについて、現在の考古学的発掘でえられた資料から、多くの研究者は、潁川陽城を登封王城崗龍山文化晩期の城邑としがちで、とくに王城崗大城とする説が説得力のあるものである。禹は陽城に住んだあと、陽翟に住み、夏の啓は陽翟におり、さらに「均台」を建てた。「禹は陽翟に居る」や「夏啓《かけい》に鈞台《きんだい》の享《きょう》有り」とあることからいうかぎり、豫西も先夏と夏初の政治的中心である。

「禹、西羌より興る」説や「禹は石紐より生まる」説にかんしては、夏民族が西部や西南部地区に起源すると主張する論者のほかには、「古典籍とその歴代注釈において」一般にはほとんど解釈がなされていない。なぜならこれは、夏族の族源と族属にかかわり、そのうえ「黄帝—昌意—顓頊—鯀—禹」[31]という古史の体系と合わないからである。李学勤はかつてこう推測したことがある。すなわち、「禹は石紐より生まる」伝説がうまれた歴史的背景にはつぎの三つの可能性がある。

①「禹生石紐」は羌人がやってくるまえの蜀人の伝説である。

②「禹生石紐」は羌人がもたらした伝説である。

③「禹生石紐」は夏人みずからの伝説である。

この三つの可能性のうち、第一の可能性がもっとも大きい。羌人が四川盆地北部にやってくるまえ、もとの土着の住民である蜀人と夏人は、すでに関係があった。商が夏を滅ぼすや、夏人は四川盆地北部にのがれて離ればなれとなり、そのさいみずからの伝説をたずさえていった。こうしてついに、禹が石紐で生まれ、西羌で育ったとの伝説が生じることになった。この伝説は、おそらく先秦時代に端を発するであろう、と。[32]またこう解釈する研究者もいる。すなわち、夏の盟邦の塗山氏（徐人・塗人）は、春秋時代以後に四川盆地に遷り、これより「禹は塗山氏に江州に娶る」・「禹は石紐より生まる」などにかかわる多くの遺跡と伝説が演繹されてきた、と。[33]

李学勤がのべているのは、商が夏を滅ぼしたときに夏人は四川盆地北部にのがれてバラバラとなり、禹が石紐で生まれたとの伝説をもたらし、禹が西羌で育ったとの伝説もあることである。これについて『漢書』武帝紀には、

朕……中岳に至り……夏后啓の母の石を見る（朕……至於中岳……見夏后啓母石）。

とあり、相互に証明としうるようである。一方、ある研究者は、禹が塗山氏を娶った点と、禹が石紐で生まれたとの伝説をむすびつけて解釈をしているが、それはロジックの点で通じない。ロジックからいえば、出生はまえに、結婚はあとにあるべきで、出生と結婚とはまったく関係がないことである。

案ずるに、「禹は石紐より生まる」伝説は、おそらく「禹は西羌より興る」伝説にかんする一種の補充的解釈であり、あるいは両者は互いに補充的解釈をなすものである。「禹は西羌より興る」と「禹は石紐より生まる」伝説がしめす時代と、夏王朝が中原地区に成立した時代は、もちろん前者が後者に先行する。前者は、夏族の淵源にかんする、ある種の可能性をしめした。すなわち、商が夏を滅ぼしたのち、夏人はのがれて各地に散り、夏人はさまざまな伝説を各地にもたらしえたが、物事の本質を忘れるはずはなく、某地に遷ってくると、みずからの祖先も某地より興起したというのである。ゆえに「禹は西羌より興る」と「禹は石紐より生まる」の伝説にかんしては、夏族の族源をさがすという視角で考えると、より合理的である。「禹は西羌より興る」と「禹は石紐より生まる」という二つの伝説のなかでは、「禹は西羌より興る」が問題の本質である。案ずるに、かりに共工や鯀をむすびつけてみると、「禹は西羌より興る」にかんして合理的な解釈をすることができる。

3　鯀と共工の関係

共工と鯀の関係について、一九四〇年代に楊寛は、鯀が共工であると主張し、系統的な論述をしたことがある。楊寛は、「鯀」と「共工」の違いは発音のうえで早く読むか、遅く読むかによって作り出されるとする。楊寛は、鯀と共工の伝説について多くの共通点を挙げている。

①洪水の問題にかんして、鯀については『国語』魯語上に「鯀は洪水を鄣《ふさ》ぎて殛死《きょくし》す（鯀鄣洪水而殛死）」、『書』洪範に「箕子乃ち言いて曰く「我れ聞く、在昔《ざいせき》、鯀は洪水を陻《ふさ》ぎ、其の五行を汨陳《こっちん》［乱す意］す、帝は乃ち震怒して、洪範九疇《こうはんきゅうちゅう》を畀《あた》えず、彝倫《いりん》［日常のことわり］は攸《よ》りて斁《やぶ》る。鯀は則ち殛死《きょくし》し、禹は乃ち嗣《つ》いで興る……」（箕子乃言曰「我聞在昔、鯀陻洪水、汨陳其五行、帝乃震怒、不畀洪範九疇、彝倫攸斁。鯀則殛死、禹乃嗣興。……」）」、『山

海経』海内経に「洪水、天に滔《とう》〔あふれる意〕す、鯀は帝の息壌《そくじょう》〔自然にあふれ出る不思議な土か〕を窃《ぬす》み、以て洪水を堙《ふさ》ぎ、帝の命を待たず、帝は祝融をして鯀を羽郊に殺さしむ（洪水滔天、鯀窃帝之息壌、以堙洪水、不待帝命、帝令祝融殺鯀于羽郊）」等々とある。共工については、『国語』周語下に「昔、共工、此の道を棄て、湛楽《たんらく》に虞《やす》んじ、其の身を淫失《いんしつ》し、百川を壅防《ようぼう》し、高きを堕《こぼ》ち庳《ひく》きを堙《ふさ》ぎて、以て天下を害《そこな》わんと欲す。皇天、福《さいわい》せず、庶民、助けず、禍乱并《なら》び興りて、共工は用て滅ぶ（昔共工棄此道也、虞于湛楽、淫失其身、欲壅防百川、堕高堙庳、以害天下。皇天弗福、庶民弗助、禍乱并興、共工用滅）」とあり、『淮南子』本経訓にも「舜の時、共工、洪水を振滔《しんとう》〔引きおこす意〕して、以て空桑《くうそう》に薄《せま》る（舜之時、共工振滔洪水、以薄空桑。……）」とある。鯀は「鯀は帝の息壌を窃み、以て洪水を堙ぎ」〔『山海経』海内経〕、共工も「百川を壅防し、高きを堕ち庳きを堙ぎて」〔『国語』周語下〕、帝の怒りをかい、共工も「皇天、福せず」〔『国語』周語下〕となった。鯀のせいで「彝倫は攸りて斁る」〔『書』洪範〕となり、共工も「庶民、助けず、禍乱并び興りて、共工は用て滅ぶ」〔『国語』周語下〕となり、一方、「鯀は則ち殛死し」〔『書』洪範〕た。このため楊寛は、「古史伝説は、洪水の災いを、共工が引き起こしたものとし、また鯀が洪水をふせいで大きな災いを招いたとする。その共通点には同一の源がある」とする。

② 『呂氏春秋』開春篇・『国語』晉語・『左伝』昭公七年・『左伝』僖公二十三年・『孟子』万章章句上によれば、鯀を殛した者は堯とも舜ともいわれる。そして『韓非子』外儲説右上・『孟子』・『逸周書』史記解によれば、共工を誅した者も、堯とも舜ともいわれる。

③ 『逸周書』〔史記解〕に「昔、共工有りて自ら賢とす（昔有共工自賢）」とあり、『呂氏春秋』恃君覧行論には、鯀が「地の道（地之道）」を得たので三公たるべきと自認したとある。

④ 『山海経』海内経に「帝は祝融をして鯀を羽郊に殺さしむ（帝令祝融殺鯀于羽郊）」とあり、『史記』楚世家に「共

工氏の乱を作すや、帝嚳は重黎をして之を誅せしめんとするも尽さず（共工氏作乱、帝嚳使重黎誅之而不尽）」とある。

⑤『国語』晋語八に「鄭の簡公、公孫成子〔＝公孫僑＝子産〕をして来聘せしむ。平公疾《やまい》有り……〔客、〕君の疾を問う、対えて曰く「……今、黄熊《こうゆう》の寝門《しんもん》に入るを夢《ゆめ》む。知らず人煞《じんさつ》か。抑々《そもそも》厲鬼《れいき》か」と。子産曰く「……僑、之を聞く、昔、鯀は帝命《ていめい》に違《たが》い、之を羽山に殛《ころ》し、化して黄熊と為りて、以て羽淵に入る、実《じつ》に夏の郊《こう》と為り、三代之を挙《あ》ぐ……」と（鄭簡公使公孫成子来聘。平公有疾……問君疾、対曰「……今夢黄熊入於寝門、不知人煞乎。抑厲鬼耶」。子産曰「……僑聞之、昔者鯀違帝命、殛之于羽山、化為黄熊、以入于羽淵、実為夏郊、三代挙之。……」）」とあり、『左伝』昭公七年・『論衡』死偽篇などにもだいたい同じ記載がある。一方、『路史』注引『汲冢瑣語』には「晋の平公、朱熊、其の屏を窺い、之を悪みて疾あるを夢む、子産に問う。対えて曰く「昔者、共工の卿浮游、顓頊に敗れ、自ら淮に沉し……」（晋平公夢朱熊窺其屏、悪之而疾、問于子産。対曰「昔者共工之卿浮游敗于顓頊、自沉于淮……」）」とある。この二つでは同じように、晋の平公が病気になったために子産に下問しており、片方は黄熊を夢にみ、片方は朱熊を夢にみている。いわれているところの鯀と共工卿が浮遊して熊になり、熊を淵源としたことはまた重複であり、一つの伝説の分化したものである。

⑥『国語』魯語上に「共工氏の九有《きゅうゆう》に伯《は》たるや、其の子を后土《こうど》と曰い、能く九土を平ぐ、故に祀《まつ》りて以て社と為す（共工氏之伯九有也、其子曰后土、能平九土、故祀以為社）」とあり、『礼記』祭法にはだいたい同じ記載がある。たんに「九土」を「九州」に作るだけである。また『左伝』昭公二十九年に「共工氏に子有りて句龍《くりゅう》と曰い、后土《こうど》と為る。……后土を社と為す（共工氏有子曰句龍、為后土。……后土為社）」とある。一方、鯀は「伯鯀」と称し、鯀の子である禹も、九州を平定でき、『書』禹貢がのべているのは九州である。禹も死んで社となり、たとえば『淮南子』氾論訓に「禹は天下に労して、死して社と為り……（禹労天下、死而為社……）」とある。

⑦共工には子がいて句龍といい、「禹」字は、「秦公簋」では「⿱九虫」に作る。虫に从い九に从い、九は虬龍の本字で、「虬龍」と「句龍」の音義はともに同じである。句龍が禹である以上、共工が鯀である。

⑧『荀子』議兵篇・『戦国策』秦策はいずれも「禹は共工を伐つ（禹伐共工）」とする。『荀子』成相篇にも「禹、功有りて、鴻《こう》を抑下《よくか》し、民害《みんがい》を辟除《へきじょ》し、共工を逐《お》い……（禹有功、抑下鴻、辟除民害、逐共工……）」とある。共工と鯀が一人である以上、禹が共工を伐ったとは、子がその父を伐ったということである。鯀は羽山で殛されたことは、『漢書』地理志上東海郡祝其県条班固自注に「『禹貢』の羽山は南に在り、鯀の殛さるる所なり（『禹貢』羽山在南、鯀所殛）」、『後漢書』郡国志三徐州郯本国祝其県条に「羽山有り（有羽山）」とあり、『後漢書』郡国志三徐州郯本国祝其県条の劉昭注引『博物記』に「県の東北に独居山あり、西南に淵水有り、即ち羽泉なり。俗に此山を謂いて懲父山と為す（県東北独居山、西南有淵水、即羽泉［也］。俗謂此［山］為懲父山）」とある。「俗に此山を謂いて懲父山と為す」には、必ずまず禹が鯀を懲らしめたとの伝説があるべきである。禹には、共工を討伐したとの説もあれば、父を懲らしめたとの説もあり、鯀は共工伝説と同じものでもある。

以上より楊寛は、鯀を共工とする。(34) 楊寛以外に鯀を共工とする研究者に、さらに童書業(35)・顧頡剛(36)・田昌五などがいる。(37)

4　鯀＝共工説にもとづく夏族の起源

鯀＝共工との考証に誤りがなければ、夏族の淵源とその変化・発展についてはつぎのように説明できる。

①共工は炎帝族のなかの姜姓族に属する。つまりいにしえの羌族に属する。『国語』周語下には「共［＝共工］の従孫四岳（共之従孫四岳）」との表現があり、また「四岳に国を祚《さいわい》し、命じて侯伯と為し、姓を賜いて姜と曰い、氏を有呂と曰うは……。……申・呂は衰うると雖も、斉・許は猶お在り（祚四岳国、命為侯伯、賜姓曰姜、氏曰有呂……

申・呂雖衰、斉・許猶在）」とある。『国語』晋語四には「昔、少典は有蟜《ゆうきょう》氏《し》に娶《めと》りて、黄帝・炎帝を生む。黄帝は姫水を以て成り〔姫水のほとりで成人する意〕、炎帝は姜水を以て成り、成りて徳を異にす、故に黄帝は姫と為り、炎帝は姜と為る（昔少典娶于有蟜氏、生黄帝・炎帝。黄帝以姫水成、炎帝以姜水成、成而異徳、故黄帝為姫、炎帝為姜）」とある。『左伝』襄公十四年には、「姜戎氏」とよばれる戎子駒支も「我が諸戎は、是れ四岳の裔冑《えいちゅう》なり（我諸戎、是四岳之裔冑也）」とのべたとある。これより、共工氏は、いにしえの羌人のなかの姜姓の一支に属するとわかる。鯀は共工で、その淵源がいにしえの羌人にあるので、これが『史記』六国年表のいう「禹は西羌より興る」、『新語』述事のいう「大禹は西羌に出づ（大禹出于西羌）」、『荀子』大略のいう「禹は西王国に学ぶ（禹学于西王国）」、そして「禹は石紐より生まる」という説の原因である。

②鯀と禹はけっして、たんに父子関係にあるというだけの簡単な関係ではない。禹は、共工氏（つまり鯀）が顓頊族系の祝融族内の己姓の一支と融合して発生した新しい族団である。そう解してはじめて、『国語』魯語上のいう夏后氏が顓頊をその祖とする点を解釈でき、[38]『国語』周語上の「昔夏の興るや、融、崇山《すうざん》に降り……（昔夏之興也、融降于崇山……）」にかんしても解釈をすることができる。さもなくば、鯀は崇伯であるとはいえ、夏族の興起と「融、崇山に降り（融降于崇山）」〔『国語』周語上〕にはどのようなつながりがあるのであろうか。祝融は顓頊の後裔で、顓頊系統の族団であり、たとえば『山海経』大荒西経には「顓頊は老童を生み、老童は祝融を生む（顓頊生老童、老童生祝融）」とあり、また「顓頊は老童を生み、老童は重及び黎を生む（顓頊生老童、老童生重及黎）」とある。祝融八姓のなかには、己姓の昆吾・蘇・顧・温・董がある。一方、夏の禹が姒姓である点について、劉師培「姒姓釈」は、「姒」と「巳」を同文とし、姒姓を巳姓とする。[39]「巳」は「蛇」で、「巳」と「己」の形は似ており、混同しやすい。『今本竹書紀年』〔『宋書』符瑞志上所収〕には「帝禹夏后氏、母は修己と曰う（帝禹夏后氏、

母曰修己）」とあり、「禹」字は虫に从い九に从い、蛇形の龍をなす。こうなると、修己・己姓・姒姓のこと、禹のイメージが蛇形の龍であること、「共工氏に子有りて句龍と曰う（共工氏有子曰句龍）[40]」、「人面にして蛇身（人面蛇身）[41]」であること、顓頊が夏の禹の祖であること、祝融と崇山が関係のあることなどは、みな統一的な説明ができるのである。よって、鯀～禹の変化や、姒姓の出現は、部族の融合によって新しい族団が発生したことによるのである。

③古史伝説中の禹が九州に覇を称えたことは、共工氏が九州に覇を称えたことに受けつがれた。『国語』魯語には「共工氏の九有《きゅうゆう》に伯《は》たるや、其の子を后土《こうど》と曰い、能く九土を平ぐ（共工氏之伯九有也、其子曰后土、能平九土）」とあり、『礼記』祭法の撰者は、「九土」が「九州」であると考えており、「共工氏の九州に覇たるや、其の子を后土と曰い、能く九州を平ぐ（共工氏之霸九州也、其子曰后土、能平九州）」とある。ここでいう九州は、けっして全天下の大九州をひろくさしているのではなく、小九州であり、ひとつの特定の区域である。つまり、『国語』鄭語のいう「謝西の九州（謝西之九州）」や、『左伝』昭公二十二年・『左伝』哀公四年のいう「九州の戎（九州之戎）」の九州である。この九州の核心地区は、『左伝』昭公四年に「四岳・三塗・陽城・大室・荊山・中南は、九州の険なれども……（四岳・三塗・陽城・大室・荊山・中南、九州之険也……）」とあるのによる。

④鯀は共工なので、鯀とかかわる崇山は、共工ともつながる。各地の崇と崇山の名、ないしは「岳」と「岳山」の名の出現は、おそらく姜姓族が西から東へ、北から南へと遷移したことと関係する。

⑤夏族は禹のとき、活動範囲は大きいはずで、たとえば東南は塗山氏の所在地に達しえた。すなわち、現在の安徽省懐遠県の東南である。しかし都邑としては、一つは晋南安邑もしくは平陽、もう一つは豫の陽城・陽翟である。おそらく堯・舜のときより晋南はすぐに族邦連盟の盟主の所在地となった。禹はかつて晋南の安邑にも都をつくっ

たことがある。のちに舜の子の商均を避けるために豫の陽城にやってきて、そののちまた陽城から陽翟へと遷都し、夏の啓にいたるまでなお陽翟に住みつづけた。

⑥夏族が興起する過程で、鯀の時期にはすでに邦国を建てており、禹は邦国より王国への転換を完成させた。夏代になったのち、もともとの夏邦は王国のすがたをあらわしはじめる。夏王朝が多くの属邦をふくむことによって、夏代の国家形態と構造は、王邦（つまり王国）を核心とし、多くの属邦をふくむ複合制国家へと変化するようになった。族共同体の組成からいえば、複合制国家のなかに多くの異なる部族がふくまれ、複合制国家の制約の働きによって、一つの新しい民族（華夏民族）が形成されはじめた。鯀のいる時代は堯舜期で、当時の政治的構造はつぎのとおりである。一つは万邦が林立したこと、一つは中原地区で邦国連盟や族邦連盟とよばれるものが形成されたことである。一方、禹以後の夏は、一つの多元一体的複合制王朝国家形態をなす。もちろん、夏商周期の多元一体的複合制王朝国家と秦漢以来の中央集権的郡県制国家構造はまったく異なるものである。

第二節　夏文化の探索

1　夏文化探索の回顧

司馬遷『史記』において、夏本紀は、五帝本紀とぴたりとつながってくる二番目の巻である。しかし現在にいたるまで、なお甲骨文・金文のごとく、当該王朝の文字で当該王朝にかんする史実を記録したものはみつかっていないので、夏本紀では、周代以後の文献の記載の材料によって、夏王朝の歴史と文化を叙述している。よって、かりに国際学界が提起している「先史（prehistory）」・「原史（Protohistory）」・「歴史（文献記載のある歴史時期）」のような分類体系を用いるならば、夏代史は「原史」の範疇に属する。いわゆる「原史」について、西欧学者は一般に、その定義を「ぴたりと先史に隣接しているが、文字史料によって裏づけられる歴史より早い」としている。その時代は、先史と歴史という二大段階の過渡的段階であると画定されているのである。

夏代史の「原史」的性質により、考古学的発掘をつうじて確実に夏王朝の存在を証明することが、中国考古学の重要な任務となった。数十年来、中国の学界における夏文化にかんする探索は、まさにこの学術的課題を解決するためであった。

夏文化の探索にかんしてもっとも早いのは、一九三〇年代にまでさかのぼることができる。当時、徐中舒・丁山・翦伯賛らの研究者はみな、仰韶文化を夏文化とする説を提起していた。そのうち、徐中舒が発表した「再論小屯与仰韶」は[42]、その代表作である。一九五〇年代初頭に范文瀾・趙光賢・呉恩裕らの研究者は、「黒陶文化」（すなわち龍山文化）が夏文化であるとの見方を提起した。たとえば范文瀾は、「仰韶文化は黄帝族の文化であろうと推測される」とし、「後岡下層の仰韶文化こそは炎帝族文化の遺跡かもしれない」とする。そして、「龍山文化は仰韶の上、殷商の下」にあり、「仮説としての夏王朝の遺跡」とみなせるのであり、「とくに夏王朝の根拠地としての西部地区」の龍山文化にかんしては「後日おそらくさらに多くの発見があるかもしれない」[43]とする。安志敏も、河南省豫西地区の龍山文化は「地理的分布上、そして前後の文化の継承関係上、つねに中国の伝説上の「夏」文化を連想させる」[44]とのべている。

一九五〇年代末に、考古学者は、豫西と豫中の地区で、龍山文化と鄭州二里崗商代文化とを媒介する「洛達廟類型」文化を発見した。よって李学勤・石興邦・安志敏らの研究者はあいついで、「洛達廟類型」文化が夏文化であるとの見解を提起した。李学勤は、「鄭州商族文化層が龍山文化層と重複しているばあい、そのあいだには文化遺物の土層がなく、それは両者が連続していないことを明示している。洛達廟・南関外・旭奋王などの地では、はたして両者のあいだに介在する文化層がみつかり、これを「南関外期」や「洛達廟期」とよぶ。それらは龍山文化とさらに接近しているが、特異点もある」とする。これによって李学勤は、「この二つの時期はいずれも二里崗下層より早く、夏代のものである可能性がもっとも高い」、「目下、鄭州では、夏代文化遺跡をみつけたのかもしれない」と提起する。龍山文化について李学勤は「現在のところ、龍山文化と商初の商族文化のあいだにはさらに仲介と変化の時期が介在していることが証明されており、ゆえにおもな龍山文化の時代は早められねばならない」(45)とする。石興邦は「文献の記載によれば、夏代の存在は信じうるものである」、「夏代文化を探索せねばならないとすれば、龍山と殷代文化の遺存から研究と分析すすめねばならない」とし、そのなかでも「私たちはとくに、鄭州洛達廟・洛陽東干溝などの地でみつかった、龍山と殷代とのあいだに介在する文化遺存が注意に値するものであると提起せねばならない。この手がかりにもとづき、またそれを伝説とむすびつけ、豫西・晉南で深い探索発掘と研究をすすめることが、中国史におけるこの重大な問題を解決させうる」(46)と指摘している。安志敏もこう指摘している。すなわち夏文化について、「龍山晩期文化と商代初期文化のあいだへと探索にゆかねばならない。いわゆる「洛達廟層」を代表とする遺存はすぐに今後注意に値する対象となるであろう」と。(47)いわゆる「洛達廟期」・「洛達廟層」は、当時の考古学界が称するところの「洛達廟類型」で、のちに「二里頭文化」とよばれるものである。(48)

上述の数名の研究者は、洛達廟期の考古学文化が夏文化かもしれないと提起している。ただ、この問題にかんしては、当時考古学界ではなお異なる見解もあった。「ある研究者はこう考える。洛達廟類型文化そのものはさらにより細かく分期することができる。その上層はより商代初期文化に近づき、したがって商代の初期以前の文化かもしれない。その下層は「河南龍山文化」に近づき、夏文化かもしれない、と。ある研究者はこう考える。このタイプの文化遺存の絶対年代はまだ確定しがたく、そのうえ多くの商文化の特徴をそなえている。よって、洛達廟類型文化の下層はなお商文化であり、一方、より初期の「河南龍山文化」こそが夏文化である、と」[49]と。

洛達廟類型文化、つまり二里頭文化の年代が夏か商は、一九五〇年代末～一九六〇年代初には確定困難なものであった。なかでも重要な原因は、当時なお炭素十四年代測定が用いられておらず、当時まだとても粗略であった考古学的文化編年の枠組によって進められていた推論にすぎなかった点にある。一九七〇年代末～一九八〇年代初になると、考古学的文化編年の体系がすでに漸次的ながら整っていただけでなく、炭素十四年代測定などの方法も幅広く応用できるようになり、それによってその推論も精度が高められた。こうして「なにが夏文化か」にかんして提起された新見解は十余を下らない。

夏文化の検討を深みへ引き入れた契機は、一九七七年に河南省登封告成鎮王城崗で河南省龍山文化晩期の城堡遺跡が発掘されたことである。この城堡遺跡の時代・場所と、文献記載上の「禹は陽城に都す」の陽城が近いため、これは人びとの大きな興味関心をひきおこした。このため夏鼐は、一九七七年に、河南省登封王城崗で現場会［遺跡発掘現場で開催される学会］を召集した。これは、中国学界においてはじめて考古学的発掘現場で夏文化を討論した盛大な集会である。この会議上および会議後の相当長期間にわたり、研究者たちは文献をてがかりに、考古資料をむすびつけ、なにが夏文化かについて十余の見解を形成した。

①河南龍山文化晩期と二里頭文化一期を夏文化とする。[50]
②河南龍山文化晩期と二里頭文化一・二期を夏文化とする。[51]
③河南龍山文化晩期と二里頭文化一・二・三期を夏文化とする。[52]
④河南龍山文化晩期と二里頭文化一・二・三・四期を夏文化とする。[53]

⑤二里頭文化一・二期を夏文化とする。(54)
⑥二里頭文化一・二・三期を夏文化とする。(55)
⑦二里頭文化一・二・三・四期を夏文化とする。(56)
⑧山東龍山文化を夏文化とする。(57)
⑨晉南陶寺文化を夏文化とする。(58)
⑩豫東濮陽～魯西一帯の龍山文化晩期遺跡を夏初の都邑遺跡とする。(59)
⑪中原の龍山文化晩期・新砦期と二里頭文化一・二・三期を夏代文化とする。(60)

以上十余の見解のうち、もっとも主要な見方は三つに概括できる。第一は、二里頭文化の一～四期がみな夏文化であるとするものである［⑦の説］。第二は、二里頭文化の一部分と河南龍山文化晩期があわさって夏文化をなすとするものである［①～④の説］。第三は、二里頭文化の大部分（たとえば第一期～第三期）・中原龍山文化晩期・新砦期の三者があわさって夏文化をなすとするものである［⑪の説］。

どの考古学的文化が夏文化かを判断する問題には、なぜかくも大きな分岐と絶えざる論争があるのか。これはもちろん、依拠している証拠の相対的性質にかかわりがあり、また研究の方法や手段とも関係がある。知られているように、夏文化と判断される遺跡は、安陽殷墟のように甲骨文を出土するわけではなく、これらの遺跡はみな文字や文書が出土してみずからの説明をするということがない。よって私たちは、せいぜい既知より出発して未知を推測し、その学説の選別にさいして時間的・空間的制約をつけ加えるのみである。つまり、時間的に商代前に、空間的に夏都の所在地にある遺跡を探しだせるのみなのである。

遺跡の文化の分期と期間についていうならば、一九五〇年～一九六〇年代の考古学的文化の分期においては、こう考えられる。すなわち、鄭州二里崗期の商文化は商代中期に属し、よってその下の二里頭文化をおおっている。とくに二里頭文化中晩期は商代初期の文化で、ゆえにそれよりまえの夏代文化を探すにはとうぜんこれを起点とし、そこからさらに溯って探してゆくほかない。一九七〇年～一九八〇年代になると多くの研究者は、鄭州二里崗期の商文化が商代前期に属し、ゆえにそのすぐ真下の二里頭文化は夏文化であると考えはじめた。さらに一九九〇年代末と二一世紀初頭になると、偃師商城第一期第一段の文化遺存はもっとも早い商代文化で、二里頭文化第四期と同時に幷存し、このようにして夏文化は自然と二里頭文化第四期以前に没落したと考えられるようになった。

さらに炭素十四年代測定からいえば、一九七〇年～一九八〇年代に測定した二里頭遺跡第一期～第四期の年代範囲は、前一九〇〇年～前一五〇〇年前後で、四〇〇余年の歴史がある。一方、文献に記載されている夏代の期間は一般に四七一年とされ、この両者の差は大きくない。これも、鄒衡が二里頭文化第一期～第四期のすべてを夏文化であると主張する重要な論拠の一つである。

しかし二〇〇五年以来、最新の炭素十四年代測定データでは、二里頭遺跡第一期～第四期の年代範囲は前一七五〇年～前一五〇〇余年に限定され、二里頭文化にはたんに二〇〇余年の歴史があるだけとなった。それはいずれにせよ夏代の四七一年間という時間的範囲を満たしきるものではない。かくして、当面の炭素十四年代測定データとしては、二里頭文化の第一期～第三期、あるいは第一期～第二期の基礎のうえに、二里頭文化一期よりまえの新砦期と、新砦期よりまえの中原龍山文化晩期（河南龍山文化晩期ともよばれる）の文化遺存を加えてはじめて、それは約四七一年間の夏代の歴史的範囲と符合する。

これより、中原龍山文化遺跡・二里頭文化遺跡・商代初期遺跡の炭素十四年代測定データの変化にともない、結局どの文化遺存を夏文化とするかを判断するという問題は、なるほど当初は諸説紛々たる様子ではあったが、時間的な推移と、年代測定の技術・方法の進化（系列データを取り入れて年代を測定する方法をふくむ）にともない、年代測定の正確性と信頼度もますます向上していったといわねばならない。これは、どの考古学的文化を夏文化とするかを認識・推論するうえで、ますます有益となりうるのである。

また夏代の都城所在地と夏人の活動中心地域にかんしては、夏代晩期はさらに明確である。ただし夏代初期の都城と活動中心地区には、現在少なくとも豫西説・晉南説・豫東魯西説がある。もちろん各学説の証拠の強弱にはやはり相異があるけれども、証拠が比較的強い「豫西」説であっても、なお定説とはなりえていない。

このように、研究の手段・方法に限界があることと、証拠に不確定性があるため、八十余年来の夏史と夏文化にかんする研究は、大きな進展をへ、問題も深まっているとはいえ、距離の問題は解決にはほど遠い。これは、夏史と夏文化研究をしている研究者たちが必ず向き合わねばならないきわめて重要な挑戦で、長らくこれにふりまわされてやまない困惑のひとつでもあるといえる。もちろん、学界の夏文化にたいする検討はまだ定説をみないとはいえ、ただ、現在までに得られている進展は、考古と文献をむすびつけて夏代の歴史と文化を研究することにかんして、やはり大きく裨益するところがあるものである。

2　夏文化の定義にかんする困惑と新たな定義

夏文化のことになると、じっさいにはさらに概念の問題がある。徐旭生は若いころにかつて「夏文化ということばはおそらく夏の氏族か部落の文化をさす」(61)とのべたことがある。一九七〇年代末に夏鼐は、「夏文化は夏王朝期の夏民族の文化をさすものでなければならない」(62)と提起した。こうのべる研究者もいる。すなわち、考古学上の「夏文化は、夏王朝期に夏王朝の統轄する区域内の夏族（もしくは夏人を中心とする族群）が残した考古学的文化の遺存である」(63)

と。現在、中国の学界では、一般にみな夏鼐のいう「夏文化は、夏王朝期の夏民族の文化をさすものでなければならない」との定義を基礎として、夏文化を論じている。しかしさらになにが夏民族かを追求するさい、問題ははっきりと浮び出てくる。たとえば、夏民族の組成としては、夏后氏をふくむ同姓部族のみならず、異姓部族もふくまねばならない。夏の同姓族としては、『史記』夏本紀［太史公曰］に、

> 禹を姒姓と為し、其の後分封せられ、国を用て姓と為す。故に有夏后氏・有扈氏・有男氏・斟尋氏・彤城氏・褒氏・費氏・杞氏・繒氏・辛氏・冥氏・斟戈氏有り（禹為姒姓、其後分封、用国為姓。故有夏后氏・有扈氏・有男氏・斟尋氏・彤城氏・褒氏・費氏・杞氏・繒氏・辛氏・冥氏・斟戈《ママ》氏）。

とある。ここでは、夏后氏が王室のありかであり、他の各族氏は各地に分散している。たとえば有扈氏は現在の陝西省戸県に、有男氏は現在の南陽と漢水以北の地区にいる。斟尋氏はもともと河南省鞏県西南におり、のちに現在の山東省濰坊市一帯にうつった。斟戈氏については、斟氏・戈氏とする論者もおれば、斟灌氏とし、まず河南省におり、のち山東省寿光一帯にうつったとする論者もいる。彤城氏は現在の陝西省華県の北にいる。褒氏は、はじめ現在の河南省息県北の褒信集におり、のちに陝西省褒県にうつった。費氏もはじめは河南省滑県におり、のちに山東省にうつった。杞氏ははじめ陳留雍邱県におり、のちに山東省諸城一帯にうつった。繒氏は現在の山東省嶧県にいた。辛氏もはじめは河南省にすみ、のちに山東省にうつった。冥氏は現在の山西省平陸県の東北にいた。[64]

夏の同姓族は各地に分散しており、すでに現在のいわゆる夏文化の分布範囲を大幅に越えていた。たとえば、現在の山東省一帯にうつった斟尋氏・斟灌氏・費氏・繒氏・辛氏などの国族は、岳石文化の分布範囲内におり、岳石文化は一般に夏代の東夷文化とされている。このように、かりに夏文化が夏王朝期の夏民族の文化をさすとすれば、夏の同姓族の一部は、かえって東夷文化であることになってしまうのである。これより、現在のところ、夏文化について

の定義は検討の余地があるものとわかる。じっさいに、いかなる考古学的文化であっても、みな上述の夏のかような同姓国族のいる各地域を包括するのはむずかしい。

このほかに、かような異姓族に属する夏のほかの与国（夏に附属する異姓族ともよばれる）は、夏民族の範疇に属するのか否か。たとえば『国語』鄭語には、

昆吾は夏の伯と為り……（昆吾為夏伯矣……）。

とある。昆吾は己姓で、はじめは帝丘濮陽におり、のちに許昌にうつった。では、夏民族は昆吾氏をふくむのか否か。またたとえば、山東省滕県に位置する薛国の奚仲について、『左伝』定公元年には、彼がかつて夏王朝の「車正」を担っていたとある。では、夏民族は任姓の奚仲の族邦をふくむのか否か。さらに夏代において、商の邦君は「商侯」とよばれた。『国語』周語上は、商侯冥が夏王朝において水を管理・統治する官職を担ったことがあるとし、かつそのせいで殉死したとする。では、子姓の商族は夏民族にふくまれるのか否か。じっさいに民族としては、夏王朝国家内のこうした異姓族もみなそのなかにふくまれねばならない。第六章での論述によれば、華夏民族は夏代複合制国家とともにあらわれたのであり、ゆえに複合制国家（つまり夏王朝）はこのとき華夏民族の外殻であり、こうしたいわゆる夏民族が夏代の華夏民族である。このような骨組のもとでは、夏文化と非夏文化とを区分するすべはない。

かりに夏民族概念を夏代の華夏民族と解せるならば、夏王朝複合制構造においてそれは、「夏人」もふくむのみならず、「商人」などの他部族の民をもふくむことになる。夏民族概念を、かりに夏部族のみをさすとするならば、それを夏民族とよぶべきではない。これより、夏文化を「夏王朝期の夏民族の文化」と定義することは、あきらかに困惑を招くものとみられる。

この困惑から逃れる道としては、案ずるに、二つの構想が考慮に値する。第一に、現在の考古学界で夏文化を検討

する者はみな、夏の王都所在地の文化を探し求めていると考えられる。この点を鑑みると、夏文化を「夏王朝期の夏后氏（夏王族）の文化」と定義してさしつかえない。すると夏文化概念の範囲は縮小するが、その可操作性と実行可能性はかえってあきらかとなる。第二に、おもいきって夏文化と族共同体や族属関係とをたがいに分離し、夏文化を夏代の考古学的文化とよぶことも十分に可能である。すると、およその期間が前二一世紀〜前十六世紀である考古学的文化は、みな夏代の文化に属することになる。それらが具体的に夏代のどの部族や族邦の文化に属しているかについては、当該遺跡の規格と所在地・当該文化類型の分布地域などをみて、文献が提供可能な手掛かりとむすびつけることが、さらなる推論研究を可能とする。たとえ当分のあいだ、当該遺跡や当該文化類型の族属のたぐいの問題を論定するすべがなくとも、それが夏代の文化に属すると判断できさえすればよい[65]。

もちろん、この二つの選択にかんしては、筆者はさらに第一のやり方を採用することを主張する。つまり、夏文化を「夏王朝期の夏后氏（夏王族）の文化」と定義することである。なぜなら、このようにしてはじめて、私たちが提出した「夏文化」概念の初志と符合し、夏代のさまざまな考古学的文化にかんして族属研究をすすめるのによいからである。

3　夏文化の分期

文献よりみて、夏代には四七一年の歴史がある。たとえば、『太平御覧』巻八二引『竹書紀年』には、

禹自り桀に至るまで十七世、王有ると王無きは、用て歳四百七十一年（自禹至桀十七世、有王与無王、用歳四百七十一年）[66]。

とある。では、この四七一年の夏代の歴史文化をいかに考古学のいう夏文化とむすびつけ、さらには初・中・晩の三

期、もしくは初・晩の二期にわけ、それによって王都クラスの二里頭遺跡がほぼ何時代の王都かをみいだせるのか。

考古学的な二里頭遺跡にたいする年代分期は、まず遺跡の地層同士が打破関係［先行する遺跡が後世の遺跡によって破壊されているばあい、その両者を中国考古学の専門用語で打破関係とよぶ］にあることにもとづき、一般には二里頭遺跡を四期にわけ、そののちふたたび炭素十四で測定した年代をむすびつけて、前後四期ないしは一期何年かを判断する。一九八〇年代には、炭素十四で測定した二里頭文化第一期〜第四期の年代は、前一九〇〇年〜前一五〇〇年とされた。「夏商周断代工程」の炭素十四年代測定データでは、二里頭第一期が前一八八〇年〜前一六四〇年（サンプルの編号ユニットは97VT3H58と97VT2⑪）、第二期が前一七四〇年〜前一五九〇年、第三期が前一六一〇年〜前一五五五年、第四期が前一五六〇年〜前一五二一年とされる。(67) 二〇〇五年〜二〇〇六年に、また二里頭遺跡のサンプルを測定し、新砦遺跡のサンプルも測定した。「新砦期」のフィッティング［fitting。いわゆる統計学の当てはめ技法の適用］後の年代は前一八五〇年〜前一七五〇年であった。一般的にはまた、新砦期は二里頭第一期より早いとされ、ゆえに新砦遺跡と二里頭遺跡の測定しうるデータを一緒にして「配列フィッティング」をすると、二里頭第一期はほぼ前一七三五年〜前一七〇五年に、二里頭第四期はほぼ前一五六五年〜前一五三〇年となり、したがって二里頭第一期の年代の上限は前一七五〇年より早くないはずだとの結論が得られた。(68)

上述の炭素十四測定年代の状況によると、「夏商周断代工程」の期間と断代工程作業をへたのち、二里頭第四期に関係する年代データはみな前一五六〇年〜前一五二〇年前後になった。そして成湯が夏王朝を倒した年は、だいたい前一五七二年〜前一五五三年となった。(69) したがって、前一五六〇年〜前一五二〇年という二里頭第四期の年代は、商代初期の年代に属することになる。ちょうど偃師商城商文化第一期第一段の炭素十四測定年代も、この範囲内にある。(70) 偃師商城第一期第一段の陶器の特徴はまさに、二里頭文化第四期に似た陶器と、漳河型下七垣文化とがむすびついているところにある。ゆえに、二里頭第四期がすでに商代初期に入っていたことは、多くの面で証拠を得られるものであることになる。(71)

しかし、上述の新砦と二里頭の二ヶ所で測定されたデータを一緒にフィッティングした年代結果によると、四七一年間の夏代史のうち、二里頭遺跡は第一期から夏代晩期に属することになるが、これについて筆者はなお懸念がある。じつは、二里頭第一期の 97VT3H58 の年代測定データとして、年代測定の専門家はかつて二回フィッティングをした。一回目は、二〇〇五年～二〇〇六年に測定した二里頭第一期～第二期間のデータと、断代工程中に測定されたデータ（つまり二里頭遺跡本体の第一期～第五期のデータ）を一緒にフィッティングし、その結果は前一八八五年～前一八四〇年であった。(72) もう一回目は、新砦遺跡の龍山晩期と新砦期のデータおよび、二里頭遺跡第一期～第五期のデータを一緒にフィッティングし、その結果、97VT3H58 の年代測定データは前一七三五年～前一七〇五年となった。(73) この二つのいわゆる「系列データのフィッティング」について、筆者は前者の結果を信じている。その理由は以下に分けてのべるとおりである。

この二回の年代測定データのフィッティングはみな、いわゆる「系列データの統合によるカーブフィッティング」で、二者の差異はつぎのとおりである。すなわち「二里頭第一期～第五期のフィッティング」のうち、二里頭第一期よりもまえのデータはない。つまり、二里頭第一期地層の下のデータはなく、ゆえに二里頭第一期の年代測定データがコンピュータの自動的フィッティングで圧縮される変動差にはおそらく限りがある。「新砦・二里頭第一期～第五期のフィッティング」のなかでは、二里頭第一期以前の年代測定データはあるが、それは二里頭遺跡のデータではなく、二里頭遺跡のそうしたデータとまったく地層堆積上の上下関係になく、ゆえにそのフィッティングの信頼度も疑わしいものである。もとよりフィッティングされた系列データ間でもっとも理想的な条件は、採集された標本が同一遺跡内で地層の上下重複関係をもつ年代測定標本であることで、そうした標本があってはじめて系列データ間に確実な年代関係のあることが知られる。かかる確実なデータによってフィッティングしてはじめて、信頼に足る結果が得られよう。しかし「新砦・二里頭第一期～第五期のフィッティング」では、新砦期のデータと二里頭第一期のデータは二つの異なる遺跡データで、二者間は文化分期上の年代関係に基づくのみで、同一遺跡内の直接的地層関係によるのではない。そのフィッティングの条件は、もっとも理想的なものではなく、いわんや新砦期（とくに新砦期晩段）と二里頭第一期は年代上重複交叉関係にあるともいわれている。かくて新砦期晩期のデータによって、それよりのちの時代にむけて二里頭第一期の年代測定データを圧縮フィッティングすれば、その結果はとうぜん二里頭第一期の年代を遅いものとすることになる。二里頭第二期と第三期の圧縮フィッティング年代も同様の状況下にあろう。よって、二里頭遺跡の系列データのフィッティングにかんする二回の結果のうち、筆者は「二里頭第一期～第五期のフィッティングデータ」をより信ずる次第である。「二里頭第一期～第五期のフィッティングデータ」を根拠とすると、二里頭第一期のフィッティング年代は前一八八五年～前一八四〇年となる。かかる数値は、もちろん夏代晩期に属さず、夏代中期に属する。

二里頭文化第一期がかりに夏代中期であれば、初期夏文化はまたどの考古学文化なのか。年代上、『竹書紀年』〔前掲『太平御覧』巻八二引『竹書紀年』〕に「禹自り桀に至るまで十七世、王有るときと王無きときは、用て歳四百七十一年（自禹至桀十七世、有王与無王、用歳四百七十一年）」とある点と、夏と商の境界年が前一五五三年か前一五七二年とおぼしい点（既述）とを基礎に計算すると、夏代の開始は前二〇二四年か前二〇四三年であろう。かりにその整数をとるならば、前二〇二〇年か前二〇四〇年となる。

夏初のこの年代データは、ほぼ中原龍山文化晩期の範囲内にとどまる。

たとえば、『夏商周断代工程一九九六―二〇〇〇年階段成果報告（簡本）』が発表した河南省龍山文化晩期のＡＭＳ年代測定データのうち、河南省龍山文化晩期第二段（つまり王城崗第三期）に属するものに、二つのサンプルがある。編号がSA98108とSA98110の骨で、「フィッティング後の紀年」はみな前二〇九〇年～前二〇三〇年である。河南省龍山文化晩期第三段（つまり王城崗第四期・第五期）に属するものには五つのサンプルがあり、そのなかに編号がSA98116の骨があり、「フィッティング後の紀年」は前二〇五〇年～前一九八五年である。同様に、SA98117の骨は前二〇三八年～前一九九八年、SA98120の骨は前二〇四一年～前一九九四年、SA98122の骨は前二〇三〇年～前一九六五年、SA98123の骨は前二〇三〇年～前一九六五年である。

『登封王城崗考古発現与研究（二〇〇二～二〇〇五）』[74]も、王城崗遺跡の炭素十四年代測定データを発表し、そのうち王城崗龍山文化後期第二段に属するものには四つのサンプルがある。その編号がBA05239の「フィッティング後の紀年」は前二一〇〇年～前二〇五五年、BA05236は前二〇八五年～前二〇四五年、BA05237は前二〇八五年～前二〇四五年、BA05238は前二〇八五年～前二〇四五年である。王城崗龍山文化後期第三段に属するものには一つのサンプルがあり、BA05235は前二〇七〇年～前二〇三〇年である。

上述の「夏商周断代工程」による前二〇九〇年～前一九六五年と、「中華文明探源工程」による前二一〇〇年～前二〇三〇年の範囲は、ちょうど本書が文献に依拠し、夏代の開始年代を前二〇二四年か前二〇四三年と推定したのと一致するものである。よって、案ずるに、初期夏文化は中原龍山文化晩期の遺存のなかに探し求められるはずである。「中原龍山文化」という概念がしめすのは、河南省を中心とし、晉南冀南などをふくむ中原地区の龍山時代の諸文化類型で、それは臨汾盆地の陶寺類型文化（陶寺文化ともよばれる）・晉豫陝交界地帯［陝西省・山西省・河南省の境界地域］の三里橋類型文化（三里橋文化ともよばれる）・鄭洛地区［鄭州・洛陽］の王湾類型文化（それはまた伊汝潁流域の汝洛型と豫中の鄭州型に分けられる）・豫北冀南の後崗類型文化（後崗龍山文化ともよばれる）・豫東皖西北の王油坊類型文化（造律台文化ともよばれる）・南陽地区の下王崗類型文化の六大地方類型をふくむ。(75)

ここで筆者が、初期夏文化は中原龍山文化晩期遺跡のなかに探し求められるはずだといい、「豫西龍山文化」や他の考古学文化類型内には探し求められないというのはなぜか。それは、現在の学界において「禹は陽城に都す」をふくむ初期夏王国の中心地区をめぐり、なお「豫西」説・「晉南」説・「豫東魯西」説などがあることを考慮したためである。一方、中原龍山文化は上述の地域をすべてふくみうるのであり、それゆえ当該区分は少し広すぎるとはいえ、この点は共通認識となっているのであり、それをさらなる討論・立論の基礎としうるのである。

夏文化とその分期について如上の認識を有してのち、ふたたび二里頭遺跡が結局どの段階の夏王朝かを回顧してみると、よりはっきりとする。知られるように、二里頭遺跡第一期はまだ普通聚落で、それは王都としては第二期にはじまるものである。また、二里頭遺跡第二期・第三期は夏代晩期に属する。よって、王都としての二里頭遺跡は夏代晩期の王都なのである。

第三節　王都としての二里頭遺跡

二里頭遺跡は河南省偃師県二里頭村に位置し（図7―1）、それは一九五九年にみつかった。(76) そののち数十年間、豫西・晉南などの地では、多くの同じ文化類型の遺跡がみつかり、統一的に二里頭文化とよばれている。二里頭遺跡の規模はたいへん大きく（図7―2）、面積は三㎢以上に達し、遺跡文化層の堆積は多く厚く、第一期〜第四期にわけられる。二里頭遺跡のランクははなはだ高く、正方形でととのった宮城、大型の宮殿宗廟建築群、縦横に交錯する道路網があ

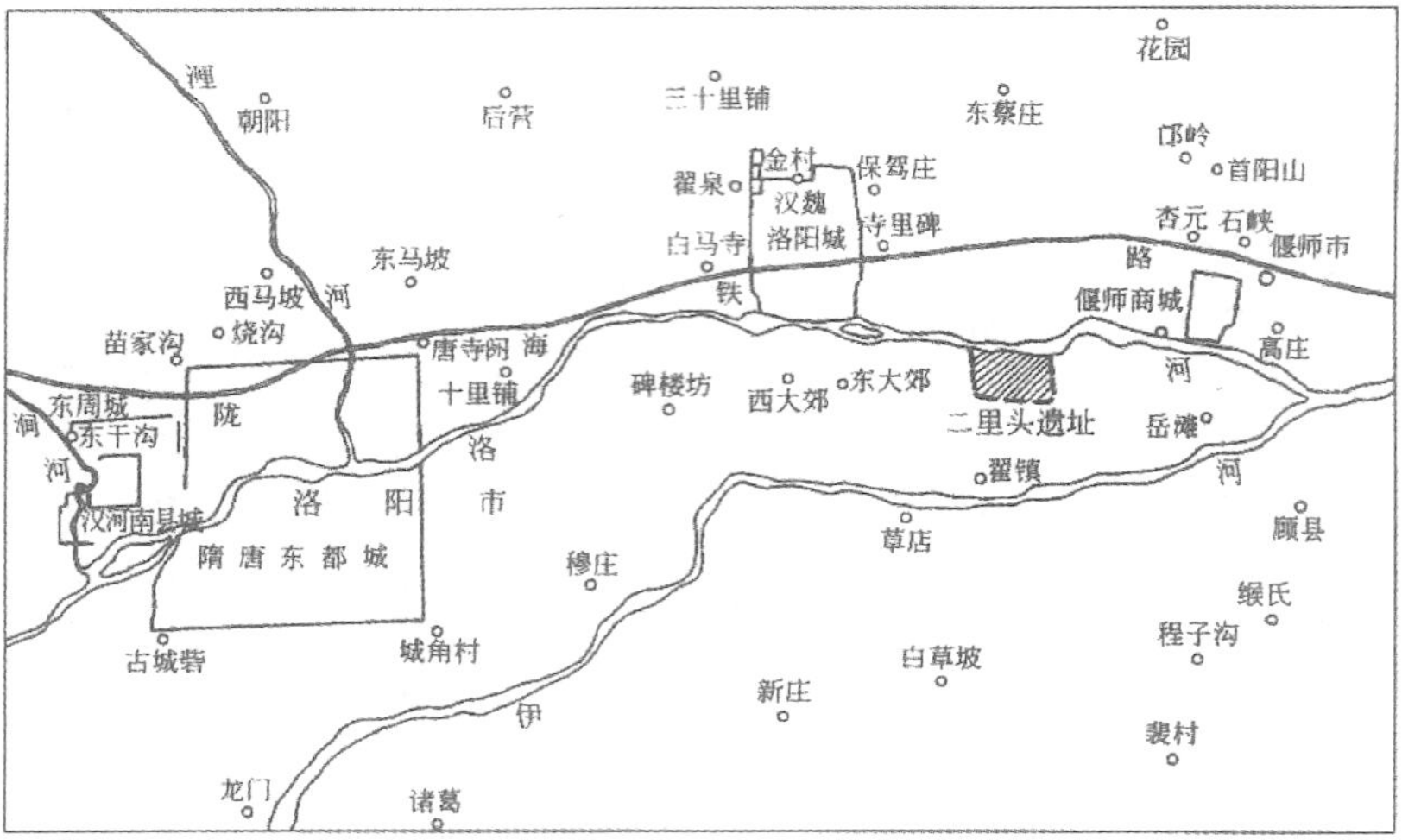

【図７―１】　二里頭遺跡の位置（『考古』2004年第11期）

るだけでなく、青銅器鋳造・陶器製作・骨器製作・玉器や緑松石器の工房もある。青銅器の副葬された貴族の墓がみつかり、さらに相当な数の青銅器・玉器・陶器・象牙器などが出土している。

1　宮城と宮殿

二里頭の宮城（図７―３）は二〇〇三年にみつかり、宮城の平面はだいたい長方形を呈している。東壁の方向は一七四度、西壁は一七四．五度である。東と西の城壁の復元された長さはそれぞれ三七八ｍと三五九ｍで、南と北はそれぞれ二九五ｍと二九二ｍ、面積は約一〇．八万㎡である(77)。宮城の壁は二里頭文化の第二期と第三期の交替期にはじめて建てられた。宮城内の一号・二号・四号・七号・八号の版築建築の基礎跡〔原文は基址に作る。以下、基礎跡と訳す〕は二里頭文化第三期に、六号版築建築の基礎跡は二里頭文化第四期に建てられている。第三号版築建築の基礎跡は二里頭文化第二期に建てられ、宮城の壁の年代より早い。これらの版築建築の基礎跡はいずれも宮殿か宗廟の基礎跡である。そのうち、一号宮

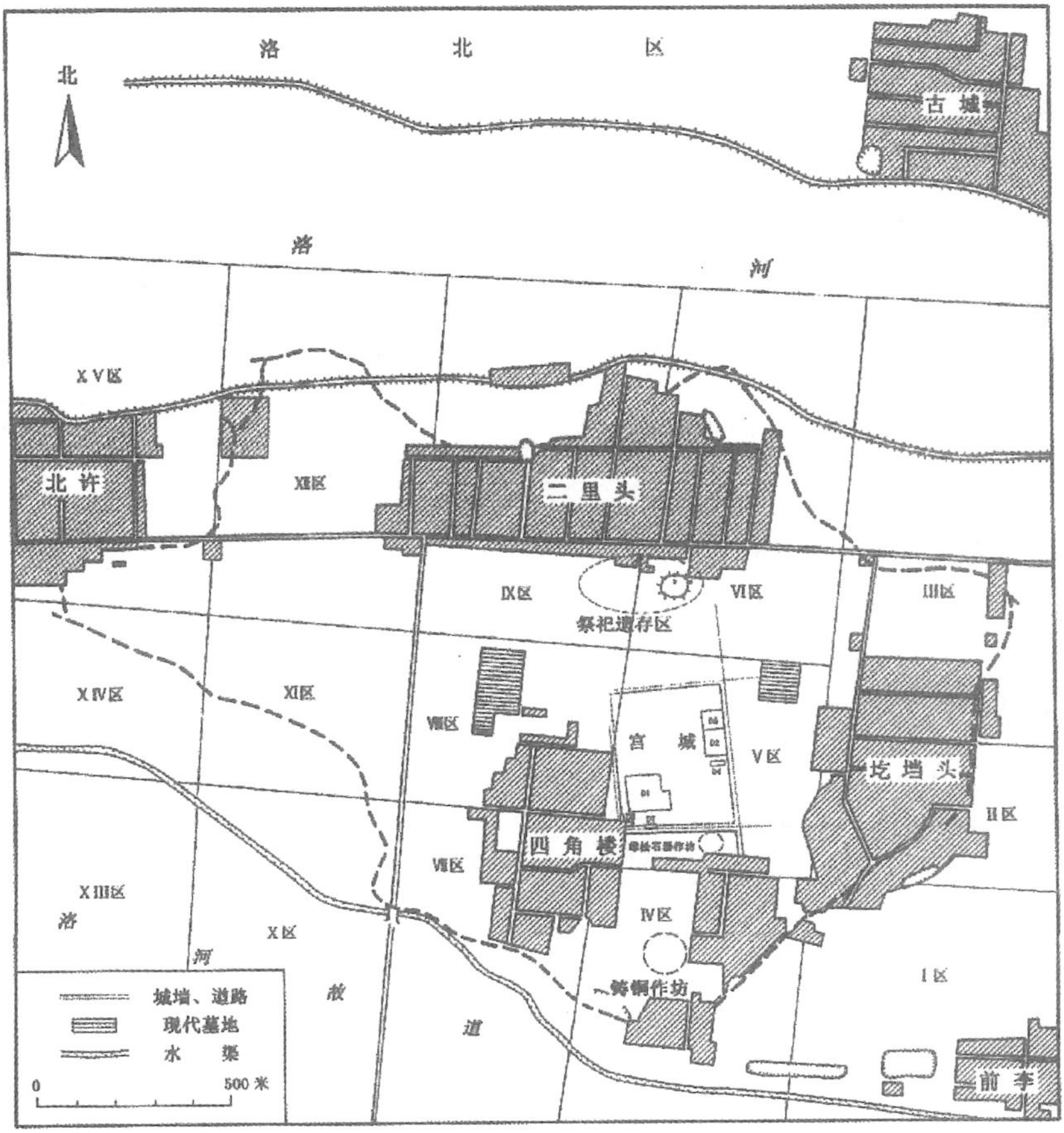

【図７―２】　二里頭遺跡の平面図（『考古』2004年第11期）

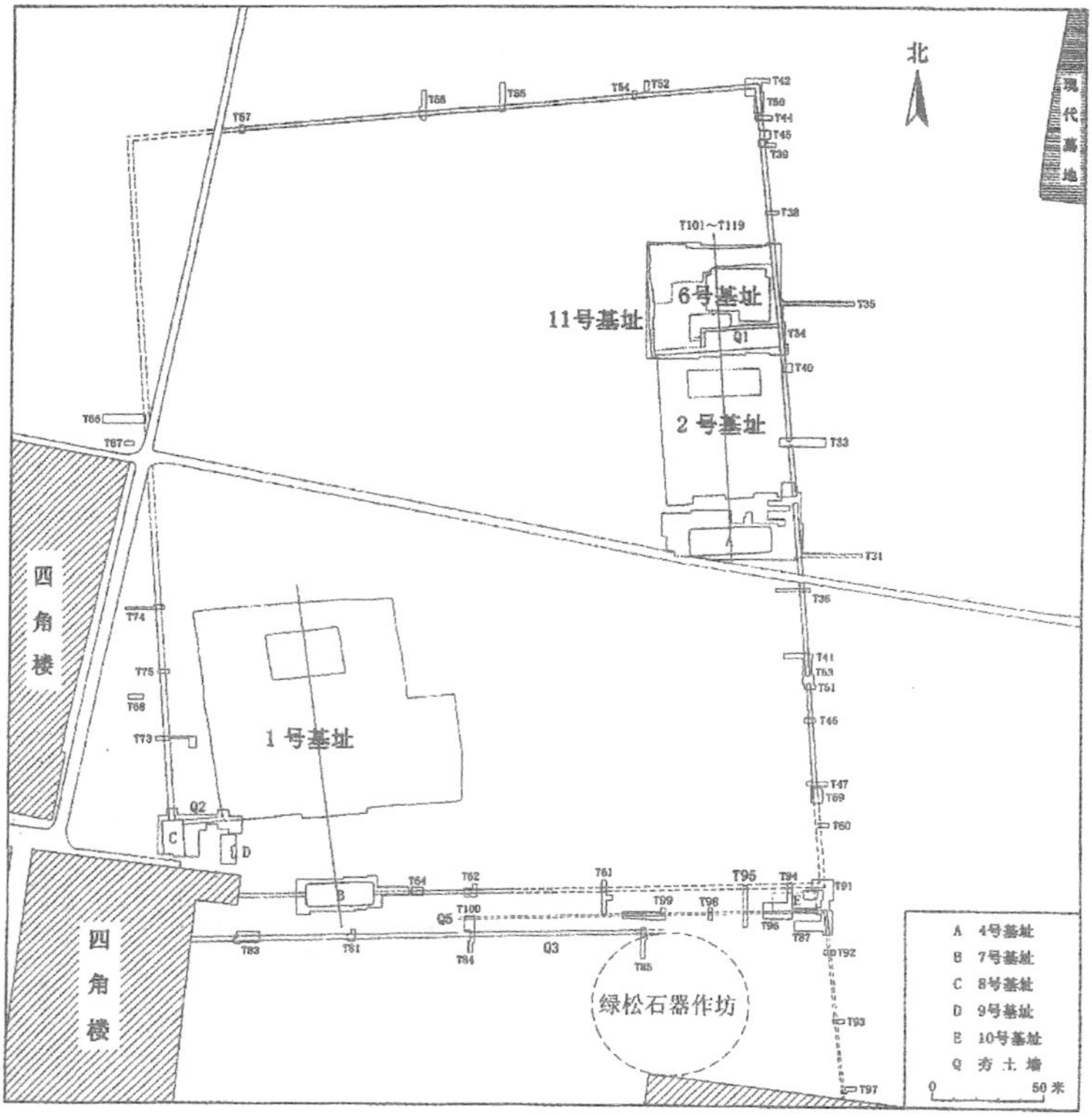

【図7―3】　二里頭遺跡の宮殿城壁と関連遺跡の平面図（『考古』2004年第11期）

殿と二号宮殿がもっとも著名である。

第一号宮殿基礎跡は一九六〇年代より発掘されはじめ、十五年間をつうじて十一回の発掘を経ている[78]。それは主殿を核とし、主殿・廊廡《ろうぶ》［表御殿に附属した細長い小部屋］・大門・庭よりなる（図7―4、図7―5）。主殿・廊廡・大門・庭はみな一万㎡近い版築の土台上に建てられ、建築全体の土台の台座を形成しており、台座の高さは当時の地表より〇・八m高い。それによってすべての建築物は大きく高く雄大となっている。配置上、一号宮殿のまわりには高くそびえる塀がめぐらされ、塀の内外には回廊が設けられている。大門は南

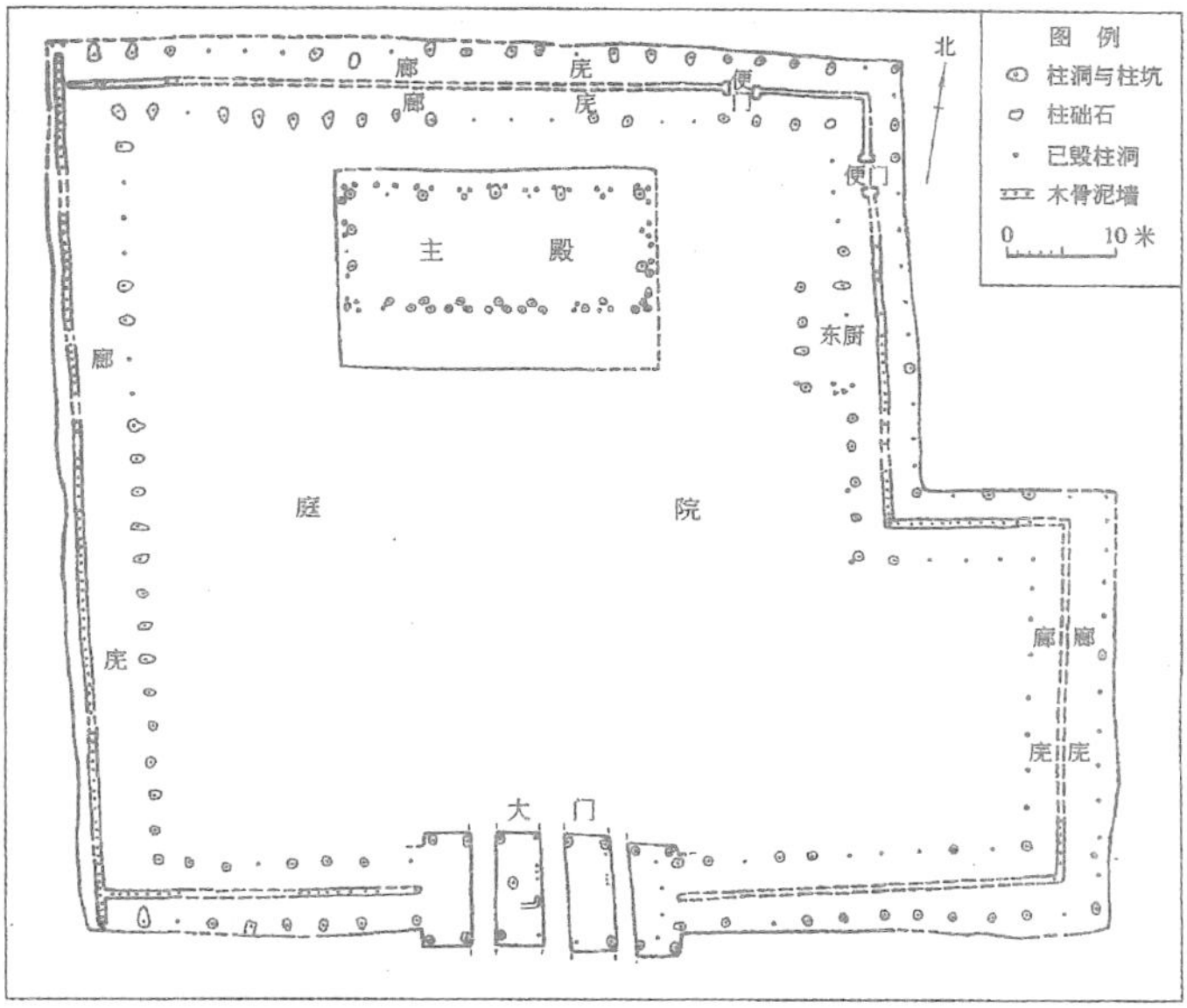

【図７―４】　二里頭遺跡一号宮殿遺跡の平面図

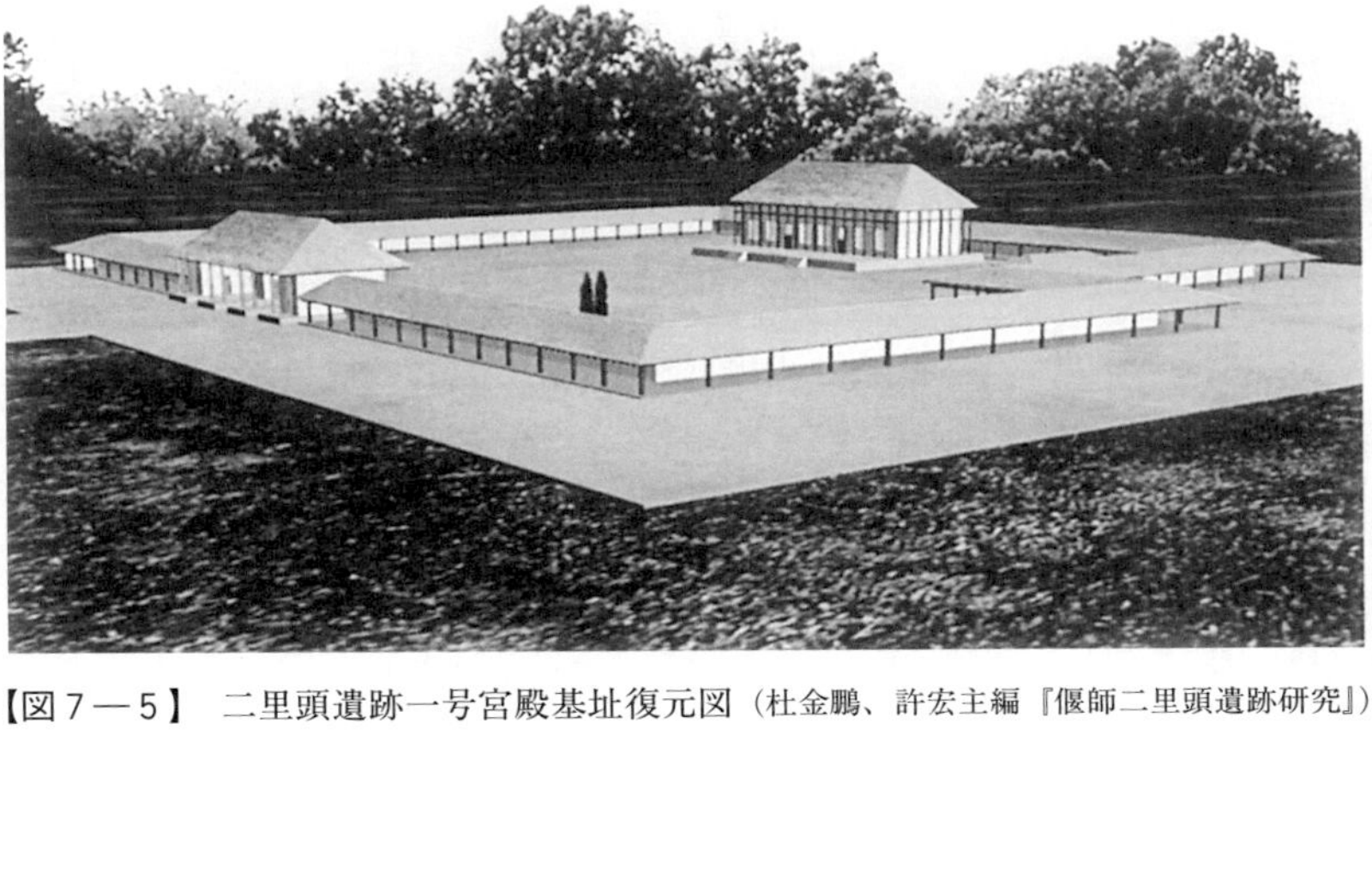

【図７―５】　二里頭遺跡一号宮殿基址復元図（杜金鵬、許宏主編『偃師二里頭遺跡研究』）

塀中央部にあり、三つの門道〔建物の出入口にあたる奥行きをもった通路〕と四つの門塾《もんじゅく》〔門の両脇の建物〕よりなり、かかる多くの門道の設計も、それが一般の宮室と異なることをはっきりとしめしている。廊廡に囲まれた壁内北側には、南向きの主殿がある。主殿にも土台があり、東西三六m、南北二五m、面積九〇〇㎡で、現存する主殿の土台は庭の地面より一〇～二〇cm高い。主殿南側は、五六〇〇㎡に達する広大な庭である。殿堂のまわりにも回廊がある。すべての建築は壮大で、高く大きく壮観であり、権力・地位・威厳を象徴している(79)。

一号宮殿建築の配置と構造には王宮の気魄があり、その宮殿の前庭は、文献中の夏商周三代の「王庭」と似ている。たとえば『書』盤庚には、

王、衆《しゅう》に悉《ことごと》く廷《てい》に至るを命ず（王命衆悉至于廷(80)）。

とあり、商王盤庚が衆人を廷（庭）にやってこさせ、商王盤庚の戒めを聴き取らせたことを意味する。また、

其の有衆《ゆうしゅう》、咸《み》な造《いた》るも、王庭《おうてい》に褻《ちか》づく勿《な》し。盤庚は乃ち厥《そ》の民を登《のぼ》し進めて……（其有衆咸造、勿褻在王庭、盤庚乃登進厥民……）。

とあり、多くの臣民がみな恭しく王庭にやってきて、盤庚がすぐこれらの臣民を面前にやってこさせたことを意味する。こうした庭は、大庭ともよばれる。たとえば『逸周書』大匡解には、

王、乃ち冢卿・三老・三吏・大夫・百執事之人を召し、大庭に朝す（王乃召冢卿・三老・三吏・大夫・百執事之人、朝于大庭）。

とある。『書』盤庚の「庭」・「王庭」と、『逸周書』大匡解の「大庭」がさすのは、王宮内の庭で、のちのいわゆる「朝廷」は、この「王庭」に起源する。王庭は大きく、千人ないし数千人を収容できるので(81)、大庭ともよばれた。二里頭の宮城のうち、一号宮殿の主殿は広大で、気宇は雄大である。宮殿の前庭ももっとも大きいものである。このた

め趙芝荃は、一号宮殿は「王権の象徴とみることができる」、「夏王が政令を発布した場所である」とのべている。[82]

二号宮殿基礎跡は一九七〇年代に発掘されたものである。[83] 二号宮殿平面の配置も、まわりの廊廡が主殿をとりかこみ、南向きの庭付き建築のまとまりを構成している（図7―6）。主殿も土台上に建っており、その現存の高さは約〇・二m、東西約三三m、南北約十三m、面積四二九㎡である。土台のふちには廊柱があり、木材の骨子に泥を塗り固めた三つの大部屋を囲んでおり、「主殿房間」〔主殿の部屋〕とよばれている。宮殿の東西南北は版築の壁に囲まれ、内側は廊廡である。門道は南壁中央に設けられ、一門道と二門塾よりなる。研究によれば、東壁には東調理場が建てられ、南壁外側には警備用宿舎がある。[84]

二里頭遺跡の二号宮殿にかんしては、宗廟とする論者、陵寝とする論者、さらには夏の社とする論者もいる。宗廟説と陵寝説の根拠は、二号宮殿主殿のうしろにいわゆる「大墓」（Ｍ１）があり、「二号宮殿建築はこの大墓のために建造されたものである」、あるいは「もう一つの可能性は、まず第二号宮殿建築があり、その主人の死後、すぐ主殿の北側と北塀のあいだに埋められた[85]」といわれていることである。

杜金鵬が指摘するように、Ｍ１はとくに深く、六・一mあり、底部の長さは一・八五m、幅は一・三mである。しかし、規模の点からみると、二里頭遺跡の長年の発掘による資料のうち、およそ銅器・玉器を出土する中型墓は、長さが一般に二m以上あり、少なからぬ小型墓も一・八mに達する。中型墓の墓室の深さは一般に一・五mである。このため、たとえＭ１を墓とみなすとしても、それは中型墓の規模と規格にさえ達せず、そもそも「大墓」とよぶことはできず、ぜったいに王墓ではない。Ｍ１の深さが六・一mに達すること、盗掘に遭っているとはいえ、盛土のなかからは漆匣に盛られたイヌがみつかっていること、坑口でト骨が出土していること、そしてＭ１底部に少量の焼かれた骨くずがあることなどの現象よりみて、Ｍ１は、「一つの可能性としては「定礎祭」のたぐいの遺存」で、はじめ

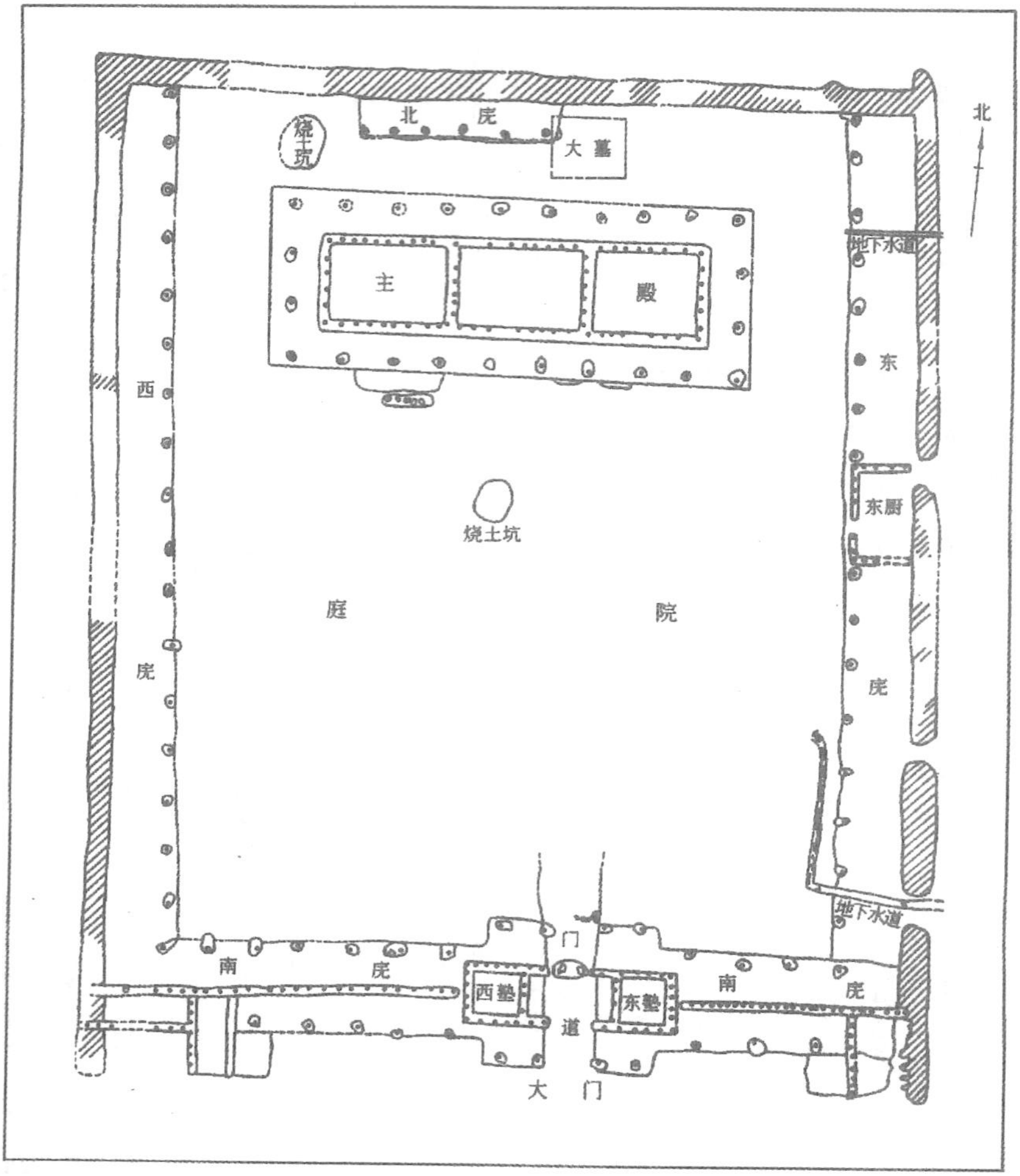

【図７—６】　二里頭遺跡二号宮殿基礎跡の平面図

て当該宮殿を造営したときに「「土地神」を祭り、宮殿建築の安全を守ってくださるよう切に願って挙行された祭祀活動の遺跡」である。「もう一つの可能性としては、「落成式」の遺存」であることである。古代の宮殿が落成したのちに挙行される祭祀が落成式である。たとえば『左伝』昭公七年には、

楚子《そし》［霊王］、章華《しょうか》の台を成し、諸侯と之を落《らく》［落成式をする意］せんことを願う（楚子成章華之台、願与諸侯落之）。

とあり、杜預注には、

宮室の始めて成るや、之を祭りて落を為す（宮室始成、祭之為落）。

とある。よって、M1はけっして墓ではなく、祭祀坑であろう。このように、上記史料はあきらかに、M1を宗廟や陵寝とする根拠とはなりえないのである。[86] なお、二号宮室が夏の社であるという推測については、さらになんらの論拠もなく、そのうえ、二号宮殿の建築構造と「社」の形状・構造とのあいだにはまったく関係がない。ゆえに、二号宮殿が結局宮室か宗廟かは、目下なお信頼しうる論拠はない。

二里頭遺跡のなかで、一号・二号宮殿と似ている大型建築はさらにいくつもあり、それらは巨大な建築群をなしており、外側は宮城がぐるりと囲んでいる。これらの宮殿建築の大部分は二里頭文化第三期に建てられ、夏代晩期の王都内の宮室建築である。しかし六号宮室もあり、二里頭文化第四期にはじめて建てられている。最新の炭素十四測定によると、二里頭文化第四期はすでに商代初期に入っている。これはほぼ田昌五のいうごとく、「第四期は夏王朝が滅亡したあとにあたり、絶対年代は商初のはずである。つまり、四期は商初における夏文化の残留物[87]」であり、夏人が商初に建てた宮室なのである。

じっさいに歴史文献では、商の湯は夏王朝を倒したのち、夏邑は破壊されておらず、このことは手がかりとなりうるものである。たとえば『史記』殷本紀には、

　湯既に夏に勝ち、其の社を遷さんと欲す。不可なりとして、「夏社《かしゃ》」を作る（湯既勝夏、欲遷其社、不可、作「夏社」）。

とあり、『史記』封禅書には、

　湯、桀を伐ち、夏社を遷さんと欲するも、不可なり、「夏社」を作る（湯伐桀、欲遷夏社、不可、作「夏社」）。

とあり、『書』商書湯誓にも、

　湯、既に夏に勝ち、其の社を遷さんと欲するも、不可なり、「夏社」・「疑至」・「臣扈」を作る（湯既勝夏、欲遷其社、不可、作「夏社」・「疑至」・「臣扈」）。

とあり、また

　湯は既に夏の命を黜け、複た亳に帰り、「湯誓」を作る（湯既黜夏命、複帰于亳、作「湯誓」）。

とある。ここでの「夏社を遷さんと欲す（欲遷夏社）」の「遷」とは遷移の遷である。「複帰于亳」は、商の湯がまだもとの夏都（つまり夏邑）を商都とはしていないことを物語る。これらの記載よりつぎの点がみてとれる。すなわち、商の湯は、夏王朝を倒したのち、もともと夏社を遷そうとしたのであるが、「不可」ゆえにそのようにすることはなく、たんに夏邑において「夏社」を作ったにすぎない。これは、商の湯が夏の桀に戦勝したのち、夏邑内の夏社さえ、遷すことも破壊もしなかったということである。そうである以上、夏邑内の宮殿・手工業の工房などの建築物にも、もちろん破壊を加えなかったであろう。おそらくは、周の武王が商王朝を倒したあと、なおも商の紂王の子の武庚を殷に封建して「商祀を守らし（俾守商祀）」めたごとく、[88]夏の桀の後裔と夏の遺民は依然、本来の夏都において生活したのであろう。こうして、偃師商城は二里頭文化第四期にはじめて建てられ、二里頭の夏邑では二里頭文化第四期に、本来のいくらかの宮室がつづけて使用されただけでなく、さらに新しい宮室が建てられたのである。二里頭文化第四期において、新しく建てられた偃師商城と二里頭の夏邑がかつて並存していたことは、理解困難なものではないのである。

2　二里頭遺跡の青銅器

二里頭文化の諸遺跡で出土した一七二点の銅器のうち、二里頭遺跡には一三一点があり[89]、二里頭文化の総数の七六%を占める。二里頭遺跡出土の青銅器は容器・武器・楽器・礼儀用器・工具・漁具などにわけられる。公布済の資料には銅爵十三点（図7—7：1）、斝二点（図7—7：2）、鼎一点（図7—8：1）、盉一点（図7—8：2）、鈴六点、獣面紋牌飾四点（図7—9）、円形牌飾三点、鉞一点、戈二点、戚一点、刀三八点、鏃十六点、釣り針三点、錐六点、鑿《のみ》八点、手斧二点、ノコギリ一点、紡輪一点、泡一点がある。これら銅器には、墓より出土したものが三八点あり、ほかに九三点は墓以外の遺跡より出土した。このほかに二里頭遺跡からは、さらに冶金・鋳造の遺物五四点が出土した。

二里頭遺跡出土のこれらの青銅器は、おもに二里頭で精錬鋳造されたものでなければならない。二里頭遺跡では、一万㎡近い青銅の精錬鋳造工房がみつかっている。そのうちのいくつかは鋳造場で、紅焼土［焼かれて赤みを帯びた土］の土手と銅液がまき散らされて形成された銅くず層があり、さらに溶炉の破片や小さな銅塊などの遺物がある。青銅の精錬鋳造とかかわる遺物としては、さらに陶範・石範・銅鉱石（孔雀石）・木炭・小さい銅器などが出土している。

二里頭遺跡の大型の専門的青銅精錬鋳造工房の存在は、二里頭の王都が当時の青銅工業の中心でもあったことを物語る。精錬鋳造技術において、すばやく内範と外範を組み合わせることで鋳造される青銅器が大量に出現したことは、龍山時代以来の鋳造技術上の飛躍である。銅と錫の合金技術が龍山時代においてはいまだ普及していない以上、二里頭文化はこの基礎の上にたって大きく進歩したのであり、製造された銅器の大部分は青銅器で、おもに銅と錫の合金であり、銅と鉛の合金や、銅・錫・鉛の合金もある。これは、中国古代冶金史上の重大な進展である。中国古代には「器は礼を以て蔵《おさ》む（器以蔵礼）[90]」の信念がある。二里頭文化青銅礼器の出現は、玉器と特殊な陶器をおもな礼器とす

【図7―7】　二里頭遺跡出土の青銅器（爵・斝）（中国社会科学院考古研究所『中国考古学・夏商巻』）

【図7―8】　二里頭遺跡出土の青銅器（鼎・盉）（中国社会科学院考古研究所『中国考古学・夏商巻』）

るそれ以前の局面を変え、青銅器を中心とする礼器群を形成しはじめる。この規則は、商周儀礼制度に継承され、かつ発展を加えられ、青銅礼器はとうとう中国青銅文明の核心になり、重要な特徴となるのである。(91)

3　二里頭遺跡の玉器

統計によれば、すでに発表されている二里頭文化の玉器はあわせて一一八点で、そのうち、二里頭遺跡でみつかった玉器は約九三点である。(92) これら玉器は、礼器と儀仗類、工具と武器類、装飾類などにわけられる。礼器と儀仗類に属するものには、璧戚・牙璋・圭・琮・璧・戈・鉞・瓚・刀・柄形器などがある（図7—10）。工具と武器類に属するものには、鏟・手斧・ノミ・族・紡輪などがある。装飾品に属するものには、円箍形飾・環・墜飾・尖状飾・管などがある。

【図7—9】　二里頭遺跡出土の緑松石をはめこんだ銅牌飾（中国社会科学院考古研究所『考古中華』）

考古学の学界では、二里頭の玉器工芸の特徴を三点に総括している。第一に、大型の玉礼器を製造する点ですぐれている。たとえば長さ六五cmの玉刀、高さ五四cmの玉璋、長さ四三cmの玉戈などがある。第二に、回転可能の「砣子（研磨機）」をもちいて玉器を加工しており、雕刻の花紋はたいへん精美である。第三に、ずばぬけた象眼技術をもっている。二里頭遺跡では緑松石を象眼した玉器が出土しているだけでなく、緑松石を象眼した銅器もあり、工芸はこのうえなく精妙で

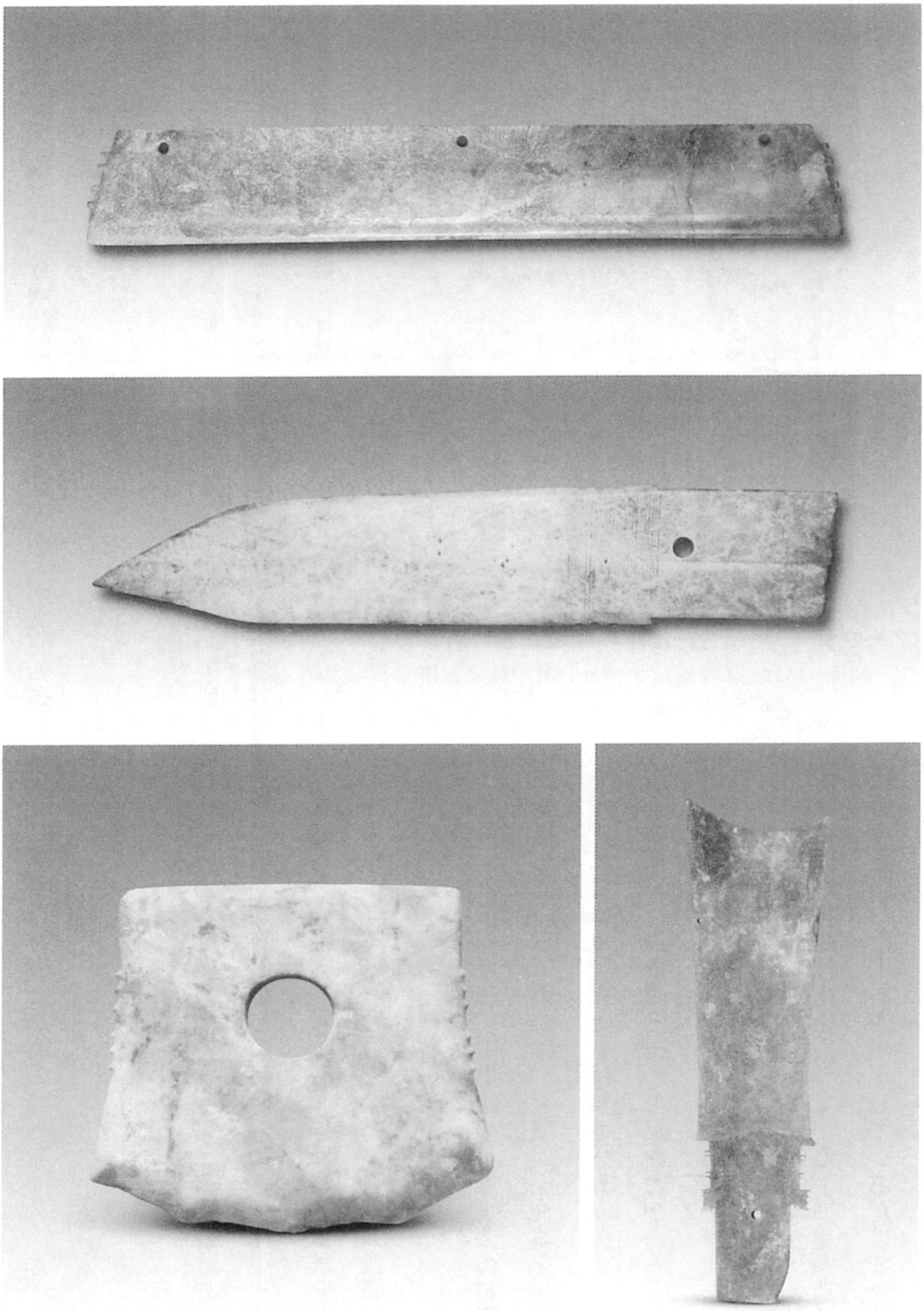

【図７―10】　二里頭遺跡出土の玉・石礼器（中国社会科学院考古研究所『考古中華』）

ある。[93]

4　二里頭遺跡の龍形器

二里頭遺跡では、いくらかの龍形紋様をおびた陶器と、緑松石片が埋め込まれた龍形の器物が、あいついでみつかっている。たとえば、二里頭文化第二期の灰坑から陶製透底器《とうていき》［底部中央に穴のある陶器］二点が出土し、一点は96YLIIIH2：2で、表面には菱形紋と弦紋が広がり、かつ蛇形の龍三匹が昇っている（口絵7―1）。一点は96YLIIIH2：1で、表面は磨かれ光っており、そのうえに蛇形の龍六匹が昇っている。[94]この陶器二点はみな二里頭文化第二期に属する。またたとえば、H57で出土した陶鬲の残片表面には、双身蛇形の龍紋が刻まれ（図7―11）、一九六〇年代の分期［初中晩の三期に分けるやり方。四期に分ける現在の通説とは異なる］でいえば二里頭遺跡中期のものである。[95]さらに陶器片一点もあり、「一身双頭」の蛇形龍紋が刻まれている（図7―12：1）。[96]このほかに、さらに蛇形龍紋の刻まれた陶器片四点がみつかっている（図7―12：2、3、4、5）。[97]03VG14：16の陶盆の口沿部内側には、蛇形の長い龍が浮き彫りになっており、首をもたげて尾っぽを曲げ、身には鱗紋があり、龍身の上方には魚紋がぐるっと陰刻されている。[98]

二里頭遺跡の龍形器のなかで、もっとも著名なのは、二〇〇二年に貴族墓（02VM3）でみつかった大型の緑松石のものである。[99]緑松石の龍を副葬している墓（02VM3）は貴族墓で、年代は二里頭文化第二期である。墓内の副葬品は豊富で、緑松石の龍のほかに、さらに銅器・玉器・白陶器・漆器・タカラガイなどがある。墓主は成年男性で、年齢は三十～三十五歳である。緑松石の龍は二〇〇〇余片のさまざまな形状の緑松石片が嵌込まれてできており、死者の骨のうえに放置され、肩部から骨盤のところにまである。「龍の頭は西北を、尾は東南を向き、おそらく斜めに墓主の右臂上に置かれ、取り囲んで引き寄せるような形状を呈している[100]」。墓主の腰部の、緑松石の龍のうえには、一つ

【図７―11】　二里頭遺跡出土の一頭双身の蛇形龍紋陶片
（『考古』1965年第５期）

【図７―12】　二里頭遺跡出土の龍紋陶片（杜金鵬・許宏主編『偃師二里頭遺跡研究』）

の銅鈴が置かれている。緑松石の龍は、長さ七〇cm、頭部は幅一五cm、身体は幅四cmである。巨大な頭をしており、尾っぽは曲げられ、波状の龍身をしており、やはり一匹の蛇形の龍である（口絵7―2）。

私たちの研究によれば、初期の龍のかたちは、有足（有爪）の龍と無足（無爪）の龍に大別される。有足龍の生物的原型はワニで、無足龍の生物的原型は蛇である。そして龍が雲に乗って天に飛翔できる理由は、中国遠古の民が天空のカミナリと地上のワニ・蛇とを一体とみなした結果である。(101) 二里頭遺跡でみつかった龍のイメージは、いずれも蛇のごとき無足龍に属する。二里頭遺跡の龍形器がしめす龍崇拝は、夏族内の龍トーテム関連の伝説とつながっている。[102] たとえば、夏の禹の「禹」字形は蛇形龍である。青銅器銘文では、禹字は「（遂公盨）」・（禹鼎）・（秦公簋）などに作り、虫に从い九に从う象形兼会意字である。このため丁山は、「禹字は虫・九に从い、すなわち『楚辞』〔天問と招魂〕のいわゆる「雄虺《ゆうき》〔蛇神の一つ〕は九首《きゅうしゅ》（雄虺九首）」である」[103] と指摘する。かかる蛇形の龍のトーテムと、『列子』黄帝〔第十八章〕のいう「夏后氏は蛇身人面（夏后氏蛇身人面）」は同じ意味である。また、たとえば『国語』鄭語〔所引『訓語』〕には、

　夏の衰うるや、褒人《ほうひと》の神、化して二龍と為りて、以て王庭に同《つど》う。而して言いて曰く「余《われ》は褒の二君なり」と（夏之衰也、褒人之神化為二龍、以同于王庭。而言曰「余褒之二君也」）。

とある。褒は姒姓で、すなわち夏禹の后である。褒氏は夏の同姓族邦内の「国を用て姓と為す（用国為姓）」者の一つである。姒姓褒国の先君二人が「化して二龍と為る（化為二龍）」との神話は、あきらかに夏族が龍をトーテムとする伝説に由来する。[104] 文献中にはさらにいくらかの夏と龍の関係にかかわる記載があり、たとえば『山海経』海外西経には、

　大楽《たいがく》の野《の》、夏后啓、此《ここ》に于《おい》て九代を儛《ま》い、両龍に乗り、雲蓋三層《うんがいさんそう》（大楽之野、夏后啓于此儛九代、乗両龍、雲蓋三層）。

とあり、『山海経』大荒西経に、

　人有り、両青蛇《りょうせいだ》を珥《じ》〔耳飾とする意〕し、両龍に乗る、名づけて夏后開と曰う（有人珥両青蛇、乗両龍、名曰夏后開）。

とある。ここでの開とは啓のことで、漢の景帝の諱を避けている。つまり、文献や、「禹」字形など、多くの面から、龍は夏族の重要なトーテムの一つとみられるのである。そのうえ、蛇形の龍は、筆者のいう無足龍に属する。そして二里頭遺跡で出土した龍のイメージは、基本的にみな蛇形の無足龍である。文献と考古的発見上のこうした一致は、

二里頭文化がおもに夏文化に属し、二里頭遺跡が夏代中晩期の王都であることを改めて裏づけるものである。

注

（1）『国語』魯語上には「（展禽曰く）有虞氏は黄帝を褅して顓頊を祖し、堯を郊して舜を宗す。夏后氏は黄帝を褅して顓頊を祖し、鯀を郊して禹を宗す。商人は嚳を褅して契を祖し、冥を郊して湯を宗す。周人は嚳を褅し稷をて郊し、文王を祖して武王を宗す（展禽曰）有虞氏褅黄帝而祖顓頊、郊堯而宗舜。夏后氏褅黄帝而祖顓頊、郊鯀而宗禹。商人褅嚳而祖契、郊冥而宗湯。周人褅嚳而郊稷、祖文王而宗武王）」とある。

（2）楊向奎「〈夏本紀〉・〈越王勾践世家〉地理考実」（『禹貢』第三巻第一期、一九三五年）、楊向奎「夏代地理小記」（『禹貢』第三巻十二期、一九三五年）、楊向奎「夏民族起于東方考」（『禹貢』第七巻第六・七合期、一九三七年）。

（3）沈長雲「上古史探研」（中華書局、二〇〇二年、四〇頁）。

（4）王玉哲「夏文化研究中的幾個問題」（『夏史論叢』斉魯書社、一九八五年）。

（5）傅斯年「姜原」（『国立中央研究院歴史語言研究所集刊』第二本第一分、一九三〇年）。

（6）程憬「夏民族考」（『大陸雑志』第一巻第五期、一九三二年）。

（7）陳志良「禹生石紐考」（『禹貢』第六巻第六期、一九三六年）。

（8）楊向奎注（2）前掲論文（一九三七年）。

（9）杜在忠「山東二斟氏考略」（『華夏文明』第一集、北京大学出版社、一九八七年）。

（10）沈長雲「禹都陽城即濮陽説」（『中国史研究』一九九七年第二期）、沈長雲・張謂蓮『中国古代国家起源与形成研究』（人民出版社、二〇〇九年、一六二～一六五頁）。

（11）顧頡剛「討論古史答劉・胡二先生」（『古史辨』第一冊、一九二三年）。

（12）陳勝勇『中国第一王朝的崛起――中華文明和国家起源之謎破解』（湖南出版社、一九九四年）。

（13）鄭傑祥『新石器文化与夏代文明』（江蘇教育出版社、二〇〇五年、四五五～四五六頁）。

(14) 王玉哲注(4)前掲論文。
(15) 劉起釪『古史続辨』(中国社会科学出版社、一九九一年、一三二〜一六一頁)。
(16) 王煦華「顧頡剛関于夏史的論述」(『夏文化研究論集』中華書局、一九九六年)。
(17) 徐旭生「一九五九年夏調査豫西〝夏墟〟的初歩報告」(『考古』一九五九年第十一期)。
(18) 鄒衡『夏商周考古学論文集』(文物出版社、一九八〇年第一版)。
(19) 河南省文物研究所・中国歴史博物館考古部『登封王城崗与陽城』(文物出版社、一九九二年)。
(20) 北京大学考古文博学院・河南省文物考古研究所『登封王城崗考古発現与研究』(大象出版社、二〇〇七年)。
(21) 北京大学考古文博学院・河南省文物考古研究所注(20)前掲書、七九〇〜七九一頁。
(22) 北京大学考古文博学院・河南省文物考古研究所注(20)前掲書、七八三頁。
(23) 鄒衡注(18)前掲書、二〇七〜二〇八頁。鄭傑祥注(13)前掲書、五二二〜五二五頁。詹子慶『夏史与夏代文明』(上海科学技術文献出版社、二〇〇七年、六四〜六五頁)。
(24) この説は『帝王世紀』を典拠とする。
(25) 『路史』後紀巻十三と注がこの説を主とする。
(26) 丁山「由三代都邑論其民族文化」(『中研院歴史語言研究所集刊』第五本第一分冊、一九三五年)は「卜辞・金文ではいずれも成湯を成唐に作ることから、楊の声字は唐にも作るとし、これによって「陽城」はもともと「唐城」に作っていたであろう」とし、その地は現在の山西省翼城県境にあり、文献でいう「夏墟」にあるとする。
(27) 沈長雲注(10)前掲論文、沈長雲・張謂蓮注(10)前掲書、一六二〜一六五頁。
(28) 鄒衡注(18)前掲書、二〇九〜二一〇頁。
(29) 中国科学院考古研究所山西工作隊「山西夏県禹王城調査」(『考古』一九六三年第九期)。
(30) 鄒衡注(18)前掲書、二一九頁。
(31) 『大戴礼記』帝繫に「黄帝は昌意を産み、昌意は高陽を産み、是れを帝顓頊と為す……顓頊は鯀を産み、鯀は文命を産み、是れを禹と為す（黄帝産昌意、昌意産高陽、是為帝顓頊……顓頊産鯀、鯀産文命、是為禹）」、『世本』帝系に「黄帝は昌意を生み、昌意は高陽を生み、是れを帝顓頊と為す……顓項五世にして鯀を生み、鯀は高密を生み、是れを禹と為す（黄帝生昌意、昌意生高陽、是為帝顓項……顓項五世而生鯀、鯀生高密、是為禹）」、『史記』夏本紀に「禹の父は鯀と曰い、鯀の父は顓項と曰い、顓項の父は昌意と曰い、昌意の父は黄帝と曰う（禹之父曰鯀、鯀之父曰顓項、顓項之父曰昌意、昌意之父曰黄帝）」とある。

(32) 李学勤「禹生石紐説的歴史背景」（四川省大禹研究会編『大禹及夏文化研究』巴蜀書社、一九九三年、二〇〇～二〇五頁）。
(33) 楊銘「重慶禹文化及其由来」（『蚌埠涂山与華夏文明』黄山書社、二〇〇二年、二二四～二三二頁）。
(34) 楊寛「中国上古史導論・鯀与共工」（『古史辨』第七冊（上）、上海古籍出版社、一九八二年版、三二九～三三五頁）。
(35) 童書業「五行説起源的討論」（『古史辨』第五冊、上海古籍出版社、一九八二年版）。
(36) 顧頡剛・童書業「鯀禹的伝説」（『古史辨』第七冊（下）、上海古籍出版社、一九八二年版）。
(37) 田昌五『古代社会形態研究』（天津人民出版社、一九八〇年、一四一頁）。
(38) 『国語』魯語上に「夏后氏は黄帝を禘して顓項を祖し、鯀を郊して禹を宗す。（夏后氏禘黄帝而祖顓項、郊鯀而宗禹）」とある。
(39) 劉師培『左庵集』巻五。
(40) 『左伝』昭公二十九年。
(41) 『帰藏』啓筮［『芸文類聚』巻十七人部一髪所引］には「共工は、人面蛇身にして、朱髪（共工、人面蛇身、朱髪）」とあり、『山海経』大荒北経に「共工の臣にして名は相繇と曰い、九首にして蛇身、自ら環し、九土に食らう（共工之臣名曰相繇、九首蛇身、自環、食于九土）」とある。
(42) 徐中舒「再論小屯与仰韶」（『安陽発掘報告』第三期、一九三一年）。
(43) 范文瀾『中国通史』第一冊（人民出版社、一九七八年第五版、一一、三四頁）。
(44) 黄河水庫考古工作隊「黄河三門峡水庫考古調査簡報」（『考古通訊』一九五六年第五期）。

(45) 李学勤「近年来考古発現与中国早期奴隷社会」(『新建設』一九五八年第八期)。
(46) 石興邦「黄河流域原始社会考古研究的若干問題」(『考古』一九五九年第十期)。
(47) 安志敏「試論黄河流域新石器時代文化」(『考古』一九五九年第十期)。
(48) 洛達廟は河南省鄭州の地名、二里頭は河南省偃師の地名である。考古学的文化の命名は一般に、最初に発見された典型的遺址の地名を当該考古学的文化の名称とする。よって、一九五六年に鄭州西郊洛達廟で新しい文化遺存を発掘したときに、すぐにそれは「洛達廟類型」文化と名づけられた。だが、一九五九年には、徐旭生が、豫西で考古学的調査をおこなっていたおりに、河南省偃師二里頭で大型の文化遺址をみつけ、一九六〇年代の二里頭遺址にたいする発掘をつうじて、洛達廟類型文化と同類の大量の資料を獲得した。二里頭遺址が洛達廟遺址の面積よりも広大で、堆積層が分厚く、文化的内包もはるかに豊かで典型的であったため、これによってもともとの「洛達廟類型」文化は「二里頭文化」に改名された。とはいえ、もちろん現在でも、依然として鄭州のかかる文化を「洛達廟類型文化」とよぶ研究者はいる。
(49) 中国科学院考古研究所編著『新中国的考古収穫』(文物出版社、一九六一年、四四頁)。
(50) 鄭光「試論二里頭商代早期文化」(『中国考古学会第四次年会論文集』文物出版社、一九八五年)。楊宝成「二里頭文化試析」(『中原文物』一九八六年第三期)。
(51) 安金槐「豫西夏文化初探」(『中国歴史博物館館刊』一九七九年第一期)。李仰松「从河南龍山文化的幾個類型談夏代文化的若干問題」『中国考古学会第一次年会論文集』(文物出版社、一九八〇年)。
(52) 趙芝荃「試論二里頭文化的源流」(『考古学報』一九八六年第一期)。方酉生「論二里頭遺址的文化性質——兼論夏代国家的形成」(『華夏考古』一九九四年第一期)。
(53) 呉汝祚「関于夏文化及其来源的初歩探索」(『文物』一九七八年第九期)。李伯謙「二里頭文化性質与族属問題」(『文物』一九八六年第六期)。
(54) 殷瑋璋「二里頭文化探討」(『考古』一九七八年第一期)、殷瑋璋「二里頭文化再探討」(『考古』一九八四年第四期)。
(55) 孫華「関于二里頭文化」(『考古』一九八〇年第六期)。田昌五「夏文化探索」(『文物』一九八一年第五期)。

(56) 鄒衡「関于夏文化的幾個問題」(『文物』一九七九年第三期)、鄒衡「試論夏文化」(『夏商周考古学論文集』文物出版社、一九八〇年)。

(57) 程徳祺「略説典型龍山文化即夏朝文化」(『蘇州大学学報』一九八二年第二期)。杜在忠「関于夏代早期活動的初歩探析」(『夏史論叢』斉魯書社、一九八五年)。

(58) 高煒・高天麟・張岱海「関于陶寺墓地的幾個問題」(『考古』一九八三年第六期)。劉起釪「由夏族原居地縦論夏文化始于晉南」(『華夏文明』第一集、北京大学出版社、一九八七年)。高煒の後の見方には変更点がある。彼は張立東・任飛編著『手鏟釈天書――与夏文化探索者的対話』(大象出版社、二〇〇一年)で、「かりに地域からのみ考察すると、陶寺遺存最大の族属には二種類がありうる。陶唐氏と夏后氏である。かりに考古学文化の系統からみると、二里頭文化の主体を夏文化と解し、陶寺文化と二里頭文化が繋がっていない以上、その族属は陶唐氏と推断するのがより合理的である。それを陶唐氏の遺存とすることは、陶寺早期の炭素年代ともより合致する。一九九四年に筆者が「丁村文化与晉文化考古学術研討会」で発表した論文「晉西南与中国古代文明的形成」にはすでにこの観点が備わっているが、陶寺晩期の遺存と夏文化の関係については以前としてさらなる検討に値すると考えている」とする。これより、高煒はのちに、陶寺早期が陶唐氏の遺存で、陶寺晩期遺存の年代が夏と関係すると主張しているとわかる。

(59) 沈長雲「夏后氏居于古河済之間考」(『中国史研究』一九九四年第三期)、沈長雲注(10)前掲論文。

(60) 王震中『商族起源与先商社会変遷』(中国社会科学出版社、二〇一〇年、一二二～一三五頁)。

(61) 徐旭生注(17)前掲論文。

(62) 夏鼐「談談探討夏文化的幾個問題――在〈登封告成遺址発掘現場会〉閉幕儀式上的講話」(『河南文博通訊』一九七八年第一期)。

(63) 高煒・楊錫璋・王巍・杜金鵬「偃師商城与夏商文化分界」(『考古』一九九八年第十期)。

(64) 郜麗梅『夏后氏同姓国族研究』(中国社会科学院研究生院博士学位論文、二〇〇九年五月)。

(65) 王震中「夏史和夏文化研究的魅力与困惑」(『中国社会科学報』二〇〇九年九月二十四日)。王震中「夏文化分期与夏商划界之新説」（『商族起源与先商社会変遷』第四章第二節、中国社会科学出版社、二〇一〇年）。

（66）文献中にはさらに、夏代の合計年が四三一年になるとの説がある。『易緯稽覧図』に「禹四百三十一年」とあり、禹は夏代全体をさす。『世経』には「伯禹、……天下号曰夏后氏、継世十七王・四百三十二年」とある。夏商周断代工程専家組『夏商周断代工程一九九六―二〇〇〇年階段成果報告（簡本）』（世界図書出版公司、二〇〇〇年）は「四三一年と四三二年との一年差は、あるいは伝写による誤りで、年代のやや早い殷暦を是とすべきであろう。四七一年説と四三一年説に四十年の相異がある原因には従来二説がある。第一に、四七一年は羿・浞代における夏の「無王」段階をふくみ、四三一年は「無王」段階をふくまない。第二に、四七一年は禹が舜に代わった出来事から数え、四三一年は禹の元年より数える。ここでは前者の解説をとる」と指摘する。本書が四七一年説をとる理由はもう一つあり、『竹書紀年』が『易緯稽覧図』と『世経』の成書年代より早く、また信じうることである。

（67）夏商周断代工程専家組注（66）前掲書、七六～七七頁。

（68）張雪蓮・仇士華・蔡蓮珍等「新砦―二里頭―二里崗文化考古年代序列的建立与完善」（『考古』二〇〇七年第八期）。

（69）『古本竹書紀年』には「武王の殷を滅ぼすより以て幽王に至るまで、凡そ二百五十七年（自武王滅殷以至幽王、凡二百五十七年）」とある。ここで前七七〇年の平王東遷から二五七年溯ると、武王克商は前一〇二七年となる。『古本竹書紀年』にはまた「湯の夏を滅ぼすより、以て受に至るまで、二十九王、用て歳四百九十六年（湯滅夏、以至于受、二十九王、用歳四百九十六年）」とある。二九王の積み重ねは、商代に三十王がいたとする『史記』殷本紀の数に及ばない。ある研究者は、「湯滅夏以至于受」はおそらく湯から帝の即位までをさし、二九王は即位せずに死去した大丁と、帝辛を含まないとする。夏商周断代工程専家組注（66）前掲書は晩商の祀譜の排列に依拠してこう解する。帝辛の在位は三十年で、そうすると商の期間は四九六年＋三十年（帝辛の在位年数）＝五二六年となる。五二六年は『孟子』のいう「由湯至于文王、五百有余歳」と一致するものである。すると前一〇二七年の武王克商の年に、さらに五二六年の商の期間を加え、つまり前一〇二七年から五二六年溯ると、成湯滅夏の年は前一五五三年となる、と。このほかに、かりに『夏商周断代工程一九九六～二〇〇〇年階段成果報告（簡本）』が武王克商を前一〇四六年としているのを採用すると、そこから五二六年溯れば、成湯が夏を滅ぼしたのは前一五七二年となる。このため筆者は、夏商の境界年代が前一六〇〇年にあるとは主張せず、前一五五三年か前一五七二年であると考える。

(70) 夏商周断代工程専家組注（66）前掲書、六八頁。

(71) 王震中注（60）前掲書、王震中『商代都邑』（中国社会科学出版社、二〇一〇年）。

(72) 張雪蓮・仇士華・蔡蓮珍等注（68）前掲論文、八五頁、表十。

(73) 張雪蓮・仇士華・蔡蓮珍等注（68）前掲論文、八二頁、表八。

(74) 北京大学考古文博学院・河南省文物考古研究所注（20）前掲書（下）、七七八頁。

(75) 王震中「略論〝中原龍山文化〟的統一性与多様性」（『中国原始文化論集』文物出版社、一九八九年。のち王震中『中国古代文明的探索』雲南人民出版社、二〇〇五年に収録）。

(76) 徐旭生注（17）前掲論文。中国科学院考古研究所洛陽発掘隊「一九五九年河南偃師二里頭試掘報告」（『考古』一九六一年第二期）。

(77) 中国社会科学院考古研究所二里頭工作隊「河南偃師市二里頭遺址宮城及宮殿区外囲道路的勘察与発掘」（『考古』二〇〇四年第十一期）。

(78) 中国科学院考古研究所洛陽工作隊「河南偃師二里頭遺址発掘簡報」（『考古』一九六五年第五期）。中国科学院考古研究所二里頭工作隊「河南偃師二里頭早商宮殿遺址発掘簡報」（『考古』一九七四年第四期）。中国社会科学院考古研究所『偃師二里頭』（中国大百科全書出版社、一九九九年）。

(79) 袁行霈・厳文明・張伝璽・楼宇烈主編（稲畑耕一郎監修・監訳、角道亮介訳）『北京大学版　中国の文明　第一巻』（潮出版社、二〇一六年、二四八頁）。

(80) 『十三経注疏』阮元校刻（中華書局影印本、一九八〇年版）。

(81) 周代宮城中の王庭は「外朝」と「内朝」にわけられる。外朝は大きく、万民が到達できる場所で、ゆえに『周礼』「秋官司寇」に「凡そ貨賄・人民・六畜を得獲する者は、朝に委《お》き、士に告ぐ、旬にして之を挙げ……（凡得獲貨賄人民六畜者、委于朝、告于士、旬而挙之……）」とあり、『国語』晉語のいう「絳之富商韋藩木楗而過于朝」の「朝」も外朝である。

(82) 中国社会科学院考古研究所注(78)前掲書、三九三～三九四頁。

(83) 中国社会科学院考古研究所二里頭隊「河南偃師二里頭二号宮殿遺址」（『考古』一九八三年第三期）。

(84) 杜金鵬「二里頭遺址宮殿建筑基址初歩研究」（『考古学集刊』第十六集、文物出版社、二〇〇五年）。

(85) 中国社会科学院考古研究所注(78)前掲書、一五九頁。方酉生「偃師二里頭遺址第三期遺存与桀都斟鄩」（『考古』一九九五年第二期）も類似の問題を提起したことがある。

(86) 杜金鵬注(84)前掲論文。

(87) 田昌五「夏文化探索」（『文物』一九八一年第五期）。

(88) 『逸周書』作雒篇。

(89) 陳国梁「二里頭文化銅器研究」（中国社会科学院考古研究所編『中国早期青銅文化――二里頭文化専題研究』科学出版社、二〇〇八年）。

(90) 『左伝』成公二年に「仲尼之を聞きて曰く「惜しいかな、多く之に邑を与うるに如かず。唯だ器と名とは、以て人に仮すべからず、君の司る所なり。名は以て信を出だし、信は以て器を守り、器は以て礼を蔵《おさ》め、礼は以て義を行ない、義は以て利を生じ、利は以て民を平らかにす、政の大節なり」と（仲尼聞之曰「惜也、不如多与之邑。唯器与名、不可以仮人、君之所司也。名以出信、信以守器、器以蔵礼、礼以行義、義以生利、利以平民、政之大節也」）」とある。

(91) 中国社会科学院考古研究所『中国考古学・夏商巻』（中国社会科学出版社、二〇〇三年、一一三頁）。

(92) 郝炎峰「二里頭文化玉器的考古学研究」（中国社会科学院考古研究所編『中国早期青銅文化――二里頭文化専題研究』科学出版社、二〇〇八年）。

(93) 中国社会科学院考古研究所注(91)前掲書、一一六～一一七頁。

(94) 中国社会科学院考古研究所『二里頭陶器集粋』（中国社会科学出版社、一九九五年、図一七〇、一七一）。

(95) 中国社会科学院考古研究所洛陽発掘隊注(78)前掲論文、図版参：10。

(96) 中国社会科学院考古研究所洛陽発掘隊注 (78) 前掲論文、図版参：12、中国社会科学院考古研究所注 (78) 前掲書、一九九頁、図一二五：四。
(97) 杜金鵬「中国龍・華夏魂――試論偃師二里頭遺址〝龍文物〟」(杜金鵬・許宏主編『二里頭遺址与二里頭文化研究』科学出版社、二〇〇六年)。
(98)『考古』二〇〇四年第十一期、図版捌：五。
(99) 中国社会科学院考古研究所二里頭工作隊「一九八一年河南偃師市二里頭遺址中心区的考古新発現」(『考古』二〇〇五年第七期)。
(100) 中国社会科学院考古研究所二里頭工作隊注 (99) 前掲論文。
(101) 王震中「図騰与龍」(趙光遠主編『民族与文化』広西人民出版社、一九九〇年。王震中『中国古代文明的探索』雲南人民出版社、二〇〇五年所収)。
(102) 蔡運章「緑松石龍図案与夏部族的図騰崇拝」(杜金鵬・許宏主編『二里頭遺址与二里頭文化研究』科学出版社、二〇〇六年)。
(103) 丁山「禹平水土本事考」(『文史』第二十四輯、中華書局、一九九二年)。
(104) 蔡運章注 (102) 前掲論文。

第八章　夏代の国家と王権

第一節　夏王朝の国家メカニズムと王権

1　夏禹王権の萌芽と過渡的時代の特徴

顓頊《せんぎょく》・帝嚳《ていこく》・堯・舜・禹の時代は、族邦連盟《ぞくほうれんめい》を時代的特色とする。族邦連盟のもとには、初期国家の邦国があるのみでなく、酋長制族落（つまり首長制）もあり、社会の複雑化レベルが首長制より低い部落などもある。ただし事物の性質はすべからく、その主要な矛盾の主要な側面によって規定されるものなので、ここでは先行研究者のいわゆる「部落連盟」と区別するため、顓頊・帝嚳・堯・舜・禹時代の連盟を「族邦連盟」や「邦国連盟」とよぶ。このような族邦連盟が大禹へ発展するとき、禹の二重身分（本邦の国君たる邦君身分と、管掌する連盟の盟主身分）は変化しはじめる。つまり、王権が萌芽するのであり、禹は邦国から王国へとむかう過渡期の人物なのである。

王権と邦国の君権との違いはつぎの点にあると考えられる。邦国の君権は、本邦の範囲内でのみ統治権を行使する。一方、王権は、本邦を統治するのみならず、他の属邦をも支配でき、かつこれらの属邦の主権を不完全なものとし、あるいは独立主権をもたせない。族邦連盟内で諸邦同士はもとより平等であるが、かりに族邦連盟を掌る盟主権力が膨張しはじめ、権力が専断的になると、もともとの族邦連盟は王朝国家へむかい、もともとの盟主権力も王権へと変化するであろう。

先秦文献で、禹は夏禹《かう》ともよばれる。『史記』五帝本紀では、夏禹は五帝に列せられず、『史記』夏本紀で冒頭に配されているが、夏禹の事績を説明するときには堯の時代から説き起こされている。ゆえに司馬遷は、夏禹の過渡的な時代的特徴を明確に認識していたことになる。禹の後期に起こったいくつかの出来事は、夏禹の王権の萌芽をよく説明しうる。そのなかでもっとも著名なのは、禹が諸侯と塗山《とざん》で会合したことと、禹が防風氏《ぼうふうし》を殺したことである。

『春秋左氏伝』哀公七年には、

　禹、諸侯を塗山に合《あわ》せしとき、玉帛を執《と》る者万国（禹合諸侯於塗山、執玉帛者万国）。

とある。塗山の場所には五説ある。会稽《かいけい》（現在の浙江省紹興県西北四十五里）、渝州《ゆしゅう》（現在の四川省重慶市）、濠州《ごうしゅう》（現在の安徽省懐遠県東南八里）、当塗《とうと》（現在の安徽省当塗県）、三塗山《さんとざん》（現在の河南省嵩県西南十里）である。ここでは楊伯峻《ようはくしゅん》『春秋左伝注』の「禹の塗山は三塗山のようである」との説を採用する。『左伝』昭公四年には、

　四岳・三塗・陽城・大室・荊山・中南は、九州の険なり（四岳・三塗・陽城・大室・荊山・中南、九州之険也）。

とある。当時三塗山一帯は禹が掌る族邦連盟の中心地で、大禹は当地で各邦国邦君や首長制酋長と会合しており、『左伝』が彼らを「諸侯」とよぶのもうなづける。当時はまだ、現在のいわゆる国家・首長制・連盟の概念がないため、せいぜい「天子」・「諸侯」という類似の統合的関係によって、いきさつを説明しうるにすぎない。ここで、会合に参加しにやってきた諸族と諸邦（酋長制の首長制と部落をふくむ）が「玉帛を執《と》」って顔をあわせるのは、一種の礼制を反映していた。かかる礼制のもとでは、尊卑・等級・不平等は一目瞭然で、王権の濫觴《らんしょう》である。

禹がとりしきる会盟は、一度にとどまらず、たった一つの場所で行なわれたわけでもない。そのなかでも禹による防風氏の殺害は、第一回目の会盟で発生した。『国語』魯語下には、

　呉は越を伐ち、会稽を堕《こぼ》ちて、骨を獲《え》、節は車を専らにす。呉子、来りて好聘《こうへい》せしめ、且つ之を仲尼に問わしめ

て……仲尼曰く「丘は之を聞く。昔、禹は群神《ぐんしん》を会稽の山に致し、防風氏後れて至り、禹殺して之を戮す、其の骨節は車を専らにす。此れを大なりと為す」と。客曰く「敢えて問う、誰の守をか神と為す」と。仲尼曰く「山川の霊の、以て天下を綱紀するに足る者は、其の守を神と為す。社稷の守を公侯と為す。皆な王者に属す」と。客曰く「防風は何の守ぞ」と。仲尼曰く「汪芒氏の君にして、封・嵎の山を守る者なり、漆（淶）(1)姓為り。虞・夏・商に在りては汪芒氏と為し、周に於いては長狄と為し、今は大人と為す」と（呉伐越、堕会稽、獲骨焉、節専車。呉子使来好聘、且問之仲尼……仲尼曰「丘聞之。昔禹致群神於会稽之山、防風氏後至、禹殺而戮之、其骨節専車。此為大矣」。客曰「敢問誰守為神」。仲尼曰「山川之霊、足以綱紀天下者、其守為神。社稷之守者、為公侯。皆属於王者」。客曰「防風何守也」。仲尼曰「汪芒氏之君也、守封・嵎之山者也、為漆（淶）姓。在虞・夏・商為汪芒氏、於周為長狄、今為大人」）。

とある。同様の記載は『史記』孔子世家にもみえる。『韓非子』飾邪にも、

禹、諸侯の君を会稽の上《ほとり》に朝《ちょう》せしむるとき、防風の君後《おく》れ至りて、禹、之を斬る（禹朝諸侯之君会稽之上、防風之君後至而禹斬之）。

とある。これらの記載から、つぎの点を確信できる。禹が会稽山で諸邦の君と会見したおり、防風氏はただ遅刻しただけで禹に斬殺されたのであり、このときの禹は連盟内の諸邦諸部にたいしてすでに生殺与奪の専断権を有していた、と。防風の君は禹に斬殺されたが、防風氏の部族は虞・夏・商・周の時代をつうじて悠久の歴史をもちつづけた古族であった。上古時期の多くの古族（たとえば陶唐氏・有虞氏・九黎など）はいずれも虞・夏・商・周を経ており、これは当時の国家の形態・構造、ならびにその統治方法と関係するものである。

禹のときに三苗を征伐したことも、専断権の特徴をしめしている。『墨子』非攻下には、

昔者《むかし》三苗大いに乱れ、天は命じて之を殛《きょく》せしむ。日妖《じつよう》宵に出で、血を雨ふらすこと三朝、龍は廟に生じ、犬は市

に哭き、夏氷《こお》り地坼《さ》けて泉に及び、五穀変化し、民乃ち大いに振《ふる》う。高陽は乃ち禹に玄宮に命ず。禹は親《みずか》ら天の瑞令を把《と》り、以て有苗を征す。雷電誖振《らいでんぼっしん》し、神有り人面鳥身、珪を奉げて以て侍し、有苗の祚《そ》を搤失《やくしつ》せしむ。苗師大いに乱れ、後乃ち遂に幾《き》す。禹は既已に有三苗に克ち、焉ち山川を歴為《れきい》し、上下を別物《べつぶつ》し、四極《しきょく》を郷制《きょうせい》し、而して神民違わず、天下乃ち静かなり（昔者三苗大乱、天命殛之。日妖宵出、雨血三朝、龍生於廟、犬哭乎市、夏冰地坼及泉、五穀変化、民乃大振（震）。高陽乃命（禹於）玄宮。禹親把天之瑞令、以征有苗。四（雷）電誘祇（誖振）、有神人面鳥身、若（奉）瑾（珪）以侍、搤失有苗之祥（将）。苗師大乱、後乃遂幾。禹既已克有三苗、焉磨（歴）為山川、別物上下、卿（郷）制大（四）極、而神民不違、天下乃静）。

とある。本文がのべているのは、禹が異常気象のなか、三苗に征伐戦争を仕掛け、玄宮で天を受け入れる瑞令などの宗教儀式を挙行したことである。文中にはつぎの点もみいだされうる。すなわち、鳥をトーテムとし、東方の神の句芒を体現する「人面鳥身」者が、玉珪を奉ってはべっていることである。これは、禹がすでに族邦連盟の盟主の権力と地位を越えていたことを明示するもので、君王に類似する行為である。これと関連して、『墨子』兼愛下引「禹誓」には、

禹曰く「済済たる有衆《ゆうしゅう》、咸な朕《わ》が言を聴け。惟れ小子《しょうし》、敢えて行ないて乱を称《あ》ぐるに非ず。蠢《しゅん》たる茲《こ》の有苗、天の罰を用う。若《ここ》に予《われ》既に爾群封《なんじぐんぽう》の諸君を率い、以て有苗を征す」と（禹曰「済済有衆、咸聴朕言。非惟小子、敢行称乱。蠢茲有苗、用天之罰。若予既率爾群対（封）諸君[2]、以征有苗」）。

とある。これは、戦争前に禹がいきおいよく軍隊に宣誓し、諸邦を統率したこと、そして「称乱」（大乱を起こすこと――天下秩序を破壊）した三苗を伐つことが「天の伐（天之伐）」であることをのべている。これは、成湯が夏の桀を討伐したときと、周の武王が商の紂王を討伐したときに、軍に宣誓して出陣をしたのと同様で、いずれも「天は王権を授

く」・「天に替わりて道を行なう」ことをしめしている。ゆえに夏代の王が「天下共主」の地位につくことも、ここから転じて生じてくるものなのである。

禹と九州との関係について、九州は、小区域の九州から拡大して、広く天下全体をさす大九州となることも、禹のおかれた国家形態の過渡的性格に起因するものである。成書年代の早い文献のうち、禹と九州に言及しているものとして、たとえば『左伝』襄公四年引「虞人之箴《しん》」には、

茫茫《ぼうぼう》たる禹迹《うせき》、画《わか》ちて九州と為す。九道を経啓《けいけい》し……（茫茫禹迹、画為九州、経啓九道……）。

とある。春秋斉の霊公期の青銅器である「斉侯鐘」銘文［集成272〜285］には、

（成湯は）敢て帝所に在る有り。……咸な九州有り。禹の都に処る（又（有）厳（敢）才（在）帝所。……咸有九州。處（処）堣（禹）之堵（都））。

とある。春秋戦国時代の相当多くの人びとにとって、禹と関連する九州は、広く天下全体の大九州をさすと考えられている。しかし春秋時代には一片の地域としての小九州のみをさすこともあり、そのうえ、かかる小九州は禹以前の共工氏などの伝説とも関係している。よって大九州は、小九州から変化してきたものであると信じうる。

最初の九州がわずかに特定の区域にかぎられていることについて、顧頡剛「州与岳的演変」[3]と傅斯年「姜原」[4]は、いずれもその刊行当時としては、すぐれた研究をおこなった。それによると、当該特定区域は、『左伝』昭公二十二年や、『左伝』哀公四年のいう「九州の戎（九州之戎）」の「九州」、そして『国語』鄭語のいう「謝西の九州（謝西之九州）」である。いわゆる「九州之戎」とは、春秋時代に晉の陰地（すなわち現在の河南省嵩県の西と陝西省洛南の東）で活躍した一群の戎人で、これと関連する「九州」もこの一帯に位置した。この一帯は「謝西之九州」ともよばれる。

たとえば『国語』鄭語には、幽王のときに鄭の桓公が史伯に、

謝西の九州は如何（謝西之九州、如何）。

と問うたとある。韋昭注には、

謝は、宣王の舅の申伯の国なり、今、南陽に在り。謝の西に九州有り、二千五百家を州と曰う（謝、宣王之舅申伯之国、今在南陽。謝西有九州、二千五百家曰州）。

とある。顧頡剛は、『詩』大雅蕩之什崧高に、

亹亹《びび》たる申伯《しんぱく》、王、之が事を纘《つ》がしむ。于《ここ》に謝《しゃ》に邑《ゆう》し、南国に是れ式《のり》たらしむ（亹亹申伯、王纘之事。于邑于謝、南国是式）。

とあることから、韋昭注は信じうるものだとする。[5]『漢書』地理志南陽郡宛県条の班固自注に、

故との申伯国、屈申城に有り（故申伯国、有屈申城）。

とある。宛は現在の河南省南陽県で、いわゆる「謝西」は現在の豫の西南であり、晋の陰地と連なっている。上述の「九州之戎」と「謝西之九州」はいずれも、春秋時代まで、なおも特定区域の「九州」が存在していたことをしめす。これによって顧頡剛・傅斯年らはいずれも、春秋時代以前に「九州」がたんなる一特定区域であったのにたいし、戦国秦漢の大一統思想と大一統疆域の出現後にようやく広く全中国をさす「九州」が徐々に形成されてきたと主張している。

このもっとも早い「九州」の来源は、共工氏の占める「九土」と関連する。『国語』魯語上には、

共工氏の九有に伯たるに、其の子を后土と曰い、能く九土を平ぐ、故に祀りて以て社と為す（共工氏之伯九有也、其子曰后土、能平九土、故祀以為社）。

とあり、『山海経』大荒北経にも、

共工の臣にして、名は相繇と曰い、九首にして蛇身、自ら環し、九土に食らう（共工之臣名曰相繇、九首、蛇身、自環、食于九土）。

とある（『山海経』海外北経にも同様の記載があり、「九土」を「九山」に作る）。『国語』魯語のいう「（共工氏）伯九有」は、『礼記』祭法では「覇九州」に作る。「平九土」は、『礼記』祭法では「平九州」に作る。共工氏は九州の伯・九州の覇主で、「九州」はもちろんその活動の中心区域である。[6] この一区域のおおよその範囲は、『左伝』昭公四年で司馬侯がいうところのもので、

四岳・三塗・陽城・大室・荊山・中南は、九州の険なり（四岳・三塗・陽城・大室・荊山・中南、九州之険也）。

とある。上述の諸地が「九州の険」のことをいう以上、九州の核心地区もほぼ確定される。三塗は、杜預注に、

河南陸渾県の南に在り（在河南陸渾県南）。

とあり、陸渾は現在の嵩県東北の陸渾鎮である。現在の河南省嵩県西南十里の伊水北には三塗山があり、俗名は崖口という。陽城は現在の河南省登封県東南にあり、すでに近年の考古発掘によってそのことが実証されている。[7] 大室とは嵩山である。中南とは現在の陝西省西安市南の終南山で、中南・南山・秦山・秦嶺ともよばれる。上述の諸地にかんしては、学界ではもとよりそれほど異説はない。

ただ、四岳と荊山の情況は、比較的複雑である。荊山は現在湖北省南漳県西の荊山（南の荊山）に位置づけられ、『書』禹貢のいう、

荊・岐には既に旅《りょ》［道が通じている意］す（荊・岐既旅）。

岍及び岐を導き、荊山に至る（導岍及岐、至于荊山）。

の荊山（北の荊山）もある。顧頡剛の考証によれば、北の荊山は現在の河南省霊宝県閿郷鎮にある。[8] 一方、四岳につ

いて傅斯年は、申甫一帯の山とする。また『国語』鄭語で史伯は、

成周に当たる者は、南に荊蛮申呂応鄧陳蔡随唐有り（当成周者、南有荊蛮申呂応鄧陳蔡随唐）。

とし、『漢書』地理志の「南陽郡の宛県は、故の申伯国なり（南陽郡宛県、故申伯国）」や『水経注』の「宛の西に呂城あり、四岳、封を呂に受く（宛西呂城、四岳受封于呂）」などの説は無謬であるとわかり、四岳の地理情況もまた知りうるとする。(9)

禹の九州は、共工氏の「九土（九州）」を継承した。そのうえ、本書第七章で論じたところによると、共工は鯀であろう。よって、「九州」の土地と概念が共工と禹のあいだで受け継がれることは自然なことである。しかし、九州の範囲が広がったあと、人びとがいかに拡大後の九州概念を大禹とのみ関連づけ、なぜ九州をたんに天下の貢賦と関連づけたのかは、禹が族邦連盟から王朝国家への過程でもっていた役割と不可分である。禹の時代には、後世いわれる「四方を巡狩す（巡狩四方）」・「四方を巡省す（巡省四方）」の巡狩制度があるわけもないが、禹の族邦連盟盟主としての活動足跡と活動範囲は広いものである。たとえば、禹が会稽で諸邦の君と会見したことがその一例である。禹の時代には、後世の全国規模の九州の画定はあるはずがなく、したがって九州を分けるやり方で各地に貢賦を納めさせることもありえないけれども、当時すでに連盟外の部族が当該連盟と他の盟主にむけて特産品を貢献する礼と、それを要求することは萌芽していた。これがつまり『左伝』宣公三年にいう、

昔、夏の方《まさ》に徳有るや、遠方、物を図《えが》き、金を九牧《きゅうぼく》に貢《こう》せしめ、鼎を鋳て物を象《かたど》り……（昔夏之方有徳也、遠方図物、貢金九牧、鋳鼎象物……）。

である。さもなくば、禹が塗山で諸侯と会合したおり、「玉帛を執る者は万国（執玉帛者万国）」という状況が生じるはずもない。ここでの「万国」は、もちろんその多さを誇張したもので、しかも、あるものは邦国、あるものは首長

制や部落に相当する政治共同体であろう。これらの現象は禹以前にすでに少しずつあらわれており、禹の時代になって顕著な発展を遂げた。それは最終的には必然的に、族邦連盟の盟主のいる邦国を王国へと向かわせたのであり、族邦連盟の政治軍事的形式は、王朝国家の多元一体的国家形態へと変容するのである。

2　夏王朝の国家メカニズムと華夏民族諸部族の参加

前章における夏代の開始年代の研究と、夏代文化の分期によれば、おおよそ前二〇四〇年や前二〇二〇年前後には夏代に入った。夏代には、その国家形態と構造が多元一体的複合制国家（詳しくは後述）で、かつこれによって諸部族をふくむ華夏民族が形成された。そのため、国家行政を担う官吏には、夏王邦（つまり夏王国）の者もおれば、夏王国を「天下共主」とし、各地の属邦をふくむ王朝国家の者もいる。『書』甘誓は、夏に「六卿」・「三正」がいたとする。「六卿」の「卿」は、ひょっとすると春秋時代の語彙かもしれない。実態としては、『書』甘誓のいう「王曰六事之人」、つまり『墨子』明鬼下所収『書』禹誓のいう「左右六人」で、王の身辺で六つもしくは六種類の仕事を掌る高級官吏である。「三正」の「正」は『爾雅』釈詁に、

正は、長なり（正、長也）。

とあり、『左伝』定公四年に、

［唐叔に分かつに……］懐姓の九宗・職官の五正……を以てす（［分唐叔以……］懐姓九宗・職官五正……）。

とあり、官吏をさすとわかる。陳夢家はさらに毛公鼎中の「亦唯先正」や『詩』大雅雲漢「群公先正」などを挙げ、「三正」が官吏をさす点を論証している。よって「三正」・「左右六人」はともに夏王朝の最高高級官吏をさす集合名詞であろう。このほか、さらに王朝に附属する属邦や部族の君が朝廷で任官するばあいがある。

たとえば山東省滕県に位置する薛国の奚仲について、『左伝』定公元年は、彼がかつて夏王朝の「車正」を担っていたとする。商周の祖先はみな夏王朝で任官したことがある。『史記』殷本紀によれば、商の始祖契は、夏代初期に土地を掌る「司徒」に任官したことがある。『今本竹書紀年』には「商侯相土」とあり、

（夏王少康の）十一年、商侯冥をして河を治せしむ（十一年、使商侯冥治河）。

ともある。『国語』魯語上には、

冥は其の官に勤めて水死す（冥勤其官而水死）。

とあり、韋昭注に、

冥は、契の後の六世の孫にして、根圉の子なり。夏の水官と為る（冥、契後六世孫、根圉之子也。為夏水官）。

とある。つまり、商族のもう一人の先祖である冥は、夏王朝内で水を管理もしくは統治する職に任じられたことがある。『国語』周語上には、

昔、我が先王は世々后稷にして、以て虞夏に服事す。夏の衰うるに及ぶや、稷を棄てて務めず、我が先王不窋《ふちゅう》にして用て其の官を失いて、自ら戎狄の間に竄《かく》る（昔我先王世后稷、以服事虞・夏。及夏之衰也、棄稷不務、我先王不窋用失其官、而自竄于戎狄之間）。

とあり、周族の祖先がかつて夏王朝で農官の稷を担っていたとわかる。

夏王朝の官職は、商周王朝のそれが煩雑で多いのに遠くおよばない。官職の分類も、商王朝や、さらには周王朝の明瞭さにおよばない。商周王朝ではまたいずれも、一つの官が複数の仕事を管掌・代理するばあいがある。夏王朝では官職システムがシンプルゆえ、そうした状況はさらに突出している。しかし、夏商周三代の王朝では、王権によって統領される君主専断体制は代々受け継がれるものである。これは、王権が「君権神授」や「天命王権」の神聖性の

庇護下に置かれ、権力の壟断性が権力の専制性を決めるためである。ゆえに邦国の君主制から王朝の王権体制までは、みな民主制（たとえ貴族民主制であっても）や共和制とは無縁である。もちろんこのときの君主制と、王権政体と、秦漢以後の多層的隷属的で高度に中央集権化された専制主義政体とは、同じものではない。

強制的権力システムの組成部分たる刑法は、夏代にも明確なものである。『左伝』昭公六年には、

夏に乱政有りて、「禹刑」を作り、……（夏有乱政、而作「禹刑」、……）。

とある。これには、夏代初期にすでに刑法を制定していたとある。夏代初期のかかる刑法は、顓頊堯舜期刑法を継承した基礎上に形成されたものであろう。たとえば『左伝』昭公十五年引「夏書」説には「皐陶の刑（皐陶之刑）」とあり、『書』堯典では、皐陶が族邦連盟において刑獄の官職を担っていたとある。『書』呂刑には、

（南方の）苗民は霊を用いずして、制するに刑を以てす（苗民弗用霊、制以刑）。

とある。これらはいずれも夏代前の顓頊堯舜時代にすでに刑法が生まれていたことをしめし、夏代に刑法がある点は信ずべきものであろう。

『書』甘誓には、夏と有扈氏が甘で大いに戦ったとある。夏王は将士達を作戦前に動員したとき、こうのべた。

命を用うるものは、祖に賞し、命を用いざるものは、社に戮《はずか》しむ。予は則ち汝を孥戮《どりく》せん、と（用命、賞于祖、弗用命、戮于社、予則孥戮汝）。

夏王のもつこうした強制的権力は、彼が握る刑法と密接不可分のものである。じっさいに早くも夏の禹のときに、王は専断権を掌握済である。前述したように、禹は各地の邦君を会稽山に至らせて会盟し、防風氏は遅刻し、禹は彼を殺害しており、禹の後期に邦国連盟の盟主はすでに生殺与奪の専断的権力を掌握していたことになる。夏王朝成立後、王権の専断性はさらに強化される。

夏代の刑罰に関連して、夏代の階級構成と所有制方式はまたどのようなものか。この点にかんする史料は多くない。まず夏代における被統治・被抑圧階級には奴隷もいる。前引『書』甘誓は、夏と有扈氏が甘で大いに戦ったさい、夏王が将士たちを作戦前に動員したおり、「命を用うるものは、祖に賞し、命を用いざるものは、社に戮しむ。予は則ち汝を孥戮せん」とのべたと記載している。「孥戮」は「奴戮」にも作ることがあり、鄭玄以来の注釈者のうち、ある者は「奴戮は、或いは以て奴と為り、或いは刑戮を加えらる（奴戮者、或以為奴、或加刑戮）」とし、本人を奴隷にしたとし、またある者は「孥」が妻と子をさすとする。たとえば鄭玄はじっさいに、

大罪は其の身に止まらず、又た其の子孫をも孥戮す（大罪不止其身、又孥戮其子孫）。

と解している。これは、大戦で命令不執行の罪を犯したばあい、夏王朝がこれらの人とその妻子の殺すべきものを殺害し、奴隷とすべきものを奴隷としたことをいう。族人を罪で奴隷とすることは、奴隷の来源の一つである。

奴隷のもう一つの重要な来源は戦争捕虜である。たとえば、『国語』周語下には「黎（九黎）・苗（三苗）の王より、下は夏・商の季《すえ》に及ぶまで（黎・苗之王、下及夏・商之季）」、戦争捕虜とされた族邦はしばしば「人は其の宗廟を夷《ほろ》ぼし、火は其の彝器を焚《や》き、子孫は隷と為（人夷其宗廟、而火焚其彝器、子孫為隷）」ったとある。これらのなかには家内奴隷となるものもいれば、農業・家畜業・手工業の生産にもちいられ、生産奴隷となるものもいなければならない。

奴隷と奴隷階級があれば、とうぜん奴隷制のような生産関係もある。しかし夏代には奴隷制以外にも封建制の生産関係があった。『孟子』滕文公章句上には、

夏后氏は五十にして貢《こう》し……（夏后氏五十而貢……）。

とある。族人のなかで大多数の族人と夏王や他の貴族のあいだの関係は、貢賦によってうちたてられた搾取関係でなければならない。『左伝』宣公三年に、

昔、夏の方《まさ》に徳有るや、遠方、物を図《えが》き、金を九牧《きゅうぼく》に貢《こう》せしめ、鼎を鋳て物を象《かたど》り……（昔夏之方有徳也、遠方図物、貢金九牧、鋳鼎象物……）。

とあるのによれば、夏の王邦とそのほかの族邦の関係も、後者が前者へ貢物を納める関係でなければならない。ゆえに夏代は、さまざまな生産関係の併存する階級社会でなければならない。そのなかには、奴隷制を主としていたことをしめす証拠はない。

強調すべきことは、夏代における官職の設置、刑罰の実施、そして王室のもつこうした専断権が、いずれも夏の王邦（つまり王国）と夏部族の範囲にかぎらず、夏人の目睹する全「天下」に実行されていたことであり、つまりいわゆる「家天下」であったことである。ここでの「天下」とは、つまり私たちのいう夏代の「複合制国家構造」とその複合制国家内の諸部族よりなるすべての華夏民族にあたる。

第二節　夏代の複合制国家の構造と王権

1　夏王朝における王国と邦国およびその複合制国家の構造

夏王朝の国家構造にかんして、学界にはかつて「方国連盟」説、「城邦連盟」説、「早期共主制政体」説、「早期共主制政体下の原始連盟制」説、「奴隷制中央集権王朝」説等々があった。夏代の政治的実体からみると、前章でいう堯舜禹期における「万邦」内のいくつかの族邦は、夏商周三代になってからもなお存在する。『戦国策』斉策四には、

大禹の時、諸侯万国あり……湯の時に及んで、諸侯三千。今の世に当りては、南面して寡と称する者、乃ち二十

四なり（大禹之時、諸侯万国……及湯之時、諸侯三千。当今之世、南面称寡者、乃二十四）。

とある。しかし夏商周時代の万邦と堯舜期のそれには異なるところもある。そのもっとも主要な違いは、夏代からようやく多元一体的王朝体系が出現したことである。この体系内で邦同士の不平等な構造が形づくられた。具体的にいうと、夏代の「万邦」内には、王邦（つまり王国）としての夏后氏もおれば、韋・顧・昆吾・有虞氏・商侯・薛国といった従属国の庶邦もある。また叛服常なき国・部族や、完全に敵対状態にある諸夷の国や部族もある。ほかに夏代には、さらにいくつかの「前国家」の酋長制族落共同体や、やや平等な部落もある。ゆえに夏王朝は、多層的な政治的実体よりなる社会である。『国語』周語上において内史過は「夏書」を引用して、こうのべている。

衆は元后に非ざれば、何をか戴かん。后は衆に非ずんば、与に邦を守る無し（衆非元后、何戴。后非衆、無与守邦）。

韋昭注には、

元は、善なり。后は、君なり。戴は、奉なり（元、善也。后、君也。戴、奉也）。

とある。これは、衆邦の人がたまたま名君にめぐりあわなかったばあい、いかにその君王を奉戴するのか、君王に衆邦の人がいないばあい、誰が代わりに邦を守るのかをのべたものである。王邦としての夏后氏と、属邦（つまり附属国）との関係は、一種の不平等な関係であり、これも夏代の王権の表現形式であるとわかる。

夏代の王邦・王権と他の諸邦・各部族とのあいだの不平等は、政治・経済・軍事などにしめされている。『孟子』滕文公章句上には、

夏后氏は五十にして貢《こう》し……（夏后氏五十而貢……）。

とある。ここでみられるのはもちろん、王邦内の族人にたいする経済的搾取である。だが、それはまた、夏代に貢賦の理念があったこともあらわしている。夏代の附属国は、夏王と王邦に貢物を納入せねばならず、それは記録のある

ものである。前掲『左伝』宣公三年には、

昔、夏の方《まさ》に徳有るや、遠方、物を図《えが》き、金を九牧《きゅうぼく》に貢《こう》せしめ、鼎を鋳て物を象《かたど》り……（昔夏之方有徳也、遠方図物、貢金九牧、鋳鼎象物……）。

とあり、杜預注に、

九州の牧をして金を貢がしむ（使九州之牧貢金）。

とある。ここでの「九州」について後人は、禹時代の行政地理区画であるとのべている。たとえば、『左伝』襄公四年引「虞人之箴《しん》」には、

芒芒《ぼうぼう》たる禹迹《うせき》、画《わか》ちて九州と為す（芒芒禹迹、画為九州）。

とある。もっとも、前述したように、最初の「九州」は特定の地域をさすもので、たとえば『国語』鄭語のいわゆる「謝西之九州」や『左伝』昭公二十二年の「九州之戎」の九州である。のち「九州」は拡大し、全中国をさす九州とされた。夏代には、のち拡大したいわゆる「九州」の区画にしたがって貢納したわけではないのである。しかし、夏代に貢納が行なわれたとの『左伝』宣公三年の記録は信ずべきものである。たんに、貢納のやり方が整然としておらず、行政管理機構もなかったにすぎない。『墨子』耕柱には、

昔者、夏后の開、蜚廉をして金を山川に折《と》らしめ、而して之を昆吾に鋳る（昔者夏后開使蜚廉折金於山川、而陶鋳之於昆吾（而鋳鼎於昆吾））。

とある。蜚廉は秦の先祖で、[10]夏后は教え導いて秦の蜚廉に鉱山を掘らせて冶金を行なわせた。これはまた、一種の貢納の方法である。『左伝』定公元年には、

薛の皇祖奚仲、薛に居り、以て夏の車正と為り……（薛之皇祖奚仲、居薛、以為夏車正……）。

とある。『世本』・『荀子』解蔽・『呂氏春秋』君守・『淮南子』修務篇は、いずれも「奚仲は車を作る（奚仲作車）」とする。二里頭遺跡ですでに車輪の軌跡の遺跡がみつかっており、夏代にすでに車はあったとみられる。これは、奚仲が車を発明したとの伝説が、信じうることを物語る。つまり、薛国の君は専門の車製作者で、かつ夏の車正となったのである。そして彼にはもちろん、車輌を提供するかたちで、夏の王邦に貢納する必要もあった。また『左伝』昭公二十九年において、晉の太史の蔡墨は、

古者、龍を畜《やしな》い、故に国に豢龍氏有り、御龍氏有り……有陶唐氏既に衰え、其の後に劉累というもの有り、龍を擾すことを豢龍氏に学びて、以て孔甲に事え、能く之に飲食せしむ。夏后之を嘉し、氏を賜いて御龍氏と曰い、以て豕韋の後に更らしむ。龍の一雌死す。潜かに醢して以て夏后に食わしむ。夏后、之を饗け、既而にして之を求めしむ。懼れて魯県に遷る。范氏は其の後なり（古者畜龍、故国有豢龍氏、有御龍氏……有陶唐氏既衰、其後有劉累、学擾龍于豢龍氏、以事孔甲、能飲食之。夏后嘉之、賜氏曰御龍氏。以更豕韋之後。龍一雌死、潜醢以食夏后。夏后饗之、既而使求之。懼而遷於魯県、范氏其後也）。

とのべている。『左伝』襄公二十四年で宣子は、

昔、匄《かい》の祖、虞より以上を陶唐氏と為し、夏に在りては御龍氏と為し、商に在りては豕韋氏と為り、周に在りては唐杜氏と為す。晉、夏盟を主《つかさど》り、范氏と為す（昔匄之祖、自虞以上為陶唐氏、在夏為御龍氏、在商為豕韋氏、在周為唐杜氏。晉主夏盟為范氏）。

とのべている。夏王に附属する部族たる豢龍氏・御龍氏は、夏王孔甲のために龍（つまりワニ）を育て、孔甲の食用に供した。これも不平等な経済的貢納行為である。

前述したように、夏代にかんする文献ではまた、一部の属邦君が王朝に赴き任官している。たとえば、薛の奚仲

は夏の車正となり、商の冥は夏の水官となった等々。これらは、商周時代の一部の地方諸侯が商周王朝に任官したのと同じである。『史記』殷本紀に、商の紂王が西伯昌・九侯（鬼侯に作る例もある）・鄂侯を三公にしたとあるのは、その明確な例である。これらの附属の邦国や部族が王朝中央で任官することは、王朝国家の仕事に加わることであるのみならず、中央王国を「天下共主」とすることに同意したということでもあり、民族融合の深化にも利する。邦国はまた、各地に割拠し、王邦の藩屏として版図を守る責任をはたしている。

上述の夏后氏と、それに付き従う邦国や部族との関係は、古代中国が夏代から「大国家構造」を形成しはじめたことを明示しており、筆者はこれを「複合型国家構造」とよぶ。この構造のなかには、王邦（王国）のみならず、属邦（附属国）もふくまれ、王邦と属邦は不平等なものである。王邦とは王国で、「国上之国」であり、「天下共主」の地位にいる。属邦は主権の不完全な（完全に独立的ではない）「国中之国」である。これらの属邦の多くは夏代前の顓頊堯舜時代にすでに存在しており、夏王朝成立後も王朝に隷属する地方行政機構には変化せず、直接臣従するか、王朝に服属するにとどまる。それによって、当該邦国の主権は不完全なものとなり、主権は完全には独立しえないものとなるが、それらの邦国としての他の性能はみな備わっており、ゆえに王朝内の「国中之国」を形成した。そして王邦は、中央の王国に位置するものとして、本邦（王邦）、つまり後世のいわゆる「王畿」地区（王が直接コントロールする直轄地）を直接統治するのみならず、臣従・服属する邦国を間接統治してもいる。それによって王邦は、ほかの衆邦や庶邦にたいしてとうぜん「国上之国」となる。邦国の構造が単一型であるのにたいして、王朝は「天下共主」の構造のもと、王邦と多くの属邦よりなるものであり、複合型のものであって、数学における複合函数と同様、函数中に函数がふくまれている。

では、かかる複合型国家構造についてどのような名称を付せばよいのか。本書では、「王邦」を王国とよび、その範囲はおもに後世のいわゆる王畿地区をさしている。［それと区別するため、ここでは］中央地帯に位置する王国のみならず、一般的な附属国（いわゆる諸侯国や侯伯の国）をもふくむ複合型国家構造を「王朝」や「王朝国家」とよぶことにしたい。もっとも、「王朝」の語は秦漢時代以後ももちいられる。秦漢時代以来の王朝は基本的に、高度に発達した、郡県制を行政の管轄区や区画とする中央集権的「単一制国家構造」であって、夏商周三代のような複合型国家構造ではない。けれども、不都合なことに、よりよい語彙概念がないので、しばらくは両者にたいして「王朝」の語をもちいることにする。とはいえ、秦漢時代以後の中央集権的単一制王朝と区別するため、王朝や王朝国家のまえに「複合制」という限定詞をつけ、「複合制王朝」や「複合制王朝国家」としてもよい。このようにすれば「邦国」・「王国」・「複合制王朝国家」をもちいて三種類の異なる国家構造形態を区別できる。そのなかで、夏商周期においては、邦国は一般的な属邦と庶邦（普通の初期国家）をさす。王国はもっぱら王邦、つまり「天下共主」としての「国上之国」をさす。一方、複合制王朝や複合制王朝国家は、王邦のみならず属邦をもふくむ多元一体的複合国家である。夏代以降のかかる複合型国家の形態と構造は、商代と周代においてさらなる発展をへる。とくに周代には、広範に大規模に諸侯を分封することによって、かかる複合型国家構造はピークに達し、「溥天の下、王土に非ざるは莫し。率土の濱、王臣に非ざるは莫し（溥天之下、莫非王土。率土之濱、莫非王臣）」という牢固な理念を形成する。そしてこの理念も、王権の視角から複合型国家構造全体のイメージを物語っている。

2　夏代の王権と多元一体の正統的地位

中国古代において、王国は、夏代以来出現しはじめたものである。ただし、王国はまた、「複合制国家構造」のなかに位置づけられねばならず、そうしてはじめてうまく説明できるものである。それは、複合制国家構造内の「国上之国」である。王国があれば王権があり、王権は一種の強権である。夏商周三代において、かかる強権（つまり王権）は少なくとも二つの層をふくむ。一つは、王邦（つまり王国）に出自する集中的権力で、王邦の社会全体に君臨する強制的権力システムの集中的体現である。もう一つは、属邦や諸侯にたいする支配権で、これはいわゆる「天下」をみな自己の支配体系内に組み込み、かつ徐々に「中原正統観」（中原の王国を核心とする多元一統的正統観）を形成する。王権のこの二層からみて、王権は複合制国家構造のなかでみずからの強権を展開するのである。

夏代の王権における「天下観」と「中原正統観」は、五帝時代の族邦連盟内部の盟主の覇権観に由来し、そのうえ長期的征伐の過程で形成されるものである。堯舜禹期にはこれらと中原族邦連盟が、敵対するほかの部族や邦国にたいして、世代を越えた征伐を行なった。前述したごとき禹の三苗征伐は、たいへん突出した例である。戦争と征伐のなかではじめて、夏禹の邦国は王国へ向かった。だからこそ、「王」字の字形構造が斧鉞形を起源とするのも、理にかなっている。

王朝を樹立したのち、「天下一統観」の影響のもと、王は権力をもって、叛逆する邦国やほかの政治実体・族共同体に征伐権を行使する。たとえば『史記』夏本紀には、

有扈氏服せず、啓は之を伐ち、大いに甘に戦う（有扈氏不服、啓伐之、大戦於甘）。

とあり、『古本竹書紀年』夏紀〔『太平御覧』巻八二皇王部所収〕には、

（夏王の）帝相は即位し、商丘に処る。元年、淮夷を征す。二年、風夷及び黄夷を征す（帝相即位、処商丘。元年、征淮夷。二年、征風夷及黄夷）。

とある。王権中のこうした征伐メカニズムと王朝の実力を恐れ、属邦にも複合制国家構造にも属さない、いわゆる蛮夷の邦さえもが、つねに夏王に覲見せざるをえず、歴史上それらは「来賓」とよばれている。たとえば『古本竹書紀

年』夏紀［前二例は『後漢書』東夷伝注所引、後一例は『太平御覧』巻七八〇四夷部所引］には、

（帝相の七年に）于夷、来賓す（于夷来賓）。

後に少康即位し、方夷、来賓す（後少康即位、方夷来賓）。

后芬即位し、三年、九夷、来御す。畎夷・于夷・方夷・黄夷・白夷・赤夷・玄夷・風夷・陽夷と曰う（后芬即位、三年、九夷来御。曰畎夷・于夷・方夷・黄夷・白夷・赤夷・玄夷・風夷・陽夷）。

とある。

王権のもう一つの特性は世襲性である。かかる世襲性は、王族内で権力継承と王位継承をまっとうすることをさし、これによって王位の系譜と世代を形づくる。夏代には夏禹～夏桀におよそ十四世・十七王がいる。この期間には、后羿が「夏民に因りて以て夏政を代う（因夏民以代夏政）」[11]ことと、寒浞の王位簒奪があったとはいえ、「少康中興」をへて、王位（つまり王権）はまた夏后氏内の世襲という常態に回帰し、あわせて正統とみなされた。このようにみると、王権の世襲性はまた正統性・神聖性とむすびついている。

王権の世襲性・正統性・神聖性がむすびつき、王権の合法性を構成する。王権の合法性は、王朝が安定するための基礎である。かかる合法性のなかに、いわゆる「天命之権」が看取される。そのなかでも、王国内部からみれば、王権のなかにも族権がふくまれる。しかし「天下」全体からみれば、それは「天命之権」とみなされる。『左伝』宣公三年には楚子が中原において鼎の軽重を問い、王孫満はこう答えたとある。

徳に在りて鼎に在らず。昔、夏の方《まさ》に徳有るや、遠方、物を図《えが》き、金を九牧《きゅうぼく》に貢《こう》せしめ、鼎を鋳て物を象《かたど》り……周の徳衰うると雖も、天命は未だ改めず。鼎の軽重は、未だ問うべからざるなり（在徳不在鼎。昔夏之方有徳也、遠方図物、貢金九牧、鋳鼎象物……周徳雖衰、天命未改。鼎之軽重、未可問也）。

この故事とそのなかの理念は、「天命王権」が夏以来三代にわたる伝統的観念であることの理を物語っている。またこの「天命王権」観念が根深く容易に動揺しないことから、商の紂王はまだ政情が安定していたころに、こうのべている。

我れの生るるや、命の天に在る有らざらんや（我生不有命在天乎）(12)。

すなわち、わたしにはさらに恐れるべきものがあるのか、いやそのようなものはないのだ、と。これは逆に、夏商周三代が「天命王権」の一例であることを物語る。

要するに、夏以来の三代は、王国主導下の複合制王朝国家の時代であり、真の意味での王権とは、「天下共主」としての王が複合制国家構造内の「全天下」にたいしてすべからく備えている支配権のことである。それは世襲性・神聖性・正統性・合法性をもつ。当時の神権政治の世界においては、「天命王権」とみなされる。もちろんかかる「天下共主」としての「天命王権」はまた、複合制国家構造の発展度にしたがい、夏から商、そして周へと至って徐々に強化される。

注

（1）『国語』魯語下（上海古籍出版社、一九七八年版）の韋昭注に「案ずるに、漆は、『札記』は当に「涞」の譌と為すべしとす（案、漆、『札記』当為「涞」之譌）」とある。『史記』孔子世家の関連段落では「釐姓」に作る。

（2）孫詒譲『墨子間詁』に「「群対諸群」は、当に読みて「群封諸君」と為すべし、言うこころ、諸邦国の諸君なり（「群対諸群」、当読為「群封諸君」、言諸邦国諸君也）」とある。

（3）顧頡剛「州与岳的演変」（『史学年報（燕京大学）』巻一、第五期、一九三三年）。

（4）傅斯年「姜原」（『国立中央研究院歴史語言研究所集刊』第二本第一分冊、一九三〇年）。

（5）顧頡剛注（3）前掲論文。
（6）王震中「共工氏主要活動地区考辨」（『人文雑志』一九八五年第二期。王震中『中国古代文明的探索』雲南人民出版社、二〇〇五年所収）。
（7）河南文物研究所登封工作站等「登封戦国陽城貯水輸水設施的発掘」（『中原文物』一九八二年第二期）。
（8）顧頡剛「瓜州」（『史林雑識』初編）。
（9）傅斯年注（4）前掲論文。
（10）『史記』秦本紀は蜚廉を商紂王期の人とし、「（仲衍の）其の玄孫は中潏と曰い、西戎に在り、西垂を保つ。蜚廉を生む。蜚廉は悪来を生む。悪来には力有り、蜚廉は善く走り、父子倶に材力を以て殷紂に事う。周の武王の紂を伐つや、幷せて悪来を殺す。是の時、蜚廉は紂の石［集解は石椁の意に解し、『索隠』は脱文を疑う］を北方に為り、還るも、報ずる所無し……（其玄孫曰中潏、在西戎、保西垂。生蜚廉。蜚廉生悪来。悪来有力、蜚廉善走、父子倶以材力事殷紂。周武王之伐紂、幷殺悪来。是時蜚廉為紂石北方、還、無所報……）」という。蜚廉が結局夏后啓期の人か商紂王期の人かについて、傍証を捜しだせない状況下では、筆者はつぎのように処理できると考える。すなわち、かりに『史記』の記載を採用すれば、『墨子』の説を、墨子が夏代のときの秦族のその他の人が夏后啓のために金属を採掘・冶金する状況を蜚廉とよんでいたとみなすことができる。
（11）『左伝』襄公四年。
（12）『史記』殷本紀。

第九章　先商邦国の起源

第一節　商族の起源と遷徙

1　商族の起源

商族の起源もまた、諸説紛々とした問題であり、かつて以下の説があった。

（1）西方説。商族は陝西省商洛、(1) あるいは関中地区で発祥したとする。(2)

（2）東方説。商族は河南省商丘、(3) あるいは山東省で発祥したとする。(4)

（3）晉南説。商族は山西省永済、(5) あるいは垣曲・永済一帯で発祥したとする。(6)

（4）河北説。商族は河北省漳水、(7) 河北省易水、(8) 河北省永定河と滱水のあいだで発祥したとする。(9)

（5）河北東北および、(10) 環渤海湾一帯説。(11)

（6）北京説。(12)

（7）東北説。商族は遼寧西部、(13) あるいは幽燕で発祥したとする。(14)

これらの説にたいして筆者はこう考える。すなわち、商人の後裔たる春秋時代の商人（つまり宋国人）がもつ、商族の起源にたいする考え方は、注目に値するものである。たとえば『詩』商頌玄鳥には、

天、玄鳥《げんちょう》に命じ、降《くだ》りて商を生ましめ、殷土を宅《さだ》めて芒芒《ぼうぼう》たり（天命玄鳥、降而生商、宅殷土芒芒）。

とあり、『詩』商頌長発には、

有娀《ゆうじゅう》方《まさ》に将《おお》いなり、帝、子を立てて商を生む（有娀方将、帝立子生商）。

とある。まことに王国維が「商の国号は地名に基づく」[15]とのべるごとく、それは商族がすむ国土をもさす。[16]『詩』〔前掲商頌玄鳥〕の「殷土を宅めて芒芒たり（宅殷土芒芒）」の「殷土」がさすのが商土である。「殷土」といわれるゆえんは、商代晩期の国都が安陽殷墟にあるからである。このように後人の呼び方のなかで、商土は殷土ともよばれ、商と殷は互いに呼び替えられるようになった。『詩』商頌の玄鳥と長発は、商族の発祥が「商」地と関係することを、私たちに伝えている。

文献の記載によれば、商族はたびたび遷徙をしている。では、もっとも早い商地は、『書』湯誓の鄭玄注や『括地志』撰者のいうごとく陝西省商洛か、それとも『史記』鄭世家『集解』引服虔注と王国維のいうごとく河南省商丘か。それとも『史記』鄭世家『集解』所引の賈逵のいうごとく漳南殷虚か、もしくは葛毅卿・楊樹達・丁山らがいうごとく冀南漳水流域か。[17]これらはいずれもなおさらなる分析を要する。この四説のうち、第一説は「上洛説」、第二説は「宋国説」、第三説は「殷墟説」、第四説は「漳水説」とよびうる。

思うに、上述四説の選択の基準として、もっとも早い「商」は、商族の始祖契の住んでいた場所と一致するもののはずである。すなわち、『史記』殷本紀には、

〔契は〕商に封ぜらる（封商）。

とあり、『荀子』成相篇には、

契玄王《せつげんおう》、昭明を生む、砥石《しせき》に居り商に遷る（契玄王、生昭明、居於砥石遷于商）。

とある。契の封ぜられた商地は「蕃」や「番」ともよばれる。たとえば『世本』には、

契は蕃に居る（契居蕃）。

とある。『水経』渭水注引『世本』が「蕃」に作る一方、『通鑑地理志通釈』引『世本』は「番」に作る。これより、「蕃」は、あるいは「番」に作り、二字は通用するとわかる。なるほど、商族の遷徙にともない、「商」とよばれる地域も絶えず出現した。つまり商人にとっては、さまざまな時期にさまざまな商地があるのである。とはいえ、契とむすびつく場所こそがとうぜんもっとも早い商地で、この商地は「番」や「蕃」ともよばれたのである。ゆえに、もっとも早い「商」と「番」は同じ場所をさすことになるのである。

「契居蕃」の「蕃」は「番吾」で、「番吾」は「番」の引伸語である。[18] この「番吾」は、『戦国策』斉策一に、

秦・趙、河漳の上《ほとり》に戦い、再び戦いて再び秦に勝つ。番吾の下に戦い、再び戦いて再び秦に勝つ（秦・趙戦於河漳之上、再戦而再勝秦。戦於番吾之下、再戦而再勝秦）。

とあり、『戦国策』趙策二に、

秦の甲、河を渉り漳を踰えて番吾に拠らば、則ち兵必ず邯鄲の下に戦わん（秦甲渉河踰漳、拠番吾、則兵必戦於邯鄲之下矣）。

とある「番吾」である。場所は漳水―邯鄲間、すなわち現在の河北省磁県境である。

番吾は漳水付近にあり、漳水は殷墟卜辞中の「滴」[19]である。このほかに、商と章の古字はたがいに通用する。[20]『水経』河水注では、漳水下流はたしかに商河とよばれ、俗に小漳河とよばれ、酈道元注は、

商・漳の声相近く、故に字と読とは移るのみ（商・漳声相近、故字与読移耳）。

とする。まことに鄒衡が「商人が商とよばれる理由は、おそらく商人の遠い祖先が漳水に住んでおり、もっとも早い漳水が商水ともよばれたからであろう」[21]というとおりである。

以上を総合すると、契のすむ番は、現在の河北省磁県の番吾で、磁県のすぐとなりの漳水はもっとも早くに商水ともよばれた。すると、「天、玄鳥《げんちょう》に命じ、降《くだ》りて商を生ましむ（天命玄鳥、降而生商。『詩』商頌玄鳥）」・「有娀方《ゆうじゅうまさ》に将《おお》いなり、帝、子を立てて商を生む（有娀方将、帝立子生商。『詩』商頌長発）」と関連する商地は、漳水流域～磁県一帯にあることになり、商族の発祥の地は、ここにあることになろう。(22)

2　先商時期の遷徙

文献には、殷人がたびたび遷徙したとの記載がある。後漢・張衡「東京賦」は、商人の遷徙を始めから終わりまで概括し、「前に八たび、後に五たび（前八後五）」とする。前八回の遷徙とは、『史記』殷本紀のいう「契より成湯に至るまで八たび遷る（自契至成湯八遷）」のことで、先商時代のことである。商人のこの八回の遷徙の地理環境について孔穎達『尚書正義』〔『十三経注疏』巻第七胤征第四〕は、ただ四つの地のみを挙げている。すなわち、

商頌に「帝立子生商」と云い、是れ契は商に居るなり。『世本』に「昭明居砥石」と云い、『左伝』に「相土居商丘」と称し、及び今、湯は亳に居る。事の経伝に見ゆる者は、此の四遷有り。其の余の四遷は未だ詳らかには聞かざるなり（商頌云、「帝立子生商」、是契居商也。『世本』云、「昭明居砥石」、『左伝』称「相土居商丘」、及今湯居亳。事見経伝者、有此四遷。其余四遷未詳聞也）。

とする。梁玉縄は『史記志疑』殷本紀で八遷の地を列記している。すなわち、契は蕃に、昭明は砥石にすみ、昭明は砥石から商へうつり、相土は商丘に住み、帝芒三十三年に商侯は殷にうつり、孔甲九年に殷侯は商丘に帰り、上甲は鄴に住み、湯は亳に住んだ、と。

王国維もまた、この八遷の地について考証している。すなわち、契が蕃に住んだのが一遷である。その場所は『漢

書』地理志のいう魯国蕃県で、現在の山東省滕県である。昭明が砥石にうつったのが二遷である。砥石の地理について王国維は説明していない。昭明がさらに商へうつったのが三遷である。相土が商邱に住んだのが四遷である。相土が泰山のふもとの東都にうつったのが五遷である。王国維は、商・商邱・宋が一つの場所の異なる名称で、その地は現在の河南省商邱であるとする。昭明が商にうつった点と、昭明の子の相土が商邱に住んだ点が矛盾することについて王国維は、相土のときには泰山のふもとが東都、商邱が西都で、「昭明が商にうつったのち、相土はまた東のかた、泰山のふもとにうつり、のちにふたたび商邱に帰った。これが四番目と五番目の遷徙である」と解説している。また夏の帝芬三十三年に商侯（王亥）が殷にうつったのが六遷である。孔甲九年に殷侯が商邱に帰ったのが七遷である。湯は亳に住み、その場所は現在の山東省曹県にあり、これが八遷である。(23)

王国維の考証は、「八遷」の数を集めたものとはいえ、その疑問点もまた多いものである。思うに、契が蕃（すなわち「帝立子生商」の商地）にいるというばあいの蕃は、戦国時代の漳水付近の番吾で、現在の河北省磁県境であり、王国維がいう現在の山東省滕県ではない。『荀子』成相篇には、

契玄王《せつげんおう》、昭明を生みて、砥石《しせき》に居り商に遷る（〔契玄王、生〕昭明居於砥石遷于商）。

とあり、二遷と三遷である。砥石は、丁山がいうごとく、「泜水と石済水がまざった名前」で、泜水は現在の河北省元氏・平郷一帯である。(24)すなわち、一九七八年に元氏県西張村で出土した叔趯父の卣・尊の銘文と、臣諫簋の銘文の「軧」(25)地である。相土は商丘におり、商丘とは帝丘で、現在の河南省濮陽にある。(26)これが四遷である。『今本竹書紀年』帝芒のいわゆる「三十三年、商侯は殷に遷る（三十三年、商侯遷于殷）」の商侯は王亥で、これが五遷である。孔甲九年に殷侯が商丘に帰り、その場所はなお現在の濮陽にあり、これが六遷である。「上甲微居鄴」は七遷である。場所は、現在の河北省臨漳県西南鄴鎮の東にある。湯が亳にいたのが八遷である。この亳邑とは、『呂氏春秋』具備篇な

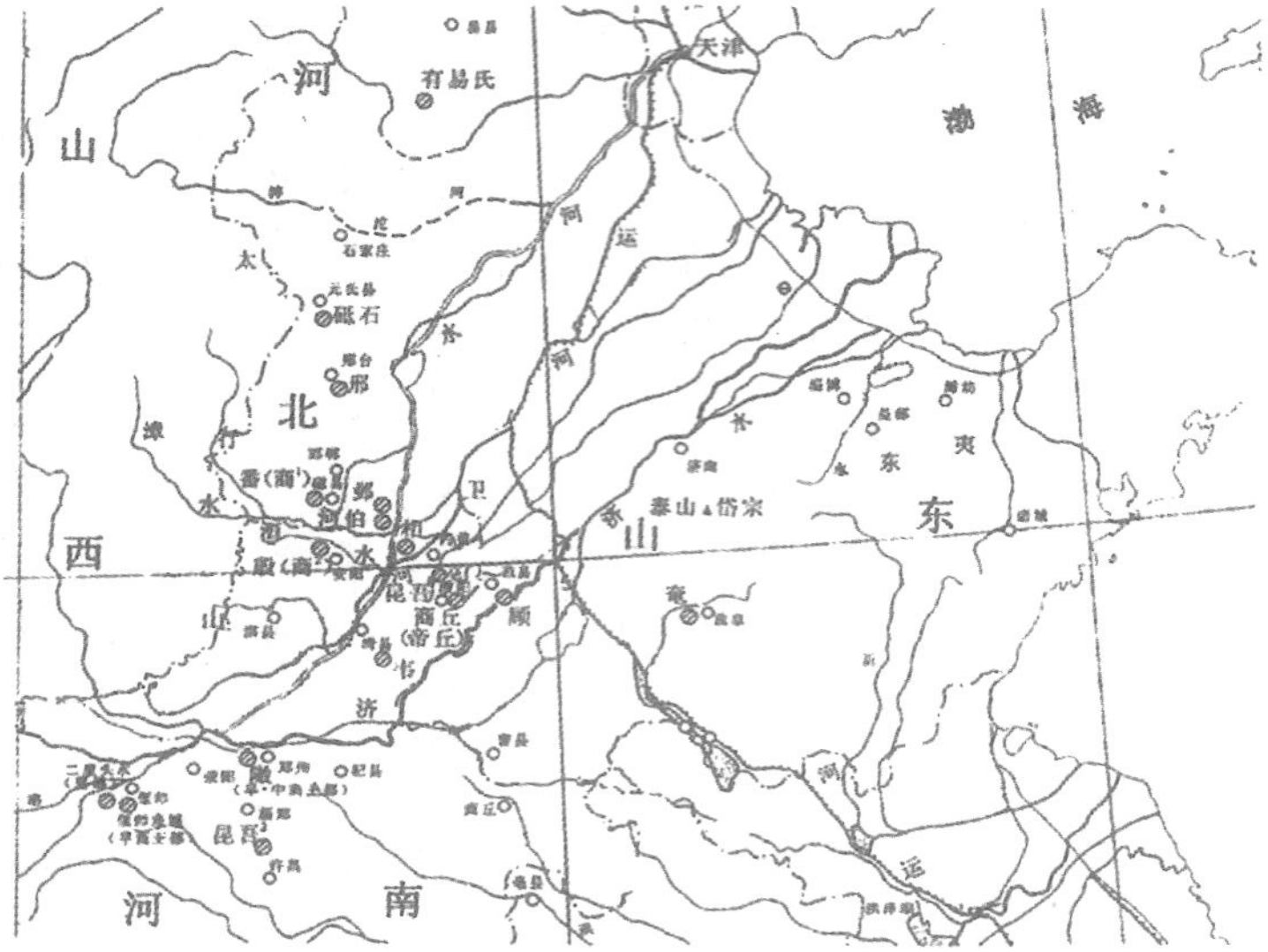

【図９―１】　先商遷徙と商代遷都の図

どの「郼薄（亳）」で、つまり甲骨文中の「亳」であり、現在の河南省内黄の濮陽寄りの場所である。(27)

上述したことからみられるように、八遷の範囲は冀南と豫北の地域内にとどまる。「契は蕃に居る（契居蕃）」の蕃は河北県磁県に、「昭明は砥石に居る（昭明居砥石）」の砥石は石家荘以南～邢台以北の古泜水・石済水の流域（つまり現在の河北省元氏県一帯）にあり、のちにまた磁県漳河流域の商地に戻る。相土のいた商丘は河南省濮陽にある。商侯冥のときのこととして、『国語』魯語上には、

冥は其の官に勤むるも水死す（冥勤其官而水死）。

とある。『今本竹書紀年』にも、

（帝少康）十一年、商侯冥をして河を治せしむ（十一年、使商侯冥治河）。

（帝杼）十三年、商侯冥、河に死す（十三年、商侯冥死于河）。

とある。冥の業績は河川を治めたことにある。春秋中葉以前の黄河は、河北をとおって天津から海に入って

おり、けっして山東省内を走っていない。よって当時の商族の活動の中心も、豫北・冀南の古黄河沿いにあるべきである。王亥が遷徙した殷は安陽にある。上甲微は鄴に住んだ。成湯の住んだ亳は、筆者の考証によれば、河南省内黄（内黄の濮陽寄り）の鄗地の亳である。これらすべては、商族史初期に「八遷」とよばれるほど多くの遷徙があったにもかかわらず、遷徙の範囲が冀南・豫北の地域内にとどまっていたことを物語る（図9―1）。またこれらは、ちょうど先商文化のいわゆる下七垣文化（漳河型先商文化や漳河型下七垣文化とよぶ者もいる）の中心地帯と一致する。なるほど、筆者が指摘するように、下七垣文化はけっしてすべての先商時代の時間的範囲を埋めるわけではなく、それはたんに先商中期と後期の文化にすぎない。しかも、下七垣文化の分布範囲内には、商族一族がいただけでなく、少なくとも漳水付近の黄河付近の「河伯」族と現在の河北省北部易水～滹沱河の「有易」族は、下七垣文化の圏内に住んでいた。けれども、かりに下七垣文化の族属概念の規範を、商族が中心となって創造した物質文化とみるならば、筆者による商族の起源とその初期の遷徙にかんする考証をふまえると、二者は分布地域の点でも合致するものである。(28)

第二節　先商初期国家――邦国の出現

先商社会形態の変遷は、まず王亥と上甲微の時期に、中心聚落形態（つまり首長制）から邦国（つまり初期国家）に変化する過程をへた。そののち、成湯時期に商が夏を滅ぼしたのにともない、さらに邦国から王国へとむかった。(29)

1　先商時期の中心聚落形態の段階

古史伝説において商の始祖は契であり、契はだいたい虞舜・大禹と同時期にいたとされる。『史記』殷本紀には、契は長じて禹を佐《たす》け水を治《おさ》むるに功有り。帝舜乃ち契に命じて曰く、「百姓親しまず、五品は訓《したが》わず。汝は司徒と為りて敬《つつし》みて五教を敷け。五教在《はじ》めて寛《おさま》らん」と（契長而佐禹治水有功。帝舜乃命契曰「百姓不親、五品不訓、汝為司徒而敬敷五教。五教在寛」）。

とある。『史記』殷本紀の本文は、『書』堯典にもとづく。『書』堯典は、帝舜が「伯禹をして司空と作《な》さしむ（伯禹作司空）」のと同時に、また契にこういったとある。

契《せつ》、百姓親しまず、五品遜《したが》わず、汝《なんじ》司徒と作《な》りて、敬《つつし》みて五教を敷《し》け。五教在《はじ》めて寛《おさま》らん（契、百姓不親、五品不遜、汝作司徒、敬敷五教、五教在寛）。

かりに、『書』堯典と『史記』殷本紀のなかから大一統観念を取り除けば、上記史料はつぎのように理解できる。すなわち、当時の族邦連盟において、商の契は、盟主を担ったことはないけれども、商族はすでに連盟の一員であり、商の契は連盟内で「司徒」を担ったことがある。ここでの「司徒」の語は、周代以来ないし戦国秦漢時代の概念で、その職務は、じっさいには古史伝説における「火正」(30)であろう。

商族の起源において、商族の来源の一つである高辛氏は、『左伝』昭公元年の記載によれば、その子の閼伯が商丘に遷徙したさいに、

辰《しん》を主《つかさど》らしむ。商人《しょうひと》是れに因《よ》る。故に辰を商星と為す（主辰、商人是因、故辰為商星）。

とされる。「主辰」は辰星（つまり大火星《アンタレス》）を観測・祭祀することを司る。かかる大火星にたいする観測・祭祀・観象授時を掌る者も「火正」とよばれた。上古時期の火正も高辛氏一族にかぎられず、顓頊(31)・祝融(32)・陶唐氏などにも(33)、みな火正がいた。『国語』楚語によれば、火正の職務はさらに「地を司りて以て民を属《あつ》む（司地以属民）」もあり、このため田昌五は「契が司徒であることは、おそらくこれより演繹されてくるものである」(34)とする。田昌五の説は論理的

である。伝説時代にはなお「司徒（司土）[35]」はないが、「地を司りて以て民を属む（司地以属民）」の火正は登場している。『左伝』・『国語』の「火正」関連のいくつかの記述を比較すると、「火正」は「司徒」よりも若干原始的なようである。火正が大火を祠るというのは、毎年大火星が出現するさいに堂々たる祭祀を挙行し、かつ大火星の出現によって紀年を定めるということであり、いわゆる「火もて時を紀《しる》す（火紀時。『左伝』襄公九年）」によって一年の農事の開始をも決定するということである。これより、後世の司徒が掌るいくらかの仕事は、伝説時代には火正が掌るものであったとわかる。

古史伝説において契は、「玄王」ともよばれる。たとえば『国語』周語下には、

玄王、商を勤《つと》め〔徳に勤めて商の基礎を築く意〕、十有四世にして興《おこ》る（玄王勤商、十有四世而興）。

とある。玄王とは契で、契から湯まではちょうど十四世である。『荀子』成相篇にも、

契玄王《せつげんおう》、昭明を生む、砥石《しせき》に居り商に遷る、十有四世、乃ち天乙有り、是れ成湯（契玄王、生昭明、居於砥石遷于商、十有四世、乃有天乙是成湯）。

とある。契を「玄王」とよぶということは、つまり契が王とよばれていたということである。これはもちろん、春秋戦国時代の説で、先商期の商人自身もしくは他族による契の呼び名とはみなせない。ゆえにこれによって、契のときに、商族内部にすでに後世の意味での王がおり、すでに王権が存在していたとはいえず、その社会形態がすでに王国段階に入っていたともいえない。じっさいに、契が「玄王」とよばれていたことは、おそらく彼が商族内の特別な存在であったことをしめし、それは先周におけるはじめての族長（つまり最高酋長）であるという意味である。

以上の点と、「契が司徒になった」点がおそらく「火正」の職掌より演繹されてきたものであるとの先程の論述とを関連づけると、契のときの商族のかたちはつぎのように描写しうる。すなわち、当時、族内の身分地位のうえでは、

少なくとも族長（すなわち酋長）と普通の族衆とのあいだには等差があり、その最高酋長は後人によって「玄王」とよばれていた。契は族長（つまり最高酋長）として族内の多くの仕事を司り、最高の祭祀をも主管し、そのなかで商族の伝統に則して辰星大火を観測・祭祀していた。また、そうした「大火暦」とよばれるものの掌握をつうじて、農事活動の手順などをみな契のおもな仕事としていた。

契以来の先商時代の社会形態にかんして、従来一般には、契が商族の男性の始祖であることと、契以後の商の先公・先王がひとしく男性であることにもとづき、先商時代は父系氏族社会であると考えられてきた。思うに、先商時代はもとより父系に属するけれども、それはすでに平等な父系氏族社会ではなく、すでにモートン・フリードの社会分層論における「階等社会（rank society）」から「分層社会（stratified society）」に入り始めた段階で、欧米人類学の「首長制（chiefdom）」モデルの「複雑首長制」にも相当し、筆者の使用する術語によれば、すでに「発達した中心聚落形態[36]」段階に入っているといえる。

社会分層論と首長制論の描く民族学の実例では、社会の複雑化が社会における等級分化や首長制の段階へと発展するさい、社会内部にはすでに身分地位上の等差が出現している。かかる等差は、しばしば血統世系とも関係し、それによって一種の等級的親族制が発展した。かくて社会の各成員と祖先との距離関係は、階等の重要な要素となる。現実に酋長が特殊な身分地位をもつ理由は、それと祖先（つまり神霊）とのあいだに一定の特殊な関係があるためでもあり、酋長はしばしば神霊（とくに祖先神）と当該社会の他の成員とのあいだの仲介役である。始祖の直系の後裔である酋長は、祖先が崇高な地位をもったため、往々にして特殊な待遇を得、彼自身神聖視され、死後に霊魂は神となる。

思うに、商の契の時代における商族の状況と、フリードの区分する階等社会後期～分層社会（アールのいう複雑首長制）の状況とは、ほぼ一致する。当時の社会には、人びとの身分の違いや、祖先神との距離関係による地位上の等差や不平等があるだけではない。族長（つまり最高酋長）たる契の最高の等級地位は、安定的で牢固なもので、彼は族内の多くの仕事を統領し、最高の祭祀をも掌った。契は、存命中にすでに神聖なものとみなされていたかもしれない。その死後には、霊魂は神となり、甲骨文では「高祖夒」[37]とよばれ、商族の祭祀を受けている。

契の子は昭明で、昭明の子は相土である。商族史初期において、相土はたいへん有名である。相土のすむ場所は、前述のとおり、濮陽の帝丘（つまり商丘）である。相土期における商族の政治の中心は豫北と魯西地区にある。

『詩』商頌長発には、

相土《しょうど》烈烈として、海外截《せつ》たり（相土烈烈、海外有截）。

とある。これは、相土期に商族の活動空間が大きく発展したことをいう。ここでの「海外」については、かつて少なからぬ人びとが現在の東海・勃海の外をさすと解してきたが、じっさいにはそれは誤解である。田昌五はこれにたいしてするどく分析をしている。田昌五は、いにしえには内陸の湖を海とし、ここでの「海外」の「海」はじつは雷沢と巨野沢をさすと指摘している。たとえば『戦国策』趙策二で蘇秦は、

秦、趙を攻めば、則ち韓は宜陽に軍し、楚は武関に軍し、魏は河外に軍し、斉は渤海を渉り、燕は鋭師を出して以て之を佐けん（秦攻趙則韓軍宜陽、楚軍武関、魏軍河外、斉渉渤海、燕出鋭師以佐之）。

とのべている。この勃海は、地理的環境からいえば、とうぜん巨野沢をさすべきである。『史記』河渠書には、

今の天子（前漢の武帝）の元光の中に、河、瓠子に決し、東南のかた鉅野に注ぎ、淮泗に通ず（今天子元光之中、而河決於瓠子、東南注鉅野、通於淮泗）。

とあり、『漢書』武帝紀は、

（元光）三年春、河水徙り、頓丘の東南より流れ、勃海に入る（三年春、河水徙、従頓丘東南流、入勃海）。に作る。この渤海は巨野沢以外にない。巨野沢が東海とよばれたことは、『史記』項羽本紀にみえる。楚漢戦争で劉邦と項羽が広武で対峙していたとき、彭越は軍を巨野に駐屯させ、項羽の後方を混乱させ、項羽に潰走させられている。『史記』項羽本紀には、

項王已に東海を定め、西に来たりて、漢と倶に広武に臨みて軍す（項王已定東海、来西、与漢倶臨広武而軍）。

とある。のちの『晉書』地道記〔『水経注』巻二四所引王隠『晉書』地道記〕では、なおこの呼称がもちいられている。

廩丘は、春秋のいわゆる斉邑にして、実は東海を表する者なり（廩丘者、春秋之〔所謂〕斉邑〔矣〕、実表東海者也）。

廩丘は現在の河南范県にあり、東海ははっきりと巨野沢をさす。ゆえに田昌五は「相土《しょうど》烈烈として、海外截《せつ》たり（相土烈烈、海外有截）」〔『詩』商頌長発〕を、相土が巨野以東の領域を滅ぼしたことをのべるとしたのである。(38)

『左伝』襄公九年には、

陶唐氏の火正閼伯《あつはく》、商丘に居り、大火を祀《まつ》りて火もて時を紀《しる》す。相土之に因る。故に商は大火を主とす（陶唐氏之火正閼伯居商丘、祀大火、而火紀時焉。相土因之、故商主大火）。

とある。前述のとおり、火正の職掌は「火もて時を紀す（火紀時）」、すなわち毎年の大火星の出現によって歳首の紀年をつくることである。「大火を祀りて（祀大火）」は、毎年大火星が出現するときに堂々たる祭祀を挙行することである。相土がその聚落の中心を濮陽商丘に遷したあと、(39) 依然として実行していたのは「大火暦」である。彼は族長（つまり最高酋長）でもあれば、大火星の祭祀を管掌してもいる。これは一年の農事の開始とかかわる祭祀であり、それゆえ当時もっとも重要な祭祀のひとつである。これも当時の祭祀と管理がつながっていたことを物語る。

相土のもうひとつの業績は、『世本』作篇のいう「相土は乗馬を作る（相土作乗馬）」である。乗馬とは馬をもちい

た車駕である。このことは、『荀子』解蔽に、

乗杜《じょうと》は乗馬を作り……（乗杜作乗馬……）。

に作り、王先謙の集解に、

杜は土と同じ。乗馬は四馬なり。四馬もて車を駕するは、相土より起こり、故に「乗馬を作る」と曰う（杜与土同。乗馬四馬也。四馬駕車、起於相土、故曰「作乗馬」）。

とある。『呂氏春秋』勿躬はさらに誤って、

乗雅は駕を作り……（乗雅作駕……）。

としており、許維遹『呂氏春秋集釈』は、

雅は一に持に作る。持・杜の声は相近し。持は乃ち杜字の誤りなり。杜は即ち相土なり（雅一作持。持・杜声相近。持乃杜字之誤。杜即相土）。

とする。商代に車で戦争をする情景とむすびつけると、相土が発明した馬による車駕が戦車か否かは、なお今後の考古発掘によって実証されることが俟たれる。要するに、商の先公先王のうち、相土期の商族の発展は顕著なものであった。けれども、その社会の複雑化の程度はなお、筆者のいう「中心聚落形態」段階や、人類学で区別される「複雑首長制」段階にあったにすぎないのである。

相土のあとにさらに三世をへたのが商の先公の冥である。『国語』魯語上に、

冥は其の官に勤むるも水死す（冥勤其官而水死）。

とある。冥が治水したのは、黄河とは限らぬものの、黄河と関係する水域ではあるはずである。若水は大きくなく、これによって殉死するはずもない。上古期の黄河は河北をへて天津から海に入り、山東省内をへていない。そのなか

でも、河南省浚県～河北省巨鹿大陸沢は、南北に安陽～内黄をつらぬいており、西からの漳河・洹河は、ともに東方の黄河へと注ぎ込む。冥が治めたのは、漳河と黄河の合流する当該水域であろう。このあたりの黄河流域は当時、商族の活動の中心地帯であり、それゆえ商族の生活・生産と密接に関係している。商族の心のなかでは、冥は治水作業中に殉死した大功ある人物で、ゆえに重要な祀典に列せられる。たとえば『国語』魯語上には、

> 夫れ聖王の祀《まつり》を制するは、法、民に施せば則ち之を祀り、死を以て事《たみ》に勤《つと》むれば則ち之を祀り、労を以て国を定むれば則ち之を祀り、能よく大災を禦《ふせ》げば則ち之を祀り、能く大患を扞《ふせ》げば則ち之を祀る。是の族《たぐい》に非ざれば、祀典に在らず。……故に有虞氏は黄帝を禘して顓頊を祖とし、堯を郊して舜を宗す。夏后氏は黄帝を禘して顓頊を祖し、鯀を郊して禹を宗す。商人は嚳を禘して契を祖し、冥を郊して湯を宗す。周人は嚳を禘して稷を郊し、文王を祖して武王を宗す（夫聖王之制祀也、法施於民則祀之、以死勤事則祀之、以労定国則祀之、能禦大災則祀之、能扞大患則祀之。非是族也、不在祀典。……故有虞氏禘黄帝而祖顓頊、郊堯而宗舜。夏后氏禘黄帝而祖顓頊、郊鯀而宗禹。商人禘嚳而祖契、郊冥而宗湯。周人禘嚳而郊稷、祖文王而宗武王）。

とあり、『国語』魯語は、商人が「冥を郊」したとする。『礼記』祭法も、商人が「冥を郊」したとする。郊祀は祭天の礼で、冥を上帝に配祀することを意味する。[40] これより、商人の伝説においては、冥は重要な地位を有していたとわかる。

2　王亥期——邦国への過渡期

冥の子は王亥で、王亥の子は上甲微である。冥から王亥をへて上甲微にいたるまでは、先商史の重要な転換期である。当該時期最大の事件は、王亥が「有易に賓《ひん》」して殺害されたことである。これにかんしては、先秦のさまざまな

典籍に記載がある。たとえば『竹書紀年』〔『山海経』大荒東経注引〕には、

殷王子亥、有易に賓して淫《いん》す。有易の君緜臣《めんしん》殺して之を放つ。是の故に殷主甲微《こうび》、師を河伯に仮《か》り、以て有易を伐ちて之を滅ぼし、遂に其の君緜臣を殺す（殷王子亥、賓于有易而淫焉。有易之君緜臣殺而放之。是故殷主甲微仮師于河伯以伐有易、滅之、遂殺其君緜臣也）。

とあり、また『山海経』大荒東経には、

困民国有り。勾姓にして食う。人有り、王亥と曰う。両手に鳥を操《と》り、方に其の頭を食う。王亥は有易・河伯に僕牛を託す。有易は王亥を殺し、僕牛を取る（有困民国、勾姓而食。有人曰王亥、両手操鳥、方食其頭。王亥託于有易・河伯僕牛。有易殺王亥、取僕牛）。

とあり、さらに『楚辞』天問には、

該《がい》〔王該〕、季《き》〔王該の父〕の徳を秉《と》りて、厥《そ》の父は是れ臧《よ》し。胡《なん》ぞ終《つい》に有扈に弊《やぶ》れて、夫《か》の牛羊を牧《ぼく》せる。干《たて》を協《あわ》せて時《こ》れ舞う。何を以て之を懐《なつ》くる。平脅曼膚《へいきょうまんぷ》、何を以て之と肥《つれ》そえる。有扈の牧豎《ぼくじゅ》、云何《いか》にして逢える。牀《しょう》を撃てば先ず出づ、其の命何に従《よ》れる。恒も季の徳を秉り、焉《いづく》んぞ夫の朴牛《ぼくぎゅう》を得たる。何ぞ往きて班禄を営み、但《むな》しくは還り来たらざる。昏微《こんび》は迹《あと》に遵《したが》い、有狄は寧《やす》からず。何ぞ繁鳥《はんちょう》棘に萃《あつ》まるに、子を負《お》うものと情を肆《ほしいまま》にせんとするや。眩弟《げんてい》并《なら》びに淫し、厥の兄を危害す。何ぞ変化して以て詐《いつわり》を作《な》し、而も後嗣逢長《こうしほうちょう》なる（該秉季徳、厥父是臧。胡終弊于有扈、牧夫牛羊。干協時舞、何以懐之。平脅曼膚、何以肥之。有扈牧豎、云何而逢。撃牀先出、其命何従。恒秉季徳、焉得夫朴牛。何往営班禄、不但還来。昏微遵迹、有狄不寧。何繁鳥萃棘、負子肆情。眩弟并淫、危害厥兄。何変化以作詐、而後嗣逢長）。

とある。当該三史料がのべているのは同一のことで、互いに証明しあうものである。王国維の研究によれば、『楚辞』

天問の有扈は有易で、扈は伝写の誤りである。該は王亥で、甲骨文では「王亥」・「高祖王亥」・「高祖亥」に作る。恒は王亥の弟で、甲骨文では「王恒」ともよばれる。季は冥で、『楚辞』天問には「該《がい》、季《き》の徳を秉《と》りて、厥《そ》の父は是れ臧《よ》し（該秉季徳、厥父是臧）」とあり、「恒も季の徳を秉り（恒秉季徳）」ともあり、該と恒はみな季の子である。季は甲骨文にもみえ、王亥・王恒の父の冥にあたる。『楚辞』天問の昏微は上甲微で、有狄は有易である。(41)

『楚辞』天問の恒は、卜辞中の王恒で、王亥の弟であることはたしかである。しかし、なかには、『楚辞』天問の「厥の兄を危害す。何ぞ変化して詐《いつわり》を作《な》し、而も後嗣《こうし》逢長《ほうちょう》なる（危害厥兄、何変化以作詐、後嗣而逢長）」という言い方に基づき、上甲微は「王恒の子であるべきで、王亥の子であるべきではない」(42)と推測する論者もいる。胡厚宣は、甲骨文に商族の鳥トーテムの痕跡がみえることを論証するさいに、王亥を上甲微の父とする甲骨文を挙げている。すなわち、殷墟出土の祖庚祖甲卜辞［合集24975］である。

□□卜、王貞、其燎[于]上甲父[王]⿱隹亥。

卜辞における王亥の亥は「⿱隹亥」、つまり鳥旁を付した字形に作ることもあり、胡厚宣はこれを、商族が鳥をトーテムとした痕跡であるとする。(43)要するに胡厚宣は、本甲骨文という確実な証拠によって、上甲微が王亥の子であることを証明したのである。このほか、『山海経』大荒東経と『楚辞』天問の「僕牛」は、『世本』・『呂氏春秋』勿躬篇では「服牛」に作り、前掲『楚辞』天問には「該《がい》、季《き》の徳を秉《と》りて……胡《なん》ぞ終《つい》に有扈に弊《やぶ》れて、夫《か》の牛羊を牧《ぼく》せる（該秉季徳……胡終弊于有扈、牧夫牛羊）」とある。僕・服・牧はみな一つの音から転じて生じた文字であり、王亥が牛羊を牧することをさす。『管子』軽重戊に、

殷人の王たるや、皁牢《そうろう》［廐と囲いの意］を立て、牛馬を服し……（殷人之王、立皁牢、服牛馬……）。

とあるのも、このことをさす。しかし、王亥がはるか有易の地に赴いて「僕牛」や「服牛」をしたことは、けっして

一般的な意味で牛羊を牧畜したということではない。すなわち、『竹書紀年』には彼が「有易に賓（賓于有易）」したとあり、『易経』旅上九には、

旅人……羊を易に喪う（旅人……喪羊于易）。

とある。またこれらと『書』酒誥の「車を牽く牛を肇《う》ち、遠く賈用に服す（肇牽車牛、遠服賈用）」説とを関連づけると、王亥のこうした遠距離旅行と、有易に「賓」して「僕牛」することは、じっさいには牛車に乗って、貨物を載せて、有易に赴いて取引をすることである。このように上引三史料を総合すると、簡単にいえば、この故事はつぎのようになる。

王亥は牛車にのり、貨物をのせ、牛羊を追い、有易にいって取引をした。同行者には王恒と河伯もいた。[44] 王亥と弟王恒は有易の女性と淫行にふけり、有易の君の綿臣は王亥を殺害し、牛車と貨物を奪った。そののち王恒は奪われた「僕牛」を得て、また兄王亥の位を継承した。上甲微は父の仇に報ずるため、軍隊を河伯より借りて有易を攻め、有易の君の綿臣を殺した。

しかし、王亥の死因に疑義を呈する研究者もいる。田昌五は、

史料よりみると、彼がはじめ有易に行ったときにはまだ統制を受けてはおらず、彼は笑顔でそこに到達した。「喪牛于易」はその後のことである。『易』旅上九爻辞に「鳥焚其巣、旅人先笑後号咷、喪牛于易、凶」とあるのは、このことをさす。かりに彼が到達後に有易の娘と淫したことで殺されたというならば、かかる行為は古代人にとってはじつは瑣事であって、それのみならず、古代人は往々にしてそれを誉れとしているではないか。すなわち、のちに燕国にはべつの習俗があった。親友が訪問したときには、主人は真心と誠実さをしめすため、自身の妻に彼と一夜を共にさせた、と。いわんや、王亥は一方の邦君であり、たとえ緜臣の娘と姦淫し、「眩弟幷淫」

さえしたとしても、双方が婚姻関係を結ぶのはよいことであって、なぜ「有易之君緜臣殺而放之」なのであろうか。

とする。このため田昌五は、二種類の解釈を出している。

第一の解釈。王亥とその弟恒とは商隊を率いて有易に至り、有易の領内で婦女を略奪する行為を働き、綿臣に兵で攻撃され、王亥は殺された。

田昌五によると、のちの商王朝における多くの女奴隷は、攫われてきた者である。また田昌五は、

もう一つの解釈。王亥が淫したのはたしかに綿臣の娘であるが、一般の男女の関係ではなく、邦君間のたぐいの問題でもない。そうではなく、王亥は綿臣の娘を通じて有易を獲得しようとし、それに成功したのである。結果、綿臣にみつかり、それによって綿臣は王亥を殺害し、彼の商隊を奪ったのである。この可能性は大きく、のちに成湯が夏の桀王を滅ぼすまえにも類似の手段が採用された。[45]

とする。

羅琨も、新しい解釈を提出している。羅琨もいわゆる「淫に因りて殺さる（因淫被殺）」説を遠古の道徳的規範と婚姻関係にそぐわぬものとし、またつぎのように指摘する。すなわち、『楚辞』天問の「干《たて》を協《あわ》せて時《こ》れ舞う（干協時舞）」・「平脅曼膚《へいきょうまんぶ》（平脅曼膚）」の二句は、「「夸富宴」の盛大な礼儀歌舞と派手な盛宴の場面の描述」であるが、有易はなぜかくも王亥をねんごろに歓待せねばならなかったのか。それは、

楽舞盛宴は交易の一場面で、有易の歓待も交易の成功のためというべきである。ただ、双方はなお相互の満足する協定に達しえず、利益の衝突が仇となって彼らを戦場へといざない、牧童による暗殺を惹起し、そうして有易の牧童が闇夜に乗じて寝所の王亥に手を下して逃げ去ったにすぎない。『楚辞』天問よりみれば、けっして一個

人の嫉妬・憤りから出たものではなく、黒幕がいたのであり、それは使者、つまり「有易の君」の綿臣をさす。(46)というのである。

王亥の死は、たしかに考えさせられるものである。かりに「淫に因りて殺さる」というのであれば、王亥とその弟恒は「眩弟《げんてい》并《なら》びに淫し（眩弟并淫）」たのであって、つまり兄弟は二人とも「并びに淫し（并淫）」たことになるが、ではなぜ「厥の兄を危害（危害厥兄）」、つまり王亥のみが害され、弟恒のほうは無事なのか。それのみならず、恒はすぐに「夫《そ》の朴牛《ぼくぎゅう》を得（得夫朴牛）」た。つまり恒は、有易の君綿臣に奪われた「朴牛」をも得たのである。(47)さらに「往きて班禄を営み、但しくは還り来たらざる（往営班禄、不但還来）」ということになった。「往きて班禄を営む（営班禄）」にかんしては、「営とは謀である。班とは位である。禄とは食である」(48)とする説がある。なかには、「班は頒布すること。禄は爵禄である」とし、あわせて『書』堯典の「瑞《ずい》を群后《ぐんこう》に班《かえ》す（班瑞于群后）」を引用し、班瑞は「じっさいには要するに「班禄」の意味である。ここでは王恒が位を継ぐときに大国に赴いて公認を求めたことをさす」(49)とする論者もいる。つまり恒は、その兄の王亥が殺害されたのち、一連の利益を得、あわせて君位を継承したのである。甲骨文で恒が「王恒」とよばれていることからみると、王亥の後継者は恒にちがいない。ただし、甲骨文で王亥が盛大な祭祀を受けていることに比すれば、王恒の地位はかなり低いであろう。『楚辞』天問における屈原のこうした疑問からみて、王亥が殺害されたことは、たとえ有易の君の綿臣と王恒との共謀によるものではないにしても、恒の黙認を得たものである。

では、王亥は商隊を引率し、有易に寄留して貿易をしたにもかかわらず、有易の君の綿臣はなぜ王亥を殺さねばならなかったのか。これはもちろん、その娘と淫行をしたからではなく、王亥のことを危険と感じたからであろう。危険とされるゆえんは、第一に、当時の商族が王亥の指導下で徐々に強大化し、それは隣邦の有易に不利だからである。

第二に、まことに田昌五がいうとおり、王亥は綿臣の娘をつうじて有易を獲得・保持せんとして成功し、結果的に綿臣にばれたためである。ゆえに綿臣は、王亥を殺して危険を取り除いたのである。恒にとっては、その兄の王亥が殺され、みずからはちょうど君位を継いで私利を得んとしたので、綿臣に奪われた「朴牛」を取り戻すのみで、兄の仇を討とうとはせず、そのうえさらに「往きて班祿を営（往営班祿）」んだのである。つまり、彼が考えていたのは、たんにその兄の君位を継承し、大国の承認を求めにゆくことだけであったのである。

社会形態の推移からみて、王亥・王恒期の商族社会はおそらく、中心聚落形態（首長制にあたる）から初期の国家（すなわち邦国）へとむかう過渡的段階である。王亥が「王」を称したことは、伝説にかかわる文献にみられるだけでなく、甲骨文にもみえる。王恒という人物は、文献ではただ『楚辞』天問にみられるのみであるが、甲骨文では「王」ともよばれる。つまり、王亥・王恒が「王」を称したのは、戦国時代の人が契を「玄王」とよんだのとは異なるものである。それは、商代の商人《しょうひと》みずからの王亥と王恒にたいする呼び名であり、かかる呼び名が生まれたのは、先商の王亥・王恒期のはずである。政治的な身分地位上からいえば、「王」の呼び名の出現にともない、王をコアとする雛形的性質の「王族」も形づくられたのであろう。これは、もっとも主要な貴族階層である。したがって、このときの社会構造は、もちろん「分層社会」である。フリードによれば社会分層は、首長制社会末期や、首長制から国家への過渡期に生じ、またまっすぐに国家段階以後へと伸びてゆく。王亥期の商族は、初期国家たる邦国の転換段階にあるのである。

王亥・王恒のときに商族の首領は、「王」とよばれた。とはいえ、当時の「王」以来、成湯前までの商族の「王」は、成湯以後の商王とは異なるものである。その相異はつぎの点にあらわれている。第一に、王亥・上甲微から成湯以前までの先商の「王」は、たんなる王の雛形にすぎないので、その王権も萌芽状態の王権である。第二に、かかる萌芽状態の王権も、商族社会内で体現されるにすぎず、隣接する他の邦国や部落を支配したわけではなく、他の邦国や部落が商王に称臣《しょうしん》・貢納したわけでもない。第三に、商族にとっては、王亥・上甲らの首領や、邦君の所在地は、もちろん商族本体の政治・経済・軍事・文化・宗教などの中心であった。けれどもそれは、成湯以後の商の王都が商族本体の中心であるのみならず、商の勢力のおよぶ全「天下」の中心でもあったこととは、明白に異なる。よって、要するに成湯以前の「王」は、こうした中央王国のもつ正統観念をもたない。

この三点が生じる原因は、商族自身の社会複雑化の発展度と関係するほか、当時の商が依然として夏王朝複合制国家構造の体系内にいたこととも関係する。それゆえ王亥・王恒期は、邦国への過渡期である。王亥以後、上甲微から成湯までの六世六代のうちに、先商社会形態はすでに邦国の形をなし、そのなかでは萌芽状態の王権も生まれていたけれども、それはまだ夏王朝に臣従していたのであり、夏王朝にとってかわる以前には、なお一っ飛びに王国にはなりえないのである。成湯は、邦国から王国への過渡期である。成湯が商王朝を建てたのち、商代の社会形態もまた、商王国を「国上之国」とする「複合型制王朝国家」となるのである。

このほかに、王亥期の「王」観念が大きく体現しているのが宗教性であり、これも雛形状態の王の表現である。たとえば、甲骨文の王亥の「亥」字は、「亥」に作るほかに、時には亥に従い鳥に従い、時には亥に従い隹に従い、隹も鳥である。隹に従う卜辞として「辛巳貞、王⿱隹亥上甲即于河宗。（『甲骨文合集』34294。図9―2：1）」、鳥に従う卜辞として「其告于高祖王⿱鳥亥三牛。（『甲骨文合集』30447。図9―2：2）」がある。これは、王亥の「亥」字に、手で鳥を捕まえる字形を加えたものである。この二種類の書き方は現在いずれも「⿱隹亥」に隷定されている。王亥の「亥」上に鳥形を冠する卜辞として、胡厚宣は計十条を挙げ、それによって初期商族が鳥をトーテムとする点を論証した。(50)思うに、簡狄が玄鳥の卵を飲んで契を生んだという商族始祖誕生神話からみると、商族史上、鳥トーテム崇拝はあったで

1　2

【図９—２】　甲骨文の王亥——「隹」に从う例と「鳥」に从う例

あろう。しかし王亥期となった時点では、すでにトーテム崇拝段階を越えていたはずである。そのうえ王亥以前の商の先公であれ、王亥以後の先公先王であれ、その名号上、鳥形を冠するものはみられず、たんに王亥のみが独自の道を歩んでいる。これについてトーテムの痕跡から考える以外に、さらに二種類の解釈が可能である。

第一の解釈はこうである。すなわち、商の先公の一人である王亥は、鳥を崇拝する東方からの外来人である、と。『山海経』大荒東経は、王亥についてのべるさいに、

困民国有り。勾姓にして食う。人有り、王亥と曰う。両手に鳥を操《と》り、方に其の頭を食う。王亥は有易・河伯に僕牛を託す。有易は王亥を殺し、僕牛を取る。河は有易を念《おも》う。有易潜《ひそ》かに出で、国を獣《じゅう》に為《つく》る。方に之を食う。名づけて揺民と曰う。帝舜は戯を生み、戯は揺民を生む（有困民国、勾姓而食。有人曰王亥、

両手操鳥、方食其頭。王亥託于有易・河伯僕牛。有易殺王亥、取僕牛。河念有易、有易潜出、為国于獣、方食之、名曰揺民。帝舜生戯、戯生揺民）。

とする。袁珂の注に引く呉其昌の説では、「困民国」の「困」は「因」字の誤りで、『山海経』海内経に「嬴民《えいみん》有り、鳥足なり。封豕《ほうし》有り（有嬴民、鳥足、有封豕）」とある「因民」・「揺民」・「嬴民」は一つの音から転じて生じた語である。また『史記』秦本紀によれば、秦の祖先の一人である「孟戯」は「鳥身人言」し、姓は嬴といい、伯益（柏翳）との後裔孟戯と舜の後裔戯は同一人物である。これより「困民」は「因民」の誤りで、「因民」・「揺民」は「嬴民」と証しうるとする。(51)

けれども、袁珂校注には採るところがあるものの、それもただ、本文の王亥と鳥との関係にかかわる若干の問題を解決したにすぎない。ここでの「困（因）民国」は、勾姓か嬴姓かはともかく、商族子姓とは異なるものである。ゆえに『山海経』大荒東経の本文は、王亥と鳥崇拝との関係（たとえば「両手もて鳥を操る（両手操鳥）」など）と、王亥と有易のもめごとを叙述するとともに、王亥が非子姓族人とおぼしいことも物語っている。もちろん文中の「勾姓」の「勾」字に誤りがあるとも解せる。あるいは思い切って、文中の「有困民国、勾姓而食」(52)と下文の「有人曰王亥」云々には関係がないとも解せる。ただしそう解することはあまりに主観的で独断的にすぎる。このほかに王亥は『楚辞』天問で「該」とよばれ、(53)一方で『左伝』昭公二十九年には、

少皞氏に四叔有り、重と曰い、該と曰い、脩と曰い、熙と曰う。……世々職を失わず、遂に窮桑《きゅうそう》を済《な》す「少皞氏の政治を輔ける意」（少皞氏有四叔、曰重、曰該、曰脩、曰熙。……世不失職、遂済窮桑）。

とあり、楊伯峻注に「この四叔はおそらく少皞氏の弟輩であろう」とある。『左伝』昭公十七年の「少皞氏は鳥もて官に名づく（少皞氏鳥名官）」も著名なものである。よって鳥を崇拝するという角度からみれば、王亥は少皞氏出自の

四叔の一人かもしれない。だが少皞は嬴姓で、非子姓でもある。

以上のべてきたところによれば、王亥が鳥を崇拝する東方部族出身の人物である点は、疑うべきではないのではないか。すなわち彼は、鳥を崇拝する部族の出自で、その鳥は神鳥であった。ゆえに彼が王に推挙されたとき、その神通力も鳥と密接不可分なものとされた。一つの指標として、『山海経』大荒東経には「両手もて鳥を操る（両手操鳥）」と描写され、卜辞には、その名前のうえに鳥形を冠しているばあいがある。

第二の解釈はこうである。王亥は商の先公冥（すなわち甲骨文と『楚辞』天問における季）の子で、甲骨文にはすでに明確に、彼が上甲の父であるとあり、あわせて彼を商族の「高祖」とよんでいる。そのうえ甲骨文では、王亥の子の上甲以来、商の先公先王の祀譜は連続し完備しているものである。ゆえに王亥は、外族の人であるはずがなく、『山海経』大荒東経の「有困民国、勾姓而食」にかんしてはべつの解釈が可能である。ここで王亥の亥が鳥形を加えられている理由は、当時の「王」がたんに「玄王」、つまり玄鳥の神性をそなえた王であるからにすぎない。商王朝の商王は、宗教の角度からみて、その存命時に人と祖神の媒介としての役を荷い、その死後にようやく神霊へと昇華し、巨大な神通力を備えるようになり、害をなし、当時の王・族人などに祟りをなせるといわれる。しかし王亥は、これとは異なる。『山海経』大荒東経には、彼が「両手もて鳥を操る（両手操鳥）」とされ、卜辞中の彼の名号上にも鳥形が冠せられており、これは商人のみるところ、彼が存命中に玄鳥の神性をそなえ、その死後については贅言するまでもないことをあらわしている。

要するに、どの解釈をとるにせよ、つぎのような推論が可能である。すなわち、商人からみて、王亥ははじめて「王」とよばれた首領である。しかし当時の「王」がもつ力は、おもに鳥崇拝における鳥の神性と神通力を継承したものである。ゆえに当時の「王」観念のおもな表現は宗教性である、と。

3　上甲微からはじまる先商邦国形態――初期国家

王亥と王恒の過渡期をへて、商族は上甲微から初期国家の邦国社会へとすすみはじめる。中心聚落形態・首長制と、邦国とを分ける基準は二点あると思われる。一つ目は社会分層（すなわち階級と階層）の存在、二つ目は強制的権力の設立である。(54)しかし社会分層はすでに中心聚落形態末期と、中心聚落から元始的国家への過渡期において出現している。よって問題を考察する鍵は強制的権力のほうにある。もっとも、先商の古史伝説において、強制的権力やその問題を直接説明しうる資料は基本的にない。よってここでは、上甲微よりはじまる若干の他方面の変化から、この問題を探りうるにすぎない。

まず、上甲微の君位継承についていうと、彼は父の仇を討って軍事権を掌握することをつうじて、ようやく邦君の位にのぼった。『楚辞』天問では、王亥が有易の君の綿臣に殺害されたのち、その弟の王恒はたんに綿臣に奪われた「僕牛」を取りもどすのみで、兄の仇に報いようとはしていない。彼が考えているのは「往きて班祿を営み（往営班祿）」、つまりその位を継ぐことについて「大国に赴いて公認を求める」(55)ことである。甲骨文の「恒」も王を称していることから、王亥死後の継承者はたしかにその弟の王恒とみられる。しかし、王亥の子の上甲微は、これに甘んじなかった。『楚辞』天問には、

昏微《こんび》は迹《あと》に遵《したが》い、有狄（易）は寧《やす》からず（昏微遵迹、有狄（易）不寧）。

とある。昏微とは上甲微である。「遵とは循である。迹とは行跡である。ここでは、上甲微が王亥殺害の手掛かりに沿って死因を究明することをさす」(56)。かくて有易は不安を感ずるようになった。つまり王恒は、王亥のほんとうの死因を知らないか、さもなくば知っていてもいわず、上甲微はあえて真実を究明せねばならなかったのである。『今本

竹書紀年』〔『山海経』大荒東経所引『竹書紀年』に基づく〕によれば、帝泄十二年に、王亥は有易において賓客となったけれども殺害され、十六年には上甲微が河伯の師を率いて有易を討伐した。これより、上甲微がその父王亥の仇を討ったのは五年後のことで、つまり王亥が殺された五年後に、上甲微はようやく王亥の死因を明らかにしたとみられる。

つづいて『竹書紀年』には、上甲微は河伯の軍隊を借りて有易を討伐し、またその君の綿臣を殺したとある。上甲微が河伯の軍隊を借りて有易を討伐した理由はおそらく、第一に、商族の兵力のみではまだ有易を打ち破りがたいことを危惧したためである。第二に、当時上甲微の動員可能な商族の兵力もとても限られていたのであろう。上甲微は河伯の軍隊をもって有易を討伐したのち、ただちに商族の邦君にもなった。羅琨《らこん》は、かかる権力の変化にもとづき、上甲微は「商人《しょうひと》国家の創造者(57)」であるとしている。後述する商人の祭祀の祀譜が、まさに上甲微からようやく整序されている現象とむすびつけると、羅琨のこの観点はあきらかにたいへん見識に富むものである。

上甲微が王恒の手中から君権を奪回できた理由は、おもに対外戦争と軍権を掌握したことによる。彼が容赦なくこの戦争を起こし、そこで打ち出したのが、父王亥のために仇を討つというスローガンである。戦争は、邦国の君権を形成するばあいにも、そのあとに王国王権を形成するばあいにも、重要な作用を発揮する(58)。戦争は既存の族同士の平等関係を改変するのみならず、戦勝者内部に軍功貴族階層をも生み出す。これに加えて、戦争がもたらす戦争奴隷たちは、いずれも戦勝者内部の階層と階級構造を改変しうる。上甲微はまさに、有易族にたいする戦争をつうじて、みずからの商族内における軍事的実力を強化したのであり、地位も大きく向上した。それによって有易を攻めて勝利したのち、上甲微は、ただちに邦君の位を獲得した。上甲微の君位継承は、軍事によって権力を強めたとの感覚を人に抱かせるものであり、上甲微ののちの商族内の権力システムは、宗教的神権のもと、自然に強制的権力の色彩をもふくんでいる。

つぎに、甲骨文によれば、商人の祭祀の祀譜においては、武丁期の直系先王にたいする祭祀のばあいも、祖甲以後の周祭のばあいも、先王のはじまりを上甲からかぞえはじめている。そのうえ、上甲から大乙の前までの六世は、直系先王の祀譜のなかで祭祀せねばならないものであるのみならず、周祭でも祭祀せねばならないものでもある。たとえば卜辞には、

乙未酚𢆶品上甲十、報乙三、報丙三、報丁三、示壬三、示癸三、大乙十、大丁十、大甲十、大庚七、燎三□、大戊□、中丁三、祖乙十、祖辛□（図9—3、『合集』32384）。

と記録されている。

これは、祖庚祖甲期の直系先王にたいする祭祀卜辞で、そのなかの上甲・報乙・報丙・報丁・示壬・示癸は、いわゆる「六示」である。また「大乙」は成湯である。さらにたとえば、

甲戌翌上甲、乙亥翌報乙、丙子翌報丙、丁丑翌報丁、壬午翌示壬、癸未翌示癸、乙酉翌大乙、丁亥翌大丁、甲午翌大甲、丙午翌外丙、庚子翌大庚（『合集』35406）。

とある。これは、周祭卜辞のうち、「六示」をふくむ祀序の配置にかんするものである。このほかに周祭卜辞には、多くの先王を合祭する卜辞がある。その先王の多くはしばしば「自上甲至于多后」に作る。たとえば、

癸未王卜、貞、酚彡日自上甲至于多后、衣、亡壱自畎。在四月、隹王二祀（図9—4、『合集』37836）。

とある。本条についての卜辞研究者は、上甲から康丁までの諸王を合祭したものであろうとしている。(59) これはもちろん「六示」をふくむ。さらにつぎの卜辞もある。

丁酉卜、貞、王賓䴟自上甲至于武乙、衣、亡尤（『合集』35439）。

本卜辞は「自上甲至于武乙」と明言しており、「六示」ももちろんふくまれる。このほか卜辞では「大御」とよばれ

る盛大な祭祀もあり、おもに上甲以降の合祭に用いられる。たとえばつぎのとおり。

大御自上甲、其告于大乙、在父丁宗卜。

大御自上甲、其告于祖乙、在父丁宗卜。

大御自上甲、其告于父丁。

其大御王自上甲、盟用白豭九、下示冗牛、在大乙宗卜。

【図９―３】「上甲六示」をふくむ直系先王の祭祀卜辞

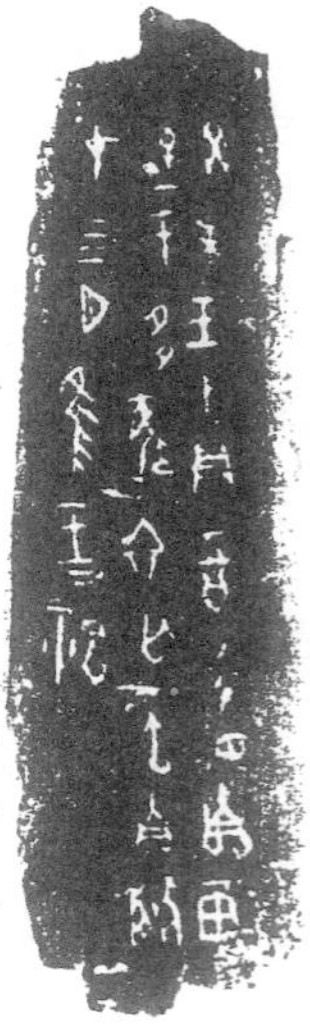

【図９―４】「自上甲至于多后」合祭卜辞

其大御王自上甲、盟用白豭九……在大甲宗卜。
其大御王自上甲、盟用白豭九、下示屯牛、在祖乙宗卜（『屯南』2707）。

つまり、直系先王にたいする祭祀・合祭のばあいも、周祭のばあいも、しばしば上甲の祭からはじまるのであり、そのなかの周祭と非周祭は一般に、二つの大きく相異する祭祀類型とみなされるのである。こうして、まさに伊藤道治が指摘するように、祖甲期のある一時期に確立された周祭において、兄弟継承による商王はみな、即位順に祭祀を受けることになったのである。これは、祖甲の父の武丁時代に、たんに原則として直系先王のみを祭祀していたのとは相当異なるものである。たとえば直系祭祀の強調するのが殷王室内の血統なのにたいし、周祭のような祭祀は王位についた者を重視し、王統重視の政治的祭祀であるともいえる。[60] しかしこの二種類の祭祀類型はともに上甲微から数えるのであり、「六示」もふくむ。ゆえに商代の祭祀系譜上、商人自身は必ずや上甲微以後の先王を「有史」以来の歴史とみなしていたと考えられる。かかる祭祀系譜はじっさいには、のちのいわゆる「世系」・「譜系」の原型で、商代の系譜は上甲からようやく整えられてゆく。この点を鑑みると、商人の「文字記載のある歴史」とはすなわち文明史であり、また上甲微から始められねばならない。

上甲～示癸といえば、王国維はかつて「（上甲～示癸の廟号が）十日の順番とまったく同じであることから、商人が日を名とするのは成湯以後のことであろう。その先世諸公の生没日は、湯が天下を保有してから祀典を定めるまでのあいだにすでにわからなくなっており、そこで十日の順番によって遡って名前を付けたのである」[61]とした。王国維ののちには、王国維説を継ぐ研究者がおり、「（上甲～示癸の六示は）武丁時代に祀典を改訂したときに定められた。……甲乙丙丁壬癸の命名順序をみると、十干の始めから終わりまでが横にならび、かかる命名がじつは整序の意味合いを有したとわかる。さもなくば、これが六世の先公の誕生日か死亡日かはともかく、かくも偶然一致することはありえない」[62]としている。

一方、于省吾は「(この説には) 得も失もある。六示のうち、上甲と三報［報乙・報丙・報丁］の廟号は、後人が溯って定めたものであるが、示壬・示癸の廟号にかんしては、けっしてそのようではない」とする。その理由はこうである。すなわち第一に、示壬・示癸以前の廟号には典拠がなく、ゆえに後人は意図的に配列して、甲乙丙丁とした。第二に、示壬・示癸の配偶者の妣庚・妣甲の日干は順番になっておらず、そのうえ周祭中の先妣は示壬・示癸の配偶者よりはじまるのであって、「あきらかに、彼女たちの廟号は典冊の記載に基づいている。それはけっして後人が溯って立案したものではない。これより、示壬・示癸の廟号にも典拠があるとわかる」。第三に、上甲〜示癸のなかには、戊己庚辛がふくまれておらず、なお完全に揃っているとはいえない。ゆえに于省吾は、「商代の先公と先妣の廟号は、示壬・示癸とその配偶者から、ようやく典拠を得られるのである」とし、中国史（文字誕生後）の開始も示壬・示癸期にはじまるとする。[63]なお于省吾と同じころ、郭沫若は『卜辞通纂』考釈（第362片）で、「殷の先世は、だいたい上甲から有史時代に突入し、上甲以上は神話伝説時代である」と指摘している。

思うに、郭沫若・于省吾の考釈は妥当で、それによると上甲以下の「六示」の廟号配列には、もともと人為的要素が備わっているが、それはけっして机上で勝手に想像されたものではなく、淘汰と選別をへて、当該六世代中から代表の六名を確定した結果であろう。王国維は、卜辞における廟名と祭日との関係には気づいていたが、上引の段落からは、彼が董作賓と同じく、廟号の十干を生没日による名と解したとわかる。かりにほんとうに商王の廟号の十干が生没日による名で、また前後連続する先王六名の生没日がちょうど十干順になるのは困難だとすれば、それはとうぜん成湯以後の後付けだと解せよう。王国維はそう結論づけた。しかし、いわゆる廟号が生没日に由来するとの説は証明しがたいものである。

陳夢家はかつて、武丁卜辞のうち、「父」を称する十干廟号を挙げたことがある。すなわち、父甲・父乙・父丙・父丁・父戊・父己・父庚・父辛・父壬・父癸である。武丁の諸父としては、父甲から父癸まですべて揃っている。ところが、武丁の子の祖庚・祖甲期の卜辞になると、武丁の十二父としてはただ甲・丙・戊・庚・辛・乙が残されているだけで、しかも「祖」字を冠してよばれている。廩辛期になると、祖丙・祖戊はなくなり、ただ甲・庚・辛・乙が残されるだけである。つまり、王の陽甲・般庚・小辛・小乙である。要するに、武丁諸父はもともと少なくとも甲〜乙の十二人がいたのであるが、廩辛以後までには甲（陽甲）・乙（小乙）・庚（般庚）・辛（小辛）の四名を残すのみとなり、欠落したのはのちに淘汰されたものである。このため陳夢家は、「これより、卜辞中の廟号は、生没日と関係がなく、追名でもなく、ほかでもなく祭をする順番であると証しうる。この順番は世代・長幼・即位・死亡・十干の順に配されるものである。およそ王位に即いていない者は、即位した者と区別されない(64)」とのべている。

筆者は陳夢家のこの説を妥当と考える。ただ、それも全面的ではない。先王の十干廟号のうち、商湯以前の廟号は、おそらく各世代の祖先を世次・長幼・即位・死亡・十干順に配列したものであるが、大乙成湯以後の諸王の十干廟号は順繰りには配列されておらず、おそらくのちの先王が前の先王を徐々に淘汰していった結果である。これはちょうど、武丁の諸父が十二人から徐々に減少して六人になったのと同じである。

では、「六示」の廟号はなぜ十干順に排列されねばならなかったのか。それは、内部で一世代ごとに一人の祖先を選んで代表とし、彼を十干順に排列した結果であろう。そのなかでは、「父」が死ぬたびに子が後を継ぐというかたちで、六人の祖先がいるだけであり、［祖先にたいする］淘汰・選別とみなしうる。大乙成湯以後に、「父」が死んで「子」が継ぐことと、「兄」が死んで「弟」が継ぐことが並存する状況を鑑みると、「六示」のなかにも兄弟継承による君主がいたはずで、淘汰されたのはまさにその兄弟継承の即位者であろう。つまり「六示」内では、各世代でただ一人の祖先が当該世代を代表した。このように淘汰と選別には、たしかに人為的要素があり、この「六示」の廟号も十干順に配列されたのであり、やはり人為的配列である。ゆえに「六示」は、十干廟号順である点で人為的要素があるが、その存在自体は事実とすべきで、根拠なき虚構をつくりあげたのではないと考えられる。

于省吾が提起する示壬・示癸の配偶者問題には説得力がある。商代周祭卜辞において、「六示」のうち、示壬・示癸の法定配偶者は妣庚・妣甲である。たとえば、

庚申卜、貞、王賓示壬奭妣庚賣、亡尤。甲子卜、貞、王賓示癸奭妣甲賣、亡尤（『合集』36184）。

とある。妣庚と妣甲は武丁期卜辞にもみられる。もっとも、武丁時代に先王の配偶者にかんしてはなお「奭」とよばれておらず、「母」・「妻」・「妾」とよばれている。たとえば、

辛丑卜、王夕㞢示壬母妣庚犬、不用（『合集』19806）。

貞：㞢于示壬妻妣庚……（『合集』938）。

癸丑卜、王宰示癸妾妣甲（『合集』2386）。

貞、来庚戌㞢于示壬妾妣……（『合集』2385）。

とある。示壬の配偶者妣庚と示癸の配偶者妣甲は卜辞に登場し、そのうえ妣庚と妣甲の日干はけっして順繰りではない。この二点は、妣庚・妣甲の廟号がけっして後付けの名でなく、元来のものであることを物語るとともに、その夫の示壬・示癸の廟号も元来のものであることを物語る。示壬・示癸のまえの、上甲・報乙・報丙・報丁の配偶者の廟号がみえない理由は、おそらく武丁以来、彼女たちの廟号がすでに考察する手掛かりを失っていたからであろう。これも商人の実事求是の態度を反映する。かかる態度は、上甲～示癸の廟号が六世代分の概況をあらわしていたことを物語る、その一助となる。

商代の祀譜はのちのいわゆる世系譜である。もしくは逆に、のちの世系譜が祀譜に起源するともいえる。かりに上甲微以前の商族の首領が推挙によって誕生したかもしれないとすると、上甲微より商族の王族の祀譜が整序されはじめたことは、その君位継承がすでに王族内で世襲されはじめたことを物語るごとくである。もっとも、その継承の方法には父子継承と兄弟継承の二形式が並存していたかもしれない[65]。君位は権力を代表し、権力の世襲性と強制的性格とはつながっているものである。とくに周祭が王位についた者を重視する祭祀、つまり王統を重視する政治的祭祀であるとすれば、その祭祀が上甲微よりはじまることは、商族史における強制的権力の出現が上甲微にはじまることを物語るのではないか[66]。

考古学からみて、先商文化とよばれる下七垣文化のうち、下七垣第一期文化は商の先公である上甲微・報乙・報丙期の物質文化であり、下七垣第二期文化は報丁・示壬・示癸期の文化、下七垣第三期文化は成湯が夏を滅ぼす前後の文化であろう[67]。

下七垣文化第一期遺跡の発見はたいへん少なく、出土遺物も多くない。「磁県下七垣遺址発掘報告」によれば[68]、下七垣文化第一期には、陶器のうえで、二里頭文化（つまり夏文化）の影響が看取でき、二者には交流があったことを物語る。これはもちろん、複合的な夏王朝内部における商部族と夏との交流である。

下七垣文化第二期に属する遺跡には、河北省磁県界段営（H８・H11）[69]・石家荘市内邱南三坡[70]・邢台葛家荘の先商文化第一段遺存や[71]、河南杞県鹿台崗（H39）に代表される鹿台崗第一期の初期の遺存等々がある[72]。これらの遺跡はみな普通聚落遺跡なので、出土情況からみると、当時の一般人が居住したのは半地穴式の家屋で、おもに陶器・石器・骨器・蚌器を使用していたとわかる。小型銅器（銅刃の残る刀など）と卜骨もみつかっている。けれども目下の考古発見は、当該時期の商族の社会組織構造と権力構造の情況を説明しきれるものではない。

　下七垣文化第三期に属する遺跡には、河北省磁県下七垣遺跡上層(73)、磁県下潘汪(74)・邯鄲澗溝・邢台葛家荘先商文化第二段遺存・河南省杞県鹿台崗（H35とF1）に代表される鹿台崗第二期遺存、そして安陽〜濮陽・滑県・鄭州一帯の若干の遺存がある。これらの遺跡も多くは普通聚落遺跡で、それによって当時の商族社会の発展度を明示するのは困難である。鄭州一帯には成湯が夏を滅ぼす前夜の商人の重要な軍事拠点があるだけで、いくらかのメッセージを提供するにとどまる。たとえば、一九九八年に鄭州商城考古工作者が商城内城東北内側で発掘した宮殿遺存のうち、二里崗下層基礎跡にはなお重層的な版築基礎跡があり、これは、その宮殿が二里崗下層二期以前に少なくともすでに三回の建設と廃棄をへたものであり、その最古のものは成湯が夏を滅ぼす以前（つまり先商時代）に溯りうることを物語る。また商城東北部に版築基礎跡（W22）もあり、現在発見されているのは長さ約一一〇m、幅約八mである。主要なのは基槽［基礎工事で掘る穴］の部分で、それは初期城壁の基礎や大型版築基礎跡の回廊部分かもしれない。それを打破［先行する遺跡が後世の遺跡によって破壊されているばあい、その両者を中国考古学の専門用語で打破関係とよぶ］する灰坑の出土物の年代から判断すると、当該基礎跡は二里崗下層第一期より早くなければならず(75)、よって先商時期に属するかもしれない。これらはいずれも、成湯が内黄やその付近の鄗亳から出発し(76)、四度の征伐戦争をつうじて鄭州一帯にやってきたのち、ここに宮殿や城邑を建設し、夏を滅ぼす最前線拠点としたことを物語る。このとき鄭州南関外下層と化工三廠（H1）といった遺存にふくまれる東夷岳石文化の要素はまた、成湯に付き従って鄭州一帯に達した者のなかに、商の東夷盟軍もいたことを物語る。要するに、鄭州一帯で先商時期に商人が建てた宮殿や小城邑は、ある面では、当時の商の社会発展がどの程度であったかを物語りうるものなのである。

注

（1）『書』湯誓の鄭玄注に「契は始め商に封ぜられ、遂に商を以て天下の号と為す。商国は太華の陽に在り（契始封商、遂以商為天下之号。商国在太華之陽）」とある。また『史記』殷本紀正義引『括地志』に「商州の東八十里の商洛県は、本と商邑、古の商国、商嚳の子の離の封ぜらるる所なり（商州東八十里商洛県、本商邑、古之商国、商嚳之子離所封也）」とある。

（2）顧頡剛「殷人自西徂東説」（『甲骨文与殷商史』第三輯、上海古籍出版社、一九九一年）。顧頡剛は晩年、商族は中国東部地域で発祥したと考えていた。顧頡剛「鳥夷族的図騰崇拝及其氏族集団的興亡――周公東征史実考証四之七」（『古史考』第六巻、海南出版社、二〇〇三年）。

（3）王国維「説商」（『観堂集林』巻十二、中華書局、一九五九年）。張光直「商名試釈」（『中国商文化国際学術討論会論文集』中国大百科全書出版社、一九九八年）。

（4）王玉哲「商族的来源地望試探」（『歴史研究』一九八四年第一期）、王玉哲『中華遠古史』上海人民出版社、二〇〇〇年版、一八七頁）。

（5）李民・張国碩『夏商周三族源流探索』河南人民出版社、一九九八年版、九七頁）、李民「関于商族地起源」（『鄭州大学学報』一九八四年第一期）、李民「豫北是商族早期活動的歴史舞台」（『殷都学刊』一九八四年第二期）。

（6）陳昌遠「商族起源地望発微――兼論山西垣曲商城発現的意義」（『歴史研究』一九八七年第一期）、陳昌遠・陳隆文「論先商文化淵源及其殷先公遷徙之歴史地理考察（上）（下）」（『河南大学学報』二〇〇二年第一・二期）。

（7）田昌五「試論夏文化」（『文物』一九八一年第五期）、鄒衡「論湯都鄭亳及前後的遷徙」（『夏商周考古論文集（第二版）』文物出版社、二〇〇一年版、二〇一・二〇二頁）。

（8）李亜農『李亜農史論集――殷代社会生活』（上海人民出版社、一九八〇年）。

（9）丁山『商周史料考証』（中華書局、一九八八年、一七頁）。

（10）傅斯年「夷夏東西説」（『国立中央研究院歴史語言研究所集刊　外編第一種　蔡元培先生六十五歳慶祝論文集』下冊、一九三四年）、傅斯年『東北史綱』第一巻（中央研究院歴史語言研究所、一九三二年、二四・一二四頁）。

(11) 徐中舒「殷人服象及象之南遷」(『歴史語言研究所集刊』第二巻第一期)。
(12) 曹定雲「商族淵源考」(『中国商文化国際学術討論会論文集』中国大百科全書出版社、一九九八年)。
(13) 金景芳「商文化起源于我国東北説」(『中華文史論叢』一九七八年第七期)、金景芳『中国奴隷社会史』上海人民出版社、一九八三年、五一〜五四頁)。
(14) 于志耿等「商先起源于幽燕説」(『歴史研究』一九八五年第五期)、于志耿等「商先起源于幽燕説的再考察」(『民族研究』一九八七年第七期)。藺新建「先商文化探源」(『北方文化』一九八五年第二期)。
(15) 王国維注(3)前掲論文。
(16) 李学勤『殷代地理簡論』(科学出版社、一九五九年、一三頁)。
(17) 葛毅卿「説滴」(『国立中央研究院歴史語言研究所集刊』第七本第四分、一九三八年)、楊樹達「釈滴」(『積微居甲文説』卜辞瑣記、科学出版社、一九五四年、四七頁)、丁山注(9)前掲書、一三頁。
(18) 王玉哲注(4)前掲書、一八一頁。
(19) 葛毅卿注(17)前掲論文。楊樹達注(17)前掲論文、四七頁。丁山注(9)前掲書、一三〜一四頁。王玉哲注(4)前掲論文。
(20)『韓非子』外儲説左下に「夷吾は弦商に如かず(夷吾不如弦商)」とある。『呂氏春秋』勿躬篇に「弦商」を「弦章」に作る。王念孫『読書雑志』荀子三も「商と章の古字は通ず(商与章古字通)」とのべたことがある。
(21) 鄒衡『夏商周考古学論文集(第二版)』(科学出版社、二〇〇一年版、二〇二頁)。
(22) 王震中『商族起源与先商社会変遷』(中国社会科学出版社、二〇一〇年、八〜一二頁)。
(23) 王国維「説自契至于成湯八遷」(『観堂集林』巻十二)。
(24) 丁山注(9)前掲書、一七〜一八頁。
(25) 李学勤・唐雲明「元氏銅器与西周的邢国」(『考古』一九七九年第一期)。
(26) 岑仲勉『黄河変遷史』(人民出版社、一九五七年、九四頁)。鄭傑祥『商代地理概論』(中州古籍出版社、一九九四年、二〇

～二四頁）。

(27) 王震中注（22）前掲書、六一～九九頁。

(28) 王震中注（22）前掲書、一〇〇～一四七頁。

(29) 王震中注（22）前掲書、一四八～一七二頁。

(30) 田昌五『中華文化起源志』（上海人民出版社、一九九八年、二三四頁）。

(31) たとえば『国語』楚語には「顓頊は……乃ち南正重に命じ、天を司りて以て神を属《あつ》めしめ、火正黎に命じ、地を司りて以て民を属めしめ、……是れを地天の通ずるを絶つと謂う（顓頊……乃命南正重司天以属神、命火正黎司地以属民、……是謂絶地天通）」とある。

(32) 『左伝』昭公二十九年に「火正は祝融と曰う（火正曰祝融）」、『国語』鄭語に「黎は高辛氏の火正と為りて、天明地徳を淳燿敦大にして、四海を光照するを以て、故に之を命づけて「祝融」と曰う（黎為高辛氏火正、以淳燿敦大天明地徳、光照四海、故命之曰「祝融」）」とある。

(33) 『左伝』襄公九年に「陶唐氏の火正閼伯《あつはく》、商丘に居り、大火を祀《まつ》りて火もて時を紀《しる》す。相土之に因る。故に商は大火を主とす（陶唐氏之火正閼伯居商丘、祀大火、而火紀時焉。相土因之、故商主大火）」とある。

(34) 田昌五注（30）前掲書、二三四頁。

(35) 司徒は金文では「参有司」の一つで、「司土」に作る。

(36) 本書第二章。

(37) 王震中注（22）前掲書、一三頁。

(38) 田昌五注（30）前掲書、二四一～二四二頁。

(39) 商丘の場所については王震中注（22）前掲書、第一章第二節。

(40) 田昌五注（30）前掲書、二四二頁。

(41) 王国維「殷卜辞中所見先公先王考」（『観堂集林』巻九、中華書局、一九五九年）。

(42) 呉其昌「卜辞所見殷先公先王三続考」(『燕京学報』十四期、一九三三年)。
(43) 胡厚宣「甲骨文商族鳥図騰的遺跡」(『歴史論叢』第一輯、一九六四年)。
(44) 『山海経』大荒東経「王亥託于有易、河伯僕牛」と『楚辞』天問「眩弟幷淫、危害厥兄」より、王亥は有易に賓し、その弟王恒と河伯は同行者であったとわかる。実際に、ある注疏は天問「眩弟幷淫、危害厥兄」の「眩弟」を上甲微の諸弟と解する。たとえば林庚『天問論箋』(人民文学出版社、一九八三年)に「眩弟は、上甲微の諸弟が反乱したことをさす。ここでは一人の弟とは限らない。ゆえに幷淫という。この幷淫の諸弟は王恒の子の可能性もある。要するにこれは王位の争いだったのである」とある。だがより多くの解釈は、「眩弟幷淫」の「眩弟」を王亥・王恒兄弟と解するもので、たとえば袁珂『山海経校注』(上海古籍出版社、一九八〇年、三五二頁)は天問の王亥が殺された故事を解釈するさいに「末の四句は、王恒がすでに兄と幷淫し、また詐術によって兄を害したことを責め、その継承者が叛いたのに、逆に繁栄を極めたことは、天道が良心に沿っているわけではないことを察するに十分であるということである」とする。
(45) 田昌五注(30)前掲書、二四四頁。
(46) 羅琨「殷卜辞中高祖王亥史跡尋繹」(『胡厚宣先生紀念文集』科学出版社、一九九八年)。
(47) 『楚辞』天問の「恒秉季徳、焉得夫僕牛」は、かりに恒が季の徳を握っていたとすると、どうして王亥によって失われた僕牛を得るだけで甘心をいだき、なぜその兄のために仇を討たないのか、の意に解せる。
(48) 游国恩『天問纂義』(中華書局、一九八二年)。
(49) 林庚注(44)前掲書、五九頁。
(50) 胡厚宣注(43)前掲論文。胡厚宣「甲骨文所見商族鳥図騰的新証拠」(『文物』一九九七年第二期)。
(51) 袁珂注(44)前掲書、三五一頁。
(52) 袁珂注(44)前掲書は「勾姓而食」を「勾姓、黍食」の伝写の譌脱によるとする。
(53) 王亥の名は、甲骨文・『古本竹書紀年』・『山海経』大荒東経ではいずれも「王亥」に作る。『楚辞』天問は「該」に作り、また「眩」に作り、「該秉季徳」・「眩弟幷淫」という。『呂氏春秋』勿躬篇は王氷に作り、「王氷作服牛」という。『世本』作篇は胲に作り、「胲作服牛」という。『史記』殷本紀は振に作り、「冥卒、子振立」とする。『漢書』古今人表は垓に作る。

(54) 王震中「文明与国家」(『中国史研究』一九九〇年第三期)、王震中『中国文明起源的比較研究』(陝西人民出版社、一九九四年、三、三四五頁)、李学勤主編『中国古代文明与国家形成研究』(雲南人民出版社、一九九七年、七頁)。

(55) 林庚注(44)前掲書、五九頁。

(56) 林庚注(44)前掲書、六〇頁。

(57) 羅琨注(46)前掲論文。

(58) 本書第四章。

(59) 常玉芝『商代周祭制度』(中国社会科学出版社、一九八七年、三〇五頁)。

(60) 伊藤道治「王権与祭祀」(『華夏文明与伝世藏書——中国国際漢学研討会論文集』中国社会科学出版社、一九九六年)。

(61) 王国維『観堂集林』巻九。

(62) 董作賓「甲骨文断代研究例」(『中央研究院歴史語言研究所集刊　外編第一種　慶祝蔡元培先生六十五歳論文集』上冊、一九三三年)。

(63) 于省吾「釈自上甲六示的廟号以及我国成文歴史的開始」(『甲骨文字釈林』中華書局、一九七九年版)。

(64) 陳夢家『殷虚卜辞綜述』(中華書局、一九八八年版、四〇五頁)。

(65) いわゆる父輩と子輩の継承は、位を継ぐ子輩と死去した君主とのあいだの関係が肉親の親子関係に限られないことをいう。卜辞中には多父・多妣・多母等の形が存在し、ゆえに卜辞の父・兄・母等の称呼は時に一種の類別呼称として存在するものである。伊藤道治「祖先祭祀と貞人集団」(『中国古代王朝の形成』創文社、一九七五年、一二二〜一二三頁)参照。

(66) 以上の論述にかんしては王震中注(22)前掲書、一五八〜一七〇頁。

(67) 王震中注(22)前掲書、一〇〇〜一四七頁。

(68) 河北省文物管理処「磁県下七垣遺址発掘報告」(『考古学報』一九七九年第二期)。

(69) 河北省文物管理処「磁県界段営発掘簡報」(『考古』一九七四年第六期)。

(70) 唐雲明「河北境内幾処商代文化遺存記略」(『考古学集刊』第二輯、中国社会科学出版社、一九八二年版)。
(71) 郭瑞海・任亜珊・賈金標「邢台葛家荘先商文化遺存分析」(『三代文明研究』(一)、科学出版社、一九九九年版)。
(72) 鄭州大学文博学院等『豫東杞県発掘報告』(科学出版社、二〇〇〇年版)。
(73) 河北省文物管理処注(68)前掲論文。
(74) 河北省文物管理処「磁県下潘汪遺址発掘報告」(『考古学報』一九七五年第一期)。
(75) 袁広闊「関于鄭州商城夯土基址的年代問題」(『中原文物考古研究』大象出版社、二〇〇三年版)。
(76) 成湯の滅夏前の亳邑に関する考証は王震中注(22)前掲書、四〇～九九頁。

第十章　商代の国家と王権

第一節　商王朝の樹立

1　征伐と王権──成湯期の征伐戦争と商による夏の滅亡

商族は、上甲微から初期国家（つまり邦国）へすすみはじめ、そののち報乙・報丙・報丁・示壬・示癸をへる。そして成湯期にいたると、また一つの重要な転換をへた。すなわち、この時期に成湯は、戦争征伐と宗教祭祀という二つの重要なメカニズムをつうじ、もともと雛形や萌芽状態にあった王権に長足の発展をもたらしたのである。また夏王朝を打倒し、これにとってかわるのに伴い、商族は邦国から王朝国家への転換を実現した。

『孟子』滕文公下は、成湯が夏を滅ぼした戦争が隣国葛への征伐に端を発するとする。それはいわゆる、

湯始めて征し、葛より載《はじ》む。十一征して天下に敵無し（湯始征、自葛載、十一征而無敵於天下）。

である。『帝王世紀』［『芸文類聚』巻十二所引］はまた、

（湯は）凡そ二十七たび征し、而して徳、諸侯に施さる（凡二十七征、而徳施於諸侯）。

とし、『史記』殷本紀には、

湯は諸侯を征す。葛伯は祀らず、湯は始めて之を征す（湯征諸侯、葛伯不祀、湯始征之）。

とある。葛伯ら諸侯を征伐したのち、『史記』殷本紀にはまた、

是の時に当たり、夏桀、虐政荒淫を為し、而して諸侯昆吾氏は乱を為す。湯は乃ち師を興し諸侯を率い、伊尹は湯に従い、湯は自ら鉞を把りて以て昆吾を伐ち、遂に桀を伐つ。……桀は有娀の虚に敗れ、桀は鳴条に犇り、夏師は敗績す。……湯は既に夏に勝つ。……是に於いて諸侯は畢く服し、湯は乃ち天子の位を践み、海内を平定す（当是時、夏桀為虐政荒淫、而諸侯昆吾氏為乱。湯乃興師率諸侯、伊尹従湯、湯自把鉞以伐昆吾、遂伐桀。……桀敗於有娀之虚、桀犇於鳴条、夏師敗績。……湯既勝夏。……於是諸侯畢服、湯乃践天子位、平定海内）。

とあり、『書』湯誓の序にも、

伊尹、湯に相となり桀を伐たんとして、陑《じ》［山西省永済県］自《よ》り升《のぼ》り、遂に桀と鳴条の野に戦う（伊尹相湯伐桀、升自陑、遂与桀戦于鳴条之野）。

とある。

成湯による征伐戦争について『詩』商頌長発には、

韋顧既に伐つ、昆吾夏桀も（韋顧既伐、昆吾夏桀）。

とある。『詩』商頌長発はさらに、成湯の戦略と作戦路線を韋―顧―昆吾―夏桀とする。鄭玄の箋によれば、韋は豕韋で、彭姓である。『春秋左氏伝』襄公二十四年杜預注には、

豕韋は、国名なり。東郡白馬県東南に韋城有り（豕韋、国名。東郡白馬県東南有韋城）。

とあり、『水経』済水注には、

濮渠は又た東のかた韋城の南を逕《ふ》。即ち白馬県の韋郷なり。史遷記して曰く「夏伯豕韋の故国なり」と（濮渠又東逕韋城南、即白馬県之韋郷也。史遷記曰「夏伯豕韋之故国矣」）。

とあり、陳奐『詩毛氏伝疏』巻三十には「今の河南衛輝府滑県東南五十里に廃韋城有り（今河南衛輝府滑県東南五十里

有廃韋城）」とある。ゆえに『詩』商頌長発の「韋」は豕韋で、現在の河南省滑県東南五十里にあり、これは古今の学界ですでに通説となりつつある。筆者の研究によれば、先商時代に成湯がいた亳邑は鄗亳で、現在の河南省安陽市内黄県の濮陽市寄りの場所である。[1] 河南省安陽市滑県の東南五十里と内黄県はとても近い。成湯は南へ展開し、さらに西進して夏を滅ぼそうとし、夏の盟国たる豕韋国は自然にまっさきに攻撃の矢面に立ったのである。

顧は、現在の河南省范県にある。『左伝』哀公二十一年には、

公、斉侯・邾子と顧に盟《ちか》う（公及斉侯・邾子盟于顧）。

とあり、楊伯峻『春秋左伝注』には、「『読史方輿紀要』によれば、顧は『詩』商頌「韋、顧既伐」の顧国で、現在の河南范県旧治東南五十里にある。斉地である」とあり、『元和郡県図志』巻十一濮州范県条には、

故《もと》の顧城は県の東二十八里に在り、夏の顧国なり（故顧城在県東二十八里、夏之顧国也）。

とある。『太平寰宇記』・『詩地理考』・『詩毛氏伝疏』などはみな同様の見解である。甲骨文の人方征伐にかんする卜辞中の「雇」は「顧」で、「在雇卜」（『合集』24348）とあるものや、「王、雇より歩く（王歩自雇）」ときの災禍の有無を卜問するものもある（『合集』24347）。人方征伐卜辞所見の「雇」は、

癸亥卜、黄貞、王旬亡禍。在九月、征人方在雇（『合集』36487）。

などと作る。人方の地理について、かつてはおもに二説があった。人方は東夷で、山東にあるとする説と、人方は淮夷で、安陽の東南の方角にあるとする説である。最近みつかった卜辞によれば、人方は東夷で、山東にいるはずである。[2] 卜辞中の雇地はおそらく「韋顧既に伐つ（韋顧既伐）」の顧国で、斉地の范県にある。

昆吾の居場所は二ヶ所あり、ひとつは『左伝』哀公十七年に、

衛侯は北宮に夢《ゆめ》みて、人の昆吾の観《かん》［物見台］に登る……を見る（衛侯夢于北宮、見人登昆吾之観［……］）。

とみえ、現在の河南省濮陽市にある。もうひとつは『左伝』昭公十二年にみえ、楚の霊王が、

昔、我が皇祖の伯父《はくふ》昆吾、旧許《きゅうきょ》〔元の許の地〕に是れ宅《お》りしに……（昔我皇祖伯父昆吾、旧許是宅……）。

といったとある。旧許は、一般に現在の河南省許昌市にあったといわれるが、鄒衡は現在の河南新鄭であると考証している。(3) 衛地と鄭地（あるいは許の地）はいずれも昆吾が住んでいた痕跡をとどめており、昆吾が遷徙した結果であろう。まことに金鶚「桀都安邑辨」が論ずるように、「夏の桀のときに昆吾は許にいたのであって、衛にはいなかった」のである。つまり、昆吾はまず衛地の濮陽におり、のちに濮陽から、許昌もしくは新鄭に遷徙した。そして夏代末期には、許昌もしくは新鄭の昆吾にいた。そこは、夏王朝東部の門戸地帯の重要な盟国で、成湯が昆吾を伐ったのち、鄭地は商が夏を攻めるさいの拠点と化したのである。

成湯は、内黄の鄣亳を根拠地とした。夏を滅ぼす戦略経営のなかには、対外的には、連合もあれば征伐もあった。研究によれば、その連合結盟をした相手には、伊尹に代表される有莘氏と、(4)「有緡」・「有仍」・薛・卞などの東夷諸国があった。(5) そして『左伝』昭公四年「商湯有景亳之命」の景亳（北亳と呼び習わされる。春秋時代の宋国の亳邑）は、成湯と東夷諸国の会盟の地である。誇張なくつぎのようにいえる。すなわち、成湯が夏を滅ぼし、邦国から王朝国家へむかう過程においては、夏王朝内外の矛盾を利用すること、伊尹のごとき人傑を網羅すること、東夷諸国と結盟することなどの一連の謀略方法が採用された、と。

とはいえ、当該過程の最重要点は、それが徐々に拡大する対外征伐の戦争をつうじて完成したという点である。前述したように戦争は、中心聚落形態（初歩的な不平等をふくむ階等社会ないし分層社会）から初期国家（邦国）への変化のなかで、重要な構造的作用を発揮した。戦争は、邦国から王国・王朝国家への過程においても、やはり重要な構造的作用を発揮する。(6) 成湯期の戦争についていうと、まず成湯に征伐された諸国は、しばしば夏の与国や附属国となる。

成湯のそれらにたいする征伐は、これらのほんらい夏王朝に臣従していた小国と夏との構造関係を打ち破り、征服者たる商と被征服者とのあいだに新しい納貢と賓服の関係を樹立させたろう。このように、征伐戦争によって生ずる商と被征伐国との関係が、上甲微以来の商族内で萌芽状態にあり、その社会内部にのみ顕現していた王権のありようを変えた。これにより、もともと萌芽状態にあった王権は、成湯の身体をつうじて、非常に大きな発展を得、対外的に拡張（つまり隣接する他の邦国や部落を支配）しはじめた。一部の邦国や部落はみずからを臣とよび、貢納するようになった。つぎに戦争は、戦勝者内部に軍功貴族階層を生じさせ、同時に戦争捕虜をももたらした。

商王の王権は夏を滅ぼす戦争の過程で形成された。これはまさに、筆者が夏代の王権を説明したさいの論述内容を体現していた。王権という強権は、二つの側面において意味をもっている。一つは、本邦にやってくるもので、本邦の権力集中の体現である。もう一つは、属邦や諸侯を支配する権力である。他邦を支配できる理由は、これが当時の征伐戦争と不可分だからである。商についていうと、邦国から王国・王朝国家へと転換する契機は、他邦を征伐することをつうじ、夏王朝に取って代わることをつうじて実現するものである。

2　商の「天命王権」と商王の統治の正当性

『孟子』滕文公章句下には、

湯、亳《はく》に居り、葛《かつ》と隣《となり》を為す。葛伯　放《ほしいまま》にして祀《まつ》らず。湯、人をして之を問わしめて曰く、「何為《なんす》れぞ祀らざる」と。曰く、「以て犠牲に供する無きなり」と。湯、人をして之に牛羊を遺《おく》らしむ。葛伯、之を食い、又た以て祀らず。湯は又た人をして之を問わしめて曰く、「何為れぞ祀らざる」と。曰く、「以て粢盛《しせい》に供する無きなり」と。湯は亳の衆をして往きて之が為《ため》に耕さしめ、老弱は食を饋《おく》る。葛伯は其の民を率い、其の酒食・黍稲有る者を要して之を奪い、授けざる者は之を殺す。童子有り、黍肉《しょにく》を以て餉《おく》る。殺して之を奪う。『書』に曰く、「葛伯、餉《しょう》に仇《あだ》す」と。此れの謂なり。其の是の童子を殺すが為にして、之を征す、四海の内、皆な曰く、「天下を富めりとするに非ざるなり。匹夫匹婦の為に讎を復するなり」と。湯始めて征し、葛より載《はじ》む。十一征して天下に敵無し（湯居亳、与葛為隣。葛伯放而不祀、湯使人問之曰「何為不祀」。曰「無以供犠牲也」。湯使人遺之牛羊、葛伯食之、又不以祀。湯又使人問之曰「何為不祀」。曰「無以供粢盛也」。湯使亳衆往為之耕、老弱饋食。葛伯率其民、要其有酒食黍稲者奪之、不授者殺之。有童子以黍肉餉、殺而奪之。『書』曰「葛伯仇餉」。此之謂也。為其殺是童子而征之、四海之内皆曰「非富天下也、為匹夫匹婦復讎也」。湯始征、自葛載（始）、十一征而無敵於天下）。

とある。本伝説からは、成湯が祭祀をいかに重んじていたかがわかる。隣国の葛伯さえ祭祀をしない点にかんして、成湯はまた牛羊を贈与し、「亳衆」に葛伯のために耕作をさせた。そして最後には、葛伯が祭祀を肯んじないがゆえに、出征して葛国を討伐し、さらに十一の邦国に征伐をおこなっている。このように成湯が本国で宗教祭祀を高度に重んじていたことは、贅言するまでもなく明白である。

『書』湯誓によれば、成湯は夏を討伐するときに、動員した兵たちに、

有《ゆう》夏《か》多辜《たざい》にして、天命じて之を殛《きょく》せしむ……予、上帝を畏る。敢えて正《う》たずんばあらず（有夏多辜、天命殛之……予畏上帝、不敢不正）。

とのべた。これはつまり、成湯と当時の人の観念のなかで、商とその同盟軍による夏の桀王にたいする征伐が、上帝の命を奉じ、天にかわって道を行なったもので、宗教の神鬼が駆使したものであり、たいへん正当な行為だということである。上帝と宗教の力を借りて兵を動員することは、宗教祭祀が当時の政治生活のなかでいかに重要な意義を有していたのかを物語る。これより、王権の獲得は天命であったとわかる。

『墨子』兼愛下・『呂氏春秋』順民・『尚書大伝』・『淮南子』主述訓・『説苑』君道などの典籍では、いずれも湯が夏を滅ぼしたあと、天下に大規模な干魃があった点に論及している。たとえば『尚書大伝』〔『左伝』襄公十年『正義』所引〕には、雨乞いのため、

湯は乃ち髪を翦り爪を断ち、自ら以て牲と為し、而して桑林の社に禱《いの》る（湯乃翦髪断爪、自以為牲、而禱於桑林之社）。

とあり、さらにたとえば『呂氏春秋』季秋紀順民には、

昔者湯、夏に克ちて天下を正す。天大いに旱《ひでり》し、五年収めず。湯乃ち身を以て桑林に禱《いの》る。曰く、「余一人に罪有り。万夫に及ぼす無かれ。万夫に罪有るときは、余一人に在り。一人の不敏《ふびん》なるを以て、上帝鬼神をして民の命を傷つけしむること無かれ」と。是に於いて其の髪を翦《き》り、其の手を磨《れき》し、身を以て犠牲と為し、用て福を上帝に祈る。民乃ち甚だ説《よろこ》び、雨乃ち大いに至る。則ち湯は鬼神の化、人事の伝に達するなり（昔者湯克夏而正天下、天大旱、五年不収。湯乃以身禱於桑林、曰「余一人有罪、無及万夫。万夫有罪、在余一人。無以一人之不敏、使上帝鬼神傷民之命」。於是翦其髪、磨其手、以身為犠牲、用祈福於上帝。民乃甚説、雨乃大至。則湯達乎鬼神之化、人事之伝也）。

とある。ここでの「余一人」の称謂は、殷墟卜辞の商王の自称にもあらわれており、伊藤道治の統計によれば、第一期から第五期に十一例ある。(7)そのうち『英国所蔵甲骨集』の卜辞（1923）には、

癸丑卜、王曰貞、翌甲寅乞酌劦自上甲至于后、余一人亡禍。茲一品祀。在九月。冓示癸壹彘。

とある。本辞では、まさに伊藤道治が指摘するように、その災禍が「余一人」（つまり王の身）に集まると考えられており、殷王の統治する世界が王一人によって体現されていることを物語る。(8)つまり『呂氏春秋』順民と卜辞中の「余一人」からわかるように、商初の成湯期〜武丁・帝辛期において、商王は世俗権力の集中的体現者であり、政治的領袖であるのみならず、群巫と祭司の長でもあり、神と人の媒介役でもあったのである。

かかる「天命王権」観によって、殷王は天命をあつく信仰するようになる。商の紂王帝辛のとき、紂王は酒色に溺れ、かつ奸邪の臣を重用し、王室内部・統治階級層内における人心と徳の乖離をまねき、大衆に背かれ、近親者にも見放された。紂王は「刑辟を重んじ（重刑辟）」、「炮格之法」を設置し、民と諸侯の怨恨をまねき、ある者は商に背くようになった。周の文王は拘禁先の美里から釈放され、西方に帰ったあと、

乃ち陰かに徳を修め善を行ない、諸侯は多く紂に叛きて往きて西伯に帰す。西伯滋《いよいよ》大なり（乃陰修徳行善、諸侯多叛紂而往帰西伯。西伯滋大）(9)。

であったとされる。周はすでに西部の覇主となっていた。東部地方の人方（つまり東夷）(10)も叛乱し、かくて商王は挙兵して人方を征伐した。このように内政と外部諸侯国とがいずれもすでに重大な問題を生じていた状況下で、商の紂王は王子比干・微子・箕子らの諫めを聞かず、

我れの生るるや、命の天に在る有らざらんや（我生不有命在天乎）(11)。

と固く信じ、商王朝の陥落を招いた。

王権には濃厚な神権がふくまれ、神権はじつは王権の体現であるともいわれる。それは、最高神霊と王族の祖先神霊にたいする宗教祭祀の独占が、王権の発展と強化のためのもう一つのメカニズムであることをも力強く物語る。このため筆者は、王亥・上甲微以来の萌芽状態の王権は成湯期までに対外征伐戦争と宗教祭祀のためにさらに発展し、それによって筆者が以前提起した視点（王権には三つの来源と組成があるという視点）は改めて裏づけられたと考える。つまり、王権のみなもとには宗教祭祀権・軍事指揮権・族権があり、この三点の発展が王権発展の三つの重要なメカニズムを構成した(12)。そして成湯期における商王権の発展、とくに商が夏に取って代わることによって、上甲微～成湯の初期国家（邦国）たる商は、「天下共主」構造をもつ王国の商と、それを核心とする商王朝へと転換することになっ

たのである。

「天命王権」・「王権神授」の意味は、商王の統治の正当性を説明することにある。かかる正当性はまた、王権の正統な地位を転換しようとするであろう。成湯が商を建国してまもなく、みずからが夏の統治に取って代わり、空間・方位の象徴的意義のうえでも、商は正統的合法性を獲得するため、夏の旧都から遠くない場所に、新しく商の王都（偃師商城）を修築した。これについて『春秋繁露』三代改制質文には、

湯は命を受けて王たり、天に応じ夏を変え殷号を作し、……宮邑を下洛の陽に作る（湯受命而王、応天変夏作殷号、……作宮邑於下洛之陽）。

とあり、春秋時代の「叔夷鐘」銘文［集成272～285］には、

虩虩《かくかく》たる成湯は、敢て帝所に在る有り。天命を専受《ほじゅ》し、夏祀を翦伐す。厥《そ》の霊師を敗《やぶ》る。伊小臣《いしょうしん》は惟れ輔《たす》け、咸な九州有り。禹の都に処る（虩虩成湯、又（有）厳（敢）才（在）帝所、専受天命、翦伐夏祀。敗厥霊師、伊小臣惟輔、咸有九州、処堣（禹）之堵（都））。

とあり、『詩』商頌殷武には、

昔、成湯有り、彼の氐羌より、敢えて来享《らいきょう》せざる莫く、敢えて来王せざる莫し、商は是れ常［長く続く意］なりと曰う。天は、多辟《たへき》［多くの天子・諸侯・君主］に命じ、都を禹の績《せき》に設けしむ（昔有成湯、自彼氐羌、莫敢不来享、莫敢不来王、曰商是常。天命多辟、設都于禹之績）。

とある。「叔夷鐘」銘文と『詩』殷武のなかの禹は、夏の別称である。文中の「禹の都に処る」と「都を禹の績に設けしむ」は、成湯が夏を滅ぼしたのち、都城を元来夏統治下の中心地に設けたことをのべる。成湯は、夏王朝を覆したのち、なぜ夏の中心地に都を設定して築城せねばならなかったのか。これは銘文のいわゆる「専受天命」の履行で

あり、董仲舒のいう「湯受命而王」の求めるところでもある。このため筆者はこう考える。すなわち、夏の中心地に都を設けて城を修築するのは、もともと夏の遺民を鎮圧・保護する役割をもつためであるが、それはいわゆる夏の遺民を監督・コントロールし、彼らの造反を防ぐためだけではない。［商が夏の中心地に城を修築した］根本的な要因は、「正統」の地位を取得し、かつそれを中心として「天下」全体を治めることにある。当時の人からみれば、商の成湯が「翦伐夏祀」して夏の桀王にとってかわったのは、天命を受けたものであった。商の王都をもとの夏の中心地に置いたことにより、夏にとってかわった商の正統性・合法性は、空間方位のうえでも象徴的意義をもつことになった。この点からいうと、偃師商城は、たんに夏遺民を監督するいわゆる軍事的重鎮とは解しえず、たんに陪都や輔都ともしえず、むしろ商王朝の王都である(13)。これは、周の武王が商を滅ぼしたあとと似ており、元来の政治的中心（つまり統治の中心地たる周の都邑）を成周雒邑に遷さねばならなかったことと同様である。武王の願いは、けっして成周に陪都・輔都・軍事的重鎮を作ることではなかった。そうではなく、天下の中心とみなされる雒邑に住み、そこで民を治め、天下を支配せねばならなかったのである(14)。

第二節　商王朝の「複合制」国家構造

1　商代「内服」・「外服」制と「複合制国家構造」

商が夏王朝を打倒したのち、商族と商邦本体についていえば、すでにもともとの夏の属邦から王邦へと変わっている。しかしまた、商が夏にかわって新たに「天下共主」となったため、このとき商王が支配したのは、王邦だけでなく、王朝に従属する他の諸邦や諸侯もふくまれる。ゆえに商代王権の特徴は、その王朝国家の構造と密接に関連している。

商王朝の国家構造について、従来学界にはおもに二つの見解がある。第一は「商王国がひとつの統一的な君主専制の大国」で、「商王の諸侯にたいする関係は、王室にとっての臣下と同じようなもので……諸侯政権の商王室にたいする臣属関係は実質上、後世の中央政権と地方政権の一種の初期形態である」とする。(15) あるいは商王朝を「比較的集中的な中央権力の国家」(16)とする。第二の見解は、商王朝期にけっしてほんとうの中央権力など存在せず、商代を多くの「平等的」な方国よりなる連盟であるとみなし、(17) あるいはこれを「共主制政体下の原始連盟制」国家構造とよぶ。(18) この二つの見解以外に、筆者は近年つぎの見解を提出した。すなわち、商王朝をふくむ夏商周三代は、いずれも複合制国家構造に属し、ただその発展の程度が、商代は夏代よりも強く、周代は商代よりも強いにすぎない。夏代には、その複合制国家の特徴はおもに夏王が「天下共主」であることで体現されるものである。一方、商代になると、商王が夏にかわって新しい「天下共主」となるほか、その複合制国家構造は、より主要なこととして、「内服」と「外服」制よりなるものとなる。周代になると、周王はまた商にかわって「天下共主」となり、その複合制国家構造は大規模な分封と分封制をつうじて全盛となるのである、と。(19)

「内服」と「外服」は、商代におけるもっとも特徴的な国家構造関係である。周初の諸誥のなかで、商の内服・外服の制については、『書』酒誥がのべているのがもっとも詳細かつ周到である。

我れ聞く、惟れ曰く「昔に在《おい》ては、殷の先哲王……成湯より、咸《ひ》いて帝乙に至るまで、成王・畏相、惟《およ》び御事、厥《そ》れ恭有るに棐《あら》ざれども、敢えて自ら暇《か》し自ら逸《いつ》せず」と。矧《ま》た「其れ敢えて崇飲《すういん》せん」と曰わんや。外服に越《およ》びては、侯・甸・男・衛の邦伯、内服に越びては、百僚・庶尹・亜と、服と、宗工、越《およ》び百姓・里居（君）は、敢えて酒に湎《べん》する罔《な》し。惟だに敢えてせざるのみならず、亦た暇《いとま》あらず（我聞惟曰「在昔殷先哲王……自成湯咸至于帝乙、成王畏相、惟御事、厥棐有恭、不敢自暇自逸」。矧曰「其敢崇飲」。越在外服、侯・甸・男・衛邦伯、越在内服、百僚・庶尹・惟亜・惟服・宗工、越百姓・里居（君）、罔敢湎于酒。不惟不敢、亦不暇）。

これは、一篇の整った史料で、商王の管轄下が内服と外服に分けられることを記載している。その内服には、百僚・庶尹・亜服・宗工、さらには百姓里君がいる。外服は、侯・甸・男・衛・邦伯である。『書』酒誥篇の記載はちょうど「大盂鼎」銘文の「惟殷辺侯田粤殷正百辟」と対応しうるもので、『書』酒誥の説は根拠があり、信ずるに足るものでもあるとわかる。周代文献や金文の内服外服制は、さらに甲骨文のなかで、「商」と「四土四方」を一緒くたに貞問している卜辞とも対応する。たとえばつぎのとおり。

己巳王卜、貞、今歳商受年。王占曰「吉」。
東土受年。
南土受年。吉。
西土受年。吉。
北土受年。吉（『合集』36975）。

南方、西方、北方、東方、商（『屯南』1126）。

ここでの「商」はあきらかに商都をさし、それだけでなく商都をふくむ商の王邦（商国、後世のいわゆる王畿地区、(20)つまり『書』酒誥篇のいう内服の地）をさすにちがいない。「商」と対応する「四土」は、商に附属する侯伯ら諸侯(21)（すなわち『書』酒誥篇のいう外服の地）である。

甲骨文中の「四土」と対貞《たいてい》している「商」は、商国をさしており、王邦や王国ともよびうる。これには文献上の徴証がある。先秦文献において『書』召誥は商国を「大邦殷」とよび、『書』大誥の「周邦」・「我小邦周」などはいずれも周国をさす。ゆえに殷邦は商国、周邦は周国である。当時大量にあった他のふつうの諸侯邦国と比較していえば、商代の殷邦・商国と周代の周邦・周国は各王朝下ではみな王邦・王国とよびうる。じっさいに先秦時代には、すでに「王国」の語が出現していた。たとえば、『詩』大雅文王には、

思《こ》れ皇《おお》いなる多士《たし》、此の王国に生まる。王国に克《よ》く生まる、維《こ》れ周の楨《てい》［支えの意］（思皇多士、生此王国。王国克生、維周之楨）。

とあり、『詩』大雅江漢には、

四方既に平らぎ、王国庶《こいねが》わくは定まり……王は召虎に命ず、式《もっ》て四方を辟《ひら》き、我が疆土《きょうど》を徹《おさ》めよ。疚《ひさ》しくするに匪《あら》ず棘《すみ》やかにするに匪ず、王国をば来《ここ》に極《ただ》せよ。于《ここ》に疆《きょう》し于に理《おさ》め、南海に至れ（四方既平、王国庶定。……王命召虎、式辟四方、徹我疆土。匪疚匪棘、王国来極。于疆于理、至于南海）。

とあり、金文の「晉公盆」（集成釈文10342）にも「保辪王国[22]」とある。上引文献と金文の「王国」について、もっとも一般的な理解は、「王之国」（つまり王都、すなわち国都）をさすであろうというものである。しかしその引伸義として于省吾は、この「王国」を、『書』の「四国」・「周邦」・「有周」と同様、たんに国都をさすのではなく、かといって四方をふくむものでもなく、京畿の範囲（つまり王畿の地）であるとする[23]。たしかに『詩』大雅江漢で「王国」と「四方」が挙げられているのによれば、この「王国」は「周邦」（すなわち周国）をさし、それは周王が直接統治する地区で、後世のいわゆる「王畿」であると考えられる。商の内服の地は商の王畿地区で、つまり甲骨文中の「四土」と対貞している「商」であり、『書』のいう「大邦殷」の殷邦や、戦国時代に呉起がのべている「殷紂之国」に相当する。このため、当該地域を商王邦や商王国とよびうるのである。

商の内服の地は、後世のいわゆる王畿地区で、つまり商の王邦・王国である。その核心地域と範囲には、商代の前期と後期で変化がある。商代前期における商の王畿地区（王邦。つまり王国の範囲）は、偃師商城と鄭州商城という同時期に並存した王都によって確定されうる。偃師商城と鄭州商城という二王都のつながりが、商代前期の王畿地区である。[24] 商代後期の王畿地区（王邦。つまり王国の範囲）は、『史記』殷本紀の『正義』引『竹書紀年』に、

盤庚の殷に徙りてより紂の滅するに至るまで、二百五（七）十三年、更めて都を徙さず、紂の時に稍々其の邑を大きくし、南のかた朝歌を距て、北のかた邯鄲及び沙丘に拠り、皆な離宮別館を為る（自盤庚徙殷至紂之滅、二百五（七）十三年、更不徙都、紂時稍大其邑、南距朝歌、北拠邯鄲及沙丘、皆為離宮別館）。

とあるもので、つまり『戦国策』魏策一で呉起がいう、

殷紂の国は、孟門を左にして、漳・滏を右にし、前には河を帯び、後には山を被る。此の険有れども、然も政を為すこと善からずして、武王之を伐てり（殷紂之国、左孟門、而右漳滏、前帯河、後被山。有此険也、然為政不善、而武王伐之）。

である。漳水は安陽殷墟の北、滏水は古漳水の支流で、磁県西の滏山に淵源する。漳水・滏水は殷の北にあり、殷墟からは遠くない。北の漳水・滏水を「右」とするので、「左孟門」はその南、つまり現在の河南省輝県西にあり、それは殷墟の西南に位置する。「前帯河」の「河」は安陽殷都東側を南から北へ流れる古黄河をさす。当時の古黄河は、河北省をとおって天津から海に入り、山東省内を経由はしない。そのなかでも、浚県～鉅鹿大陸沢は南北に向かい、安陽～内黄県間をつらぬく。「後被山」の「山」は安陽西辺の太行山をさす。殷都東側の黄河を「前」とするので、殷都西側の太行山はもちろんそのうしろにある。呉起のこの逸話では、安陽殷都を中心とし、北（右）に漳水・滏水が、南（左）に孟門があり、東（前）は大河に臨み、西（後）に太行山がある。呉起はこれを「殷紂之国」内の天険の

地としており、ゆえにそれは商代晩期の王畿の核心区域とみなせるのである。商代晩期の王畿の範囲は、じっさいにはこれよりももう少し大きいであろう。たとえば『竹書紀年』は、殷都北辺の邯鄲と現在の邢台付近の沙丘に、商の紂王の「離宮別館」があって、「稍大其邑」の「大邑商」の範囲に属するとする。

商の外服の地、つまり甲骨文の商の「四土」は、畿外の侯伯ら諸侯の邦国が分布する地区である。商王朝の政治地理の分布状況について陳夢家と宋鎮豪は、ともにすぐれた研究をしたことがある。陳夢家はかつて卜辞・西周金文・『書』・『詩』商頌の叙述する殷代疆土都邑を根拠とし、三つの四角形枠と五層の図形によって、商の王畿と四土の当該行政区分を表示した。最核心の中心区域は商・大邑商で、その外部は奠である。奠の外部は四土・四方である。四土・四方の外部は四戈である。四戈の外部は四方・多方・邦方である。[25]宋鎮豪も同様の方法をもちい、商国疆域と行政区を図示・描写した。商王朝の王畿区は王邑を中心とし、王邑の外部の近郊は東・南・西・北の四「鄙」とよばれ、その外側の区域は東・南・西・北の四「奠」とよばれ、「奠」は後世「甸服」とよばれる「甸」である。それはもともと、王田区と名づけられ、宗族の邑聚・農田区とともに「王畿区」をなした。「奠」より遠い場所は「四土」・四方とよばれ、王朝が巨視的に経営コントロールをするための全国行政区域である。「四土」の内・四「奠」の外にはさらに「牧」（つまり「牧正」のたぐい）があり、商王朝と同盟を結んで良好な関係にあった辺境地域の部落の族長である。「四土」周囲の辺境地域はまた「四戈」とよばれ、「辺侯」の地域に属する。王畿区は「内服」の地である。「四土」は「外服」の地である。「四土」の外は「四至」で、「邦方」の領域に属する。[26]

宋鎮豪がいう王畿区は内服の地で、四土は外服の地であり、本文の区分と完全に一致する。ただ外服の地の四土には、多くの侯伯のたぐいの諸侯邦国のみならず、敵対する族邦の方国も混在している。したがって、商を構成する四土の地理的分布は、王畿を中心として環状分布を呈しているとはいえ、環状分布帯はなおきちんと整備・連繫してはおらず、商の侯伯ら諸侯国と敵対族邦方国の「犬牙が交錯」する状態を呈する区域もあった。そのうえ、商に附属する諸侯族邦も、反復常なき状態にあった。それによって、商の四土の範囲は、じっさいには開放的で不安定な状態に置かれていた[27]。

以上をまとめると、商王朝の国家構造は、かりに『書』酒誥などの周初文献によってのべるならば、「内服」・「外服」が結合した構造を、甲骨文の言葉をもちいてのべるならば、「商」と「四土」が結合した構造を、古代文献中のもっと普遍的な用語をもちいてのべるならば、「王国」と「侯伯」などの邦国が結合した構造をしていたと考えられる。そのなかでいわゆる「内服」（王国、つまり周初の「何尊」銘文の「大邑商」、『戦国策』魏策で呉起がいう「殷紂之国」）は、後世のいわゆる「王畿」である。

このように、商王朝においても同じように、三層の構造空間（邦国・王国・王朝国家）がみてとれる。いわゆる王朝国家とは王朝で、王国と属邦（王に従属する邦国）をふくむ複合制構造の国家形態をさす。邦国についてはさらに二種類にわけられる。ひとつは商王朝と敵対関係にある邦国で、それによって独立的主権をも有し、なおも王朝国家体系内に入っていない。もうひとつは王朝に従属する邦国で、独立的主権をもたず、あるいは主権がととのっていないといえ、そのなかのあるものは甲骨文で侯・伯などとよばれる。侯伯ら属邦と後世の郡県制下の行政機構や行政等級は同じでなく、同類ではない。いくつかの属邦は、夏代にすでに存在していた邦国で、商代にそれらはけっして王朝の地方一級権力機構へと変化してはいない。それらは王朝に臣従し、それによって当該邦国の主権は不完全となっており、主権は完全には独立できない。しかしそれらには、邦国としての他の機能がみな備わっており、ゆえに王朝内の「国中之国」を形成する。つまり王朝に従属する属邦は、商王を「共主」とし、商王と不平等な構造的関係にあり、商王の指図と支配を受ける。しかしその内部はけっして商王とともに階層立った隷属関係を形成したわけではなく、ある程度の相対的独立性を有する。商の王国（つまり王邦）は、王朝内の「国上之国」に属し、それは商王朝建国以前の商邦より変化してきたものである。夏を滅ぼすまえに、それは夏王朝の属邦であった。普通の属邦から王国へとむかった理由は、それが夏にかわって新しい「共主」となったためである。ゆえに王国の「国上之国」の地位は、たんにそれが中央地域に位置し、中央王国とよびうるためだけではない。もっと主要な理由は、それが王の本邦で、商王が他の属邦を支配する基本的力量をもっていたからであり、それによって商王の「天下共主」の地位が商王国の「国上之国」の地位を決定づけたのである。かりにイメージ的にいうならば、いわゆる王朝国家の複合制構造とは、「国家」のなかに「国家」が覆われてあるのであり、それは王国（王邦）も属邦（侯伯などの国）もふくみ、王国と属邦（諸侯）よりなる複合制国家形態である。商代の王権もまた、こうした複合制王朝国家の主権をさし、こうした王権は、王国を統治もすれば、商王に従属する侯伯などの属邦をも支配している。

商王朝の複合制は、それが「民族の国家」［national state］であることを決定づけた。その民族は華夏民族で、夏代の華夏民族と同じように、「自在民族」に属し、そのうえ民族内部（複合制王朝国家内部）においても部族間の境界線はけっして消えない。民族内には部族がのこっており、それは、王朝国家を構成する多くの属邦がさまざまな部族に分属しているためである。商代華夏民族をつなぎとめる紐帯は、第一にこの複合制国家構造であり、第二に夏に由来し、商が継承した礼制・典章を核とする大中原文化である。これこそ孔子がいう、殷は夏礼に因り、周は殷礼に因るということで、それらのあいだにはたんに増減があるのみである。商代の複合制王朝国家はこのとき、華夏民族の外殻で、その基礎でもあり、民族一体性を維持する基本的保障であるのである。

2　朝廷任官者たる「外服」の邦君と貴族

商王朝の国家構造は、その政治区域の区分上に体現されており、もとより内服と外服（つまり王邦と四土の侯伯などの属国）よりなる。しかし、かかる区分は、けっして二者を截然と分かつものではなく、「四土」の属邦の人が朝臣となり、王都に住み、王室の仕事に加わることが、二者をつなぐ紐帯をなす。ゆえに内服と外服（つまり王国と侯伯）は、別々に分離してはおらず、二者をつなぐメカニズムをもっている。

「内服」の地にいるのはおもに、『書』酒誥がいうとおり、王族と各種職官を掌る貴族大臣である。しかしここで強調すべきは、これら各種官職を掌る貴族大臣の相当多くが「外服」の侯伯方国からきた人であることである。たとえば、卜辞には「小臣醜（『合集』36419）」とある。この在朝官は、山東省青州蘇埠屯一帯の侯伯国からきた者である。山東省青州蘇埠屯一号大墓は四つの墓道をもち、墓室面積は五六㎡に達し、殉死した犬は六匹、殉死した人間は四八人に達する、きわめて大きい墓である（図10—1、図10—2）(28)。蘇埠屯遺跡では、なお城址はみつかっていないけれども、かかる四つの墓道をもつ大墓の規格は、殷墟の王陵と同様で、そのうえ当該遺跡出土の「亜醜」族徽銘文をもつ大銅鉞と、五、六十点の伝世銅器に「亜醜」（図10—3）銘があることからみると(29)、亜醜はもともとおそらく商王が東土に派遣し、蘇埠屯に住んでいた武官であろう（亜醜の亜は武官のしるしである。あとで詳述）。時間がたつのにともない、彼はのちに外地に駐在する諸侯へと発展したが、同時に王朝では「小臣」職を兼任し、「小臣醜」とよばれたのであろう。王朝で任官した以上、もちろん彼とその家族は殷都に居住しなければならない。

最近みつかった殷墟花園荘五四号墓は、朝廷任官者の盛大な貴族墓である。墓内で出土した青銅器・玉器・陶器・石器・骨器・蚌器・竹器・象牙器・金箔・貝などの器物は計五七〇余点に達し（図10—4）、そのなかには銅鉞七点、

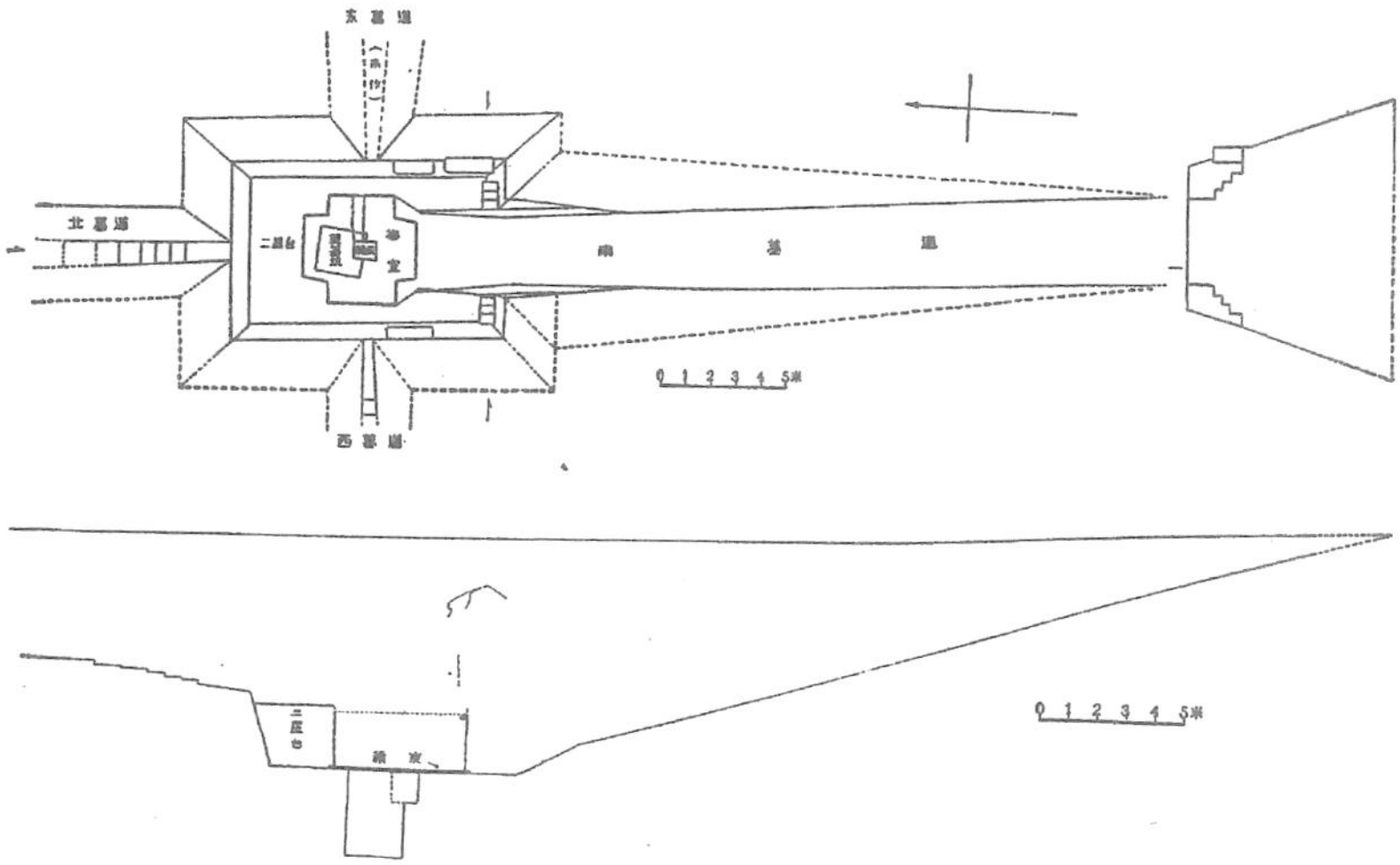

【図10―１】　山東省青州蘇埠屯一号大墓

大型巻頭刀、大量の青銅戈・矛などの武器があり（図10―5）、あわせて出土した青銅礼器には、多くに「亜長」の二文字の銘文がある（図10―6）。この「亜」とは、『書』酒誥の「内服に越《およ》びては、百僚・庶尹、亜と服と……（越在内服、百僚庶尹、惟亜惟服……）」の「亜」で、もともと内服の武官である。「亜」形のしるしが「長」形のしるしとくみあわさり、複合型のしるしをなしている理由は、古代には官職をしるしとする事情があるからである。これが、『左伝』隠公八年で衆仲ののべている、「姓を賜う（賜姓）」・「氏を命づく（命氏）」・「因りて以て族と為す。官に世々功有れば、則ち官族有り、邑も亦た之の如し（因以為族。官有世功、則有官族、邑亦如之）」である。ゆえに「亜」と「長」がむすびついたしるしは、官吏として代々功績をたてたことで官族をなしたのち、みずからの栄誉を顕揚するため、その族氏徽号を銅器に鋳込んだ例である。「亜」はもともと武職の官名で、これは、墓内に大量の青銅武器を副葬していることとも符合するものである。「長」は甲骨文中の「長」族の長である。このため発掘者によれば、五四号墓墓主はとうぜん「長」族の首領とすべきで、

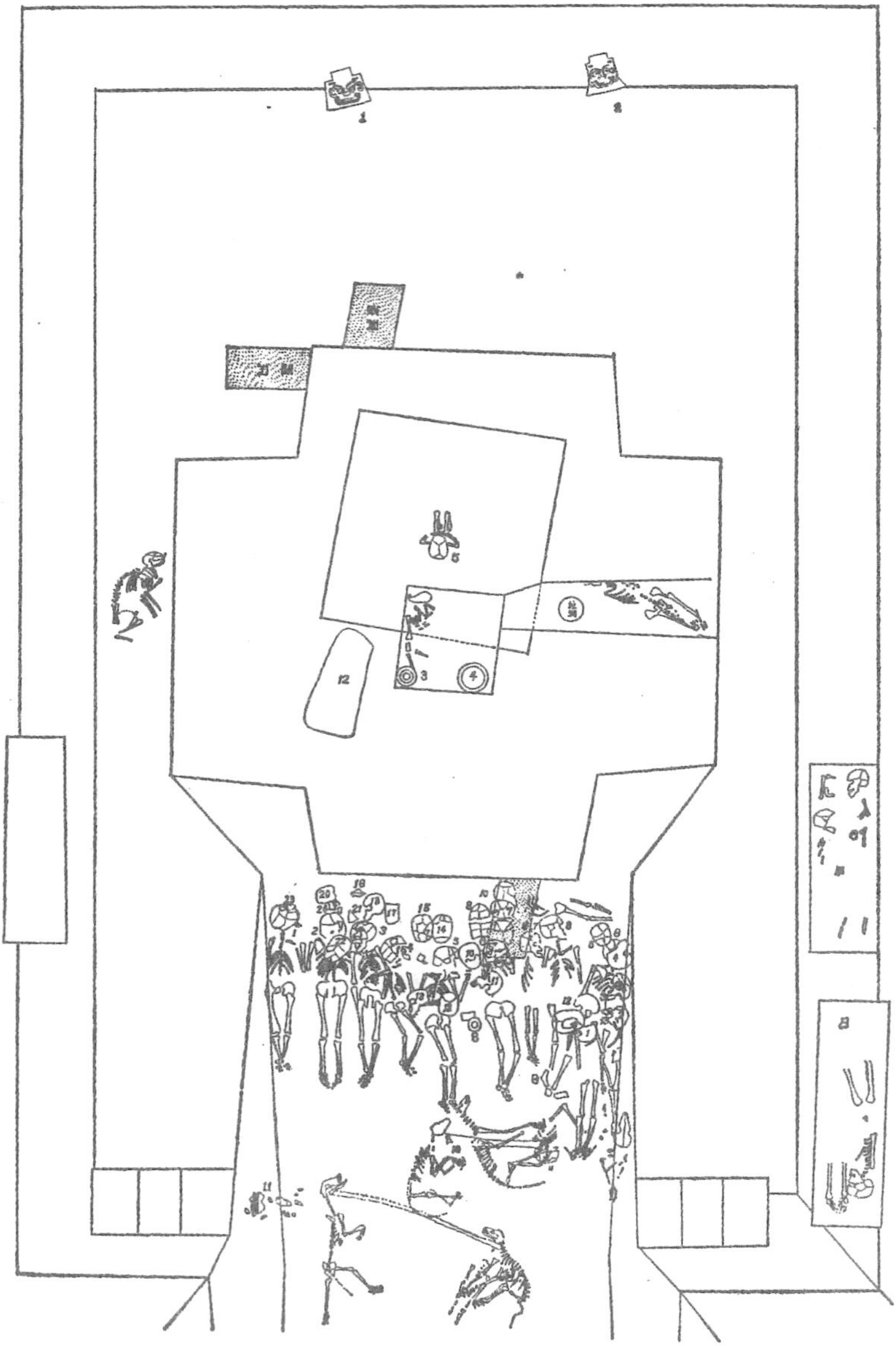

【図10—2】 山東省青州蘇埠屯一号大墓の殉葬

1. 亚醜父辛鼎铭 «三代»二・二八
2. 亚醜父丙爵盖铭 «三代»十八・二十
3. 亚醜杞妇卣盖铭 «三代»十二・六十
4. 亚醜方鼎铭 «三代»二・九
5. 亚醜父辛簋铭 «三代»六・十七
6. 亚醜父丁方盉铭 «三代»十四・四
7. 亚醜父丙方鼎铭 «拾遺»图二
8. 亚醜季尊铭 «三代»十一・二十
9. 亚醜者女方觥 «三代»十七・二六

【図10—3】　亜醜族徽銘文

兵権を握る赫々たる貴族であると考えられる(30)。

　甲骨文の第一期で長族邦君は「長伯」とよばれ（『合集』6987正）、「廩辛康丁期には「長子」の称呼があらわれる（『合集』27641）」。卜辞中の長族将領の「長友角」・「長友唐」も有名である（『合集』6057正、6063反など）。長伯の封地は長とよばれ、商王は長地の作柄を気にかけ、「長は其れ年《みのり》を受けざるか（長不其受年）」と卜問している（『合集』9791）。商王はさらにいつも長族と連絡をとりつづけ、しばしば卜問して官員を派遣し、「長に往き（往于長）」（『合集』7982、『懐特』956）、商王みずからが長

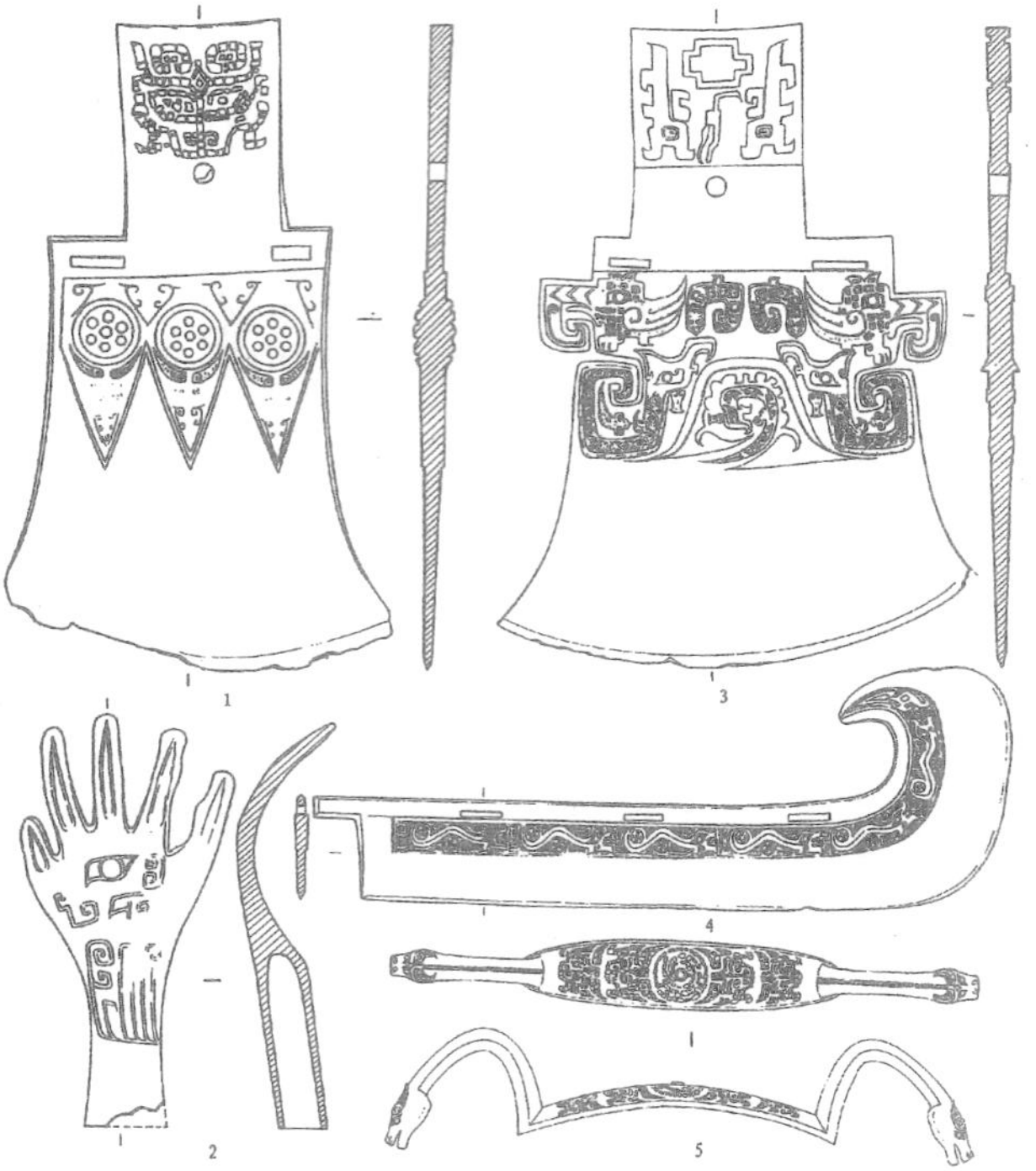

1. Ⅲ式钺（M54：92）　2. 手形器（M54：392）　3. Ⅰ式钺（M54：86）
4. 卷头刀（M54：87）　5. 弓形器（M54：286）（1、2. 约2/5，余约1/5）

【図10—4】　殷墟花園荘54号墓出土の武器（1）

地にいった記録もある（『合集』767反、36346、36776）。

長がどこにあるのかについて、長と舌方・羌とのあいだにはみな関わりがある（『合集』495）。また現在の山西省長子県西郊には、春秋時代における「長子」という古い地名などがある。これらの情況にもとづいて林歓は、「長」族がもともと現在の山西省長子県に住んでいたとし、河南省鹿邑県太清宮長子口墓墓主を商滅亡後に南遷した「長子」族の首領とする。[31]よって、花園荘五四号墓墓主は、祖庚祖甲期の長族で、殷都に派遣されて殷都に住み、朝廷で武官となっていた大貴族であろう。

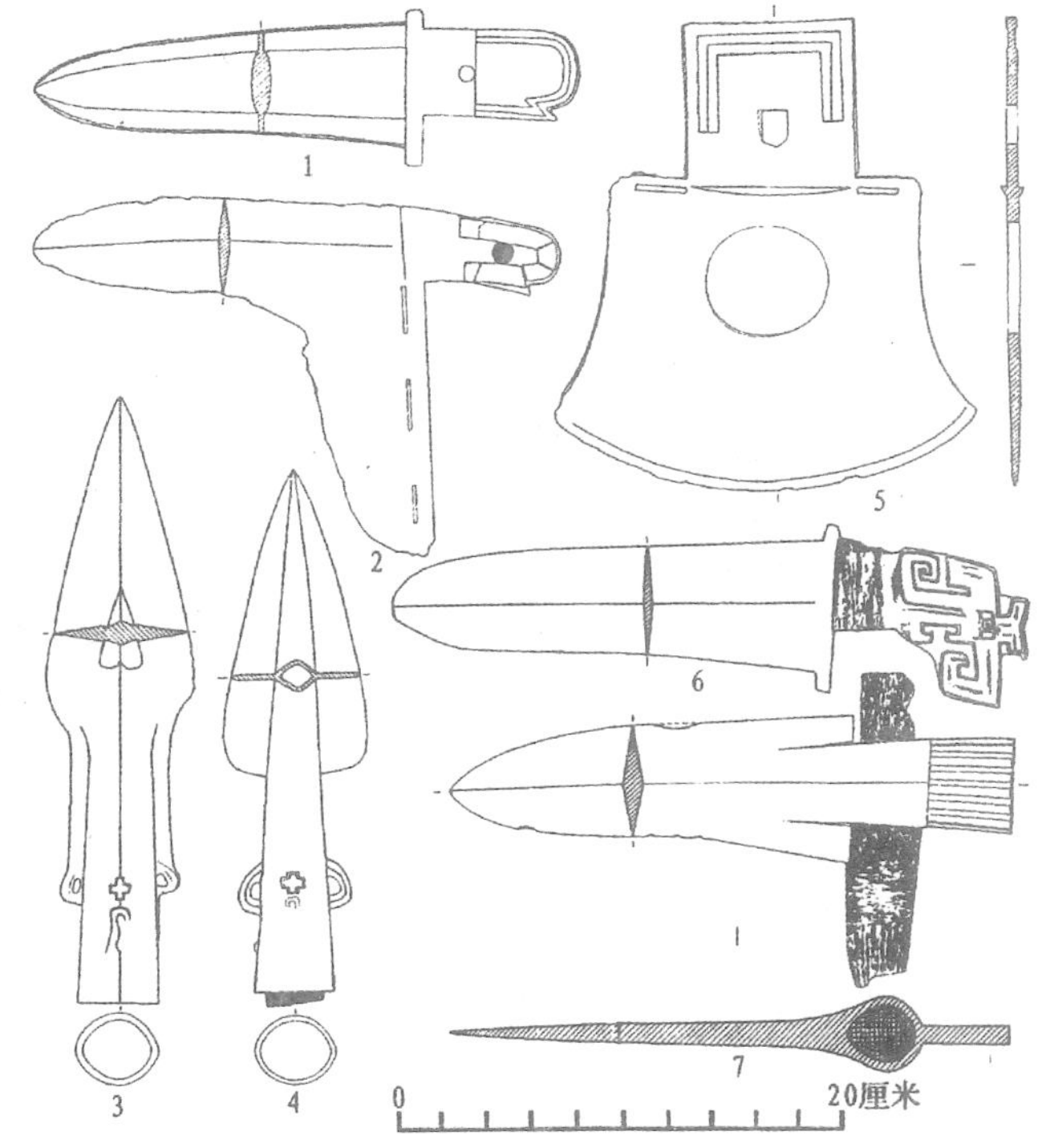

1. A 型Ⅰ式戈（M54：223）　2. A 型Ⅱ式戈（M54：197）　3. B 型矛（M54：37）
4. A 型矛（M54：113）　5. Ⅱ式钺（M54：89）　6. B 型戈（M54：47）　7. C 型戈（M54：249）

【図10—5】　殷墟花園荘54号墓出土の武器（２）

現在の安陽市梅園荘村一帯の、小屯宮殿区から東北へ約二kmいったところは、人びとの集住場所と墓地が一体化した跡地で、「光」などとよばれる家族の徽銘が出土している。また卜辞では、「光」は「侯光」ともよばれ、侯伯のたぐいであることが看取できる。たとえば、

丙寅卜、王貞、侯光若……
往[illegible]嘉……侯光……（『合集』20057）。

とある。「侯光」の諸侯としての領地は、殷墟梅園荘にあるはずはない。なぜなら、梅園荘一帯出土の徽銘は、「光」族にとどまらず、「単」・「冊韋」・「天黽」などの族のものもあるから

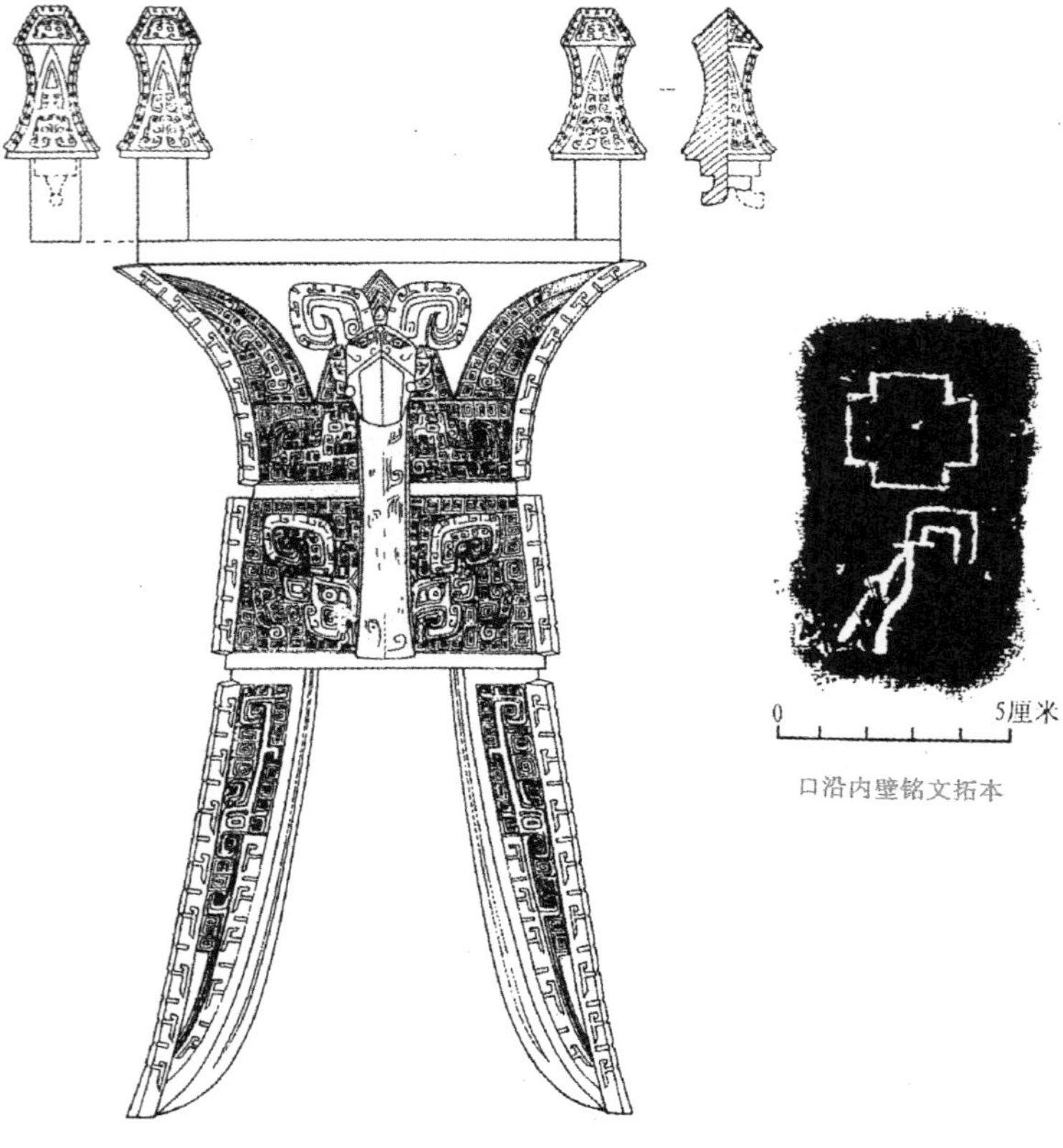

【図10―6】　殷墟花園荘54号墓出土の「亜長」族徽銘文

である。梅園荘出土の「光」徽銘は、たんに光侯のなかの一家族にすぎず、つまりは光侯の国族のなかでも朝廷で任官している者である。卜辞において商王は「光」に、「羌芻」を送るよう求めている。

甲辰卜、亘貞、今三月光呼来。王占曰、其呼来。迄至惟乙、旬又二日乙卯、允有来自光、氏（致）羌芻五十（『合集』94正）。

また「光」が羌を獲得できるか否かも卜問している。すなわち、

貞、光獲羌（『合集』182）。

光不其獲羌（『合集』184、185）。

……光来羌（『合集』245正）。

とある。

殷墟西区第三墓区のM697では、「丙」のような族氏徽銘をもつ銅器が一点出土した。しかし「丙」という族氏徽銘を検討すると、当該族氏徽銘をもっとも多く出土したのは山西省霊石旌介商墓であるとおもわれる。山西省霊石旌介商墓の出土物で族氏徽銘が鋳込まれた四二点のうち、「丙」形の徽銘は意外にも三四点あり、[32]ゆえに「丙」国族の本家（つまり宗族）は山西省霊石旌介にいた。一方、殷墟に住み、死後に殷墟西区墓地に葬られた者は、商王朝で任官していた丙国人とその家族である。

丙の本家（つまり宗族）が殷墟にいない点は、甲骨文からも証明を得られる。甲骨刻辞中には「丙邑（『合集』4475）」（つまり丙国の都邑）がある。卜辞には「王令丙（『合集』2478）」のみならず、「婦丙来（『合集』18911反）」の記録もみられる。婦丙の呼び名はすでに丙族―商王朝間に婚姻関係があったことをしめす。「婦丙来」はさらに、殷都の角度から論じたばあい、婦丙の丙族が外来者であることを物語る。丙国丙族が王朝で任官している状況については次節でさらに論述する。

丙国の派遣した者が王朝で任官していた点は、伝世の丙国青銅器銘文からも証明される。たとえば『続殷文存』（下18.2）には爵が著録されており、「丙」字の下に「亞」字形枠があり、「亜丙」と称しうる。年代は殷墟文化第二・三期である。この「亜」形と「丙」形による複合型のしるしは、官吏として代々功績をたてたことで官族をなしたのち、みずからの栄誉を顕揚するため、その族氏徽号を銅器に鋳込んだ例でもある。このほかに丙族は、商王朝でさらに「作冊」職を担ったこともあり、たとえば「丙木辛卣」銘文は「丙木父辛冊」[33]に作る。羅振玉『三代吉金文存』は、鼎と卣に「丙」形のしるしの鋳込まれた、二つの長い銘文を収録している。[34]鼎の銘文には、作器者が某地で商王の賞賜した貝を受領し、父丁のために器を作ったことが記載されている。卣の銘文には、作器者が廙地で商王の賞賜を受け、毓祖丁のために器を作ったことが記載されている。これらはみな、丙国丙族の首領が商王の職官封号をうけ、王に仕え、王の賞賜を受け、その宗族本家が遠く山西省霊石旌介にあり、そのなかの一家族が朝廷で任官したために、安陽殷都に族居し族葬されたことを物語る。

殷墟劉家荘南に位置するM63では「息」銘の銅器二点が出土し、これも外来族氏の王朝任官者である。一九八〇年代の考古発掘によれば、息族銅器が集中的にみつかる場所は、河南省羅山県蟒張郷天湖村商代晩期墓地である。前後三回発掘された二十基の商代晩期墓からは、銘文をもつ銅器が計四十点出土し、そのうち「息」字銘文をもつものは計二六点で、銘文をもつ銅器全体の六五%を占める。「息」銘文銅器が出土した墓は九基あり、商代墓全体の四・一%を占め、とくに中型墓十基のうち八基で「息」銘銅器が出土し、八〇%を占める。(35)研究者の多くは羅山県天湖墓地を息族墓地とし、(36)これにはまったく疑問はないであろう。甲骨刻辞中には「婦息」(『合集』2354臼)とあり、「息伯」(『合集』20086)ともある。息族には伯の呼び名があり、当時の「外服」の侯伯国に属する。「婦息」の存在は、息と商王朝とに婚姻関係があることをしめす。そして劉家荘南のM63で出土した「息」銅器は、「外服」たる息族のなかに商王都で任官している者がいることをしめす。

文献からはまた、商王が「外服」の侯伯に朝廷内の要職を任せることをつうじ、彼らを朝臣としたことがみてとれる。たとえば『史記』殷本紀で、商の紂王が西伯昌・九侯（鬼侯にも作る）・鄂侯を三公としたとあるのは、そのあきらかな例である。(37)

上述の「外服」（四土の地）にある諸侯国（属邦）の人が「内服」（つまり王国）で任官されえた理由と、殷都の族氏構造内のより多くが家族であって、宗族ではない理由は、(38)もちろん商王朝が内服・外服よりなる複合制国家構造をもつためである。侯伯らの属邦や部族は、もともと複合制王朝国家内の組成部分で、彼らは王朝で任官され、王朝国家の仕事に参与することもあれば、「天下共主」の王権が朝廷の行政管理の職官システムをつうじ、侯伯などの属邦へと広がることもある。そのうえ、民族融合の深化にも有利である。属邦の侯伯などはまた、各地にバラバラに割拠し、王邦の蕃屏となって版図を守る責任を発揮する。

第三節　商代の王権とその統治方式

1　「内・外服」地の最高所有者たる商王

王宇信・徐義華は『商代国家与社会』で、かつて「商王は全国の土地の最高所有者である」[39]との命題を用いたことがある。ここでの「全国の土地」は、本書のいう「内服」と「外服」をあわせた土地である。甲骨文と殷商史の研究者らは、甲骨卜辞資料にもとづき、「商王は全国各地にいって土地を占領し、田荘を建て、農業を営むことができる」[40]とする。そのうち、王室が直接支配する王邦の地について、商王は貴族・官吏に某地で「裒田」を耕したり、農作物を植えにゆくよう命じたことはいうまでもない。諸侯・属邦方国の領地について商王はまた、人を派遣して土地を占領し、耕作をすることを求めた。たとえば卜辞にはこうある。

貞、令受裒田于先侯。十二月（『合集』9486）。

貞、王于黍侯受黍年。十三月（『合集』9934）。

貞、令犬延族裒田于虎（『合集』9479）。

貞、令衆人取（趨）入絴方裒田（『合集』6）。

「裒田」は荒地を耕して田地をつくることである。(41) 先侯・黍侯・犬延族・絴方は、みな商王朝に属する諸侯国や方国である。(42) 商王は、これらの地を直接耕作するか、諸侯方国に人を派遣して土地を耕作させることができ、商王は諸侯国にたいしても最高の所有権を有していたとみられる。

諸侯の土地にたいする商王の権力はまた、商王が方国の田邑を強引に接収しうる点にあらわれている。たとえば卜辞には、

貞呼从奠（鄭）取炋㒸鄙三邑（『合集』7074）。

貞[呼]取三十邑[于]彭・龍（『合集』7073）。

とある。上引第一辞で、鄭は貴族でも諸侯でもある。卜辞に、「子鄭」（『合集』3195）とも、「侯鄭」（『合集』3351）ともあることが、この点を物語りうる。上引卜辞（合集7074）においては、「商王が鄭侯の国内から取った三邑とは、じつは三邑の領有する土地をさす。この三邑の領有地はもともと鄭侯のもので、商王は王室のものとするため、人を派遣してそれを取ったのである」。(43) 第二辞の彭は地名で、まさに龍と隣接している。「龍」は方国名で、甲骨文には「龍方」とある。龍方はもともと商王朝と戦争を起こしており、のちにまた商に臣従した。商に臣従した龍方はときに商王に貢物をすすめ、ときに商王の田猟活動に参加した。(44) 本条の卜辞では商王が命令し、彭・龍から三十邑の領有地を取り戻すことを占っている。

商王の土地にたいする最高所有権はさらに、貴族や諸侯に土地を封賜する点にもあらわれている。たとえば甲骨文には、

呼从臣沚有冊三十邑（『合集』707正）。

とある。卜辞中の沚は、商王武丁のときの諸侯で、卜辞では「沚戠」や「伯戠」（『合集』5945正）とよぶ。「臣沚」の

臣は職官名で、沚のみならず、諸侯のなかにも、朝廷に出仕する者はいた。楊升南は、

本辞の「冊」は動詞で、「冊封」の意をもつ。本辞の大意は、商王が貴族への封賞として、沚に三十邑を率いさせ、これを典冊に書したということである。冊には土地の邑名（おそらく四至の範囲さえも）が登録され、この冊を受封者に与え、受封者はこれを証書とし、冊に登録されている土地を有する。[45]

と指摘している。

国土構造のうえで、諸侯の領地の最高所有権が商王の手中にあり、諸侯が独立的主権を有していない以上、諸侯の領地で外敵の侵入や略奪の事件が発生したばあい、諸侯は商王へ報告する責任があった。卜辞には、

癸巳卜、㱿貞、旬亡禍。王占曰「有祟、其有来艱」。迄至五日丁酉、允有来艱自西、沚戓告曰「土方征于我東鄙、𢦏二邑、𢀛方亦侵我西鄙田」（『合集』6057正）。

とある。本卜辞での「我」は沚戓の自称である。「土方……鄙田」は、沚戓が商王へ報告した内容である。それは、沚戓の東の辺境が土方の征服と略奪をうけ、鄙の二邑に害を及ぼし、沚戓の西鄙の田地が𢀛方の侵略をうけたというものである。

甲骨文にはまた、「長伯」が商王にむけて、外敵が自己の領地を侵犯したことを報告している記載がある。

癸未卜、㱿貞、旬亡[禍]……祟、其有来艱、迄至七日……允有来艱自西、長戈□告曰「𢀛方征于我奠……」（『合集』584正甲）。

王占曰、有祟、其有来艱、迄至七日己巳、允有来艱自西、長有角告曰「𢀛方出、侵我示蓺田、七十五人」（『合集』6057正）。

癸未卜、永貞、旬亡禍。七日己丑。長友化呼告曰「𢀛方征于我奠豊、七月」（『合集』6068正）。

……自長友唐、𢀛方征……亦有来自西、告牛家……（『合集』6063反）。

この四条の「長戈」・「長有角」・「長友化」・「長友唐」などは、いずれも長伯という諸侯邦国の邦君名である。これらの卜辞はみな商王に、𢀛方が長伯西部の「奠」地の田邑を侵犯し、害をなしたことを報告している。

諸侯国の安否や、諸侯国の辺境田邑が外敵の侵略を受けたか否かについて、商王は十分に関心をもっていた。それのみならず、商王は諸侯国の農業の実り具合にも関心をもっていた。前引『合集』（36975）において商王が東西南北（四土）の「受年」の有無を占っているのは、もっとも典型的な例である。このほか、たとえば、

辛酉貞、犬受年。十一月（『合集』9793）。

とあるのは、犬侯の実り具合に関心をもっているということである。

貞長不其受年。貞長受年（『合集』9791正・反）。

とあるのは、「長伯」の領地の実り具合に関心をもっているということである。

癸亥卜、王、戈受年（『合集』8984）。

貞戈受年（『合集』9806）。

とあり、これは戈方の実り具合に関心をもっているということである。

戊午卜、雍受年（『合集』9798）。

とあり、ここでは雍地の実り具合を卜問している。これら等々、類似の卜辞は枚挙にいとまがない。

商王自身も、いつも諸侯の領地にいって田猟をおこなっている。たとえば、

己卯卜、行貞、王其田亡災、在杞（『合集』24473）。

とある。これは商王が杞侯の境内にいって田猟するものである。また、

辛卯卜、貞王其田至于犬（『合集』29388）。

とある。これは商王が田猟をして犬侯の地にやってきたものである。さらに、

壬午卜、王弗其獲在万鹿。壬午卜、王其逐在万鹿獲、允獲五、二告（『合集』10951）。

とある。「万」は、「万人」（『合集』8715、21651）ともよばれ、ここでは商王が「万」地で狩りをし、五頭の鹿を捕獲したことをのべている。

上述の商王による諸侯国（つまり属邦）内での「裒田」「取邑」・田猟などの行為は、商王が属邦領地に支配権をもっていることを反映していた。各諸侯国や商王に従属する諸邦（本書では「属邦」とよぶ）がしきりに商王にたいして、自分たちがいかに外敵の侵略を受けるかを報告しているのも、これらの諸侯国や属邦が自領とみなすのが、商王朝の一部分をなすためである。それゆえ各諸侯国や属邦には一定程度の相対的独立性もあるとはいえ、その主権は整ったものではなく、独立的でもない。かかる主権の不完全さは、それらが複合制王朝国家構造のなかに収められたためである。商の王権は、すべての「外服」の諸侯や属邦を覆うものである。

2　外服（侯伯などの属邦）の商王にたいする貢納義務

複合制国家構造としての王権は、経済の点でも、二つの部分よりなっている。すなわち「内服」については、おもに『孟子』滕文公章句上に「夏后氏は五十にして貢《こう》し、殷人は七十にして助《じょ》し、周人は百畝にして徹《てつ》す（夏后氏五十而貢、殷人七十而助、周人百畝而徹）」とあるごとくである。そのなかの「助」法は一種の労役地租《ろうえきちそ》であり、王邦の地にたいする商による直接的搾取である。「外服」については、諸侯が商王室に各種物品を貢納せねばならないことをあらわしている。

ある研究者の指摘によれば、卜辞中の「氏（致）」・「収（供）」・「入」・「来」などの字は、諸侯の商王にたいする貢納にかかわる用語である。(46) 卜辞中の「氏」について、于省吾は「致」と釈し、「凡そ物の彼由り之を使して此に至る、之を致と謂い、故に『説文』に「致は送るなり」と云う(47)」とする。卜辞中の「供」字は「𠬞」形に作り、両手で奉献する形に似ている。卜辞中の「入」の対象物はみな亀甲である。かかる記録はしばしば亀の腹甲の「橋」上に刻まれ、諸侯や王臣が王室に占卜専用の亀をいくら貢納したかが記録されている。甲骨文には㚔・古・唐・戈・鄭・㽙・亘・雀・竹・子画・子央・婦井・婦喜・伯𢦏・婦息・先侯・犬侯など、四十以上の諸侯の納入記録がある。(48) たとえば、先侯が商王に貢納したことと関係する卜辞には、

先氏（致）五十（『合集』1779反）。

辛亥卜、貞、先侯来七羌……十三月（『合集』227）。

とある。これは、先侯が商王に亀甲・羌人を貢いだ記載である。また光侯が商王に羌人を貢いだ記載もある。

甲辰卜、亘貞、今三月光呼来。王占曰、其呼来。迄至惟乙、旬又二日乙卯、允有来自光、氏（致）羌芻五十（『合集』94正）。

……光来羌（『合集』245正）。

西方の周侯もよく商王室に貢ぎ物を納めており、たとえば卜辞には、

周入（『合集』6649反甲）。

貞、周氏（致）巫（『合集』5654）。

甲午卜、賓貞、令周乞牛多……（『合集』4884）。

丁巳卜、古貞、周氏（致）嫀。

貞、周弗致𡟈（『合集』1086）。

とある。これらの卜辞では、「巫」は巫覡をさす。「𡟈」は秦姓の女性である。これらの卜辞によれば、周人が商王に貢いだ物品には亀甲・巫・牛・女性がふくまれる。

竹侯が商王に貢物を納れたことは卜辞に、

竹入十（『合集』902）。

取竹芻于丘（『合集』108）。

とある。ここでの「竹芻」は、竹侯国内の芻奴である。竹侯が商王に貢納したものには亀甲十点があり、芻奴もある。

奚が商王に贈った物品には白馬・牛などがある。

甲辰卜、㱿貞、奚来白馬。王占曰、吉、其来（『合集』9177）。

貞、今春奚来牛、五月（『合集』9178）。

𡧊が商王に貢納した物品には亀甲・象牙・牛などがある。

𡧊入□（『合集』9226）。

𡧊来其氏（致）歯（『合集』17303反）。

貞、𡧊来舟（『合集』11462）。

丁未貞、𡧊氏（致）牛其用自上甲汎大示。

己酉貞、𡧊氏（致）牛其用自上甲三牢汎。

己酉貞、𡧊氏（致）牛其……自上甲五牢汎大示五牢。

己酉貞、𡧊氏（致）牛其用自上甲汎大示惟牛（『屯南』9）。

前二条は、𠂤が商王に亀甲と象牙を貢いだといっている。第三条は𠂤が商王に舟を貢いだという。『小屯南地』第9組の卜辞は、𠂤が牛を贈ってきて、上甲などの祖先を祭祀するのに用いるとのべている。

戈が商王に貢納した物品にも、亀甲・象牙・貝などがある。

戈入（『合集』926反）。

己亥卜、㱿貞、曰、戈氏（致）歯王。

曰、戈氏（致）歯王。

貞、勿曰、戈氏（致）歯王（『合集』17308）。

……戈允来……豕二・貝……（『合集』11432）。

諸侯が商王に納貢したとする前掲資料は、複合制王朝国家構造のなかで、商王と諸侯、商王邦と属邦が、経済的にもたいへん不平等であることを物語る。これは、王権が諸侯国を支配していたことの経済面でのあらわれである。

3　商王の「内服・外服」にたいする軍事的支配

商王朝の国土構造は「商」と「四土」よりなり、国家構造は「内服（王国）」と「外服（諸侯などの属邦）」よりなる。このような構造のなか、その軍隊と武装のありようも、「内服」と「外服」の二つよりなっている。前者は商王室の軍隊、後者は諸侯の軍隊である。商王は両者を束ねる最高の軍政権をもち、複合制国家構造内のあらゆる軍事力を統率・支配している。

（一）商王室の軍隊

商の内服（つまり王邦）における軍隊の中核は、「王師」・「王族」・「子族」・「多子族」・「三族」・「五族」・「左族」・「右族」などとよばれる、商王室の軍隊である。卜辞には、

王作三師、右・中・左（『粋』597）。

甲□貞、方来入邑、今夕弗震王師（『合集』36443）。

とある。

ここでの「王師」とは王室の軍隊である。「王師」は「我師（『合集』27882）[49]」・「朕師」ともよばれる。「師」の編制下には「旅」がある。卜辞には「王旅（『合集』5823）」とあり、「我旅（『合集』5824、1027）」ともよばれる。「旅」の編制下には「族」などもある[50]。

卜辞中の「族」の意味については従来一貫して二つの解釈があり、多くは血縁関係の点から宗族・家族の「族」と解している[51]。一方、それは商人の軍旅で、軍事組織の名称だとする論者もいる[52]。甲骨文で「族」字は㫃に従い、矢に従い、矢は鏃、㫃は旌旗である。よって丁山は「(甲骨文で) 族字は㫃に従い、矢に従い、矢は敵を殺すもの、㫃は族衆にしめすもので、その本義は軍旅組織であろう[53]」と指摘している。筆者はこう考える。甲骨文の「族」はおもに軍隊編制のひとつで、それが反映しているもっとも基本なものは、血縁組織でなく軍隊組織であった。もしそれが後世の「族」字と関係するばあい、甲骨文の「族」はおそらく親族部隊で、商代以後にようやく親族部隊の「族」は徐々におもに血縁組織をさすようになり、「族軍」レベルで両者は統一されていった。つまり甲骨文では、「王族」は王の親族部隊を、「子族」は子（子は爵称か、宗族の長たる宗子をさし、それは王子だけでなく非王子もふくむ）の親族部隊をさす。「多子族」は「多子」（多くの子）の親族部隊をさす。「一族」・「三族」・「五族」は各々一個・三個・五個の親族部

隊を、「左族」・「右族」は左右の親族部隊をさす。(54) たとえば卜辞には、

甲子卜……以王族宄方、在哭、无災。

方来降、吉。

不降、吉。

方不往自哭、大吉。

其往（『屯南』2301）。

貞、令多子族暨犬侯璞周、由王事（『合集』6813）。

己亥、歴貞、三族王其令追召方、及于□（『合集』32815）。

王惟羑令五族戍羌方（『合集』28053）。

とある。上引卜辞（『屯南』2301）は、「王族」部隊に宄方を征伐させたことをいう。『合集』（6813）の「璞」は動詞で、一般に征伐の意とされる。当該卜辞では多子族部隊と犬侯に周方国を征伐させている。『合集』（32815）では商王が「三族（三個の親族部隊）」に召方を追撃させている。『合集』（28053）では商王が五個の親族部隊に羌方を防衛させている。卜辞の「王族」・「子族」・「多子族」・「三族」・「五族」の職責はみな征伐と軍事活動に従事することで、これよりそれらの語は、軍事組織の名称で、軍事編制なのである。

（二）商王の権利——諸侯・貴族の領域の軍隊を動員・支配する権利

諸侯や属邦はみずからの軍隊をもち、これらの軍隊も「師」とよばれる。たとえば卜辞における央師・阜師・雀師・犬師・允師・鼓師・罐師などである。(55) 商王はよくこれら諸侯封国の軍隊を率いて出征した。たとえば卜辞には、

丁酉卜、翌日王惟犬師从、弗悔、无灾……不遘雨（『屯南』2618）。

とある。本条は、商王が犬侯の軍隊を率いて出征せねばならなかったことをいう。甲骨文には「王从某某伐某方」書式の卜辞がよくみられる。たとえば、

丁丑卜、㱿貞、今𡆥王从沚戠伐土方、受有佑（『英国所蔵甲骨集』581）。

本文の「从」にかんしては「比」と釈す者もいる。案ずるに、从にせよ比にせよ、「王从沚戠伐土方」構文が意味するのは、沚戠が先鋒（つまり沚戠が前）で、王がその後ろにいて、土方を征伐にゆくことで、ゆえに沚戠は商王の土方征伐作戦の先鋒である。つまり甲骨文ではだいたい「王从某某」や「某某从某某」のかたちで征伐・作戦を実行しており、本句の「从」直後の「某某」部分はみな当該共同作戦における先鋒部隊と解しうる。

土方を征伐するほか、沚戠は商王の対外戦争時の先鋒部隊として、召方・舌方・巴方をも征伐している。たとえば、

丁卯卜貞、王从沚……伐召方、受……在祖乙宗（『屯南』81）。

とある。これは、祖乙の宗廟における占卜で、商王は沚戠を率いて召方を征伐した。また、

貞、戠啓、王其執舌方。『合集』6332）。

辛卯卜、賓貞、沚戠启巴、王惟之从、五月。辛卯卜、賓貞、沚戠啓巴、王勿惟之从（『合集』6461正）。

とある。ここでの「啓」は前にある意で、沚戠を先鋒として舌方・巴方を征伐するか否かを占ったものである。

沚戠は「伯戠」ともよばれる。沚は商の侯伯の国であるが、当初は商の敵対方国であった。たとえば卜辞には、

貞其有艱来自沚。貞亡来艱自沚（『合集』5532）。

乙酉卜、圃允執沚（『合集』5857）。

とある。前者は沚方が災いをなすか否かを卜問したもの、後者は沚の邦君を捕らえたことをいう。沚方はのちに商王

に臣従し、「伯戠（『合集』5945）」や「臣沚」とよばれ、また沚三十邑に冊封されている。

呼从臣沚有𠕋三十邑（『合集』707正）。

沚が商の侯伯国となったのち、商王は時に沚国に赴いている。たとえば、

丁卯卜、王在沚卜（『合集』24351）。

今日王歩于沚（『金』544）。

壬申王卜、在沚貞、今日歩于杋（『合集』36957）。

とある。商王が沚戠を率いて出征することも繰り返しみられる。ときには商王は沚に命令して敵方を害しており、

惟𠙵（圃）令沚𡗂（害）羌方（『合集』6623）。

とある。

商王が諸侯を率いて出征することにかんする卜辞にはまた以下の例がある。

貞、王惟侯告从征夷。

貞、王勿惟侯告从（『合集』6460）。

乙卯卜、㱿貞、王从望乘伐下危、受有佑（『合集』32正）。

丁卯王卜、……余其从多田于多伯征盂方伯炎、惟衣、翌日歩……（『合集』36511）。

甲戌、王卜、貞……禺盂方率伐西国。𠕋西田、𠕋盂方、妥余一人。余其从多田𡿺征盂方、亡尤……（『合集補編』11242）。

癸丑卜、亘貞、王从奚伐巴方。

王勿从奚伐（『合集』811正・反）。

甲午王卜、貞……余歩从侯喜征人方……（『合集』36482）。

癸卯卜、黄貞、王旬无禍。在正月、王来征人方、在攸侯喜鄙永（『合集』36484）。

前掲卜辞には、商王が告侯を先鋒として夷方を征伐するもの、商王が望乗を先鋒として下危を征伐するもの、商王が多田と多伯を先鋒として盂方を征伐するもの、商王が奚を先鋒として巴方を征伐するもの、商王が攸侯喜を先鋒として人方を征伐するものがあり、みな王が諸侯を率いて出征するものである。

甲骨文ではさらに王が貴族や諸侯に出征を命じている。たとえば「貞、勿惟師般呼伐（『合集』7593）」は大将師盤に出征を命じたもの、「丁巳卜、貞王令𠂤伐于東封（『合集』33068）」は𠂤に東征を命じたもの、「……呼婦好伐土方……（『合集』6412）」は婦好に土方への出征を命じたもの、「甲午卜、賓貞、王惟婦好令征夷（『合集』6459）」は婦好に夷方への出征を命じたもの、「貞、王令婦好従侯告伐夷……（『合集』6480）」は婦好に命じ、告侯を先鋒として夷方を征伐させたもの、「甲戌卜、殻貞、雀𢦏子商征基方、克（『合集』6573）」は子商と雀が連合して基方を征伐することを卜問したもの、「貞、雀𢦏祭方（『合集』6965）」は雀が祭方に戦勝するか否かを卜問したもの、「壬辰卜、殻貞、戉𢦏㣈方（『合集』6566）」は戉が㣈方を征伐することを占卜したものである等々。

王権は軍権に大きく依拠しているので、商王は、複合制国家構造内の軍事力を掌握・統制することによって、成湯以来、天下の統治権を獲得してきた。

彼の氐羌より、敢えて来享《らいきょう》せざる莫く、敢えて来王せざる莫し、商は是れ常なりと曰う（自彼氐羌、莫敢不来享、莫敢不来王、曰商是常(56)）。

商代において商の王権は強大なものであったのである。

商の王権は、商代複合制国家構造と不可分で、商王が「天下共主」であることと不可分である。商代複合制国家構造の特徴は、「内・外服」制（王国と諸侯属邦がむすびついた国家形態）である。商王の属邦（侯伯など）にたいする権力については、甲骨文に以下の点が看取できる。すなわち、商王は人を派遣して属邦内で「墾田」させ、生産活動をしうる。商王は属邦内で狩猟・巡游もでき、属邦を対外的軍事行動の起点ともしうる。属邦が担う必要のある軍事・経済の義務としては、商王が対外戦争をするばあい、属邦は従軍せねばならず、あるいは王命を受けて方国を討つ。経済面では、属邦は商王に牛羊馬・亀甲・玉戈などの各種物品や、奴隷・人身御供対象者などを貢納せねばならない。このため、商王と属邦の臣属関係からみても、「内服」・「外服」の構造関係からみても、商王が直接統治する商国（王畿）と商国周辺の属邦とのあいだはけっして平等な連盟関係にはなく、商王を「天下共王」とし、商王国を「国上之国」とし、属邦を「国中之国」とする複合型国家構造関係をしていた。かかる複合制構造関係は、商代国家形態のもっとも特徴的な側面で、商の王権はかかる構造内でその力を行使した。

第四節　商代国家構造により決定づけられる商王の統治方式

商代複合制王朝国家の政治的区域が内服（王国）と外服（侯伯などの邦国）とに分けられる以上、商王のそれらにたいする管理と支配にも、内服と外服の別があることになる。概括的にいえば、商王の統治方法には、三つの大きな特徴があった。すなわち、直接統治と間接統治がむすびついている点、軍事的征服と精神的懐柔がむすびついている点、そして地方邦君と朝臣が身分のうえでむすびついている点である。

商王の直接統治は、おもに内服（つまり王国）にたいする統治である。筆者の研究によれば、商王国（つまりいわゆる王畿）内の居邑形態には三等級がある。王都、貴族および朝臣の邑、そして普通の村邑（辺境の小邑をふくむ）である。[57]王都内に住む貴族（『書』酒誥のいう「百僚庶尹、惟亜惟服、宗工、百姓里君」などの各種官吏の貴族）はまた、甲骨文の百官で、[58]「多君」・「多子」のたぐいの朝臣でもある。[59]王都でなくみずからの宗邑に住む貴族もおり、宗邑には城壁をもつものもあった。商王はこれらの貴族を支配することをつうじて、王国を直接的に統治した。その意味で研究者は、王畿を王の直轄地（王が直接コントロールする地区）とも称している。

商王が王国（いわゆる王畿の地）を直接統治するとは、漠然とした表現であるといわねばならない。じっさいには、王国内の各邑にたいする商王の支配は、具体的に二つの状況にわけられる。第一に、王都（たとえば殷墟）内では概して、商王は家族や宗族長を支配しうる。第二に、王都以外の場所（たとえば滑県の「子韋」）と、王畿外の遠くない場所（たとえば新鄭の「子鄭」）とでは、商王は概して、せいぜい王畿付近の望族（子韋・子鄭など）をとおしてしか支配をしえず、これも間接的支配あったであろう。

考古学的な発見の点で、商代晩期の河南省輝県孟荘商城は王畿内の貴族の城邑とみなせる。そしてそれにたいする商王の支配は、間接的支配であろう。殷墟出土の族徽銘文の「子韋」・「册韋」・「弓韋」・「典韋」の韋族は、[60]『詩』商頌長発「韋顧既伐、昆吾夏桀」の「韋」で、河南省滑県にいたのであろう。甲骨文に、

戊寅卜、在韋𠂤師、人无𢦔異、其耤（『合集』28064）。

とあるのによれば、韋族はみずからの軍隊をもち、農田を有していたとわかる。韋族の族長たる子韋の領地は、子韋がみずから支配・管理したはずで、かりに商王が韋族の領邑に理念のうえで支配権を有するとしても、そのじっさいの支配はせいぜい子韋をとおして行なわれる間接的支配であったにすぎない。

また、たとえば卜辞の「鄭」（つまり子鄭）について白川静は、殷代の雄族とよぶ。[61]鄭は自領をもち、商王は時に「歩于鄭」（『合集』7876）」するか否かを、時に「在鄭」の稔りの是非を占卜している（『合集』9769反、9770）。子鄭の領

地は春秋鄭国の所在地（現在の河南省新鄭）であろう。卜辞には、鄭の商王への貢納記録がある。たとえば、

鄭来三十（『合集』9613反）。

鄭入二十（『合集』5096反）。

鄭示十屯（『合集』18654臼）。

などである。卜辞には、

庚寅卜、争貞、「子鄭唯令」（『合集』3195甲）。

とある。これより、子鄭が商王の差配を受けていたとわかる。ただし族長たる子鄭は王の差配と命令を受けうるが、商王が鄭内部に直接介入し、鄭地の民を管理・支配することはできない。ゆえに「子鄭唯令」はまさに、商王の畿内諸侯の領地にたいする支配もその侯伯・族長をつうじておこなわれる間接的支配であったことを物語る。

商王の間接的統治はおもに、侯・伯などの邦国にたいする支配の方法である。「四土」の邦国（侯伯）内部における邑のありかた（都鄙邑落構造）も三級に分けられる。邦君（侯伯など）の都邑、中小貴族とその族氏の族長が住む宗邑、そして辺境の村落としての小邑である。(62) 三者間には等級上の隷属関係があり、その最高行政管理権や統治権は邦君（侯伯）の手中にある。ゆえに侯伯の領地は原則上、侯伯がみずから統治・管理しており、商王はおもに貢納関係をつうじてこれらの附属邦国をコントロールしていた。商王にとっては、これはむろん間接的統治に属する。このほかに「四土」の侯伯について、商王はさらに彼らを朝廷の要職につけることによって、彼らを朝臣とすることができた。卜辞ではそうした朝臣を「多君」とよぶ。商王の彼らにたいする差配と支配は、つまりは彼らの邦国にたいする間接的統治である。

商王は間接的統治下の侯伯邦国において、直接的統治行為もしている。たとえば甲骨文には、商王が属邦（つまり

外服）で墾田をした記録がある。

戊辰卜、賓貞「令泳裒田于蓋」（『合集』9476）。

令衆人入羌方裒田（『合集』6）。

令犬延族裒田于虎□（『合集』9479）。

令叓裒㽝于先侯（『合集』9486）。

羌方・虎方・先侯はみな外服の方国である。これらの場所では「開墾したのち、必ずその田地に人員を留めて管理せねばならず、事実上、他族のなかに商の新しい属領を形成したことと同義である」[63]。かかる「商の新しい属領」の支配と管理は、商王による直接的な統治行為であるとみなせる。かりに邦国（侯伯など）におもに採られている間接的統治方式と関連づけると、「四土」にたいする商王の統治は、直接・間接双方が混用・結合されることもあったといえる。

甲骨文にはまた「奠」[64]という行動のやり方がみられる。「奠」にかんしては、商に敗北したり臣従したりした族邦の一部もしくは全部を、商王の統治区域内に置くことで、異族を統制・使役する方法だとする説がある[65]。または、「奠」は「設置」と同義で、諸侯を封建したり王室を周囲より守る意義・作用をさすとの説もある[66]。「奠」者が、商に敗北・臣従した族邦か、設置された諸侯かはともかく、商王による支配という点では、商王が彼らを置くことは、商王による直接的統治行為のようである。しかしこうも考えられる。すなわち商王の「奠」は、せいぜいこれら族邦の邦君本人や侯伯本人を支配しうるのみで、その族邦内部の個々の族邑にたいしては、直接的な支配や統制をするのが困難であった、と。

前述のとおり、商王が侯伯方国にたいして間接的統治をすすめるさいには、地方邦君と朝臣身分をむすびつける方法を採った。甲骨文における朝臣の「小臣醜」と、山東省青州蘇埠屯における、四つの墓道をもつ大墓の墓主「亜醜」がその例である。殷墟花園荘第五四号大墓の「亜長」は朝廷に任官している勢威盛んな貴族で、「長」邦国内の邦君の「長伯」であろう。沚は商の侯伯の国で、邦君の名は「沚馘」や「伯馘」とよばれる。彼はたいへん活気があり、よく商王の統率下で出征し、しかも先鋒を担った。彼は「臣沚」ともよばれ、「小臣醜」と同様に朝臣でもあったのであろう。『史記』殷本紀は、商の紂王が西伯昌・九侯（鬼侯にも作る）・鄂侯を三公とし、地方邦君を朝臣としていたとしている。地方邦君が朝廷で任官する背景には、複合制王朝国家構造がある。ゆえに商王の統治方式は、王朝の複合制構造と緊密にむすびついているのである。

商王の統治方式には、武力的・暴力的な面もあれば、精神的懐柔をする面もあり、ソフト面とハード面の両方を備えていた。武力的・暴力的な面では、商王の征伐と酷刑（とくに商の紂王の酷刑）があり、ひどく憎まれていたことは、ここでは贅言しない。精神的な懐柔の点では、伊藤道治がすぐれた研究をしている。たとえば甲骨卜辞にあらわれる「河」・「挽」・「羔」などの神霊について伊藤道治はこう指摘する。彼らはみな各自の祭祀地をもち、もともと各地の族神で、殷以外の他の族民において祭られる神であった。殷王朝が徐々にそれらの部族をみずからの支配下に置くにつれ、殷でもその神を祭るようになった。その一部はほんらい、異族の神たる自然神であったが、殷は先公として殷人の祀譜に組み込んだ。殷人がそうしたのは、異族が殷とむすびつくのにさいして、精神的安定を得させようとしたからで、異族支配を維持するための手段・紐帯であった。ほかに貞人もおり、たとえば「何」・「大」などの貞人も、べつの族邦出身で、朝廷の重職たる占卜官として編入された。そうであるのは、殷人が他族の神霊を祭るのと同様に、これらの部族や被征服国家を精神的に支配・懐柔するためのものであった(67)。

精神的懐柔にかんしてはさらにもう一例がある。商代青銅器上のいわゆる「虎食人」のモチーフの有する意味の問題である。現日本京都泉屋博物館蔵「虎食人卣（図10—7—1）[68]」と、現フランス・パリ・チェルヌスキ博物館蔵「虎食人卣（図10—7—2）[69]」の青銅器は、湖北省安化出土とされ、おそらく甲骨文における南方「虎方」の青銅礼器であろう。類似のモチーフの青銅器はさらに数点あり、一点は安徽省阜南朱砦潤河出土の龍虎尊（図10—7—3、5）[70]、一点は四川省広漢三星堆一号祭祀坑出土の龍虎尊（図10—7—4、6）[71]、一点は殷墟婦好墓出土の銅鉞（図10—7—7）[72]、一点は司母戊鼎（図10—7—8）の紋様である。[73]

これら青銅器紋様のモチーフの有する意味について、先行研究者の一般的解釈は、虎が人を食べるというものである。だが卣上の人形《じんけい》を観察すると、人の頭が開かれた虎の口のもとに置かれているけれども、その人の表情はけっして恐怖や絶望を呈してはおらず、おだやかで落ちついているようにみえる。そして全体的に、どの器例においても、人と虎が互いに抱き合っている姿勢にあり、虎が人を抱き、人の両手が虎の身体のうえでつながれて虎にしがみついており、けっして猛虎が人を引き裂き喰らう様子ではない。阜南と三星堆の青銅尊上の人形《じんけい》は、膝を折り曲げて蹲踞した「蛙状」型の様子であり、おだやかで安寧なようにもみえる。司母戊銅鼎耳と婦好墓青銅鉞における、二頭の対面した虎の口内の人頭《じんとう》も、虎が人を食べるということでは解釈しがたい。思うに、かかるモチーフにおける人と虎との関係は、中央アメリカにおけるオルメカ人の同類のモチーフが表現している虎トーテムの意味と似ている（図10—8）。すなわち、人と虎の共存や、人の頭が虎口内にあることは、その部族が虎に由来し、トーテム崇拝関連の部族祖先誕生神話をもっているということをしめすのである。三星堆と殷墟婦好墓出土のかかるモチーフの青銅器は、虎方が商代に蜀国や商王室と交流した結果であり、そのなかで司母戊鼎と婦好銅鉞は、殷都で鋳造され、殷王室の人びとに用いられた。その理由は、商王室が虎方の部族誕生神話を承認・許可したことをしめすためである。これは一種の友好の承認であり、各地の統治者による、ハイレベルな宗教やイデオロギー上の連絡・意思疎通である。とくに商

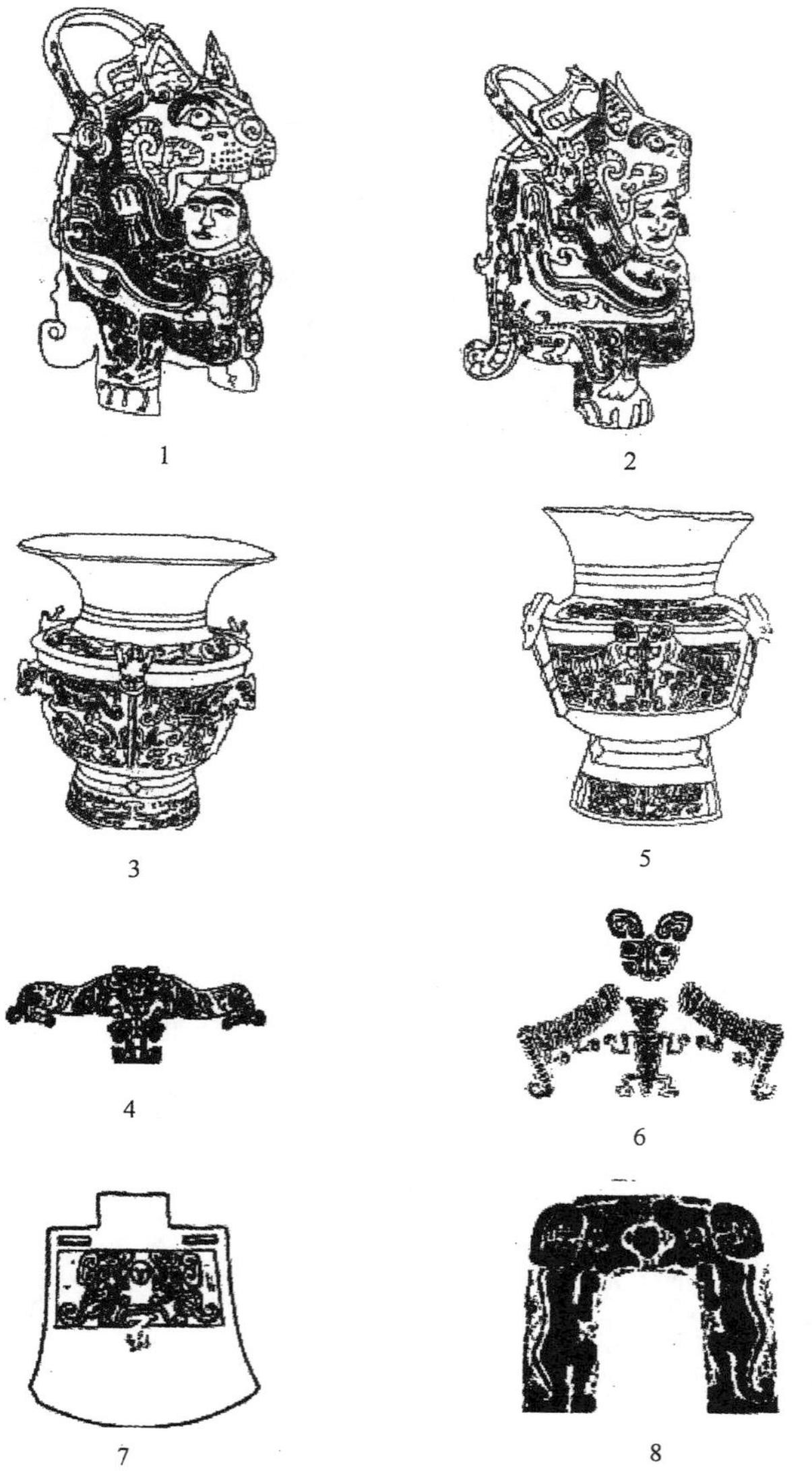

【図10―７】　商代青銅器上の人と虎が組み合わさった紋様

1

2

3

4

5

6

7

8

【図10―８】　中米古代文明における人と獣の組み合わさった紋様・造形

王にとってこれは、虎方を精神的に支配しつづけるための手段であった(74)。

以上、商王が採用する三大統治方法は、商代王権が疾駆した時代の特徴とみなすことができる。これらの特徴は、けっして商王個々人の個性に左右されるものではなく、商代の国家体制・国家構造・国家形態の発展度に左右されるものである。もちろん王権とは、古代国家権力のもっとも集中した体現である。王権そのものは、国家の形態・構造とむすびついているものであり、国家の形態・構造を離れて王権を語ることは不明瞭なものである。以上の王権研究は初歩的ではあるけれども、その方向性はたしかなものであろう。

注

(1)　王震中『商族起源与先商社会変遷』（中国社会科学出版社、二〇一〇年、六一～九九頁）。
(2)　李学勤「重論夷方」（『民大史学』（一）、中央民族大学出版社、一九九六年版。『当代学者自選文庫　李学勤巻』安徽教育出版社、一九九九年版再録）。李学勤「夏商周与山東」（『烟台大学学報』第十五巻第三期、二〇〇二年）。李学勤「論新出現的一片征人方卜辞」（『殷都学刊』二〇〇五年第一期）。焦智勤・党項奎・段振美『殷墟甲骨輯佚』（文物出版社、二〇〇八年版）。『殷墟甲骨輯佚』（690）と『合集』（36182）が接合することにかんしては、前掲『殷墟甲骨輯佚』の李学勤「序」参照。焦智勤「新発現的一片征人方卜辞」（二〇〇六年安陽慶祝殷墟申遺成功曁紀念 YH127 坑発現七〇周年国際学術研究会）。
(3)　鄒衡『夏商周考古学論集（第二版）』（科学出版社、二〇〇一年版、二一二～二一五頁）。
(4)　晁福林『夏商西周的社会変遷』（北京師范大学出版社、一九九六年版、七六～七七頁）。
(5)　田昌五・方輝「「景亳之会」的考古学観察」（『夏商周文明研究』中国文連出版社、一九九九年版）。張国碩「論夏末早商的商夷連盟」（『鄭州大学学報』二〇〇二年第二期）。
(6)　本書の序論・第四章参照。
(7)　伊藤道治「王権与祭祀」（『華夏文明与伝世藏書——中国国際漢学研討会論文集』中国社会科学出版社、一九九六年版）。

（8）伊藤道治「関于天理参考館所蔵第二期祭祀卜辞之若干片——兼論第二期周祭之社会的宗教意義」（『殷墟博物苑苑刊』創刊号、一五六頁）、伊藤道治注（7）前掲論文。

（9）『史記』殷本紀。

（10）李学勤注（2）前掲論文（一九九六年）、李学勤注（2）前掲論文（二〇〇五年）。

（11）『史記』殷本紀。

（12）王震中「祭祀・戦争与国家」（『中国史研究』一九九三年第三期）、王震中『中国文明起源的比較研究』（陝西人民出版社、一九九四年版、三五〇～三七四頁）。

（13）王震中『商代都邑』（中国社会科学出版社、二〇一〇年、五二頁）。

（14）伊藤道治「西周王朝と雒邑」（『中国古代国家の支配構造』中央公論社、一九八七年）。

（15）楊升南「卜辞中所見諸侯対商王室的臣属関係」（胡厚宣主編『甲骨文与殷商史』上海古籍出版社、一九八三年版）、楊升南『甲骨文商史叢考』線装書局、二〇〇七年版）。

（16）謝維揚『中国早期国家』（浙江人民出版社、一九九五年版、三八三頁）。

（17）林澐「甲骨文中的商代方国連盟」（『古文字研究』第六輯、中華書局、一九八一年版）。

（18）周書燦『中国早期国家結構研究』（人民出版社、二〇〇二年版、七頁）。

（19）王震中「夏代「複合型」国家形態簡論」（『文史哲』二〇一〇年第一期）、王震中「商代的王畿与四土」（『殷都学刊』二〇〇七年第四期）、王震中注（13）前掲書、四六五頁、四八五～四八六頁。

（20）王震中「甲骨文亳邑新探」（『歴史研究』二〇〇四年第五期）。商の「王畿」概念にかんしては、最古の用例は『詩』商頌玄鳥「邦畿千里、維民所止」にみえる。ここでの「邦畿」は漢代以後のいわゆる王畿である。

（21）甲骨文によれば、これら侯伯諸侯は侯・伯・子・男・任・田などの名称をふくみ、みな商王朝のもとで封地を有する諸侯である。そのうち、男・任・田は、古文献では同一の爵称とみなされ、男・任は甲骨文では通用するばあいもある。本文では、「侯伯等諸侯」の語を「侯・伯・子・男・田（甸）」などの諸侯の総称と解する。

(22) 中国社会科学院考古研究所編『殷周金文集成釈文』第六巻、香港中文大学出版社、二〇〇一年、一九四頁)。
(23) 于省吾『双剣誃尚書新証』(北平直隷書局、一九三四年)。
(24) 王震中前掲(19)論文、王震中注(13)前掲書、四六〇〜四六一頁。
(25) 陳夢家『殷虚卜辞綜述』(中華書局、一九八八年版、三二五頁)。
(26) 宋鎮豪「論商代的政治地理架構」(『中国社会科学院歴史研究所学刊』第一集、社会科学文献出版社、二〇〇一年、二七頁)、宋鎮豪「商代的王畿・四土与四至」(『南方文物』一九九四年第一期)。
(27) 王震中注(13)前掲書、四八二〜四八四頁。
(28) 山東省博物館「山東益都蘇埠屯第一号奴隷殉葬墓」(『文物』一九七二年第八期)、山東省文物考古研究所・青州市博物館「青州市蘇埠屯商代墓地発掘報告」(『海岱考古』第一輯、山東大学出版社、一九八九年)。
(29) 殷之彝「山東益都蘇埠屯墓地和『亜醜』銅器」(『考古学報』一九七七年第二期)。
(30) 中国社会科学院考古研究所安陽工作隊「河南安陽花園荘五四号商代墓葬」(『考古』二〇〇四年第一期)。
(31) 林歓「試論太清宮長子口墓与商周『長』族」(『華夏考古』二〇〇三年第二期)。長子口墓については、周初に宋地に封ぜられた微子啓の墓葬だとの見方もある。王恩田「鹿邑太清宮西周大墓与微子封宋」(『中原文物』二〇〇〇年第四期)、松丸道雄「河南鹿邑県長子口墓をめぐる諸問題——古文献と考古学との邂逅」(『中国考古学』第四号、二〇〇四年十一月)。
(32) 李伯謙「从霊石旌介商墓的発現看晉陝高原青銅文化的帰属」(『北京大学学報(哲学社会科学版)』一九八八年第二期)、殷瑋璋・曹淑琴「霊石商墓与丙国銅器」(『考古』一九九〇年第七期)。
(33) 中国社会科学院考古研究所編注(22)前掲書、第四巻、八四頁。
(34) それぞれ羅振玉『三代吉金文存』(中華書局、一九八三年版)の4.10.2と13.38.6参照。
(35) 河南省信陽地区文管会・河南省羅山県文化館「羅山天湖商周墓地」(『考古学報』一九八六年第二期)。
(36) 李伯謙・鄭傑祥「後李商代墓葬族属試析」(『中原文物』一九八一年第四期)。
(37) 李学勤「釈多君・多子」(『甲骨文与殷商史』上海古籍出版社、一九八三年)。

(38) 王震中注（13）前掲書、三五三～三五八頁。

(39) 王宇信・徐義華『商代国家与社会』中国社会科学出版社、二〇一〇年、一〇八頁）。

(40) 楊升南『商代経済史』（貴州人民出版社、一九九二年、五八頁）。

(41) 張政烺「卜辞裒田及其相関諸問題」（『考古学報』一九七三年第一期）。

(42) 楊升南注（15）前掲論文。

(43) 楊升南注（40）前掲書、六一頁。

(44) 楊升南注（40）前掲書、六一頁。王宇信・徐義華注（39）前掲書、一一一頁。

(45) 楊升南注（40）前掲書、六三頁。

(46) 楊升南注（15）前掲論文。

(47) 于省吾『殷契駢枝』釈氏（石印、一九四五年）。

(48) 李雪山『商代分封制度研究』（中国社会科学出版社、二〇〇四年、一〇四頁）。

(49) 卜辞では「王師」は「我師」ともよばれうる。諸侯はみずからの軍を「我師」ともよびうる。沚戫から商王への報告である、「土方征于我東鄙、𢦏二邑、𢀛方亦侵我西鄙田（合集6057正）」のなかの「我」が沚戫の自称であるのと同じである。

(50) 李雪山注（48）前掲論文、二四五～二五一頁。

(51) 林澐「从子卜辞試論商代家族形態」（『古文字研究』一九七九年第一期）。朱鳳瀚『商周家族形態研究』（天津古籍出版社、一九九〇年）。

(52) 丁山『甲骨文所見氏族及其制度』（中華書局、一九八八年、三三頁）。李学勤注（37）前掲論文は甲骨文の「王族」を王の親族よりなる直属部隊とする。

(53) 丁山注（52）前掲書。

(54) 王震中注（13）前掲書、五一〇頁注釈①。

(55) 李雪山注（48）前掲論文、一〇八頁。

(56)『詩』商頌殷武。
(57) 王震中「商代都鄙邑落結構与商王的統治方式」(『中国社会科学』二〇〇七年第四期)。
(58) 陳夢家注(25)前掲書、五〇三～五二二頁。
(59) 李学勤注(37)前掲論文。
(60) 王震中注(13)前掲書、三五八頁。
(61) 白川静「殷代雄族考・鄭」(白川静『甲骨金文学論集』朋友書店、一九七三年)。
(62) 王震中注(57)前掲論文。
(63) 林歓「晩商「疆域」中的点・面与塊」(『中国社会科学院歴史研究所学刊』第三集、商務印書館、二〇〇四年)。
(64) 甲骨文の「奠」字は目下、甲骨学界ではおもに四つの用法があると認められている。第一に、地名。この「奠」は「鄭」字にも釈され、鄭地・鄭族とされる。第二に、「置祭」。第三に、附属者を安置する方法。第四に、郊外の「甸」や、「畿甸」の「甸」の本字は、おそらく「奠」だとされる。
(65) 裘錫圭「説殷墟卜辞的「奠」——試論商人処置附属者的一種方法」(『中央研究院歴史語言研究所集刊』第六四本第三分、一九九三年)。
(66) 連劭名「殷墟卜辞中的戍和奠」(『殷都学刊』一九九七年第二期)。
(67) 伊藤道治「宗教の政治的意義」(『中国古代王朝の形成』創文社、一九七五年)。
(68) 李学勤主編『中国美術全集・青銅器』(上)(文物出版社、一九八五年、図版一〇九)。
(69) 李学勤・艾蘭『欧洲所蔵中国青銅器遺珠』(文物出版社、一九九五年、単色図版四〇)。
(70) 葛介屏「安徽阜南発現殷商時代的青銅器」(『文物』一九五九年第一期、封面)。
(71) 四川省文物考古研究所『三星堆祭祀坑』(文物出版社、一九九九年、三五～三六頁挿図・彩図九)。
(72) 中国社会科学院考古研究所安陽隊「安陽殷墟五号墓的発掘」(『考古学報』一九七七年第二期、図版XIIⅠ二)。
(73) 陳夢家「殷代銅器」(『考古学報』第七期、一九五四年、図六四乙、六四丙、図版肆拾壱、肆拾弐)。

（74）　王震中「試論商代「虎食人卣」類銅器題材的含義」（『商承祚教授百年誕辰紀念文集』文物出版社、二〇〇三年。王震中『中国古代文明的探索』雲南人民出版社、二〇〇五年所収）。

終　章

国家と文明の起源の研究は、考古学の実践の問題であるのみならず、理論的な問題でもある。そのうえ二者は、緊密にむすびついていなければならない。というのも、国家起源の過程と国家形成の初期段階には、文字で記載されたものがないので、考古学の発掘に頼らざるをえないからである。考古学は、古代の人類の実物遺存をとおして研究をすすめるものなので、それはたしかな根拠をもつものである。それは、歴史記載の制限も受けない。しかも考古学の文化編年は地層の前後の重複関係や、打破関係［先行する遺跡が後世の遺跡によって破壊されているばあい、その両者の関係を中国考古学の専門用語で打破関係とよぶ］を基礎とするものなので、考古学の反映する社会文化的変化にかんしては、論理と歴史の統一がみいだせる。とはいえ、考古学は解釈学的なものでもある。遺跡・遺物自体は、言葉をしゃべるはずのないものである。それは、技術的知識・経済的知識・環境的知識・人口学的知識等々を利用して、人類の活動の方法を上古の史実に則して解釈・分析することを求める。考古資料の分析・解釈にさいしては、往々にしていくつかの理論が形成され、いくつかの既存の理論を参考にすることもあろう。これこそが、筆者のいう理論と考古学的実践のむすびついた問題である。

かりに理論的刷新の面から着目すると、国家と文明の起源の研究においてもっとも魅力的なのは、起源の過程・道程・メカニズムの研究である。百余年来、国内外の学界が当該領域にかんして胚胎してきた一つ一つの理論モデルと学術的観点は、つねに「後者が前者を凌駕する」姿を当該課題の解決とし、そうして推進されてきたたゆまぬ努力

［の産物］である。数十年来、文明起源のいわゆる「三要素」や「四要素」の文明史観と、「首長制」などの人類学的理論は、モルガンの「部落連盟」説と「軍事民主制」説にとってかわり、たいへん活発であるようにみえる。それらは、理論と学術の功績ではある。けれども、そこには限界と不足もある。かくして、諸理論モデルの合理的要素をいかに整合・吸収し、かつどのようにその不足部分の克服を基礎とし、現実に則した理論的刷新を行なうかが、文明と国家の起源の研究をすすめる鍵となる。筆者はここ二十年来、聚落考古学と社会形態学の結合した方法を採用し、文明と国家起源の道程にかんする「聚落三形態進化」説を提起し、のちにまた、国家形態の進化の「邦国―王国―帝国」説を提起してきた。これは、この研究領域で推進される一つの試みと努力である。

国家と文明の起源の道程にかんする「聚落三形態進化」説は、文明起源のいわゆる「三要素」方式や「四要素」方式を解決するさいに、いわゆる「三要素」や「四要素」を国家社会（すなわち文明社会）到来のいくつかの現象形式・物化形式とみなし、それによって国家と文明起源の過程を詳論するなかで、これらの文明現象と向き合うものである。「聚落三形態進化」説は、首長制などの理論を揚棄し、おもに考古学の発見した「中心聚落形態」をとおして、先史～初期国家の過渡的段階の社会的不平等・階級・階層の起源の道程や、社会組織構造と権力の特徴などの問題を解決する。

また「邦国―王国―帝国」説が解決したのは、国家社会に入ったあとの国家形態の進化の問題である。それと、日本の学界で提起されている「都市国家―領土国家―帝国」説、中国の研究者が提起する「族邦時代―封建帝制時代」説、「古国―方国―帝国」説、そして「初期国家―成熟的国家」説などの理論モデルの違いは、名称概念の違いのみならず、国家形態の問題におよぶ。「王国」問題を例にとると、「邦国―王国―帝国」説では、王国は夏商周三代の複合制国家の構造と形態の問題をふくみ、夏商周三代の王朝国家内の王国（王邦）と邦国（属邦）の関係にかんする問題もふくむ。さらには、部族国家から「民族の国家」［national state］へ、そして華夏民族の形成過程における「自在民族」が「自覚民族」へと発展するという問題もふくむ。ゆえに筆者は、「聚落三形態進化」説と「邦国―王国―帝国」説は前後つながっており、徐々に進むものであり、内容的にゆたかで周到な学術体系をなすとのべた。「聚落三形態進化」説と「邦国―王国―帝国」説では、社会歴史発展のいくつかの段階と、関連する社会類型およびその前後の進化を分類するだけでなく、一連の専門的課題にも言及している。たとえば階級形成の道程にかんする問題。先史における権力の進化のなかで、その公的権力がいかに聚落ないしは首長制の空間的制限を突破し、国家権力を形成するのか、権力の空間性と宗教の社会性が先史時代の権力の進化上どのようにたがいに影響しあうのかという問題。先史時代において戦争は権力の集中にどう作用するのかという問題。「最高酋長―邦君―王権」のつながりと区別の問題。古代国家の概念・定義・指標の問題。古代の民族と部族の概念・定義と二者の区別と関係の問題。国家と王権の関係の問題等々。あきらかにこれらの問題に回答するには、理論上の刷新と研究上の推進をおこなわねばならない。

中国古代国家の起源の過程は、つまり、先史社会における絶えざる複雑化の過程である。この過程は、農業の起源と農耕聚落の出現を起点とし、平等な農耕聚落形態から中心聚落形態へと発展し、さらに都邑邦国形態へと発展するという過程をへた。

「平等な農耕聚落形態」という歴史的段階は、農業の起源と農業出現後の農耕聚落発展期をふくむ。旧石器晩期に、人びとは穀物栽培と家畜の飼育を試みはじめるのであるが、かかる植物採集から植物栽培への移行がいわゆる農業の起源である。農業の起源は人類史上の巨大な進歩である。農耕と牧畜を基礎とする定住型聚落の出現は、人類が文明社会へすすむさいの共通の起点である。農耕聚落の定住生活は、人口増加を促進し、土地の集身体所有制（つまり聚落所有制）は発展し、それによって聚落を単位とする経済・軍事・宗教儀礼・対外関係などの一連の活動が形づくられるようになる。それによって聚落を単位とする経済・軍事・宗教儀礼・対外関係などの一連の活動が形づくられはじめ、社会は過去の分散状態から一転して、区域と集中化の方向に沿って発展する。農業の起源とその初歩的な発展は新石器時代初期のことである。中国新石器時代初期とは約一二〇〇〇年前から九〇〇〇年前である。

九〇〇〇年前～七〇〇〇年前は中国新石器時代中期である。これは、農業が起源したあとの第一の発展期で、農耕聚落がひろまる第一の段階でもある。この時期の農業生産は、これ以前の新石器時代以前の遺跡とくらべ、あきらかに発展している。聚落のなかには相当量の穀物の蓄えがある。聚落の人口は、一〇〇余人のものもあれば、三〇〇余人のものもある。このときの社会は平等な聚落社会である。内モンゴル自治区敖漢旗興隆洼遺跡出土の玉玦、河南省舞陽賈湖遺跡出土の七孔の骨笛と占卜用の石を内部に装塡している亀甲、浙江省蕭山跨湖橋遺跡出土の大型の丸木舟、余姚河姆渡遺跡出土の櫓《ろ》などからは、このときの聚落社会の物質生活と精神生活がみな豊富で多彩なものであったことが窺える。このときの江南はすでに豊穣な地としての情景を呈している。賈湖遺跡には二三基の墓に亀甲が副葬され、『国語』楚語がいう「地天の通ずるを絶つ（絶地天通）」以前の「家家、巫史を為す（家家為巫史）」の情景と似ているようである。

七〇〇〇年前～六〇〇〇年前は新石器時代の中晩期か晩期前段で、考古学文化の仰韶文化初期でもある。このときの社会は依然としてほぼ平等な農耕聚落形態にある。陝西省臨潼姜寨・西安市半坡・宝鶏市北首嶺・甘粛省秦安大地湾第二期遺存の聚落がもっとも典型的である。塹壕に囲まれた村落には、数十～百基の家屋があり、いくつかのグループにわけられ、各家屋群の門はひとしく中央広場に向いており、円形で中心向きの配置を形づくっている。それによって、聚落内部では高度な団結と凝聚がみられるようになった。聚落の各方面の状況を総合すると、このときの一聚落は一氏族に似ており、聚落（つまり氏族）はまた大家族と核家庭［核家族］にわけられる。彼らは農業に従事するのみならず、狩猟・採集・陶器制作も兼業する。聚落は経済的に自給自足的で、内部の大小血縁集団同士と個々人同士の関係は、平等で仲むつまじいものである。

姜寨・半坡などの遺跡における、大面積の発掘と遺跡の保存が整ったことにより、政治経済学的角度から、聚落内の生産の組織・管理・分配・消費を少しく分析しうる。概括的にいえば、当該時期の生産の組織管理と分配関係には、少なくとも二つの層がある。すなわち、大家族単位の生産・分配と、家庭単位の生産・分配である。前者は農業・家畜飼育・陶器制作の手工業の各面にあらわれ、後者はおもに農業生産の部分的環節と農産物の分配をさす。この時期の消費は小家庭を単位とするものである。個々の小型家屋内には炉も生活用具・生産工具もあり、さらには少量の食糧も陶罐に蓄えられており、たいへん生き生きとしている。しかし、こうした消費はまた、さらにより大きな組織（大家族）がむすびついて行なうものと同様である。農業は当時の経済の基礎であるため、農業のなかでは、まず生産・分配・貯蔵の面で、家族と家庭が平行して展開するようになり、社会全体を動かし、氏族の束縛と制約から離脱し、家庭―家族経済と家庭―家族―宗族経済の構造へむかうであろう。

仰韶文化の初期社会は依然としてほぼ平等な農耕聚落であるけれども、仰韶文化半坡類型の魚紋・人面魚紋・蛙紋などの彩陶紋様が東西に陝西省・甘粛省にまたがる現象は、原始宗教中のトーテム崇拝とその転型［後述］が聚落空間における権力の制限をつきやぶるのに有効なことをしめす。河南省濮陽西水坡蚌殻堆塑の、龍・虎・人がくみあわさった造型は、当時シャーマンをも兼任していた部落酋長がいたことを物語る。河南省臨汝閻村出土の、瓮棺葬具として使用され、鸛《こうのとり》・魚・石斧の図が描かれている彩陶缸は、部落や部落集団における軍事首領の出現を反映し、これによっても一部の酋長権力の空間的範囲は一聚落に限られない。ゆえに仰韶文化初期以来、原始宗教と軍事戦争は、酋長権力が各自の聚落の空間的制限をつきやぶる二つのメカニズムとなったのである。

先史の権力システムの進化について、筆者は「権力の空間性と宗教的社会性」という命題によって国家の起源の過程を研究するなかで、原始宗教がいかに権力をもちいてその空間的制約を突破するのかをしめした。すなわち、ほぼ平等な農耕聚落形態段階では、聚落の首領がみずからの権力（精確にいえば権威）を他聚落に押し広げたいと考えたばあい、二つのありようしかない。一つ目は、軍事的需要よりなる部落連盟において最高の軍事首領を設けること。二つ目は、宗教崇拝の拡大・昇華によって聚落の限界を突破すること。仰韶文化初期の魚紋・人面魚紋・鼈紋（蛙紋）はみなトーテム崇拝の意義をもち、これらトーテム紋様の分布の広がりは、当時のトーテム崇拝がすでに完全に聚落と聚落の境をこえていること、原始宗教崇拝の社会性が十分展開していたことを物語る。

とくに指摘する必要があるのは、これらのトーテムをふくむ紋様が、すでにトーテム転型段階の産物であり、トーテム転型が、神権の開拓と密接不可分なものであることである。いわゆるトーテム転型とはつぎのような意である。すなわち、氏族制度が発展するにつれて、特定の動植物は早期にそれをトーテムとする某氏族団体にとっては、なお「トーテム祖先」としての意義をもち、同氏族の徽号・指標・氏族団体はなお相互にむすびついていた。だがそれは、守護神としてのべつの重要な作用も別途果たすようになっていった。あわせて、この氏族部落の本部族集団内部での地位が上昇するにつれ、この氏族部落のトーテムに淵源する守護神は本部族集団の守護神へと昇華し、他の氏族部落は自覚的に、これを崇拝物とするようになる。こうして一種のいわゆる「時代の流行」があらわれる。しかしかかる崇拝は、べつの氏族部落にとっては、「トーテム祖先」としてはあつかわれず、その守護神としての意義をもつ。月日がたつにつれ、この崇拝物は、本部族集団の団結を維持する力をもつようになり、当該部族集団を他の部族や部落集団と区別する指標となる。

聚落形態進化の第二段階（「中心聚落形態」段階）は、仰韶文化中期（すなわち仰韶文化廟底溝期）からはじまるものである。中心聚落形態段階の時間的範囲について、以前はそれを六〇〇〇年前～五〇〇〇年前に分類していた。だが新しい研究によれば、いくつかの地域においては、四五〇〇年前前後にまでのびるかもしれない。中心聚落形態段階としての考古学文化は、おもに仰韶文化の中期と後期（さらに廟底溝二期文化をふくむかもしれない）・紅山文化後期・大汶口文化の中期と後期・屈家嶺文化・崧沢文化・良渚文化初期などをふくむ。これらの考古学文化はいずれも中国新石器時代晩期に属する。中心聚落形態という段階は、首長制モデルの「単純首長制」と「複雑首長制」に相当し、モートン・フリードの社会分層理論の「階等社会」と「分層社会」の二期にもあたる。

中心聚落形態の社会は不平等なもので、その不平等さは二つの側面にあらわれている。一点は聚落内部で貧富の分化と貴族階層が出現していること。もう一点は聚落と聚落のあいだに中心聚落と普通聚落の結合する局面が生じていること。いわゆる中心聚落は往々にして規模が大きく、高いランクの特殊な建築物が備わっているものもあり、それには高級手工業生産と貴族階層が集中し、周囲の他の普通聚落とともに、聚落間の初歩的な不平等関係をなしている。

注意すべきは、同じ中心聚落形態であっても、社会の複雑化の程度のうえでは、違いがあることである。河南霊宝西坡村仰韶文化廟底溝期の遺跡では、二〇〇余㎡の特大の家屋二ヶ所がみつかったが、墓材料は、当時聚落内部に出現したのが初歩的分化にすぎないことを物語る。副葬品が豊富な数基の墓にはわずか四歳の子供がおり、十二点の器物（玉鉞三点と象牙製の鐲一点などをふくむ）を副葬している。そして玉鉞は、武器であろうと、斧類のシンボルであろうと、それによる仕事は四歳児がまことに従事できるものではない。これは、当該四歳児がもともとシャーマンとなるべき者であったにもかかわらず、不幸にも夭折したことを物語るようである。だからこそ、その死後の副葬品の器物は、数のうえでは発掘者が大型墓に分類したものと互角以上であるのみならず、種類のうえでも三点もの玉鉞をふくむのである。このため、かりに西坡遺跡の各墓の墓坑規模と副葬品数がいわゆる社会地位等級と初歩的不平等を反映するとすれば、そうした等級と不平等はけっしてその生前の個人的能力のたぐいによって決定されるものではなく、その血縁「身分」のたぐいによって決まるものであり、もちろん世襲的でもある。したがって四歳児が副葬可能なものには、玉鉞三点と、そして他のいわゆる大型墓と同様、多くの副葬品がふくまれるのである。この状況と、首長制モデルにおいて円錐形氏族が酋長との血縁関係の遠近によって族人の身分地位を決める原則は、人類学者フリードのいう「階等社会（rank society）」の「階等」の成立と似ているところがある。このように、仰韶文化中期（つまり廟底溝期の西坡遺跡）は、初級階段の中心聚落形態もしくはその雛形とみなすことができる。その社会の複雑化の程度は、だいたい同一時期の江蘇省張家港市金港鎮東山村遺跡よりも低いであろう。東山村遺跡は崧沢文化初期の聚落遺跡で、五八〇〇年前～五七〇〇年前のものである。当該遺跡墓地の大型墓の副葬品が豊富であること、大・中・小型の墓の副葬品数とその精美さがはなはだしいことは、いずれもここが比較的発達した中心聚落であったことを明白に物語っている。

典型的な中心聚落として、山東省泰安大汶口遺跡・莒県陵陽河・大朱家村遺跡・安徽省含山凌家灘遺跡・甘粛省秦安大地湾第四期遺跡はいずれも著名なものである。この五遺跡のうち前四者から、聚落内の貴族と普通族衆のあいだの明瞭な身分地位の不平等さと富の大きな格差をみてとれる。また原始宗教の神権と軍事が富を集中させる作用もみてとれる。さらに聚落の家族と宗族の構造および、それらが原始宗邑内で発揮する作用もみてとれる。大地湾第四期聚落遺跡内の特大家屋（F901）は、その規模と特殊な構造、ならびに全聚落内で核心的地位をもっていることから、権力の中心たる殿堂式建築であるとわかる。当該家屋内で出土した食糧測量器一式は、当該権力の中心が公的経済における分配の権利をふくむことをあらわす。

中心聚落形態階段のもうひとつの重要な現象は、すでに環壕聚落から城邑となり、城壁を築いている地域があることである。湖南省澧県城頭山遺跡と河南省鄭州西山遺跡が中心聚落形態階段の城邑遺跡である。城邑のこのときの出現は、建築芸術上の巨大な進歩であると同時に、危険の増加と防衛の必要性の増加の指標でもある。これは、人びとがみずからの聚落群内の政治・軍事・文化・宗教祭祀の中心をたいへん重視し、強力に保護したことによるであろう。

山東省莒県陵陽河・大朱家村・安徽省蒙城尉遅寺遺跡ではいずれも、幾例かの「」と「」という図像文字がみつかっている。筆者はこれを、天文暦法を掌る「火正」による、辰星大火の観象授時を表現したものと解する。この三ヶ所の遺跡は、いずれも大汶口文化晩期に属するが、陵陽河と大朱家村聚落には貴族が出現しており、聚落内の貧富の格差は大きく、社会的不平等も顕著で、社会の複雑化の程度も高い。一方、尉遅寺聚落には貴族はおらず、社会は分化しているけれども深刻ではない。尉遅寺聚落の「」と「」の図像文字の出現は、あきらかな社会の複雑化の発展を背景としているわけではない。これは、まず社会的不平等があって、のちに社会的役割の分業化があるのではなく、その逆であることを物語る。このほかに尉遅寺の刻画にかんしては、「」と「」の図像文字をもつ大口尊はおもに嬰児と児童の甕棺葬と祭祀坑にみられ、成人の墓から出たものはひとつもない。これは、大火星の運行を観察・祭祀するいわゆる「火正」職の担当が生来的なもので、特殊家族や宗族で伝承・世襲されたことを物語る。このほかに、「」と「」の図像文字の大口尊三点があり、一基の祭祀坑内に安置されている。これも、「」や「」のような図像文字の神聖性を物語る一助となる。つまり、甕棺葬のM96・M177・M215・M289・M321の死者五人は、もともとその成長過程で、当該家族と宗族の年配者による伝授をつうじて、大火星の観察と観象授時の能力を身につけ、そののち「火正」職を継承したのであるが、彼らは成年にならずに不幸にも夭折した。それゆえ聚落の人びと（つまり彼らの家族）は、彼を紀念し、彼の甕棺の葬具のうえに「」・「」のごとき図画文字を描いたのである。

中心聚落形態期の権力の特徴は、民事と神職がむすびついた神権主導の権力システムにある。紅山文化で神権が一聚落の枠を突破したことはもっともきわだつもので、これも筆者が提起する「権力の空間性と宗教の社会性」という命題の中心聚落形態段階における具体的情景である。紅山文化の古代民たちは、村落から遠くはなれた場所で独立した廟と祭壇を造営し、巨大な祭祀センターを形成した。これはけっして、一氏族部落がもちうるものではなく、部落群もしくは部族が共通の祖先を崇拝した聖地である。原始社会末期において各地方酋長は、まさに祖先崇拝と天地社稷祭祀の主催をつうじて、ようやく自己のすでに掌握している権力をさらに上昇・拡大させ、その等級地位をさらに強固にし、発展させることができたのである。

山東省泰安大汶口・安徽省含山凌家灘などの多くの遺跡は、いずれも神権政治の性格をあらわしている。とくに凌家灘の著名な墓（87M4）の大量の副葬品には、とりわけ多くの玉亀と、そして「天円地方」・「四極八方」の宇宙観などを刻んだ玉版、玉鉞八点、石鉞十八点がある。著名な墓（07M23）の大量の副葬品には、玉亀・玉亀状扁円形器と、玉鉞二点と石鉞四四点もある。これより、この大墓二基の墓主は、宗教占卜権と軍事権を一身にあつめ、つまり宗教の占卜と祭祀を掌握するのみならず、軍事指揮権も有していたとわかる。これはあきらかに、『左伝』成公十三年のいう中国古代の「国の大事は、祀と戎に在り（国之大事、在祀与戎）」現象の中心聚落形態段階におけるあらわれである。

おおよそ中心聚落形態後期以来、階級・階層の成立にともない、権力の階級と階層性も明白に浮上したが、権力の階層性は社会的役割とも不可分なものである。かかる社会的役割は、先史社会ではおもに祭祀・管理・公共工事などの公的仕事に体現される。これによって、上層巫師などの神職や各種酋長首領のたぐいの社会的分業と社会的階層が形成された。この点と、筆者がのべる階級成立の道程の一つ（「社会的役割」を担う者が公的事務を管理することによって台頭し、社会を統治するようになるという道程）とは一致するものである。

中心聚落形態段階になると、戦争の国家形成過程における作用もさらに強化される。社会的形態の変化と国家の成立にたいする戦争の影響は三点にわけられる。戦争は、外部では地区と地区、部族と部族、聚落と聚落のあいだの不平等を激化させ、邦国部落間に臣従貢納式の関係を出現させる。内部では、戦勝者のうちの統治階層に、新しい富と奴隷の来源を提供する。権力システムの点では、権力の集中を促し、原始社会の酋長権から邦国の邦君権へ、ならびに初期国家の邦君権から王朝国家の王権へとむかうさいに、いずれも重要な作用を発揮した。

社会の複雑化の過程は、階級と階層の成立もふくむ。これはまた、先史から国家への過程における重要な現象でもある。階級の起源にかんしてエンゲルスが提起した二本の道程（社会的役割が社会を統治することに転換することと、戦争捕虜から転化してくる奴隷）は普遍的意義のあるものである。この基礎のうえに、本書ではさらに一本の道程を付け加え、階級成立にもう一本の道程（父権家族と家父長権の出現が階級成立の広い基礎とおもな道程となること）があると提起した。この理論的観点の提起は、この問題の研究をもう一歩深化させるものであるといわねばならない。

父権家族と家父長権を階級成立の広い基礎とおもな道程とするこの理論的観点は、フリードの社会分層理論における未解決の問題を解決しようとするものでもある。分層社会成立の原因にかんして、フリードは以下の数点を提起している。人口増加の圧力と婚姻後の居住モデルの変化、基本資源の縮減や急劇な自然変化、技術変化や市場制度の衝撃がひきおこす生計経済モデルの変化、そして社会と儀礼制度が成熟するしるしとしての管理機能の発展である。案ずるに、フリードがいうこの数点は、けっして問題の実質ではなく、「階等」から「分層」までの変化のメカニズムには属さない。じっさいに、社会分層の問題とはつまり、階級と階層の起源の問題なのである。中国古代史の実態とむすびつけるならば、父権家族（つまり家父長権）の出現は階級と階層の起源の契機であって、これは、親族制の血縁的身分としての性質をもつ「階等」から、経済的権利としての性質をもつ社会分層へと転ずる、鍵のありかでもあると考えられる。

聚落形態進化の第三段階（都邑邦国段階）は、おもに五〇〇〇年前～四〇〇〇年前の龍山時代後期（四五〇〇年前～四〇〇〇年前）に誕生する初期国家段階をさす。もちろんその形成過程は、龍山時代前期（五〇〇〇年前～四五〇〇年前）をふくむ。この時期の考古学上のひとつの重要な現象は、大量の城邑が出現することであり、そのなかにはあきらかに国家の都城がある。もちろんここでは、城邑や城壁を一見したらすぐに国家がすでに存在していたと断定せよと主張しているわけではない。じっさいに、つとに中心聚落段階には城邑が出現している。たとえば、大渓文化と屈家嶺文化期の澧県城頭山城址や、仰韶文化晩期の鄭州西山城址は、中心聚落に属する。ただし、初期国家期の都城としては、条件を付加する必要のあるものである。その条件とは、案ずるに、第一に階級と社会分層、第二に城邑の規模・城内建築物の構造と性質である（たとえば宮殿・宗廟などの特殊な建築物が出現していること）。というのも、階層と階級の成立とむすびついた城邑のみが、階級社会での城邑に属するからである。一方、階級社会に入り、等級が明らかで、支配と被支配が基本的に確立している状況下において、城邑の規模と、宮殿宗廟をはじめとする城内の編制ははじめて、その権力システムが強制的性質をもっているということを明示しうる。権力の強制性は国家形成の重要な指標のひとつなのである。

中国の初期国家や最初の国家を「都邑邦国」とよぶのは、中国古代には国があれば城があり、城を建てることは国を建てることの指標であり、またそれが「都鄙」構造を形成するからである。「都」は国都・都城をさす。「鄙」は鄙邑をさし、都城周囲の村邑に属するものや、辺境地域の村邑に属するものがある。かかる大きな都邑邦国は、都城外にさらに二級・三級の聚落中心をも有し、二級・三級の聚落中心の周辺には鄙邑も存在しうる。ゆえに都邑邦国には城も領土もあるのであり、それは日本人研究者のいう「都市国家—領土国家」の「都市」概念と同じではない。

都邑邦国には、その初期段階においてさらにべつの大きな特徴がある。それは、邦国文明の多中心性と、邦国の林立である。七十余基の先史城址のなかには、なお中心聚落形態や首長制に属するものもあるとはいえ、すでに初期国家の邦国の都城に属する相当数の城邑もある。たとえば山西省襄汾陶寺・河南省登封王城崗・新密古城寨・山東省章丘城子崖・鄒平丁公・淄博田旺（桐林）・日照両城鎮・堯王城・湖北省天門石家河・四川省新津宝墩・陝西省神木石峁・浙江省余杭莫角山などが邦国の都城に属する。当時の黄河流域と長江流域で形成された邦国の林立状況は、歴史上、堯舜禹期を「万邦」・「万国」とよぶのと一致するものである。

事例研究の角度からみると、陶寺の都邑邦国と良渚文化の余杭莫角山の都邑邦国は、いずれも典型的なものである。陶寺の都邑邦国については、つぎのような歴史図面を描くことができる。すなわち、城壁をもつ巨大な陶寺都邑と、その周囲の村邑およびさらに広範にわたる聚落群の有する都鄙邑落構造は、初期国家における邦君都城・貴族宗邑・普通村邑のむすびついた構造をしている。陶寺の都邑と附近の村邑についていえば、「国野」構造を構成しうる。一方、陶寺都邑とその聚落群内の二級中心聚落・三級中心聚落についていえば、陶寺邦国は、陶寺都邑を核として一定の領土と地域範囲とさまざまな層をもつ、都鄙邑落構造である。陶寺墓の等級制は、社会内に階級と階層の分化があることをあらわしている。陶寺の経済生産には発達した農業と牧畜業があるだけではない。陶器製作・玉器製作・冶金などの手工業も、すでに農業から分離してきている。生産の専門化は、生産物をこれまでになく豊富なものとするが、不断に増加する社会の富は、かえってますます少数の人びとの手中に集まることになる。陶寺でみつかった二つの朱書陶文は、すでに都邑内で文字が出現し使用されていたことを物語る。陶寺の特定区域内でみつかった観象授時の天文台建築と、邦君の墓（M22）でみつかったとおぼしい、一七一・八㎝の長さの残る「漆木圭尺」は、陶寺邦国

の天文暦法の発達を反映している。陶寺の邦君は、暦法を頒布することをつうじて、

> 欽《つつし》みて昊天《こうてん》に若《したが》い、日月星辰を暦象《れきしょう》し、敬《つつし》みて民に時を授く（欽若（敬順）昊天、暦象日月星辰、敬授民時。『書』堯典）。

ということをしたのであり、本国においてのみならず、族邦連盟中でも、絶対の権威を樹立した。陶寺文明は当時の多くの邦国文明のなかでも立派なものである。

良渚文明にかんしても事例研究がすすめられている。近年における城壁の発見によって、それも都邑邦国文明とよびうる。良渚文明は目下、銅器の冶金精錬遺跡の発見はないけれども、その発達した玉器によって有名である。従来すでに良渚文明の玉礼器は銅礼器の役割を果たしたと論じられており、いわんや銅器の文明初期における実際の機能を過大評価してはならないのである［つまり良渚文化は銅器が多くないけれども、そもそも銅器のみを基準に文明を評価するのは不当であり、良渚文化ではむしろ玉器が銅器の機能を代替していたのである］。莫角山城邑内には文字はみつかっていないけれども、良渚文化呉県澄湖遺跡の陶罐上には、李学勤によって「巫鉞五俞」と釈読されている陶文四字のあることがみつかった。現在アメリカのハーヴァード大学サックリー博物館に収蔵されている黒陶貫耳壺にも、多くの陶文がみつかっている。これは、良渚文明の地域内でも、すでに文字の使用がはじまっていたことを物語る。良渚文化の墓材料があらわしているのは、社会分層と厳重な不平等さがたいへん突出したものであることである。要するに、中国の多くの絢爛たる遠古文化において、環太湖地区の良渚文化は、一粒の輝かしい宝玉なのである。その発達した稲作農業・大量にして精美な玉器・精巧な製陶技術・陶器符号文字資料、そして墓・大規模な城壁・城内の大型建築工程が反映している不平等や社会分層などの現象によって、良渚文化がすでに文明社会に入っており、すでに一個の文明古国（邦国）を形成し、環太湖地区全体が族邦連盟（邦国連盟）や集団をなしていることが確認される。

良渚文明の独特な点として、その玉器の精美さ、製作技芸の精巧さは人びとを感嘆せしめてやまない。その玉器上の雕刻の獣面紋と人獣のむすびついたいわゆる「神徽」などの紋様は、統一的で強烈な宗教崇拝のイデオロギーを表現しており、さらに人心を震撼させ、意味深長である。良渚文化において玉器が発達する現象からは、その宗教的雰囲気の濃厚さがみてとれ、礼制と貴族の名分制度の形成がみてとれた。良渚文化玉器の発達は同時期の他の文化をはるかにこえ、各玉器上にはしばしば生々しく、あるいは抽象化された神の形象（あるいは神徽紋様とよばれる）が刻まれている。これは、宗教が発達し、宗教的価値観を貴ぶことがたいへん強烈なことが良渚文明の顕著な特徴であることを物語る。それのみならず、良渚都邑邦国の君権にふくまれる族権・神権・軍権のうち、神権がとくに突出した位置にいることを物語る。良渚文明中の神権政治はあまりにも強烈・強大で、これはおそらく当該文明の勃興・発展の動因である。しかし、自然環境の異変に遭遇するや、それはまた重荷に耐えられずに崩壊したのであろう。

良渚文化の後継の馬橋文化においては、良渚文化のときの玉文化の特色と玉礼文化の到達レベルは、永遠に過去のものとなった。推測するに、良渚文明の上層集団はおそらく、自然災害などの原因によって郷里を離れ、あるいは逃げたのであり、彼らはべつの場所にゆくと、二度と輝かしい玉文化を創造する能力を結集させられなかった。一方で、退去しなかった普通の民衆は、馬橋文化の人びとと融合し、そののち「馬橋人」はけっして玉礼文化を貴ばなかった。これら良渚文明の「遺民」には、もともとの玉礼文化を発展させる要因も必要もなかったため、良渚文化の特質は馬橋文化に継承されず、両文化の面貌は截然と異なることになった。

龍山時代の初期国家と族邦連盟を研究するさいには、必然的に、夏代以前の古史伝説に向き合わねばならない。そして古史伝説を研究するばあい、まず処理すべきは、その時間と空間の関係である。『左伝』昭公十七年に、昔者、黄帝氏は雲を以て紀《き》［万事を統べる意］す。故に雲師と為りて雲もて名づく。炎帝氏は火を以て紀す。故に火師を為りて火もて名づく。共工氏は水を以て紀す。故に水師と為りて水もて名づく。大皞氏は龍を以て紀す。故に龍師と為りて龍もて名づく。我が高祖少皞摯の立つや、鳳鳥適々《たまたま》至る。故に鳥に紀し、鳥師と為りて鳥もて名づく。……顓頊より以来、遠きを紀する能わず。乃ち近に紀して、民の師と為りて命ずるに民事を以てするは、則ち能わざるが故なり（昔者黄帝氏以雲紀、故為雲師而雲名。炎帝氏以火紀、故為火師而火名。共工氏以水紀、故為水師而水名。大皞氏以龍紀、故為龍師而龍名。我高祖少皞摯之立也、鳳鳥適至、故紀於鳥、為鳥師而鳥名。……自顓頊以来、不能紀遠、乃紀於近、為民師而命以民事、則不能故也）。

とあるのによれば、五帝伝説を一時代の分れ目とすることができる。つまり、顓頊を境として、黄帝時代と顓頊帝嚳堯舜禹時代という二大時代に分けられる。

黄帝時代は、国家誕生前夜の「英雄時代」である。『商君書』画策篇には、

黄帝の世には、麛《べい》不《な》く卵不く［幼い鹿や鳥の卵を取らない意］、官に供備《きょうび》の民無し。死するも槨を用うるを得ず。事の同じからざるは、皆な王者、時に異なればなり。神農の世には、男は耕して食らい、婦は織りて衣、刑政用いずして治まり、甲兵起きずして王たり。神農既に没し、強を以て弱に勝ち、衆を以て寡を暴《あ》らす。故に黄帝は君臣上下の儀・父子兄弟の礼・夫婦妃匹の合を作為《さくい》す。内に刀鋸を行し、外に甲兵を用い、故に時変ずるなり。此れ由り之を観るに、神農は、黄帝よりも高きに非ざるなり。然るに其の名の尊なるは、時に適するを以てなり（黄帝之世、不麛不卵、官無供備之民。死不得用槨。事不同、皆王者、時異也。神農之世、男耕而食、婦織而衣、刑政不用而治、甲兵不起而王。神農既没、以強勝弱、以衆暴寡、故黄帝作為君臣上下之義（儀）、父子兄弟之礼、夫婦妃匹之合。内行刀鋸、外用甲兵、故時変也。由此観之、神農非高於黄帝也、然其名尊者、以適於時也）。

とある。これより、神農の世は男耕女織で、刑政を用いず、戦争の起きない、ほぼ平等的な農耕聚落社会であるとわ

かる。黄帝の世には上下の身分と礼儀、弱肉強食、衆が寡を脅すこと、対外戦争をすることがあらわれはじめ、これは、不平等がうまれ、社会に分化が発生し、しかしまだ国家が成立していない、いわゆる「英雄時代」である。このような時代をモルガンは「軍事民主制」時代とよんでおり、エンゲルスも「軍事民主制」の語をもちい、同時に「英雄時代」の語ももちいている。これは野蛮時代の高級段階で、国家へと変化する段階でもある。

顓頊帝嚳堯舜禹時代は初期国家時期に属する。『淮南子』斉俗訓に、

帝顓頊の法、婦人の男子を路に辟《さ》けざる者は、四達の衢に払《はな》つ（帝顓頊之法、婦人不辟（避）男子於路者、払（『太平御覧』に「祓」に作る。その通りであろう）於四達之衢）。

とある。これは顓頊期で、男尊女卑と父権はすでに制度（顓頊之法）となっている。これはもちろん父系社会に入ったばかりのことではなく、父系制度が相当長時間発展をへた結果である。『国語』楚語には、

顓頊は……乃ち南正重に命じ、天を司りて以て神を属《あつ》めしめ、火正黎に命じ、地を司りて以て民を属めしめ、……是れを地天の通ずるを絶つと謂う（顓頊……乃命南正重司天以属神、命火正黎司地以属民、……是謂絶地天通。『書』呂刑にも同様の記載がある）。

とある。これは、当時すでに専門的な神職の者があらわれていたことを物語り、祭祀兼管理階層の形成を意味する。宗教祭祀はすでに統治階層に壟断され、したがって社会はさらに複雑化されている。これは、文明化がすすむなかで、時代を画する現象の一つである。そのうえ、首長制（つまり中心聚落形態）と国家の重要な区別として、後者では全社会に君臨する強制的公的権力があらわれたことがわかる。一方、かかる強制的公的権力のひとつの重要な表現は刑罰の出現である。『左伝』昭公十五年引『夏書』ののべる「皐陶の刑（皐陶之刑）」、『書』呂刑篇のいう「苗民は……制するに刑を以てし、惟れ五虐の刑を作りて、法と曰い……（苗民……制以刑、惟作五虐之刑、曰法……）」はいずれも顓

項~禹の時期（もちろんおもに堯舜禹期）が強制的公的権力をそなえた初期国家期であったことを強力に物語る。

顓頊堯舜禹期の中原地区には、二つの大きな政治的景観がある。邦国林立と族邦政治連盟である。堯舜禹の禅譲伝説は、族邦連盟の盟主の位が連盟内で移動し、つながっている状態を生き生きと描いている。堯舜禹期の「万邦」のうち、まだ夏商周三代のような中央王国をなす「国上之国」はまだ生まれていないため、当時邦国連盟のリーダーシップは、多くのばあい、平和裏に推薦方式で成立した。これが、堯舜禹禅譲伝説の由来である。ある時期には、盟主の成立は政治的軍事的な力に頼らねばならなかったかもしれない。これが、いわゆる「舜は堯に逼《せま》り、禹は舜に逼る（舜逼堯、禹逼舜。『韓非子』説疑）」という事情を生じさせたのであろう。堯舜禹禅譲の古史伝説が映し出すいわゆる民主制は、邦国同士の平等な関係の謂であり、けっして某邦国内部の関係ではない。ゆえに、堯舜禹禅譲伝説によって、各邦国内部の社会的性質をはかることはできない。かつて堯舜禹禅譲伝説によって各邦国内部の社会的性質を解釈したことは、誤りのようなのである。同様に、『礼記』礼運に「天下もて公と為す（天下為公）」の大同世界なるものが描かれているのは、当時の政治的実体の体制面における最高層が邦国同士の連盟で、なお一元的政治の王朝体系があらわれていないからである。『礼記』礼運が小康の「家天下」を夏王朝にはじまるものとしているのは、夏代になってようやく多元一体的王朝体系があらわれたからである。「国上之国」の王国はあらわれておらず、「家天下」の政治的構成はあるわけがない。「家天下」の「天下」は、中原の王国をふくむのみならず、王国の諸邦国をもふくみ、その構造は「共主」の存在を前提とするのである。

堯舜禹の古史伝説から、堯舜禹が二重身分であることがみてとれる。彼らは、まず本邦本国の邦君で、みな連盟の「盟主」（つまり「覇主」）を担ったこともある。唐堯が虞舜に禅譲したのは連盟の盟主位で、唐国君主の君位ではない。堯舜禹時期の連盟にかんして、かつて学界では一般にこれを「部落連盟」とよんでいた。しかし、堯舜禹期の「万邦」

の政治的実体ではいくつかの初期国家が出現済であったこともたしかで、私たちはこれを「族邦」や「邦国」とよぶ。すると、事物の性質上つねにその主要な矛盾の主要な面が規定をすることからみれば、堯舜禹期の諸部族間の関係は「部落連盟」とよぶよりも「邦国連盟」や「族邦連盟」とよぶほうがよい。唐堯・虞舜・夏禹のあいだの関係は、じつは邦国同士の関係である。当時、勢力の相互的消長にともない、唐堯・虞舜・夏禹はみなあいついで「族邦連盟」を担ったことのある盟主にすぎなかった。かかる盟主の位が、夏商周三代のときの「天下共主」の前身である。つまり、夏商周三代における「天下共主」の君主位は、堯舜禹期の族邦連盟の「盟主」や「覇主」より転化してきたものなのである。

民族形成の角度からみて、顓頊堯舜禹期の国家は部族国家に属する。部族は歴史上、部落より高層で、部落の範囲より大きく、共通の言語・共通の文化があり、内部のそれぞれの地理的配置はつらなっており（当初は各部分の地理的配置はつながっており、のちに一部は遷徙してゆくこともできる）、血統的特徴（たとえば姓族や族の系譜）を有する族共同体である。部族国家の特徴は、国家の民衆やそのおもな民衆が某一部族に属していることである。したがって、国家の政治的生活において血縁関係は、さらに大きな作用を発揮する。ときには国君の名と部族の名が重複することがありうる。国家の最高保護神は部族の祖先神（部族宗神）でもある。あるときには部族は国家と同一視できる。しかし、部族の遷徙などの原因により、同じ一部族の人びとは、いくつかの小国家を建てうるようにもなる。部落から民族までの発展過程において、部族と部族国家はその中間の重要な一環節である。そしてすでに部族を形成している状況下においては、各個部族間の族邦連盟は、部族から民族へ、部族国家から「民族の国家」への重要な一環である。中原地区の堯舜禹の族邦連盟は、まさにさまざまな部族よりなり、それはその後の華夏民族の形成にとっての基礎を定めたのである。

民族といえば、本書では民族を「古代民族」と「近代民族」の二種類にわけ、このようにしてスターリンの民族の出現時期にたいする制約を突破した。そのうえで中国古代民族の出現時間の上限を論ずるならば、かりにマルクス・エンゲルスの経典の理論に基づくとしても、血縁関係が消え去ったか否かを民族形成の指標とすることはできない。ひとつひとつの民族はみずから共通の地域をもつが、「共通の地域をもつこと」と「地域ごとに分けること」は二つの異なる概念である。古代民族について本書では、民族の自然属性にもとづいて、こう定義することを主張する。すなわち、古代民族では人びとが古代から形成しはじめた共通の言語・共通の地域・同じ経済生活があり、そして共通の文化があり、安定した、部落より高く、より幅広い人びとの共同体である。上述の「共通の語言、共通の地域、同じ経済生活、共通の文化」という四大要素のうち、本書がここで使用しているのは「同じ経済生活」であり、スターリンの用語は「共通の経済生活」である。この「共通の経済生活」は、スターリンにおいては、資本主義時期の経済的連繋をさす。案ずるに、近代民族にとって、こうした共通の経済生活は「民族市場」・「民族の経済中心」・「民族貿易」などの民族の経済的連繋をさしうるが、古代民族にとっては、社会はまだこうしたレベルの経済的連繋に発展していない。このため本書ではそれを「同じ経済生活」に改める。このようにしてようやく古代史の実情により符合する。このほかに民族の「共通の地域」問題にかんしては、こう考えられる。すなわち、某時期に民族共同体が形成したのち、その一部の人が遷徙・移民・植民し、それによって同一の語言を語り、同じ文化をもつ人びとがはるか遠くへ分散したのである。と。つまり、そうした状況下で同一民族がのちに異なる地域・国に居住しうるのである、と。このため、「共通の地域」などの民族の自然属性にかんしても、動態的・弁証的な分析をなすべきである。

堯舜禹の族邦連盟の期間は長い。ゆえにそれは、徐々に、部族意識をこえるなんらかの新しい文化的要素を生み出すであろう。そして、そうした新しい文化的要素は、各部族の人びとを民族へと発展せしめる動因であり、またそれは血縁的部族を文化的民族へ向かわせる。しかし、族邦連盟は結局散漫で不安定なものなので、盟主の交替にともなって、連盟の中心も判然としない。ゆえに民族の形成にとっては、たんになんらかの新しい文化的要素があっても、まったく十分ではない。それは、さらに広範囲の、邦国の制約をこえ、諸部族の「大国家的メカニズム」を受容・内包しうるものでなければならない。そののち出現した夏王朝の史実にてらせば、かかる「大国家的メカニズム」は、本書でいう「複合制国家構造」である。複合制国家構造があってはじめて、多元一体的政治構造が出現するであろう。そうして国家内に多くの部族を受容できる。それによって、分散する部族国家は、ある種の形式的統一的な「民族の国家」へとむかい、王朝体制下の大文化を血脈・紐帯とする華夏民族が出現するのである。

夏王朝は、中国史上最初の王朝国家である。夏王朝の出現によって、中国の初期国家は、邦国形態から王国と王朝国家形態に転じることになる。夏商周期の王朝国家は、一種の複合制国家である。その複合制は、王朝内に王国と王国に従属する属国（属邦）の二大部分がふくまれることをさす。夏代においてそれは、夏后氏と他の従属する族邦よりなる。商代においてそれは、「内服」地の王国と「外服」地の侯伯などの属邦よりなる。そのうち、王国は「国上之国」、属邦は「国中之国」で、それらは王を「共主」とし、不平等な構造関係にいる。つまり王国の「国上之国」の地位は、それが中央地域（中央王国とよびうる）に位置するためだけではない。さらに主要なのは、それが王の本邦で、王が他の属邦を支配する基本的力量を用い、王の「天下共主」の地位が王国の「国上之国」の地位を決めるからである。そして王朝に従属する邦国は、独立の主権をもたないか、主権が整っていない。そのうち、あるものは甲骨文で侯・伯などとよばれる。これらの侯伯などの属邦と、後世の郡県制下の行政機構や行政等級は、同じものではない。商王朝の属邦のなかには、夏王朝のときにすでに存在していた邦国があり、商のときにはそれらは商王朝の地方の権力機構に転じてはいなかった。それらは商王朝に臣服もしくは服属し、当該邦国の主権を不完全なものとするだけで、主権は完全には独立できない。しかし、それらの邦国としての他の性能はいずれも備わっており、ゆえに王朝内に「国中之国」を形成した。つまり王朝に従属する属邦は、王を「共主」とし、王の差配と支配をうけたのであるが、その内部では王のもとに多層的な隷属関係を築き、ある程度の相対的独立性をもつ。このため本書では、王朝国家の複合制構造とは「国家」のなかに「国家」が覆われてあることで、それは王国（王邦）も属邦（侯伯などの国）もふくみ、王国と属邦（諸侯）がともにあわさっている複合制国家形態であるというのである。夏商周三代の王権も、こうした複合制王朝国家の王権をさし、このような王権は王国を統治するのみならず、王に従属する侯伯などの属邦をも支配している。

夏商王朝の複合制は、それが「民族の国家」に属することを決定づけた。その民族こそが華夏民族である。しかし、夏商期の華夏民族はまだ「自在民族」に属するにすぎない。いわゆる「自在民族」は、民族意識がまだ朦朧として潜在的な状態の民族である。それは一個の民族としてすでに存在してはいるが、みずからはまだそれを自覚せず、完全には意識していない。夏商期の華夏民族はこのような状態である。西周時期になると、華夏民族の共通の文化はさらなる拡充と発展をし、民族文化内の儀礼制度・典章制度はさらに完全となり、民族意識も姿をあらわしはじめる。これによって周人は、「我有夏」と自称するようになり、夏を正統とするようになる。また春秋戦国時期になると、周の天子を「天下共主」とする複合制国家構造は有名無実となり、儀礼と征伐は天子によっては行なわれず、天下は混乱状態となった。本民族が共居する地では、異族の人びとが頻繁に出現し、これがようやく「華夷之弁」の思想を生み、それは華夏民族の一体性を強調した。かかる華夏民族の自覚意識は、強烈な「華夷之弁」の需要にともなって、はっきりと浮かび上がってくるものである。「華夷之弁」の「弁」は、華夏文化と蛮夷戎狄の違いである。それは、「華夏」のような民族呼称をつうじて、中原をよりどころとする本民族の衣冠服飾・儀礼制度・典章制度が夷狄と異なる点を強調する。こうしたことによって、華夏民族は、「自在民族」から「自覚民族」へと転じた。自覚民族は、一種の「文化民族」であり、強烈な民族の自覚意識をもつ民族である。

夏商時期の華夏民族は一個の「自在民族」である。それによって民族内部（つまり複合制王朝国家内部）では、部族間の境界線はけっして消し去られていない。民族内には部族がありつづけている。これが、王朝国家を構成する多くの属邦が諸部族に分かれ属している理由である。夏・商・西周時期の華夏民族をつなぐ紐帯は、第一にこうした複合制国家構造、第二に夏より継承されたものと、商・周によって継承された礼制・典章を核心とする大中原文化である。このことは、孔子がのべていることで、殷は夏礼に因り、周は殷礼に因るということである。それらのあいだには、たんに増減があるのみである。夏商周の複合制王朝国家は、このとき華夏民族の外在的骨組であり、その基礎でもあり、民族の一体性をつなぐ基本的保障でもあったのである。

中国古代の王権は、夏・商王朝の誕生にともなって出現するものである。王権と初期国家の邦国君権との区別は、つぎの点にある。すなわち、王権は本邦（王邦つまり王国）を支配するのみならず、王邦に従属する他の邦国をも支配し、それは複合制王朝国家の最高権力である。商朝の王権を例とすると、つぎの点がみてとれる。すなわち、商王は、「内服」の王邦の土地所有者であるのみならず、「外服」（侯伯などの属邦）の土地の最高所有者でもある。「外服」（侯伯などの属邦）は商王に貢納する義務がある。商王は「内服」の「王師」を統帥することもあれば、「外服」の軍事力を統帥することもある。軍権・神権・族権は、王権の組成部分であるのみならず、王権の支柱でもある。そのうち、神権にふくまれる「天命王権」の観念は、商王による統治の正当性を顕示している。王権の強大さとその軍事力の強大さとは、密接不可分である。王邦の族権は、王権のもっとも基本的なよりどころである。王朝の複合制構造によって、王邦（つまり「内服」の地）と侯伯などの属邦（つまり「外服」の地）とにたいする王権の統治方式には、直接統治と間接支配の違いがあるようになるが、ばあいにおうじて、この二つの方法の混用（直接統治と間接統治の結びつき、地方邦君と朝臣身分のむすびつき）もあらわれるようになる。このほかに、異族の邦国にたいしては、軍事的征服と精神的懐柔がむすびついた方法も採用される。商代の王権をあらわすこうした統治方式は、けっして商王の個性に左右されるものではなく、商代の国家体制・国家結構と国家形態の発展度によってきまる。

王国と複合制王朝のあとにくるのが帝制国家である。中国古代帝国段階は、戦国時代のあとの秦王朝にはじまる。帝国期の専制主義中央集権は、上から下へと重層的に行政的隷属関係が築かれ、単一的な中央集権国家構造をしており、そのメカニズムは郡県制である。帝制国家構造内で実行される郡県制は、先秦時期の采邑・分封制とはまったく異なるものである。采邑・分封はともに世襲されるもので、郡県制内の各官吏はみな皇帝と中央によって直接任免される。王朝と封国、王朝内の王や貴族の封地と采邑、諸侯国内の邦君や貴族の封地と采邑のあいだには、上下の隷属関係もあるとはいえ、行政管理上の関係ではない。それゆえ封国・封地もしくは采邑も、戦国秦漢以来の地方行政機構とは異なり、それによって地方行政管理の等級をわけることはできない。これこそが、複合制王朝と郡県制中央集権の帝国王朝の国家構造と統治方法のうえでの違いである。

後　記

本書は中国社会科学院の重点プロジェクトであり、国家社会科学基金プロジェクトでもある。二〇一一年末に完了し、中国社会科学院と国家社会科学基金の二つの優秀等級を獲得し、かつ審査をへて「国家哲学社会科学成果文庫」に列せられた。

そもそも研究者の学問にたいする追求とは、往々にして著書を執筆し、学説を立てる点にしめされる。学説の定着の是非は、理論や思考上の思索以外に、「注意深く証拠を求めること」に多く打ち込むことにかかっている。本書でもこのような願望と精神を抱きつつ、とくに理論的思考と実証の結びつきを重視し、研究上の一連の問題の所在にたいしてみずからの考え方を展開した。現在読者の面前にしめされているのは、筆者が数年来探求してきた「国家と王権」にかんする一つの報告であるといえる。なおも検討中の多くの問題があり、専門家の御批評・御指正も乞う次第である。

本課題の研究過程で多くの友人を得、とくに考古学界の友人たちの助けと指示を得られた。筆者は考古学界の友人たちと長年の誼があり、彼らといくつかの問題をよく検討した。彼らは新著や発掘報告の出版のたびに、そのすべてを筆者に贈ってくれた。新しい考古学の報告会があれば、これまたすべて知らせてくれた。これによって筆者は、資料上でも新しい認識の上でも大きく啓発された。このように友人がたいへん多いため、お一人お一人の御名前をあげることはできないが、ここに謹んで謝意を表する。

本書出版にさいして、筆者はとくに中国社会科学出版社の責任編集者である黄燕生氏に感謝したい。筆者の原稿提出は一ヶ月遅れたが、全国哲学社会科学規範は規定どおり二〇一三年三月二十日以前に本書の刊行を求めた関係で、彼女は春節の休日をすべて本書に用いてくれた。組版して丁寧に校正原稿をチェックし、誤りを正し、図や口絵を調整し、多くの苦労を払ってくれた。ここに深甚に謝する。

王　震　中

二〇一三年二月二十三日

日本語版のあとがき

拙著『中国古代国家的起源与王権的形成』は、二〇一三年に中国の「国家哲学社会科学成果文庫」に選定され、中国社会科学出版社より出版された。その後、柿沼陽平博士が、中国国家社会科学基金の「中華学術外訳項目」として拙著を日本語に翻訳し、汲古書院から出版されるはこびとなった。

本書は、近年私が歴史学と考古学をむすびつけて中国上古史の理論と方法を研究してきたことを系統的・全面的に体現したものである。それゆえ私とって本書は、重要な専門書である。原著の刊行以来、この三、四年のあいだに、夏商周三代の王権、国家形態の構造と民族類型の対応関係、そして「国家のアイデンティティ」と「民族のアイデンティティ」の関係については、私の研究に多少進展したところもあるが、原著で提示した理論モデルにかんしては現在もなんら変更はなく、現在にいたるまで一貫している。

原著を日本語で出版するにさいしては、とくに柿沼陽平君に謝意をのべたい。彼は拙著の翻訳にさいし、彼のこれまでの学問のありようと同様、辛苦をいとわず、きわめて真摯に、一字一句にこだわりながら翻訳をしてくれた。そして中国の翻訳界が賞賛する「信・達・雅」の水準に達するよう心掛けてくれた。とくに翻訳の過程で、柿沼君は、訳文を正確にすべく、たびたび私と電子メールでやりとりをかわし、意見交換をした。その過程で、彼は、原著所引の文献を逐一原文と照らし合わせ、誤りを訂正し、訳者としての責任をしっかりと果たしてくれた。たいへん得難いものである。このほかに、私はまた、汲古書院が拙著を重視し、日本で刊行してくださることにたいして、衷心より御礼申し上げたい。また中国国家社会科学基金資助の助成にたいしても深く謝する次第である。

二〇一八年三月一日　北京

王　震　中

訳者あとがき

本書は、王震中『中国古代国家的起源与王権的形成』（中国社会科学出版社、二〇一三年）の全訳である。中国語で約六〇万字にのぼる大著である。ここでは、王震中氏の経歴、訳者との関係、本書の学術的意義についてのべたうえで、本書の概略を訳者なりにまとめておきたい。

王氏は一九五七年一月に陝西省楡林市で生まれた。一九八二年一月に西北大学歴史系考古専業を卒業後、一九八四年十二月に中国社会科学院研究生院で尹達氏・張政烺氏・楊向奎氏の指導のもと、歴史学修士号を取得した。一九八五年一月以来、中国社会科学院に勤め、一九九一年八月には副研究員になるとともに、ひきつづき学問に従事し、一九九二年七月には田昌五先生の指導のもと、中国社会科学院研究生院で歴史学博士号を取得した。博士在学時の一九八九年四月から一九九〇年四月には、日本の関西外国語大学に留学し、伊藤道治氏に師事した。一九九五年から一九九六年には日本学術振興会特別研究員としてふたたび関西外国語大学と京都大学で研鑽を積み、帰国後の一九九八年八月には研究員に昇進した。さらに、一九九九年から二〇〇〇年には日本国際交流基金プロジェクトによって東京大学東洋文化研究所の平勢隆郎氏のもとで訪問研究に従事した。その後、中国社会科学院歴史研究所副所長や中国社会科学院研究生院歴史系主任などを歴任され、二〇一四年七月には中国社会科学院学部委員に、二〇一八年三月には中国人民政治協商会議第十三届全国委員会委員に選出された。また学会では、中国殷商文化学会会長、中華炎黄文化研究会副会長、国家広播電視総局電影審査委員会委員などの重責を担ってきた。現在は、中国人民政治協商会議第十三回全国委員会委員、中国社会科学院学部委員（院士）、中国社会科学院大学人文学院学術委員会主任、中国社会科学院大学特聘主席教授、中国社会科学院歴史研究所研究員、博士生導師である。このように、王氏はまぎれもなく現代中国の学術界を担う最高権威のひとりである。

著作物も膨大で、一三〇余篇にのぼる学術論文にくわえ、以下の著作がある。

1．単著『中国文明起源的比較研究』（陝西人民出版社、一九九四年初版、一九九七年再版。中国社会科学出版社、二〇一三年増訂本、当代中国学者代表作文庫所収）。なお本書は一九九七年十二月に「第二届全国青年優秀社会科学成果専著賞一等賞」と「首届胡縄青年学術賞」を受賞。

2．単著『中国古代文明的探索』（雲南人民出版社、二〇〇五年初版、二〇〇六年再版）。

3．単著『商代都邑』（中国社会科学出版社、二〇一〇年）。二〇一三年に第三届中国出版政府賞受賞。

4．単著『商族起源与先商社会変遷』（中国社会科学出版社、二〇一〇年出版）。なお本書は二〇一三年に「第三届中国出版政府賞」を受賞。

5．単著『中国古代国家的起源与王権的形成』（中国社会科学出版社、二〇一三年出版）。なお本書は二〇一六年に「第二届全球華人国学成果賞」を受賞。

6．単著『重建中国上古史的探索』（雲南人民出版社、二〇一五年出版）。

7．共著『中国古代文明与国家形成研究』（雲南人民出版社、一九九七年初版、一九九八年再版。中国社会科学出版社、二〇〇七年第三版）。なお本書は二〇〇〇年に「中国社会科学院優秀成果二等賞」を受賞。

8．共著『民族与文化』（広西人民出版社、一九九〇出版）。

9．共著『国際漢学漫歩』（河北教育出版社、一九九七年出版）。

10．共著『簡明中国歴史読本』（中国社会科学出版社、二〇一二年出版）。
11．共著『簡明中国歴史知識手冊』（中国社会科学出版社、二〇一三年出版）。
12．主編『追尋中華古代文明的踪迹――李学勤先生学術活動五十年紀念文集』（復旦大学出版社、二〇〇二年出版）。

これらのうちの五番目の著書こそが本書である。本書は刊行準備段階から中国国内で非常に高い評価を得、中国社会科学院重点プロジェクトと国家社会科学基金プロジェクトに選ばれ、優秀等級を獲得し、「国家哲学社会科学成果文庫」のひとつとして刊行された。本書の序文は、かの李学勤氏が寄稿したものである。その後、中国国内ではさっそく著名な研究者による書評が次々にものされた。晁福林氏が『光明日報』（二〇一三年十一月十八日）に、王宇信氏が『中国史研究』二〇一四年第二期に、許宏氏が『中国社会科学報』（二〇一三年十一月十一日）に、魏建震が『史学理論』（二〇一四年第二期）にそれぞれ寄稿しており、いずれも本書にたいへん高い評価を下している。

ところで訳者は二〇一〇年一月から二〇一一年二月にかけて、恩師の工藤元男先生のご紹介で、中国社会科学院の王震中先生のもとに留学した。日本学術振興会特別研究員ＰＤとして、同会の「優秀若手研究者海外派遣事業」による訪問研究であったが、実際には中国語を勉強しつつ、しばしば社会科学院に顔を出すかたちで日々を過ごした。社会科学院の研究者は原則毎週火曜日に出勤するので、訳者はそのときに王先生としばしばお話する機会をもった。そのとき、学界の重鎮たる王先生が会議や学会で日々各地を飛び回るさまをみて、現代中国の最先端を担う研究者のバイタリティに圧倒されたものである。そののち訳者は、当初の研究課題であった殷周宝貝研究を離れ、少しずつ時代を下ってゆき、二〇一〇年以降は魏晋経済史に興味関心を抱いていたため、王先生の著作を目にする機会は減っていった。そうしたなかで、二〇一四年三月頃に翻訳依頼を受けた。訳者は当時すでに帝京大学に勤め、東洋史概説などの通史の授業をもち、授業のたびに自身の見識の狭さに恥じ入るばかりであったため、オーバーワークと知りつつも、ちょうどよい勉強の機会であるとして受諾した。もっとも、王先生は日進月歩の考古学・歴史学研究をふまえた本書のいち早い刊行を望んでおられたが、訳者は当時複数の仕事を抱えていたため、本格的な翻訳開始は二〇一七年春にズレ込んだ。幸いに中国国家社会科学基金資助に採択されたが、訳書の刊行締切は二〇一八年七月と定められてしまった。かくて、きわめてタイトなスケジュールのなか、他の仕事と同時並行で、訳業を行わざるをえなくなった。細心の注意をはらったつもりであるが、わかりにくい箇所や誤訳があれば、その罪責はすべて訳者が担わねばならない。

つぎに本書の概略を訳者なりに整理しておきたい。

序論　国家の定義には従来諸説あり、欧米では一般に、古代国家の特徴として三点が挙げられる。①強制的な権力をもつ、②すでに階級や階層分化がある、③民が血縁枠を超えて地縁により結びついている。だが中国古代国家のばあい、なお血縁の重要性が高く、③は曖昧である。また現代国家は領土をもつが、古代国家には辺境があるのみである。そこで中国古代の例もふまえると、古代国家は「一定の領土的範囲と独立の主権をもち、階級・階層・等級のたぐいの社会分層があり、合法性をそなえ、壟断的特徴を帯び、全社会に君臨する強制的権力をもった政権組織と社会体系」と定義される。古代国家の成立要件には、したがって、上記①と②、すなわち階級の形成と、社会に君臨する公的権力の形成の二点があることになる。この二点は考古学的に検討可能な指標である。なお国家成立前後の時期にかんして従来は、軍事民主制・部落連盟・首長制・社会分層などの術語による説明が試みられてきたが、どれも中国古代史の実態をふまえた議論でなく、適宜概念を彫琢しなおす必要がある。筆者自身はその点を念頭に、国家成立前後の変化過程を以下の三段階に分けて説明すべきと考える。

①ほぼ平等な農耕聚落期（紀元前一万年から前四〇〇〇年頃）。

②初歩的な不平等をふくむ中心聚落形態の段階（前四〇〇〇年から前三〇〇〇年頃。仰韶中後期、紅山後期、大汶口中後期、屈家嶺前期、崧沢・良渚文化初期など）。

③都邑邦国の段階（前三〇〇〇年から前二〇〇〇年頃。龍山初期から晩期の国家形成段階。代表的都邑遺跡には山西省の陶寺があり、その周辺は邦国連盟を締結する）。

そののち夏商周時代になると、特定の邦国の盟主を「天下共主」や「国上之国」とする複合制国家が形成される。このときにじめて全社会に君臨する強制的権力システムがうまれ、王は、みずからの王邦のみならず、周辺の属邦をも支配しはじめる。それは③の都邑邦国（邦国連盟）段階とも、秦漢時代以後の「帝国」とも異なる。「帝国」の各官吏が皇帝と中央に直接任免されるのに対し、複合制国家内の封君の封地や貴族の采邑は、王とのあいだに上下関係はあるものの、必ずしも行政的管理関係にはない。かくて王国は「天下共主」の地位を得、王位は世襲され、王権の正統意識と正統観が形成される。次章以下ではその具体的過程を個別に論ずる。

第一章　前一万年から前七〇〇〇年は中国新石器時代初期である。すでにイネの遺存がみつかっており、多元的起源を有するとおぼしい。中国の南北にはつぎの五種類の遺跡がある。

①洞穴遺跡……仙人洞、玉蟾岩遺跡など。狩猟・採集・漁撈・イネ栽培に従事する定住民が暮らす。

②貝塚遺跡……沿海部や河川沿いに分布する。民は貝類採集のほか、狩猟・漁撈に従事する。

③盆地内の平坦な場所にある遺跡……上山遺跡など。

④丘陵地帯や山間地帯の河谷大地上の遺跡……東胡林遺跡など。

⑤平原の聚落遺跡……南荘頭遺跡や彭頭山遺跡など。

以上五種類の新石器時代初期遺跡は一般に小規模である。狩猟・採集・漁撈・穀物栽培のなかで、しだいに農作物の比重が増してゆくが、民はなお貧乏で社会は平等である。一方、紀元前七〇〇〇年から前五〇〇〇年は中国新石器時代中期で、農業の発展がみられる。南方の彭頭山遺跡、跨湖橋遺跡、河姆渡遺跡、南北境界線上の舞陽賈湖遺跡、北方の磁山遺跡、裴李崗遺跡、北首嶺下層遺跡、白家村遺跡、北辛遺跡、興隆和遺跡などが有名である。これらの遺跡では占有面積と人口の増加がみられ、周囲の自然地理環境も上手に活用されている。音楽史上に燦然と輝く骨笛や、占いに用いた亀甲などもみつかり、刻符もあり、精神文化の成熟が認められる。農法にも変化がみられ、初歩的な耜耕農耕段階に入っており、原始的な灌漑システムもある。つづいて、前五千年から前四千年頃には聚落数が大幅に増加し、聚落内の家屋配置も秩序立ちはじめる。半坡・姜寨・大地湾遺跡などは、居住区が聚落中央に、家屋が求心的に配された、氏族単位の環濠聚落である。聚落内の生産活動・管理・分配は、大家族単位および各家庭単位で実施されている。

第二章　前四〇〇〇年から前三〇〇〇年（もしくは一部の地域では前二五〇〇年）に不平等な人間関係をふくむ社会、すなわち中心聚落社会が形成された。それは、血縁関係をもつ聚落群内部において、とくに集中した権力をもち、ほかの聚落（普通聚落）を統括し、高級な手工業生産と貴族階級の集まった聚落である。このとき聚落内部および聚落間に各々不平等が生まれる。この時期のうち、前四〇〇〇年から前前三五〇〇年を初級段階の中心集落形態段階とよび、前三五〇〇年から前三〇〇〇年（もしくは前二五〇〇年）を典型的中心聚落段階とよぶ。前者の例として廟底溝期遺跡や崧沢文化遺跡など、後者の例として大汶口劉林期遺跡や含山凌家灘遺跡などが挙げられる。前者では首長との血縁的距離関係に応じて住民間に不平等がうまれるが、経済的格差は形成されていない。一方、後者では、①聚落の規模が顕著に拡大している。②聚落内外の不平等が顕著である（経済的格差をふくむ）。③神権が発達し、祭祀儀礼の中心や聖地が生まれている。権力の集中をしめす殿堂式建築も出現している。そののち新石器時代末期に城邑が一般化すると、聚落の風景は一変した。それは、国家形成の指標のひとつである強制的公的権力をもつ。屈家嶺文化期遺跡は国家成立直前の中心聚落期の城邑遺跡である。中心聚落は権力と経済の中心であるだけでなく、宗教祭祀の中心でもある。このほかに紅山文化後期の神廟・積石塚・原始的天壇・社壇はべつのタイプの宗教的中心で、血縁者と非血縁者の双方をたばねる宗教的機制である。こうして家族・宗族組織を基礎とする聚落のうち、典型的で発達した中心聚落は国家へとすすんでゆく。

第三章　本書冒頭でのべた国家形成の指標（①階級の形成、②社会に君臨する公的権力の形成）のうち、②にかんしては前章で論じた。本章では①を検討する。①形成の発端には、父権家族から階級が生まれる道、奴隷階級が戦争捕虜から生ずる道、そして統治階級と公共的権力が成立する道の三本があり、いずれも同時期に並存しうる。第一に、大汶口墓地や含山凌家灘遺跡は父権家族の出現と社会経済的・政治的不平等をしめす好例である。龍山文化期にそうした例は普遍的なものとなり、その好例として襄汾陶寺遺跡があげられる。第二に、奴隷階級が戦争捕虜から生ずる道にかんしては殉葬墓・殺人祭祀・人柱などの考古学的現象から考察できる。第三に、大汶口文化遺跡などでは彗星やアンタレスの観測と祭祀を担う役職の存在が確認でき、彼らが上級階級を形成する。こうして前三〇〇〇年から前二〇〇〇年に黄河・長江流域では経済的不平等のなかから階級の分化と対立が生まれた。

第四章　初期国家はどのように生まれたのか。某聚落の首長はいかにして複数聚落を統治する君主へと変貌するのか。仰韶文化半坡遺跡の家屋はみな中央広場を向いている。こうした公的権力の成立は、宗教祭祀を通じて発展するだけでなく、戦争を通じても発展する。すなわち、仰韶文化初期（前五〇〇〇年から前四〇〇〇年）にはすでに各聚落の枠をこえてトーテム崇拝が広がっており、トーテム転形も発生している。また不断の戦争も軍功貴族の出現と階級分化を促し、国家成立に影響をおよぼした。それはほぼ平等な農耕聚落段階で萌芽し、中心聚落段階（紅山文化など）のもとでさらに発展する。

第五章　龍山時代になると、大量に城邑が出現し、中心聚落形態から都邑国家がうまれる。城邑の出現自体は龍山時代以前にさかのぼる。最古のものは湖南省澧県城頭山古城で、大渓文化期から屈家嶺期にかけて修築されている。黄河中流域では河南省鄭州西山の仰韶文化晩期城址が古い。のちに前三〇〇〇年〜前二〇〇〇年の龍山時代の中後期に城邑は増え、みな環濠聚落から環濠土城聚落へと発展している。ただし城邑の存在＝国家の存在とはかぎらない。国家の成立には、階級の成立と社会分層および、強制的権力の存在が不可欠で、とくに後者は城邑の規模や城内建築物から判断しうる。初期国家段階では「邦国林立」の状態で、なかには中心聚落形態の聚落もあれば、初期国家もあり、多中心的である。陶寺・古城寨・莫角山の事例をもとにその実態を検討する。

第六章　民族は古代民族と近代民族にわけられる。古代民族は、人びとが古代から形成しはじめる、共通の言語・共通の地域、同じ経済生活（＃共通の経済生活）・共通の文化をもち、安定的で、部落よりも高い、より広範囲の人びとの共同体である。また部落より一段高く、古代民族より一段低く、血統や血縁の特徴をもつ、奴隷社会と封建社会の両方で存在しうる族共同体を部族とよぶ。ひとつの「民族の国家（national state）」には複数の部族がふくまれ、しばしば複合制国家構造をなし、部族に血統的要素があるのに対して、古代民族は血統をこえた大文化観念を紐帯とする。以上の概念定義を参考に、中国古代史をひもとくと、まず春秋戦国時代に華・夏・華夏・諸夏などの用語が散見し、古代民族の名称である（以下、華夏民族）。かかる古代民族は、彼ら自身が自己意識をもつ以前から存在した。華と夏はほんらい同音で、華・夏・華夏はみな同一民族をさし、その形成自体は夏代に溯る。一方、いわゆる五帝時代は古代民族以前、つまり部族の時代である。史書では五帝時代を直列につなげるのが一般的であるが、じつは五帝とは万世一系ではなく、異なる部族の領袖や宗神をさす。そのうち、黄帝時代は中心聚落形態時代、顓頊から禹の時代（考古学上の龍山時代、前三〇〇〇年～前二〇〇〇年）は邦国が連盟しあった時代で、顓頊が大きな劃期をなす。顓頊期に刑法が生まれ、全社会に君臨する強制的公的権力が出現する。顓頊から禹の時代の特徴は邦国林立と族邦政治連盟で、盟主間で権力の移転がしばしば起こっている。それらは部族国家で、一部族が複数の国家を形成するばあいもある。そのなかから夏代に複合制的多元一体的王朝が生まれ、部族から民族が胚胎する。夏代には、共通の言語（漢字）、共通の文化（衣冠服飾・礼儀制度・典章制度・宗教崇拝・祭祀・宇宙観）・共通の地域・同じ経済生活（王朝内で各族邦が王室に貢納することでもなく、中原と各地の経済貿易の往来をさすのでもなく、同じような地理と生態環境内で暮らすため、同じ生産生活様式と生活習慣をもつこと）をもつ、古代民族（華夏）が形成される。

第七章　夏族の興起は鯀に溯る。鯀は崇侯とよばれるが、崇の場所に関しては従来諸説あり、現在も不確定である。禹の興起した場所とその都邑の場所に関しても諸説ある。共工と鯀の関係については、両者を同一とする説が有力である。共工は炎帝族のなかの姜姓で、いにしえの羌族である。鯀と禹はたんなる父子関係にあるのではなく、共工氏（つまり鯀）が顓頊族系の祝融族内の己姓と融合して発生した族団こそ禹である。鯀の時期にすでに邦国があり、禹は邦国から王国への転換をとげた。文献と考古学資料を相互検証すると、夏文化（夏王朝期の夏后氏の文化）は中原龍山文化晩期、新砦期、そして二里頭文化第一～第二もしくは第三期に相当し、二里頭遺跡は夏代中晩期の王都である。夏王朝滅亡後も夏の遺民は二里頭に残り、商は偃師商城を都としたため、二里頭と偃師商城は一時的に並存していた。

第八章　夏代になると、諸々の邦国のなかから王国が台頭する。邦国の君主が本邦内でのみ統治権を行使するのに対して、王権は本邦のみならず、他の属邦をも支配し、属邦に主権を認めない。属邦の君主のなかには夏王朝で任官している者もおり、複合型国家構造を形成する。これを本書では「（複合制）王朝」や「（複合制）王朝国家」とよぶ。この段階で「天下観」と「中原正統観」が生まれる。王の世襲性・正統性・神聖性がむすびつき、王権の合法性がうまれる。

第九章　商族の起源と発祥地に関しては従来諸説あるが、私見では漳水流域～磁県一帯にある。商族は八回も遷徙を繰り返し、その範囲は冀南と豫北の範囲にとどまる。先商社会では、まず契が火正（アンタレスを掌る者）として族衆を掌った。また王亥と上甲微のときに、中心聚落形態から邦国へ変化した。王亥は商人からはじめて「王」とよばれ、鳥崇拝における鳥の神性と神通力を継承した存在である。もっとも、王亥は有易の君に殺害され、つづく王恒は有易に目立った抵抗をしなかった。けれども王亥の子の上甲微は有易に復讐し、そのスローガンのもとで軍事力を掌握した。かくて上甲微は、古代国家の成立条件（①階級の形成、②社会に君臨する公的権力の形成）を満たした。甲骨文においても、武丁期の祭祀（直系先王のみを祭祀対象とする）や、祖甲以後の周祭（兄弟継承による商王を即位順に祭ること）で、先王は上甲微から数えはじめられる。また上甲微から示癸までの六世は祭祀上特別扱いされ（いわゆる六示）、みな上甲微の特殊な地位をしめす。なお考古学的には、先商文化たる下七垣文化のうち、第一期文化が上甲微・報乙・報丙期、第二期文化が報丁・示壬・示癸期、第三期が大乙（成湯）の滅夏前後にあたる。成湯の滅夏にともない、商は邦国から王国への変化を完了する。

第十章　大乙（成湯）は、戦争征伐と宗教祭祀の点で、長足の発展を遂げた。このころ「天命王権」「王権神授」の観念も定着する。成湯は、夏の遺民を鎮圧・保護するためだけでなく、「正統」な地位を得、それを通じて「天下」を支配すべく、夏の故地に都を修築する。偃師商城はまさに商王朝の王都（≠陪都、輔都）である。ただし商王と諸侯との関係は、必ずしも後世の王と臣下、中央政府と地方政権の萌芽ではなく、もしくは平等な方国同士の連盟でもなく、複合制的国家構造をなす。夏と商と周では、たんにその発展の度合が異なるにすぎない。商王朝内では、内服と外服、もしくは商と四土、あるいは王国と諸邦国（侯伯）が結合し、そのうち内服＝王国＝商（大邑商）＝殷紂之国こそがのちの「王畿」である。商王が諸侯国（王畿外）でも田猟・取邑等をする一方、後者は前者に外敵侵略時の報告等をしており、後者は相対的独自性をもつものの、前者に従属していたとわかる。

以上が本書の概略である。その内容は非常に多岐にわたる。読者がその詳細を理解したいならば、本書のすべてに挑んでいただくほかはない。内容を一読してまず驚くべきは、理論的考察への比重の大きさであろう。マルクス・エンゲルス・レーニンなどの引用が数多くみられる点は、日本人読者にとってはやや面食らうもので、一昔前の教条的なマルクス主義史学をひきずっているかのごとき印象を与えるが、じっさいにはマルクスをはじめとする数々の欧米の国家理論を取捨選択しつつ、あくまでも筆者は中国史研究の実証的成果をどうそこに位置づけるかに腐心しており、教条的ではまったくない。また第一章から第十章では、序論で展開した理論的洞察に史料的な肉付けがほどこされており、それは日進月歩の考古学・歴史学・出土文字資料研究の豊富な知見をふまえている。こうした膨大な資料への目配りと、それを体系化してゆく手並みは見事である。

最後に翻訳上の注意点を挙げておく。まず墓葬番号は原則的に半角横書算用数字にしたが、四桁未満の場合には縦中横にするなど、適宜読みやすさを優先して縦書きと横書きを使い分けた。また本書には英語・日本語・ドイツ語の文献がしばしば引用されているが、原著ではすべて中国語訳になっている。既存の中国語訳書があるばあいには、筆者はそれを引用している。そこで本訳書ではすべて原文にあたり、訳者のほうで原義を確認したうえで、日本語に訳した。また日本語訳書があるばあいは原則的にそれを引用し、脚注に出典を明記した。たとえば本訳書の序論注（1）ではギデンズの日本語訳書が引用されているが、王氏の原著は中国語訳書が引用されている。それをそのまま日本語訳にすれば、二重翻訳になってしまい、意味のズレ幅が大きくなるため、訳者側で逐一原文にあたり、既存の日本語訳書の該当箇所を引用し直した次第である。また本文中の（　）とそのなかの文は原文にあるが、訳者が適宜補うべきと判断した文や語釈にかんしては［　］内にしるした。さらに漢文引用にさいしては、原文の断句は原著による。そこには書き下し文も付記したが、これは訳者が参考までに付したものにすぎない。甲骨文の引用にさいしては出典名をできるだけ「合集＋番号」に統一した。その釈文自体は王先生の原著による。なお翻訳にさいしては一部、畏友の谷口建速氏にも御助力いただいた。また訳書刊行にあたっては、汲古書院の三井久人社長と小林詔子女史に多大な御助力をいただいた。深甚に謝する。

二〇一八年五月

柿沼　陽平

訳者紹介

柿沼　陽平（かきぬま　ようへい）

早稲田大学　博士（文学）

1980年　東京に生まれる

2009年　早稲田大学大学院文学研究科博士後期課程修了

2012年　早稲田大学文学学術院助教

2013年　帝京大学文学部史学科専任講師

2016年　　同　　准教授　　現在に至る

単著　『中国古代貨幣経済史研究』（汲古書院、2011年）
　　　『中国古代の貨幣　お金をめぐる人びとと暮らし』（吉川弘文館、2015年）
　　　『中国古代貨幣経済の持続と転換』（汲古書院、2018年）
　　　『劉備と諸葛亮』（文藝春秋、2018年）

共著　『つながりの歴史学』（北樹出版、2015年）

訳書　『北京大学版　中国の文明』第3巻、潮出版、2015年）

監修　『キッズペディア　世界の国ぐに』（小学館、2017年）

中国古代国家の起源と王権の形成

平成三十年七月三十日　発行

原著者　王　震　中

訳　者　柿　沼　陽　平

発行者　三　井　久　人

整版印刷　富　士　リ　プ　ロ　㈱

発行所　汲　古　書　院

〒102-0072 東京都千代田区飯田橋二-五-四

電話　〇三（三二六五）九七六四

FAX　〇三（三二二二）一八四五

ISBN978 - 4 - 7629 - 6619 - 4　C3022

State Formation and the Rise of Kingship in Early China

Original Author
WANG Zhen-zhong

Translated by
KAKINUMA Yohei

2018

KYUKO-SHOIN
TOKYO

索　引

研究者名索引

中国人名（研究機関名及び歴史的人物名を含む）

ア行

カ行

サ行

欧人名

タ行

ハ行

マ行

ヤ行

ラ行

日本人名

書　名

タ行

表・図